Le

Thaïlande

Directeur de collection et auteur
Philippe GLOAGUEN

Cofondateurs
Philippe GLOAGUEN
et Michel DUVAL

Rédacteur en chef
Pierre JOSSE

Rédacteurs en chef adjoints
Amanda KERAVEL
et Benoît LUCCHINI

Directrice de la coordination
Florence CHARMETANT

Directrice administrative
Bénédicte GLOAGUEN

Direction éditoriale
Catherine JULHE

Rédaction
Isabelle AL SUBAIHI
Mathilde de BOISGROLLIER
Thierry BROUARD
Marie BURIN des ROZIERS
Véronique de CHARDON
Gavin's CLEMENTE-RUÏZ
Fiona DEBRABANDER
Anne-Caroline DUMAS
Géraldine LEMAUF-BEAUVOIS
Olivier PAGE
Alain PALLIER
Anne POINSOT
André PONCELET

Administration
Carole BORDES
Solenne DESCHAMPS

2014

hachette

Remarque importante aux hôteliers et restaurateurs

Les enquêteurs du *Routard* travaillent dans le plus strict anonymat. Aucune réduction, aucun avantage quelconque, aucune rétribution n'est jamais demandé en contrepartie. Face aux aigrefins, la loi autorise les hôteliers et restaurateurs à porter plainte.

Avis aux lecteurs

Le *Routard,* ce n'est pas comme le bon vin, il vieillit mal. On ne veut pas pousser à la consommation, mais évitez de partir avec une édition ancienne. Les modifications sont souvent importantes.

Les réductions accordées à nos lecteurs ne sont jamais demandées par nos rédacteurs afin de préserver leur anonymat. Les hôteliers et restaurateurs sont sollicités par une société de mailing, totalement indépendante de la rédaction, qui reste donc libre de ses choix. De même pour les autocollants et plaques émaillées.

Routard.com, le voyage à portée de clics !

✓ Rejoignez la plus grande communauté francophone de voyageurs: plus de **2 millions** de visiteurs!

✓ Échangez avec les routarnautes: forums, photos, avis sur les hôtels...

✓ Retrouvez aussi toutes les informations actualisées pour choisir et préparer vos voyages: plus de 200 fiches pays, une centaine de dossiers pratiques et un magazine en ligne pour découvrir tous les secrets de votre destination.

✓ Enfin, comparez les offres pour organiser et réserver votre voyage au meilleur prix.

Pour que votre pub voyage autant que nos lecteurs,
contactez nos régies publicitaires:
• *fbrunel@hachette-livre.fr* •
• *veronique@routard.com* •

Pictogrammes du *Routard*

Établissements

- Hôtel, auberge, chambres d'hôtes
- Camping
- Restaurant
- Boulangerie, sandwicherie
- Glacier
- Café, salon de thé
- Café, bar
- Bar musical
- Club, boîte de nuit
- Salle de spectacle
- Office de tourisme
- Poste
- Boutique, magasin, marché
- Accès internet
- Hôpitaux, urgences

Sites

- Plage
- Site de plongée
- Piste cyclable, parcours à vélo

Transports

- Aéroport
- Gare ferroviaire
- Gare routière, arrêt de bus
- Station de métro
- Station de tramway
- Parking
- Taxi
- Taxi collectif
- Bateau
- Bateau fluvial

Attraits et équipements

- Présente un intérêt touristique
- Recommandé pour les enfants
- Adapté aux personnes handicapées
- Ordinateur à disposition
- Connexion wifi
- Inscrit au Patrimoine mondial de l'Unesco

Le *Routard* est imprimé sur un papier issu de forêts gérées.

© **HACHETTE LIVRE (Hachette Tourisme), 2014**
Tous droits de traduction, de reproduction et d'adaptation réservés pour tous pays.
© **Cartographie** Hachette Tourisme.
I.S.B.N. 978-2-01-245747-8

TABLE DES MATIÈRES

COMMENT Y ALLER ?

QUITTER LE PAYS

THAÏLANDE UTILE

HOMMES, CULTURE, ENVIRONNEMENT

BANGKOK ET SES ENVIRONS

AU SUD-EST DE BANGKOK

À L'OUEST DE BANGKOK

AU NORD DE BANGKOK

LA PLAINE CENTRALE

CHIANG MAI ET SA RÉGION

À L'OUEST DE CHIANG MAI : LA PROVINCE DE MAE HONG SON

De Chiang Mai à Mae Hong Son par Pai et Soppong

De Mae Hong Son à Chiang Mai par Mae Sariang

CHIANG RAI ET LE TRIANGLE D'OR

LA RÉGION DU TRIANGLE D'OR

La route de Mae Sai au Triangle d'or

LE NORD-EST

LES PARCS DE LA PROVINCE DE LOEI

DE CHIANG KHAN À NONG KHAI, LE LONG DU MÉKONG

UDON THANI, KHON KAEN ET LEURS ENVIRONS

DE NONG KHAI AU THAT PHANOM

DE MUKDAHAN À KHONG CHIAM

LA RÉGION DE KHAO YAI

SUR LA ROUTE DES CITADELLES KHMÈRES, DE PHIMAI AU PREAH VIHARN

LE SUD : ITINÉRAIRE BANGKOK – HAT YAI

DE HUA HIN À SURAT THANI

À L'EST : LES ÎLES ENTRE KO SAMUI ET KO TAO

À L'OUEST : DE PHUKET À HAT YAI

La côte de la mer d'Andaman

NOUVEAU ET IMPORTANT : DERNIÈRE MINUTE

Sauf rare exception, le *Routard* bénéficie d'une parution annuelle à date fixe. Entre deux dates, des événements fortuits (formalités, taux de change, catastrophes naturelles, conditions d'accès aux sites, fermetures inopinées, etc.) peuvent modifier vos projets de voyage. Pour éviter les déconvenues, nous vous recommandons de consulter la rubrique « Guide » par pays de notre site • ***routard.com*** • et plus particulièrement les dernières ***Actus voyageurs.***

Remerciements

Nous tenons à remercier tout particulièrement Loup-Maëlle Besançon, Thierry Bessou, Gérard Bouchu, François Chauvin, Grégory Dalex, Stéphanie Déro, Fabrice Doumergue, Cédric Fischer, Carole Fouque, Michelle Georget, David Giason, Claude Hervé-Bazin, Emmanuel Juste, Dimitri Lefèvre, Sacha Lenormand, Fabrice de Lestang, Romain Meynier, Éric Milet, Pierre Mitrano, Jean-Sébastien Petitdemange, Thomas Rivallain, Dominique Roland et Solange Vivier pour leur collaboration régulière.

Laura Baron
Emmanuelle Bauquis
Jean-Jacques Bordier-Chêne
Michèle Boucher
Sophie Cachard
Clémence Crosnier
Agnès Debiage
Jérôme Denoix
Tovi et Ahmet Diler
Clélie Dudon
Sophie Duval
Alain Fisch
Bérénice Glanger
Adrien et Clément Gloaguen
Xavier Haudiquet
Bernard Hilaire
Sébastien Jauffret
Anaïs Kerdraon
Jacques Lemoine
Julie Montet
Jacques Muller
Caroline Ollion
Nicolas et Benjamin Pallier
Martine Partrat
Odile Paugam et Didier Jehanno
Émilie Pujol
Prakit Saiporn
Jean-Luc et Antigone Schilling
Paloma Telle
Bérénice Thiberge
Marion Trifot
Caroline Vallano

Direction : Nathalie Bloch-Pujo
Contrôle de gestion : Jêrome Boulingre et Virginie Laurent-Arnaud
Secrétariat : Catherine Maîtrepierre
Direction éditoriale : Catherine Julhe
Édition : Matthieu Devaux, Géraldine Péron, Olga Krokhina, Gia-Quy Tran, Julie Dupré, Barbara Janssens, Camille Loiseau, Béatrice Macé de Lépinay, Emmanuelle Michon, Marion Sergent et Clémence Toublanc
Préparation-lecture : Catherine Hidé
Cartographie : Frédéric Clémençon et Aurélie Huot
Fabrication : Nathalie Lautout et Audrey Detournay
Relations presse France : COM'PROD, Fred Papet. ☎ 01-70-69-04-69. • *info@comprod.fr* •
Direction marketing : Adrien de Bizemont, Lydie Firmin et Laure Illand
Contacts partenariats : André Magniez (EMD). • *andremagniez@gmail.com* •
Édition des partenariats : Élise Ernest
Informatique éditoriale : Lionel Barth
Couverture : Clément Gloaguen et Seenk
Maquette intérieure : le-bureau-des-affaires-graphiques.com, Thibault Reumaux et npeg.fr
Relations presse : Martine Levens (Belgique) et Maureen Browne (Suisse)
Régie publicitaire : Florence Brunel-Jars

??? LES QUESTIONS QU'ON SE POSE LE PLUS SOUVENT

La Thaïlande est-elle un pays cher ?
Non, c'est même un pays où le rapport entre la qualité proposée et le prix demandé reste exceptionnel, que ce soit pour l'hébergement, la nourriture ou les excursions. En revanche, certaines stations balnéaires et les îles du sud du pays sont devenues assez onéreuses.

Quelle est la meilleure période pour y aller ?
De novembre à février, quand les températures sont agréables et pas encore insupportables. De mars à août, le thermomètre grimpe rapidement et il fait très chaud. Évitez la saison des pluies, en septembre et en octobre principalement.

Quel est le décalage horaire ?
Compter 5h d'avance sur Paris en été, 6h en hiver. Quand il est 12h à Paris, il est 17h (été) ou 18h (hiver) à Bangkok.

Un visa est-il nécessaire ?
Non si vous restez moins de 30 jours sur place. Au-delà, il faudra impérativement vous en procurer un.

Quel est le temps de vol entre Paris et Bangkok ?
12h.

De quel côté de la route les Thaïs conduisent-ils ?
À gauche, comme les Anglais. Un coup à prendre pas insurmontable.

Y a-t-il des problèmes de sécurité ?
Pas plus mais pas moins que dans tout pays hautement touristique. Une vigilance naturelle est de rigueur, surtout dans le Nord, à la frontière birmane, à la pointe sud, à la frontière malaise, et partout où les opposants au régime sont présents.

Y a-t-il des règles pour visiter les temples ?
Oui, les hommes ne doivent pas être en short ou torse nu et les femmes doivent souvent avoir les épaules couvertes. Pensez aux paréos et bermudas !

Quels sont les secteurs les plus culturels ?
Bangkok, la plaine centrale et le Nord. On y trouve les plus beaux temples, les minorités ethniques, et toute la spiritualité du pays. Le Sud attire surtout pour ses îles et ses plages.

Peut-on emmener les enfants en Thaïlande ?
Oui. Il n'y a pas de problème sanitaire particulier, la Thaïlande dispose de bons hôpitaux et les Thaïs adorent les enfants.

Dans quelle région les plages sont-elles les plus belles ?
Dans les îles du Sud. Petit palmarès : Ko Tao et Ko Phi Phi pour les amateurs de plongée, Ko Samui pour sa douceur de vivre, Ko Tarutao ou Ko Bulon Lae pour jouer les Robinson.

Y a-t-il de bons spots de plongée ?
De très beaux spots autour de Ko Phi Phi, de Ko Tao, ou encore de Ko Lipe, sans oublier Similan et Surin.

Quel est le meilleur moyen de transport ?
En bus, les liaisons entre les villes sont assez nombreuses et pas chères. La location de voitures est possible (routes bien goudronnées), même sur certaines îles comme Ko Samui ou Ko Lanta. Attention, conduite à gauche. Pour les motos, prudence et casque de rigueur, les bécanes – et les routes – ne sont pas toujours en bon état. En tout cas, toujours bien vérifier l'assurance.

Est-il nécessaire de parler l'anglais ?
Il est préférable de connaître quelques mots d'anglais, mais on se fait facilement comprendre (mimes, dessins... !).

Est-il vrai qu'il y a de la prostitution partout ?
Non. Il y a certes beaucoup de prostitution, mais elle est cantonnée à certaines villes et à certains quartiers.

LES COUPS DE CŒUR DU ROUTARD

- **Remonter la Chao Phraya,** le fleuve de Bangkok, **sur un bateau « longue-queue », et se perdre dans les *khlong,*** les canaux de la cité, parmi les familles qui vivent dans ces maisons sur pilotis. .... p. 160, 161
- **Passer tout le dimanche dans les travées du Chatuchak Market,** le marché le plus intéressant de Bangkok (après le marché aux fleurs de Pak Klong...)....... p. 165
- **Se faire photographier devant les pieds immenses du bouddha couché du Wat Pho de Bangkok :** 45 m de long, 15 m de haut. .... p. 155
- **S'offrir un massage au Wat Pho de Bangkok,** avec les apprentis masseurs qui se font les mains sur votre dos !..... p. 155
- **Grimper au sommet de la tour Baiyoke II à Bangkok,** et admirer l'étendue de la ville. .... p. 164
- **Retrouver l'ambiance des palais royaux** en musardant **dans Ancient City,** près de Bangkok......................... p. 170
- **Se promener à Lopburi au milieu des singes,** maîtres des lieux............ p. 219
- **Admirer le lever du soleil sur le parc historique de Sukhothai.**........... p. 240
- **Prendre un cours de cuisine thaïe à Chiang Mai** pour apprécier les saveurs sucrées-salées (et pour épater les copains en rentrant !). .... p. 270
- **Descendre (ou remonter) la rivière Kok depuis Thaton,** en regardant les éléphants se laver les dents............ p. 308
- **Se prendre pour James Bond** dans la baie de Phang Nga... .... p. 526
- **... et pour Leonardo DiCaprio,** dans le film *La Plage,* **à Ko Phi Phi,** au milieu d'une eau translucide. .... p. 553
- **Se faire une petite frayeur avec les chauves-souris de Tham Lod,** dans les environs de Soppong. .... p. 293
- **Aller voir les orchidées... dansantes** près de Khon Khaen. .... p. 356
- **Manger un *tom yam kung,*** soupe de crevettes parfumée à la citronnelle et plat traditionnel thaï (avec une petite mangue et son riz gluant chaud en dessert). Miam ! .... p. 74
- **Se déhancher sauvagement lors d'une *Full Moon party*** sur une des plages de Ko Pha Ngan. .... p. 451
- **Tutoyer les poissons en plongée au large de Ko Tao,** dans les jardins de coraux... .... p. 466
- **Se prendre pour un explorateur,** chevelure au vent et embruns en plein visage, en passant d'île en île en « longue-queue »................................ p. 507, 508
- **Oser une dégustation de grillons grillés ou de sauterelles frites** (si vous avez perdu un pari !).
- **Frémir au rythme des coups et des cris de la foule** lors d'un combat de *muay thai* (la boxe thaïe). .... p. 166
- **S'arrêter grignoter des plats si simples mais si bons,** au hasard des cuisines ambulantes en bord de rue.

ITINÉRAIRES CONSEILLÉS

BANGKOK ET SES ENVIRONS

Temples et gratte-ciel. Excursions vers la rivière Kwai et les îles de l'Orient. Compter une bonne dizaine de jours.

LES ANCIENS ROYAUMES DU CENTRE

Ayutthaya (2 j.), conseillé pour ses collections de bouddhas sublimissimes, ***Lopburi*** et ***Kamphaeng Phet*** en route (pas nécessaire d'y dormir), ***Phitsanulok (1 nuit),*** pour son *Night Bazaar,* et ***Sukhothai (2 j.).***

CHIANG MAI, CHIANG RAI ET LE NORD-OUEST

Le pays du million de rizières : randos, minorités ethniques et culture du Lanna. ***Chiang Mai (5-6 j.),*** histoire de profiter nonchalamment de la ville (massages, balades à dos d'éléphant, cours de cuisine thaïe, etc.) et de faire des treks chez les ethnies montagnardes. Extension et boucle au sud-est et sud-ouest de Chiang Mai : ***Lampang (1 j.),*** grimpette jusqu'au ***Doi Inthanon*** (à moto), ***Mae Sariang (1 j.), Mae Hong Son (1 ou 2 j.),*** avec possibilité de treks (ajouter alors 2 ou 3 jours), et ***Pai,*** pour finir dans une ambiance baba. De là, direction Thaton (pas nécessaire d'y dormir) pour descendre la rivière Kok et rejoindre ***Chiang Rai,*** puis découverte du fameux ***Triangle d'or.*** La Birmanie ! Le Laos, sur la rive en face, à ***Sop Ruak (1 j. depuis Chiang Rai),*** pour dire « J'y étais » ! Ascension jusqu'au Doi Tung via ***Mae Salong (1 j.).*** Belles balades alentour dans les champs de thé.

LE NORD-EST

Vestiges khmers, Mékong, cuisine et sourires de l'Isan. Une Thaïlande au goût de Cambodge et de Laos. ***Loei (2 j.)*** pour le ***parc de Phu Kradung (2 j.),*** undes plus beaux parcs naturels. ***Chiang Khan (2 j.) :*** balades, grottes, rapides, traversée du Mékong, et la nature, toujours ! ***Nong Khai (2 j.)*** et le parc de Phu Phra Bat. Dans les terres, ***Udon Thani (1 j.)*** et ***Khon Kaen (2 j.),*** pour l'artisanat et les vestiges des dinosaures thaïs. ***Ubon Ratchathani (1 j.),*** mais surtout ***Khong Chiam*** avec le ***parc national de Pha Taem (3 j.).*** Enfin, plein sud, la route des citadelles khmères ***(Nakhon Ratchasima, 1 j. ; Phimai, 2 j. ; Muang Tham, 2 j. ; Surin, 1 j. ; et Prasat Khao Preah Viharn, 1 j.).***

LE SUD-OUEST

Sables blancs, mer d'émeraude, falaises et jungles de la côte d'Andaman. ***Phuket (4-5 j.), Khao Sok (2 j.),*** pour dormir dans les arbres, ***Ko Phi Phi ou Khao Lak*** pour la plongée, ***ou Krabi*** pour l'escalade ***(4 j.), Ko Lanta (3 j.),*** pour un repos total ; enfin, le parc maritime de ***Ko Tarutao*** et ses îles sauvages et reposantes ***(4-5 j.).***

LE SUD-EST

Détente et fiesta dans les îles. ***Ko Samui (4 j.),*** plages et farniente ; ***Ko Pha Ngan (3 j.),*** plages, farniente, nature et grosses fiestas ; ***Ko Tao (2 j.),*** pour la plongée.

SI VOUS ÊTES...

... plutôt culture : la plaine centrale (Ayutthaya, Sukhothai), vers le nord et le nord-est et Bangkok.
... en famille : les plages du sud (voir notre tableau pour choisir).
... en amoureux : Ko Yao, Ko Muk, Ko Bulon Lae et quelques trésors sur les îles, même à Phuket et Samui.
... nature : Ko Ngai, Ko Libong, Ko Tarutao.
... sports : toutes les îles du sud.
... plage : tout le sud !

COMMENT BIEN CHOISIR SON ÎLE ?

Petit tableau pour vous aider à choisir en fonction de vos envies.

Phuket	Familial (sud), calme (nord-ouest), fête (Patong), animation. Attention, meilleure période : décembre-mars, sinon mer agitée.
Ko Surin	Repos, *snorkelling.*
Ko Phi Phi	Bruit et animation à Tonsai et Long Beach (sud). Beaucoup de monde. Calme et espace sur la côte Est (Laem Thong) mais grande dépendance aux bateaux (pas de voitures). Superbes fonds marins et plongées.
Ko Lanta	Moins spectaculaire que Ko Phi Phi mais atmosphère calme et familiale, excellent accueil. La plupart des adresses sont regroupées sur la côte nord-ouest. Le centre et le sud sont plus sauvages.
Ko Jum (ou Ko Pu)	Plages, repos.
Ko Yao Noi	Repos, découvertes, vie locale.
Ko Yao Yai	Découvertes. Ne pas oublier les mots fléchés.
Ko Ngai (ou Ko Hai)	Découvertes, plages, *snorkelling,* rustique, calme. Excursion à la journée au départ de Ko Lanta.
Ko Muk	Découvertes, plages, rustique, repos, *snorkelling,* vie locale. Excursion à la journée qui se combine avec Ko Ngai et Kradan au départ de Ko Lanta.
Ko Kradan	Plages, *snorkelling,* découvertes, vie locale. Excursion à la journée qui se combine également avec Ko Ngai et Ko Muk au départ de Ko Lanta.
Ko Libong	Plages, *snorkelling,* animaux.
Ko Rok	*Snorkelling,* plages.
Ko Tarutao	Plages, découvertes, sauvage.
Ko Lipe	Plages, repos, plongée, *snorkelling.* Parfait pour partir découvrir le parc maritime de Ko Tarutao.
Ko Bulon Lae	Repos, découvertes, rustique, plongée.
Ko Samet	Plage, repos, famille – au nord-est, fiesta sur la plage tous les soirs ou presque.
Ko Chang	Animation (nord-ouest), repos, familles, sauvage (centre), découverte (sud et est), *snorkelling,* escapades vers d'autres îles comme Ko Maak.
Ko Samui	Familial (nord, Mae Nam, Bophut), animations (Chaweng). Attention, meilleure période en juillet-août, sinon mer agitée !
Ko Tao	Plongée, *snorkelling,* repos, familial.
Ko Phan Ngan	Plages, repos (nord), animations (sud).

LES COMPAGNIES RÉGULIÈRES

VOLS SANS ESCALE

▲ **AIR FRANCE**

Rens et résas au ☎ 36-54 (0,34 €/mn – tlj 6h30-22h), sur • airfrance.fr •, dans les agences Air France et dans ttes les agences de voyages (fermées dim).

➢ Un vol de nuit quotidien entre Roissy-CDG et Bangkok.

Air France propose toute l'année une gamme de tarifs accessibles à tous. Pour les moins de 25 ans, Air France offre des tarifs spécifiques, ainsi qu'une carte de fidélité *(Flying Blue Jeune)* gratuite et valable sur l'ensemble des compagnies membres de *Skyteam*. Cette carte permet de cumuler des *miles*.

Sur Internet, possibilité de consulter les meilleurs tarifs du moment directement sur la page « Meilleures offres et promotions ».

▲ **THAI AIRWAYS INTERNATIONAL**

– Paris : tour Opus 12, 77, esplanade du Général-de-Gaulle, 92914 La Défense Cedex. ☎ 01-55-68-80-00 ou 70. • thaiairways.fr • Ⓜ La Défense.

➢ La compagnie assure 7 vols/sem sans escale entre Roissy-CDG 1 et Bangkok. Depuis Bangkok, THAI et sa filiale régionale THAI Smile desservent 10 villes en Thaïlande.

Un *pass* « Discover Thailand Fares » de 3 coupons est disponible pour environ 280 $ sur tous les secteurs opérés par THAI et THAI Smile, à l'exception du trajet Chiang Mai-Phuket. Compter 94 $ le coupon supplémentaire, avec un maximum de 8 coupons. Tarif soumis aux variations saisonnières. Réservation et achat possibles avant le départ et en dehors de la Thaïlande.

▲ **IMAGE D'ASIE**

11/440 Moo 10, Ladprao-Wang Hin Rd., Ladprao. ☎ 530-2722-6. 📱 081-820-48-28 • mink@imagedasie.com •

➢ Agence de voyages réceptive proposant des services de qualité pour les touristes francophones. Propose aussi le Laos, le Myanmar, le Vietnam et le Cambodge. Possibilité d'itinéraires à la carte sur la plupart des destinations en Asie du Sud.

VOLS AVEC ESCALE

▲ **CATHAY PACIFIC**

Rens et résas au ☎ 0811-70-60-50 (France métropolitaine) ou 01-41-43-75-75 (DOM-TOM et étranger). • cathaypacific.com/fr •

➢ 2 vols/j. directs Paris-Hong Kong, et au-delà, env 6 vols/j. en correspondance sur Bangkok et 2 vols/j. sur Phuket (vol direct Hong Kong-Phuket opéré en *codeshare* par sa filiale Dragonair). Possibilité de combiner sans frais la ville d'arrivée et la ville de départ. Exemple : arrivée à Bangkok, retour de Phuket (sans repasser par Bangkok) ou vice versa. *Stop-over* possible sans supplément à Hong Kong, à l'aller ou au retour.

Le monde à petits prix
by AIRFRANCE

Toutes nos offres sur **airfrance.fr**

★ BETC EURO RSCG Société Air France – 420 495 178 RCS Bobigny – 45 rue de Paris - 95747 Roissy-CDG CEDEX

AIRFRANCE KLM

▲ **GULF AIR**

– Paris : 9, rue de Téhéran, 75008. ☎ 01-49-52-41-38. • gulfair.fr • Ⓜ Miromesnil.

➢ Gulf Air dessert régulièrement Bangkok au départ de Roissy-CDG avec escale à Bahreïn.

▲ **KLM**

☎ 0892-702-608 (0,34 €/mn). • klm.com •

➢ La Thaïlande est reliée quotidiennement, via Amsterdam-Schiphol, à Bordeaux, Lyon, Marseille, Nantes, Nice, Paris et Toulouse.

▲ **LUFTHANSA**

– Boulogne-Billancourt : 122, av. du Général-Leclerc, 92514 Boulogne-Billancourt Cedex. Infos et résas : ☎ 0892-231-690 (0,34 €/mn), sur • lufthansa.com •, ou au comptoir Roissy-CDG terminal 1.

➢ Lufthansa dessert Bangkok 28 fois/sem : 7 vols/sem Lufthansa via Francfort et Zurich et 21 vols/sem en partage de code avec THAI via Francfort et Munich. Ces vols sont en correspondance au départ de Paris, Lyon, Marseille, Nice, Toulouse et Bâle-Mulhouse. Depuis Bangkok, correspondances vers Chiang Mai, Chiang Rai, Hat Yai, Ko Samui, Krabi, Phuket et Surat Thani en partenariat avec THAI.

▲ **MALAYSIA AIRLINES**

– Paris : 1, rue de la Pépinière, 75008. ☎ 0892-350-810 (0,34 €/mn). • malaysiaairlines.com • Ⓜ Saint-Lazare.

➢ Malaysia Airlines dessert Bangkok (via Kuala Lumpur) tlj au départ de Roissy-CDG. La compagnie dessert également Phuket via Kuala Lumpur, et Ko Samui via Kuala Lumpur, Bangkok et Phuket.

▲ **QATAR AIRWAYS**

– Paris : 24-26, pl. de la Madeleine (entrée 7, rue Vignon), 75008. ☎ 01-55-27-80-80. • qatarairways.com •

➢ Au départ de Roissy-CDG, 2 vols/j. vers Bangkok et 1 vol/j vers Phuket (via Doha pour les 2 destinations). Correspondances quotidiennes depuis Bangkok vers Chiang Mai, Ko Samui, Krabi, Trat, Ubon Ratchathani et Udon Thani.

▲ **SINGAPORE AIRLINES**

– Paris : 43, rue Boissière, 75016. ☎ 0821-230-380 (0,12 €/mn). • singaporeair.fr •

➢ Propose 1 vol/j. Paris-Singapour sans escale avec l'Airbus A380, et au-delà de Singapour, 5 correspondances/j. vers Bangkok et Phuket, 1 vol/j. vers Ko Samui, et 5 vols/sem vers Chiang Mai (avec Silk Air, filiale de Singapore Airlines)

LES ORGANISMES DE VOYAGES

– Ne pas croire que les vols à tarif réduit sont tous au même prix pour une même destination à une même époque : loin de là. On a déjà vu, dans un même avion partagé par deux organismes, des passagers qui avaient payé 40 % plus cher que les autres. De plus, une agence bon marché ne l'est pas forcément toute l'année (elle peut n'être compétitive qu'à certaines dates bien précises). Donc, contactez tous les organismes et jugez vous-même.

– Les organismes cités sont classés par ordre alphabétique, pour éviter les jalousies et les grincements de dents.

EN FRANCE

▲ **ASIA**

• asia.fr •

– Paris : 1, rue Dante, 75005. ☎ 01-44-41-50-10. Ⓜ Maubert-Mutualité. Lun-ven 9h-18h30 ; sam 10h-13h, 14h-17h.

– Lyon : 46, rue du Président-Herriot (entrée 10, rue Saint-Nizier), 69002. ☎ 04-78-38-30-40. Lun-ven 9h30-12h30, 13h30-18h30 ; sam 10h-13h, 14h-17h.

– Marseille : 424, rue Paradis, 13008. ☎ 04-91-16-72-32. Lun-ven

Votre voyage en Thaïlande...
commence avec Asia

manook (34-10) 43 31 02 03

Quel que soit votre projet, nos experts Thaïlande mettront à votre service passion et connaissance du terrain pour construire le voyage de vos rêves.

Interrogez-nous via notre site web, par téléphone
ou rendez-vous dans l'une de nos agences Asia.

N° indigo 0825 897 602 (0,15€/mn) www.asia.fr

Paris • Lyon • Marseille • Nice • Toulouse

9h30-12h30, 14h-18h30 ; sam 9h30-12h30.
– Nice : 23, rue de la Buffa, 06000. ☎ 04-93-82-41-41. Lun-ven 9h-12h30, 14h-18h30 ; sam 10h-12h.
– Toulouse : 5, rue Croix-Baragnon, 31000. ☎ 05-61-14-51-50. Lun-ven 9h30-18h30 ; sam 10h30-13h, 14h-17h.
Asia est leader des voyages sur l'Asie et propose des voyages personnalisés en individuel ou en petits groupes sur l'ensemble de la zone Asie-Pacifique, de la Jordanie à la Nouvelle-Zélande en passant par l'Ouzbékistan, l'Inde, la Mongolie, la Chine, l'Asie du Sud-Est et l'Australie. Dans chaque pays, Asia met son expertise à la disposition de ses clients pour réaliser le voyage de leurs envies. Connaissance du terrain et du patrimoine culturel, respect de l'environnement et authenticité, c'est au plus près des populations, et toujours dans l'esprit des lieux qu'Asia fait partager ses créations « maison » : en Thaïlande, *Lisu Lodge,* habitations traditionnelles typiques de l'ethnie Lisu, ou *Kum Lanna,* charmantes demeures de style lanna. Asia a sélectionné des adresses paradisiaques et de luxueux spas pour des séjours bien-être. Mais aussi *Air Asia* : le plus vaste choix de vols de l'Asie Mineure au Pacifique aux meilleures conditions.

▲ BOURSE DES VOLS / BOURSE DES VOYAGES

Rens sur • bdv.fr • ou par tél au ☎ 01-42-61-66-61 (lun-sam 9h-20h).
Agence de voyages en ligne, BDV.fr propose une vaste sélection de vols secs, séjours et circuits à réserver sur leur site ou par téléphone. Pour bénéficier des meilleurs tarifs aériens, même à la dernière minute, le service de Bourse des Vols référence en temps réel un large panel de vols réguliers, charters et dégriffés au départ de Paris et de nombreuses villes de province. Bourse des Voyages propose des promotions toute l'année sur une large sélection de destinations (séjours, circuits...).

▲ COMPTOIRS DU MONDE (LES)

– Paris : 22, rue Saint-Paul, 75004. ☎ 01-44-54-84-54. • comptoirsdu monde.fr • Ⓜ Saint-Paul ou Pont-Marie. Lun-ven 9h30-19h ; sam 11h-18h.
C'est en plein cœur du Marais, dans un décor chaleureux, que l'équipe des Comptoirs du Monde traitera personnellement tous vos désirs d'évasion : circuits et prestations à la carte pour tous les budgets sur toute l'Asie, le Proche-Orient, les Amériques, les Antilles, Madagascar, l'île Maurice et maintenant l'Italie. Vous pouvez aussi réserver par téléphone et régler par carte de paiement, sans vous déplacer.

▲ FLEUVES DU MONDE

– Paris : 28, bd de la Bastille, 75012. ☎ 01-44-32-12-85. • fleuves-du-monde.com • Ⓜ Bastille. Lun-ven 10h-18h30 ; sam 9h-18h.
Fleuves du Monde défend l'élément naturel du voyage. Appréhender l'histoire d'un pays, pénétrer le cœur d'une civilisation, toucher l'intimité d'une culture et savourer le silence de la nature constituent l'objet de ces voyages au fil de l'eau. À bord de bateaux de charme où le nombre de passagers est limité, on savoure l'exotisme et le confort sur les plus beaux fleuves de la planète, avec de nombreuses étapes à la découverte du patrimoine naturel des civilisations de l'eau, pimentées de rencontres inoubliables.

▲ JEUNESSE ET RECONSTRUCTION

– Paris : 10, rue de Trévise, 75009. ☎ 01-47-70-15-88. • volontariat.org • Ⓜ Cadet ou Grands-Boulevards. Lun-ven 10h-13h, 14h-18h.
Jeunesse et Reconstruction propose des activités dont le but est l'échange culturel dans le cadre d'un engagement volontaire. Chaque année, des centaines de jeunes bénévoles âgés de

Créez votre voyage en Thaïlande en direct avec une agence locale.

Prix sans intermédiaires

100% sur mesure

Agences locales francophones

Réduction de 100 €
Rendez-vous sur
evaneos.com/routard

evaneos.com
Voyagez en version originale

Crédit photo : Thinkstock

17 à 30 ans participent à des chantiers internationaux en France ou à l'étranger (Europe, Asie, Afrique et Amérique), et s'engagent dans un programme de volontariat à long terme (6 mois ou 1 an).
Dans le cadre des chantiers internationaux, les volontaires se retrouvent autour d'un projet d'intérêt collectif (1 à 4 semaines) et participent à la restauration du patrimoine bâti, à la protection de l'environnement, à l'organisation logistique d'un festival ou à l'animation et l'aide à la vie quotidienne auprès d'enfants ou de personnes handicapées.

▲ NOMADE AVENTURE

☎ 0825-701-702 (0,15 €/m). • nomade-aventure.com •
– Paris : 40, rue de la Montagne-Sainte-Geneviève, 75005. Ⓜ Maubert-Mutualité. Lun-sam 9h30-18h30.
– Lyon : 10 quai Tilsitt, 69002. Lun-sam 9h30-18h30.
– Marseille : 12, rue Breteuil, 13001. Lun-sam 9h30-18h30.
– Toulouse : 43, rue Peyrolières, 31000. Lun-sam 9h30-18h30.
Nomade Aventure propose des circuits inédits partout dans le monde, à réaliser en famille, entre amis, avec ou sans guide. Également hors de groupes constitués, ils organisent des séjours libres en toute autonomie et sur mesure. Spécialiste de l'aventure avec plus de 600 itinéraires (de niveaux tranquille, dynamique, sportif ou sportif +) faits d'échanges et de rencontres avec des hébergements chez l'habitant, Nomade Aventure donne la priorité aux expériences authentiques à pied, à VTT, à cheval, à dos de chameau, en bateau...

▲ NOSTALASIE

– Paris : 19, rue Damesme, 75013. ☎ 01-43-13-29-29. • ann.fr • Ⓜ Tolbiac. Permanence lun-ven 10h-13h, 15h-18h ; sam sur rdv uniquement.
Parce qu'il n'est pas toujours aisé de partir seul, NostalAsie, propose de véritables voyages sur mesure en Asie, notamment en Thaïlande, des lieux les plus connus jusqu'aux contrées les plus reculées, en individuel ou en groupe déjà constitué. Deux formules au choix : *Les Estampes*, avec billets d'avion, logements, transferts entre les étapes, ou *Les Aquarelles* avec en plus un guide et une voiture privée à chaque étape. Les itinéraires sur le site internet ne sont que suggérés, ils sont modifiables à souhait sur ces formules à la carte. La responsable est asiatique, elle sait donc ce qu'elle vend !

▲ NOUVELLES FRONTIÈRES

Toutes les brochures Nouvelles Frontières sont disponibles dans les 300 agences expertes du réseau. Rens par tél au ☎ 0825-000-825 et sur • nouvelles-frontieres.fr •
Nouvelles Frontières, un savoir-faire incomparable depuis 45 ans. Des propositions de circuits, d'itinéraires à la carte, des séjours balnéaires et d'escapades imaginés et construits par des spécialistes de chaque destination. Vols au départ de Paris et de province.

▲ PROMOVACANCES.COM

Rens sur • promovacances.com • ou au ☎ 0899-654-850 (1,35 € l'appel puis 0,34 €/mn ; lun-ven 8h-minuit, sam 9h-23h, dim 10h-23h).
N° 1 français de la vente de séjours sur Internet, Promovacances a fait voyager plus de 2 millions de clients en 10 ans. Le site propose plus de 10 000 voyages actualisés chaque jour sur 300 destinations : séjours, circuits, week-ends, thalasso, plongée, golf, voyages de noces, locations, vols secs... L'ambition du voyagiste : prouver chaque jour que le petit prix est compatible avec des vacances de qualité. Grâce aux avis clients publiés sur le site et aux visites virtuelles des hôtels, vous réservez vos vacances en toute tranquillité.

▲ ROUTE DES VOYAGES (LA)

– Paris : 10, rue Choron, 75009. ☎ 01-55-31-98-80. Ⓜ Notre-Dame-de-Lorette.

Le Voyage sur mesure

A La Route des Voyages, **un projet de voyage** se construit avec un voyageur

Jour 4 :

Excursion privée en bateau de pêcheurs sur l'île de Koh Poda... déjeuner de poissons grillés sur une plage déserte, baignade et snorkeling.

Retour au lodge en fin de journée...

Un voyage sur mesure en Thaïlande est unique.

Créez votre voyage !

La Route des Voyages
www.route-voyages.com
Tél. : 04 78 42 53 58
Paris-Lyon-Annecy-Toulouse-Bordeaux

Asie Pacifique Amérique du Nord & Sud Afrique Proche-Orient et Europe

– Annecy : 4 bis, av. d'Aléry, 74000. ☎ 04-50-45-60-20.
– Bordeaux : 10, rue du Parlement-Saint-Pierre, 33000. ☎ 05-56-90-11-20.
– Lyon : 59, rue Franklin, 69002. ☎ 04-78-42-53-58.
– Toulouse : 9, rue Saint-Antoine-du-T, 31000. ☎ 05-62-27-00-68.
Agences ouv lun-ven 9h-18h ; sam sur rdv. • route-voyages.com •
Spécialiste du voyage sur mesure depuis 1994 sur les cinq continents. C'est une véritable équipe de voyageurs spécialisés par destination qui grâce à son écoute et ses voyages de repérage réguliers construit des voyages très personnalisés. Elle privilégie une approche qui permet une réelle découverte de la destination, travaille en direct avec des prestataires locaux limitant ainsi les intermédiaires et assurant une assistance personnalisée sur place. Son engagement à promouvoir un tourisme responsable se traduit aussi par une offre de séjours solidaires (*• routes-solidaires.com •*) à insérer dans les itinéraires de découverte individuelle.

▲ TERRES LOINTAINES

Rens et résas : ☎ 01-84-19-44-45. • terres-lointaines.com •
Véritable créateur de voyages sur mesure, Terres Lointaines est un spécialiste reconnu du long-courrier pour voyageurs individuels sur plus de 30 destinations en Amérique, en Afrique et en Asie, et qui assure des prix compétitifs et un discours de transparence. Grâce à une sélection rigoureuse de partenaires sur place et un large choix d'hébergements de petite capacité et de charme, Terres Lointaines propose des voyages de qualité et hors des sentiers battus. Les circuits itinérants sont déclinables à l'infini pour coller parfaitement à toutes les envies et tous les budgets. En plus d'un contact privilégié avec un expert du pays, le site terres-lointaines.com, illustré par de nombreuses photos, des cartes interactives et informations pratiques, commencera à vous faire voyager.

▲ VOYAGES-SNCF.COM

Voyages-sncf.com, acteur majeur du tourisme français qui recense 9 millions de visiteurs par mois, propose d'acheter en ligne des billets de train, d'avion, des chambres d'hôtel, des locations de voitures, de vacances et des séjours clés en main ou Alacarte®, ainsi que des spectacles, des excursions et des musées. Un large choix et des prix avantageux sont offerts toute l'année, pour tous types de voyages dans le monde entier : SNCF, 180 compagnies aériennes, 84 000 hôtels référencés et les principaux loueurs de voitures.
Leur site *• voyages-sncf.com •* permet d'accéder tous les jours, 24h/24, à plusieurs services : envoi gratuit des billets à domicile, Alerte Résa pour être informé de l'ouverture des résas et profiter du plus grand choix, calendrier des meilleurs prix (TTC), mais aussi des offres de dernière minute et des promotions...
Pratique : *• voyages-sncf.mobi •* le site mobile pour réserver, s'informer et profiter des bons plans n'importe où et à n'importe quel moment.
Et grâce à l'Éco-comparateur, en exclusivité sur *• voyages-sncf.com •*, possibilité de comparer le prix, le temps de trajet et l'indice de pollution pour un même trajet en train, en avion et en voiture.

▲ VOYAGEURS EN ASIE DU SUD-EST

Le spécialiste du voyage en individuel sur mesure. • voyageursdumonde.fr •
– Paris : La Cité des Voyageurs, 55, rue Sainte-Anne, 75002. ☎ 01-42-86-16-00. Ⓜ Opéra ou Pyramides. Lun-sam 9h30-19h.
– Également des agences à Bordeaux, Grenoble, Lille, Lyon, Marseille, Montpellier, Nantes, Nice, Rennes, Rouen, Strasbourg et Toulouse. Et aussi à Bruxelles et Genève.

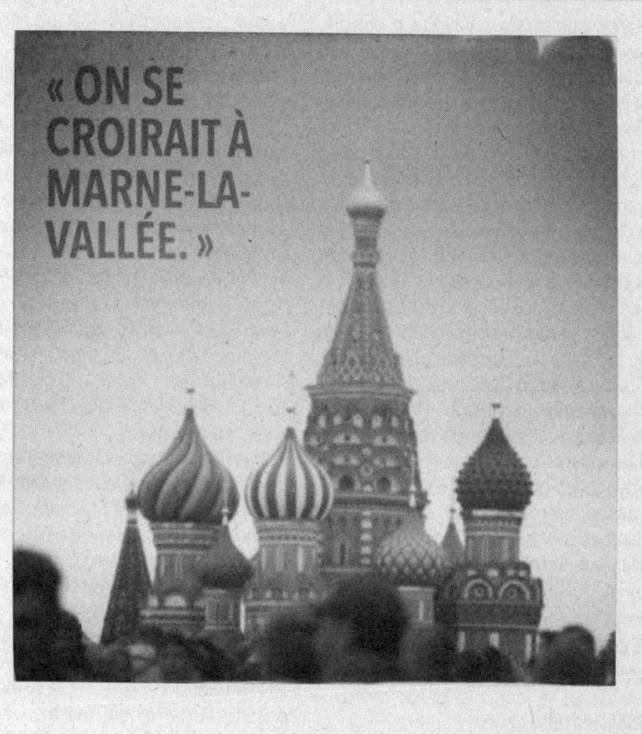

LES FRANÇAIS VONT VOYAGER.

Voyages-sncf.com
SÉJOURS, HÔTELS, TRAINS...

Voyages-sncf.com, RCS Nanterre B 431 810 621 - L'agence Voyages-sncf.com, RCS Nanterre B 439 202 078 - © Nik Wheeler/Corbis - Dave O Tuttle/Flickr/Getty. DDB

Parce que chaque voyageur est différent, que chacun a ses rêves et ses idées pour les réaliser, Voyageurs du Monde conçoit, depuis plus de 30 ans, des projets sur mesure. Les séjours proposés sur 120 destinations sont élaborés par leurs 180 conseillers voyageurs. Spécialistes de leur pays, ils vous aideront à personnaliser les voyages présentés à travers une trentaine de brochures d'un nouveau type et sur le site internet, où vous pourrez également découvrir leurs hébergements exclusifs et consulter votre espace personnalisé. Chacune des 15 Cités des Voyageurs est une invitation au voyage : librairies spécialisées, accessoires de voyage, expositions-ventes d'artisanat et conférences. Voyageurs du Monde est membre de l'association ATR (Agir pour un tourisme responsable) et a obtenu sa certification Tourisme responsable AFAQ AFNOR.

Comment aller à Roissy et à Orly ?

Bon à savoir :

- Le ***pass Navigo*** est valable pour Roissy-Rail (RER B, zones 1-5) et Orly-Rail (RER C, zones 1-4). Le week-end et j. fériés, le *pass Navigo* est dézoné, ce qui permet à ceux qui n'ont que les zones 1 à 3 d'aller tout de même jusqu'aux aéroports sans frais supplémentaires.
- Le ***billet Orly-Rail*** permet d'accéder sans supplément aux réseaux métro et RER.

À Roissy-Charles-de-Gaulle 1, 2 et 3

Attention : si vous partez de Roissy, pensez à vérifier de quelle aérogare votre avion décolle, car la durée du trajet peut considérablement varier en fonction de cette donnée.

En transports collectifs

Les cars Air France : *☎ 0892-350-820 (0,34 €/mn). • lescarsairfrance.com • Paiement par CB possible à bord.*

Le site internet diffuse les informations essentielles sur le réseau (lignes, horaires, tarifs...) permettant de connaître en temps réel des infos sur le trafic afin de mieux planifier son départ. Il propose également une boutique en ligne, qui permet d'acheter et d'imprimer les billets électroniques pour accéder aux bus.

➢ *Paris-Roissy :* départ pl. de l'Étoile (1, av. Carnot), avec un arrêt pl. de la Porte-Maillot (bd Gouvion-Saint-Cyr). Départs ttes les 20 mn, 5h45-23h. Durée du trajet : env 35-50 mn. Tarifs : 15,50 € l'aller simple, 26 € l'A/R ; réduc enfants 2-11 ans.

Autres départs depuis la gare Montparnasse (arrêt rue du Commandant-Mouchotte, face à l'hôtel *Pullman*), ttes les 30 mn, 6h-21h30, avec un arrêt gare de Lyon (20 bis, bd Diderot). Tarifs : 17 € l'aller simple, 26 € l'A/R ; réduc enfants 2-11 ans.

➢ *Roissy-Paris :* les cars *Air France* desservent la pl. de la Porte-Maillot, avec un arrêt bd Gouvion-Saint-Cyr, et se rendent ensuite au terminus de l'av. Carnot. Départs ttes les 20-30 mn, 5h45-23h, des terminaux 2A et 2C (porte C2), 2E et 2F (niveau « Arrivées », porte 3 de la galerie), 2B et 2D (porte B1), et du terminal 1 (porte 34, niveau « Arrivées »).

À destination de la gare de Lyon et de la gare Montparnasse, départs ttes les 30 mn, 6h-21h30, des mêmes terminaux. Durée du trajet : env 1h.

Roissybus : *☎ 32-46 (0,34 €/mn). • ratp.fr •* Départs de la pl. de l'Opéra (angle rues Scribe et Auber) ttes les 15 mn (20 mn à partir de 20h), 5h45-23h. Durée du trajet : 1h. De Roissy, départs 6h-23h des terminaux 1, 2A, 2B, 2C, 2D et 2F, et à la sortie du hall d'arrivée du terminal 3. Tarif : 10 €.

Bus RATP nº 351 : de la pl. de la Nation, 5h35-20h20. Solution la moins chère mais la plus lente. Compter 3 tickets ou 5,70 € et 1h40 de trajet. Ou ***bus nº 350,*** de la gare

Voyageurs
DU MONDE

LE VOYAGE
COMME VOUS L'IMAGINEZ

Grâce à des conseillers spécialisés par région, des attentions personnalisées, un service local de conciergerie unique et un partenariat exclusif avec Air France KLM permettant de gagner des miles à chaque voyage, découvrez une autre façon de voir le monde.

VOYAGEURSDUMONDE.FR
SPÉCIALISTE DU VOYAGE INDIVIDUEL PERSONNALISÉ

Licence IM075100084 © M. Legall

de l'Est (1h15 de trajet). Arrivée Roissypôle-gare RER.

RER ligne B + navette : *☎ 32-46 (0,34 €/mn).* Départs ttes les 15 mn, 4h53-0h20 depuis la gare du Nord et à partir de 5h26 depuis Châtelet. À Roissy-Charles-de-Gaulle, descendre à la station (il y en a 2) qui dessert le bon terminal. De là, prendre la navette adéquate. Compter 50 mn de la gare du Nord à l'aéroport (navette comprise), mais mieux vaut prendre de la marge. Tarif : 10,90 €.

Si vous venez du Nord, de l'Ouest ou du Sud de la France en train, vous pouvez rejoindre les aéroports de Roissy sans passer par Paris, la gare SNCF Paris-Charles-de-Gaulle étant reliée aux réseaux TGV.

En taxi

Pensez à explorer les nouveaux services de transport de personnes qui se développent dans la capitale, et qui pourraient être adaptés à vos besoins.
– ***WeCab :*** *☎ 01-41-27-66-77.* Une formule de taxi partagé (avoir un peu de souplesse horaire donc, max 2 arrêts), uniquement entre les aéroports parisiens et Paris/proche banlieue, tarifs forfaitaires (paiement à l'avance en ligne)... • *wecab.com* • *5 % de réduc pour nos lecteurs avec le code « routard2013 » au paiement.*
– ***LeCab :*** *☎ 01-76-49-76-49.* Tarifs forfaitaires (paiement à l'avance en ligne), pas de facturation des bagages, réservation gratuite sur Internet (y compris smartphone), payante par téléphone, flotte de Peugeot 508, le chauffeur vient vous chercher dans l'aéroport... • *lecab.fr* •
Maintenant, à vous de voir !

En voiture

Chaque terminal a son propre parking. Compter 34 € par tranche de 24h. Également des parkings longue durée (PR et PX), plus éloignés des terminaux, qui proposent des tarifs plus avantageux (forfait 24h 25 €, forfait 7 j. 151 €). Possibilité de réserver sa place de parking via le site • *aeroportsdeparis.fr* • Stationnement au parking Vacances (longue durée) dans le P3 Résa (terminaux 1 et 3) situé à 2 mn du terminal 3 à pied, ou dans le PAB (terminal 2). Formules de stationnement 1-30 j. (120-205 €) pour le P3 Résa ; 2-5 j. (13 € par tranche de 12h) et 6-14 j. (24 € par tranche de 24h) dans le PAB. Réservation sur Internet uniquement. Les P1, PAB et PEF accueillent les deux-roues : 15 € pour 24h.

Comment se déplacer entre Roissy-Charles-de-Gaulle 1, 2 et 3 ?

Les rames du CDG-VAL font le lien entre les 3 terminaux en 8 mn. Fonctionne tlj, 24h/24. Gratuit. Accessible aux personnes à mobilité réduite. Départs ttes les 4 mn, et ttes les 20 mn minuit-4h. Desserte gratuite vers certains hôtels, parkings, gares RER et gares TGV. *Infos au ☎ 39-50.*

À Orly-Sud et Orly-Ouest

En transports collectifs

Les cars Air France : *☎ 0892-350-820 (0,34 €/mn).* • *lescarsairfrance.com* • *Tarifs : 11 € l'aller simple, 18 € l'A/R ; réduc 2-11 ans. Paiement par CB possible dans le bus.*
➢ *Paris-Orly :* départs de l'Étoile, 1, av. Carnot, ttes les 30 mn, 5h-22h40. Arrêts au terminal des Invalides, rue Esnault-Pelterie (Ⓜ Invalides), gare Montparnasse (rue du Commandant-Mouchotte, face à l'hôtel *Pullman* ; Ⓜ Montparnasse-Bienvenüe, sortie « Gare SNCF ») et porte d'Orléans (arrêt facultatif uniquement dans le sens Orly-Paris). Compter env 1h.
➢ *Orly-Paris :* départs ttes les 20 mn, 6h-23h40, d'Orly-Sud, porte L, et d'Orly-Ouest, porte H, niveau « Arrivées ».

RER C + navette : *☎ 01-60-11-46-20.* • *parisparletrain.fr* • Prendre le RER C jusqu'à Pont-de-Rungis

partout dans le monde

Louez votre voiture au meilleur prix, partout en Thaïlande

-5 %
de remise pour les Routards*
Pour toute réservation par Internet, avec le code de réduction : GDR14

assistance téléphonique pour vous conseiller à tout moment
0 892 46 46 10*
*0,34€/min

www.anti-dote-design.com - Crédit photos : Fotolia

Depuis 12 ans, nous sélectionnons les meilleurs loueurs et négocions des prix discount, en Thaïlande et partout dans le monde.

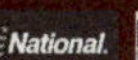

*réduction valable jusqu'au 31/12/2014, non cumulable avec toute remise ou promotion

IMAGE D'ASIE S.A.

Image d'Asie est une agence réceptive spécialisée sur Thaïlande, Myanmar, Laos, Cambodge et Vietnam.
Nous pouvons répondre à tout type de demande que cela soit pour un séminaire, une convention, un voyage de type incentive ou encore l'organisation d'un mariage nous avons une solution pour vous.

Address : 11/440 Moo 10, Ladprao-Wanghin Rd., Ladprao, Bangkok 10230
Tel office : (+66 2) 530-2722 - 6
Fax : (+66 2) 539-6477
E-mail : info@imagedasie.com
Website : www.imagedasie.com
Facebook : www.facebook.com/imagedasiefanpage

(un RER ttes les 15-30 mn). Compter 25 mn depuis la gare d'Austerlitz. Ensuite, navette pdt 15-20 mn pour Orly-Sud et Orly-Ouest. Compter 6,50 €. Très recommandé les jours où l'on piétine sur l'autoroute du Sud (w-e et jours de grands départs) : on ne sera jamais en retard. Pour le retour, départs de la navette ttes les 15 mn depuis la porte G à Orly-Ouest (5h40-23h14) et la porte F à Orly-Sud (4h45-0h55).

Bus RATP Orlybus : ☎ *0892-68-77-14 (0,34 €/mn).* • *ratp.fr* • Compter 20-30 mn pour rejoindre Orly (Ouest ou Sud) et 7,20 € l'aller simple.

➢ *Paris-Orly :* départs ttes les 15-20 mn de la pl. Denfert-Rochereau. Orlybus fonctionne tlj 5h35-23h, jusqu'à minuit ven, sam et veilles de fêtes.

➢ *Orly-Paris :* départ d'Orly-Sud, porte H, quai 4, ou d'Orly-Ouest, porte J, niveau « Arrivées ». Fonctionne tlj 6h-23h30, jusqu'à 0h20 ven, sam et veilles de fêtes.

Orlyval : ☎ *32-46 (0,34 €/mn).* • *ratp.fr* • Compter 10,90 € l'aller simple entre Orly et Paris. La jonction se fait à Antony (ligne B du RER) sans aucune attente. Permet d'aller d'Orly à Châtelet et vice versa en 40 mn env, sans se soucier de la densité de la circulation automobile.

➢ *Paris-Orly :* départs pour Orly-Sud et Ouest ttes les 6-8 mn, 6h-22h15.

➢ *Orly-Paris :* départ d'Orly-Sud, porte K, zone livraison des bagages, ou d'Orly-Ouest, porte W, niveau 1.

En taxi

Pensez à explorer les nouveaux services de transport de personnes qui se développent dans la capitale, et pourraient être adaptés à vos besoins (voir plus haut les solutions en taxi proposées pour se rendre à Roissy).

En voiture

– ***Parkings aéroports :*** à proximité d'Orly-Ouest, parkings P0 et P2. À proximité d'Orly-Sud, P1, P2 et P3 (à 50 m du terminal, accessible par tapis roulant). Compter 28,50 € pour 24h de stationnement. Les parkings P0 et P2, à proximité immédiate des terminaux, proposent des forfaits intéressants, dont le « Week-end ». Forfaits disponibles aussi pour les P4, P5 et P7 : 15,50 € pour 24h et 1 € par jour supplémentaire au-delà de 8 j. (45 j. de stationnement max). Il existe pour le P7 des forfaits Vacances 1 à 30 j. (15-130 €). Les P4, P7 (en extérieur) et P5 (couvert) sont des parkings longue durée, plus excentrés, reliés par navettes gratuites aux terminaux. *Rens :* ☎ *01-49-75-56-50.* Comme à Roissy, possibilité de réserver en ligne sa place de parking (P0 et P7) sur • *aeroportsdeparis.fr* • Les frais de résa (en sus du parking) sont de 8 € pour 1 j., de 12 € pour 2-3 j. et de 20 € pour 4-10 j. de stationnement pour le P0. Les parkings P0-P2 à Orly-Ouest et P1-P3 à Orly-Sud accueillent les deux-roues : 6,20 € pour 24h.

– À proximité, ***Econopark :*** possibilité de laisser sa voiture à Chilly-Mazarin *(13, rue Denis-Papin, ZA La Vigne-aux-Loups, 91380 ; à env 10 mn d'Orly ; proche A6 et A10).* De 1 à 28 j., compter 30-166 €. Trajet A/R vers Orly en minibus (sans supplément). Option parking couvert possible. Réservation et paiement en ligne • *econopark.fr* • ou par tél ☎ *01-60-14-85-62.*

Liaisons entre Orly et Roissy-Charles-de-Gaulle

Les cars Air France : ☎ *0892-350-820 (0,34 €/mn).* • *lescarsairfrance.com* • Départs de Roissy-Charles-de-Gaulle depuis les terminaux 1 (porte 32), 2A et 2C, 2B et 2D, 2E et 2F (galerie de liaison entre les terminaux 2E et 2F) vers Orly 5h55-22h30. Départs d'Orly-Sud (porte K) et d'Orly-Ouest (porte H) vers Roissy-Charles-de-Gaulle 6h30 (7h le w-e)-22h30. Ttes les 30-45 mn (dans les 2 sens). Durée du trajet : env 50 mn. Tarif : 18 € ; réduc.

Musée des arts asiatiques Guimet
Paris - Métro léna
Le plus court chemin vers l'Asie...
Musée ouvert tous les jours sauf le mardi
Métro léna, Paris
Tél : 01 56 52 53 00
30% DE RÉDUCTION DANS LES COLLECTIONS PERMANENTES
SUR PRÉSENTATION DE CE GUIDE À L'ENTRÉE DU MUSÉE
www.guimet.fr

NOUVEAUTÉ

LA BATAILLE DE NORMANDIE (mars 2014)

En 2014, nous célébrons les 70 ans du débarquement en Normandie. À cette occasion, le *Routard* vous invite à découvrir ou redécouvrir les lieux, sites, monuments et musées connus ou moins connus pour comprendre et revivre la plus grande bataille de tous les temps. La plupart des jeunes soldats n'avaient jamais combattu. Ils revinrent tous en héros morts ou vivants. Si on a bien en tête l'arrivée des Alliés sur les plages normandes, il ne faut pas oublier que les Normands furent les premières victimes de cet affrontement et eurent à subir les conséquences destructrices des combats. À travers ce guide, en suivant l'avancée des troupes alliées, on découvre aussi ce que fut la vie en Normandie pendant les 3 mois de cette terrible bataille qui a failli échouer.

RER B + Orlyval : ☎ *32-46 (0,34 €/mn).* Depuis Roissy, navette puis RER B jusqu'à Antony et enfin Orlyval entre Antony et Orly, 6h-22h15. Tarif : 19,50 €.

EN BELGIQUE

▲ CONNECTIONS

Rens et résa : ☎ 070-233-313 (lun-ven 9h-19h, sam 10h-17h). • connections.be •

Fort d'une expérience de plus de 20 ans dans le domaine du voyage, Connections dispose d'un réseau de 30 *travel shops,* dont un à Brussels Airport. Connections propose des vols dans le monde entier à des tarifs avantageux et des voyages destinés à des voyageurs désireux de découvrir la planète de façon autonome et de vivre des expériences uniques. Connections propose une gamme complète de produits : vols, hébergements, locations de voitures, autotours, vacances sportives, excursions, assurances « protections »...

▲ CONTINENTS INSOLITES

– Bruxelles : rue César-Franck, 44 A, 1050. ☎ 02-218-24-84. • continents-insolites.com • Lun-ven 10h-18h ; sam 10h-13h.

Continents Insolites, organisateur de voyages lointains sans intermédiaire propose une gamme étendue de formules de voyage détaillées dans leur guide annuel gratuit sur demande.

– *Voyages découverte sur mesure :* à partir de 2 personnes. Un grand choix d'hébergements soigneusement sélectionnés, du petit hôtel simple à l'établissement luxueux et de charme.

– *Circuits découverte en mini-groupes :* de la grande expédition au circuit accessible à tous. Des circuits à dates fixes dans plus de 60 pays en petits groupes francophones de 7 à 12 personnes. Avant chaque départ, une réunion est organisée. Voyages encadrés par des guides francophones, spécialistes des régions visitées.

▲ GLOBE-TROTTERS

– Bruxelles : 15, rue Franklin, 1000. ☎ 02-732-90-70. • globe-trotters.be • Lun-ven 9h30-13h30, 15h-18h ; sam 10h-13h.

En travaillant avec des prestataires exclusifs, cette agence permet de composer chaque voyage selon ses critères : de l'auberge de jeunesse au lodge de luxe isolé, du *B & B* à l'hôtel de charme, de l'autotour au circuit accompagné, d'une descente de fleuve en pirogue à un circuit à vélo... Motoneige, héliski, multi-activités estivales ou hivernales, équitation... Spécialiste du Québec, du Canada, des États-Unis, Globe Trotters propose aussi des formules dans le sud-est asiatique et en Afrique. Assurances voyage. Cartes d'auberges de jeunesse (IYHF). Location de voitures, motor-homes et motos.

▲ NOUVELLES FRONTIÈRES

• nouvelles-frontieres.be •

– Nombreuses agences dans le pays, dont Bruxelles, Charleroi, Liège, Mons, Namur, Waterloo, Wavre, ainsi qu'au Luxembourg.

Voir texte dans la partie « En France ».

▲ VOYAGEURS DU MONDE

– Bruxelles : 23, chaussée de Charleroi, 1060. ☎ 02-543-95-50. • voyageursdumonde.com •

Le spécialiste du voyage en individuel sur mesure. Voir texte dans la partie « En France ».

EN SUISSE

▲ ÈRE DU VOYAGE (L')

– Nyon : Grand-Rue, 21, CH-1260. ☎ 022-365-15-65. • ereduvoyage.ch • Mar-ven 9h-18h ; sam sur rdv.

Agence fondée par quatre professionnelles qui ont la passion du voyage. Elles pourront vous conseiller et vous

18.80 €

- Plus de 600 adresses avec des photos
- Plein de menus à moins de 30 €

faire part de leur expérience en Asie, Afrique australe et Moyen-Orient. Des itinéraires originaux, testés par l'équipe de l'agence : voyages sur mesure pour découvrir un pays en toute liberté en voiture privée avec ou sans chauffeur, guide local et logements de charme, petites escapades pour un week-end prolongé et voyages en famille.

▲ HORIZONS NOUVEAUX

– Verbier : rue de Medran, 6, CP 196, 1936. ☎ 027-771-71-71. ● horizonsnouveaux.com ● Lun-ven 9h-12h, 14h-18h ; sam sur rdv.

Horizons Nouveaux est le tour-opérateur suisse spécialisé dans les régions qui vont de l'Asie centrale à l'Asie du Sud en passant par les pays himalayens, tels que l'Inde, le Sri Lanka, le Népal, le Tibet, la Birmanie, le Cambodge, le Laos, Java, ou encore Bali. Nicolas Jaques et Paul Kennes, qui voyagent dans ces régions depuis plus de 20 ans, organisent principalement des voyages à la carte, des voyages culturels à thème, des trekkings souvent inédits et des expéditions. Photographes et auteurs de nombreux reportages sur ces destinations, ils pourront vous renseigner sur tous les aspects du pays choisi et vous aider à préparer votre voyage dans les meilleures conditions.

▲ JERRYCAN

– Genève : 11, rue Sautter, 1205. ☎ 022-346-92-82. ● jerrycan-travel.ch ● Lun-ven 9h-18h.

Tour-opérateur de la Suisse francophone spécialisé sur l'Afrique, l'Asie et l'Amérique latine. Trois belles brochures proposent des circuits individuels et sur mesure. L'équipe connaît bien son sujet et peut construire un voyage à la carte.

▲ STA TRAVEL

☎ 058-450-49-49. ● statravel.ch ●
– Fribourg : rue de Lausanne, 24, 1701. ☎ 058-450-49-80.
– Genève : rue de Rive, 10, 1204. ☎ 058-450-48-00.
– Genève : rue Vignier, 3, 1205. ☎ 058-450-48-30.
– Lausanne : bd de Grancy, 20, 1006. ☎ 058-450-48-50.
– Lausanne : à l'université, Anthropole, 1015. ☎ 058-450-49-20.

Agences spécialisées notamment dans les voyages pour jeunes et étudiants. 150 bureaux STA et plus de 700 agents du même groupe répartis dans le monde entier sont là pour donner un coup de main *(Travel Help)*. STA propose des tarifs avantageux : vols secs *(Blue Ticket)*, hôtels, écoles de langue, *work & travel*, circuits d'aventure, voitures de location, etc. Délivre la carte internationale d'étudiant et la carte Jeune.

▲ TUI – NOUVELLES FRONTIÈRES

– Genève : rue Chantepoulet, 25, 1201. ☎ 022-716-15-70.
– Lausanne : bd de Grancy, 19, 1006. ☎ 021-616-88-91.

Voir texte dans la partie « En France ».

AU QUÉBEC

▲ EXOTIK TOURS

Rens sur ● exotiktours.com ● ou auprès de votre agence de voyages.

Exotik Tours offre une importante programmation en été comme en hiver sur la Méditerranée et l'Europe. Ses circuits estivaux se partagent notamment entre la France, l'Autriche, la Grèce, la Turquie, l'Italie, la Croatie, le Maroc, la Tunisie, la République tchèque, la Russie, la Thaïlande, le Vietnam, la Chine... L'hiver, des séjours sont proposés dans le Bassin méditerranéen et en Asie (Thaïlande et Bali). Durant cette saison, on peut également opter pour des combinés plage + circuit. Dans la rubrique « Grands voyages », le voyagiste suggère des périples en petits groupes ou en individuel. Au choix : l'Amérique du Sud, le Pacifique Sud, l'Afrique (Afrique du Sud, Kenya, Tanzanie), l'Inde et le Népal. Le voyagiste a par ailleurs créé une nouvelle division : Carte Postale Tours (circuits en autocar au Canada et aux États-Unis).

▲ TOURS CHANTECLERC

● *tourschanteclerc.com* ●

Tours Chanteclerc est un tour-opérateur qui publie différentes brochures de voyages : Europe, Amérique du Nord, Amérique du Sud, Asie et Pacifique Sud, Afrique et le Bassin méditerranéen en circuits ou en séjours. Il s'adresse aux voyageurs indépendants qui réservent un billet d'avion, un hébergement (dans toute l'Europe), des excursions ou une location de voitures. Également spécialiste de Paris, le tour-opérateur offre une vaste sélection d'hôtels et d'appartements dans la Ville lumière.

▲ VACANCES AIR CANADA

● *vacancesaircanada.com* ●

Vacances Air Canada propose des forfaits loisirs (golf, croisières, voyages d'aventure, ski, et excursions diverses) flexibles vers les destinations les plus populaires des Antilles, de l'Amérique centrale et du Sud, de l'Asie, de l'Europe et des États-Unis. Vaste sélection de forfaits incluant vol aller-retour et hébergement. Également des forfaits vol + hôtel et vol + voiture.

▲ VOYAGES CAMPUS / TRAVEL CUTS

● *voyagescampus.com* ●

Voyages Campus / Travel Cuts est un réseau national d'agences de voyages spécialisées pour les étudiants et les voyageurs qui disposent de petits budgets. Le réseau existe depuis 40 ans et compte plus de 50 agences, dont 6 au Québec. Voyages Campus propose des produits exclusifs comme l'assurance « Bon voyage », le programme de Vacances-Travail (SWAP), la carte d'étudiant internationale (ISIC) et plus. Ils peuvent aider à planifier un séjour autant à l'étranger qu'au Canada et même au Québec.

UNITAID

UNITAID a été créé pour lutter contre le VIH/sida, le paludisme et la tuberculose, principales maladies meurtrières dans les pays en développement. UNITAID intervient dans 94 pays en facilitant l'accès aux médicaments et aux diagnostics, en en baissant les prix, dans les pays en développement. Le financement d'UNITAID provient principalement d'une contribution de solidarité sur les billets d'avion mise en place par six pays membres, dont la France. En France, la taxe est de 1 € sur les vols intérieurs et de 4 € sur les vols internationaux (ce qui représente le traitement d'un enfant séropositif pour 1 an). Depuis 2006, UNITAID a réuni plus d'un milliard de dollars. Les financements d'UNITAID ont permis à près d'un million de personnes atteintes du VIH/sida de bénéficier d'un traitement et de délivrer plus de 19 millions de traitements contre le paludisme. Moins de 5 % des fonds sont utilisés pour le fonctionnement du programme, 95 % sont utilisés directement pour les médicaments et les tests. Pour en savoir plus : ● *unitaid.eu* ●

QUITTER LE PAYS

PAR VOIE AÉRIENNE

Bangkok est la porte d'entrée principale du pays, et la porte de sortie aussi ! Mais on peut quitter le pays depuis d'autres aéroports, par exemple celui de Hat Yai (vols directs pour Kuala Lumpur et Singapour).

PAR VOIE TERRESTRE

Attention, certains postes frontières peuvent ouvrir et fermer comme des fleurs ou voir leurs horaires d'ouverture être modifiés sans préavis. À vérifier auprès des ambassades concernées à Bangkok ou des antennes de province. Tout dépassement de visa est facturé 500 Bts par personne et par jour. Mais parfois, c'est presque plus avantageux que de repayer un visa pour quelques jours à peine. Faire le calcul.

➢ ***Pour la Birmanie :*** en principe, frontière et autorisation journalière à *Mae Sai* et *Mae Sot*. Possibilité de passage à *Ranong* également (à la pointe sud du pays).

➢ ***Pour le Laos :*** se reporter au chapitre « Le Nord-Est. Passage des frontières laotienne et cambodgienne ». 5 postes frontières permettent aux étrangers de passer au Laos : *Chiang Khong, Nong Khai, Nakhon Phatom, Mukdahan* et *Chong Mek*. Attention, si vous repassez la frontière lao-thaïe pour revenir en Thaïlande, le visa n'est que de 15 jours par la voie terrestre, mais si vous revenez par air et entrez à Bangkok en avion, le temps du visa est celui du visa normal, dans tous les cas de minimum 1 mois. Sinon, dépassement de visa (voir au-dessus).

➢ ***Pour le Cambodge :*** *Aranyaprathet-Poipet* est le poste frontière le plus usité, tandis que *Had Lek* (via Trat) et *Daung* permettent d'arriver par le sud du pays (respectivement Sihanoukville et Kep). Tous 2 sont desservis par des bus directs depuis Bangkok. Dans la région de Surin, à *Chong Chom (O'Smach)*, existe aussi un poste frontière « aventure » à seulement 150 km d'Angkor (pas de bus, juste taxi privé hors de prix). Mieux vaut vérifier d'abord s'il est ouvert ! Sinon, passer par une agence, plus simple. Dans la province de Si Saket, poste à *Chong Sa-ngam (Anlong Veng)*. Poste également à *Ban Pakard* (Pailin), mais le visa coûte plus cher.

➢ ***Pour la Malaisie :*** en train depuis Bangkok, ou en utilisant l'un des nombreux bus et minibus depuis Hat Yai. Postes frontières à *Padang Besar, Sadao, Betong* et *Sungai Kolok*. Passage très simple et sans formalités. Voir notre chapitre « Le Sud : itinéraire Bangkok – Hat Yai ».

PAR VOIE MARITIME

Pas vraiment le bon plan...

THAÏLANDE UTILE

▸ Pour la carte générale de la Thaïlande, se reporter au cahier couleur.

ABC DE LA THAÏLANDE

▸ *Population :* environ 67 millions d'habitants.
▸ *Éléphants sauvages :* environ 1 500 *Elephas maximus* (15 000 dans toute l'Asie).
▸ *Superficie :* 513 120 km² (à peine plus petit que la France).
▸ *Capitale :* Bangkok (8,3 millions d'habitants, 14 millions dans le « grand Bangkok »).
▸ *Langues :* le thaï (langue officielle), le chinois et l'anglais.
▸ *Monnaie :* le baht (Bts). 1 € = environ 40 Bts.
▸ *Religions :* bouddhisme (94 %), islam (5 %), christianisme (environ 1 %), animisme et hindouisme.
▸ *Nature du régime :* monarchie constitutionnelle à tendance autoritaire.
▸ *Chef de l'État :* le roi Bhumibol Adulyadej (couronné en 1950 !), également connu sous le nom de Râma IX.
▸ *Premier ministre :* Yingluck Shinawatra (depuis août 2011), première femme à ce poste.
▸ *Indice de développement humain :* 0,682 (103ᵉ rang mondial).

AVANT LE DÉPART

Adresses utiles

En France

i *Office national de tourisme de Thaïlande :* *90, av. des Champs-Élysées, 75008 Paris, au 6ᵉ étage.* ☎ *01-53-53-47-00.* • *tourismethaifr.com* • Ⓜ *Franklin-D.-Roosevelt. Lun-ven 9h30-12h30, 13h30-17h30.* Distribue ou envoie gratuitement de la documentation. Accueil aimable.

■ ***Ambassade royale de Thaïlande :*** *8, rue Greuze, 75016 Paris.* ☎ *01-56-26-50-50.* • *thaiembassy.fr* • Ⓜ *Trocadéro. Lun-ven 9h30-12h (dépôt et retrait du visa), 14h30-17h30.* On obtient le visa en 48h ouvrables, sauf en période de fête thaïlandaise où c'est un peu plus long. Pas de visa par correspondance.

■ ***Consulat général de Thaïlande :*** *8, rue Cargo-Rhin-Fidelity, 13002 Marseille.* ☎ *04-91-21-61-05. Infos :* ☎ *0836-702-023 (1,35 €/mn). Lun, mer et ven 8h30-11h30.* On obtient le visa tourisme avec 2 photos, même pour les enfants, une demande de visa à remplir sur place et un passeport en cours de validité. Paiement en espèces.

■ ***Consulat royal de Thaïlande :*** *40, rue du Plat, 69002 Lyon.* ☎ *04-78-37-16-58.* • *thailande.consulatlyon@wanadoo.fr* • Ⓜ *Bellecour. Lun, mar et ven 9h-11h.* Pour obtenir un visa, envoyez un e-mail en précisant la nationalité du passeport, les dates d'arrivée et de départ envisagées, et le motif (si autre que touristique) : un formulaire vous sera alors adressé dans les 48h. Ensuite, émission du visa immédiate sur place ou possibilité d'envoi par correspondance.

■ ***Musée Guimet :*** *6, pl. d'Iéna, 75016 Paris. ☎ 01-56-52-53-00. • guimet.fr • Ⓜ Iéna ou Trocadéro. Tlj sf mar 10h-18h. Entrée payante.* Au rez-de-chaussée, quelques pièces thaïlandaises, bien mises en valeur. Pour vous initier à l'art du Sud-Est asiatique et aux styles propres au royaume de Siam.

■ ***Musée du quai Branly :*** *206 et 218, rue de l'Université, ou côté Seine, 75007 Paris. ☎ 01-56-61-70-00. • quaibranly.fr • Ⓜ Alma-Marceau ou Bir-Hakeim ; RER C : Pont-de-l'Alma. Mar-mer et dim 11h-19h ; jeu-sam 11h-21h. Fermé lun (sf pdt les petites vac), 1er mai et 25 déc. Entrée payante ; plusieurs formules tarifaires.* Voilà l'occasion d'un aller-retour possible sur le Sud-Est asiatique, à la rencontre de certains savoir-faire thaïlandais, comme tout ce qui a trait au théâtre d'ombres ou aux ikats.

En Belgique

■ ***Ambassade de Thaïlande :*** *chaussée de Waterloo, 876, Bruxelles 1000. ☎ 02-640-68-10. • thaiembassy.be • Permanence téléphonique lun-ven 9h30-12h, 14h-17h. Ouv au public lun-ven 9h30-12h (pour la demande de visa), 14h-15h (pour la récupération du visa : le lendemain, j. ouvrable). Coût : 30 € (tourisme, 1 entrée).* Le passeport doit être valable au moins 6 mois à partir du jour d'entrée en Thaïlande.

■ ***Consulat royal de Thaïlande :***

– À Anvers (Berchem) : Onze-Lieve-Vrouwstraat, 6, 2600. ☎ 04-95-22-99-00. • thaiconsulate.be • Lun et ven 8h45-12h30, 13h30-16h (15h ven) ; mar-jeu, le mat slt.

– À Liège : rue Côte-d'Or, 274B, 4000. ☎ 04-229-70-11. Lun-ven 10h-12h.

En Suisse

■ ***Ambassade de Thaïlande :*** *Kirchstrasse 56, 3097 Liebefeld (Berne). ☎ 031-970-30-30 à 34. • thai.bern@bluewin.ch • Lun-ven 9h-12h, 14h-17h.* Obtention des visas uniquement le matin. Prévoir 40 Fs par entrée.

■ ***Consulat royal de Thaïlande :***

– À Genève : 91, rue de la Servette, 1202. ☎ 022-311-07-23. • info@thaiconsulate.ch • consulat-thailande.ch • Permanence téléphonique : mar et ven 14h-15h30. Ouv au public : lun et jeu 9h15-11h45 ; mar-mer et ven sur rdv. Délai d'obtention des visas : 2 jours (ou 1-2 semaines par correspondance). Il faut un formulaire de demande de visa, 2 photos, copie du billet d'avion payé (aller-retour), un passeport valable 6 mois à partir de la date de sortie, et 40 Fs en espèces par entrée demandée pour un visa tourisme.

– À Zurich : Löwenstrasse 42, 8001. ☎ 043-344-70-00. • info@thai-consulate.ch • thai-consulate.ch • Lun-ven 9h30-11h30.

– À Bâle : Aeschenvorstadt 71 Postfach, 4051 Basel. ☎ 061-206-45-65. • info@thaikonsulat.ch • thaikonsulat.ch • Lun-ven 9h-11h30.

Au Canada

■ ***Ambassade du royaume de Thaïlande :*** *180 Island Park Dr., Ottawa (Ontario) K1Y 0A2. ☎ (613) 722-4444. • consular@thaiembassy.ca • thaiembassy.ca • (possibilité de télécharger le formulaire de demande de visa). Lun-ven 9h30-11h30, 13h30-15h.*

■ ***Consulat général royal de Thaïlande :*** *1100 bd René-Levesque Ouest, bureau 1314, Montréal (Québec) H3B 4N4. ☎ (514) 878-4466 (message très détaillé). • info@thaiconmtl.com • Mar et jeu 10h-12h.* Prix du visa pour les séjours de plus de 30 jours (tourisme) : 40 $Ca par entrée, en espèces ou par mandat postal. Délai minimum d'obtention : 1 semaine.

Formalités

Pensez à scanner passeport, visa, carte de paiement, billet d'avion et vouchers d'hôtel. Ensuite, adressez-les vous par e-mail, en pièces jointes. En cas de perte ou vol, rien de plus facile pour les récupérer dans un cybercafé. Les démarches administratives seront bien plus rapides. Merci tonton *Routard* !

– ***Il est impératif de joindre votre ambassade avant votre départ pour connaître les modalités d'entrée dans le pays selon vos dates de séjour et votre nationalité, la situation pouvant régulièrement changer.***

– Selon la loi d'immigration en vigueur (datée du 25 novembre 2008), ***presque tous les visiteurs européens entrant en Thaïlande pour un motif touristique sont dispensés de visa pour tout séjour inférieur à 15 jours s'ils arrivent par voie terrestre, et à 30 jours s'ils arrivent par voie aérienne. Ils devront alors disposer d'un vol retour ou d'un vol aller confirmé vers une destination autre que la Thaïlande dans un délai égal ou inférieur à 15 jours (entrée par voie terrestre) ou 30 jours (entrée par voie aérienne).***

Attention, les ressortissants de certains pays européens ont besoin d'un visa, que le séjour soit inférieur ou supérieur à 15 ou 30 jours (bien se renseigner à l'ambassade ou au consulat avant le départ).

– Quelle que soit la durée du séjour, le visiteur doit être muni d'un ***passeport impérativement valable au moins 6 mois à partir de la date d'entrée en Thaïlande.*** De plus en plus de pays d'Asie du Sud-Est l'exigent.

– À l'heure actuelle, ***si vous comptez rester en Thaïlande pendant plus de 30 jours consécutifs***, demandez un visa avant votre départ, car vous pouvez vous voir refouler par les compagnies aériennes. Pour obtenir ce visa touristique, la validité du passeport doit être supérieure de 6 mois après le retour de Thaïlande. Ce visa est payant ; compter 30 € pour une entrée et 60 € pour deux entrées. Il est utilisable pendant 3 mois après son émission. Il est valable ensuite 60 jours sur place, renouvelable éventuellement pour 30 jours auprès du Bureau de l'immigration à Bangkok (frais : 1 900 Bts) ou ailleurs dans le pays (● *immigration.go.th* ● pour la liste des bureaux, ou ● *discoverytrade.free.fr/immigrationfr.htm* ● en français). N'oubliez pas de fournir deux photos récentes non scannées et identiques, l'attestation aérienne aller-retour ou une copie du billet électronique. ***Pour un visa deux entrées*** (pour deux séjours de 60 jours maximum chacun), vous aurez besoin des deux billets aller vers la Thaïlande. Le deuxième séjour est renouvelable à un poste frontière aérien et pas à l'ambassade, plus pratique (mais vérifiez quand même) ! Sans cette double entrée, on vous redonne un visa de 30 jours.

– Bon à savoir si vous comptez faire un tour dans la sous-région, ***le visa touristique de 60 jours donne également droit à un séjour de 30 jours au Cambodge.*** Pas besoin donc de faire une demande de visa touristique supplémentaire à l'ambassade du Cambodge. C'est aussi valable dans l'autre sens : le visa touristique cambodgien donne droit à 60 jours en Thaïlande. Attention cependant, il vous faudra tout de même payer des frais administratifs lors du passage de la frontière du second pays. De plus, la limite de validité de ce visa unique reste de 90 jours après sa date d'émission. Appelé *ACMECS,* du nom de l'association de coopération économique et culturelle entre la Thaïlande, la Birmanie, le Cambodge, le Laos et le Vietnam, ce visa unique est délivré aux ressortissants de 35 pays, dont les Français, les Canadiens, les Belges, les Suisses et la plupart des Européens. À terme, il pourrait être étendu aux cinq pays de l'*ACMECS*.

– Sur place, ***pour obtenir 15 jours de rab',*** sortir de Thaïlande à une ville frontière avec la Birmanie (dans le nord-ouest de la Thaïlande ; voir chapitres correspondants) et re-rentrer dans la foulée. Et hop ! un nouveau tampon, et c'est reparti pour 15 jours. Attention cependant, il vous faudra tout de même payer les frais administratifs pour l'entrée en Birmanie (environ 500 Bts). Par ailleurs, toute sortie remet les compteurs à zéro, les autorisations de durée de séjour ne s'accumulent pas. Autrement dit, s'il vous restait 3 semaines d'autorisation de séjour, vous les perdez en sortant du pays. Dans ce cas, faire tamponner une photocopie du passeport pour conserver son visa antérieur.

– Pensez à ***vérifier la date limite*** de séjour qui a été inscrite sur votre passeport, car il ne s'agit pas toujours de 15 jours (si entrée par voie terrestre) ou de 30 jours pile (parfois moins), et ne vous amusez pas à la dépasser lors d'un séjour en Thaïlande ! Amende de 500 Bts par jour supplémentaire dépassant la date de limite de séjour, à payer en sortant du pays.

– D'une manière générale, mêmes formalités pour nos amis canadiens, suisses et belges quel que soit le type de visa demandé. Mais, encore une fois, vérifiez auprès de votre ambassade avant le départ.

Agences de visas

■ ***Action-Visas.com :*** *10-12, rue du Moulin-des-Prés, 75013 Paris. ☎ 01-45-88-56-70. Fax : 01-45-88-59-84. • action-visas.com • Ⓜ Place-d'Italie (sortie bd Blanqui). Lun-ven 9h30-12h, 13h30-18h30 ; sam 9h30-13h.* Cette agence sérieuse s'occupe d'obtenir votre visa pour toutes destinations. Délais rapides, traitement immédiat du dossier dès réception (aucune attente) et service fiable. Pour la province, demandez le visa par correspondance quelle que soit la destination. Possibilité d'imprimer les formulaires sur leur site et de suivre l'évolution de votre dossier en ligne. Réception d'un courriel sur votre messagerie à chaque étape du processus d'obtention du visa. Prix du service entre 27 et 35 € selon les destinations en plus des frais consulaires. Réduction de 13 € pour nos lecteurs pour chaque destination et par personne. Il est impératif de fournir la copie de la page du guide avec la demande de visa pour que le tarif vous soit appliqué. Par ailleurs, Action-Visas prélève 1 € de sa marge commerciale pour financer un projet humanitaire qui peut être suivi en direct sur leur site internet.

■ ***Home Visas :*** *55, av. Édouard-Vaillant, 92100 Boulogne-Billancourt. ☎ 01-46-21-80-40. Fax : 01-46-21-01-15. • homevisas.com • Lun-ven 9h30-13h30, 14h30-18h30 ; sam 9h30-12h30.* Prix du service : 26 € en délai normal et 58 € en urgent, de 1 à 4 passeports, quelle que soit la destination, en plus des frais consulaires (et des frais d'expédition si besoin). Intéressant quand on est plusieurs. Possibilité d'imprimer les formulaires sur internet. Pour nos lecteurs, avec copie de cette page du guide, tarif unique de 19 € par personne, au lieu de 26 €, dès le premier visa (32 € à la prestation en cas d'urgence).

Permis de conduire

N'oubliez pas votre permis de conduire international, même si vous ne pensez conduire qu'une moto. Contrôles très fréquents, amende de 300 Bts. Disponible en préfecture ou sous-préfecture gratuitement sur présentation de votre permis national, d'une pièce d'identité, de deux photos récentes et d'un justificatif de domicile. Valable 3 ans.

Assurances voyages

■ ***Routard Assurance :*** *c/o AVI International, 106, rue La Boétie, 75008 Paris. ☎ 01-44-63-51-00. ● avi-international.com ● Ⓜ Saint-Philippe-du-Roule ou Franklin-Roosevelt.* Depuis 1995, Routard Assurance en collaboration avec AVI International, spécialiste de l'assurance voyage, propose aux routards un tarif à la semaine qui inclut une assurance bagages de 2 000 €, dont 300 € pour les appareils photo. Pour les séjours longs (2 mois à 1 an), il existe le contrat *Marco Polo*. Ces 2 contrats sont également disponibles à un prix forfaitaire pour les familles en courts et longs séjours. Les seniors ont aussi leur contrat *Routard Assistance Senior.* Routard Assurance est aussi disponible en version « light » (durée adaptée aux week-ends et courts séjours en Europe). Vous trouverez un bulletin de souscription dans les dernières pages de chaque guide.

■ ***AVA :*** *25, rue de Maubeuge, 75009 Paris. ☎ 01-53-20-44-20. ● ava.fr ● Ⓜ Cadet.* Un autre courtier fiable pour ceux qui souhaitent s'assurer en cas de décès-invalidité-accident lors d'un voyage à l'étranger, mais surtout pour bénéficier d'une assistance rapatriement, perte de bagages et annulation. Attention, franchises pour leurs contrats d'assurance voyage.

■ ***Pixel Assur :*** *18, rue des Plantes, 78600 Maisons-Laffitte. ☎ 01-39-62-28-63. ● pixel-assur.com ● RER A : Maisons-Laffitte.* Assurance de matériel photo et vidéo tous risques dans le monde entier. Devis basé sur le prix d'achat de votre matériel. Avantage : garantie à l'année.

Avoir un passeport européen, ça peut être utile

L'Union européenne a organisé une assistance consulaire mutuelle pour les ressortissants de l'UE en cas de problème en voyage. Vous pouvez y faire appel lorsque la France (c'est rare) ou la Belgique (c'est plus fréquent) ne disposent pas d'une représentation dans le pays où vous vous trouvez. Concrètement, cette assistance vous permet de demander de l'aide à l'ambassade ou au consulat (pas à un consulat honoraire) de n'importe quel état membre de l'UE. Leurs services vous indiqueront s'ils peuvent directement vous aider ou vous préciseront ce qu'il faut faire.

Leur assistance est bien entendu limitée aux situations d'urgence : décès, accidents ayant entraîné des blessures ou des lésions, maladie grave, rapatriement pour raison médicale, arrestation ou détention. En cas de **perte ou de vol de votre passeport**, ils pourront également vous procurer un **document provisoire** de voyage.

Cette entraide consulaire entre les états membres de l'UE ne peut, bien entendu, vous garantir un accueil dans votre langue. En général, une langue européenne courante sera pratiquée.

Ariane, le fil à suivre

Ariane est un service gratuit mis à disposition par le Centre de crise du ministère des Affaires étrangères et européennes. Il permet aux voyageurs français qui le souhaitent de s'enregistrer à l'occasion de leurs séjours à l'étranger. Les informations déposées sur Ariane sont utilisées en cas de crise, par exemple pour contacter des voyageurs dans l'hypothèse où des opérations de secours sont organisées, ou encore pour joindre rapidement les familles ou les proches en France si une situation le nécessite. Pour en savoir plus : *● pastel.diplomatie.gouv.fr/fildariane ●*

Vaccinations

Aucune vaccination n'est obligatoire pour les voyageurs en provenance d'Europe. Quelques conseils :

– être à jour pour les vaccinations « universelles », encore plus utiles là-bas : diphtérie, tétanos, polio, coqueluche

(Repevax®), hépatite B (probable immunité à vie si les trois injections sur 1 an ont été correctement reçues) ;
– vaccin contre l'hépatite A (Havrix 1440® ou Avaxim®) absolument indispensable ; après la première injection (protectrice 15 jours plus tard, à quasiment 100 %), une seconde faite 6 à 18 mois plus tard entraîne probablement une immunité à vie ;
– vaccin contre la typhoïde (Typhim Vi®) indispensable, sauf peut-être pour un très court séjour dans la capitale ; immunité 3 ans. N.B. : vaccin combiné hépatite A + typhoïde : Tyavax® ;
– pour les séjours longs ou ruraux, vaccin préventif contre la rage conseillé. Attention : trois injections nécessaires (J0, J7, J28). N.B. : peut être fait par tout médecin ;
– pour les séjours ruraux, même courts, et particulièrement en zone de rizières, le ministère de la Santé recommande la vaccination contre l'encéphalite japonaise (Ixiaro®) : deux injections (J0, J28), en centre de vaccinations internationales ou en pharmacie, sur prescription ; seul problème : le coût (88 € au moins, chaque dose).
Pour les centres de vaccinations partout en France, dans les DOM-TOM, en Belgique et en Suisse, consulter le site internet • *astrium.com/centres-de-vaccinations-internationales.html* •

Carte internationale d'étudiant (carte ISIC)

Elle prouve le statut d'étudiant dans le monde entier et permet de bénéficier de tous les avantages, services et réductions dans les domaines du transport, de l'hébergement, de la culture, des loisirs, du shopping... C'est la clé de la mobilité étudiante !
La carte ISIC permet aussi d'accéder à des avantages exclusifs sur le voyage (billets d'avion spécial étudiants, hôtels et auberges de jeunesse, assurances, cartes SIM internationales, locations de voiture...).

Pour l'obtenir en France

– ***Commandez-la en ligne :*** • *isic.fr* •
– ***Rendez-vous dans la boutique ISIC*** *(2, rue de Cicé, 75006 Paris ; ☎ 01-40-49-01-01)* muni de votre certificat de scolarité, d'une photo d'identité et de 13 € (12 € + 1 € frais de traitement).
Émission immédiate sur place ou envoi à domicile le jour même de la commande en ligne.

En Belgique

La carte coûte 10 € (+ 1 € de frais d'envoi) via l'agence *Connections* (12 € via le site ISIC) et s'obtient sur présentation de la carte d'identité, et de la carte d'étudiant auprès de l'agence ***Connections :*** *rens au ☎ 070-23-33-13 ou 479-807-129.* • *isic.be* •

En Suisse

La carte s'obtient dans toutes les agences ***STA Travel*** *(☎ 058-450-40-00 ou 49-49),* sur présentation de la carte d'étudiant, d'une photo et de 20 Fs. Commande de la carte en ligne sur • *isic.ch* • *statravel.ch* •

Au Canada

La carte coûte 20 $Ca (+ 1,50 $Ca de frais d'envoi). Disponible dans les agences ***TravelCuts/Voyages Campus,*** mais aussi dans les bureaux d'associations étudiants. Pour plus d'infos : • *voyagescampus.com* •

Carte d'adhésion internationale aux auberges de jeunesse (carte FUAJ)

Cette carte vous ouvre les portes des 4 000 auberges de jeunesse du réseau HI-Hostelling International en France et dans le monde. Vous pouvez ainsi parcourir 90 pays à des prix avantageux et bénéficier de tarifs préférentiels avec les partenaires des Auberges de Jeunesse HI. Enfin, vous intégrez une communauté mondiale de voyageurs partageant les mêmes valeurs : plaisir de la rencontre, respect des différences et échange dans un esprit convivial. Il n'y a pas de limite d'âge pour séjourner en auberge de jeunesse. Il faut simplement être adhérent.

Pour l'obtenir en France

– ***En ligne,*** avec un paiement sécurisé, sur le site • *hifrance.org* •
– ***Dans toutes les auberges de jeunesse,*** points d'informations et de réservations en France. Liste des AJ sur • *hifrance.org* •
– ***Par correspondance*** auprès de l'antenne nationale *(27, rue Pajol, 75018 Paris ; ☎ 01-44-89-87-27),* en envoyant une photocopie d'une pièce d'identité et un chèque à l'ordre de la FUAJ du montant correspondant à l'adhésion. Ajoutez 2 € pour les frais d'envoi. Vous recevrez votre carte sous 15 j.

Les tarifs de l'adhésion 2014

– ***Carte internationale individuelle FUAJ – de 26 ans :*** 7 €. Pour les personnes de 16 à 25 ans (veille des 26 ans), françaises ou étrangères résidant en France depuis plus de 12 mois, les étudiants français et les demandeurs d'emploi sur présentation d'un justificatif.
Pour les mineurs, une autorisation parentale et la carte d'identité du parent tuteur sont nécessaires pour l'inscription.
– ***Carte internationale individuelle FUAJ + de 26 ans :*** 11 €.
– ***Carte internationale FUAJ Famille :*** 20 €. Pour les familles ayant un ou plusieurs enfants de moins de 16 ans. Les enfants de plus de 16 ans devront acquérir une carte individuelle FUAJ.
– ***Carte internationale FUAJ partenaire :*** gratuite. Réservée aux personnes licenciées, aux adhérents d'une association ou d'une fédération sportive partenaire de la FUAJ, sur présentation de leur licence.
Liste complète des associations et fédération sportives sur • *hifrance.org* •, rubrique « Partenaires ».

En Belgique

Réservée aux personnes résidant en Belgique. La carte d'adhésion est obligatoire. Son prix varie selon l'âge : entre 3 et 15 ans, 3 € ; entre 16 et 25 ans, 9 € ; après 25 ans, 15 €.
Votre carte de membre vous permet d'obtenir de 3 à 20 € de réduction sur votre première nuit dans les réseaux LAJ, VJH et CAJL (Luxembourg), ainsi que des réductions auprès de nombreux partenaires en Belgique.

Renseignements et inscriptions

■ ***À Bruxelles : LAJ,*** *rue de la Sablonnière, 28, 1000. ☎ 02-219-56-76.* • *lesaubergesdejeunesse.be* •
■ ***À Anvers : Vlaamse Jeugdherbergcentrale (VJH),*** *Beatrijslaan 72, B 2050 Antwerpen. ☎ 03-232-72-18.* • *jeugdherbergen.be* •

En Suisse (SJH)

Réservée aux personnes résidant en Suisse. Le prix de la carte dépend de l'âge : 22 Fs pour les – de 18 ans, 33 Fs pour les adultes et 44 Fs pour une famille avec des enfants de – de 18 ans.

Renseignements et inscriptions

■ ***Schweizer Jugendherbergen (SJH) :*** *service des membres, Schaffhauserstr. 14, 8006 Zurich : ☎ 41-44-360-14-14.* • *youthhostel.ch* •

Au Canada

Elle coûte 35 $Ca pour une durée de 16 à 28 mois et 175 $Ca pour une carte valable à vie (tarif hors taxes). Gratuit pour les enfants de – de 18 ans.

■ ***Auberges de Jeunesse du Saint-Laurent / St Laurent Youth Hostels :*** *3514, av. Lacombe, Montréal (Québec) H3T 1M1. ☎ 514-731-1015. N° gratuit (au Canada) : ☎ 1-800-663-5777.*

■ ***Canadian Hostelling Association :*** *205 Catherine St, bureau 400, Ottawa (Ontario) K2P 1C3. ☎ 613-237-7884. • hihostels.ca •*

Pour réserver votre séjour en auberge de jeunesse HI

– ***En France :*** *• hifrance.org •* Réservez vos séjours dans 120 auberges de jeunesse. Accès aux offres spéciales et dernières minutes.

– ***En France et dans le monde :*** *• hihostels.ca •* Si vous prévoyez un séjour itinérant, vous pouvez réserver plusieurs auberges en une seule fois !

ARGENT, BANQUES, CHANGE

Monnaie, distributeurs de billets (ATM) et change

– L'unité monétaire de la Thaïlande est le ***baht*** (Bts dans ce guide) – บาท.

– ***Taux de change en 2013 :*** 1 € = environ 40 Bts. Et grosso modo 100 Bts font 2,50 €, 3 Fs et 3,25 $Ca.

– Il n'y a pas de marché noir, et le ***change*** des euros s'effectue partout sans problème, ni commission, que ce soit dans les bureaux de change ou dans les banques. Dans les endroits touristiques, ces dernières ont souvent un comptoir de change donnant sur la rue, qui reste ouvert plus tard que la banque elle-même (jusqu'à 20h, parfois 22h), tous les jours y compris le week-end. Ailleurs, les bureaux de change des banques adoptent les horaires classiques des banques : du lundi au vendredi de 8h30 à 15h30 (fermées le week-end). Pas de remarque particulière non plus concernant les chèques de voyage, si ce n'est qu'une petite commission est perçue (sur chaque chèque, mieux vaut donc emporter de grosses coupures).

– Pas de souci pour ***retirer de l'argent*** aux distributeurs automatiques dans les grandes villes du royaume. Vous paierez en revanche une commission de 150 Bts à chaque retrait, en plus de la commission de votre banque, généralement encore plus élevée. Faites gaffe, ça peut vite faire monter la note ! Il est donc plus rentable de retirer peu de fois de grosses sommes que de multiplier les petits retraits.

– Faites en sorte de toujours avoir un peu de petite monnaie sur vous (petite course en *tuk-tuk,* pourboire...) ; votre interlocuteur n'en aura pas toujours.

Cartes de paiement

Quelle que soit la carte que vous possédez, chaque banque gère elle-même le processus d'opposition et le numéro de téléphone correspondant ! Avant de partir, notez donc bien le numéro d'opposition propre à votre banque (il figure souvent au dos des tickets de retrait, sur votre contrat, ou à côté des distributeurs de billets), ainsi que le numéro à 16 chiffres de votre carte. Bien entendu, conservez ces informations en lieu sûr et séparément de votre carte. Par ailleurs, l'assistance médicale se limite aux 90 premiers jours du voyage et l'assistance véhicule aux cartes haut de gamme (renseignez-vous auprès de votre banque). N'oubliez pas aussi de **vérifier la date d'expiration de votre carte** de paiement avant votre départ !

– ***Carte Visa :*** *assistance médicale incluse ; numéro d'urgence (Europe Assistance) : ☎ (00-33) 1-41-85-85-85 (24h/24). Pour faire opposition, contactez le numéro communiqué par votre banque. • visa-europe.fr •*

– ***Carte MasterCard :*** *assistance*

médicale incluse ; numéro d'urgence : ☎ (00-33) 1-45-16-65-65. En cas de perte ou de vol, composez le numéro communiqué par votre banque pour faire opposition. • mastercardfrance.com •

*– **Carte American Express :** téléphonez en cas de pépin au ☎ (00-33) 1-47-77-72-00. Numéro accessible tlj, 24h/24. • americanexpress.fr •*

*– Pour toutes les cartes émises par **La Banque Postale :** composez le ☎ 0825-809-803 (0,15 €/mn) depuis la France métropolitaine et les DOM-TOM, et le ☎ (00-33) 5-55-42-51-96 depuis l'étranger.*

***– Également un numéro d'appel valable pour faire opposition quelle que soit votre carte de paiement :** ☎ 0892-705-705 (serveur vocal à 0,34 €/mn). Ne fonctionne ni en PCV, ni depuis l'étranger.*

Petite mesure de précaution : si vous retirez de l'argent dans un distributeur, utilisez de préférence ceux attenants à une agence bancaire. En cas de pépin avec votre carte (carte avalée, erreurs de code secret...), vous aurez un interlocuteur dans l'agence, pendant les heures ouvrables du moins.

Besoin urgent d'argent liquide – *Western Union*

En cas de besoin urgent d'argent liquide (perte ou vol de billets, chèques de voyage, carte de paiement), vous pouvez être dépanné en quelques minutes grâce au système *Western Union Money Transfer.* Pour cela, demandez à quelqu'un de vous déposer de l'argent en euros dans l'un des bureaux *Western Union*. Les correspondants en France de *Western Union* sont *La Banque Postale* *(fermée sam ap-m, n'oubliez pas ! ☎ 0825-00-98-98)* et la *Société Financière de Paiement* *(SFDP ; ☎ 0825-825-842)*. L'argent vous est transféré en moins d'un quart d'heure. La commission, assez élevée, est payée par l'expéditeur. Possibilité d'effectuer un transfert en ligne 24h/24 par carte de paiement (*Visa* ou *MasterCard* émise en France). *• westernunion.com •*

En Thaïlande, ce sont surtout les *Bank of Ayudhaya* et les postes qui assurent ce service. Téléphone (en PCV, *reverse charge call* en anglais) depuis la Thaïlande vers la France : *☎ 001-999-33-1000.*

ACHATS

L'artisanat

Conseils : attention aux imitations. L'importation de contrefaçons de marques françaises, italiennes ou américaines très renommées, de qualité souvent médiocre, exposerait leur détenteur à des poursuites judiciaires et à des amendes douanières sévères à son retour en France, quel que soit le nombre d'articles rapportés. Et attention, les douanes ne rigolent plus vraiment avec ça. Se faire piquer au retour coûte bonbon.

Si vous réglez le montant de vos achats avec une carte de paiement, ne la perdez pas des yeux et n'oubliez pas de récupérer le double du carbone de paiement. De manière générale, évitez de régler par carte pour les petits achats. Le liquide donne des marges de marchandage bien plus grandes que l'argent plastique et limite les risques.

– ***Conseils :*** si vous voulez envoyer des objets en France par la mer, comptez 3 mois de voyage. Pour les expéditions, préférez la poste officielle (en recommandé) aux marchands qui vous proposent de s'en occuper. Voir la rubrique « Poste ».

– ***Les cotonnades :*** tissées ou imprimées, dans des motifs contemporains ou traditionnels, elles sont à des prix très intéressants. Possibilité pour les routardes de se faire tailler, à des prix avantageux, une robe dans l'un des nombreux petits ateliers de quartier. Et, en règle générale, les vêtements ne sont pas chers et se vendent partout. Ne vous encombrez pas à l'aller ! Les amateurs de tee-shirts « clin d'œil », jouant sur les mots ou le détournement de sigles et slogans, trouveront leur bonheur à Bangkok, dans le quartier de Khao San Road.

– ***Les pierres précieuses :*** Bangkok est devenue le centre mondial de la taille des pierres précieuses, surtout pour les saphirs et les rubis. Évidemment, beaucoup de pierres synthétiques en circulation. Si vous allez à Kanchanaburi, la plupart des pierres vendues comme des onyx sont fausses. Quelques conseils : évitez les bijouteries qui vendent à la fois pierres précieuses, bibelots, souvenirs et gadgets divers. Les belles pierres ne s'achètent que chez les spécialistes. Généralement, les bijouteries des grands hôtels sont dignes de confiance (ces hôtels ont une réputation à préserver). De plus, le 5 décembre (anniversaire du roi), une réduction de 25 % est accordée ! Ne pénétrez **jamais** dans une boutique avec un guide d'agence de voyages. Il est automatiquement commissionné.

– ***L'argent :*** il est travaillé suivant des dessins traditionnels et décoré en « repoussé », une technique qui permet de présenter en relief les motifs symboliques ou mythologiques. Le *nielle,* lui, est obtenu avec de l'argent incrusté d'un autre alliage et souvent doré. Tout cet artisanat remonte au temps du roi Narai, d'Ayutthaya (1656-1688), et on peut en voir de beaux exemples au Musée national. Attention, beaucoup d'objets en argent ressemblent à de l'alu. C'est de l'argent à 20 % qui ne vaut pratiquement rien. Il faut demander du « sterling ».

– ***Les bijoux en or :*** ils sont moins chers qu'en France, mais vous n'aimerez pas forcément leur style vieillot. De plus, à moins d'être fin connaisseur, vous risquez de vous faire avoir (même s'il y a un poinçon, cela peut être du cuivre ou de l'or à 14 carats). Vous pouvez apporter votre flacon d'acide pour faire un test...

– Les ***bracelets de jade et d'onyx*** sont souvent bon marché.

– On trouve aussi de beaux ***laques*** (spécialité du Nord).

– ***Le bronze :*** matériau utilisé depuis des siècles dans l'artisanat thaï. Possibilité d'acheter, dans toutes les tailles et toutes les tonalités, les cloches et clochettes de temple en cuivre et bronze, et en forme de feuilles d'arbre de la Bodhi *(Ficus religiosa).*

– ***La poterie :*** on assiste au renouveau d'un art ancien, le céladon, notamment à Chiang Mai. Le céladon est fabriqué selon un procédé compliqué avec une terre qu'on ne trouve que dans certaines régions, et cuite à haute température. Il se distingue par un délicat craquelé d'un exquis vert jade.

– Citons encore les ***frottis de temple*** : avec un papier de riz et à l'aide de charbon de bois, de poudre d'or ou de peinture à l'huile, ces « frottis » ont été effectués sur les bas-reliefs des principaux temples de Bangkok.

– ***Les poupées thaïes :*** elles sont surtout faites en soie, très colorées, et figurent les personnages de la danse classique thaïe et les membres des tribus montagnardes.

– ***Les masques du Khon :*** ils servent au théâtre populaire dramatique et peuvent s'acheter. Représentant les héros du *Râmakien* – version thaïe du *Rāmāyana* –, démons, singes et autres, ils peuvent servir d'éléments décoratifs magnifiques.

– ***Les objets en teck :*** provenant des jungles épaisses du Nord, le teck est utilisé pour la fabrication de quantité d'objets, des plateaux, de la vaisselle, des statuettes aux plus beaux meubles. Voir « Environnement » dans « Hommes, culture, environnement » quant aux problèmes de déforestation.

– ***La vannerie de rotin et le mobilier de bambou :*** ils sont très beaux, raffinés et pas chers, mais très souvent encombrants. On hésite à les rapporter. Les touristes se rabattent sur les ***chapeaux chinois pointus*** (en paille) et les ***ombrelles de papier*** (surtout à Chiang Mai).
– Le truc vraiment marrant est de ***se faire tirer le portrait*** en photo, puis de confier celle-ci à un atelier qui vous la reproduira en peinture. Tous les jours, vous pouvez venir voir l'avancement de votre toile. Amusant et pas si cher.
– ***Les reproductions de tableaux célèbres :*** c'est la grande mode depuis quelques années. Passés maîtres dans l'art de reproduire, les Thaïlandais se sont dit que, puisqu'ils pouvaient copier des vêtements et des voitures, pourquoi pas des chefs-d'œuvre de la peinture. Et c'est devenu ici un marché comme un autre.

Le marchandage

C'est la tradition. Le prix de certains articles sera à diviser par deux. Pour d'autres, et c'est le cas le plus général, vous n'obtiendrez que 5 ou 10 %, 20 % au mieux. En tout cas, il faut toujours essayer. Gardez cependant à l'esprit que certains petits artisans ont une marge très faible, donc tenez-en compte et restez raisonnable. Même dans les boutiques chic où les objets sont étiquetés, n'hésitez pas à marchander (imaginez la même chose en France !). En général, on vous accordera un rabais. Et la concurrence marche à fond. Visitez toujours plusieurs boutiques pour comparer les rabais proposés. Enfin, n'oubliez pas ce principe de vente : vendre beaucoup, même avec des petites marges. L'affluence de touristes américains dans les îles du Sud sabote un peu la sympathique cérémonie du marchandage. Même si le marchand reste ferme sur les prix, il sourira ou rira toujours. Un truc : riez encore plus que lui. Un Européen hilare, ça déconcerte.

La TVA

Il est possible de demander, en partant, le remboursement de la TVA (*VAT* en anglais) sur les achats – d'une valeur minimale de 5 000 Bts (125 €) – que vous aurez effectués les 60 derniers jours dans les grands magasins ou les boutiques ayant pignon sur rue. Pour cela, faire remplir le formulaire de remboursement (PP10) le jour de l'achat, chaque formulaire devant représenter une valeur de plus de 2 000 Bts (50 €). N'hésitez pas à insister auprès des employés des boutiques, qui ont l'habitude de ce type de formalité. Ainsi, le jour du départ, à l'aéroport, avant l'enregistrement, vous présenterez formulaires et articles en question au guichet spécial des douaniers, qui se feront un plaisir de vous rendre votre argent.

BUDGET

Bonne nouvelle pour le routard sans le sou, la Thaïlande reste un pays très bon marché, où l'on peut encore manger, se loger (dans les petits hôtels) et se déplacer (en bus) à partir de 500 Bts par jour environ (un peu plus dans les îles du Sud) ! Bien sûr, il y a aussi de quoi dépenser son argent, par exemple en prenant l'avion ou en dormant dans des palaces 5 étoiles... Voici, pour vous aider à préparer votre budget, différentes catégories de prix pour les principaux postes de dépense.

Hébergement

Pour une même catégorie d'hébergement, les tarifs vont quasiment du simple pour le Nord au double dans les stations balnéaires les plus cotées du Sud

(Phuket, par exemple). Bangkok est également plus chère que le Nord, mais on y trouve toujours nombre d'adresses bon marché.
Aux variations géographiques s'ajoutent les variations saisonnières. Il n'est pas rare qu'une même prestation soit facturée 50 % en plus pendant la haute saison et carrément le double quand les établissements appliquent le tarif *peak season* (« pleine saison »), du 15 décembre au 15 janvier. Ces sautes de prix annuelles sont bien plus fortes dans le Sud que dans le Nord, où elles sont parfois négligeables. Et puis, dans les îles, un même établissement peut proposer des prestations qui vont de « Bon marché » à « Plus chic » !
En tenant compte de ces éléments, nous avons établi des fourchettes de prix, qui peuvent parfois être détaillées dans le texte quand deux adresses ont de gros écarts de tarifs dans une même fourchette. Ces tarifs sont indiqués pour ***deux personnes en haute saison*** en chambre double et sont exprimés en bahts. À noter que certains hôtels disposent de chambres simples, évidemment moins chères que les doubles, ou proposent une réduction aux voyageurs en solo.
➢ Échelle pour le Nord :
- ***Bon marché :*** de 150 à 300 Bts (3,75 à 7,50 €).
- ***Prix moyens :*** de 300 à 600 Bts (7,50 à 15 €).
- ***Un peu plus chic :*** de 600 à 1 000 Bts (15 à 25 €).
- ***Plus chic :*** de 1 000 à 2 000 Bts (25 à 50 €).
- ***Beaucoup plus chic :*** au-delà de 2 000 Bts (50 €).

➢ Pour le Sud et autour de Bangkok, il faut parfois doubler les tarifs des hébergements :
- ***Bon marché :*** moins de 500 Bts (12,50 €).
- ***Prix moyens :*** de 500 à 1 000 Bts (12,50 à 25 €).
- ***Un peu plus chic :*** de 1 000 à 1 500 Bts (25 à 37,50 €).
- ***Plus chic :*** de 1 500 à 3 000 Bts (37,50 à 75 €).
- ***Très chic :*** plus de 3 000 Bts (75 €).

Restauration

Même remarque que pour l'hébergement. Ici, les prix indiqués sont ceux d'un repas complet, avec la boisson.
- Les gargotes ou petits restos populaires ***bon marché,*** à moins de 150 Bts (3,75 €) par personne. Si l'on se contente d'un plat sans boisson, on peut manger – bien – dans les restos fréquentés par les locaux pour moins de 60 Bts (1,50 €).
- Les restaurants à ***prix moyens,*** mais pas chers pour nous non plus, puisqu'on peut s'en tirer pour 150 à 300 Bts (3,75 à 7,50 €).
- Puis les adresses ***plus chic,*** où l'on débourse 300 Bts (7,50 €) et plus, souvent pour s'offrir un poisson entier ou des fruits de mer. Elles sont surtout destinées à une clientèle touristique et/ou gastronomique.

Musées, temples et sites

Les prix d'entrée des musées, sites et autres temples sont en général assez, voire très raisonnables. Sauf pour certains parcs nationaux, qui ont vu récemment leur droit d'accès doubler... pour les *farang* (étrangers), passant ainsi de 200 à 400 Bts ! À ce tarif, il y a fort à parier que nombre de petits routards iront voir ailleurs... Certains musées pratiquent aussi un droit d'entrée élevé, pouvant atteindre 350 Bts, voire 500 Bts. Mais en général, on le redit, le coût est modique (de 30 à 100 Bts en moyenne) et ne devrait pas trop grever votre budget.

CIGARETTE

Il est interdit de fumer en Thaïlande dans tous les lieux publics fermés (gare, aéroport, restos, pubs, etc.). Parfois même en terrasse ! Amende pour le fumeur : 2 000 Bts.

CLIMAT

Il fait chaud en toute saison, partout. Le climat est tropical, c'est-à-dire à deux saisons.
La saison des pluies – appelée *green season* – s'étend de juin à octobre. Rien à voir avec la mousson indienne. Le temps reste ensoleillé avec parfois de gros orages imprévisibles et brefs. Il pleut entre 1h et 3h par jour, la végétation déborde, les couleurs éclatent. Les pluies sont plus abondantes dans le Nord, où l'air est également plus frais. La saison sèche devient torride de mars à mai (de façon presque insupportable), mais il fait froid la nuit, surtout en montagne (trekking).
Dans le Sud (Phuket, Hat Yai), saison sèche et saison des pluies sont moins marquées : il peut pleuvoir un peu n'importe quand, alors qu'à Ko Samui la mousson a lieu entre octobre et décembre. De toute façon, ça ne dure jamais bien longtemps.
Un conseil : mieux vaut éviter septembre et octobre pour découvrir la Thaïlande, les typhons pouvant sévir à cette époque.

DANGERS ET ENQUIQUINEMENTS

Voici la liste des pépins qui ne vous arriveront jamais une fois que vous aurez lu ces lignes ! De plus, un petit tour par les « Conseils aux voyageurs » du ministère des Affaires étrangères peut lever quelques inquiétudes : • *diplomatie.gouv.fr* •

Vol et brigandage

Le vol et le brigandage ne sont pas des problèmes particuliers à la Thaïlande, en tout cas pas plus – mais pas moins – que dans tout autre pays où le tourisme est important.
Cela dit, les pickpockets et les agresseurs potentiels existent. Ainsi, il convient, pour ne pas se faire plumer, de rester vigilant et de ne pas baisser la garde dans les situations les plus décontractées. Un truc assez répandu : le vol « à la tire ». Les malfrats agissent seuls ou à plusieurs. Il est judicieux de ne prendre sur soi que ce dont on a besoin. Certains hôtels possèdent des coffres, et l'on vous remet un reçu de ce que vous y avez déposé. Évidemment, ne laissez rien de valeur dans un bungalow de bambou tressé, fermé par un simple cadenas. Conservez toujours votre passeport sur vous, tout en laissant des photocopies dans un sac à votre *guesthouse* ou à votre hôtel, ou en l'ayant au préalable scanné et envoyé sur votre adresse e-mail, consultable à distance.
– Dans les transports en commun, et notamment dans les bus, il arrive que des bagages disparaissent lors des arrêts intermédiaires. Rien de plus facile en effet, au milieu de la nuit, que de faire descendre quelques sacs en plus. Ne laissez en soute que ce que vous ne pouvez prendre à bord, et veillez à ne rien placer de valeur dans ces bagages-là.

36°
34°
32°
30°
28°
26°
24°
22°
20°
18°
Maxi
Mini
J F M A M J J A S O N D

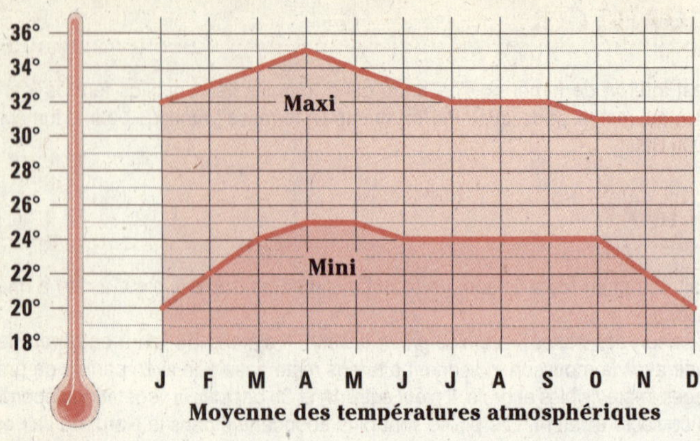

Moyenne des températures atmosphériques

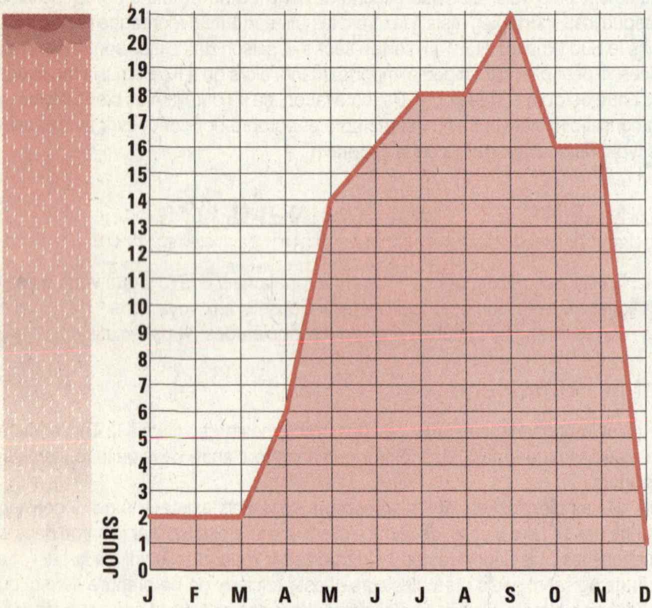

21 20 19 18 17 16 15 14 13 12 11 10 9 8 7 6 5 4 3 2 1 0
JOURS
J F M A M J J A S O N D

Nombre de jours de pluie

BANGKOK

– Deux mots sur les « bars à filles » : les plus naïfs s'y font plumer sans s'en rendre compte en payant de larges tournées, et se font piquer argent et papiers une fois qu'ils sont bien éméchés. On ne les plaint pas vraiment.
– On ne compte plus non plus les arnaques du genre « Ce temple est fermé, venez voir celui-ci » proféré par un type en costard-cravate ou par un gentil monsieur

– parfois un occidental – qui souhaite vous faire visiter la ville uniquement pour son plaisir... Une fois encore, refusez !
– Quand vous payez avec une carte de paiement, conservez bien les carbones et évitez de régler de petites factures, surtout dans des endroits peu sûrs.
– CONSEIL PRIMORDIAL : CONSERVEZ TOUJOURS VOTRE CARTE DE PAIEMENT AVEC VOUS. Ne la laissez pas dans le coffre à l'hôtel quand vous partez en trek. Trop de lecteurs se retrouvent en France avec d'énormes découverts bancaires...
– Autre type de danger : éviter de se trouver mêlé aux émeutes et attentats terroristes au sud du pays (à la frontière malaise).

Pierres précieuses

Face au nombre toujours croissant de nos lecteurs victimes d'escroqueries, on ne saurait que trop recommander la prudence... Le scénario est le suivant : un conducteur de *tuk-tuk* – ตุ๊ก ตุ๊ก – ou un simple passant sympathise avec vous et vous mène très patiemment dans une boutique qui, ce jour-là (comme par hasard !), fait de très grosses réductions. Facile de se laisser embobiner : faux témoignages d'autres touristes et certificats d'authenticité (encore plus faux !) leur servent de preuves. Là encore, le marchand ne compte ni les thés ni les heures... et le tour est joué. Vous pouvez faire une réclamation à la police touristique, qui appelle la boutique ou le marchand concernés pour espérer récupérer une partie de la somme versée.

Assistance aux touristes

Des centres d'assistance aux touristes existent dans toutes les grandes villes et dans les lieux touristiques. Nous en donnons les coordonnées dans la rubrique « Adresses utiles » des villes concernées. La plupart des postes *Tourist Police* sont plutôt efficaces. En cas de pépin, n'hésitez donc pas à aller les voir.
– Si vous avez un problème, composez le ☎ 11-55, numéro de la *Tourist Police.* C'est un peu l'équivalent du 17 pour Police-Secours en France.

Drogue

On ne va pas vous faire la morale, mais il faut savoir qu'essayer une drogue, même douce, peut coûter très cher en Thaïlande. Les sanctions sont terribles, et une bonne vingtaine de Français sont actuellement sous les verrous pour ne pas avoir tenu compte des lois thaïes en vigueur, et ce, souvent pour de longues peines (20 à 30 ans).

Serpents

Attention aux morsures de serpents. Sans tomber dans la parano, quelques cas surviennent chaque année.

Tuk-tuk

Au niveau des transports individuels, méfiez-vous des chauffeurs de taxi, *tuk-tuk* ou *samlor* qui prétendent que l'hébergement dans lequel vous voulez vous rendre a fermé ou n'a plus de chambre dispo ce soir-là ; tout ça histoire de vous emmener chez l'hôtelier voisin (peut-être dans le *Routard* d'ailleurs...), qui lui offrira évidemment une commission pour ses bons services...

DÉCALAGE HORAIRE

Compter 5h d'avance sur Paris en été, 6h en hiver. Quand il est 12h à Paris, il est 17h (été) ou 18h (hiver) à Bangkok.
Et n'oubliez pas que le temps, en Thaïlande, est régi par le ***calendrier bouddhique.*** Ajoutez donc 543 années à votre bon vieux calendrier grégorien. Ce n'est qu'une question d'habitude, mais sachez qu'en 2014 les Thaïlandais passent à l'an 2557 ! Quand on réserve une place de train, on a alors l'impression de voyager dans le futur...

HEURES SUP'

Dans le langage courant, plutôt que de diviser le jour en deux périodes de 12h, les Thaïs découpent une journée en quatre phases de 6h : matin, après-midi, soir et nuit (et, comme l'a dit la maîtresse, 4 fois 6, ça fait toujours 24). Du coup, tout se décale, leur première heure (celle du matin) correspondant à notre 7h du mat. Ainsi, si un Thaï vous donne rendez-vous à 5h, il faut comprendre 11h... De quoi filer des migraines et poser un paquet de lapins ! Pas de panique cependant, bien au fait de votre ignorance, votre interlocuteur s'adaptera la plupart du temps à votre système horaire.

ÉLECTRICITÉ

Du 220 V avec des prises dites « américaines ». Se procurer un adaptateur (on en trouve sur place ; vous pouvez aussi en acheter avant le départ chez votre quincaillier). Toutefois, dans les hôtels de standing, les prises sont adaptées aux appareils européens.

HÉBERGEMENT

Aucun problème pour trouver à se loger. Il y a de tout, à tous les prix et partout : à Bangkok, des *guesthouses* en dur ; dans le Nord, des maisons en teck au milieu d'un jardin ; et dans les îles, des bungalows en bambou (quoique de plus en plus rares), en bois ou en dur face à la plage. Il existe toujours plusieurs niveaux de confort : avec ventilo ou air conditionné ; et avec ou sans douche (chaude ou froide) et toilettes. En règle générale, pas trop de problèmes de propreté, mais ça peut arriver, surtout dans les adresses les moins chères. Par précaution, les voyageurs au budget serré prévoiront un sac à viande. Les draps sont en principe toujours propres, mais au cas où... on est bien content d'avoir le sien.
Dans les chambres doubles, ceux qui voyagent en solo paieront parfois le même prix qu'un couple.
Attention, pensez toujours à regarder si la période de votre voyage va coïncider avec une grande fête type Nouvel An chinois ou Loy Krathong par exemple, pendant la pleine lune de novembre (lire la rubrique « Fêtes et jours fériés » dans « Hommes, culture, environnement »). Les chambres sont alors réservées longtemps à l'avance, et les prix parfois plus élevés.

Les auberges de jeunesse

On trouve en Thaïlande quelques auberges de jeunesse adhérentes au réseau *Hostelling International.* Mais, contrairement à beaucoup d'autres pays, il n'est pas nécessaire d'avoir la carte de membre pour y séjourner. Et être titulaire de cette carte ne donne même pas droit à un rabais... Il n'y a pas de limite d'âge pour séjourner en AJ. On peut réserver son séjour dans les auberges du réseau jusqu'à 12 mois à l'avance sur • *hihostels.com* •

Les parcs nationaux

Le pays compte plus de 100 parcs nationaux, dont la plupart offrent des possibilités d'hébergement. Un must pour les amoureux de nature et de calme. On peut planter sa propre tente (autour de 50-100 Bts par personne), en louer une (à partir de 150 Bts pour deux personnes avec matelas et sac de couchage) ou résider dans un bungalow. Ces derniers sont de confort et de taille très variables. Certains possèdent quatre lits ou plus, ce qui permet de partager le prix avec ses amis ou d'autres routards de passage (prévoir environ 400 Bts par personne). Il existe aussi des bungalows pour deux personnes, plus chers bien sûr (autour de 1 000 Bts pour deux personnes, ou même jusqu'à 2 000 Bts avec climatisation). Certains parcs imposent de réserver à l'avance. Dans d'autres, il est possible de tenter sa chance sur place. Essayez quand même d'appeler avant votre arrivée. Sachez que tout peut être complet pendant les périodes de congés scolaires. Pour réserver, deux possibilités :

– Auprès du siège : ***Wildlife and Park Conservation Department,*** *61 Phaholyothin Rd, Chatuchak, Bangkok 10900.* ☎ *02-562-07-60. À env 3 km au nord de Chatuchak. Prendre le métro (descendre à la station Phaholyothin), puis un bus. Lun-ven 8h30-16h30. Mieux vaut téléphoner avt d'y aller, certaines résas pouvant se faire par ce biais.*

– En passant par le site • *dnp.go.th* • (en thaï et en anglais).

LANGUE

La langue thaïe est, à l'origine, proche du chinois, puisque l'ethnie est originaire du sud de la Chine. Ensuite, elle s'est enrichie de mots et tournures khmers, puis de sanskrit et de pali (langues de l'Inde). La langue nationale thaïe enseignée dans les écoles est une synthèse des dialectes du centre du pays. En effet, les quatre principales régions ont chacune leur dialecte, à peu près aussi différents entre eux que le portugais, l'espagnol, l'italien et le français. En plus, il y a le *rachasap,* vocabulaire spécial employé en présence des souverains, proche du langage encore pratiqué au Cambodge.
L'alphabet est composé de 44 consonnes et de 11 voyelles, plus 4 signes écrits d'intonation, et s'écrit de gauche à droite. Ça ressemble à des spaghettis assez harmonieux. La grammaire du thaï populaire est rudimentaire : pas de genre, pas d'article, pas de pluriel, pas de conjugaison. Un mot peut aussi bien servir de nom, de verbe, d'adjectif ou d'adverbe.
La langue des touristes est l'anglais, à l'exclusion de toute autre ; à peu près pratiquée à Bangkok et dans les hôtels de Phuket, de Pattaya ou de Chiang Mai. Ailleurs, vous retrouverez les joies du mime et des petits dessins.

Quelques règles de prononciation

Les cinq tons en thaï sont le ton neutre (a court), bas (à), tombant (â), haut (á) et montant (a). Les lettres *p, t, k* suivies d'un *h* sont aspirées, et *ph* se prononce comme « p » dans « premier ». La dernière syllabe de chaque mot se prononce plus fort que le reste. Le *u* se dit « ou », le *aï* se prononce « ail », *j* se prononce « dj », et les *r* se roulent comme en Bourgogne !

LE BON TON

Les mots changent de sens en fonction du ton employé. Il y en a cinq et ils sont les fondements du parler thaï. Un même mot pourra donc avoir cinq significations différentes pour une même écriture. On pourrait citer le célèbre « Mai, mai mai mai mai ? », qui signifie « Le bois vert ne brûle pas, n'est-ce pas ? ». Ou le mot « khao » (colline) qui peut aussi bien vouloir dire « nouvelles », « riz », « entrée », voire « genoux » !

Quelques expressions et mots courants

Le vocabulaire ci-dessous est donné avec une transcription phonétique qui est évidemment très imparfaite. Pour vous faciliter la vie, on a traduit en lettres thaïes une sélection de mots ou expressions utiles. Du coup, au lieu de vous escrimer à baragouiner dans la langue du pays, vous n'aurez qu'à brandir votre guide préféré. Allez, bon courage !

Salutations et politesse

Bonjour, bonsoir, au revoir (dit par une femme)	*sawat di kha* – สวัสดี
Bonjour, bonsoir, au revoir (dit par un homme)	*sawat di khrap* – สวัสดีรับ
S'il vous plaît	*karuna* – กรุณา
Merci (dit par un homme)	*kop khun khrap* – ขอบคุณครับ
Merci (dit par une femme)	*kop khun kha* – ขอบคุณค่ะ
Pardon	*kho thot* – ขอโทษ
Oui	*tchaï* – ใช่
Non	*may tchaï* – ไม่ใช่
Monsieur, madame	*khun* – คุณ (aussi pronoms « tu » et « vous »)
Comment allez-vous ?	*(khun) sabai ïdi ru ?* – (คุณ)สบาย ดีหรือ
Très bien	*sabaïdi khrap* (ou *kha*) – สบายดี ครับ (ค่ะ)
Je ne vous comprends pas	*may khao ja ï* – ไม่เข้าใจ
Parlez lentement, s'il vous plaît	*phut cha cha* – กรุณาพูดช้าๆ
Je ne parle pas le thaï	*phut thaï mïa pen* – พูดไทยไม่เป็น

Questions, verbes et mots usuels

Combien ? (prix)	*rakha thao-raï ?* – ราคาเท่าไหร่
Quoi ?	*araï ?* – อะไร
Comment ?	*yang raï ?* – อย่างไร
Pourquoi ?	*thammaï ?* – ทำไม
Quand ?	*mua ra-ï ?* – เมื่อไหร่
Où ?	*thi naï ?* – ทีไหน
À quelle heure ?	*wèla naï ?* – เวลาไหน
Je veux	*tchan tong kan* – ฉันต้องการ
Je ne veux pas	*tchan maï tong kan* – ฉันไม่ต้องการ
Changer	*plian* – เปลี่ยน
Acheter	*su* – ซื้อ

Vendre	*khaï* – ขาย
Aller	*paï* – ไป
Venir	*ma* – มา
Donnez-moi	*kho* – ขอ
Dormir	*non lap* – นอนหลับ
Manger	*kin* – กิน
Ouvert	*peut* – เปิด
Fermé	*pit* – ปิด
Assez	*pho lêo* – พอแล้ว
Plus	*mak kwa* – มากกว่า
Moins	*noï kwa* – น้อยกว่า
C'est cher	*phèng mak* – แพงมาก
C'est joli	*suay di* – สวยดี
Beaucoup	*maak* – มาก
Mauvais, mal	*maï di* – ไม่ดี
Doucement	*cha-cha* – ช้าๆ
Amusant, rigolo	*sanuk* – สนุก
Bouddha	*phra* – พระ
Bonze	*phrasong* – พระสงฆ์
Tailleur	*ráan tát sûa* – ร้านตัดเสื้อ
Médecin	*phêêt* – แพทย์
Étranger à la peau blanche	*farang* – ฝรั่ง

Dans le temps

Aujourd'hui	*wan nii* – วันนี้
Demain	*phrûng nii* – พรุ่งนี้
Hier	*mûea wann nii* – เมื่อวานนี้
Matin	*tonn tchao* – ตอนเช้า
Après-midi	*tonn baï* – ตอนบ่าย
Soir	*tonn kam* – ตอนค่ำ
À midi	*thiang* – เที่ยง
Avant	*konn nii* – ก่อนนี้
Après	*lang* – หลัง

Dans l'espace

Où allez-vous ?	*khun kamlang tjà païnaï ?* – คุณกำลังจะไปไหน
Droite	*kwa* – ขวา
Gauche	*saï* – ซ้าย
Tournez à droite	*lio kwa* – เลยวขวา
Tournez à gauche	*lio saï* – เลยวซ้าย
Conduisez tout droit	*khap rôt trong paï* – ขับรถตรงไป
Prenez un *tuk-tuk*	*nâng tùk tùk paï* – นั่งตุ๊กๆไป
Combien dois-je payer ?	*khâa rot thâu raï ?* – ค่ารถเท่าไร
Plus lentement	*cháa cháa noï* – ช้าๆหน่อย
Où est l'arrêt d'autobus ?	*pâï rôt mé yùu thi naï ?* – ป้ายรถเมล์อยู่ที่ไหน
Gare	*sathani rot faï* – สถานีรถไฟ
Gare des bus	*sathani rot mé* – สถานีรถเมล์
Cyclo-pousse	*samlor* – สามล้อ

Plage	*thalé* – ทะเล
Poste de police	*sathani tamrouat* – สถานีดำรวจ
Hôpital	*rong phayaabaan* – โรงพยาบาล
Ambassade de France	*sàthaanthuut faràngsèt* – สถานทู ด ฝรั่งเศส
Bureau de poste	*praïsanii* – ไปรษณีย์

À l'hôtel

Hôtel	*rong raem* – โรงแรม
Chambre	*hong* – ห้อง
Douche	*hong abnam* – ห้องอาบน้ำ
Téléphone	*thorasap* – โทรศัพท์
Eau chaude	*náam ron* – น้ำร้อน
Couvertures	*phâa hom* – ผ้าห่ม
Serviettes	*phâa chét tua* – ผ้าเช็ด ดัว
Combien pour la nuit ?	*khun là thao raï ?* – คืนละเท่าไร

Au restaurant

Restaurant	*ran a han* – ร้านอาหาร
Eau (carafe)	*nam plao* – น้ำปล่า
Eau (bouteille)	*nam kwat* – น้ำขวด
Pain	*khanom pang* – ขนมปัง
Boire	*dum* – ดื่ม
Riz	*khao* – ข้าว (avec « r » suggéré entre le *k* et le *h*)
Riz sauté	*khao phat* – ข้าวผัด
Nouilles	*kuay tio* – ก๋วยเ ดียว
Nouilles sautées	*kuay tio phat* – ก๋วย เ ดียวผัด
Œuf	*khaï* – ไข่
Poisson	*pla* – ปลา
Viande	*neua* – เนื้อ
Soupe chinoise	*feu* (mais se dit plutôt *soup*) – ซุ๊ป
Avez-vous le menu anglais ?	*mi meynuu pèn phaasaa angkrit maï ?* – มีเมนูเป็นภาษาอังกฤษไหม
Qu'est-ce que vous avez de bon ?	*mi araïïaroïbâang ?* – มีอะไรอร อยบ้าง
Pas épicé	*ao maï phèt* – เอาไม่เผ็ด
Pas trop épicé	*phèt nit noï* – เอาไม่เผ็ด
Faites le mien bien épicé	*ao phèt phèt* ¬เอาเผ็ดๆ
Thé	*nam chaa* – น้ำชา
Café	*kaafè* – กาแฟ
Thé chinois	*chaa yèn* – ชาจีน
Whisky thaï	*mè khong* – แม่โขง

Les chiffres

Un	*neung* – หนง
Deux	*song* – สอง
Trois	*sam* – สาม
Quatre	*si* – สิ
Cinq	*ha* – ห้า
Six	*hok* – หก
Sept	*tjet* – เจ็ด

Huit	*pèt* – แปด
Neuf	*kao* – เก้า
Dix	*sip* – สิบ
Vingt	*yi sipp* – ยิสิบ
Trente	*sam sipp* – สามสิบ
Quarante	*si sipp* – สิสิบ
Cent	*roï* – ร้อย
Deux cents	*song roï* – สองร้อย
Mille	*neung phan* – หนึ่งพัน
1 baht	*rian báat* – เหรียญบาท
5 Bts	*rian hâa báat* – เหรียญห้าบาท
10 Bts	*baï sip* – ใบสิบ
20 Bts	*baï yi sip* – ใบยิสิบ
50 Bts	*baï háa sip* – ใบห้าสิบ
100 Bts	*baï roï* – ใบร้อย
500 Bts	*baï hâa roï* – ใบห้าร้อย
1 000 Bts	*baï phan* – ใบพัน

Lieux

Baie	*ao* – อ่าว
Village	*ban* – บ้าน
Ville	*chiang* – เชียง
Colline	*khao* – เขา
Canal	*khlong* – คลอง
Île	*ko* – เกาะ
Montagne	*phu* – ภู
Édifice religieux caractéristique du style khmer	*prasat* – ปราสาท
Ruelle	*soi* – ซ อย
Port, embarcadère	*tha* – ท่า

LIVRES DE ROUTE

– ***La Sagesse du Bouddha,*** de Jean Boisselier (Gallimard, coll. « Découvertes », nº 194, 2010, 192 p.). La vie du Bouddha, né en 560 av. J.-C., avec des textes fondateurs. Parfait pour s'initier.

– ***Louis XIV et le Siam,*** de Dirk Van der Cruysse (Fayard, 1991, 588 p.). Le récit haut en couleur de l'ambassade envoyée en 1660 par le Roi-Soleil à la cour de Phra Narai dans l'espoir de convertir les Siamois au catholicisme. La mission fera politiquement naufrage lorsque les officiers français se mettront dans l'idée d'imposer une protection militaire au royaume. Du même auteur chez Fayard, la biographie *L'Abbé de Choisy, androgyne et mandarin* (1995, 494 p.).

– ***Les Cafards,*** de Jo Nesbo (Gallimard, coll. « Folio policier », nº 418, 2012, 499 p.). Au cœur de Bangkok, l'inspecteur norvégien Harry Hole est dépêché par ses supérieurs pour enquêter sur le meurtre mystérieux d'un ambassadeur. Entre cauchemar et réalité, la part sombre de la sulfureuse « Cité des Anges » se dévoile à mesure que son enquête l'amène à côtoyer les tréfonds de l'humanité.

– ***Bangkok 8,*** de John Burdett (10/18, coll. « Domaine étranger », nº 3789, 2009, 419 p.). Sonchaï Jettleeheep a la particularité d'être à la fois bonze et inspecteur de police. S'inspirant de la mystique bouddhiste, ses aventures nous plongent dans la vie quotidienne des quartiers les plus malfamés de la capitale thaïe.

– ***Paradis blues,*** de John Ralston Saul (épuisé ; consultable en bibliothèque). Bangkok de nos jours et le Triangle d'or. Transaction commerciale louche de l'autre côté du Mékong, au Laos.

– ***Le Faucon du Siam,*** d'Axel Aylwen (LGF, coll. « Le Livre de Poche », n°s 14452, 14674 et 14895). En trois tomes, l'incroyable histoire du Grec Phaulkon, au XVIIe s, premier courtisan et ministre du roi Narai. Pour se plonger dans l'histoire du pays.

– ***Le Bouddha derrière la palissade,*** de Cees Nooteboom (épuisé ; consultable en bibliothèque). Étrange : un voyageur occidental nous fait part de ses impressions lors d'un séjour à Bangkok. Un ami thaï lui fait voir, derrière une palissade, un bouddha en plastique pourtant placé sur un autel et vénéré à l'instar des bouddhas en or traditionnels. « Comment réconcilier les images ? » se demande alors le voyageur...

– ***Comme un collégien,*** de John Le Carré (Points, n° 922, 2001, 676 p.). L'Asie du Sud-Est est le dernier champ de bataille du Cirque, le service secret anglais dirigé par George Smiley, qui tente de reconstituer ses réseaux laminés par un espion soviétique.

– ***La Plage,*** d'Alex Garland (LGF, coll. « Le Livre de Poche », n° 14641, 1999, 480 p.). À la recherche de LA plage, éden mystérieux, où Richard et ses potes se déchirent et s'entretuent. Esprit baba, mais pas cool.

– ***Venin,*** de Saneh Sangsuk (Points, n° 1319, 2005, 74 p.). Une Thaïlande mystérieuse, hantée par le divin. Nature, sorcellerie, on est loin des plages dorées du Sud thaïlandais. Du même auteur, ***Une histoire vieille comme la pluie*** (Le Seuil, coll. « Cadre vert », 2004, 228 p.), toujours habité par ces légendes et cette terre thaïlandaise énigmatique.

– ***Plateforme,*** de Michel Houellebecq (J'ai Lu, n° 6345, 2010, 350 p.). Une vision désespérée et triste à mourir de la Thaïlande, qu'on ne partage absolument pas. Avec des femmes thaïes offertes aux portefeuilles d'Occidentaux en mal d'amour. Des héros sans aucun état d'âme. En prime, un portrait du *Routard* pas piqué des vers... Mais nous acceptons toutes les opinions !

– ***Le Siam,*** de Michel Jacq-Hergoualc'h (Belles Lettres, coll. « Guide des Civilisations », 2004, 256 p.). Une collection très ludique, mais très sérieuse pour découvrir les civilisations du Siam et ses anciennes capitales, Ayutthaya et Sukhothai.

– ***Café Lovely,*** de Rattawut Lapcharoensap (Points, n° P2193, 2009, 245 p.). À travers ces sept nouvelles, l'auteur américano-thaïlandais invite ses lecteurs à partager les aventures de jeunes gens du pays, à découvrir la face cachée des villages, des banlieues, de l'armée thaïlandaise ou des camps de réfugiés cambodgiens. Même le va-et-vient continuel des *farang* prend alors une tout autre dimension.

– ***Meurtre et méditation,*** de Nick Wilgus (Philippe Picquier, n° 291, 2007, 281 p.). Un meurtre au monastère, voilà qui n'est pas commun. C'est le cadre choisi par l'auteur, un ancien moine franciscain, correspondant à Bangkok pour le *Washington Post*. Au fil des pages, tout en suivant les pas de l'enquêteur moine – et quant à lui ancien policier –, on en apprend un peu plus sur les règles qui régissent la vie monastique des moines bouddhistes.

– ***Les Oiseaux de Bangkok,*** de Manuel Vásquez Montalbán (Points, n° 2189, 1983, 396 p.). Après avoir traîné son ennui à Barcelone, fouinant autour d'une affaire de meurtre à coups de bouteille de champ' qui n'intéresse que lui, Pepe Carvalho s'envole à contrecœur pour Bangkok, à la recherche d'une vague connaissance traquée par des trafiquants de diamants. Entre circuit touristique et soubresauts d'une enquête dont il ne maîtrise pas grand-chose, le détective privé catalan, las, désabusé, un peu rêveur et volontiers gastronome, va se retrouver entraîné malgré lui aux quatre coins du pays, entre vice de Bangkok, délices de Koh Samui et dénuement du Sud séparatiste. Un antihéros, pour un anti-polar.

MUSÉES ET SITES

Gardez en tête que les musées sont pour la plupart fermés le lundi et le mardi. Les monuments et les sites sont en revanche ouverts tous les jours, souvent de 8h à 16h, voire jusqu'à 18h.

PHOTOS

Vous trouverez tout le matériel désiré à Bangkok et dans les villes touristiques. Les pellicules argentiques (il en reste !) et le développement sont moins chers qu'en Europe. Pour le numérique, les boutiques photo offrent les mêmes services que chez nous (scans, tirage depuis CD, etc.), là encore à moindres frais. Si vous voyagez un certain temps, on vous conseille de glisser des sachets de silicate, qui absorbent l'humidité, dans la valise-photo.

POSTE

Les bureaux de poste sont généralement ouverts du lundi au vendredi de 8h30 à 16h30 et le samedi de 9h à 12h. Certains le sont aussi le dimanche matin. Personnel efficace et organisation parfaite. Compter bien une semaine avant que votre carte n'arrive (durée soumise aux variations saisonnières !). Tous les bureaux de poste disposent d'un service d'envoi de paquets par surface ou par voie aérienne. Par mer, délai de 3 mois. Dans les grandes villes, on peut acheter la boîte, et une balance permet de peser son paquet. Vraiment bien et très sûr. Pour les cartes postales vers l'Europe, compter 15 Bts.
Notons aussi la multiplication de postes privées, dans les mégapoles surtout, proposant un service postal, téléphonique et un *E-mail Service*. Horaires sensiblement différents le plus souvent (ouverture plus tardive).

POURBOIRE

On ne laisse – normalement – pas de pourboire, bien que dans les grands hôtels et les lieux extrêmement touristiques les Thaïs se soient aisément habitués à cette gratification importée.

SANTÉ

Précautions

– Au moment des grosses chaleurs, ***se méfier des problèmes de déshydratation,*** responsables de bien des maux.

– Attention aux nombreux ***serpents venimeux*** dans les campagnes et aux multiples ***bestioles marines*** sympathiques : poissons-pierres, serpents pélagiques, oursins, méduses, physalies...
– ***Parasites intestinaux*** fréquents (amibes, giardia, anguillules, ankylostomes...) : éviter les contacts avec les eaux douces stagnantes, les boues, etc.
– Le ***virus de l'hépatite A*** (transmis par l'alimentation) est omniprésent ; la vaccination des voyageurs est heureusement de plus en plus pratiquée : efficacité 100 % et probable immunisation à vie après un seul rappel.
– ***Forte pollution atmosphérique*** à Bangkok et à Chiang Mai : asthmatiques, insuffisants respiratoires ou cardiaques, attention !
– La ***leptospirose*** est en augmentation en Thaïlande : maladie souvent grave transmise par contact avec des eaux douces polluées par des déjections de rats. Attention pendant les treks ou les randonnées sauvages.

Les antimoustiques

Les moustiques étant partout très nombreux en Thaïlande, il faut toujours utiliser des répulsifs antimoustiques *(repellents)*. La plupart (pour ne pas dire la quasi-totalité) des répulsifs antimoustiques/arthropodes vendus en grande surface ou en pharmacie sont insuffisamment efficaces. Il existe une gamme, complète et performante, conforme aux recommandations du ministère français de la Santé : *Insect Ecran*. En complément, on peut aussi, avant le départ, imprégner ses vêtements (avec *Insect Ecran Tissus* ou *Trempage*) : efficace 6 semaines, résiste à six lavages en machine.

À emporter avec soi

Moustiquaire imprégnée d'insecticide (pour les séjours en forêt), répulsifs antimoustiques (lire ci-dessus), insecticides, crèmes de protection solaire.

■ ***Catalogue santé-voyage :*** les produits et matériels utiles aux voyageurs, assez difficiles à trouver, peuvent être achetés par correspondance sur le site ● *sante-voyages.com* ● Infos complètes toutes destinations, boutique web, paiement sécurisé, expéditions Colissimo Expert ou Chronopost. Renseignements complémentaires au ☎ *01-45-86-41-91 (lun-ven 14h-19h).*

Pour ce qui est des médicaments, les pharmacies en Thaïlande sont relativement bien approvisionnées, mais mieux vaut prévoir un petit stock pour les soins de base (contre les diarrhées et autres problèmes digestifs, antibiotique à large spectre, paracétamol, désinfectant et pansements, etc. ; voir avec votre médecin). Si vous suivez un traitement, prévoir aussi un stock suffisant.

Le paludisme

Dans tous les livres et brochures, on trouve la mention « Paludisme +++ multirésistant ». Cela est vrai, mais :
– ce paludisme n'est présent que dans des zones très limitées, forestières et frontalières ; la très grande majorité du pays, composée de plaines et de rizières, en est totalement indemne ;
– dans les zones impaludées, il n'y a risque de transmission que la nuit ;
– il n'y a pas de paludisme dans les grandes villes.
Prenons pour exemple un circuit touristique habituel : Bangkok, Phuket (par avion), Chiang Mai, Chiang Rai avec une visite diurne de la zone frontalière du Nord : il n'y a aucune possibilité de transmission du paludisme. Pourtant, nombre

de touristes mal informés partent régulièrement bourrés d'antipaludiques dont les effets secondaires gâcheront le voyage d'une partie d'entre eux.
Ce n'est qu'au cas où un séjour comprendrait des nuitées dans les villages des zones frontalières qu'un traitement antipaludique s'imposerait : ce serait alors soit de la Malarone® (un comprimé par jour dès la veille de l'arrivée dans la zone et pendant 7 jours après la sortie de celle-ci), soit de la doxycycline (Doxypalu®, un comprimé par jour en commençant la veille de l'arrivée en zone impaludée, à poursuivre durant toute la durée du séjour et pendant les 4 semaines qui suivent le retour). Tous les autres antipaludiques sont insuffisants pour ces zones de multirésistance. Le seul inconvénient avec la doxycycline : il ne faut pas s'exposer au soleil, cela peut entraîner une photosensibilisation de la peau. Gare aux coups de soleil, aux douleurs, voire à une dépigmentation à vie ! Protégez-vous bien.

La dengue

Une épidémie de ***dengue*** peut survenir à tout moment en Thaïlande, comme dans tout pays de l'Asie du Sud-Est, en particulier lors de la mousson. Transmise par les piqûres de moustiques diurnes, la dengue est une forte fièvre d'origine virale, un peu comme une très grosse grippe, parfois très grave (1 à 2 % de décès). On ne dispose pas de traitement spécifique à l'heure actuelle. La seule prévention consiste à se protéger des moustiques, la nuit et surtout le jour. La dengue est présente depuis de nombreuses années en Thaïlande. Si l'on en entend parler de plus en plus, c'est parce qu'elle s'est propagée largement dans la zone inter et subtropicale et sur une bonne partie de la planète.
Transmis de manière identique, le ***chikungunya.*** On ne le dit pas assez, mais cette maladie est présente en Thaïlande (voire épidémique comme en 2009).

L'encéphalite japonaise

L'encéphalite japonaise sévit en permanence, mais surtout par épidémies en période de mousson. C'est une maladie grave (un tiers de décès, un tiers de séquelles neurologiques). Il existe depuis avril 2009 un vaccin, Ixiaro®, bien toléré, recommandé aux expatriés, voyageurs fréquents et touristes se rendant en période de mousson dans les pays situés au-dessous d'une ligne reliant le Bangladesh et le Sud sibérien au Queensland au sud (voir • *astrium.com/encephalite-japonaise.html* •). Deux injections (J0 et J28) ; disponible en centres de vaccinations internationales. Seul problème, le coût : au moins 88 € la dose.

Vaccinations

Voir plus haut « Avant le départ ».

Le sida et les MST

La Thaïlande est un pays très touché par le sida. Sans oublier l'hépatite B, dont souffre 5 % de la population thaïe. La vie sexuelle plutôt libre et active des Thaïlandais a favorisé l'avancée massive et foudroyante du sida. Le temps de comprendre et de réagir, et ce sont 1 million de personnes qui ont été contaminées. Quant aux prostituées, avancer un chiffre serait vain, car ça évolue vite et l'état des lieux ne peut pas être fait, mais on ne doit pas se tromper de beaucoup en disant qu'une sur deux (une sur trois si l'on est optimiste) est contaminée. L'usage systématique des préservatifs est donc vital.

La large (mais tardive) prise de conscience du gouvernement a été « récompensée », mais la contamination continue, même si aujourd'hui seules de très rares prostituées n'exigent pas le préservatif.

Assurance santé

Les soins médicaux sont de qualité acceptable, de loin les meilleurs de la péninsule. Pour autant, il peut s'avérer judicieux de prévoir une assurance-santé avant le départ.

■ ***AVI International (Routard Assurance) :*** *106, rue La Boétie, 75008 Paris.* ☎ *01-44-63-51-00.* • *avi-international.com* • Ⓜ *Saint-Philippe-du-Roule ou Franklin-D.-Roosevelt.* Vous assure (entre autres) une prise en charge totale en cas d'hospitalisation ou de rapatriement sanitaire.

SITES INTERNET

Infos pratiques

• ***routard.com*** • Rejoignez la plus grande communauté francophone de voyageurs ! Échangez avec les « routarnautes » : forums, photos, avis d'hôtels, etc. Retrouvez aussi toutes les informations actualisées pour choisir et préparer vos voyages : plus de 200 fiches pays, une centaine de dossiers pratiques et un magazine en ligne pour découvrir tous les secrets de votre destination. Enfin, comparez les offres pour organiser et réserver votre voyage au meilleur prix. Routard.com, le voyage à portée de clic !

• ***sawadee.com*** • Site généraliste très complet, en anglais : toutes les infos pratiques (bus, trains, avions, cartes, etc.), mais aussi calendrier des fêtes et festivals, sites et parcs nationaux à visiter. Dans le même genre, en un peu plus succinct :

• ***guidetothailand.com*** •

• ***tourismethaifr.com*** • Le site officiel de l'office national de tourisme de Thaïlande à Paris. En français, donc. Intéressant et assez beau visuellement.

• ***users.skynet.be/abottu*** • De belles photos prises par Alain Bottu, déclinées en visites illustrées des sites, cartes postales électroniques... Mais aussi les événements à fêter, des recettes...

• ***gavroche-thailande.com*** • Magazine français sur le Siam. Actualités du pays, savoir-vivre, bonnes adresses et infos pratiques.

• ***easy-thai.com*** • Moteur de recherche et répertoire de sites internet sur la Thaïlande : rubriques diverses telles que « Institutions et politique », « Société », « Sports et loisirs »... Attention cependant à faire le tri (nombreux sites commerciaux, sites de « X »...).

Culture

• ***eurasianet.org*** • Le webzine (en anglais) de la culture asiatique. Un important portail offrant des infos tous azimuts. Une vraie mine d'or.

• ***franco-thai.com*** • Site (en français) de l'Association franco-thaïe de Paris. Très complet. Nouvelles, petites vidéos, forum de discussion, lexique avec prononciation en direct des mots, histoire de se familiariser avec la langue avant le départ, etc.

Médias

• ***thailande-infos.net*** • Un site communautaire d'expatriés français proposant de nombreux articles d'actualité en anglais traduits en français. Également des infos pratiques (transports) et une présentation du pays.

PLANS ET CARTES EN COULEURS

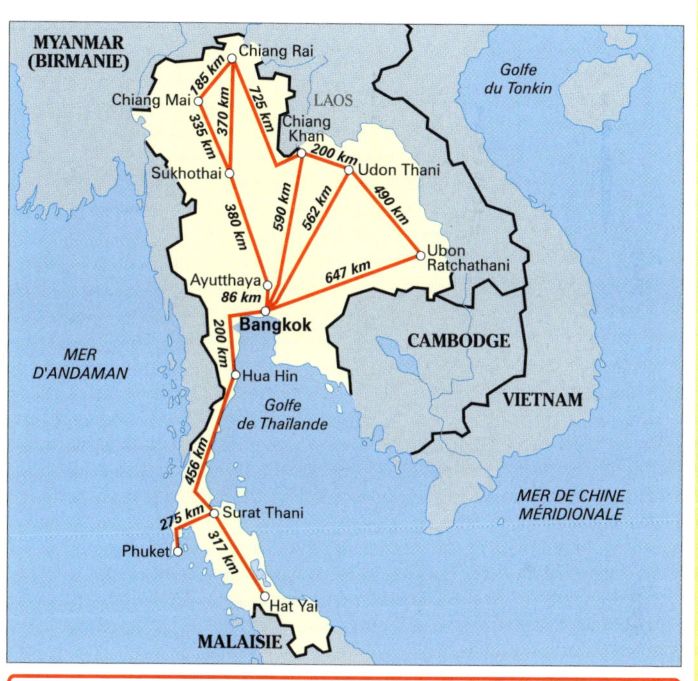

DISTANCES PAR LA ROUTE

LA THAÏLANDE

AYUTTHAYA

■ **Adresses utiles**

- TAT
- @ Internet
- 1 Gare des bus longues distances
- 2 Bus locaux et pour Bangkok
- 3 Bureau de l'immigration
- 4 Siam Commercial Bank
- 5 Tourist Police
- Bac

Où dormir ?

- 10 Chantana Guesthouse et Tony's Place
- 12 Ayutthaya Place (Youth Hostel)
- 13 Sherwood House
- 14 Bann Kun Pra
- 15 Grandparent's Home
- 16 Baan Lotus Guesthouse et P.U. Inn Ubonpon
- 17 Iudia on the River

Où manger ?

- 14 Bann Kun Pra
- 20 Marché Hua Raw
- 21 Marché Chao Phrom
- 22 Marché de nuit
- 23 Saithong River Restaurant
- 24 Aunt Taew
- 25 Pae Krung Kao
- 26 MK Restaurant

Où boire un verre ? Où sortir ?

- 30 Jazz Café, Chang House et Street Lamp

CHIANG RAI

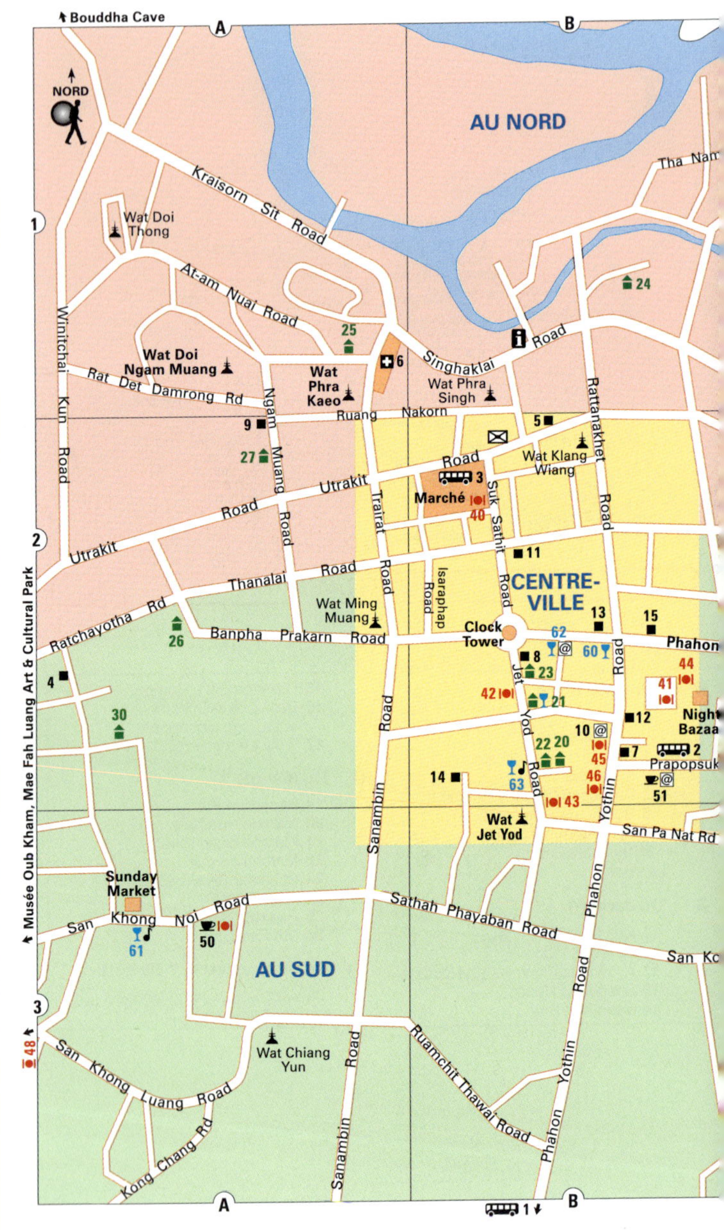
Bouddha Cave
NORD
AU NORD
Kraisorn Sit Road
Wat Doi Thong
At-am Nuai Road
Winitchai Kun Road
Wat Doi Ngam Muang
Rat Det Damrong Rd
Ngam Muang Road
Wat Phra Kaeo
Singhaklai Road
Wat Phra Singh
Ruang Nakorn Road
Tha Nam
Rattanakhet Road
Wat Klang Wiang
Utrakit Road
Marché
Trairat Road
Suk Sathit Road
Thanalai Road
Isaraphap Road
CENTRE-VILLE
Wat Ming Muang
Ratchayotha Rd
Banpha Prakarn Road
Clock Tower
Phahon
Jet Yod Road
Night Bazaa
Prapopsuk
Wat Jet Yod
San Pa Nat Rd
Sanambin Road
Sunday Market
San Khong Noi Road
Sathah Phayaban Road
Phahon Yothin Road
San Ko
AU SUD
Wat Chiang Yun
San Khong Luang Road
Kong Chang Rd
Ruamchit Thawai Road
Musée Oub Kham, Mae Fah Luang Art & Cultural Park

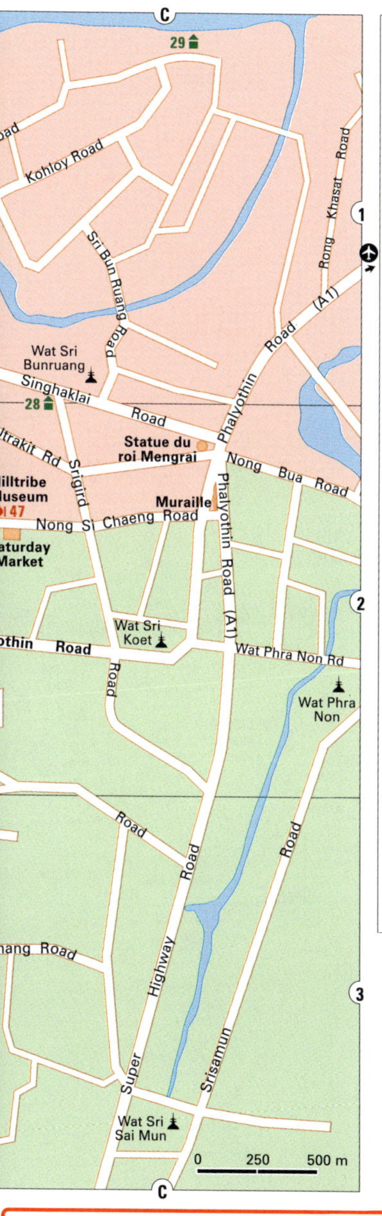

■ **Adresses utiles**

1 Gare routière longues distances
2 Gare routière pour le Triangle d'or
3 Songthaew
TAT
4 Alliance franco-thaïe
5 Tourist Police
6 Overbrook Hospital
7 Pharmacie Boots
8 ST Motorcycle
9 Chiang Rai Telecommunication Center
@ 10 Café Moi
11 Bangkok Bank
12 THAI
13 Fat Free Bike Shop
14 Orn's Bookshop
15 Golden Triangle Tours
@ 51 Baan Chivit Mai Bakery
@ 62 Kaffee Hub

Où dormir ?

20 Baan Bua Guesthouse
21 Chook Dee Guesthouse
22 Orchids Guesthouse
23 Moonhouse
24 Jitaree Guesthouse
25 Chat House
26 Lek House
27 Baan Rub Aroon Guesthouse
28 Moon & Sun Hotel
29 The Legend Chiang Rai
30 Ben Guesthouse

Où manger ?

40 Marché de jour
41 Night Bazaar
42 Paojai
43 Nice Kitchen
44 Oasis Vegetaurant
45 Aye's Restaurant
46 Da Vinci
47 Cabbages and Condoms
48 Moom Mai

Où boire un café ?
Où manger une pâtisserie ?

50 Le Petit Café
51 Baan Chivit Mai Bakery

Où boire un verre ?
Où sortir ?

21 Chook Dee
60 Teepee Bar
61 Sabun-Nga Pub & Restaurant
62 Kaffee Hub
63 Chiang Rai Rastafarai

CHIANG RAI

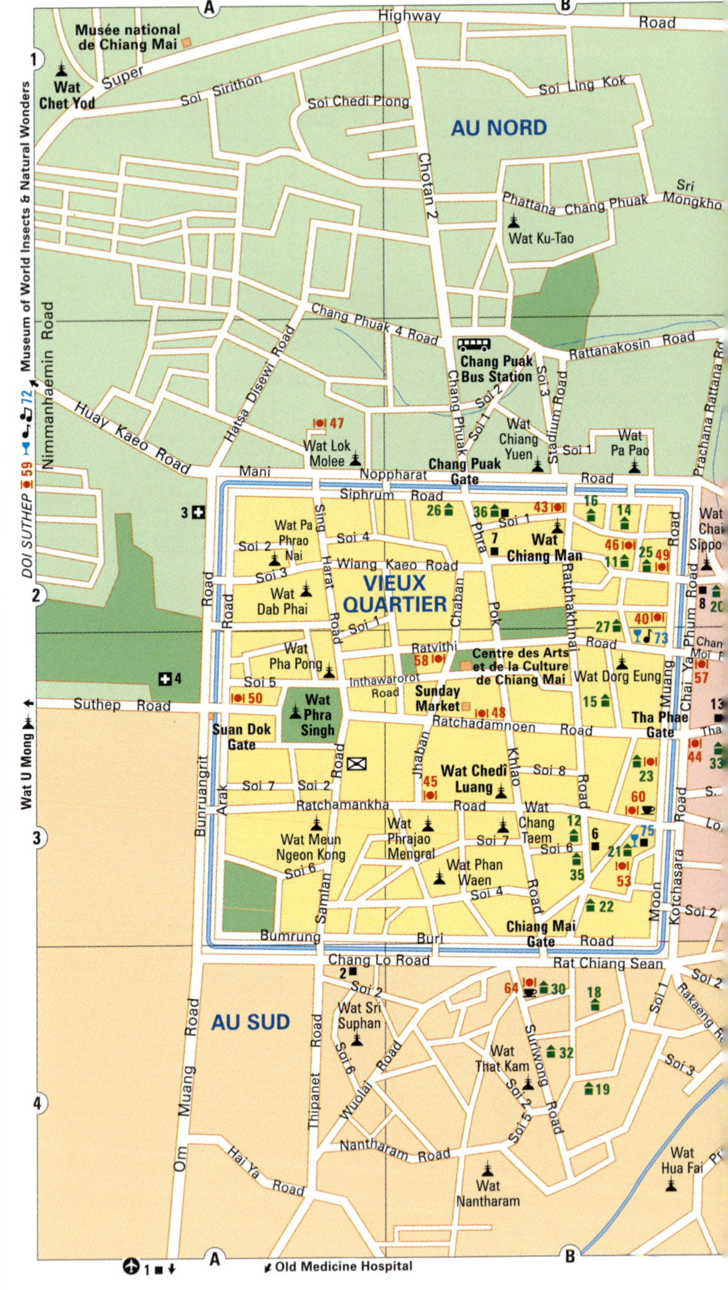

AU NORD
VIEUX QUARTIER
AU SUD
Musée national de Chiang Mai
Wat Chet Yod
Super Highway Road
Soi Sirithon
Soi Chedi Plong
Soi Ling Kok
Chotan 2
Phattana Chang Phuak
Sri Mongkhol
Wat Ku-Tao
Chang Phuak 4 Road
Chang Puak Bus Station
Rattanakosin Road
Nimmanhaemin Road
Huay Kaeo Road
Hatsa Disewi Road
Wat Lok Molee
Mani Noppharat Road
Chang Puak Gate
Wat Chiang Yuen
Stadium Road
Wat Pa Pao
Siphrum Road
Wat Pa Phrao Nai
Wiang Kaeo Road
Wat Chiang Man
Wat Dab Phai
Ratvithi Road
Centre des Arts et de la Culture de Chiang Mai
Wat Pha Pong
Inthawarorot Road
Sunday Market
Wat Phra Singh
Suan Dok Gate
Ratchadamnoen Road
Wat Dorg Eung
Tha Phae Gate
Wat Chedî Luang
Ratchamankha Road
Wat Meun Ngeon Kong
Wat Phrajao Mengrai
Wat Phan Waen
Wat Chang Taem
Chiang Mai Gate
Bumrung Buri Road
Suthep Road
Bunruangrit
Arak
Samlan
Jhaban
Khlao
Moon Muang Road
Kotchasara Road
Chang Lo Road
Rat Chiang Sean
Wat Sri Suphan
Wualai Road
Thipanet Road
Suriwong Road
Wat That Kam
Om Muang Road
Hai Ya Road
Nantharam Road
Wat Nantharam
Wat Hua Fai
Rakaeng Road
Prachana Rattana Road
Museum of World Insects & Natural Wonders
DOI SUTHEP
Wat U Mong
Old Medicine Hospital

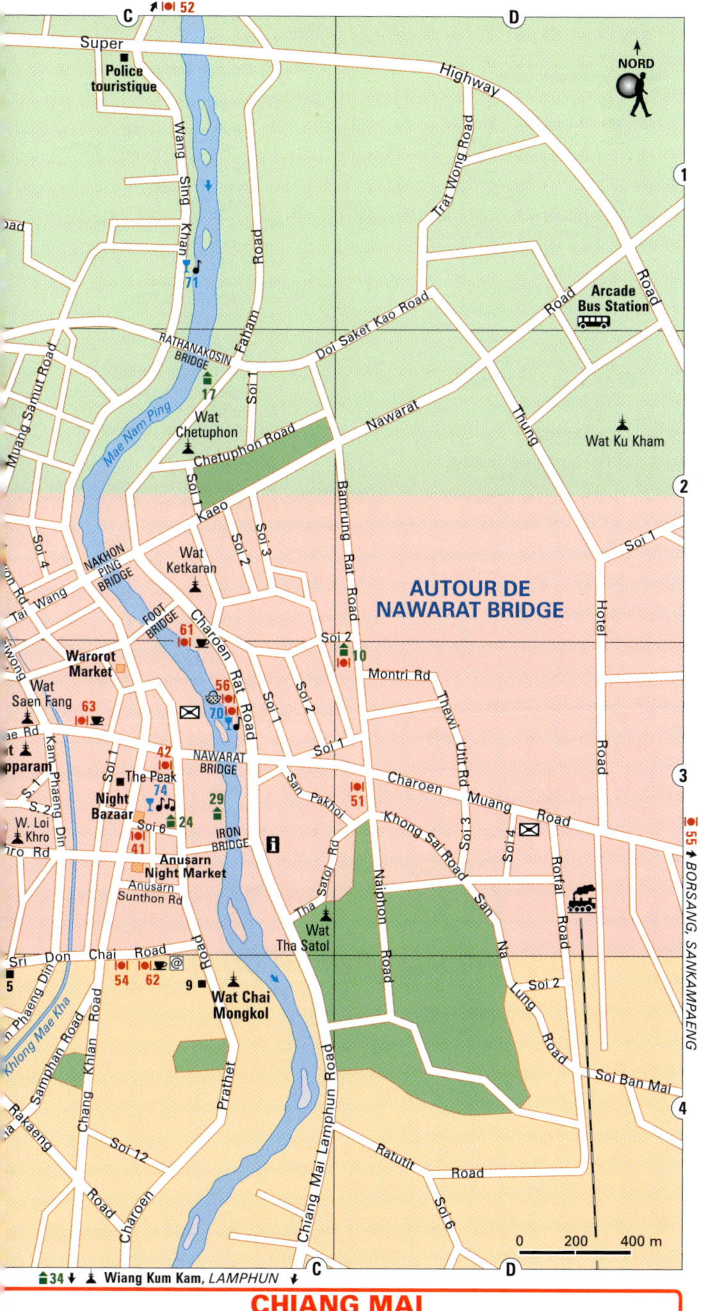

NORD
Police touristique
Super Highway
Arcade Bus Station
Wat Ku Kham
Wat Chetuphon
Wat Ketkaran
AUTOUR DE NAWARAT BRIDGE
Warorot Market
Wat Saen Fang
Night Bazaar
The Peak
Anusarn Night Market
Wat Tha Satol
Wat Chai Mongkol
Mae Nam Ping
Khlong Mae Kha
RATHANAKOSIN BRIDGE
NAKHON PING BRIDGE
FOOT BRIDGE
NAWARAT BRIDGE
IRON BRIDGE
Doi Saket Kao Road
Nawarat
Chetuphon Road
Charoen Rat Road
Charoen Muang Road
Khong Sai Road
Bamrung Rat Road
Montri Rd
Thewi Utit Rd
Hotel Road
Rotfai Road
Sri Don Chai Road
Chiang Mai Lamphun Road
Ratutit Road
Soi Ban Mai
Na Lung Road
Naiphon Road
Wang Sing Khan
Faham
Trat Wong Road
Thung
Muang Samut Road
Kam Phaeng Din
Chang Khlan Road
Samphan Road
Prathet
Anusarn Sunthon Rd
W. Loi Khro
Soi 12
0 200 400 m
55 BORSANG, SANKAMPAENG
34 Wiang Kum Kam, LAMPHUN

Adresses utiles

- TAT
- Arcade Bus Station
- Chang Puak Bus Station
- 1 Immigration Office
- 2 Consulat de Chine
- 3 Ram Hospital
- 4 Maharaj Nakorn Public Hospital
- 5 Suriwong Book Center
- 6 Mr Clean Laundry
- 7 THAI
- 8 North Wheels
- 9 Alliance française
- 13 Gecko Books et Backstreet Books
- 36 Cool Asia Travel
- @ 62 Café de l'Amour
- 75 Bar Fly

Où dormir ?

- 10 C & C Teak House
- 11 Lamchang House
- 12 Julie Guesthouse
- 14 Charcoa House
- 15 Rendez-Vous Guesthouse
- 16 Nocky House
- 17 Pun Pun Guesthouse
- 18 Wiriya House
- 19 B.M.P. Resident
- 20 Pao Come Guesthouse
- 21 Pathara House
- 22 Pha-Thai House
- 23 Gap's House
- 24 Green Lodge
- 25 Sri Pat Guesthouse
- 26 Mountain View Guesthouse
- 27 Yourhouse Guesthouse
- 29 Siriya House et Riverview Lodge
- 30 Smile House Boutique Hotel
- 32 Chiang Mai Gate Hotel
- 33 Micasa Guesthouse
- 34 Chiang Mai International Youth Hostel
- 35 Anoma Boutique House
- 36 Cool Guesthouse

Où manger ?

- 40 Petits restaurants de nuit de Somphet Market
- 41 Galare Food Center (Night Bazaar)
- 42 Halal Food
- 43 Jok Sompet Restaurant
- 44 Aroon Rai
- 45 Huen Phen
- 46 Blue Diamond
- 47 Franco-Thaï Place
- 48 Kaow Tom
- 49 The House Restaurant
- 50 PP Buffet
- 51 San Phakoi Market
- 52 Huan Soontaree Vechanont
- 53 Pum Pui
- 54 Whole Earth Restaurant
- 55 Le Grand Lanna
- 56 The Gallery
- 57 The Swan Burmese Cuisine
- 58 Chaun Chom
- 59 Khun Churn et The Salad Concept

Où boire un thé, un jus frais ? Où manger une pâtisserie ?

- 60 Dada Café
- 61 Vieng Joom On Teahouse
- 62 Café de l'Amour
- 63 Raming Tea House Siam Celadon
- 64 Baan Bakery

Où boire un verre ? Où sortir ? Où écouter de la musique live ?

- 70 The Riverside
- 71 West-Side
- 72 Monkey Club et Beer Republic
- 73 U.N. Irish Pub
- 74 Hot Shot et Bubble
- 75 Bar Fly

CHIANG MAI – REPORT DU PLAN

• *bangkokpost.net* • *nationmultimedia.com* • Deux des principaux journaux thaïs en ligne. En anglais.
• *onlinenewspapers.com/thailand.htm* • Journaux thaïs en ligne (en anglais, quelques-uns en allemand).
• *comfm.fr* • Radios du monde en direct. À vous de vous faufiler pour dénicher la Thaïlande.
• *goodlifeinthailande.com* • Fil d'articles d'actualité divers (vie des entreprises notamment). En français.

Sports

• *chiangmaiswing.com* • Un site énumérant les greens thaïs. En français.

TÉLÉPHONE - TÉLÉCOMS

Téléphone et fax

Les Thaïlandais sont passés maîtres dans l'art de la communication. Ils ont tous les derniers gadgets qui sortent en matière de téléphonie.
Tuyau : le plus pratique et économique consiste à équiper un portable d'une carte SIM achetée en Thaïlande (voir plus loin).

Les indicatifs

– ***Thaïlande → Thaïlande :*** toujours composer le numéro complet avec l'indicatif régional.
– ***Thaïlande → France :*** composer le 001 + 33 + le numéro du correspondant, sans le 0 de la numérotation à 10 chiffres. Dans certains cas, il est possible de composer le 007, 008 ou 009 pour des tarifs réduits (voir ci-dessous).
– ***France → Thaïlande :*** composer le 00 + 66 (indicatif du pays) + indicatif de la ville (sans le 0) + le numéro du correspondant. De gratuit à plus de 1 €/mn.

Appels locaux

Il y a des cabines téléphoniques publiques un peu partout. Elles fonctionnent avec des cartes et parfois encore avec des pièces. Plusieurs opérateurs se disputent le marché. À l'usage, il s'avère que les cabines TOT sont les plus répandues. On trouve les cartes prépayées TOT (50 ou 100 Bts), dans de nombreux magasins, dont les omniprésentes supérettes *7-Eleven,* ouvertes 24h/24.

Appels internationaux : les différentes possibilités

– *Centre Internet :* la plupart disposent de téléphones (voire de cabines) permettant d'appeler à l'étranger à des tarifs assez bas : 10-15 Bts/mn pour la France. Petite précision : la qualité de ces systèmes « call back » ou « Internet phone » n'est pas toujours au rendez-vous (ne pas hésiter à en essayer plusieurs). Sur les îles, ça ne marche pas terrible...
– *Cartes prépayées :* la plus connue s'appelle *Lenso.* Disponible en dénomination de 200 Bts (ou plus) dans les *7-Eleven,* elle fonctionne normalement exclusivement à partir de téléphones ou de cabines dédiés (de couleur orange, souvent installés devant ces mêmes *7-Eleven*). Pour la France, compter 22 Bts/mn en composant le 001, et à peine 7 Bts/mn si vous faites le 001-809 (qualité moins bonne). D'autres marques de cartes « Internet phone » disponibles dans ces mêmes échoppes ou dans certains hôtels permettent d'appeler à des tarifs très

intéressants. Bien lire leurs modes d'emploi pour savoir avec quels types de téléphones elles fonctionnent (téléphone fixe, portable ou cabines publiques, parfois les trois sont possibles).
– *Les CAT Centers :* solution de dernier ressort, si l'on se trouve dans une ville non touristique et qu'on ne dispose pas d'autres moyens. Souvent excentrés, ces centres téléphoniques ouvrent aux horaires de bureau (8h30-16h30, fermés le week-end). On peut généralement y appeler à des tarifs similaires aux « Internet phone ».
– *Les préfixes « économiques » :* si vous appelez d'une ligne fixe ou d'un portable thaï (ou désimlocké) avec une puce thaïe, vous pouvez toujours opter pour une communication de moindre qualité, mais à prix réduit en composant le 008 (TOT) ou le 009 (CAT), à la place des 001 (CAT) ou 007 (TOT).

Téléphones portables

Le pays est désormais bien couvert, même si les connexions peuvent encore être difficiles dans les montagnes du Nord, à la frontière avec la Birmanie et sur certaines îles perdues.
Il est très intéressant d'acheter une carte SIM en Thaïlande. On obtient ainsi un numéro local pour une somme modique. Prévoir 50-200 Bts selon les offres et promotions ! Il suffira ensuite d'acheter des cartes-recharges en vente dans les *7-Eleven* et dans d'innombrables échoppes et kiosques. Pas compliqué, instructions disponibles en anglais.
Plusieurs opérateurs existent, dont : *True, One-2-Call AIS* et *DTAC.* Se faire conseiller dans l'un des nombreux magasins spécialisés. On trouve également deux bureaux *DTAC* et *AIS* à l'arrivée à l'aéroport de Bangkok, où l'on vous expliquera tout et où l'on pourra même vous louer un téléphone, si besoin. Compter autour de 5 Bts/mn pour les coups de fil nationaux.
– ***Équiper son portable d'une carte SIM thaïe :*** comme chacun le sait, nombre d'abonnements entraînent le blocage du téléphone au profit des seules cartes SIM de l'opérateur contracté. En Thaïlande, de multiples boutiques proposent de débloquer les téléphones (à Bangkok, aller par exemple au *Mabookrong*). Prudence cependant : il vaut mieux se renseigner préalablement auprès de son opérateur en France afin d'éviter tout souci technique ou contractuel. Finalement, en cas de téléphone bloqué, le plus malin consiste à emporter un bon vieux portable délaissé pour le consacrer à cet usage. Pour l'international, il suffira d'utiliser un des préfixes économiques pour obtenir un tarif très intéressant (environ 7 Bts/mn). Exemple pour la France : 009 + 33 + le numéro du correspondant sans le 0. La réception d'appels internationaux ne donne normalement lieu à aucun frais. Qui dit mieux ?!
– Pour bénéficier de l'option « Monde » à partir de votre téléphone portable habituel, n'oubliez pas de joindre le Service clients de votre opérateur AVANT votre départ. Sachez que cette option « roaming » revient cher et que c'est vous qui payez quand on vous appelle, au tarif d'une communication internationale. Boum !

Urgence : en cas de perte ou de vol de votre téléphone portable

Suspendre aussitôt sa ligne permet d'éviter de douloureuses surprises au retour du voyage ! Voici les numéros des quatre opérateurs français, accessibles depuis la France et l'étranger :
– ***SFR :*** *depuis la France, ☎ 1023 ; depuis l'étranger, 📱 + 33-6-1000-1900.*

– ***Bouygues Télécom :*** *depuis la France comme depuis l'étranger, ☎ 0-800-29-1000 (remplacer le « 0 » initial par « + 33 » depuis l'étranger).*
– ***Orange :*** *depuis la France comme depuis l'étranger, 📱 + 33-6-07-62-64-64.*
– ***Free :*** *depuis la France, ☎ 32-44 ; depuis l'étranger, ☎ + 33-1-78-56-95-60.*
Vous pouvez aussi demander la suspension de votre ligne depuis le site internet de votre opérateur.

Internet

On trouve des endroits où surfer sur le Net un peu partout (ouverts pour la plupart tous les jours, du matin jusqu'au soir), même dans les petites îles. Les prix tournent souvent autour de 30 Bts de l'heure, sauf dans les îles du Sud, où ils grimpent à hauteur de 1 à 2 Bts/mn. C'est souvent de ces mêmes endroits qu'on peut appeler l'international à petits prix (voir plus haut). En revanche, Skype ne fonctionne pas toujours...

TOILETTES

On trouve encore des toilettes « à la thaïe » dans de nombreux établissements thaïlandais, les hébergements bon marché ou les petits restos. Elles ressemblent aux toilettes « à la turque », mais en un peu plus hautes. La plupart du temps, dans ce genre de lieux, il n'y a pas de papier toilette, mais de petits jets pour se nettoyer à l'eau, ce qui est finalement plus hygiénique... Les établissements d'un standing supérieur ont, quant à eux, des sanitaires semblables aux nôtres, avec papier.

TRANSPORTS

La Thaïlande est un pays où les déplacements sont faciles et pas chers. Incroyable le nombre d'agences qu'on trouve partout dans le pays : elles proposent de tout. N'importe quel boui-boui pourra, dans certains cas, vous vendre un billet d'avion ou de train. Sur le plan des transports, la notion de service joue ici à plein, tout comme la concurrence. Mais attention aux prix exagérés et aux arnaques ! Essayez de vous renseigner avant sur les tarifs, auprès d'autres voyageurs ou, quand vous débarquez, directement à la gare routière, à la gare ferroviaire ou au port de débarquement.

Trains

Ils sont plus ou moins ponctuels, très lents (en général, 50 km/h en moyenne pour les express) et un peu plus chers que les bus. Pour les longs trajets (Bangkok-Chiang Mai notamment), le train est cependant plus pratique et plus confortable que le bus. Il y a souvent un wagon-restaurant ou, au moins, un vendeur ambulant de boissons et snacks. En outre, à chaque gare, vous trouverez une foule de vendeurs d'ananas, de cacahuètes, de poulet sauté, de petits gâteaux, etc.
Il existe trois catégories de places : la 3e classe, qu'on vous déconseille (bondée et inconfortable) sauf pour les trajets locaux courts ; la 2e classe, ventilée ou climatisée, mais toujours confortable ; et enfin, la 1re classe, chère, toujours climatisée et vraiment très chicos ! Attention aux divers suppléments pour les rapides, express, spécial express, les voitures avec AC et les couchettes. Les

VILLES	DISTANCE	TEMPS EN TRAIN	TEMPS EN AVION
Ayutthaya	86	1 h 20	
Bangsaen	106		
Chanthaburi	319		
Chiang Mai	700	14 h	1 h
Chiang Rai	823		
Chumphon	460	9 h	
Had Yai	996	19 h	1 h 15
Hua Hin	230	4 h	
Kanchanaburi	126	2 h 30	
Khon Kaen	445	8 h 30	1 h
Lampang	604	11 h 30	
Lamphun	667	13 h 30	
Nakhon Pathom	56	1 h 40	
Nakhon Phanom	735		
Nakhon Ratchasima	256	5 h	
Nakhon Si Thammarat	832	16 h 45	
Nan	745		
Pattaya	140		
Petchburi	125	4 h	
Phitsanulok	498	7 h	40 mn
Phuket	922		1 h 10
Rayong	208		
Songkhla	1 024		
Sukhothai	466		
Trat	387		
Ubon Ratchathani	647	10 h 30	1 h 35
Udon Thani	562	10 h 30	1 h 35
Yala	1 142	20 h	

***N.B.** : des distorsions peuvent intervenir, selon les sources, dans l'évaluation des kilométrages (traduction des miles en kilomètres pas toujours rigoureuse). De même, les temps de trajet en train ou en avion sont donnés à titre indicatif, des variations existant selon le nombre d'arrêts ou d'escales.*

1re et 2e classes couchettes, impeccables avec draps propres et couverture de temps à autre, sont à essayer au moins une fois ; notez que les couchettes supérieures sont moins chères que celles du bas (moins larges aussi, et leurs rideaux n'obstruent pas complètement la lumière). Dans ces trains couchettes, un service de restauration à la place est assuré en 2e classe. Bon, et pas trop cher.
Pour les horaires et tarifs, consultez le site • *railway.co.th* • ou procurez-vous le dépliant général dans n'importe quelle gare, rédigé en anglais et très pratique. Les réservations sont possibles jusqu'à 60 jours avant le départ, au guichet des gares ou sur • *thairailticket.com* • (le site ne fonctionne pas toujours). D'une manière générale, pour être sûr d'avoir une place, réserver dès que possible, surtout pour les longs trajets. Numéro de téléphone national : ☎ 1690.

Bus

Ils se rendent partout où vous voulez aller, et notamment là où le train ne va pas. Les bus sont un peu plus rapides que les trains et moins chers. Chauffeurs pas toujours très expérimentés, mais les accidents sont rares. Pour les longues distances, on préfère le train (voir au-dessus).
Il existe grosso modo trois sortes de bus.
– ***Les bus gouvernementaux avec ou sans air conditionné*** (AC ou non AC) *:* on les prend généralement à un *Bus Terminal* où s'effectuent tous les départs. Les bus non AC desservent toutes les villes et les villages dans les environs d'une grande ville, ils se rapprochent de l'omnibus. Très fréquents et pratiques pour les petites destinations. Les chauffeurs ont malheureusement la fâcheuse habitude d'appuyer un peu fort sur le champignon. De plus, ces bus souvent bondés ne circulent que pendant la journée. Pour les longs trajets, préférer ceux équipés d'AC (mais prévoir une petite laine, la clim est souvent très fraîche). Les bus gouvernementaux sont moins chers que les bus privés, mais le confort est moindre (pas de boissons).
– ***Les bus privés climatisés :*** on en trouve dans toutes les villes où le tourisme existe. Ils sont confortables, rapides, ponctuels et plus chers que les autres. Ils effectuent en général de longues étapes et circulent principalement de nuit. On y sert à boire et, sur certains trajets, le prix inclut un bon pour manger dans le resto où le bus fait halte. Souvent pourvus d'une TV, ils sont parfois bruyants ! Refusez par précaution toute nourriture que vous offre un autre passager... On ne sait jamais ! Il existe également de nombreux services de minibus privés. Mais ils ne sont pas forcément plus confortables qu'un gros bus Pullman où l'on peut allonger ses jambes.
– ***Les bus VIP :*** il s'agit de bus climatisés de luxe, dont le faible nombre de sièges permet une inclinaison maximale. Rapides et plus chers, mais on arrive frais et dispos. Petite laine conseillée pour la nuit. Vérifiez bien que figure sur votre billet la mention « VIP » et ne vous fiez pas aux photos de bus qu'on vous fera miroiter : certains se sont retrouvés dans un bus miteux, pensant faire un trajet confortablement lovés dans leur siège...

Songthaew

L'un des moyens de locomotion les plus caractéristiques, mais aussi des plus pratique. Ce sont des taxis collectifs au parcours fixe, souvent des pick-up réaménagés, avec à l'arrière du véhicule deux planches en bois en guise de sièges. On s'y entasse pour pas cher. Pas très confortable non plus. En général, on demande l'arrêt grâce à une sonnette, ou en tapant sur la carrosserie. Sympa pour les petits trajets (visiter les proches environs d'une ville, par exemple) ; pour les plus longs, ça peut devenir fatigant...

Tuk-tuk

« Tuk-tuk » (prononcer « touk-touk »), criera le chauffeur. Vous l'entendrez partout ! Un *tuk-tuk* est un bon moyen de transport dans les villes, sorte de triporteur aménagé à partir d'une moto, avec à l'arrière une banquette sous un auvent métallique. *Tuk tuk* est un terme générique (leur forme change selon les régions ; on trouve par endroits des *samlor* par exemple, des demi-motos qui poussent une banquette à l'avant) mais le principe est toujours le même. Certains sont de vraies œuvres d'art.

Attention, négocier TOUS les prix ! Et ne vous fiez pas au chauffeur qui indiquera que l'hôtel ou le resto demandé sont fermés, il aura naturellement une autre adresse à vous proposer, où il aura bien entendu une commission... Coup classique ! Certains se prennent aussi pour Fangio au volant, n'hésitez pas à leur dire « *cháa cháa noï* – ช้าๆหน่อย », « moins vite, moins vite ! ».

Dans certaines îles, comme Ko Lanta, on peut même en louer pour transporter soi-même les copains ou la petite famille. Cela dit, on est tenté de vous le déconseiller, vu la très mauvaise tenue de route de ces engins.

Taxis

Peu chers, les taxis traditionnels existent aussi. Climatisés souvent ! En revanche, dites bien « *Meter, please* », pour qu'ils enclenchent le compteur... Ils oublient souvent ou refusent tout simplement de le mettre en route (surtout le soir à Bangkok). Dans ce cas, changer de taxi ou bien négocier la course.

Avion

Il existe deux aéroports à Bangkok (Don Muang et Suvarnabhumi). Il est donc impératif de bien se faire confirmer l'aéroport concerné.

Dans la liste ci-après, nous indiquons les numéros de téléphone thaïlandais. Veillez donc à composer les indicatifs comme expliqué dans la rubrique « Téléphone ».

Prix et évolutions : voir les sites des compagnies.

Les compagnies régulières

■ ***THAI :*** ☎ *02-356-11-11.* • *thaiairways.com* • A multiplié ses liaisons depuis quelques années. Plusieurs vols journaliers via Bangkok pour Chiang Mai, Chiang Rai, Khon Khaen, Ko Samui, Ubon Ratchathani, Udon Thani, Phuket, Hat Yai, Krabi, Surat Thani. Vols internationaux également. Voir « Les compagnies régulières » dans « Comment y aller ? ». En haute saison, il est conseillé de faire ses réservations à Paris avant de partir. Leur bureau parisien communique toutes les fréquences et horaires des vols. Il est maintenant inutile de confirmer un vol avec *THAI*. La compagnie vient tout juste de lancer sa filiale régionale, *THAI Smile*. Voir plus loin.

■ ***Bangkok Airways :*** ☎ *02-265-56-78.* • *bangkokair.com* • Dessert principalement Ko Samui depuis Bangkok (une vingtaine de vols/j. !), Phuket (7 vols/j.), Chiang Mai (au moins 5 vols/j.) et, 2 fois/j., Lampang, Trat et Sukhothai. D'autres liaisons directes vers Phnom Penh, Siem Reap, Luang Prabang, et Yangon. Un peu chère, car elle exerce un quasi-monopole sur Ko

Samui, Sukhothai et Trat (Ko Chang).

■ ***THAI Smile :*** ☎ *02-356-11-11 (call center).* ● *thaismileair.com* ● Toute nouvelle filiale régionale de *THAI* lancée en juillet 2012, elle propose 2 vols/j. au départ de Bangkok pour Macao. Pensez à consulter le site internet, de nouvelles liaisons ouvriront progressivement vers la province thaïlandaise : Chiang Mai, Krabi, Phuket, puis Surat Thani.

Les compagnies low-cost

Depuis quelque temps, les compagnies *low-cost* proposant des vols à bas prix se multiplient en Thaïlande. C'est la grosse bagarre avec les compagnies régulières. À la régularité des prix et des horaires de ces dernières, ainsi qu'aux garanties d'un service complet à bord, s'opposent les prestations minimales, les tarifs (et souvent horaires) fluctuants des *low-cost.* Le consommateur est gagnant, car les options se multiplient et les prix déjà peu élevés à l'origine sont encore tirés vers le bas. Attention tout de même, poids des bagages limité à 15 kg par personne pour certaines compagnies comme *Air Asia* ! En cas de dépassement, ça douille. Bien se renseigner au moment de la réservation.

On trouve leurs bureaux directement dans les aéroports, parfois aussi dans les centres commerciaux. Réticentes au début, les agences de voyages du pays commencent aussi à les vendre... N'oublions pas Internet, devenu un mode de réservation très pratique.

Vols entre Bangkok et Chiang Mai, mais aussi Krabi, Hat Yai, Udon Thani, Ranong, Buriram, ainsi que quelques liaisons interprovinciales.

■ ***Nok Air (de/vers Bangkok-Don Muang) :*** ☎ *1318 (call center) ou 02-900-99-55.* ● *nokair.com* ● Filiale de *THAI,* ce qui est un gage de fiabilité. Dessert toutes les contrées touristiques en Thaïlande et même Vientiane (Laos).

■ ***Thai Air Asia (de/vers Bangkok-Don Muang) :*** ☎ *02-515-99-99 (call center).* ● *airasia.com* ● Représentant local de la célèbre compagnie *Air Asia,* précurseur en la matière. Propose les tarifs les moins chers si réservés longtemps à l'avance sur Internet. Pas le cas pour les « dernières minutes ». Attention, dépassement bagages (pas plus de 15 kg) hors de prix.

■ ***Kan Air :*** ☎ *02-551-61-11 (call center).* ● *kanairlines.com* ● Liaisons interprovinciales uniquement : Chiang Mai, Khon Kaen, Pai, Chiang Rai, Nan, Mae Hong Son, Mae Sot, Phitsanulok et Mae Sariang.

Auto-stop

Très peu pratiqué, autant par les Thaïs que par les touristes. Le bus et le train sont bien plus rapides.

Voiture

– ***Ne pas oublier son permis de conduire international*** (voir « Avant le départ. Formalités »).

– La Thaïlande est un pays facile pour le voyageur désireux de circuler en voiture. Comme aux États-Unis ou en Europe, il est possible de louer une voiture et de la conduire seul. On peut également louer des voitures avec chauffeur. Le réseau routier est, dans l'ensemble, en très bon état, en tout cas pour ce qui est des axes principaux. Sur ces derniers, les panneaux routiers sont indiqués en thaïlandais et en anglais. Quand on circule sur les petites routes, il est conseillé de se munir d'une bonne carte détaillée et d'un petit lexique franco-thaïlandais pour demander sa route en cas de problème. Mais attention ! les Thaïs aiment rendre service et, même s'ils ne connaissent pas votre destination, ils vous guideront quand même ! Donc, fiez-vous à votre sens de l'orientation avant tout. Et puis, un volant dans les mains, ils ont une conduite à la hussarde, à l'opposé de leur habituelle délicatesse !

Quelques infos pratiques

– Limitations de vitesse : 60 km/h en ville, 90 km/h sur route et voie rapide, et 110 km/h sur autoroute ; en général, fort peu respectées.
– Alcoolémie : 0,5 g/l.
– Conduite à gauche de la chaussée, volant à droite par conséquent, on s'habitue vite, d'autant plus que les boîtes de vitesses sont majoritairement automatiques.
– Ne roulez pas la nuit, les camions vont vite et ne sont pas très respectueux des voitures.
– Ne soyez pas surpris de voir une voiture doubler... en même temps que vous. Les dépassements hasardeux en côte et avant un virage masqué ne sont pas rares. Prudence de rigueur !
– Interdiction absolue de téléphoner au volant : 1 000 Bts d'amende.

Location de voitures

Les principales agences de location sont représentées à Bangkok et dans les grandes villes de Thaïlande.

■ ***Auto Escape :*** ☎ *0892-46-46-10 (0,34 €/mn).* • *autoescape.com* • *Vous trouverez également les services d'Auto Escape sur* • *routard.com* • L'agence *Auto Escape* réserve auprès des loueurs de véhicules de gros volumes d'affaires, ce qui garantit des tarifs très compétitifs. Il est recommandé de réserver à l'avance. *Auto Escape* offre 5 % de remise sur la location d'une voiture aux lecteurs du *Routard* pour toute réservation par Internet avec le code de réduction « GDR14 ».

■ ***BSP Auto :*** ☎ *01-43-46-20-74 (tlj).* • *bsp-auto.com* • Les prix proposés sont attractifs et comprennent le kilométrage illimité et les assurances. *BSP Auto* vous propose exclusivement les grandes compagnies de location sur place, vous assurant un très bon niveau de services. Les plus : vous ne payez votre location que 5 jours avant le départ + réduction spéciale aux lecteurs de ce guide avec le code « routard ».

Et aussi :

■ ***Hertz :*** ☎ *0-825-030-040 (0,15 €/mn).* • *hertz.com* •

■ ***Europcar :*** ☎ *0825-358-358 (0,15 €/mn).* • *europcar.fr* •

■ ***Avis :*** ☎ *0820-050-505 ou 0821-230-760 (0,12 €/mn).* • *avis.fr* •

Il existe aussi des petites agences locales qui offrent des tarifs moins élevés pour des véhicules de même qualité.

– ***Formalités et pièces requises :*** l'âge minimum est de 21 ans. Le permis de conduire international est parfois demandé en plus du permis national, ainsi que le passeport et une carte internationale de paiement (indispensable pour la caution).
– ***Location de voitures sans chauffeur :*** possible, chez les petits loueurs locaux, à partir de 800 Bts par jour, pour une petite voiture japonaise. Chez les loueurs internationaux, compter plutôt 1 200 Bts, avec l'assurance LDW et la TVA. Les frais d'essence ne sont évidemment pas inclus. Bien sûr, pour

une voiture plus confortable, il faut compter plus (un 4x4 par exemple, avec *Budget*, revient à 2 500-3 000 Bts par jour). Attention aux mesures de sécurité draconiennes en ce qui concerne le port de la ceinture et surtout la conduite en état d'ébriété. La police thaïe s'est équipée il y a peu d'éthylotests et, en cas de contrôle positif, on risque des pénalités allant de 10 000 Bts jusqu'à la prison ferme.

– ***Location de voitures avec chauffeur :*** comptez à peu près 800 Bts en plus, davantage si vous voulez que l'essence soit incluse.

– ***Les stations-service :*** très nombreuses, très modernes (autant qu'en Europe) et faciles d'usage. Elles acceptent les cartes de paiement. Compter 30-40 Bts le litre.

Moto

Certaines régions se prêtent admirablement bien à ce moyen de transport. Chiang Mai, Chiang Rai ou l'île de Phuket en sont quelques exemples. Dans les montagnes du Nord, c'est le pied : autonomie, choix du circuit... Les îles du Sud aussi sont bien agréables à parcourir à moto. Même les moins expérimentés peuvent s'y essayer, en optant pour une automatique. En revanche, il serait suicidaire d'enfourcher un deux-roues à Bangkok.

Si la moto constitue un bon compromis prix-indépendance, il faut préciser qu'en Thaïlande il n'y a pas de Sécurité sociale. De même, il n'y avait pas d'assurance jusqu'à récemment. Si on vous en propose une, lisez attentivement le contrat et faites bien préciser ce qui est ou n'est pas à votre charge ! Quand il n'y a pas d'assurance (la plupart du temps), cela signifie que si vous êtes en tort, il vous faut payer l'hôpital pour vous et pour les passagers de l'autre véhicule... De plus, l'assurance couvre rarement votre véhicule. Bref, la moto, c'est super, mais prudence ! D'autant que les risques de gamelles sont multiples (chiens errants, piétons, état des routes dans les coins reculés, conduite selon la loi du plus fort...). Avant de doubler, n'hésitez pas à klaxonner (juste un coup, on n'est pas des brutes) pour signaler votre arrivée. Cela permet d'éviter les écarts intempestifs des autres pilotes pas toujours attentifs.

Louer aussi de préférence des motos neuves, afin d'éviter toute galère mécanique. Avant de payer, essayez-la, testez le freinage et inspectez son aspect (éraflures, accidents antérieurs...). Enfin, ayez votre permis international sur vous, car c'est théoriquement obligatoire ; il peut y avoir des contrôles et donc des amendes...

Attention : les loueurs réclament et conservent votre passeport jusqu'à votre retour. C'est l'usage. Gardez bien évidemment une photocopie avec vous. Avant de partir, faites constater les éraflures ou autres défauts existants afin d'éviter d'avoir à les réparer si le loueur est malhonnête (rare). Par ailleurs, il n'y a souvent dans le réservoir que le strict nécessaire pour se rendre... à la pompe la plus proche ! Calculez votre coup pour ne pas rendre la bécane avec le plein !

VTT

Très pratique dans les îles, car nombreuses sont celles dont le réseau routier n'est pas complètement, voire pas du tout goudronné. Quelques propriétaires de bungalows en proposent. Les prix pratiqués sont relativement élevés comparativement à la moto, car la concurrence est moins rude. On peut également louer des bicyclettes dans certaines villes, pratique pour explorer la cité et ses proches environs. À Bangkok en revanche on déconseille ; vu le trafic, ce serait franchement téméraire...

URGENCES

Si vous avez un problème, composez le ☎ 11-55, numéro de la *Tourist Police*. C'est un peu l'équivalent du 17 pour Police-Secours en France. Autrement, police : ☎ 110 ; pompiers : ☎ 199 ; ambulance : ☎ 191.
Pour les urgences médicales, Bangkok regroupe les meilleurs hôpitaux de l'Asie du Sud-Est.

■ ***Bangkok International Hospital*** *(plan détachable, G3)* **:** *2 Soi Soonvijai 7, New Petchaburi Rd.* ☎ *02-310-30-00 ou 17-19.* En cas d'urgence, des traducteurs sont mis à votre disposition. Un des hôpitaux les plus compétents de la ville.

HOMMES, CULTURE, ENVIRONNEMENT

Il y a plusieurs Thaïlande. Tout d'abord, Bangkok, plus de 12 millions d'habitants, mégapole hyperactive et monstre urbain où l'on se perd avec plaisir. Puis le Sud, ses îles, ses plages et ses rocs jaillis de la mer, sa cuisine plus épicée, sa mentalité un peu différente et ses influences musulmanes. Enfin, le Nord, Thaïlande profonde, originelle avec ses anciens royaumes fondateurs, son rythme de vie détendu, ses milliers de temples bouddhistes, sa terre fertile, ses montagnes et ses forêts... Trois Thaïlande donc, physiquement et culturellement différentes.

Y A-T-IL UN LIEN ENTRE LE SIAM ET DES FRÈRES « SIAMOIS » ?

Un lien très fort, même ! Cheng et Eng sont des jumeaux, nés en 1811 dans le royaume de Siam – d'où le nom –, reliés par le sternum et le foie. Ils vinrent à Paris en 1835 espérant une opération pour les séparer, qui jamais n'arriva. Ils terminèrent leur vie aux États-Unis en 1874 où ils épousèrent deux sœurs avec qui ils eurent (à eux deux !) 22 enfants. Tout de même ! D'où l'avantage d'avoir deux organes.

Cependant, d'un bout à l'autre du pays – 2 000 km du nord au sud – se retrouvent les qualités nationales : une forte identité d'abord, le Siam n'ayant jamais été colonisé et ayant développé des arts, une culture et même un alphabet propres. Un sens aigu des conventions sociales et de la politesse, beaucoup de pudeur aussi, de calme et de dignité. Une forte religiosité et, conjointement, une quasi-vénération pour la famille royale, élue de Dieu (critiquer ouvertement le roi est passible de prison !). Enfin, pas mal d'humour, car on est philosophe, et un solide appétit, de tout, de plaisirs surtout – Thaïlandais épicuriens, l'air de rien toujours prêts à faire la fête, à bien manger et à bien boire.

Malheureusement, l'esprit mercantile et l'afflux touristique ont pu dénaturer par endroits le caractère aimable des Thaïlandais. Et puis, vu qu'une partie de ces touristes ne vient ici que pour la galipette, on voit mal pourquoi les Thaïlandais se forceraient à être toujours agréables. Du coup : bandes côtières saccagées, transformation des sites privilégiés en ghettos à touristes, hausse des prix, rentabilité prenant le pas sur le service, etc.

Cela dit, *Muang Thai* (étymologiquement, « le pays des hommes libres ») reste l'un des derniers pays au monde à réunir tant d'ingrédients de qualité pour réussir la recette des vacances idéales : bungalows de bois sur plages somnolentes, vastes rizières et collines couvertes de jungle, traditions vivaces, businessmen speedés et tribus ancestrales, cuisine raffinée et variée à des prix (encore) dérisoires. Ajoutez quelques ingrédients personnels : un brin de

tolérance, un zeste d'ouverture d'esprit, un nuage de curiosité, une pincée d'abnégation, et on ne voit pas comment vous pourriez rater votre séjour.

BOISSONS

– À moins d'y mettre du *Micropur®* ou des pastilles d'hydroclonazone (en vente sur place), on ne vous conseille pas trop de boire l'***eau*** du robinet, même si elle est dite potable dans certaines parties du pays. De toute façon, on trouve de l'eau en bouteille (plate ou pétillante) très facilement.
– Le ***thé*** est universel, mais c'est soit du *Lipton* de base, soit un pâle succédané pas très ragoûtant. Quant au ***café,*** il est convenable dans certains hôtels, le matin, à condition d'aimer le café à l'américaine. Dans les lieux touristiques, on trouve aussi de plus en plus de débits de boissons à l'occidentale qui proposent cafés américains, *cappuccini* et autres *mochaccini.* Dans le nord, on pourra siroter du *Hill Tribe Coffee,* cultivé localement.
– Il faut tester le whisky local : le ***mekong*** – แม่โขง – au gentil goût d'éthanol, auquel on ajoute du *Sprite.* Ça ne vaut pas l'armagnac, autant vous le dire tout de suite ! On peut apporter sa propre bouteille pour la boire au resto, mais on gagne peu sur le prix.
– Vous pouvez boire les ***jus de fruits frais*** (on n'en trouve pas partout), sains et délicieux. Les prudents préciseront qu'ils ne veulent pas de glaçons dedans.
– Les ***shakes*** sont des jus frais mixés avec de la glace pilée : attention, qui dit glace pilée dit risque d'amibes ! En revanche, les glaçons de forme cylindrique sont fabriqués avec de l'eau purifiée.
– Goûtez absolument au ***Vitamilk*** – ไวตามิลค์ –, lait à base de soja, sucre, etc. Délicieux !
– La ***bière thaïe,*** *Singha Beer* – เบียร์สิงห์ –, est bonne et pas bien chère. Idem pour la *Leo Beer* ou la *Chang Beer.* Ces blondes légères sont servies soit en canette, soit en bouteille. Réclamez-la bien fraîche : « *yen-yen* ».
– Signalons encore un vin pétillant sucré à base de riz fermenté du nom de ***sato,*** l'équivalent du saké japonais, mais avec des bulles !
Sachez aussi que la consommation d'alcool (bière comprise) est interdite les jours d'élections, et même dans la soirée qui précède, et qu'en principe dans tout le pays il n'en est pas servi avant 11h et de 14h à 17h dans les restaurants. Dans le Sud, les restaurants musulmans n'en servent pas.

CUISINE

Aiguisez vos papilles, ami routard, et laissez-vous envahir par ces nouvelles senteurs, ces parfums inconnus, cette richesse enivrante de la cuisine thaïlandaise. Restaurants de luxe de Bangkok ou stands ambulants sur les trottoirs de Chiang Mai, plats élaborés ou simple riz frit... l'art culinaire est souvent sublimé, et l'on est rarement déçu. De plus, les restos servent à toute heure de la journée. En revanche, ne pas arriver après 22h, les Thaïs dînant en général assez tôt (dès 18h30).
La plupart du temps, les restos proposent un menu en thaï et en anglais (souvent approximatif). La base de la cuisine est le riz. On le fait frire et on l'accommode de mille manières (avec poisson, bœuf, porc, crabe, crevettes). La plupart des plats sont plus ou moins épicés. Un peu, ou alors beaucoup trop pour un palais occidental. Donc, un conseil : apprenez le terme « *maï phèt* » – ไม่เผ็ด –, qui signifie

« peu épicé ». Certains restos vous servent la sauce au piment à part, dans une coupelle, mais un curry, par exemple, sera toujours servi très épicé. Dans les lieux touristiques, les restaurateurs évitent de mettre le feu à leurs plats, mais les autres ne se poseront pas autant de questions, alors gare... Outre le riz frit, goûtez aux nouilles frites (*pad thai* – ผัดไทย), absolument délicieuses. Vous aurez aussi l'occasion de manger, notamment dans les restos chinois, des plats de légumes locaux frits ou cuits dans des sauces à la viande. Divin !

À L'OMBRE DES FRUITS ET LÉGUMES EN FLEURS

La cuisine royale thaïe est née à la cour d'Ayutthaya, où l'on combinait délicatesse des mets et raffinement de la présentation. L'art de la table agrémenté d'une découpe des fruits et légumes en motifs floraux finement ciselés s'est perpétué jusqu'à nos jours. On peut en apprécier toute la richesse décorative dans les restaurants haut de gamme, qui présentent des plats agencés en de somptueuses et harmonieuses compositions flattant autant l'œil que le palais (royal ou pas).

Ce qui donne sa saveur à la cuisine thaïe, outre la fraîcheur des produits, ce sont les épices et les herbes : coriandre, curry, menthe, citronnelle, piment, safran blanc et gingembre. Les sauces de poisson, de moules et d'huîtres ainsi que celle de soja sont couramment utilisées pour relever les plats. Un régal ! Ce mélange savant d'épices, d'herbes et de sauces crée un goût inimitable et mystérieux, assez relevé pour le palais occidental mais très appréciable lorsqu'on prend la peine de s'y intéresser. De nombreuses écoles de cuisine ont d'ailleurs ouvert dans les zones touristiques, pour initier les voyageurs à l'art culinaire thaï.

Si riz et nouilles frits constituent la base de l'art culinaire thaïlandais, de plus en plus de restos de Bangkok et de Chiang Mai se mettent à redécouvrir une cuisine ancienne et raffinée à laquelle ils ajoutent le savoir-faire d'aujourd'hui. Les résultats sont éloquents. La cuisine actuelle a subi les influences chinoise et indonésienne, tout en conservant sa personnalité.

Les desserts sont peu prisés. Les rares qui existent sont très chimiques et sucrés. Noter tout de même (comment faire autrement ?) les carrés de gélatine fluo contenant un fruit. Les flans à la noix de coco sont plus recommandables. L'exception qui confirme la règle, c'est le délicieux et très nourrissant *sticky rice with mango* (voir plus loin « Les autres plats »), même s'il n'est pas toujours considéré comme un dessert.

Car, évidemment, la richesse des fruits met l'eau à la bouche : mangue, donc, mais aussi ananas, papaye, noix de coco, ramboutan, pomelo (sorte de pamplemousse), mangoustan, *rose apple*, pastèque, *jack fruit* (jacquier) et le célèbre durian, cher et particulièrement malodorant (voir encadré). À défaut de se goinfrer de fruits frais au restaurant, on s'en procurera auprès des multiples échoppes de rue, qui les vendent déjà découpés.

INTERDIT DE TRANSPORTS

Le durian, sorte de ballon de rugby agrémenté de piquants triangulaires, est très prisé par les Thaïs. Il est hors de prix pour une famille modeste, et son achat représente un véritable « investissement ». Son odeur alléchante vous rappellera celle d'un vieux container à ordures et son goût celui de l'échalote pourrie... À tel point qu'à partir d'un certain degré de maturation, il est interdit dans la plupart des lieux publics. Des panneaux d'interdiction lui sont même consacrés : « Durian is not allowed ! ». Et pourtant ça se mange !

Nous vous proposons ici quelques plats classiques, histoire de vous repérer dans la carte.

Les « frits » *(fried)*

– *Khao phat* – ข้าวผัด : riz frit, avec poulet, crabe ou crevettes.
– *Phat phak bung* – ผัดผักบุ้ง : assortiment de légumes frits.
– *Nua phat nam man hoï* – เนื้อผัดน้ำมันหอย : bœuf frit à la sauce d'huîtres aux oignons.
– *Thot man pla* – ทอดมันปลา : beignets de poisson frits.
– *Mi krop* – หมี่กรอบ : nouilles craquantes accommodées avec de la viande, des crevettes ou autres.

Les soupes

– *Kaeng chut* – แกงจืด : soupe de légumes avec crevettes ou porc.
– *Tom yam* – ต้มยำ : mélange aigre-doux accompagné de morceaux de porc, poulet ou poisson.
– *Tom yam kung* – ต้มยำกุ้ง : soupe de crevettes parfumée à la citronnelle.
– *Khao tom pla* – ข้าวต้มปลา : soupe à la sauce de poisson.

Les nouilles *(noodles)*

– *Pad thai (ou phat thai)* – ผัดไทย : nouilles sautées accompagnées de viande ou de fruits de mer, soja cru ou cuit, cacahuètes pilées, noix de cajou, tofu, crevettes séchées, ou encore la traditionnelle sauce de poisson.
– *Kuai tio haeng* – ก๋วยเตี๋ยวแห้ง : nouilles agrémentées de viande et de légumes émincés, le tout épicé.
– *Kuai tio phat siu* – ก๋วยเ ตี๋ยวผัด ซีอิ๊ว : nouilles frites avec sauce chinoise, viande, légumes et œufs.
– *Ba mi krob rat na kung* – บะหมี่กรอบราดหน้ากุ้ง : nouilles jaunes craquantes avec crevettes.
– *Suki yaki* – สุกกยากี : pâtes sèches avec des fruits de mer et de la viande, préparées avec une sauce assez indescriptible.

Les autres plats

– *Laab* – ลาบ : viande de porc hachée avec des épices. Se mange cru (*laab isan*, pas très conseillé pour les Occidentaux) ou cuit (*laab kua*).
– *Kam pu thot* – ก้ามปูทอด : crabes frits.
– *Kaï yang* – ไก่ย่าง : poulet grillé.
– *Keng pla nam khao* – แกงปลาน้ำขาว : pomfret (sorte de poisson) cuit au court-bouillon, servi avec une sauce blanche.
– *Kaï phat phrik* – ไก่ผัดพริก : poulet grillé pimenté.
– *Lap* – ลาบ : viande hachée avec du citron et des échalotes saisie avec des piments.
– *Pla prio wan* – ปลาเปรยวหวาน : poisson à l'aigre-doux.
– *Ho mok pla chonne* – ห่อหมกปลาช่อน : poisson à la pâte de curry cuit à l'étouffée dans une feuille de bananier.
– *Sticky rice with mango* : du riz collant nappé de lait de coco et accompagné de fines lamelles de mangue ; on en trouve parfois dans les restos, mais le plus souvent sur les marchés.

– *Les insectes :* scorpions, vers à bambou, fourmis rouges, grillons... 44 espèces d'insectes sont jugées comestibles en Thaïlande ! Et ils n'ont rien d'un plat du pauvre, bien au contraire, leur viande se négocie fort cher. Le top du top, c'est la sauterelle, qui s'échange jusqu'à 300 Bts le kilo. Un marché à part entière, et beaucoup de ces bébêtes sont importées depuis le Laos ou le Cambodge. Miam !
– *Le barbecue :* très populaire, le barbecue thaï est servi le soir uniquement, dans des restos spécialisés. On s'y sert à volonté sur un long buffet de viandes et légumes assaisonnés, pas toujours évidents à identifier. On fait ensuite cuire le tout sur un brasero posé à même la table, qui fait à la fois office de gril et de bouillon. Pour accompagner, des pâtes vertes, à faire bouillir.

DROITS DE L'HOMME

Plus que jamais divisée entre les « Chemises rouges », issus des populations les plus défavorisées, et partisans de l'ancien ministre aujourd'hui en exil Thaksin Shinawatra et de sa sœur Yingluck, toujours Premier ministre, et, de l'autre, les « Chemises jaunes » fidèles au roi, à l'armée, et aux élites urbaines, la Thaïlande continue de vivre dans un climat politique instable. La Commission mise en place pour régler le passif des graves affrontements qui avaient opposé les deux camps en 2010 à Bangkok, et fait 92 morts et près de 2 000 blessés, a rendu son rapport final en septembre 2012, qui rejette les responsabilités sur les deux parties. Depuis ces événements, un processus d'indemnisation des victimes a certes été mis en place et deux hauts responsables – dont l'ancien Premier ministre Abhisit Vejjajiva – ont été jugés pour le meurtre d'un des manifestants. Mais les tensions restent palpables. Garant sacré de l'unité du royaume, le vieux souverain Bhumibol Adulyadej est trop affaibli et son héritier direct est loin de faire l'unanimité, ce qui laisse augurer une grave crise la mort du monarque. Parallèlement, les tensions religieuses et séparatistes dans le sud du pays continuent. Les insurgés malais musulmans y multiplient attentats et assassinats, faisant chaque année de plus en plus de victimes, principalement des civils. Depuis 2004, près de 6 000 personnes ont été tuées et 11 000 blessées dans les quatre provinces du Sud de la Thaïlande. Les enseignants thaïlandais bouddhistes constituent des cibles privilégiées. Agissant en toute impunité au nom de la lutte antiterroriste, les forces de l'ordre – plus de 50 000 hommes dans la région – s'y livrent également à de nombreuses exactions (actes de torture, meurtres de civils, abus sexuels...). Un compromis a certes été trouvé en mars 2013, mais il reste très fragile. Difficile pour autant d'évoquer ce sujet dans les médias, puisque une stricte loi de lèse-majesté interdit de critiquer le roi et sa famille, et par extension l'action du gouvernement. En janvier 2013, le rédacteur en chef de Voice of Taksin, proche des Chemises rouges, a ainsi été condamné à 11 ans de prison ferme pour deux articles publiés considérés comme « défavorables au roi ». De plus en plus contestée, cette loi est devenue un symbole de la lutte pour la liberté d'expression en Thaïlande. Les ONG se préoccupent

SHAKESPEARE, COUPABLE !

En avril 2012, le film thaïlandais Shakespeare must die, *librement inspiré du Macbeth du dramaturge britannique, a été censuré. Motif : le film, pourtant coproduit par le ministère de la Culture, contiendrait des éléments susceptibles de diviser le pays et d'y semer la discorde. Le comité de censure a en effet jugé ce général régicide trop menaçant...*

également du sort des quelque 100 000 réfugiés (Hmongs, Karens, Shans...) qui s'entassent encore dans des camps aux frontières du pays, même si l'évolution politique de la Birmanie laisse penser que des rapatriements auront lieu prochainement. Les immigrés illégaux venus pour des raisons économiques sont, par ailleurs, victimes de graves discriminations dans le pays. Après plusieurs années de conflit larvé, entre les deux armées, le Cambodge et la Thaïlande semblent enfin vouloir aboutir à une solution pacifique au différend qui les oppose pour le contrôle d'une zone de terre autour du temple de Preah Vihear, qui a fait plusieurs morts, et, surtout, des dizaines de milliers de déplacés. La Cour internationale de Justice, qui a déjà donné raison au Cambodge sur ce sujet, doit donner une ultime décision à la fin de l'année 2013.

■ ***Fédération internationale des Droits de l'homme (FIDH) :*** *17, passage de la Main-d'Or, 75011 Paris. ☎ 01-43-55-25-18. • fidh.org • Ⓜ Ledru-Rollin.*

■ ***Amnesty International*** *(section française)* ***:*** *72-76, bd de la Villette, 75940 Paris Cedex 19. ☎ 01-53-38-65-65. • amnesty.fr • Ⓜ Belleville ou Colonel-Fabien.*

N'oublions pas qu'en France aussi les organisations de défense des Droits de l'homme continuent de se battre contre les discriminations, le racisme, et en faveur de l'intégration des plus démunis.

ÉCONOMIE

De la riziculture à l'industrie

Traditionnellement agricole, l'économie thaïlandaise, la deuxième plus importante d'Asie du Sud, s'est fortement industrialisée ces 60 dernières années. Aujourd'hui, même si le Centre et le Nord restent d'importants producteurs maraîchers et fruitiers, l'agriculture et la pêche ne représentent plus « que » 13 % du PIB (mais occupent tout de même 40 % de la population active), contre près de 43 % pour le secteur industriel, et autant pour les services. En 2013, pour la première fois depuis 31 ans, le royaume s'est même fait chiper sa place de premier exportateur mondial de riz, doublé par l'Inde et le Vietnam. Une rétrogradation lourde de symboles, qui n'est pas pour autant due à une chute de la production, mais plutôt à la politique sociale du gouvernement de Yingluck Shinawatra. Pour accroître le niveau vie des paysans – sa base électorale –, le gouvernement achète désormais leur récolte 50 % au-dessus du prix du marché. Conséquence : le prix du riz thaï augmente sur les marchés mondiaux, et le pays se retrouve avec des millions de tonnes d'invendus sur les bras...
Ce sont donc désormais les services (finance, communication, transport et tourisme bien sûr) et l'industrie qui tirent l'économie du pays, notamment l'extraction minière, l'assemblage électronique (informatique notamment) et l'industrie mécanique (pas de grandes marques nationales, mais d'importants ateliers automobiles installés dans le pays : Toyota, General Motors, Nissan), sans oublier le textile. Jadis atelier de confection des grandes marques du globe, le pays est aujourd'hui déserté par ces mêmes groupes qui s'envolent vers d'autres pays aux salaires misérables plus cléments. Vive la mondialisation... Mouvement d'ailleurs accentué par les terribles inondations qui ont touché le pays fin 2011, rendant plus de 1 000 entreprises temporairement indisponibles et pressant les multinationales, notamment japonaises – très touchées –, à envisager des délocalisations vers

d'autres horizons... Le taux de chômage reste pour autant très bas (en dessous de 1 %) et le pays accueille près de 2,5 millions de travailleurs migrants venus des pays voisins.
Quant à l'énergie, malgré quelques gisements de gaz, le pays reste très dépendant. L'État multiplie par ailleurs les investissements en matière d'énergies renouvelables.

Bourrasques politiques, tempêtes économiques...

Victime d'un krach boursier en 1997, la Thaïlande a bien remonté la pente depuis. Son PIB par habitant (4 400 € par an) est parmi les plus élevés de la région.
Le début des années 2000 est marqué par la politique d'ouverture économique de Thaksin Shinawatra, le frère de l'actuelle Premier ministre. Homme d'affaires populaire pour les uns, populiste haïssable pour les autres, il lance de nombreux programmes d'investissements publics et multiplie les accords économiques avec les pays voisins, faisant de la Thaïlande un acteur économique essentiel de la région. Histoire de diversifier ses partenariats, il ouvre même des négociations (difficiles !) sur des accords de libre-échange avec les États-Unis, mais pas au point de détrôner le Japon et la Chine comme principaux partenaires économiques du pays. Le renversement de Thaksin Shinawatra par une junte militaire en septembre 2006 stoppe cette vague prospère, tout comme l'augmentation du prix du pétrole, l'inflation... À peine stabilisée, l'économie thaïlandaise est ensuite frappée de plein fouet par la crise économique mondiale de 2008-2009. Son taux de croissance se rétracte alors, avant de repartir de plus belle, dès 2010 (7,8 %). Dans le même temps, pour redorer son blason à l'étranger, l'État fait détruire 1 million de contrefaçons, pour une valeur estimée à environ 35 millions d'euros.

... et dégâts climatiques

Fin 2011, nouveau coup dur, climatique cette fois. Les inondations monstres qui frappent la capitale freinent considérablement l'économie, provoquant des dommages estimés à 370 milliards de dollars. Début 2012, Yingluck Shinawatra, nouvelle Premier ministre, annonce un plan ambitieux de 2 000 milliards de bahts (50 milliards d'euros) sur 7 ans afin de relancer la machine, notamment par des investissements massifs dans les infrastructures : construction de digues autour des zones industrielles de la capitale, modernisation des secteurs aéroportuaires, portuaires et routiers, avec pour objectif de faire de la Thaïlande un « hub régional ». L'État se lance même dans un projet de construction de lignes de chemin de fer à grande vitesse devant relier Bangkok au Nord, au Sud et au Sud-Est du pays, voire même aux pays voisins. Déjà, en 2009, une ligne de chemin de fer (à vitesse « normale » celle-ci) avait été mise en service entre la Thaïlande et le Laos pour faciliter les échanges de marchandises. Dans le même temps, le gouvernement applique une des promesses phares de sa campagne électorale : l'augmentation du salaire minimum de 40 % (!), espérant relancer ainsi la consommation intérieure. Le salaire minimum journalier plafonne désormais à 300 Bts (soit 7,50 € ; ils avaient effectivement besoin d'une augmentation...). Un mouvement de hausse des salaires qui commence à se généraliser dans toute l'Asie, initié par la Chine et sa fameuse croissance. De quoi redonner du baume au cœur des travailleurs thaïlandais... mais peut-être aussi à leurs collègues occidentaux, dont les employeurs sortent déjà la calculette et envisagent de réduire un peu (oui, sans doute très peu) leurs cruelles délocalisations. Pour l'anecdote, sachez que l'on compte un peu moins de 400 entreprises françaises en Thaïlande, dont *Big C*, la filiale locale de Casino, où vous irez peut-être faire vos emplettes...

ENVIRONNEMENT

De même qu'on avait rasé les mangroves (des forêts de palétuviers qui poussent au bord de marigots et qui sont essentielles à la stabilité des bandes côtières) pour raisons financières, on a depuis plus de 80 ans surexploité et détruit les dernières grandes forêts primitives de l'Asie du Sud-Est. Ainsi, la Thaïlande a perdu presque tout son teck. Et va maintenant le chercher chez les voisins moins riches. Sans parler de l'écobuage et des feux de forêt qui, chaque année, provoquent un immense nuage de fumée dans les régions agricoles du Nord... L'équilibre ne sera jamais rétabli, malgré la création de parcs nationaux. Que dire aussi de ces stations balnéaires qui, à coups de rejets de déchets, sont en train de perdre leurs principaux atouts (vie marine, coraux notamment) ? N'oublions pas Bangkok, ville engorgée par les voitures et donc par la pollution, qui souffre aussi du pompage frénétique des nappes phréatiques. En somme, les écologistes ont du pain sur la planche ! Belle initiative en 2007 : le gouverneur de la province de Bangkok demande d'éteindre les lumières inutiles pendant 15 mn à 19h chaque jour ! La ville à elle seule dégage 20 % du CO_2 du pays. Geste pas négligeable donc... Un plan de gestion et de réduction de la pollution serait actuellement à l'étude.

BOIS MAGIQUE

Le bois d'aloès est un arbre rare qui, infecté par un champignon, produit une résine pour se défendre. Son parfum est tellement subtil que les Rois Mages en auraient offert à la naissance de Jésus. Le jardin d'Eden en serait rempli. Autre époque, on en trouve aussi chez Séphora.

Et puis il y a le problème des îles : Phuket est déjà saccagée, inutile de revenir sur son cas. Mais c'est vrai qu'il y a de quoi s'inquiéter de l'avenir d'une île comme Ko Phi Phi. Des centaines de palmiers rasés pour faire place à des bungalows, des problèmes de surpopulation et surtout d'évacuation des eaux usées. Le surpeuplement touristique en haute saison provoque des va-et-vient incessants de bateaux « longue-queue » qui polluent et favorisent la destruction de la faune, précisément en asphyxiant poissons et organismes marins. Ainsi, les eaux aux abords du port sont devenues irrémédiablement troubles. Un surdéveloppement qui touche aussi Ko Samui, Ko Chang, Ko Tao et Ko Samet en mer de Siam, galvanisées lorsque le tsunami avait mis à genoux les stations de la mer d'Adaman, et qui ne cessent depuis de s'étouffer sous leurs propres rejets et pollutions.

L'éléphant : le plus aimé de tous

L'éléphant est l'animal thaïlandais par excellence, respecté et aimé plus que tout autre. Pensez, ces pachydermes ont même droit à la retraite et à la Sécurité sociale (à Lampang – près de Chiang Mai –, un hôpital leur est spécialement destiné, et il est admis qu'ils ne travaillent plus à partir de 60 ans afin de se reposer tranquillement jusqu'à la fin de leurs jours). S'ils sont beaucoup moins nombreux aujourd'hui, on en compte tout de même encore près de 4 000 dans le pays, dont 1 500 seulement seraient encore sauvages. Mais la mécanisation du travail agricole (l'éléphant servait surtout au transport du teck, or le teck, surexploité, a presque disparu du pays) et le coût exorbitant de son entretien ont porté un rude coup à l'animal sacré. Le tourisme est ainsi devenu le premier gagne-bananes de ces grands animaux si sages, qui avalent entre 150 et 200 kg de nourriture quotidienne ! Normal, quand on pèse 2,5 à 3,5 t... D'autres infos étonnantes : la gestation d'une femelle est de 22 mois ; sans transition : avec sa seule trompe, l'éléphant peut transporter jusqu'à 800 kg... et cueillir une fleur ou ramasser une cacahuète ; toujours grâce à cette même trompe – un vrai radar –, il peut détecter un point d'eau jusqu'à 9 km.

PACHYDERME QUE ÇA !

Dans la famille des pachydermes, le plus aimé est l'éléphant blanc : animal sacré du bouddhisme, symbole de paix et de prospérité. La légende prétend qu'il aurait fécondé la mère du Bouddha, qui enfanta ainsi le grand Sage... En Thaïlande, l'histoire de cet animal d'exception a toujours été liée à la nation. Jadis emblèmes du drapeau siamois, les éléphants blancs sont traditionnellement la propriété du roi, qui renforce ainsi sa position de demi-dieu. Le simple fait d'attraper un tel mammifère et de l'offrir au roi provoque des liesses populaires... Il n'en reste plus beaucoup aujourd'hui.

FÊTES ET JOURS FÉRIÉS

La plupart des fêtes ont lieu en fonction du calendrier lunaire, leurs dates varient donc. Comme les travailleurs thaïlandais n'ont pas de congés payés, les jours fériés sont très attendus et respectés.

– ***Nouvel An*** (31 décembre-1er janvier) **:** jours fériés. À Bangkok, grosse foule et bousculade sur l'immense place de Sanam Luang (en face du Wat Phra Keoh). À Chiang Mai, les hôtels sont archicombles. Bien réserver sa place de train au moins une semaine à l'avance. Une partie des musées sont alors fermés, ainsi que certains commerces.

– ***Nouvel An chinois*** (fin janvier-début février) **:** fête de famille. Il ne se passe rien, sinon que tous les magasins sont fermés pendant 4 jours et que les bus, trains et hôtels sont bondés.

– ***Magha Puja*** (fin février) **:** fête bouddhique. Les gens vont dans les temples. Processions aux chandelles.

– ***Les combats de cerfs-volants*** (mars-avril) **:** à Bangkok, tous les après-midi à 16h30 sur Sanam Luang. Le jeu consiste à faire tomber les cerfs-volants. Le tout dépend du vent, et attention aux fils électriques !

– ***Le jour des Chakri*** (6 avril) **:** fête de la dynastie actuelle. Cérémonies au temple du bouddha d'Émeraude à Bangkok.

– ***Songkran*** (13 ou 15 avril) **:** Nouvel An bouddhique. Traditionnellement, le jour le plus chaud de l'année en Thaïlande. Du coup, les gens s'aspergent d'eau mutuellement. Très pratiqué à Chiang Mai et à Phra Pradaeng, dans la banlieue de Bangkok.

– ***Le jour du Couronnement*** (5 mai) **:** jour férié.

– ***La cérémonie du Labour*** (début mai) **:** cérémonie hindoue qui marque le début du repiquage du riz.

– ***Visahka Puja*** (mai) **:** anniversaire de la naissance du Bouddha. Dans tous les temples, processions aux chandelles. Une des plus belles fêtes de Thaïlande.

– ***Khao Pansa*** (juillet) **:** magnifique festival des Bougies (surtout à Ubon Ratchathani, dans le Nord-Est).
– ***Tak Bat Dok Mai*** (fin juillet) **:** grande fête à Saraburi, à 136 km de Bangkok, à l'autel de l'Empreinte du pied. On dit que c'est le pied du Bouddha.
– ***L'anniversaire de la reine Sirikit*** (12 août) **:** jour férié et jour de la fête des Mères.
– ***Ok Pansa*** (octobre) **:** fin du carême et début de la *saison des kathins,* période au cours de laquelle les gens offrent aux moines bouddhistes leurs nouvelles robes. Processions en musique.
– ***Loy Krathong*** (novembre) **:** la plus belle fête de Thaïlande. Elle a lieu la nuit de la pleine lune. Il s'agit d'honorer Mae Kongkha, déesse de l'Eau, d'implorer sa clémence à l'égard des récoltes à venir et de s'excuser de polluer les cours d'eau. Les participants manifestent leur respect en laissant dériver des *flower boats (krathong)* avec bougies et bâtons d'encens, et lâchent des lanternes de papier. Les gens fabriquent ces *krathong,* minuscules bateaux en feuilles de bananier avec une bougie allumée et de l'encens, qu'ils déposent sur les rivières et les *khlong* pour honorer les esprits des eaux. À voir particulièrement à Bangkok sur la Chao Phraya, du côté de Memorial Bridge, à Chiang Mai sur la rivière Ping, et à Sukhothai (festival son et lumière, danses).

QUI NE TENTE RIEN N'A RIEN !

La lanterne de la chance (krathong) *est une lanterne en papier tendu sur une ossature métallique, avec une mèche en papier imbibée d'alcool au milieu, en usage depuis des siècles dans toute l'Asie du Sud-Est. Dans le nord de la Thaïlande, on en lâche notamment à l'occasion de* Loy Krathong *(mais pas seulement), afin que le ciel envoie la pluie, et on en profite pour formuler d'autres vœux. On ne sait jamais.*

– ***Le rassemblement des éléphants*** (début novembre) **:** existe depuis 1955, organisé par la *TAT* (office de tourisme de Thaïlande) à Surin (dans le Nord-Est). Des centaines d'éléphants en représentation. C'est bien le seul moment où l'on peut voir autant d'éléphants en Thaïlande !
– ***L'anniversaire du roi*** (5 décembre) **:** fête nationale ; encore un peu plus de photos du roi, déjà partout. Illuminations, villes pavoisées. À Bangkok, la zone comprise entre le Chittlâdâ Palace, l'Assemblée nationale et le Grand Palais est le théâtre d'une multitude de manifestations : films en plein air, danses, concerts... À contrario, beaucoup de sites fermés, ainsi que les banques ; pas de musique dans les bars, etc.
D'ailleurs, si vous voyez beaucoup de gens habillés en jaune un lundi, ne soyez pas surpris, rien que de très normal. C'est tout simplement une façon de célébrer le roi, né ce jour-là. Attention, en revanche, si vous prenez l'avion pour la Chine le même jour avec votre joli tee-shirt jaune... là-bas, c'est davantage considéré comme une couleur un peu olé olé...
– ***Noël* :** bien que Noël ne signifie rien en Thaïlande, bon nombre de supermarchés (ainsi que les palmiers) sont enguirlandés comme chez nous. Il devient même possible de réveillonner dans certains établissements très fréquentés ou tenus par des Européens.

GÉOGRAPHIE

Avec ses 513 120 km^2, la Thaïlande est à peine plus petite que la France pour une population dépassant les 67 millions d'habitants. Sa silhouette est pour le moins curieuse : une sorte de grosse masse un peu informe au nord et une longue bande

étroite qui part loin vers le sud. Voilà le résultat des guerres au cours de l'histoire. Remarquez, tous les pays en sont au même point.
Grosso modo, la Thaïlande, frontalière de quatre pays (Cambodge, Laos, Myanmar [ex-Birmanie] et Malaisie) et ouverte sur deux mers (Chine et Andaman), peut se diviser en quatre régions :
– ***le Nord :*** montagneux, couvert de jungle et des derniers rares bois de tecks, et creusé de profondes vallées où le riz pousse la tête au soleil, les pieds dans l'eau. Dans ces contrées vivent d'incroyables tribus, visitées de plus en plus par d'autres peuplades qu'on rassemble sous le terme générique de « touristes ». Le plus haut sommet culmine à 2 590 m ;
– ***le Nord-Est :*** le coin le moins fréquenté par les voyageurs. Fini les montagnes arrosées, bonjour les plateaux arides ! C'est une région dure mais passionnante ;
– ***le Centre :*** large bassin fertile, arrosé de manière idéale. C'est l'équivalent de la Beauce, chez nous. Rivières nombreuses, sol riche, climat propice à la culture, c'est là le creuset de la civilisation thaïlandaise ;
– ***le Sud :*** cette région qui s'étire au sud cultive l'hévéa, dont on extrait le caoutchouc. Mais pour le touriste, le Sud c'est avant tout les îles, les eaux turquoise, les plages et le farniente. On ne va pas le contredire. Les superbes îles de la mer d'Andaman et du golfe de Thaïlande sont devenues le rendez-vous des vacanciers.

HISTOIRE

Un des berceaux de l'*Homo sapiens*

L'histoire des Thaïs remonte certainement à plus de 4 000 ans. Les premiers vrais agriculteurs, et même les premiers hommes à travailler le métal, furent thaïs ! Ces Thaïs de la toute première heure ont proliféré à travers tout le Sud-Est asiatique, jusqu'au sud de la Chine. Dès les IIe et IIIe s av. J.-C., des moines bouddhistes venus des Indes ont migré vers un pays appelé *Suvarnabhumi* (« la Terre d'or »). Ce territoire s'étendait vraisemblablement de la Birmanie, traversant le centre de la Thaïlande actuelle, jusqu'à l'est du Cambodge.

Les âges farouches : la période de Dvâravatî

Une pépinière agitée et changeante de cités-États fut désignée sous le nom de *Dvâravatî* (du sanskrit « lieux ayant des portes »), durant une période qui s'étira du VIe au XIe s, voire jusqu'au XIIe s de notre ère. Probablement érigées par le peuple môn – des descendants d'immigrants indiens métissés avec les Thaïs originels –, ces cités n'ont livré que peu de leurs secrets. Les Chinois connaissaient cette région sous le nom de *T'o-lo-po-ti,* à travers les voyages du moine Xuan Zang. Il en reste quelques magnifiques œuvres d'art, notamment des représentations du Bouddha, des bustes en terre cuite, quelques bas-reliefs en stuc dans des temples ou des grottes, mais malheureusement peu d'éléments d'architecture sont demeurés intacts. La culture de Dvâravatî a décliné rapidement à partir du XIe s sous la poussée des conquérants khmers.

Le Moyen Âge : l'apogée de l'influence khmère

Entre les XIe et XIIIe s, l'influence khmère est dominante dans l'art, la religion et le langage. Beaucoup de monuments de cette période, situés à Kanchanaburi, Lopburi et dans d'autres sites du Nord-Est, peuvent être comparés à l'architecture d'Angkor.

C'est aussi à ce moment que les premières peuplades thaïes, qui avaient émigré vers la Chine dans la préhistoire, repartirent dans le sens inverse, de la province du Yunnan vers la Thaïlande. Ces Thaïs furent appelés par les Khmers des « Syams », ce qui signifie « basanés », référence faite à la couleur de leur peau. Un rameau de cette même souche fondera le royaume de Lan Xang (le Laos, « pays du million d'éléphants ») en 1353.

La Renaissance et le premier royaume : Sukhothai

Plusieurs principautés thaïes de la vallée du Mékong s'unirent aux XIIIe et XIVe s pour livrer combat aux Môns, et leur prirent Haripunchai pour fonder Lan Na. Ils s'attaquèrent ensuite aux Khmers et récupérèrent toute la région de Sukhothai. Et c'est ainsi qu'en 1238 fut proclamé le premier royaume et État organisé thaï. Cette période vit aussi la naissance et l'épanouissement de la culture, de la politique et de la religion thaïes à proprement parler. *Sukhothai* signifie « l'aube de la félicité », et les Thaïs d'aujourd'hui considèrent cette période comme un âge d'or. La prospérité était telle que les sujets étaient dispensés d'impôts ! Un des rois, Ram Khamheng, a permis la mise en place d'un système d'écriture, base du thaï moderne, mais à sa mort le royaume éclata en plusieurs États, cependant qu'une nouvelle capitale attendait dans les coulisses...

Ayutthaya... capitale d'un million d'habitants !

Paris n'était qu'un village à l'époque, en comparaison de la puissance et de la richesse d'Ayutthaya. Cette capitale fut fondée en 1350 par le roi Ramadhipati Ier. Bien que les Khmers fussent l'ennemi « héréditaire » et que les batailles fissent rage, la cour d'Ayutthaya adopta leur langage et leurs coutumes. L'un des résultats fut que les rois thaïs devinrent des monarques absolus avec le titre de « roi-dieu ». Sous leurs coups, la capitale khmère, Angkor, tomba en 1431, et pendant quatre siècles, les Thaïs, pourtant si souriants, furent craints et redoutés dans toute l'Asie du Sud-Est. C'est en 1498 que Vasco de Gama et ses vaisseaux portugais, ayant contourné le cap de Bonne-Espérance, ouvrirent une nouvelle route commerciale et inaugurèrent l'ère de l'expansion européenne en Asie. La première ambassade portugaise fut établie à Ayutthaya en 1511, suivie par celle des Hollandais en 1605, des Anglais en 1612, des Danois en 1621 et des Français en 1662.

Le royaume de Siam et Louis XIV : regards vers le soleil couchant...

> **LA MAUVAISE RÉPUTATION**
>
> *Le mot* farang, *qui en thaï moderne signifie « étranger », est une abréviation de* farangset, *qui a pour origine le mot « français ». Ne gonflez pas le torse, si ce mot* farang *est resté dans le vocabulaire, ce n'est pas pour honorer la France, mais parce qu'il est employé pour traiter quelqu'un de... métèque.*

La représentation de la France a mal débuté au royaume de Siam, sous les traits d'un Grec, Constantine Phaulkon. Aventurier sans scrupule, il avait réussi grâce à un certain culot et à une « tchatche » imparable à infiltrer la Cour et se vit nommé Premier ministre. La description de Phaulkon par l'écrivain contemporain Maurice Garçon est tout à fait éloquente : « Levantin d'origine, devenu anglais et converti à la religion anglicane

par commodité, catholique sous la direction d'un jésuite, portugais par politique, siamois par accident, marié à une Japonaise par hasard, Constantine Phaulkon devint français de cœur par nécessité et résolut de faire du Siam, qui l'avait imprudemment accueilli, une colonie pour Louis XIV. »
C'est donc grâce à Phaulkon qu'un autre personnage haut en couleur, et de mœurs discutables, fit son apparition au Siam : François Timoléon, abbé de Choisy. Ce prélat extravagant envoyé par le Roi-Soleil aimait, entre autres, se déguiser en femme. Nous, on n'est pas contre, mais on peut s'interroger sur son dévouement religieux.
Le roi Narai, sous l'influence de ces deux personnages, dont l'un dirigeait le royaume quasiment à sa place, accepta (un peu à contrecœur, il est vrai) de laisser stationner des garnisons françaises au Siam. Exaspérés par l'insolence de Phaulkon, les dignitaires siamois approuvèrent le coup d'État qui, en 1688, marqua la fin de cette première ouverture vers l'Europe. Le roi Narai perdit son trône, Phaulkon, sa vie, et tous les étrangers – Français en tête – furent chassés du Siam.

La chute d'Ayutthaya

Durant tout le XVIIIe s, les principautés du Siam se livrèrent des guerres sans merci. Les Birmans en profitèrent pour envahir le pays et anéantir la splendide capitale Ayutthaya, après 2 ans d'un siège commencé en 1769. Malgré la mise à sac de l'ancienne cité, les Birmans ne réussirent pas à s'implanter au Siam. Le général thaï Phya Taksin (un autre Taksin !) érigea une nouvelle capitale, Thonburi, en face de la future Bangkok sur les bords de la rivière Mae Nam Chao Phraya, et se fit proclamer roi. Il ne régna pas longtemps : mégalomane et fanatique religieux (il se prétendait presque l'égal du Bouddha !), il fut assassiné (sagement ?) par ses ministres. En 1782, un autre général, Phya Chakri, monta sur le trône sous le nom de Râma Ier, et fonda la capitale actuelle, Bangkok. Les souverains de la dynastie Chakri, encore au pouvoir aujourd'hui, portent tous le nom de Râma.

Les prémices de la modernité

C'est en 1851, avec l'avènement du roi Mongkut qui régna sous le nom de Râma IV, que les graines de la Thaïlande moderne furent semées. Homme instruit, raffiné et courtois, il vouait à l'Occident une admiration qui l'amena non seulement à entretenir une correspondance soutenue avec le président des États-Unis de l'époque, James Buchanan – il lui avait même offert des éléphants pour améliorer les transports américains ! –, mais aussi à signer des traités avec, entre autres, la Grande-Bretagne.
Une fois au pouvoir, il s'entoura de nombreux conseillers occidentaux. Aurait-on pu imaginer une telle ouverture en France ? Malgré toutes ces influences occidentales, Mongkut, tout comme ses successeurs, conserva son goût des traditions thaïlandaises. Il fut un polygame convaincu, reconnaissant 82 enfants de 35 femmes différentes ! Il s'attacha les services d'une gouvernante anglaise, Anne Leonowens, dont les *Mémoires* ont inspiré trois films. Le premier, *Anna and the King of Siam*, date de 1946 ; le plus célèbre, bien que fantaisiste sur le plan historique, fut sans conteste *The King and I* (« Le Roi et moi »), qui révéla Yul Brynner en 1956. Plus récemment, on a pu apprécier la prestation de la belle Jodie Foster sous les traits de ladite gouvernante dans *Anna et le roi*. Un seul hic : le tournage a eu lieu en Malaisie !

Un roi révolutionnaire...

État tampon à l'époque entre la Birmanie britannique et l'Indochine française, la Thaïlande échappa à la colonisation grâce à une diplomatie habile. Fin politicien, l'héritier de Mongkut, le roi Chulalongkorn Râma V (1868-1910), fit contre mauvaise fortune bon cœur et céda plus de 100 000 km² (y compris tout le Laos) à ces pillards de Français et d'Anglais. Ce trait de génie préserva l'indépendance du Siam jusqu'à nos jours. Le roi Chulalongkorn poussa si loin l'introduction des institutions et des mécanismes modernes (abolition de l'esclavage, organisation des postes, du chemin de fer, fondation de la première université...) que son propre fils le traita de révolutionnaire ! En 1873, à son couronnement, il interdit à ses sujets de se prosterner devant lui.

TOUCHÉ COULÉ

Une des raisons qui influencèrent le roi Chulalongkorn d'alléger l'étiquette fut la mort tragique d'une de ses femmes, noyée sous les regards imperturbables de ses serviteurs... car il leur était interdit de la toucher ! La raison d'être de ce genre de mesures draconiennes trouve son origine dans la volonté de protéger les membres de la famille royale des assassinats.

Exit le Siam

En 1932, un coup d'État fait passer le Siam d'une monarchie absolue à un régime monarchique constitutionnel de façade. Le roi Râma VII est en exil à Londres, et c'est un prince de 10 ans, Ananda, qui monte sur le trône flanqué d'un conseil de régence. Un des conspirateurs militaires, nommé *Phibun,* émerge du lot et devient Premier ministre en 1938 en organisant la mainmise de l'armée sur les rouages du pouvoir. Le pays prend définitivement le nom de *Prathet Thai* (« pays des Thaïs »), ou Thaïlande. Cette appellation à coloration nationaliste implique une unité de tous les peuples de langue thaïe incluant les *Lao* du Laos, les *Shan* de Birmanie, mais à l'exclusion des Chinois, dont l'influence économique est contestée. Les fascismes européens servent de modèle à la promulgation de toute une série de lois discriminatoires.

Après les événements de Pearl Harbor, et pour contrer l'influence de la Chine et des Occidentaux, la Thaïlande signe un traité d'amitié avec l'Empire nippon, dont les troupes utilisent le territoire comme base pour attaquer la Birmanie britannique. Le réalisateur japonais Shohei Imamura traita d'ailleurs de ce sujet et du sentiment d'abandon des soldats nippons par leur empereur dans un excellent documentaire, *En suivant ces soldats qui ne sont pas revenus – La Thaïlande.* La Thaïlande déclare même la guerre à la Grande-Bretagne et aux États-Unis. Les troupes thaïes combattent les nationalistes chinois jusqu'au Yunnan. Une partie de la population s'organise en mouvement de résistance (voir l'épisode du pont de la rivière Kwai).

Après les revers du Japon, Phibun est contraint de démissionner. À la fin de la guerre, les Alliés veulent le juger pour crimes de guerre et collaboration avec l'ennemi. Mais l'opinion publique qui lui est favorable provoque l'arrêt des poursuites. Les territoires annexés durant la guerre sont restitués aux empires coloniaux français et britannique. Phibun redevient Premier ministre en 1948 et se refait une virginité en engageant des troupes aux côtés des alliés de l'ONU en Corée en 1950. La Thaïlande devient un allié fidèle des États-Unis dans le contexte de la guerre froide en adhérant au traité de l'Organisation du traité de l'Asie du Sud-Est (OTASE). En 1957, Phibun est renversé par un maréchal et contraint à l'exil. De 1958 à 1973, les juntes militaires financées par les Américains tiennent le pays d'une main de fer. La Thaïlande participe activement à la guerre du Vietnam, où elle envoie des troupes (ainsi qu'au Laos), et des bases aériennes concédées aux Américains décollent les B52 qui bombardent le Nord-Vietnam.

La monarchie aujourd'hui

En 1973, la dictature est renversée, après un soulèvement étudiant réprimé dans le sang (300 morts). En 1975 sont organisées les premières élections libres depuis 1946. Mais au cours des années suivantes, se succèdent coups d'État et contre-coups d'État où les militaires disputent à nouveau le pouvoir aux civils. C'est que la domination des communistes dans les pays limitrophes en 1975 (Vietnam, Laos, Cambodge) renforce l'ancrage à droite des forces politiques de Thaïlande. La répression perdure, notamment durant l'année 1976, avec un nouveau massacre d'étudiants de gauche et de syndicalistes par des forces paramilitaires. Durant cette période troublée, seul un personnage reste inamovible : le roi Bhumibol (né en 1927 et sur le trône depuis 1950), qui règne encore aujourd'hui sous le nom de Râma IX. Il est le chef de l'État et des armées, mais c'est le gouvernement qui exerce le pouvoir. Pouvoir convoité par diverses factions au sein de l'armée et de la police, avec des généraux, plus ou moins corrompus, alternant au gré des besoins du moment populisme, nationalisme, élections truquées, etc. À partir de 1983, la Thaïlande entreprend un retour vers la démocratie (malgré une première interruption dès en 1991-1992), avec comme pilier la monarchie, seule capable de légitimer le pouvoir, d'où un culte exacerbé de la personnalité royale (en 2013, un journaliste a été condamné à 11 ans de prison pour lèse-majesté !). Les seuls garants d'une certaine stabilité sont donc le roi, mais aussi le bouddhisme et son éthique (pas forcément son clergé) et la société civile.

Thaksin entre en scène

En juillet 1997, le pays plonge dans une grave crise économique. En novembre, le Parti démocrate, mené par Chuan Leekpai, se retrouve à la tête du gouvernement. Mais ce changement n'arrange rien : chômage, dévaluation, on s'inquiète très sérieusement... le FMI vient à la « rescousse » administrer son traitement de cheval ultralibéral. Licenciements massifs, baisse des salaires (de 20 à 30 % dans la plupart des entreprises), expulsion de travailleurs immigrés, exode de Bangkok vers les campagnes, où tout au moins l'on mange... Dur, dur !
Élu une première fois en 2001, l'ancien Premier ministre Thaksin Shinawatra, riche magnat très médiatique, propriétaire un temps du club de foot anglais de Manchester City, rétablit la situation. Il est sur tous les fronts : politique, économique et social. « Une entreprise, c'est un pays. Un pays, c'est une entreprise », telle est sa devise. Profitant de sa bonne gestion du tsunami et des résultats économiques encourageants malgré un contexte défavorable, il est réélu début février 2005 avec une majorité encore renforcée. Un scrutin toutefois entaché d'une foule d'irrégularités. *Thai Rak Thai* (« les Thaïs aiment les Thaïs »), le parti fondé et instrumentalisé par Thaksin, est de loin la formation la plus riche du pays. Cela permet d'avaler les petits partis concurrents en garantissant des postes et, évidemment, de bien se placer dans la course aux enveloppes. Stupéfaction en avril 2006. Après avoir réclamé des élections législatives anticipées, et s'être déclaré dans un premier

temps vainqueur malgré 20 % de bulletins blancs, Thaksin doit reconnaître sa défaite. Coup de théâtre un mois plus tard : Thaksin reprend les rênes du pouvoir, en attendant la fin des célébrations commémorant les 60 ans de règne du roi, afin de contrer la reprise des attaques et des prises d'otages dans le Sud musulman, où une rébellion séparatiste agite la province de Narathiwat, rattachée à la Thaïlande au début du XXe s. Au Nord, les paysans adorent Thaksin ; dans le Sud, il est à l'origine d'exécutions sommaires, de trafiquants de drogue notamment.

DU VIAGRA COMME INCITATIF ÉLECTORAL

À Bangkok, selon le quotidien The Nation, *la petite pilule bleue servirait à convaincre des électeurs indécis. En raison des sanctions encourues pour l'achat de votes, certains candidats auraient distribué des comprimés plutôt que de l'argent liquide. Des boîtes de ces « fortifiants » seraient remises en douce aux électeurs âgés. Ils feraient mieux de distribuer des lunettes !*

Les jaunes contre les rouges

Nouveau renversement le 19 septembre 2006 : à la faveur d'un coup d'État, le neuvième depuis 1932 (auxquels s'ajoutent 11 tentatives avortées...), le général Sonthi Boonyaratkalin prend la tête du pouvoir, adoubé par le roi, sans effusion de sang. Thaksin est renversé, les médias contrôlés. À sa place, c'est un général à la retraite réputé intègre, Surayud Chulanont, qui est nommé Premier ministre par intérim, avec pour mission de restaurer la démocratie et de proposer un nouveau traitement à la crise séparatiste qui ensanglante les régions du Sud. Bis repetita fin 2008 : le nouveau Premier ministre récemment élu, Somchai Wongsawat (proche de Thaksin Shinawatra), est destitué après un blocage de l'aéroport principal de Bangkok par les opposants royalistes, les « chemises jaunes », semant la panique à travers tout le pays, à l'heure où la saison touristique commence... Le Parlement désigne le leader du Parti démocrate, Abhisit Vejjajiva, pour prendre la tête du gouvernement.

En avril 2009, vêtus de « chemises rouges » (leur surnom), les partisans de Thaksin, réclamant le retour de leur leader, bloquent Bangkok et s'opposent aux « chemises jaunes ». Les rouges – un surnom qui n'a aucun lien avec une étiquette communiste ou même de gauche – battent finalement en retraite, laissant derrière eux deux morts et de nombreux blessés. En février 2010, Thaksin est condamné (en son absence) pour abus de pouvoir et conflit d'intérêts. On l'accuse d'avoir profité de sa position de Premier ministre pour enrichir sa propre société de télécommunications. La moitié de sa fortune encore bloquée en Thaïlande, soit 46 milliards de bahts (environ 1,15 milliard d'euros), est saisie. Les « chemises rouges » descendent à nouveau dans la rue et occupent le centre de Bangkok 2 mois durant pour réclamer la démission du gouvernement. Ils sont finalement chassés par l'armée, dans le sang. La répression fera 92 morts et près de 2 000 blessés. Le quartier de Siam Square à Bangkok est mis à sac. Un mandat d'arrêt est émis contre Thaksin pour... « terrorisme ».

En 2011, c'est le parti *Pheu Thai,* mené par la femme d'affaires Yingluck Shinawatra, la sœur cadette de l'ancien Premier ministre en exil, qui remporte les élections législatives. Elle devient la première femme à ce poste. À coup de promesses sociales (iPad pour tous les élèves, deux clés pour les parents, l'une pour la maison, l'autre pour la voiture, ou encore augmentation spectaculaire des salaires), l'ex-parti d'opposition reprend donc la main, profitant de l'aura de Thaksin, très apprécié du peuple, beaucoup moins des élites et des militaires, qui l'accusent de manipuler sa sœur dans l'ombre. En avril 2012, à l'occasion du Nouvel An thaï qu'il célébrait en exil à Siem Reap (Cambodge), Thaksin annonce d'ailleurs son retour dans les mois à venir en Thaïlande, face à des milliers de partisans. Sa sœur a promis et prévu son amnistie, elle a même pour cela proposé le vote d'une loi accordant l'amnistie à toute personne impliquée dans les agitations politiques depuis 2006. Une promesse à géométrie variable, puisqu'elle n'a pas empêché l'ex-Premier ministre en poste lors de la répression de 2010 d'être inculpé pour meurtre.

Pendant ce temps, dans le Sud, la rébellion séparatiste perdure, et même s'intensifie. Depuis 2004, elle a déjà causé 5 000 morts, dont un certain nombre d'enseignants, cibles privilégiées d'attentats aveugles. Pour seule réponse, l'État autorise désormais les écoles de la province à fermer leurs portes si elles estiment leur sécurité menacée.

CHUWIT, UN POLITICIEN DANS LE MILIEU

Ancien propriétaire de six salons de massage-bordels, Chuwit quitta son métier rémunérateur pour se lancer dans la politique. Populiste, il dénonce la corruption et les pots-de-vin qu'il a bien connus (il versait près d'un million de bahts par mois, et passa même par la case prison). Son parti « J'aime la Thaïlande » a remporté quatre sièges aux législatives de 2011.

Tsunami

Le 26 décembre 2004, une secousse tellurique de 9,3 sur l'échelle de Richter a entraîné une succession de vagues dévastatrices au sud-ouest de la Thaïlande et en Asie du Sud-Est. Environ 5 400 morts sur le sol thaï uniquement, 3 000 disparus, des chiffres effrayants. Mais aujourd'hui, les plages sont nettoyées, les bâtiments reconstruits, et le tourisme a repris de plus belle. La vie suit son cours.

Le temple de la discorde

Depuis 2008, Thaïlande et Cambodge se déchirent autour de la question du temple inscrit au Patrimoine mondial de l'Unesco de Preah Vihear (au nord-est de la Thaïlande), qui dépend du Cambodge sur le papier et d'après la Cour internationale de justice (CIJ), mais dont la Thaïlande contrôle la majorité des moyens d'accès. Le Cambodge accuse ainsi la Thaïlande d'avoir envahi son territoire. La tension reste vive sur le terrain après que des escarmouches autour du temple ont causé plusieurs morts, mais la discorde s'est déplacée sur le plan « diplomatique ». En février 2010, Hun Sen, Premier ministre cambodgien et proche de Thaksin Shinawatra, déclarait à l'adresse de son homologue thaï : « Je voudrais que des objets mystérieux vous brisent le cou, que vous soyez abattu, renversé par une voiture ou électrocuté. » Ambiance... En février 2011, de nouveaux affrontements entre militaires cambodgiens et thaïlandais éclatent à la frontière. Les deux États s'accusent mutuellement d'avoir engagé les combats qui ont fait plusieurs victimes. Bilan de l'année : plus de 20 morts, de nombreux blessés et plusieurs dizaines de milliers de civils forcés de quitter la zone. En juillet 2011, la CIJ a ordonné un retrait immédiat des troupes armées de la zone démilitarisée provisoire. Lesquelles occupent toujours la région en mai 2012... Le conflit frontalier entre la Thaïlande et le Cambodge est donc loin d'être réglé, même si, en 2013, les Nations Unies ont décidé de prendre le dossier en main.

Inondations record à Bangkok

À partir de juillet 2011, 22 provinces du pays – notamment Bangkok, particulièrement touchée – connaissent les pires inondations depuis au moins un demi-siècle. Elles font plus de 500 morts. En cause, une mousson exceptionnellement forte et les conséquences d'un bétonnage de la capitale, construite sur des marais, depuis de nombreuses années. Les trois principales digues de la ville ne tiennent pas : près de la moitié des quartiers de la capitale sont inondés et 2 millions de personnes ont les pieds dans l'eau. Tous les fantasmes resurgissent comme l'eau jaillit du sol ; on parle même d'une invasion de crocodiles, tout ça parce que quelques-uns se sont échappés d'une ferme d'élevage dans la banlieue nord ! Une rumeur dit que les autorités locales ont demandé aux conducteurs de *long-tail boats* de remonter la rivière à contre-courant afin de repousser les eaux en amont... Plus sérieusement, pendant plusieurs mois, c'est la panique au sommet de l'État. Et, après une année 2010 remplie de troubles politiques, la saison touristique s'annonce mal car les annulations se multiplient. Les activités industrielles concentrées à Bangkok sont gravement touchées, au point de ralentir la croissance du pays, ce qui en dit long sur la puissance économique de la capitale. Comment faire alors que la seule stratégie observée jusqu'à aujourd'hui (car le problème n'est pas nouveau) est de stocker et de détourner les eaux maléfiques vers la mer ? En 2012, le gouvernement lance un impressionnant plan de relance qui inclut la construction de nouvelles digues autour des zones industrielles de la capitale. Bref, un capot au-dessus du moteur de l'économie thaïlandaise. En espérant que cela suffira...

IMMIGRATION

La Thaïlande compte près de 2,5 millions de travailleurs immigrés (et parfois exploités), dont près de 10 000 Français. En revanche, elle rechigne à ouvrir ses frontières – plus ou moins ouvertes selon les périodes – aux minorités fuyant la Birmanie voisine, chassées par les guerres qui opposent les militaires birmans à différentes armées séparatistes locales. Au moins 120 000 Shans, Karens, Hmongs... vivent parqués dans neuf camps à la frontière entre les deux pays, certains depuis les années 1980. Bénéficiant de très peu d'accès aux soins comme à l'éducation, ces réfugiés n'ont pas le droit de travailler et sont même menacés d'expulsion. Quant à ceux vivant à l'extérieur des camps, ils sont considérés comme des clandestins et peuvent donc être arrêtés, incarcérés et expulsés manu militari. En 2013, fuyant des violences dans l'ouest de la Birmanie, ce sont des milliers de Rohingyas qui ont trouvé porte close en Thaïlande. Des Rohingyas qui sont considérés par l'ONU comme faisant partie d'une des minorités les plus opprimées de la planète. Alors que 6 000 d'entre eux avaient réussi à entrer dans le pays, les autorités thaïes ont décidé qu'ils ne pourraient y rester plus de 6 mois et seraient, à l'issu de ce délai, renvoyés en Birmanie, à moins qu'un pays tiers n'accepte de les accueillir. D'autres réfugiés, arrivant par bateau, ont tout simplement été repoussés en mer par la marine thaïe.

MÉDIAS

Les crises politiques à répétition ont eu un impact négatif sur la sécurité des journalistes, et principalement ceux défendant les « chemises rouges », frappés par la censure. Certaines télévisions ont ouvertement pris parti en faveur des « chemises rouges » ou des « chemises jaunes » qui dictent depuis la rue l'agenda politique du royaume. Pourtant, les médias ont défendu leur liberté de ton. La presse écrite, en thaï et en anglais, est assez indépendante.

Votre TV en français : TV5MONDE partout avec vous

TV5MONDE est reçue partout dans le monde par câble, satellite et sur IPTV. Dépaysement assuré au pays de la francophonie avec du cinéma, du divertissement, du sport, des informations internationales et du documentaire.
En voyage et au retour, restez connecté ! Le site internet • *tv5monde.com* • et son application iPhone, sa déclinaison mobile (• *m.tv5monde.com* •), offrent de nombreux services pratiques pour préparer son séjour, le vivre intensément et le prolonger à travers des blogs et des visites multimédias. Demandez à votre hôtel le canal de diffusion de TV5MONDE et n'hésitez pas à faire part de vos remarques sur le site • *tv5monde.com/contact* •

Euronews

Chaîne d'information la plus regardée en Europe, Euronews traite l'actualité mondiale en continu. Grâce à ses 400 journalistes de plus de 30 nationalités, la chaîne est accessible 24h/24 en 13 langues.
Véritable *hub* média multiculturel indépendant, Euronews porte un regard unique sur les événements et en propose une analyse factuelle. Créée en 1993 à Lyon, en France, la chaîne s'adresse à 400 millions de foyers dans 155 pays et est disponible partout à travers le globe via ses déclinaisons digitales (Internet, applications mobile, TV connectée, Web radio...).

Radio

Le pays compte plus de 500 radios. La majorité d'entre elles sont locales et diffusent beaucoup de musique, mais relativement peu d'information. Trinity Radio (FM 97) diffuse les programmes d'information en thaï de la BBC, et Smile Radio (FM 107) reprend les nouvelles de CNN Asia. Les auditeurs raffolent des talk-shows. À vous d'apprendre le thaï...
L'armée thaïe, qui contrôle plus de 120 radios et 2 chaînes de télévision dans le pays, n'est pas prête à abandonner ce secteur stratégique même si, d'après la Constitution de 1997, l'audiovisuel devrait être entièrement libéralisé et les fréquences redistribuées.
Vous pouvez retrouver Radio France Internationale et la plupart des FM françaises sur • *rfi.fr* •

Télévision

Les six chaînes nationales de télévision sont des concessions de l'État. Mais c'est sans compter avec les nombreuses télévisions régionales et surtout le câble et le satellite.

Les critiques contre les autorités sont rares sur les chaînes hertziennes, mais sur le câble, certaines chaînes s'engagent clairement en faveur des « chemises jaunes » ou des « chemises rouges ». D'autres journalistes réussissent à maintenir une couverture plus indépendante.
L'accès aux grandes chaînes d'information, BBC ou CNN, est très facile grâce au câble. MCM ou la chaîne francophone TV5MONDE sont présentes dans certains bouquets de câble ou de satellite.

Journaux

La lecture des deux principaux quotidiens anglophones, *The Nation* et *Bangkok Post,* ne pourra que vous convaincre de la qualité des journalistes thaïs et de leur liberté de ton par rapport à ceux des pays voisins. Une bonne manière de savoir ce qui se passe dans le pays, la région et le monde. Certains titres de la presse en thaï sont également de bon niveau, notamment *Matichon, Khaosod Daily* et *Thai Rath.* C'est sans compter les nombreux tabloïds populaires qui misent sur le sensationnalisme.
Les grands titres de la presse étrangère sont facilement disponibles dans les kiosques des grandes villes. Pour la presse française, passez à l'Alliance française de Bangkok, sur Sathorn Road, qui dispose d'une médiathèque bien fournie. À l'aéroport et dans certains grands hôtels, on trouve également *Le Monde, Libération, Le Point* et... *Point de vue-Images du monde* !

PATRIMOINE CULTUREL

Les grandes écoles artistiques

La découverte de sites préhistoriques à Ban Chiang, au nord-est, laisse à penser que la Thaïlande fut le berceau d'une civilisation vieille de 5 000 ans. Le peuplement qui se fit par vagues successives – Môns, Khmers, Thaïs – apporta des influences religieuses et culturelles qui ont façonné son évolution.
– ***Période de Dvâravatî (VIe-XIe s) :*** les Môns, qui vivaient dans le sud-est de Myanmar, dans le centre et dans le nord-est de la Thaïlande, ont développé un État aux structures politiques mal connues, avec des cités construites suivant un plan ovale et ceinturées de douves. Les sculptures principalement bouddhiques, rarement hindouistes, ont subi trois sources d'influence : Ceylan (Ve-VIe s), art pala (Srîvijaya ; VIIIe-Xe s) et art khmer à la fin. Ces influences créèrent une image particulière du Bouddha, qui cessa d'être la copie d'un style indien pour devenir le premier style d'art bouddhique original. Le Bouddha, en pierre ou en bronze, se tient le plus souvent debout, les deux mains faisant le geste d'argumentation, ou assis à l'européenne, les pieds posés sur un socle en forme de lotus. Son visage est large, ses arcades sourcilières jointives et galbées, son nez épaté et ses lèvres charnues.
– ***Période de Srîvijaya (VIIIe-XIIIe s) :*** l'histoire de cet empire reste encore très obscure. Il se développa entre le VIIIe et le XIIIe s dans la partie péninsulaire de la Thaïlande. Certaines des statues sont d'une grande perfection, comme celle du torse d'Avalokiteçvara, du Musée national de Bangkok. Les formes des statues sont épanouies et parées de bijoux.

– ***Khmers ou école de Lopburi (XIe-XIIIe s) :*** l'influence khmère fut très grande et, jusqu'à l'aube du XIXe s, les provinces du Nord-Est ont continué à jouer (davantage que le Cambodge) le rôle d'un véritable conservatoire des traditions artistiques et iconographiques angkoriennes. Les grands temples (Prasat Hin Phimai, Phanom Rung, Phanom Wan, Muang Tham) furent construits en fonction à la fois de croyances hindouistes et du bouddhisme mahāyāna. Les temples khmers étaient bâtis selon les critères symboliques de la cosmologie hindouiste. Les douves et bassins représentaient l'océan, les enceintes des montagnes, et la tour sanctuaire *(prasat)* le mont Meru, axe du monde et séjour des dieux. Le *prasat* servait à abriter la divinité principale, dieu hindouiste, puis le Bouddha au XIIe s. De petits *prasat* ceinturaient la tour principale et servaient à abriter l'épouse et le véhicule du dieu. À côté s'ajoutaient des constructions secondaires destinées aux objets du culte. Une grande enceinte fermée par des portes ceinturait le tout. À l'intérieur, une seconde enceinte, construite en bois, contenait les habitations des prêtres, musiciens, danseuses... Le temple, construit au centre de la ville, devait se trouver près du palais du roi, mandataire des dieux sur terre. Quant aux statues, les caractéristiques des bouddhas (principalement en grès) sont un visage carré, des sourcils rectilignes, une bouche large, un bandeau qui démarque le front des cheveux et une protubérance au sommet du crâne, symbole de l'Illumination.

– ***Royaumes du Lan Na (XIe-XVIIe s) :*** principalement influencés par la Birmanie, les royaumes du Lan Na ont développé des styles artistiques propres : temples aux toits à étages, porches élaborés soutenus par des *nâga* (serpents), *chedî* octogonaux, statues délicates... On décompose cette période en deux : le style de Chiang Saen (XIe-XIIIe s), qui montre un bouddha au corps robuste et au visage rond, suivi par le style appelé Chiang Saen tardif ou Chiang Mai, qui révèle un bouddha plus élancé, avec un visage ovale. Les statues sont pour la plupart en pierre semi-précieuse, tel le bouddha d'Émeraude.

– ***École d'U-Thong (XIIe-XVe s) :*** ce petit royaume fut fortement influencé par les styles khmers, de Sukhothai et de Ceylan. Seule sa sculpture fut originale avec de fines lignes qui soulignent les lèvres et les yeux du Bouddha, ajoutant le tracé d'une fine moustache.

– ***Période de Sukhothai (XIIIe-XVe s) :*** c'est avec l'école de Sukhothai que débute l'art proprement thaïlandais. Il semblerait que ce soit le fait d'avoir adopté le bouddhisme theravada (à la fin de l'Empire khmer, qui pratiquait le bouddhisme mahāyāna) qui engendra une forme d'art originale, dont le but était d'affirmer l'identité culturelle du nouveau royaume. Le bouddha de Sukhothai est l'une des images les plus caractéristiques de l'art thaïlandais (visage d'un ovale parfait, long nez aquilin, sourcils arqués, paupières lourdes, chevelure en bouclettes...). Il fit son apparition au XIIIe s. Les mains et toutes les proportions du corps deviennent plus stylisées, et le crâne est surmonté d'une longue flamme *(ushnîsha),* symbole de la force spirituelle. La seconde image typique est celle du Bouddha marchant, dont la grâce et la délicatesse rendent parfaitement la description du Bouddha des textes palis. Quant à l'architecture, elle juxtapose des formes diverses, tours-sanctuaires khmères, stupas effilés cinghalais, toitures incurvées chinoises, structures cubiques môns, retenant aussi du royaume disparu de Dvâravatî ses constructions en brique, ses niches en stuc et ses figures de terre cuite. Selon les Thaïlandais

POURQUOI LES YEUX BRIDÉS ?

La plupart des peuples asiatiques sont originaires de Sibérie ou de Mongolie. Là, les vents des steppes sont terriblement froids et la réverbération de la lumière, sur la neige, intense. Les yeux bridés sont donc une adaptation génétique pour protéger les yeux. Il s'agit d'un léger bourrelet de graisse dans les paupières.

• Époque de Dvâravatî (VIe-XIe siècle)

Le Bouddha possède des traits accusés, un visage large et carré, un nez aplati et des lèvres épaisses. Ses yeux sont dirigés vers le bas, donnant un regard à la fois intérieur et bienveillant pour le fidèle qui prie à ses pieds. On le trouve au centre de la Thaïlande et dans le sud de la Birmanie. Représentation dans les musées de Nakhon Pathon, Ratchaburi, Khon Kaen et Lamphun.

• École de Lopburi (XIe-XIIIe siècle)

Il s'agit de l'image même du Bouddha khmer. Son visage est carré, ses sourcils rectilignes, sa bouche large. Un bandeau démarque le front des cheveux et une protubérance en coiffe le sommet, symbole de l'Illumination. On le retrouve dans tout le centre et le nord-est de la Thaïlande. Le Bouddha protégé par un capuchon à sept têtes est aussi l'une des innovations du culte khmer du roi-dieu (Devaraja).

• Époque du royaume du Lan Na (XIe-XVIIe siècle)

Région de Chiang Saen et Chiang Mai. Le Bouddha de cette époque est caractéristique. On le reconnaît aisément avec son corps opulent, son visage rond, ses petits yeux et sa petite bouche. Il porte de grandes boucles sur le sommet du crâne, couronnées d'un bouton de lotus. Les statues sont généralement en cristal ou en pierre semi-précieuse.

• Période d'U-Thong (XIIe-XVe siècle)

Au centre de la Thaïlande, l'influence khmère de cette époque est très forte. Les représentations du Bouddha se font sur le même modèle. La seule originalité se trouve dans le fin soulignement des yeux et de la bouche, qui peuvent faire penser à une fine moustache.

• *Période de Sukhothai (XIIIe-XVe siècle)*

Époque où l'image de Bouddha est la plus caractéristique de l'art thaïlandais. Les statues deviennent plus élancées, l'ovale du visage parfait, le nez long et aquilin, les sourcils arqués, les paupières lourdes et la chevelure pleine de fines bouclettes. Le crâne est surmonté d'une longue flamme *(ushnîsha)*, symbole de force spirituelle. L'autre innovation de cette période est celle du Bouddha marchant, première représentation du Bouddha en mouvement.

• *Période d'Ayutthaya (1350-1767)*

Durant la période d'Ayutthaya, au centre de la Thaïlande, les statues du Bouddha reprennent les influences des diverses écoles. On retrouve les courbes de l'école de Sukhothai, les yeux de l'époque dvâravatî, les parures des dieux khmers avec la reprise du culte du roi-dieu. Les statues du Bouddha sont alors parées de bijoux et deviennent colossales.

- ***Bhumisparsa ou « Geste de la prise de la terre à témoin »***

Position assise, la main droite touche le sol, tandis que la gauche repose sur les jambes, paume tournée vers le ciel. Ce geste représente l'Éveil du Bouddha. Il tient une très grande place dans l'imagerie thaïlandaise, car il est le symbole de la victoire sur Mâra (la mort, le démon, le grand dieu des Désirs). Mâra tenta d'interrompre la méditation du Bouddha, en lui présentant toutes les distractions possibles. Le Bouddha, en réponse, toucha la terre, faisant appel à la nature pour témoigner de sa résolution. Ce geste apparaît pour les Thaïlandais comme l'illustration du plus grand des miracles et représente le sommet de la vie de Bouddha.

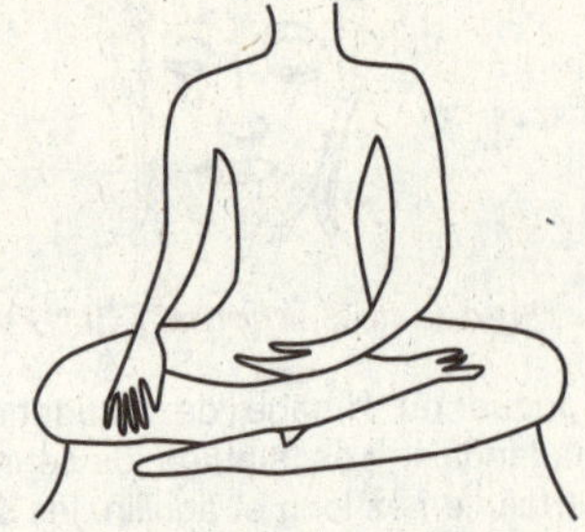

- ***Dhyana ou « Attitude de méditation »***

Les deux mains reposent l'une sur l'autre, paumes vers le ciel, la main droite sur la main gauche. Les jambes sont pliées en tailleur, dans la position du lotus.

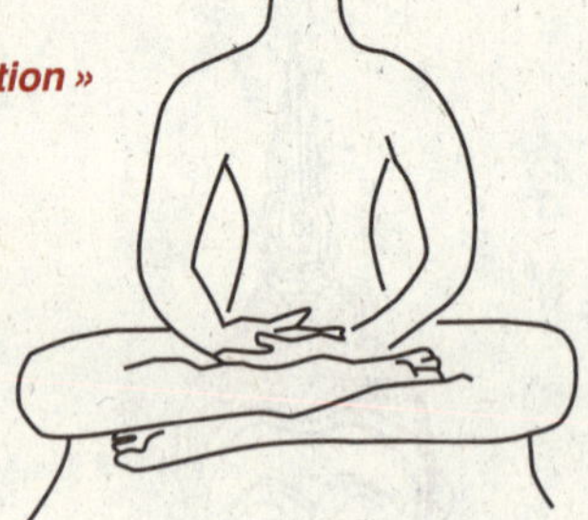

- ***Vitarka ou « Geste de l'argumentation »***

Position debout ou assise, le bras droit est levé, main à demi ouverte pour que le pouce et l'index se joignent et forment un cercle (la roue, symbole de l'enseignement). Peut être fait de la main droite ou gauche.

• *Dharmachakra*

Les deux mains sont levées, paumes face à face, pouce et index se joignant pour former un cercle. Geste de tourner la roue de Dharma, qui rappelle le premier sermon de l'enseignement de Bouddha.

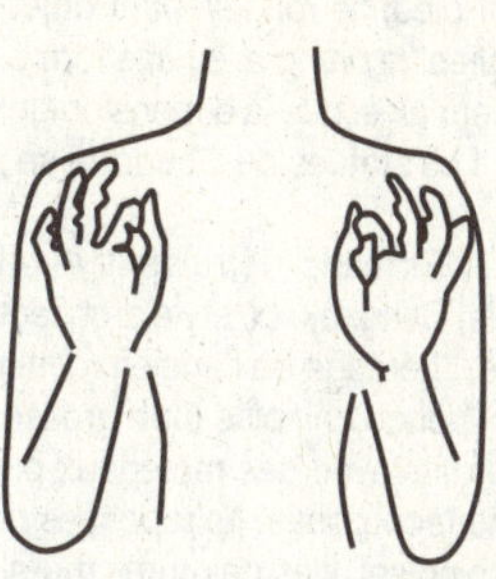

• *Varada ou « Geste du don »*

Assis ou debout, main droite ouverte et offerte, bras allongés, ce geste est celui du don, de la charité, des faveurs répandues.

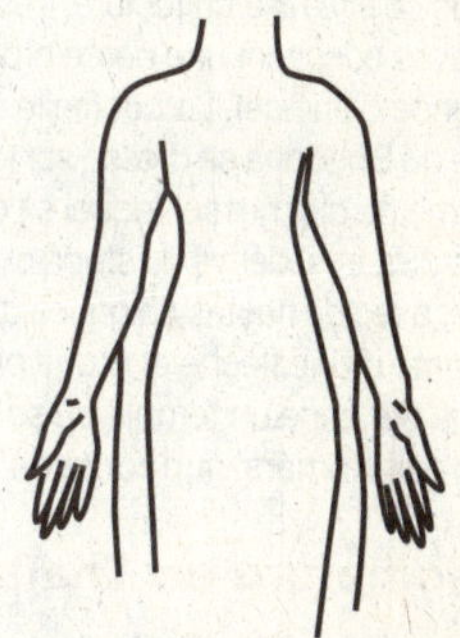

• *Abhaya ou « Apaisant les querelles »*

Position debout ou en marche, une ou deux mains levées, paume en avant. C'est le geste de l'absence de crainte et de l'apaisement.

d'aujourd'hui, c'est la flèche en bouton de lotus qui représente l'apport le plus original des constructeurs de Sukhothai.

– ***Période d'Ayutthaya (1350-1767) :*** en 1350, un prince d'U-Thong fonde Ayutthaya, qui devient la capitale du royaume jusqu'en 1767 (date à laquelle les Birmans la détruisent). L'art à cette période juxtapose les influences les plus diverses. Mais la principale est l'influence khmère, qui prendra toute son ampleur avec la reprise, par les souverains, du *devaraja* (roi-dieu), le roi devenant objet de vénération. Le *prasat* khmer (tour-sanctuaire) devient le *prang* avec une forme en épi de maïs. Le royaume se porte bien et la splendeur ainsi que la dimension des temples sont le témoignage de la puissance royale. Les statues du Bouddha se parent de bijoux et deviennent colossales.

– ***D'Ayutthaya à Bangkok :*** en 1767, les Birmans détruisent Ayutthaya, et Râma Ier fonde en 1782 une nouvelle capitale, Bangkok. Le style architectural de la nouvelle capitale est, pour la majeure partie, l'héritage de l'ancien royaume. Temples et palais entourés par des jardins d'influence chinoise (une grosse communauté de Chinois vit à Bangkok) sont construits avec des matériaux plus légers. Les temples possèdent d'élégantes toitures recourbées, juxtaposées en gradins et recouvertes de tuiles vernies (influence chinoise). Des peintures murales et des panneaux de laque en garnissent l'intérieur.

Le Wat Phra Kaeo (Bangkok), temple du bouddha en pierre précieuse, est l'exemple type de ce style d'architecture. Il est constitué par un sanctuaire rectangulaire. Ses toits concaves accusent une pente prononcée et sont couverts de tuiles de couleurs vives (influence chinoise). Le *bot* (salle de réunion) peut comprendre d'une à trois nefs. La statue du Bouddha se dresse sur le mur face à l'entrée. Au nord-ouest s'élève un *chedî* en forme de cloche, sur lequel se dresse une flèche formée d'anneaux concentriques et décroissants, dérivé du stupa cinghalais. Au nord se dresse un *mondop* de structure carrée, avec de hautes colonnes qui soutiennent de petits étages décroissants, le tout surmonté d'une flèche et d'une profusion de décorations multicolores. Au nord-est, enfin, a été érigé un temple où sont conservées les statues des rois ; c'est un *prasat* hérité des Khmers, surmonté de toits superposés et fermé d'un petit *prang*.

La sculpture en Thaïlande

Presque jusqu'à nos jours, l'inspiration de la sculpture en Thaïlande est demeurée, pour l'essentiel, religieuse. Qu'il s'agisse du Bouddha, principale source d'inspiration, d'animaux réels ou mythiques, de décors... tout a sa place et son rôle dans la cosmogonie.

– ***Les yaksha :*** des génies de la nature, mystérieux et parfois malfaisants, qui ont été « récupérés » par le bouddhisme. Ils sont devenus les protecteurs de la Loi bouddhique. On les retrouve sous leur aspect terrifiant dans les enceintes des temples, parés comme d'antiques guerriers, les vêtements incrustés d'or, d'émail et de verre coloré.

– ***Représentations du Bouddha :*** sous les différentes influences (môn, khmère, lan na...), un art local semble s'être forgé. En effet, dès le VIIe s, l'art dvâravatî présente la structure d'un art bouddhique. Les différents apports qui viendront s'y greffer par la suite n'étoufferont jamais cette originalité ni cette continuité, qui sont les traits essentiels de l'imagerie bouddhique thaïlandaise. Ces « innovations » doivent tout de même respecter une iconographie stricte, venant du sud de l'Inde. L'apparence du Bouddha est déterminée par les *lakshana* (marques et signes) qui définissent « l'Homme Éminent ». Il en existe 32 principales, complétées par 80 secondaires. Manifestées dès la naissance, les *lakshana* sont le résultat des

différents mérites acquis au cours des existences antérieures. On ne trouve la totalité de ces « marques » que chez l'être appelé à devenir un souverain, maître de l'univers, ou, s'il renonce au monde, un bouddha.
Parmi les 32 marques principales, certaines ne concernent que des qualités psychiques intraduisibles (voix du lion, finesse du goût...). D'autres, au contraire, inspirées de préoccupations magico-religieuses, sont des signes qui dotent le Bouddha d'une apparence hors du commun (une tête à protubérance, la rotondité d'un banian...).
– ***Gestes et attitudes :*** le Bouddha peut être figuré dans quatre attitudes, assis, debout, marchant et couché (c'est dans ces positions qu'il est apparu à Srâvastî). Les statues en attitude de marche sont la grande innovation de l'école de Sukhothai (XIIIe-XVe s) et restent parmi les réalisations les plus originales de la sculpture thaïlandaise.
Les gestes n'ont pas en Thaïlande la même signification précise qu'en Inde où la conception mahāyāna (du Grand Véhicule) donne à chaque *mudrâ* (geste des mains et des doigts auquel on attribue une signification magique et mystique) la marque d'un *jina* (vainqueur), moyen qui permet de différencier les bouddhas qui, par essence, sont tous semblables. Vous suivez toujours ?
Dans le bouddhisme theravāda, et spécialement dans l'iconographie thaïlandaise, le terme de *mudrâ* n'est pas employé. En effet, les *mudrâ* ne suffisent pas à représenter l'ensemble des plus grands miracles du Bienheureux. Mais nous garderons cette appellation par souci de simplification.
– ***Les Jatakas :*** ce ne sont pas à proprement parler des sculptures. Il s'agit d'épisodes illustrés des nombreuses vies antérieures du Bouddha (on en compte 547). Ils peuvent être représentés sous forme de fresques, de panneaux sculptés... chaque image racontant un épisode. Ces Jatakas ornent de nombreux temples, formant alors comme des frises.

PERSONNAGES

– ***Le roi Bhumibol Adulyadej :*** né en 1927, couronné en 1950 sous le nom dynastique de Râma IX. On le voit partout ! Très inventif, il a fait breveter son invention pour lutter contre la sécheresse : créer des nuages de différentes températures avec des avions. Ingénieux, non ? Le roi, plus ancien chef d'État en exercice et grand amateur de photographie, est très (trop diront certains) respecté en Thaïlande, sa famille aussi d'ailleurs, et son anniversaire (le 5 décembre) est l'occasion de grandes festivités, notamment à Bangkok. Les 80 ans du souverain, hospitalisé de façon quasi permanente depuis 2009, ont été célébrés en grande pompe en décembre 2007. Enfin, comment ne pas mentionner sa richesse, que le magazine *Forbes* a estimée en 2011 à plus de 30 milliards de dollars !
– ***Bundit Ungrangsee :*** un chef d'orchestre honoré par Lorin Maazel lui-même, qui fit ses classes au New York Philharmonic Orchestra, jonglant entre les musiques traditionnelles thaïes et les classiques occidentaux. Du grand art ! Pour plus d'infos : ● *bunditmusic.com* ●
– ***Saneh Sangsuk :*** écrivain publié au Seuil, en France, considéré comme le « Joyce thaï »... rien que ça ! *Venin* ou *Une histoire vieille comme la pluie* vous feront découvrir une Thaïlande loin des clichés sur papier glacé du Sud thaï.
– ***Attadech Lowapharp :*** né en 1971 à Bangkok, voici le jeune designer qui monte, qui monte. Il travaille la céramique et la porcelaine, mais est surtout reconnu pour ses vases-racines, longs, très longs.

– ***Rama :*** personnage mythique du théâtre épique thaïlandais (le *Ramakien*). Il représente le roi idéal, proche de Vishnou. C'est aussi un dieu tout-puissant capable de vaincre tous les démons.

– ***Bamrung Kayotha :*** j'ai une moustache bien fournie, je suis chef de file des paysans thaïs, je boycotte les champs d'OGM près de la frontière birmane ; qui suis-je ? Mais le José Bové thaïlandais, pardi !

– ***Tony Jaa :*** la star du *muay thai* (art martial) au cinéma, né à Surin en 1976, vu dans *Ong Bak I, II* et *III* et *L'Honneur du dragon*.

– ***Paradorn Srichaphan :*** la star du tennis thaï s'invitait régulièrement sur les tournois du Grand Chelem avec un certain succès, jusqu'à sa retraite en 2010.

– ***Apichatpong Weerasethakul :*** cinéaste dit « expérimental », né en 1970 à Bangkok avant de passer son enfance dans le Nord-Ouest de la Thaïlande, à Khon Khaen. Il s'inspire des surréalistes et apprécie le travail de Marcel Duchamp. Auteur de longs-métrages d'un esthétisme et d'un mystère indéniables, parmi lesquels trois furent présentés à Cannes. Il obtient le prix un Certain Regard en 2002 pour *Blisfully Yours*, l'histoire d'un amour intense et sensuel entre une jeune Thaïlandaise et un immigré birman, et le prix du Jury en 2004 pour *Tropical Malady*, relatant l'histoire homosexuelle d'un soldat et de son amant, sur un ton à la fois réaliste et onirique. En 2008, il fait partie du collectif de réalisateurs chargés de livrer leur *État du monde*. En 2010, il obtient la palme d'or à Cannes pour *Oncle Boonmee, celui qui se souvient de ses vies antérieures*.

– ***Chaleo Yoovidhya :*** ce milliardaire, disparu début 2012, fit fortune en créant la « recette » de la boisson énergisante *Red Bull*. Comme son nom le suggère, cette boisson contient de la taurine. En fait, elle fut élaborée à partir d'une boisson déjà existante dans le pays, le *Krating Daeng*, à base de taurine et de caféine, consommée depuis longtemps par de nombreux chauffeurs routiers pour rester éveillés... Interdite en France après des tests sur des rats montrant des signes de surexcitation allant jusqu'à l'automutilation, elle est finalement autorisée en 2008 moyennant une modification de la recette (moins de caféine et presque plus de taurine !), plus la mention « déconseillé aux enfants et aux femmes enceintes » !

– ***Thaksin Shinawatra :*** né en 1949 à Chiang Mai, cet ancien officier de police crée à la fin des années 1980 la société *Shin Corp*, avec laquelle il fait fortune dans la téléphonie mobile et les télécommunications. Il se lance ensuite en politique, et devient Premier ministre en 2001, bâtissant sa victoire, puis sa popularité, sur des programmes sociaux (salaire minimum, sécurité sociale...) à destination des masses populaires, des paysans en particulier. Beaucoup moins apprécié des élites traditionnelles et de l'armée, il profite également de sa position à la tête du pouvoir pour accroître confortablement sa fortune personnelle. La valeur de son entreprise quadruple durant cette période et *Shin Corp* ne paie jamais d'impôts... Il est finalement renversé par un coup d'État militaire en 2006, alors qu'il est en séjour à l'étranger. Depuis, Thaksin, qui a été condamné par contumace à 2 ans de prison pour conflit d'intérêts, vit en exil, mais reste au centre de l'agenda politique thaï, toujours empêtré dans la lutte des « chemises rouges » (ses partisans) contre les « chemises jaunes », ses opposants (lire plus haut la rubrique « Histoire »). Sa sœur, élue Premier ministre en 2011 (lire ci-après), a promis de faire voter une loi d'amnistie qui permettrait le retour de Thaksin en Thaïlande. Pourtant, en 2013, cela reste toujours improbable...

– ***Yingluck Shinawatra :*** née en 1967 dans une famille de politiciens, la sœur de l'ancien Premier ministre Thaksin a d'abord étudié les sciences politiques à Chiang Mai puis l'administration publique aux États-Unis. C'est pourtant sans expérience

politique réelle que cette femme d'affaires est choisie comme candidate du parti d'opposition *Pheu Thai* (« Pour les Thaïs ») aux élections législatives pour le poste de Premier ministre, qu'elle remporte en août 2011. Elle doit sa notoriété fulgurante à son frère (lire plus bas), mais aussi à ses mesures et déclarations populistes : hausse du salaire minimum, promesse de prospérité économique pour tous, utilisation gratuite de tablettes électroniques dans les écoles...
– ***Hu Sengla :*** né en 1924 et disparu en 2001, il a été recensé par le *Guinness des records* comme « l'homme ayant les plus longs cheveux du monde ». Imaginez un peu, une tignasse de 5,79 m ! Paix à son âme. Elle a été coupée et donnée à son village en guise de protection. Le plus rassurant dans cette affaire, c'est que son frère Yi prend désormais sa place, avec plus de 5 m à son actif.

PROSTITUTION

Commençons par mettre fin au fantasme. Si la sexualité est sans doute vécue différemment en Asie et en Occident, les racines de la prostitution en Thaïlande ne sont pas à rechercher dans une supposée culture orientale qui serait lascive par nature. La prostitution thaïe est une industrie, née de l'histoire récente. Il suffit de se pencher sur les chiffres. En 1957, on estimait que le pays comptait 20 000 prostituées. Dans les années 1960, ce nombre explosait, passant à 400 000. Que s'est-il passé entre-temps ? Le déclenchement de la guerre du Vietnam.

De la guerre du Vietnam au tourisme sexuel

Durant le conflit, pour envoyer ses hommes de troupe se détendre loin des horreurs de la guerre, l'armée américaine crée dans tout le Sud-Est asiatique, et en particulier en Thaïlande, les *Rest & Recreation sites,* qui font office d'immenses bordels. On y envoie les GI's une semaine en permission, le transport étant payé par l'armée. En Thaïlande, c'est une société locale financée par une banque américaine qui se charge d'organiser l'industrie du repos du guerrier. Les GI's sont pris en charge dès la descente de l'avion et emmenés dans des hôtels réquisitionnés pour leur usage exclusif. Dans le hall de ceux-ci patientent les femmes, affublées d'un numéro. Le soldat n'a qu'à choisir. Entre 1962 et 1976, 700 000 militaires américains passeront par ces bordels thaïs. Profitant de cette manne, les élites locales s'enrichissent, mais la guerre n'a qu'un temps. Les GI's partis, il faut se recycler. On passe alors du bordel militaire au tourisme sexuel.
Les capitaux en provenance d'Occident, les organisations criminelles et la corruption généralisée des autorités entraînent la création d'une véritable industrie du sexe prompte à satisfaire tous les types de clientèle, avec ses réseaux et ses zones de recrutement – l'arrière-pays et les campagnes –, ses supermarchés du sexe, ses agences de promotion... En Thaïlande, on dénombre dans les années 1970-1980 plus de 2 millions de femmes et 800 000 enfants se prostituant. « Se prostituant » est en fait inexact : si ce commerce est organisé comme n'importe quel business, l'esclavage au profit d'un proxénète ou d'une société commerciale est à cent lieues de la libre vente de sa force de travail. Certes, certaines filles, plutôt que de s'échiner à repiquer des plants dans les rizières, choisissent, avec l'assentiment des parents, d'aller vivre de leurs charmes quelques années à Bangkok, afin de nourrir leur famille. Leur nom en thaï est *phouyng ha kin,* qui signifie littéralement « celles qui cherchent à manger ». Mais, bien souvent,

elles sont tout simplement « vendues » pour devenir serveuses, et se retrouvent vite à faire des passes, contraintes et forcées.
Le phénomène de la prostitution est aussi révélateur de la façon discriminatoire dont les femmes sont traitées en Thaïlande. Sous-payée par rapport aux hommes, la main-d'œuvre bon marché est féminine – ce sont d'ailleurs souvent les femmes que l'on voit trimer sur les chantiers. L'accès à l'éducation est plus rare pour une fille que pour un garçon. La violence domestique constitue également un problème important pour ces femmes qui ne sont guère protégées par la loi. Un homme marié n'est pratiquement jamais poursuivi par la justice en cas de viol conjugal car, dans ce domaine, les lois font défaut et le risque encouru par le violeur est minime.

L'apparition du sida

Les années 1970 et 1980, caractérisées par le laisser-faire, constituent la période d'explosion de la prostitution, poussant à bout la logique du sordide. Le réveil, sous l'égide de nombreuses associations internationales, est long à venir, mais, finalement, même les autorités thaïlandaises commencent à se sentir concernées, moins pour des questions évidentes de morale qu'à cause de la dégradation de l'image du pays à l'étranger. Il s'agit dès lors d'un problème d'économie, car, sur le plan touristique, la Thaïlande est montrée du doigt et le pays boudé. Par ailleurs, le sida ayant fait des ravages, les rangs des prostituées s'éclaircissent vite. Aussi les choses changent-elles, et le dernier pointage, réalisé par l'armée américaine, ne donnait plus que 100 000 prostituées. Même si ces chiffres manquent de précision, on a donc assisté ces dernières années à une baisse considérable de la prostitution, due d'abord au sida, catastrophique en Thaïlande (environ 1 million de séropositifs). Le ministère de la Santé thaïlandais a d'ailleurs lancé une campagne de distribution gratuite de préservatifs aux prostituées : chacune en recevra 16 par... an !

Le fléau de la pédophilie

Puis vint le scandale de la pédophilie. Un scandale énorme, international, et qui ternit considérablement l'image du pays. Car la prostitution, c'est une chose ; mais trouver dans n'importe quel bordel, ou presque, des gamin(e)s, de 10 ou 12 ans, vendu(e)s aux pédophiles venus du monde entier en quête d'objets sexuels « vierges », donc non contaminés, c'est une tout autre affaire. Disons tout de suite qu'en Thaïlande ce commerce ignoble a considérablement reculé depuis. Car, face au scandale et à la colère des Thaïlandais eux-mêmes, le gouvernement a pris des mesures énergiques : répression judiciaire, fermeture de bordels, contrôle des « employé(e)s » et vote par le Parlement du *Child Prostitution and Prevent Act.* Rappelons aussi, avec la *TAT (Tourism Authority of Thailand),* qui condamne l'exploitation sexuelle des enfants, que les « clients » sont passibles de 4 à 20 ans de prison si les prostitué(e)s ont entre 13 et 15 ans, et de prison à perpétuité si l'enfant a moins de 13 ans.
De son côté, l'Unicef entreprend de nombreuses actions de lutte contre la pédophilie, relayée par la justice française, qui travaille en étroite collaboration avec les juridictions d'autres pays. Depuis 1994, la France s'est dotée de lois permettant de condamner pour abus sexuel des personnes qui se croyaient dégagées de toute responsabilité puisqu'elles étaient sur un sol étranger. On a ainsi vu se tenir deux procès jugeant, en France, des actes innommables commis par des Français sur le sol thaïlandais. Une autre loi, adoptée en 1998 par le Congrès mondial sur l'exploitation sexuelle des enfants, est encore plus sévère. Désormais, tout abus

sexuel exercé à l'étranger sur un mineur de moins de 15 ans est passible d'une peine de 10 ans de prison et d'une amende s'élevant à plusieurs centaines de milliers d'euros. Les associations peuvent aussi se porter partie civile. C'est dans ce cadre que l'Unicef a pu mener ses campagnes de lutte en aidant des victimes thaïlandaises à venir témoigner en France. C'est là une grande avancée juridique pour combattre les abus sexuels. Les amateurs de tourisme sexuel, n'ignorant pas la fin de leur impunité, regardent désormais à deux fois avec qui ils finissent la soirée.

Psychologie et ambiguïté du tourisme sexuel

Lorsqu'on parcourt les zones où la prostitution est très présente, on est frappé bien souvent par le spectacle de ces couples apparemment mal assortis de jeunes filles thaïes se promenant main dans la main avec leur « amoureux » du moment de 30, 40 et même 50 ans plus âgé qu'elles. Il ne s'agit pas ici de donner des leçons de morale (tant qu'il n'y a là que rapports consentis entre individus majeurs) à certains de nos lecteurs qui ne voient dans cette prostitution (comme Michel Houellebecq dans *Plateforme*) qu'« un rapport Nord-Sud marchand idéal entre sexualité et pouvoir d'achat ». Cependant, la théorie sur le tourisme sexuel, qui considère que seules les femmes asiatiques savent donner du plaisir, voire de l'amour, car « ignorantes des tabous imposés par les religions monothéistes », n'est qu'un leurre, une imposture qu'on brandit pour justifier son passage au bordel. Européenne ou asiatique, une femme est une femme, et le sexe tarifé reste du sexe tarifé. Pourquoi s'autoriser alors à l'étranger ce que l'on s'interdit chez soi ?

RELIGIONS ET CROYANCES

Environ 94 % de la population est bouddhiste, 5 % musulmane – surtout dans le sud du pays –, 1 % chrétienne et 0,5 % animiste.

▶ Pour les visages et les gestes du Bouddha, se reporter aux dessins de la rubrique « Patrimoine culturel ».

La vie du Bouddha

Le prince Siddhārta Gautama (dit le Sage, l'Éveillé, le Bouddha) n'est ni un prophète ni un envoyé d'un quelconque dieu. Il naquit au Népal au VIe s av. J.-C., mena une vie d'ascète et fut d'abord bodhisattva, c'est-à-dire futur bouddha. Il tint tête à Mâra, le démon, assis 4 jours sous un figuier, les jambes croisées dans la fameuse position que nous connaissons. Il atteignit ainsi l'Éveil et réussit à se libérer de toute souffrance. Dès lors, il parcourut le continent asiatique, proclamant la loi du Karma, loi universelle selon laquelle toute action, bonne ou mauvaise, est punie ou récompensée dans la réincarnation de l'âme.

LOTUS ET BOUCHE COUSUE

Le lotus est emblématique du Bouddha, souvent représenté assis sur une fleur de lotus. C'est la seule plante aquatique dont la fleur, superbe, s'élève avec légèreté au-dessus de l'eau (contrairement au nénuphar par exemple) grâce à sa longue tige. Elle puise sa substance vitale dans la boue – qui représente la souffrance et le vice – pour ensuite s'épanouir au-dessus de l'eau, comme l'âme doit pouvoir se détacher de ses préoccupations terrestres.

Le bouddhisme s'inscrit dans un mouvement de réaction au brahmanisme. Il ne tient aucun compte du système des castes ni des rites et s'appuie sur une démarche strictement individuelle, une voie de libération.

La doctrine

La pensée du Bouddha vise à libérer de la douleur (voir son premier sermon à Bénarès, « À l'origine de la douleur universelle est la soif d'exister »).
Les quatre nobles vérités éclairent bien la « mécanique bouddhique » :
- l'attachement conduit à la souffrance ;
- l'origine de l'attachement est dans les passions ;
- pour se libérer de la souffrance, il faut maîtriser les passions ;
- pour maîtriser les passions, il faut suivre une discipline.

Pas facile tout ça, mais le Bouddha a été assez précis sur la façon d'accéder au nirvana : le bouddhiste doit parcourir successivement les huit nobles entraînements présentés dans l'Octuple Noble Sentier, seule façon d'éviter de se voir renaître en rat ou en grenouille.
Pour ceux qui voudraient essayer, nous vous donnons les clés du nirvana : la compréhension juste, la pensée, la parole, l'action, le moyen d'existence, l'effort, l'attention et la concentration.
Attention, le nirvana n'est pas notre paradis, mais plutôt le bonheur, le moment où l'esprit de l'homme se purifie des passions, et la fin du cycle des renaissances (Samsāra). En bref, le bouddhisme est une voie du bonheur spirituel, et ça se voit !

Les bouddhismes Theravāda et Mahāyāna

La doctrine du Bouddha n'existant pas sous forme écrite, les textes sacrés devaient être appris par cœur à la suite des récits faits par Ananda, le cousin du Bouddha, lors du premier concile bouddhique. Ces textes psalmodiés et chantés en commun ne furent codifiés que vers l'an 100 de notre ère par les moines de Ceylan. Ce canon bouddhique est la base du bouddhisme Theravāda.

Le bouddhisme Theravāda ou « Petit Véhicule » (du Sud)

Confiné d'abord dans l'île de Ceylan où il est né, il s'est ensuite répandu en Birmanie (en 1044), puis en Thaïlande et au Cambodge. C'est la doctrine la plus ancienne. Les adeptes utilisent le pali comme langue sacrée (on dit que c'était la langue de Gautama, le prince Siddhārta) et suivent un enseignement légèrement différent des paroles du Bouddha. Le Theravāda, omniprésent au Myanmar, ne reconnaît aucun dieu créateur. C'est une doctrine non théiste qui ne nécessite pas la présence d'intermédiaire entre l'homme et son salut ; donc point de prêtre ni de brahmane. L'homme peut parvenir seul à l'état de nirvana. Pour cela, il n'a pas à transformer son environnement. La libération du désir, cause de toutes ses souffrances, s'obtiendra par des actes individuels, la discipline (mais non l'ascétisme, jugé inutile et dangereux !) et la contemplation.
De plus, le fidèle ne pense pas que le bouddhisme Theravāda puisse expliquer tous les mystères de la nature. Ce genre de fatalisme (autre nom de la sagesse ?) profite bien aux militaires au pouvoir à Yangon qui usent et abusent de la crédulité du petit peuple.
Pour un adepte de cette voie Theravāda, le repli dans la contemplation et l'abstinence demeure la voie royale de la Libération.

Le bouddhisme Mahāyāna ou « Grand Véhicule » (du Nord)

La deuxième branche du bouddhisme représente un courant de pensée qui s'est propagé en Chine, au Tibet, en Mongolie, en Corée et au Japon, sans oublier le Vietnam et l'Indonésie (le temple de Borobudur en est un bon exemple). Les pratiquants utilisent le sanscrit comme langue sacrée. Au contraire du Theravāda, le bouddhisme Mahāyāna cherche à transformer le monde non par l'abstention mais par l'action. Le détachement, le sourire ne sont plus de mise, l'action et la compassion priment. Pour les adeptes du Mahāyāna, il faut aider son prochain à parvenir à la délivrance afin de suivre les paroles du Bouddha : « Délivré, délivre. Arrivé sur l'autre rive, fais-y parvenir les autres. » C'est le bodhisattva, qui, parvenu aux dernières étapes de la sagesse, renonce à « s'éteindre » dans le nirvana pour aider les autres à parvenir à la délivrance. Cette vision du rôle du bodhisattva est absente dans le Theravāda.

Bhumisparsa ou « geste de la prise de la terre à témoin »
Position assise du lotus, la main droite touche le sol, tandis que la gauche repose sur les jambes, paume tournée vers le ciel. Ce geste représente l'Éveil du Bouddha. Appelé aussi *mudrâ maraisijaya* (« victoire sur Mâra »).

Dhyana ou « attitude de méditation »
Les deux mains reposent l'une sur l'autre, paumes vers le ciel, la main droite sur la main gauche. Les jambes sont pliées en tailleur, dans la position du lotus.

Vitarka et dharmachakra ou « geste de tourner la roue »
Position debout ou assise, le bras droit est levé, main à demi ouverte pour que le pouce et l'index se joignent et forment un cercle (la roue, symbole de l'enseignement). Fait avec une seule main, ce geste s'appelle *vitarka* ; fait des deux mains, il se nomme *dharmachakra* (voir illustration plus haut). Ce geste de tourner la roue de Dharma rappelle le premier sermon de l'enseignement du Bouddha.

Varada ou « geste du don »
Assis ou debout, main droite ouverte et offerte, bras allongés, ce geste est celui du don, de la charité, des faveurs répandues.

Abhaya ou « apaisant les querelles »
Position debout ou en marche, une ou deux mains levées, paume en avant. C'est le geste de l'absence de crainte et de l'apaisement.

Le bouddhisme thaïlandais

Proportionnellement, il doit y avoir plus de temples en Thaïlande que d'églises à Rome. C'est dire comme le bouddhisme est présent dans la vie quotidienne des Thaïlandais même si, depuis quelques années, on observe une désaffection pour la religion, due à la fois au développement de la société de consommation et aux dérives de certains membres du clergé (cas d'enrichissement personnel notamment), qui détournent des temples une partie de la population.
Ces temples sont des lieux ouverts et conviviaux, où l'on vient pour tout un tas de raisons (mariages, funérailles, prières...). Les moines, surtout dans les villages, interviennent dans les affaires courantes et sont sollicités pour donner leur avis, un peu comme les curés en Occident, il n'y a pas si longtemps. Outre les images du Bouddha, très vénérées, les Thaïlandais ont aménagé leur bouddhisme en y incluant une foule de démons et d'esprits.

Pour un Occidental, le bouddhisme thaï apparaît comme une religion tolérante, plutôt cool et souriante, très imbriquée dans la vie des gens. Les Thaïlandais, bouddhistes à 94 %, doivent mener, au moins une fois au cours de leur existence et pour une période variable, une vie de moine en revêtant la robe safran. Certains travaillent bénévolement à la construction ou à la réfection des temples. Tous apportent aux statues du Bouddha de nombreuses offrandes (fleurs, cierges...) et subviennent aux besoins quotidiens des moines.

Les nonnes

Le monastère des nonnes bouddhistes ressemble à celui des hommes, sauf que les bâtiments communautaires comme le *sala* et le *bot* y sont généralement plus petits. Le public n'y est pas admis.
En Thaïlande, les nonnes sont entièrement vêtues de blanc. Elles ne sont que des novices, des « mèchis », le resteront toute leur vie et ne jouiront jamais du prestige des bonzes. La faute en revient au Bouddha, qui ne voulait pas fonder d'ordre féminin, malgré les demandes incessantes des femmes. Il finit tout de même par céder aux instances de sa tante, mais édicta huit règles très sévères et les plaça sous la dépendance totale des bonzes. Comme elles ne doivent pas sortir du monastère pour quêter, ce sont les bonzes qui partagent avec elles la nourriture qui leur a été donnée. C'est la raison pour laquelle les monastères des femmes sont toujours jumelés avec ceux des hommes. En somme, comme la plupart des religions, le bouddhisme est misogyne. Les femmes sont considérées comme impures et n'ont pas le droit de toucher un moine. Et pour « avancer » dans l'échelle des réincarnations, une femme devra d'abord se réincarner en homme...

Le temple bouddhique

Le temple bouddhique thaïlandais, le *wat,* regroupe un ensemble de bâtiments religieux, souvent d'époques et/ou de styles variés. Centre de la vie socioculturelle, le *wat* remplit de nombreuses fonctions : lieu de culte, d'enseignement, de réunion, d'échanges...

Le bot

Sanctuaire principal du *wat,* le *bot,* ou *ubosot,* est une salle de plan rectangulaire à nef unique avec des bas-côtés. Consacrée à la psalmodie des textes sacrés et aux ordinations monastiques, elle est délimitée par huit bornes *(bais simâs),* plus ou moins hautes et ouvragées selon l'importance du *wat,* que personne ne doit dépasser lors d'une cérémonie. Considéré comme sacré, ce périmètre est soustrait à toute juridiction laïque.

Le vihara

Grande salle où moines et fidèles se rassemblent pour écouter les sermons. Elle renferme des représentations du Bouddha ainsi que les objets sacrés du temple. La salle est rectangulaire, avec des toits en pente sur plusieurs niveaux, aux extrémités décorées de *chofa* (« pointe du toit »).

Le sala

C'est l'un des premiers bâtiments que l'on rencontre en arrivant dans un monastère : sorte de grand hall dans lequel les bonzes se réunissent, matin et soir, pour la psalmodie des textes sacrés. Les fidèles y circulent pour leur propre méditation, pour assister aux offices, ou encore pour y écouter des sermons. Mais on peut aussi y prendre ses repas, parler et même dormir ! Au fond trône une grande statue du Bouddha, entourée par de plus petites qui sont des donations de fidèles. Aux extrémités, il y a parfois de drôles de « décorations », différentes selon les donateurs et le message que veut faire passer le supérieur du temple. C'est ainsi que l'on peut y trouver, dans des cages en verre, un authentique squelette humain ou un bocal avec un fœtus d'enfant mort-né. Assez macabres, les Thaïs aiment à rappeler que « tout est éphémère, tout est souffrance » !

Les autres bâtiments

Le *bot,* le vihara et le *sala* forment, avec le réfectoire des moines, les bâtiments communautaires principaux. Les bonzes vivent autour, dans de petites huttes appelées *kutis,* ou dans des bâtiments quand la place vient à manquer. C'est là qu'ils passent le plus clair de leur temps à méditer, recevoir des visiteurs, se reposer... Ils sont entièrement libres et personne ne contrôle ce qu'ils font.

D'autres bâtiments composent un temple, dont le *chedî,* une tour-reliquaire contenant des reliques du Bouddha, d'un saint homme, ou d'un personnage royal. Le *chedî* est souvent à l'origine de la construction d'un *wat.* Sa forme de dôme, ou de cloche, est surmontée d'un empilement de parasols.

On peut aussi trouver un clocher qui sert à rythmer la journée des moines, des *ho trai* (ou bibliothèques) et un crématorium.

Petit glossaire pour circuler dans un temple

– *Wat :* nom du monastère bouddhique regroupant les divers édifices religieux.
– *Bot ou ubosot :* salle de réunion des moines dans le monastère (le *wat*), réservée aux seuls religieux et où se pratiquent les ordinations.
– *Vihara ou vihan :* de tradition indienne, cette salle abrite des images du Bouddha et sert de salle d'assemblée pour les fidèles.
– *Phra chedî ou chedî :* sorte de monument funéraire, il désigne tous les édifices contenant des reliques. Définit plus spécialement le stupa.
– *Stupa :* dôme contenant des reliques bouddhiques ou servant d'objet de culte. Devenu très tôt le monument par excellence du bouddhisme, il est chargé d'un symbolisme très élaboré. Il s'agit soit d'un édifice contenant des reliques du Bouddha, soit d'un monument commémoratif. Il se compose d'un dôme surmonté d'un empilement de parasols.
– *Mondop :* prononciation thaïe du *mandala,* en sanskrit, qui est la salle de réunion des fidèles.
– *Prang :* terme utilisé pour désigner un sanctuaire carré, élevé avec de très hauts soubassements et une toiture importante. Le *prang* rappelle le *prasat* khmer (style d'Angkor Vat), mais en étant encore plus élevé. Il est caractéristique de l'architecture des périodes d'Ayutthaya et de Bangkok.
– *Prasat :* tour-sanctuaire.
– *Dvârapâla :* le gardien de la porte. Le gardien à droite de la porte a une expression bienveillante, tandis que celui de gauche a une expression terrible. À la fin de la période d'Ayutthaya, tous prennent l'apparence de *yaksha* au masque terrifiant.
– *Chofa :* ce sont les ornements qui sont aux extrémités des pignons sur les toitures à double pente. Ils représentent le plus souvent des serpents *nâga,* ou des oiseaux comme les *hamsa.*

Rites et superstitions

Les nâga

Les *nâga* (serpents) sont issus des anciennes croyances khmères. Ils servaient de décorations sur les ponts enjambant les douves. Le *nâga* permet de mettre en évidence le lien existant entre le monde des humains et celui des dieux, entre le ciel et la terre. Il est aussi, dans la tradition bouddhique, l'animal qui protégea le Bouddha des intempéries, durant sa première longue méditation transcendantale, en se dressant au-dessus de lui, par-derrière, sa large tête de cobra faisant office de pébroque (ce *nâga* bouddhique est alors souvent représenté à sept têtes, ça protège mieux). Le serpent relie donc le sacré à l'homme : le ciel à la terre, l'esprit au prophète.

Le culte du roi-dieu

Héritage khmer, le culte du roi-dieu *(deveraja)* est encore présent. Le *prasat,* la tour-sanctuaire, perçu comme le centre de l'univers, devait abriter les dieux. Les *prasat* servent maintenant à abriter les statues des rois, comme celui du Wat Phra Keo de Bangkok.

Libérer un oiseau

Dans le bouddhisme, une des vertus principales est le respect de la vie sous toutes ses formes. Ce qui peut conduire à des excès, voire des aberrations. Un des actes de piété est de rendre la liberté à des êtres captifs. Il faut donc capturer oiseaux ou poissons dans le seul but de les vendre à la sortie des temples et des monastères. N'encouragez pas ces conduites en achetant la liberté de ces animaux, nés le plus souvent en captivité et qui, s'ils ne retrouvent pas le chemin de leur prison, meurent. D'autant qu'en libérer un, c'est en emprisonner un autre (eh oui, pour le remplacer)...

Les porte-bonheur

Dans toutes les pagodes de ville, on assiste à une pratique divinatoire qui n'a pourtant rien de spécifiquement bouddhique. Qu'en penserait le Bouddha ? Il la rangerait sûrement au rang des superstitions, mais c'est sans doute la superstition la plus populaire de tout le bouddhisme. Après avoir prié devant le Bouddha, il est possible de connaître son avenir grâce à la méthode des « bâtonnets ». Une vingtaine de bâtonnets sont disposés dans une boîte ronde, ouverte. Il faut la prendre dans ses mains et la secouer jusqu'à ce que l'un des bâtonnets tombe. Ce bâtonnet porte des inscriptions sibyllines que le bonze interprète, contre une offrande bien sûr !

Donnez une petite pièce à une icône représentant un dieu, et vous serez aspergé d'eau bénite. Si l'on veut rester sec, il est possible d'acheter toutes sortes d'amulettes aux bonzes, touffes de fils jaunes et bleus portant bonheur, petits bracelets en bois, images du Bouddha, etc. destinés à une population toujours fascinée par ce qui a trait à la magie.

LADYBOY

En Thaïlande, les kathoey *sont plus facilement acceptés que dans les sociétés occidentales. Faut dire que chez les bouddhistes, les transsexuels ont la réputation de porter bonheur. Ils sont d'ailleurs plus nombreux en Thaïlande et on les rencontre, surtout, dans les métiers dits féminins : coiffure, restauration, cabaret...*

Enfin, dans de nombreux temples, de beaux gongs peuvent être frappés, du poing s'il n'y a pas de frappe-gong à disposition, pour former un vœu. C'est joli et ça marche (si, si !).

Les compositions florales

Tout dans la vie des Thaïlandais est prétexte à une offrande (promenade en famille, accueil d'un visiteur...). L'offrande la plus prisée est la fleur, petite image terrestre du Bouddha. Les trois offrandes les plus courantes sont les suivantes.
– ***Les malai :*** ce sont les colliers de fleurs, confectionnés de boutons de jasmin, de roses, de pâquerettes africaines ou d'orchidées. Leur fonction est principalement religieuse ; ce sont les offrandes des temples et lieux de pèlerinage. Mais, suspendus au rétroviseur des voitures, *tuk-tuk,* « longue-queue » ou tout autre moyen de transport, ces grigris odorants et éphémères sont un gage de bonne route, de chance.
– ***Les bai-sri :*** compositions pyramidales, constituées principalement de feuilles de bananier très soigneusement pliées. C'est le gage que l'on offre aux nouveau-nés, aux jeunes mariés, pour l'obtention d'un premier poste... comme promesse de bonheur et de réussite. Si l'on ajoute du riz, un œuf dur et des fruits en son centre, on obtient un *bai-sri chan.*
– ***Les jad pan :*** ce sont de gros boutons de lotus, formés par des fleurs de couleur, offerts lors des mariages. La forme du bouton de lotus représente le signe de la pureté, de la beauté, mais aussi de leur caractère éphémère.

Les maisons aux Esprits

À côté de la plupart des immeubles – anciens et nouveaux – se dresse une sorte de petite pagode colorée, posée sur un pilier. Cette demeure miniature abrite l'esprit de la maison, le *phra phum.* En effet, lorsque la construction d'un bâtiment quelconque est envisagée en Thaïlande, la première chose à faire est de trouver, dans le jardin, une place favorable à l'édification de la maisonnette où pourront se réfugier les esprits *(phi)* un moment délogés. La sélection de l'emplacement et l'aménagement de cette « maison d'esprits » sont du ressort exclusif d'une personne initiée : on ne place pas n'importe où une demeure réservée aux *phi* (surtout pas en un endroit qui risquerait de se trouver ombragé par l'immeuble), et un jour de bon augure doit être choisi pour la cérémonie d'installation des âmes dans leurs appartements.
On y dépose un bouquet de fleurs, quelques bâtonnets d'encens et plusieurs bougies. Lorsqu'un étranger est invité, il doit tout d'abord demander la permission d'entrer, faute de quoi il risquerait de très mal dormir. S'il ne respecte pas cette coutume, les esprits viendront au cours de la nuit s'installer sur sa poitrine, ce qui engendre toujours, c'est bien connu, d'horribles cauchemars. Et le matin, il convient de les saluer avant de nourrir l'espoir de passer une bonne journée, de leur présenter l'une ou l'autre offrande si l'on aspire à voir quelque souhait exaucé. Par ailleurs, le propriétaire qui s'enrichit et décide d'embellir et de moderniser son habitation sait que l'oubli de parer en conséquence la maison des esprits risque de lui jouer de très mauvais tours.

SAVOIR-VIVRE ET COUTUMES

Un certain savoir-vivre est utile. Concernant les coutumes, il y en a quelques-unes à respecter et qui ne sont vraiment pas contraignantes. Voici quelques principes.

– ***Retirer ses chaussures :*** chez la plupart des particuliers, dans certaines *guesthouses,* boutiques et certains lieux ouverts à la visite (en tout cas les temples et parfois les musées). Bref, le mieux est d'opter pour des tongs ou assimilés, si vous ne voulez pas passer votre temps à faire et défaire vos lacets.
– ***Interdiction de fumer dans les lieux publics*** (halls d'hôtel, restos, bars). Ces mêmes lieux ferment aussi désormais à 1h du matin (sauf autorisation spéciale), dernier carat et pas une minute de plus... On ne plaisante pas.
– ***Le roi et la famille royale :*** ils sont très respectés. Si l'hymne national retentit en pleine rue (c'est parfois le cas dans les villes à 8h et/ou à 18h), si le portrait royal apparaît au cinéma avant le film, il faut se lever. C'est simple, il suffit de faire comme tout le monde. Gardez-vous surtout de critiquer ouvertement la monarchie thaïe, car toute insulte publique à l'encontre du roi est passible de prison. On évitera aussi (autant que faire se peut) de marcher sur une pièce de monnaie (ou un billet) portant le royal profil.
– ***Dans les temples bouddhiques :*** il faut enlever ses chaussures et, lorsqu'on s'assied, s'arranger pour ne pas mettre ses pieds face au Bouddha : c'est sacrilège. Le mieux est d'adopter la position des locaux, jambes repliées sous les fesses. Mais bon, quand on n'a pas l'habitude, c'est rapidement douloureux... Ensuite, il faut s'y présenter en tenue décente. En règle générale, si une femme veut offrir quelque chose à un moine, elle doit d'abord le donner à un homme qui le lui remettra. Toutes les images ou sculptures du Bouddha, petites ou grandes, même abîmées ou en ruine, sont des objets sacrés.
– ***Dans les bus :*** n'occupez pas les sièges à l'avant des bus. Ils sont généralement réservés aux moines, tenus d'éviter tout contact physique avec les femmes.
– ***Se saluer poliment :*** en général, les Thaïlandais ne se serrent pas la main. Le salut traditionnel est le *wai,* c'est-à-dire les deux mains jointes, comme pour prier... encore que son utilisation, soumise à des règles bien précises, soit hasardeuse. Très souvent, le *wai* traduit l'expression d'une inégalité. C'est toujours à l'inférieur (ou au plus jeune) que revient l'initiative du geste, et la réponse se limite souvent à un léger sourire. Pas d'impair, ne « waiez » jamais un enfant, ni même une femme de chambre, vous les verriez gênés. En somme, utilisez de préférence votre sourire, c'est facile et – les Thaïs en sont la preuve – ça rend beau.
Attendez-vous à être appelé plutôt par votre prénom. C'est l'usage ici, généralement précédé de *khun* (M., Mme ou Mlle).
– ***Au restaurant :*** on ne partage pas l'addition. La règle est simple : celui qui invite paie pour toute la table. Si aucune invitation n'a été faite, c'est au supérieur de se dévouer (aucune exception cette fois, l'égalité n'existe pas en Thaïlande !). À table, on mange habituellement avec une cuillère, la fourchette servant seulement à pousser les aliments dans celle-ci. Il n'y a jamais de couteau, et les baguettes sont réservées aux restos chinois.
– ***Les gestes du corps :*** on ne doit jamais toucher la tête de quelqu'un (même d'un enfant), car c'est le siège de son âme, et ce geste peut être considéré comme du mépris envers cette personne. Le pied étant la partie la moins noble du corps, il faut éviter de montrer quelqu'un du pied, ou de l'enjamber s'il est au sol, c'est très irrespectueux.
– ***Les gestes impudiques :*** ceux et celles qui ont une libido exaltée remarqueront que le geste le plus licencieux des amoureux en Thaïlande est de se tenir par la main ! Même si les Thaïlandais occidentalisent leurs comportements à vue d'œil, le Code pénal punit sévèrement tous les sacrilèges : la sanction 206, par exemple, prévoit un maximum de 3 mois de prison ou une amende pour tout geste ou

attitude visant à insulter la religion... Comme dans le reste de l'Asie où la pudeur en public est plus forte qu'en Europe, il convient d'adopter une attitude réservée. Il n'est pas facile de considérer qu'un geste « normal » chez nous puisse être source d'offense pour le pays hôte. Nul doute que la légère baisse de l'accueil des Thaïs envers les Occidentaux trouve son explication en partie dans ce manque de retenue des touristes. Il a beau faire chaud, on ne se balade pas plus torse nu ou en maillot de bain à Bangkok qu'à Paris. Il ne s'agit pas de pudibonderie, mais de simple respect.

– ***Dans les boutiques,*** on ne tient pas la porte quand on rentre ou quand on sort. Donc, on ne vous tiendra pas la porte et ce ne sera pas malpoli !

– ***Ne pas s'énerver et toujours sauver « la face » :*** montrer des signes d'énervement, de perte de sang-froid, hausser le ton sont des attitudes considérées comme déplacées, voire dégradantes pour celui qui les arbore. Elles indiquent un signe de faiblesse. Le Thaï, face à ce type de comportement, peut perdre lui aussi son flegme, notamment si vous le mettez en cause. Dans une société où la dernière des hontes est de perdre la face en public, il se sentira menacé (surtout si des témoins assistent à la scène).

– ***Garder le sourire :*** le sourire légendaire des Thaïs est utilisé à toutes les sauces. À côté de la bienvenue ou de l'amusement (et Dieu sait si la vie est *sanouk* – rigolote – en Thaïlande), il fait aussi office d'excuse ou d'esquive ; ça évite ainsi dans de nombreuses situations d'avoir à s'expliquer et éventuellement d'en venir à des mots ou des gestes que l'on pourrait regretter plus tard.

– ***Respecter l'environnement :*** il vous faudra également être vigilant dans les rues, où le respect du cadre environnant est pris particulièrement au sérieux. Pour tout crachat ou papier négligemment abandonné par terre, vous pourrez vous voir infliger une amende de 100 €. Ainsi, les fumeurs apprendront-ils à rouler leur mégot entre leurs doigts pour l'éteindre, et jeter ensuite le filtre dans une poubelle.

Les massages : une vieille tradition

Venue d'Inde et de Chine, la tradition des massages a toujours été plus ou moins liée à la philosophie bouddhique qu'elle met en pratique à travers les quatre états de l'esprit divin enseignés par « l'Illuminé » (la bonté, la compassion, la joie de vivre et la sérénité). Cela explique pourquoi, dans le passé, une salle était réservée à cet effet dans chaque temple.

Mais au-delà de cet aspect spirituel, le massage est une pratique très répandue en Thaïlande : la mère apprend aux filles, qui massent le père, qui les masse à son tour, et l'on se masse entre soi le plus naturellement du monde. C'est un acte quotidien, familial, de réconfort et de convivialité. Et il y a bien sûr des écoles (notamment la fameuse école du *Wat Pho* – วัดโพธิ์ – à Bangkok, par exemple), où sont enseignés les trois principaux types de massage : massage traditionnel complet (tout le corps travaillé pendant 2h), massage aux herbes, et massage du pied. Ce dernier a d'ailleurs pris une ampleur incroyable. On ne voit plus que ça. Tout le monde le propose. Certains ne sont que des peloteurs d'orteils améliorés, mais ça ne peut pas faire de mal.

Puis il y a les massages sexuels pratiqués dans des salons aux vitres fumées (souvent appelés *parlours*), où les masseuses sont effectivement expertes en sexe, bien plus qu'en massage. Mais le client y perd vite la tête et le porte-monnaie. Toutefois, il faut savoir que la limite n'est pas aussi nette : dans certains salons traditionnels, des femmes peuvent parfois proposer des massages moins classiques, sans toutefois le faire systématiquement ni sur commande. Elles cherchent simplement à arrondir leurs fins de mois, même si la prostitution n'est pas leur métier.

Cela dit, la plupart des massages proposés dans certaines *guesthouses* (et habituellement pratiqués par de vieux Chinois) ou au bord des plages du Sud sont tout à fait sages et de qualité. Il ne faut pas, en tout cas, quitter la Thaïlande sans avoir essayé le massage traditionnel complet, où pressions, tensions et torsions vous réveilleraient un mort – et, c'est vrai, on revit !

SITES INSCRITS AU PATRIMOINE MONDIAL DE L'UNESCO

Pour figurer sur la liste du Patrimoine mondial, les sites doivent avoir une valeur universelle exceptionnelle et satisfaire à au moins un des 10 critères de sélection. La protection, la gestion, l'authenticité et l'intégrité des biens sont également des considérations importantes. Le patrimoine est l'héritage du passé dont nous profitons aujourd'hui et que nous transmettons aux générations à venir. Nos patrimoines culturel et naturel sont deux sources irremplaçables de vie et d'inspiration. Ces sites appartiennent à tous les peuples du monde, sans tenir compte du territoire sur lequel ils sont situés. Pour plus d'informations : ● *whc.unesco.org* ●

Les sites traités dans ce guide

– La ville historique de ***Sukhothai*** et les ***villes historiques associées*** (1991). Tout simplement le premier royaume de Siam, aux XIIIe et XIVe s. Un ensemble architectural extraordinaire, dont des représentations et des statues du Bouddha sublimes.
– La ville historique d'***Ayutthaya*** (1991). Dans la logique des choses, le deuxième royaume du Siam... Pillée par les Birmans au XVIIIe s avant leur installation à Bangkok, la cité recèle encore de sublimes tours-reliquaires et autres bouddhas.
– ***Le site archéologique de Ban Chiang*** (1992), où les fouilles et travaux ont confirmé l'existence à cet endroit, dans le nord-est de la Thaïlande, d'une civilisation florissante autour de 3 000 ans av. J.-C. (voire plus), arrivée à l'âge du bronze.
Et au niveau naturel, signalons :
– ***Le complexe forestier de Dong Phayayen-Khao Yai.***
– ***Les sanctuaires de faune de Thung Yai et Huai Kha Khaeng.***

SPORTS ET LOISIRS

La boxe thaïlandaise – *Muay thai*

La violence, escamotée dans les rapports excessivement polis du quotidien, s'exprime à fond dans ce sport national. Le combat est impitoyable : on se sert non seulement des poings, mais aussi des genoux, des coudes et des pieds. Le spectacle est également dans la salle.

TU POINTES OU TU TIRES ?

La petong, c'est la version thaïe de notre pétanque, peuchère ! On compte plus de 2 millions de joueurs à travers tout le royaume. Alors n'oubliez pas votre cochonnet !

Si vous avez le temps, il faut assister à un match de boxe thaïe dans l'un des deux amphithéâtres de Bangkok, à Lumphini – ลุมพินี –, Râma IV Avenue – ถนนพระราม –, ou à Ratchadamnoen – ราชดำเนิน –, sur Ratchadamnoen Nok – ราชดำเนินนอก. À Chiang Mai également, bons combats professionnels. Expérience inoubliable ! Les Thaïs, le *mekong* ou la bière aidant, se laissent parfois aller à des attitudes rarement visibles dans la rue. L'atmosphère est survoltée, le public hurle, scande les coups. Ouvrez donc vos yeux d'ethnologue ! La boxe thaïe, c'est aussi un sport d'argent, de parieurs. De fortes sommes sont misées sur l'une des têtes présentes sur le ring, les biftons circulent de mains en mains selon un système obscur.
Avant le combat proprement dit, observez la curieuse gestuelle de chaque protagoniste, à cheval entre le yoga et l'expression corporelle. Ce rituel personnalisé constitue en fait une prière, une sorte d'incantation exécutée sur des musiques traditionnelles interprétées par un petit orchestre qui rythmera ensuite les coups. La délicatesse de ces premiers gestes contraste d'autant avec la violence des coups que les adversaires échangent ensuite durant le combat.

La plongée sous-marine

Attention ! Depuis janvier 2011, certains sites sont fermés à la plongée pour la protection de la faune et de la flore. Voici la liste de ces sites (tous ne sont pas traités dans notre guide) :
– parc national maritime de Hat Chao Mai dans la province de Trang : île de Ko Chueak ;
– parc national maritime de Mu Ko Petra dans la province de Satun : île de Ko Bu Lone Mai Pai ;
– parc national maritime de Tarutao : îles de Ko Takieng, Ko Hin Ngam, Ko Rawi, Hat Sai Khao et Ko Dong ;
– parc national maritime de Chumphon : Ko Ma Prao ;
– parc national maritime de Hat Nopparattara – Mu Ko Phi Phi : Hin Klang ;
– parc national maritime de Mu Ko Surin dans la province de Phang-nga : Ao Mae Yai bay, Ao Mangkon bay, Ao Jak bay, Ao Tao bay, Ko Torinla ;
– parc national maritime de Mu Ko Similan dans la province de Phang-nga : Ao Fai Wap bay, Ko Payu or East of Eden.
La Thaïlande compte quelque 2 614 km de côtes bordées de plages, avec, au large, de petites îles paradisiaques clairsemées. L'appel y est irrésistible ! En fonction des saisons, deux zones se prêtent particulièrement à l'exercice de la plongée sous-marine avec bouteilles : la *mer d'Andaman* (côte ouest), de novembre à mai, et le *golfe de Thaïlande* (côte est), de juin à octobre. La visibilité sous-marine est variable et dépend de la température de l'eau (autour de 28 °C), mais aussi du plancton en suspension qui attire périodiquement raies mantas gracieuses et requins-baleines débonnaires. Respectez absolument cet environnement délicat. N'apportez pas de nourriture aux poissons, ne prélevez rien, et attention où vous mettez vos palmes !

Jetez-vous à l'eau !

Pourquoi ne pas profiter de votre escapade dans ces régions où la mer est souvent calme, chaude, accueillante, et les fonds riches et colorés, pour vous initier à la plongée sous-marine ? Quel bonheur de virevolter librement au-dessus d'un nid de poissons-clowns... Les poissons sont les animaux les plus chatoyants de notre

planète ! Certes, un type de corail brûle, quelques rares poissons piquent, on parle (trop) des requins... mais la crainte des non-plongeurs est disproportionnée par rapport aux dangers réels de ce milieu. Les plus peureux s'essaieront au ***snorkelling,*** une plongée avec masque, palmes et tuba, au bord de l'eau. Mais ***attention aux coups de soleil dans le dos, qui peuvent provoquer des insolations*** : prévoyez votre crème waterproof, ou, mieux, un vieux T-shirt qui vous protégera !
Pour faire vos premières bulles, pas besoin d'être sportif ni bon nageur. Il suffit d'avoir au moins 8 ans et d'être en bonne santé. Sachez que l'usage de certains médicaments est incompatible avec la plongée. De même, nos routardes enceintes s'abstiendront formellement de toute incursion sous-marine. Enfin, vérifiez l'état de vos dents : il est toujours désagréable de se retrouver avec un plombage qui saute pendant les vacances sous l'effet de la pression sous-marine. Sauf pour le baptême, un certificat médical vous est normalement demandé, et c'est dans votre intérêt. L'initiation des enfants requiert un encadrement qualifié dans un environnement adapté (petit fond, sans courant, matériel spécial).
Non, la plongée ne fait pas mal aux oreilles ; il suffit de souffler gentiment en se bouchant le nez. Il ne faut pas forcer dans cet étrange « détendeur » que l'on met dans la bouche, au contraire. Et le fait d'avoir une expiration active est décontractant puisque c'est la base de toute relaxation. Être dans l'eau modifie l'état de conscience et de perception, car les paramètres du temps et de l'espace sont changés : on se sent (à juste titre) ailleurs. En contrepartie de cet émerveillement, suivez impérativement les règles de sécurité, expliquées au fur et à mesure. En vacances, c'est le moment ou jamais de vous jeter à l'eau... Attention : pensez à respecter un intervalle de 12 à 24h avant de prendre l'avion, afin de ne pas modifier le déroulement de la désaturation.

C'est la première fois ?

Alors l'histoire commence par un baptême ; une petite demi-heure pendant laquelle le moniteur s'occupe de vous et vous tient la main. Laissez-vous aller au plaisir ! Vous ne devriez pas descendre au-delà de 5 m. Nos lecteurs sensibles au mal de mer se laisseront glisser doucement dans l'eau, sans stress ni angoisse, depuis le rivage. Pour votre confort, sachez que la combinaison doit être la plus ajustée possible afin d'éviter les poches d'eau qui vous refroidissent. Puis l'aventure se poursuit par un apprentissage progressif...

Les centres de plongée

En Thaïlande, les clubs sont tous affiliés aux organismes internationaux mondialement reconnus : *PADI (Professional Association of Diving Instructors)*, ou *CMAS (Confédération mondiale des activités subaquatiques)*. L'encadrement est assuré par des instructeurs certifiés – véritables professionnels de la mer –, qui maîtrisent le cadre des plongées et connaissent tous les spots sur « le bout des palmes » (écoutez attentivement les briefings !).
Un bon centre de plongée est un centre qui respecte toutes les règles de sécurité, sans négliger le plaisir. Méfiez-vous d'un club qui vous embarque sans aucune question préalable sur votre niveau ; il n'est pas « sympa », il est dangereux. Regardez si le centre est bien entretenu (rouille, propreté...), si le matériel de sécurité obligatoire (oxygène, trousse de secours, radio...) est à bord, s'il n'y a pas trop de plongeurs par moniteur (six maximum), et si vous n'avez pas trop à porter l'équipement. Les diplômes des instructeurs doivent être affichés. N'hésitez pas à vous renseigner, car vous payez pour plonger. En échange, vous devez obtenir les

meilleures prestations... Enfin, à vous de voir si vous préférez un club genre « usine bien huilée » ou une petite structure souple.
Les centres proposent généralement des prestations à la journée *(day trips)*, comprenant deux plongées et un casse-croûte selon l'endroit où vous passez vos vacances. La destination plongée la plus chère est incontestablement Phuket, suivie de Ko Phi Phi et de Ko Chang. Les fauchés iront « se rincer l'œil » à Ko Lanta ou à Ko Tao, vraiment plus abordables. Vous accéderez aux spots les plus proches en pirogue à moteur (*taxi-boat,* six personnes maximum), tandis que les bateaux de plongée classiques (15 personnes) vous mèneront un peu plus loin. Vous pourrez aussi prendre une vedette rapide (*speed-boat,* six personnes maximum) pour gagner des sites plus lointains (les îles Similan ou Surin par exemple), ou embarquer sur un bateau de croisière (*dive-safari,* de 4 à 10 jours) à destination des spots les plus sauvages.

Formation et brevets

Partout dans le monde, les centres de plongée délivrent des enseignements aux standards *PADI* ou *CMAS,* dont les degrés sont presque équivalents. Les routards-plongeurs pourront suivre et enchaîner aisément, au gré de leurs pérégrinations. L'apprentissage débute ainsi par le brevet d'*Open Water Diver (PADI)* ou *1 étoile (CMAS),* dont l'ambition est de rendre autonome – jusqu'à 20 m de fond – un plongeur au sein d'une palanquée ; compter de 8 000 à 12 000 Bts pour 4 jours de formation. Puis on enchaîne avec l'*Advanced Open Water Diver (PADI)* ou *2 étoiles (CMAS),* de 7 000 à 11 000 Bts, en 2 jours, qui permet de pousser à 30 m de fond (40 m pour le *CMAS*) et d'être autonome, accompagné d'un binôme (le *buddy*) de même niveau. On passe ensuite le *Rescue Diver (PADI)* ou *3 étoiles (CMAS),* de 8 000 à 10 000 Bts, sur 2 jours également. Enfin, le diplôme de *Divemaster (PADI)* ou *4 étoiles (CMAS)* prépare les futurs instructeurs à l'encadrement ; compter alors de 20 000 à 30 000 Bts pour les 3 semaines de formation. Attention, suite à l'augmentation du prix du carburant et des affiliations *PADI,* une augmentation de 10 % minimum est envisagée.
Chaque brevet apporte une autonomie supplémentaire ; et l'on conseille d'étaler leur passage dans le temps, afin de pouvoir acquérir l'expérience indispensable. On peut d'ailleurs déplorer qu'aucune règle n'existe en la matière : certains clubs font ainsi entrer des sous dans la caisse en autorisant des passages de degrés en enfilade ! C'est à vous d'être raisonnable. Tous les centres délivrent un carnet de plongée, ou *log-book,* qui retracera votre expérience et réveillera vos bons souvenirs une fois les vacances terminées. Gardez-le soigneusement et pensez toujours à emporter ce précieux « passeport » en voyage.

Reconnaissance internationale

Les centres *PADI* étant les plus répandus en Thaïlande, nos routards-plongeurs déjà brevetés tâcheront d'obtenir une équivalence internationale de leurs brevets auprès des organismes *CMAS, NAUI* ou *SSI.* Sinon, ils devront se mettre à l'eau pour une plongée-test avec un instructeur ; en piscine ou sur un site souvent sans intérêt. Si près de tant de merveilles, ce serait dommage de gâcher une plongée, non ?
Dans tous les cas, sachez que pour votre première plongée en Thaïlande, le chef de palanquée vous demandera quelques petits exercices du style vidage de masque, interprétation de signes, récupération de détendeur, utilisation d'une source d'air de secours, stabilisation, etc., histoire de se remettre dans le bain...

Tour-opérateurs spécialisés dans la plongée

■ **Ultramarina :** *2 ter, rue des Olivettes, CS 33221, 44032 Nantes Cedex 1. À Paris : 29, rue de Clichy, 75009.* ☎ *0825-029-802 (0,15 €/mn).* • *ultramarina.com* • Organise les voyages individuels.

■ **Aeromarine :** *22, rue Royer-Collard, 75005 Paris.* ☎ *01-43-29-30-22.* • *aeromarine.fr* • *RER B : Luxembourg.*

■ **Key Largo :** *82, rue Balard, 75015 Paris.* ☎ *01-45-54-47-47.* • *keylargo.to* • Ⓜ *Javel, Balard ou Lourmel.*

Le golf

C'est la nouvelle mode en Thaïlande. On compte de plus en plus d'aficionados au royaume de Siam. Les greens poussent comme des champignons, notamment dans les environs de Bangkok, mais aussi à Hua Hin, Chiang Mai et Phuket. Sites à consulter : • *golfasian.com* • *chiangmaiswing.com* •

BANGKOK ET SES ENVIRONS

◗ Pour les plans de Bangkok, se reporter au plan détachable en fin de guide.

BANGKOK (KRUNG THEP) – กรุงเทพฯ

8,3 millions d'hab. (14 millions dans le « grand Bangkok ») IND. TÉL. : 02

Deux chiffres qui en disent long : l'agglomération regroupe 10 % de la population du pays et 90 % des voitures immatriculées dans le royaume. Alors qu'on estime la capacité d'accueil de la ville à 1,6 million de véhicules, on en compterait en réalité plus de 7 millions... Résultat, Bangkok est d'abord perçue comme une ville-champignon exténuante, malade de sa circulation chaotique, de sa pollution préoccupante. Mais son problème principal est d'avoir été bâtie sur des terres cernées de canaux et de s'enfoncer de 30 mm chaque année... Conséquence : en période de forte mousson, les inondations s'étendent à toute la ville, comme l'ont prouvé celles de 2011, qui ont duré plusieurs mois. Les habitants y voient une manifestation des esprits qui se vengent ! Les autorités, dans l'urgence, ont réalisé des travaux et prévoient de nouvelles digues pour sauver celle que l'on surnomme parfois la « Venise de l'Orient ».

En attendant, si Bangkok est une ville furieuse et trépidante comparée aux autres villes du pays, elle est aussi, surtout peut-être, paradoxale. Les quartiers d'affaires aux gratte-ciel rutilants succèdent aux bicoques sur pilotis au pied desquelles on pêche, on nage, où on étend son linge. Les autoroutes urbaines suspendues au-dessus des immeubles, les gigantesques centres commerciaux climatisés voisinent avec les roulottes des cuisines de rues, les marchés aux étals branlants où l'on découpe la viande en plein air, les artères de Chinatown où l'on se presse pour manger à même le trottoir, à la lueur des

FAISONS SIMPLE !

Les Thaïs utilisent plus couramment l'appellation Krung Thep, *« Cité des Anges », que le mot Bangkok. Le nom complet de la ville est le plus long du monde :* Krung Thep Maha Nakhorn Amon Rattanakosin Mhindraytthaya Mahadilokrop Noparatana Rajdhani Buriram Udon Rajnivet Mahasatan Amorn Pimarn Avatarn Satit... *Ce qui signifie : « grande cité des anges, autel suprême des joyaux divins, forteresse invincible, vaste et sublime royaume, capitale royale et sans pareille des neuf nobles joyaux, demeure magnanime du monarque », etc. Pas de panique,* Krung Thep *suffira !*

néons criards. Et sous le pont du métro aérien high-tech glissent péniblement les bateaux-bus crachotant leur gasoil, les barges rouillées chargées de marchandises. À croire que la cosmopolite « Cité des Anges » n'a pas de limites, elle qui permet aussi bien de brûler ses nuits dans des quartiers pas toujours très sages que de se laisser séduire par la beauté des temples, les chefs-d'œuvre d'un musée de premier plan, les saveurs de cuisines qui font le tour du monde.
Étape pratiquement obligatoire, Bangkok recèle donc encore bien des pépites, mais il faudra accepter de se laisser engloutir par le monstre urbain, l'arpenter au ras du goudron et au fil du fleuve Chao Praya. En échange, partout, mille petites choses à observer, si bien qu'on ne sait plus où donner du regard. Tout cela compense largement la chaleur, la poussière et le bruit de la journée. Alors, zapper Bangkok ? Surtout pas ! Mais peut-être que les moins urbains de nos lecteurs sauront mieux apprécier la folle mégalopole à la fin du séjour qu'à la descente de l'avion, d'autant que les vols retour pour l'Europe partent tous le soir...

UN PEU D'HISTOIRE

En 1782, la dynastie des Chakri est fondée par le roi Rama Ier, qui transfère sa capitale de Thonburi à Bangkok, de l'autre côté de la rivière Chao Phraya. En fait, Bangkok existait déjà depuis pas mal de temps comme village de pêcheurs, et les marchands européens y faisaient escale avant de rejoindre la capitale précédente, Ayutthaya. L'émergence de Bangkok se produit au XVIIIe s, lors des invasions du royaume de Siam par les Birmans qui avaient conquis Chiang Mai et détruit Ayutthaya. Les Thaïlandais ont ensuite chassé les envahisseurs et ont transféré leur capitale à Thonburi en 1767.
Le désir de Rama Ier était de voir la rivière couler au milieu de sa ville, pour pouvoir, en cas de nouvelle attaque birmane, être protégé par une barrière naturelle et disposer d'un moyen de fuite rapide. Le site choisi est une île enserrée dans une boucle de la rivière et fermée à l'est par des canaux. L'île, appelée *Rattanakosin* (« demeure du Bouddha d'émeraude »), accueille un des premiers temples ainsi que la résidence royale, le tout cerné d'une muraille crénelée. À cette époque, comme dans l'antique cité d'Ayutthaya la lacustre, les déplacements se font par voie d'eau et canaux (les fameux *khlong*). Aujourd'hui encore, c'est en parcourant cette voie royale et aquatique que l'on peut le mieux ressentir l'histoire de Bangkok, même si les dernières inondations ont démontré également la fragilité du site choisi... Les premières rues ne sont tracées que dans la seconde moitié du XIXe s, et le tramway circule en 1883. Au début du XXe s, Bangkok compte 100 000 habitants. En un siècle, ce nombre a été multiplié par 100 !

TOPOGRAPHIE

8,3 millions d'habitants donc : Bangkok est une ville immense ! Les distances sont gigantesques et les temps de parcours élevés. Embouteillages aux heures de pointe comme aux heures normales, difficile de voir la différence.
La partie la plus intéressante de la ville est située aux abords de la ***rivière Chao Phraya,*** où l'on trouve le Musée national, le Grand Palais, les temples... Par chance, c'est là que se situe le quartier des petits hôtels bon marché, le tout relié par un système de bateaux bien organisé.

Chinatown est en plein centre. Au sud de Râma IV Road s'étendent ***Surawong*** et ***Silom Roads,*** quartiers commerçants, parfois populaires, parfois plus bourgeois, qui aboutissent sur Thanon Charoen Krung (New Road). Tout ce quartier concentre une partie de l'animation de la ville. Au nord, le quartier d'affaires de ***Siam Square*** regroupe buildings et *malls* gigantesques à l'américaine. À l'est, ***Sukhumvit*** est aussi un axe important : hôtels, *shopping centers* et beaucoup de bars et restos... La partie ouest de la rivière, ***Thonburi,*** construite bien avant Bangkok, conserve la plupart de ses canaux (qui ont tous été couverts à l'est). Explorer ces *khlong* en barque c'est partir à la rencontre de l'ancien Bangkok, au visage rural.
Conseil : à Bangkok, les adresses comportent souvent le nom de la rue, suivi d'un numéro de ***soi.*** Le *soi* est une petite rue perpendiculaire à une grande artère. Il faut donc se repérer par rapport à cette dernière, puis chercher le bon *soi.* Comme chez nous, *soi* pairs et *soi* impairs se partagent les deux côtés de la chaussée.

UNE VILLE EN SURSIS ?

Aux côtés de Canton, New York, Calcutta, Shanghai, Bombay, Tokyo et Hong Kong, Bangkok figure sur la liste peu enviable des villes les plus exposées aux conséquences d'un changement climatique et d'une montée des eaux. Un rapport de l'OCDE révèle que le réchauffement de notre planète couplé à l'urbanisation extensive pourrait entraîner un triplement du nombre de personnes exposées aux inondations côtières d'ici à 2070 : 150 millions, contre 40 millions actuellement. L'impact financier décuplerait d'ici là, passant de 3 000 milliards de dollars à 35 000 milliards. Dans leurs estimations de l'impact de la fonte des calottes glaciaires, les chercheurs se sont fondés sur une élévation moyenne du niveau des mers de 0,5 m. La moitié de la population exposée à des inondations provoquées par des marées de tempête et les vents violents est concentrée dans seulement 10 grandes villes, dont Bangkok, hélas, fait partie.

LES PYLÔNES ÉLECTRIQUES ? LE FOUTOIR

On est toujours surpris par les pylônes électriques, qui relèvent d'un véritable laisser-aller. Ils forment un enchevêtrement inouï de transformateurs et de fils, dans tous les sens et tous les formats. La raison ? La proximité de l'eau, sous terre, empêche leur enfouissement dans le sol.

Arrivée à l'aéroport

✈ ***Aéroport international Suvarnabhumi (Suvanapoum)*** – สนามบินนานาชาติสุวรรณภูมิ *(hors plan détachable par G5) : à 25 km à l'est de la ville. Infos générales : ☎ 132-18-88.* • *bangkokairportonline.com* • Cet aéroport flambant neuf, bâti sur des marais asséchés (ce qui n'est pas sans poser quelques problèmes), accueille à la fois les vols internationaux et une grande partie des vols domestiques. On y trouve des bureaux de change (taux très défavorable) et des distributeurs de billets à foison, ainsi que plusieurs kiosques vendant les quotidiens et magazines français (ou leurs photocopies).
– *Sous-sol (Basement) :* départ des trains de l'*Airport Rail Link* (voir plus loin).
– *Niveau 1 :* parkings, taxis (face à la porte 4) et navettes gratuites (« shuttle » ; portes 3 et 8) pour se

rendre au *Public Transportation Center*. Dispensaire médical *(lun-ven 5h-20h ; w-e 24h/24)*.

– *Niveau 2 :* hall des arrivées internationales et domestiques ; office de tourisme *(TAT)* ouvert 24h/24, offrant gratuitement un plan de la ville et 15 mn de connexion Internet. Également un comptoir d'infos de l'aéroport et un bureau de la *Tourist Police (☎ 1155)*. Navettes gratuites (« shuttle » ; porte 5) pour se rendre au *Public Transportation Center*. Consigne ouverte tous les jours, 24h/24 *(env 100 Bts/24h par bagage ; tarifs dégressifs)*. Stands AIS et DTAC pour la location de portables et achats de cartes SIM (voir « Téléphone – Télécoms » dans « Thaïlande utile »). ***Attention !*** Même si les prix semblent attractifs, évitez tous les rabatteurs dans le hall des arrivées, vous risquez de payer 4 à 5 fois les prix normaux !

– *Niveau 3 :* restos, boutiques et pharmacie.

– *Niveau 4 :* départs (à gauche, les vols domestiques, à droite, les vols internationaux). Navettes gratuites (« shuttle » ; porte 5) pour se rendre au *Public Transportation Center*. Bureau de poste. Internet.

– *Niveau 5 :* on y trouve les agences des compagnies aériennes, que l'on peut aussi joindre par téléphone depuis l'aéroport. ***THAI*** *(☎ 132-00-40)*, ***Bangkok Airways*** *(☎ 132-00-41)*, ***Air Asia*** *(☎ 132-00-45)*, ***Nok Air*** *(☎ 132-00-44)*.

Pour les vols *low-cost*

✈ La plupart des vols *low-cost* et certains vols intérieurs partent depuis l'ancien ***aéroport de Don Muang*** *(สนามบินดอนเมือง ; hors plan détachable par F1)*, à 24 km au nord de la ville et à 50 km de l'aéroport international *(☎ 535-12-77 et 535-11-92. ● donmuangairportonline.com ●)*. Renseignez-vous bien avant le départ ou l'arrivée. Principales compagnies *low-cost* : *Air Asia* et *Nok Air*. Les bus publics n°s 554 et 555 permettent d'y arriver depuis l'aéroport international (en principe, 1 bus ttes les 40-60 mn, 5h-minuit ; trajet 35 Bts). En minibus privé, compter env 300 Bts, 350 Bts en taxi. Compter 1 à 2h de trajet entre les deux aéroports selon le trafic. Pour rejoindre l'aéroport de Don Muang depuis le centre-ville, prendre n'importe quel train pour le Nord au départ de la gare de Hua Lamphong (une vingtaine/j. 5h30-23h30), tous s'y arrêtent. Compter env 20-30 mn de trajet. En taxi, compter env 200 Bts et de 30 mn à 1h de trajet. Attention, pas de consignes à bagages.

Comment gagner la ville ?

Airport Rail Link

Deux lignes de train relient l'aéroport au centre-ville et fonctionnent tous les jours 6h-minuit. ● *airportraillink.railway.co.th* ● Si vous ne voulez pas prendre le taxi, c'est le moyen le plus simple pour gagner la ville.

– *Express line :* relie ttes les 30 mn l'aéroport à Makkasan *(plan détachable, F3)* pour 90 Bts (150 Bts A/R), le tout en 15 mn. De là, on peut marcher 100 m jusqu'à la station de MRT (métro souterrain) Petchaburi ou attraper un taxi si besoin. Dans l'autre sens, au départ de Makkasan, on peut enregistrer pour la plupart des compagnies aériennes.

– *City line :* ce train ordinaire relie ttes les 15 mn l'aéroport à Phaya Thaï *(plan détachable, D2)*, le tout en 30 mn ; 6 stations sur la ligne entre les 2 stations terminus. Compter env 15-45 Bts selon le trajet. De Phaya Thaï, connexion avec le BTS *(Skytrain)*, pour rejoindre notamment *Victory Monument (plan détachable, E2)* et y attraper les bus n°s 59, 503 ou 509 pour *Democracy Monument* (Khao San Road).

Public bus

Pas cher (env 35 Bts le trajet), mais pas franchement pratique. C'est plus direct

et plus rapide avec l'*Airport Rail Link*. Si vous voulez quand même essayer, depuis les niveaux 1 (portes 3 et 8), 2 (porte 5) ou 4 (également porte 5), attrapez le « shuttle » gratuit pour gagner le ***Public Transportation Center*** en 10 mn, d'où partent tous les bus. Fonctionne 24h/24.
Un seul bus, le ***n° 551*** dessert directement le centre-ville, à savoir *Victory Monument (plan détachable, E2)*. Durée du trajet : 1h30 à 2h30 selon le trafic ; beaucoup plus s'il pleut. De là, on peut prendre le *Skytrain*, ou attraper un bus pour *Democracy Monument* (à deux pas de Khao San Road ; lire ci-avant « *City line* »).
De l'aéroport, on peut aussi prendre le bus ***n° 552*** jusqu'à la station de *Skytrain* On Nut (sur la ligne qui dessert ensuite Sukhumvit et Siam Square ; hôtels plus chic), ou le ***n° 557*** jusqu'à la station de *Skytrain* Wongwian Yai *(plan détachable, B5)*, si on loge à Thonburi. Enfin, le bus ***n° 556*** se rend directement à l'*Eastern Bus Terminal*.
Attention : les bus publics sont vraiment bondés le matin avant 10h et le soir jusqu'à 20h. Les autochtones voient d'un œil moyennement accueillant la flopée de routards avec sac à dos qui envahissent l'espace.
– ***N. B. :*** si vous vous rendez directement dans l'est ou le nord du pays (notamment à Pattaya, Chanthaburi, Ko Chang, Aranyaprathet ou Nong Khai), il est possible de trouver un bus ou un van depuis le *Public Transportation Center* sans se rendre au *Northern Bus Terminal* ou à l'*Eastern Bus Terminal* de Bangkok.

Taxis

Comptoir des taxis au niveau 1, face à la porte 4. Le montant de la course est fixé au départ ; comptez env 250-500 Bts, en fonction de la distance ; ajoutez à cela 50 Bts pour le chauffeur, et si vous décidez d'emprunter l'autoroute urbaine – ce qui évite pas mal d'embouteillages –, le péage est à votre charge (env 30 Bts puis 50 Bts). Essayez de vous grouper : les taxis acceptent 4 passagers, à condition de ne pas avoir de bagages trop encombrants. Comptez alors une bonne heure de trajet. Sachez que les vrais taxis ont tous des plaques jaunes. Prévoyez toujours de la monnaie quand vous prenez un taxi.

Les transports à Bangkok

◗ Pour les plans des lignes du *Skytrain* et du métro, se reporter au plan détachable en fin de guide.

L'efficacité thaïlandaise en matière de transports en commun se retrouve à Bangkok. La ville est immense et il est pratiquement impossible de se déplacer d'un quartier à l'autre à pied. Le plus important est de se munir d'une carte détaillée de la ville pour connaître les itinéraires des bus et métros, ou préciser sa destination aux chauffeurs de taxi ou de *tuk-tuk*. Faites-vous écrire en thaï le nom de l'endroit où vous voulez vous rendre si ça ne figure pas déjà dans le guide, et ayez toujours sur vous une carte de visite de votre hôtel pour pouvoir rentrer sans problème.
Pour calculer ses itinéraires en transport en commun, un site bien fichu, et en français : ● *transitbangkok.com* ●

Les taxis

Il en existe deux sortes, le *taxi-meter* et le *taxi* tout court. Préférer le premier, qui possède un compteur qui fonctionne. Certains refusent toujours de se plier à la règle pour vous déposer dans une boutique où ils touchent une commission supérieure au prix de la course, même si vous n'achetez rien ! Surtout ne pas céder et toujours bien demander *by meter*. Le soir, et particulièrement dans le quartier routard de Khao San Road, pas facile d'obtenir une course au compteur... En plus de vous permettre de prendre le frais (pas négligeable quand on vadrouille toute la journée), le taxi s'avère beaucoup plus économique que le *tuk-tuk,* à condition que votre chauffeur ne se prenne pas pour un guide touristique et ne vous promène. Soyez ferme. Tarif : prise en charge d'env 35 Bts incluant le 1er km, puis le compteur grimpe lentement ; en cas d'embouteillage, compter env 1,50 Bts/mn. Pour vous donner une petite idée, une course dans le centre coûte en moyenne 100 Bts. Si vous louez un taxi à l'heure, comptez env 200 Bts/h.

Les *tuk-tuk*

Prononcer « touk-touk ». C'est le grand truc à Bangkok. Sorte de scooter à trois roues décoré soigneusement, avec banquette à l'arrière. Une expérience marrante, à vivre au moins une fois. Cela dit, ce sont de véritables bolides conduits par des pilotes intrépides, ce qui procure parfois quelques sueurs froides ! Autre inconvénient : la pollution automobile, que l'on respire aux premières loges. Et puis, les grands devront se pencher pour voir le paysage...

Le prix d'une course varie selon la distance et surtout selon votre talent de négociateur. Par exemple, entre Khao San Road et Patpong, compter env 100-150 Bts. Surtout, n'hésitez pas à diviser les prix annoncés par 2 ou 3, au moins ! Attention, les arnaques sont monnaie courante. Les chauffeurs se trompent volontairement d'adresse pour vous faire payer une nouvelle course, prétendent souvent que tel ou tel monument est fermé, ou que le trafic est trop intense... pour vous entraîner dans des magasins où ils perçoivent des commissions. Refusez !

Sachez aussi que votre conducteur de *tuk-tuk* ne comprend que quelques mots d'anglais ; lui indiquer le nom d'un grand hôtel proche de la destination (voir sur votre carte), et le faire répéter, sinon il vous baladera gentiment avant de vous déposer où bon lui semble. Gare au *tuk-tuk* qui rend toc-toc... S'il se prend un peu trop pour l'as du guidon, hurlez : *« chéa-chéa ! »* (ça signifie « doucement ! »). On le répète : ça revient souvent moins cher en taxi !

Les motos-taxis

Certes, elles gagnent du temps dans les embouteillages (monstrueux à Bangkok aux heures de pointe) et coûtent moins cher que les taxis, mais les chauffeurs sont de vrais fous du guidon, et la plupart ne proposent pas de casque. À éviter donc.

Les bus

Si vous êtes à Bangkok pour 2 ou 3 semaines, ça vaut le coup. Mais pour 3 ou 4 jours, on déconseille carrément, car la perte de temps est un vrai inconvénient. Ils fonctionnent jusqu'à 22h en général. Le réseau est dense et les lignes sont étendues, le tout pour un prix dérisoire. Beaucoup de touristes paniquent à l'idée de prendre le bus. Il n'y a pas de raison ! Attention simplement à la spécialité du coin : la découpe des sacs au rasoir, et à l'empressement des chauffeurs : ils démarrent dès que le dernier passager a grimpé sur le marchepied.

Il existe deux sortes de bus : avec air conditionné *(AC),* ce qui concerne tous les bus dont le numéro comporte trois chiffres, et sans air conditionné *(non AC).* Les bus AC sont un peu moins bondés aux heures de pointe que les autres, mais ils sont plus chers (12-30 Bts selon la distance parcourue). Pas bien difficile de se diriger avec une carte indiquant tous les parcours. Mais d'une manière générale, bien se faire confirmer par le conducteur ou les passagers la destination souhaitée (en thaï).

Les bateaux

Un moyen de transport pratique et agréable pour rallier certains coins et pallier l'absence de métro dans toute une partie ouest de la ville, tout en échappant aux embouteillages. Tous les noms des arrêts commencent par *Tha (Tha Oriental, Tha Chang...).* Le bateau s'arrête tout près de nombreux sites, comme le Grand Palais. Indiquez votre destination au contrôleur, car le conducteur ne respecte pas systématiquement tous les arrêts. Aux embarcadères, certains pontons sont réservés aux bateaux privés qui transportent les groupes de touristes. Suivez le flux des locaux et n'hésitez pas à interroger vos voisins à l'aide du plan. Plus d'infos sur ● *chaophrayaexpressboat.com* ● Il existe plusieurs sortes de bateaux :

– ***Chao Phraya River Express :*** il s'agit de grosses embarcations qui montent et descendent la voie d'eau qui sert d'artère principale à la ville. Un peu comme le Grand Canal à Venise en somme, mais en plus large. Les bateaux desservent les deux rives, en zigzaguant de l'une à l'autre. Ceux qui n'ont pas de drapeau fonctionnent seulement en semaine, le matin (6h45-7h30) et l'après-midi (15h-17h30), en desservant tous les embarcadères, comme des omnibus ; leur parcours est donc plus lent. Ceux surmontés d'un drapeau orange fonctionnent tous les jours de 6h à 19h et s'arrêtent partout. Enfin, ceux dotés d'un drapeau jaune ne s'arrêtent pas à tous les arrêts et sont donc plus rapides mais ils ne fonctionnent qu'en semaine, le matin (6h15-8h30) et le soir (15h30-20h). Pour les bateaux destinés à une virée touristique, avec commentaires, lire ci-après *Chao Phraya Tourist Boat.* Pratiques, pas chers et rapides, les *Express* remontent plus loin sur la rivière que les *Chao Phraya Tourist Boat* et, contrairement à ces derniers, s'arrêtent à Tha Chang, juste au pied du Grand Palais. Trajet à env 10-35 Bts selon la distance. On achète son billet à bord. Beaucoup de monde aux heures de pointe. Les principaux embarcadères fonctionnent comme des minigares, avec toilettes et boutiques.

– ***Chao Phraya Tourist Boat :*** quasi les mêmes vedettes que le *River Express* mais qui s'arrêtent en huit points, les plus touristiques de la ville (notamment *Rachawongse Pier* pour Chinatown, *Tha Tien* pour le Wat Prah Kaeo, *Maharaj Pier* pour le Grand Palais et *Banglampoo Pier* pour Khao San Road). Embarcations nickel, commentaires (en anglais) à bord. Départ env toutes les 30 mn, 9h-16h. Forfait à la journée de 150 Bts par personne avec circulation illimitée ; réduc enfant de moins de 1 m. Sinon, compter env 40 Bts le trajet. Achat dans les *BTS Tourist Info,* dans les stations de *Skytrain Nana, Central* ou *Taksin,* ou dans les stations portuaires *Central Pier,* près de l'*Oriental Hotel (Skytrain : Saphan Taksin)* et *Phra Arthit.* Reste qu'il s'agit d'un moyen de transport un peu plus cher. Parfait pour les routards pressés et avides de vite découvrir les points forts de la Cité des Anges. Les autres prendront le *River Express,* meilleur marché, tout aussi pratique et sans commentaires touristiques. Organise aussi des sorties à la journée à Ayutthaya et des croisières-repas un peu folkloriques en soirée.

– ***Ferries :*** ces bateaux ressemblent un peu aux *River Express* mais se contentent de traverser la rivière d'une rive à l'autre, pour aller au Wat Arun par exemple. Il y a souvent un tourniquet, pour ne pas confondre avec les autres embarcadères. On achète son ticket env 4 Bts avant de monter à bord. Attention, des particuliers trompent les touristes pour faire prendre leur bateau plutôt que ceux des lignes régulières. Évidemment, c'est bien plus cher ! Les embarcadères sont souvent les mêmes que ceux des *Chao Phraya River Express,* ou juste à côté. Ils font constamment l'aller-retour.

– ***Long-tail boats*** (les bateaux « longue-queue ») **:** appelés ainsi à cause de la tige extrêmement longue qui relie le moteur à l'hélice. Ce sont des bateaux-taxis privés au moteur souvent énorme, que les pilotes conduisent avec une étonnante habileté. À utiliser si vous désirez explorer les *khlong* (petits canaux) qui sillonnent Thonburi pour découvrir un tout autre Bangkok. Ne vous laissez pas impressionner par les types qui vous montrent des super albums de photos pour vous emmener sur les *khlong.* Allez plutôt négocier directement sur les bateaux, sans passer par les rabatteurs. Pour les promenades sur les *khlong,* consultez la rubrique « À voir. À faire » plus loin.

Le réseau du métro

Une partie du réseau est aérien, le *Skytrain (BTS),* et l'autre souterrain *(MRT)* ; le ticket de l'un n'est pas valable pour l'autre réseau.

– ***Le Skytrain (BTS) :*** ● *bts.co.th* ● *Ouv 6h-0h50.* Rapide, pratique et simple d'usage. Les billets à l'unité coûtent de 15 à 40 Bts et s'achètent directement et uniquement aux automates (certains permettent de payer avec des billets). Les guichets ne servent qu'à faire de la monnaie et à acheter les cartes de voyage. La carte pour la journée coûte 130 Bts ; attention, sa validité expire à minuit le jour de l'achat. On peut se procurer des cartes de 15, 25, 40 ou 50 trajets. Les cartes 15 trajets coûtent 375 Bts, celles 50 trajets 1 000 Bts (ajouter 30 Bts pour l'achat de la carte). Elles sont rechargeables mais ne sont valables que pour une seule personne et pour une durée de 1 mois ; réduc. Conserver son ticket, car il faut le valider à nouveau pour sortir.

Ce métro aérien compte une trentaine de stations sur deux lignes. La première ligne *(Sukhumvit Line)* débute à proximité du Northern Bus Terminal (Mo Chit, correspondance avec le métro souterrain), frôle Victory Monument et Siam Square, avant de dévaler Sukhumvit Road en passant par l'Eastern Bus Terminal et On Nut, près du Soi 77 ; terminus à la limite de la banlieue de Bangkok (Bearing). Plus courte, la seconde ligne *(Silom Line)* commence au National Stadium, chevauche l'autre ligne (correspondance des deux à Siam) jusqu'au carrefour de Siam Square, puis tourne brusquement sur Ratchadamri Road avant d'enchaîner sur Silom et de bifurquer sur Sathorn, de passer au King Taksin Bridge, près du fleuve (Saphan Taksin) ; terminus Bang Wa (4 nouvelles stations viennent d'entrer en fonction en janvier 2013, prolongeant la ligne côté Thonburi). Une extension en bus rapide *(BRT)* relie les stations Chong Nonsi (à Silom) et Talat Phlu (à Thonburi, de l'autre côté du fleuve) par le sud, en empruntant Râma III Road et le Krungthep Bridge ; même billet que pour le *Skytrain.*

Enfin, l'*Airport Link* (lire plus haut la rubrique « Arrivée à l'aéroport ») relie les gares de Makkasan *(plan détachable, F3)* et de Phaya Thai *(plan détachable, D2)* à l'aéroport Suvarnabhumi. Acheter un billet spécifique.

– ***Le métro souterrain (MRT) :*** ● *bangkokmetro.co.th* ● Prix en fonction de la destination, de 15 à 40 Bts (réduc). Forfaits 1 jour (jusqu'à minuit le jour de l'achat) 120 Bts, 3 jours 230 Bts et 1 mois 1 200 Bts. Bien moins cher que le *Skytrain.* Les billets combinés avec le réseau aérien n'existent pas, dommage. Le MRT relie le nord-est au sud-est et compte 18 stations. Super clean (le personnel astique même les escalators). Les stations les plus intéressantes : *Hua Lamphong* (la gare centrale de Bangkok), *Silom* (quartier commerçant et correspondance avec le *Skytrain*), *Lumphini* et ses matchs de boxe, *Sukhumvit* (correspondance avec le *Skytrain*), l'une des plus grosses artères commerciales, avec quelques adresses pour dormir et pour sortir, *Phetchaburi* (correspondance avec l'Airport Link), et *Chatuchak* pour le marché du week-end (lire « À voir. À faire » plus loin) et le Northern Bus Terminal. On achète aux distributeurs un petit disque magnétique en guise de billet, qu'il faudra glisser dans une fente pour sortir.

Le vélo

– ***Bangkok Smile Bike :*** 12 stations, ouvertes tlj 10h-17h30. Vous pouvez prendre gratuitement un vélo en donnant votre passeport, qui est photographié avant de vous être rendu. On vous donne un plan avec deux suggestions d'itinéraires ponctués de stations, et quelques explications ; possibilité de rendre votre vélo dans n'importe quelle autre station, avant 17h30 donc.

Adresses utiles

Informations touristiques

TAT *(Tourism Authority of Thailand)* – ท.ท.ท. การท่องเที่ยวแห่งประเทศไทย *(zoom détachable, B2,* ***7****) :* *4 Thanon Ratchadamnoen Nok. ☎ 16-72 (8h-20h). • tourismthailand.org • Central, à côté de l'une des 2 grandes salles de boxe. Tlj 8h30-16h30.* Nombreux prospectus utiles et brochures intéressantes, dont *Eating in Bangkok.* Pensez aussi à leur demander les numéros de bus pour les monuments que vous voulez visiter. Possède aussi la liste des hôtels, services de santé, compagnies aériennes... Accueil tout à fait correct, parfois en français.

BTD *(Bangkok Tourist Division ; zoom détachable, A2,* ***8****) :* *17/1 Phra Athit Rd. ☎ 225-76-12. • bangkoktourist.com • À 5 mn du Musée national. Tlj 9h-18h.* Organise des tours à vélo dans le quartier de Thonburi, des sorties en bateau et des visites de la ville. Nombreux prospectus, plan des transports publics... Service aimable.

– ***Kiosque*** *(zoom détachable, B2,* ***9****) :* *sur Chakrapong Rd, à proximité de Khao San Rd ☎ 225-76-12. Tlj 9h-17h.* Cartes de la ville, horaires de train et de bus...

■ ***Police touristique*** – ตำรวจท่องเที่ยว *(hors plan détachable par G3) :* *2170 Bangkok Tower Building, New Petchaburi Rd. ☎ 11-55 (nº gratuit) ou 939-11-11.* Un interprète français peut vous aider dans vos démarches administratives en cas de vol, agression, etc. Tout ce qu'on ne vous souhaite pas !

Agendas culturels et sites pratiques

Les francophones ont leur magazine pour le Sud-Est asiatique : *Gavroche.* Disponible à l'Alliance française (entre autres) ou via sa version en ligne *(• gavroche-thailande.com •).* Plein d'infos et de tuyaux pour vivre à l'heure de Bangkok.

On vous signale aussi que Nancy Chandler publie sa *Map of Bangkok,* drôle et pleine de bons conseils, tout comme ses *Map of Chinatown* et *Map of Chatuchak Market.* Disponibles dans toutes les librairies et les magasins de souvenirs.

Également quelques magazines gratuits, comme *BK Magazine.* Offre pas mal d'infos concernant les nouvelles tendances gastronomiques, les coins pour sortir, les concerts, etc. Enfin, un petit guide pas mal, *Bangkok 101* (payant), disponible dans les librairies. *• thaiwaysmagazine.com •* Des plans détaillés, des infos, des tuyaux.

Représentations diplomatiques

D'une manière générale, pour toute demande de visa, munissez-vous de votre passeport, d'une copie de ce dernier, de 2 photos d'identité et d'un peu de patience. Toutes les coordonnées sur *• immigration.go.th •*

■ ***Ambassade de France*** – สถานทูตฝรั่งเศส *(plan détachable, C5) :* *35 Charoen Krung Rd, Soi 36 –* ถนนเจริญกรุง. *☎ 657-51-00. • ambafrance-th.org • Elle est fermée au public. Le* ***consulat*** *se situe presque en face, dans la tour CAT, derrière la grande poste ; accès par le Soi 32 de Charoen Krung Rd. Lun-ven 8h30-12h, sur rdv.* Le consulat peut, en cas de difficultés financières, vous indiquer la meilleure solution pour que des proches vous fassent parvenir de l'argent, et vous conseiller en cas de problème. C'est aussi là qu'il faut venir si vous avez paumé votre passeport.

■ **Ambassade de Belgique** – สถานทูตเบลเยี่ยม *(plan détachable, D5)* **:** *Sathorn City Tower* – ตึกสาธรซิตี้, *17e étage, 175 South Sathorn Rd* – ถนนสาธรใต้. *☎ 679-54-54. • diplomatie.be/bangkok • Lun-ven 8h-12h, 13h-16h.*

■ **Ambassade de Suisse** – สถานทูตสวิส *(plan détachable, E3)* **:** *35 North Wireless Rd. ☎ 674-69-00. • da.admin.ch/bangkok • Lun-ven 9h-11h30.*

■ **Ambassade du Canada** – สถานทูตแคนาดา *(plan détachable, E4-5)* **:** *Abdulrahim Place Building, 15e étage, 990 Râma IV Rd. ☎ 636-05-40. • thailande.gc.ca • Lun-jeu 7h30-16h15 ; ven 7h30-13h.*

■ **Ambassade du Myanmar** *(ex-Birmanie)* – สถานทูตพม่า *(plan détachable, D5)* **:** *132 Sathorn Nua Rd* – ถนนสาธรเหนือ. *☎ 233-22-37. • myanmarembassybkk@gmail.com • En face de l'hôpital Saint-Louis. Lun-ven 9h-12h (mieux vaut arriver avt, la queue peut être longue).* Coût du visa : 810 Bts env. Validité : 30 jours. Délivré sous 2 jours.

■ **Ambassade du Laos** – สถานทูตลาว *(hors plan détachable par G1)* **:** *Pracha-Uthit Rd, 520-502 / 1-3 Soi Sahakarnpramoon. ☎ 539-66-67/79. • embalao@bkklaoembassy.com • Pour s'y rendre, mieux vaut prendre un taxi. Lun-ven 8h-12h, 13h-16h.* Coût du visa : 1 650 Bts env. Validité : 30 jours.

■ **Ambassade du Cambodge** – สถานทูตกัมพูชา *(hors plan détachable par G1)* **:** *518/4 Pracha Uthit Rd (Soi Ramkamhaeng 39). ☎ 957-58-51. • trademark camemb.tha@mfa.gov.kh • Pour s'y rendre, mieux vaut prendre un taxi. Lun-ven 9h-12h.* Coût du visa : 1 100 Bts env. Fait en 30 mn. Validité : 1 mois. Mais vous pouvez l'obtenir à Phnom Penh ou à Siem Reap sans problème.

■ **Ambassade du Vietnam** – สถานทูตเวียดนาม *(plan détachable, E4)* **:** *83 Witthayu Rd* – ถนนวิทยุ. *☎ 251-58-36 ou 251-72-02. • vietnamembassy-thailand.org/en • Lun-ven 8h30-11h30, 13h30-16h30.* Coût du visa : 2 700 Bts env. Validité : 1 mois. Délivré en 2 jours. Le visa est moins cher dans les boutiques de Khao San qu'à l'ambassade !

■ **Ambassade d'Indonésie** – สถานทูตอินโดนีเซีย *(plan détachable, E3)* **:** *600-602 New Petchaburi Rd* – ถนนเพชรบุรี. *☎ 252-31-35. • kemlu.go.id/bangkok • Lun-ven 8h-12h, 13h-16h.* Compter 2 jours d'attente pour l'obtention du visa. Coût : 45 $. Validité : 60 jours (extensible de 30 jours supplémentaires). On peut se le procurer sur place également (25 $). Dans ce cas là, il est valable 30 jours et est également extensible de 30 jours supplémentaires.

■ **Ambassade de Malaisie** – สถานทูตมาเลเซีย *(plan détachable, E5)* **:** *dans le coin de l'Alliance française, 33-35 Sathorn Tai Rd. ☎ 629-68-00. • malbangkok@kln.gov.my • Lun-ven 8h-16h.*

■ **Ambassade de l'Inde** – สถานทูตอินเดีย *(plan détachable, G3)* **:** *46 Soi Prasanmitr* – ซอยประสานมิตร, *23 Sukhumvit Rd. ☎ 258-03-00. • indianembassy.in.th • Lun-ven 8h30-14h.* Coût du visa : 2 100 Bts env. Validité : 3 mois. 1 semaine d'attente.

■ **Ambassade de Singapour** – สถานทูตสิงคโปร์ *(plan détachable, D5)* **:** *129 South Sathorn Rd. ☎ 286-21-11. • mfa.gov.sg/bangkok • Lun-ven 9h-12h, 13h-17h.*

Services

✉ **General Post Office** – ไปรษณีย์กลาง *(GPO ; plan détachable, C5)* **:** *Charoen Krung Rd (ou New Rd) ; près de l'ambassade de France. ☎ 234-95-30. Lun-ven 8h-20h ; sam 8h-13h. Fermé dim et j. fériés.* Imposant bâtiment, qui n'affiche pas très clairement sa fonction postale. Il était en rénovation en 2013, mais un bureau de remplacement a ouvert à 50 m, dans le Soi 32. Possibilité d'envoyer des paquets vers l'Europe. Très bien organisé. On vous fournit les boîtes (pas cher) et le ruban adhésif, et on vous emballe votre envoi. Prix élevé par avion (compter 2 150 Bts pour 4 kg) mais vraiment modique par mer. Une solution pour éviter la surcharge de bagages en avion. Pour les timbres à destination de l'Europe, compter 15 Bts.

✉ ***Banglampoo Post Office*** – ที่ทำการไปรษณีย์บางลำพู *(zoom détachable, B2) : bureau de poste situé à proximité de Khao San Rd.* ☎ *282-24-81. Lun-ven 8h30-17h ; sam 9h-12h. Petit bureau de poste annexe dans la galerie de l'hôtel* Rikka Inn *(zoom détachable, B2,* ***32****). Tlj 10h-22h. Représente également* UPS. Bien pratiques si on loge dans le coin...

■ ***Téléphone :*** *dans l'immeuble à gauche en sortant de la General Post Office. Possibilité d'appeler l'international tlj 7h-10h.* Vente de cartes de téléphone pour appeler sur place. De nombreuses cabines disséminées partout en ville. Service Internet cher. Autrement, procurez-vous les cartes *Lenso* dans les boutiques *7-Eleven* ou dans un bureau de poste (300 ou 500 Bts), pratiques, utilisables dans les cabines jaunes devant les boutiques susdites. D'autres cartes *(TOT, True)*, utilisables dans les autres cabines (bleues).

@ ***Internet :*** les kiosques et petites boutiques proposant des accès Internet ne cessent de s'ouvrir dans tout Bangkok. Grosse concentration dans Khao San Road, notamment. La plupart des hôtels en disposent.

■ ***Service de l'Immigration*** – กองบังคับการตรวจคนเข้าเมือง 1 *(hors plan détachable par F1) : au Government Center, B Building, Chaengwattana Rd, Soi 7, Laksi. • immigration.go.th • Descendre à la station Mo Chit (*BTS *ou* Skytrain*) puis prendre un minivan pour le Soi 7. Lun-ven 8h30-12h, 13h-16h30. Fermé les j. fériés.* Dorénavant très excentré, il est conseillé d'y aller tôt le matin. Pour vos démarches d'extension de visa : attention, infos à vérifier systématiquement (ça peut toujours changer) ! Si vous avez obtenu un visa de 30 jours à l'arrivée, vous n'obtiendrez que 7 jours de plus (mieux vaut peut-être sortir du pays pour obtenir de nouveau 30 jours en revenant par voie aérienne ou 15 jours par voie terrestre). Si vous avez un visa de 60 jours obtenu avant le départ, vous pouvez en principe obtenir 30 jours de plus. Dans les 2 cas, c'est le même prix (environ 1 900 Bts). Venir avec les photocopies du passeport, votre formulaire d'entrée dans le royaume (téléchargeable sur le site internet) et 2 photos. Et prévoyez du temps d'attente !

■ ***Douches publiques :*** *à la gare de Hua Lamphong (plan détachable, C4). Compter env 20 Bts.* En général, c'est propre. Pratique pour se rafraîchir à la descente du train de nuit ou avant de prendre l'avion du soir.

Culture

■ ***Alliance française*** – สมาคมฝรั่งเศส *(plan détachable, E5) : 29 Sathorn Tai Rd –* ถนนสาธรใต้. ☎ *670-42-00. • alliance-francaise.or.th • Lun-ven 8h-19h30 ; sam 7h30-17h30 ; dim 8h30-12h30. Attention, un déménagement est prévu pour l'été 2013 ; renseignez-vous avt de vous y rendre.* On y rencontre des Thaïlandais parlant le français et des Français qui y apprennent le thaï. Cours trimestriels ou particuliers. Films en français le mercredi à 19h30. On y trouve aussi *Gavroche,* le magazine des Français de Bangkok, et une cafét' (voir « Où manger ? Vers Silom Road et Patpong ») pour grignoter quelques pâtisseries.

■ ***Librairie Carnets d'Asie :*** *dans l'enceinte de l'Alliance française ; même adresse et déménagement futur, voir ci-dessus.* ☎ *670-42-80. Lun-sam 9h-19h.* Plus de 60 m² et 6 000 ouvrages pour un concentré de culture française et des ouvrages sur l'Asie du Sud-Est, la Thaïlande et Bangkok en particulier. Idéal avant d'aller grignoter un bout, un bouquin en main au Café 1912 voisin *(lun-sam 7h-19h, dim 7h-14h)*.

■ ***Librairie du Siam et des Colonies*** *(plan détachable, F3)* **:** *44/2 Sukhumvit Soi 1. ☎ 251-02-25 ou 99. Skytrain : Phloen Chit (sortie n° 3). Juste après le resto* Elefin. Des livres de collection, des originaux, d'autres introuvables en France : tout ce que vous rêviez de découvrir sur l'Asie (surtout du Sud-Est), rangé par pays. Bel espace de lecture. Accueil en français.

■ On trouve facilement des ***journaux français*** dans les kiosques du quartier d'affaires de Siam Square. À Khao San, ils sont distribués chez ***Ton's Bookseller*** *(327/5 Rambuttri Rd, face au* Pannee Restaurant *; zoom détachable, B2,* ***81*** *; tlj 10h30-20h)*.

Compagnies aériennes

■ ***Air France – KLM* :** *slt par tél : ☎ 610-08-08 (lun-ven 9h-17h).*

■ ***THAI*** – สายการบินไทย *(zoom détachable, B2)* **:** *6 Thanon Larn Luang –* ถนนหลานหลวง. *–, légèrement en retrait, le bâtiment n'est pas directement visible. Résas : ☎ 356-11-11.* Dessert de nombreuses villes du pays. Et Ko Samui désormais !

■ ***THAI Smile*** – สายการบินไทย *(plan détachable, B2)* **:** *mêmes adresse et coordonnées que THAI. • thaismileair.com •* Vols quotidiens pour Macau (Chine). Mise en place progressive des dessertes domestiques (Krabi, Chiang Mai, Phuket et Surat Thani) de cette toute nouvelle compagnie lancée en juillet 2012.

■ ***Bangkok Airways*** – สายการบินบางกอกแอร์เวย์ *(hors plan détachable par E1)* **:** *99 Moo, 14 Viphavadee Rangsit Rd. ☎ 265-56-78.* Vols quotidiens pour Phuket, Sukhothai et Chiang Mai.

■ ***Air Asia*** – สายการบินไทยแอร์เอเชีย *(zoom détachable, B2)* **:** *127 Thanon Tanao. ☎ 515-99-99 (tlj 8h-21h).*

■ ***Nok Air*** – สายการบินนกแอร์ *(plan détachable, D5)* **:** *17 Fl. Rajanakarn Building, 183 South Sathorn Rd. ☎ 900-99-55.*

■ ***Air Canada*** – สายการบินคาแนเดียน *(hors plan détachable par G3)* **:** *Charn Issara Tower II (14e étage), 2922/215 New Petchburi Rd. ☎ 670-04-00.*

■ ***Swiss Airlines*** – สายการบินสวิส *(hors plan détachable par E1)* **:** *☎ 654-68-68 (lun-ven 8h30-17h30). Résa slt à l'aéroport de Suvarnabhumi (tlj 19h-23h).*

■ ***Lufthansa*** – สายการบินลุ๊ฟทันซ่า *(hors plan détachable par E1)* **:** *☎ 654-68-00 (lun-ven 8h30-17h30). Résa slt à l'aéroport de Suvarnabhumi (tlj 19h-23h).*

■ ***Alitalia*** – สายการบินอลิตาเลีย *(plan détachable, D5,* ***1****)* **:** *SPP Tower 3, Unit B2 (15e étage), 88 Silom Rd. ☎ 634-18-00. Lun-ven 8h30-17h, sam 8h30-12h.*

■ ***Emirates*** – สายการบินอีมิเรทส์ *(plan détachable, F3,* ***2****)* **:** *BB Building (2e étage), 54 Soi 21, Sukhumvit Rd. ☎ 664-10-40. Lun-ven 8h30-17h30.*

■ ***Gulf Air*** – สายการบินกัลฟ์แอร์ *(plan détachable, C5,* ***3****)* **:** *Vorawat Building (20e étage), 849 Silom Rd. ☎ 635-14-17.*

■ ***Air India*** – สายการบินแอร์อินเดีย *(plan détachable, D2,* ***4****)* **:** *Phaya Thai Plaza Building (9e étage), Phaya Thai Rd, tt près de la station Phaya Thai. ☎ 216-56-91.*

■ ***Malaysia Airlines*** – สายการบินมาเลเซีย *(plan détachable, E4,* ***5****)* **:** *All Seasons Place Retail Center (Unité 332 B, 3e étage), 87/192 Wireless Rd. ☎ 250-65-68. Lun-ven 8h30-17h30.*

■ ***Singapore Airlines*** – สายการบินสิงคโปร์ *(plan détachable, D-E4,* ***6****)* **:** *Silom Center (12e étage), 2 Silom Rd. ☎ 353-60-00. Lun-ven 8h15-17h15.*

Santé

✚ ***Bangkok International Hospital*** *(plan détachable, G3)* **:** *2 Soi Soonvijai*

7, New Petchaburi Rd. ☎ *310-30-00.* ● *bangkokhospital.com* ● En cas d'urgence, des traducteurs sont mis à votre disposition. Un des hôpitaux les plus compétents de la ville.

Banques

À Bangkok, on peut se procurer des bahts très facilement, avec de l'argent liquide, des chèques de voyage et les cartes de paiement *Visa* ou *MasterCard*. Les banques ouvrent généralement du lundi au vendredi de 8h30 à 15h30. En cas de fermeture, il suffit de s'adresser aux kiosques de change (taux extrêmement défavorable) qui pullulent dans tous les coins touristiques. La plupart d'entre eux ferment entre 20h et 22h. ATM 24h/24 à l'extérieur des banques, qui en sont pratiquement toutes équipées (attention, commission bancaire élevée).

Agences de voyages

Certaines agences de Khao San Road ou près de la gare centrale ont vraiment mauvaise réputation, des lecteurs nous ont signalé des entourloupes ; prudence de mise. Quoi qu'il arrive, occupez-vous personnellement de l'obtention de vos visas (voir plus haut). Voici quelques agences parmi les plus compétentes :

■ ***Image d'Asie*** *(hors plan détachable par G1)* **:** *11/440 Moo 10, Ladprao-Wang Hin Rd., Ladprao.* ☎ *530-2722-6.* 📱 *081-820-48-28* ● *mink@imagedasie.com* ● Agence de voyages réceptive proposant des services de qualité pour les touristes francophones. Propose aussi le Laos, le Myanmar, le Vietnam et le Cambodge. Possibilité d'itinéraires à la carte sur la plupart des destinations en Asie du Sud.

■ ***Compagnie générale du Siam*** *(plan détachable, F3)* **:** *44/1 Sukhumvit Soi 1.* ☎ *251-02-25 ou 252-02-99.* ● *cgsiam@cgsiam.com* ● *Skytrain : Phloen Chit (sortie n° 3).* Voyage à la carte, du sur mesure. Accueil souriant dans un français parfait. Profitez-en pour jeter un œil à la charmante *Librairie du Siam* à la même adresse.

■ ***July Travel*** – บริษัทจูไลแทรเวล *(plan détachable, F4)* **:** *20/15-17 Sukhumvit Rd, Soi 4.* ☎ *656-76-79 et 85.* ● *julytravel.co.th* ● Le correspondant de *Nouvelles Frontières*. Ils organisent des circuits pour groupes et en individuel.

Où dormir ?

IMPORTANT : peu de chauffeurs de *tuk-tuk* lisent notre alphabet. Donc, dès que vous arrivez dans un hôtel, demandez la carte de visite avec l'adresse en thaï et gardez-la à portée de main, elle vous servira souvent.

Dans les quartiers chinois, indien et près des temples

– ย่านจีนและย่านอินเดีย ใกล้ๆ วัด *(zoom et plan détachables, A-C3-4)*

Bon marché (de 250 à 400 Bts – 6,25 à 10 €)

Un quartier animé, qui compte, le long de Chak Phet Road – ถนนจักรเพชร et dans les ruelles parallèles, à proximité de l'intersection avec le Soi Wanit 1 (Sampeng Lane) – ซอยสำเพ็ง, quelques ***guesthouses*** tenues par des Indiens, des Népalais ou des Pakistanais, et destinées aux hommes d'affaires de la péninsule. On se croirait parfois à Bombay, dépaysement garanti. En revanche, côté chambres, rien à voir avec les standards européens. Entretien négligé, pièces sombres et exiguës. Certaines *guesthouses* proposent néanmoins des chambres avec AC. Pour loger dans le coin à tout petit prix, on peut aussi opter pour les dortoirs de la ***River View Guesthouse*** citée ci-après.

De bon marché à prix moyens (de 400 à 800 Bts – 10 à 20 €)

238 Guesthouse – 238 เกสท์เฮ้าท์ *(zoom détachable, B3, **51**) : 238 Phahurat Rd. ☎ 623-92-87. • 238guesthouse.freewebspace.com • Dans le quartier indien et des joailliers (de pacotille). Petit déj possible.* Dans un quartier bruyant pas folichon, un escalier en fer forgé vous conduit vers une vingtaine de chambres carrelées correctement tenues, spacieuses, aux murs clairs. Demandez à en voir plusieurs. Quelques chambres avec clim également. Petit resto dans la cour. Une affaire de famille ; très bon accueil.

River View Guesthouse – ริเวอร์ วิว เกสท์เฮ้าส์ *(plan détachable, C4, **52**) : 768 Soi Panurangsi –* ซอยภาณุรังษี*, Songwat Rd. ☎ 234-54-29. • riverviewbangkok.com • Accès au bout d'un dédale de ruelles (bien indiqué) ; ou par le fleuve Chao Phraya, arrêt Tha Harbour Dept. Résa conseillée. Petit déj-buffet en sus.* Située au calme dans le quartier populaire des ferrailleurs, voici une des très rares *guesthouses* proposant des chambres avec vue sur le fleuve, même si seuls les 3 derniers étages bénéficient du panorama (les chambres les plus chic, et les plus chères aussi !). En revanche, tout le monde profite du très agréable resto-bar en terrasse des 8e et 9e étages, avec vue plongeante sur la vie du fleuve. Distribuées le long de couloirs tristes, les chambres couvrent une large gamme de prix : dortoirs (250 Bts), puis doubles avec ou sans douche, AC ou ventilo ; terrasse et minibar pour les plus chères. Plutôt bien tenu mais un peu chérot, même si l'ambiance routarde est vraiment sympathique. Tous les jours, *qi gong* ou tai-chi sur la terrasse. Organise des excursions.

Un peu plus chic (de 900 à 1 200 Bts – 22,50 à 30 €)

Baan Udom – บ้านอุดม *(plan détachable, C4, **53**) : 618/6-7 Soi Panurangsri, Songwad Rd, Taladnoi, Samphantawongs. ☎ 233-23-78. 081-912-75-61. • baanudom.com • Pas de petit déj.* Donnant sur la rue des ferrailleurs, un hôtel tout neuf qui abrite 10 chambres ultra-clean, spacieuses et lumineuses, dont le décor épuré contraste avec l'environnement des ruelles adjacentes. Au 4e étage, une seule chambre avec balcon, et une grande terrasse attenante, accessible à tous. Accueil charmant de la propriétaire. À ce prix-là, où est le loup ? Nulle part, alors allez-y vite !

De plus chic à très chic (de 2 000 à 5 800 Bts – 50 à 145 €)

China Town Hotel – ไชน่าทาวน์ โฮเต็ล *(plan détachable, C4, **54**) : 526 Yaowarat Rd. ☎ 225-02-03. • chinatownhotel.co.th • Petit déj inclus.* Hôtel classique et agréable, en plein cœur de Chinatown. Chambres coquettes, avec salle de bains, TV, minibar et AC. L'ensemble est particulièrement bien entretenu par un personnel cordial, qui compense le manque de charme de l'ensemble. Idéal pour ceux qui veulent profiter de la vie nocturne pittoresque du quartier (nombreux marchés, cantoches...).

The Bhuthorn – โรงแรมภูธร *(zoom détachable, B3, **49**) : 96-98 Phraeng Bhuthorn Rd. ☎ 622-22-70. • thebhuthorn.com •* Ici le temps a presque suspendu son vol. Dans cette discrète maison classée qui laisse à peine deviner que l'on peut y être hébergé, les propriétaires, tous deux architectes, ont déployé leur savoir-faire pour aménager 3 chambres, avec meubles, bibelots anciens et nobles matériaux. L'union réussie de l'âme, du raffinement et du confort moderne. La chambre la plus spacieuse, aux multiples fenêtres, donne sur le petit jardin. Autour, point d'immeubles modernes de plusieurs dizaines d'étages puisqu'on est ici dans un quartier historique protégé, où les maisons ont survécu au temps qui passe. Service très pro et discret.

Shanghai Mansion – โรงแรมเซียงไฮ้แมนชั่น *(plan détachable, C4,* ***55****) : 479-481 Yaowarat Rd. ☎ 221-21-21. • shanghaimansion.com • Doubles à partir de 55 € en hte saison.* Si l'entrée est improbable, on est vite agréablement surpris par l'hôtel qu'on découvre ensuite : amateurs de couleurs, de kitsch et d'atmosphère sino-coloniale, ne passez pas votre chemin ! D'autant que les hôtels sympas ne sont pas légion dans ce quartier. 76 chambres, très colorées, avec des associations de couleurs inédites. Au rez-de-chaussée, un bassin à poissons surmonté d'une foison de lanternes colorées en suspension sur plusieurs étages. Le gros bémol : la grande majorité des chambres n'a pas de fenêtre donnant sur l'extérieur, et les parties communes non plus d'ailleurs, à l'exception du bar-salle de petit déj. Au bar justement, de la musique jazz live tous les soirs (19h30-22h). Également un spa.

White Orchid Hotel – ไวท์ออร์คิดโฮเต็ล *(plan détachable, C4,* ***55****) : 409-421 Yaowarat Rd. ☎ 226-00-26. • whiteorchidhotelbkk.com • En plein cœur de Chinatown.* Chambres standard offrant tout le confort d'un hôtel de semi-luxe (TV, AC, minibar et salle de bains individuelle). Les mini-*standard,* moins chères, n'ont pas de fenêtres. Bien vérifier la présence d'eau chaude dans votre chambre. Propre, spacieux, mais très clinique. Resto-bar sur le toit (ouvert le soir seulement) et dîner-buffet les vendredi et samedi soir dans le hall pour 350 Bts. Salle de prière au 11e étage, où se rassemble la communauté musulmane chinoise. Accueil un peu industriel.

Sala Arun – ศาลาอรุณ *(zoom détachable, A3,* ***44****) : 47-49 Soi Tha Tien –* ซอยท่าเตียน*, sur Maharat Rd. ☎ 622-29-32 ou 33. • salaarun.com •* Juste à côté de l'*Arun Residence,* sa grande sœur, voici une ancienne maison sino-portugaise joliment rénovée au fond d'un *soi.* 7 chambres seulement, avec du beau parquet, de belles salles de bains avec vasques et peignoirs, plus écran plat et tout le confort que l'on est en droit d'attendre à ce tarif-là. De plus, c'est moins cher que chez sa grande sœur, sauf pour l'unique suite. Même prix avec un balcon côté rivière alors demandez par exemple la chambre Chiangsan (n° 10). Petit bar et terrasse cosy.

Arun Residence – อรุณเรสซิเดนซ์ *(zoom détachable, A3,* ***44****) : 36-38 Soi Pratu Nokyung, sur Maharat Rd. ☎ 221-91-58 ou 59. • arunresidence.com • Sur la berge, face au Wat Arun et derrière le Wat Pho. À deux pas de l'embarcadère Tha Tien.* L'adresse de charme qu'on attendait. Tout près des temples (parfait pour y être les premiers aux aurores), un boutique-hôtel dans une ancienne demeure chinoise traditionnelle. Tout a été restauré, mais ouf ! les parquets grincent encore. Joli hall où « vrouvroutent » les ventilos, dans une atmosphère coloniale et rétro. Attention, seulement 3 chambres et 3 suites (parfaites pour les familles), avec ou sans mezzanine, TV, lecteur DVD, objets chinés. 3 chambres ont vraiment une belle vue sur le Wat Arun... Le soir, on se prendrait presque pour un descendant de la famille royale en son palais. Hélas, les chambres ont des cloisons parfois un peu fines. Excellent resto, *The Deck,* sur pilotis (voir « Où manger ? »). Bar également.

BANGKOK

Dans le quartier de Khao San Road – ถนนข้าวสาร *(quartier de Banglampoo –* ย่านบางลำพู *; zoom détachable, A-B2)*

Pour s'y rendre, prendre les bus nos 59, 503 ou 509 depuis Victory Monument,

ou bien descendre du bateau à Tha Phra Athit.
Le coin cosmopolite de Bangkok. Khao San Road est depuis plusieurs décennies le rendez-vous de tous les routards, et certains semblent ne jamais en être repartis. La rue est vraiment bruyante le soir, chaque *guesthouse* rivalisant avec la sono de sa voisine, et les hébergements ont presque tous leurs petits défauts, mais il y règne une sacrée animation. Bars, restos, échoppes de fringues, de bouquins et transats de massage à même le trottoir se pressent à touche-touche. Si ce genre de kermesse à ciel ouvert vous rebute et que vous cherchez le calme, changez de quartier ! On aime bien le nord du Soi Rambutri, des ruelles pavées et plantées de banians qui encadrent un paisible monastère.
Remisez cependant vos envies d'emplettes, car ici tout le faux chic et le vrai toc s'échangent au prix le plus fort de la « cité des anges ». Quelques arnaques nous ont déjà été signalées concernant la vente de billets d'avion dans les nombreuses agences de la rue : surbooking, annulation ou pire encore... Pour éviter toute déconvenue, une règle d'or : n'achetez vos billets que dans des agences ouvertes depuis plusieurs années... ou ailleurs dans la ville (voir plus haut « Agences de voyages » dans « Adresses utiles »).

Très bon marché (de 250 à 350 Bts – 6,25 à 8,75 €)

V.S. Guesthouse – วี.เอส.เกสท์เฮ้าส์ *(zoom détachable, B2, **21**) : sur Khao San Rd, dans la 1re ruelle à droite en venant de Thanon Tanao.* ☎ 281-20-78. Dans une vieille maison chinoise tout en bois, des dortoirs pour 6 personnes vraiment pas chers. Chambres minuscules, avec ventilo ; sanitaires sur le palier. Confort et tenue très rudimentaires, prévoir son sac à viande. Pour routards aguerris, immersion garantie. Accueil et ambiance sympathiques. Nombreuses petites cantoches aux alentours.

De bon marché à prix moyens (de 300 à 900 Bts – 7,50 à 22,50 €)

On trouve dans le quartier de nombreux hébergements à petits prix mais à l'entretien plus qu'aléatoire. Prévoir son sac à viande.

Tuptim Bed & Breakfast – ทับทิม เบดแอนเบรคฟาสท์ *(zoom détachable, B2, **29**) :* 82 Rambuttri Rd. ☎ 629-15-35. Cet excellent petit resto (voir plus loin « Où manger ? ») propose également une vingtaine de chambres à l'arrière. Elles sont petites mais vraiment propres et agréables. Également des *singles* et des triples. Sanitaires à l'extérieur, avec douches non mixtes (eau chaude). Café, thé et toasts inclus. Casiers et coffre à la réception (payants). Bon accueil. Un bon rapport qualité-prix.

Tai Derm – ไท เดิม *(zoom détachable, B2, **21**) : 138 Khao San Rd.* ☎ 629-22-52. *Dans la 1re ruelle à droite en venant de Thanon Tanao, juste avt* V.S. Guesthouse. À l'écart de l'animation, une pimpante maisonnette abritée derrière un muret de brique. 9 chambres pas bien grandes pour le prix (AC ou ventilo) mais bien tenues. Douches froides communes exclusivement. Terrasse en bois ombragée où boire son café et manger les toasts inclus dans le prix de la chambre, sur fond du petit bruit de l'eau qui alimente un petit bassin à poissons. Accueil souriant et sympathique. Un peu cher quand même, cela dit.

Orchid House – ออร์คิดเฮ้าส์ *(zoom détachable, B2, **24**) : 323/3 Rambuttri Rd.* ☎ *629-32-27.* • *orchidhouse.bangkok1@gmail.com* • *À deux pas de Khao San Rd. Attention, si vous réservez par Internet, vérifiez qu'on ne vous envoie pas dans l'antenne de*

Sukhumvit. Petites chambres équipées de sanitaires miniatures (douche sur les w-c) assez défraîchis. Évitez celles côté rue, trop bruyantes. Bon rapport qualité-prix pour celles équipées de ventilo et qui donnent sur l'arrière-cour. Certaines chambres avec AC n'ont pas de fenêtre. Supplément pour celles avec balcons. Amener quand même son savon... Une journée de consigne gratuite en partant.

New Siam Guesthouse – นิวสยาม เกสท์เฮ้าส์ *(zoom détachable, A2,* ***28****) :* *21 Soi Chana Song Khram* – ซอย ชนะสงคราม, *perpendiculaire à Phra Athit Rd.* ☎ *282-45-54.* • *newsiam.net* • *Petit déj en plus. Réduc possible hors saison. Prévoir 200 Bts de caution pour la clé.* *(payant).* Il s'agit d'un petit immeuble de 5 étages (sans ascenseur), avec une centaine de chambres bénéficiant d'un effort de déco pas désagréable. Propre et frais, même pour les chambres les moins chères (sans douche). Celles avec eau chaude, salle de bains, AC et coffre sont plus chères, forcément, mais le tout reste est d'un bon rapport qualité-prix. Draps et sanitaires communs nickel. Laverie. Accueil dynamique. À signaler : la consigne ouverte à tous, y compris aux non-résidents. Petit resto. Cette adresse soutient l'action de *Child-Safe*, qui s'engage à fournir aux enfants un environnement protégé.

Un peu plus chic (de 1 000 à 2 000 Bts – 25 à 50 €)

Rikka Inn – ริกก้า อินน์ *(zoom détachable, B2,* ***32****) :* *259 Khao San Rd.* ☎ *282-75-11 ou 12.* • *rikkainn.com* • *CB acceptées (+ 3 %).* Un hôtel récemment rénové dans un style contemporain très agréable avec photos gourmandes (on n'a pas dit coquines) un peu partout. Chambres impeccables avec AC, douchette électrique, frigo et TV câblée. Attention, les *standard* sont tout de même assez petites, préférez les *superior* si vous le pouvez. La cerise sur le gâteau, c'est la piscine sur le toit (c'est même une mode dans le quartier). Pas d'ombre mais vraiment agréable au sortir de la cohue touristique. Pas de petit déj mais on trouve un charmant café *Illy* en sortant de l'hôtel. Bureau de poste dans cette même galerie commerçante. L'hôtel propose aussi une consigne bon marché et un service de taxi pour l'aéroport (un peu cher quand même). Un bon rapport qualité-prix dans cette catégorie.

Pannee Lodge – พรรณี ลอดจ์ *(zoom détachable, B2,* ***20****) :* *52 Chakrapong Rd.* ☎ *629-51-12 ou 13.* • *panneelodge.com* • *Négociation possible. Petit déj inclus.* *(payant).* À deux pas de Khao San Road, un joli petit hôtel avec des chambres aux tons orangés et, pour une fois, une déco sympa. Toutes avec AC, salle de bains et TV. Les plus chères, pas bien grandes, donnent néanmoins sur le joli jardin-terrasse situé sur le toit. Petit café-snack au rez-de-chaussée, voisinant avec une bijouterie. Accueil globalement souriant mais parfois assez indolent.

Dang Derm – แดง เดิม *(zoom détachable, B2,* ***27****) :* *1 Khao San Rd.* ☎ *629-20-40 à 48.* • *khaosanby.com* • *Petit déj-buffet inclus. CB refusées.* Pas de charme spécial pour ce gros bâtiment moderne. Cela dit, sans être notre premier choix et malgré quelques bémols, le rapport qualité-prix nous a paru assez bon pour cette catégorie. Chambres un rien zen, avec le lit posé sur une estrade en bois, jolie salle de bains, baie vitrée avec panneau coulissant, AC, coffre, frigo et TV. Éclairage un peu tristounet en revanche, tout comme le vaste hall d'entrée. Chambres pour 5 personnes à prix intéressant pour les familles. Le plus, c'est surtout la piscine sur le toit avec bar (et musique à donf...).

Plus chic (plus de 2 000 Bts – 50 €)

Buddy Lodge – บัดดี้ลอดจ์ *(zoom détachable, B2, **32**) : 265 Khao San Rd. ☎ 629-44-77. • buddylodge.com • Pour le trouver, entrer dans le complexe abritant le pub Melligans ; c'est au fond à gauche. Petit déj inclus. Consulter les promos sur Internet, qui peuvent aller jusqu'à 50 % des tarifs sur place (vraiment élevés). (payant).* Hôtel plein de charme. Chambres alliant confort moderne (TV, minibar, AC, coffre-fort) et élégance orientale à l'ancienne (bois de rose, parquets sombres, meubles asiatiques). Les plus belles sont les *deluxe*. Les *standard* ont le même type de déco mais n'ont qu'un petit balcon et toutes n'ont pas de vue ! Préférer celles donnant sur l'arrière, car Khao San Road rugit le soir. Piscine sur le toit et bronzette sous le ciel de Bangkok, un rêve en plein cœur de la ville, également accessible (moyennant finance) aux non-résidents. Salle de fitness. Spectacles et cours de boxe thaïe. Accueil un peu froid, en revanche.

Villa Cha-Cha – วิลล่า ชาช่า *(zoom détachable, B2, **25**) : 36 Tani Rd (dans un passage qui relie Tani à Rambutri). ☎ 280-10-25. • villachacha.com • Petit déj en sus. (payant).* En retrait des grands axes, cet hôtel animé dresse ses 6 étages autour d'un patio arboré et d'une petite piscine adorable mais vite remplie. À vrai dire, on ne vous conseille pas les chambres les moins chères, petites et purement fonctionnelles, mais les autres (les plus chères, donc), plus vastes et mieux équipées, avec grande salle de bains, grand écran plat, coffre, etc. Sauna gratuit. Au registre des bémols, la moquette usée dans les couloirs, le ménage plus ou moins bien fait et les prix qui ont monté...

Baan Chantra – บ้านจันทรา *(plan détachable, B2, **26**) : 120 Samsen Rd. ☎ 628-69-88. • baanchantra.com • Petit déj inclus. Réduc à partir de 3 nuits.* À deux pas de Khao San Road, une adresse de poche pleine de charme, dans une vieille maison retapée, avec parquets et escaliers bien cirés. Grands lits confortables pour rêver aux douceurs du Siam. Artisanat local dans tous les coins et recoins. Déco soignée. On aime bien les chambres avec leur terrasse en alcôve. Calme. Super accueil.

Dans le quartier de Thewet – ย่านเทเวศร์ (plan détachable, B1-2)

Au nord de la bruyante Khao San Road par la Thanon Samsen (15 mn à pied), à deux pas du fleuve et de la Bibliothèque nationale, un quartier verdoyant où piaillent les oiseaux, notre préféré à Bangkok. Il y fait bon vivre. Le soir, on joue au volley entre deux véhicules, on tape la discute avec les autres routards. Les chambres d'hôtes y sont calmes, bon marché, et parfois pleines de charme. Accessible par le *Chao Phraya River Express*, arrêt Tha Thewet, où des marchands vendent des sacs de pain pour nourrir les poissons qui s'agglutinent au débarcadère. Pour s'y rendre en bus, prendre les n°s 3, 9, 16, 32, 33, 72 ou 99. Quelques adresses dans le même esprit également autour de Samsen Road, notamment dans le Soi 3, en allant vers Khao San Road *(zoom détachable B2)*.

Bon marché (de 200 à 500 Bts – 5 à 12,50 €)

Tavee Guesthouse – ทวีเกสท์เฮ้าส์ *(plan détachable, B1, **34**) : 83 Th. Sri Ayutthaya Rd, Soi 14. ☎ 280-14-47.* Une bien belle maison en bois un peu en retrait de la rue, à l'intérieur soigné, donnant sur une terrasse ombragée où quelques poissons rouges font la ronde. Les chambres sont irréprochables et joliment décorées, mais les cloisons sont extrafines et ne montent pas jusqu'au plafond... Sanitaires privés ou sur le palier (il y en a peu, c'est donc la queue le matin), ventilo ou AC, et eau chaude pour tout le monde. Propreté immaculée. Atmosphère sympa et bons petits plats maison. Casiers.

Hostelling International Bangkok – *บ้านพักเยาวชนกรุงเทพฯ (plan détachable, B1, **35**) : 25/2 Th. Phitsanulok Rd –* ถนนพิษณุโลก. *☎ 282-09-50. • hihostels.com • Compter 200-300 Bts en dortoir, sans ou avec clim.* Égaré en retrait d'une avenue pas folichonne, celle des garagistes. Sa façade porte une multitude de petits drapeaux... Normal, c'est le rendez-vous de la jeunesse internationale ! Chambres de 4 lits impec'. Le prix de la nuit inclut boisson chaude et tartines pour le petit déj. Petite salle commune mignonne, quelques bouquins laissés par d'autres, et un peu de doc. Gérante sympa et parfaitement anglophone.

Taewez – บ้านพักเทเวศร์ *(plan détachable, B1, **34**) : 23/12 Th. Sri Ayutthaya Rd –* ถ.ศรีอยุธยา. *☎ 280-88-56. • taewez.com •* Au bout d'une allée pavée, une grande maison en teck agrandie et transformée en auberge. Chambres impersonnelles mais confortables et propres, à choix multiples (salle de bains – minuscule – ou pas, AC ou ventilo, *twin* ou grand lit). Sofas et petit salon pour refaire le monde. Accueil avenant en français. Quelques ordinateurs pour se connecter à Internet. Petit resto pour le petit déj.

The Riverline Guesthouse – เดอะริเวอร์ไลน์เกสท์เฮาส์ *(zoom détachable, B2, **31**) : 59/1 Soi Samsen 1 (au fond du soi). ☎ 282-74-64. Entre Thewet et Khao San Rd. Petit déj en sus.* Grande *guesthouse* lovée au cœur d'un quartier paisible et populaire, un labyrinthe de venelles venant mordre le fleuve. Chambres simplissimes (ventilo ou AC) mais propres (prévoir tout de même son sac à viande), avec salle de bains privée. Elles ne sont pas bien grandes, mais pour prendre l'air on pourra grimper jusqu'au toit-terrasse pour contempler la Chao Praya, ou se poser dans le jardinet, au bord d'une rigole peuplée de gros poissons chinois. Également des triples. Laverie juste à côté.

Plus chic (plus de 2 000 Bts – 50 €)

Phranakorn Nornlen *(plan détachable, B2, **30**) : Thewet, Soi 1. ☎ 628-81-88. • phranakorn-nornlen.com • Petit déj bio inclus.* Superbe ! Un îlot de verdure, avec son jardin, sa fontaine qui glougloute et la vie de quartier, qu'on partage avec plaisir (notamment pour aller laver son linge !). Une adresse à la fois simple et sophistiquée. Toute l'équipe a rénové cet hôtel avec des objets de récup'. C'est délicieusement charmant et chaleureux. On adore les salles de bains et leur forêt de tuyaux tarabiscotés, jusqu'aux boîtes aux lettres des chambres qui cachent des compteurs d'eau ! Interdit aux fumeurs. Pas de téléphone non plus. Le calme, quoi ! Seule concession à la modernité : des lecteurs CD dans les chambres avec une musique appropriée à chacune, histoire de se lever du bon pied, frais et serein. Accueil aux petits soins, les noms des arrivants du jour sont même inscrits sur un tableau de bienvenue. Accueil charmant ; une super adresse, vous l'avez compris !

Dans le quartier de Sukhumvit – ย่านสุขุมวิทและสยามสแควร์ (plan détachable F-G3-4)

Grande artère à l'est de la ville, dans le prolongement de Râma I. Là aussi, grosse concentration d'hôtels, réservés à la clientèle chic, genre voyages organisés, notamment autour des Soi 4, 8 et 11. Un quartier bourgeois donc, assez cher, et branché et animé le soir.

Si vous y choisissez un hôtel, sachez seulement que vous perdrez pas mal de temps dans les embouteillages pour rejoindre le quartier historique, même si Sukhumvit Road est desservie par le métro aérien qui vous rapproche un peu du centre... Pour atteindre nos adresses, s'arrêter aux stations Nana, Phrom Phong ou Asok. Autrement, arrêt Sukhumvit de la ligne souterraine de métro (depuis le nord-est).

Prix moyens (autour de 700 Bts – 17,50 €)

Suk 11 Hostel – สุข 11 โฮสเต็ล *(plan détachable, F3, **37**) : 1/33 Sukhumvit, Soi 11. ☎ 253-59-27. • suk11.com • Résa conseillée (sur Internet slt). Petit déj sympa en sus.* Dans un renfoncement, un chouette décor boisé, l'adresse la plus marrante du quartier. Les couloirs ont des airs de sous-bois... Au rez-de-chaussée, vous pouvez écouter vos CD et vous préparer un thé. Avec ou sans salle d'eau, les chambres sont toutes climatisées mais d'un confort modeste, et n'ont pas de caractère délirant particulier. Douche commune avec vue sur les buildings. Terrasse vraiment géniale pour flemmarder. Accueil sympa. Quelques adresses pour boire un verre ou manger dans le coin (voir plus loin). Et un spa sur le trottoir d'en face pour se détendre.

Hostelling International Sukhumvit – บ้านนานาชาติ สุขุมวิท *(hors plan détachable par G5, **60**) : 23 Sukhumvit, Soi 38. ☎ 391-93-38. • hisukhumvit.com • Skytrain : Thong Lo ; ou bus n°s 501, 508 ou 511. Remise de 10 % avec la carte des AJ.* Une des branches des auberges de jeunesse de Bangkok, plutôt réussie, un peu plus chère, mais au cœur de l'animation de ce quartier d'affaires, tout en profitant d'un renfoncement au calme. Dortoirs séparés ou mixtes. Également des chambres privées avec ou sans salle de bains mais à prix un peu plus chic. Toutes les chambres sont correctement décorées, et surtout climatisées (de 18h à 11h du matin). Sanitaires communs propres. Cuisine, petit déj léger inclus (café ou thé, toasts et céréales), laverie. Terrasse sur le toit avec vue, dotée d'un petit salon en bois, de plantes vertes et de transats. Bon accueil.

De prix moyens à un peu plus chic (de 900 à 1 700 Bts – 22,50 à 42,50 €)

Nana City Inn – นานาซิตี้อินน์ *(plan détachable, F4, **38**) : 23/164 Sukhumvit, Soi 4. ☎ 253-44-68 et 69. • nanacityinn@live.com • À 300 m de l'entrée du soi.* Moderne et de taille modeste, donc pas trop usine à touristes. On y trouve des chambres confortables, pas toutes jeunes mais bien tenues (éviter les « fumeurs ») et parfaitement équipées (moquette, douche-salle de bains, AC, TV, coffre, minibar). Bonne literie, déco agréable (lampes, dessus-de-lit...). Attention aux chambres avec la clim bruyante toute proche. Accueil discret mais sympa.

Sam's Lodge – แซม ลอดจ์ *(plan détachable, F4, **23**) : 28/1 Sukhumvit, Soi 19 (réception au 2e étage). ☎ 651-17-01. • samslodge.com •* Excellent rapport qualité-prix pour ce petit hôtel moderne tout en hauteur, idéalement situé au cœur de l'animation et à deux pas du *Skytrain* et du métro. Chambres clean et confortables (TV, AC, frigo) malgré des cloisons un peu minces. Toit-terrasse pour embrasser la vue sur les gratte-ciel. Accueil pro. Pas de petit déj (seulement des sachets de thé et du café soluble).

Regency Park Hotel – โรงแรมรีเจนซี่พาร์ค *(plan détachable, G4, **43**) : 12/3 Sukhumvit, Soi 22 –* ถ.สุขุมวิท ซอย 22. *☎ 259-74-20. Petit déj-buffet inclus.* Un bon rapport qualité-prix dans le semi-luxe, même si l'hôtel n'est pas vraiment flambant neuf. Tout le confort à des prix plutôt corrects : AC, TV, minibar, coffre, le tout organisé autour de 2 beaux patios, dont un avec fontaine et plantes vertes. Renseignez-vous sur le tarif des *deluxe* en cours de rénovation... Accueil pro et cordial.

Très chic (plus de 3 000 Bts – 75 €)

Ariyasom Villa – อริยาศรม วิลล่า *(plan détachable, F3,* ***57****) : 65 Sukhumvit, Soi 1. ☎ 254-88-80. • ariyasom.com • À partir de 130 €.* Khun, décoratrice, et son mari David, chef, ont aménagé ce bel hôtel-restaurant dans la maison familiale construite par le grand-père de Khun, qui abrite aujourd'hui 7 chambres. Un autre bâtiment plus récent abrite lui, outre quelques chambres, un salon et une salle où sont proposées, plusieurs fois par mois, des séances de méditation menées par un moine. Un peu partout, des meubles familiaux ou qui ont été dessinés par le couple. Dans le jardin, une jolie piscine au bord de laquelle on peut s'attabler. Côté papilles justement, David chef anglais sympathique et disponible, officie au rez-de-chaussée de la maison d'origine, et propose une carte de plats végétariens thaïs ou européens, dont la qualité a plusieurs fois été récompensée, et des desserts qui satisferont les gueules sucrées : tarte fraises-amandes, crumble groseilles... Un havre de paix en plein centre-ville, intimiste et convivial. Également un spa.

Dans le quartier de Siam Square (plan détachable D-E3)

Quartier très commerçant, hérissé de gratte-ciel et de *malls* gigantesques. Le rêve américain... Le meilleur moyen pour s'y rendre reste le métro aérien, arrêts National Stadium, Central Station (Siam) ou Phaya Thai.

Prix moyens (de 550 à 1 000 Bts – 13,75 à 25 €)

A-One Inn *(plan détachable, D3,* ***48****) : 25/13-15 Soi Kasemsan I, Râma I. ☎ 215-30-29. • aoneinn.com • Petit déj inclus. (payants).* Une bonne option si vous souhaitez loger dans le quartier. Ensemble propre et bien tenu. Chambres basiques mais toutes sont dotées de la clim, d'une TV, d'un frigo et d'une salle de bains privative. Accueil sympa.

D'un peu plus chic à plus chic (de 1 000 à 2 000 Bts – 25 à 50 €)

Patumwan House – ปทุมวัน เฮ้าส์ *(plan détachable, D3,* ***48****) : 22 Soi Kaseman I, Rama I (tt au fond du soi). ☎ 612-35-80. • patumwanhouse.com • Parking.* À l'inverse des employés, les oiseaux en cage à l'entrée vous souhaitent la bienvenue dans ce grand hôtel crème, qui propose des chambres-studios vastes, bien tenues et équipées d'AC, TV, frigo et coin cuisine (inutile puisque les placards sont vides et qu'il n'y a pas de plaques de cuisson...). Les moins chères donnent sur le patio couvert, les autres sur l'extérieur. Rapport confort-taille-prix plutôt intéressant.

Wendy House – เว็นดี้ เกสท์เฮ้าส์ *(plan détachable, D3,* ***46****) : 36/2 Soi Kasemsan I, Râma I. ☎ 214-11-49. • wendyguesthouse.com • Petit déj inclus.* Rez-de-chaussée (réception et pièce commune-petit déj) tout en baies vitrées. Une quarantaine de chambres propres réparties sur 4 étages (sans ascenseur) d'un immeuble sans charme. Toutes avec AC, TV, frigo et sanitaires privatifs. Pour le même prix, certaines chambres donnent sur un mur aveugle, d'autres ont une petite fenêtre et d'autres une grande, alors renseignez-vous ! On peut se plonger dans le *Bangkok Post* du jour ou un des bouquins laissés par d'autres, ou organiser une virée, acheter des cartes postales... Une bonne escale pour le routard, où règne une atmosphère conviviale. Service de blanchisserie. Ensemble très propre.

Très chic (à partir de de 4 000 Bts – 100 €)

Siam@Siam – โรงแรมสยาม แอ็ท สยาม *(plan détachable, D3, **61**) : 865 Rama I Rd. ☎ 217-30-00. • siamatsiam.com • Suivre les promos sur Internet.* L'un des hôtels les plus branchés de Bangkok. Tuyauteries apparentes dans les parties communes, belles couleurs chaudes à la fois modernes et *revival* et mobilier design dans les chambres. Toutes avec canapé, salle de bains branchouille (béton ciré, bois, vasque et baignoire), lampes en bois, écran plat, coffre, minibar, corbeille de fruits... Et bien sûr, la vue sur la ville. Celle-ci est d'ailleurs fabuleuse depuis la piscine qui fait office de balcon sur Bangkok et semble plonger littéralement dans le National Stadium. Idéal pour regarder un match ! Également un spa (sauna et fitness inclus dans le prix, mais pas le reste), 2 restaurants (*La Vue*, franco-méditerranéen, l'autre spécialisé dans les sushis) et un bar sur le toit *(tlj 18h-minuit).*

Baiyoke Sky Hotel – โรงแรมใบหยกสกาย *(plan détachable, E3, **150**) : 222 Rajprarop Rd, Rajthevee. ☎ 656-30-00. • baiyokehotel.com • Ne pas confondre avec sa voisine, la tour Baiyoke n° 1. Petit déj inclus. (payants).* Hôtel haut de gamme sans grand charme dans le gratte-ciel le plus haut de Bangkok (74 étages). Cela dit, les chambres ont vraiment tout le confort. Attention, les prix grimpent en fonction de l'altitude ! La vue, surtout la nuit, est à couper le souffle. Les résidents bénéficient d'un accès libre au sommet de la tour. Accueil à la chaîne, malheureusement. Voir aussi « À voir. À faire ».

Du quartier sud de Silom à la gare de Hua Lamphong

– ย่านถนนสีลมถึงหัวลำโพง *(plan détachable, C-E4-5)*

Au sud de Bangkok, Silom Road est une très longue avenue qui part de Charoen Krung et se termine à l'intersection de Rama IV Road, en face du Lumphini Park. Les stations du métro aérien les plus proches : Sala Daeng et Chong Nonsi. Également le métro souterrain avec... Silom Station et Hua Lamphong (pratique pour rejoindre le quartier de Sukhumvit). Cette vaste zone se divise grosso modo en deux parties, cossue au sud et à l'ouest (s'y alignent buildings et ambassades), plus populaire à l'est, autour de Patpong, haut lieu des nuits chaudes de la capitale.

Prix moyens (de 500 à 1 000 Bts – 12,50 à 25 €)

Cozy Bangkok Place – โคซี่ บางกอก เพลส *(plan détachable, C4, **62**) : 41/146-148 Soi Sunthonpimol, Rama IV Rd. ☎ 611-91-78. • cozybangkok.com • Pas très facile à trouver ; consulter leur plan sur Internet avt d'y aller ! CB refusées. (payant).* À 10 mn à pied de la gare, perdue au fond d'un *soi* typique, voici une charmante maison, admirablement restaurée, avec un puits de lumière et une super déco rappelant l'habitation traditionnelle. On entend même le pépiement des oiseaux. Dortoirs avec ventilo ou AC selon le prix et chambres privées pas bien grandes mais vraiment sympas.

Sanitaires extérieurs impeccables. Il y a également une cuisine à disposition des hôtes et une laverie. Café et thé offerts. Un lieu à la fois relax, pas cher et élégant. Bon accueil.

WE Bangkok Hostel – วี บางกอก ฮอสเต็ล *(plan détachable, D5, **63**) : 122-124 Sathorn, Soi 12. ☎ 635-22-17. ● we-bangkok.com ● CB acceptées.* Certes, ce bâtiment en béton perdu à l'angle du *soi* paraît moyennement avenant au premier abord. Mais l'accueil est franchement sympathique et la structure tient la route. Partout, du béton ciré mais finalement c'est assez moderne comme déco... Une dizaine de dortoirs impeccables pour 4 à 8 personnes, séparés ou mixtes. Chaque routard se voit remettre une clé magnétique (avec l'adresse en thaï pour rentrer à la maison) qui ouvre à la fois le dortoir et actionne la climatisation. Sanitaires communs nickel. Casiers à dispo. Bar au rez-de-chaussée pour le petit déj (facturé en plus) et terrasse sur le toit avec bar et musique le soir. Plein de services : Skype, plan du quartier avec les bonnes adresses, vente de tickets de bus, tours de ville, taxis..., et plein de conseils pratiques. Bon accueil de Shaun, le gérant, quand il est là (il a deux boulots !).

Your Place Guesthouse – ยัว เพลส เกสท์เฮ้าส์ *(plan détachable, C4, **45**) : 336/17 Soi Chalongkrung, Rama IV Rd. ☎ 639-80-34. 081-874-49-45. ● yourplaceguesthouse.com ● À 10 mn à pied de la gare. Petit déj inclus.* Bonne ambiance communautaire dans cette *guesthouse* un peu en retrait. Des chambres pour tous les goûts et toutes les bourses. Certaines aveugles, mais avec de jolies moustiquaires pour se prendre pour des princes et des princesses, d'autres avec des lits superposés, avec ou sans salle de bains, AC ou ventilo. Propre, coloré. TV câblée pour les plus chères. Plein de services (visa, laverie, casiers, etc.). 3 terrasses, une sur la rue, 2 autres sur les toits, pour se siffler une bière tranquille en papotant avec d'autres routards d'un soir. Accueil gentil.

Newroad Guesthouse – นิวโรดเกสท์เฮ้าส์ *(plan détachable, C5, **58**) : 1216, Charoen Krung (entre Soi 34 et 36). ☎ 630-93-71. ● newroadguesthouse.com ● Large gamme de prix côté hébergement, en commençant par le lit en dortoir (160 Bts). Meilleur rapport qualité-prix pour les 1ers prix.* L'ensemble est très bien tenu, et les chambres régulièrement rénovées. On sent l'affaire qui roule bien. Tout est fait pour les routards : bar-resto avec billard et plusieurs accès Internet, une terrasse sur le toit avec des hamacs.

The Train Inn – เดอะ เทรน อินน์ *(plan détachable, C4, **40**) : 428 Rong Muang Rd. ☎ 215-30-55. 081-819-55-44. ● thetraininn.com ● Juste en face de la sortie de la gare qui longe le quai nº 3. CB refusées. ou prise Internet.* Pour ceux qui voudraient poser leur fardeau en sortant du train. Déco kitschounette, portraits d'employés et de clients dans le hall, petit salon bariolé. Une quarantaine de chambres au diapason mais plus ou moins bien entretenues. Prix selon la « classe » choisie (on parle du train, pas du standing) : chambres en forme de mini-couloirs, très sommaires, avec ou sans salle de bains, avec ou sans fenêtre, toutes avec AC, TV câblée, accès ADSL et matelas pas bien épais, certaines avec lits superposés. Franchement, c'est amusant à première vue mais pas d'un grand confort. Pour les moins chères, toilettes et salles de bains communes. Les plus chères sont très kitsch. Éviter celles donnant sur la rue, très bruyante. Pas de petit déj, mais café, thé et biscuits secs à dispo au rez-de-chaussée.

Un peu plus chic (de 1 100 à 1 700 Bts – 25 à 42,50 €)

Hansaah B & B – หรรษา เบด แอนด์เบรคฟาสท์ *(plan détachable, E5, **59**) : 44/7 Soi Sri Bumpen, Sathorn, Thungmahamek. 085-159-28-11. ● hansaah.com ● Tarif dégressif dès la*

BANGKOK

2e nuit. Une petite structure tenue par le sympathique couple franco-thaï Jac et Pom, qui propose 5 chambres plus ou moins spacieuses ; beau parquet sombre, déco simple mais personnelle, atmosphère cosy. Le petit déj soigné (pain et confiture maison, orange pressée, expresso, œufs bacon ou pain perdu ou yaourt maison) est inclus et à déguster en lisant la presse hexagonale. Et, si vous avez le mal du pays, passez donc le soir manger un bœuf bourguignon, du porc aux pruneaux ou du poulet à l'ail, pour un prix très raisonnable.

De plus chic à très chic (de 2 500 à 6 000 Bts – 62,50 à 150 €)

Tarntawan Place Hotel – ทานตะวัน เพลสโฮเต็ล *(plan détachable, D4, **50**) : 119/5-10 Surawong Rd –* ถนนสุรวงศ์. *☎ 238-26-20. • tarntawan.com • Face au Tawana Palace. Petit déj inclus.* Hôtel « moderne » au fond d'une impasse calme, dans le quartier gay de Bangkok. Aux chambres standard, assez désuètes, préférez les supérieures, plus vastes et plus confortables (moquette, minibar, TV...), et décorées avec plus de goût. Notez que les prix sont assez négociables (voir déjà les promos sur Internet), condition *sine qua non* pour choisir l'établissement selon nous. Accueil courtois.

The Siam Heritage – เดอะสยามเฮอริเทจ *(plan détachable, D4, **50**) : 115/1 Surawong Rd. ☎ 353-61-66. • thesiamheritage.com •* À deux pas de Patpong, élégant boutique-hôtel de 70 chambres au décor thaï des plus raffiné. De l'espace, du bois, de belles salles d'eau et, sur le toit, une petite piscine et un spa, enfouis dans un jardin tropical. Excellent accueil. Organise des excursions.

Spécial folies

The Sukhothai – โรงแรมสุโขทัย *(plan détachable, E5, **41**) : 13/3 South Sathorn Rd. ☎ 344-88-88. • sukhothai.com • Double 240 € sans petit déj, mais voir les promos sur Internet.* Disons-le tout net : voici le plus bel hôtel de Bangkok. Tout le charme de l'Asie et de la Thaïlande semble contenu en ses murs. Raffinement des décors, élégance des matières (teck, soie, etc.), service impeccable, en français qui plus est... de quoi passer un moment divin. Les toits des différents bâtiments rappellent l'architecture des vieilles demeures siamoises. Les fleurs de lotus se languissent négligemment dans les bassins des jardins... Chambres tout confort, naturellement, calmes, aménagées avec soin (on aime beaucoup les salles de bains). Lits amples. Piscine, restos, salle de fitness et spa pour votre confort. Ne boudons pas notre bonheur !

The Metropolitan – โรงแรมเมโทรโปลิแทน *(plan détachable, E5, **42**) : 27 South Sathorn Rd. ☎ 625-33-33. • metropolitanhotelbangkok.com • Juste derrière l'Alliance française. Doubles à partir de 165 $; profitez des packages sur Internet.* Un autre hôtel de charme, où le blanc domine dans une déco résolument épurée et minimaliste. Le mobilier est ultra-design, les lignes droites et la luminosité extrême. C'est vaste et beau. Chambres avec TV, lecteur CD et DVD, clim et salles de bains cosy. Restos (voir notamment le *Nahm* dans « Où manger ? »), piscine, bar, salles de fitness et spa.

So Sofitel Bangkok – โซฟิเทล โซ บางกอก *(plan détachable E5, **22**) : 2 North Sathorn Rd. ☎ 624-00-00. Face au Lumphini Park. • accorhotels.com •* Conçues par 5 créateurs thaïs, des chambres contemporaines au summum du confort et du design, chacune faisant référence à l'un ou l'autre des quatre éléments. Toutes embrassent la vue sur le Lumphini Park et les toits de Bangkok. Piscine. Environs immédiats pas terribles en revanche, au croisement de plusieurs autoroutes urbaines.

Un peu excentré

Un peu plus chic (de 900 à 1 500 Bts – 22,50 à 38 €)

🏠 ***Be My Guest B & B*** – บี มาย เกสท์ เบด แอน เบรคฟาสท์ *(hors plan détachable par G1, **47**) : 212/4 Nathong 1 lane, Ratchadaphisek, Dindaeng.* ☎ *692-40-37.* • *bemyguestbnb.com* • *À 15 mn à pied au nord de la station MRT Thailand Cultural Center. 4 chambres, dont 2 avec leur sdb à l'extérieur de la chambre.* 💻 📶 Une adresse excentrée dans un quartier résidentiel calme, pour qui recherche un « bain thaïlandais », à l'écart des circuits touristiques. Le jeune proprio, parfaitement anglophone, a aménagé 4 chambres spacieuses dans sa maison, de façon contemporaine et sobre. TV et lecteur DVD dans chaque chambre. On prend son petit déj dans une grande cuisine baignée de lumière, ou dans la cour de poche.

🏠 ***Bangkok Loft Inn*** – บางกอก ลอฟท์ อินน์ *(plan détachable, A5, **56**) : 55 Somdet Phra Chao Taksin.* ☎ *862-03-00.* • *bangkokloftinn.com* • *Pas loin de la station BTS Wong Wian. Petit déj inclus.* 💻 32 chambres aux couleurs et mobilier design ont été aménagées dans ce nouvel hôtel. Jolie salle de petit déj de poche, qui ouvre sur une mignonne terrasse. En mezzanine, au-dessus de la réception, un coin salon avec bouquins et accès Internet. Le tout est tout neuf et baigné de lumière. Un bon rapport qualité-prix.

Où manger ?

Bangkok dispose d'un éventail très large de restaurants qui proposent une cuisine très variée, locale comme étrangère. On compte des centaines de petites cantines ambulantes qui éclosent à la tombée du jour, mais aussi de vrais rendez-vous culinaires ou des adresses originales. Les restos et stands de rue sont en général excellents et parfaitement recommandables, mais impossible pour nous de vous donner des noms précis dans la catégorie « Très bon marché ». Fiez-vous à ceux qui attirent le plus de Thaïlandais, vous vous régalerez à tous les coups en faisant de substantielles économies par rapport aux restos plus classiques. Seule difficulté : que commander ? Jetez un coup d'œil aux assiettes de vos voisins et faites confiance à votre instinct. Si vous apercevez des petits bouts de piments (rouges... ou verts), faites comprendre que vous n'en voulez pas ou mettez-les de côté, sinon vous risquez de passer un sale quart d'heure. À Bangkok, on n'est jamais à plus de 100 m d'un endroit où manger, et cela – presque – 24h/24. Pour découvrir les derniers restos ouverts en ville, un site très complet en anglais : • *bangkok.com/restaurants* •

Dans les quartiers chinois, indien et près des temples

– ย่านจีนและย่านอินเดีย *(zoom et plan détachables, A-C3-4)*

Très bon marché

🍽 De part et d'autre de Yaowarat Road – ถนนเยาวราช *(zoom et plan détachables, B-C3-4)*, des ruelles s'enfoncent où s'alignent des dizaines de ***gargotes chinoises*** toutes plus appétissantes les unes que les autres. Au programme, crabe et homard grillés, poisson... La plupart des restos ont deux tables, trois chaises, et la cuisine, délicieuse, est vraiment comme là-bas ! Le soir venu, atmosphère bigarrée avec lumières, néons, fumée et la foule évidemment... Et pour la musique d'ambiance : symphonie pour klaxons et moteurs ! Du côté des temples, on peut par exemple goûter aux spécialités des échoppes du marché de Tha Chang Pier, à la sortie des bateaux.

Bon marché (moins de 150 Bts – 3,75 €)

Chote Chitr – โชติจิตร *(zoom détachable, B3, **84**) : 140 Prang Pu Thorn. ☎ 221-42-082. Fermé dim.* Dans une petite salle ouverte sur la rue, une affaire familiale simple mais réputée, montée par le grand-père des 2 sœurs aujourd'hui aux commandes, qui s'enorgueillissent de pouvoir proposer quelque... 500 plats ! Salade poulet, crevettes et fleurs de bananier, curry rouge bœuf et potiron... Sur les murs, une poignée d'articles de presse fièrement épinglés comme autant de médailles. Assis autour de l'une des 5 tables, rafraîchi par l'air du ventilateur et sous le regard morne des 2 chihuahuas de la maison, on ne peut que constater qu'on n'a pas été trompé, puisque nos plats sont en effet bien bons !

Suan Nguen Mee Ma – ร้านสวนเงินมีมา *(zoom détachable, B3, **102**) : 77/79, Fuang Nakhon Rd, Wat Rajobit. ☎ 622-09-55. Lun-ven 8h30-18h, sam 9h-17h.* Communicant avec une librairie thaïe axée philo et bien-être, une boutique bobo-bio mais version exotique ; idéal pour se poser au frais en sirotant une infusion froide originale de citronnelle, d'hibiscus ou d'une autre fleur non identifiée. Tout aussi originaux, les chips au durian (c'est le moment de se lancer !), au taro, au fruit du jacquier..., ou encore les sorbets : tamarin, groseille... Pour ceux qui ont une petite faim, quelques petites salades, gratin d'épinards ou yaourts. On y trouve aussi des produits pour le corps. Bon et reposant.

Royal India Restaurant – ภัตตาคารรอยัลอินเดีย *(zoom détachable, B3, **112**) : 392/1 Chakraphet Rd. ☎ 221-65-65. Légèrement en retrait de Chakraphet Rd, dans la ruelle qui fait face à la pagode chinoise. Tlj 10h-22h. Résa conseillée.* Ouvert depuis 1970, un minuscule resto, réputé pour sa cuisine indienne du Pendjab. Large choix de galettes (*chapati, roti, naan* et autres *paratha*), savoureux curry, tandoori, *biryani* et *thali* végétariens... Salle vieillotte et assez sombre, comptant moins d'une dizaine de tables. Clientèle d'habitués.

Texas Suki Yaki & Noodle – ภัตตาคารเท็กซัส สุกี้ยากี้ *(zoom détachable, B4, **114**) : 17/1 Phadung Dao Rd* – ถนนผดุงดาว. *☎ 222-06-49. Tlj 11h-23h.* Resto genre cafétéria, très fréquenté par les familles. Un repas ludique, les enfants adorent. Vous choisissez vos garnitures : calamars, bœuf, nouilles, etc. Et vous faites votre tambouille directement dans le chauffe-plat traditionnel, posé au centre de la table. Service agréable. Pourquoi *Texas*, au fait ? Personne ne le sait, mais tout le monde pourra vous l'indiquer dans ce quartier trépidant de Chinatown.

Prix moyens (moins de 300 Bts – 7,50 €)

Rub-Ar-Roon Café – รับอรุณคาเฟ่ *(zoom détachable, A3, **168**) : 310-312 Maha Rat Rd. ☎ 622-23-12. Juste derrière le Wat Pho et l'arrêt de l'embarcadère Tha Thien. Tlj 8h-18h.* Ancienne échoppe chinoise joliment réaménagée et décorée de photos d'époque de Bangkok. Au menu, quelques sandwichs et plats traditionnels. Parfait aussi pour se désaltérer à l'ombre, avec un bon jus de fruits glacé.

Plus chic (de 500 à 3 000 Bts – 12,50 à 75 €)

The Deck – เดอะเดค *(zoom détachable, A3, **44**) : 36-38 Soi Pratu Nokyung, sur Maha Rat Rd. ☎ 221-91-58. Sur la berge, face au Wat Arun et derrière le Wat Pho, à deux pas de l'embarcadère Tha Tien. Tlj 7h-22h (23h ven-dim).* Une adresse toute mignonne, cachée au fond d'un *soi.* Déjà, on est saisi par la vue depuis cette terrasse (le fameux « deck ») qui devise avec le

Wat Arun. Le soir, tout s'illumine, les bateaux accompagnent le flux et le reflux de la Chao Phraya, l'ambiance est tamisée, on se laisse bercer. Au menu, une cuisine internationale de bonne tenue, parfois inspirée par l'Hexagone, avec, entre autres, de jolis plats d'agneau qui partagent la carte avec les spécialités thaïes. Le tout est bien mené et le service décontracté.

Dans le quartier de Khao San Road – ถนนข้าวสาร *(zoom détachable, B2)*

De bon marché à prix moyens (moins de 300 Bts – 7,50 €)

|●| Dans le Soi Rambutri et à l'angle de Rambutri Road et Thanon Chakrapongse, plein de petites ***cantoches de rue*** – มุมถนนรามบุตรีและถนนจักรพงษ์ เต็มไปด้วยร้านค้าเล็กๆ et de stands où l'on choisit dans les gamelles en montrant du doigt ses pâtes, sauces et autres condiments. C'est très typique et on adore. Vraiment bon et pas cher. Pour les amateurs d'exotisme (ou avant un voyage à Ko Lanta), on trouve aussi des échoppes ambulantes qui vendent des sauterelles, grenouilles, vers et autres insectes, à déguster frits !

|●| ***Krua Apsorn*** – ครัวอัปษร *(zoom détachable, B2, **80**) : Thanon Dinso.* ☎ *685-45-31. Tlj 10h30-20h.* Pour ceux qui voudraient sortir un peu des 2 rues archi-encombrées de Khao San Road, voici une petite cantine royale dans tous les sens du terme, juste au sud de Democracy Monument. Royale parce que la famille du même nom (si l'on ose dire) a fait de la pub au lieu, mais aussi parce qu'on y mange super bien et pour pas cher. Dans la salle, toute simple, ou sur la terrasse à l'arrière, on déguste du riz frit au crabe, des nouilles aux crevettes, ou encore des moules au basilic et piment. Accueil et service sympas. Attention, ferme tôt le soir.

|●| ***Pannee Restaurant*** – ร้านอาหารพรรณี *(zoom détachable, B2, **81**) : 150 Soi Rambuttri Chana Song Khram.* ☎ *282-55-76.* Voici un gentil resto tenu par une patronne avenante. Quelques plantes en plastique courent au-dessus de la terrasse mignonnette en bord de rue. Côté cuisine, bel assortiment de petits plats thaïs, simples et copieux, servis avec le sourire. On peut aussi opter pour les fruits de mer, dont la fraîcheur est bien visible, en devanture. Souvent plein, mais bon turn-over.

|●| ***Tuptim Bistro*** – ร้านอาหารทับทิม *(zoom détachable, B2, **29**) : 82 Rambutri Rd.* ☎ *629-15-35.* Dans un joli décor de bistro, une terrasse cosy idéale pour déguster une cuisine thaïe d'excellente qualité dans une ambiance (un peu) plus tranquille qu'ailleurs. La bonne idée du lieu, ce sont ces plateaux de spécialités régionales, par exemple le *Khan toek* (plats du nord), l'*Esan* (nord-est) ou encore le *Tuptim talay* (fruits de mer). Délicieux. Fait aussi *Bed & Breakfast* (voir « Où dormir ? »).

|●| ***The Flow*** – เดอะโฟล *(zoom détachable, B2, **108**) : 19 Samsen Rd.* ☎ *280-08-86. À 10 mn à pied de Khao San Rd en allant vers Thewet. Tlj 10h-22h.* Un minuscule caboulot clair et frais, où déguster, calé sur une banquette, une cuisine thaïe parfumée, concoctée amoureusement (visez un peu les assiettes en forme de cœur !) avec des produits que l'on vous promet bio. Plats européens également, desserts (tarte du jour) et pour arroser le tout, choix de cafés et sublimes jus et shakes de fruits frais. Si ça vous a plu, il ne reste qu'à vous inscrire aux cours de cuisine...

Dans le quartier de Thewet – ย่านเทเวศร์ *(plan détachable, B1)*

Très bon marché

Le soir, quelques cantines ambulantes ouvrent à deux pas des *guesthouses*.

BANGKOK

Prix moyens (autour de 300 Bts – 7,50 €)

|●| ***Kaloang*** – ร้านอาหารกาหลวง *(plan détachable, B1,* ***85****) : 2 Sri Ayutthaya Rd – ถ.ศรีอยุธยา. ☎ 282-75-81. Au bout d'un soi, à deux pas des guesthouses bon marché (voir « Où dormir ? ») et au bord de l'eau.* Très populaire et sans chichis ; au déjeuner au moins, on y est au frais. On dîne dehors sur un gigantesque ponton de bois en surplomb du fleuve (en période de crue, tout est fermé), et bordé de bicoques branlantes sur pilotis. Demandez le *lap mu* (salade-émincé de porc) ou *lap khun* (salade-émincé de fruits de mer). De quoi faire fondre un bonze de plaisir !

|●| ***In Love*** – ร้านอาหาร อินเลิฟ *(plan détachable, B1,* ***86****) : 2/1 Krung Kasem Rd. ☎ 281-29-00. À droite en sortant de l'embarcadère de Thewet. Tlj 11h-minuit.* Tout un programme comme nom... Plus touristique que le précédent, mais cuisine thaïlandaise de qualité dans un mélange de décor high-tech et de nappes à carreaux. Spécialités de poisson (et de... whisky) à choisir au hasard d'une carte longue comme les 2 bras. Large terrasse avec vue imprenable sur le pont à haubans Râma VIII.

Sur et autour de Sukhumvit Road – ถนนสุขุมวิท และรอบๆ *(plan détachable, F-G3-5)*

Très bon marché

À l'ouest de Sukhumvit Road, avant le croisement avec Chalem Mahanakhon (côté des *soi* impairs), quelques cantines de rue et leurs tables sur un terre-plein. Certaines proposent même des menus en anglais. Pas cher, bon et convivial. Sinon, nombreuses roulottes où grillent les brochettes et sautent nouilles et riz.

Bon marché (moins de 200 Bts – 5 €)

|●| ***Food Court de l'Emporium*** – ศูนย์อาหารเอ็มโพเรียม *(plan détachable, G4,* ***87****) : sur Sukhumvit Rd, entre les Soi 22 et 24. ☎ 664-80-00. Au 5e étage du grand centre commercial. Ne pas confondre avec la quinzaine de restos et snacks juste à côté. Suivre les panneaux « Food Hall ». Tlj 10h-22h.* Après avoir fureté du côté des boutiques de luxe hors de prix (mazette, des originaux !), cette halte au sommet vous ravira. On achète au guichet des coupons qu'on dépense ensuite au gré de ses envies. Un choix énorme de plats dont on connaît enfin les noms et des spécialités des quatre coins de l'Asie. Pour quelques bahts à peine, nouilles et viandes, en sauce ou grillées, et bons desserts.

|●| ***Yong Lee Restaurant*** – ร้านอาหารยงลี *(plan détachable, F4,* ***88****) : 213 Sukhumvit Rd, à l'angle du Soi 15 (pas indiqué). Tlj, jusqu'à 20h30.* Troquet chinois encore dans son jus avec les marmites qui crépitent dès le petit jour. Niveau prix, c'est assez simple : tout est autour de 130 Bts. Crabe au curry (super !), crevettes, poisson et plein d'autres plats, notamment le canard laqué et le bœuf à la tomate (très bon), servis par un patron que l'on a déjà vu dans *Le Lotus bleu* ! Arriver tôt, car c'est vite plein. Accueil inexistant.

De prix moyens à plus chic (de 300 à 800 Bts – 7,50 à 20 €)

|●| ***Eleven Gallery*** – ร้านอาหารอีเลเวนกาลเลอรี่ *(plan détachable, F3,* ***92****) : 1/34 Sukhumvit Rd, Soi 11 (dans un renfoncement sur la gauche). ☎ 651-26-72.* Une charmante dînette pour un tête-à-tête raffiné. En bord de rue, un tout petit resto plein de charme. Le service est plein de délicates attentions. Le riz est servi sous des cloches

en feuilles de bananier et, comble du chic, les plats sont présentés dans des gamelles de chantier en tôle émaillée, devant la petite bougie qui orne votre table. Délicieux curry de tofu à la noix de coco.

IOI ***Moghul Room*** – ภัตตาคารโมกุลรูม *(plan détachable, F3, **91**) : 1/16 Sukhumvit Rd, Soi 11 (dans un renfoncement à gauche, matérialisé par une enseigne orange et rose). ☎ 253-44-65. CB acceptées.* Un des bons restos indiens de la ville et l'un des plus anciens. Cadre quelconque, préférer la mezzanine et ses tables basses, plus intime. Cuisine du nord de l'Inde et *combos* sino-indiens. Tous les *tikka, raïta* et *kofta* sont là ! Spécialités de tandooris. On a bien aimé le *kashmiri pullau* (riz safrané aux raisins et aux noisettes) ou le *mursh qorma* (poulet à la crème de coco et aux noix de cajou). Service irréprochable. Pour digérer, on peut y fumer le narguilé (dehors).

IOI ***Cabbages and Condoms*** – ร้านอาหารแคบเบจ แอนด์คอนดอม *(plan détachable, F4, **90**) : 10 Sukhumvit Rd, Soi 12 (à 200 m sur la droite à l'intérieur du soi). ☎ 229-46-10. Tlj 11h-23h.* « Choux et capotes », tel est le nom de ce resto didactique fondé en 1974, à l'origine comme soutien au planning familial. Aujourd'hui, les fonds récoltés sont utilisés pour la promotion d'associations de développement et de prévention, notamment du virus du sida. Le bâtiment abritait même jusqu'en 2012 une clinique clandestine où l'on pratiquait des avortements, illégaux en Thaïlande. Le cadre est simple et charmant (on parle du resto, pas de la clinique) : un grand jardin exotique semé de mannequins vêtus de préservatifs tressés... Jolis plats (poulet cuit dans des feuilles de pandanus, nouilles thaïes aux crevettes, etc.), copieux et à prix corrects. Magasin de souvenirs à la sortie (les lampes décorées en capotes !) et préservatifs gratuits livrés avec l'addition.

IOI ***Le Petit Zinc*** – ร้านอาหารเลอ เปอติท แซงก์ *(plan détachable, G4, **110**) : de Sukhumvit Rd, prendre le Soi 23 puis 1re à droite. ☎ 259-30-33. Tlj 11h30-15h, 18h-minuit.* Le mal du pays vous taraude l'estomac ? Bienvenue au *Petit Zinc,* un bistro un rien *lounge* monté par Muriel et Thomas, qui ont stoppé à Bangkok leur tour du monde. Au mur, pour la *French touch,* quelques vieilles réclames, et dans l'assiette, salade de chèvre chaud, boudin noir, œuf cocotte, ou encore bavette à l'échalote à trancher à l'Opinel, avec un verre de rouge pour arroser tout ça. Et en dessert ? Une crème caramel pardi ! Ou un bout de fromage... Le midi, menu complet, petit noir compris, à moins de 450 Bts. De quoi combler les nostalgiques.

IOI ***Little Italy*** – ร้านอาหารลิทเทิล อิตาลี *(plan détachable, F-G4, **111**) : à l'angle de Sukhumvit Rd et du Soi 23.* Pour les noceurs affamés, un resto simili-italien ouvert toute la nuit. De quoi éponger ses libations à l'aide d'une pizza ou d'un steak, quand d'autres restos sont fermés.

Plus chic (de 800 à 1 500 Bts – 20 à 37,50 €)

IOI ***Lemon Grass*** – ร้านอาหารเลมอนกราส *(plan détachable, G4, **96**) : 5/1 Sukhumvit Rd, Soi 24. ☎ 258-86-37. Tlj 11h-14h, 18h-23h. Résa conseillée ou arriver tôt. CB acceptées.* Un succès qui ne se dément pas avec les années : un décor de petit bistrot thaï à l'ancienne avec de jolies tables en bois, tableaux, plantes et lumières tamisées. Quelques tables joliment dressées dans la courette. Bonnes soupes, crevettes marinées dans du lait de coco avec du citron, ou la spécialité maison, le *lemon-grass chicken*...

IOI ***Rang Mahal*** – ร้านอาหารรังมาฮาล *(plan détachable, G4, **100**) : Rembrandt Hotel, 19 Sukhumvit Rd, Soi 18. ☎ 261-71-00. Plats 200-700 Bts. Dim 11h-14h30, buffet 850 Bts.* Au 26e étage de l'hôtel *Rembrandt,* une bonne escale pour les amateurs de cuisine indienne, réputée

BANGKOK

pour le très bon rapport qualité-prix du buffet dominical, à découvrir en profitant d'une belle vue sur la ville. Alors, autant réserver une table près de la fenêtre puisqu'on peut dire que la vue aussi est facturée...

Oam Thong Restaurant – ร้านอาหารออมทอง *(plan détachable, G4, **89**) : 7/4-5 Sukhumvit Rd, Soi 33 (après le* Novotel Lotus *en arrivant dans le soi, enseigne quasiment invisible ; ne pas confondre avec le* Ton Thong*). ☎ 662-28-04. Tlj 11h-23h.* Un des restos spécialistes des plats de la mer. Cadre élégant juste ce qu'il faut. Le crabe est à l'honneur, sous toutes ses formes. Également quelques poissons en sauce ou crustacés frits. Bref, des préparations simples, efficaces et copieuses. Service dynamique.

Seafood Market and Restaurant – ภัตตาคาร ซีฟู้ดมาร์เก็ต *(plan détachable, G5, **95**) : 89 Sukhumvit Rd, Soi 24, à 500 m sur la gauche. ☎ 661-12-52. Tlj 11h30-23h30.* « Si ça nage, nous l'avons » : tel est le slogan de cette adresse assez originale... D'emblée, avant même de pousser la porte du resto, on tombe sur la gigantesque cuisine à l'air libre, dans laquelle s'affairent plusieurs dizaines de cuisiniers tout de blanc vêtus. Leur dextérité est un spectacle en soi ! Puis, dans une ambiance de supermarché un peu kitsch, on prend un caddie et on fait ses courses : crevettes, langoustes, cigales de mer, calamars et poissons exotiques de toutes sortes. Attention, ça douille (prix au poids) ; bien se faire préciser les prix. N'oubliez pas de prendre quelques légumes (très chers eux aussi) et de passer aux rayons vin et bière. Puis direction les caisses enregistreuses. Attention, une seconde addition vous attend à la fin du repas, celle de la cuisson (demander à voir les tarifs). Salle de resto-usine. Clim efficace, alors prévoir une petite laine ou aller sur la terrasse. Service de cantine.

Dans le coin et autour de Siam Square – ในเขตพื้นที่และรอบๆ สยามสแควร์ (plan détachable, D-E2-3)

Le quartier de Siam Square regroupe un ensemble de centres commerciaux et de dizaines de restos en tout genre. Prix généralement élevés, mais nous vous en avons déniché quelques-uns pas mal du tout.

Très bon marché (moins de 100 Bts – 2,50 €)

Tout le long du Soi Kasemsan II – ซอยเกษมสันต์ *(plan détachable, D3)*, quelques ***stands et échoppes de rues*** où se retrouvent fans de Jim Thompson (voir plus loin sa maison) et écoliers en goguette. Bons *satays* et soupes de nouilles riches et copieuses pour une poignée de bahts. Goûter aussi à la délicieuse salade de papaye verte.

Bon marché (moins de 200 Bts – 5 €)

Food Court du Siam Paragon – ศูนย์อาหารสยามพารากอน *(plan détachable, D3, **81**) : sur Rama I Rd, face à l'arrêt Siam du Skytrain, au rdc d'un des plus grands centres commerciaux de Bangkok. Tlj 10h-22h.* Sorte de Babel gastronomique où l'on peut aussi bien manger asiatique que français, néo-zélandais, allemand, indien ou américain. Vous prenez votre carte magnétique créditée à l'entrée et vous récupérez l'argent restant à la sortie. Jeune clientèle « pépiante » et familles.

Food Center du MBK – ศูนย์อาหารมาบุญครอง *(plan détachable, D3, **82**) : au 6ᵉ étage du Mah Boonkrong, Thanon Phaya Thai. ☎ 620-92-49. Tlj 10h-21h.* Le plus grand centre commercial du pays (plus de 100 000 visiteurs par jour) abrite un *food center* à sa taille. Changez d'abord quelques billets contre des coupons, remboursables au guichet « Refund » (mais seulement le jour même). Passez ensuite en revue les différents stands de bouffe. Cuisines thaï, vietnamienne, chinoise ou indienne. On vous conseille, par exemple, le stand C19 pour son canard rôti à la mode hongkongaise, bien que ce ne soit pas le moins cher, ou encore le C12 pour ses soupes de nouilles. Également des plats de porc, moules ou fruits de mer. Stand de desserts proposant un délicieux *sticky rice with mango*.

Prix moyens (autour de 350 Bts – 8,75 €)

Once Upon a Time – ร้านอาหารวันส์อะพอนอะไทม์ *(plan détachable, E3, **99**)* **:** 32 Petchaburi Pratunam Rd, Soi 17. ☎ 252-86-29. Tlj 11h-minuit. CB acceptées. Le cadre est déjà une réussite : une vieille maison de style, tout en bois, dans un jardin tropical planté de grands manguiers. En plein centre de Bangkok et pourtant au calme. Le mobilier patiné par les ans, la collection de portraits anciens, l'éclairage tamisé et les costumes des serveurs aux petits soins donnent l'impression de revivre le début du XXe s. Quelques irrégularités dans la qualité toutefois, dommage.

T. Pochana – ที โภชนา *(plan détachable, E2, **83**)* **:** sur Rajprarop Rd, à l'angle avec un petit soi. ☎ 252-19-84. Tlj 11h30-minuit. Un des meilleurs restos de fruits de mer de Bangkok. Attention, prix au poids (1 200 Bts le kg). Passons sur la déco métallisée assez froide de cette salle vitrée donnant sur la rue, et concentrons-nous sur l'assiette. On choisit ses poissons dans les viviers et les étals au fond de la salle. Compter 600 Bts pour un crabe au curry *(fried crab with curry powder)*. À la carte, autrement, pétoncles sautés *(fried baby clams)*, soupe de coquilles Saint-Jacques à la sauce rouge *(sheel meat)*, boulettes de crabe *(oy cho)*. Tout est bon, préparé et grillé à la minute.

Vers Silom Road et Patpong – ถนนสีลมและพัฒน์พงษ์ *(plan détachable, C-E4-5)*

Bon marché (moins de 200 Bts – 5 €)

Cantines de rue *(plan détachable, D4-5)* **:** au coin de Silom et Convent Rd – ร้านค้าเล็กๆมุมถนนสีลมและคอนแวนต์. Plats thaïs sur le pouce frais et savoureux, cuisinés dans une multitude de petits stands et servis sur des tables improvisées. À l'heure du déjeuner, tous les employés du quartier s'y précipitent, et en soirée, de nombreux noctambules viennent là pour recharger leurs batteries. Rencontres authentiques. Vraiment pas cher.

Ngwanlee Lungsuam – ร้านอาหารง่วนหลี *(plan détachable, E4, **101**)* **:** 101/25-26 Soi Lang Suan, Ploenchit Rd. ☎ 251-83-66. Tlj midi et soir. En face du Lumphini Park, un lieu populaire qui fait de la résistance aux grands buildings du coin. On ne peut pas faire plus typique. C'est ici que les expats amènent leurs copains pour découvrir la *vraie* cuisine thaïe. On pointe du doigt dans les assiettes des voisins, sur les étals, les photos aux murs ou sur le menu. Spécialités de fruits de mer (crabe farci exquis et extra frais). Châtaignes grillées. Grande terrasse isolée de la rue ou salle patinée par les ans. Service jovial.

Café 1912 – สมาคมฝรั่งเศส *(plan détachable, E5, **98**)* **:** 29 Sathorn Tai Rd – ถนนสาธรใต้. ☎ 670-42-00. Au sein de l'Alliance française (déménagement prévu à l'été 2013). Ouv tte la journée, jusqu'à 19h (14h dim), mais bien pour le déj. Adresse un peu chic, dans un bel espace lumineux pour une cuisine locale vraiment pas chère. Assistez à la préparation des nouilles et de la salade de papaye par les apprentis marmitons : un vrai savoir-faire. De temps à autre, cuisine française. Quelques pâtisseries et des cookies pour conclure.

Queen of Curry – ควีน ออฟ เคอรี่ *(plan détachable, C5, **93**) : 49 Charoen Krung, Soi 30. ☎ 234-43-21. À deux pas de l'arrêt du Skytrain Saphan Taksin et du Central Pier.* 3 tables sur le trottoir, une salle climatisée plutôt bien arrangée, qui tranche avec l'environnement immédiat. Pourtant, l'assiette et le service redonnent des couleurs à ce petit resto thaï familial. On s'est régalé du *bet yang*, magret de canard au miel et gingembre. Une pause revigorante avant de partir voguer sur la Chao Phraya.

Dee's Silom – สวนอาหารดีส์สีลม *(plan détachable, D4, **94**) : 19 Silom Rd, Soi 6. ☎ 634-22-00.* Dans ce *soi* qui compte surtout des restos chic *(Aoi, Mango Tree)*, voici une cantine sans prétention. Vaste terrasse avec du mobilier de jardin en plastique. Pas le décor de rêve, donc, mais une ambiance populaire pour avaler des morceaux de poulet cuits à l'étouffée dans des feuilles de palme ou un *green curry* très pimenté à étouffer d'urgence avec un *fried rice*. Pas la peine d'en faire des tonnes, on vient ici pour manger pas cher et simplement. D'ailleurs, le service est sans fioritures.

Prix moyens (moins de 350 Bts – 8,75 €)

Ban Chiang – ร้านอาหารบ้านเชียง *(plan détachable, C5, **106**) : Si Wiang Rd –* ถนนศรีเวียง *(dans une rue parallèle, entre Sathorn et Silom Rd). ☎ 236-70-45. Tlj midi et soir, jusqu'à 22h30.* Au cœur du quartier des antiquaires, dans une maison de charme délicieusement patinée par le temps et dissimulée derrière un jardin luxuriant, on sert une exquise et authentique cuisine thaïe. En vedette, un *roast duck curry* mémorable. Choix de vins satisfaisant pour les amateurs. Pour la petite histoire, *Ban Chiang* est le nom d'une civilisation préhistorique qui occupa le sol thaïlandais et dont le patron possédait une collection de poteries. Excellent accueil.

Harmonique – ร้านอาหารฮาร์โมนิค *(plan détachable, C5, **107**) : 22 Charoen Krung, Soi 34. ☎ 237-81-75. À deux pas de l'ambassade de France ; chercher le grand portique rouge et doré sur Charoen Krung, c'est à droite au fond du soi. Tlj sf dim 11h-22h.* Dans une maison thaïe pittoresque décorée avec goût, pleine de chinoiseries. Tonnelle agréable où pendent mollement des lianes. À la carte (avec photos pour se faire une idée), fruits de mer (très bon curry de crabe) et plats thaïs bien ficelés, comme le poulet au sésame ou au lait de coco. Service aimable avec un petit plus, les serviettes rafraîchissantes.

Himali Cha Cha and Son – ภัตตาคารหิมาลัยชาช่า *(plan détachable, C5, **103**) : 1229/11 Charoen Krung, Soi 47/1 (entre Silom Rd et Surawong). ☎ 235-15-69. Tlj midi et soir, jusqu'à 22h30.* Resto indien de bonne tenue quoique l'éclairage soit un peu faible (on ne voit pas toujours dans son assiette !). Plats d'Inde du Nord. *Vegetable kofta*, currys, *korma* et tandoori toujours réussis et à prix doux. Nos papilles se souviennent encore du tandoori à la menthe (très épicé) et du *curry kashmiri* (plus doux). Carte de plats végétariens, comme il se doit pour un indien. Service diligent.

Plus chic (de 400 à 1 000 Bts – 10 à 25 €)

Mango Tree – เดอะแมงโกทรี *(plan détachable, D4-5, **104**) : 37 Soi Tantawan, Surawong Rd. ☎ 634-39-11. Tlj 11h30-minuit. Venir tôt ou réserver.* Dans une ruelle calme, une de nos meilleures adresses. Cadre soigné, intime et élégant dans une vénérable maison siamoise posée au pied d'un magnifique manguier, devant lequel jouent souvent des musiciens en soirée. On s'y régale d'une excellente cuisine thaïe à des prix certes un brin élevés. Carte longue comme le bras. Dilemme ! on aimerait tout goûter : salades copieuses, soupes raffinées, nouilles délicates... Au dessert, le *mango with sticky rice* est, comme d'habitude, une petite merveille. On peut aussi y prendre un verre au comptoir, autour d'une fontaine apaisante.

Aoi – อ๊อย *(plan détachable, D4-5,* ***105****) : 132/10-11 Silom Rd, Soi 6. ☎ 235-23-21. Chercher l'enseigne tte blanche sur la gauche. Tlj 11h30-14h30, 18h-23h.* Cadre fait de bois, de pierre et d'alcôves en étage pour ce temple de la gastronomie japonaise. Les *soba* et *udon* (énormes spaghettis préparés aux petits légumes) sont bien cuisinés et amplement suffisants pour un repas. Les amateurs de sushis et sashimis devront ouvrir leur portefeuille. Sinon, s'en tenir aux « plats du milieu » : *nimono* (bouillon), *agemono* (tempura) ou encore *yakimono* (grillade). Pour le dessert : flan à la mangue, purée de haricots rouges aux fruits... De quoi se faire hara-kiri ! Accueil en tenue traditionnelle, tout en sourire et déférence.

Très chic (autour de 1 500 Bts – 37,50 €)

Pour le déjeuner, tenter le buffet-lunch des grands hôtels. Le soir, dans la même catégorie, on vous recommande particulièrement le **Sala Rim Nam** – ภัตตาคารศาลาริมน้ำ *(plan détachable, C5,* ***109****)*, resto du très prestigieux *Mandarin Oriental Hotel* – โรงแรมแมนดาริน โอเรียลเต็ล, de l'autre côté de la rivière Chao Phraya. Une navette gratuite effectue régulièrement l'aller-retour de l'hôtel au resto *(résa souhaitable : ☎ 659-90-00 ; tlj à partir de 17h ; dîner-spectacle env 2 000 Bts).* Nourriture de qualité et à volonté, ou à la carte sur l'extension en terrasse au bord de l'eau. Un cadre magique, très luxueux (faites un effort vestimentaire), cuisine enchanteresse, hyper variée et copieuse. Prix à l'avenant, bien sûr. Propose également des cours de cuisine, excessivement onéreux.

Gaggan – ร้านอาหารอินเดียเกกกาน *(plan détachable, E4,* ***97****) : 68/1 Soi Lang Suan, Ploenchit Rd. ☎ 652-17-00. Résa nécessaire. Menu découverte (peut suffire pour 2) 1 500 Bts.* Au calme dans une petite ruelle, c'est ici, dans un cadre de bois blanc presque clinique, que Gaggan a installé son temple de la « cuisine indienne progressive ». Après 1 an d'apprentissage sous la férule du chantre de la cuisine moléculaire Ferran Adria, Gaggan a posé ses valises à Bangkok, la tête en ébullition. Opter pour le menu découverte : s'y succède une farandole de petites assiettes, tantôt audacieuses et innovantes au niveau des textures et des associations (huître espuma de menthe et coriandre, foie gras poêlé sauce fraise et poudre de foie gras...), tantôt aux saveurs indiennes traditionnelles tout aussi bienvenues et réussies. Passionné et sympathique, le chef passe de table en table pour recueillir questions et impressions. Une des tables n'est séparée de la cuisine que par une vitre. Une poignée de tables dehors, dans une petite cour-jardin. Bon vent au bouillonnant Gaggan !

Nahm *(plan détachable, E5,* ***42****) : resto de l'hôtel* Metropolitan *(voir « Où dormir ? »). Ouv ts les soirs ; se renseigner pour le déj ; réserver. Menu 1 700 Bts (qui peut suffire pour 2) ; plats 350-500 Bts.* L'hôtel *Metropolitan* s'est offert les services de David Thompson, le chef australien étoilé dans son resto londonien, qui propose ici une cuisine thaïe de haute volée, là où, des cuisines des restos chic sortent souvent des plats occidentaux. Le menu et sa farandole de petits plats offre un délicieux aperçu des talents de l'équipe : croustillant, épicé, amer, sucré-salé... les papilles vont de – très bonne – surprise en – très bonne – surprise. Allez-y donc les yeux fermés et faites confiance au chef ! Attention à une chose néanmoins, le dosage des épices n'étant pas celui habituellement utilisé pour les *farang,* ne vous laissez pas surprendre ! La prédominance du noir et du blanc dans le cadre contemporain est adoucie par la présence du bois et d'éclairages judicieusement disposés. On peut aussi dîner dehors. Une escale vite devenue incontournable chez les fines gueules.

Où boire un verre ? Où sortir ?

La loi en vigueur n'autorise pas les bars et discothèques à ouvrir au-delà de 2h du matin. Les oiseaux de nuit en seront pour leurs frais... Voici tout de même quelques adresses pour terminer la soirée en beauté.

Bars de rue et bars de nuit

Vers les temples

Amorosa – ร้านอโมโรซ่า *(zoom détachable, A3,* ***44****) : 36-38 Soi Pratu Nokyung, sur Maha Rat Rd. ☎ 221-91-58. Sur la berge, face au Wat Arun et derrière le Wat Pho, au 4e étage de l'Arun Residence. Tlj 17h30-minuit (1h ven-dim).* C'est le rendez-vous des touristes au coucher du soleil. Vue plongeante et superbe sur la Chao Phraya et le Wat Arun (ce dernier en contrejour au coucher du soleil, amis photographes). Pour un dernier verre en amoureux... Pas donné quand même, surtout qu'il faut ajouter 10 % de service. Mais quand on est amoureux, on ne compte pas, n'est-ce pas ?

Dans le quartier de Khao San Road

Quartier bondé de routards, bouillonnant le soir.

Roof Bar and Restaurant *(zoom détachable, B2,* ***169****) : Khao San Rd. Tlj jusqu'à 2h.* Le bar à la mode où, entassés sur un toit-terrasse en surplomb de Khao San Road, on vient, l'alcool aidant, s'égosiller avec le chanteur sur des tubes internationaux, lavé de toute honte par le regard bienveillant des icônes du rock punaisées aux murs. Véritables juke-box vivants, les musiciens jouent les titres sur commande. Ambiance survoltée et consos pas données.

Brick Bar – บริกค์ บาร์ *(zoom détachable, B2,* ***32****) : 265 Khao San Rd, dans le Buddy Lodge Building. ☎ 629-45-56. Tlj 20h-2h. Groupes à 20h, 22h30 et 0h30.* On longe d'abord une petite collection de vieilles motos avant d'accéder à ce bar musical logé tout au fond du complexe. Architecture en brique, *of course,* atmosphère sombre avec éclairage à la bougie et zinc long comme le bras. Mieux vaut arriver un peu tard, vers 23h-minuit, pour trouver du monde. Bons groupes et tous styles musicaux. Billard.

Molly Bar – โมลี บาร์ *(zoom détachable, B2,* ***167****) : 108 Rambuttri Rd. ☎ 629-40-74.* Un bar-terrasse sur le trottoir, très classique, qu'on vous cite uniquement pour ses concerts en fin d'après-midi qui ont lieu dans la petite salle à l'ancienne.

– Les modes tournent vite mais on peut également vous citer le **Hippie de Bar,** le **Center Khao San** et le **Bangkok Bar.**

Dans le quartier de Sukhumvit

Quartier animé, voire chaud le soir, notamment dans le passage reliant les Soi 21 et 23 (bars à filles). Le Soi 11 est lui jalonné de bars et boîtes à expats, du bon vieux pub au club branchouille. La nuit, sur Sukhumvit Road, des dizaines et des dizaines de jeunes femmes semblent attendre un bus qui n'arrive jamais...

Charlie's Bar – ชาลีส์ บาร์ *(plan détachable, F3,* ***161****) : Sukhumvit,*

Soi 11. Tlj, jusqu'à minuit. Minuscule bar de rue dans un renfoncement à gauche. C'est un étonnant bric-à-brac végétal, une jungle de bois séchés sur un bout de trottoir. Les quelques tables sont fréquentées le soir par les expats anglo-saxons. Chez *Charlie,* c'est bière ou whisky.

Dans le quartier de Silom

Sur Sarasin Road – ถนนสารสิน *(plan détachable, E4),* le long du parc Lumphini, une rangée de ***bars de rue*** furieusement en forme égaieront vos soirées. Musique live, ambiance décontractée et bon esprit. Très sympa.

After Hours – อาร์ฟเตอร์ บาร์ *(plan détachable, D5,* ***162****) : 132/15 Silom Rd, Soi 6. ☎ 634-09-01. Juste à côté du resto Aoi. Tlj 10h-1h.* Happy hours *17h-20h. Musique live tlj sf dim 19h-21h30.* Une terrasse agréable pour boire un verre à l'heure de l'apéro et de l'*happy hour* (tant qu'à faire !), quitte à prolonger un peu pour écouter quelques notes de musique folk.

Pour siroter un cocktail au sommet de Bangkok, on pourra grimper jusqu'au ***Vertigo Bar,*** au 59e étage de l'hôtel *Banyan Tree,* sur South Sathorn Road *(plan détachable, E5,* ***170*** *; tlj dès 17h).* Ambiance ultra-chic (shorts et sandales restent à la porte) et prix qui vont avec, mais panorama exceptionnel sur la ville illuminée. Dans le même genre, on peut aussi tenter le ***Red Sky,*** au 55e étage de l'hôtel *Centara Grand,* au *shopping center* Central World *(plan détachable, E3,* ***171*** *; tlj dès 17h).*

Discothèques

Dans le quartier de Sukhumvit

Pegasus (Narz) – ปีกาสัส (นาร์ซ) *(plan détachable, G4,* ***165****) : 112 Sukhumvit Rd, Soi 23 (dans la 1re rue qui part sur la droite du Soi 23). ☎ 258-42-62. Tlj 20h-2h. Entrée : 1 800 Bts avec 2 consos.* Dans une bâtisse gigantesque, la disco la plus frimeuse de Bangkok. Plein de *golden boys,* de dragueurs argentés ayant gagné au loto. Cadre de colonnades à la romaine, un peu kitsch. Tenue *fashion & clean* exigée. Musique live certains soirs.

Q Bar – คิวบาร์ *(plan détachable, F3,* ***160****) : sur Sukhumvit, tt au bout du Soi 11, dans une ruelle à gauche. ☎ 252-32-74. Tlj 20h-1h. Entrée : 500 Bts avec 2 consos.* Le bar-boîte qui pulse à fond. Techno, house, jungle & trip-hop. Terrasse intime pour les amoureux. Bonne ambiance. Très fréquenté par les expats. Un peu cher. Tenue classouille exigée.

The Bed Supperclub – เดอะ เบด ซัปเปอร์คลับ *(plan détachable, F3,* ***160****) : sur Sukhumvit, Soi 11 toujours, avt le Q Bar. ☎ 651-35-37. • bedsupperclub.com • Entrée : autour de 600 Bts, mais très variable selon j. et programmation.* Un de ces clubs futuristes assez originaux. Dans une capsule de métal, suspendue à des pylônes en béton. On peut dîner assis ou couché, mais boire ou danser bien debout ! Écrans vidéo, jeux de lumière et DJ à la pointe pour *mix* tendance. *Crazy baby !* Ambiance branchée, venir bien sapé.

Dans le quartier de Siam Square

Concept CM2 – คอนเ ซ็ป ซี เอ็ม 2 *(plan détachable, D-E3,* ***164****) : au rdc de l'hôtel* Novotel, *Siam Square, Soi 6. ☎ 255-68-88. Tlj à partir de 20h.* Niveau sonore totalement délirant. Très R'n'B. Fréquenté par la jeunesse dorée et les expatriés. Inutile d'essayer de rentrer en tongs ! Divers karaokés et 2 boîtes.

Cabaret et spectacles

Dans le quartier de Siam Square

Calypso Cabaret – คาลิปโซ่ คาบาเร่ *(plan détachable, D3,* ***166****) : au rdc de l'Asia Hotel, 296 Phaya Thai Rd. ☎ 653-39-60 (9h-18h) et 216-89-37 (18h-22h). • calypsocabaret.*

com • Arrêt Ratchathewi du Skytrain (accès direct depuis la station). Show ts les soirs à 20h15 et 21h45. Durée : 1h. Entrée : 1 200 Bts avec 1 conso ; souvent des promos (regarder sur Internet ou passer par une agence) ; réserver quelques j. avt. Il s'agit d'un spectacle réalisé par une joyeuse bande de travestis qui dansent et chantent en play-back sur des airs du monde entier. Décidément, la Thaïlande est vraiment le pays de la contrefaçon ! Spectacle soft et bon enfant.

– ***Les « go-go bars » de Patpong*** *(plan détachable, D4)* **:** attention ! attrape-touristes ! Lire attentivement la rubrique « Prostitution » dans « Hommes, culture, environnement » ! Patpong I et Patpong II sont deux ruelles composées essentiellement de bars à *go-go girls*. Les filles dansent en maillot sur la piste. Certains bars proposent de la musique live (comme le *Muzik Bar*) mais le but de ces établissements est de saigner votre portefeuille. Bien demander le prix de la bière avant d'entrer, car si vous êtes client de sexe tarifé, sachez que les filles ne quittent le bar qu'à la fermeture, d'ici là, il faudra rincer le patron. Si l'on pense que se priver d'une balade nocturne dans les ruelles de Patpong revient à ne pas monter jusqu'au 3e étage de la tour Eiffel, en revanche, on peut considérer qu'aller plus loin avec une des filles (surtout sans capote) reviendrait à se jeter du haut de cette même tour Eiffel. Par ailleurs, oubliez les offres alléchantes des « pussy shows », arnaques et attrape-touristes en tous genres. Plus d'un routard a failli y perdre ses ailes.

Achats

Bangkok aligne de nombreux marchés, certains encore très typiques, d'autres plus touristiques, mais aussi des dizaines de *shopping centers* qui raviront les amateurs de lèche-vitrine. Par ailleurs, dans certains secteurs, plusieurs rues voient leurs trottoirs se couvrir de stands le soir. On y trouve de tout, et surtout du faux. Incroyable comme ce pays est devenu celui de la contrefaçon : polos, montres, sacs, cassettes, CD, DVD, chemises, lunettes, bijoux... Heureusement, les soies sont bien authentiques.

Parmi les ***marchés,*** ne pas manquer le ***Thewet Flower Market*** – ตลาดดอกไม้เทเวศร์ *(plan détachable, B1),* où l'on trouve plantes, fleurs tropicales et orchidées. Mais le plus beau reste tout de même le ***Pak Khlong Market*** – ปากคลองตลาด *(zoom détachable, B3-4 ; bus nos 4, 5, 56, 21 et 37),* marché monumental aux fruits, légumes et fleurs essentiellement. Fleurs de lotus, orchidées, jasmin, les odeurs et les couleurs se mélangent avec bonheur. De jour comme de nuit, c'est somptueux. Possibilité de relier ces 2 marchés en prenant le *River Express,* du *Saphan Phut Ferry Pier* au *Thewet Ferry Pier...* Pas cher, rapide et agréable. L'occasion d'amusantes balades à la découverte du visage authentique de Bangkok. De Pak Khlong Market, remonter au nord vers le marché indien ***Pahura Market*** – ตลาดพาหุรัด (*zoom détachable, B3* ; voir plus loin dans « À voir. À faire »), riche en étoffes et en bijoux.

La soie : relancée par Jim Thompson, l'industrie de la soie est aujourd'hui florissante. Tissée à la main, avec des motifs splendides et des tons très vifs et colorés, la soie thaïlandaise est considérée comme l'une des plus belles du monde. Faites donc un détour par la ***boutique Jim Thompson*** – ร้านจิมทอมป์สัน *(plan détachable, D4,* ***157*** *; 9 Surawong Rd ; ☎ 632-81-00 ; tlj 9h-21h).* Il y a beaucoup de choix, de la simple pièce de tissu aux chemises, en passant par les cravates, robes, foulards, etc. C'est beau, c'est cher, mais bien moins qu'en Europe. D'autres boutiques à travers Bangkok. Les fans iront au **stock** *(hors plan détachable par G5 ; 153 Sukhumvit, Soi 93)* ; quelques réductions sur d'anciennes collections.

Tailleurs : le grand truc, pour vous, monsieur, c'est de vous faire tailler un costard sur mesure, et pour vous, madame, un beau tailleur (découpez les photos des modèles dans vos magazines préférés). Des centaines d'adresses pour cela. En voici une de très bonne qualité : ***A. Song Tailor*** – เอ สองเทลเลอร์ *(plan détachable, C5,* ***153*** *; 8 Trok Chartered Bank Lane, presque à l'angle avec Charoen Krung* – หน้าโรงแรมโอเรียลเต็ล *; ☎ 235-27-53 ; CB acceptées).* Toute petite boutique ne payant pas de mine dans le quartier (musulman) de l'ambassade de France, avec ses nombreuses versions du *Routard* en toutes langues dans la vitrine. Jolies coupes, beaux tissus, magnifiques cachemires, bon rapport qualité-prix et extrême gentillesse. Compter 3 essayages minimum pour un 3-pièces. Très peu de choix de tissus pour les femmes. Cela dit, si vous devez aller à Chiang Mai, patientez pour faire confectionner vos fringues, c'est beaucoup moins onéreux là-bas.

Sukhumvit Road – ถนนสุขุมวิท *(plan détachable, F-G3-4)* **:** au début de la rue, entre les Soi 5 et 20, des stands ambulants vendent toutes les grandes marques... contrefaites, juste devant les magasins officiels de ces mêmes marques. C'est vilain de copier, et désormais, ça peut coûter cher ! Savoir par ailleurs que les montres se détraquent vite et que les étoffes passent rapidement au rayon des chiffons à chaussures. Un tas de souvenirs en tout genre.

Chatuchak Park – ตลาดนัดจตุจักร *(Week-end Market ; hors plan détachable par E1,* ***151****)* **:** un marché super où l'on trouve de tout. Se reporter à la rubrique « À voir. À faire. Au nord du quartier de Siam ».

Yaowarat Road – ถนนเยาวราช *(zoom et plan détachables, B-C3-4)* **:** *dans le quartier chinois.* Toute la rue est bordée de bijoutiers. Essentiellement de l'or. Se méfier quand même, les arnaques sont fréquentes. Dans les petites rues adjacentes, échoppes de toutes sortes où l'on trouve des herbes, des potions genre poudre de perlimpinpin aux odeurs bizarres. Plus loin, le *Nakhom Kasem* (le « marché aux voleurs »). Porcelaines chinoises et thaïlandaises, et quantité d'objets inutiles.

Pratunam Petchaburi – ประตูน้ำและถนนเพชรบุรี *(plan détachable, E3)* **:** *au pied de la tour Baiyoke (voir plus loin dans « À voir. À faire »). Fermé dim.* C'est l'équivalent de notre quartier du Sentier à Paris. On y vend de la fripe, du tissu, pour tous les goûts, de toutes les couleurs, à tous les prix. Nombreux restos orientaux. Le Sentier, on vous dit ! Notez aussi qu'au 4e étage de la tour Baiyoke II (accès gratuit), vous trouverez de jeunes créateurs proposant un choix impressionnant de T-shirts, souvent drôles ou originaux... Citons par exemple les boutiques *Melting Pot* et *Immortal*.

Patpong Night Bazaar – พัฒน์พงษ์ไนท์บาร์ซาร์ *(plan détachable, D4,* ***156****)* **:** Patpong I Road n'est pas seulement un grand marché à viande ! Le soir, les rues sont envahies de stands qui vendent de tout et au prix le plus fort. Babioles, CD, DVD, montres, T-shirts... Ne vous fiez pas aux marques, tout est archifaux, bien sûr !

Khao San Road – ถนนข้าวสาร *(zoom détachable, B2)* **:** possède aussi son lot de stands divers. Tous les soirs, on y trouve pas mal de bijoux fantaisie et de contrefaçons très chères. À Khao San Road, pour 100 Bts, t'as plus rien !

Les shopping centers *(ouv généralement jusqu'à 22h)* proposent des articles intéressants. On peut y acheter des tas de choses (lingerie, produits de beauté, tissus, grandes marques – authentiques ! –, etc.). On peut même obtenir une retouche sur un vêtement en moins d'une demi-heure. En voici quelques-uns ; ***Siam Square*** – ศูนย์การค้าสยามสแควร์ *(plan détachable, D3, **155**)*, le plus important ; ***Charn Issara Tower*** – ตึกชาญอิสระ, 942 Rama I Road ; ***Emporium*** *(plan détachable, G4)* sur Sukhumvit Road, pour son élégance et sa beauté ; ***MBK, Rama 1 Siam*** *(plan détachable, D3)*, très prisé des étudiants et des touristes ; ***Siam Paragon*** *(plan détachable, D-E3)*, avec toutes les marques de mode, un aquarium en sous-sol et des concessionnaires Lamborghini, Maserati, Porsche... ; ***Central World*** *(plan détachable, E3)*, immense, et ***Zen*** et ***Isetan,*** juste à côté, sur 8 étages. Tous les *shopping centers* proposent des *food court* pour manger un bout sans se ruiner (voir « Où manger ? » plus haut).

Asiatique The Riverfront – เอเชียทีค ริเวอร์ฟร้อนท์ *(hors plan détachable par C5, **158**) : Charoenkrung Rd, Soi 72-76. • thaiasiatique.com • Tlj 17h-minuit. Bateau-navette gratuit ttes les 15 mn, 16h-23h15, depuis l'embarcadère Tha Sathorn (station de Skytrain Saphan Taksin).* Tout beau, tout chic, cet immense *night market* s'est installé dans des docks réhabilités, le long du fleuve. Profusion de boutiques élégantes de souvenirs ou de créateurs, de fast-food, de restos-bars branchés, en plein air pour la plupart. Il y a même une grande roue, pour zieuter Bangkok d'en haut. Vous l'aurez compris, ce n'est pas le coin le meilleur marché ni le plus pittoresque pour faire ses achats, tout cela fait très village global. Atmosphère sympathique cependant, très prisée des touristes asiatiques. Et pour changer de monde, il suffit de changer de trottoir : en face s'alignent les cantoches de rue.

BANGKOK

À voir. À faire

Attention : les rabatteurs (surtout les chauffeurs de *tuk-tuk* !) vous indiqueront soit que les temples sont fermés (comme par hasard !), soit qu'ils sont réservés uniquement aux Thaïs, et vous proposeront des tours en attendant, ou vous emmèneront voir des boutiques où ils touchent des commissions. Donc, refusez poliment et suivez votre chemin. Idem avec les marchands de pierres précieuses : tout est souvent très faux ! Voir notre rubrique « Dangers et enquiquinements » dans « Thaïlande utile » plus haut.

Les temples fourmillent à Bangkok, comme les églises à Paris. Nous indiquons ici les édifices majeurs, mais rien n'empêche de se laisser dérouter par quelque coup de cœur mystique ou esthétique...

Enfin, prévoyez un grand châle pour la visite des temples : avoir les épaules dénudées n'est pas recommandé, et cette précaution pourra vous éviter de faire la queue pour emprunter une chemise.

Dans les quartiers chinois, indien et près des temples – ย่านจีนและย่านอินเดีย ใกล้ๆ วัด *(zoom détachable)*

Wat Phra Kaeo et le Grand Palais – วัดพระแก้วและพระบรมมหาราชวังค์ *(zoom détachable, A3) : Sanam Chai Rd. ☎ 222-00-94. Desservi par les bus nos 32, 44, 47, 53, 91, et par le bateau, arrêt Tha Chang. Tlj 8h30-16h (dernière entrée à 15h30). Entrée : env 500 Bts ; gratuit pour les enfants ; ticket jumelé avec la visite du Vimanmek Palace Museum (voir plus loin), valable 7 j. après achat. Audioguide en français 200 Bts ou plan avec explications en français gratuit. Visites guidées de 1h (gratuites et en anglais ; jusqu'à 5 pers) à 10h, 10h30, 13h30* *et 14h. Tenue correcte exigée (pantalon et épaules couvertes), mais si vous n'avez pas l'équipement adéquat, on vous le prêtera contre une caution. Attendez-vous à faire la queue...*

Très couru, conseillé d'y aller tôt afin d'éviter la chaleur et les hordes de touristes asiatiques singeant littéralement les poses des statues pour une jolie photo souvenir ! Commencer la visite par le Wat Phra Kaeo puis le Grand Palais : les gardes sont inflexibles si vous faites l'inverse ! Boutique bien fournie, où une partie des bénéfices est reversée aux artisans thaïs.

Le palais fut construit en 1782 par Râma Ier, fondateur de la dynastie Chakri, complété et modifié par ses successeurs. À l'intérieur de l'enceinte (219 ha), on trouve le palais lui-même, des dépendances, ainsi qu'un ensemble de temples dont le Wat Phra Kaeo, le temple bouddhique le plus fameux de la Thaïlande, édifié pour accueillir le *bouddha d'Émeraude* (en fait, c'est du jade). Cet ensemble de temples entourant le *wat* principal fut construit à la fin du XVIIIe s. C'est l'un des plus cohérents du pays sur le plan architectural, même si ça n'en a pas l'air.

BOUDDHA VOYAGEUR

L'histoire du bouddha d'Émeraude fait partie des célèbres légendes de l'Orient. Des chercheurs pensent qu'il serait originaire du nord du pays, d'autres situent sa provenance en Inde du Sud ou au Sri Lanka. Au XVe s, c'est à Chiang Rai qu'on découvre cette statuette du Bouddha, alors couverte de stuc. Sous le stuc apparaît en fait une statue de jade (et non d'émeraude !), resplendissante. Elle fait un séjour à Lampang, puis le roi de Chiang Mai décide de la récupérer. Un siècle plus tard, la voilà au Laos, ayant suivi les princes dans leur conquête. Après plusieurs voyages encore, Râma Ier, à la fin du XVIIIe s, la récupère lors de la prise de Vientiane, puis la rapporte en Thaïlande. On lui érige alors un temple définitif, le Wat Phra Kaeo, achevé en 1784.

La visite

Ça y est ! vous y êtes, vous avez passé la porte de la Glorieuse Victoire. Après avoir acheté vos tickets et avant l'entrée dans l'enceinte du temple, sur la droite, musée de la Monnaie, des Médailles et Trésor royal : le *Royal Thai Decorations and Coin Pavilion.* Si monnaies et médailles ne présentent pas un intérêt formidable, en revanche la collection de vêtements, sceptres, épées, bijoux et vaisselle de la famille royale est tout simplement prodigieuse. Les vêtements du bouddha d'Émeraude du Wat Phra Kaeo sont changés à chacune des trois saisons, et les deux ensembles de rechange sont exposés ici. Ces vêtements en or et pierreries ont été confectionnés par un joaillier français établi en Thaïlande, sur le modèle de ceux qui avaient été confectionnés deux siècles plus tôt.

On accède ensuite aux temples. Devant cet ensemble aux couleurs vives, on hésite entre trouver cela somptueux ou carrément kitsch : façades chargées, recouvertes de verre, de dorures, de bouts de miroir, de morceaux de faïences multicolores, et agrémentées de petites sculptures. Ce qu'on aime particulièrement, en revanche, ce sont les toits superposés, colorés comme des tapis en cascade. Éblouissants stupas dorés au soleil et colonnes constellées de miroirs. On ne va pas vous faire l'historique de chaque temple, ce serait fastidieux. Voici quand même une sélection des plus remarquables.

Commençons par l'édifice principal, le *Wat Phra Kaeo,* qui abrite la fameuse statuette du bouddha d'Émeraude. C'est en fait la chapelle royale du Grand Palais, édifiée par Râma Ier. Elle rappelle par son style les chapelles des royaumes de Sukhothai et d'Ayutthaya. Le toit combine les styles thaï et khmer (époque où les deux royaumes étaient unis). On y entre par l'arrière.

Le fameux bouddha est placé au sommet d'un piédestal et protégé par une sorte de baldaquin à neuf niveaux, symbole de la royauté universelle et de la continuité de la dynastie Chakri. En réalité, on ne voit pas vraiment bien la statue, car elle est placée à 11 m de haut et ne mesure que 66 cm ! Le Bouddha s'y trouve dans une position de méditation, assis, les jambes repliées. Petite, oui, mais coquette ! Elle possède trois tenues que le roi lui-même change à chaque saison : une robe bleue à paillettes et deux en or. Celles qu'elle ne porte pas sont conservées dans le pavillon des Médailles et des Décorations.
Remarquer aussi l'autel sur lequel le bouddha est dressé. Il est en bois recouvert d'or. Noter les panneaux de la porte incrustés de nacre, réalisés dans le style d'Ayutthaya. Sur les murs, fresques retraçant la vie du Bouddha. Les trois mondes sont évoqués : celui du désir, celui de la forme et celui de l'absence de forme. Figures hautement allégoriques, dont la signification nous échappe bien souvent. Apprécier aussi les offrandes, généralement somptueuses.
Attention : photos interdites et évitez de pointer du pied la statue, insulte suprême.
Tout autour du Wat Phra Kaeo, on trouve une multitude d'autres édifices, fermés au public pour la plupart. Bien sûr, vous ne manquerez pas ce magnifique *chedî* doré qui cache le sternum du Bouddha, ces statues de monstres, gardiens des portes des temples et, autour de certains *chedî,* ces démons à tête de singe qui supportent les structures, parés de costumes de mosaïques multicolores.
Enfin, le *Panthéon royal* (juste derrière le *chedî* doré), ruisselant d'or et de faïence bleue, date de la fin du XIXᵉ s et abrite des statues représentant les dirigeants de la dynastie actuelle grandeur nature ! Ouvert uniquement le 6 avril, jour de célébration de la montée sur le trône de l'actuelle dynastie.
Sur tout le pourtour, sous les arcades du *Ramakien,* immense fresque de 178 panneaux retraçant la version thaïe du Rāmāyana, un des récits épiques fondamentaux de l'hindouisme. Partir de la gauche de la porte principale pour « lire » l'épopée qui relate (pour résumer) la naissance et l'éducation du prince Râma (septième avatar de Vishnou), la conquête de Sîtâ et son union avec elle puis l'exil de Râma, l'enlèvement de Sîtâ, sa délivrance et le retour de Râma sur le trône. On y voit à plusieurs reprises Hanuman, le chef de l'armée des singes. À côté de la bibliothèque, on trouve une maquette reproduisant le site d'Angkor Vat, un des plus beaux ensembles de temples au monde, situé au Cambodge, mais qui faisait autrefois partie de la Thaïlande. Râma IV avait conçu le projet de déplacer Angkor Vat, mais il fut contraint d'y renoncer devant l'ampleur de la tâche.
Outre les temples, on peut visiter certaines pièces du *Grand Palais (fermé w-e et j. fériés),* ancienne résidence royale sur laquelle veillent des gardes en blanc à l'immobilisme très british. Chaque roi y étant allé de sa petite construction, ça fait un peu fouillis. On peut aussi visiter le *petit musée (8h30-16h)* : le rez-de-chaussée, assez pauvret, abrite une collection d'armes. L'étage se révèle, lui, plus riche. Enfin, sachez que le roi n'habite plus ici, ces salles ne servent que pour les grandes occasions.

Queen Sirikit Museum of Textiles – พิพิธภัณฑ์ผ้าในสมเด็จพระนางเจ้าสิริกิติ์ พระบรมราชินีนาถ *(zoom détachable A3)* : *dans l'enceinte du Wat Phra Kaeo, à droite en entrant, avt les caisses. Tlj 9h-16h30 (dernière entrée à 15h30). Droit d'entrée inclus dans le billet pour le Wat Phra Kaeo ; entrée du musée seul : 150 Bts ; réduc.* Élégant musée où admirer les plus belles pièces de la garde-robe de la reine Sirikit, tissées en soie thaïe selon des techniques traditionnelles et dessinées pour certaines par le couturier français Pierre Balmain. De vrais trésors de raffinement. Quelques tissus anciens également. Les commentaires sont en revanche franchement hagiographiques, s'appesantissant lourdement sur l'élégance de la reine et son engagement pour le développement de la soierie thaïe. On a même droit au film de ses voyages officiels...

🍸 Entre le Wat Phra Kaeo et le Wat Pho, on pourra aller prendre un jus de fruits frais dans une ancienne échoppe chinoise, le ***Rub-Ar-Roon Café*** – รับอรุณคาเฟ่ *(zoom détachable, A3, **168**).* Lire plus haut « Où manger ? Dans les quartiers chinois, indien et près des temples ».

Wat Pho – วัดโพธิ์ *(zoom détachable, A3) :* ☎ *223-03-69.* • *watpho.com* • *À env 10 mn à pied du Wat Phra Kaeo (accessible par les mêmes bus) ; de ce dernier, prendre Saman Chai Rd vers le sud, la 1re rue à droite. Sinon, arrêt bateau Tha Tien. Tlj 8h-18h30. Entrée : 150 Bts (petite bouteille d'eau incluse). Visites en anglais slt.*

Un de nos préférés. Vous n'y serez pas seul évidemment. Bel ensemble de temples dont le principal abrite le célèbre bouddha couché. Édifié par Râma Ier au XVIIIe s, c'est le plus ancien et le plus grand temple de Bangkok, mais certainement aussi le plus beau car situé dans un espace aménagé avec des coins de verdure et de repos. De plus, contrairement au Grand Palais, le Wat Pho est bien vivant. On y trouve des moines évidemment, mais aussi une école de massage, des diseurs de bonne aventure, un ashram de méditation, un petit café... Ce fut un centre d'éducation important au XVIIIe s, mais son origine est antérieure. Voici les éléments les plus importants.

– *Le temple du bouddha couché :* superbe et gigantesque bouddha couché, de 45 m de long et de 15 m de haut, recouvert d'une feuille d'or. Très à l'étroit dans son petit temple, c'est aussi ce qui fait l'étrangeté et le charme du lieu. Remarquez son sourire narquois, la délicatesse des cheveux et ses pieds joliment incrustés de nacre, qui illustrent les qualités du Bouddha. La position couchée est celle précédant l'atteinte du nirvana, point de libération du cycle des réincarnations. Contre 20 Bts, on vous remet une coupelle remplie de pièces de monnaie à déposer les unes après les autres dans la centaine de chaudrons en métal alignés le long du mur. Le Bouddha est alors bercé d'un tintement continu.

– En sortant, face au temple, notez les deux grands personnages de pierre, coiffés d'un chapeau haut de forme et tenant de longs bâtons. Ce sont des caricatures de *farang* (comprenez : d'Occidentaux).

– Dans l'enceinte, nombreux autres petits temples, dont certains ornés de belles fresques, et quatre grands *chedî* recouverts de céramiques très décorées. Leurs formes et couleurs sont toutes différentes. Ils représentent les premiers rois de la dynastie Chakri. Vraiment superbes avec leurs flèches hautes et fines. De chaque côté, des statuettes dans des positions rigolotes, pleines d'inspiration ou en totale béatitude.

– Autour du temple principal, deux galeries abritent 394 bouddhas assis.

– À une centaine de mètres du temple, dans l'enceinte, buvette, toilettes (côté droit par rapport à l'entrée sud) et ***centre de massage traditionnel*** *(tlj 8h-18h ; compter env 300-550 Bts).* Ce sont des étudiants qui se font la main sur votre dos ou vos pieds. Séances de 30 mn à 1h, avec ou sans herbes. Hélas, c'est un peu devenu l'usine (on vous donne même un ticket, comme à la Sécu !).

Siam Museum – สยามมิวเซียม *(zoom détachable, A3) : 4 Sanam Chai, Phra Nakhon.* ☎ *225-27-77.* • *en.museumsiam.com* • *Tlj sf lun 10h-18h. Entrée : 300 Bts ; gratuit moins de 15 ans.* Dans un vaste bâtiment qui fut le siège du ministère des Finances, ce nouveau musée propose un parcours familial autour du thème « Qui sont les Thaïs ? ». On découvre l'histoire synthétique du pays articulée autour de différents sujets : la fondation des capitales successives, l'importance du commerce et le type de denrées qui en faisaient l'objet, les guerres, le bouddhisme, la vie dans les villages (jouets traditionnels en bois et coco, maquette animée qui permet de découvrir le cycle de la culture du riz...). Clair et pédagogique. Avant de sortir, on écrit un message sur un écran, puis... on vous laisse découvrir ! Vivant et interactif.

Wat Mahathat – วัดมหาธาตุ *(temple de la Grande Relique ; zoom détachable, A2-3)* **:** *entrée sur Thanon Na Phra That, parallèle au grand parc de Sanam Luang. Tlj 8h-17h. Entrée gratuite.* À quelques mètres des grands temples, un temple secret et loin des foules, à peine perturbé par le chant des oiseaux et des bonzes en prière. En revanche, le dimanche, c'est l'affluence pour l'impressionnante prière collective du matin. Dans l'enceinte centrale, belle collection de bouddhas en méditation, souriants et facétieux, gardant sagement les reliques du Bouddha (non visibles, dans le *chedi*) et les tombes des défunts. Centre de méditation parmi les plus réputés du pays, ouvert aux non-initiés (horaires changeants, à vérifier sur place). Université pour apprentis bonzes, ravis de vous éclairer sur l'état du nirvana.

LES AMULETTES SIAMOISES

Aux abords des temples, entre Thanon Maha Rat et le fleuve, on ne peut manquer les étals où farfouillent les Thaïs, examinant minutieusement, parfois à l'aide d'une loupe, de petites médailles et figurines. Ces pendentifs d'argile, à l'effigie du Bouddha ou d'une autre figure religieuse populaire, sont censés protéger du mauvais sort et conjurer les dangers, à condition d'avoir été bénis par un bonze. Les plus appréciés et les plus chers sont ceux qui favorisent la séduction ou l'élimination d'un rival, et surtout ceux permettant de gagner à la loterie. Et il n'est pas interdit d'en porter plusieurs en même temps. On ne sait jamais !

Wat Arun – วัดอรุณ *(temple de l'Aube ; zoom détachable, A3)* **:** *de l'autre côté de la rivière Chao Phraya, à Thonburi –* ฝั่งธนบุรี. *☎ 891-11-49. Prendre les navettes qui traversent le fleuve ttes les 10 mn, au Tha Thien si vous venez du Wat Pho, ou au Tha Chang si vous venez du Wat Phra Kaeo. Contrairement à ce que l'on pourra vous dire, il est inutile de louer un bateau pour traverser. Taxe (illégale ?) de 20 Bts perçue au débarcadère si vous arrivez avec un* long-tail boat, *mais également si vous faites une photo dans des petits personnages où vous passez votre tête... Ouv tlj 7h30-17h30 ; préférez le mat, car ferme parfois plus tôt. Entrée : 50 Bts.* Un des symboles de Bangkok. On retrouve sa silhouette sur certaines pièces de monnaie. Ce « temple de l'Aube » a été conçu pour être le premier à recevoir la lumière du matin, d'où son nom, qui provient d'*Aruna,* déesse de l'Aurore en Inde. À moins que ce ne soit à cause de la première visite de Râma Ier aux aurores ? Il fut terminé au XIXe s par Râma II et Râma III, dans Thonburi, cette partie de la ville autrefois capitale du pays. Pas de dorures clinquantes ici, le *prang* principal, haut de 114 m, est extraordinaire, totalement recouvert de morceaux de porcelaine, et accuse un style khmer assez marqué, représentant le mont Meru, la maison des dieux pour les Khmers, avec de délicieuses apsaras (danseuses divines) sculptées à la base. Accès interdit jusqu'au sommet de la tour principale, mais on peut grimper par un escalier vertical jusqu'au 2e étage, où la vue est déjà superbe... Juste à côté, la chapelle *(prah viharn)* est recouverte d'une céramique fleurie et champêtre. Belle porte au motif floral sculpté et gravé.

Wat Saket – วัดสระเกษ *(temple de la Montagne d'Or* – วัดภูเขาทอง *; zoom détachable, B3)* **:** *Chakkaphatdi Rd ou Boriphat Rd* – ถ.จักรพัฒน์หรือถนนบริพัฒน์. *Assez proche de l'office de tourisme, dans le quartier des menuisiers. Desservi par les bus nos 8, 15, 37 et 47. Ouv tlj 7h30-17h30. Entrée libre.* Ce temple commencé par Rama III et fini par Rama V se trouve perché sur une colline artificielle et ne ressemble à aucun autre. Il présente peu d'intérêt mais offre une vue unique à 80 m de hauteur, après... 320 marches.

Wat Suthat – วัดสุทัศน์ *(temple de la Balançoire géante ; zoom détachable, B3)* **:** *entrée par Bamrung Muang Thanon (face à la Balançoire). Desservi par les bus nos 10 et 12. Ouv tlj 8h30-21h. Entrée : 40 Bts.*
Dans le quartier des vendeurs de statues du Bouddha ; incroyable variété de tailles, de la figurine à l'énormissime. Le temple fut construit par Rama Ier et achevé par Rama III. Les fresques du premier *vihan* sont de grande qualité et représentent la vision de l'univers dans la cosmologie bouddhique.
On vient ici également pour l'immense portique de la Balançoire *(Chao Chin Cha)* placé juste à l'entrée du Wat Suthat. À l'occasion de la fête de Shiva, il servait de balançoire – la balançoire représente le maintien du mouvement cosmique – à de jeunes brahmanes dont l'objectif était de décrocher avec les dents des sacs pleins d'argent suspendus à 25 m au-dessus du sol ! Son utilisation fut suspendue en 1925, en raison du nombre de victimes... On ne voit pas bien le côté religieux de l'affaire...

Les mordus des temples pourront encore passer voir le ***Wat Rajabophit*** – วัดราชบพิตร *(zoom détachable, B3)* et le ***Wat Ratchanadaram*** – วัดราชนัดดาราม *(zoom détachable, B2-3),* au curieux toit en bulbe. Il est entouré d'un ***marché aux amulettes,*** soit quelques dizaines de petites boutiques concentrées sur une poignée de mètres carrés et constituant le royaume des bondieuseries, ou plutôt des « bouddhaseries ». C'est ici que bonzes et bonzesses viennent faire des emplettes pour leurs temples. Quelques guinguettes avec vue sur la rivière Chao Phraya proposent de bons plats locaux.

National Museum *(Musée national* – พิพิธภัณฑ์สถานแห่งชาติพระนคร *; zoom détachable, A2)* **:** *Na Phra That Rd* – ถนนหน้าพระธาตุ. ☎ *224-13-33. Desservi par les bus nos 15, 44, 47, 59, 60 et 70. Tlj sf lun-mar et j. fériés 9h-16h. Entrée : 200 Bts. Visite en français gratuite mer et jeu à 9h30, guidée par un volontaire du Musée national, une association de résidents étrangers qui se feront un plaisir de partager leurs connaissances sur le pays ; une aubaine ! Sinon, panneaux explicatifs en anglais. Sacs interdits (consigne gratuite). Petit resto sympa ; boutique. Venir en tongs ou sandales, il faut souvent se déchausser.*
Un superbe musée à ne pas manquer. Cet ensemble est composé de plusieurs édifices (se munir d'un plan à l'entrée) abritant les chefs-d'œuvre de l'art thaïlandais, ainsi que d'anciens pavillons ou temples placés ici dans un but de conservation. Ce musée prépare admirablement bien à la visite ultérieure des temples. Tout l'art thaïlandais y est résumé ; de vraies merveilles...
Bien sûr, les collections sont très riches, impossible de tout détailler ici. Voici les salles qui nous ont semblé les plus intéressantes :
– ***Salle 1*** (près de la billetterie, dans l'édifice d'entrée) **:** appelée Galerie historique, elle retrace la préhistoire et l'histoire du pays, des origines préhistoriques aux royaumes de Siam, à l'aide de maquettes, scénettes et figurines. Didactique.
– ***Salle 2 :*** c'est en fait la *chapelle Buddhaisawan,* construite à la fin du XVIIIe s dans le style de Bangkok pour abriter un bouddha en bronze doré du XVe s.

Extérieur assez banal, mais superbes peintures murales à l'intérieur. Elles décrivent la vie du Bouddha dans un style très allégorique, de sa naissance à sa mort. Plafond à poutres décorées. Des armoires en bois laqué destinées à la conservation des textes bouddhiques présentent des épisodes du Ramakien, la variante thaïlandaise du Rāmāyana, héros qui donne son nom à la dynastie des rois actuels.

– ***Salle 7 :*** derrière la *chapelle Buddhaisawan,* à droite. Étonnants et majestueux chariots funéraires royaux construits sous le règne de Rama Ier pour les crémations royales. Ces chariots sont encore utilisés pour la crémation des membres de la famille royale. Le plus grand pèse 20 t et doit être tiré par plusieurs centaines d'hommes. L'urne est hissée à son sommet par un drôle de monte-charge à manivelle.

– ***Salle 8 :*** derrière la *chapelle Buddhaisawan,* à gauche. C'est une vieille maison en teck rouge (fin XVIIIe s) qu'il faut absolument visiter. Ancien appartement privé d'une princesse. Toutes les planches sont chevillées et non clouées. Superbe de simplicité et de raffinement. Beau lit à baldaquin.

Les ***salles de la section 5*** (501 à 514) sont situées dans l'ancien palais du vice-roi, qui était chargé de protéger le palais royal en cas de conflit.

– ***Salle 501 :*** le trône du vice-roi (XIXe s), en bois sculpté et décoré de feuilles d'or et de miroirs polychromes.

– ***Salle 502 :*** objets en or trouvés dans un ancien *chedî* d'Ayutthaya, protégés derrière d'imposantes grilles.

– ***Salle 503 :*** série d'exceptionnels palanquins royaux, dont un en ivoire. Haut palanquin en bois sculpté de la fin du XVIIIe s.

– ***Salle 504 :*** emblèmes et ustensiles royaux, et une collection de bouddhas (déchaussez-vous !), le tout en or.

– ***Salle 505 :*** jolie collection de masques de *khon,* ombres chinoises et têtes de marionnettes, dont des marionnettes manipulées par 16 ficelles. Jeux d'échecs en ivoire.

– ***Salle 506 :*** présentation de superbes défenses d'éléphant sculptées et de boîtes incrustées de nacre.

Passage par une cour calme avec un bassin où batifolent quelques poissons.

– ***Salle 508 :*** la galerie du parfait petit tonton flingueur ! Armes de toutes sortes, parfois très raffinées. Éléphant équipé pour le combat.

– ***Salle 510 :*** pupitres, panneaux, statues, fauteuils en bois finement ouvragés.

– ***Salle 512 :*** tissus et costumes traditionnels et militaires à travers les siècles. Soies chinoises ou cambodgiennes, brocarts indiens. La plupart proviennent des armoires de la famille royale.

– ***Salle 514 :*** surprenante collection d'instruments de musique de toute l'Asie.

– Les ***salles de la section 3*** (à gauche de la section 5) présentent l'art de Lopburi, Dvâravatî et Srivijaya.

– Les ***salles de la section 4*** (à droite de la section 5) réunissent l'art thaï de différentes périodes : objets et sculptures d'époque du Lan Na (XIIIe s), dont la capitale était Chiang Mai ; art de Sukhothai (nombreux bouddhas), d'Ayutthaya (influencé par l'art môn et khmer), ainsi que de Bangkok (XIXe s).

En sortant du musée, sur la gauche, le ***Théâtre national,*** rénové à la truelle dans un style soviético-pâtissier. Pas mal de spectacles de danse.

Si crapahuter dans Bangkok n'a pas suffit à vous scier les rotules, le soir, vers 18h, direction le ***parc du fort de Phra Sumen*** *(zoom détachable, B2).* Au bord du fleuve, au pied de cette forteresse décrépite érigée à la fin du XVIIIe s pour protéger la capitale, jeunes comme mamies thaïs tentent de suivre le rythme infernal d'un cours de cardio-training, tandis que d'autres, sur les pelouses, disputent d'acrobatiques parties de cet étrange football thaï, le *takraw.* Ne reste qu'à choisir votre discipline. À moins de vous contenter de profiter du spectacle, génial, vautré sur un banc...

Le Musée national des Barges royales – พิพิธภัณฑ์สถานแห่งชาติเรือพระราชพิธี *(zoom détachable, A2) : ancrées sur le khlong Bangkok Noi, près de la gare de Thonburi. ☎ 424-11-04. Pour y aller, s'arrêter au ponton du Pin Klao Bridge avec le River Express. Si le bateau s'arrête à droite du pont, passer à gauche sous celui-ci ; s'il s'arrête à gauche du pont, aller tt droit. Dans les 2 cas, passer la Wat Dusitaram School, puis prendre tt de suite à gauche dans Somdet Phra Pin Klao 1 (Soi Wat Dusitaram) en suivant le panneau du musée ; dans le virage à gauche, prendre la venelle à droite et suivre les panneaux. Tlj sf j. fériés 9h-17h. Entrée : env 100 Bts, plus 100 Bts pour prendre des photos, le double pour les vidéos !* Pour aboutir au musée, on traverse, par un dédale de petits pontons en béton ou en bois, un quartier attachant, paisible et populaire, un véritable labyrinthe de maisons sur pilotis. Vaste hangar sur l'eau où sont présentées huit incroyables barges décorées et sculptées qui servaient, jusqu'à une date récente, à transporter le roi pour offrir aux bonzes leur nouvelle robe lors de la saison des *Kathins.* La plus ancienne barge mesure 43 m de long et ne comptait pas moins de 64 rameurs. Proues admirables, somptueusement sculptées, ciselées et très colorées, représentant des héros légendaires thaïs. Il faut imaginer les belles avec leurs ombrelles, les musiciens... La barge personnelle du roi Subanahongsa a été creusée dans un seul tronc de teck, impressionnant !

Chinatown – ย่านเยาวราช *(zoom détachable, B3-4) : quartier situé entre Yaowarat et Charoen Krung, 2 rues parallèles. On peut y aller en bateau : descendre à Tha Ratchawongse ou à Memorial Bridge (Tha Saphan Phut).*
Chinatown c'est avant tout une atmosphère, un incroyable entassement de boutiques de tissus, de bijoux, de stands de tout et de n'importe quoi, de myriades de gargotes de rue fumantes qui alignent leurs tables à même le trottoir, mordant sur le goudron. Une ville dans la ville, une fourmilière où se presse une population mélangée de Thaïs, de mamies chinoises, de *farang,* où les charrettes à bras et les motos peinent à se frayer un passage dans les microscopiques ruelles encombrées de marchands, de chalands... de couleurs et d'odeurs aussi ! Ne pas y venir tôt le matin car Chinatown s'éveille lentement. Si vous voulez chiner dans les boutiques, ne pas venir trop tard non plus, elles ferment lorsque la nuit tombe. Mais l'ambiance, elle ne retombe pas. C'est l'heure où l'on sort les tables, où les néons viennent concurrencer les vieilles lanternes chinoises.

– *Yaowarat Road* (nombreuses boutiques d'or et d'apothicaires) est une artère large et peu chaleureuse, aux néons criards en caractères chinois. Bref, l'image type qu'on se fait d'un Chinatown. Mais partez donc explorer les ruelles minuscules qui s'infiltrent de part et d'autre. Les deux venelles les plus hautes en couleur restent sans conteste *Sampeng Lane* (*Soi Wanit I* sur le plan), parallèle à Yaowarat, et surtout sa transversale *Itsaranuphap (Soi 11)* : des centaines de petites échoppes d'où émanent parfois des odeurs terrifiantes et débordant d'un fatras d'objets, de vêtements, de vieilleries en tout genre. Fouinez, et vous trouverez des coins intéressants ; ici, le verbe « chiner » prend tout son sens.

– Plus vers l'est, visitez aussi *Phadung Dao* et les ruelles avoisinantes. D'un côté, le *Soi Texas* (la ruelle qui s'engage face au *Chinatown Hotel*) avec ses salons de coiffure où l'on propose, pour une poignée de bahts, de s'occuper de votre barbe

BANGKOK

ou de vos petons. De l'autre côté, un enchevêtrement de venelles résidentielles où l'on rencontre des familles chinoises souriantes et détendues. Dans les nombreuses gargotes, l'ambiance est à la fête et l'on surprend de vieux Chinois, un verre de whisky ou de bière à la main, chantant à pleine voix les derniers tubes de Canton, en regardant les petits derniers improviser un volley sur le trottoir entre deux arbres. À l'intérieur du quadrilatère formé par Charoen Krung, Chakkrawat, Yaowarat et Boriphat se trouve *Nakhom Kasem,* « le marché aux voleurs », où étaient vendues autrefois les marchandises chapardées. Plus connu aujourd'hui pour ses appareils photo d'occase et ses confiseries pas mauvaises du tout. À voir encore, le *temple Leng Noi Yee,* à l'angle de Charoen Krung et de Mangkon Road. Atmosphère assez géniale, genre *Tintin et le Lotus bleu.*

– Tous les ans, début février, le *Nouvel An chinois* enflamme Chinatown lors d'une fête démesurée, nourrie de petits concerts et d'innombrables cantoches, installées dans les rues fermées à la circulation pour l'occasion. Un bon bain de foule à tenter si vous êtes dans le coin. De même, la mi-année du calendrier chinois est fêtée dans la rue...

BANGKOK

Le quartier indien, le marché de Phahurat – ย่านอินเดีย,ตลาดพาหุรัด *(zoom détachable, B3) : à l'extrémité ouest de Chinatown, de part et d'autre de Chakraphet, Pahurat et Tri Phet Rd.* L'atmosphère devient plus indienne et pakistanaise. Ça change ! Un marché aux étoffes bigarrées, plein d'épices odorantes, de *bindis* (bijoux indiens), de passementeries et autres saris.

Les marchés flottants – ตลาดน้ำ *:* plus grand-chose ne flotte au *Wat Sai Floating Market* – ตลาดน้ำวัดสาย. Un vrai piège à touristes. En revanche, on aime bien le *Taling Cham Market* (uniquement le week-end), pas encore trop fréquenté ! C'est du côté de Thonburi, en face du *Taling Chan District Office* (demandez à un taxi). On peut y aller avec le bus nº 79, que l'on prend devant le centre commercial *Siam Center* (*Skytrain* Siam Central). À programmer avec une balade sur les *khlong.*

Balade sur les khlong – นั่งเรือชมคลอง *:* à faire absolument ! C'est un tout autre visage de Bangkok qu'on vous propose de découvrir. Les *khlong,* ces canaux qui sillonnent la partie ouest de Bangkok, permettent de s'infiltrer dans une vie locale insoupçonnée. Loin des gratte-ciel et de la circulation, c'est un labyrinthe aquatique composé de centaines de maisons en bois sur pilotis, de vieilles baraques bringuebalantes au toit de tôle, de temples modestes, de coquettes villas protégées par de hautes grilles, de tourbillons de fleurs flottantes, de petits commerces sur l'eau, etc., le tout enfoui dans une végétation exubérante de flamboyants et de cocotiers. Les enfants barbotent dans l'eau limoneuse, les chiens bâillent sur les pontons, les poulets picorent, le linge sèche, les habitants jouent aux cartes, pêchent à la ligne, nourrissent des poissons porte-bonheur... autant de scènes de vie pittoresques saisies au fil de l'eau. Vous remarquerez aussi les accessoires fragiles de la modernité avec le réseau de tuyaux aériens qui apportent l'eau potable, les poteaux de fils électriques entortillés et la collecte des ordures ménagères en barge plutôt folklorique. On ose à peine imaginer les dégâts que peuvent provoquer les typhons dans cet univers de bric et de broc. Entre la rivière et les *khlong,* des écluses régulent le niveau de l'eau. L'attente aux écluses peut parfois atteindre 20-25 mn. Profitez-en pour lire les excellentes intros de votre guide préféré. Si vous achevez votre promenade par le *khlong* Bangkok et que vous comptez visiter le Wat Arun, faites-vous débarquer à la dernière écluse avant la rivière, à la hauteur du Wat Molilokarayam ; le Wat Arun est tout près sur la gauche, vous gagnerez facilement un quart d'heure.

Deux options

– La première consiste à louer un *long-tail boat* à un guichet ayant pignon sur rue (même s'il arrive qu'on vous propose des tours équivalents, et parfois moins chers, au départ de n'importe quel embarcadère). Se rendre par exemple à l'embarcadère Tha Si Phraya (Pier n° 3 ; *plan détachable, C4*) où vous trouverez d'abord le comptoir en bois du *Bangkok Tourist Boat Si Phraya* (☎ 235-31-08 ou 📱 081-406-60-65) puis, dans le parking du *River City Shopping Center,* à l'arrière du *Royal Orchid Sheraton,* le *River City Service Center* (tlj 10h-17h ; ☎ 639-45-32 ou 237-00-77). Ils pratiquent à peu près les mêmes tarifs, mais aux dernières nouvelles, le second était légèrement moins cher. Les tarifs sont censés être fixes mais certains lecteurs nous ont dit avoir obtenu quelques ristournes sur les tarifs suivants : pour 5 ou 6 personnes maxi, compter environ 1 000 Bts pour 1h de bateau, avec balade non-stop dans Thonburi ; 1 500 Bts pour 1h30 avec en plus un arrêt au Wat Arun ; prévoir 2 000 Bts si vous voulez ajouter une visite au musée des Barges royales, à un petit marché flottant (quelques barques !) ou à une ferme à orchidées (attention, pas les trois, il faut choisir !). On vous proposera aussi une ferme aux serpents (mais sans intérêt). Choisir en fait le parcours qu'on veut faire sur un plan et négocier. Les entrées des musées et des temples ne sont pas comprises dans le prix.

– Seconde solution, moins chère : se grouper (au moins 10 personnes) et négocier directement avec le pilote d'un *long-tail boat* un circuit de 1h (ou plus long, ce qui est mieux encore car cela permet d'aller plus loin dans la banlieue de Bangkok) à travers les *khlong.* On choisit de s'arrêter où l'on veut (regarder sur les plans disponibles aux embarcadères). Marchander un prix forfaitaire par personne pour la prestation et non à l'heure et prévoir les arrêts, s'il y en a, avec le pilote. Négocier fermement et comparer avec les prix fixes (voir ci-avant). Éviter de les prendre aux *piers* principaux, près des sites touristiques, et les prix diminueront comme par magie. À vous, le *khlong* Mon et ses orchidées, le *khlong* Bang Noi et le *khlong* Bang Yai, ou le *khlong* Om jusqu'à Nonthaburi (au nord) avec ses belles maisons en teck.

Descente (ou remontée) du fleuve Chao Phraya : *se reporter plus haut à la rubrique « Les transports à Bangkok ». Rens au Central Pier (Tha Sathorn), situé au terminus de la ligne du métro aérien Saphan Taksin (plan détachable, C5).* ☎ *623-60-01.* Très nombreux quais (« *tha* ») d'où, pour quelques bahts, on peut emprunter le bateau-bus local. Le *Chao Phraya River Express* ou le *Chao Phraya Tourist Boat* (un peu plus cher) sont d'excellents moyens de rallier le quartier de l'*Oriental Hotel* et l'ambassade de France, le Wat Arun, le Wat Pho et le Grand Palais, et de remonter un peu plus au nord vers Banglampoo (pour Khao San Road) et Thewet, pour son marché aux fleurs, en admirant le pont à haubans Rama VIII et les marchands de pain qui nourrissent des poissons énormes et affamés au bord du débarcadère. Sachez enfin qu'un *Bangkok River Tour* est organisé chaque jour avec descente de la rivière et visite des principaux sites touristiques au bord de l'eau. Guide en anglais. Cher (environ 1 300 Bts par personne) mais idéal pour découvrir la ville rapidement.

Dans le quartier de Thewet – ย่านเทเวศร์ *(plan détachable, C1-2)*

En remontant sur Thewet depuis Khao San Road par Samsen Road, petite promenade possible le long du *khlong Lamphu (zoom détachable, B2),* bucolique canal bordé d'un temple, de vieilles bicoques, et traversé par de mignonnes passerelles piétonnes. On pourra ensuite gagner Thewet par les *soi* populaires du quartier de Samsen, entre écoles, petites boutiques et ateliers d'imprimerie ou de mécanique.

Wat Benjamabohitr – วัดเบญจมบพิตร *(temple de Marbre ; plan détachable, C2) : à l'angle de Sri Ayutthaya Rd et de Râma V Rd –* มุมถนนศรีอยุธยาและถนนพระราม. *☎ 628-79-47. Desservi par les bus nos 12, 19, 56, 72 et 110. Tlj 8h-18h. Entrée : 20 Bts.* Juste en face du palais royal actuel, un charmant temple de marbre qui date du tout début du XXe s. Le visiter plutôt le matin, au moment des chants des moines dans la chapelle. Tout le marbre vient de Carrare, et la céramique des toits de Chine. Deux beaux lions au sexe bien dessiné gardent la porte en teck sculpté. À l'intérieur du bâtiment principal, remarquable décoration d'or et de laque. Sur l'autel, énorme bouddha qui abrite sous lui les cendres de Rama V, mort en 1910. Agréable jardin traversé par un mini-*khlong.*

Vimanmek Palace Museum – พิพิธภัณฑ์วิมานเมฆ *(plan détachable, C1) : Ratchawithi Rd –* ถนนราชวิถี. *☎ 628-00-00. Au nord-ouest, près du Dusit Zoo (plan détachable, C1 ; tlj 10h-18h ; entrée 100 Bts adulte et 50 Bts enfant). Desservi par les bus nos 12, 18, 28,70, 108 et 110. Tlj 9h30-16h (dernière entrée à 15h15). Entrée : 150 Bts. Consigne obligatoire (20-30 Bts). Audiophones en anglais à disposition. Visite guidée en « broken english » et au pas de course à 11h et 13h slt (durée env 40 mn). Attention, le ticket jumelé acheté à l'entrée du Grand Palais inclut aussi la visite du Vimanmek Palace Museum ; en revanche, le ticket acheté ici n'inclut pas le Grand Palais. Conclusion : visiter d'abord le Grand Palais ! Ici plus encore qu'ailleurs, une tenue correcte est exigée. Vente de vêtements à 50 Bts possible. Photos interdites.*
Au fond d'un espace gazonné au bord de l'eau, on découvre une des plus merveilleuses maisons qui soient, considérée comme la plus grande demeure en teck du monde. Cette superbe résidence fut construite selon les désirs de Rama V à la fin du XIXe s sur une île au bord du golfe du Siam. Elle fut ensuite déplacée en 1901 à l'endroit actuel. Le roi y résida de temps à autre au 3e étage, laissant les deux autres niveaux occupés par les membres de la famille royale. Les rois qui lui succédèrent y vinrent finalement assez peu, et la maison fut fermée pendant près d'un demi-siècle avant qu'une restauration en profondeur ne soit décidée. En tout cas, voilà qui est fait, pour notre plus grand plaisir. Toute la décoration intérieure a été reconstituée telle qu'elle était lors du règne de Rama V.
Trente et une pièces, antichambres et vérandas disposées sur trois niveaux : il y en a de toutes les tailles, de toutes les formes, de tous les styles, avec une couleur différente pour chaque section ; Rama V en avait attribué une à chaque jour de la semaine. Les pièces possèdent des vitrines d'objets d'art, de porcelaines, des cadeaux offerts à la famille, des souvenirs personnels et du mobilier, dont un trône, de toute beauté...
Le parc regroupe quelques autres bâtiments ouverts au public, dont le *Old Parliament,* où sont exposés des objets appartenant à la famille royale. À voir, entre autres, des carrosses et des palanquins.

Dans le quartier de Siam Square
(plan détachable, D-E2-3)

La maison de Jim Thompson – บ้านจิมทอมป์สัน *(plan détachable, D3) : 6 Soi 2 Kasemsan –* ซอยเกษมสันติ, *Râma I Rd –* ถนนพระราม 1, *tt près du National Stadium. ☎ 216-73-68. • jimthompsonhouse.com • Skytrain : National Stadium.*

Bus nos 11, 15, 47, 73, 93, 113 et 204. Tlj 9h-17h. Entrée : 100 Bts ; réduc. Visite guidée obligatoire, en français ttes les 20 mn.
Dans un magnifique jardin luxuriant, voici parmi les dernières vraies maisons thaïes en teck qui subsistent à Bangkok. En fait, elles ont été démontées dans leur région d'origine et reconstruites en pleine ville. Maisons en trapèze, sur pilotis, adossées à un *khlong,* qui servait de voie d'approvisionnement des soieries.
Jim Thompson était un architecte qui fut agent de l'OSS (ancêtre de la CIA) en mission dans le Sud-Est asiatique au moment de la capitulation du Japon. Séduit par le pays, il revint en 1946 s'installer à Bangkok. Il relança l'industrie de la soie, moribonde dans ce pays, en créant la Thaï Silk Company, la fit connaître à New York, fit fortune et fit déplacer et remonter ces maisons traditionnelles, vieilles de plus de deux siècles pour certaines, occidentalisées par ses soins (ajout de salons, salle à manger...), avant de disparaître mystérieusement. De salle en salle, on y découvre une collection d'objets d'art de toute beauté : vaisselle, sculptures, porcelaine Benjarong (à cinq couleurs), panneaux de tissus peints et, bien sûr, de magnifiques bouddhas, provenant de toute l'Asie. Un vrai émerveillement ; on s'y installerait volontiers ! En revanche, n'espérez pas en apprendre plus sur le personnage, la visite n'est consacrée qu'à la maison.
Jardin touffu apaisant. Boutique chic pour faire des emplettes et très bon resto avec produits de la ferme, pour reprendre des forces. On peut y boire un verre, l'occasion d'essayer un jus de fruits ou une infusion fraîche originale. Service speed.

L'ÉTRANGE DISPARITION DE L'EX-ESPION QUI AIMAIT LA SOIE

En 1967, Jim Thomson se rend dans les monts Cameron en Malaisie. Lors d'une promenade solitaire, il disparaît à tout jamais. Son corps ne fut jamais retrouvé. Son passé d'ex-espion en pleine guerre du Vietnam alimenta les hypothèses les plus folles. L'explication la plus probable se trouve tout simplement dans une mort accidentelle : un camion malais l'aurait renversé et son corps aurait été enterré aussitôt pour escamoter le drame, ou alors un tigre affamé de passage... Allez savoir !

Bangkok Arts & Culture Center (BACC) – หอศิลปวัฒนธรรมแห่งกรุงเทพมหานคร *(plan détachable, D3,* ***152****) : 939 Râma I, Wangmai. ☎ 214-66-30. • bacc.or.th • Tlj sf lun 10h-21h. Entrée libre.* Installé dans un vaste bâtiment dont l'architecture fait référence au Guggenheim Museum de New York (rien de moins !) le centre abrite quelques galeries d'art, boutiques de petits créateurs, ainsi que des expos de photos, céramiques, peintures... Rien d'incontournable, mais peut valoir le coup d'œil selon les expos en cours.

Siam Ocean World – สยามโอเชี่ยนเวิลด์ *(plan détachable, D3,* ***154****) : 991 Râma I Rd, au sous-sol du centre commercial Siam Paragon. ☎ 687-20-00. • siamoceanworld.co.th • Skytrain : Siam. Tlj 10h-21h (dernière entrée à 20h). Entrée : 900 Bts ; réduc.* Un aquarium gigantesque, assez bien pourvu : méduses phosphorescentes, anguilles, pingouins, raies et autres bébêtes du même genre. On vient surtout pour l'immense tunnel de verre, et faire risette aux énormes requins qui passent négligemment au-dessus de nos têtes. En supplément, balades en bateau à fond de verre, cinéma en 3D, *fish massages* des pieds... Le must : descendre dans la fosse aux requins et aller les nourrir... assez cher tout de même (renseignements à l'accueil).

BANGKOK

La tour Baiyoke II – อาคารใบหยก 2 *(plan détachable, E3,* ***150****) : 222 Rajprarop Rd, Rajthevee. Bus nos 16, 23, 60, 79, 99, 511 et 512. On y accède par le Soi 3 de l'av. Rajprarop et les rues commerçantes et encombrées qui traversent le quartier des magasins de textiles et de vêtements, en gros l'équivalent du quartier du Sentier à Paris.*

En fait, il y a deux tours, très proches l'une de l'autre : la tour *Baiyoke I* et la tour *Baiyoke II*. Celle-ci est la plus futuriste et la plus haute de Thaïlande (309 m contre 321 m pour la tour Eiffel). Elle ressemble à un grand stylo coiffé d'une sorte de rotonde. On grimpe à l'assaut de la tour par un ascenseur vitré. Sujets au vertige, s'abstenir. De là-haut, vue panoramique sur la capitale, à découvrir au coucher du soleil. Fondations à près de 65 m sous terre (équivalent en taille d'un immeuble de 22 étages) pour s'assurer de la stabilité de la tour.

BANGKOK

La visite

Accès payant. Soit vous montez pour la vue (env 500 Bts avec une conso comprise dans le prix), soit vous optez pour un billet cumulé à env 950 Bts, qui couvre l'ascenseur et le resto-buffet au 78e étage (forfait à acheter au lobby de l'hôtel, au 19e étage). Avec ce même billet, vous pouvez accéder librement à la terrasse d'observation au sommet de la tour.

– *Aux 76e et 78e étages :* le *Bangkok Sky Restaurant (☎ 656-30-00 ou 98 ; ouv 11h-15h, 17h30-22h30).* Cuisine de qualité et, bien que ce soit un peu cher, ça vaut quand même la peine d'y venir à la nuit tombée. Ça fonctionne sur le mode du buffet à volonté. Petits plats thaïlandais et internationaux, sushis... La vue superbe sur Bangkok la nuit et la saveur des plats servis en font un endroit exceptionnel pour un dîner en tête-à-tête.

– *Au 77e étage :* terrasse d'observation en intérieur *(ouv 10h30-minuit ; 22h pour les tickets).*

– *Au 79e étage :* resto chinois, le *Stella Palace (tlj 18h-23h)* ; repas non compris dans le prix du billet.

– *Au 82e étage :* un autre resto (le *Crystal Grill*), même nourriture qu'aux 76e et 78e, mais moins cher, boissons non comprises.

– *Au 83e étage : Rooftop Bar (ouv 10h-2h),* un bar un peu crado où prendre sa conso incluse dans le billet d'entrée. Le soir, des groupes y reprennent des standards.

– *Au 84e étage :* terrasse tournante d'observation en extérieur *(ouv 10h30-minuit ; 22h pour les tickets).*

– Voir aussi le *Baiyoke Sky Hotel* plus haut, dans « Où dormir ? Dans le quartier de Siam Square ».

Suan Pakkad Palace – วังสวนผักกาด *(plan détachable, D-E2) : 352 Sri Ayutthaya Rd –* ถนนศรีอยุธยา *(non loin de l'angle avec Phaya Thai Rd). ☎ 245-49-34. • suanpakkad.com • Desservi par les bus nos 14, 17, 38 et 77, et par le Skytrain (station Phaya Thai). Tlj 9h-16h. Entrée : 100 Bts, avec un éventail offert ! Visite guidée gratuite (en anglais).* Ancien « jardin planté de choux » qui cache un bel ensemble de

IL EST TOMBÉ SUR UN OS...

... ou plutôt sur un tesson, enfoui là depuis des centaines d'années. C'est en trébuchant lors d'une balade dans le nord de la Thaïlande, en 1966, que Stephen Young, un jeune étudiant américain, a mis au jour le site archéologique de Ban Chiang, dont nombre de pièces sont exposées aujourd'hui au Suan Pakkad Palace. Pas de pot pour lui, mais coup de bol pour le patrimoine thaï !

huit maisons thaïes traditionnelles, véritable bouffée d'oxygène dans ce quartier dévoré par les immeubles modernes. Ancienne demeure d'un prince, petit-fils de Rama V. Dans le pavillon du fond, de splendides peintures murales à base d'or et de laque noire représentent la vie du Bouddha. Ailleurs, de belles pièces, masques de théâtre, poteries, pièces archéologiques, et une jolie collection d'instruments de musique agrémentent la visite. À voir également, un mini-théâtre d'automates figurant la danse du Rāmāyana, et d'amusantes tables escamotables qui se rangent dans le sol après usage. Pour une fois qu'on peut mettre les pieds sur la table...

Au nord du quartier de Siam

Chatuchak Park – สวนจตุจักร *(hors plan détachable par E1,* ***151****) : sur Phahon Yothin Rd (route de l'aéroport de Don Muang), pas très loin du Northern Bus Terminal. Desservi rapidement par le Skytrain (arrêt Mo Chit), le métro souterrain (arrêts Chatuchack Park ou Kamphang Phet), ou par les bus nos 3, 29, 34, 39 et 44 entre autres. Sam-dim 7h-18h. Pas trop de touristes le sam mat. Il existe un plan, vendu dans pas mal d'échoppes.* On y trouve à peu près tout : vêtements thaïs typiques, matériel de cuisine, alimentation, animaux, tissus, outils, cotonnades, artisanat, etc. De délicates orchidées et des bonsaïs à des prix déments. Visite et marchandage obligatoires. Ne manquez pas le *Sunday Market.* Quelques boutiques d'antiquités. Nombreux éventaires, autant de restos.

Dans le quartier de Silom (plan détachable, D-E4-5)

Lumphini Park – สวนลุมพินี *(plan détachable, E4) : Râma IV Rd.* Un endroit agréable pour s'éloigner du tumulte de la ville, bien qu'on y perçoive encore le brouhaha des automobiles. Composé de deux plans d'eau où l'on peut louer des barques et des embarcations à pédales, une activité appréciée des ados locaux, qui se livrent à d'intrépides batailles navales ! Le matin à l'aube, des centaines de vieux Chinois viennent y pratiquer l'art du tai-chi. Autre génération, autre style : les jeunes *bodybuilders* ont maintenant leur aire de musculation... Et en fin de journée, cours de gym collective vers 18h ! Le parc est très fréquenté le dimanche ; idéal pour faire des rencontres. Nombreux cerfs-volants à la saison chaude.

M. R. Kukrit's Heritage Home – บ้าน ม.ร.ว. คึกฤทธิ์ *(plan détachable, D5) : 19 Soi Prapinit, South Sathorn. ☎ 286-81-85. • kukritshousefund.com • Bien montrer la transcription en thaï à votre chauffeur de taxi car ce n'est pas facile à trouver. Tlj 10h-16h. Entrée : env 50 Bts ; réduc. Visite guidée en anglais sur rdv.* Dans un quartier chic de ruelles résidentielles verdoyantes, bien agréable, voici une belle maison traditionnelle en bois entourée d'un jardin, qui fut la propriété de Mom Rajawongse Kukrit Pramoj. Issu d'une branche de la famille royale, d'abord employé de banque et professeur d'université, il créa *Siamrath,* le plus grand quotidien de son époque, puis devint écrivain et homme public en fondant le premier parti politique du pays en 1945. Pour l'anecdote, il joua le rôle du Premier ministre dans le film *The Ugly American,* avec Marlon Brando, en 1963. C'était 12 ans avant qu'il ne devienne... le 13e Premier ministre du pays ! Il fut aussi un ardent défenseur de la danse et du théâtre traditionnels.

Sa belle propriété est constituée de cinq édifices en bois provenant du centre du pays, démontés et transportés jusqu'ici. Le rez-de-chaussée est un espace ouvert, conforme à la tradition. Le jardin se compose d'une partie à l'occidentale, à l'arrière, et d'une partie traditionnelle à l'avant, avec des arbres miniatures (non, on ne dit pas bonsaïs ici !). Quelques panneaux explicatifs en anglais.

LA HOLLANDE, L'AUTRE PAYS DU MUAY THAI

La Thaïlande n'est plus la seule à fournir des champions de muay thai, l'art martial local compte désormais des combattants de haut niveau dans le monde entier. Et il y a une nation qui brille plus que les autres : les Pays-Bas. C'est d'ailleurs un Hollandais, Peter Smit, qui fut le premier étranger, en 1990, à mettre K.O. un boxeur thaï devant son public au légendaire Lumphini Stadium. Il décrocha alors le titre de champion du monde.

– ***Matchs de boxe, Thai Boxing*** – มวยไทย *: se renseigner sur les j. et heures des matchs au* ***Lumphini Boxing Stadium*** – สนามมวยลุมพินี *(plan détachable, E5), Rama IV Rd, au croisement de Wireless Rd.* ☎ *251-43-03.* • *muaythailumpini.com* • *En général, mar et ven à 18h30, sam à 16h et 20h15. Également au* ***Ratchadamnoen Stadium*** – สนามมวยราชดำเนิน *(zoom détachable, B2), sur Ratchadamnoen Nok Rd, près du TAT.* ☎ *281-42-05. Normalement lun, mer et jeu vers 18h, et dim vers 17h. Compter 1 000-1 500 Bts pour une place debout, 2 000 Bts assis. Nous vous déconseillons d'acheter vos billets à des revendeurs à la sauvette ; quoi de plus simple que de les acheter directement au guichet ? Des spécialistes nous ont affirmé que les meilleurs combats étaient ceux du jeu soir à Ratchadamnoen.* Le *muay thai*, c'est le grand spectacle de Thaïlande, où presque tous les coups sont permis, sauf les morsures. Une soirée dure plusieurs heures, avec en alternance de jeunes combattants et des adultes. Le combat commence par une bizarre danse rituelle au ralenti, destinée à montrer son savoir-faire et à s'attirer les faveurs des esprits. Un orchestre accompagne les boxeurs et joue pendant tout le combat, augmentant d'intensité avec les coups. Les spectateurs parient de grosses sommes, selon un système incompréhensible : ambiance délirante. Tous les coups portés (surtout les coups de genou) sont accompagnés d'un « di ! » du public, qui en gros veut dire « bats-toi ! ». Lire également la rubrique « Sports et loisirs. La boxe thaïlandaise – *Muay thai* » dans « Hommes, culture, environnement ».

Au nord du quartier de Sukhumvit

Siam Niramit Show – สยามนิรมิต *(hors plan détachable par G1,* ***163****) : 19 Tiamruammit, Huaykwang.* ☎ *649-92-22.* • *siamniramit.com* • *Skytrain : Thailand Cultural Center, puis navette gratuite (exit n° 1) ou taxi. Spectacle à 20h. Réserver (sur place, sur Internet ou dans les agences de voyages, où c'est d'ailleurs parfois moins cher). Billet : env 1 500-2 000 Bts selon emplacement et confort, plus 350 Bts avec le dîner-buffet ; les enfants de plus de 90 cm paient le même prix. Pour ceux qui n'optent pas pour le buffet, venir avec de quoi grignoter, parce qu'on ne trouve rien à se mettre sous la dent dans les environs immédiats.* Alors ce n'est certes pas donné, mais, une fois dissipé le sentiment d'arriver dans le Disneyland thaï, on se laisse vite emporter par le spectacle. Si les tableaux successifs renvoient de façon très simplifiée aux événements marquants qui ont ponctué l'histoire du royaume de Siam, *Siam Niramit* est avant tout un bien beau spectacle qui réunit quelque 150 artistes et figurants, rythmé et aux superbes costumes et décors qui changent incessamment. Un bon moment à passer en famille (enfants à partir de 8-9 ans).

QUITTER BANGKOK

En avion

✈ Pour les infos concernant les ***aéroports,*** voir en début de chapitre « Arrivée à l'aéroport ».
Attention : les vols *low-cost* (compagnies *Air Asia* et *Nok Air*) partent de l'aéroport de Don Muang. Pour les vols intérieurs, seules les compagnies *Thai Airways* et *Bangkok Airways* décollent de l'aéroport Suvarnabhumi. Vérifiez bien sur votre réservation le nom de votre aéroport de départ.
Les taxes d'aéroport sont, en principe, incluses dans le prix du billet.

➢ Nombreux vols intérieurs chaque jour pour ***Chiang Mai, Chiang Rai, Phuket, Ko Samui, Krabi, Surat Thani, Trang, Hat Yai.***

➢ Quasiment aucun problème pour visiter le reste de l'Asie en avion au départ de Bangkok, sauf en cas de tensions passagères entre les pays qui ferment leurs frontières. Bangkok est une des plateformes de cette région. Quelques exemples de prix (souvent promotionnels si le billet est réservé à l'avance) et de trajets :
- ***pour le Laos :*** 10 200 Bts pour *Luang Prabang* avec *Lao Airlines* ;
- ***pour le Cambodge :*** 11 000 Bts pour *Siem Reap* avec *Bangkok Airways*, 5 200 Bts pour *Phnom Penh* avec *Air Asia* ;
- ***pour le Vietnam :*** 6 600 Bts pour *Hanoi* ou *Hô Chi Minh-Ville* avec *Vietnam Airlines* ;
- ***pour la Birmanie :*** 4 600 Bts pour *Rangoon (Yangon)* avec *Air Asia* ;
- ***pour la Malaisie :*** 5 600 Bts pour *Kuala Lumpur* ou *Penang* avec *Air Asia.*

Bien se renseigner sur les visas avant votre départ, si vous ne l'avez pas demandé dans votre pays d'origine. Sachez aussi que la majorité des pays d'Asie du Sud-Est exigent que votre passeport soit valable plus de 6 mois après votre date d'entrée dans le pays. Le consulat français à Bangkok ne pourra en aucun cas vous en refaire un ! Pour les billets internationaux achetés dans les agences de Khao San Road, faire attention. Là encore, on ne veut pas crier à l'arnaque systématique, mais ça arrive : surbooking, vols inexistants, stand-by... les billets les moins chers ne sont pas forcément les meilleurs. De plus, aucun recours n'est possible vu que les agences changent de nom et de personnel en un clin d'œil. Renseignez-vous auprès d'autres routards.

Pour aller à l'aéroport

Mêmes solutions, en sens inverse, que pour en venir. Lire plus haut « Arrivée à l'aéroport ».

En train

Il existe trois classes dans le train. Plein d'infos sur le site très bien fait d'un passionné : • *seat61.com* •
Deux grandes gares à Bangkok.

Gare de Hua Lamphong – สถานีรถไฟหัวลำโพง *(plan détachable, C4) :* *rens au ☎ 16-90. Pour les horaires : • railway.co.th • Pour réserver en ligne : • thairailticket.com • (le site ne fonctionne pas toujours).* C'est de là que partent les trains vers le Nord, le Nord-Est et certains trains vers le Sud. D'une manière générale, réservez dès que vous pouvez. Les billets peuvent être achetés jusqu'à 2 mois à l'avance en gare. Horaires, fluctuants, à vérifier au bureau d'infos situé dans le grand hall des départs, un peu à droite des guichets ; assez sympa. Consigne à bagages à gauche de l'entrée *(tlj 4h-23h).* Plusieurs bureaux de change *(ouv 10h-19h).* Distributeur automatique d'argent. *Food court (ouv 6h-21h45 ; bon marché).* Douches publiques au fond à droite (20 Bts). Attention, pas mal de rabatteurs qui vont faire acheter les billets dans des agences voisines qui n'ont rien à voir avec les guichetiers de la gare !

La ligne pour le Nord se sépare en deux à Ban Pachi Junction, juste après Ayutthaya. Une voie *(Northern Line)* continue vers Chiang Mai, son terminus. L'autre *(Northeastern Line)* part vers le nord-est jusqu'à Ubon Ratchathani.

➢ ***Pour Chiang Mai :*** 2 trains de jour (1 le mat, 1 en début d'ap-m) et 4 de nuit. En train-couchettes 2e classe, comptez entre 530 et 900 Bts (selon que vous optez pour le ventilo ou pour la clim, et pour la couchette du haut ou pour celle du bas) et 11h30-15h de trajet. Pensez à réserver vos couchettes bien à l'avance, car c'est souvent complet, en vous assurant que le train en propose (ce n'est pas toujours le cas). Les couchettes du haut sont moins chères que celles du bas, car les rideaux n'obstruent pas totalement la lumière des néons qui restent allumés toute la nuit... Prévoir un masque de voyage. De plus, elles sont moins larges et n'ont pas de fenêtre. Un service de restauration à la place est assuré dans les 1re et 2e classes (bon, copieux et pas trop cher). Également un wagon-bar pour les couche-tard. Si vous voyagez de nuit, préférez les couchettes avec ventilo parce que les couchettes climatisées sont des glacières.

➢ ***Pour Ayutthaya et Lopburi :*** tous les trains qui partent pour le Nord s'y arrêtent, soit près d'une vingtaine/j. Une douzaine d'entre eux passent par ***Bang Pa In,*** une dizaine continuent jusqu'à ***Phitsanulok***, et une demi-douzaine poussent jusqu'à ***Uttaradit.***

➢ ***Vers le Nord-Est :*** une demi-douzaine de départs/j. pour *Khon Kaen, Udon Thani* et *Nong Khai,* 9 pour *Surin* et *Ubon Ratchathani.*

➢ ***Vers le Sud :*** une douzaine de départs/j. pour *Nakhon Pathom, Hua Hin, Prachuab Khiri Khan, Chumphon* et *Surat Thani* ; 5 départs/j. pour *Hat Yai,* 2 pour *Sungai Kolok* (à la frontière de la Malaisie) et 1 à destination de *Butterworth* (Malaisie), très long (presque 24h). Attention, la veille des pleines lunes, les trains (de nuit) sont pris d'assaut pour les *Full Moon parties* sur les plages du Sud ; pensez à réserver, surtout si vous souhaitez une couchette.

➢ ***Pour le Laos :*** train de nuit pour Thanaleng (compter un peu plus de 13h de trajet avec changement de train à Nong Khai).

➢ ***Vers la Malaisie (et en poussant un peu, jusqu'à Singapour) :*** possibilité de descendre en train jusqu'à Singapour, mais il faut changer 2 fois : à Butterworth et à Kuala Lumpur. Pour ces destinations, réservez vos places assez longtemps à l'avance. Si vous passez par une petite agence, n'achetez que la section de billet jusqu'à Butterworth, ça évite les embrouilles. Ne pas prévoir de correspondances trop justes, il y a souvent du retard. Entre Kuala Lumpur et Singapour, il y a 3 trains par jour, dont un train de nuit.

Gare de Thonburi – สถานีรถไฟธนบุรี *(zoom détachable, A2) :* de là partent 2 trains quotidiens (le mat et en début d'ap-m) ***pour Nam Tok*** (petites chutes d'eau ; 4h30) en passant par ***Nakhon Pathom*** (1h10 de trajet) et ***Kanchanaburi*** (2h30 de trajet).

En bus gouvernemental

– ***Attention :*** n'acceptez pas de boisson ni de nourriture à bord durant le trajet. Chaque année, des lecteurs nous informent de sacs et objets volés pendant les longs trajets nocturnes en bus où le sommeil est lourd, lourd...

– Pour réserver vos billets d'avance :
● *thaiticketmajor.com* ●

– Tous les bus ont l'air conditionné, et certains des toilettes. Ils sont moins chers que les compagnies privées mais pas énormément.

Il existe 3 terminaux de bus gouvernementaux selon votre destination :

Northern Bus Terminal (appelé aussi Mochit 2) – สถานีขนส่งสายเหนือ *(hors plan détachable par E1)* **:** *à 1 km de la station de Skytrain Mo Chit. ☎ 936-28-42. Desservi par de nombreux bus urbains, et principalement par les bus nos 509 ou 3 à partir de Democracy Monument ; sinon Skytrain Mo Chit (à 1 km), puis bus no 134 ou* tuk-tuk, *ou station du métro souterrain Chatuchak Park. Les compagnies se trouvent au 3e étage du bâtiment.*

➢ ***Départs des bus vers le Nord et le Nord-Est :*** départs quotidiens et réguliers pour Chiang Mai (10-11h de trajet), Ayutthaya (1h30), Lopburi (2h), Phitsanulok (6h), Sukhothai (6h30), Chiang Rai (11-12h), Surin (7h), Ubon Ratchathani (10h), Aranyaprathet (frontière avec le Cambodge ; 4h30)...

Southern Bus Terminal – สถานีขนส่งรถปรับอากาศสายใต้ *(Saita ; hors plan détachable par A1)* **:** *Boromratchonnani Rd, à Thonburi (dans le prolongement de Phra Pin Klao Sai Taymai Rd, à 4 km). ☎ 435-11-99 ou 435-12-00 (infos). Desservi par le bus no 19 de Khao San Rd.*

➢ ***Départs des bus pour le Sud :*** Hua Hin (3h de route), Prachuab Khiri Khan (4h), Bang Saphan (6h), Chumphon (7h), Surat Thani (10h), Ko Samui (13-14h), Phuket (14h), Phang Nga (13h), Krabi (12h), Trang (12h), Hat Yai (13h)... C'est également d'ici que partent les bus pour Nakhon Pathom, Kanchanaburi (2h) et Damnoen Saduak (marché flottant à 2h30 de route).

Eastern Bus Terminal – สถานีขนส่งสายตะวันออก *(Ekkamai ; hors plan détachable par G5)* **:** *Sukhumvit Rd, près du Soi 42. ☎ 391-25-04 ou 391-80-97 (infos). Skytrain : Ekkamai.*

➢ ***Départs des bus (AC et non AC) vers l'Est :*** Pattaya (2h30 de trajet), Rayong (3h30), Chanthaburi (3h30), Ban Phe (Ko Samet ; 3h30), Trat (Ko Chang ; 5h), l'aéroport (ttes les heures 6h-19h)...

En bus privé

Plusieurs agences se trouvent sur Khao San Road, sur Sukhumvit Road et dans le quartier des grands hôtels. Bien sûr, les prix sont plus élevés que ceux des bus gouvernementaux, mais le service est impeccable : oreiller, boisson, nourriture... et que de temps gagné ! Ces agences proposent notamment de vous déposer à ***Siem Reap,*** au Cambodge, tout près du site d'Angkor.

Éviter les minibus : à priori plus confortables, mais peu de place pour les jambes. Les bus sont généralement assez luxueux, voire très luxueux. Pour les longues distances, prendre les bus de nuit. Avant d'acheter un billet, consulter plusieurs agences.

– ***Attention :*** refusez toute nourriture ou boisson offerte par un autre passager au cours du voyage : pas mal de routards se sont retrouvés en slip-chaussettes sur le bord de la route le lendemain matin !

Autre chose : pour Chiang Mai, certaines agences proposent, en plus du ticket de bus à prix écrasé, une nuit gratuite à l'arrivée dans l'hôtel avec lequel ils sont de connivence. C'est très gentil : sachez simplement que c'est dans l'unique intention de vous pousser à vous inscrire à un trek organisé par l'agence de l'hôtel. En cas de refus, on a hâte que vous quittiez l'hôtel. Parfois même, si vous ne signez pas tout de suite, on vous jette dehors !

Encore une autre arnaque : tous les bus privés partant de Khao San Road s'arrêtent à une dizaine de kilomètres de Chiang Mai, généralement sur un parking quelconque où siègent des hordes de rabatteurs prêts à vous sauter sur le poil. Et comme, de toute façon, vous n'aurez pas d'autre possibilité pour arriver dans le centre de Chiang Mai que de prendre un pick-up de rabattage, méfiance...

On signale aussi des accidents. Les chauffeurs roulent vite et sont astreints à des horaires serrés. Pour Chiang Mai ou d'autres longs trajets, nous, on préfère le train, même si c'est bien plus cher comparé aux prix d'appel que pratiquent les compagnies de bus. À vous de voir.

AU SUD-EST DE BANGKOK

◗ Pour le plan des environs de Bangkok, se reporter au plan détachable en fin de guide.

ANCIENT CITY, MUSÉE ERAWAN ET CROCODILE FARM – เมืองโบราณ, พิพิธภัณฑ์ช้างเอราวัณ และฟาร์มจระเข้

➢ ***Pour se rendre à Ancient City*** (à 30 km au sud-est de Bangkok, sur l'ancienne route de Pattaya) ***:*** en face du bureau *Mercedes* sur Democracy Monument, prendre le bus nº 511 jusqu'à Paknam (le terminus), puis un minibus qui s'arrête à Muang Boran (nom thaï d'Ancient City). En tout, compter environ 2h de trajet. Pour le retour, on fait pareil, après avoir longé l'autoroute à pied sur la droite puis emprunté la passerelle qui l'enjambe. Autres solutions : louer un taxi à plusieurs, ou suivre une excursion organisée par une agence.

⸙⸙⸙ Sur la route, ne manquez pas l'INCROYABLE ***Erawan Elephant Museum*** – พิพิธภัณฑ์ช้างเอราวัณ *(desservi par le bus nº 511 – voir ci-avant –, sinon, en taxi compter 100-150 Bts ; ouv tlj 8h-18h ; entrée : 300 Bts).* Ce gigantesque éléphant à trois têtes mesure, depuis la base jusqu'au sommet, pas moins de 43,60 m, soit l'équivalent d'un immeuble de 14 étages ! Et encore, le dieu Indra, qui chevauche normalement sa monture Erawan, n'a pas été ajouté à l'édifice. Quand on sait que le projet d'origine devait avoir la taille d'un bâtiment de 70 étages, on se dit que cet édifice est finalement modeste ! C'est monsieur Lek (le bâtisseur de *Muang Borang*) qui a eu l'idée de bâtir ce géant, mais c'est son fils qui l'a mis en œuvre. L'abdomen d'Erawan abrite un temple dédié au Bouddha. Dans ce lieu de recueillement, vous pourrez contempler six bouddhas, dont le plus ancien date du VIIIe s. La fresque symbolisant le système solaire, d'un esprit très moderne, est due à Jacob Schwarzkopf. On accède au ventre de l'éléphant par un escalier grandiose à double révolution meringué, intégralement recouvert d'une mosaïque de bols et de cuillères en céramique. Un remarquable travail de « marqueterie ». Enfin une pièce montée que l'on peut escalader ! Les soubassements de l'édifice abritent un musée présentant la collection de monsieur Lek : sculptures, jades, mobilier et *benjarong* – de magnifiques pots couverts de porcelaine. La technique a été importée de Chine pour la cour royale à l'époque d'Ayutthaya. Dans le pavillon extérieur, vous pourrez observer les sculpteurs au travail. Chacun des quatre piliers principaux représente une religion : hindouisme, judaïsme, christianisme et islam.

⸙⸙⸙ ***Ancient City (Muang Boran)*** – เมืองโบราณ ***:*** *☎ 323-92-53. • ancientcity.com • Accessible en env 2h de Democracy Monument par les bus nos 511 puis 36. Bus nº 25 aussi, de Sukhumvit, puis Paknam. Ou Skytrain jusqu'à On Nut, puis bus nos 25, 507, 508 ou 511 et songthaew 36 (bientôt le Skytrain arrivera tt proche, restera à prendre le songthaew). Tlj 8h-17h. Entrée : env 500 Bts ; réduc. Compter 3 ou 4h de visite pour cette excursion souvent ignorée par les voyageurs. Loc de vélos et de voiturettes électriques.*

Il s'agit d'une « folie » du concessionnaire Mercedes pour la Thaïlande. Milliardaire nostalgique et cultivé, celui-ci y a laissé la quasi-totalité de sa fortune. Sur plusieurs dizaines d'hectares, il a reconstitué 110 grands monuments (à taille réelle ou au tiers) de ce que l'on appelait le Siam. Le travail est superbe. Un endroit « zen », à visiter de préférence au début du voyage pour se donner une idée de l'architecture du pays. Quelques monuments exceptionnels :
– Le *Khao Phra Wihan* (nº 72 sur le plan donné à l'entrée), magnifique temple khmer bâti sur une gigantesque colline artificielle gagnée par la jungle.
– L'empreinte des pieds du Bouddha (nº 33 sur le plan) à Saraburi. L'un des endroits les plus sacrés de Thaïlande. L'empreinte est dans une pagode, creusée dans une pierre.
– Autre chef-d'œuvre, le *Sanphet Prasat* (nº 27 sur le plan). Ce palais d'Ayutthaya, entièrement détruit par les Birmans, a été reconstruit selon des documents d'époque, au tiers de sa taille originale. Sachez que dans le vrai temple, le roi reçut la visite du chevalier de Choisy, envoyé de Louis XIV...
Possibilité d'y déjeuner pour pas cher.

***Crocodile Farm* – ฟาร์มจระเข้ :** *à 3 km d'Ancient City. ☎ 703-48-91. Bus nº 531 de Democracy Monument. Tlj 7h-18h. Entrée : 300 Bts ; assez cher pour l'intérêt que ça représente, sf si vous avez des enfants. À éviter le w-e car archibondé.*
Un véritable parc d'attractions avec shows d'éléphants et de crocodiles (en alternance toutes les demi-heures, 9h-16h) et, bien sûr, boutiques de souvenirs – notamment en peau de croco... – et restaurants.
Au total, 60 000 crocodiles et 9 espèces. Les plus impressionnants sont les *salt-water crocodiles*, car ils peuvent atteindre 5 m ! Ils sont capables de survivre plusieurs mois sans manger. Quand ils s'enfoncent dans l'eau, des membranes empêchent l'eau de pénétrer dans les oreilles et la gorge. La chaleur extérieure est nécessaire pour accélérer les fonctions de leur organisme. Mais trop de chaleur tue le système de reproduction du crocodile. Seuls les éclairs ou le tonnerre déclenchent à nouveau leur libido. Dilemme quand il fait plus de 40 °C pendant 6 mois de l'année. Pourtant, une étude récente indique que le bruit des hélicoptères (proche de celui du tonnerre) les inciterait de nouveau à copuler. Pas tous les jours facile d'être crocodile... De 16h30 à 17h30, c'est le repas des bébêtes.

FILLE OU GARÇON ?

Les crocodiles ont, avec les tortues, une particularité surprenante. Quand les femelles pondent leurs œufs, elles les enterrent dans le sable à une profondeur variable. Plus l'œuf est enfoncé, plus sa température est basse. C'est cette différence de chaleur qui détermine le sexe des petits (et non les chromosomes). Donc tout dépend de la profondeur d'enfouissement dans le sable !

Possibilité de boulotter un bout de croco au *Hard Croc Café*. Le burger est abordable, toutefois le steak est cher, et la portion chiche.

KO SAMET – เกาะเสม็ด

IND. TÉL. : 038

Les 14 plages sont assez colonisées par des structures balnéaires. Certes, à 2h de Bangkok, elle accueille pour le week-end et les vacances des vagues de citadins en mal d'oxygène, de soleil et de flots bleus ; pour se loger, la

concurrence y est alors rude. Cela n'est pas sans poser un vrai problème écologique. Mais l'île garde de sérieux attraits : de petite taille, on la découvre aisément à pied ou (si l'on est bon pilote) en deux-roues. Ses plages de sable blanc très fin sont parmi les plus jolies de l'est du golfe de Siam. On y trouve des hébergements pour tous les goûts, et il y règne une ambiance bon enfant. Le soir, restos et bars installent des tables basses sur des nattes à même le sable : des milliers de lampions éclairent la plage, les grillons entament leur sarabande... ça devient carrément romantique !

Arriver – Quitter

Les bateaux pour Ko Samet partent tous du port de ***Ban Phe.*** 3 embarcadères occupent le front de mer (les minibus arrivent à celui du centre). Environ 200 m plus loin, on trouve la gare routière. Arrivé sur l'île, on acquitte (en principe) la taxe de 200 Bts pour le parc national ; réduc. Pour le retour, demandez conseil à votre hébergement sur Ko Samet.

➢ ***Bangkok :*** bus AC depuis l'*Eastern Bus Terminal* (Ekkamai ; voir « Quitter Bangkok ») ttes les heures 5h-19h, ainsi qu'à 20h30. Trajet : 3h30 pour env 220 km, et 170 Bts. Minibus depuis Khao San et d'autres quartiers touristiques (billets vendus par les agences 50 % plus cher que ceux du bus public). Mais même en logeant loin d'Ekkamai, on ne va pas plus vite, car il faut rassembler les passagers avec parfois transfert d'un véhicule à l'autre jusqu'à ce que le plein se fasse. Depuis Ban Phe, mêmes fréquences de bus, et 2 minibus/j. à 10h et 14h.

➢ ***Pattaya :*** dans les 2 sens, 3 minibus/j. directs (10h-17h env). Trajet : 2h et 220 Bts. Sinon, des *songthæew* transitant par la gare de Rayong.

➢ ***Ko Chang :*** combinaison scabreuse de taxi collectif, bus public (avec changement probable à Chantaburi) et re-*songthaew* de Trat au port de départ vers Ko Chang. Tout cela peut prendre des plombes. Alors, autant recourir cette fois-ci aux minibus d'agences, qui permettent de se laisser trimballer sans souci. Départs à 9h30 (en hte saison) et 12h (tte l'année). Trajet : 3h30 et 300 Bts.

Traversée depuis Ban Phe – บ้านเพ

Bureau d'information au ponton principal *(Pier Phe).* Procurez-vous le plan de Ko Samet, pour repérer l'emplacement de votre réservation et choisir le trajet en bateau en fonction de cette localisation et allez directement à la billetterie. Évitez les rabatteurs qui vous vendent un hébergement avec le trajet.

➢ ***Bateaux de Ban Phe vers le terminal de Na Dan :*** ttes les heures env 8h30-18h30 (8h-18h au retour). Traversée : 35-45 mn selon le bateau et 50 Bts. À Ban Phe, rien ne sert de courir d'un ponton à l'autre (il y en a 3), autant suivre le mouvement général en sortant du bus. Seules les premières et dernières embarcations respectent grosso modo les horaires. Pour le reste, l'appareillage a lieu selon l'humeur du capitaine. Ne pas acheter un billet A/R : même prix, et contrainte de revenir avec la même compagnie (pas toujours la première à partir). Retours à la même fréquence : ttes les heures.

– ***Autres liaisons :*** vers les autres baies en haute saison, selon l'affluence. Par exemple :

➢ ***vers Ao Wongduen*** *(à mi-hauteur de la côte est)* **:** à 9h30, 13h30 et 17h ; retour à 8h30, 12h et 15h30. Trajet : 35 mn-1h selon le bateau et 40 Bts.

➢ ***vers Ao Wai*** *(sud de l'île)* **:** à 11h30 ; retour à 14h. Trajet : 80 Bts.

➢ ***vers Ao Kiu*** *(tout au sud)* **:** à 10h ; retour à 14h. Trajet : 100 Bts.

➢ ***vers Ao Phrao*** *(côte ouest)* **:** à 8h, 11h, 13h et 16h ; retour à 10h,

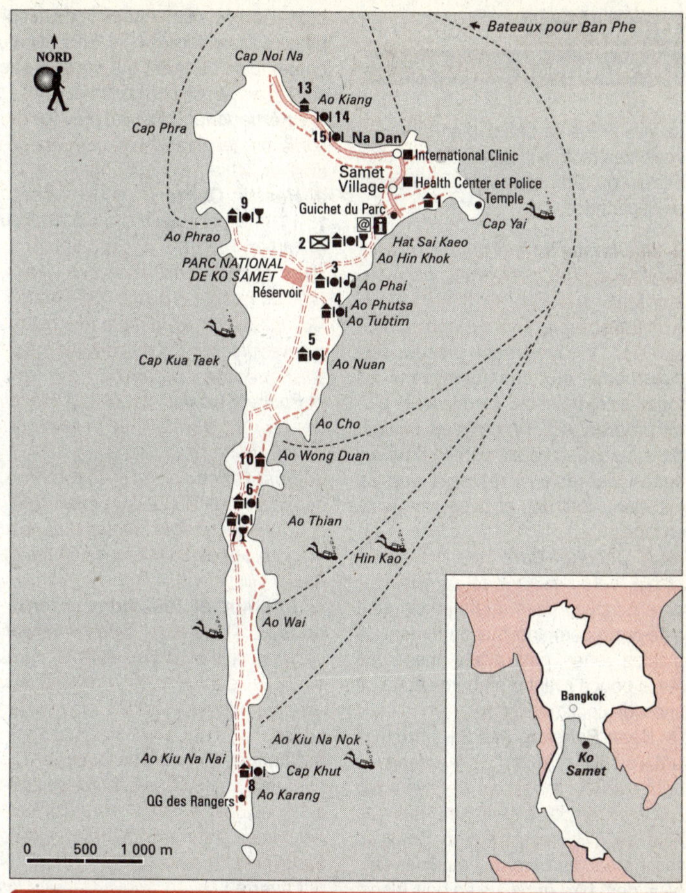

KO SAMET

Où dormir ? Où manger ? Où sortir ?

1 Laemyai Hut Home Resort
2 Naga Bungalows, Jep's Bungalows
3 Bamboo Restaurant, Silver Sand Resort, Samed Villa
4 Ao Pudsa Bungalows, Tubtim Resort
5 Nuan Kitchen
6 Keang Talea Restaurant, Sang Thian Beach Resort
7 Apache
8 Nimmanoradee Restaurant
9 Lima Coco, Ao Prao, Le Vimarn, Buzz
10 Vongduern Villa
13 Samed Club
14 Summer Restaurant
15 Ploy Samed Restaurant

12h30, 15h et 17h. Trajet : 80 Bts. Également des bateaux privés affrétés par les hôtels occupant cette plage. Sinon, il reste les bateaux-taxis (à partir de 1 000 Bts l'embarcation) avec les compagnies *TS Travel* (☎ *651-999*) ou *White Shark* (☎ *653-181*).

Où dormir ? Où manger à Ban Phe ?

La ville présente peu d'intérêt, mais si vous êtes bloqué là dans l'attente d'un bateau ou d'un bus, voici 3 adresses en dépannage.

Christie's : *face au ponton principal (Pier Phe), sur la rue principale, à côté du 7-Eleven. ☎ 038-651-976. • christiesbanphe.com • Doubles 600-800 Bts.* Idéalement placée, une *guesthouse* aux chambres dans les tons verts, fraîches, carrelées et plutôt propres. AC, TV, coffre et minibar dans les plus chères, ventilo pour les autres. Bar-resto au rez-de-chaussée, excellent petit déj, et cybercafé juste en face.

Coconut Café : *sur la rue principale, à 150 m à droite du débarcadère principal, face à la mer.* Un petit café-resto germano-thaï débordant de plantes vertes, pour avaler une soupe sur le pouce avant d'embarquer. Large choix de cocktails.

Baan Rabeang Mai 2 – ร้านอาหารบ้านระเบียงไม้ สาขา 2 **:** *en face au débarcadère, longer la rue principale sur la droite pdt env 400 m ; c'est en face de CP Fresh Market.* Sous un vaste préau au bord de l'eau, des rangées de tables et bancs en bois blanc, où se repaître d'un large choix de plats thaïs aux fruits de mer. Copieux et pas cher.

Adresses et infos utiles

Bureau d'information : *à l'entrée du parc.* Distribue une carte de l'île et délivre le droit d'entrée au parc national à 200 Bts... quand quelqu'un occupe la guérite, ce qui n'est pas toujours le cas. La zone du parc comprend tout le sud de l'île au-delà de Samet Village, mais il y a lieu de se demander à quoi servent cette délimitation et ce droit d'entrée, étant donné le développement anarchique de l'île. En tout cas, gardez bien ce ticket sur vous, on ne sait jamais, en cas de contrôle.

International Clinic : *tt de suite à la sortie du débarcadère. 086-094-05-66 (24h/24).*

Health Center – ศูนย์สุขภาพอยู่ระหว่างหน้าด่านและทางเข้า ด้านตะวันออกของสวนสนุก **:** *à gauche sur la route entre le port et Samet Village, près du poste de police. ☎ 644-123. Ouv 8h30-16h. En dehors des heures d'ouverture, des n^os de portable y sont affichés en cas d'urgence.*

Police Station : *à côté du Health Center. ☎ 038-921-921 pour les urgences.*

✉ **Post Office :** *plage d'Ao Hin Khok, géré par* Naga Bungalows *(plan,* **2***). Tlj 8h30-21h30. Boîtes postales au port et à la plage de Sai Kaeo, à l'entrée de Samet Village.*

@ **Internet et téléphone internationaux :** *plusieurs cafés Internet, notamment le* **Miss You Café***, près du bureau d'information. Prévoir 2 Bts/mn pour Internet et 20 Bts/mn pour les appels.*

Change : *plusieurs banques et ATM, dont un face au débarcadère, un autre avt le guichet du parc, ou encore sur les plages d'Ao Wong Duan et d'Ao SangThian.*

Laverie : *on en trouve dans ts les hameaux de l'île, ouv jusqu'à pas d'heure.*

Location de motos, quads et scooters : *les loueurs foisonnent. Compter 100 Bts/h ou 300-450 Bts/j. avec assez d'essence pour une journée de balade.* Attention à la qualité des véhicules (pneus et freins). Si vous n'êtes pas à l'aise à moto, louez un VTT *(100 Bts/h).*

Circuler dans l'île

À l'exception d'Ao Phrao, toutes les plages se trouvent sur la côte est. Vu la petite taille de l'île (7,5 km sur 3 km

AU SUD-EST DE BANGKOK

dans sa plus grande largeur), elle se parcourt facilement à pied.
Vous ne verrez aucun véhicule privé. Si vous êtes très chargé, empruntez les taxis-camionnettes. Les tarifs, affichés à chaque station, vont de 20 à 100 Bts par personne. Attention, faute de trafic régulier hors arrivée et départ des bateaux, ainsi que toute la journée vers la pointe sud, il faut souvent chartériser un véhicule pour un prix équivalent à celui de 10 places (comptez 200-500 Bts selon la distance). N'hésitez pas à tenter le stop (moyennant pourboire) quand passe un pick-up appartenant à un hôtel.
Possibilité de louer des motos (voir ci-avant). Les pistes carrossables, non bitumées, souvent ravinées après les pluies, peuvent être hasardeuses (notamment au sud) pour les novices, car rocailleuses sous une épaisse couche de poussière. Accès très délicat aux plages depuis la route principale, très encombrée qui plus est dans la partie entre Samet Village et Ao Thian. Accidents très fréquents.

Où dormir ? Où manger ? Où sortir ?

Les bungalows pour routards sont plus nombreux au centre-est de l'île. En descendant vers le sud, l'affluence diminue et les prix ont tendance à augmenter. Ao Phrao, seule plage occidentale, est réservée à ceux qui sont à l'aise côté porte-monnaie. Comme partout, le rêve et la tranquillité, ça se paie ! Bon à savoir : les prix varient parfois du simple au double entre la semaine et le week-end.
Côté restos, on mange un peu quand on veut. Prévoir une lampe de poche pour les sorties nocturnes. Ceux qui recherchent un peu d'animation éviteront de loger trop au sud, au-delà de Ao Wong Duan.
Nous démarrons la visite en partant de Samet North, à droite du débarcadère en venant de Ban Phe.

Plages d'Ao Noi Na et d'Ao Kiang

Zone encore assez tranquille, ambiance villageoise de pêcheurs, avec quelques concentrations de logements affectés aux Birmans qui viennent travailler sur l'île. Pas de plage exceptionnelle mais baignade possible et quelques bonnes adresses au calme et 2 restos étonnants. Depuis le village, comptez 150 Bts en taxi.

De prix moyens à plus chic (de 300 à 3 000 Bts – 7,50 à 75 €)

🏠 ***Samed Club*** (plan, **13**) **:** *résa depuis Bangkok au ☎ (02) 438-97-71 ou en ligne sur • samedresorts.com/samedclub •* Petit *resort* de 30 chambres, bungalows et cottages plus chic à flanc de colline, confort soigné, déco moderne, équipement complet, le tout autour d'une petite piscine avec un bar-resto, les pieds dans l'eau. Billard. Plage de sable fin avec transats et parasols presque pour vous seul. Petits voiliers et catamaran à dispo. Traversée de et vers Ban Phe assurée par l'hôtel, ponton à proximité. Resto un peu cher mais petit déj complet inclus. Idéal pour se reposer. Bon accueil.

|●| ***Ploy Samed Restaurant*** (plan, **15**) **:** *en bordure de la plage d'Ao Kiang. ☎ 644-188. Plats 150-300 Bts.* Double surprise : le cadre, et la qualité. Du rivage, on appelle le ponton sur pilotis à 30 m de la plage et une petite barque tractée par un câble vient nous chercher. Grande salle ouverte sur la mer. Avant de s'installer confortablement sur des coussins bordant les tables en verre posées au-dessus d'un vide découpé dans le sol, les jambes pendant au-dessus de l'eau, on va jeter un coup d'œil aux poissons et crustacés qui barbotent dans des cuves. Crevettes, crabes, langoustes, homards (au poids), coques, poulpes et poissons

n'attendent que votre verdict avant de passer à la casserole. Carte variée et alléchante : on a aimé les coquilles Saint-Jacques à la vapeur et à l'ail et le crabe au curry vert. L'idéal est d'y revenir plusieurs fois pour en tester toutes les facettes. On peut s'amuser à voir affluer des nuées de petits poissons en jetant quelques restes à l'eau... Service attentif. Le complexe comprend en plus des chambres (élégantes et chères) sur le ponton et quelques jolis bungalows en bordure de plage.

|●| *Summer Restaurant* *(plan, **14**) : entre les plages d'Ao Nai Na et Ao Kiang. 📱 038-64-40-95. Ouv le soir slt. Plats 250-700 Bts.* Adresse un peu isolée, mais qui se fera vite connaître, d'abord par son originalité et ensuite par le talent fou de son jeune chef d'à peine 20 ans. On dîne au choix soit dans un intérieur coloré d'inspiration vaguement marocaine, soit sur le sol d'un ponton en bois posé sur la mer, bien calé par des coussins. À la lecture de la carte, ça part dans tous les sens : cuisine fusion bourrée d'originalité, et de toutes provenances : Inde, Espagne, Scandinavie, Italie, Maroc, et même des techniques de cuisine moléculaire avant-gardistes européennes (un peu gadget tout de même). Il faut dire que le chef, qui a la tête dans les étoiles et les mains dans les casseroles, passe sa vie à tester des nouvelles recettes qu'il a apprises sur You Tube... son nom : *Dreams* ! À découvrir.

Plage de Hat Sai Kaeo – ชาดหาดของหาดทรายแก้ว

La première plage en venant du port ; prendre l'allée pavée qui file derrière la guitoune aux tickets. C'est la favorite des groupes de vacanciers ; ses abords ont été aménagés en une promenade desservant une rangée continue de pensions et de restos sans grand intérêt. La plage, souvent saturée, n'est en plus pas régulièrement nettoyée (mais le sable reste cependant magnifique, d'où son nom signifiant « plage de diamant » en raison de sa forte teneur en silice), et la qualité de l'eau souffre de l'affluence, surtout en fin de journée. Quelques gargotes sur la rue principale du village et animation nocturne. On y trouve aussi un club de plongée *(Ploy Scuba Diving)*.

Un peu plus chic (plus de 700 Bts – 17,50 €)

⌂ *Laemyai Hut Home Resort* – แหลมใหญ่ ฮัท โฮม รีสอร์ท *(plan, **1**) : à l'extrémité est de la plage. ☎ 644-282. ● laemyai@hotmail.com ● Accès par la plage ou en traversant le Sae Kaew Beach Resort (très chic) ; prendre à gauche avt le guichet du parc puis à droite au temple. Bungalows 700-1 500 Bts.* À l'écart des *resorts* à touche-touche, et dispersés sous les arbres, une vingtaine de bungalows colorés, avec salle d'eau privée, ventilo et AC et même TV pour certains. Confort variable, selon qu'ils sont rénovés ou plus anciens. Et puis un auvent, pour siroter une bière, avaler un morceau, discuter avec les oiseaux ou laisser pendouiller son maillot jusqu'au prochain plouf dans la grande bleue. Accueil à la cool au bar en bord de plage.

Plage d'Ao Hin Khok – หาดอ่าวหินคก

La petite sœur de la précédente, séparée par une saillie rocheuse surmontée d'une statue d'un prince et d'une sirène bien kitsch. Plage superbe et assez longue, facilement accessible à pied depuis le port. Surplombée par les restos des pensions du coin, elle n'est pas trop envahie par les parasols. Les hébergements, plutôt meilleur marché que les autres, s'étagent tous de l'autre côté de la piste, sur le relief côtier. Elle est aussi recherchée pour son animation nocturne. Deux conséquences : pas de belle vue sur la mer et l'obligation de s'éloigner de la piste pour ceux qui ont le sommeil léger.

De bon marché à prix moyens (moins de 1 000 Bts – 25 €)

Naga Bungalows – นาคาบังกาโล *(plan, **2**) : 1er village de bungalows en venant du nord. ☎ 644-035. 087-958-62-06.* Complexe étendu et noyé sous les arbres, qu'on atteint via un escalier flanqué des nagas de la tradition bouddhique. Prix plancher pour les bungalows vieille école (300-600 Bts) en bois et bambou, sans sanitaires, dont l'intérieur est beaucoup mieux que ne le laisse présager l'extérieur. Plus confortables, des pavillons en dur avec salle de bains, sol carrelé, mais sans charme ni clim. Bonne tenue générale malgré le caractère sommaire. Petit déj bonnard avec petits pains et gâteaux frais, bon café. Resto de cuisine thaïe. Le bar dominant la plage jouit d'une bonne réputation. Les fêtes données environ 2 fois par mois attirent beaucoup de monde et donc pas mal de bruit. Multiples services : agence de voyages, bibliothèque, sans oublier une école de boxe thaïe et le bureau de poste de l'île. Bonne ambiance sac à dos, mais planquez bien vos valeurs et n'oubliez pas votre antimoustiques.

Jep's Bungalows – เจบส์บังกาโล *(plan, **2**) : à deux pas du précédent, vers le sud. ☎ 644-112.* Géré par une équipe en polo qui ne déparerait pas dans une bonne série B des mers du Sud. Bungalows vraiment trop chers pour le confort fourni. En revanche, le resto côté mer serait le meilleur de Samet. On confirme : cuisine de toutes origines, pour tous les goûts, c'est bon et bien servi. Et le *green curry* fait venir les larmes aux yeux *(very spicy !)*.

Plage d'Ao Phai – หาดอ่าวไผ่

Une autre plage très populaire, séparée de la précédente par un petit cap rocheux. Toujours sympathique, malgré la guerre perdue d'avance qu'y mène le clan des serviettes contre l'armada des chaises longues. Un minivillage s'est développé au niveau du coude de la piste. Notre préférée pour l'ambiance et les plaisirs de la baignade.

Prix moyens (autour de 500 Bts – 12,50 €)

Bamboo Restaurant – ครัวแบมบู *(plan, **3**) : sur la plage, entre le resto du Sea Breeze et le complexe du Silver Sand. ☎ 644-124.* Une petite paillote-cuisine (2 tables à l'intérieur pour les jours de pluie) surveillant une file de tables et chaises en bambou aux pieds enfoncés dans le sable. Plats meilleur marché qu'ailleurs, qu'on se contente de riz sauté ou de fruits de mer et poissons. Mais pas de quoi nourrir un tigre. Accueil et service sympas et désinvoltes, prodigués depuis des lustres par la même famille.

Plus chic (de 1 500 à 3 000 Bts – 37,50 à 75 €)

Silver Sand Resort – ซิลเวอร์ แซนด์ *(plan, **3**) : joue les starlettes en plein milieu de la plage. ☎ 644-300. • silversandresort.com •* Lieu un peu patchwork ne convenant pas si l'on recherche l'isolement. Bungalows joliment décorés mais de plusieurs types, et un tantinet entassés sur l'arrière ; jolies salles de bains, TV et coffre, petit déj inclus. Certains donnent sur un bras d'eau un peu fétide (moustiques), les plus chers ont le petit déj servi. Accueil un tantinet indolent. Restauration honnête en terrasse, bien ombragée. Excellent café et des crêpes à ne pas rater. Petite boutique en dépannage. Sur la plage, transats disposés comme à la parade, ce que semble apprécier une importante clientèle russe. Héberge aussi le seul bar-disco de l'île digne de ce nom. Toujours plus ou moins animé, l'ambiance culmine lors des *Half Moon parties*. On peut gagner un cocktail gratuit en jouant à pile ou face ! *Fire shows* après 22h.

🏠 🍽 **Samed Villa** – เสม็ดวิลล่า *(plan, 3) : sur les rochers de l'extrémité sud de la baie ; accès par la plage (dépasser le Silver Sand). ☎ 644-094. • samedvilla.com • Tarifs variables selon saison.* Au calme, bien en retrait de la piste. De vastes chambres (jumelables 2 à 2 pour les familles), dans des villas en dur ; les plus agréables sur le promontoire. Efficacement équipées, décorées et entretenues, elles peuplent un écrin de verdure. La plupart des terrasses donnent vers la mer. Très bon accueil. Cuisine honorable, copieuse, un poil plus chère que chez les voisins.

Plages d'Ao Pudsa (ou Phutsa) et d'Ao Tubtim – ชายหาดอ่าวพุทราและอ่า วทับทิม

Longer la mer depuis Ao Phai, franchir le passage rocailleux (Ao Phutsa), et voici Ao Tubtim, parfait croissant de sable doré, souligné d'une flore généreuse. Peut-être le meilleur coin de l'île. En taxi, compter 200 Bts.

De prix moyens à un peu plus chic (de 700 à 1 500 Bts – 17,50 à 37,50 €)

🏠 **Ao Pudsa Bungalows** – อ่าวพุทรา บังกาโล *(plan, 4) : Ao Pudsa. ☎ 644-030.* Les premiers bungalows flanquent le sentier venant d'Ao Phai, alignés face à la mer turquoise, derrière une petite barrière de bois. La bonne affaire côté budget, car à peine plus chers que les autres. Ils sont évidemment très recherchés à la réservation, insistez pour les obtenir, sinon ça vaut moins le coup. Partout, salle de bains et ventilo. Certains, plus chers, disposent de la clim. Visiter, car l'état général est variable.

Plus chic (de 1 500 à 3 000 Bts – 37,50 à 75 €)

🏠 🍽 **Tubtim Resort** – ทับทิมรีสอร์ท *(plan, 4) : à l'extrémité sud de la plage. ☎ 644-025. • tubtimresort.com •* Bien à l'ombre, dans un jardin luxuriant, quelque 70 bungalows élégants en bois laqué ou maçonnerie, dont une vingtaine climatisés, un peu plus chers. Plutôt bien tenus et correctement équipés (même les moins chers). Agréable resto de plage avec coin barbecue et tout plein de tables sur le sable, mais cuisine pas franchement extraordinaire malgré l'élégante tenue rose des serveurs.

Plage d'Ao Nuan – อ่าวนวล

Suivre le chemin côtier et ouvrir l'œil afin de découvrir, lovée dans une adorable crique bordée de rochers, cette minuscule plage qu'il serait dommage de manquer ! Un îlot de sérénité, notre outsider dans le tiercé gagnant.

De prix moyens à plus chic (de 500 à 2 000 Bts – 12,50 à 50 €)

🏠 🍽 **Nuan Kitchen** – นวลคิทเช่น *(plan, 5) : pas de téléphone, tenter directement sa chance. Accès malaisé par la route.* Une poignée de bungalows en bois avec terrasse et moustiquaire. Certains simples mais avec salle de bains, d'autres rudimentaires (salle de bains commune et matelas sur plateforme) et, enfin, une poignée avec clim. Posés sur des escarpements à l'ombre d'une végétation exubérante, tous sont bien tenus. Excellente cuisine à prix doux, que l'on peut déguster dans un superbe jardin aux belles essences odorantes. Situation calme, isolée, ambiance mystique, authentique, un poil « ronbinsonnesque », exceptionnelle pour Ko Samet. Accueil extra. Peut-être notre meilleure adresse.

Plages d'Ao Cho et d'Ao Wong Duan – ชยโฆมยโฮ๋ย วช๋ฮ ฉลธฆมยโฮ๋ย ววงฌโฮฯชายหาดของอ่าวโชวและอ่าววงเดือน

Ao Cho, assez étendue, manque de charme : elle est trop fréquentée à notre goût et les coraux y ont été détruits par la pêche à la dynamite. Ao Wong Duan, largement ombragée mais coupée en deux par un embarcadère, accueille un complexe touristique complet : laverie, distributeur de billets, supérette, multitude de restos. Elle est très populaire (cohue assurée le week-end) et conviendra à ceux que ni l'animation, ni les jet-skis, ni la multitude de bateaux amarrés n'effraient. Liaisons par bateau avec Ban Phe. Comptez 250 Bts en taxi depuis le village.

Plus chic (autour 1 800 Bts – 45 €)

Vongduern Villa – วงเดือน วิลล่า *(plan,* ***10****) : ☎ 644-260. • vongduernvilla.com • À l'extrémité sud de la plage de Wong Duan. Chambres 1 200-2 000 Bts, petit déj inclus.* Ribambelle de maisonnettes en bois blanc qui essaiment à flanc de colline à l'abri de la végétation, jusqu'à atteindre un promontoire isolé offrant un agréable panorama sur la côte. Et la plage est à deux enjambées, mais elle est rarement nettoyée. Un endroit moyennement tenu avec des salles de bains un peu usées. Accueil rieur et confort variable selon le bungalow. Resto avec fresques humoristiques. On a aimé l'accès aux toilettes !

Plage d'Ao Thian et cap de Lung Dam – อ่าวเทียนและแหลมลุงดำ

Suivent Ao Thian (au nord), appelée aussi *Candelight Beach,* un havre de paix, puis le cap de Lung Dam (pointe sud), qui dessinent une portion de côte agréable pour ceux qui veulent s'isoler de la foule. L'ambiance reste paisible, parfois plus maritime que balnéaire malgré un front de mer bordé d'une ligne ininterrompue de bungalows. Plusieurs affleurements rocheux isolent des mini-plages. La côte ouest est à peine à 200 m en traversant la péninsule. Le taxi s'affrète ici à 350 Bts pour aller au village principal.

Prix moyens (autour de 500 Bts – 12,50 €)

Keang Talea Restaurant – ร้านอาหารแกงทะเล *(plan,* ***6****) : Ao Thian, à côté du* Sang Thian Beach Resort. Un petit resto familial et bon marché. Terrasse couverte en surplomb de la mer. Des simples riz sautés aux poissons grillés et fruits de mer en passant par les currys, tout a plus de goût que chez les voisins.

Un peu plus chic (de 1 000 à 1 500 Bts – 25 à 37,50 €)

Apache – อาปาเช่ *(plan,* ***7****) : à l'extrémité sud, avt la pointe. 081-452-94-72. • ausamed.com • Doubles 1 000-1 400 Bts ; 1 800 Bts pour 4.* Côté hébergement, dans un joli jardin, des bungalows en bois brut au confort simple, peints de couleurs vives, mais bien tenus, avec mini-salle d'eau. Au choix, ventilo ou AC, et chaise longue pour tous. Côté plage, un ponton, avec tables basses pour déguster en tailleur des plats vraiment pas dispendieux. Atmosphère relax, parfaite pour les apaches du coin. Accueil adorable.

Plus chic (de 1 500 à 3 000 Bts – 37,50 à 75 €)

Sang Thian Beach Resort – แสงเทียนบีชรีสอร์ท *(plan,* ***6****) : pile sur le cap nord. ☎ 644-255. • sangtthianbeachresort.com •* Un ensemble de constructions aux murs en lattes de bois vernies, qui s'agrippent à la pente. Très ramassé. Confort et équipement complet (clim, eau chaude, TV) militent cependant en faveur de cette adresse, notamment pour les chambres avec vue sur la mer. Fait aussi bar et supérette avec ATM. Personnel affable.

Plage d'Ao Wai – ชายหาดของอ่าวไหว้

Loin de la foule, sur une crique isolée entre deux promontoires, jolie plage de sable bordée de « palétutu », palétuviers roses... L'accès se fait par un sentier tracé dans la jungle. L'endroit est parfait pour la bronzette, le kayak et le *snorkelling*, à tenter dans les rochers qui ferment cette micro-baie. Coucher de soleil garanti sur la côte ouest par un petit sentier qui coupe la piste centrale. Navette vers Bab Phe : 300 Bts par personne. Hélas, le *resort* qui y occupe une position de monopole est plutôt décevant.

Plage d'Ao Kiu Na Nok

À un petit kilomètre plus au sud, cette plage est carrément paradisiaque : sable blanc ultra fin et courbure langoureuse. Ko Samet étant ici aussi mince qu'un trait de calligraphie, le soleil se couche à 200 m de là, de l'autre côté de la piste. Ces mensurations n'ont pas échappé au plus gros opérateur de l'île, *Samed Resorts*, qui, après avoir colonisé Ao Phrao (voir ci-contre), a bâti ici le ***Paradee,*** un « 5-étoiles » naturellement paradisiaque à des prix... infernaux ! Inutile d'ailleurs d'espérer piquer une tête ici sans passer à la caisse. Un agent de sécurité se charge d'éconduire les baigneurs fauchés et le taxi vous coûtera 400 Bts. On peut aussi la rejoindre en bateau.

Plage d'Ao Karang

Les dernières criques de sable avant la pointe sud. La baignade n'est pas des plus aisée (peu de fond et galets), mais on y fait quelques rencontres agréables avec masque et tuba. Le tarif du taxi monte à 500 Bts.

Prix moyens (de 100 à 300 Bts – 2,50 à 7,50 €)

Nimmanoradee Restaurant – ร้านอาหารนิมมานนันรดี *(plan, **8**) : sur Ao Karang. ☎ 644-273. • nimmanoradee.com •* De quoi se requinquer avant ou après le chemin côtier. Les tables ont les pieds enfoncés dans le sable, à l'abri d'arbres bienfaiteurs, face à la mer, aux îlots et à la belle côte sud-est de l'île. Les prix jouent sur l'éloignement pour une nourriture thaïe classique. Mais la beauté du site et les désaltérants *fruit shakes* font vite oublier ces contingences bien matérielles. Loue aussi des bungalows tout confort, genre petits cottages en bois, mignons tout plein, catégorie chic (2 700-5 000 Bts).

Plage d'Ao Phrao – หาดอ่าวพร้าว

Baie parfaite lovée dans le plus bel écrin de verdure de l'île, la seule vraie plage de la côte ouest est célèbre pour LE coucher de soleil de Ko Samet. À 1,5 km d'Ao Phai, on s'y rend facilement par la piste en longeant le réservoir d'eau destiné à l'alimentation de l'île. Ao Phrao, autrefois chic mais décontractée, a été livrée tout entière aux *resorts* de grand luxe. Morale de l'histoire, il est plus malin (et gratuit) de s'y rendre pour une partie de farniente-baignade que d'y résider. Club de plongée, piste de pétanque et *fire dance shows* sur la plage le soir. Un taxi prend 250 Bts pour vous y conduire.

De plus chic à très chic (à partir de 2 500 Bts – 62,50 €)

Lima Coco – ลิมา โคโค *(plan, **9**) : ☎ (02) 938-18-11 (à Bangkok). • limacoco.com •* Le plus abordable des 3 *resorts* de cette plage. Hôtel somme toute bien intégré au site, avec des chambres nickel mais aux prix surévalués (on paie le cadre). Le même confort se négocie 2 fois moins cher sur la côte est, au pied de plages qui sont loin d'être moches... Transfert (compris) en bateau spécial depuis Ban Phe (embarcadère de Chokrisada) et débarquement rocambolesque sur la plage. Resto cher le soir, mais lunch à 220 Bts, et bar relativement bon marché.

Ao Prao – อ่าวพร้าวรีสอร์ท *(4 étoiles)* et **Le Vimarn** – วิมานรีสอร์ท *(plan, **9** ; 5 étoiles, rien en dessous de 10 000 Bts...) : ts les 2 gérés par Samed Resorts. • samedresorts.com •* Parfois des promos sur Internet les rendent un peu plus accessibles.

Buzz *(plan, **9**) : attenant au Lima Coco. ☎ 644-104. Menu thaï 550 Bts pour 2.* Lieu ultramoderne plaisant pour boire un verre chic (c'est-à-dire cher). En terrasse, large banquette en cercle moelleuse à souhait. À l'intérieur, décor dépouillé et un fascinant mur aux couleurs fluo fluctuantes. Musique apaisante et service très attentif. Fait aussi resto (bonne cuisine).

À faire à Ko Samet

Pas grand-chose et c'est tant mieux !

➤ ***Rando le long de la côte :*** jusqu'à 6 km de promenade, sans risque de se perdre, sur le sentier côtier plutôt mignon d'Ao Phai jusqu'à Ao Karang. Quelques mini-grimpettes à pinces dans les rochers à crabes après le cap de Lung Dam, mais aucune difficulté. Pour rejoindre le cap sud formé de rochers pelés, il faut passer par le QG des rangers. Emporter une torche, toujours utile si l'on s'est attardé (pas d'éclairage entre les plages), et entrecouper la balade de pauses baignade et buvette (il fait chaud par ici). Pour remonter en taxi (qu'il faut faire descendre du nord), compter 600 Bts. La piste des crêtes, au centre de l'île, est fastidieuse et sans intérêt.

– ***Location de kite surf, canoës, ski nautique, jet-ski :*** sur les plages les plus populaires, de Hat Sai Kaew à Ao Phai, ainsi qu'à Ao Wong Duan.

– ***Plongée sous-marine :*** à Laem Yai, sur le spot de Hin Kao où l'on peut observer des requins, au large de Ao Thian, au large du cap Khut (tortues), tout au sud, et, sur la côte ouest, surtout au cap Kua Taek, à partir de Ao Phrao.

– ***Sorties en mer :*** organisées par la plupart des hôtels, ou repérer les panneaux sur la plage. Tour de l'île, *snorkelling,* pêche aux calamars de nuit, excursions vers les îlots environnants (Ko Thala, Ko Kudee, Ko Plateen, Ko Kham ou Ko Man Nai qui abrite une réserve de protection des tortues de mer).

– ***Assister à un match de muay thai :*** *soirées combats (plusieurs dizaines à la suite, chacun compte 5 rounds) organisées régulièrement à Ao Hin Khok. Entrée : 800 Bts.* En plein air, posé sur de la terre battue derrière des bâches tendues, un ring où s'affrontent gamins, ados, adultes. Autour, des chaises en plastique, l'orchestre traditionnel, et le public en partie debout qui parie, qui rit, qui crie, qui scande les coups. Intense.

KO CHANG – เกาะช้าง

IND. TÉL. : 039

Ko Chang, avec ses 650 km², est la deuxième île de Thaïlande après Phuket, et donne son nom au parc national maritime qui englobe un archipel d'une cinquantaine d'îles. L'île est surnommée *chang,* à cause de sa forme en

derrière d'éléphant (ah bon ?). Elle est bordée de mangroves et aux trois quarts couverte d'une des plus denses forêts pluviales du pays, toujours peuplée de singes, d'oiseaux colorés et de reptiles. Culminant à 745 m avec le sommet du Khao Jom Prasat, ses montagnes dominent majestueusement le golfe du Siam.

UN ÉLÉPHANT, ÇA TROMPE ÉNORMÉMENT

Comment mesurer la surface d'un pachyderme ? Des scientifiques se sont penchés sur la question, et ça se résume en une formule à la portée de tous : S = (H x 6,807 + C x 7,703) - 8,245. Où H est la hauteur au garrot du proboscidien et C son tour de pied. On espère qu'ils ne se trompent pas. Pour le vérifier, à votre mètre-ruban et gare aux ruades !

Ça, c'est pour la carte postale. Car en pratique les autorités thaïes ont privilégié ici, comme ailleurs dans le pays, l'appât du gain ! En un mot, on décrète une zone « parc national » (ça plaît aux touristes) et on y laisse se multiplier de façon irréfléchie des activités destructrices pour l'environnement. Et puis, alors que le pays a démontré son savoir-faire en matière de raffinement, bien des hôtels de la côte ouest sont ici plutôt moches et déplacés. Le trafic aérien vers l'île, via le tout proche aéroport de Trat sur le continent, garantit quant à lui un accès plus facile, plus de tourisme de masse, plus de constructions, plus de revenus : le cercle « vertueux » est respecté !

Bon, positivons maintenant ! Sur fond de superbes couchers de soleil, on va aller à la pêche aux trésors en péril, sillonner les sentiers de montagne, se rafraîchir dans les chutes d'eau, s'étourdir de virages et de montagnes russes spectaculaires, dénicher les derniers villages authentiques et les petites adresses charmantes tenues par des gens faisant du business sans massacrer leur terroir. Car Ko Chang a une beauté à elle, un cœur vert qui bat très fort et des rivages au sable fin et aux eaux émeraude qui incitent au farniente, à la baignade, au *snorkelling* et à la plongée. Autre aspect marqué : chaque plage à son style, choisissez donc votre point de chute en fonction de vos attentes.

Le paludisme qui y sévissait autrefois a été presque entièrement éradiqué, mais que ça ne vous autorise pas à négliger l'usage intensif du répulsif aux heures critiques, et surtout en randonnée dans le centre de l'île.

Arriver – Quitter

En bus et minibus

Tous les bus depuis la capitale (Ekkamai et Mochit 2) transitent par l'aéroport de Bangkok à l'aller comme au retour.

➢ ***Bus depuis Ekkamai (Bangkok) vers Ao Thammachat Ferry Pier :*** 320 km. Trajet : 5h. 1 bus/j. avec AC, départ à 8h et retour à 11h. Compter 250 Bts. Sinon, bus avec AC ttes les 1h-1h30 env d'Ekkamai à ***Trat,*** 6h-23h30. Compter 250 Bts (450 Bts A/R).

➢ ***Bus depuis New Morchit (Bangkok) :*** 320 km. Trajet : 4h30. 5 bus/j. directs vers et depuis Trat, 6h-23h. Retour 7h30-23h30. Compter env 250 Bts (470 Bts A/R).

➢ ***Depuis Trat :*** 20 km. Trajet : 30 mn. Service continu de *songthaew.* Compter 50-180 Bts selon nombre de passagers. Pas mal d'hôtels organisent le transit.

➢ ***Minibus AC + bateau :*** plusieurs formules au départ de votre hôtel. Vendues en agence (dans les quartiers

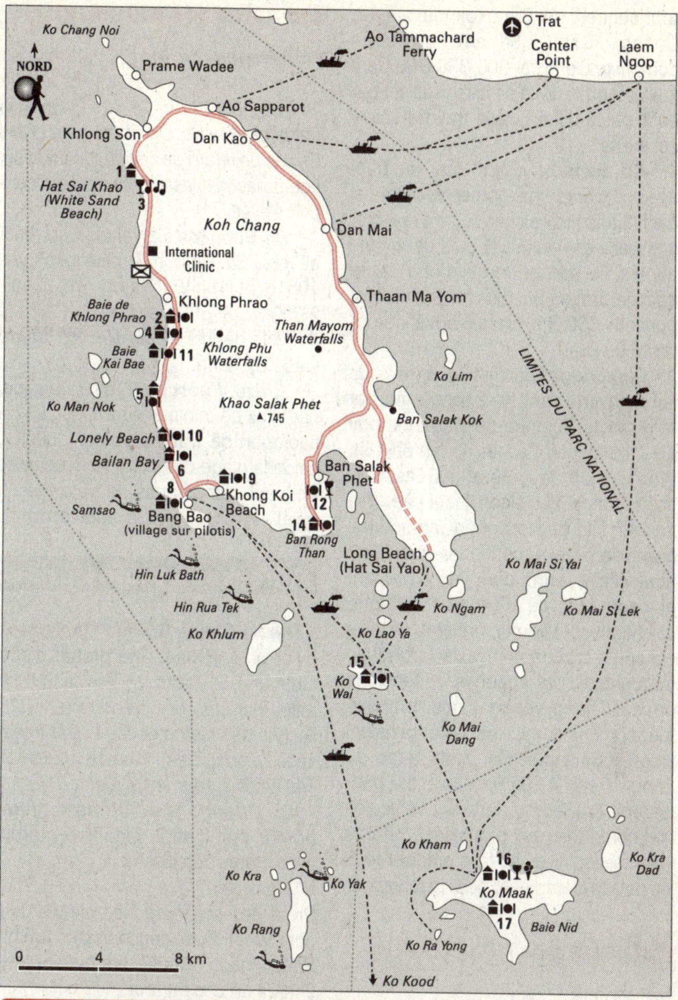

KO CHANG

Où dormir ? Où manger ? Où boire un verre ? Où manger une glace ? Où sortir ?

1 Independent Bo's
2 KP Hut
3 Sabay Bar
4 Bam and Tom, Kati Culinary et Ko Chang Tropicana Resort
5 Porn's Bungalows, Kae Beach Grand Villa, Mam Kai Bae, KB Kitchen
6 Bailan Bay Resort, Sea Wind
8 Koh Chang Sea Hut, Ruan Thai Restaurant
9 Bang Bao Beach Resort
10 Siam Hut
11 PK 208, O2 Restaurant
12 Baan Yemaya
14 Salakphet Seafood Resort, Island View Resort
15 Koh Wai Paradise
16 Koh Maak Resort
17 Suchanaree Resort

touristiques de Bangkok ou sur Ko Chang). Trajet : 5h env, traversée comprise. Compter 300-350 Bts. Gare aux arnaques, bien se faire préciser par écrit sur le billet que le trajet en ferry est inclus.

➢ ***Ko Samet :*** compliqué en bus, avec plusieurs changements, même si c'est 2 fois moins cher. Autant réserver une place en minibus (1 ou 2 départs/j.) auprès de son hôtel ou d'une petite agence. Trajet : 3h, plus les traversées, pour env 300 Bts. En taxi privé, compter 1 600 Bts.

➢ ***Cambodge :*** une flottille de minibus fait la navette dans les 2 sens entre Trat et le poste frontière de Had Lek (ouv 7h-21h). Départ ttes les 45 mn 6h-18h. Prévoir 1h30 de route et 300 Bts. Partir très tôt de Trat, sinon il faut passer la nuit sur l'île de Ko Kong (Cambodge), avant de pouvoir continuer vers Sihanoukville à bord d'un ferry bruyant et secouant, ou d'un taxi collectif. Attention, côté khmer, préférer les taxis collectifs aux motos-taxis (arnaques fréquentes). Les agences et pensions de Ko Chang vendent des formules tout compris (ferry, minibus et pension) jusqu'à Sihanoukville, Siem Reap ou Phnom Penh (1 500 Bts). Là aussi, petites embrouilles rapportées : véhicules non conformes aux promesses, retards volontaires... Bien se faire préciser tous les détails au moment de la réservation.

Bateaux pour Ko Chang

2 quais :

➢ ***Ao Tammachat-Ao Sapparot :*** ferries pour véhicules. Ttes les 45 mn 6h30-19h. Traversée de 30-40 mn. Compter 120 Bts le billet A/R ; 200 Bts par véhicule. C'est par là que transitent la majorité des transports de/vers Bangkok et aussi les navettes de/vers l'aéroport de Trat.

➢ ***Center Point :*** ferries mixtes véhicules et piétons. Ttes les heures 6h-19h. Traversée de 40-50 mn. Billet A/R 100 Bts ; 150 Bts pour une voiture.

En avion (et minibus)

✈ ***Aéroport de Trat :*** *mignon petit aéroport à 15 km au nord des quais d'Ao Tammachat.* ☎ *525-76-78.* Géré par *Bangkok Airways.* Distributeur de billets. En cas de retard de l'avion, on vous sert une collation, classe ! Mais taxe d'aéroport élevée.

➢ ***De Bangkok :*** 2 vols/j., vers 8h30 et vers 17h. Retour vers Bangkok vers 10h15 et 18h40. Trajet : 1h. Coût : 2 600-3 500 Bts avec taxes.

➢ Vols depuis ***Phuket*** et ***Ko Samui*** vers Ko Chang.

➢ ***Entre l'aéroport et l'île :*** des navettes de minibus sont affrétées par l'aéroport de Trat. Prévoir env 500 Bts selon la plage d'arrivée, ferry compris. Souvent, dans le cas de *packages,* le trajet est inclus dans la réservation.

Adresses et infos utiles

– ***The Ko Chang Guide :*** • *koh-chang-guide.com* • Magazine gratuit disponible un peu partout. Bien fait et très utile. Horaires des transports, plans, listings des restos et des hôtels (réservations possibles). Couvre également Trat et les autres îles du coin.

– ***Ko Chang, the ultimate guide book :*** publication similaire gratuite avec cartes détaillées.

■ ***Banques :*** *lun-ven 8h30-15h30.* Présentes sur toutes les plages de la côte ouest. Forte concentration à White Sand Beach. Sinon, des distributeurs 24h/24 un peu partout.

■ ***Post Office :*** *au sud de White Sand Beach (sur la route principale). Lun-ven 10h-12h, 13h-18h ; sam 10h-13h.* Assure le service *Western Union.*

@ ***Internet, téléphone :*** accessible dans une myriade de cybercafés et dans les petites pensions. Internet à partir de 1 Bt/mn et appel international dès 20 Bts/mn. Dans les grands *resorts,* c'est plus cher...

■ ***Ko Chang International Clinic :*** *au sud de White Sand Beach, sur la* *route principale. Rrgences : ☎ 551-555. 📱 081-863-36-09 (24h/24). • bangkoktrathospital.com* • Clinique privée, succursale du Bangkok-Trat Hospital. Personnel soignant anglophone et germanophone. On trouve par ailleurs des ***postes médicaux*** et des ***pharmacies*** sur chaque plage de la côte ouest.

■ Sur la côte ouest, derrière chaque plage s'alignent les boutiques. On trouve donc l'essentiel ***(supérettes, laverie, gargotes...),*** et le superflu, partout.

■ ***Location de motos, scooters et voitures :*** nombreux loueurs sur toutes les plages. On peut aussi passer par sa pension. Compter à partir de 200 et 1 000 Bts/j., pour respectivement 2 et 4-roues. Et voir nos avertissements plus loin.

Circuler dans l'île

La seule route de l'île parcourt le périmètre côtier sans toutefois en faire le tour complet. Au sud-est, le voyage finit au village de Ban Salak Phet, une piste filant par ailleurs vers Hat Sai Yao (Long Beach). Au sud-ouest, cul-de-sac (payant) au niveau du grand-guignolesque *Ko Chang Grand Lagoona.*

Un service de *songthaew* (taxis pick-up, fréquents le jour) circule entre les pontons de débarquement et le village de Bang Bao, desservant toutes les plages au passage. Prévoir de 60 à 120 Bts par personne selon la distance. Le soir, la desserte est très irrégulière en dehors de la portion Hat Sai Khao-Kai Bae ; il faut alors souvent chartériser (cher) ! Une solution est de louer moto ou voiture, mais attention ! Si la route est bitumée, le ruban assez étroit se tord dans tous les sens, avec des pentes vertigineuses à certains endroits, et se transforme en patinoire quand il pleut. Au sud-est, la piste menant à Long Beach est à réserver aux bons pilotes tant qu'elle n'est pas complètement asphaltée. Quant à la circulation, elle est infernale sur toute la côte ouest. Quelques règles de conduite : automobilistes, gaffe aux motos et piétons ; motos, attention aux autos et piétons ; piétons, méfiez-vous des deux... Ceux qui louent un deux-roues penseront au casque, souvent une simple bombe de cavalier (ça donne bonne conscience à défaut de bien protéger). Ne franchissez pas les rampes très raides à deux et, surtout, testez la bécane pour éviter pneus lisses et freins déficients. Et ne roulez pas qu'avec un maillot pour tout vêtement : en cas de gamelle, ça peut faire mal. Les secteurs périlleux : entre Lonely Beach et Bang Bao au sud-ouest et au nord entre White Sand Beach et Khlong Son.

En cas de location de véhicule, assurance tous risques indispensable.

LA CÔTE OUEST

95 % des bungalows sont installés sur la côte ouest, où se trouvent toutes les plages à l'exception d'une (Long Beach). Attention ! Gare aux courants traîtres en mer, notamment pendant la mousson, la baignade pouvant alors devenir vraiment dangereuse (rester où l'on a pied), en particulier à White Sand Beach et Lonely Beach.

WHITE SAND BEACH (HAT SAI KHAO) – หาดทรายขาว

La plus longue et à l'origine la plus belle plage de l'île, Hat Sai Khao est aujourd'hui devenue la véritable capitale de Ko Chang. La route principale y concentre boutiques, banques, agences de voyages, restos, dans un tohu-bohu incessant de véhicules. Cette « plage de sable blanc » est bordée par des *resorts* alignés comme des corons qui proposent des bungalows ou maisonnettes fabriqués en série et de l'*international food* sans intérêt. Seul l'extrême nord n'est pas formaté. Là où la falaise vient plonger directement dans la mer, une poignée de pensions-bars furieusement alternatives et multicolores offrent refuge à des spécimens bien allumés. À notre avis, pas besoin de poser son sac sur White Sand, il y a mieux et moins cher ailleurs. Rien n'empêche de venir y piquer une tête ou d'y « monter » quand on ressent un besoin d'animation, notamment nocturne. Au cas où vous seriez tenté (problèmes de transport, séjour express), on vous indique une bonne adresse où dormir.

Où dormir ?
Où sortir ?

De bon marché à prix moyens (moins de 500 à 1 000 Bts – 12,50 à 25 €)

Independent Bo's – อินเดเพ็นเด้นท์ โบว์ (plan, 1) : *accès au niveau du 7-Eleven, au nord de la plage, puis remonter le rivage sur 300 m à droite. Le n° de tél (pas de résa) est indiqué sur le panneau qui se trouve au niveau de l'accès à la plage.* Entassement improbable d'une vingtaine de cahutes multicolores accrochées à la pente au-dessus des flots. Les moins chères sur les hauteurs. Une chatte n'y retrouverait pas ses petits. Et pourtant, décorée avec totems et sans tabous, l'adresse a un charme fou. La seule constante du lieu est la propreté. Car chaque chambre est personnalisée, jusqu'aux sanitaires (parfois rustiques) avec eau froide. Quelques cabanes plus chères (autour de 1 000 Bts) en projet. Faut dire qu'ici c'est Bo, une vraie baba de la belle époque, qui régit avec gentillesse sa colonie post-hippie, et édicte clairement les règles du vivre ensemble. De temps à autre, des tables sont dressées sur la plage pour partager les mets du jour.

Sabay Bar (plan, 3) : *au nord de la plage, sur la route principale, presque en face du 7-Eleven. Tlj jusqu'à 1h ou 2h. Droit d'entrée : 200 Bts.* Comme la zique sur les platines du DJ, ici tout est mixé. Souvent des orchestres philippins dans la journée. Thaïs et étrangers, concerts qui claquent et vinyles branchés, pieds dans la sable au clair de lune et tête au frais dans la partie fermée. Ça bouge, ça danse, ça fume le narguilé. *The place to be* pour les *Full Moon parties.*

LAEM CHAI CHET CAPE ET KHLONG PHRAO BEACH – แหลมไชยเชญ และหาดคลองพร้าว

Notre coin préféré pour ses kilomètres de sable blanc, ses îlots touffus au loin, et ses quelques ensembles de bungalows tout confort perdus dans les cocoteraies. Plage pas idéale pour la baignade en revanche (mer peu profonde). Au nord, dans un entassement de restos et commerces, le cap de Laem Chai Chet est aujourd'hui saturé de chalets. Au-delà de l'embouchure du Khlong Phu (voir « Les cascades » dans la rubrique « À voir. À faire à Ko Chang »), traversable à pied (et en maillot !) depuis la plage à marée basse, la partie sud de Khlong Phrao reste la plus séduisante, même si la bande de sable s'y réduit parfois comme peau de chagrin.

Où dormir ? Où manger ?

De prix moyens à un peu plus chic (de 500 à 1 500 Bts – 12,50 à 37,50 €)

⌂ |●| **KP Hut** – เค พี ฮัท *(plan, 2) : Khlong Phrao sud, à env 2 km de Chai Chet. 📱 084-077-59-95 ou 084-133-59-95. Accès par une longue piste (embranchement indiqué) qui se termine dans une cocoteraie.* Le rêve de Robinson : face à une mer à 180°, des paillotes en bois brut et bambou au toit de paille, ça donne des bungalows sur pilotis avec petite terrasse, mais très rudimentaires (matelas pas toujours nets et salles de bains communes à l'entretien aléatoire). Les plus chers ont leur salle d'eau. Choisissez-en un avec moustiquaire, pas mal de petites bêtes rampantes et vrombissantes... Côté propreté, ce n'est pas vraiment ça, beaucoup de détritus au sol ! Le grand resto-paillote propose une intéressante et modique cuisine routarde thaïe, décrite dans un menu instructif, mais il ferme assez tôt (20h30). Plein d'autres bungalows un peu isolés du même genre basique dans le coin, comme ***Tiger Hut*** *(📱 089-109-96-60).* Moins chers (environ 300 Bts le double avec ventilo) mais plus petits et resserrés, mais que ne donnerait-on pour dormir bercé par le ressac des vagues ?

|●| **Bam and Tom** *(plan, 4) : Khlong Phrao sud, en bord de route, presque face au* Tropicana Resort *(après le réparateur de mobs).* Mme Bam et M. Tom s'affairent aux fourneaux. Résultat : des petits plats thaïs tout en finesse, servis dans une baraque de bord de rue arrangée de tons chauds et de loupiotes grimpant au tronc d'un arbre bienveillant. Fait aussi barbecue coréen. Super accueil et prix mini.

|●| **Kati Culinary** *(plan, 4) : 48/7 Khlong Phrao, un poil au nord du précédent. 📱 081-903-04-08. Lun-sam 11h-15h, 18h-22h ; dim, le soir slt.* Kati maîtrise ses classiques thaïs et pousse même la passion jusqu'à organiser des cours de cuisine (de 10h30 à 15h ; 1 200 Bts) dans son joli resto en bord de route. Pour le reste, grande affluence le soir pour s'essayer aux saveurs de ses petits plats bien travaillés, dont les plus épicés sont bien signalés, histoire d'éviter les mauvaises surprises. Excellent curry, riz servi sous des formes humoristiques. Service affable. Petit bémol, un décor sonore à la Clayderman, entrecoupé par la pétarade des deux-roues sur la route.

De plus chic à très chic (de 1 500 à 3 000 Bts – 37,50 à 75 €)

⌂ |●| ***Ko Chang Tropicana Resort*** – เกาะช้างโทรปิกาน่า รีสอร์ท *(plan, 4) : à l'extrémité sud de Khlong Phrao. ☎ 557-122. ● kohchangtropicana.net ● 📶 (dans le lobby).* Un complexe hôtelier de grande taille, avec spa, en bordure d'une plage magnifique mais aux eaux peu profondes. Dans l'aile gauche, des chambres décorées avec goût, dans de petits bâtiments autour d'une large piscine, et dans l'autre partie, des bungalows de grand confort (avec douche balinaise à l'extérieur) disséminés dans un superbe jardin tropical ponctué de plans d'eau jusqu'à la piscine et les rangées de transats face à la mer. Resto proposant une cuisine internationale tout au bout du bout du jardin, et accessible par l'hôtel ou la plage. Les prix demeurent raisonnables. Buffet à volonté, de qualité standard mais copieux, le samedi soir (800 Bts). Seul regret, l'animation musicale enrobée au synthé... Massages, tennis de table, kayak de mer, etc. Un hébergement à envisager surtout par agence ou via Internet (sinon c'est 50 % plus cher) très apprécié d'une clientèle russe plutôt familiale. À gauche, au-delà d'un petit estuaire en provenance de la lagune, quelques hôtels du même style organisent des dîners aux chandelles avec barbecue de poissons. Très romantique...

KAI BAE BEACH – หาดไก่แบ้

Au nord et au centre de la baie, on trouve plutôt des hôtels un peu chic. C'est au sud, sur une plage sablonneuse, qu'on trouve d'agréables « bungalowteraies », sous une cocoteraie convenablement engazonnée. Quant aux abords de la route, on y voit fleurir des bars « clapiers », restos de toutes nationalités (souvent pour Russes, sauf rares exceptions siamoises) ; moche le jour et chaud la nuit.

Où dormir ?

Prix moyens (de 500 à 1 000 Bts – 12,50 à 25 €)

Porn's Bungalows – พร บังกาโล *(plan, 5) : au sud de la plage. 084-892-73-45. • pornsbungalows-kohchang.com • Accès par la plage, après le Kae Beach Grand Villa (à plat), ou par la route (ça grimpe sec pour redescendre aussi sec !). Comptez 800-900 Bts selon emplacement ; discount pour un séjour de 1 sem.* Accueillant groupe de bungalows vraiment pas chers, un peu paumés au bout de cette jolie plage agrémentée d'un majestueux banian. Pas le grand luxe, attention. Certains sont même assez rustiques, mais clean (eau froide et moustiquaire). Ceux qui traîneront leurs tongs jusqu'ici apprécieront l'aspect communautaire cool, quasi familial, qui s'organise autour d'une grande paillote-resto avec mezzanine, poufs et billard. Drapeaux partout, routards de tous pays. Resto thaï en prime. Petite précision : *Porn* est le diminutif du nom du proprio, très courant en Thaïlande (tant au masculin qu'au féminin). Donc pas de méprise sur l'activité du lieu...

Kae Beach Grand Villa – ไก่ บีช แกรน วิลล่า *(081-940-94-20)* **et Mam Kai Bae** – ม่าม ไก่แบ้ *(557-060) (plan, 5) : au sud de Kai Bae. • kohchang-resort.com • (au resto).* 2 établissements jumeaux offrant des prestations assez similaires. Assortiment de vastes bungalows en bois ventilés avoisinant des maçonnés climatisés (ceux de *Mam* sont plus petits mais disposent de l'eau chaude), le tout surplombé par un bâtiment à étages bien laid qui offre des chambres conventionnelles (à partir de 900 Bts) mais avec une vue splendide. Un bon coin calme et sympa où se poser. Jolie plage.

PK 208 *(plan, 11) : au cœur du village de Kai Bae et de ses lieux festifs, presque en face d'un des deux 7-Eleven. 085-750-01-38. • pk208.net • Doubles avec AC 500-700 Bts en hte saison, sans petit déj.* Petite structure familiale composée de 5 chambres, un resto, un bar-*chicha* et un salon de massage, le tout tenu par un Français et son épouse thaïe. Chambres spacieuses, très propres et modernes. Accès à la plage par l'hôtel voisin. Bonne petite cuisine franco-thaïe dans un climat convivial. Spécialité de poulet aux noix de cajou. Faites-vous raconter l'histoire de cette curieuse enseigne au nom de cote sur une carte militaire...

Où manger ?

O2 Restaurant – ร้านอาหารอ๊อกซิเจน *(plan, 11) : au bord de la route principale, face au 7-Eleven. 081-922-84-87. Tlj jusqu'à 23h.* Bol d'oxygène sur la route agitée, voici un p'tit resto tout mignon, à la cabane d'un Robinson romantique. Toit de paille et 2 petites salles en mezzanine. Déco simple mais bien étudiée. Les plats, à prix moyens, sont tout simplement bons. On a aimé le *phad jey O2* (légumes sautés au gingembre et tofu) et le *massam curry* (made in India). Musique latino, jazzy, world, etc. Cocktails. Propose également des cours de cuisine. Cybercafé.

KB Kitchen – เค บี คิทเช่น *(plan, 5) : resto du* KB Resort. ☎ *557-125. Tlj 9h-22h.* Ne pas hésiter à traverser l'hôtel pour aboutir à cette agréable terrasse les pieds dans le sable, ouverte sur le large et 4 ravissants îlots. Les yeux s'y régalent, les papilles aussi. Cuisine thaïe traditionnelle à bon compte. N'oubliez pas le maillot : la plage est à vos pieds !

LONELY BEACH – โลนลิบีช *ET BAILAN BAY* – หาดใบลาน

Au sud de Kai Bae, la route joue aux montagnes russes avant de plonger sur Lonely Beach. Très bout du monde il y a quelques années (d'où son nom), cette jolie baie a été abîmée par les hôtels dont certains immeubles n'obtiendront pas le premier prix d'architecture ! Autant venir ici pour la trempette et poursuivre vers le sud en direction de Bailan Bay, à travers reliefs côtiers accidentés et superbes portions de jungle impénétrable. Peu ou pas de plages, mais un rivage de galets ponctué de mangroves.

ON A JOUÉ *LA MARSEILLAISE* À TRAT...

Ben oui, La Marseillaise *a retenti à Trat et sur les îles du coin. C'était en 1904, du temps de l'empire, quand la France avait posé ses godillots dans la région. Mais le coq gaulois s'effaça vite face au dragon siamois, et le 23 mars 1906 scella le retour pacifique de la région dans le royaume de Rama V. Une date encore célébrée ici comme « jour de l'indépendance ».*

Où dormir ? Où manger ?

Bon marché (moins de 500 Bts – 12,50 €)

Siam Hut – สยาม ฮัทท์ *(plan, 10) : au nord de Lonely Beach.* ☎ *55-80-84.* *086-609-77-72.* • *siamhutkohchang.com* • Vaste terrain plat parsemé, hélas, de détritus et accueillant de petites cabanes serrées les unes contre les autres, spartiates et ventilées, avec eau froide pour les moins chères, climatisées et avec eau chaude (face à la mer) pour les autres. Éviter celles proches de la route. Repaire de routards fêtards, agréable ambiance de plage, jeune, décontractée, voire festive, où l'on tâte souvent du ballon rond entre les bungalows. Plein d'activités, dont une antenne de *Sea & Sun Divers* (voir plus loin « Plongée sous-marine »). Plage de galets, mais sable blanc un peu plus au nord. Restauration sur place et musique jusqu'au bout de la nuit.

Prix moyens (de 500 à 1 000 Bts – 12,50 à 25 €)

Bailan Bay Resort – ใบลาน เบย์ รีสอร์ท *(plan, 6) :* ☎ *558-022.* • *koh-chang.ch/en/bailanbayresort.htm* • *Accès par la butte qui annonce Bailan Bay. Sans wifi et petit déj en sus.* Accueil dans un adorable petit café-resto qui surplombe flots et forêt, offrant un joli point de vue. La partie hébergement, située en contrebas sur le bord de mer (escaliers assez raides, parfaits pour la gym quotidienne), n'est pas en reste. *Roots* mais propres, très mimi et bien espacés, la petite vingtaine de bungalows aux toits de paille sont dotés de bons lits sous moustiquaire, de terrasses et de salles de bains. Pas de plage, ou si peu, mais un ensemble photogénique de grande bleue, pelouse, mangrove et cocotiers, plus une cabane-resto, le ***Sea Wind,*** où la pêche du jour se retrouve le soir sur le barbecue. Accueil délicieux. Possibilité d'excursions en bateau.

BANG BAO – บางเบ้า

Village-ponton s'enfonçant dans la mer, Bang Bao est une attraction touristique à part entière avec ses multiples restos de fruits de mer, une boulangerie, des hébergements allant du très rustique au 2-étoiles, et des boutiques à touche-touche qui lui donnent un aspect de Khao San diurne sur pilotis. À marée basse, les effluves de vase viennent compléter le tableau. D'ici partent la plupart des bateaux d'excursion vers les îles alentour. Le soir, c'est bien plus calme, alors pourquoi ne pas y poser son sac ? Banque, ATM, poste et *Western Union* sur place. Quelques jolies plages tranquilles à proximité.

Où dormir ? Où manger ?

Koh Chang Sea Hut – บางเบ้าซีฮัท *(plan, 8) : à l'extrémité de la jetée, sur la droite. 081-285-05-70. • kohchang-seahut.com • Compter 2 500 Bts avec petit déj.* Pour les amoureux, une grappe de huttes couleur émeraude de forme octogonale, plantées dans l'eau face au port et accessibles par un réseau de pontons façon cité lacustre. Agréables terrasses fleuries et privatives où l'on vous sert le petit déj. À l'intérieur, déco raffinée à dominante de bois, AC, TV, et une surprenante douche en encorbellement au-dessus des flots. Navette vers les plages. La classe !

Bang Bao Beach Resort *(plan, 9) : à 500 m de Bang Bao par la route qui mène à Khong Koi Beach. 081-996-16-27 ou 082-220-61-99. Comptez 1 000-1 300 Bts avec ou sans AC.* Avec sa courbe en forme de croissant de lune, cette plage est une des plus idylliques de l'île. Le *resort* offre une dizaine de chalets modernes en bois de style traditionnel avec petite terrasse et double toit pointu, couleur turquoise. Bonne literie. Hamacs tendus sous les cocotiers et transats sur la plage, de quoi cultiver le farniente les doigts de pied en éventail. Sur la même plage, juste avant, les bungalows du ***Klong Kloi Cottages*** *(☎ 558-169),* qui propose des habitations moitié moins chères (400-700 Bts) mais nettement moins confortables. Plusieurs gargotes à proximité sur la plage.

Ruan Thai Restaurant – ร้านอาหาร เรือนไทย *(plan, 8) : le 1er grand établissement sur la droite en venant de la terre ferme. 089-883-51-17. Tlj 9h-21h. Plats 100-300 Bts.* Un des plus anciens restos de fruits de mer du village. Très populaire auprès des autochtones, toujours un bon signe. Sur des tables en bois, large choix de plats, de bon marché (riz sautés, nouilles, etc.) à prix moyens (fruits de mer). Pour se conformer aux coutumes locales, un petit laïus en français enseigne comment manger comme un vrai Thaï.

LE SUD-EST DE L'ÎLE

BAN SALAK PHET – บ้านสลักเพชร

Le plus gros et le plus pittoresque village de pêcheurs de Ko Chang, situé au centre de la grande baie en forme de fer à cheval qui découpe l'extrémité sud de l'île. Un grand temple ceinturé de serpents, avec divinités bariolées, marque l'entrée de ce village un peu fouillis, moitié sur terre, moitié sur pilotis via un enchevêtrement de pontons. Bougainvillées en pot, canaux boueux où sont échouées les embarcations, poissons qui sèchent en plein soleil suspendus au toit des maisons, équipages aux visages mats et burinés s'activant à l'entretien des engins de pêche (casiers, filets, lignes, etc.)... S'y promener gentiment, en respectant les habitants.

Où manger ? Où boire un verre ?

Baan Yemaya – บาน เยมายา *(plan, 12)* : *dans le village de pêcheurs, au bout d'un ponton.* *081-922-84-87.* À l'enseigne de la déesse brésilienne des eaux, une ancienne maison de pêcheurs à la façade bleue, aménagée en bar-resto plein de charme, avec terrasse donnant sur le port. Jus de fruits frais, excellents cocktails et, le soir, table d'hôtes composée de jolis plats thaïs. La cuisine est à la disposition de tout le monde. Aussi 2 petites chambres toutes simples pour 500 Bts. Hôtesse pleine de douceur. Idéal pour y écrire un roman.

BAN RONG THAN – บ้านร่องธาร

Plus loin sur la côte, au milieu de la mangrove. Prendre la route à droite au niveau de la grande épicerie, juste avant d'atteindre Ban Salak Phet. Le village maritime de Ban Rong Than tend un peu à se « touristiser ». Parking parfois payant (quand on vient reprendre la voiture...).

Où dormir ? Où manger ?

Salakphet Seafood Resort – ซีฟู้ด รีสอร์ท *(plan, 14)* : *accès depuis le parking.* *553-099.* • *kohchangsalakphet.com* • *Resto (tlj 8h-20h) à prix moyens.* Sur un immense ponton qui donne directement sur la ferme piscicole où frétillent les bestioles destinées à vous régaler, le resto fait l'unanimité des gens du cru (encore peu de *farang*). On vient de loin pour y faire de véritables orgies de poissons, calamars et coquillages. Tout autour, un complexe hôtelier qui a prospéré en peu de temps et qui propose de superbes chambres toutes boisées à la déco raffinée, depuis les *deluxe* (1 900 Bts) jusqu'aux magnifiques « villas VIP » (3 900-4 900 Bts) avec vue imprenable, bien entendu sur les flots bleus. Le lieu lui-même n'est pas propice à la baignade (fonds vaseux), mais sorties en mer vers les plages avec équipement de *snorkelling* à la journée ou moins.

Island View Resort – ไอส์แลนด์ วิวย์ รีสอร์ท *(plan, 14)* : *300 m après le parking par le sentier côtier piéton.* *089-155-26-69.* • *erlebnisreisen-thailand.de* • *Doubles 900-1 100 Bts. Apparts 1 100-1 300 Bts.* Un long ponton mène à cette bâtisse aux airs de motel qui trempe le béton de ses pilotis dans la mer. Paisible, le site a beaucoup de charme. Quant aux chambres, confortables mais uniquement fonctionnelles, avec mobilier moderne et AC, elles mirent en majorité la grande bleue. En annexe, une maison à flanc de colline avec apparts pour 4 personnes avec cuisine et petite piscine. Belle vue sur la baie et calme garanti. Services gratuits de convoyage vers la belle plage de l'îlot juste en face, location de kayaks, catamarans et vélos. Sites de plongée à proximité. Fait aussi resto avec les grands classiques de la cuisine thaïe et quelques excursions culinaires outre-Rhin. Accueil charmant.

LONG BEACH (HAT SAI YAO) – หาดทรายยาว

Une très jolie crique encore vouée à l'esprit « Robinson », à l'extrême sud-est de l'île. *House,* la pension qui lança autrefois Lonely Beach, y a d'ailleurs déménagé. Au-delà de l'embranchement de Salak Khok, la route, tranchée dans une jungle impénétrable, devient spectaculaire, offrant de superbes points de vue sur la côte et les îlots. Singes et oiseaux sont encore ici chez eux. Quelques passages assez raides, très sablonneux et rocailleux, ne sont pas encore bitumés sur les trois derniers kilomètres. Accès aussi possible en *taxi-boat* (100 Bts) depuis Lonely Beach.

À voir. À faire à Ko Chang

Les publications gratuites regorgent de publicités diverses. On n'a que l'embarras du choix.

Découverte de la partie sud-est de l'île : peu développée, c'est l'occasion de voir la vie des pêcheurs et d'apprécier de superbes points de vue donnant sur la mer, des plantations ou la jungle. En profiter pour se baigner à Long Beach, si la route est rétablie, et déguster un repas de poissons à Ban Rong Than (voir plus haut).

Les cascades de Ko Chang : *accès payant au parc national (400 Bts). Conservez le ticket, il vous servira pour aller de l'une à l'autre.* Il y en a six en tout. La plus grande, ***Than Mayom,*** est accessible depuis la côte est. Face à elle, mais accessible par la route ouest, ***Khlong Phu Waterfalls,*** haute de 20 m, est l'occasion d'une balade dans la jungle et d'un plongeon dans un bassin naturel rempli d'eau limpide et bien fraîche... L'embranchement, fléché, se situe à 5 km au nord de Kai Bae ; arrivé au parking, il reste 500 m de grimpette à pied jusqu'à la cascade. Les deux suivantes se trouvent plus au nord, et les deux dernières au sud, vers Ban Salak Phet. Au fait, il n'y a d'eau que pendant et juste après la saison des pluies... alors, renseignez-vous avant de partir.

Randonnées dans la jungle – เดินป่า *:* une expérience étonnante et inoubliable, au milieu d'une végétation exubérante et bruyante. À faire accompagné de préférence, car les chemins ne sont pas fléchés et il n'y a pas de carte précise de l'île. On peut se renseigner auprès de son hôtel ou d'une des nombreuses agences. L'itinéraire le plus couru consiste à traverser l'île entre les cascades de Khlong Phu et de Than Mayom. Pas trop physique. Au programme, papillons géants (40 cm, promis !), araignées « mastardes », serpents, varans et jungle luxuriante.

Parcours accrobranches : *084-310-76-00. • treetopadventurepark.com • Tlj 9h-17h. Comptez 950 Bts (pas de réduc enfant) avec transfert de et vers votre hôtel.* Activité très en vogue, près d'Ao Lai Ban : 2h à jouer au ouistiti au faîte des arbres. Bon pour les biscoteaux.

Kayak de mer dans la mangrove – Ban Salak Kok – บ้านสลักกอก *: au sud-est de l'île, prendre la route vers Long Beach, puis la piste 300 m plus loin à gauche (fléché). 084-106-75-41 (appeler pour savoir si la marée permet de naviguer).* Alternative à la sempiternelle promenade à dos d'éléphant (on ne veut se mettre personne à dos !), la balade au cœur de la mangrove aux racines inextricables ravira les plus aventureux. En 1h, on se faufile dans les canaux maritimes, sans risque de se perdre : avec la pagaie et le canoë, on vous remet une carte plastifiée du labyrinthe. • *kayakchang.com* • propose une initiation de 2h et même des expéditions de 8 jours pour découvrir les îles de l'archipel.

Excursions en bateau autour de Ko Chang : plusieurs petites compagnies (de la pub partout, réservation possible depuis sa pension) proposent diverses activités telles baignade, *snorkelling,* nage avec les dauphins (sans garantie de rencontre, c'est quand même sauvage ces bêtes-là !), voire pêche parmi les îlots et fonds sous-marins avoisinants, journée complète à la découverte des îles de Ko Maak, Ko Wai et Ko Kood (voir plus loin « Dans les environs de Ko Chang »).

Parties de pêche : de quoi ramener le dîner. Tous les hôtels en proposent. Compter environ 1 200 Bts pour une sortie de 5-7h, repas à bord compris. De même, en soirée, pêche nocturne aux calamars. Adressez-vous à l'embarcadère de Bang Bao.

Plongée sous-marine

Malgré sa surexploitation, le parc national de Ko Chang offre aux plongeurs des sites sauvages, riches d'une faune abondante. La saison s'y étend d'octobre à mai. En février, on peut apercevoir des requins-baleines. Ceux qui restent à la surface pourront observer quelques dauphins au large des plages de White Sand et de Khlong Phrao.

Clubs

■ ***Sea & Sun Divers*** – ร้านดำน้ำ ซี แอนด์ ซัน ไดเวอร์ส (อยู่ติดร้านเจ๊แว่นค่ะ) **:** *au sud de Khlong Phrao, en bord de route, sur la gauche 200 m après le temple de Klong Phrao, en direction de Kai Bae.* ☎ *557-181.* 📱 *084-638-26-67.* • *sea-sundivers@hotmail.com* • *diving-kohchang.com* • *Nombreux forfaits intéressants sur leur site. Réduc de 5 % sur les cours sur présentation de ce guide.* Affilié *PADI, CMAS, FFESSM,* Michel Lançon, en plus de sa longue expérience de la plongée sous-marine, a diversifié ses activités en compagnie de son épouse, en proposant excursions, réservations de transports, hébergement, treks à dos d'éléphant, croisières, parties de pêche, cours de cuisine, golf, et même mariage thaï, etc. Sa parfaite connaissance de l'île en fait un excellent pourvoyeur de bons conseils. Annexe sur le site de *Siam Hut* (voir « Où dormir ? »).

■ ***Éco Divers*** – อีโคไดเวอร์ส **:** *au sud de Khlong Phrao, en bord de route, à droite en venant du nord, après le 7-Eleven.* ☎ *557-296.* 📱 *089-485-23-01.* • *ecodivers-kohchang.com* • *Pour un plongeur certifié, compter 2 500 Bts la journée complète avec 2 plongées (déj et boissons compris). Réduc de 5 % sur les cours sur présentation de ce guide.* Centre de plongée géré par des Français. Ici, « éco » n'est pas qu'un argument de vente, mais un engagement réel, reconnu par les autorités locales, qui consultent l'équipe quant à la protection des fonds marins. Baptêmes et formations pour tous niveaux *PADI, ADIP, CEDIP, FFESSM,* vers les spots de la région. Possibilité de formation/brevet écoplongeur. Sorties quotidiennes sur un bateau typique en bois et aménagé pour la circonstance (repas préparé devant vous par la cuisinière). Antennes sur Lonely Beach, Kai Bae et White Sand Beach.

Nos meilleurs spots

Les merveilles sous-marines laissent des traces chez tous ceux qui ont un jour porté un masque. Et plonger n'est pas qu'un sport d'adultes : les petits ont droit à leur moment de grâce avec masque tuba, mais aussi en bouteilles. Dès 8 ans jusqu'à 2 m de profondeur et, à 12 ans, grand plongeon à 12 m, brevet junior à la clé. Une distinction à arborer aux côtés des flocons récoltés sur les pistes enneigées. Une des tendances observées depuis quelques années, suite aux modifications du climat, c'est le retour des squales : requins-citron, requins-baleines. De quoi se donner quelques frissons...

Hin Luk Bath – หินลูกบาท : *au sud-ouest de l'île.* Pour plongeurs de tous niveaux. Une plongée sans difficulté sur un plateau corallien (de 12 à 20 m) particulièrement riche en vie sous-marine. Ballet de murènes aux yeux blancs (propres à la mer de Chine). Également des raies pastenagues, poissons-papillons, poissons-lions, perroquets, trompettes, clowns, cochers. Aux alentours, quelques beaux spécimens balaises, fusiliers, barracudas, carangues. Également des langoustes dans les failles.

Hin Rua Tek – หินเรือแตก : *au sud de l'île.* Une formation rocheuse impressionnante par son côté « dramatique » : gorges, canyons... et une très grande faune aquatique. Un site où l'on peut descendre jusqu'à 15 m. Pas mal de courant, mieux vaut donc être en forme, car il faut palmer !

Ko Yak – เกาะยักษ์ : *un îlot à l'ouest de Ko Chang.* Pinacle avec une chaîne de massifs coralliens qui regroupe plus de 350 espèces de coraux. Nombreux poissons de toutes sortes. Profondeur maximale de 15 m.

Samsao – สามสาว : *plein ouest.* Pour plongeurs de tous niveaux. Un caillou sympa et peu profond (de 3 à 16 m). De beaux bénitiers, des oursins aux piquants monstrueux et la classique gamme des poissons colorés (à vous de les reconnaître !). Il n'est pas rare de se trouver nez à nez avec de petits requins curieux.

Ko Rang – เกาะรัง : *un îlot à 1h30 au sud de Ko Chang.* Pour plongeurs de tous niveaux. Sur ce bel ensemble rocheux sauvage (entre 5 et 25 m), de flamboyantes gorgones rouges. Également des anémones roses dans lesquelles les poissons-clowns font leur cirque, et des coraux multicolores. Ici, les barracudas, poissons-perroquets et autres raies sont de très classiques compagnons de plongée, et les requins à pointe noire font des passages très remarqués. L'une des plongées les plus cotées du coin.

Ko Wai – เกาะหวาย : *île perdue au sud de Ko Chang.* Pour plongeurs de tous niveaux. Un site où les coraux se plaisent particulièrement. Entre 9 et 20 m, on admire leurs formes généreuses que survolent d'imposantes escouades de poissons bariolés. Quelques prédateurs affamés tournicotent avec envie. Sur le fond sablonneux, on peut parfois approcher un gentil requin-léopard et des raies pastenagues immobiles.

DANS LES ENVIRONS DE KO CHANG : LES ÎLES DU SUD

➢ ***Pour s'y rendre en bateau :*** rien de plus simple. Mais ne vous pointez pas à la jetée de Bang Bao, vous ne vous y retrouveriez pas dans l'indescriptible pagaille qui y règne ! L'offre fluctue plus vite qu'il ne faut pour l'écrire. Le plus simple est de comparer les offres des nombreuses agences, selon que vous voulez juste être transporté sur l'une ou l'autre des îles, faire le tour de plusieurs, y pratiquer des activités comme le *snorkelling,* prendre un bateau *speed* ou *slow,* privé ou chartérisé, avec ou sans repas... En moyenne, compter 500 à 1 000 Bts par personne selon la formule choisie. Réserver la veille de préférence. Les formules incluent généralement le taxi entre votre hôtel à Ko Chang et l'embarcadère ; certains bateaux viennent vous récupérer directement sur votre plage de résidence.

KO WAI – เกาะหวาย

À 10 km au sud de Ko Chang, un petit coin encore paradisiaque, aux doux vallonnements boisés qui trempent les racines de leurs cocotiers dans des eaux limpides. Trois hôtels ont pris pied sur la façade est, là où les bateaux accostent (provenant principalement de Bang Bao). C'est d'ailleurs en y logeant qu'on profite le mieux de la beauté du site, avant et après le déversement quotidien de baigneurs et plongeurs venus de Ko Chang pour la journée. Jadis foisonnants de poissons, les coraux de bord de plage y sont à l'agonie. Seuls quelques irréductibles rayés ou léopards y batifolent encore...

Où dormir ? Où manger ?

Bon marché (de 250 à 400 Bts – 6,25 à 10 €)

🏠 🍴 ***Koh Wai Paradise*** – เกาะหวาย พาราไดซ์ *(plan, **15**) : juste à droite du débarcadère. 📱 081-762-25-48. • kohwaiparadise@hotmail.com* • Adresse parfaite pour profiter du site plus que du confort. Les huttes sont rustiques, sans ventilo, avec moustiquaires, sanitaires communs (toilettes à la turque propres), eau froide. Mais vos fibres d'aventurier frétilleront de plaisir au seul son du ressac des vagues, aux bruissements de la jungle toute proche et au spectacle du soleil levant qu'on a pour soi tout seul. Bibliothèque. Pour le frichti, un petit resto pas cher et convivial juste à côté (un peu saturé le midi quand même). Sinon, direction la paillote de l'hôtel (cocktails).

KO MAAK – เกาะหมาก

• *koh-mak.com* • Île plutôt plate, à 18 km au sud de Ko Chang, où le ressac couvre encore le bruit des bars de plage. C'est tout dire. On y arrive de Ko Chang par la plage nord (Ao Suan Yai), croissant de sable blanc baigné d'une eau turquoise peu profonde, avec Ko Kham au large. On peut aussi prendre le ferry lent (3h) depuis le continent à Tha Laem Ngop. Départ à 15h, retour à 8h ; fréquence doublée en haute saison (de mi-novembre à avril) ; compter un peu plus de 200 Bts. Après 3h de traversée, le débarquement se fait alors à Ao Nid. Le village compte un bureau de poste, qui propose aussi des connexions Internet, et une supérette. Des bungalows confortables sont disséminés sur cette large baie. Un peu chers, comme les restos d'ailleurs. L'intérieur de l'île compte quelques plantations d'hévéas, dont on voit sourdre le latex laiteux sur les troncs, et rien moins que 10 000 palmiers. Enfin, la plage sud-ouest, plus à l'écart, offre de jolis paysages maritimes avec de mignons petits îlots. Exposée aux vents et aux courants, elle souffre en revanche de dépôt d'algues et de déchets. Pas de soucis, les employés des hôtels s'attèlent au nettoyage. Les hébergements n'y manquent pas, et les toupies de béton sont à l'œuvre pour en ajouter davantage.

Où dormir ? Où manger ? Où boire un verre ? Où manger une glace ?

De prix moyens à plus chic (de 600 à 1 800 Bts – 15 à 45 €)

Suchanaree Resort – สุชานารีย์รีสอร์ท *(plan, 17) : plage d'Ao Suan Yai, au nord-ouest de l'île. 089-606-27-13. • alisa_1114@hotmail.com • Juste à gauche du débarcadère.* Une dizaine de cabanes bordeaux chapeautées de paille, dispersées entre plage (la plus belle de l'île) et cocoteraie. Toutes en début de la catégorie « Prix moyens », avec salle de bains, moustiquaire, balcon, hamac, aménagement simple où le ventilo vient assister la brise du large. Restauration traditionnelle servie en terrasse à des prix plus raisonnables que chez les voisins. Accueil plus que souriant et dynamique.

Koh Maak Resort – เกาะหมากรีสอร์ท *(plan, 16) : plage d'Ao Suan Yai, face au débarcadère. • kohmaak.com •* Sous une treille de bougainvillées, petit resto-bar qui vaut surtout pour ses bonnes glaces et un excellent expresso. Le reste de la carte, sans fard, est plutôt onéreux. Parfait pour passer un moment en regardant voguer les bateaux. Location de chalets pimpants et modernes aux larges baies vitrées (catégorie « Chic » : 1 000 - 4 000 Bts). Accueil pro.

À L'OUEST DE BANGKOK

NAKHON PATHOM – นครปฐม

IND. TÉL. : 034

C'est en ce lieu, considéré comme le berceau de l'enseignement bouddhique en Thaïlande, que se dresse le plus haut *chedî* (ou stupa) du monde, d'une hauteur de 120,50 m et entièrement recouvert de tuiles vernissées de Chine. Les uns avancent que le Bouddha s'y serait reposé, les autres que des reliques lui appartenant y seraient enfouies, mais tous sont d'accord pour reconnaître à l'édifice son caractère hautement sacré.

Arriver – Quitter

➢ ***De/vers Bangkok :***

– *En train :* de Bangkok, 11 départs/j. de la gare de *Hua Lamphong* et 2 départs de *Thonburi*. Compter 1h-1h30 de trajet. Très pratique. Dans le sens inverse, 13 départs/j., dont 2 pour *Thonburi*.

– *En bus :* de Bangkok, départ ttes les 20 mn 6h-22h30 du *Southern Bus Terminal* sur Boromratchonnani Rd à Thonburi (dans le prolongement de Phra Pin Klao Sai Taymai Rd). Compter 1h de trajet, mais parfois plus aux heures de pointe ! Au retour, en bus AC (n°s 997 et 83), départ ttes les 20 mn sur Phayaapun Rd, au bord du *khlong* (la rue à gauche après avoir traversé le pont, en venant du *chedî*).

➢ ***Pour Kanchanaburi et la rivière Kwaï :*** 2 trains/j., un le mat, l'autre l'ap-m ; 1h30 de voyage. Également des bus (ligne n° 81). L'arrêt de bus est situé devant le *chedî* (près de la porte est) et la gare ferroviaire derrière celui-ci (le traverser), à env 1 km.

➢ ***Pour Damnoen Saduak :*** emprunter le bus n° 78. Départ ttes les 30 mn

6h30-11h. Arrêt près du bureau de la police face à l'entrée sud du *chedî*.

Où dormir ? Où manger ?

Rien ici qui puisse justifier de passer la nuit. Un seul hôtel décent parmi les quelques adresses bon marché que compte la ville.

Prix moyens (de 200 à 400 Bts – 5 à 10 €)

Mit Paisal Hotel – โฮเต็ลมิตรไพศาล : *120/30 Prayapan Rd. ☎ 242-422. • mitpaisal@hotmail.com • Dans la 1re ruelle sur la droite en sortant de la gare ferroviaire. Réception dans le hall de l'immeuble.* Très central. Chambres ventilées ou climatisées, assez vieillottes mais relativement propres. Possibilité de monter sur le toit pour observer le *chedî*. Accueil froid.

Il est conseillé de manger sur le ***marché*** qui se tient chaque jour le long de la route qui relie le *chedî* à la gare, et dans les rues transversales. Goûter au *khao lam,* cette spécialité locale à base de riz gluant et de lait de coco, cuite à la vapeur et servie dans une tige de bambou. Brochettes et fruits en abondance. Également de belles orchidées. Folle ambiance le dimanche avec un concert donné par les aveugles du coin, tous baffles dehors, et la foule des Thaïs encore plus souriants qu'à l'accoutumée.

À voir

Le Phra Pathom Chedî : *ouv tlj 6h-20h (musée tlj sf lun-mar et fêtes 9h-12h, 13h-16h). Entrée payante (pas chère). Peu ou pas de guides anglophones sur place, et peu de secours à attendre des moines. Compter 1h30 pour une visite détaillée.*

Maintenant, suivez le *Routard,* et en route pour une ronde au départ de l'entrée nord (face à la gare) et dans le sens horaire (gardez toujours l'édifice sur votre droite).

– On accède aux deux terrasses circulaires par quelques marches pour découvrir d'abord la première chapelle, ou ***viharn nord*** (trois édifices semblables sont disposés aux trois autres points cardinaux), intéressante pour sa statue du Bouddha debout de style Sukhothai. On aperçoit les premières cloches du *chedî* destinées à témoigner tout haut de l'Illumination du Bouddha. Elles vous accompagneront tout au long de la visite.

– À gauche, le ***musée,*** qui présente un vrai bric-à-brac poussiéreux : des pendentifs à l'effigie du Bouddha, des statuettes Dvâravatî, mais aussi des bizarreries en tout genre comme ces vieux billets sous verre (on reconnaît au passage le célèbre Voltaire).

– Puis viennent sur la droite le ***temple chinois*** suivi du ***viharn est*** et son bouddha méditant sous l'arbre de l'Illumination.

– Face au musée en direction du sud se dresse le ***bot*** où ont lieu, entre autres, les ordinations des jeunes moines. À l'intérieur, un bouddha très vénéré de style Dvâravatî.

– Peu avant la porte sud, un ensemble de trois ***grottes*** (dont l'une daterait de plus de 1 000 ans) recèle des dizaines de statues du Bouddha.

– Une autre réplique, un peu plus loin, trône après le ***viharn sud.*** Celui-ci abrite la statue du Bouddha assis sur un *nâga,* lors de son premier sermon à ses cinq disciples. Plus loin encore sur la gauche, en contrebas de la terrasse, un ensemble de bungalows destinés à accueillir les pèlerins ayant opté pour la retraite méditative (entrée libre). Autour, quantités d'arbres saints tels que le *bo* ou le *banian.*

– Pour finir, le ***viharn ouest*** présente un bouddha couché (et non endormi) en passe de rejoindre le nirvana et, un peu après sur la gauche, un petit parc mignon tout plein, une occasion de s'asseoir et de méditer sur les principes de cette fameuse « Voie du Milieu » qui fait aujourd'hui courir tant d'Européens.
– À noter que tous les dimanches, à l'est des marches du temple, se tient un petit *night bazaar*.

DAMNOEN SADUAK *(FLOATING MARKET)* – ตลาดน้ำดำเนินสะดวก

IND. TÉL. : 034

Petite ville à un peu moins de 100 km à l'ouest de Bangkok, réputée pour son marché flottant, assez touristique et de moins en moins pittoresque.

Arriver – Quitter

En bus

➢ ***De/vers Bangkok :*** bus nº 78 du *Southern Bus Terminal,* sur Boromratchonnani Rd à Thonburi (dans le prolongement de Phra Pin Klao Sai Taymai Rd). Départs ttes les 40 mn 6h-20h. Trajet : 2h. Certains bus vous déposent directement sur le quai à proximité du marché, mais d'autres s'arrêtent à la gare routière. Dans ce cas, prendre un *songthaew.* Retour sur Bangkok aux mêmes fréquences.

➢ ***Vers le Sud :*** ceux qui veulent partir pour le Sud (après leur visite) n'ont pas besoin de repasser par Bangkok. Nombreux bus de Damnoen Saduak (gare routière) pour Ratchaburi, puis train. Mêmes bus pour ceux qui veulent rejoindre Nakhon Pathom et Kanchanaburi, après la visite.

À voir

Le Marché Flottant *(Floating Market)* **:** *fonctionne tlj 7h-13h, sf pdt les 3 j. du Nouvel An chinois (se renseigner quand même).* Quelle déception ! Ce marché flottant a dépéri sous la pression touristique, plus aucune trace d'authenticité. Deux possibilités pour visiter l'endroit. Pour louer une pirogue, compter 250 à 600 Bts l'heure. Négocier ferme. Les moins chères sont sur Luoneda Pier, au bout de la route à droite, directement sur le marché. Attention, même si votre batelière est sympa et souriante, elle vous mènera chez ses copines pour essayer de vous fourguer babioles et souvenirs... « made in China ». Le truc le plus amusant, ce sont les embouteillages. Sinon, visiter l'endroit à pied, en prenant la berge à gauche le long du canal, le must étant d'y aller en pirogue et de revenir à pied. Vous verrez surtout des femmes, coiffées d'un chapeau de bambou traditionnel, vendre leurs marchandises en pirogue. En s'aventurant dans des canaux moins fréquentés, on découvre de charmantes maisons fleuries plantées au bord de l'eau. Un moyen unique de rencontrer de vrais villageois et de saisir quelques tranches de vie authentiques.

KANCHANABURI ET LA RIVIÈRE KWAÏ – กาญจนบุรีและแม่น้ำแคว

53 000 hab. IND. TÉL. : 034

À 130 km à l'ouest de Bangkok, Kanchanaburi serait une grosse bourgade sans grand intérêt si elle ne s'étalait pas sur 5 km le long de la célèbre rivière Kwaï. Ce que l'on sait moins, c'est qu'elle fut longtemps la ville du saphir et du rubis, un filon aujourd'hui quasiment épuisé. Amateurs de pierres précieuses, prudence, les pierres que l'on essaiera de vous vendre, en particulier l'onyx, de couleur noire, sont presque toujours fausses ! Outre la visite des musées consacrés à la construction du fameux pont, toujours visible, et quelques jolies excursions « nature » à faire dans les environs, les touristes viennent ici profiter de la douce torpeur qui règne dans les *guesthouses*, presque toutes installées au bord de l'eau.

Arriver – Quitter

En bus

➢ ***De/vers Bangkok :*** départs tlj, ttes les 15-20 mn 4h30-20h env, du *Southern Bus Terminal,* sur Boromratchonnani Rd à Thonburi (dans le prolongement de Phra Pin Klao Sai Taymai Rd). Compter 2-3h de trajet selon le type de bus, *direct* ou *local*. De Kanchanaburi, départs depuis le bureau tout bleu (petite plaque « Kanchanaburi Tour Co ») situé avt le *Bus Terminal,* côté rue principale *(plan B3)*. Bus AC ttes les 15-20 mn, 3h-20h (2h de trajet).

➢ ***De/vers Nakhon Pathom :*** bus AC tlj, ttes les 15 mn 3h30-18h30. Env 1h30 de trajet.

➢ ***De/vers Damnoen Saduak (Floating Market) :*** même bus que pour Bangkok et s'arrêter à Bangpae. De là, prendre le bus n° 78 ou le minibus n° 1733. Trajet : 2h.

➢ ***De/vers Ayutthaya :*** 1er bus avec arrêt à Suphanburi et ensuite minivan (env 130 Bts). Sinon trajet entier en minivan ; départ à 9h d'Ayutthaya ; ticket : env 400 Bts, à acheter au *TAT,* à *Tony's Place* ou certaines *guesthouses.*

➢ ***De/vers le Sud :*** depuis le *Bus Terminal,* bus n° 461 pour *Ratchaburi,* ttes les 30 mn 5h30-17h. De là, une dizaine de trains partent pour le Sud, dans l'ap-m essentiellement. Ils desservent les gares de Hua Hin, Prachuab Khiri Khan, Surat Thani, Trang et Hat Yai. Pour ceux qui voudraient se rendre à Chumphon, prendre le bus pour Bangpong et, de là, prendre un train.

En train

➢ ***De/vers Bangkok :*** 2 départs de la gare de Thonburi, tôt le mat et en début d'ap-m. Compter env 2h de trajet mais il y a souvent du retard car les trains s'arrêtent partout... Le nombre des départs étant restreint, on vous conseille donc de prendre le bus. De Kanchanaburi *(plan B2),* 2 trains/j., tôt le mat et en début d'ap-m, pour la gare de Thonburi (env 3h de trajet). Ils s'arrêtent brièvement à Nakhon Pathom.

Adresses utiles

ℹ ***TAT*** – ท.ท.ท. *(plan B3) :* *Saeng Chuto Rd.* ☎ *511-200. Dans un bâtiment rose saumon à droite du terminal de bus, sur l'avenue principale. Tlj 8h30-16h30.* On peut s'y procurer la liste des hôtels et des *guesthouses,* ainsi qu'un plan de la ville, des infos loisirs, les horaires des bus et des trains en partance. Accueil sympa et efficace.

■ ***Toi's Tour*** – บริษัทต้อยทัวร์ *(plan A-B2,* ***1****) : 57 Maenam Kwaï Rd.* ☎ *514-209.* *081-856-55-23.* • *tois tour@yahoo.com* • *Tlj 9h-22h.* Toi, la patronne, parle bien le français et elle vous chaperonnera lors de balades en bateau, à vélo, à chapeau (à pied, quoi !), à dos d'éléphant, en minibus, etc. De jolis programmes à prix très raisonnables mais un peu au pas de course. En revanche, évitez la visite du Tiger Temple, sans intérêt.

■ ***Banques, change :*** plusieurs banques et distributeurs d'argent autour du terminal de bus *(plan B3)*.

@ ***Internet :*** plusieurs boutiques proposent des connexions sur la petite route qui mène au célèbre pont, et principalement aux alentours du resto *Jolly Frog (plan B2,* ***20****)*.

Où dormir ?

De bon marché à prix moyens (de 200 à 700 Bts – 5 à 15 €)

Toutes les adresses que nous avons sélectionnées dans cette rubrique sont sur ou à proximité de la rivière.

VN Guesthouse – วี.เอ็น. เกสท์เฮ้าส์ *(plan B2,* ***15****) : 44 Rongheeb Oil Rd.* ☎ *514-082.* • *vnguesthouse@hotmail.com* • Une petite adresse qui plaît bien aux routards. Plusieurs types de chambres et de prix. Les moins chères sont correctes (avec douchette électrique et bouteille d'eau), même si le lit est parfois arrêté par un mur absurde. Évitez les plus chères à l'arrière, en dur, même si elles ont l'AC. Les plus sympas, selon nous, se trouvent dans la maison en bois sur pilotis, avec un balcon sur la rivière pour observer ou écouter le clapotis de l'eau. Mais réservez ou passez tôt le matin pour espérer en avoir une, elles sont vite prises. Resto en bois au-dessus de l'eau avec pas mal de choix. Accueil gentil.

Nita Rafthouse – เรือนแพนิต้า ใกล้พิพิธภัณฑ์ *(plan B3,* ***10****) : 27/1 Phakphrak Rd.* ☎ *514-521.* • *nitarafthouse.com* • *À 100 m au nord du JEATH Museum.* Chambres en bambou, propres et pittoresques, construites sur un gros radeau flottant sur la rivière. Toutes très basiques, avec ventilo, mais certaines sans salle d'eau et sans vue (les moins chères). Notre préférée est la n° 54 avec ses 2 fenêtres sur la rivière. Plusieurs bémols tout de même : la clim et l'eau courante qui ne cohabitent pas vraiment, quelques égouts qui s'écoulent non loin de là et la proximité bruyante des *discorafts* le week-end (voir la rubrique « Où manger ? », plus loin). Sinon, bonne cuisine que l'on déguste assis en tailleur devant des tables basses (on inscrit soi-même sur la note ce que l'on mange). Ambiance décontractée et patron sympa.

Sugar Cane Guesthouse 1 – ชูการ์เคนเกสท์เฮ้าส์ 1 *(plan A2,* ***11****) : 22 Soi Pakistan, Maenam Kwaï Rd.* ☎ *624-520.* • *sugarcaneguesthouse.com* •

■ Adresses utiles

- TAT
- @ Internet
- **1** Toi's Tour

Où dormir ?

- **10** Nita Rafthouse
- **11** Sugar Cane Guesthouse 1
- **12** Sam's River Rafthouse
- **13** Sam's House
- **14** Blue Star Guesthouse
- **15** VN Guesthouse
- **16** Luxury Hotel

Où manger ?

- **15** Resto de la VN Guesthouse
- **20** Jolly Frog
- **21** Floating Restaurant

À voir

- **30** Pont de la rivière Kwaï
- **31** JEATH War Museum
- **32** Marché
- **33** Thailand-Burma Railway Centre
- **34** Cimetière des Alliés (Kanchanaburi War Cemetery)

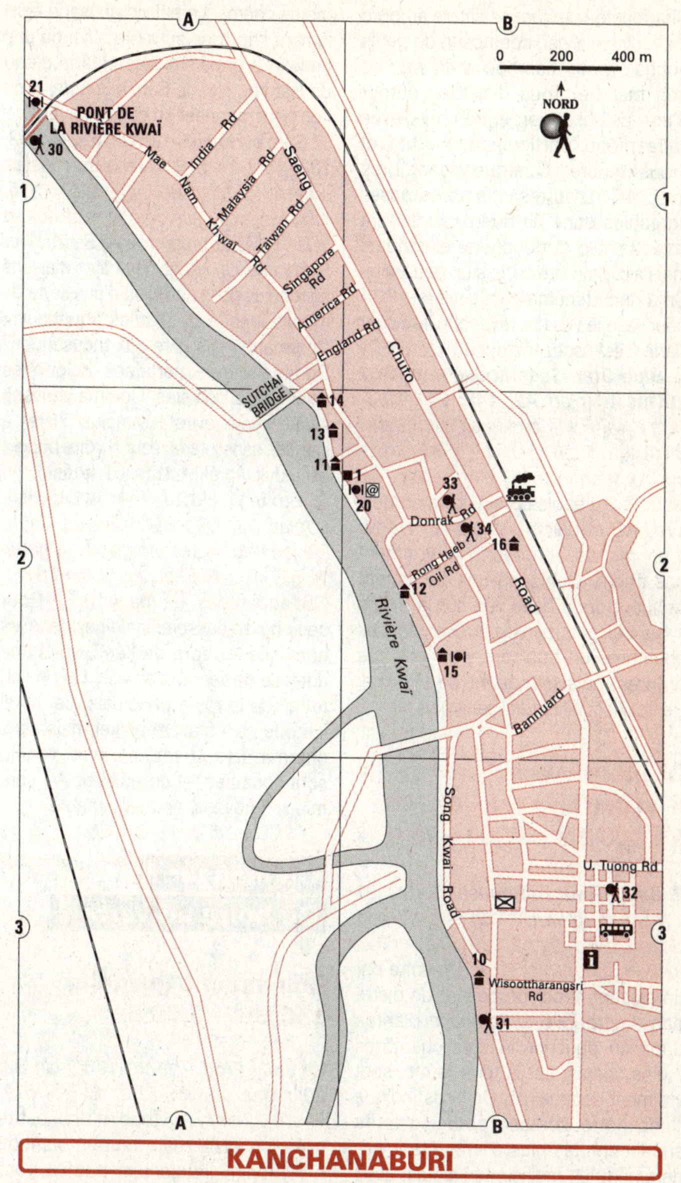

KANCHANABURI

Charmante *guesthouse* située au bord de la rivière Kwaï, composée de petits bungalows en bambou vraiment très bon marché. Tous disposés autour d'une pelouse bien entretenue, avec salle d'eau particulière, ventilo et moustiquaire. Quelques chambres avec AC. D'autres chambres assez agréables dans un bungalow flottant (avec ventilo et douchette électrique) mais à la propreté parfois un peu limite. On a quand même bien aimé la « R2 » pour sa jolie vue. En revanche, le *Sugar Cane 2* est assez tristounet.

Blue Star Guesthouse – บลูสตาร์เกสท์เฮ้าส์ *(plan A2, **14**) : 241 Maenam Kwaï Rd (à proximité du Sutchai Bridge). ☎ 512-161. • bluestar-guesthouse.com • Petit déj en plus.* Agréables bungalows en bois avec AC et balcon, la plupart autour d'un marais verdoyant et vraiment pas chers. Quelques-uns seulement profitent de la belle vue sur la rivière (mais très peu, pensez à réserver). Les chambres en dur sont vraiment très propres mais manquent de charme. Resto. Accueil cordial sans plus.

De prix moyens à un peu plus chic (de 700 à 1 000 Bts – 17,50 à 25 €)

Sam's River Rafthouse – แซมริเวอร์ราฟท์เฮ้าส์ *(plan B2, **12**) : 48/1 Rong Heeb Oil Rd. ☎ 624-231. Fax : 512-023. Petit déj en plus.* On entre par un élégant décor de bois et de pierre dans cette jolie *guesthouse* plantée dans un petit jardin. Les chambres moins chères, sur la terre ferme, sont vraiment sommaires. On vous indique donc cette adresse pour les tarifs supérieurs, les plus chères étant évidemment les meilleures (vastes, avec parquet et terrasse privée sur l'eau), avec une préférence pour la n° 219. Celles au tarif intermédiaire sont moins grandes mais la déco et la vue sont les mêmes. Toutes avec baignoire, sauf les moins chères. Le patron possède également l'adresse suivante ainsi qu'une annexe à proximité des chutes d'eau de Sai Yok Noi, le *Sam's Jungle*, d'où l'on peut rayonner en canoë-kayak...

Sam's House – แซมเฮ้าส์ *(plan A2, **13**) : 14/2 Mooh 1 Thamakarm (assez près du Sutchai Bridge). ☎ 515-956. • samsguesthouse.com • Petit déj en plus.* Même proprio que la *Sam's River Rafthouse.* Un village de petites maisons en rondins posé au milieu d'une sorte de marais jonché de plantes aquatiques. Charmant, mais gare aux moustiques ! Dommage que certaines baignoires soient aussi vétustes. Comme souvent, il vaut mieux éviter les moins chères à l'arrière, sans intérêt, sauf si votre budget est réduit. Agréable terrasse de resto.

Luxury Hotel – โรงแรมลักเซอรี *(plan B2, **16**) : 284/1 Saeng Chuto Rd (en ville, assez proche de la gare). ☎ 511-168. Petit déj en plus. Parking. CB acceptées. (payant).* Pour ceux qui se casseraient le nez dans les adresses au bord de l'eau, voici une adresse de secours en ville. Un peu en retrait de la route principale, cet hôtel « moderne » s'avère nickel mais sans charme. Les chambres avec ventilo sont correctes, et celles avec AC sont mieux rénovées. Accueil aimable.

Où manger ? Où boire un verre ?

Bon marché (jusqu'à 150 Bts – 3,75 €)

Jolly Frog – จอลลิฟร็อก *(plan B2, **20**) : Maenam Kwaï Rd. ☎ 514-579. Tlj 7h-22h30.* Au fond d'une petite allée, ce vaste resto tout en bambou n'est malheureusement pas au bord de l'eau (et du coup, ça manque d'air) mais il propose une carte pléthorique à des prix vraiment bon marché. Cuisine thaïe honorable mais servie sans passion. Un plan spécial fauchés.

De prix moyens à plus chic (de 150 à plus de 300 Bts – 3,75 à 7,50 €)

Iel ***Resto de la VN Guesthouse*** – ร้านอาหารของ วี.เอ็น เกสท์เฮ้าส์ *(plan B2,* ***15****) :* *voir « Où dormir ? ».* Cette bonne petite *guesthouse* possède une agréable terrasse en bois et bambou donnant sur l'eau. Rien d'exceptionnel mais on y mange une bonne cuisine thaïe à des prix vraiment raisonnables. Également des sandwichs, des plats végétariens et des viandes (plus chères). Atmosphère routarde tranquille.

Iel ***Floating Restaurant*** – ร้านอาหารโฟลทติ้ง *(plan A1,* ***21****) : au pied du fameux pont (descendre les marches). ☎ 512-595. Tlj 9h-22h.* Touristique ce vaste resto flottant tout en bois où se presse un ballet de serveurs ? Oui, assurément, surtout si des groupes sont de la partie (en général, à midi). Cela dit, contrairement à nos craintes, la cuisine y est plus qu'honorable. Bons poissons, cuit à la vapeur et parfumé au citron (mais gare au piment !) ou frit à l'ail et au poivre, par exemple. De plus, ce n'est pas si cher, on a de la place, et la vue sur le pont est absolument imprenable. Il est même illuminé comme une boîte de nuit le soir ! Oh, la belle bleue, oh la belle rouge...

Iel 🍷 Tous les week-ends, une flotte de radeaux ***(discorafts)*** monte et descend la rivière avec, à bord, des jeunes Thaïs venus faire la fête. Pendant ces croisières nocturnes, ils mangent, boivent plus que de raison et écoutent de la musique forte. Nos routards branchés seront séduits par la rencontre. Embarquement proche de *Nita Rafthouse*.

À voir

*** ***Le pont de la rivière Kwaï*** – สะพานแม่น้ำแคว *(plan A1,* ***30****) : au nord de la ville.* Immortalisé par le roman de Pierre Boulle et le film de David Lean (tourné au Sri Lanka). En 1942, l'armée impériale japonaise ordonna la construction d'une voie de chemin de fer qui devait relier le Siam à la Birmanie. 30 000 prisonniers occidentaux et 100 000 travailleurs asiatiques œuvrèrent à ces 415 km de voie ferrée, au prix d'incroyables souffrances. Les cadences devinrent infernales quand les Japonais décidèrent d'utiliser cette liaison ferroviaire pour envahir l'Inde. Ce qu'ils ne firent jamais. En tout cas, le travail forcé ainsi que la malaria causèrent des milliers de morts. Les derniers mois, les gardes japonais furent, eux aussi, contraints de participer aux travaux afin de respecter le plan. Le pont fut bombardé une dizaine de fois. Le gouvernement thaï décida de restaurer cette ligne pour attirer les touristes. Ironie de l'histoire, il n'hésita pas à demander le financement à des banques japonaises. On peut franchir le pont à pied. À proximité du pont, deux trains d'époque, dont un camion transformé en locomotive. Grande fête annuelle pendant une semaine (fin novembre-début décembre) avec reconstitution des événements de 1942, le tout mis en son et lumière (entrée payante), et plusieurs trains à vapeur qui fonctionnent pour l'occasion. Malheureusement, l'environnement en pâtit chaque année car les nombreux marchands présents distribuent des milliers de sacs en plastique qui se retrouvent disséminés dans la nature...

** ***Thailand-Burma Railway Centre*** – ศูนย์ทางรถไฟไทย-พม่า *(plan B2,* ***33****) : 73 Jaokunnen Rd. ☎ 512-721. • tbrconline.com • Tlj 9h-17h. Entrée : env 120 Bts, café ou thé offert.* Il est situé juste derrière le ***cimetière des Alliés*** *(Kanchanaburi War Cemetery ; plan B2,* ***34*** *; tlj 8h-17h),* que l'on peut

À L'OUEST DE BANGKOK

visiter avant ou après le musée. Notez le jeune âge des victimes australiennes, anglaises et hollandaises. Évidemment, dans ce cimetière très bien entretenu, ce sont des plaques commémoratives, il n'y a pas de corps en terre. Le musée, quant à lui, vous l'aurez compris, porte sur la construction du fameux chemin de fer entre Ban Pong en Thaïlande et Thanbuyuzayat, en Birmanie. De nombreux panneaux explicatifs en anglais y dénoncent l'impérialisme japonais et l'exploitation des prisonniers de guerre et des paysans asiatiques. On y apprend que les Japonais voulaient non seulement éviter l'approvisionnement par bateau jusqu'à Rangoon, trop long, mais aussi accéder aux gisements de pétrole et aux mines d'étain et de tungstène en territoire birman. Autre but de guerre : couper la « route birmane » (entre Kunming, en Chine, et Lashio, en Birmanie) aux forces chinoises, pour les priver de ressources essentielles, ce qui fut fait en 1942. Petite vidéo avec témoignages et images d'époque. Quelques objets ayant appartenu à des POW (« Prisoners Of War »), des infos sur leurs conditions de survie (leurs rations de nourriture étaient réduites), maquette du parcours du train, et puis un édifiant panneau avec le nombre de travailleurs classés par nationalité. Vous noterez que les travailleurs malais et birmans étaient largement majoritaires. À l'étage, exposé sur les bombardements du pont et la libération finale. Vidéo, édifiante là encore, sur les mauvais traitements infligés aux prisonniers.

JEATH War Museum – พิพิธภัณฑ์อักษะเชลยศึก หรือ พิพิธภัณฑ์สงคราม *(plan B3, **31**)* **:** *dans le centre, près de la rivière, en face d'un temple avec une grande statue équestre. Tlj 8h-17h. Entrée : env 30 Bts. Photos interdites.* Ce musée, extrêmement sommaire, est symboliquement installé dans une cabane en bambou, fidèle réplique des dortoirs de prisonniers. Rien de spectaculaire, donc, sauf le sujet lui-même. Sous la hutte, nombreuses photos d'époque, gravures et coupures de journaux illustrant les atrocités qu'endurèrent les prisonniers de guerre pour la construction du chemin de fer. Certaines photos, montrant la maigreur extrême des prisonniers de ces camps, sont particulièrement parlantes.

LA MORT A UN NOM

JEATH sont les initiales de « Japan, England, America, Australia, Thailand and Holland », faisant ainsi référence aux nationalités des prisonniers qui œuvrèrent et moururent à la tâche. Ce terme JEATH était utilisé à la place de DEATH, considéré comme tabou.

Le cimetière chinois *(plan B2)* **:** *presque en face du Luxury Hotel.* Étonnant, non ? comme disait M. Cyclopède, alias Pierre Desproges.

Le marché – ตลาดในเมือง *(plan B3, **32**)* **:** *dans le centre-ville.* Vivant et coloré.

La nonne flottante – แม่ชีลอยน้ำ *(hors plan par B3)* **:** *dans le temple Tham Mongkon Thong* – วัดถ้ำมังกรทอง. *Y aller en fin de journée ou le w-e, car le reste du temps la piscine n'est pas chauffée. Offrandes possibles à l'entrée.* Des centaines de personnes font le voyage chaque jour pour voir Among, « la nonne flottante », réaliser, dans un bassin où l'eau lui arrive à la taille, les différentes positions du Bouddha. La cérémonie se termine par la bénédiction des fidèles avec l'eau sacrée du bassin. Among est la deuxième nonne flottante de ce temple, qui est devenu grâce à elle un véritable lieu de pèlerinage. Nombreux touristes chinois et coréens.

DANS LES ENVIRONS DE KANCHANABURI

– Quelques beaux temples *(hors plan par B3)* à voir dans la journée en louant un vélo ou une moto : le ***Wat Ban Tom*** – วัดบ้านทุ่ม, construit dans une grotte, et, côte à côte, un temple thaï et une pagode chinoise : le ***Wat Tham Sua*** – วัดถ้ำเสือ et le ***Wat Tham Kaeo*** – วัดถ้ำแก้ว, à 20 km de Kanchanaburi.

– Un petit mot sur le **Tiger Temple** (ou *Temple of the Tigers*) : une excursion de plus en plus vendue, mais c'est un vrai attrape-touristes. Les tigres sont artificiellement assoupis pour se laisser caresser par les visiteurs... De plus, c'est la foule et l'entrée est chère !

➢ ***Petite excursion en tortillard à Nam Tok*** – รถไฟนำเที่ยวน้ำตก **:** *3 départs depuis la gare de Kanchanaburi, en principe à 6h, 10h30 et 16h30 (ce dernier qu'on ne vous conseille pas, à moins de dormir sur place). Retour de Nam Tok à 13h et 15h15 (plus 5h25, si vous avez loupé le dernier train la veille !). Env 100 Bts l'aller simple et le double pour l'A/R. Attention, il y a des trains supplémentaires le w-e mais ils sont plus chers...* C'est une balade de 2h30 sympa (60 km), car la voie ferrée traverse le fameux pont, longe la rivière Kwaï et passe sur des surplombs impressionnants. Prenez un siège sur la gauche, dans le sens de la marche du train. Il s'arrête souvent sans qu'on sache pourquoi, siffle à perdre haleine quand il croise une route, car il n'y a pas de passage à niveau. Paysages magnifiques, mais sur une portion du trajet seulement.

➢ ***Balade aux Erawan Waterfalls*** – ไปเที่ยวน้ำตกเอราวัณ **:** *superbes cascades à 65 km de Kanchanaburi, situées dans un parc national. • dnp.go.th • Pour s'y rendre, prendre le bus n° 8170 au terminal de Kanchanaburi ; départs ttes les 50 mn 8h-17h20 (1h30 de trajet). Attention, si vous ne désirez pas dormir sur place, le dernier bus part des chutes à 16h (archiplein, bien entendu). Entrée : env 200 Bts.* Une cascade étagée sur sept niveaux, dont on peut rejoindre le sommet en 2h30 de marche environ par un agréable chemin dans la jungle. En saison sèche, les chutes sont réduites à un simple filet d'eau (bien se renseigner) ; bien que moins impressionnantes alors, l'excursion reste cependant agréable. Nombreuses piscines naturelles tout du long, peuplées de petits poissons qui adorent grignoter les peaux mortes (de quoi tenter une *fish pedicure* sans débourser un sou !). Apportez chaussures de marche (chemin parfois glissant), et maillot de bain bien sûr. Paysages superbes. Quelques colonies de singes. Pour éviter la foule et les bruyants groupes de touristes, s'y rendre de préférence de bonne heure le matin, et plutôt en semaine. Possibilité de louer des bungalows et des tentes sur place mais les tarifs sont en général élevés. Petits restos.

➢ Autres chutes d'eau : ***Sai Yok Noi*** – น้ำตกไทรโยคน้อย petites, ce qui n'empêche pas une belle baignade, sauf en été où l'eau se fait rare ; et ***Sai Yok Yai*** – น้ำตกไทรโยคใหญ่, plus spectaculaires. Elles se trouvent respectivement à 60 et 105 km de Kanchanaburi. Départs toutes les 30 mn 6h-18h30 au terminal des bus. Compter 1h30 et 2h de trajet. C'est le même bus, le n° 8203. Au retour, sachez que le dernier bus quitte le site à 17h.

➢ ***Balades en grand raft*** – ล่องแพ, de 1 à 2 jours selon la demande. Demandez donc conseil à *Toi's Tour* (voir plus haut « Adresses utiles »), qui connaît bien son affaire.

Ganesha Park : *409/1 Tambon Thakanun, à* ***Thong Pha Phum.*** *086-061-21-36. • ganeshapark.com • À 150 km au nord de Kanchanaburi, sur la route*

À L'OUEST DE BANGKOK

vers Sangkhlaburi. De Kanchanaburi, bus ttes les heures env 6h-18h ; trajet : 2h30-3h. Possibilité de combiner l'excursion en train jusqu'à Nam Tok, puis de là prendre un bus pour Thong Pha Phum. Formule 2 nuits + 1 journée éléphant 3 500 Bts tt compris sf boissons (supplément si logement « grand confort »). Résa obligatoire.

Si vous rêvez de côtoyer des éléphants autrement que dans un « camp pour touristes », rendez-vous au *Ganesha Park.* Ce lieu pas comme les autres est tenu par un Français, François Collier, personnage hors du commun qui a quitté l'Hexagone avec femme et enfants il y a une dizaine d'années afin de réaliser une passion et un rêve : vivre avec des éléphants et leur offrir une vie heureuse ! Aujourd'hui, c'est chose faite. Propriétaire de deux éléphants, et de deux autres résidents dont il prend soin, la formule qu'il propose offre l'occasion d'une expérience unique, et surtout d'un contact privilégié avec l'animal : promenade, baignade, nourrissage, soins, jeu... le temps d'une journée complète au rythme des pachydermes. Tout cela se déroule dans un cadre sauvage et calme entre forêt et lac, et dans une atmosphère familiale chaleureuse et francophone. On en apprend beaucoup, autant sur les éléphants que la vie en Thaïlande, par l'intermédiaire de François et sa famille. Bien sûr, l'hébergement est rustique (voire un peu « roots » pour les hébergements de base), et l'aventure n'est certes pas donnée, mais elle est si singulière qu'elle ne fera pas regretter à ceux qui souhaitent vivre une expérience rare et riche en émotion d'avoir cassé leur tirelire.

Peu touristique, la petite ville de Thong Pham Phum et sa région offrent également plusieurs possibilités de balades, vers des chutes d'eau, des sources d'eau chaudes *(Hindat Hot Springs)* et autres grottes... L'occasion d'un arrêt hors des sentiers battus, avant de poursuivre sa route plus au nord.

Sangkhlaburi : *petite ville située aux portes de la frontière birmane, à 75 km au nord de Thong Pha Phum, soit env 2h d'une belle route de montagne. De/vers Kanchanaburi, 4 bus locaux/j., 6h-13h env (durée : 5h), qui marquent l'arrêt à la demande tout au long de la route 323. Également des bus VIP ou des minibus avec AC ttes les heures env à partir de 6h30 (durée : 3h30).*

Habitée par une forte population de Môns et de Karens (ethnies originaires de Birmanie), par des Thaïs, des émigrants birmans et une petite communauté lao, la petite cité de Sangkhlaburi est installée au milieu des collines, en bordure d'un immense lac artificiel. Suite à la construction du barrage hydroélectrique de Khao Laem, dans les années 1980, l'ancien village a été englouti ; en saison sèche, on peut encore apercevoir les flèches de l'ancien temple de la vieille ville émergeant de l'eau. La plupart des minorités ethniques habitent des maisons flottantes posées sur le lac, ou des cahutes sur pilotis en bordure, tandis que du « côté thaï » de la ville, on peut admirer quelques belles maisons traditionnelles en teck. Peu de voyageurs s'aventurent ici, et c'est aussi ce qui fait le charme du coin. En revanche, pas mal de Bangkokiens viennent y profiter du grand air et des attraits de la région le temps d'un week-end.

Hormis de jolies balades sur le lac, pas grand-chose à voir en ville ; on peut cependant flâner sur le marché local ou le marché artisanal – où l'on trouve des marchandises venues de la Birmanie toute proche –, traverser le plus long pont en bois du pays (400 m), au bout duquel se trouve le village môn, un temple récent et un *chedî* couvert de 6 kg d'or, aller faire un tour jusqu'à à la frontière birmane, au col des Trois Pagodes, ou bien faire des balades vers des villages isolés en dehors de la ville. En bref, profiter d'un lieu charmant et paisible, d'une atmosphère authentique... Un coin idéal pour qui voudrait goûter à une Thaïlande hors des sentiers touristiques et avoir un avant-goût de la Birmanie sans même traverser la frontière.

Pour se loger, plusieurs *resorts,* plutôt chers en général et au personnel rarement anglophone. Pour son rapport qualité-prix, notre préférence va à la ***P. Guest House,*** qui propose des chambres agréables, minérales et nickel, étagées sur les pentes d'une colline qui descend vers le lac *(81/2 Moo 1, Tambon Nonglu, au bout de la rue principale ; ☎ 034-595-061 ; • p-guesthouse.com • doubles 250 Bts avec ventilo et sdb extérieure, 950 Bts avec clim et sdb privée).* Fait également resto (pas extra), loue des motos, des canoës, et propose des excursions. Également quelques logements chez l'habitant, comme la très simple ***J. Family Home Stay*** *(en retrait de la rue principale ; ☎ 034-595-511, 081-763-26-67 ; compter 150 bts/pers).* Pour se restaurer, on trouve autour du marché des petites adresses servant de la cuisine thaïe et de délicieux assortiments de currys birmans. Possibilité également de prendre un délicieux petit déj ou un plat végétarien à la ***Baan Unrak Bakery*** *(dans la rue principale, à 200 m de la* P. Guest House *; ☎ 034-595-428 ; tlj 7h-20h),* tout en participant à une bonne cause puisque le lieu fait partie d'un projet qui prend en charge des enfants orphelins et des mères isolées.

AU NORD DE BANGKOK

BANG PA IN – บางปะอิน

À une soixantaine de kilomètres au nord de Bangkok, sur un site royal occupé dès le XVIIe s, un bel ensemble de palais, de styles architecturaux variés, construits par Râma V à la fin du XIXe s. Au milieu des massifs de manguiers émergent certains bâtiments de style colonial européen ; voilà pourquoi on l'appelle le Petit Versailles.

Arriver – Quitter

En bus ou en train

➢ ***De/vers Bangkok :*** liaisons ttes les 30 mn 5h-22h depuis le *Northern Bus Terminal* de Bangkok. Trajet : env 2h. En train, une douzaine de départs depuis la gare de Hua Lamphong 5h20-19h (dernier retour de Bang Pa In). Trajet : 1h20. Les gares routière et ferroviaire de Bang Pa In sont un peu excentrées ; prendre un *songthaew* jusqu'aux palais.

➢ ***De/vers Ayutthaya :*** le mieux est de prendre le train (même fréquence qu'entre Bang Pa In et Bangkok ; dernier de Bang Pa In à 21h). Sinon, des camionnettes partent régulièrement du marché Chao Phrom, à Ayutthaya, mais le trajet dure plus longtemps (45 mn).

En bateau

➢ ***De/vers Thonburi (Bangkok) :*** pour les inconditionnels de la navigation fluviale, possibilité de chartériser un *long-tail boat* (un bateau « longue-queue ») pouvant prendre 8 passagers pour env 5 000 Bts. Compter 4h de trajet.

➢ ***De/vers Ayutthaya :*** louer un *long-tail boat* au départ d'Ayutthaya. Superbe balade le long des maisons sur pilotis. Compter 45 mn et env 800-1 000 Bts.

À voir. À faire

Bang Pa In Palace – **พระราชวังบางปะอิน :** *tlj 8h-16h. Entrée : 100 Bts. En principe, shorts et épaules découvertes interdits (on peut vous prêter de quoi vous couvrir contre une caution). On peut louer des voiturettes électriques à l'intérieur du parc.* Rendez-vous des familles thaïes le week-end, cette résidence royale d'été s'est installée sur une île au milieu du fleuve Chao Praya. Elle est composée d'une série de pavillons dispersés dans un grand parc, qui servent encore parfois pour des réceptions officielles. Sorte de parc Disney de l'architecture éclectique en vogue au XIXe s, elle présente tout de même quelques belles pièces, comme le délicat *Aisawan Thipphaya-at,* pavillon bouddhique posé comme une boîte à bijoux au centre d'un petit lac. Dans la *Devaraj-Kunlai Gate,* quelques calèches d'époque, moyen de transport qui avait séduit Râma V lors de l'un de ses voyages en Europe. Plus loin, la tour *Ho Withun Thasana,* au minaret cerné de cercles concentriques colorés, servait au souverain d'observatoire astronomique. Le *Wehat Chamrun Hall,* de style chinois, aux superbes plafonds de bois sculpté, contient une étonnante maquette de barque d'apparat ciselée en os de chameau. Pour finir, on jettera un coup d'œil, au bout d'une galerie couverte jadis empruntée par les femmes du harem royal à l'abri des regards, au *Varobhas Bimarn,* pavillon néoclassique au fronton grec où se trouve une kitschissime salle du trône ornée de défenses d'éléphant.

➢ **Balade en bateau :** au fond du parking à gauche, de 8h à 15h30 environ, des bateliers proposent des balades en « longue-queue ». Petit tour seulement ou promenade jusqu'à Ayutthaya. Un peu cher (on loue la pirogue), sauf si l'on est un petit groupe (huit personnes maximum).

AYUTTHAYA – อยุธยา

IND. TÉL. : 035

Pour le plan d'Ayutthaya, se reporter au cahier couleur.

À 80 km de Bangkok. Son nom complet, *Phra Nakon Sri Ayutthaya* (« ville sainte d'Ayutthaya »), est généralement celui qui figure sur les cartes. Cernée par les eaux, cette ancienne capitale du royaume de Siam désormais paisible et brouillonne abrite un immense parc archéologique, inscrit au Patrimoine mondial de l'Unesco. Certes, ceux qui ont peu de temps et comptent de toute façon aller à Sukhothai, plus spectaculaire, peuvent éventuellement se passer de la visite. Mais les autres devraient s'y arrêter, ne serait-ce que le temps d'une excursion d'une journée depuis Bangkok, pour flâner à la découverte des nombreux vestiges de temples aux briques rouges, rongées par les siècles et la végétation.

UN PEU D'HISTOIRE

Trente-trois rois régnèrent à Ayutthaya, qui fut fondée en 1350. Le royaume d'Ayutthaya fut l'objet, au XVIIe s, d'une étrange relation avec la France. Louis XIV, après une première mission, envoya une délégation dans le dessein de faire du roi Narai un allié et, éventuellement, de le convertir au catholicisme. François de Chaumont dirigea alors l'ambassade, accompagné de l'abbé de Choisy. La délégation siamoise reçue, en remerciements, en France par Louis XIV, fit, elle, grand bruit à Brest. La ville bretonne s'en souvient d'ailleurs encore, puisqu'elle a baptisé rue de Siam son artère principale en l'honneur de l'événement. Au Siam, l'implantation française fut largement facilitée par la francophilie d'un aventurier grec, Phaulkon, qui exerçait une grande influence sur le roi Narai. Il évinça Anglais et Hollandais au profit des Français, et ceux-ci obtinrent d'installer des troupes au Siam. La lune de miel prit fin cependant en 1688 avec l'assassinat de Phaulkon par des nationalistes, la mort du roi et l'expulsion de tous les étrangers du royaume (pour plus d'infos sur le récit de l'ambassade envoyée par Louis XIV, ou sur l'étonnante personnalité de Phaulkon, lire la rubrique « Livres de route » dans « Thaïlande utile »).

En 1767, Ayutthaya fut mise à sac par les Birmans, et Bangkok devint la capitale du royaume. Les Siamois achevèrent la liquidation d'Ayutthaya en utilisant les matériaux des anciens temples et pagodes pour construire ceux de Bangkok. Le reste, laissé à l'abandon et livré à la végétation, fut réhabilité par les archéologues il y a à peine quelques décennies.

FRANÇOIS-TIMOLÉON, ABBÉ FACÉTIEUX ET AVENTUREUX

Ce curieux prêtre envoyé à Ayutthaya par Louis XIV aimait se travestir en femme, goût qu'avait encouragé sa mère dès sa prime jeunesse pour complaire à Monsieur, frère du roi Louis XIV. Il séduisit sous ce costume bien des jeunes filles de bonne famille. Il relate ses aventures dans les Mémoires de l'abbé de Choisy. *Une autre passion peu « catholique », celle du jeu, lui coûta une bonne partie de sa fortune.*

Arriver – Quitter

En bus

Terminal longues distances – บ.ข.ส. ตลาดแกรนด์ *(hors plan couleur par B2,* ***1****) : Asian Rd, à 5-6 km à l'est du centre (compter 100 Bts en tuk-tuk).* ☎ *335-304 (en principe votre interlocuteur parlera l'anglais).* Bus pour le nord du pays. On peut se procurer les horaires des bus à l'office de tourisme.

➢ ***Vers Phitsanulok :*** 6 départs/j. 8h-22h30. Trajet en 5h. Compter 220-270 Bts selon confort.

➢ ***Vers Sukhothai :*** 15 bus/j. 7h-23h. Env 6h de trajet. Compter 280-360 Bts selon confort.

➢ ***Vers Chiang Mai :*** 15 bus/j. (dont 3 VIP) 6h40-minuit. Compter 9h de route et 440-880 Bts selon confort.

➢ ***Vers Chiang Rai :*** 11 bus/j. (dont 3 VIP) 6h30-20h30. Compter 12h de route et 430-860 Bts selon confort.

Bus locaux et pour Bangkok *(plan couleur B1,* ***2****) : départs de l'entrée du Chao Phrom Market –* ตลาดเจ้าพรหม*, dans le soi qui prolonge la rue des guesthouses (Soi 2), de l'autre côté de Naresuan Rd. On y parle très peu l'anglais.*

➢ ***Bangkok :*** les bus (trajet en 1h30, env 60 Bts) relient la gare routière nord de Bangkok (Mochit 2) à Ayutthaya ttes les 20 mn 5h-19h. Les minibus (un poil plus cher que le bus, mais un peu plus rapide) relient la gare routière sud de Bangkok ou Victory Station et Ayutthaya 5h40-19h20 ; ils partent dès qu'ils sont pleins. C'est quand même plus pratique en train.

➢ ***Lopburi :*** bus ttes les 45 mn (en théorie...). Trajet en 2h. Env 35 Bts. Plus rapide en train.

➢ ***Kanchanaburi :*** pas de liaison directe, il faut changer à Suphanburi. Compter en tout plus de 4h de trajet. Plus économique que de repasser par Bangkok. En revanche, certaines agences ou *guesthouses* (comme *Tony's Place* ; voir la rubrique « Où dormir ? ») proposent des départs quotidiens en minibus. Compter alors 2h30 de trajet pour env 400 Bts.

➢ Bus locaux également pour ***Bang Pa In.***

En train

Gare ferroviaire *(plan couleur B1) : juste en dehors de la vieille ville ; prendre le bac (fonctionne jusqu'à 21h ; possible d'y embarquer son vélo) ou tourner à gauche après le pont en venant de l'île.* ☎ *241-521.* Consigne à l'intérieur et ATM sur le quai.

➢ ***Bangkok*** *(gare de Hua Lamphong)* **:** départs ttes les heures au moins (fréquence légèrement réduite le w-e), jusqu'à 21h45 d'Ayutthaya et 4h20-23h40 de Bangkok. Durée : env 1h30.

➢ ***Lopburi, Phitsanulok et Uttaradit :*** pour Lopburi, env 15 départs/j. 6h-23h30 d'Ayutthaya et 5h40-18h de Lopburi (plus des trains de nuit) ; trajet env 1h-1h30. Pour Phitsanulok, une dizaine de trains/j. 8h30-23h30 d'Ayutthaya, 6h-minuit dans l'autre sens ; trajet en 4-5h. Pour Uttaradit, env 6 trains/j. 8h30-23h30 d'Ayutthaya, 7h30-23h40 dans l'autre sens ; trajet en 5-7h. En partant tôt le mat, on peut visiter Lopburi (au pas de charge !), puis reprendre le train pour le Nord.

➢ ***Chiang Mai :*** 5 trains/j. dans les 2 sens ; 1 le mat (2 depuis Chiang Mai), 1 en début d'ap-m (sf depuis Chiang Mai) et 3 de nuit. Compter au moins 12h de trajet, mieux vaut prendre un train couchettes. Réserver le plus tôt possible.

➢ ***De/vers le Nord-Est :*** d'Ayutthaya, 6h-minuit (7h-19h30 dans l'autre sens), une ½ douzaine de départs/j. pour Khon Kaen, Udon Thani et Nong Khai, 9 pour Surin et Ubon Ratchathani. Compter 6-8h de jusqu'à Ubon Ratchathani, au bout de la ligne.

Orientation

La vieille ville d'Ayutthaya est en fait une île de forme presque rectangulaire, dessinée par la rencontre de la Chao Phraya et d'un de ses affluents, la rivière Pa Sak. Les hôtels pour routards s'y concentrent à l'est, dans la zone urbanisée, près de la rivière Pa Sak pour la plupart. Le parc archéologique occupe quasiment toute la partie de la ville à l'ouest de Shikun Road, soit une vaste zone semée de vestiges, parcourue de larges avenues et grignotée par des mares et des canaux.

La voie ferrée passe à l'extérieur de l'île, parallèlement à son bord est. Un bac (4 Bts ; plus 2 Bts pour un vélo), en face de la gare *(plan couleur B1)*, permet de rejoindre la vieille ville jusqu'à 21h. L'accès routier se fait, lui, par un grand pont qui traverse la rivière non loin de la gare.

Les distances sont assez importantes, trop pour être couvertes à pied, notamment dans la zone archéologique. Pour se déplacer, *tuk-tuk* à banquettes latérales ou motos-taxis à gogo. Prix : environ 50-60 Bts la course en ville, 200 Bts/h.

En une journée, on peut tout voir à vélo.

Adresses et info utiles

TAT – ท.ท.ท. *(Tourism Authority of Thailand, Ayutthaya Tourist Center ; plan couleur A2)* **:** *immense building en face du Musée national Chao Sam Praya.* ☎ *246-076.* ● *tourismthailand.org/ayutthaya* ● *Tlj 8h30-16h30.* Très pro. On y parle un peu l'anglais, et on vous donnera une carte d'Ayutthaya et de Bang Pa In avec les principaux monuments positionnés, un petit descriptif et une photo pour chacun d'eux, et leurs horaires de visite. On peut aussi récupérer les horaires des bus et des trains. À l'étage, intéressante expo historique et ethnologique (film).

– ***Visites guidées :*** pas de guide francophone, mais l'office de tourisme peut vous donner les coordonnées d'agences proposant des guides anglophones.

✉ ***Poste*** – ไปรษณีย์ *(plan couleur B1) : au nord-est de la vieille ville, non loin du marché Hua Raw. Fermé sam ap-m et dim.*

@ ***Internet :*** *plusieurs centres sur Naresuan Rd (plan couleur B1), un peu avt le croisement avec Shikun Rd, ainsi que dans la « rue des routards » (Soi 2).*

■ ***Change :*** *nombreuses banques avec ATM sur Naresuan Rd, dont la* **Siam Commercial Bank** *(plan couleur B1,* ***4****). Fermées le w-e, mais il y a un money-changer ouv tlj à côté du Wat Yai Chai Mongkol (plan couleur B2), et un autre près du Wat Phra Sri Sanphet (plan couleur A1). Sinon, distributeur très pratique sur le quai de la gare.*

■ ***Bureau de l'immigration*** *(plan couleur B1,* ***3****) : U Thong Rd, un peu après le croisement avec Wat Pa Maphrao Rd, en continuant vers le nord (fléché). Lun-ven 8h30-12h, 13h-16h30.* Pour faire prolonger son visa.

■ ***Location de vélos et motos*** *(plan couleur B1) : nombreux loueurs en ville, notamment dans Naresuan Rd, en face de la gare ferroviaire (6h-18h), du côté du Chao Praya Market, en face du Wat Ratchaburana et dans la « rue des routards » (Soi 2). Certains d'entre eux louent aussi des motos. Compter 50 Bts/j. pour un vélo, 250 Bts/j. pour une moto.* En vélo, prévoir un couvre-chef, ça cogne.

■ ***Piscine de la Sherwood House*** – สระว่ายน้ำแช วูด เฮ้าท์ *: accepte les non-résidents pour 50 Bts (réduc enfants) ; voir « Où dormir ? ».* Piscine plutôt petite, mais ça rafraîchit quand même les idées. Également une piscine accessible à tous à l'*Ayotthaya Hotel,* vers l'extrémité est de Naresuan Rd *(plan couleur B1 ; ouv 6h-20h ; 80 Bts).*

Où dormir ?

Près de la rivière Pa Sak

La plupart des hébergements sont situés dans la partie est de la vieille ville, près de la rivière Pa Sak, notamment dans le Soi 2 de Naresuan Road *(plan couleur B1),* une « rue des routards » alignant une poignée de restos et *guesthouses* (c'est pas non plus Khao San !).

De bon marché à un peu plus chic (de 200 à 1 000 Bts – 5 à 25 €)

⌂ ***Baan Lotus Guesthouse*** – บ้านโลตัส เกสท์เฮ้าส์ *(plan couleur B1,* ***16****) : Pa Maphrao Rd. ☎ 251-988. Compter 450-600 Bts selon confort. Également une chambre à 200 Bts. Petit déj en sus.* Une vingtaine de chambres à la déco dépouillée mais de bonne taille, réparties dans 2 maisons traditionnelles posées bien au calme dans un petit jardin, au bout d'une allée bordée par les bicoques en bois du quartier. À l'arrière, un étang aux lotus dans lequel s'enfonce une terrasse sur pilotis avec une paire de tables et un hamac. Quelques chiens somnolent sur le parquet ciré. La proprio, une retraitée volubile ex-chercheuse en bio à la fac, est née dans cette maison. Le tout est impeccablement tenu. Atmosphère paisible, sympathique ; une bonne escale en somme. Location de vélos.

⌂ ***Ayutthaya Place (Youth Hostel)*** – อยุธยาเพลส (บ้านนานาชาติอยุธยา) *(plan couleur B2,* ***12****) : 7 Moo 2, Rotchana Rd. ☎ 210-941. • tyha.org • À env 200 m du pont. Doubles 350-550 Bts selon confort.* L'auberge de jeunesse officielle de la ville, pépère, en briques et lattes de bois, plantée

AU NORD DE BANGKOK

sur pilotis dans une petite mare, au milieu d'un jardin en retrait de l'avenue. Chambres ventilées ou climatisées, avec salle de bains privée. Cuisine commune, et un tas d'infos – comme partout – pour organiser ses visites. Accueil rieur. Dommage que l'emplacement ne soit pas idéal.

Bann Kun Pra – บ้านคุณพระ *(plan couleur B1, **14**) : 48 Moo 3, U Thong Rd. ☎ 241-978. • bannkunpra.com • En bordure est de la vieille ville, presque en face de la gare. Dortoir 250 Bts/pers ; double 600 Bts dans la partie ancienne et 1 100 Bts (petit déj inclus) pour les chambres rénovées dans l'annexe.* Aménagé dans une maison plus que centenaire donnant sur la rivière, l'hôtel est vraiment charmant et arrangé avec soin. Ceux qui aiment les atmosphères désuètes, avec mobilier ancien et lits à baldaquin, opteront pour l'une des 5 chambres dans la partie traditionnelle, tout en bois laqué (cloisons une peu fines cependant). Salle de bains commune nickel, avec eau chaude. Les autres privilégieront le confort et la tranquillité dans les 3 nouvelles chambres à la déco très étudiée des années 1960-1970, chacune avec terrasse donnant sur la rivière. Également un petit dortoir de 2 x 4 lits (non mixtes). En outre, l'auberge dispose d'un excellent resto (voir « Où manger ? »). Propose des tours en bateau.

Chantana Guesthouse – บ้านจันทนะเกสท์เฮ้าส์ *(plan couleur B1, **10**) : 12/22 Soi 2, Naresuan Rd, Horatanachai, après* Tony's Place. *☎ 323-200. • chantanahouse@yahoo.com • Doubles 500-650 Bts avec ventilo ou AC.* Grosse maison familiale, idéale pour les amateurs de calme. Les chambres (une quinzaine) sont vraiment impeccables. Toutes (sauf 2) avec salle de bains et eau chaude, certaines avec balcon. Terrasse à l'étage et jardin à l'avant. Accueil très aimable. Possibilité de réserver ses billets de bus et d'organiser des excursions.

P.U. Inn Ubonpon – พี.ยู เกสเฮ้าท์ *(plan couleur B1, **16**) : 20/1 Moo 4, Horatanachai (Soi 2). ☎ 251-213. • puguesthouse.com • Continuer dans la rue depuis* Tony's Place, *c'est dans la ruelle qui part sur la gauche. Doubles 300-800 Bts selon confort ; également des singles, triples et quadruples. Petit déj en supplément servi au milieu des orchidées.* En retrait de la « rue des routards », une grosse auberge tenue d'une main ferme par P.U., la dynamique et omniprésente patronne thaïe. Au choix, l'ancienne bâtisse à la déco hétéroclite (que des chambres ventilées), ou la nouvelle, pimpante, colorée, dont les chambres les plus chères donnent sur la paisible mare de la *Baan Lotus Guesthouse* voisine. AC, frigo et TV en option. Également, dans la cour, des cabanons un peu étouffants pour les budgets serrés. Le tout est très bien tenu. Location de vélos et motos, service de minibus, tours en bateau (proposés parfois de façon un peu insistante). Accueil inconstant. Un bon plan quand même.

Tony's Place – โทนี่ส์ เพลส *(plan couleur B1, **10**) : 12/18 Soi 2, Naresuan Rd, Horatanachai. ☎ 252-578. • tonyplace-ayutthaya.com • Dans la « rue des routards » (Soi 2), sur la droite. Doubles 300-1 200 Bts selon confort.* Une institution. Grande maison en bois de 2 étages autour d'une cour avec un peu de verdure. Resto et bar en terrasse au rez-de-chaussée. Très populaire auprès des routards de toutes origines. Chambres plutôt originales de différents types, avec ou sans salle de bains, AC, balcon... Demandez à en voir plusieurs même si, globalement, elles sont assez bien pour le prix, surtout les rénovées. Entretien aléatoire en revanche. Accueil très commercial avec un tas de choses en proposition. Le resto ne casse pas des briques. Une adresse super pour ceux qui aiment l'animation et les rencontres, pas pour les couche-tôt (le bar mitoyen coupe la musique vers 23h-minuit).

Sherwood House – แชวูดเฮ้าส์ *(plan couleur B2,* ***13****) : 21/25 Dechawut Rd. 086-666-08-13. • sherwoodhousemm.com • À 100 m à l'est du rond-point de Shikun Rd. De 320 Bts avec ventilo à 420 Bts avec AC.* Au bord d'une avenue, un pavillon blanc d'un étage abritant une petite piscine à l'arrière (accessible aux non-résidents pour 50 Bts). Seulement 5 chambres doubles, qui se partagent une salle de bains. 2 d'entre elles donnent sur la piscine. Également une chambre familiale (maximum 6 personnes) mais moins bien tenue. Resto au rez-de-chaussée, avec petits plats thaïs, sandwichs et petit déj. Bon accueil.

Dans le centre historique

Prix moyens (de 300 à 600 Bts – 7,50 à 15 €)

Grandparent's Home *(plan couleur B1,* ***15****) : 19/40 Moo 1, Naresuan Rd. 083-558-58-29 ou 086-383-47-91. À 100 m du Wat Ratchaburana. Double 550 Bts, avec clim.* Au bord de la bruyante Naresuan Road, une *guesthouse* récente, fraîche et propre, pratique par son emplacement en lisière du parc archéologique. Chambres climatisées avec salle de bains, aveugles pour certaines. Quelques-unes, plus basiques, sont un peu moins chères. Bar-resto en terrasse au bord de l'avenue. Location de vélos et motos, service de minibus, organisation d'excursions... Un point de chute fonctionnel.

Très chic (plus de 3 000 Bts – 75 €)

Iudia on the River – ยูเดีย ออน เดอะ รีเว่อร์ *(plan couleur A2,* ***17****) : 11-12 Moo 4, U Thong Rd, Pratuchai. ☎ 323-208. • iudia.com • 8 chambres et suites 3 550-4 550 Bts (réduc hors saison).* Un boutique-hôtel à l'architecture et à la décoration modernes, meublé avec beaucoup de goût : lits à baldaquin, meubles de qualité, tissus raffinés (souvenirs de la Compagnie des Indes), et même de grandes douches tropicales en semi-plein air. Dans le jardin, une piscine bien agréable et des lits de repos, donnant sur la Chao Praya. Sur l'autre rive se détache le *chedî* blanc du Wat Buddhaisawan, premier temple érigé à Ayutthaya. Petit déj copieux servi par un personnel souriant et attentionné. Coin bar, glaces italiennes et excellents cafés. Vélos à dispo.

Où manger ?

Le long de la rivière Pa Sak

Tous les restaurants que nous citons se trouvent dans la partie est de la vieille ville.

Bon marché (moins de 100 Bts – 2,50 €)

Marchés de jour et de nuit – ตลาดหัวรอ **:** assez propres et vraiment pas chers. Le jour comme la nuit, s'enfoncer dans les ruelles du marché ***Chao Phrom*** *(plan couleur B1,* ***21****)*, vers l'extrémité est de la rue Naresuan, ou flâner dans le grand marché couvert de ***Hua Raw*** *(plan couleur B1,* ***20****)*, près de la rivière, où l'on choisit directement sur les étals sa viande et ses légumes, qu'un cuisinier fait ensuite revenir dans un wok sous vos yeux... En soirée, on peut aussi aller au croisement de Shikun et Bang Lan Road *(plan couleur B1,* ***22****)*, où se dresse une longue rangée de stands. On trouve souvent sur les marchés du coin des *golden thread*, sorte de barbes à papa déclinées dans plusieurs couleurs étonnantes sous forme de longs fils, et que l'on mange enroulées dans des sortes de crêpes.

Aunt Taew *(plan couleur B2,* ***24****) : au pied du pont, presque à l'angle de U*

AU NORD DE BANGKOK

Thong Rd et de la contre-allée qui longe le pont sur la droite ; enseigne en thaï. 089-169-56-29. Tlj 10h-22h. Sympathique cantine familiale,installée sous un grand hangar ouvert aux quatre vents. Des fleurs partout, des lampes colorées, c'est propre, c'est bon et le menu est traduit en anglais, au cas où un *farang* se serait égaré. Grand choix de *stir-fried*, curry, *tom yam, spicy salad* (vraiment *spicy...*) à avaler sur de grandes tables en bois dans une ambiance bon enfant, un œil sur la télé pour ne pas manquer le 12 000e épisode du *Lotus de l'Amour*. On peut aussi tester le resto voisin, plus petit, plus coquet, posé juste sur l'angle de la rue.

Prix moyens (de 100 à 300 Bts – 2,50 à 7,50 €)

Bann Kun Pra – บ้านคุณพระ *(plan couleur B1,* ***14****) : voir « Où dormir ? ». Sert jusqu'à 21h30.* En plus d'être une auberge de charme, c'est un resto super agréable, installé sur une terrasse en bois bordant la rivière. Cuisine un peu plus chère qu'ailleurs (et encore !) mais fine et inventive, qui fusionne joyeusement les recettes thaïlandaises traditionnelles et le goût européen. Suggestions différentes tous les mois affichées à l'ardoise. Une bien bonne adresse pour casser la graine !

Saithong River Restaurant – ร้านอาหารไทรทองริเวอร์ *(plan couleur B2,* ***23****) : 45 Moo 1, U Thong Rd (enseigne à l'arbre vert). ☎ 241-449. Ouv 10h30-21h30.* Vaste resto étendant sa terrasse au bord de la rivière, et réputé pour son grand et bon choix de poissons et de fruits de mer. Beaucoup de monde le week-end, le service ne suit pas toujours. Essayez le poisson au tamarin.

Pae Krung Kao – แพกรุงเก่า *(plan couleur B2,* ***25****) : K. 4 Moo 2, U Thong Rd. ☎ 241-555. Sert jusqu'à 21h.* Une adresse qui a elle aussi beaucoup de succès auprès des Thaïs. Encore un immense établissement en bord de rivière, plutôt paisible malgré le ronron des moteurs des bateaux, que tente de concurrencer la musique douce que diffuse le resto. Les plus chanceux s'attableront sur un petit ponton relié à la terre par une passerelle suspendue. Coins et recoins avec des tas d'objets kitsch. Un peu l'usine (en nombre de places), mais la petite carte est plutôt originale.

MK Restaurant *(plan couleur B1,* ***26****) : dans le 1er soi à droite en remontant Naresuan Rd depuis U Thong Rd. Tlj 10h-22h.* Le franchisé d'une chaîne locale, à tester pour l'expérience. Serveuses en uniforme, variétoche en fond musical et clim bloquée sur polaire, le populaire barbecue sino-thaï est ici revu version aseptisée. On vous remet un menu-annuaire à couverture en hologramme, dans lequel piocher tout un tas de petites choses à faire cuire dans un bouillon posé à même la table, sur un chauffe-plat. Pour accompagner le tout, des nouilles vertes. Rigolo.

Où boire un verre ? Où sortir ?

Pas grand choix. Tout se concentre en face de *Tony's Place*.

Jazz Café, Chang House et Street Lamp *(plan couleur B1,* ***30****) : dans la « rue des routards » (Soi 2).* Alignés les uns à côté des autres, ils proposent alternativement et dans le désordre cocktails, bières, billard, fléchettes et musique live. On peut aussi y manger.

À voir

On vient à Ayutthaya pour ce qu'il reste de ses 400 temples d'autrefois. Suite aux graves inondations de fin 2011, les temples ont été temporairement immergés sous les eaux et, de ce fait, fragilisés. Mais ne laissez pas cela vous arrêter, la beauté des lieux, elle, est intacte ! Le parc historique étant assez étendu, il est quasi impossible de le parcourir à pied, d'autant que les monuments principaux sont séparés par de larges avenues. Le mieux – et le plus sympa – est de louer un vélo ou une moto (voir « Adresses et info utiles »). On peut aussi s'entendre avec un chauffeur de *tuk-tuk* pour une demi-journée (compter environ 200 Bts de l'heure), ou négocier avec lui la visite d'un certain nombre de sites. Demandez à votre *guesthouse* de vous arranger ça.

POISSONS VOLANTS

Devant les temples, les vendeurs de souvenirs proposent des mobiles, colorés ou pas, constitués de poissons tressés dans des feuilles de palmier. Inspirés du poisson thai barb, *ils sont faits par des Thaïs musulmans depuis plus d'un siècle. Une tradition qui vient du temps où les commerçants en épices naviguaient le long de la rivière Chao Praya. Le* thai barb *est considéré comme un porte-bonheur, préservant la bonne santé de son propriétaire. On en suspend un devant la maison ou au-dessus du berceau pour favoriser la croissance des enfants et s'assurer une nombreuse descendance. Aujourd'hui, on prend aussi du Viagra...*

Il existait un *pass* journalier de 220 Bts donnant accès à cinq temples (Wat Phra Sri Sanphet, Wat Mahathat, Wat Ratchaburana, Wat Chai Watthanaram et Wat Phra Ram ; compter sinon 50 Bts pour chacun d'entre eux). Il est suspendu le temps de la consolidation du Wat Chai Watthanaram, endommagé par les inondations de 2011 et donc interdit d'accès (on peut cependant le voir de l'extérieur). Peut-être le *pass* fonctionnera-t-il à nouveau lors de votre passage ? Quoi qu'il en soit, sachez que la visite de la plupart des temples est payante (sans compter celle des musées), et que ceux-ci sont ouverts de 8h à 16h30, parfois 18h. On peut aussi louer un audioguide (en anglais) pour la visite des Wat Mahatat, Phra Sri Sanphet et Chai Watthanaram : compter 100 Bts par temple, 150 Bts pour les trois.
Enfin, un petit rappel sémantique : « Phra » est le mot thaï pour Bouddha.

Sur l'île, dans le centre historique

Si vous êtes à vélo, n'hésitez pas à quitter les grandes avenues pour emprunter les allées cabossées en terre battue s'échappant entre les monuments principaux. Partout, des petits *chedîs* en décrépitude et, ici ou là, un troupeau de zébus rachitiques, des pêcheurs enfoncés jusqu'à la taille dans un bras d'eau... À faire aussi avant le dîner, de 19h à 21h, la tournée des temples illuminés, bien visibles de l'extérieur.

Wat Phra Sri Sanphet – วัดพระศรีสรรเพชร *(plan couleur A1)* : entrée : 50 Bts. L'ensemble le plus imposant d'Ayutthaya, édifié à la fin du XVe s. D'inspiration sri-lankaise, et dans un bel alignement, les trois grands *chedî* en forme de cloche bordés de frangipaniers symbolisent les trois premiers rois qui régnèrent ici. Ils sont désormais protégés par une gangue de béton. C'était le temple royal, et aucun moine n'y résidait (ils étaient invités toutefois). On a retrouvé des cendres royales. Beaucoup de monde (mais moins le matin). *So romantic* au coucher du soleil. Éclairé le soir.

Viharn Phra Mongkon Bopith – วิหารพระมงคลบพิตร *(plan couleur A1)* : *juste à côté du précédent. Gratuit.* Le *viharn,* de construction récente, abrite un colossal bouddha assis en bronze, daté du XVe s. Les Birmans le croyaient en or et tentèrent de le fondre. Le fait qu'il ait traversé autant de périodes troublées et survécu à tant d'épreuves a suscité un culte très important.

Wat Mahathat – วัดมหาธาตุ *(plan couleur B1)* **:** *entrée : 50 Bts.* Ensemble du XIVe s malheureusement en ruine, rongé par la végétation, mais les fondations et quelques pans de mur et petits *chedîs* laissent entrevoir combien il dut être imposant. À voir aussi : une tête de bouddha enserrée dans les racines d'un vieux banian. Au moment des fouilles, on y découvrit nombre de bijoux et objets religieux de grande valeur, aujourd'hui au musée.

Wat Ratchaburana – วัดราชบูรณะ *(plan couleur B1)* **:** *à côté du Mahathat. Entrée : 50 Bts.* Édifié en 1424 sur le site d'un combat fratricide à dos d'éléphant pour désigner l'héritier du trône, il a miraculeusement conservé un superbe *prang* (tour à base carrée de style khmer, flanquée d'impressionnants *garuda*). Le roi y cacha son trésor pour qu'il ne soit pas pillé lors de la mise à sac de la ville par les Birmans. Il a depuis été transféré au musée.

Le Musée national Chao Sam Praya – พิพิธภัณฑสถานแห่งชาติเจ้าสามพระยา *(plan couleur A2)* **:** *Rotchana Rd. Mer-dim (sf j. fériés) 9h-16h. Entrée : 150 Bts.*
Musée abritant une riche collection d'objets issus des temples d'Ayutthaya et de la région. Les plus anciens remontent à la période Dvâravatî (VIIe et VIIIe s). Au rez-de-chaussée, face à l'entrée, énorme tête de bouddha en bronze du XVe s, qui laisse supposer un corps particulièrement massif ! Plus loin, des images du Bouddha en veux-tu en voilà, portes sculptées splendides, toranas de temples, porcelaines, céramiques, etc.
Monter ensuite à l'étage, pour la *salle du Wat Mahathat* et, surtout, pour le *trésor du Wat Ratchaburana,* qui présente un ensemble d'orfèvrerie religieuse : « arbres votifs » en or, statuettes, colliers, bracelets, bijoux finement ciselés, éléphant orné de pierres précieuses, fourreau d'épée en or... la liste est longue !
Enfin, toujours dans l'enceinte du musée, un autre bâtiment présente poteries et céramiques importées à l'époque de toute l'Asie du Sud-Est (panneaux en thaï uniquement). Également une maison traditionnelle sur pilotis.

Ayutthaya Historical Study Center – ศูนย์ศึกษาประวัติศาสตร์อยุธยา *(plan couleur A2)* **:** *Rotchana Rd. ☎ 245-124. Tlj 9h-16h30. Entrée : 100 Bts.* À l'étage d'un bâtiment moderne, une courte exposition un peu datée sur l'ancienne Ayutthaya, celle qui, entre les XIVe et XVIIIe s, rayonna sur tout le Sud-Est asiatique. La capitale, le port, la navigation, les rapports du roi et de ses sujets, et la vie dans les villages sont passés en revue. Plusieurs reconstitutions miniatures de temples et de maisons traditionnelles. Voir notamment la maquette de la ville au XVe s et les modèles de bateaux de la Compagnie des Indes, évoquant les échanges commerciaux entre Ayutthaya et les puissances maritimes européennes. Quelques reproductions de documents en français de l'époque aussi, comme cette *Carte du royaume de Siam.* Le mode de vie et les loisirs de l'époque sont également évoqués, à travers notamment de jolis panneaux illustrés. Explications en anglais.

Le palais Chandrakasem – พิพิธภัณฑ์สถานแห่งชาติ จันทรเกษม *(plan couleur B1)* **:** *U Thong Rd, à côté du marché Hua Raw. Mer-dim 9h-16h. Fermé vac scol. Entrée : 100 Bts.* Ouvert dans les années 1930, ce musée archéologique s'est installé dans un ancien palais du XVIe s du roi Naresuan, détruit par les Birmans puis reconstruit dans sa forme actuelle – de longues bâtisses de style colonial – par Râma IV au milieu du XIXe s. Ses collections sont plutôt mineures, les plus belles pièces ayant été transférées au Musée national Chao Sam Praya lors de son ouverture. À voir tout de même, pas mal d'objets de la période d'Ayutthaya évidemment (bouddhas, bois sculptés, éléments d'architecture, armes, céramiques importées des pays voisins...) et quelques pièces sculptées de la période Lopburi. Enfin, dans l'élégant *pavillon Chaturamuk,* du mobilier qu'utilisait Râma IV, dont son lit à baldaquin.

En dehors de l'île

Wat Yai Chai Mongkhon – วัดใหญ่ชัยมงคล *(plan couleur B2)* **:** *situé au sud-est, à env 3 km de la gare ferroviaire. Entrée : 20 Bts.* L'un des ensembles les plus intéressants. En entrant dans l'enceinte, à gauche, grand bouddha couché de 7 m de long sur lequel les fidèles viennent coller des feuilles d'or. Puis vient le monastère, construit en 1360 pour héberger les moines venant du Sri Lanka. Entièrement restauré, il est abondamment fleuri. À l'intérieur du sanctuaire, gros bouddha de cuivre. Enfin, le *chedî.* C'est le plus haut de la ville (60 m) et... il penche. Il fut érigé en 1592 par le roi Naresuan pour fêter une victoire sur les Birmans (après, il n'y eut plus d'invasions pendant près de deux siècles). Il est entouré de plusieurs dizaines de bouddhas drapés de jaune safran et aux mains garnies d'amulettes déposées par de superstitieux visiteurs. En haut des escaliers, sous la pointe du *chedî,* d'autres petits bouddhas à tartiner de feuilles d'or, et un puits où jeter une pièce. Si vous venez de Bang Pa In (ou que vous y allez), les *tuk-tuk* passent devant ce temple et son voisin, le *Wat Phanan Choeng.*

Wat Phanan Choeng – วัดพนัญเชิง *(plan couleur B2)* **:** *situé juste en dehors de l'île, côté sud-est, à 1 km du précédent. Accessible par la rivière (bac depuis la vieille ville). Entrée : 20 Bts.* Mastoc, sans patine, ce temple qui date d'avant la fondation d'Ayutthaya vaut surtout pour son énorme bouddha ancien (1325) qui adopte la posture de soumission des démons. Il s'élève au-dessus des fumées bleues d'encens et suscite la ferveur populaire des Thaïs d'origine chinoise. Impressionnant les jours d'affluence. C'est le plus haut bouddha assis en brique de Thaïlande (19 m), mais, rassurez-vous, il est quand même doré ! Dans les murs, une multitude de niches, chacune abritant un bouddha... Il y en a 48 000 en tout dans le temple, pour les 48 000 paroles du Bouddha !

Wat Na Phra Men – วัดหน้าพระเมรุ *(ou Wat Phra Meru ; plan couleur A1)* **:** *au nord. Ouv 8h-18h. Entrée : 20 Bts.* Miraculé de l'occupation des guerriers birmans à la fin du XVIIIe s, il a conservé un très beau plafond à caissons en bois du XVe s laqué d'or, ainsi que de majestueuses colonnes en fleur de lotus. La curiosité tient aussi au bouddha vêtu du costume royal.

Wat Chai Watthanaram – วัดไชยวัฒนาราม *(plan couleur A2)* **:** *juste en dehors de la vieille ville, côté sud-ouest. Accès à l'intérieur du temple interdit le temps des travaux de consolidation. S'il rouvre, l'entrée sera à 50 Bts.* Élégamment dressé en bordure de rivière, il fait penser aux temples khmers d'Angkor. Si l'on ne peut pas y entrer, on peut flâner dans le parc qui le ceinture, et s'offrir une pause sur l'herbe à l'ombre des arbres. C'est finalement suffisant pour apprécier les lieux, et en plus, c'est gratuit ! Stupa de 35 m, élevé au XVIIe s par le roi Prasatthong, probablement pour célébrer sa victoire guerrière au Cambodge, où il tomba amoureux de l'architecture khmère. Très représentatif de l'apogée politique et de la grande prospérité économique de la ville. Y venir en fin de journée pour voir le soleil se coucher derrière la tour principale. Pas d'ombre sur la route, prévoir un couvre-chef si l'on y va à vélo.

La cathédrale Saint-Joseph *(plan couleur A2)* **:** au bord de la rivière, bien identifiable dans le paysage avec sa façade jaune et son clocher, elle témoigne de la présence européenne au XVIIe s, lorsqu'une première église en bois fut érigée à l'instigation de l'évêque Lambert de La Motte. On peut jeter un coup d'œil sur l'intérieur baroque lors des offices ou entre 18h et 19h.

S'il vous reste encore du jus, vous pouvez pousser quelques centaines de mètres de plus jusqu'au ***Wat Buddhaisawan,*** premier temple érigé à Ayutthaya, repérable à son *chedî* blanc joliment décati.

À faire à Ayutthaya et dans les environs

➢ ***Balade à dos d'éléphant :*** *se rendre à l'****Ayutthaya Elephant Camp*** – ศูนย์ฝึกช้างอยุธยา *(plan couleur A1-2), non loin du Musée national. Tlj 8h-17h. Compter env 400 Bts adulte et 200 Bts enfant pour 15 mn de balade vers le temple de votre choix.* Une balade à dos d'éléphant, c'est toujours dépaysant, et vous trimbaler, c'est leur gagne-pain (enfin, leur gagne-fourrage) ! Avec un départ en pleine ville, ce n'est pas la balade la plus « nature » de tous les *Elephant Camps* du pays, mais sympa quand même. Malheureusement, personne n'y parle l'anglais ; difficile donc de poser des questions sur l'attachant pachyderme.

➢ ***Tour de la vieille ville en bateau :*** la plupart des *guesthouses* en organisent. Départs généralement entre 16h et 18h, pour 2-3h de navigation, avec arrêt à l'un ou l'autre des temples de la berge sud *(150-200 Bts/pers).* On vous conseille de faire la balade en fin de journée, c'est plus sympa. On croise les convois de lourdes barges transportant la récolte des rizières vers Bangkok. Départs également à 10h et 15h depuis l'office de tourisme *(200 Bts/pers pour env 2h).*
Sinon, à côté du bureau de l'immigration *(plan couleur B1,* ***3****),* les fondus de rivière peuvent chartériser un *long-tail boat* et se rendre, en 40 mn, à **Bang Pa In** *(voir plus haut ; compter 800-1 000 Bts l'aller simple ; 2 000 Bts l'A/R, le batelier vous attendant 2h sur place le temps de la visite).*

– ***Apprendre à s'occuper d'un éléphant :*** *au kraal des éléphants, à 5 km au nord de la ville (hors plan couleur par A1). • elephantstay.com • Pour photographier les pachydermes, il vous sera demandé 50 Bts.* Le kraal est un enclos délimité par des troncs de teck, où, jusqu'à la fin du XIXe s, les éléphants étaient dressés pour le combat, sous le regard du roi et de sa cour. Le tsarévitch, futur Nicolas II de Russie, y fit une visite en 1890. Aujourd'hui, le lieu est une ferme tout à fait paisible, et les 90 pachydermes qui y vivent entravés par de courtes chaînes sont soignés et étudiés par une fondation qui rachète et s'occupe de vieux éléphants ne pouvant plus travailler. Certains sont cependant toujours dressés, pour participer à des spectacles notamment. Et il y a des naissances, signe... qu'ils ne sont pas tous si vieux ! Ici, on ne propose pas de balade à dos de pachyderme, mais les passionnés peuvent s'inscrire pour un stage de cornac : promenade avec l'éléphant, baignade, repas... Un forfait de 3 jours (c'est le minimum) qui, tout compris, coûte quand même la modique somme de... 15 000 Bts, c'est le hic ! Six chambres seulement, ce qui garantit une expérience dans de bonnes conditions (à ce prix-là...). Également des chiens, des perroquets... Intéressant pour ceux qui ne poussent pas jusque dans le Nord, où il existe d'autres formules de même durée bien moins chères. Réservez à l'avance !

Massages

■ ***Jeeranan*** – จีรนันท์ นวดแผนไทย **:** *10/25 Soi 2, Naresuan Rd. 📱 086-799-13-22. Tlj 11h-22h. Compter 200-400 Bts/h selon type de massage.* À deux pas de *Tony's Place*, voilà un salon de massage qui ne profite pas de sa situation géographique hyper touristique pour bâcler ses prestations, bien au contraire. Accueil charmant en plus.

LOPBURI – ลพบุรี

27 000 hab. IND. TÉL. : 036

D'origine très ancienne, Lopburi est une bourgade tranquille à l'atmosphère presque villageoise, située à 67 km au nord d'Ayutthaya et à un peu plus de 140 km de Bangkok. Partie intégrante de l'Empire khmer au Xe s, elle donne son nom au style Lopburi, à mi-chemin entre le style khmer et le style thaï. C'est ici que fut reçue la fameuse ambassade de Louis XIV, conduite par le chevalier de Chaumont. Le roi Narai préférait résider à Lopburi plutôt qu'à Ayutthaya ; l'été, le climat y était moins humide et plus sain.

La ville étant petite, on peut la parcourir à pied aisément. La visite des attractions peut se faire en 2h environ, au pas de course (attention, ne pas venir un lundi ni un mardi, certaines sont alors fermées). Mais pourquoi ne pas y faire une étape ? D'autant que la ville a une particularité étonnante, celle d'être, à certains endroits, totalement livrée aux macaques !

PLANÈTE DES SINGES, LE REMAKE !

Les singes à Lopburi courent sur les fils électriques, prennent le soleil sur le sommet des stupas ou traversent la route sans se soucier des feux ! Et chaque année, le dernier dimanche de novembre, la population organise un véritable banquet pour eux au temple Phra Prang Samyod.

Arriver – Quitter

Lopburi n'est pas située sur l'autoroute menant à Chiang Mai. De Bangkok (et d'Ayutthaya), prendre le train est donc plus rapide et agréable.

En train

🚂 ***Gare*** *(plan B2)* **:** *dans le centre, en face du Wat Phra Sri Ratana Mahathat.* Consignes.

➢ ***Ayutthaya :*** une quinzaine de départs/j., 6h-23h30 d'Ayutthaya et 5h40-18h de Lopburi (plus des trains de nuit). Trajet en 1h-1h30 (plus rapide que le bus).

➢ ***Bangkok*** *(gare de Hua Lamphong)* **:** une quinzaine de départs/j., 7h-22h de Bangkok (notamment à 7h et 8h30), 4h40-18h de Lopburi. Trajet en 2h45 env.

➢ ***Phitsanulok :*** une dizaine de trains/j., 6h-0h30 dans les 2 sens. Env 4h de trajet.

➢ ***Chiang Mai :*** 5 trains/j., dont 3 de nuit, dans les 2 sens. Trajet : 10-12h.

En bus

🚌 ***Terminal*** *(hors plan par B2)* **:** *à env 2 km à l'est du centre historique, au niveau d'un énorme rond-point. Compter 10 mn et 50 Bts en vélo-taxi.*

➢ ***Ayutthaya :*** départs ttes les 30 mn env, 5h30-17h45. Trajet en 2h. Env 40 Bts.

AU NORD DE BANGKOK

➢ ***Bangkok :*** bus en permanence, AC ou non AC, 4h30-20h env. Compter env 3h de route et autour de 120 Bts le billet. On peut aussi attraper un minibus en ville (départs 5h-21h), sur Na Kala Rd *(plan B2)*.

➢ ***Phitsanulok :*** 3 bus/j., à 9h30, 12h30 et 14h30 de Lopburi. Trajet : 4h. Billet : 120-150 Bts.

➢ ***Chiang Mai :*** 5 bus/j., 9h-minuit. Compter 9h de route et 235-420 Bts selon confort.

Adresses utiles

TAT – ท.ท.ท. *(hors plan par B2)* **:** *City Hall, Phra Narai Maharat Rd. ☎ 422-768 ou 769. • tourismthailand.org/lopburi • Tlj 8h30-16h30.* Très excentré, il faut y aller en bus ou en taxi, pas franchement pratique du coup. Horaires de bus et de trains disponibles.

✉ **Poste** – ไปรษณีย์ *(plan B1)* **:** *au nord du centre.*

@ **Internet** – อินเตอร์เน็ท *(plan B2,* ***1****)* **:** *dans la rue de la gare, à droite en sortant (faire 150 m).*

■ **Change :** *banque* ***TMB*** *(plan A2,* ***2****), avec distributeur, au croisement des rues Ratchadamnoen et Surasongkhram. Mais on en trouve aussi ts les 50 m.*

Où dormir ?

De bon marché à prix moyens (de 250 à 450 Bts – 6,25 à 11,25 €)

Noom Guesthouse 1 et 2 – หนุ่มเกสเฮ้าส์ 1 & 2 *(plan B2 et A2,* ***11*** *et* ***12****)* **:** *15-17 Phra Ya Amjad Rd. ☎ 427-693. 089-104-18-11. • noomguesthouse.com • Single 150 Bts ; doubles 250-450 Bts selon confort ; 3 bungalows 350 Bts avec douche commune.* La *guesthouse* incontournable de Lopburi, affublée du surnom du proprio, « Noom », qu'on pourrait traduire par « jeunot ». L'ensemble est très bien tenu, et l'accueil vraiment sympa. Au choix, chambres avec ou sans salle de bains, ventilo ou AC. On loge soit dans la grande maison principale, soit chez *Noom 2,* à une cinquantaine de mètres de là, dans une petite structure de 6 chambres (salle de bains commune), coincée au cœur du quartier commerçant. C'est là que se prend le petit déj, dans la cour. Location de motos. Organise des virées escalade (le patron est grimpeur et guide lui-même). Peut aussi vous emmener visiter la *bat cave,* une grotte au relief karstique située à 20 km de Lopburi (tarif dégressif, de 600 Bts pour une personne seule à 200 Bts par personne pour un groupe de 4-5). Nuées de chauves-souris, frissons garantis. Voir les photos sur le site internet de *Noom.* Possibilité de kayak aussi, suivant la saison. Vente de billets de bus.

Nett Hotel – เนทท์โฮเต็ล *(plan A2,* ***10****)* **:** *17/1-2 Ratchadamnoen. ☎ 411-738. À 5 mn à pied de la gare. Doubles 250-400 Bts selon confort.* Au cœur du quartier commerçant, dans un immeuble de 4 étages, un hôtel basique mais propre. Chambres avec salle de bains et ventilo ; eau chaude, frigo, clim et TV câblée dans les plus chères. Terrasse grillagée (pour se protéger des singes !) sur le toit.

Theptani Hotel – โรงแรมเทพธานี *(hors plan par B2,* ***13****)* **:** *Narai Maharat Rd. ☎ 411-029. À 800 m du centre, sur la route qui conduit à la gare routière, avt celle-ci, sur la droite. Arrêt de bus en face. Double 450 Bts.* Cette structure moderne dépendant de l'université est notre adresse la plus « chère » à Lopburi. Chambres fatiguées (il faudra plus d'un shampoing pour ravoir la moquette...) mais propres, avec salle de bains, AC et frigo. Resto au rez-de-chaussée.

Où manger ? Où sortir ? Où écouter de la musique ?

Pas grand-chose à se mettre sous la dent à Lopburi.

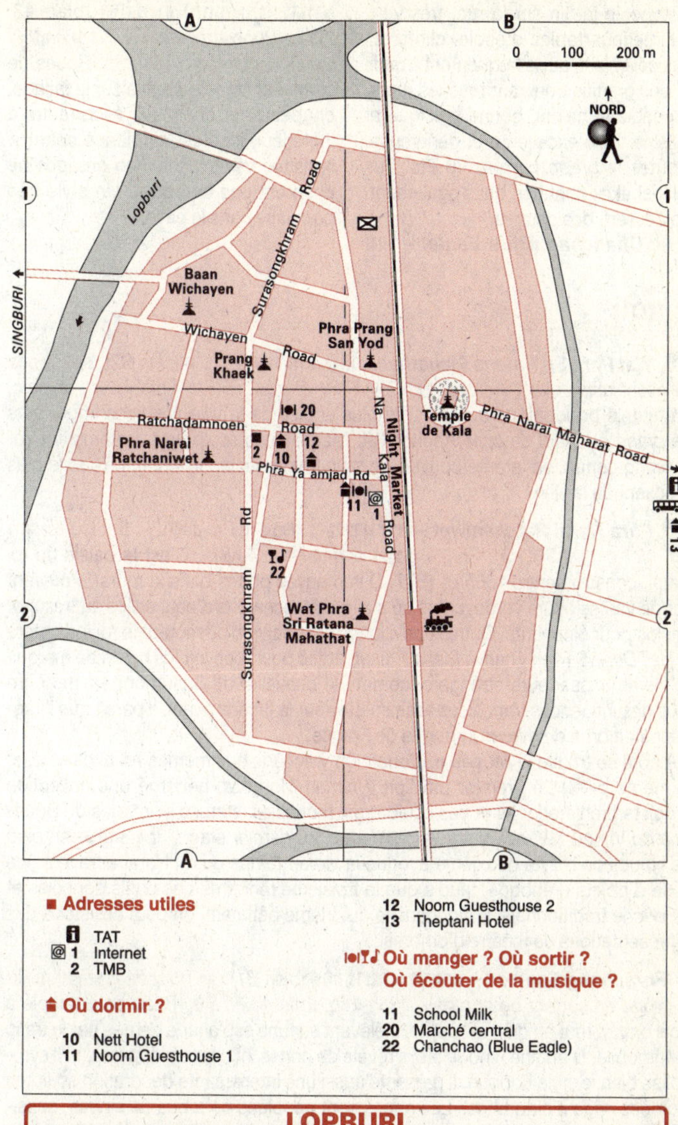

LOPBURI

Bon marché (moins de 100 Bts – 2,50 €)

Marché central *(plan A2, **20**) : ouv 6h-17h.* Un tas de petits étals qui dégagent de bonnes odeurs. Kiosque végétarien au centre du marché.

School Milk – นม โรงเรียน *(plan B2, **11**) : juste à côté de* Noom 1. *Tlj 9h-20h.* Un petit restaurant avec un minuscule jardin sur la rue, très vert. À l'intérieur, tables d'école, clin d'œil aux collégiens qui le fréquentent à midi, et des graffitis couvrant tous les murs. Agréable et calme, bonne musique et cuisine thaïe excellente et généreuse. Goûtez le *green curry* à 60 Bts. Les milk-shakes sont très bons également. En dessert, des gaufres.

Chanchao (Blue Eagle) – ร้านอาหาร (บูล อีเกิล) จันทร์เจ้า *(plan A2, **22**) : 3 Ropwatphatad Rd. Nom en thaï slt. Ouv slt le soir, 17h-23h.* Roues de chariot et crâne de buffle sur la façade, chapeaux et chemises à carreaux à l'intérieur, ici c'est ambiance country, revisitée version thaï (les groupes ne chantent pas en ricain). Un style très populaire dans le pays.

À voir

Wat Phra Sri Ratana Mahathat – วัดพระศรีรัตนมหาธาตุ *(plan B2) : ses ruines s'élèvent juste devant la gare. Tlj 8h30-16h30. Entrée : 50 Bts.* Enfoui dans un parc, un temple bouddhique du XIIIe s, le plus ancien de la ville. Vestiges importants de *prang* et *chedî* de style Angkor Vat. Magnifiques sculptures, notamment sur le *prang* central en latérite couvert de stuc (remarquable fronton). Le lieu le plus reposant de la ville !

Phra Narai Ratchaniwet – พระนารายณ์ราชนิเวศร์ *(plan A2) : Surasonkhram Rd. Mer-dim 8h30-16h. Entrée palais + musée : 150 Bts.* C'est le palais du roi Narai, construit entre 1665 et 1677. D'immenses portes dans la muraille ouvrent sur de vastes cours verdoyantes où s'alignent réservoirs d'eau, salles au trésor et enclos pour éléphants. Outre le pavillon *Suttha Sawan,* où mourut le roi, on notera le *Hall Dusit Sawan Thanya Maha Prasat,* édifié pour recevoir les hôtes de marque et les ambassadeurs étrangers, comme le chevalier de Chaumont en 1685. En plus des influences françaises assez nettes sur la façade avant, il paraît que l'intérieur était orné de miroirs importés de France.

– À côté se trouve le ***Musée national.*** On y accède aux mêmes horaires et avec le même billet. Le premier pavillon *(Phiman Mongkut)* héberge une collection d'objets préhistoriques et des sculptures, monnaies, statues et images du Bouddha du VIIe au XIVe s. Vous y verrez même, au dernier étage, une statue en pied de Napoléon Ier ! Le deuxième évoque la vie au temps du roi Narai à travers une série d'objets d'époque, tandis que le troisième renferme des outils agricoles et de pêche traditionnels. Enfin, dans le quatrième bâtiment, on peut assister à des représentations de théâtre d'ombres.

Phra Prang San Yod – พระปรางค์สามยอด *(plan B1) : au bout de la Na Kala Rd (à droite en sortant de la gare). Tlj 6h-18h. Entrée : 50 Bts.* Beau petit temple à trois *prang,* tout en grès et latérite, s'élevant sur une esplanade cernée par le trafic automobile. D'origine hindouiste, il révèle de nettes influences khmères, et il symbolise bien le style Lopburi. Il présente aussi une intéressante décoration sculptée (voir ces *nâga* à cinq têtes). Les ruines sont peuplées de tribus de singes, considérés comme les enfants du dieu Kala. Des rejetons turbulents, parfois même chapardeurs. Le dernier dimanche de novembre, toute la ville vient au temple pour les honorer et les gaver de leurs friandises préférées : bananes, pastèques, concombres, ananas et œufs durs.

Baan Wichayen – บ้านวิชาเยนทร์หรือพอลคอนเฮ้าส์ *(plan A1) : au nord-ouest. Tlj 8h30-16h. Entrée : 50 Bts.* Construit pendant le règne de Narai, au XVIIe s, pour Phaulkon, son fameux conseiller grec (voir « Un peu d'histoire » à Ayutthaya).

Pratiquement aussi grand que le palais du roi. Il ne reste que des pans de murs, mais l'ensemble laisse facilement deviner quelle existence luxueuse s'y déroulait.

Prang Khaek – ปรางค์แขก *(plan A1)* **:** à deux pas du palais de Phaulkon. Si vous passez par là, jetez un coup d'œil aux modestes vestiges de ce monument hindouiste du XIe s, dédié à Shiva et de style typiquement Lopburi.

– Le matin tôt, à l'aide d'un *rickshaw* (station au marché), allez voir les pêcheurs sur la rivière manier leurs grands filets carrés à balancier. Pour goûter un peu à la vie villageoise, on peut aussi, à pied cette fois, se balader le long du *khlong* qui traverse la partie est de la ville *(plan B1-2)*.

SPLENDEURS ET MISÈRES D'UN CONSEILLER

Aventurier né en Grèce, Phaulkon fut marin sur les navires anglais, puis commerçant en Indochine, et enfin trafiquant d'armes pour le roi Narai. Il était polyglotte, Louis XIV et le pape lui écrivaient personnellement. Devenu principal conseiller de Narai, il suscita beaucoup de jalousie chez les dignitaires thaïs qui, encouragés par les Hollandais et profitant de la maladie du roi, complotèrent contre lui. Il fut arrêté et exécuté en 1688. Le roi mourut peu après. À la suite de cet épisode, le Siam se ferma aux étrangers pendant deux siècles.

LA PLAINE CENTRALE

De Bangkok au nord du pays s'étale la plaine centrale, vaste étendue agricole riche d'un important patrimoine architectural. D'abord, encore proches de Bangkok, le palais royal de Bang Pa In, le parc historique d'Ayutthaya et les monuments de Lopburi (voir la partie précédente, « Bangkok et ses environs. Au nord de Bangkok »). Puis viennent, plus au nord, la petite ville assoupie de Kamphaeng Phet, peu visitée mais recelant de beaux vestiges de temples, Phitsanulok, et surtout Sukhothai, l'ancienne capitale du royaume homonyme. Un superbe détour culturel. Aller à la découverte de cette région, c'est se mettre au rythme campagnard des battements du cœur historique de la Thaïlande. Après les frénétiques pulsations de la capitale, cela contribue à recharger les accus avant de monter sur Chiang Mai et le Triangle d'or.

KAMPHAENG PHET – กำแพงเพชร 30 000 hab. IND. TÉL. : 055

Gros bourg tranquille, situé en bordure de la rivière Ping et vivant notamment de la canne à sucre et de la fameuse « banane petit doigt ». Cette dernière entre dans la préparation de la spécialité culinaire locale, le *kluay kai* (banane râpée et frite à l'œuf), en vente sur le marché et le long des routes. La culture de la banane constitue 30 % de l'activité agricole du coin. Mais Kamphaeng Phet, c'est aussi un site archéologique peu fréquenté.

La ville fut l'une des trois capitales du royaume de Sukhothai, dont elle défendait la frontière à l'ouest ; c'est ici que se réfugia le dernier souverain de Sukhothai, avant de se soumettre au roi d'Ayutthaya (1378). De cette époque subsistent quelques remparts (*Kamphaeng Phet* signifie « muraille de diamant »), mais surtout des ruines de temples monumentaux assez émouvants dans leur écrin de verdure, où d'énormes bouddhas livrés aux intempéries sont toujours vénérés et drapés de safran. Le site est classé au Patrimoine de l'Unesco. Rien d'autre à faire à part ça.

Arriver – Quitter

– Pas de train à Kamphaeng Phet.

En bus

Gare routière *(plan A3) : sur la route de Tak, 300 m après le pont sur la droite. Pour y aller, taxi collectif à prendre rue Ratchadamnoen (compter 15 Bts ; le dernier passe vers 16h) ou moto-taxi (compter 40 Bts).* Départ des bus et *songthaew.* Tout est écrit en thaï, aller directement à n'importe quel guichet pour avoir des infos.

➢ ***Vers Sukhothai :*** 8 bus/j., 12h30-20h30 env. Compter 1h30 de trajet.

➢ ***Vers Phitsanulok :*** départs ttes

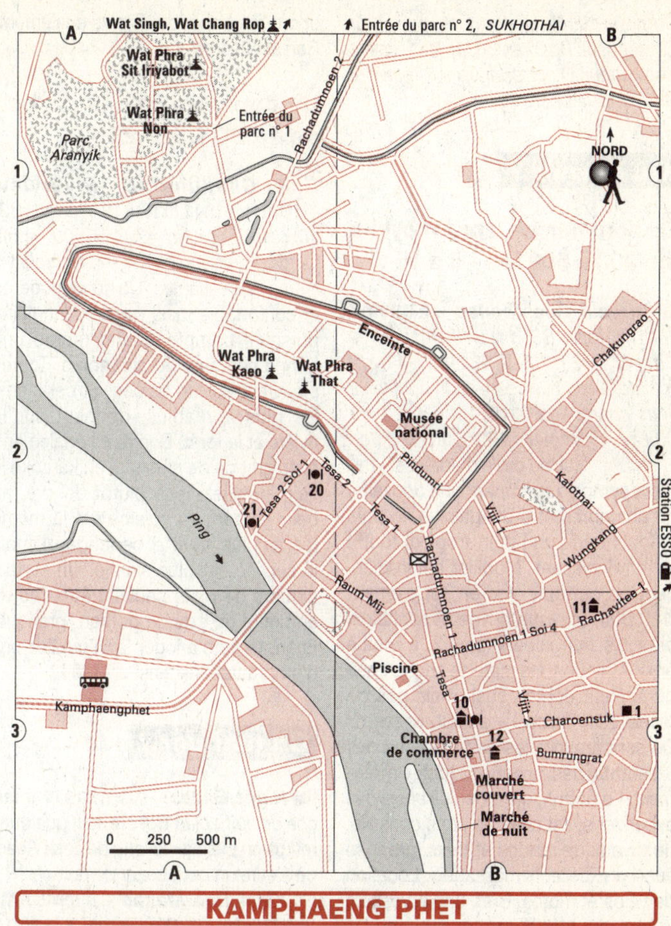

KAMPHAENG PHET

■ **Adresse utile**	11 Three J Guesthouse
1 Kasikorn et Siam Commercial Bank	12 Korchokchai Hotel
Où dormir ?	**Où manger ?**
10 Chakungrao Riverview	20 Kwai Tiao Manao
	21 Restaurant View Sway Nunsai

les heures, 6h-18h. Bus avec clim. Env 2h30 de trajet.

➢ ***Vers Bangkok :*** départs ttes les heures, 9h30-minuit. Env 5h de route avec 20 mn d'arrêt.

➢ ***Vers Chiang Mai :*** départs ttes les heures, 12h-minuit. Env 10h de route.

Adresses et info utiles

✉ ***Poste*** – ไปรษณีย์ *(plan B2)* **:** *dans le centre.*

■ ***Argent et change :*** *plusieurs banques, notamment les **Kasikorn** et **Siam***

*Commercial Bank (fermées le w-e) sur Charoensuk Rd (plan B3, **1**), ttes 2 avec distributeur. D'autres aussi sur Tesa Rd. Un ATM à la poste également.*

Où dormir ?

De bon marché à prix moyens (de 200 à 600 Bts – 5 à 15 €)

Three J Guesthouse – สามเจเกสท์เฮ้าส์ *(plan B3, **11**) : 79 Rachavitee Rd. ☎ 713-129. 081-887-41-89. • threejguesthouse.com • On peut venir vous chercher à la gare routière pour 50 Bts. Compter 300-600 Bts selon chambre.* Une drôle d'adresse, vraiment sympa, regroupant une douzaine de chambres et 4 bungalows en bois enfouis dans un jardin tropical touffu et rafraîchissant. Mobilier hétéroclite, ventilos partout, clim en supplément (100 Bts), terrasse privée et sanitaires pour les bungalows (sauf 2, à moitié prix). Attention, les matelas sont un peu durs. Petit déj (en sus), mais pas de repas. Et « Three J » au fait, kézako ? Ce sont les initiales des prénoms des 3 enfants des proprios, tout simplement. Le patron, qui organise aussi des excursions, est plein de bons conseils, de tuyaux de randos et treks (propose aussi d'excellents massages). Location de vélos et motos. Bref, une adresse à la cool, doublée d'un accueil au top !

Korchokchai Hotel – โรงแรมกอโชคชัย *(plan B3, **12**) : 19-43 Rachadumnoen Rd. ☎ 711-247. Doubles 260-320 Bts, petit déj inclus.* Bâtiment moderne blanc assez bas, avec une enseigne bleue en caractères thaïs uniquement. Il abrite un hôtel impersonnel, mais au lobby bien net et aux chambres parquetées très propres, toutes avec salle de bains. Vraiment rien à redire pour le prix mais attention, certaines sont aveugles, et ça sent parfois l'humidité. Demandez-en une avec AC, elles sont à peine plus chères que les autres mais sont plus spacieuses et ont l'eau chaude. Triples également. Bon accueil.

Un peu plus chic (à partir de 1 000 Bts – 25 €)

Chakungrao Riverview – โรงแรมชากังราวริเวอร์วิว *(plan B3, **10**) : 149 Tesa Rd. ☎ 714-900. • chakungraoriverview.com • Réduc saisonnières intéressantes.* Un hôtel moderne et confortable mais pas très intimiste, puisqu'il compte quand même une bonne centaine de chambres. Toutes s'ouvrent sur un balcon, et certaines, les plus agréables, donnent sur la rivière et la forêt. Bon resto également, avec groupe de musique ou karaoké le soir. Installez-vous plutôt dehors, au *beer garden* ; la cuisine est la même (carte plus courte cependant) mais le service est plus simple. Un certain nombre de plats peuvent être choisis en petite ou grande portion, pratique. Enfin, tant qu'à loger là, n'oubliez pas d'emprunter l'ascenseur vitré !

Où manger ?

Night Bazaar – ไนท์บาซาร์ *(marché de nuit ; plan B3) :* le soir, quelques restos en plein air le long de Tesa Road, où s'étire un petit bazar de nuit.

Kwai Tiao Manao – ก๋วยเตี๋ยวสูตรมะนาว *(plan A2, **20**) : Tesa Rd, presque en face de la Police Station. Attention, le nom n'est pas écrit en caractères latins, fiez-vous au panneau avec soleil jaune sur fond bleu accroché bien au-dessus de la façade en bois.* Petite cantine bien propre et ouverte sur la rue. Plats de nouilles uniquement, au porc ou aux fruits de mer, à environ 25 Bts ! C'est simple mais bien préparé. Accueil aimable mais on n'y parle pas l'anglais.

Restaurant View Sway Nunsai *(plan A2, **21**) : prendre Tesa 2, Soi 1, c'est au bord de la rivière, sur la droite en arrivant au bout de la rue. ☎ 717-193. Ouv 11h-minuit. Plats autour de*

150 Bts. Vaste et belle terrasse, très agréable, nichée sous les saules au bord de la rivière. C'est grand mais on y mange bien : poisson grillé au sel, calamars au citron ou huîtres frites au poivre noir, et excellente soupe de canard au curry rouge. Accueil sympa. Musique le soir.

À voir. À faire

La ville actuelle s'est développée à l'intérieur et au sud-est des remparts, qu'elle a en partie absorbés ; il en reste quelques sections bien conservées au nord-ouest (muraille crénelée, porte, forts d'angle).

Wat Phra Kaeo et Wat Phra That – วัดพระแก้วและวัดพระธาตุ *(plan A2)* **:** *au nord du centre. Tlj 6h-18h. Ticket unique : 100 Bts, valable pour les 2 temples. Billet jumelé avec le parc historique Aranyik : 150 Bts.*

On commence par le *Wat Phra Kaeo,* un vaste lieu de dévotions tout en longueur, avec, en plein air, un groupe de trois bouddhas à la fois imposants et pleins de finesse, deux assis et un couché, reposant sur un triple oreiller de pierre. Du bâtiment qui les abritait ne reste que les bases de colonnes. Superbe. Plusieurs *chedî* en ruine et d'autres statues ou fragments de statues épars complètent l'ensemble. Voisin du Wat Phra Kaeo, le *Wat Phra That* est moins remarquable mais présente un beau *chedî* à base octogonale de style Sukhothai.

Le Musée national de Kamphaeng Phet – พิพิธภัณฑ์สถานแห่ง ชาติกำแพงเพชร *(plan B2)* **:** *tt près du Wat Phra That. Mer-dim 9h-12h, 13h-16h. Entrée : 100 Bts.*

Nombreuses pièces issues des sites de Kamphaeng Phet : céramiques, sculptures, tablettes votives, statuettes de bronze, d'argent et d'or, tête de bouddha en stuc, très beau et monumental Shiva de style Sukhothai, etc. Intéressant, en tout cas recommandé en complément de la visite des sites.

– À côté, le ***Musée régional*** *(tlj 9h-16h ; entrée : 10 Bts)* se consacre davantage à l'histoire de la région en présentant, notamment, des dioramas de villages primitifs.

Le parc historique Aranyik – สถานโบราณวัดฤอรัญญิก *(plan A1)* **:** *à 2 km au nord du centre ; 2 entrées possibles (voir plan). Tlj 8h-17h. Entrée : 100 Bts. Billet jumelé avec les Wat Phra Kaeo et Wat Phra That 150 Bts. Loc de vélos env 30 Bts.*

Dégagées de la jungle dans les années 1970, voici les principales ruines de Kamphaeng Phet, disséminées dans un vaste domaine assez densément boisé, et très bien entretenu. On y a déjà répertorié 80 temples de chaque côté de la rivière, mais il en reste beaucoup à dégager. Les moines avaient voulu s'éloigner de l'agitation de la cité pour édifier leurs temples, souvent monumentaux. N'hésitez pas à louer un vélo : les temples sont assez dispersés, la balade est paisible et agréable, et on a une meilleure vue d'ensemble.

À voir surtout : le ***Wat Phra Non*** – วัดพระนอน, au bouddha couché (en ruine) ; le ***Wat Phra Sit Iriyabot*** – วัดพระสิทธ อิสริยะบท, au superbe bouddha debout et au vestige d'un bouddha marchant ; le ***Wat Singh*** – วัดพระสิงห, avec son bouddha assis, ceint d'une écharpe orange ; et le ***Wat Chang Rop*** – วัดช้างรบ *(hors plan par A1),* au grand *chedî* en cloche de style sri lankais, entouré de 68 avant-corps d'éléphants, globalement en bon état, même si désormais plus une trompe ne pend.

On vous recommande de passer d'abord au centre d'informations, où une expo et des DVD interactifs donnent plein d'infos intéressantes.

– ***Piscine*** – สระว่ายน้ำ *(plan B3)* **:** envie de vous rafraîchir les idées après vos tribulations culturelles ? En quelques coups de tongs, vous parviendrez à une superbe piscine en plein air, entourée d'herbe et parsemée de petits kiosques pour se protéger du soleil.

■ ***Massages*** – เอสโซ่นวดแผนไทย *(hors plan par B2-3)* **:** *non loin de la Three J Guesthouse, à... la station Esso (vous avez bien lu !), le meilleur point de repère qu'on puisse vous donner, puisque ce petit salon de massage donne littéralement dessus ! Tlj 9h-21h.* Des massages de bonne qualité, pas chers.

PHITSANULOK – พิษณุโลก

IND. TÉL. : 055

Ville commerçante, pas remarquable d'un point de vue architectural puisqu'elle brûla totalement en 1960 (voir les photos au Sgt Major Thawee Folk Museum, plus bas). Mais 1960, c'est déjà loin, et les reconstructions se sont à présent fondues dans ce qui restait. Le centre, sans gros immeubles, distille finalement une atmosphère assez agréable et vivante. Peu de voyageurs s'arrêtent ici pour la nuit. Pourtant, la ville mérite une étape si l'on veut s'imprégner de la petite urbanité thaïlandaise, au calme, sans hordes de touristes. À noter aussi, quelques pittoresques maisons flottantes, un marché de nuit très animé au bord de la rivière et, pour les férus de temples, le Wat Phra Si Ratana Mahathat. Sans oublier la gentillesse des habitants, témoignage d'une Thaïlande qui sait toujours sourire.

Arriver – Quitter

En train

Gare *(plan B2)* **:** en plein centre. Impeccable ! Vieille loco exposée devant. Consigne dans le hall. Distributeur d'argent liquide.

➢ ***Bangkok :*** une bonne dizaine de départs/j., le mat et le soir surtout. Compter 5-7h de trajet.

➢ ***Chiang Mai :*** 6 liaisons (celle de 7h30 de Phitsanulok vous fait arriver à 14h50, celle de minuit à 8h15). Env 7-8h de trajet.

En bus

Terminal des bus – สถานีรถบัส *(hors plan par B1,* ***1****)* **:** *à env 2 km du centre. Pour s'y rendre, prendre un tuk-tuk (compter 60 Bts) ou, moins cher, le bus n° 1 depuis la gare ferroviaire.* Pour toutes les destinations sauf Bangkok.

➢ ***Sukhothai :*** env 11 bus/j., 7h20-18h15 depuis Phitsanulok. Un peu plus de 1h de trajet.

➢ ***Kamphaeng Phet :*** départ ttes les heures 5h-18h. Env 2h de trajet et 80 Bts.

➢ ***Chiang Mai :*** une quarantaine de départs/j. depuis Phitsanulok, avec un trou vers 16h30-19h. Trajet en 6-7h (tous n'empruntent pas le même trajet). Compter 250-340 Bts selon les bus.

➢ ***Khon Kaen :*** env 16 départs 9h30-2h depuis Phitsanulok. Compter 6h de trajet et env 220-280 Bts selon les bus. Très belle route. À 340 km de Phitsanulok, Khon Kaen est la porte d'entrée de la région Est (Phimai, Nakhon Ratchasima, Udon Thani...).

Bus pour Bangkok *(plan A2,* ***2****)*.

➢ Une bonne quinzaine de liaisons/j., le mat et en soirée. Env 6h de trajet et 250-430 Bts.

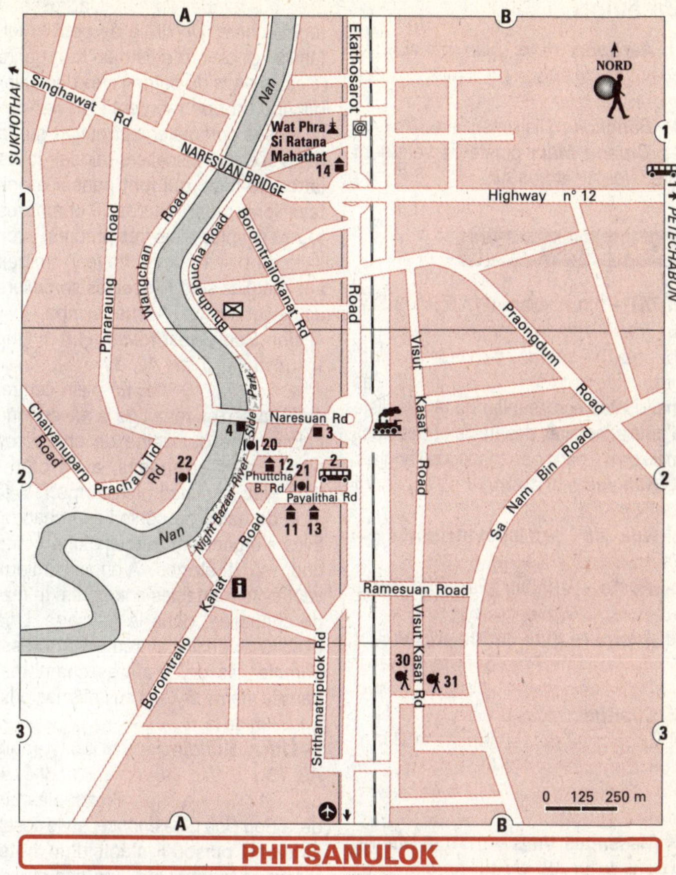

PHITSANULOK

Adresses utiles

- TAT
- Internet
- 1 Terminal des bus
- 2 Bus pour Bangkok
- 3 Bangkok Bank
- 4 Massages thaïs

Où dormir ?

- 11 Bon Bon Guesthouse
- 12 London Hotel
- 13 Lithai Building
- 14 Topland Hotel

Où manger ?

- 20 Night Bazaar
- 21 Karaket
- 22 Nannam Restaurant

À voir

- 30 Sgt Major Thawee Folk Museum
- 31 Garden of Birds et Buddha Casting Foundry

En avion

✈ ***Aéroport*** *(hors plan par A3)* **:** *à quelques km au sud de la ville. Prendre un tuk-tuk pour y aller.*
➢ ***Bangkok :*** 3 liaisons/j. avec *Nok Air.*
➢ ***Chiang Mai :*** plusieurs vols/sem avec *Nok Air* et *Kan Air.*

Adresses utiles

TAT – ท.ท.ท. *(plan A2)* **:** *209/7-8 Surasi Trade Center, Boromtrailo Kanat Rd.* ☎ *252-742 ou 743.* ● *tourismthailand.org/phitsanulok* ● *Tlj 8h30-16h30.* Pas mal d'infos écrites (plan de la ville, liste d'hôtels, horaires des trains et des bus), mais on n'y parle pas beaucoup l'anglais.
■ ***Kan Air*** – กานต์แอร์ **:** *à l'aéroport.* ☎ *301-522.*
■ ***Nok Air*** – สายการบินนกแอร์ **:** *à l'aéroport.* ☎ *378-014.*
✉ ***Poste*** – ไปรษณีย์ *(plan A1)* **:** *face à la rivière, sur Bhudhabucha Rd.*
@ ***Internet*** – ศูนย์อินเตอร์เน็ท *(plan B1)* **:** *en face du Wat Phra Si Ratana Mahathat, sur Ekathosarot Rd. Ouv 8h-minuit.*
■ ***Change :*** *plusieurs banques avec ATM dans le centre, comme la* ***Bangkok Bank*** *(plan A2,* ***3****), sur Naresuan Rd ; également un ATM à la gare ferroviaire (plan B2).*
■ ***Massages thaïs*** – การนวดไทยแผนโบราณ *(plan A2,* ***4****)* **:** *sur un bateau au bord de la rivière, de part et d'autre du 1er pont (dans le prolongement de la gare ferroviaire). Corps ou pieds pdt 1h : 150 Bts sur un matelas dehors ; plus cher en cabine.*

Où dormir ?

De bon marché à prix moyens (de 150 à 400 Bts – 3,75 à 10 €)

London Hotel – เพชรไพลีนโฮเต็ล หรือ ลอนดอนโฮเต็ล *(plan A2,* ***12****)* **:** *21/22 Phuttcha Bucha Rd.* ☎ *225-145. Près du marché de nuit.* L'adresse la moins chère. Un drôle de petit hôtel, familial et plein d'objets en tout genre (c'est le dada du patron) ; les découvrir occupe un bon moment ! Un rez-de-chaussée complètement ouvert sur la rue. À l'étage (escaliers raides), jolies lattes de teck, qui font penser à nos tavaillons montagnards. 8 chambres toutes simples mais très propres, avec salle de bains commune (eau froide). Les matelas sont fins, et les sommiers un peu grinçants ! Accueil sympa.
Bon Bon Guesthouse – บองน์ บองน์ เกสท์เฮ้าส์ *(plan A2,* ***11****)* **:** *77 Payalithai Rd.* ☎ *219-058.* En plein centre, mais un peu en retrait de la rue et donc calme. Une quinzaine de chambres nickel, bien arrangées, avec carrelage bleu, matelas bien ferme, TV et salle de bains où coule l'eau chaude. Elles s'organisent autour d'une petite cour, sur 2 étages. À choisir, mieux vaut éviter certaines chambres du rez-de-chaussée, dans le passage. Une excellente affaire autrement ! Si c'est complet, ils ont d'autres chambres, dans le même style et aux mêmes prix, à 1,5 km de là.
Lithai Building – อาคารลิไท *(plan A2,* ***13****)* **:** *75/1-5 Payalithai Rd.* ☎ *219-626. Fax : 219-627.* Presque à côté de la *Bon Bon Guesthouse,* style assez différent, puisqu'il s'agit d'un hôtel récent et fonctionnel. Les chambres, avec eau chaude, salle de bains, AC et frigo, sont très bien. À côté, le *Steak Cottage,* où l'on peut prendre son petit déj (inclus dans le prix des chambres les plus chères, à 460 Bts pour 2), grignoter un plat thaï ou à l'européenne, ou siroter un vrai café, accompagné, pourquoi pas, d'une part de tarte.

Chic (à partir de 2 000 Bts – 50 €)

Topland Hotel – โรงแรมท๊อปแลนด์ *(plan A-B1,* ***14****)* **:** *68/33 Ekathosarot Rd.* ☎ *247-800.* ● *toplandhotel.com* ●

Compter 60 Bts en tuk-tuk de la gare ferroviaire. C'est l'un des grands hôtels de la ville. Lobby imposant, couloirs cossus avec moquette épaisse, et chambres de bon confort. Le petit déj est inclus. Également une piscine, un resto et un bar avec petit orchestre tous les soirs dès 20h.

Où manger ?

De bon marché à prix moyens (jusqu'à 300 Bts – 7,50 €)

|●| ***Night Bazaar*** – ตลาดกลางคืน *(plan A2, **20**) : le long de la rivière Nan, à hauteur du centre. Ouv de 19h jusque tard dans la nuit.* Un *Night Bazaar* pas comme les autres : promenade bétonnée avec rambarde bordant la rivière sur plusieurs centaines de mètres, où s'alignent les petits restos en terrasse. Bonne cuisine à petits prix garantis. On vous conseille le ***Phak Bung Bin,*** tout au bout de la promenade (en venant du centre) ; vous y dégusterez un bon poulet cuit au vin rouge ! De plus, ce resto propose une animation marrante : les convives qui le souhaitent se voient déguisés en « matrone » et placés sur une estrade, un couvercle de casserole à la main, pour réceptionner le *phak bung,* sortes d'épinards préparés dans une sauce d'huître, que le chef, après les avoir flambés, leur balance de ses fourneaux ! Attention, s'ils tombent à terre, ils sont perdus bien sûr, mais il faut quand même les payer ! Sur cette même promenade, mais plus près du pont, également une succession de bars sympas où boire une bière tranquille (ou un whisky, vendu à la bouteille pour 350 Bts), face à la rivière.

|●| ***Karaket*** – การะเกด *(plan A2, **21**) : Payalithai Rd, en face de Bon Bon Guesthouse. Ouv 13h-20h.* Propose un bel assortiment de plats thaïs tous plus goûteux les uns que les autres. On choisit au comptoir vitré sur le trottoir et on va s'installer dans une agréable petite salle ornée de cadres. Vraiment pas cher. Une très bonne adresse, mais y aller plutôt le midi, car le soir le choix n'est plus le même.

|●| ***Nannam Restaurant*** – ร้านอาหารน่านน้ำ *(plan A2, **22**) : 89/4 Wangchan Rd, quelques dizaines de mètres au-delà du Riverview Hotel. ☎ 216-404. Nom en thaï slt, écriture rouge sur fond jaune.* Agréable, au bord de la rivière, mais pas très intimiste. Cuisine thaïe aux mêmes prix qu'ailleurs. Essayez l'excellent (et copieux) poisson à la sauce citron, servi dans un plat en forme de... poisson. Nombreuses familles, musicien tous les soirs pour accompagner le tout. Un bon choix pour le dîner.

À voir

👁👁 ***Wat Phra Si Ratana Mahathat*** – วัดพระศรีรัตนมหาธาตุ *(plan A1) : à droite du pont sur la rivière Nan. Tlj 6h30-18h.* Datant du XVe s, il fut le seul temple à échapper à l'incendie de 1960. Le clou de la visite ici, c'est le *Phra Buddha Chinara* – พระพุทธชินราช. Ce bouddha de bronze doré, très vénéré, symbolise la victoire de Sukhothai sur les Khmers. Caractérisé par son aura dorée et finement ciselée qui entoure la tête et les épaules, c'est le bouddha le plus copié et représenté en Thaïlande. On oublierait presque le remarquable temple qui l'abrite, arborant le style gracieux et ramassé des temples Lanna (toit incurvé descendant très bas). Admirez ses superbes portes incrustées de nacre, sur lesquelles plus d'une centaine d'artisans travaillèrent pendant des mois au XVIIIe s, les piliers de bois dorés et le plafond rouge vermillon. Un autre bâtiment abrite lui aussi un lieu de culte, ainsi que quelques objets sous vitrines.

👁👁 ***Sgt Major Thawee Folk Museum*** – พิพิธภัณฑ์พื้นบ้าน จ่าทวี *(plan B3, **30**) : 26/138 Visut Kasat Rd. ☎ 212-749. Tlj sf lun 8h30-16h30. Entrée : 50 Bts.* Initiative privée du major susnommé. Cet homme, aujourd'hui âgé, a dédié sa vie au patrimoine de son pays et a fini par installer cette sorte d'écomusée très intéressant dans une belle maison, où la fonction des objets est bien expliquée (en anglais), schémas à l'appui si besoin. Un aspect de la muséographie très moderne, dont on peut espérer qu'il sera bientôt adapté pour les enfants. Riches collections de coffres, de boîtes laquées, de paniers d'osier tissés d'arabesques savantes, de surprenants « gratte-noix de coco », appeaux, pièges, machines à broyer la canne à sucre, métier à tisser, jouets et ustensiles de massage (et d'automassage, les *mai mo nuat*). À l'extérieur, du gros volume comme ce char à zébu presque entièrement en bambou. Une autre salle abrite d'anciennes photos de la ville. Une jolie boutique, où Pornsiri Buranakate – qui a signé les panneaux explicatifs – a dessiné de gais petits personnages déclinés sur différents supports. Le tout dans un jardin aux multiples arbres fruitiers, fleurs, arbre à cannelle...

Garden of Birds – สวนนก *(plan B3, **31**) : presque en face du Folk Museum. ☎ 212-540. Tlj 8h30-17h. Entrée : 50 Bts.* Pour les amateurs d'oiseaux, un riche jardin ornithologique rassemblant des espèces étonnantes et presque éteintes, comme les calaos rhinocéros (de gros oiseaux à long bec), le tout dernier calao à casque de Thaïlande. Étonnamment, les calaos semblent vraiment chercher notre contact ; voyez encore la *jambu fruit-dove,* cette belle petite colombe à tache rouge dans le cou, ou les superbes couleurs de l'*asian fairy bluebird.* Mais tous ces oiseaux en cage font un peu mal au cœur, il faut bien le dire...
– Le jardin communique avec la ***Buddha Casting Foundry,*** un atelier de fabrication de bouddhas *(tlj 8h-17h),* du petit au très grand. Artisans, hommes et femmes sont au travail, maniant le chalumeau ou pétrissant la glaise de leurs mains. Des panneaux expliquent les différentes étapes de fabrication, de la pièce en cire à la statue de bronze en passant par la façon du moule, etc. Au fond, un magasin avec de belles pièces à prix fixe (à partir de 80 Bts). Plus sûr que le *Night Bazaar* de Chiang Mai.

SUKHOTHAI – สุโขทัย

35 000 hab. IND. TÉL. : 055

Quand on parle de Sukhothai, il convient de distinguer la vieille ville de la nouvelle.
Aujourd'hui presque inhabitée, la vieille ville, celle pour laquelle tout le monde vient, s'organise autour des vestiges de la première capitale du Siam : un ensemble de temples y sont disséminés dans une large vallée grignotée par les mares aux nénuphars et entourée de collines boisées. C'est l'un des plus beaux sites archéologiques de Thaïlande et, d'ailleurs, il est inscrit au Patrimoine mondial de l'Unesco.
À 12 km de là se trouve la nouvelle ville, ou New Sukhothai. De petite taille mais assez animée, elle accueille la plupart des touristes, bien que certains préfèrent dormir aux abords d'Old Sukhothai, dans les quelques *guesthouses* qui s'y trouvent.
Quoi qu'il en soit, il est conseillé d'arriver la veille en ville (que ce soit la vieille ou la nouvelle) et d'y passer la nuit. Cela permet de partir dès l'aube sur le site et d'en profiter pleinement avant les groupes. À 10h, il est déjà tard et il commence à faire chaud.

UN PEU D'HISTOIRE

Le nom *Sukhothai* signifierait « aube » ou « naissance du bonheur » (jolie perspective !) et proviendrait d'un mot sanskrit ou pali (la langue du bouddhisme theravada). Les terres étaient riches, l'eau ne manquait point et on y trouvait des carrières de pierres et des forêts bien fournies pour la construction des temples... Est-ce un hasard si c'est ici que l'on trouve le célèbre bouddha qui marche, d'une grâce presque précieuse, se dirigeant vers « l'aube du bonheur » ?

Tout commença au début du XIIIe s, lorsque le prince thaï Bang Klang Thao bouta les Khmers hors de la région, avant de fonder une dynastie de huit rois qui devaient se succéder sur 150 ans environ. Une dynastie qui compta un roi de légende, ***Phra Ruang,*** fils d'une princesse naga, et qui aurait possédé des dons et pouvoirs surnaturels. Mais c'est ***Rama Kamheng*** (Râma le Fort) qui fut le grand monarque de la dynastie de Sukhothai, régnant de 1275 à 1317. Une stèle de pierre gravée, premier exemple connu d'écriture thaïe, raconte sa vie et son œuvre. Ce fut un monarque éclairé. Il créa l'alphabet thaï, établit des relations diplomatiques avec la Chine (qu'il visita par deux fois), et instaura le bouddhisme comme religion nationale. Sur le plan artistique, Râma Khamheng fit venir des potiers chinois qui créèrent un artisanat florissant assurant la richesse et le renom du royaume. Dans un tel climat favorable, la production artistique fut, bien sûr, fantastique. Sukhothai se couvrit de temples, de sculptures merveilleuses. L'art de Sukhothai venait de naître, produit de cette atmosphère de liberté créatrice et de l'ouverture vers le monde extérieur. Il intégra de façon harmonieuse les traditions artistiques des anciens oppresseurs khmers, les techniques chinoises, et l'art birman, saupoudré d'influence cinghalaise. Avec ses derniers rois, la civilisation de Sukhothai déclina cependant, tandis que le royaume d'Ayutthaya montait irrésistiblement. Sukhothai s'éteignit langoureusement, avec élégance. Elle nous laisse aujourd'hui des dizaines de merveilles en pierre, un site incomparable et la possibilité de rêver lorsqu'on a le bonheur, à l'aube, d'arriver le premier sur les lieux...

JUSTICE DE PALAIS

À chaque roi légendaire sa manière de rendre justice. Si Saint-Louis s'asseyait sous un chêne, si Salomon menaçait de couper les gamins en deux, Rama Kamheng, le grand roi de Sukhothai, se faisait, lui, sonner les cloches. Il avait fait installer une cloche à l'une des portes de la ville, et les habitants, en cas de conflit, pouvaient la faire sonner. Le roi venait en personne trouver une issue au différend.

Arriver – Quitter

En bus

La plupart des bus partent et arrivent du terminal de New Sukhothai. Quelques-uns desservent également la vieille ville. Quoi qu'il en soit, ne pas arriver trop tard pour trouver un logement ou le couvert. Après 21h, tout est fermé.

Terminal de New Sukhothai *(plan I, B1,* ***1****)* **:** *à 2-3 km du centre de la nouvelle ville.* Pour rejoindre New Sukhothai du terminal, prendre un *samlor* (le *tuk-tuk* local) ou un *songthaew* pour env 50-60 Bts. Pour Old Sukhothai, bus en principe ttes les heures en journée (30 Bts). Sinon, compter 150-200 Bts en *samlor*. On y trouve un ATM.

➢ ***Vers Phitsanulok :*** départ ttes les heures 6h-18h. Un peu plus de 1h de trajet.

➢ ***Vers Kamphaeng Phet :*** départ ttes les heures 6h30-14h. Env 1h30 de trajet.

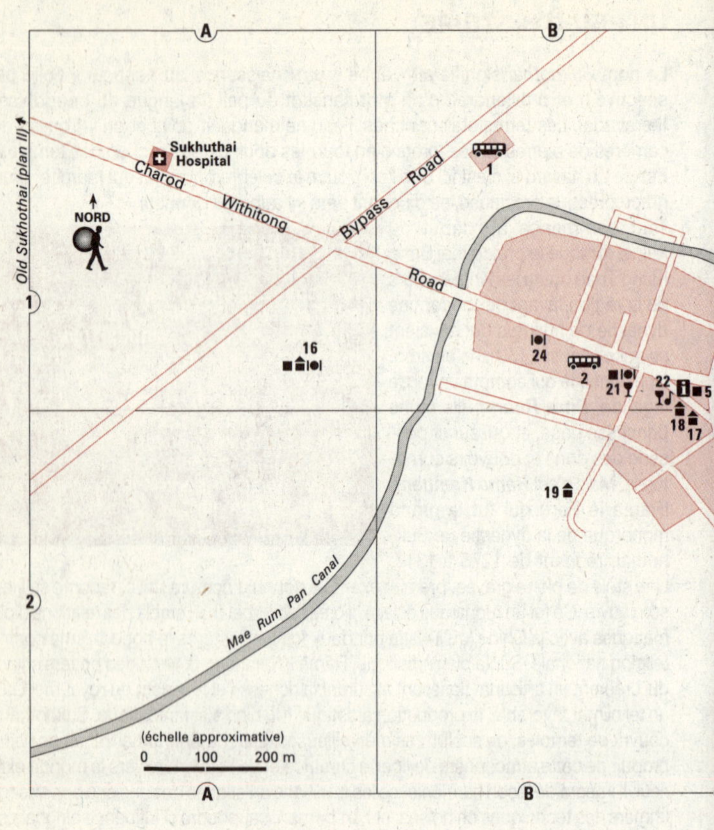

Adresses utiles

- Office de tourisme
- 1 Terminal des bus
- 2 Arrêt des bus pour Old Sukhothai
- @ 3 Cybercafés du Night Market
- @ 4 Jaja Net
- 5 Kasikorn Bank
- 6 Sukhothai Travel Service
- 16 Ronny & Mem – Cycling Sukhothai
- 21 Location de motos

Où dormir ?

- 10 Banthai Guesthouse
- 11 J&J Guesthouse
- 12 At Home

➢ ***Vers Bangkok, via Ayutthaya :*** 13 bus/j., 8h-22h40. Trajet en 6-7h (5h pour Ayutthaya). Billet : env 360 Bts.

➢ ***De/vers Chiang Mai :*** depuis Sukhothai, 15 départs/j., 7h15-20h15, avec *Win Tour* ou *Esan Tour.* Trajet : 5-6h. Billet : env 240 Bts. Les bus passent par ***Lampang*** (4h de trajet, 180 Bts). Si vous arrivez de Chiang Mai, vous pouvez vous faire déposer au passage à Old Sukhothai.

➢ ***Vers Chiang Rai :*** 3 départs/j. avec *Win Tour,* à 6h40, 9h et 11h30. Trajet : env 9h, pour 250 Bts. Le bus passe par

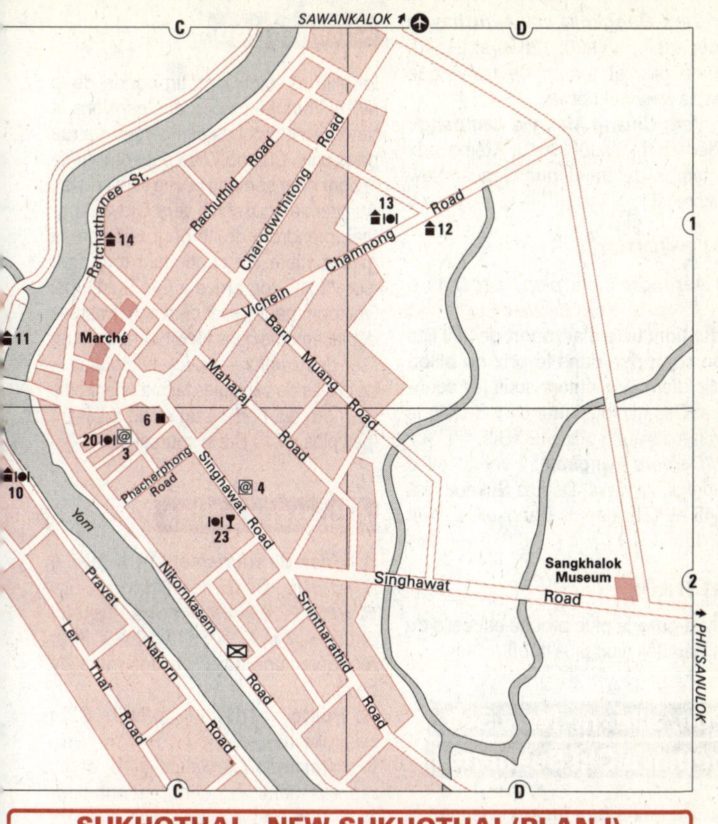

SUKHOTHAI - NEW SUKHOTHAI (PLAN I)

13 Sukhothai Guesthouse
14 Lotus Village
16 Sabaidee Guesthouse
17 TR Guesthouse
18 Garden House
19 Baan Georges

Où manger ? Où boire un verre ?

10 Banthai Guesthouse
20 Night Market
21 Poo Restaurant
23 Dream Café
24 Chula

Où boire un verre ? Où écouter de la musique ?

22 Chopper Bar

Sri Satchanalai (env 1h de trajet), pour ceux qui veulent faire la visite du parc historique du même nom (voir « Dans les environs de Sukhothai »).

➢ ***Vers Khon Kaen*** (est de la Thaïlande, via Pitsanulok) **:** 4 départs, 8h30-1h, depuis Sukhothai. Env 7h de trajet.

➢ ***Vers Mukdahan*** (frontière du Laos) **:** 2 bus/j, le soir.

À Old Sukhothai *(plan II, F4,* ***7****)* **:** *départ de l'agence* ***Win Tour,*** *située sur la rue principale, un peu après le 7-Eleven en allant vers le site archéologique.*

➢ ***Vers Bangkok, via Ayutthaya :*** 3 départs/j., à 8h20, 12h30 et 21h40. Même prix et temps de trajet que depuis New Sukhothai.

➢ ***Vers Chiang Mai, via Lampang :*** 6 départs/j., 7h30-13h40. Même prix et temps de trajet que depuis New Sukhothai.

En avion

✈ ***Aéroport*** *(hors plan I par D1) : à env 25 km au nord de New Sukhothai.* **Attention, taxe d'aéroport de 300 Bts non comprise dans le prix du billet.** Salle d'embarquement sous les cocotiers. Des minibus attendent à chaque arrivée d'avion ; prix : 120 Bts.

➢ ***De/vers Bangkok :*** 2 vols/j., avec *Bangkok Airways.* Depuis Sukhothai à 8h45 et 17h, depuis Bangkok à 7h et 15h15.

En train

La ***gare*** la plus proche est celle de Phitsanulok (voir plus haut).

Pour aller de New Sukhothai à Old Sukhothai

De petits ***bus locaux*** assurent la liaison entre les deux villes toutes les 30 mn, 6h-18h (dernier retour de Old Sukhothai à 17h30). De New Sukhothai, départ sur Charod Withitong Rd *(plan I, B1,* ***2****)*. De la vieille ville, départ devant l'entrée principale du site *(plan II, F4)*. Trajet en 30 mn. Prix : 30 Bts. En dehors des ces horaires, on peut relier les deux villes en *samlor (tuk-tuk)* ou en *songthaew* (camionnette ; se grouper) pour 150-200 Bts. Compter env 120 Bts en moto-taxi.

NEW SUKHOTHAI

Petite ville bourdonnante et animée, où se trouvent la plupart des *guesthouses,* mais aussi un *Night Market,* des restos-bars...

Orientation

La ville se love dans un coude de la rivière Yom. La plupart des pensions et hôtels sont proches des berges. La rue principale, Charod Withitong, emprunte le pont pour sortir de la ville vers l'ouest. Au premier carrefour vers Old Sukhothai, prendre à droite pour rejoindre la gare routière. En continuant tout droit (sur 12 km), on arrive à Old Sukhothai (voir comment y aller ci-avant). Pour les déplacements dans New Sukhothai, utiliser des *samlor* – les *tuk-tuk* locaux –, de drôles de véhicules faits d'une moitié de moto qui pousse un siège à l'avant (pas plus de 40 Bts la course)...

Adresses utiles

Office de tourisme – ททท *(plan I, B1) : 130 Charod Withitong Rd.* ☎ *616-228 ou 229.* • *tourismthailand.org/sukhothai* • *Tlj 8h30-16h30.* Pour récupérer une carte ou des infos de base.

✉ ***Poste*** – ไปรษณีย์ *(plan I, C2) : Nikornkasem Rd.*

@ ***Internet :*** *plusieurs cybercafés répartis dans le centre, notamment toute une rangée dans la rue du Night Market (plan I, C2,* ***3****) ou, très sympa, le* ***Jaja Net*** *(plan I, C2,* ***4****), presque en face du Dream Café, où l'on surfe sur des espèces de fauteuils de salon de coiffure (tlj 9h-minuit).*

■ ***Change et retrait d'argent :*** *nombreuses possibilités dans le centre de New Sukhothai, notamment à la* ***Kasikorn Bank*** *(134 Charod Withitong Rd ; plan I, B1,* ***5****). Lun-ven 8h30-15h30. ATM.*

■ ***Bangkok Airways*** – สายการบินบางกอกแอร์เวย์ ***:*** *à l'aéroport.* ☎ *647-224.* • *bangkokair.com* •

■ ***Sukhothai Travel Service*** – บริษัทสุโขทัยทราเวิลเซอร์วิส จำกัด *(plan I, C2,* ***6****)* ***:*** *12 Singhawat Rd.* ☎ *613-075.* • *sukhothaitravelservice@yahoo.com* • *Tlj sf dim 8h-17h.* Billets d'avion, de bus...

■ ***Location de motos*** – บริการให้เช่ารถจักรยานยนตร์ ***:*** *au* ***Poo Restaurant*** *–* ร้านอาหารปู *(plan I, B1,* ***21*** *; voir « Où manger ? Où boire un verre ? »), compter 200 Bts les 24h.* Bien pour relier le parc historique d'Old Sukhothai ou pour faire une excursion (Sri Satchanalai, Ramkhamhaeng Park ; voir « Dans les environs de Sukhothai »).

■ ***Ronny & Mem – Cycling Sukhothai :*** *☎ 612-519. 📱 085-083-18-64. • cycling-sukhothai.com • Tt près de Sabaidee Guesthouse (plan I, A1,* ***16*** *; voir « Où dormir ? »).* Ronny, un Belge adepte de l'écotourisme, connaît la région comme sa poche et vous fait découvrir à vélo en petits groupes les paysages bucoliques de la campagne alentour : rizières, petits villages et marchés, monastère Tawet... (650 Bts la demi-journée, eau et équipement compris). Départ à 8h, ou à 15h pour le coucher du soleil. On peut aussi partir à la journée pour visiter le parc historique de Old Sukhothai, que l'on rejoint à travers champs (750 Bts avec lunch ; entrée du site en sus).

■ ***Piscine :*** *à l'hôtel Baan Georges (plan I, B2,* ***19*** *; lire plus bas « Où dormir ? »). Entrée : 50 Bts.*

✚ ***Sukhothai Hospital*** *(plan I, A1) : sur la route pour Old Sukhothai, après l'embranchement pour la gare routière.*

Où dormir ?

Évitez les rabatteurs de la gare routière, qui vous raconteront tout et n'importe quoi pour vous emmener dans la *guesthouse* de leur choix et toucher une commission. Si ça s'embrouille, prenez un *songthaew*. En saison, pensez à réserver.

De bon marché à prix moyens (de 200 à 600 Bts – 5 à 15 €)

🏠 ***TR Guesthouse*** – ที อาร์ เกสท์เฮ้าส์ *(plan I, B1-2,* ***17****) : 27/5 Pravet Nakorn Rd, Amphur Muang, à deux pas de l'arrêt des bus pour la vieille ville. ☎ 611-663. • sukhothaibudgetguesthouse.com • Doubles 250-450 Bts selon ventilo ou clim et taille du lit ; petit déj en sus.* 📶 Au bord de l'avenue, une grande *guesthouse* gérée par des pros. C'est le rendez-vous des routards du monde entier, on se croirait dans une ruche. Toutes les chambres ont l'eau chaude et ont bénéficié d'un sacré effort côté déco. Pour le même prix qu'une chambre climatisée, on peut aussi dormir, au-delà du garage, dans un des 4 jolis bungalows ventilés (un seul avec AC), récents, environnés de verdure et bien au calme. Matelas un peu rudes pour les dos fragiles, mais l'ensemble est vraiment impeccable. Également un resto. Bref, un bon rapport qualité-prix. Bon plan enfin : une chambre de transit gardée, avec douche, pour se changer avant un départ de nuit. Location de motos.

🏠 ***Garden House*** – การเด้นน์เฮ้าส์ *(plan I, B1-2,* ***18****) : 11/1 Pravet Nakhorn Rd, Amphur Muang. ☎ 611-395. • gardenhouse-sukhothai.com • À deux pas du précédent. Compter 200 Bts pour une double boisée à l'étage et 300-350 Bts en bungalow (avec ventilo ou AC).* 💻 📶 Les bungalows, sommaires, sont alignés à l'ombre des arbres dans une étroite cour-jardin à l'arrière, mais subissent tout de même la rumeur de l'avenue. Tous disposent d'une petite terrasse. Entretien aléatoire, mais ça reste correct pour le prix. Resto avec projection de films le soir. Accueil moyen. Location de deux-roues.

🏠 🍽 ***Sabaidee Guesthouse*** – สบายดีเกสท์เฮ้าส์ *(plan I, A1,* ***16****) : 81/7 Moo 13, Charod Withitong Rd. ☎ 616-303. 📱 089-988-35-89. • sabaideehouse.com • Un peu à l'écart de la ville (à env 20 mn à pied du pont). Doubles 300-600 Bts selon confort.* 📶 Un point de chute paisible et agréable, isolé au milieu des rizières parmi les maisons sur pilotis des paysans. Dans le jardin,

LA PLAINE CENTRALE

une poignée de chambres, avec ou sans salle de bains et AC, réparties dans des bungalows ou à l'étage du bâtiment principal. Toutes sont plaisantes et très bien tenues. Prix vraiment raisonnables. Le patron thaï parle bien le français. Enfin, bon petit resto accessible à tous (menu unique), et espace commun relax avec hamacs, petite bibliothèque et projection de DVD en soirée !

Banthai Guesthouse – บ้านไทยเกสท์เฮ้าส์ *(plan I, C2,* ***10****) : 38 Pravet Nakhorn Rd. ☎ 610-163. • banthai_guesthouse@yahoo.com • En bordure de la rivière. Doubles 200-300 Bts.* À l'arrière d'un resto assez fréquenté (voir « Où manger ? »), tout petits bungalows en bois abritant des chambres carrelées très propres avec salle de bains et, en supplément, l'AC. Également 8 chambres sans sanitaires, très bon marché, dans un petit bâtiment (lits assez rudes). Des balades guidées à VTT dans le coin sont proposées, notamment autour du thème du travail dans les rizières ; on emprunte alors différents moyens de transport. Très bon accueil.

Un peu plus chic (de 600 à 1 500 Bts – 15 à 37,50 €)

At Home – แอทโฮม สุโขทัย *(plan I, D1,* ***12****) : 184/1 Vichein Chamnong Rd. ☎ 610-172. • athomesukhothai.com • Doubles 600-800 Bts, petit déj inclus.* Affiliée au réseau *Hostelling International,* cette auberge s'est installée dans une grosse maison construite en partie en teck et posée dans un joli jardin en retrait de la rue. Chambres nickel, avec salle de bains, AC ou ventilo. Les plus sympas, au rez-de-chaussée, s'ouvrent sur une petite terrasse privée. À l'arrière, une mare. Resto, où l'on peut même s'envoyer un *fish & chips.* Un plan tranquille.

J&J Guesthouse – เจ & เจ เกรส เฮ้าส์ *(plan I, C1,* ***11****) : 12 Soi Watkuhasuwan. ☎ 620-095. 081-785-45-69. • jjguesthouse@hotmail.com • Sur la rive ouest de la rivière, à deux pas de l'arrêt des bus pour la vieille ville Double 700 Bts.* Serrés les uns contre les autres, une demi-douzaine de jolis bungalows en bois et pierre, avec clim, eau chaude, TV, petit bout de terrasse à l'avant et, dans les salles d'eau, galets et sol en ardoise, ça change du tout en teck ! Accueil sympa de Jacqui – un Français – et Jim. Resto posé en surplomb de la rivière, malheureusement pas très bucolique de ce côté-là. On y sert du pain baguette maison.

Sukhothai Guesthouse – สุโขทัยเกสท์เฮ้าส์ *(plan I, D1,* ***13****) : 68 Vichein Chamnong Rd. ☎ 610-453. • sukhothaiguesthouse.net • Bungalows 450-750 Bts.* Une douzaine de bungalows avec petite terrasse (une banquette pour s'allonger), au confort limite, répartis dans une courette-jardin reposante. Cloisons un peu minces toutefois et entretien aléatoire. Point positif : excellent accueil de Dang, d'origine indienne, et de Phon, son épouse (qui sera comme votre seconde maman). Ils peuvent venir vous chercher sur un simple coup de fil et se feront une joie de vous aider à découvrir la région. Emprunt possible de DVD, magazines... Massage thaï sur demande (payant) et resto extra ; les spécialités de Phon : le *panang curry* et les rouleaux de printemps. Et pour se mettre en appétit, des cocktails. Dommage que les moustiques soient si nombreux. L'adresse a connu autrefois de meilleurs jours. Location de motos.

Lotus Village – โลตัสวิลเลจ *(plan I, C1,* ***14****) : 170 Ratchathanee St. ☎ 621-484. • lotus-village.com • Accès par Rachuthid Rd. Résa conseillée et plutôt par e-mail. Fermé 15 mai-15 juin. Chambres ou bungalows 700-1 600 Bts selon taille et équipement, petit déj compris. Également une family house à 2 800 Bts. CB acceptées.* Tenue par un couple franco-thaï, voici une adresse d'un charme certain, dispersant ses bungalows sobres et raffinés dans un immense jardin luxuriant, avec mares, fontaine, banquettes semées sur les pelouses. Pour profiter des lieux sans plomber le budget, on pourra opter pour une vaste chambre ventilée, tout en teck, comme le reste. Les plus en fonds pourront loger eux dans un bungalow les pieds dans l'eau... Propose des petits déj à la carte, pas donnés mais savoureux (jus de fruits frais, yaourts et confitures maison...) et de quoi grignoter sur le pouce jusqu'à 21h. Excursions, boutique d'antiquités, salon-bibliothèque bien fourni et bungalow réservé aux massages, avec sauna... L'adresse est un chouia trop chère peut-être, mais l'accueil est excellent.

Baan Georges – บ้านจอร์จ เกสท์เฮ้าส์ *(plan I, B2, **19**) : 28/54 Soi Chaiwannasut, Charod Withitong Rd. 086-100-76-51. • baan-georges.com • À 400 m du resto Poo (même proprio). Compter 1 000-1 500 Bts selon saison.* Impressionnante, la maison que Luc a fait construire ! Mastoc, tout en béton, on a certes connu plus exotique, mais les 8 chambres sont immenses, super clean, climatisées, toutes ont 3 ou 4 fenêtres, un balcon et un frigo. Pas mal pour les familles. Au dernier étage, vaste terrasse abritée et ventilée où prendre son petit déj (pain maison) avec vue sur les environs. Quant aux autres repas, vous savez où aller ! Belle piscine enfin, accessible aux non-résidents (50 Bts). Vélos à dispo.

Où manger ?
Où boire un verre ?

Bon marché (autour de 100 Bts – 2,50 €)

Night Market – ตลาดกลางคืน *(plan I, C2, **20**) : dans le centre ; prendre la 2e à droite en venant du pont, c'est fléché. Tlj sf lun 18h-21h30.* Marché couvert où quelques brasseurs d'air tentent de disperser la touffeur ambiante. Animé, relativement propre, pas cher, et on y mange bien. Idéal pour les routards fauchés. Un autre marché où grignoter jour et nuit s'étend le long de Rachuthid Road *(plan I, C1)*. Enfin, un autre petit *Night Market* déploie ses stands dans la ruelle qui démarre face au *Poo Restaurant*, de l'autre côté de l'avenue *(plan I, B1)*.

Chula – จุฬารสเด็ด (ตี๋) *(plan I, B1, **24**) : à 300 m après Poo Restaurant quand on vient du pont. Sur l'enseigne, le nom est écrit en rouge sur fond blanc. Tlj jusqu'à 2h.* Une grande cantine réputée auprès des familles thaïlandaises, qui y viennent nombreuses et pour cause : c'est bon, propre, et on y est bien installé. Une partie des plats sont visibles sur des réchauds, ce qui permet de (bien) choisir. Attention, la plupart sont très épicés ! Ceux qui ne veulent pas se mettre le feu aux papilles commanderont plutôt un plat fait minute (menu en anglais, plus cher que celui en thaï), histoire de s'assurer qu'il est bien « *maï phèt* »... L'occasion aussi de goûter à de drôles de sodas fluo...

Banthai Guesthouse – บ้านไทยเกสท์เฮ้าส์ *(plan I, C2, **10**) : c'est le resto de la pension signalée plus haut. Service jusqu'à 21h.* Cadre agréable et aéré. Petit déj avec produits faits maison (muesli, yaourts), délicieuses salades et sandwichs, fondue thaïe (la spécialité) et alcools locaux (*yaa dong*, un alcool de riz). Souvent assez fréquenté.

Poo Restaurant – ร้านอาหารปู *(plan I, B1, **21**) : 24/3 Charod Withitong Rd.* Accueil adorable, dans une salle donnant sur le trafic de l'avenue et ornée de quelques images de Tintin (le patron, Luc, est belge). C'est à la fois un bar sympa, avec de bonnes bières d'importation et une large sélection de cocktails, et un resto pas cher servant, par exemple, de délicieuses nouilles sautées aux légumes ou des spaghettis aux fruits de mer, mais aussi de vraies frites ! Loue aussi des scooters.

Le proprio propose également 8 grandes chambres dans une vaste maison récemment sortie de terre, à 5 mn à pied du resto (voir la rubrique « Où dormir ? »).

Prix moyens (de 100 à 300 Bts – 2,50 à 7,50 €)

Dream Café – ดรีมคาเฟ่ *(plan I, C2,* ***23****) : 86/1 Singhawat Rd. ☎ 612-081. Ouv 17h-23h.* Un café-resto tout en bois massif et carrelage, chargé de vieux objets dont certains, sous vitrines, sont à vendre, tels un vieux phonographe, des montres, des verres... Pas très lumineux mais très bien agencé. Un havre de tranquillité avec du caractère ! Plats thaïs et européens fort bien tournés. Quelques *stamina drinks* aussi, composés de *yaa dong* (alcool de riz) et d'herbes médicinales. Certains sont aphrodisiaques... Nous déclinons toute responsabilité ! Terrasse plus anodine sur la rue, au creux de bosquets de bambou.

On peut également manger plutôt bien dans les restos des ***Sabaidee Guesthouse*** *(plan I, A1,* ***16****)* et ***Sukhothai Guesthouse*** *(plan I, D1,* ***13****)*, cités précédemment dans « Où dormir ? ».

Où boire un verre ? Où écouter de la musique ?

Chopper Bar – บาร์ ชอปเปอร์ *(plan I, B1,* ***22****) : Charod Withitong Rd. Ouv 17h-minuit.* Grande maison en bois ouverte à tous les vents, rendez-vous des routards (des motards ?) et des jeunes du coin. Un groupe local chante tous les soirs (à partir de 19h30) de la country, en thaï et en anglais. Petits plats, mais plutôt pour boire un verre.

À voir

Sangkhalok Museum – พิพิธภัณฑ์สังคโลก *(plan I, D2) : 10 Ban Lum. ☎ 614-333. Tlj 8h-17h. Entrée : 100 Bts. Livret en français !* Dans un grand bâtiment, sur deux niveaux, exposition de céramiques d'une qualité exceptionnelle. Quantité impressionnante de pièces rares, des périodes Lanna ou Sukhothai (XIVe s), mais aussi chinoises Yuan ou Ming (XIIIe et XVe s). On comprend ici pourquoi ces vieilles poteries peuvent valoir des fortunes. Splendide ! Magnifiques bouddhas également, de terre cuite ou en céramique, antiques céladons parfaitement conservés, et on en passe.

PRONONCIATION À LA CHINOISE

Sangkhalok est le nom donné à la production de céramique de Sukhothai. Ce terme n'est autre que la déformation du nom de la ville par les marchands chinois faisant commerce au XIIIe s, qui n'arrivaient pas à prononcer « Sukhothai » !

OLD SUKHOTHAI – อุทยานประวัติศาสตร์สุโขทัย

À 12 km de New Sukhothai. Bus pour relier les deux villes (lire en début de chapitre). La vieille ville, désormais très peu peuplée, englobe entre ses antiques remparts – ainsi qu'aux proches alentours – toutes les ruines du parc historique. On peut y loger au plus près des temples, dans l'une des rares *guesthouses* installées là. Cependant, une fois la nuit tombée, il n'y a plus grand-chose à faire ; seuls quelques restos pour touristes et une poignée de stands assurent un semblant d'animation, jusqu'à 21h environ... Et, passé 18h, plus de bus pour rentrer de New Sukhothai, il faut prendre un *samlor,* et ça douille (150-200 Bts). Les couche-tard logeront donc plutôt à New Sukhothai.

Adresses utiles

Agence Win Tour *(plan II, F4,* ***7****) : dans la rue principale.* Départ des bus pour Bangkok et Chiang Mai (lire en début de chapitre « Arriver – Quitter »).

■ **Police touristique :** *en face du Musée national.*

■ **Retrait d'argent** *(plan II, F4,* ***8****) : distributeur à proximité du 7-Eleven, dans la rue principale, et un autre pile en face.* Aucune possibilité de change à Old Sukhothai.

@ **Cybercafé** *(plan II, F4,* ***9****) : dans la rue qui longe le 7-Eleven. Tlj 8h-22h.*

Où dormir ?

De bon marché à prix moyens (de 150 à 500 Bts – 3,75 à 12,50 €)

Old City Guesthouse – เมืองเก่า เกสท์เฮ้าส์ *(plan II, F4,* ***15****) : 28/7 Charod Withitong Rd. ☎ 697-515. Dans la rue principale, au fond d'une impasse, à 100 m de l'entrée principale du site historique. Doubles 150-700 Bts.* Plusieurs maisons et bungalows un peu en retrait de la circulation, abritant une large gamme de chambres au confort très diversifié : ventilo ou clim, salle de bains privée ou commune... Demandez à voir avant de donner votre accord, mais celles à 300 Bts sont déjà très confortables, avec carrelage, bon matelas, TV et belle salle de bains ! Quant aux moins chères (150 Bts), elles sont franchement rudimentaires (un matelas au sol, un ventilo, et basta !), mais le prix est comme le lit, au ras du plancher. Surtout, le tout est très bien tenu. Dommage que l'espace qui sépare les maisons fasse office de parking. Au resto, bonne petite cuisine traditionnelle.

D'un peu plus chic à plus chic (de 900 à 2 000 Bts – 22 à 50 €)

PinPao Guesthouse – ปิ่นเปา เกสท์เฮ้าส์ *(plan II, F4,* ***25****) : à 300 m du site. ☎ 633-284. 081-962-76-98. • pinpaoguesthouse.com • Mêmes proprios (et téléphone) que* Orchid Hibiscus Guesthouse *(voir plus loin). Compter 900 Bts avec très bon petit déj. (payant).* Un petit hôtel récent le long de la route et qui abrite une dizaine de chambres très colorées, à l'aménagement moderne et personnalisé. Certaines ne disposent que d'une fenêtre sur le couloir. Petite terrasse en surplomb d'un *khlong,* donnant sur un pont suspendu qui mène à un petit espace clôturé bien agréable, avec très belle piscine et lits de repos. Un cadre idyllique pour se reposer entre 2 visites. Également un bar-resto. Accueil charmant. Une petite adresse qui a de la personnalité.

Orchid Hibiscus Guesthouse – ออร์คิด ฮิบิสคัสส์ เกสท์เฮ้าส์ *(hors plan II par F4,* ***19****) : env 1 km avt la vieille ville en venant de New Sukhothai, prendre à gauche et parcourir encore 500 m (c'est fléché). ☎ 633-284. 081-962-76-98. • orchidhibiscus-guesthouse.com • Doubles 900-1 500 Bts selon confort, petit déj inclus.* Tenu par un couple italo-thaï – enfin, s'ils n'ont pas pris leur retraite d'ici là –, ce petit complexe hôtelier est à 800 m du parc historique, mais il propose, dans un très joli jardin, une vingtaine de chambres impeccables (dont 10 bungalows et 4 familiales), joliment décorées, avec murs en brique, lits à baldaquin, et frigo dans les plus chères. De plus, belle piscine au milieu, entourée de transats, volières et jardin d'orchidées. Le volubile – personnage – Paolo dirige avec emphase la partition de « l'incrrrroyable petit déjeuner », en distribuant la gelée de coco avec miel sauvage emballée dans une feuille de bananier, le tout arrosé du meilleur café de Thaïlande (sic). Également des chambres familiales (4 lits) de l'autre côté de la rue, avec une petite piscine à jets. Massage zen près des volières. Pas de TV. Une vraie adresse de charme, l'endroit idéal pour se relaxer ! Location de scooters, mais bien vérifier leur fiabilité avant de partir, le patron ne voudra rien entendre en cas de problème.

Où manger ?

Le soir, un minuscule ***Night Market*** *(plan II, F4,* ***27****)* déploie sa douzaine de stands le long de la rue principale, à l'entrée de la vieille ville. De quoi grignoter local pour pas cher. Sinon, une dizaine de restos pour voyageurs, tous bâtis sur le même moule – une terrasse ouverte sur la rue – s'alignent à touche-touche sur cette même avenue. On y sert pour pas cher une *thaï-european food* fourre-tout, du toast du petit déj au *pad thaï* (ou au burger – à vous de voir –) du soir. On pourra, par exemple, s'attabler au ***Coffee Cup*** *(plan II, F4,* ***26****; tlj 7h-22h)* pour s'envoyer un jus de fruits, un vrai café ou un bon sandwich club, en plus de la panoplie traditionnelle de plats thaïs qu'on a trouvé, eux, assez fades. Juste à côté, le ***resto de la Old City Guesthouse*** sert une cuisine plus typique, mais il ferme tôt. Y venir plutôt à midi.

À voir

Si l'immense Sukhothai est aujourd'hui ruinée, si les palais en bois de ses rois n'ont pas survécu aux ravages du temps, l'ancienne cité recèle encore de nombreux et superbes vestiges, construits en brique et en latérite. La plupart des édifices qui ont été découverts et en partie relevés se trouvent à l'intérieur d'un rempart bordé de douves. Mais de nombreux autres bâtiments, disséminés dans les rizières environnantes, attendent encore d'être dégagés de la gangue de terre qui les recouvre. Si vous voulez éviter les cars déversant leurs groupes de touristes, rendez-vous sur place le plus tôt possible. Vous aurez ainsi le site pour vous tout seul, ou presque. De plus, la lumière est superbe, les couleurs plus belles, et la fraîcheur de l'aube bien agréable. Le samedi soir, le parc est éclairé.

Comment organiser sa visite ?

– Vu les distances qui séparent les différents ensembles de ruines, la manière la plus pratique et la plus agréable de visiter le site est de ***louer une bicyclette*** (plusieurs loueurs face à l'entrée du site principal ; compter 30 Bts la journée). À pied, ce serait beaucoup trop long. On peut aussi louer un *tuk-tuk* pour quelques heures (devant l'entrée du site principal), pour environ 300 Bts (500 Bts si l'on veut aussi voir des vestiges à l'extérieur des remparts). Beaucoup de concurrence, marchandage aisé. Plus exotique encore, des promenades en char à zébus (départ à l'extérieur des remparts, à côté du Wat Phra Pai Luang ; *plan II, E3*).

– ***Tarifs :*** trois groupes de temples sont payants : le site principal, au milieu de la vieille ville ; les Wat Phra Pai Luang et Sri Chum, au nord des remparts *(plan II, E3)* ; les Wat Saphan Hin et Chang Rop, à environ 4 km à l'ouest des remparts *(hors plan II par E3)*. Compter 100 Bts l'entrée pour chacun de ces groupes de temples, auxquels il faut ajouter à chaque fois 10, 20 ou 40 Bts selon que vous êtes respectivement à vélo, à moto ou en voiture. Ils sont ouverts tous les jours de 8h à 16h, sauf le site principal qui ne ferme qu'à 21h. Si vous voulez tout visiter, il faut

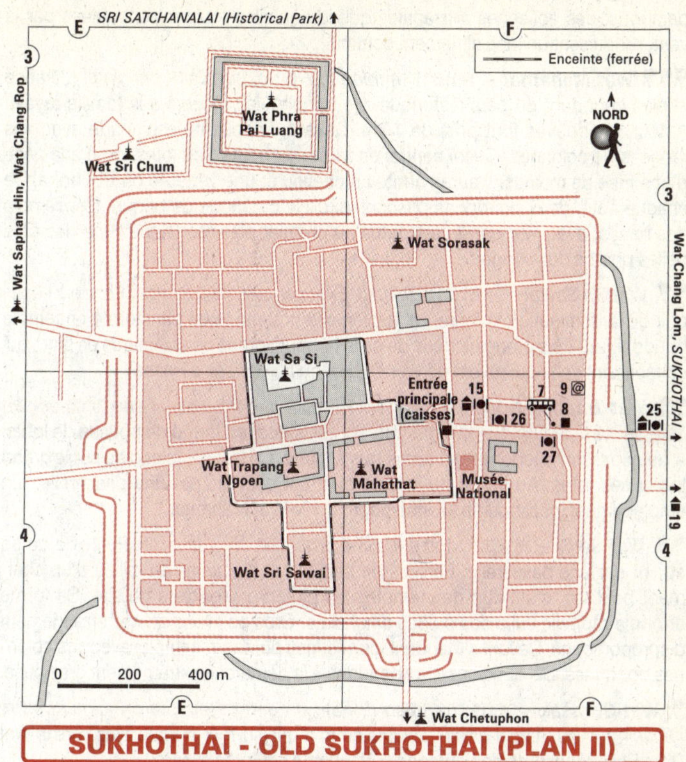

SUKHOTHAI - OLD SUKHOTHAI (PLAN II)

■ **Adresses utiles**

- **7** Bus Win Tour
- **8** Distributeur d'argent
- @ **9** Cybercafé

Où dormir ? Où manger ?

- **15** Old City Guesthouse
- **19** Orchid Hibiscus Guesthouse
- **25** PinPao Guesthouse
- **26** The Coffee Cup
- **27** Night Market

donc compter au moins 300 Bts par personne, auxquels s'ajoutent les taxes pour le moyen de transport utilisé, et, éventuellement, les 150 Bts de l'entrée au musée national. En plus de ces sites payants, de nombreux autres temples, plus mineurs, sont accessibles gratuitement.

Dans l'enceinte de la vieille ville

Cernée de remparts en latérite, la vieille ville mesure 1,8 km de long sur 1,5 km de large. Sa partie est seulement habitée, le reste n'est peuplé que de ruines... Au centre de l'enceinte se trouve le ***site principal,*** qui est clôturé. Entrée et billetterie au bout de la route reliant New et Old Sukhothai *(plan II, F4).* Dans le site principal, le personnel du parc historique fixe à la cime des arbres, au bout de longs bambous, des éoliennes artisanales qui, lorsqu'elles tournent entraînées par le vent, produisent un long sifflement continu.

Wat Mahathat – วัดมหาธาตุ *(plan II, F4)* : *dans le site principal.* L'édifice le plus important du parc historique. Ce temple était réservé à la famille royale. Autour, les douves font près de 1 km. Devant, imposante esplanade avec ses rangées de colonnes. *Chedî* central en forme de bouton de lotus, orné à la base d'une frise de moines. Il aurait abrité un cheveu et une vertèbre du Bouddha. De chaque côté, deux bouddhas prisonniers de leur gangue de brique. L'ensemble des ruines, avec leur bassin aux lotus au premier plan, constitue l'une des plus belles photos du voyage.

Wat Sri Sawai – วัดศรีสวาย *(plan II, E4)* : *dans le site principal.* Fondé à l'époque de la domination khmère. Un ancien site brahmanique transformé en temple bouddhique. Trois *prang* hindous de style Lopburi, ornés de sculptures en stuc, qui consoleront ceux qui rêvent de voir Angkor ou n'iront pas à Phimai.

Wat Trapang Ngoen – วัดตระพังเงิน *(plan II, E4)* : *dans le site principal, en face du Wat Mahathat, de l'autre côté du lac.* *Chedî* en forme de pousse de lotus. À deux pas, un bouddha en marche très élégant. De là, vue splendide sur le grand lac et ses lotus. Au milieu du lac, un petit îlot est relié par une passerelle ; un emplacement idéal pour la séance photo sur le Wat Mahathat.

Wat Sa Si – วัดสระศรี *(plan II, E3-4)* : *dans le site principal.* Petite île qu'on atteint par une passerelle. Entouré de banians et d'acacias au milieu d'un charmant petit lac, c'est l'un des temples les plus croquignolets du site. Sa forme arrondie rappelle celle des stupas cinghalais. Gros bouddha au nez étrangement disproportionné. Devant s'étendent les vestiges du *viharn* (temple) avec ses colonnes tronquées. Sur la pelouse, un bouddha à la démarche extrêmement gracieuse.

Wat Sorasak – วัดสรศักดิ์ *(plan II, F3)* : *en dehors du site principal, contre l'enceinte nord. Accès gratuit.* Vaut le coup d'œil (surtout si vous allez vers le Wat Phra Pai Luang) pour sa couronne d'éléphants sculptée à la base.

Le Musée national Râma Kamheng – พิพิธภัณฑ์สถานแห่ง ชาติรามคำแหง *(plan II, F4)* : *en dehors du site principal, face à l'entrée. Tlj 9h-16h. Entrée : 150 Bts. Photos et films interdits. Laisser son sac à la consigne.* Rassemble évidemment des collections d'objets de l'époque Sukhothai (XIIIe-XVe s), issues non seulement du parc historique, mais aussi de toute la région. Nombreuses statues, figurines, sculptures et céramiques d'une qualité extraordinaire, en plus des multiples images du Bouddha. Ne pas manquer la réplique de la vieille pierre d'inscription de 1292, où se trouve gravé l'un des premiers textes en alphabet thaï (qui, rappelons-le, trouve ses origines en Inde). Le roi Khamheng (plutôt bavard le garçon, soit dit en passant) y décrit le Sukhothai de l'époque. Si ça vous amuse, vous pouvez lire la traduction sur le mur, et même apprendre ce premier alphabet, pour déchiffrer la pierre dans le texte ! D'autres pièces intéressantes à l'étage, comme ce *vihara* miniature en bois, les panneaux de porte sculptés de divinités, des tablettes votives et quelques statues imposantes à l'arrière.

Hors de l'enceinte

Au nord

Wat Phra Pai Luang – วัดพระพายหลวง *(plan II, E3)* : *entrée payante (lire plus haut « Tarifs »).* L'un des plus anciens temples de Sukhothai, fondé par les Khmers au XIIe s. Vestiges du *viharn* avec ses rangées de colonnes. Y subsiste un *prang* de latérite quasi intact avec de magnifiques reliefs en stucs copiés sur ceux d'Angkor (surtout le fronton). Étonnants restes d'un bouddha marchant en brique, au pied duquel un autre est couché (enfin, le peu qu'il en reste !).

Wat Sri Chum – วัดศรีชุม *(plan II, E3)* **:** *au nord-ouest, pas loin du précédent (même ticket).* Un bâtiment imposant, dont l'entrée en forme d'échancrure laisse entrevoir un immense bouddha assis de plus de 14 m de haut.

LA PAROLE DIVINE

Dans le Wat Sri Chum, où trône un énorme bouddha assis, un escalier encastré dans le mur de gauche permettait autrefois d'accéder à une fenêtre à la hauteur de la tête de la statue. Posté là-haut, un conseiller du roi incitait les soldats à combattre, leur faisant croire que Bouddha leur parlait...

À l'est

Wat Chang Lom – วัดช้างล้อม *(hors plan II par F4)* *: prendre la route pour New Sukhothai, puis tourner à gauche après env 800 m (petit panneau jaune en partie effacé). Accès gratuit.* Là aussi, sculptures intéressantes, notamment les cariatides d'éléphants, autour du socle, censés porter sur leur dos la voûte céleste. Pour ceux qui n'iront pas voir le Wat Chang Lom à Sri Satchanalai.

À quelques kilomètres de l'enceinte

Encore des ruines dignes d'intérêt, accessibles en *tuk-tuk* ou même à vélo.

À l'ouest

Wat Saphan Hin – วัดสะพานหิน *(hors plan II par E3)* **:** *à env 4 km. Accès payant (lire plus haut « Tarifs »).* Un chemin de grosses pierres surélevé mène au sommet d'une petite colline culminant à 200 m. Dressés là-haut, les ruines du *viharn,* et un bouddha de 12 m. Magnifique lever du soleil depuis le pied du bouddha. La légende raconte que le roi Khamheng venait à dos d'éléphant lui rendre hommage à la nouvelle lune. Évitez d'entreprendre la courte ascension en plein cagnard : la route est droite, mais la pente est forte...

Wat Chang Rop – วัดช้างรอบ *(hors plan II par E3)* **:** *un peu plus loin que le précédent (même ticket).* Moins spectaculaire et en assez mauvais état. Stupa avec éléphants sculptés à la base.

Au sud

Wat Chetuphon – วัดเชตุพน *(hors plan II par F4)* **:** *à env 2 km. Tlj 6h-21h. Accès gratuit.* On le rejoint par une bucolique petite route campagnarde, glissant le long des champs et des bicoques de bois. Une fois passés les vestiges de l'enceinte en schiste et des douves, coup d'œil au sanctuaire principal flanqué de quatre grands bouddhas. Ceux qui étaient assis et couchés ont pratiquement disparu. Restent les bouddhas debout et marchant. Noblesse du coup de ciseau, délicatesse des courbes, de la démarche. D'autres petits *wat* tout autour pour rentabiliser le déplacement.

Fête

– ***Loy Krathong :*** grande fête dans les ruines, se déroulant durant les 5 jours qui précèdent la pleine lune de novembre. Son (beaucoup !) et lumière. Danses aussi, spectacles divers, *Night Market,* et même un feu d'artifice. Difficultés pour trouver un hébergement à cette époque, et prix doublés !

DANS LES ENVIRONS DE SUKHOTHAI

LE PARC HISTORIQUE DE SRI SATCHANALAI – อุทยานประวัติศาสตร์ศรีสัชนาลัย

⚑⚑⚑ À 50 km au nord de New Sukhothai, le parc historique de Sri Satchanalai rassemble lui aussi de belles ruines de l'époque Sukhothai, disséminées dans une nature assez sauvage. On le recommande sans hésiter à ceux dont la soif de vieux temples n'a pas été étanchée par Old Sukhothai, ou tout simplement aux amateurs du genre, d'autant que le site est encore peu fréquenté.
Sur place, pas de *guesthouse* ni de resto, seulement des gargotes où manger à midi, alignées face à l'entrée du parc.

Comment y aller ?

➢ Outre les excursions organisées par certaines *guesthouses* de Sukhothai, le plus simple est de s'y rendre ***à moto*** (location à New Sukhothai, voir dans « Adresses utiles »). C'est bon marché et, en plus, on peut partir et revenir à l'heure de son choix. Possibilité de louer des automatiques, pour ceux qui n'ont pas l'habitude de ce moyen de transport. Pour la direction, prendre la route nº 101, vers Sawankhalok ; environ 1h de trajet.

➢ Il est possible aussi d'y aller ***en bus.*** Prendre l'un des 3 bus à destination de Chiang Rai (voir la rubrique « Arriver – Quitter » de Sukhothai) et descendre 7 km avant le bourg de Sri Satchanai (à environ 1 km de l'entrée principale du parc). Demandez l'arrêt au chauffeur, en lui montrant les caractères thaïs ci-avant pour qu'il n'y ait pas d'équivoque. Traversez le pont et tournez à droite pour arriver à la cahute de vente des tickets. Pour le retour, attraper un des 3 bus descendant de Chiang Rai ; le dernier passe à 15h.

La visite du parc

☎ *(055) 619-214. Accès tlj 8h30-16h30. Entrée : 100 Bts. Supplément de 50 Bts pour les voitures. Le parc étant relativement étendu, on peut louer un vélo à l'une des cahutes devant l'entrée (30 Bts). La visite est cependant faisable à pied, mais c'est moins rigolo. Plan fourni à l'entrée.*

Sri Satchanalai, lieu sacré dédié au Bouddha, fut fondé au XIIIe s pour les vice-rois de Sukhothai, très probablement sur un site plus ancien consacré à l'hindouisme. Plusieurs ruines intéressantes y sont disséminées dans un vaste parc ombragé d'arbres centenaires. Le plus grand complexe, le ***Wat Chang Lom,*** date du XIIIe s. Son stupa (ou *chedî*) est encadré de 39 éléphants que le temps a amputés de leurs trompes (on dirait des chiens !). Au-dessus, nombreux bouddhas miniatures, rangés dans des niches. Juste en face s'élève le ***Wat Chedî Chet Thaeo,*** dont le

LA PLAINE CENTRALE

chedî principal possède un toit en forme de lotus. On y aurait conservé, jadis, les cendres de la famille royale de l'époque Sukhothai. Un peu plus au nord, noyés dans la végétation, dominant la forêt, les ***Wat Khao Phanom Phloeng*** et ***Wat Khao Suwan Khiri*** trônent sur les sommets de deux collines *(khao)* reliées par une voie pavée (l'ancien chemin de ronde du mur d'enceinte). Endroits mystérieux, peuplés dès la préhistoire. C'est là, d'après la légende, que l'ermite Satcha aurait emmené le roi prier par le feu, selon les traditions brahmaniques. On accède au Wat Khao Phanom Phloeng par un vieil escalier monumental flanqué d'une épaisse végétation (accès à droite après l'entrée du parc). De quoi se sentir un court instant dans la peau d'Indiana Jones ! Au loin, d'autres stupas émergent de la jungle, grimpant sur les collines.

– À 2 km du site principal, ne ratez pas non plus le ***Wat Phra Mahathat,*** au milieu d'une boucle de la rivière Yom. De la billetterie du parc, tourner à droite en sortant et continuer tout droit. À voir : un superbe *prang* de style khmer rappelant ceux du célèbre Bayon (Angkor), un bouddha marcheur d'une grande élégance, et un bouddha protégé par un *nâga* à sept têtes.

– Enfin, dans les environs, deux autres visites à faire pour ceux qui aiment la poterie (un artisanat jadis très florissant dans la région), en particulier les objets en céladon (voir à Chiang Mai la rubrique « Achats ») : le ***Sawanvoranayok Museum*** *(mer-dim 8h30-16h ; entrée : 30 Bts),* dans la ville de Sawankhalok, et les ***Sangkhalok Kilns,*** d'anciens fours à poteries, 5 km après le parc.

RAMKHAMHAENG NATIONAL PARK – อุทยานแห่ ง ชาติ ศรีสัชนาลัย

À 15 km à l'ouest de la ville de Kiri Mas, elle-même à 21 km de Sukhothai par la route de Kamphaeng Phet. Pour s'y rendre, pas de transport public. Il faut y aller par ses propres moyens, par exemple en louant une moto à Sukhothai. Sinon, certaines guesthouses organisent la visite du parc en voiture. Accès tlj 8h30-17h. Entrée : 200 Bts. À l'entrée du parc, on peut louer des tentes 2 places pour env 120 Bts ; quelques bungalows aussi. Appelé populairement *Khao Luang,* la « montagne des Rois ». 3h30 de dure grimpette (et occasionnellement des marches et des rampes en corde) sont nécessaires pour atteindre un beau massif à plus de 1 000 m d'altitude. Magnifiques panoramas, plantes rares. Plusieurs cascades et grottes, ainsi que des vestiges archéologiques. Prévoyez de l'eau ; arrivé en haut, vous pourrez acheter quelques boissons.

CHIANG MAI ET SA RÉGION

Si l'on ne s'est pas arrêté à Sukhothai ou dans la plaine centrale, on y monte directement depuis Bangkok en train, en bus ou en avion (voir les rubriques « Quitter Bangkok » ou « Comment y aller ? » à Chiang Mai). Région touristique, particulièrement réputée pour sa douceur de vivre, sa cuisine, ses temples, ses montagnes et les activités nature qu'elles offrent (le trek notamment). En outre, le climat, moins lourd qu'à Bangkok ou dans le Sud, est très agréable. Enfin, n'oublions pas les gens, qu'ils soient Thaïs ou issus d'ethnies montagnardes.

AVERTISSEMENT CONCERNANT LA DROGUE

Ce n'est pas un scoop : Chiang Mai a été et est toujours, selon certains, une plaque tournante du trafic de stupéfiants. Amis routards, sachez que même un petit pétard peut vous procurer de gros pépins. Alors, un kilo, imaginez ! Sanctions terribles assurées. Ne pas oublier : les dealers sont les balances. C'est bien connu. De plus, la police effectue des fouilles fréquentes dans la région des treks. Ne vous faites pas prendre au piège...

CHIANG MAI (CHIENG MAI) – เชียงใหม่ IND. TÉL. : 053

▸ Pour le plan de Chiang Mai, se reporter au cahier couleur.

On éprouvait beaucoup de tendresse pour cette bonne grosse ville de province, troisième ville de Thaïlande (quoique 50 fois moins peuplée que Bangkok !), entourée de montagnes verdoyantes, dans laquelle on se baladait à la recherche des dernières vieilles maisons traditionnelles en bois. Hélas, la cité a explosé depuis quelques années, et les constructions anarchiques se sont multipliées. Elle compte aujourd'hui un peu moins de 200 000 habitants, mais rassemble en journée une bonne partie du million et demi d'habitants que recense le district. Naturellement, le trafic chaotique s'en trouve intensifié. Heureusement, au détour des rues de sa vieille ville, on trouve encore quelques sanctuaires bouddhistes, autant de mini-oasis de tranquillité qu'on peut découvrir à bicyclette.
Chiang Mai constitue aussi le nœud du tourisme nord-thaïlandais ; on y recense une quantité astronomique d'hébergements de toutes sortes, d'agences, de restos, de salons de massages... dans lesquels se croisent des milliers de *farang.* La ville sert essentiellement de camp de base pour l'organisation des treks dans la région et pour des excursions à moto dans les proches environs (lire en fin de chapitre « Virées à moto »). À défaut d'y

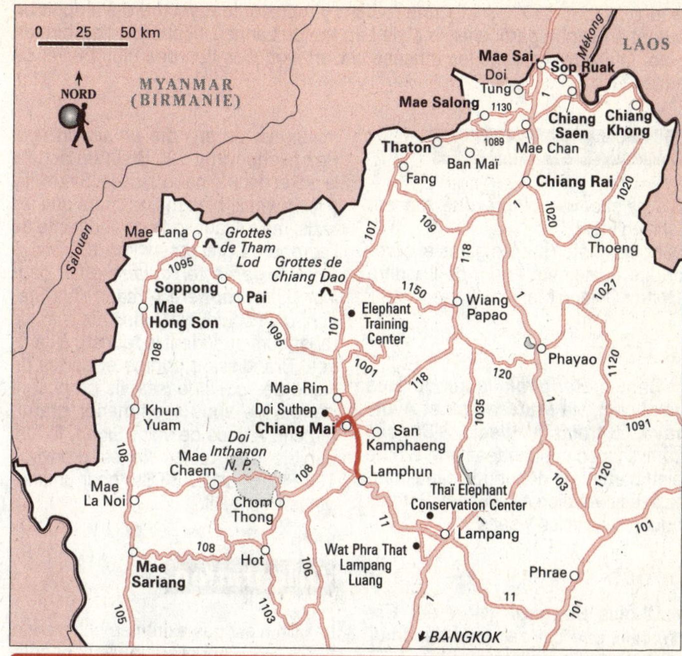

LE NORD DE LA THAÏLANDE ET LE TRIANGLE D'OR

trouver de quoi meubler une curiosité culturelle, on y séjournera donc essentiellement dans ce dessein, tout en appréciant à sa juste valeur une forme de vie de bohème entre restos pas chers, marchés colorés, massages sages ou non, et soirées plus ou moins alcoolisées sur les berges de la rivière Mae Nam Ping. Les routards qui privilégient la découverte et le dépaysement ne s'y attarderont pas inutilement et fileront vers les montagnes du Nord.

UN PEU D'HISTOIRE

Chiang Mai fut fondée par le roi Mengrai à la fin du XIIIe s. C'est à cette époque que les canaux et les remparts formant le carré central de la ville furent creusés et élevés. La petite ville devint la capitale du royaume du Lan Na au début du XIVe s, après l'alliance des royaumes de Sukhothai et de Chiang Rai. Pour éviter toute agression, le roi passa même un accord de protection avec le roi de Sukhothai. Malgré cela, la cité, très fréquemment attaquée, finit par tomber sous la coupe d'Ayutthaya, puis entre les mains des Birmans entre la fin du XVIe s et le milieu du XVIIIe s. Coupé du reste du pays

FIN D'ÉTUDES

Puisqu'elle est la capitale régionale, Chiang Mai accueille plusieurs dizaines de milliers d'étudiants. Tous les ans, fin janvier, un membre de la famille royale débarque en ville pour présider la cérémonie de remise des diplômes, à laquelle assistent les lauréats et leur famille. C'est alors l'effervescence, la ville craque littéralement sous la pression de la foule !

jusqu'au début du XXe s (aucune route n'y menait), le royaume développa un courant artistique particulier, le style Lan Na (ou Lanna), inspiré par l'art birman et lao. On retrouve dans les musées cet art singulier, l'un des plus beaux de Thaïlande.

Comment y aller ?

Tous les chemins (ou presque) mènent à Chiang Mai !
Pour plus d'infos sur les gares et aéroport lire également en fin de chapitre « Quitter Chiang Mai ».

En train

➢ Depuis **Bangkok** (gare de Hua Lamphong), via **Phitsanulok** et **Ayutthaya,** 6 trains/j. Idéal. 2 *Special Express* (avec couchettes ; env 12h de trajet) partent en début de soirée (pensez à réserver bien à l'avance). Retards fréquents dans les 2 sens.

En bus

➢ Depuis **Bangkok** (Northern Bus Terminal), une quinzaine de départs/j. (de la classe ordinaire aux bus VIP), sans compter les compagnies privées. Trajet : env 10h.
➢ Également une quinzaine de bus depuis **Chiang Rai** et **Sukhothai,** ainsi qu'une douzaine de minibus depuis **Pai** et **Mae Hong Son.**

En avion

➢ Nombreux vols quotidiens depuis **Bangkok** (*THAI, Nok Air, Bangkok Airways* et *Thai Air Asia*).
➢ Vols également depuis **Udon Thani, Pai, Phuket, Hat Yai, Mae Hong Son** et **Kho Samui** (*Nok Air* et *Thai Air Asia*).
➢ Liaisons directes aussi depuis **Luang Prabang** (Laos), **Yangon** (Birmanie), **Kuala Lumpur** (Malaisie), **Hong Kong, Kunming** (Chine), **Macao, Taipei, Singapour** et **Séoul** (Corée).

Comment rejoindre le centre ?

➢ De l'**aéroport** (à environ 6 km du centre ; *hors plan couleur par A4*), le mieux est de prendre un *airport taxi.* Prix fixe (environ 120 Bts) ; on achète le ticket dans le hall d'arrivée. Sinon, il y a les *tuk-tuk,* bien moins chers que les taxis, mais il faut sortir de l'enceinte de l'aéroport. Compter environ 100 Bts.
➢ Aux **gares ferroviaire** (*plan couleur D3)* et **routière** (*Arcade Bus Station, plan couleur D1),* des dizaines de rabatteurs attendent le touriste à l'arrivée. Brandissant photos et cartes de visite des *guesthouses,* ils proposent parfois de vous y emmener gratuitement. À vous de voir ! Sinon, le tarif habituel pour un *tuk-tuk* est d'environ 100 Bts, et de 20-30 Bts pour un *songthaew* collectif.

Orientation

La ville n'est pas extrêmement grande. Ce que l'on appellera le vieux quartier (ou l'île) est délimité par quatre anciennes douves, qui forment un carré bordé d'avenues faisant office de boulevards. Une zone pas particulièrement ancienne à vrai dire, mais à taille humaine avec ses ruelles bordées de petites maisons. La moitié est de cette île, comprise en gros entre Phra Pok Klao Road et Moon Mang Road, est entièrement dévolue à l'activité touristique : foultitude de *guesthouses,* restos, bars, agences de treks, loueurs de scooters, salons de massages... Pas une échoppe qui ne s'adresse aux *farang* ! La rivière coule à l'extérieur de l'île, environ 700 m à l'est. Tha Phae Road, l'axe principal qui relie la rivière au vieux quartier, vient déboucher sur Tha Phae Gate (la porte est), véritable centre géographique de Chiang Mai. Le quartier au sud de Tha Phae Road jusqu'à Sri Don Chai Road, grosso modo un carré de 500 m de côté, concentre une grande part des commerces, avec notamment le *Night Bazaar,* très touristique lui aussi. Au nord de Tha Phae Road s'étend le quartier du *Warorot Market,* commerçant lui aussi mais plutôt fréquenté par les locaux. À l'ouest de la vieille ville enfin, autour de Nimmanhaemin Road, s'est développé depuis quelques années un nouveau quartier branché, repaire de la classe moyenne thaïe. Une fois ces éléments intégrés, impossible de se perdre.

Transports en ville

– ***Le vélo :*** moyen de locomotion adéquat, car la ville est plate et de plus en plus engorgée. Faire attention sur les boulevards qui longent les canaux, le trafic est vraiment dense. De nombreuses *guesthouses* proposent des vélos à leurs hôtes. Sinon, on trouve des loueurs çà et là, en particulier le long du canal est. À partir de 30 Bts la journée.
– ***La moto :*** une bonne solution, surtout si l'on veut rayonner dans les environs. Certaines *guesthouses* en proposent, mais autant s'adresser directement à l'un des nombreux loueurs installés sur Moon Muang Road, Kotchasara Road ou Chai Ya Phum Road, le long du canal est *(plan couleur B2-3* ; lire ci-après « Adresses utiles »*)*. À partir de 200 Bts pour un scooter et de 250 Bts pour une 125 cm³. Pour les conditions de location, voir la rubrique « Transports » dans « Thaïlande utile » en début de guide.
– ***Les songthaew :*** les rouges circulent en ville ; les blancs, jaunes et bleus rayonnent dans la région. Ils fonctionnent un peu comme des bus, mais avec un itinéraire moins précis. Le mieux est donc de se poster dans l'axe de sa destination, de faire signe au véhicule pour qu'il s'arrête et d'annoncer sa destination au chauffeur ; s'il se dirige là où vous allez, il vous fera signe d'embarquer. Comptez environ 20-30 Bts par personne (parfois 10 Bts, regardez ce que vos voisins paient), soit bien moins qu'un *tuk-tuk*. À noter que ces *songthaew* peuvent parfois, quand ils sont vides, fonctionner comme un taxi. On peut même en louer un à la journée, ce qui peut être une manière pas trop onéreuse de visiter les environs de Chiang Mai à plusieurs.
– ***Les tuk-tuk :*** ce sont les véhicules à trois roues, semblables aux rickshaws indiens. Ils fonctionnent comme des taxis et sont donc plus chers que les *songthaew,* du moins si l'on est seul. Pour obtenir un tarif raisonnable, retirer 30 à 50 % du prix annoncé. Compter environ 100 Bts pour un trajet en ville.
– ***Les samlors à pédales :*** aussi appelés « pousse-pousse », on en voit encore quelques-uns.

Adresses et infos utiles

Infos touristiques et générales

ℹ ***TAT*** – ท.ท.ท. *(office de tourisme ; plan couleur C3)* **:** *164/94-95 Chang Khlan Rd.* ☎ *276-140.* • *tourismthailand.org/Where-to-Go/Chiang-Mai* • *Un peu loin du centre. Tlj 8h30-16h30.* Brochures sur la ville, liste des hôtels, horaires des bus, trains ou avions... Accueil souriant et en anglais.

■ ***Police touristique*** – ตำรวจท่องเที่ยว *(plan couleur C1)* **:** *au bord de la Mae Ping River, juste avt la Super Highway en venant du centre.* ☎ *247-318. N° d'urgence :* ☎ *11-55.*

■ ***Laveries :*** *un peu partout dans la vieille ville. Compter env 30 Bts/kg. Une adresse sérieuse, tenue par un français :* ***Mr Clean Laundry,*** *sur Ratphakhinai Rd (plan couleur B3,* ***6****).*

– ***Site internet en français :*** • *chiangmai-news.com* • Infos, petites annonces et forum en français.

– ***Distributeurs automatiques d'eau potable :*** quelques distributeurs d'eau potable sont disséminés un peu partout dans la ville. Il suffit d'avoir sur vous une bouteille vide et une petite pièce, et vous repartez avec le précieux liquide ! Bien pratique en balade.

Poste, télécommunications

✉ ***Poste principale*** – ไปรษณีย์กลาง *(plan couleur D3)* **:** *Charoen Muang Rd, non loin de la gare. Autres bureaux : Praisanee Rd (plan couleur C3), Sam Lan Rd (plan couleur A3) et à l'aéroport. Certains ouv les sam et dim mat.*

■ ***Téléphone*** – โทรศัพท์ *(plan couleur C3)* **:** *Praisanee Rd, face au bureau de poste précité. Tlj 8h30-20h. Sinon,* *nombreux téléphones publics en ville.* Pour l'international, on peut appeler depuis les téléphones orange à côté des magasins *7-Eleven* (se munir alors d'une carte *Lenso* coûtant minimum 200 Bts) ou, plus pratique, depuis les centres Internet, qui proposent des tarifs à partir de 10-15 Bts/mn. On peut également appeler en PCV *(collect calls)* moyennant une commission depuis certaines *guesthouses.*

@ ***Internet :*** il y a des cybercafés absolument partout dans le centre, impossible de marcher longtemps sans en voir un ! Généralement ouverts tous les jours, du matin jusqu'au soir. Environ 30 Bts/h. Une option parmi beaucoup d'autres, le ***Café de l'Amour*** *(plan couleur C4,* ***62****),* sur Sri Don Chai Road, où surfer armé d'un bon café (lire plus loin « Où boire un thé, un jus frais ? Où manger une pâtisserie ? »).

Change

Là encore, on trouve des banques avec ATM et comptoir de change ouvert sur la rue partout dans le centre, en particulier le long de Loi Khro Road et de Moon Muang Road *(plan couleur B2-3).* Certains de ces guichets, comme celui de la ***Siam Commercial Bank*** ou de la ***Bank Ayudhya*** (qui propose aussi un service *Western Union*), sont ouverts tous les jours, jusqu'à 20h-20h30. Taux assez équivalents. On peut aussi y changer des *traveller's,* moyennant une petite commission.

Représentations diplomatiques, immigration – สมาคมฝรั่งเศส

■ ***Consulat honoraire de France :*** *138 Thanon Charoen Prathet, au 1er étage de l'Alliance française (voir plus loin).* ☎ *281-466. Lun et mer-ven 10h-12h.* Seulement en cas de gros pépin.

■ ***Immigration Office*** – สำนักงานตรวจคนเข้าเมือง *(hors plan couleur par A4,* ***1****) : 71 Moo 3, Airport Rd Su Tep.* ☎ *201-755. • chiangmai.immigration.go.th • À côté de l'aéroport. Lun-ven 8h30-16h30.* Ceux qui ont obtenu avant le départ un visa touristique de 60 jours pourront faire prolonger ici leur séjour de 30 jours. Se munir de 2 photos et de 1 900 Bts. Fait en 1h. Autre solution, valable pour tous cette fois, le « **visa run** » : on fait l'aller-retour en une journée de Chiang Mai jusqu'à la frontière birmane, qu'on franchit juste pour obtenir un nouveau tampon thaïlandais. Et hop ! 15 jours de rab ! ***Attention,*** ce n'est pas cumulatif, les 15 jours d'autorisation de séjour débutent à la date de ce nouveau tampon. Compter env 500 Bts pour le transport (organisable par l'intermédiaire de nombreuses *guesthouses* ou agences de voyages), plus env 500 Bts de taxe à payer à la police des frontières birmane. Pour rappel, si vous avez dépassé la date de validité de votre visa, l'amende est fixée à 500 Bts par jour de retard.

■ ***Consulat de Chine*** – สถานกงสุลจีน *(plan couleur A4,* ***2****) : 111 Chang Lo Rd.* ☎ *276-125. • chiangmai.china-consulate.org • Sur la rive extérieure sud des douves, dans un grand domaine aux murs blancs. Lun-ven 9h-11h30.* Compter 4 jours ouvrables et 30 € pour obtenir un visa de tourisme d'un mois (qu'on peut toutefois facilement prolonger sur place, pour un séjour de 3 mois maximum).

Santé

■ ***Loi Khro Clinic*** – คลีนิคลอยเคราะห์ *(plan couleur C3) : 62/2 Loi Khro Rd.* ☎ *271-571. En face du Wat Loi Khro. Lun-ven 8h-13h, 16h30-20h30 ; sam 8h-13h ; dim 16h30-20h30.* Médecine sérieuse.

✚ ***Ram Hospital*** – โรงพยาบาลราม *(plan couleur A2,* ***3****) : 8 Bunruangrit Rd.* ☎ *224-861/851.* Ultramoderne et bien équipé. Hôpital privé, donc cher, mais bien pour de petites interventions.

■ ***Maharaj Nakorn Public Hospital*** – โรงพยาบาลมหาราช *(plan couleur A3,* ***4****) : 110 Suthep Rd, à l'extérieur de Suan Dok Gate (la porte ouest).* ☎ *221-122.* Bien moins cher que les précédents, car public, mais beaucoup plus de monde, donc d'attente. Vaste complexe.

■ ***Dentistes : Peerayoot Dental Clinic*** – พีระยุทธิทันตแพทย์, *58/4 Hatsa Disewi Rd (plan couleur A2).* ☎ *212-653. Tlj sf dim 9h-20h, sur rdv. Excellent dentiste, mais assez cher. Autres*

CHIANG MAI ET SES ENVIRONS

bonnes adresses : ***Chiang Mai Dental Hospital,*** *sur la Super Highway (plan couleur A1). ☎ 411-150. Dentistes parlant l'anglais. Ou encore* ***Rajavej Chiang Mai Hospital*** *(clinique généraliste), 316/1 Chiang Mai-Lamphun Rd. ☎ 801-999.*

■ ***Pharmacies*** – ร้านขายยา *: nombreuses dans le vieux quartier, en particulier sur Moon Muang Rd (plan couleur B2-3).* La plupart sont ouvertes jusqu'à 20h ou 21h.

Loisirs

■ ***Suriwong Book Center*** – ร้านหนังสือสุริวงษ์ *(plan couleur C4,* ***5****) : 54/1 Sri Don Chai Rd. Tlj 10h-19h.* On y trouve à l'étage la plus grande librairie de Chiang Mai. Plans et bonnes cartes également, dont l'excellente et rigolote carte de Chiang Mai faite par Nancy Chandler.

■ ***Gecko Books*** – เกกโก บุ๊ค *(plan couleur B3,* ***13****) : 2/6 Chiang Moi Kao Rd. Dans une allée sur la gauche, au début de Tha Phae Rd. Tlj 8h-21h.* Une caverne d'Ali Baba pour les bouquins d'occase. Un peu de neuf aussi. Énorme choix en anglais, bien sûr, plus un rayon français assez fourni (notamment en *SAS*...). Achat, vente, échange. Pas mal de choix chez le voisin également, ***Backstreet Books.*** Gecko compte plusieurs succursales, notamment à côté du *Dada Café,* mais allez à celle-ci pour les bouquins en français.

■ ***Bar Fly*** *(plan couleur B3,* ***75****) : au fond d'une courette en remontant Moon Muang Rd, 100 m après le Soi 1. Tlj 17h-1h.* Ce petit bar tenu par un Français est prolongé d'une librairie d'occase, alignant pas mal de bouquins à acheter ou emprunter : beaucoup de polars, mais aussi des romans, des grands classiques, et même des B.D. ! On peut aussi s'y taper un burger ou des spaghettis.

■ ***Presse internationale :*** chez certains marchands de journaux le long de Moon Muang Road, par exemple celui qui se trouve un peu après Ratchamanka Road en venant de Ratchadamnoen *(plan couleur B3)*. On y trouve *Le Monde* (de l'avant-veille) ou *Libération* et des magazines.

– Plusieurs ***journaux gratuits*** *(Welcome to Chiang Mai, Good Morning Chiang Mai, Chiang Mai Guidelines...),* que vous trouverez dans les hôtels et les restos, se partagent le gâteau des annonceurs publicitaires de Chiang Mai. Pas très informatif en vérité, même si l'on peut piocher ici et là un tuyau, un plan de ville ou des horaires de bus...

■ ***Apprendre à parler le thaï :*** plusieurs écoles proposent des cours de thaï, notamment l'***American University Alumni*** *(73 Ratchadamnoen Rd, à 100 m de Moon Muang Rd ; plan couleur B3 ; ☎ 277-951 ; • learnthaiinchiangmai.com •).* Bien sûr, il faut avoir du temps devant soi : les sessions durent de 6 à 10 semaines, à raison de 1h30 de cours/j. (3h si vous optez pour les cours du week-end). Compter 2 500-2 800 Bts la session complète. Cours à l'Alliance française également (voir plus loin), mais bien plus chers.

■ ***Piscines*** – สระว่ายน้ำ *: grande piscine avec plongeoir et mini toboggan à la guesthouse* ***B.M.P. Resident*** *(plan couleur B4,* ***19*** *; lire plus loin « Où dormir ? Au sud »). Accès pour les non-résidents : 50 Bts. Une autre au* ***Sara Health Club,*** *109 Bamrung Rat Rd (plan couleur C-D2), en face du consulat britannique. Entrée payante mais pas chère. Belle piscine olympique avec transats, chaises et parasols.*

Compagnies aériennes

■ ***THAI*** – สายการบินไทย *(plan couleur B2,* ***7****) : 240 Phra Pok Khlao Rd. ☎ 920-999. • thaiairways.com • Tlj 8h-17h.*

■ ***Bangkok Airways*** – สายการบินบางกอกแอร์เวย์ *(hors plan couleur par A2) : 44/1 Nimmanhaemin Rd, Soi 12. ☎ 289-338. Lun-sam 8h30-18h. Autre agence à l'aéroport. • bangkokair.com •*

■ ***Nok Air*** – สายการบินนกแอร์ *: à l'aéroport. ☎ 922-183. • nokair.com •* Compagnie *low-cost.*

■ ***Thai Air Asia*** – สายการบินไทยแอร์เอเชีย *: 416, Tha Phae Rd. ☎ 392-170. • airasia.com •* Compagnie *low-cost.*

■ ***Kan Air*** – กานต์แอร์ *: à l'aéroport. ☎ 283-311. • kanairlines.com •* Compagnie *low-cost* assurant des vols régionaux au départ de Chiang Mai (Pai, Mae Hong Son, Phitsanulok...).

Agences de voyages

■ ***Trans World Travel Co*** – ทรานซ์เวิร์ลทราเวล : *259-261 Tha Phae Rd. ☎ 838-901 ou 272-415. • transworldtravel@hotmail.com • Tlj sf dim et j. fériés 8h-17h.* Agence de voyages réputée.

■ ***Cool Asia Travel*** *(plan couleur B2,* ***36****)* **:** *87 Siphrum Rd, près de la Chang Puak Gate (la porte nord). ☎ 212-618.* Agence sérieuse, où l'on parle le français. Lire également plus loin « Où dormir dans le vieux quartier ? *Cool Guesthouse* ».

Location de véhicules pour rayonner dans la province

■ ***North Wheels*** *(plan couleur B2,* ***8****)* **:** *70 Chai Ya Phum Rd. ☎ 874-478. • northwheels.com • À partir de 200 Bts/j. pour une moto 110 cc automatique et 1 500 Bts/j. pour une petite Toyota ; prix dégressifs.* Offre les mêmes services que les grandes enseignes à des tarifs intéressants. Depuis une quinzaine d'années, c'est le grand spécialiste de la location de véhicules sur le Nord.

■ ***Dang Bike Hire*** – แดงไบ๊ท์ ไฮร์ *(plan couleur B3)* **:** *23 Kotchasara Rd, face à Tha Phae Gate (la porte est). ☎ 271-524. Compter min 500 Bts/j.* Loueur de motos 200 ou 250 cm^3 de marque Honda, confortables sur la route et assez agiles sur les pistes. Ici, elles sont toutes assurées automatiquement au tiers (macarons sur le réservoir) et, en plus, on peut racheter la moitié de la franchise. Loue aussi des VTT.

■ ***C & P Service*** – ซีแอนพี เซอร์วิซ **:** *51 Kotchasara Rd, près du resto Aroon Rai (plan couleur B3,* ***44****). ☎ 271-161. Moto 250* cm^3 *env 800 Bts/j. Pas mal de choix chez le voisin également, Pop.*

■ ***NP Carrent*** – เอ็นพี คาร์เร้นท์ *(plan couleur B3)* **:** *3 Ratchamanka Rd. ☎ 903-914. Tlj 9h-18h. Moto automatique 200 Bts/j. et voitures à partir de 1 000 Bts/j.*

Francophonie

■ ***Alliance française*** – สมาคมฝรั่งเศส *(plan couleur C4,* ***9****)* **:** *138 Charoen Prathet Rd. ☎ 275-277. • chiangmai@alliance-francaise.or.th • afthailande.org • Lun-ven 9h30-12h, 14h-18h30 ; sam 9h-12h.* Des activités qui s'adressent surtout à ceux qui habitent Chiang Mai (cours de thaï, bibliothèque). Quand on est de passage, on peut passer lire les derniers journaux et magazines français. Petit café sympa dans le jardin.

Où dormir ?

Plus de 300 *guesthouses* à Chiang Mai, donc large choix, il suffit de se promener un peu pour le constater ! Mais cela se fait au détriment du patrimoine : les vieilles maisons de style Lanna sont détruites pour faire place au béton, la mode des boutique-hôtels s'empare de la ville. Pas sûr que tous fassent le plein. Faites donc jouer la concurrence et négociez des réductions.

On déplore en plus que certains propriétaires fassent grise mine si vous ne prenez pas le trek que tous ou presque proposent. Certaines agences de voyages de Bangkok vont même jusqu'à offrir une nuit gratuite à Chiang Mai, là encore pour vous inciter à prendre le trek de l'hôtel. D'ailleurs, parfois, si vous refusez le trek, l'hôtel en question est subitement complet ! Aussi, les adresses que nous indiquons étant souvent prises d'assaut dès le début de la haute saison, pensez à réserver si vous souhaitez être logé dans un établissement bien particulier. Mais, pas d'inquiétude, si votre *guesthouse* est complète, il y a sûrement de la place chez la voisine !

Attention aussi à la gare des bus ou des trains, les *tuk-tuk* ou taxis racontent parfois que la *guesthouse* de votre choix a déménagé ou brûlé, évidemment dans le dessein de vous conduire là où leur commission est plus forte. À vous de ne pas vous faire mener par le bout du nez !

Dans le vieux quartier

Bon marché (de 150 à 300 Bts – 3,75 à 7,50 €)

■ ***Julie Guesthouse*** – จูไรย์ เกสท์เฮ้าส์ *(plan couleur B3,* ***12****) : 7/1 Soi 6, Phra Pok Klao Rd. ☎ 274-355. • julieguesthouse.com • Par une petite allée dans le coin sud-est de l'île. Résa fortement recommandée. Dortoir 80 Bts ; différents types de chambres 160-500 Bts pour 2, mais ttes d'un bon rapport qualité-prix. Eau chaude dans presque ttes les douches.* Adresse *roots,* blindée de jeunes routards du monde entier. Jardin tranquille garni de hamacs et transats, personnel cool, atmosphère relax... Fait aussi agence de voyages. Resto au rez-de-chaussée, billard. Location de motos. Chacun note tout ce qu'il consomme (que ce soit une bière ou un trek) et paie à la fin de son séjour.

■ ***Lamchang House*** – ลำช้างเฮาส์ *(plan couleur B2,* ***11****) : 24 Soi 7, Moon Muang Rd. ☎ 210-586. Pas de résa possible. Double env 250 Bts.* Dans une rue calme et pourtant centrale, une petite adresse très simple tenue par un couple franco-thaï. Belle maison en teck où tout semble d'origine, avec un petit jardin à l'avant. Bambou tressé, confort très simple, avec une seule douche chaude et des toilettes à partager. Matelas durs durs. Évitez les chambres du bas, un peu sombres, et celles près de la machine dans le couloir, ou n'oubliez pas vos boules Quies ! L'entretien laisse à désirer. Location de vélos ou de scooters ; on y organise aussi des treks. Super accueil, avec plein d'infos pour visiter le coin.

■ ***Nocky House*** – นกกี้เฮ้าส์ *(plan couleur B2,* ***16****) : 66 Moon Muang Soi 9, Siphrum Rd. 📱 081-550-27-89 ou 084-987-88-43. Compter 100-300 Bts.* 💻 Ça c'est du *roots,* du routard pur jus, le genre d'adresse hors norme pour *travelers* au long cours. Au fond d'une impasse, une petite bicoque familiale de bric et de broc, organisée autour d'une cour semée de cahutes en bois abritant banquettes et tables basses. Dans un coin, une cuisine, pas très reluisante, où préparer son petit déj, à la bonne franquette. Et un salon télé, aux canapés en cuir. À l'étage, les piaules, rudimentaires mais plutôt propres (prévoir son sac à viande), toutes ventilées, certaines avec télé. Les fauchés dormiront à l'air libre, sur le *deck,* dans une tente 3 secondes ou sur un matelas protégé par une moustiquaire. Tout le monde partage les salles de bains-toilettes. Ambiance sans prise de tête on l'aura compris, à l'image de l'accueil au féminin, relax, malicieux mais efficace. D'ailleurs, les horaires de bus sont affichés dans tous les couloirs, pas d'excuse si vous ratez le vôtre ! Location de vélos.

■ Bons plans également, les chambres 1er prix des *guesthouses* ***Mountain View*** et ***Yourhouse*** citées ci-après.

Prix moyens (de 400 à 700 Bts – 10 à 17,50 €)

■ ***Mountain View Guesthouse*** – เมาเท็นวิวเกสเฮ้าส์ *(plan couleur B2,* ***26****) : 105 Siphrum Rd. ☎ 212-866. • mountainview-guesthouse.com • En face de Chang Puak Gate (la porte nord), à l'intérieur de l'enceinte. Chambres 300-700 Bts, ttes avec eau chaude ; réduc en basse saison.* 📶 À l'arrière d'une grande maison, dans un vaste jardin tropical, un ensemble de maisonnettes en bois grimpant les unes sur les autres et abritant différents types de chambres, de bon marché à prix moyens, la plupart avec balcon. Les *deluxe,* de style thaï, au fond du jardin, sont plus calmes, agréables et confortables. Belle terrasse en bois où prendre ses repas au cœur de la végétation. Du toit-terrasse on voit le mont Doi Suthep, d'où le nom de l'hôtel. Accueil pro. Une adresse sûre et sans histoire.

■ ***Yourhouse Guesthouse*** – หจก ยัวร์เฮาส์เกสท์เฮ้าส์ แอนด์ แทรกกิ้งทัวร์ *(plan couleur B2-3,* ***27****) : 8 Soi 2, Ratchawithi Rd. ☎ 217-492. • yourhouseguesthouse.com • Doubles 250-850 Bts selon confort. Pas de petit déj.* D'abord la maison d'origine, en teck, encore fière mais un peu flétrie, où on loge pour pas cher dans des chambres avec moustiquaire partageant la salle de bains. En face, une haute bâtisse, flambant neuve, au parquet luisant. On se déchausse pour entrer dans les chambres claires et fraîches, toutes avec salle de bains, loggia et TV. Gros matelas posé à même le sol dans les moins chères (600 Bts) ; vrai lit pour les autres. AC en supplément. Accueil adorable, en famille.

Rendez-Vous Guesthouse – รองเดวูเกสท์เฮ้าส์ *(plan couleur B3,* ***15****) : 3/1 Soi 5, Ratchadamnoen Rd. ☎ 213-763. • rendezvouscm.com • Doubles 580-700 Bts, petit déj inclus.* Bien situé, dans un *soi* calme du vieux quartier, un point de chute accueillant d'une trentaine de chambres carrelées avec ventilo ou AC, TV et frigo. Certaines ont même une terrasse. En prime, un resto-bar de cuisine thaïe et internationale (fermé le dimanche soir) au rez-de-chaussée, garni de banquettes et orné d'une grande photo de la place de l'Étoile. Accueil charmant mais souvent plein. Les treks qui y sont proposés valent le coup.

Pha-Thai House – ฟ้าไทยเกสท์เฮ้าส์ *(plan couleur B3,* ***22****) : 48/1 Ratphakhinai Rd. ☎ 278-013. • phathaihouse.com • Chambres 400-1 500 Bts.* Hébergement coquet et accueillant, impeccablement tenu par un couple thaï adorable, toujours prêt à rendre service. Une trentaine de chambres pour tous les budgets, très agréables dès les premiers prix (400-500 Bts selon saison). Carrelage luisant ou parquet, joli mobilier en bois, petit balcon pour certaines, et un effort de déco dans chacune. Certaines sont alignées dans un bâtiment bas style motel, d'autres grimpent dans les étages. Quelques familiales un peu plus chères. Joli jardin pour prendre le petit déj (diverses formules) bercé par le glouglou d'une fontaine. De plus, Pol parle très bien le français. Magasin de tissus antiques. Propose également de petites virées dans la région. Excellente adresse.

Gap's House – แก็ปส์เฮ้าส์ *(plan couleur B3,* ***23****) : 3 Soi 4, Ratchadamnoen Rd. ☎ 278-140. • gaps-house.com • Ne prend pas de résas. Doubles 450-700 Bts selon taille, petit déj inclus.* Au beau milieu de la ville, un ensemble de petits pavillons noyés dans la végétation, en retrait de l'animation. Les chambres, tout en bois, avec mobilier traditionnel, AC et salle de bains privée, ne manquent pas de cachet, même si certaines sont un peu sombres. Isolation des murs assez légère... Coin salon avec bibliothèque à l'ancienne. Cours de cuisine (10h-16h, à 15 mn en dehors de la ville). Leurs dîners-buffets végétariens à 100 Bts (19h-21h, sauf le dimanche) sont remarquables et ouverts aux non-résidents (un peu de bruit du coup pendant les heures de repas). Accueil inexistant, dommage.

Pathara House – ภัทราเฮ้าส์ *(plan couleur B3,* ***21****) : 24 Soi 2, Moon Muang Rd. ☎ 206-542. 📱 087-134-38-82. Doubles 400-550 Bts.* Petit immeuble banal mais bien tenu, abritant une vingtaine de chambres carrelées avec balcon, salle de bains (eau chaude), ventilo, ou l'AC en supplément (mais cela devient alors un peu cher). En voir plusieurs, certaines sont claires, d'autres très sombres. Accueil sympathique de Karim.

Plus chic (de 1 000 à 2 000 Bts – 25 à 50 €)

Dans cette catégorie, le petit déj est inclus dans le prix de la chambre.

Sri Pat Guesthouse – ศรีพัฒน์เกสท์เฮ้าส์ *(plan couleur B2,* ***25****) : 16 Soi 7, Moon Muang Rd. ☎ 218-716. • sri-patguesthouse.com • Doubles 1 000-1 600 Bts.* Dans une rue à la fois calme et centrale, un petit bâtiment de 3 étages, avec façade en brique faisant saillie au rez-de-chaussée. Chambres impeccables, bien équipées, au mobilier sobre et élégant, avec salle de bains nickel, bonne literie et balcon privé ! De plus, piscine intégrée et jacuzzi. Bel espace pour le petit déj (non compris), et resto avec dîner *kantoke*. Accueil sympathique. Location de deux-roues. Bon rapport qualité-prix.

Cool Guesthouse – คูล เกสท์ เฮาส์ *(plan couleur B2,* ***36****) : 87 Siphrum Rd, près de la Chang Puak Gate (la porte nord). ☎ 212-618. • coolguesthouse.com • Double 990 Bts.* À la limite de la vieille ville, une petite structure accolée à une agence de voyages et gérée par Xavier, un Français installé dans le pays depuis une dizaine d'années. 9 chambres coquettes à l'ambiance balinaise, donnant sur un patio intérieur très zen avec bassin de poissons. C'est là qu'on sert le petit déj (pain et confitures maison). AC ou ventilo, au choix. Accès à TV5MONDE. Prêt de vélos et tandems. Possibilité de massage pro. Très bon accueil de tout le staff, parfaitement francophone, qui peut aussi vous organiser des excursions.

Charcoa House – ชาร์โคล *(plan couleur B2, **14**) : 4 Soi 1, Siphrum Rd. ☎ 212-681. • charcoa.com • Doubles 1 200-1 800 Bts selon saison ; suite 2 000 Bts.* Une petite structure de 12 chambres au calme, claires et sobrement décorées, dotées du confort espéré (AC, TV écran plat, grand frigo), certaines disposant même d'un minuscule patio. L'ensemble est chaleureux et arrangé avec soin. Également un resto et une pâtisserie attenante. Une bonne escale.

Anoma Boutique House – อโนมา บูติค เฮาส์ *(plan couleur B3, **35**) : 57/3 Ratphakhinai Rd. ☎ 276-280. • anomaboutiquehouse.com • Doubles 1 500-2 100 Bts selon taille et saison ; promos sur Internet.* À 5 mn à pied de Tha Phae Gate (la porte est), un petit hôtel de charme tenu par une charmante famille thaïe. Une vingtaine de chambres claires et élégantes sur 4 étages, décorées en style Lanna avec planchers de bois et équipement complet : AC, TV écran plat. 2 suites avec terrasse-jacuzzi. Modernité et tradition forment un mélange harmonieux.

Autour de Nawarat Bridge

Bon marché (de 150 à 300 Bts – 3,75 à 7,50 €)

C & C Teak House – ซี.แอนด์ซี ทีคเฮ้าส์ *(plan couleur D3, **10**) : 39 Bamrung Rat Rd. ☎ 246-966. À mi-chemin entre la gare routière et le centre. De la gare, en arrivant sur Charoen Muang Rd, prendre à droite au 3e feu ; c'est à 200 m, sur la gauche. Pas de résa possible. Double 200 Bts ; également des triples et quadruples.* Cette rustique maison en teck bâtie en 1887 héberge une adresse à prix très serrés, tenue par Simon et Rung, un couple franco-thaï. Ils proposent une vingtaine de chambres au total, tout en bois, avec ventilo (sauf les 2 triples, climatisées). Salles de bains communes avec eau chaude, toilettes à la thaïe (entretien aléatoire). Au resto, bons petits plats mixtes franco-thaïs, à apprécier dans une sympathique cour ombragée. On vous y vend aussi des treks pédestres ou à moto (assurez-vous que votre guide parle l'anglais), d'un à plusieurs jours. Dommage que l'adresse soit aussi excentrée, et l'accueil pas toujours très amène.

Pao Come Guesthouse – เปาคำ เกสท์เฮ้าส์ *(plan couleur B2, **20**) : 3 Soi 3, Chang Moi Rd. ☎ 252-377. À 500 m de Tha Phae Gate ; prendre Chang Moi Rd puis tourner dans le 1er soi à gauche. Double 300 Bts. Pas de petit déj.* Installée dans un quartier tranquille, à deux pas du vénérable *chedî* en brique du Wat Chai Sippom, cette grande maison traditionnelle en pierre et bois abrite une dizaine de chambres simples mais coquettes, avec ventilo, jolies salles d'eau couvertes de mosaïques et matelas pas des plus moelleux. Toutes donnent sur des coursives où bouquiner calé sur un fauteuil. Parfait pour se poser loin de la foule. Location de vélos.

Prix moyens (de 400 à 700 Bts – 10 à 17,50 €)

Siriya House – ศิริยะ เฮ้าส์ *(plan couleur C3, **29**) : 15 Charoen Prathet Rd, Soi 2. ☎ 821-121. 081-808-73-07. • siriyahouse.com • Tout près de la rivière ; prendre le soi 2 dans Prathet Rd et tourner à droite. Compter 600 Bts pour 2, petit déj inclus.* Une adresse chez l'habitant toute simple et vraiment sympathique, proposant seulement 4 chambres, installées à l'étage de la maison familiale. Clim et douche privée. Au rez-de-chaussée, une petite épicerie de dépannage pour les habitants du quartier. N'hésitez pas à appeler sur le portable ; vous tomberez sur Sirilux (depuis Bangkok), qui parle couramment le français.

Micasa Guesthouse – มิกาซ่า เกสท์เฮ้าส์ *(plan couleur B3, **33**) : 2/2 Tha Phae Rd, Soi 4. ☎ 209-127. Doubles 450-700 Bts ; petit déj en sus. (salon au rdc).* Dans une ruelle tranquille, entre la vieille ville et le *Night Bazaar*, une quinzaine de chambres, petites pour la plupart, toutes dotées de TV câblée et frigo, et aménagées dans une habitation à l'architecture traditionnelle. Au rez-de-chaussée, un salon-réception coloré. Au 1er étage, 3 des chambres ont une fenêtre qui donne... sur le couloir ; celles-là sont un peu chères du coup (minimum 450 Bts, avec salle de douche partagée). Au dernier étage, une seule chambre, un nid douillet avec une grande terrasse et une baignoire à l'ancienne (1 200 Bts) : super ! Un chouia cher dans l'ensemble, mais on paie le charme d'un lieu confortable et personnalisé. Location de vélos.

Green Lodge – กรีนลอดจ์ *(plan couleur C3, **24**) : 60 Charoen Prathet Rd. ☎ 279-188. Double 500 Bts.* À deux pas du *Night Bazaar*, 24 chambres (toutes avec AC et brasseur d'air), réparties sur 5 niveaux dans un petit immeuble blanc. Elles sont proprettes, avec moquette, TV, bons lits et petite salle de bains. Ni trek ni petit déj, ici, on vient pour dormir et basta ! Accueil en or.

Plus chic (de 1 000 à 2 000 Bts – 25 à 50 €)

Riverview Lodge – โรงแรมริเวอร์วิวลอดจ์ *(plan couleur C3, **29**) : 25 Charoen Prathet Rd, Soi 4. ☎ 271-109. • www.riverviewlodgch.com • Doubles 1 200-1 500 Bts, petit déj inclus.* Bel établissement dressé au bord de la rivière, au fond d'un *soi* tranquille, avec, à ses pieds, un joli jardin tropical creusé d'une piscine et semé d'espaces de détente. Chambres plus banales, mais assez vastes, et dotées d'une bonne literie et d'un frigo. Balcon côté rivière pour les plus chères.

Au nord

De bon marché à prix moyens (de 150 à 700 Bts – 3,75 à 17,50 €)

Pun Pun Guesthouse – ปันปันเกสท์เฮ้าส์ *(plan couleur C2, **17**) : 321 Charoen Rat Rd (à l'angle du Rathanakosin Bridge). ☎ 243-362. • armms.com • Doubles 275-450 Bts selon confort.* Au choix, de petits bungalows très rudimentaires (et pas très bien tenus) plantés en bord de rivière (sanitaires communs), ou des chambres plus confortables, avec salle de bains, ventilo ou clim, à l'étage de la maison en teck à l'arrière. Resto pas cher, et jardin au bord de l'eau, où pendent des hamacs. Dommage que la rumeur de la route vienne un peu gâcher l'ambiance. Vaut surtout pour la bonne humeur communicative de John, le proprio américain. À pied, on est un peu loin de tout.

Au sud

Prix moyens (de 300 à 700 Bts – 7,50 à 17,50 €)

B.M.P. Resident – บีเอ็มพีเรสิเด้นท์ *(plan couleur B4, **19**) : 45/1 Rat Chiang Sean Rd, Soi 2. ☎ 282-261. • bmpresident.com • Doubles 400-700 Bts ; petit déj en sus.* À deux pas de la vieille ville, une cinquantaine de chambres convenables avec ou sans AC, dans un petit complexe muni d'une grande piscine avec plongeoir et mini-toboggan (accessible aux non-résidents pour 50 Bts). Certaines chambres parmi les moins chères n'ont pas de véritable fenêtre. Sous la terrasse couverte du resto, on chante des standards du rock tous les soirs... Les couche-tôt passeront leur chemin. Location de motos et organisation de treks un peu en dehors des sentiers battus. Une adresse jeune et routarde, où partager ses tuyaux.

Smile House Boutique Hotel – โรงแรมสไมล์เฮ้าส์ *(plan couleur B4, **30**) : 3/5 Suriwong Rd. ☎ 206-210.*

● smilehousechiangmai.com ● Juste au sud du vieux quartier. Double 700 Bts. Dissimulée derrière son enceinte orange, tout près du centre mais à l'écart de l'agitation, une petite bâtisse flanquée d'une fontaine et d'un jardin. On y trouve une quinzaine de chambres boisées, coquettes, avec plancher en teck, TV câblée, jolie petite salle de bains et literie de qualité, mais qui sentent parfois un peu l'humidité. Terrasses couvertes, à l'étage et dans le jardin, parfaites pour prendre le petit déj léger (des toasts et du café) inclus dans le prix. Les couche-tôt éviteront la n° 5, la plus proche du petit bar. Accueil sympathique.

Wiriya House – วิริยะเฮ้าส์ *(plan couleur B4,* ***18****) : 10/4 Rat Chiang Sean Rd, Soi 1. ☎ 272-340. ● wiriya-house.com ● S'engager 200 m à gauche juste après la station-service depuis Rat Chiang Sean, puis prendre la 1re à droite. Doubles 600-700 Bts.* Dans un quartier tranquille à deux pas de la vieille ville, un bâtiment moderne de 4 étages, avec réception et resto au rez-de-chaussée. Chambres de belle taille, équipées de TV, minibar et AC pour les plus chères. Déco un peu vieillotte, mais locaux très bien tenus. Et, cerise sur le gâteau, petite piscine rigolote, avec coin terrasse pour bronzer à l'aise, bien séparée de la route par la végétation. Diverses formules de treks bien sûr, proposées à partir de 1 jour, et voitures à louer. Accueil sans plus.

Chiang Mai International Youth Hostel – บ้านเยาวชนนานาชาติเชียงใหม่ *(hors plan couleur par C4,* ***34****) : 54 Papraw Rd. ☎ 276-737. ● chiangmaiyha.org ● À 2-3 km au sud, par une rue sur la droite de Chang Khlan Rd en venant du centre. Doubles 300-500 Bts ; petit déj en sus. Check-in dès 14h.* Une de nos adresses historiques, perdue aux franges de la campagne dans un bâtiment coloré bien tenu et reposant. 8 chambres seulement, un poil sommaires mais au final plutôt confortables pour des chambres d'AJ (salle de bains avec eau chaude nickel, AC possible). Location de motos, laverie, réservation de billets de transport et organisation de treks. Peuvent aussi venir vous chercher gratuitement à la gare des bus ou des trains.

Plus chic (de 1 000 à 2 000 Bts – 25 à 50 €)

Chiang Mai Gate Hotel – โรงแรมเชียงใหม่เกต *(plan couleur B4,* ***32****) : 11/10 Suriwong Rd. ☎ 203-899. ● chiangmaigatehotel.com ● Double 1 500 Bts, petit déj inclus.* Dans un quartier calme assez proche de la vieille ville, un hôtel moderne de bon standing accueillant pas mal de groupes. Les chambres *deluxe,* cossues mais sans grand charme, sont d'un bon rapport qualité-prix. Certaines ont un balcon avec vue sur le *chedî* voisin et le feuillage des bananiers, d'autres ne regardent qu'une cour de service. Piscine agréable (accessible aux non-résidents pour 50 Bts). Coffres-forts à la réception. Restaurant.

Où manger ?

Routards gourmands, à vos fourchettes ! Les restos de Chiang Mai sauront titiller vos papilles délicates. La cuisine locale, délicieuse et raffinée, emprunte aux voisins birmans et chinois nombre de saveurs inconnues dans le Sud. Sans oublier le côté cosmopolite de la ville, qui permet de faire un tour des cuisines du monde sans se ruiner.

Dans le vieux quartier

Bon marché (moins de 100 Bts – 2,50 €)

Petits restaurants de nuit de Somphet Market – ร้านอาหารเล็กๆ ในตอนกลางคืนตลาดสมเพชร *(plan couleur B2,* ***40****) : sur Moon Muang Rd, 500 m au nord de Tha Phae Gate (la porte est). Y aller le soir, jusque tard dans la nuit.* Cuisine de rue populaire, thaïe ou chinoise, appétissante et bon marché. Animation sympathique. Le jour, on peut venir piocher des fruits frais sur les étals.

Jok Sompet Restaurant – โจ๊กสมเพชร *(plan couleur B2,* ***43****) : immeuble* *vieillot de 3 étages au coin de Ratphakhinai et Siphrum Rd (côté nord de l'île).* ☎ *210-649. Carte en anglais.* Profitant de Chiang Mai pour faire un tour du monde culinaire à petit prix, il ne faudrait pas manquer ce sino-thaï squattant typiquement un rez-de-chaussée ouvert sur la rue. Drôles de tables carrelées et bancs d'écoliers. Des photos du pays du début du XXe s viennent égayer le jaune des murs. Ici, grand-mères et jeunes couples sino-thaïs célèbrent quotidiennement la nourriture cantonaise populaire en dégustant des *dim sum.* D'autres préféreront l'un des très nombreux plats de nouilles ou différentes spécialités de la région. On y mange à toute heure (y compris de la nuit), comme à celle du thé.

Prix moyens (de 100 à 200 Bts – 2,50 à 5 €)

|●| ***Blue Diamond*** *(plan couleur B2,* ***46****)* **:** *35/1 Moon Muang Rd, Soi 9.* ☎ *217-120. Tlj sf dim 7h-20h30.* Bar-épicerie bio, escale idéale à toutes les heures de la journée. Pour débuter, on trouve, entre autres, des yaourts (vache ou soja) maison, du porridge à la noix de coco et à la banane, des toasts au pain maison, des infusions assez originales, des jus de fruits frais, dont les mélanges changent un peu. À la carte, les plats végétariens sont en photo, et l'avocat est roi. En plus : soupes, salades, omelettes, plats thaïs. C'est frais et copieux. En dessert, crumble, brownie... Quelques tables dehors, en bordure d'un jardin où serpente un ruisseau peuplé de poissons obèses. Également un coin boutique avec huiles de massage, fruits secs, infusions, etc.

|●| ***Huen Phen*** – ร้านอาหารเฮือนเพ็ญ *(plan couleur B3,* ***45****)* **:** *112 Ratchamankha Rd.* ☎ *814-548 pour le midi,* ☎ *277-103 pour le dîner. Tlj 8h30-14h, 16h-22h. Résa conseillée pour le dîner en hte saison.* Au centre de la vieille ville, le lieu idéal pour goûter aux spécialités de la région, aussi délicieuses qu'abordables. À midi, on mange comme à la cantine. Le soir, on s'installe dans une agréable salle pleine d'un bric-à-brac glané çà et là, ou sous un joli petit palanquin (à condition d'aimer manger en tailleur). Bon *khao soi* et *kaeng hua plii* (curry de fleur de bananier et d'herbes). Pas mal de touristes.

|●| ***Kaow Tom*** *(plan couleur B3,* ***48****)* **:** *Ratchadamnoen Rd, presque à l'angle de Phra Pok Khlao. Tlj en continu 5h-minuit. Enseigne en thaï, carte en anglais.* Ouverte en grand sur l'avenue, une brasserie version thaïe où le service ne stoppe jamais, du petit matin au mitan de la nuit. À l'heure du coup de feu, entre le fatras des cuisines donnant sur la salle et le brouhaha des clients thaïs comme étrangers, chacun lutte à qui poussera le volume le plus fort. Les tables se vident à peine qu'elles se regarnissent déjà. Pour gérer le flux, des serveurs en tablier, à la blague facile mais pas du genre à laisser le client s'enkyster. À la carte, pas mal de fruits de mer, de la viande aussi, beaucoup de plats frits. Dommage que les prix soient un peu plus élevés qu'ailleurs.

|●| ***Chuan Chom*** – โครงการครัวชวนชม *(plan couleur B3,* ***58****)* **:** *derrière le Centre des Arts et de la Culture, au coin de Ratvithi Rd.* ☎ *221-231. Tlj 9h-16h30.* Un café-resto proposant des plats thaïs traditionnels à petits prix, à déguster en terrasse sous les arbres ou à l'intérieur. Menu au tableau noir. La particularité, c'est que la cuisine et le service sont assurés par des détenues de la prison voisine en phase de réhabilitation, sous une discrète surveillance de leurs gardiennes. D'autres prisonnières proposent des massages traditionnels dans la belle maison lanna mitoyenne (voir « Massages traditionnels » plus loin).

|●| ***PP Buffet*** *(plan couleur A3,* ***50****)* **:** *Arak Rd, au niveau de la Suan Dok Gate. Tlj 17h-3h. Buffet à volonté env 150 Bts.* Immense hangar ouvert sur le boulevard, où s'essayer à l'étrange barbecue local, ludique et très populaire, surtout auprès des jeunes bandes de potes du cru. On se sert à volonté au long buffet – sans toujours savoir pour quoi on a opté – avant d'aller faire griller ou bouillir viande et légumes sur un brasero posé à même la table, puis d'enfourner tout ça arrosé d'une *Singha,* dans un joyeux brouhaha. De quoi se requinquer avant (ou après) la soirée.

Pum Pui – ร้านอาหารปุ๊มปุ้ย *(plan couleur B3, **53**) : 24/1 Moon Muang Rd, Soi 2. ☎ 278-209. Fermé dim. Bons plats à partir de 100 Bts.* Au cœur du vieux quartier, l'italien de service, installé dans une grande maison en bois précédée d'une terrasse romantique. Ça fait un bail que Franco gère sa petite affaire, pépère. On peut choisir dans une liste son type de pâtes, puis sa sauce. Pizzas, bien sûr, et viandes. Vin au verre et bonnes bouteilles de la péninsule. Accueil aléatoire.

Plus chic (plus de 300 Bts – 7,50 €)

The House Restaurant – ร้านอาหารเดอะเฮ้าส์ *(plan couleur B2, **49**) : 199 Moon Muang Rd. ☎ 419-011. Tlj 18h-22h30 (8h-minuit pour la partie Ginger & Kafe). Plats 90-500 Bts.* Excellente adresse ! Exquis mariage de cuisines asiatique et européenne. Inutile de citer les plats ; la courte carte, comme souvent dans ce genre de resto, change régulièrement. Pas mal de tapas. Du salé, du sucré, du moelleux, du croquant, du fondant, à déguster idéalement sur la terrasse, sur fond de musique jazz, dans un décor original aux couleurs chatoyantes. Le soir, on peut opter, au choix, pour le resto-salon de thé de style marocain ou pour le resto. La carte est la même, mais le cadre très différent. On a une préférence pour le premier, vraiment surprenant. Bon choix de vins également.

Autour de Nawarat Bridge

Bon marché (moins de 100 Bts – 2,50 €)

San Phakoi Market *(plan couleur D3, **51**) : en retrait de Charoen Muang Rd, vers l'angle avec Bamrung Rat Rd ; repérer sur l'avenue le panneau vert « Healthy Market ». Accès par San Pakhoi Rd également. En journée slt.* Un petit marché couvert propre et coquet, où l'on vient picorer pour trois fois rien des plats cuisinés au wok, des fruits frais, des confiseries thaïes... à choisir parmi une myriade de stands. C'est bon, c'est frais, il y a même des salades à composer soi-même en piochant dans les étals de crudités. On vous fourre le tout dans de petits sacs en plastique ; prévoir ses couverts. Sinon, les boutiques autour en vendent pour une dizaine de bahts.

Halal Food – ร้านอาหารมุสลิม *(plan couleur C3, **42**) : Charoen Prathet Rd, Soi 1. ☎ 272-484. Sur Tha Phae Rd, prendre Charoen Prathet Rd avt le Narawat Bridge puis la petite rue à droite, où se trouve la mosquée ; c'est sur le trottoir de droite. Tlj 7h-22h. Carte en anglais.* Cantine sympathique ouverte aux quatre vents, et postée en plein dans le quartier de ces musulmans venus du Yunnan, dont on dit qu'ils importèrent le *khao soi* (nouilles à la viande), ici particulièrement recommandé et bon marché. D'autres préparations mijotent dans de grosses casseroles ou reposent derrière un comptoir vitré. On dévore le tout autour de grandes tables en formica. Vraiment pas cher, et vraiment bon.

Prix moyens (de 100 à 200 Bts – 2,50 à 5 €)

Galare Food Center (Night Bazaar) – กาแลฟู้ดเซ็นเตอร์หน้าไนท์บาซาร์ *(plan couleur C3, **41**) : Chang Khlan Rd. Tlj 11h-23h30.* C'est la partie resto du *Night Bazaar* (lire plus loin « À voir »). Un *food court* (plusieurs stands, très clean), avec système de coupons à payer au comptoir avant d'être servi. Spectacles de danse thaïe pour digérer.

Anusarn Night Market *(plan couleur C3) : Chang Khlan Rd. Tlj, le soir slt.* Encadrant une grande place bondée de stands de souvenirs, une flopée de restos halal (spécialités du Yunnan) et/ou de fruits de mer. Très populaire auprès des locaux. Pour choisir, fiez-vous à l'affluence.

The Swan Burmese Cuisine – เดอะสวอน เบอร์มีส คูยซีน *(plan couleur B3, **57**) : 48 Chai Ya Phum Rd, presque à l'angle de Chang Moi Rd (juste en face de la vieille ville). 📱 081-099-27-77. Tlj 12h-23h.* Pour pousser toujours plus loin le voyage culinaire, pourquoi ne pas s'essayer au régime birman (rassurez-vous, on parle seulement de bouffe) ? Dans cette longue cour ouverte sur l'infernale avenue (squattez les tables du fond, on y est plus tranquille), on pourra goûter quelques-unes des fines spécialités du Myanmar voisin, notamment la salade aux feuilles de thé et les préparations aux feuilles de menthe, comme le *sam pia* (aïe ! aïe ! ça pique !). En dessert, pour éteindre le feu, *sticky rice with mango.*

Aroon Rai – ร้านอาหารอรุณไร *(plan couleur B3, **44**) : 45 Kotchasara Rd. ☎ 276-947. À env 100 m de Tha Phae Gate (la porte est) en allant dans le sens des voitures. Tlj 10h-21h30.* Cette cantine ouverte aux quatre vents est devenue une institution à Chiang Mai, rassemblant plus de *farang* que de locaux. On y sert une bonne cuisine du Nord à prix modérés, à choisir en pointant dans les gamelles. Large choix, dont de nombreux currys tel le *kaeng kari kay* au poulet, légèrement relevé. Il y a aussi des grenouilles à la sauce tomate, et même des vers et des criquets ! Dommage que le sourire soit absent. Sauces séchées à emporter.

Un peu plus chic (plus de 200 Bts – 5 €)

The Gallery – บริษัท เดอะแกลลอรี จำกัด *(plan couleur C3, **56**) : 25-27-29 Charoen Rat Rd. ☎ 248 601. Tlj 12h-1h.* Étagé sur 3 niveaux, précédé d'un magasin de souvenirs et d'antiquités de qualité, ce resto très apprécié profite le soir de la fraîcheur de la rivière. On s'y attable sous un couvert végétal luxuriant, pour découvrir une longue carte mixant avec bonheur plats occidentaux et thaïs. Délicieuses soupes, nouilles, riz frit, excellents poissons grillés ou en sauce, salades composées, steaks, pâtes. Vins assez chers, mais les soiffards en groupe jetteront leur dévolu sur la tour de bière d'une capacité de 3 l. Service tout sourire. Musique live certains soirs.

Plus chic (plus de 300 Bts – 7,50 €)

Le Grand Lanna – ร้านอาหารเลอแกรนด์ลานนา *(hors plan couleur par D3, **55**) : 51/4 Chiang Mai-Sankampaeng Rd, Moo 1. ☎ 888-566. Un peu à l'est de la ville (1 km après la Super Highway ; c'est fléché). Tlj 11h30-14h30, 18h30-22h30.* C'est l'un des restos du *Mandarin Oriental* (l'un des hôtels les plus chic de Chiang Mai). Beau resto donc, magnifique même, installé en hauteur à côté d'anciens greniers à riz et entouré de végétation exotique. La cuisine, thaïe du Nord et occidentale, est à l'avenant. Service très classe, assuré par des serveurs en habit traditionnel. Spectacles de danse le soir. Et, bien sûr, prix assez élevés, bien qu'on s'en sorte à meilleur compte que dans un resto ordinaire de chez nous. Ne pas manquer de jeter un coup d'œil sur l'hôtel et son environnement.

Au nord

Un peu plus chic (plus de 200 Bts – 5 €)

Franco-Thaï Place – ฟรั่งโก้ไทย *(plan couleur A2, **47**) : 19/3 Mani Nopparat Rd, Soi 3. 📱 089-855-66-97. Juste au nord du vieux quartier, derrière Icon Plaza, continuer tt droit, un panneau l'indique dans une impasse sur la droite. Tlj sf lun 12h-22h.* Grande terrasse ombragée tenue par Ann et Cyril, un couple franco-thaï. On y sirote un pastaga autour d'un billard ou d'une partie de fléchettes, avant d'enchaîner sur une cuisine copieuse et goûteuse balayant tous les classiques franchouillards : filet de bœuf sauce au bleu, mais aussi raclette, fondue savoyarde, choucroute, escargots, et même des plats à base de canard (y compris du foie gras...). Et pour terminer, des profiteroles garçon. Une vraie madeleine de Proust...

Huan Soontaree Vechanont – ร้านอาหารเฮือนสุนทรีย์ *(hors plan couleur par C1, **52**) : 208 T. Patan Rd. ☎ 872-707. Sur la rive droite de la rivière, dans le prolongement de Wang Sing Khan Rd, à env 2 km au nord de la Super Highway. Tlj 17h-minuit.* Si vous cherchez un endroit qui sort un peu des sentiers battus, n'hésitez pas à faire la route en *tuk-tuk* ! Lieu étonnant qui frappe d'abord par son superbe décor : un vaste espace ouvert, sur 2 niveaux,

CHIANG MAI ET SES ENVIRONS

arrangé dans le plus pur style Lanna et prolongé par un jardin exquis en bord de rivière. Puis il y a Mme Soontaree, ex-chanteuse de variétés à succès, qui tous les soirs continue à chanter des chansons traditionnelles pour le plus grand plaisir des convives. Enfin, il y a le menu, plein de mets originaux et bien travaillés, comme le pot-au-feu de *serpent-head fish,* ou encore le *laab kua* (la salade d'intestins de porc aux herbes). Essayez aussi l'assortiment de hors-d'œuvre « Lanna style », ou le *bamboo shot curry* pour bien prendre la mesure de la cuisine du nord du pays. Très populaire auprès des Thaïs, qui y viennent depuis Bangkok, donc parfois complet en fin de semaine.

Au sud

De chic à plus chic (plus de 200 Bts – 5 €)

|●| ***Whole Earth Restaurant*** – ร้านอาหารโฮลเอิร์ท *(plan couleur C4,* ***54****)* **:** *Sri Don Chai Rd.* ☎ *282-463. À côté de l'hôtel* Chiang Mai Plaza. *Tlj 11h-22h. Résa très conseillée.* Fort joli cadre de maison traditionnelle environnée de verdure, pour une cuisine végétarienne raffinée d'inspiration indienne. Également des plats thaïs et indiens non végétariens : on y sert aussi poulet, poisson et crevettes. Grande terrasse. Un peu cher tout de même.

À l'ouest, dans le quartier de Nimmanhaemin Road

La jeunesse branchée locale et les trentenaires bien mis, pas moins mondialisés qu'ailleurs, fuient le centre et ses gargotes à routards mal rasés pour gagner le quartier en plein boom de Nimmanhaemin Road (Nimman pour les intimes). S'y aligne une flopée de restos, de bars, volontiers *lounge,* design, climatisés, parfois franchisés, où picorer des sushis et se siffler une blonde australienne comme à Bangkok, Londres ou Sydney. Le tout enveloppé d'une certaine langueur qui, elle, est bien typique de Chiang Mai. Pour s'y rendre, prendre un *songthaew* collectif rouge (environ 20 Bts) ou un *tuk-tuk* (environ 100 Bts).

Prix moyens (de 100 à 200 Bts – 2,50 à 5 €)

|●| ***Khun Churn*** – คุณเชิญ *(hors plan couleur par A2,* ***59****)* **:** *4 Thanon Nimmanhaemin, Soi 17.* ☎ *224-124. Tlj 8h-22h (14h30 le 16 du mois).* Resto végétarien stylé installé dans un immense jardin, et proposant à midi un copieux déj-buffet à moins de 100 Bts (plus cher le soir). Excellents jus de fruits. Clientèle d'étudiants surtout. Plats à emporter.

|●| ***The Salad Concept*** *(hors plan couleur par A2,* ***59****)* **:** *Nimmanhaemin Rd, Soi 13.* ☎ *894-455. Tlj 11h-22h.* Grosses salades à composer soi-même en cochant les ingrédients sur une fiche, à moins d'opter pour une recette toute faite. C'est frais, et distribué dans un cadre forcément hygiéniste par des serveurs high-tech qui communiquent par oreillette. Petite terrasse agréable à l'arrière. Vend aussi à emporter.

Kantoke dinner

Traditionnellement, le *kantoke* est un plateau en bois (de teck dans le Nord, de bambou et rotin dans le Sud et l'Est) où l'on aligne une série de spécialités de la région : curry thaï, plats épicés, charcuterie de Chiang Mai, le tout accompagné de riz gluant. On s'asseyait autrefois autour du *kantoke* pour les grandes occasions : mariage, funérailles, naissance...

C'est devenu une façon de dîner touristique, nommée d'ailleurs *kantoke dinners,* avec danses « traditionnelles », qu'on ne vous recommande pas particulièrement, à cause de son côté surfait... Cela dit, si ça vous tente, c'est relativement bon marché (de 200 à 300 Bts la soirée), et vous trouverez un peu partout des annonces pour ces soirées-spectacles.

Mais bon, encore une fois, à notre avis, pour voir des danses traditionnelles et manger thaï, autant aller au *Galare Food Center,* dans le *Night Bazaar.*

Où boire un thé, un jus frais ? Où manger une pâtisserie ?

Dada Café – ดาดา กาแฟ *(plan couleur B3, **60**) : 20/1 Ratchamankha Rd, dans la vieille ville. ☎ 449-718. Tlj 9h-21h.* Tenu par un couple germano-thaï, un snack-bar à la mode bio, proposant dans un cadre pimpant des petits déj santé avec muesli et pain complet, d'onctueux *smoothies* et *lassis,* des jus de fruits fraîchement pressés, du thé *organic,* et quelques petits plats bien tournés comme des nouilles au tofu ou des *veggie burgers.* Petite terrasse sur le toit garni de jardinières de *wheathgrass,* pour confectionner du jus d'herbe de blé.

Vieng Joom On Teahouse – ร้านชาเวียงจุมออน *(plan couleur C2-3, **61**) : 53 Charoen Rat Rd. ☎ 303-113. Tlj 10h-19h.* Cadre *old british* tout en rose, coussins de chintz fleuri et fauteuils en osier, une escale raffinée où l'on ne vient pas pour s'empiffrer, vous l'aurez compris, mais pour déguster de délicieuses pâtisseries, des infusions plutôt originales (lavande, jus de citronnelle, hibiscus...) chaudes ou froides et, bien sûr, des thés d'ici et d'ailleurs, sélectionnés avec soin. Grande terrasse à l'arrière, donnant sur la rivière.

Café de l'Amour – กาแฟ เดอ ลามูร์ *(plan couleur C4, **62**) : 8/3 Sri Don Chai Rd. ☎ 819-257. À côté du Whole Earth Restaurant. Tlj 8h30-21h.* On ne perd rien à croire qu'on va rencontrer le grand amour dans ce petit café urbain qui fait aussi *cyber.* En attendant, on s'y régale de bonnes pâtisseries, à accompagner d'un café, d'un *milk shake* ou d'un jus de fruits frais, et c'est tout ce qu'on demande !

Raming Tea House Siam Celadon – ร้านชาที่สยามศิลาดล *(plan couleur C3, **63**) : 158 Ta Phae Rd. ☎ 234-518. Tlj 8h30-18h.* Coquette boutique d'une grande marque de thés et de vaisselle en céladon, installée dans une vénérable demeure coloniale en bois. Petit déj, pâtisseries et chocolat accompagnent la dégustation des thés dans un adorable jardin touffu à l'arrière.

Baan Bakery – บ้านเบเกอรี่ *(plan couleur B4, **64**) : 3/9 Suriwong Rd, à 100 m au sud des douves. ☎ 276-216. Tlj sf dim 8h-16h.* Une boulangerie aussi mignonne que minuscule, où enfourner croissant, pain aux raisins, croque-monsieur... autour d'un café fumant. Quelques tables sur la rue.

Où boire un verre ? Où sortir ? Où écouter de la musique live ?

Si la vie nocturne est moins explosive et débauchée qu'à Bangkok, Chiang Mai offre toutefois assez de possibilités pour ceux qui ne se couchent pas avec les poules. Les établissements sont généralement ouverts de 17h à 1h du matin, bien que certains bars jouent de discrètes prolongations au gré des contrôles et du versement de l'« argent du thé » – nom donné par les Thaïs aux pots-de-vin.

Dans le vieux quartier

U.N. Irish Pub – ยูเอ็น ไอริช ผับ *(plan couleur B3, **73**) : 24 Ratchawithi Rd. ☎ 214-554.* Irlandais un peu ou beaucoup ? Peu importe, voici un bel établissement fréquenté par une clientèle bigarrée de Thaïs, *farang* et voyageurs. Ce n'est pas pour rien d'ailleurs que l'endroit se nomme « Nations unies » ! *Irish music live* les mardi (scène ouverte) et vendredi (groupes), soirée quiz le jeudi. C'est aussi un *sport bar,* avec 3 écrans géants à l'étage, branchés chacun sur un programme différent ; c'est là qu'il y a le plus de monde. Bières à la pression, notamment la Guinness, importée de Malaisie. Carte thaïe et internationale si vous avez un petit creux. En bonus, une terrasse agréable à l'arrière. Service nickel.

Sinon, ***nombreux bars le long de Moon Muang Road*** *(plan couleur B3)* et dans les *soi* attenants, au sud du croisement avec Ratchamankha. Beaucoup sont tenus par des Français, une forme de rayonnement culturel... Billard qua-

CHIANG MAI ET SES ENVIRONS

siment partout. Pour changer un peu d'ambiance et siroter un verre pépère en parcourant une B.D., direction le minuscule ***Bar Fly*** *(plan couleur B3, **75** ; tlj 17h-1h.),* paumé au fond d'une courette en remontant Moon Muang Road, 100 m après le Soi 1. Lire aussi plus haut « Adresses utiles. Loisirs ».

Autour de Nawarat Bridge

The Riverside – เดอะริเวอร์ไซด์ *(plan couleur C3, **70**) : 9 Charoen Rat Rd. ☎ 243-239. • theriversidechiangmai.com • Tlj 10h-2h. Résa conseillée pour le dîner-croisière (110 Bts), surtout le w-e ou en hte saison.* Plus grand des cafés-concerts qui bordent la rivière Ping, le *Riverside* est depuis plus de 20 ans LE rendez-vous nocturne des touristes, expats et locaux, qui y viennent pour boire un verre, assister à un concert ou manger un morceau ! Groupes de musiciens tous les soirs, certes de qualité inégale, mais comme il y a 2 scènes qui proposent chacune 3 sets au cours de la soirée, vous devriez y trouver de quoi vous satisfaire. Salles décorées dans un style un peu country fait de bois et bambou. Terrasse ouverte surplombant la rivière. Clientèle variée. Bière à la pression. Fait aussi resto et même dîner-croisière (qui dure 1h30), avec un bateau qui embarque les convives pour un tour sur la rivière (départ à 20h mais il faut être là à 19h15). Cuisine un peu passe-partout. Annexe ouverte depuis peu de l'autre côté de la rue ; le patron s'y produit à la guitare avec son groupe qui reprend (vers 21h) des airs des Beatles. Sinon, si c'est complet, essayez le ***Good View*** juste à côté (cuisine thaïe, japonaise et internationale).

Hot Shot – ฮ็อทชอท *(plan couleur C3, **74**) : 46-48 Charoen Prathet Rd. À deux pas du* Night Bazaar, *au rdc de l'hôtel* Porn Ping. *Tlj 21h-1h. Entrée gratuite.* Un bar-resto un peu sombre, où passent sur scène des petites formations de musiciens-chanteurs thaïs. Clientèle surtout locale. Certains soirs, on ne compte plus les décibels, et on y est assez serré !

Bubble – บั๊บเบิ๊ล *(plan couleur C3, **74**) : presque à côté du précédent, fait aussi partie de l'hôtel* Porn Ping. *Ouv 21h-2h. Entrée payante, avec 1 boisson.* Là, c'est carrément une boîte, qui tonitrue aux pulsations de la techno. Tabourets métalliques et lasers en tout sens. On aime ou on n'aime pas, mais au moins, ici, on ne fait pas de distinction entre *farang* et Thaïs (même tarif).

Enfin, une ***poignée de bastringues*** sont alignés à touche-touche autour de l'angle formé par Kotchasara et Loi Khro Road *(plan couleur B3).* Fléchettes, billards et atmosphère plus interlope, avec quelques bars à filles.

Au nord

West-Side – บาร์เวสท์ไซด์ *(plan couleur C1, **71**) : 36 Wang Sing Khan Chang Moy. 📱 089-758-41-18. Sur la rive ouest de la rivière, à 2 km du centre ; c'est le 1er bar à droite en arrivant du Rathanakosin Bridge. Ouv le soir slt, jusqu'à 1h env.* Un peu comme le *Riverside,* mais moins rugissant, et fréquenté principalement par des Thaïs. Groupes de rock thaïs d'ailleurs, et qui tournent façon radio-crochet. Soirée dépaysante qui change des indécrottables rendez-vous de *farang.* Possibilité d'y manger. Pas cher et assez bon.

À l'ouest, dans le quartier de Nimmanhaemin Road

Monkey Club *(hors plan couleur par A2, **72**) : Soi 9, Nimmanhaemin Rd. ☎ 226-997. • monkeyclub2000.com • Tlj.* Ceux qui traîneront leur soif jusqu'au quartier huppé ne pourront zapper ce bar-resto-boîte aussi immense qu'incontournable. Concerts et piste de danse dans une grande salle façon bocal, flanquée d'un non moins grand jardin tropical pour pouvoir papoter (ou dragouiller) sans se hurler dessus. Prisé de la jeunesse bien sapée, *farang* comme thaïe.

Beer Republic – เบียร์รีพับบลิค *(hors plan couleur par A2, **72**) : Soi 11, Nimmanhaemin Rd. Tlj sf lun 17h-minuit.* Petit zinc un rien *lounge* où, pour varier de la *Singha,* on siffle des bières importées, plus chères évidemment. On peut aussi y manger. Terrasse.

Achats

Chiang Mai est le plus grand centre de production artisanale de la Thaïlande. Environ 90 % de tout l'artisanat que vous verrez dans le pays est réalisé ici. Une bonne partie de cette production provient de grands ateliers ou de petites manufactures situés à quelques kilomètres à l'est du centre, sur la route qui conduit aux villages de ***Borsang*** et de ***Sankampaeng.*** Souvent organisés en petits centres commerciaux, on y découvre les techniques de fabrication de la soie, de la laque, des fameux parapluies de Chiang Mai, de la céramique, etc. *Attention :* la plupart des ateliers ne sont pas ouverts le dimanche (mais les boutiques si) et ferment vers 17h30 (qu'il s'agisse d'ateliers ou de boutiques) ; n'y allez donc pas trop tard. Pour s'y rendre, prendre un bus au Nawarat Bridge, louer une moto ou encore prendre un taxi ou un *tuk-tuk* (compter 250 Bts les 2h).
Voici quelques-uns des ateliers qu'on a bien aimés, classés du plus proche au plus éloigné de Chiang Mai. Mais il y en a beaucoup d'autres. À vous de faire votre choix.

Sur la route de Borsang et Sankampaeng

U Pienkusol et Kinaree Thai Silk – ยู. เพียรกุศลและกินรีไทยซิลค์ : *Chiang Mai-Sankampaeng Rd, sur la droite, à 3-4 km de Chiang Mai.* Pour la soie.
Laitong Laquerware – ร้านเครื่องเขินลายทอง : *même rue, 140/1, sur la droite.* • *thailacquerware.com* • Une fabrique d'objets en teck ou en bambou laqués, décorés de feuille d'or ou de coquille d'œuf. Impressionnant show-room.
Gems Gallery International – ร้านเพชรเจ็มส์แกเลอริอินเตอร์เนชันแนล : *même rue, 80/1, sur la droite.* • *gems-gallery.com* • *Ouv 8h30-18h.* C'est tout bonnement la plus grande bijouterie de Thaïlande. Autant dire qu'elle a la taille d'un hypermarché...
Sudaluck – สุดาลักษณ์ : *99/9, sur la gauche.* • *chiangmaisudaluck.com* • *Tlj 8h-17h.* Un véritable *Conforama* asiatique. On y trouve tout, du mobilier de jardin au lit à baldaquin !
À ***Borsang*** – บ่อสร้าง (petit village), à l'angle d'une grande route qui part sur la gauche, tout un quartier est consacré à la décoration d'ombrelles. Notre préféré !
Siam Celadon – สยามศิลาดล : *un peu plus loin encore, toujours sur la gauche.* • *siamceladon.com* • *Tlj 8h30-17h30.* Les céladons sont des poteries de couleur verte, dont la technique de fabrication fut inventée en Chine, il y a plus de 2 000 ans. Voir aussi le *tea-room* au centre de la ville, qui expose les mêmes pièces (lire plus haut « Où boire un thé... ?»).

En ville

Hilltribe Handicraft Training Center *(plan couleur B2)* : *248/1 Mani Noppharat Rd. Ouv lun-ven.* Une structure caritative où l'on vend des accessoires réalisés par des membres des communautés akha, karen, hmong, lisu... Petites bourses, sacs, trousses, quelques vêtements, housses de coussin, plaids... On y voit souvent quelques femmes qui travaillent.
Également quelques boutiques d'artisanat haut de gamme le long de Charoen Rat Road, au niveau du resto *The Gallery (plan couleur C3,* ***56****).*
Et puis ne pas oublier le *Night Bazaar* et ses bibelots souvenirs, et, encore dans le centre, les nombreux tailleurs qui, pour une poignée de bahts, pourront vous confectionner n'importe quel vêtement.

À voir. À faire

Les temples et les musées

Il n'y a pas loin de 350 temples dans Chiang Mai, quasi à tous les coins de rue. On vous signale les plus célèbres, sachant que, dans les plus modestes, on peut toujours goûter avec respect à la vivante quiétude d'un temple. Ne pas hésiter à

entrer, ils sont accessibles pour la plupart de 8h à 17h et l'entrée est en général gratuite. Tous les temples de la ville sont accessibles à vélo. Une belle balade en perspective !
Rappel : ne pas oublier de se déchausser et de conserver une certaine retenue. On peut, à certaines périodes, suivre des cours de méditation, notamment au *Wat Ram Poeng.* Renseignez-vous à l'office de tourisme si ça vous tente. Cela ne saurait faire de mal.

Dans le vieux quartier

Wat Chiang Man – วัดเชียงมาน *(plan couleur B2)* **:** *Ratphakhinai Rd.* Ensemble de temples dispersés dans un jardin, dont les deux plus intéressants sont face à l'entrée (le grand) et à droite (plus petit). Le grand est le temple le plus ancien de la ville, fondé à la fin du XIIIe s. Façade élégante, tout en bois sculpté et charpente de bois à l'intérieur, typique du nord du pays. Le temple de droite abrite dans une cage un minuscule bouddha de marbre qui aurait plus de 2 500 ans... Derrière le temple principal, beau *chedî* à dôme doré, cerclé d'éléphants sculptés.

Wat Phra Singh – วัดพระสิงห์ *(plan couleur A3)* **:** *au bout de Ratchadamnoen, au coin de Sing Harat Rd. Entrée : env 20 Bts.* Fondé au XIVe s, c'est l'un des plus importants et intéressants de la ville. Le temple principal arbore une belle façade classique, mais c'est celui du fond à gauche, plus petit, qui présente le plus d'intérêt. Façade délicieusement sculptée, intérieur orné de fresques du XVIIe s. Le clou de cette visite est le bouddha du VIIIe s qui arriva, dit-on, de Ceylan après de nombreux détours. Enfin, dans le temple du milieu, des statues de moines en cire, terriblement ressemblantes – et même un peu flippantes, on les croirait vivants –, devant lesquelles des fidèles viennent prier.

Wat Chedî Luang – วัดเจดีย์หลว ง *(plan couleur B3)* **:** *Phra Pok Khlao Rd.* Derrière le *prang* chargé d'or s'élève un massif *chedî* en brique de 85 m, gardé par d'effrayants *nâga*. Construit en 1391 sous le règne du roi Saen Muang Ma, il abrita un temps le bouddha d'Émeraude (celui de Bangkok). Remarquez la câblerie qui grimpe le long du *chedî* : c'est un petit ascenseur à eau bénite permettant d'asperger le sommet de l'édifice, notamment à l'occasion de la fête de l'Eau. On peut discuter avec les moines tous les jours de 13h à 18h.

Le Centre des Arts et de la Culture de Chiang Mai – หอศิลปวัฒนธรรมเมืองเชียงใหม่ *(plan couleur B3)* **:** *Phra Pok Khlao Rd, au milieu du vieux quartier. ☎ 217-793. Tlj sf lun 8h30-17h. Entrée : 90 Bts ; réduc. Billet combiné avec le musée national : 180 Bts. Compter bien 1h à 2h de visite.* Complète bien le Musée national (voir plus bas), d'autant que la riche expo historique et ethnographique permanente est interactive. Pas moins de 15 salles sur deux niveaux, avec de très nombreux dioramas illustrant bien chaque section, des explications claires sur panneaux ou écrans tactiles, et même des commentaires enregistrés en français (avec un accent thaï), qu'on peut écouter. Voir, par exemple, la réplique d'art rupestre dans la section préhistoire, le texte en *tham,* vieux de plusieurs siècles, sur du papier de mûrier (salle 5), la maquette de Chiang Mai au début du XXe s (salle 6), ou encore les scènes de marché, de rue et les intérieurs de maison reconstitués. À la saison touristique, des soirées de musique accompagnées de danses y sont organisées. Agréable petite cafét' (jus de fruits, thé...) et boutique de souvenirs en fin de parcours.

Autour de Nawarat Bridge

Wat Bupparam – วัดบุพพาราม *(plan couleur C3)* **:** *234 Tha Phae Rd.* Surtout intéressant pour son *viharn* trois fois centenaire, tout en bois et sur lequel ont été collés des stucs à motifs floraux incrustés de miroirs de couleur.

Wat Chai Mongkol *(plan couleur C4)* **:** *Charoen Prathet Rd, en face de l'Alliance française.* Pagode de style birman. Vaut surtout pour son emplacement paisible au bord de la rivière Ping. On peut y embarquer pour des mini-croisières au fil de l'eau (lire plus loin « Autres activités ou distractions »).

Au nord

Wat Lok Molee *(plan couleur A2)* **:** *Mani Noppharat Rd, à 100 m de la Chang Puak Gate.* Bel ensemble dont on ne connaît pas la date d'édification, mais qui est évoqué dans les textes anciens dès 1367, lorsque des moines birmans furent invités à venir y étudier. Superbe *prang* en teck, bâti au XVIe s, dont la façade finement ciselée est veillée par deux *nâga*. À l'intérieur, frise de *jataka* (épisodes de la vie du Bouddha) sculptés sur bois puis couverts d'or et de fragments de miroirs colorés. À l'arrière, vénérable *chedî* en brique et son stupa d'or. C'est ici qu'étaient conservées les cendres des rois sous la dynastie Mengrai.

Wat Chet Yod – วัดเจ็ดยอด *(plan couleur A1)* **:** *sur la Super Highway, quelques centaines de mètres avt le Musée national de Chiang Mai.* Cet ancien temple du XVe s est situé dans un environnement verdoyant, entouré d'autres petits temples, de stupas et de logements pour les moines. On y goûte la quiétude des lieux. Pour une fois, voici un temple ancien qui n'a pas été rénové, et c'est tant mieux. Il possède un vieux *chedî* à sept pointes qui symbolisent les sept semaines que le Bouddha passa sous un figuier, avant son Illumination. Autour, quelques vestiges de bas-reliefs en stuc, assez abîmés, où l'on devine des bouddhas en position de méditation. Il y a toujours des bonzes et des enfants qui y vaquent.

Wat U Mong – วัดอุโมงค์ *(hors plan couleur par A3)* **:** *complètement à l'ouest de la ville.* Temple, ou plutôt *chedî*, en plein milieu de la forêt, et creusé de galeries autrefois décorées de fresques. Pas grand-chose à voir, mais une impression étrange émane de cet endroit. Sur de nombreux arbres, des proverbes thaïs un peu « ringards » sont traduits en anglais. Intéressant pour son parc animalier, ses grottes et son lac. C'est aussi un centre de spiritisme.

Le Musée national de Chiang Mai – พิพิธภัณฑ์สถานแห่ง ชาติเชียงใหม่ *(plan couleur A1)* **:** *à côté du Wat Chet Yod.* ☎ *221-308. Mer-dim 9h-17h. Entrée : 100 Bts.* Bel ensemble de bâtiments modernes, mais inspirés par la tradition. Large collection d'objets sacrés et profanes, reflétant les différentes tendances de l'art thaï, avec bien sûr une grande place assignée à l'art du Lan Na, le style du Nord, hérité du royaume éponyme. Voir, notamment, l'énorme tête de bouddha, puis, entre autres, une rare empreinte de son pied, un panneau de bois peint datant de 1794, et de curieux fusils géants, longs de 2 m au moins et devant peser 30 kg. Dans les autres salles, objets, panneaux et maquettes illustrent l'économie et la vie quotidienne des habitants de la région à travers les époques ; repérer les remarquables bateaux « scorpions » des commerçants chinois datant de l'époque pas si éloignée où la rivière était la principale voie commerciale du pays ; évocation de l'impact de la construction du chemin de fer (1920) sur l'économie nationale. Explications claires en anglais mais intérêt assez limité.

Museum of World Insects & Natural Wonders – พิพิธภัณฑ์โลกของแมลงและธรรมชาติมหัศจรรย์ *(hors plan couleur par A2)* **:** *72 Nimmanhemin Rd, Soi 13.* ☎ *211-891. Au nord-ouest de la ville. Tlj 9h-17h. Entrée : 300 Bts.* Cher, c'est sûr, mais si vous êtes en fonds et que vous vous intéressez tant soit peu au monde des petites bêtes, ce petit musée privé vaut le déplacement. On y voit des milliers d'insectes naturalisés, dont 436 espèces de moustiques, des insectes en forme de bâtonnet, des coléoptères gros comme des souris et des papillons de toutes les couleurs. Également une riche collection de coquillages et de fossiles. C'est M. Rattanarithikul, le propriétaire, un grand spécialiste de la malaria, aujourd'hui retraité (il a plus de 80 ans !), qui a tout rassemblé pendant 50 ans.

Au sud

Wiang Kum Kam – เวียงกุมกาม *(hors plan couleur par C4) : à 5 km au sud-est de la ville. Prendre un bus pour Pha Gluay Sarapee depuis Warorot Market (plan couleur C3) et descendre à Wat Ku Khao. À bicyclette ou à moto, suivre la Highway 106 bordée d'arbres gigantesques et qui file vers Lamphun, passer sous la voie rapide et tourner à droite au niveau d'un chedî (repérer le panneau). Carte pour s'orienter disponible à l'office de tourisme.* Dispersés dans la campagne, ensemble de vestiges archéologiques de ce qui fut la première capitale du roi Mengrai, fondée en 1286 au bord de la rivière Ping. Trop près de la rivière devrait-on dire. À cause des fréquentes inondations, le roi décida finalement de déplacer sa toute nouvelle capitale à Chiang Mai quelques années plus tard. Parmi les ruines rongées par la végétation émerge un temple carré de style mon érigé en 1288, le *Wat Chedî Liam,* l'un des rares édifices qui tiennent encore debout.

Les marchés

Warorot Market – ตลาดวโรรส *(plan couleur C3) : près de Foot Bridge, à l'angle de Chang Moi Rd et de Witchayanon Rd. Tlj du mat jusqu'en début de soirée.* Énorme, coloré et odorant. En se perdant dans les petites rues, on y trouve vraiment de tout : vêtements pas chers, tissus, ustensiles divers, légumes frais, fleurs, gros tas de poissons et de crevettes séchés... Il faut s'y promener avant d'aller au *Night Bazaar,* bien plus touristique. Ici, on ne rencontre pratiquement que des Thaïs qui s'y ravitaillent. Et bien sûr, on peut y manger.

Night Bazaar – ไนท์บาซ่าร์ *(marché de nuit ; plan couleur C3) : sur Chang Khlan Rd, rue parallèle à Charoen Prathet Rd. Actif 18h-23h, même si quelques magasins « en dur » sont ouv durant la journée.* Très touristique et donc pas franchement typique. Stands colorés, néons criards, restos en plein air (voir « Où manger ? ») et enseignes de *world food* franchisées, ou encore spectacles de danse thaïe gratuits (dans le *Galare Food Center*). Sur les trottoirs, entassement de babioles souvenirs et pas mal de contrefaçons. Quelques dealers et pickpockets aussi... fermez bien vos sacs ! On peut poursuivre la balade jusqu'au **Anusarn Market,** 200 m plus bas sur l'avenue. Encore des stands de bibelots, et beaucoup de restos (lire plus haut « Où manger ? »).

Sunday Market *(marché du dimanche ; plan couleur B3) : dans le vieux quartier, le long de Ratchadamnoen Rd, jusqu'à Tha Phae Gate (la porte est). Env 16h-22h.* Des centaines de vendeurs (dont beaucoup d'amateurs) investissent ces deux rues. Éventail complet, joyeux et créatif, de tous les types d'artisanats, traditionnels ou branchés. Des musiciens, des peintres et parfois des saltimbanques. Beaucoup de stands de nourriture. Énormément de monde cheminant à la queue leu leu dans une ambiance bon enfant. Bien mieux que le *Night Bazaar.*

UNE DE CASSÉE, MILLE DE RETROUVÉES

La fabrication traditionnelle des ombrelles remonte à deux siècles au moins, lors du passage d'un moine qui, ayant cassé son ombrelle, aurait demandé à un paysan de la lui réparer. Après avoir contenté le moine, le paysan aurait appris à tout le village la technique qu'il avait improvisée. Manifestement, c'est une réussite, car tout le monde s'y est mis.

Autres activités ou distractions

– **Boxe thaïe :** *au* ***Kawila Boxing Stadium*** *(plan couleur C-D3), sur San Pakhoi Khong Sai Rd. Prendre la 2e rue à droite après le Nawarat Bridge, puis sur la gauche à la fourche. Entrée : env 400-600 Bts selon catégorie de place. En* *général, un soir en fin de sem, souvent le ven. N'écoutez pas ceux qui vous disent que le stade a fermé, c'est faux ! Également au* ***Thaphae Boxing Stadium*** *(Moon Muang Rd), des matchs presque ts les soirs (à 21h, mêmes tarifs) et souvent des rencontres internationales, ainsi qu'au* ***Loikroh Boxing Stadium*** *(Loikroh Rd), plusieurs fois par semaine à partir de 21h (mêmes tarifs).* Renseignez-vous auprès du *TAT* si vous n'avez pas repéré d'affiches annonçant les matchs (où l'on peut lire « en accroche » : *Authentic muay thai, no show fight, big fight !*). Et c'est vrai, là, ce n'est pas pour épater la galerie, ils se tapent vraiment dessus comme des dingues. Très grosse ambiance avec paris et tout.

– ***Tiercé du samedi :*** *à l'hippodrome, Chotana Rd, km 1, passé la Super Highway. À côté du terrain de golf Lanna. Assez en dehors de la ville, vers le nord, sur la route de Mae Rim et des camps d'éléphants, de serpents... Sam 12h-18h, sf j. de fête bouddhiste, auquel cas c'est le dim.* Le spectacle est autant dans les gradins – où les parieurs échangent pognon et tuyaux dans une ambiance hystérique – que sur la piste. Très amusant.

– ***Zoo :*** *au nord-ouest de la ville, pas loin de la résidence d'été du roi, sur la route de la montagne Doi Suthep. ☎ 221-179. • chiangmaizoo.com • Tlj 8h-17h. Entrée : 100 Bts ; réduc.* On peut ne pas aimer les zoos, mais on doit avouer que celui-ci n'est pas mal conçu. Les 200 espèces d'oiseaux et mammifères sont ici un peu moins à l'étroit qu'ailleurs. Il faut payer un supplément pour voir certaines espèces (pandas – supplément –, koalas, poissons de l'aquarium au sous-sol – re-supplément !). À pied, prévoir une grosse demi-journée. Les pressés le visitent en voiture, mais les motos y sont interdites. Spectacles organisés mais pas non plus indispensables.

– ***Cours de cuisine thaïe :*** *en général 9h-16h, par groupes de 2-9 pers. Résa obligatoire. À partir de 900-1 000 Bts la journée.* Les cours d'initiation au légendaire art culinaire thaïlandais sont très en vogue chez les touristes indépendants et curieux (comme vous !). Le tarif inclut un livret, une visite au marché pour y choisir les bons produits et, naturellement, le droit de consommer ce qu'on a cuisiné (d'ordinaire 6-7 plats).
L'école la plus ancienne (1993), un peu plus chère que les autres (1 500 Bts la journée) est la ***Chiang Mai Thaï Cookery School*** *(47/2 Moon Muang Rd ; ☎ 206-388 ; • thaicookeryschool.com • ; tlj 8h30-18h30).* Une grosse machine, qui dispose même d'un hôtel pour suivre un stage de cuisine sur plusieurs jours.
Il y en a d'autres, plus petites, comme la ***Thai Farm*** *(38 Moon Muang Rd, Soi 9 ; 📱 087-174-92-85 ; • thaifarmcooking.net •),* tenue par une Belge, dont les cours se donnent un peu en dehors de Chiang Mai, dans une ferme bio (1 000 Bts la journée), ou encore l'***Asia Scenic Thaï Cooking*** *(31 Ratchadamnoen Rd, Soi 5 ; ☎ 418-657 ; • asiascenic.com •),* qui propose des cours en ville (900 Bts) comme à la ferme (1 000 Bts, transport inclus). Cours à la demi-journée également.

– ***Méditation :*** certains temples, notamment le ***Wat U Mong,*** organisent des séminaires de méditation, parfois ouverts aux touristes *(cours en anglais le dim 15h-18h).* Sinon, il y a la ***Buddhist University*** *(Chiang Mai Campus, Wat Suan Dok, Suthep Rd ; ☎ 820-777),* qui propose, outre des séances de discussion avec des moines *(lun, mer et ven 17h-19h),* des *meditation retreats (ap-m mar-mer).*

– ***Escalade :*** ***The Peak,*** *302/4 Chiang Mai-Lumphum Rd. ☎ 800-567. • thepeakadventure.com • Compter 1 800 Bts/j. The Peak* organise des sorties sur de la vraie roche, dans la région de Sankampang, des descentes dans une grotte vertigineuse, et toutes sortes de virées en raft, à pied, à moto ou en quad, et même des stages de *mahout* (dressage d'éléphants).

– ***Parcours dans les arbres :*** avec ***Jungle Flight*** *(rens au 47/2 Moon Muang Rd, 2e étage, en face de Tha Phae Gate, la porte est ; ☎ 208-666 ; • jungle-flight.com • ; à partir de 2 600 Bts, transport et lunch inclus),* une journée complète dans une forêt ancestrale (le site est à environ 40 km de Chiang Mai). Des parcours aménagés jusqu'à 40 m de hauteur ! Également des randos à VTT. Autre parc du même genre, ***Flight of the Gibbon*** et ses 5 km de tyroliennes (en plusieurs parties rassurez-vous), tendues dans une forêt luxuriante à 55 km de Chiang Mai *(rens au ☎ 010-660 ou sur • treetopasia.com • ; compter 3 600 Bts/pers, avec transport et repas ; inclus dans le prix également, une entrée au zoo ou une nuit d'hôtel, à vous de choisir).*

– ***Mini-croisière sur la rivière Ping – แม่ปิง ริเวอร์ ครู้ยส์ :*** *avec* ***Mae Ping River Cruise.*** *☎ 274-822. • maepingrivercruise.com • Départ du Wat Chai Mongkol (plan couleur C4) ttes les heures 8h30-17h. Prix : 450 Bts/pers.* On remonte lentement la rivière le long des champs et des maisons en bois des paysans, jusqu'à accoster dans une ferme rizicole et d'herbes médicinales. Petite visite, quelques fruits frais pour se requinquer, et retour à la case départ. Compter 2h en tout.

Massages traditionnels

Apprendre...

Les écoles de massages traditionnels sont désormais nombreuses à Chiang Mai. Partout, vous verrez des brochures vantant tel établissement ou telle technique. Trop de fois, l'argument majeur semble être le prix. Or, apprendre à masser, ce n'est pas acheter un paquet de lessive. Faites le tour, interrogez des élèves, testez avant de plonger. Nous n'en citerons qu'une, réputée pour son sérieux.

■ ***Old Medicine Hospital*** *(hors plan couleur par A4) : 238/8 Wuolai Rd. ☎ 201-663. • thaimassageschool.ac.th • Par une ruelle en face du Old Chiang Mai Cultural Center. Dans un immeuble moderne de 3 étages. 2 sessions de 30h, 2 sem/mois, lun-ven 9h-16h. Prix : 5 000 Bts.* Une des premières écoles à avoir monté un cours pour les étrangers. Certes, ce ne sont pas des cours particuliers, l'enseignement se fait en classe, mais on est sûr d'y acquérir de bonnes bases. On peut aussi trouver des initiations plus courtes en quelques jours.

Laisser faire...

Là aussi, des salons partout. Compter minimum 150 Bts pour 1h, plus pour un massage spécial ou avec de l'huile. Si vous n'avez pas essayé, tentez le *herbal massage,* en fait un complément du massage thaï traditionnel, mais qu'on ne vous propose pas partout dans le pays. Il s'agit d'une sorte de balle d'herbes (leur combinaison est variable) chauffées à la vapeur, appliquée sur le corps pour favoriser la circulation veineuse.

■ ***Prison Massages :*** *Rachvithi Rd, dans le vieux quartier, mitoyen du resto* Chuan Chom *(plan couleur B3,* ***58****). ☎ 221-231. Tlj 8h-16h30.* Massage très pro dispensé par les pensionnaires de la prison pour femmes d'en face, en phase de réhabilitation, sous la surveillance discrète d'une gardienne. Prix raisonnables pour une bonne action.

■ ***Lila Thaï Massages :*** *127/13 Phra Pok Khlao Rd, pas loin du Three Kings Monument, dans le vieux quartier. 📱 085-059-31-15. • chiangmaithaimassage.com • Tlj 10h-22h. À partir de 180 Bts ; 400 Bts/h pour un massage aux huiles ou aux herbes.* Là, les anciennes détenues se sont organisées sous la direction d'une ancienne surveillante. Plusieurs succursales ailleurs dans la vieille ville.

Fêtes

– ***Festival des Ombrelles :*** *le 3e w-e de janv, dans le petit village artisanal de Borsang (à 8 km env à l'est de Chiang Mai).* Les artisans y présentent et vendent leur

collection d'ombrelles de l'année, élection d'une Miss Ombrelle... Un vrai festival de couleurs.
– ***Carnaval des Fleurs :*** *chaque année, début fév, époque à laquelle on en trouve la plus grande variété.*
– ***Festival des Eaux :*** *12-15 avr.* Très amusant, c'est le Nouvel An *(Songkran)* bouddhique, souhaité à coups de seaux d'eau... À ne pas rater. Une des fêtes les plus animées, surtout à Chiang Mai. À propos du Nouvel An, il faut savoir qu'outre le leur, les Thaïs fêtent également le nôtre et celui des Chinois. C'est cela, avoir le sens de la fête !
– ***Loy Krathong :*** *célèbre fête qui a lieu à la pleine lune de nov.* Défilé de chars. Multitude de petites bougies sur le fleuve. Les habitants exorcisent leurs fautes. Vu le nombre de bougies qui flottent, ils ont dû beaucoup pécher !
– ***Winter Fair :*** *grande foire fin déc-début janv.* Animation folle pendant une dizaine de jours, concentrée autour du parking du City Hall. Plein d'attractions, dont l'élection de Miss Chiang Mai, qui n'est pas celle qui déclenche le moins de passion.

EXCURSIONS À LA JOURNÉE DANS LES ENVIRONS DE CHIANG MAI

Pas mal de choses à voir. Le mieux est de ***louer une moto*** (les néophytes pourront opter pour une automatique ; lire plus haut « Adresse utiles ») ou, éventuellement, un *songthaew* à plusieurs. À vélo, c'est trop long, et en bus, c'est souvent galère... De nombreuses *guesthouses* organisent aussi des excursions. Toutes ces attractions en dehors de Chiang Mai partent à la découverte d'une campagne magnifique, même si les *resorts* poussent comme des champignons (après la pluie !) dans cette région en pleine expansion touristique.

VERS MAE RIM (au nord)

Ce circuit, qui emprunte la route du Nord puis oblique vers l'ouest, concentre de nombreuses attractions destinées aux touristes : on passe par plusieurs « fermes » d'orchidées et de serpents, et de nombreux « centres de dressage d'éléphants ». On ne les indique pas tous, évidemment.
Pour y aller, sortir de Chiang Mai par la Chang Puak Gate (la porte nord), en direction de Fang. On passe alors devant le golf, l'hippodrome et une immense base militaire (à cause du Myanmar voisin, l'ex-Birmanie, dont on se méfie toujours en Thaïlande). Après environ 16 km, on atteint le village de ***Mae Rim,*** où l'on peut déjeuner ; les restos y sont moins chers que ceux des différentes « fermes ». On vous recommande le premier sur la droite (panneau en thaï), à côté du poste de police. Cuisine ouverte, gros bancs en bois, excellente soupe de nouilles et prix dérisoires. À la sortie de Mae Rim, prendre la route de Samoeng, sur la gauche. Un vaste panneau indique « Mae Sa Butterfly Farm ; Mae Sa Waterfalls ; Mae Sa Elephant Camp... ». Si vous voulez y aller en bus (assez galère on le répète), prendre le nº 1231, direction Fang, à la Chang Puak Bus Station (départs toutes les 30 mn 5h-17h30) jusqu'à Mae Rim. De là, attraper un *tuk-tuk* ou un taxi jaune devant le marché pour rejoindre les différentes attractions, distantes de plusieurs kilomètres.

Hill Tribe Museum – พิพิธภัณฑ์ทริบาล (ทางไปแม่ริม) ***:*** *au nord-ouest du Musée national, à 6 km env de Chiang Mai, sur la gauche de la Highway 107 qui mène à Mae Rim. ☎ 210-872. Accessible facilement à vélo ou à moto. En* tuk-tuk, *compter 100 Bts. Lun-ven 9h-16h. Entrée gratuite, donation appréciée.* Le musée, peu fréquenté, est installé dans les jardins royaux de Suang, à l'abri d'une construction récente de style traditionnel ressemblant à un *chedî.* Sur trois niveaux, intéressante présentation des principales tribus montagnardes, à l'aide de mannequins costumés, d'outils divers et d'artisanat, comme dans un écomusée. Petits panneaux de propagande sur les bonnes actions du gouvernement envers les tribus (écoles, soins médicaux, etc.). Diaporamas payants disponibles en français. Restos sur pilotis au bord du lac.

Mae Sa Orchids Farm (Sainamphung Orchids Nursery) – ฟาร์มผีเสื้อแม่สาและสวนกล้วยไม้สายน้ำผึ้ง : *à 21 km de Chiang Mai et 5 km de Mae Rim ; env 700 m après la Snake Farm, sur la gauche.. ☎ 298-771. • suanbuamaesaorchid.com • Tlj 8h-16h. Entrée : 40 Bts.* Les orchidées sont des plantes épiphytes, vivant sur un support végétal ou minéral, sans le parasiter. La plupart des 25 000 espèces poussent sans terre. Plus de 470 sortes sont présentes naturellement dans la région de Chiang Mai. Ici, petit parcours entre verdure et orchidées (peu de variétés). Également une volière à papillons de mai à juillet, quelques chats siamois, chiens thaïs et volatiles en cage (on se demande un peu ce qu'ils font là, les malheureux). Bref, une petite visite pas extraordinaire mais agréable. Bar-resto à l'intérieur et boutique de souvenirs. Possibilité d'acheter des orchidées qui tiennent assez bien en France, ainsi que des orchidées emprisonnées dans une sorte de résine et montées en broche ou en pendentif ; pas mal du tout.

Mae Sa Waterfalls – น้ำตกแม่สา : *env 3 km plus loin, sur la gauche. Tlj 8h-18h. Entrée : 100 Bts.* Un réseau de chemins mène à un petit chapelet de cascades pas palpitantes. Il y en a 10 et pas une pour relever l'autre. Pas mal de monde en fin de semaine. Un arrêt idéal pour déjeuner néanmoins, et éventuellement se baigner. Sur le parking, nombreux petits restos. Cuisses de poulet grillées, soupes... Y aller avant midi.

Mae Sa Elephant Camp – ปาง ช้างแม่สา : *en reprenant la route principale, 4 km après les Mae Sa Waterfalls, sur la gauche. ☎ 206-247. • maesaelephantcamp.com • Tlj 7h30-14h30. Entrée : 200 Bts ; réduc. L'intérêt est d'arriver un peu avt une démonstration ; il y en a 3, à 8h, 9h40 et 13h30, et elles durent 30 à 40 mn.* Démonstration (essentiellement le matin) de ce que peut faire un éléphant avec sa trompe, danse des éléphants, partie de foot... Un peu le cirque, mais rudement bien fait, les enfants adorent (les éléphants aussi, semble-t-il). Un panneau – qui nous a fait rire – précise de ne pas tenir banane, canne à sucre et appareil photo dans la même main. Cela dit, le conseil est judicieux. On peut faire une petite balade à dos d'éléphant (compter 800 Bts pour 2 ; 30 mn), ou prévoir, si la chose vous tente, d'y passer 1, 2 ou 3 jours pour apprendre à s'occuper d'un éléphant.

VERS LE NORD-OUEST

La montagne Suthep et le Wat Doi Suthep – ดอยสุเทพและวัดพระบรมธาตุดอยสุเทพ : *à env 15 km au nord-ouest de Chiang Mai. Prendre un songthaew rouge jusqu'au zoo (30 Bts), puis un autre jusqu'à la montagne (100 Bts). Sinon, balade agréable et facile à moto. Tenue correcte exigée.* Presque au sommet du Suthep, montagne culminant à 1 676 m d'altitude, un temple bouddhique dresse fièrement son grand *chedî* avec reliques du Bouddha *(entrée : 30 Bts).* Panorama superbe sur la plaine. Fait assez rare, il est habité par des bonzesses tout en blanc. Selon la légende, c'est un éléphant blanc portant sur son dos une relique de Bouddha qui choisît malgré lui l'emplacement du temple, mourant là après avoir tourné trois fois sur lui-même (et barrît trois fois, mais ne l'histoire ne dit pas s'il fit les deux en rythme).

Bhubing Palace – พระตำหนักภูพิงค์ราชนิเวศน์ : *à quelques km du temple de Doi Suthep. • bhubingpalace.org • Tlj 8h30-16h30, sf quand le roi est là. Entrée : 50 Bts ; réduc.* C'est la résidence d'hiver du roi. En réalité, il y met rarement les pieds. On peut jeter un petit coup d'œil aux jardins de roses.

Doi Suthep – Puy National Park – อุทยานแห่ง ชาติดอยปุย : *ouv 8h-18h.* Tout ce secteur fait partie d'un parc national protégé. Pour les voyageurs au long cours, nombreuses balades possibles qui valent vraiment le détour, vers les cascades de Huai Kaeo notamment. Se renseigner sur place.

Le lac artificiel de Huay Tung Tao – ห้วยตุงเฒ่า : *à 15 km au nord-ouest de Chiang Mai. Ouv 7h-19h. Entrée modique.* On s'y baigne (mais en short et tee-shirt, à la mode locale), on fait du canoë, voire de la planche à voile, et on peut louer des embarcations à pédales.

VERS LE NORD

Elephant Training Center Chiang Dao – ศูนย์ฝึกช้างเชียงดาว : *à env 50 km de Chiang Mai, sur la route de Fang, donc de Chiang Dao, fléché à droite. ☎ 298-553. • chiangdaoelephantcamp.com • On peut se faire déposer au bord de la route par le bus n° 1231 (départs ttes les 30 mn, 5h-17h30 de la Chang Puak Bus Station). Entrée à prix modique, mais, comme toujours, les promenades à dos de pachyderme sont assez chères. Shows à 9h et 10h.* Environnement plus « junglesque » (il y a même un pont de singe) que les autres camps du coin, spectacle plus axé sur le travail et moins cirque, et balade agréable sur la rivière (2h).

– Citons également le **Woody Elephant Training,** un camp apprécié de nos lecteurs *(dans le village de* ***Mae Tang*** *; 081-531-53-63 ; • woodyelephanttraining.com •).* Treks et formation, sur un ou plusieurs jours. Possibilité d'organiser l'excursion depuis Chiang Mai.

UN ÉLÉPHANT ÇA TROMPE ÉNORMÉMENT

Si les dresseurs des elephant camps arrivent à faire faire tout et n'importe quoi aux pachydermes – ils peignent même des tableaux –, c'est que ceux-ci sont sacrément agiles. Leur trompe compte une dizaine de milliers de muscles, contre une trentaine seulement pour la main de l'homme.

Chiang Dao Caves – ถ้ำเชียงดาว : *à env 75 km au nord de Chiang Mai, toujours sur la route de Fang (à mi-chemin env). On peut aller en bus jusqu'au village de Chiang Dao, sur la route principale (prendre le n° 1231 direction Fang à la Chang Puak Bus Station ; départs ttes les 30 mn, 5h-17h30), mais de là, il reste 5 km à parcourir et il n'y a guère de motos-taxis ou autres songthaew... À moins d'être prêt à marcher, mieux vaut y aller à moto. Tlj 8h-17h. Entrée : 20 Bts ; visite guidée : 100 Bts (groupe de 5 pers max). Compter 30 mn pour le tour.* Bel ensemble de galeries qui se faufilent sur plusieurs kilomètres dans la montagne Doi Chiang Dao (« ville de l'Étoile »), le troisième sommet du pays (2 175 m), qui domine de façon spectaculaire la jolie campagne environnante. On peut s'aventurer librement dans certaines parties, éclairées, des grottes (garnies de bouddhas), mais mieux vaut prendre un guide avec lampe, qui vous mènera dans les entrailles de la montagne (attention, certains passages sont étroits et glissants), pointant çà et là diverses formations minérales animalières. Le Chiang Dao est par ailleurs un lieu de pèlerinage important pour les Thaïs. Quelques vestiges y furent retrouvés, et un temple s'est implanté devant. Pensez aussi à nourrir les poissons du bassin. Pour votre propre estomac, vous trouverez sur le site plusieurs gargotes.

Malee's Nature Lovers Bungalows – มะลิบังกะโล : *env 1,5 km après les grottes, juste avt la réserve ornithologique. ☎ 456-426. • maleenature.com • Selon saison, bungalows 550-1 250 Bts (également des bungalows pour 4-5 pers) ; chambres avec sdb commune 250-350 Bts. Possibilité de camper (80 Bts/pers ; douche chaude incluse).* 8 bungalows en bois,

CHIANG MAI ET SES ENVIRONS

dont certains très agréables, disséminés dans un jardin luxuriant. Malee, la patronne, est absolument adorable et met à votre disposition de nombreuses cartes et infos sur les possibilités de balades dans ce superbe coin du pays. Le soir, elle prépare le dîner pour tout le monde, et on discute nature et oiseaux dans ce repaire d'ornithologues de tout poil !

VERS LE SUD

Lamphun – ลำพูน ***:*** *à 25 km au sud de Chiang Mai. Sympa en excursion à la demi-journée ou pour y faire étape (c'est l'ancienne route, plus agréable) sur la route de Chomthong et du Doi Inthanon. Possibilité d'y aller en* songthaew *bleu depuis le Warorot Market, près du Foot Bridge. Sinon, en bus depuis le terminal Chang Puak ; départ ttes les 20 mn, 6h30-18h, trajet en 45 mn (20 Bts). Facile aussi à moto : depuis le Nawarat Bridge, suivre la route bordée d'arbres gigantesques (hors plan couleur par C4) qui passe par Wiang Kum Kam (rubrique « À voir. À faire. Les temples et les musées »).*
Lamphun est l'ancienne capitale du petit royaume môn d'Hariphuncha, qui parvint à conserver son indépendance entre les VIIIe et XIIIe s. Le centre-ville entouré par les anciennes douves est de forme ovoïde. En plein milieu, le *Wat Phrathat Hariphunchai (tlj 6h-18h ; entrée : 20 Bts)* est le plus beau temple de la région : de splendides peintures *(jataka)* y représentent les diverses étapes de la vie du Bouddha, une ombrelle en or massif est posée sur un stupa impressionnant, et un pavillon de pierre abrite un des plus gros gongs suspendus du monde. Les moines le frappent chaque jour à 6h et à 18h ; vous pouvez faire de même à toute heure en formant un vœu. C'est la tradition en Thaïlande. En face, de l'autre côté de la rue, le *Musée national Haripunchai (mer-dim 8h30-16h ; entrée : 100 Bts)* permet d'en savoir plus sur les vieux royaumes de la région.
Vers l'ouest, à un petit kilomètre, un stupa très particulier de base carrée et d'origine sri lankaise, le *Wat Chamma Thewi,* s'orne de trois bouddhas sur chacun des côtés de ses cinq niveaux.
Pour ceux qui ont du temps, se promener aussi sous les halles du marché *Mondok,* très bien fourni. On y trouve quelques stands où la nourriture est aussi délicieuse de simplicité que ridicule de prix. Le soir, se diriger vers la rivière où une promenade est en cours d'aménagement.

Le temple de Lampang – Wat Phra That Lampang Luang – วัดลำปาง วัด พระธาตุลำปางหลวง ***:*** *à 20 km de la ville de Lampang. De Chiang Mai, ne pas aller jusqu'à Lampang (à env 100 km au sud-est), prendre à droite 12 km avt (c'est indiqué), puis parcourir les 5 derniers km.* Incontestablement l'un des plus beaux temples de Thaïlande. Ceint d'une vénérable muraille (une forteresse existait ici dès le VIIIe s) et surélevé, on y accède par un escalier monumental, bordé de *nâga.* L'ancienneté des bâtiments (du XVe s pour la plupart), leur facture, le cadre tranquille et l'architecture lanna typique du nord du pays, avec ses toitures basses et étagées, ses élévations, tout concourt à l'harmonie générale. Le grand *chedî* abrite un cheveu de l'Éveillé. Belle teinte cuivrée (le *chedî,* pas le cheveu !) des toits. Ceux qui poursuivent vers le sud pourront faire étape à Lampang, la ville est plutôt sympathique.

VERS LE SUD-OUEST

Mae Klang Falls – น้ำตกแม่กลาง ***:*** *à env 60 km au sud-ouest de Chiang Mai. Pour y aller, prendre un bus direction Mae Sariang à l'Arcade Bus station (7 bus/j. 6h30-21h).* Belle cascade, surtout à la saison des pluies.
– À côté, la petite ville de **Chom Thong.** À l'entrée de celle-ci, temple avec *chedî* doré (pour plus de détails, voir plus loin « De Mae Sariang à Chiang Mai »).

Si vous faites ce circuit à moto, vous pourrez pousser jusqu'au ***Doi Inthanon*** – ดอยอินทนนท์ (à 110 km de Chiang Mai), le plus haut sommet du pays (2 599 m), inclus dans un parc national (voir plus loin « De Mae Sariang à Chiang Mai »).

QUITTER CHIANG MAI

En train

Gare ferroviaire – สถานีรถไฟ *(plan couleur D3) : à l'est de la ville, sur Charoen Muang Rd. ☎ 244-795. Consignes.* Chiang Mai est le terminus nord de la ligne qui part de Bangkok. Arrêt possible à Phitsanulok, Lopburi et Ayutthaya. Face à la gare, quelques cafés sympathiques où attendre son train.

➢ ***Pour Bangkok :*** 5 départs/j ; 2 le matin (à 5h45 et 8h50) et 3 en fin d'ap-m, dont 2 *Special Express* avec couchettes. Résa conseillée bien à l'avance (possible jusqu'à 2 mois avant le départ). Trajet : 12h-14h30. Prix : env 230-610 Bts le siège, 490-1 350 Bts la couchette en 2de (déjà très bien) ou 1re classe.

En bus gouvernemental

Arcade Bus Station – สถานีรถอาร์เขต *(plan couleur D1) : Lampang Super Highway. ☎ 242-664. Situé en périphérie de la ville, au nord-est, à env 5 km. Pour y aller, moto-taxi, tuk-tuk (env 100 Bts) ou songthaew collectif rouge. Consigne et cybercafé dans le terminal de droite, le plus moderne.* C'est le terminal des bus longues distances. Il y a en fait 2 terminaux face à face, séparés par une rue.

– Terminal de droite :

➢ ***Pour Bangkok*** (720 km) ***:*** env 15 départs/j. (bus ordinaires, AC, VIP, etc.), 6h30-21h. Trajet : 10h. Prix : 440-880 Bts.

➢ ***Pour Chiang Rai*** (195 km) ***:*** avec *Greenbus (☎ 266-480 ; ● greenbusthailand.com ●)*, 16 départs/j., 7h-18h, mais surtout le mat. Trajet : 3h. Prix : de 95 Bts avec ventilo à 270 Bts en bus VIP.

➢ ***Pour Mae Sai*** (frontière avec le Myanmar, 256 km) ***:*** avec *Greenbus*, 7 bus/j., 6h-15h30 (jusqu'à 17h le w-e). Trajet : 4-5h. Prix : à partir de 120 Bts.

➢ ***Pour Chiang Khong*** (frontière laotienne, 337 km) ***:*** avec *Greenbus*, 2 bus/j., à 8h30 et 13h. Trajet : 6h30. Prix : 150-270 Bts.

– Terminal de gauche :

➢ ***Pour Pai*** (137 km) ***et Mae Hong Son*** (250 km) ***:*** minibus ttes les heures, 6h30-17h30. Trajet : 3h30 pour Pai, 7h30 pour Mae Hong Son. Prix : 150 Bts pour Pai, 190 Bts pour Mae Hong Son. Quelques bus également, mais c'est plus long et à peine moins cher (140 Bts).

➢ ***Pour Mae Sariang :*** 7 bus/j., 6h30-21h, la plupart sans AC. Trajet : 5h. Prix : 100-140 Bts.

➢ ***Pour Sukhothai*** (373 km) ***:*** une dizaine de bus/j., 7h-20h. Trajet : 5h. Prix : 240-280 Bts.

➢ ***Pour Phitsanulok*** (430 km) ***:*** 6 bus/j., à 8h30 puis 14h-20h. Trajet : 6h. Prix : 260 Bts.

Chang Puak Bus Station – สถานีรถช้างเผือก *(plan couleur B2) : Chang Puak Rd. ☎ 211-586. À 500 m au nord du vieux quartier.*

➢ ***Pour Fang*** (150 km), ***via Mae Rim et Chiang Dao :*** bus ttes les 30 mn, 5h-17h30, plus un dernier à 19h30. Compter 3h et 80 Bts jusqu'à Fang.

➢ ***Pour Thaton :*** 6 bus/j., 6h15-15h30. Trajet : 4h. Pour la balade sur la rivière Kok, prendre celui de 7h20. Prix : 90 Bts.

➢ ***Pour Lamphun :*** bus ttes les 20 mn, 6h30-18h10. Compter 45 mn et 20 Bts.

En bus VIP privé

Ces bus desservent surtout Bangkok et Chiang Rai. Confortables, car peu de passagers, mais plus chers. La plupart des agences se trouvent au *Anusarn Market (plan couleur C3)*, d'où les bus partent. Acheter ses billets sur place ou dans les *guesthouses* moyennant une petite commission. Pour Chiang Rai cela dit, on peut très bien se contenter d'un bus traditionnel.

En avion

✈ ***Aéroport*** *(hors plan couleur par A4)* **:** à 6 km au sud-ouest du centre. Prendre un taxi (env 150 Bts, soit un peu plus que dans l'autre sens) ou un tuk-tuk (un peu moins cher).

➢ ***Pour Bangkok :*** nombreux départs/j. avec *THAI, Bangkok Airways,* ou *Nok Air* et *Thai Air Asia,* 2 compagnies *low-cost.*

➢ ***Pour Mae Hong Son :*** 4 vols/j. avec *Nok Air.*

➢ ***Pour Pai :*** 4 vols/sem avec *Kan Air.*

➢ ***Pour Phuket :*** 2 vols/j. avec *Thai Air Asia.*

➢ ***Pour Koh Samui :*** 4 vols/j. avec *Bangkok Airways* et *Silk Air.*

➢ Vols quotidiens également pour ***Udon Thani*** et ***Hat Yai*** avec *Nok Air.*

➢ Également des vols directs pour ***Séoul*** (Corée ; 1 vol/j.) avec *Korean Air* ; ***Kunming*** (Chine ; plusieurs vols/sem) avec *China Eastern Airlines* ; ***Yangon*** (Myanmar ; 2 vols/sem) avec *Air Bagan* ; ***Luang Prabang*** (Laos ; tlj) avec *Lao Airlines* ; ***Hong Kong*** (4 vols/sem) avec *Dragon Air* et *Cathay Pacific* ; ***Kuala Lumpur*** (Malaisie ; 1-2 vols/j.) avec *Thai Air Asia* ; ***Singapour*** (tlj) avec *Thai Air Asia* ; ***Macao*** (1 vol/j.) avec *Thai Air Asia* ; et ***Taipei*** (Taiwan ; 2 vols/sem) *avec China Airlines.*

TREKS À LA RENCONTRE DES ETHNIES MONTAGNARDES

Chiang Mai est le principal point de départ des treks dans les montagnes de la région. La meilleure époque pour partir en excursion court de novembre à mars. Voyageurs qui venez en juillet-août, vous risquez de subir de méchantes averses. Une condition physique moyenne et une certaine volonté de faire un effort suffisent pour être à la hauteur. L'intérêt de ces excursions est la découverte des villages et des superbes paysages, et la rencontre avec les habitants, qu'ils soient akha, karen, lisu, lahu ou yao (une vingtaine d'ethnies en tout). Mais entre le trek originel, aventureux et authentique, et l'exploitation touristique à outrance qui s'est développée aujourd'hui, la différence est... grande. Traverser des villages isolés en rangées de pataugas, l'appareil photo en bandoulière, ne colle pas toujours avec l'idée qu'on se fait de la rencontre de l'autre, et du respect de sa culture. À vous de voir si vous voulez quand même tenter l'expérience.

En attendant, voici quelques infos et conseils qui vous permettront de mieux comprendre ce qu'est le trek, et comment éviter les déconvenues et autres mauvaises surprises.

LE TREK AUJOURD'HUI

Aujourd'hui, le trek est une vraie petite industrie. Chiang Mai compte pas moins de 100 agences qui organisent des treks, dont une quarantaine labellisées par le gouvernement (on ne sait pas si ce label est un gage de sérieux, mais il est plus sûr en revanche que l'agence sans véritables moyens ni structure). Comme il y a foule d'agences et encore plus foule de trekkeurs, fatalement, tous les groupes se retrouvent sur les mêmes sentiers et dans les mêmes villages. Il existe cependant des régions moins visitées que d'autres, renseignez-vous avant de décider, mais aucune n'est vierge.

Le trek habituellement proposé dure en moyenne 2 ou 3 nuits. Il cumule en général la marche en terrain accidenté, de difficulté modérée (les montagnes du Nord thaïlandais ne dépassant pas les 2 500 m), la virée à dos d'éléphant et la descente de rivière en raft ou en radeau de bambou. La visite de deux ou trois ethnies est bien sûr au programme. On trouve même l'excursion avec 10 ethnies, le tour à dos d'éléphant et un coup d'*hydrospeed,* le tout en un jour, et pas cher avec ça ! Ça frise l'arnaque, bien entendu. Mais il y en a pour tous les goûts : il existe même maintenant des treks « spécial troisième âge », au parcours extra-plat, sans effort. Mais trek tout de même !

QUELQUES ÉLÉMENTS SUR LES CULTURES MONTAGNARDES

Tous groupes confondus, les ethnies montagnardes représentent environ 950 000 personnes. Sur le plan culturel, ces sociétés longtemps isolées des basses terres ont conservé, malgré la siamisation (et le tourisme), des traditions d'une grande originalité.
Ces ethnies sont issues de trois grands groupes linguistiques : le ***groupe sino-tibétain*** (sous-groupes tibéto-karen et tibéto-birman), qui inclut les ethnies karen, lisu, lahu et akha ; le ***groupe austro-thaï*** (sous-groupe miao-yao), qui inclut les ethnies hmong et mien ; et le ***groupe austro-asiatique*** (sous-groupe môn-khmer) incluant les ethnies htin, khamu, lawa et mlabri. Ce qui fait 10 groupes ethniques principaux. En réalité, on pourrait en dénombrer davantage, une vingtaine peut-être, mais ça deviendrait compliqué.
Tous ces groupes sont traditionnellement de religion animiste, c'est-à-dire qu'ils rendent un culte aux esprits des choses, des éléments et, en particulier, des parents défunts. Tous ont une structure sociale centrée sur le lignage et parfois sur le clan ; et la maisonnée est l'unité économique de base. Leur organisation politique n'excède généralement pas les limites de la famille élargie, et toute décision impliquant plusieurs lignages, voire plusieurs villages, se prend en discutant entre chefs de lignage mâle.
Les groupes ethniques sont très dispersés sur le territoire. Ce qui a pour agréable conséquence qu'il est facile de découvrir plusieurs villages d'ethnies différentes au cours d'un même trek.
Voyons un peu plus en détail chacun des groupes.

Les Karen, Lahu, Akha et Lisu

Ces quatre ethnies comptent respectivement pour 50 %, 11 %, 6 % et 4 % de la population montagnarde du pays.
– ***Les Karen*** (prononcer « Karène », *Kariang* en thaï) **:** ce sont les plus anciens à s'être implantés en territoire thaïlandais. Originaires, dit-on, de la région du désert de Gobi, ils sont venus il y a près de 300 ans des hautes terres de Birmanie, où réside toujours le plus gros de cette population. C'est donc le long de cette frontière qu'on trouve le plus grand nombre de villages karen (un peu moins de 2 000), et là aussi que certains de leurs habitants militent pour la création d'un État karen qui serait à cheval sur la Thaïlande et le Myanmar (mais principalement sur le Myanmar). Il faut noter que la répression, côté Myanmar, est terrible envers ces indépendantistes. Réfugiés politiques en Thaïlande, ils ont été « parqués » dans des villages militarisés où leurs conditions de vie, si elles ne sont pas enviables, sont toutefois incomparablement meilleures que celles vécues au Myanmar. Ils sont divisés en quatre sous-groupes : les Sgaw Karen ou Karen

LE BAMBOU, ÇA SERT À TOUT

Dans les montagnes du Nord, à défaut d'avoir autre chose sous la main (et notamment du fer), on fait tout en bambou : des maisons, des ustensiles de cuisine, des pièges pour la chasse... Certaines tribus se servent même d'un morceau de bambou pour couper, à la naissance, le cordon ombilical.

blancs (245 000 en Thaïlande) ; les Pwo Karen ou Plong (105 000) ; les Taungthu ou Karen noirs ; et les Kayah ou Karen rouges. Bref, un véritable arc-en-ciel.
Arrivés les premiers en Thaïlande, ils ont pu occuper des terres à une altitude relativement faible (autour de 500 m), près des villages thaïs, et ont ainsi subi une importante influence culturelle. Leur agriculture est sédentarisée et centrée sur la riziculture inondée.
Ils élèvent également des animaux domestiques : poulets, porcs, buffles et éléphants, dont ils sont d'excellents dresseurs. Les poulets sont en général sacrifiés lors des cérémonies. Les Karen sont, en partie, de croyance animiste. Ils pratiquent la monogamie, et la famille n'est constituée que d'une ou deux générations. Les relations sexuelles avant le mariage sont interdites, et le divorce ou l'adultère sont rares, mais en cas de transgression, un sacrifice doit être pratiqué pour apaiser les esprits. Il existe aussi pas mal de chrétiens évangélisés au XIXe s par deux pasteurs américains. Les Karen chrétiens respectent une morale profondément imprégnée de principes puritains : ni alcool ni drogue. Bref, ça ne rigole pas ! Il y a aussi pas mal de bouddhistes.
Dans certaines tribus karen, on trouve des ***femmes-girafes*** (*Padong* ou *Kayan* en thaï). Ces tribus (8 000 personnes environ) vivent principalement dans la région de Mae Hong Son. Les femmes portent au cou de nombreux anneaux spiralés de cuivre (20 à 25) qui leur donnent cette étrange silhouette. Les femmes karen perpétuent cette tradition de mère en fille depuis plusieurs siècles. Entre 5 et 9 ans, on passe sur le cou de la petite fille une pommade composée de graisse de chien, de lait de coco et de gelée royale. Le premier anneau est posé, puis 2 ans plus tard plusieurs autres suivent jusqu'à atteindre le menton. Le cou ne peut supporter plus de 28 anneaux, soit une trentaine de centimètres et une quinzaine de kilos.
L'origine de cette coutume est assez discutée : pour les uns, les anneaux auraient d'abord servi à se protéger des dents des tigres ; pour d'autres, c'est un privilège réservé aux femmes nées pendant la pleine lune ; enfin, on entend dire aussi que ces anneaux représentent et concentrent l'esprit de la tribu... Une autre légende affirme que les anneaux enlaidissaient les femmes et les rendaient moins attirantes aux yeux des hommes des autres tribus lors des incessantes guerres tribales. Allez savoir !
Toujours est-il qu'aujourd'hui les femmes-girafes vivent dans des villages visités régulièrement par les touristes. Un côté « zoo humain » qui pourra en choquer quelques-uns. On y revient plus loin (chapitre « Mae Hong Son »).
– ***Les Lahu*** (ou *Musoe* en thaï) **:** d'origine sino-tibétaine (Yunnan), on en dénombre environ 103 000 en Thaïlande, qui sont installés le long de la frontière birmane, au nord de Chiang Mai et de Chiang Rai. On compte de nombreux sous-groupes, notamment les Lahu Nyi (Lahu rouges) et les Lahu Na (Lahu noirs). Leurs villages sont petits, dispersés et situés en altitude (environ 1 000 m), donc à l'écart des lieux de résidence thaïs. Mais leur isolement ne les empêche pas d'avoir le sens de la fête. Nombreuses animations au Nouvel An.
Ils cultivaient l'opium en plus du riz et du maïs, et en tiraient autrefois une grande source de revenus. Les Lahu sont également éleveurs et surtout chasseurs. Leur arbalète est toujours prête à servir. La société lahu est de type matriarcale et monogame. Animistes, ils croient aux esprits, ont des sorciers et accordent une place importante à leurs ancêtres.
– ***Les Akha*** (*Ikaw* en thaï) **:** d'origine tibéto-birmane, ils viennent du Laos et du sud de la Chine (province du Yunnan), et se sont d'abord installés en Birmanie à la fin du XIXe s. Puis ils ont émigré vers les régions de Chiang Rai et de Chiang Mai au siècle dernier. On en dénombre environ 65 000. Ils vivent sur les montagnes ou à flanc de colline : ils sont donc assez difficiles à atteindre. Ils cultivent l'opium, le riz, le maïs, mais également le millet et des légumes divers. Leur élevage de volailles, cochons et buffles répond à leur besoin de sacrifices. La soupe de chien (dont la cuisson des os restaure la vitalité des personnes âgées) constitue un de leurs plats favoris, faisant même l'objet d'un véritable événement ! La coiffe des femmes,

décorée de boutons d'argent, de perles et de graines, de pièces de monnaie et de pompons rouges est assez reconnaissable.
Leur habitat est d'une monacale simplicité, contrastant avec leur mode de vie où tout est prétexte à chanter et à faire la fête. Les maisons sont souvent flanquées d'une balançoire.
Les Akha sont panthéistes : le culte des ancêtres et les offrandes constituent des événements importants. D'ailleurs, à chaque entrée et sortie des villages, une « porte pour les esprits » est dressée afin de bien délimiter le monde des esprits et celui des hommes. Franchir cette porte est un moyen de se purifier des mauvais esprits de la jungle. La « cérémonie de la balançoire » est l'événement principal de la société akha.

HAUTE COUTURE

Les Akha détiennent la palme pour l'esthétique vestimentaire, basée sur le noir et le rouge. Leurs costumes sont étonnants. La femme porte la jupe ainsi que des jambières décorées. Sa tête est couverte d'une sorte de coiffe haute, agrémentée de dizaines de pièces d'argent.

– **Les Lisu** (*Lisao* en thaï) **:** on en recense aujourd'hui 39 000 en Thaïlande (et 400 000 au Myanmar). Ils ont suivi la même vague migratoire que les Akha, mais ils sont d'origine sino-tibétaine. Leurs villages se concentrent près de la frontière birmane, au nord de Chiang Mai, à l'ouest de Chiang Rai et plutôt en altitude. On croit avoir observé l'entrée des premiers arrivants sur le sol thaïlandais il y a à peine 60 ans.
Ils exploitent leur sol (riz des montagnes, maïs, légumes...) et connaissent, bien entendu, la culture de l'opium, même si elle n'est plus pratiquée. Les hommes chassent à l'arbalète, dont les pointes de carreaux sont imprégnées de poison. Très influencés par la culture chinoise, ils célèbrent le même Nouvel An qu'en Chine. Lors de cette fête, les femmes portent une coiffe particulièrement colorée.

L'AMOUR À LA LISU

Les jeunes gens font une cour très romantique à l'élue de leur cœur, leur récitant des poèmes enflammés. Un simulacre d'enlèvement est organisé à une date convenue. Le jeune homme envoie alors un émissaire aux parents de la donzelle pour les avertir que leur fille n'a pas été emportée par un tigre ; une fois ceux-ci rassurés, il est temps de discuter du montant de la dot.

Hmong (prononcer « mongue » ; aussi appelés « Méo ») et Mien (aussi appelés « Yao »)

Ces deux groupes sino-tibétains composent respectivement 15 % et 6 % du total de la population montagnarde de Thaïlande. En plus d'une proche parenté linguistique (leur écriture utilise les caractères chinois), ils sont tous deux originaires du centre de la Chine et ont laissé d'importantes concentrations de leurs congénères là-bas, ainsi qu'au Laos et au Vietnam du Nord. On estime la population hmong dans le Sud chinois à près de 5 millions d'individus ! Ces deux groupes ont une vision du monde se rapprochant beaucoup de la cosmogonie chinoise et pratiquent un chamanisme foisonnant (assister à une cérémonie chamanistique est une expérience inoubliable... quoique difficilement réalisable pour le trekkeur de passage). Les deux sont des migrants tardifs sur le sol thaïlandais (environ un siècle), et peut-être est-ce pour cela qu'ils occupent les crêtes les plus hautes du massif montagneux, à plus de 1 000 m. Du coup, les maisons hmong et mien sont systématiquement construites sur terre battue, plus chaudes que les constructions sur pilotis pratiquées par presque tous les autres groupes. Cette situation en altitude constitue également un avantage marqué quand venait le temps de cultiver le pavot ; les Méo et les Yao étaient les

experts incontestés de cette activité. Ils sont polygames : il suffit que la première femme consente à accueillir une deuxième ou une troisième épouse.
- ***Les Méo :*** ils sont originaires du sud de la Chine, et on en compte environ 100 000 en Thaïlande (et 5 millions en tout !), installés principalement à la frontière du Laos, au nord et à l'ouest de Chiang Mai. Ils s'établirent ici vers la fin du XIXe s tout d'abord, puis après la guerre du Vietnam.
Ils se divisent en trois sous-groupes. Les Méo bleus : on reconnaît les femmes grâce à leurs superbes jupes plissées couleur indigo et à leurs jolies broderies (certaines sont de véritables pièces d'art composées de batik, broderie et pliage). Les Méo blancs : les femmes portent une jupe blanche pour les cérémonies et un pantalon indigo pour aller aux champs. Ce sont des brodeuses hors pair. Les Méo Gua Mba, quant à eux, viennent du Laos et habitent pour la majorité dans des camps de réfugiés ; la révolution de 1975 ne leur a rien valu. Leurs villages sont établis pour la plupart en haute altitude pour la Thaïlande (1 000-1 200 m) ; ils cultivent le riz et le maïs. Principale source de revenus autrefois, l'opium est encore apprécié des vieux, qui le fument selon des rites ancestraux.
L'organisation sociale des Méo permet la polygamie. Leur religion combine le panthéisme et le chamanisme. Leurs croyances ont subi une importante influence chinoise, tout comme leur langue, qui ne s'écrit pas. Le Nouvel An (fin décembre) reste la fête la plus importante. Une des traditions est le lancer de balle entre garçons et filles se courtisant. Les tribus méo autour de Chiang Mai sont devenues très touristiques.
- ***Les Yao :*** venus du sud de la Chine il y a environ 150 ans, ils se sont installés près de la frontière du Laos, autour de Chiang Rai et de Nan. Comme les autres ethnies, ils s'adonnaient à la culture de l'opium, dont ils tiraient le gros de leurs revenus, mais les autres cultures ont pris à présent leur importance.
Leurs costumes sont gais, surtout ceux des femmes (touches de couleur rouge sur fond indigo). Remarquable est aussi le boa rouge écarlate qu'elles portent autour du cou. Par ailleurs, les Yao sont connus pour leur côté extrêmement économe.

Les Htin, Khamu, Lawa et Mlabri

Les trois premières ethnies, Htin, Khamu et Lawa, du sous-groupe linguistique môn-khmer, totalisent ensemble moins de 8 % de la population montagnarde de Thaïlande. Considérées plus près culturellement des populations môn et khmère, qui avaient fondé de puissants empires dans la péninsule il y a plus de 12 siècles, elles sont sédentarisées depuis beaucoup plus longtemps que les autres montagnards de la région. Elles pratiquent toujours un animisme qui était la norme dans toute la péninsule avant l'arrivée du bouddhisme. Il y a peu de chances pour que vous en rencontriez durant un trek.
- ***Les Khamu :*** on en recense une douzaine de milliers, rien à voir avec Albert, ils sont originaires du Laos et sont installés dans les provinces de Nan, sur la frontière du Laos, ainsi que dans la région de Lampang et de Kanchanaburi.
- ***Les Htin*** se situent dans le même secteur.
- ***Les Lawa :*** ils immigrèrent ici vers le VIIe s. Ils ne sont que 8 000 et on les rencontre surtout au sud-ouest de Chiang Mai et au sud-est de Mae Hong Son. C'est le seul groupe de montagnards qu'on ne trouve qu'en Thaïlande. Ils sont presque complètement intégrés à la majorité thaïe.
- ***Les Mlabri :*** ce groupuscule compte autour de 200 individus. Ils habitent les provinces de Nan et de Phrae, à l'est de Chiang Mai. On en trouve également au Laos. Ce sont les derniers montagnards nomades ; ils déplacent leur campement tous les 3 ou 4 jours (de vrais routards, quoi !). Cependant, à en croire les spécialistes, peu de Mlabri suivraient encore ce mode de vie. Ils tiennent du nomadisme leur surnom, *Phi Thong Luang* (« esprits des feuilles jaunes »), car ils quittaient leurs villages éphémères dès que les feuilles recouvrant leurs huttes jaunissaient. Ils vivent essentiellement de la chasse et ne possèdent pas de terre. En fait, bien

souvent, ils travaillent chez les autres. Les Mlabri vivent en toutes petites communautés de 3 à 12 membres.

SAVOIR-VIVRE DANS LES VILLAGES MONTAGNARDS

Les attitudes à observer durant votre visite chez les montagnards sont le ***respect*** et le ***savoir-vivre.*** Vous n'êtes pas chez vous, vous en êtes même très loin. Beaucoup de choses qui peuvent vous paraître évidentes échappent peut-être à votre entendement, et votre guide, qui n'est généralement pas chez lui non plus, n'y comprend peut-être pas grand-chose non plus. Ne prenez donc pas pour acquis que ce que le guide fait est bien, les exemples déplorables sont légion ; jugez plutôt par vous-même selon votre bon sens.

Les montagnards sont accueillants, c'est une tradition. Veillez donc à la faire perdurer en évitant d'abuser de leur patience, et surtout de celle des esprits. Car il ne faut jamais oublier cette dimension animiste. La santé, l'humeur, toutes choses et tous événements dépendent des esprits. Ne pas trop chercher à comprendre, à rationaliser, mais plutôt admettre que c'est leur vision des choses et respecter les lieux et les objets sacrés. Cela est essentiel. Respectez aussi le sommeil de vos hôtes, surtout si vous avez bien bu et même si vous et vos amis êtes en vacances, car eux se lèvent à l'aube. Respectez leur intimité.

De la même manière que vous n'apprécieriez pas que l'on vienne vous photographier dans votre salle de bains, sachez reconnaître quand le moment de prendre une photo est approprié ou non : consultez donc votre sujet du regard avant de vous exécuter et, dans le doute, n'hésitez pas à vous abstenir. Dites-vous que déjà vous êtes privilégié de venir ici, car rien au fond ne les oblige à vous recevoir. En résumé, la meilleure des bonnes manières reste la discrétion.

QUELQUES ZONES DE TREKS

– ***Aux alentours de Chiang Dao*** – บริเวณเชียงดาว ***:*** à 80 km au nord-ouest de Chiang Mai, une multitude de villages rassemble toutes les ethnies. Région assez visitée, 60 % des treks s'y déroulent, mais le grand nombre de villages permet d'éparpiller les touristes. Quelques agences ont trouvé de nouveaux secteurs peu fréquentés.

– ***Vers le Doi Inthanon, Samoneng et Mae Chaem*** – ดอยอินทนนท์, สมอเงินและแม่แจ่ม ***:*** un bon tiers des treks au départ de Chiang Mai ont lieu dans ce secteur situé à 60 km au sud-ouest de la ville, dans et aux alentours du parc naturel de Doi Inthanon.

– ***Mae Hong Son*** – แม่ฮ่องสอน (voir plus loin) ***:*** toute une région à l'ouest de Chiang Mai, près de la frontière birmane, d'où l'on peut aussi organiser des treks. On y rencontre surtout des Karen, et les paysages sont vraiment beaux.

– ***Au nord de la rivière Kok*** – เหนือแม่น้ำกก ***:*** le ***Triangle d'or*** – สามเหลี่ยมทองคำ. Nom pittoresque, mais région très touristique avec vente de tee-shirts, souvenirs, etc., à chaque arrêt. Inutile de prendre un trek pour explorer cette région que l'on peut aisément découvrir par soi-même. Lire plus loin le chapitre qui lui est consacré.

Bien sûr, il reste encore des tas d'autres chemins possibles ouverts par des guides indépendants, mais là, c'est la jungle, dans tous les sens du terme.

COMMENT CHOISIR SON AGENCE ?

Pour s'assurer du sérieux d'une agence, il est bon de demander la durée exacte du trek (il arrive que 3 jours se transforment en 2) et de s'assurer que le guide parle l'anglais ainsi qu'une ou deux langues des tribus. Enfin, il est prudent de se faire décrire le parcours sur la carte... Interroger des voyageurs qui reviennent d'un trek

est également une excellente source d'infos. En revanche, refuser les offres des guides rencontrés en ville... et les treks à prix plancher. Une excursion sérieuse, ça se paie. À minima, un trek coûte 600 Bts par jour et par personne. On peut aussi partir pour des excursions à la journée, compter alors minimum 1 000 Bts par personne.
On l'a dit, Chiang Mai est la reine du trek. Neuf treks sur dix partent de là, les *guesthouses* sont pratiquement toutes affiliées à une agence. Nous, nous préférons nous en tenir à ce que nous connaissons, et les deux organisateurs de treks suivants ne nous ont jamais posé de problème. En revanche, on nous signale régulièrement de mauvaises agences, des *guesthouses* aux treks pas bons du tout, etc. Prudence !

■ ***Udom Porn Tours*** – บริษัทอุดมพรทัวร์ *: 330/12 Chiang Mai Land Village. ☎ 204-718. • up-adventure.com • À 2-3 km au sud du centre, dans le même coin que l'auberge de jeunesse.* Agence bien organisée, travaillant avec des guides anglophones. Tous types de treks. Loue aussi des véhicules.

■ ***Chiang Mai International Youth Hostel*** – บ้านเยาวชนเชียงใหม่ *: 54 Papraw Rd. ☎ 276-737. • chiang maiyha.org • Voir la rubrique « Où dormir ? » à Chiang Mai.* Agence sérieuse également, établie depuis de nombreuses années. Également des excursions à la journée (certains diront surtout des balades).

ÉQUIPEMENT POUR LE TREK

- Chaussures de marche.
- Sous-vêtements et chaussettes (traversées de cours d'eau).
- Petite (voire grosse) laine pour la nuit. Attention : entre décembre et février, il peut faire très froid en montagne la nuit. Apporter son duvet, un vrai, bien chaud, pendant ces périodes, car les couvertures fournies sont plutôt minces.
- Pantalons longs (broussailles et ronces).
- Chapeau (insolations fréquentes) + crème solaire (bras).
- Opinel ou, mieux, couteau suisse.
- Lotion antimoustiques.
- K-way ou cape de pluie, surtout en été.

Ne chargez pas inutilement vos valises pour la Thaïlande, car tout cela se trouve à Chiang Mai, et pour une poignée (ou deux) de riz.

- Pastilles *Micropur® DCCNa* (ou autre marque) pour purifier l'eau.
- Gourde.
- Torche.
- *Ercéfuryl®* et *Imodium®* pour les petits ennuis intestinaux.
- Papier hygiénique (à brûler et enterrer ; sinon, bientôt, on suivra les touristes à la trace !).
- ***Emporter sa carte de paiement et son passeport*** (en tout cas, ne pas les laisser à la *guesthouse*).

À LA RENCONTRE DES ETHNIES SANS AGENCE : PAS BON !

Il est possible, depuis Pai ou Soppong par exemple, et en 1 ou 2h de marche (facile), de gagner des villages lahu, karen ou méo. Cependant, ***on déconseille formellement de s'aventurer trop près de la frontière birmane,*** où escarmouches, embuscades et autres tirs de mortier surviennent de temps à autre. Ils opposent l'armée birmane aux rebelles karen, et, parfois, mêlent l'armée thaïlandaise, qui se trouve prise entre plusieurs feux. Bref, n'allez pas par là. Même pour de petites promenades, munissez-vous d'une carte et soyez sûr de votre localisation. Organisez impérativement les longues randonnées aventureuses avec les agences. Ça manque peut-être un peu de sel, mais au moins c'est balisé et on ne risque pas, en principe, de se faire trouer la peau.

VIRÉES À MOTO

Partir à moto sur plusieurs jours est sans doute l'un des moyens les plus sympas d'explorer la région de Chiang Mai (notamment la province de Mae Hong Son ; lire ci-après). On est alors libre de bâtir son itinéraire au gré de ses envies, de s'arrêter dans des villages où les groupes de touristes passent peu, de prendre le temps de sentir le pays, d'apprécier ses paysages. Ceci requiert cependant des aptitudes de conduite certaines, et ce, même si on loue une automatique. Il faudra par ailleurs se contenter de suivre les axes goudronnés principaux ; on le rappelle, pour gagner les villages les plus reculés, être accompagné d'un guide est indispensable. Voici quelques infos et recommandations générales pour rendre votre balade la plus agréable possible.

LES FORMALITÉS

Pour les adresses de loueurs, lire plus haut « Adresses utiles. Location de véhicules » au début du chapitre de Chiang Mai.
– Le passeport doit être laissé en dépôt.
– Le permis de conduire international est officiellement obligatoire, mais, dans les faits, très peu demandé. Nous, on le conseille.
– Les assurances commencent à être obligatoires pour les loueurs. Vérifiez bien ce point avant d'enfourcher la machine, et prévoyez une bonne assistance personnelle dans votre pays d'origine.
– Bien se mettre d'accord avant le départ sur les conditions de location, et, surtout, s'assurer du bon état de marche de la bécane.
– Pas d'obligation concernant le port du casque (sauf à Bangkok, Chiang Mai et Sukhothai), mais bon, dans votre propre intérêt...

LE MATÉRIEL

Il est le même que pour les treks à pied (voir plus haut), à quelques différences près :
– crème solaire indispensable. À moto, on ne ressent pas la chaleur, et pourtant, le soleil est là.
– Pantalons et tee-shirts à manches longues pour se protéger contre le vent, le soleil, les insectes, la poussière et les chutes.
– Une paire de gants et de chaussures hautes de préférence, voire des bottes de motard.
– De grands sacs en plastique, style sac-poubelle, pour protéger vos bagages de la poussière.

QUELQUES CONSEILS DE SÉCURITÉ

– Au cas où vous l'auriez oublié, en Thaïlande, on conduit à gauche.
– Respectez les distances de sécurité.
– Les Thaïs roulent assez lentement, alors prenez exemple... surtout lorsque vous traversez des villages (enfants et animaux).

– Évitez de conduire à la tombée de la nuit, sauf si vous aimez vous perdre (routes peu éclairées et signalisation parfois insuffisante).
– Soyez attentif lors des journées très ensoleillées : le bitume, d'assez mauvaise qualité, devient gras et glissant. Dérapages fréquents dans les virages.
– Sur les chemins de terre, dans les descentes, dosez bien l'usage des freins avant et arrière pour éviter le blocage des roues et, une fois de plus, le dérapage... Toute une technique !

À L'OUEST DE CHIANG MAI : LA PROVINCE DE MAE HONG SON

Aux antipodes de l'urbaine Chiang Mai, la province de Mae Hong Son est une région rurale et montagneuse aux paysages spectaculaires, couverte de forêts denses dissimulant ça et là des vallées bucoliques, des cascades, des grottes, des petits villages à explorer idéalement à moto, en faisant une grande randonnée de 4 ou 5 jours à partir de Chiang Mai (lire précédemment nos conseils pour les virées à moto). On peut aussi louer un deux-roues à Pai ou à Mae Hong Son puis effectuer une boucle vers les autres villages ou, bien sûr, emprunter les transports locaux (bus et pick up).
La région est peuplée majoritairement de Shan (65 %), qui ont fortement influencé l'architecture des temples locaux, imposant le style birman. On y compte aussi une forte proportion de tribus montagnardes (34 %) et à peine 1 % de « vrais » Thaïs.
La plupart des voyageurs se contentent d'aller jusqu'à Pai, gros bourg le plus proche de Chiang Mai, devenu en quelques années l'épicentre du tourisme local où s'entassent bars et *guesthouses.* On ne saurait que vous conseiller de pousser plus loin l'expédition, pourquoi pas jusqu'à Mae Hong Son, la modeste mais attachante capitale régionale, pour mieux vous mettre au diapason du paisible rythme de vie local.
Le circuit que nous proposons forme une boucle du nord vers le sud : départ de Chiang Mai – Pai – Soppong – Mae Hong Son – Mae Sariang – retour à Chiang Mai. On peut évidemment partir dans l'autre sens. Petit détail pratique : n'oubliez pas d'emporter un pull dans vos bagages. On est en altitude, le soir et le matin, ça caille !

DE CHIANG MAI À MAE HONG SON PAR PAI ET SOPPONG

Cette route, que nous appellerons « du Nord », est aussi sinueuse (1 864 virages, gare au mal des transports !) que spectaculaire, dévoilant, au hasard des virages en épingle, de superbes panoramas sur les montagnes touffues enveloppées dans la brume au petit matin. Ouvrez tout grands vos yeux, ce sont probablement les plus beaux kilomètres du nord du pays : paysage typiquement karstique composé de collines calcaires recouvertes d'une épaisse végétation, de vallées torturées érodées par l'action de multiples rivières. Sachez, pour l'anecdote, que le parcours de cette route donne droit à un certificat (qu'on obtient auprès de la chambre de commerce de Mae Hong Son), une sorte d'« attestation de conducteur aguerri ». Mais rassurez-vous, si vous vous apprêtez à l'emprunter : son tracé n'a rien d'insurmontable pour autant !

PAI – ปาย

IND. TÉL. : 053

À 164 km de Chiang Mai (3h de route) et 112 km de Mae Hong Son (4h), Pai est un gros village cosmopolite où se rassemblent la plupart des Occidentaux séjournant dans la région et de nombreux touristes thaïs qui viennent y passer le week-end. Les *guesthouses* et autres adresses destinées aux voyageurs se sont donc multipliées, le village abandonnant au passage beaucoup de son cachet campagnard. Pai draine notamment pas mal de rastas et néo-hippies, un peu trop peut-être. Les commerçants du coin ont flairé le filon et le village ressemble désormais plus à une petite Babylone qu'à un hypothétique Zion. Cependant, nulle part ailleurs dans la région vous ne trouverez une telle concentration d'hébergements, restos, bars et services à petits prix, et de voyageurs en vadrouille à rencontrer. Du fait de cette multiplicité des offres, Pai peut donc constituer un bon camp de base pour rayonner dans les environs (cascades, sources chaudes...), à moto notamment, même si le coin est moins boisé que Mae Hong Son ou Soppong. Et c'est très bien aussi pour se mettre au vert, flâner autour du marché, ou ne rien faire du tout... Le soir, en saison (de novembre à février), les rues du centre sont fermées à la circulation pour laisser place à des myriades de stands de souvenirs (et de nourriture), dans une atmosphère qui n'est pas sans rappeler celle de nos bonnes vieilles stations balnéaires. Ceux qui sont à la recherche de plus de dépaysement culturel passeront alors leur chemin, pour s'enfoncer plus loin dans les montagnes.

Arriver – Quitter

➢ ***En bus ou minibus :*** *petite gare routière sur Chaisongkhram Rd, face à la Duang Guesthouse (plan B1).* Pai est sur la route « du Nord » reliant Chiang Mai à Mae Hong Son. Tous les minibus, dans les 2 sens, s'y arrêtent. Départs ttes les heures env 7h-16h30 depuis Pai (6h30-17h depuis Chiang Mai, 6h-15h depuis Mae Hong Son). Tarif : 150 Bts pour les 2 destinations. Compter 3h de route montagnarde tourmentée depuis Chiang Mai, et 4h pour Mae Hong Son (via Soppong). Également 1 bus/j. : départ à 11h pour Mae Hong Son et 12h pour Chiang Mai. Plus lent, et à peine moins cher (140 Bts).

➢ ***En avion :*** si, si, c'est possible, avec *Kan Air (bureau à l'aéroport ; ☎ 699-955 ; • kanairlines.com •)*, qui assure en principe 4 vols/sem depuis et vers Chiang Mai ; 30 mn de vol.

Adresses et infos utiles

■ ***Tourist Police*** *(hors plan par A2) : à la sortie de la ville (en allant vers Chiang Mai). ☎ 1155. En principe, toujours quelqu'un.* Mieux vaut s'informer ailleurs, par exemple auprès de *Thai Adventure*.

– ***Site utile*** *(anglais) : • allaboutpai.com •*

✉ ***Poste*** – ไปรษณีย์ *(plan A2) : dans la rue principale. Lun-ven 8h30-16h30 ; sam 9h-12h. Horaires étendus nov-fév : lun-ven 8h30-20h ; sam-dim 9h-17h.*

@ ***Internet et téléphone :*** il y a plusieurs endroits un peu partout en ville où surfer sur le Net, et d'où l'on peut généralement aussi appeler l'international à petit prix. Boutique juste à côté de *Na's Kitchen* par exemple. À noter que l'accès à Internet est un peu plus cher ici qu'ailleurs puisqu'il est facturé en moyenne 1 Bt/mn.

■ ***Western Union et ATM*** *(plan B1, **2**) : sur Chaisongkhram Rd. Tlj 9h-16h. Sinon, d'autres banques avec distributeurs dans le centre, comme la **Kasikorn Bank** (plan B2, **4**), qui pratique aussi le change.*

■ ***Location de vélos :*** ***Good View*** *(plan B2, **3**), Chaisongkhram Rd. Tlj 8h-19h. Vélos ou VTT 50-80 Bts/j. Loue aussi de petites motos.*

■ ***Location de motos*** – เช่ารถมอเตอร์ไซค์ **:** un peu partout.

LA RÉGION DE CHIANG MAI

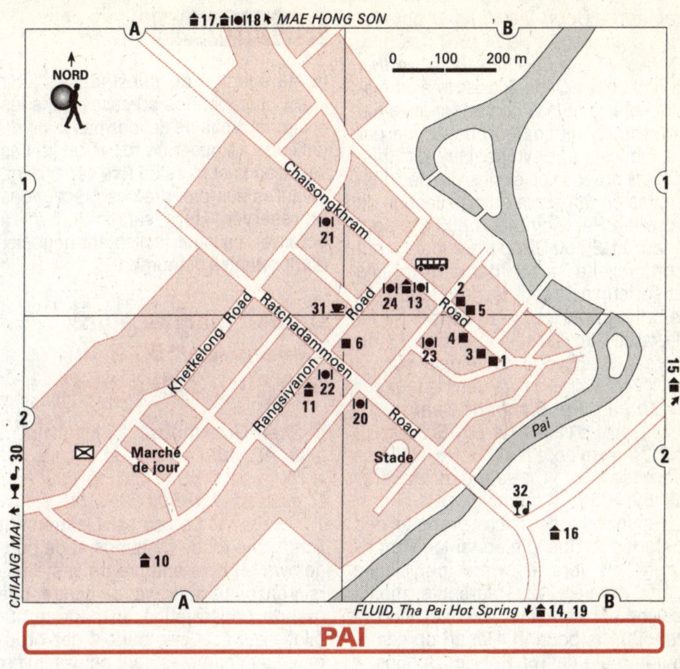

PAI

Adresses utiles

- **1** Thai Adventure
- **2** Western Union et ATM
- **3** Good View (location de vélos)
- **4** Kasikorn Bank
- **5** Aya Service (location de motos)
- **6** Thom's Pai Elephant Camp

Où dormir ?

- **10** Shan Guesthouse
- **11** LiLu Hotel
- **13** Duang Guesthouse
- **14** The Sun Hut
- **15** Pairadise
- **16** La Terrasse
- **17** Belle Villa Resort
- **18** Muang Pai Resort
- **19** Bueng Pai Farm

Où manger ?

- **13** Duang Restaurant
- **18** Muang Pai Resort
- **20** Na's Kitchen
- **21** Nong Beer Restaurant
- **22** Amido's
- **23** Mama Falafel
- **24** Baan Pai

Où manger une pâtisserie ?

- **31** Cake Go O@Pai

Où boire un verre ?

- **30** Be Bop
- **32** Don't Cry

Au-dessus du lot, ***Aya Service*** *(plan B1-2,* ***5*** *; Chaisongkhram Rd ; tlj 7h-21h)* propose de petites motos (y compris des automatiques) à partir de 100 Bts les 24h (140 Bts pour une automatique). Également des 200 cm³. Mais le véritable plus ici, ce sont les assurances. Attention, faites-vous bien expliquer les différentes formules (à partir de 40 Bts/j. et jusqu'à 200 Bts/j. en sus du prix de location). Possibilité de *drop-off* à Chiang Mai, moyennant supplément. L'agence fait également bureau de change, et organise des « visa run » à la frontière birmane et des transferts en minibus.

■ ***Thai Adventure*** – ไทยแอดเวนเทอร์ *(plan B2,* ***1****) : Chaisongkhram Rd, un* *peu après Good View ; un 2e bureau, plus petit, à côté de la gare des bus. ☎ 699-111. 📱 081-993-96-74. • thairafting.com •* Cette agence très professionnelle (à ne pas confondre avec *Pai Adventure*, un copieur) est tenue par un Français très sympa (Guy, dit Khun Ki), qui propose en exclusivité des descentes en raft sur la grande section de la rivière Pai. Compter 1 600 Bts pour 1 jour et 2 700 Bts pour 2 jours, tout compris. La saison démarre mi-juin et se termine début février. Réduc sur le rafting pour ceux qui dorment à *La Terrasse* (lire dans « Où dormir ? » ci-après). Peut vous renseigner sur ce qu'il y a à voir et à faire dans la région.

■ ***Thom's Pai Elephant Camp*** – ธม ปาย แค้มป์ ช้าง *(plan A-B2, **6**) : bureau sur Rangsiyanon Rd, entre Ratchadamnoen et Chaisongkhram Rd. ☎ 699-286. • thomelephant.com •* La sympathique Thom propose des balades à dos d'éléphant en montagne ou vers la rivière (choisissez cette dernière, plus agréable, moins galère, et l'éléphant la préfère). Compter 500 Bts pour 1h. Départ du camp, sur la route de Tha Pai Hot Springs, à environ 7 km au sud de Pai. Elle propose aussi des formules qui incluent par exemple un tour sur la rivière en raft de bambou puis un bain d'eau chaude thermale pour 1 000 Bts. Autres formules avec hébergement (camping ou bungalows chic), repas et apprentissage du beau métier de cornac.

■ ***Piscine : Fluid,*** *à quelques centaines de mètres après le pont en allant vers Tha Pai Hot Spring (hors plan par B2). Tlj 9h-18h. Fermé pdt la saison des pluies. Entrée : 60 Bts.* Piscine de 25 m. Agréable, surtout quand il fait chaud, d'autant qu'il y a un chouia de verdure. Quelques appareils de gym, et cours de yoga. Musique cool et petit bar. On peut même y manger un morceau et profiter du hammam. Ensemble très bien tenu.

■ ***Massages : Ice House,*** *en retrait de Chaisongkhram Rd, par une ruelle sur la droite avt le loueur de vélos Good View (en venant du centre). 200-250 Bts le massage.* Juste quelques paillasses sous un toit de feuilles, mais bons massages.

Où dormir ?

Large éventail de *guesthouses* (voir aussi plus loin nos adresses dans les environs), vous ne devriez pas avoir de difficulté à trouver un toit et un lit. Les week-ends et jours de fête cependant, il vaut mieux prendre ses précautions et réserver. Hors saison (d'avril à octobre), on peut facilement négocier d'importantes ristournes.

De bon marché à prix moyens (de 150 à 600 Bts – 3,75 à 15 €)

🏠 ***Shan Guesthouse*** – ชาญเกสท์เฮ้าส์ *(plan A2, **10**) : au sud de la ville, sur la route de Chiang Mai. ☎ 699-162. Chambres 150-500 Bts ; bungalow 1 000 Bts.* 📶 Le lieu est bizarrement fichu : une ronde de huttes et de bungalows en bois entoure un vaste terrain gazonné où trône, au centre, une grande construction en pagode sur pilotis qui accueille parfois des groupes. Les chambres sont convenables, toutes avec salle de bains et TV, même dans les huttes les moins chères qui sont cependant très rustiques. Également quelques bungalows en dur plus récents, et plus chers. Le tout est tenu par une gentille dame qui ne parle pas l'anglais. Un plan agréable, calme et d'un bon rapport qualité-prix.

🏠 ***Duang Guesthouse*** – ดว งเกสท์เฮ้าส์ *(plan B1, **13**) : face à l'arrêt des bus. ☎ 699-101. À partir de 200 Bts.* Une des premières *guesthouses* de Pai, plantée au cœur de l'animation dans une maison autrefois entourée d'un jardinet, et où ont désormais poussé des bungalows (fleur locale tenant parfois un peu de la mauvaise herbe). Autant dire que c'est en quelque sorte une institution. Dans la maison, en premier prix, des chambres juste acceptables et qui ont fait leur temps, avec ou sans salle de bains. Les bungalows, eux, se négocient à 300 Bts, plus si voulez la TV et un frigo. Le couple de proprios tient aussi une agence de voyages et loue des VTT. Restaurant très fréquenté.

🏠 ***The Sun Hut*** – เดอะซันฮัทท์ *(hors plan par B2, **14**) : à 20 mn à pied* *du centre du village, sur la route des sources chaudes, quelques centaines de mètres après le pont, côté droit.* ☎ *699-730.* • *thesunhut.com* • *Bungalows 300-650 Bts (réduc hors saison).* Dispersées derrière des bosquets de bambou, dans un paisible et grand jardin bordé d'un ruisseau, une dizaine de bungalows en bois ou en dur, tous différents, tous avec salle de bains, plus ou moins chers selon leur taille. Affublés de noms de planètes, ils sont tous très corrects, même si l'on avoue un faible pour ceux en bois, spacieux, avec de bons lits, une grande salle de bains, et une petite terrasse privative agrémentée de hamacs... De quoi déconnecter complètement, en suivant le sage adage peint sur une pancarte, « Slow is beautiful ». Espace commun au milieu du jardin où glougloute une fontaine, avec petite bibliothèque et de la doc sur la région. Belle variété de petits déj le matin (en supplément). Au resto, plats majoritairement végétariens, à base de légumes frais.

Un peu plus chic (de 600 à 1 500 Bts – 15 à 37,50 €)

Pairadise – ปายราไดซ์ *(hors plan par B2,* ***15****) : à 15 mn à pied du centre, de l'autre côté du pont, par la route qui part sur la gauche, puis, à env 400 m, sur la droite.* ☎ *698-065.* *089-431-35-11.* • *pairadise.com* • *Bungalows 800-1 200 Bts. Pas de résa possible en saison.* Ce qui séduit d'emblée ici, c'est le site : un petit plan d'eau charmant donnant sur les collines et entouré de bungalows impeccables, vastes, coquets, clairs et bien arrangés, avec lampes de chevet, rideaux aux fenêtres, et un hamac pendu sous l'auvent. Les plus chers sont plus grands, mais les premiers prix sont déjà très bien. Petite piscine. Le matin, le pain est fait sur place, le proprio thaï a été boulanger en Allemagne. Sandwichs disponibles pour les treks. Accueil vraiment gentil. Un excellent rapport qualité-prix.

Bueng Pai Farm – บึงปายฟาร์ม *(hors plan par B2,* ***19****) : de l'autre côté de la rivière, à 2,5 km au milieu des champs.* *089-265-47-68.* • *paifarm.com* • *On vient vous chercher à la gare des bus. Prix très variables selon capacité et confort : 500-2 000 Bts, sans petit déj. Également des chambres avec sdb à partager à 280 Bts.* Une douzaine de bungalows et 5 huttes familiales en bambou tressé, répartis autour d'un petit lac artificiel. Chaque bungalow à l'architecture traditionnelle est tout équipé et très joliment décoré, et dispose de sa terrasse avec hamac. Le lac est destiné aux amateurs de pêche, qui peuvent venir taquiner le goujon même s'ils ne résident pas là (matériel en location). Il y a aussi des tentes à louer. Restaurant servant des plats végétariens avec des produits issus du jardin bio. Sinon, cuisine commune. Jardin de fruits tropicaux : bananes, mangues, ananas. Ponton de repos, feu central pour couper l'humidité et barbecue. Piscine d'eau de source. Scooters à louer. Excellent accueil de la famille des proprios, détente assurée.

La Terrasse – ลาเทอเรซ *(plan B2,* ***16****) : env 200 m après le pont en allant vers les sources chaudes (accès par le chemin qui part sur la gauche).* *081-993-96-74. Compter 800 Bts pour 2, petit déj inclus.* Tenu par Guy, le Français de l'agence *Thai Adventure* (voir « Adresses et infos utiles »). En plus des descentes en raft, il a fait construire à côté de chez lui 3 grandes chambres confortables (jusqu'à 5 personnes, dont 3 sur des matelas par terre), sur une butte, avec vue sur les environs.

LiLu Hotel – โรงแรมลิลู *(plan A2,* ***11****) :* ☎ *064-351.* • *liluhotel.com* • *Double 1 500 Bts, petit déj inclus.* En plein centre, un petit hôtel récent de 12 chambres, au style très actuel (béton ciré...). Chambres assez sobres, un poil zen, pas très grandes pour le prix mais confortables. Également 4 suites. Un peu cher toutefois. Resto-bar en terrasse. Accueil souriant.

Beaucoup plus chic (plus de 2 500 Bts ; 62,50 €)

Belle Villa Resort – แบลวิลล่ารีสอร์ท *(hors plan par A1,* ***17****) : 113 Moo 6, Huaypoo-Wiangnua Rd.* ☎ *698-226.*

• bellevillaresort.com • À env 2 km du village, par la route de Mae Hong Son. Doubles 2 500-5 000 Bts selon confort et saison, petit déj inclus. Un des plus beaux hôtels de Pai. Il s'agit en partie de cottages individuels sur pilotis, disséminés dans un magnifique jardin bien entretenu et donnant pour la plupart sur les champs. Le confort est total : espace douche circulaire, peignoirs, excellente literie, coffre, lecteur de DVD, bouilloire, tout y est ! Petite piscine aussi et, le matin, très bon petit déj à prendre au resto-terrasse donnant lui aussi sur la campagne. Dommage que 20 nouvelles chambres (un peu moins chères) – et une nouvelle piscine ! – aient été ajoutées, dans un bâtiment somme toute assez ordinaire, qui gâche un peu le caractère assez exceptionnel et intimiste du lieu. Cela dit, à l'intérieur, les chambres, plus contemporaines, sont très bien et dotées d'immenses salles de bains.

Où manger ?

Bon marché (autour de 100 Bts – 2,50 €)

I●I *Stands ambulants* *(plan B1) : sur Chaisongkhram et Rangsiyanon Rd.* Durant la saison touristique, dès la tombée du jour, ces deux rues deviennent piétonnes et sont envahies de stands de bibelots et d'une myriade de cantines ambulantes. Au menu, crêpes, gaufres, spécialités locales – même des insectes – et brochettes pour une poignée de bahts... Certains restent ouverts assez tard. De jour, il y a aussi quelques gargotes du côté du marché *(plan A2).*

Prix moyens (de 100 à 300 Bts – 2,50 à 7,50 €)

I●I *Na's Kitchen* – นาคิกเช่นน์ *(plan B2,* ***20****) : Ratchadammoen Rd. Tlj 13h30-23h.* Tables et banquettes en bois, déco basique. À la carte : légumes poêlés à la viande ou aux crevettes, plats végétariens, salades piquantes, délicieux currys (la spécialité), poisson au gingembre frais... Ici, on ne sert que du thaï ! Un peu d'attente, c'est sûr, mais cuisine de qualité... Excellent accueil.

I●I *Nong Beer Restaurant* – ร้านอาหารน้องเบียร์ *(plan A1,* ***21****) : 39/1 Chaisongkhram. ☎ 699-103.* Resto d'angle ouvert sur la rue. Bonne cuisine populaire, très propre et bon marché. Beaucoup de succès auprès des Thaïs. Si vous n'aimez pas trop les plats épicés, essayez les *satays* (brochettes de porc ou de poulet sauce cacahuète) ou le *fried* (écrit « fired » !) *chicken with cashew nuts.* On peut y prendre le petit déj.

I●I *Duang Restaurant* – ร้านอาหารดวง *(plan B1,* ***13****) : attenant à la Duang Guesthouse, à l'angle de la rue principale.* Une cuisine thaïe qui se permet quelques incursions dans l'art culinaire birman. Plats copieux. Également quelques sandwichs et spaghettis, pour ceux qui préfèrent. Et mémorables *fruit shakes.* Cadre en revanche tout à fait banal. Blindé de monde en soirée, mieux vaut venir tôt.

I●I *Baan Pai* – ร้านอาหารบ้านปาย *(plan B1,* ***24****) : presque au croisement des rues Chaisongkhram et Rangsiyanon.* Grand resto tout en bois à l'ambiance rugissante, abrité sous les piliers d'une grosse maison. Spécialités de viande, mais aussi des pizzas (180-280 Bts), pâtes, sandwichs, burgers et petits déj, ainsi que des petits plats thaïs à partir de 50 Bts. Occasionnellement de la musique live. Service bordélique.

I●I *Amido's* – อมิโดส์ *(plan A2,* ***22****) : 📱 081-179-72-83. Tlj 10h-22h.* Le patron, Amido, est algérien. Salle quelconque, tout en longueur. On y viendra surtout pour les copieuses pizzas maison (150-350 Bts). Également des pâtes, des pitas et des plats sur commande (bœuf bourguignon...). Vins en carafe. Service de livraison.

I●I *Mama Falafel* – มาม่า ฟาลาเฟล *(plan B2,* ***23****) : Soi Wanchaloen. 📱 084-041-50-39. Tlj 11h-22h.* Dans une rue calme du centre, une toute petite adresse tenue par une gentille mamie thaïe, qui s'est spécialisée dans la cuisine juive et moyen-orientale : houmous, falafels, pitas et *Schnitzel.* Les vendredi et samedi, elle propose le *tcholent* (ou *hamin*), un ragoût qui a mijoté de longues heures. Pain et fromage maison.

Où manger une pâtisserie ?

Cake Go O@Pai (*plan A-B1-2*, ***31***) **:** *Rangsiyanon Rd. Tlj 8h-21h30.* Pâtisseries crémeuses, muffins banane-chocolat, glaces... De quoi requinquer les routards en crise d'hypoglycémie, pour peu qu'ils ne se laissent pas dérouter par le décor ultra-kitsch de ce grand salon de thé aux murs recouverts de plantes... en plastique.

Où boire un verre ?

Les rues du centre pullulent de bars, parfois bercés de rock, souvent de reggae. Reste plus qu'à vous trouver un tabouret...

Be Bop *(hors plan par A2,* ***30****)* **:** *à la sortie de Pai, direction Chiang Mai. Tlj 20h-1h.* C'est un des grands rendez-vous nocturnes de la région. Tous les soirs dès 22h, sauf exception, petit « bœuf » façon rock, reggae ou rythm'n'blues, selon l'humeur des différents groupes qui se succèdent. Y a aussi un billard. On peut y grignoter.

Don't Cry *(plan B2,* ***32****)* **:** *Ratchadammoen Rd, de l'autre côté de la rivière. À partir de 18h.* Un bar rasta, évidemment peinturluré en vert-jaune-rouge, où l'on se gave de reggae au coin du feu ou étendu sur une natte. Barbecue pour les affamés. Billard.

DANS LES ENVIRONS DE PAI

Les chutes de Mo Paeng – น้ำตกโม่แปง **:** à 9 km au nord de Pai, par la route de l'hôpital. Après 5 km, on arrive au ***village chinois de Ban Santichon,*** peuplé à l'origine par des vétérans de l'armée du Kuomintang (KMT). Jetez-y un œil, il est devenu un curieux petit Disneyland chinois très prisé des touristes thaïs (lire aussi « Yunnanese Restaurants » ci-après). 4 km plus loin, les chutes d'eau, charmantes, avec, au pied, un agréable bassin de 10 m sur 5 m dans lequel barbotent les gamins du coin. Cerné de forêts, un petit lieu ravissant pour une baignade, mais assez couru tout de même (d'où quelques déchets épars). C'est mieux le matin quand le soleil est encore là, sinon gla-gla-gla. Pour y aller, on traverse un minivillage lahu, où les cochons des montagnes gambadent en semi-liberté. Les arbustes qui bordent la route sont des litchis.

SOLDATS SANS FRONTIÈRES

Certains habitants du village chinois de Ban Santichon sont des vétérans de l'armée nationaliste du Kuomintang, qui combattit les communistes de Mao Zedong dans les années 1930 et 1940. Vaincus, quelques-uns se réfugièrent en Birmanie, y vivant du trafic d'opium. D'autres se sont rangés et subsistent grâce à l'agriculture, à la culture du thé et au commerce en Thaïlande.

Muang Pai Resort – เมืองปาย รีสอร์ท *(hors plan par A1,* ***18****)* **:** *249 Baan Mai Samuckey, 1 km avt les chutes. ☎ 065-123. Résas à Chiang Mai : ☎ 270-906. De Pai, prendre la direction de Mae Hong Son sur 7 km, puis tourner à gauche (c'est fléché). Compter 1 000 Bts, avec le petit déj.* Bien au calme, ce *resort* un poil impersonnel disperse ses nombreux bungalows en brique dans un vaste parc fleuri à l'entretien helvétique. Chacun avec terrasse aménagée, ils abritent des chambres bien nettes, avec rondins en bois verni intégrés aux murs, mais un peu passées de mode. Belle piscine et resto très convenable. Si vous y logez plusieurs nuits, mieux vaut louer une moto en ville (vérifiez les phares !) que de prévoir de rentrer en moto-taxi.

Yunnanese Restaurants : *au village chinois de Ban Santichon, à une poignée de km de Pai. En principe 8h-22h. Bondés le w-e.* Petit dépaysement que ce curieux village chinois qui attire les touristes thaïs en mal d'exotisme interasiatique. Dans sa partie « folklorique » avec pavillons en adobe aux lanternes rouges, fausse muraille de Chine et balançoires pour les mômes, on peut essayer la cuisine du Yunnan (plusieurs immenses gargotes en plein air assez typiques de la manière chinoise de se goinfrer), et se faire servir (façon de parler) quelques excellents *dim sum* avec pied de porc aux herbes. Les nouilles avec porc émincé, à l'ail et au sésame, ne sont pas mal non plus. Prix très raisonnables.

Chedî Phra Mae Yen – เจดีย์พระแม่เย็น *(hors plan par B2) : à env 1 km au sud-est de Pai, puis par un chemin qui part sur la gauche.* Temple au sommet d'une colline, d'où la vue est magnifique. Un bon petit but d'excursion pour les routards en quête de nature et de calme.

Pai Canyon – ปายแคนย่อน *: sur la route de Chiang Mai, à 8-9 km au sud de Pai (dans le même secteur que Tha Pai Hot Springs), prendre le sentier (non carrossable) qui part sur la droite (c'est indiqué).* Au bout de 200 m, vous serez récompensé par une vue grandiose sur toute la région !

Tha Pai Hot Springs (sources chaudes) : *à env 8 km au sud de Pai (traverser le pont ; fléché) ; accès également possible par la route 1095 direction Chiang Mai. Accès cher : 200 Bts.* Dans le Huai Nam Dang National Park, au milieu d'un bois de tecks, un cratère où l'eau sourd à 80 °C. Beaux effets visuels, mais un peu chaud pour se baigner... On peut sinon aller prendre un bain thermal dans les bassins du *Pai Hotspring Spa Resort* où l'eau coule à environ 45 °C *(ouv 6h-22h ; accès 100 Bts ; lire aussi ci-après).*

Pai Hotspring Spa Resort – ท่าปายสปาแค็มป์ *: sur la route des sources chaudes, env 2 km avt celles-ci. ☎ 065-748. • paihotspringssparesort.com • Chambre 2 500 Bts, bungalows 3 800 Bts, petit déj et bain thermal inclus. Réduc sur Internet.* Pour nos lecteurs à l'aise dans leur budget, bungalows luxueux dispersés dans un superbe parc, et dotés d'une terrasse privative et d'une baignoire où coule l'eau thermale (elle en a l'odeur !). Également 35 chambres moitié moins chères, mais elles sont assez anciennes. Sinon, vous pouvez simplement venir vous immerger dans l'un de leurs bassins d'eau thermale (lire ci-avant), ou dans la piscine « normale », où l'eau est fraîche, tout simplement.

➢ **Les treks :** quelques agences, dont *Duang Guesthouse* (voir « Où dormir ? »), en proposent. De 1 à 3 jours, avec ou sans nuit dans les villages et balades à dos d'éléphant. Certaines proposent aussi des descentes de rivière en radeau de bambou.

➢ **Le rafting :** une activité largement pratiquée dans les environs de Pai. On vous recommande l'agence *Thai Adventure* (voir « Adresses et infos utiles »), qui organise des descentes en raft en caoutchouc (les autres agences utilisent des rafts en bambou ou PVC) sur la grande section de la rivière Pai (60 rapides sur 60 km dans un environnement vierge !).

➢ Pour ceux qui sont à ***moto,*** les environs de Pai offrent de chouettes balades (avoir une carte). Se renseigner sur place, dans les agences. Voir aussi la rubrique « Virées à moto » dans « Treks à la rencontre des ethnies montagnardes », plus haut.

SOPPONG (PANG MAPHA) – สบพง

IND. TÉL. : 053

À une bonne heure de Pai (45 km) et 2h de Mae Hong Son (70 km), Soppong (ou Pang Mapha, nom du district sur certaines cartes) se résume à un groupe de maisons le long d'une rue principale. Tout près du village, on trouve les

superbes grottes de Tham Lod. Vous pouvez demander à votre *guesthouse* la carte des balades à faire à pied dans le coin. Vous pouvez aussi faire appel à un guide.

Comment y aller ?

Le bus qui relie Mae Hong Son à Chiang Mai s'y arrête. Vous pouvez aussi demander aux minibus de la même ligne de vous déposer en passant (voir les horaires dans les chapitres consacrés à ces villes et à Pai). Pour repartir en revanche, seul le bus prend des voyageurs (1 seul/j., vers 11h pour Chiang Mai et vers 12h pour Mae Hong Son).

Où dormir ? Où manger ?

De prix moyens à un peu plus chic (de 500 à 1 200 Bts – 12,50 à 30 €)

Little Eden Guesthouse – ลิตเติ้ลเอเดนเกสท์เฮ้าส์ *: 295 Moo 1, à l'entrée du village en arrivant de Pai. ☎ 617-054. 089-952-88-70. • littleeden-guesthouse.com • Chambres et bungalows 600-800 Bts ; maison Honey Moon 2 000 Bts ; petit déj inclus.* Le long d'un terrain arboré et abondamment fleuri, 7 bungalows en forme de A, petits mais soignés et mignons, avec eau chaude, ventilo et moustiquaire. Un peu bruyant cependant. Également des chambres, plus chères mais plus vastes, modernes et très confortables. Au fond du jardin enfin, 2 maisons de charme, dont une (la *Honey Moon*), en duplex, tout en coins et recoins, dispose d'une baignoire en pierre, d'une cheminée et d'une grande terrasse en bois donnant sur la rivière. Vraiment une affaire pour le prix ! Pour tout le monde, petite piscine, terrasse commune en surplomb de la rivière, et un pont de singe pour gagner l'autre rive et s'y balader 1h le long d'un sentier balisé. On peut aussi y manger jusqu'à 22h ou, simplement, y siroter une *hill tribe caïpirinha* au bar (jusqu'à minuit) couvert de belles briques et pourvu d'une cheminée... Location de motos, treks, massages, transferts en minibus.

Soppong River Inn – สบป่อง ริเวอร์ อินน์ *: côté rivière, à la sortie du bourg en venant de Pai. ☎ 617-107. • soppong.com • Bungalows 2 pers à partir de 500 Bts ; petites maisons ou suites à partir de 1 200 Bts.* Récemment rénovés et joliment décorés, confortables et étonnants, les bungalows sont perchés pour certains au-dessus de la rivière (on peut s'y baigner), et s'ouvrent alors sur une grande terrasse commune en lattes de bois. D'autres sont enfouis à l'arrière, dans le luxuriant jardin tropical. Prix raisonnables vu la qualité (bonne literie et charmantes salles de bains en pierre). Bar, et resto où l'on sert de très bons petits plats. Location de motos, massages et treks, bien sûr...

DE SOPPONG À MAE HONG SON

Les grottes de Tham Lod – ถ้ำลอด *: à 9 km au nord de Soppong, par une route étroite qui s'enfonce dans la forêt (fléché sur la droite à la sortie sud de Soppong). Tlj 8h-17h. Visite guidée en radeau* (bamboo raft) *obligatoire : pour un groupe de 1 à 3 pers, compter 150 Bts pour le guide, plus 400 Bts pour le radeau. À partir de 4 pers, il faut prendre un 2e guide et un 2e radeau. Durée : env 1h.* La meilleure période court de septembre à février, lorsque les eaux sont hautes. La rivière Lang, souterraine sur environ 1 km, traverse un vaste réseau de cavernes, dévoilant un monde étrange de stalagmites, de vastes galeries, d'étroits boyaux... Assez impressionnant, surtout si l'on croise en vol groupé les centaines de chauves-souris qui ont trouvé refuge ici (visibles surtout le soir et le matin, quand elles partent et reviennent de leur chasse nocturne). On peut déjeuner sur place.

Cave Lodge – เคฟลอดจ์บ้านถ้ำ *: un peu avt l'entrée des grottes. ☎ 617-203. • cavelodge.com • Résa nécessaire. Compter 120-150 Bts en dortoir ; 400-700 Bts en bungalow selon confort.* Un lieu assez exceptionnel, dans un cadre unique, loin de tout. Des huttes minimalistes sur pilotis et quelques bungalows en dur pas mal du tout (avec salle de bains) se partagent le flanc d'une colline qui surplombe la rivière. Au-dessus, vaste salle commune équipée d'un âtre central pour les soirées au coin du feu et d'une table de ping-pong bosselée. Ambiance un peu communautaire, accueil assez nonchalant. Resto thaï et *western.* Aussi un petit sauna. Organisation de treks, sorties kayak... Plein d'infos pour explorer la région.

Mae Lana – แม่ลานนา *: à 9 km de Soppong en allant vers Mae Hong Son ; prendre l'embranchement sur la droite (c'est à 6 km).* Village shan joliment niché au fond d'une cuvette, et entouré d'arpents de terre plate contrastant avec la tourmente des falaises avoisinantes rongées par la jungle. Beau temple d'influence birmane. Cadre rural, bucolique à souhait, idéal pour se couper du monde 1 ou 2 jours, d'autant qu'on peut y dormir et qu'il y a de belles balades à faire alentour, vers des grottes notamment.

Maelana Garden Home – แม่ลนาการเด้นน์โฮมม์ *: à quelques centaines de mètres à l'écart du village. Pour 100 Bts, on peut venir vous chercher à l'embranchement pour Mae Lana sur la route principale, au niveau de la police box (se faire déposer par le bus de Mae Hong Son) ; compter 400 Bts pour se faire récupérer à Soppong. ☎ 070-016. 081-706-60-21. Bungalow 300 Bts.* En pleine nature, bordée par les champs et les rizières des villageois, une petite *guesthouse* charmante disposant de 6 bungalows en bois ou de chambres toutes simples, pour le prix d'un café en France, dans le bâtiment principal. Pas d'eau chaude dans les plus basiques, et matelas assez durs, mais le vrai luxe c'est le lieu, et le réveil matinal au chant du coq et au tintement des cloches des zébus. Également une grande baraque récente (3 chambres pour 11 personnes) et une maison familiale, plus confortable, avec TV et salle de bains (environ 3 000 Bts). La patronne, Ampha (prononcer « Ampa »), qui parle l'anglais, est vraiment sympathique. Dans la journée, elle tient une épicerie dans le village et cultive des légumes bio qu'on retrouve ensuite à table, puisqu'elle propose des repas à 100 Bts. Demandez-lui le petit plan schématique du coin, pour les balades. Et affalez-vous ensuite dans le hamac...

Tham Pla (Fish Cave) – ถ้ำปลา *: à env 50 km de Soppong, et 18 km de Mae Hong Son. Entrée : 100 Bts.* Site animiste, toujours considéré comme magique malgré la fréquentation du lieu et l'aménagement qui en a découlé. On chemine au bord de l'eau, le long de sentiers aménagés dans un petit parc très agréable, jusqu'à atteindre la résurgence d'une rivière souterraine, au creux d'une falaise karstique. Là barbotent d'énormes carpes sacrées que l'on peut nourrir, en achetant à des petits vendeurs des sachets de végétaux. À l'entrée du site, rangée de gargotes où casser la graine.

CARPE DIEM

À Tham Pla, protégées par un bouddha, s'ébattent des carpes sacrées, d'un beau gris bleuté. Certaines mesurent plus de 1 m de long. Les habitants en prennent bien soin : ils les nourrissent de légumes et d'insectes et ont renoncé à pousser plus avant l'exploration de la grotte pour ne pas les effrayer. Alors, on imagine qu'il est plutôt mal vu d'aller les pêcher !

Ban Rak Thai – แม่แอ๋ว (บ้านรักไทย) *: à env 28 km au-delà de Tham Pla par une petite route bitumée (panneaux indicateurs). Emporter la carte du TAT.* Ban Rak Thai – également appelé Mae Aw – est un village chinois fondé par les vétérans du Kuomintang (KMT), en plein sur la frontière birmane. Des partisans

LA RÉGION DE CHIANG MAI

de Chiang Kai-shek se réfugièrent ici après leur retraite devant l'avancée des communistes, avant de s'investir fructueusement dans la contrebande d'opium. Aujourd'hui, le bled est pacifié : *Ban Rak Thai* signifie « village qui aime les Thaïs ». Un petit lac, un cru de thé local à goûter, c'est assez pour créer une atmosphère différente. Quelques *guesthouses* pour ceux qui voudraient se poser un peu. Pas mal de Birmans aussi, qui traversent quotidiennement la frontière pour commercer, se faire soigner, aller à l'école... Combiné avec Tham Pla et quelques arrêts en route (nombreux villages, cascades), voici une belle journée d'excursion. Ça peut chauffer parfois un petit peu entre Thaïs et Birmans, mais pas de parano, renseignez-vous avant, les militaires des *checkpoints* sont là pour ça.

MAE HONG SON – แม่ฮ่องสอน

IND. TÉL. : 053

Camp de base idéal pour explorer la région, Mae Hong Son est un gros bourg paisible au caractère préservé, lové entre les montagnes touffues, à quelques kilomètres de la frontière birmane et à 350 km de Chiang Mai. Au hasard de ses ruelles bordées de maisons traditionnelles, on y rencontre quelques montagnards, surtout des Karen, mais aussi des Lahu noirs, Méo et Lisu, descendus s'approvisionner au petit marché couvert. Le soir, autour du petit lac, les temples s'illuminent de guirlandes de lampions pour mieux saluer les familles venues flâner le long des stands du petit *Night Market.* Il se dégage alors des lieux comme une douce sérénité...

Arriver – Quitter

En bus

Gare routière *(hors plan par A2)* **:** *à la sortie sud de la ville, à env 1 km du centre. Infos au ☎ 611-318.*

➢ ***De/vers Pai et Chiang Mai :*** dans les 2 sens, minibus ttes les heures 6h-15h depuis Mae Hong Son (6h30-17h de Chiang Mai ; 7h-16h30 de Pai). Prix : 150 Bts pour Pai, 190 Bts pour Chiang Mai. Trajet : 4h jusqu'à Pai, 7h jusqu'à Chiang Mai. Également un bus à 8h30 depuis Mae Hong Son, mais plus lent et à peine moins cher (140 Bts).

➢ ***De/vers Chiang Mai via Mae Sariang :*** c'est la « route du Sud », plus longue (369 km) mais nettement moins sinueuse. Du coup, la durée du trajet (9h) est à peine plus longue que par Pai. Pour Mae Sariang, compter 4h de route. De Mae Hong Son, 5 bus/j. : 3 le mat (à 6h, 8h et 10h30) et 2 le soir (à 20h et 21h). De Chiang Mai, 7 bus/j., 6h30-21h. Pour Chiang Mai, compter 190-350 Bts (fan ou AC).

➢ ***Vers Bangkok :*** 3 bus/j., à 14h, 15h et 16h. Trajet : 15h ! Prix : 780 Bts (990 Bts pour le bus de 16h).

En avion

✈ **Aéroport** *(plan B1)* **:** *juste au nord du centre (on peut y aller à pied !). ☎ 612-037.* Change, bureau de *Kan Air* et... rabatteurs pour les *guesthouses* de la ville.

➢ ***De/vers Chiang Mai :*** en principe 4 vols/j. avec *Nok Air* et 3 vols/j. avec *Dutch Caribbean Airline.*

Adresses et infos utiles

Infos touristiques

ℹ ***TAT*** – ท.ท.ท. *(office de tourisme ; plan B1)* **:** *4 Ratchadhammapitak Rd. ☎ 612-982. • tourismthailand.org/maehongson • Tlj 8h30-16h30.* Bonne doc et, en plus, on y parle l'anglais.

■ ***Tourist Police*** – ตำรวจท่องเที่ยว *(plan B2,* ***1****)* **:** *Singhanat Bamrung Rd. ☎ 611-812 ou 11-55. Tlj 8h-18h, mais en cas de problème, on répond 24h/24.*

Postes et télécommunications

✉ **_Poste_** – ไปรษณีย์กลาง *(plan A2) :* *79 Khumlumprapas Rd. Lun-ven 8h30-16h30 ; sam-dim 9h-12h.* Également un comptoir *Western Union.*

■ **_Téléphone international_** *(plan A2,* **2***) : Udomchaonitet Rd. Lun-ven 8h30-16h30.* Gros bâtiment des télécoms locales. On peut y appeler l'international à petits prix en achetant une *CAT Phone Net* (mais qualité moyenne), ou à prix normal (22 Bts/mn) en achetant une *Thai Card* à 300 ou 500 Bts.

@ **_Internet :_** plusieurs cybercafés en ville ; en face de la poste *(tlj 12h-22h)* ; **_Titan,_** sur Khumlumprapas Road *(plan A2,* **3***),* et enfin **_JP Net,_** à l'est du lac *(plan B2 ; tlj 9h-22h).*

Argent, change

■ Plusieurs banques avec ATM et comptoir de change *(ouv slt lun-ven 8h30-15h30)* autour de la poste et sur Khumlumprapas Road, comme la **_Kasikorn Bank_** *(plan A2,* **3***),* la **_Bangkok Bank_** (service *Western Union*) et la **_Siam Commercial Bank._**

Transports

■ **_Motos-taxis_** *(plan B1,* **5***) : derrière le marché municipal.* Se reconnaissent grâce au dossard rouge ou orange numéroté des conducteurs. Discuter fermement le prix avant de monter. C'est aussi ici que vous trouverez les *songthaew* (pour les villages environnants) et quelques *tuk-tuk.*

■ **_Location de motos_** – เช่ารถมอเตอร์ไซค์ *(plan A1,* **4***) : chez* **_High Way,_** *sur Khumlumprapas Rd, la rue principale. ☎ 611-620. Lun-sam 8h-17h ; dim 8h-12h. Loc de scooters et de motos env 200 Bts/j.* Vérifiez bien que le 2-roues est assuré avant de partir avec.

■ **_Location de VTT_** *(plan A2,* **3***) : au cybercafé* **_Titan,_** *sur Khumlumprapas Rd, à côté de la* Bangkok Bank. *Prix : 100 Bts/j., avec casque et plan.*

Santé

✚ **_Hôpital Sri Sangwan_** – โรงพยาบาลศรีสังวาลย์ *(plan B2,* **7***) : à l'est du centre. ☎ 611-378 ou 611-398.*

Treks

La plupart des *guesthouses* en organisent, et il y a des agences sur Khumlumprapas Road *(plan A2).* Les prix se situent en général autour de 900 Bts par jour et par personne, pour un groupe de quatre. Mais prudence, bien se faire tout expliquer : itinéraire, durée de marche, détails pratiques, etc. Essayer aussi d'interroger des voyageurs qui reviennent, c'est souvent une bonne source d'infos.

■ **_Nam Rin Tour_** – น้ำรินทัวร์ *(plan A2,* **8***) : dans une baraque au toit dentelé derrière la poste. ☎ 614-454. Compter 1 800 Bts/j. pour une excursion en voiture, pour 2 pers. Pour les treks à pied, tarif dégressif de 3 000 Bts/j. pour une seule pers à 900 Bts/j. et par pers pour un groupe de 4 ou plus.* Difficile à rater, il y a un *Routard* sur le mur ! On pourrait craindre que cette notoriété finisse par nuire à la qualité des prestations, mais M. Dam maîtrise toujours bien son sujet et respecte la nature et les populations des montagnes. Examinez ses intéressants circuits pédestres Mae Hong Son-Pai en 4 à 6 jours, traversant jusqu'à 20 villages. De quoi se prendre pour Rambo l'espace de quelques jours ; on apprend même à chasser avec un bambou ! La devise maison : *Bad sleep, bad jokes but good food, good tour guide... good trek !*

■ **_Rose Garden Tour_** *(plan A2,* **6***) : 86/4 Khumlumprapad Rd. ☎ 611-681. • rosegarden-tours.com • Compter 900-1 800 Bts/pers selon tour.* Cette agence propose de nombreux tours d'une demi-journée ou d'un jour entier, et des treks sur 2-3 jours. Également des randos sur mesure, faciles ou difficiles, à pied ou en voiture selon vos desiderata. Groupe de 8 personnes maximum. Noter qu'accéder aux villages les plus intéressants et les moins accessibles implique une bonne partie de marche. Demander à voir M. Ju, qui parle un peu le français. Vend aussi la carte bien utile *The Mae Hong Son, The Loop* au 1/375 000.

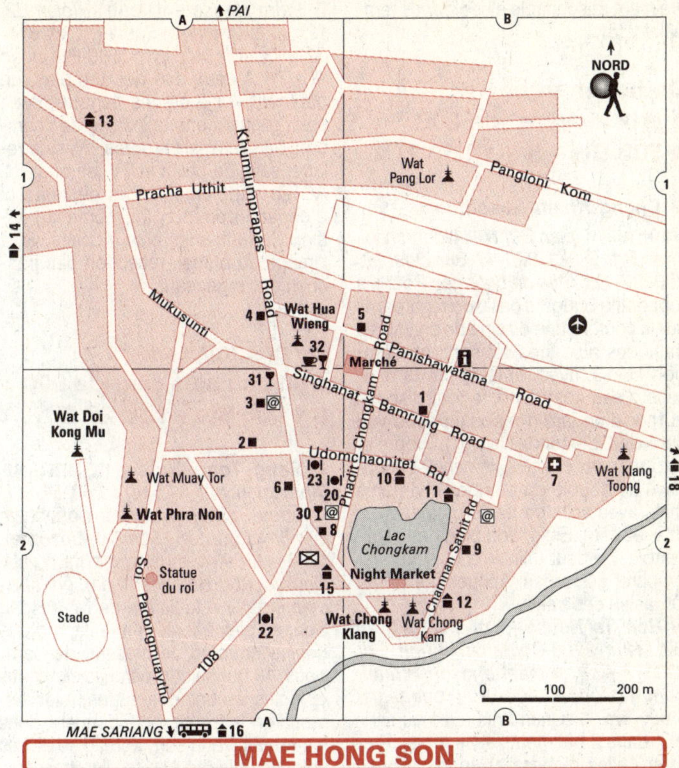

MAE HONG SON

Adresses utiles

- TAT
- Internet
- 1 Tourist Police
- 2 Téléphone international
- 3 Kasikorn Bank et Titan (cybercafé et location de VTT)
- 4 High Way (location de motos)
- 5 Motos-taxis
- 6 Rose Garden Tour
- 7 Hôpital Sri Sangwan
- 8 Nam Rin Tour
- 9 Laveries

Où dormir ?

- 10 Chong Kham Guesthouse
- 11 Chong Kham Place
- 12 Palm House et Rom Tai House
- 13 Yok Guesthouse
- 14 Sang Tong Huts
- 15 Piya Guesthouse
- 16 Fern Resort
- 18 Gims Resort

Où manger ?

- 20 New Salween River Restaurant
- 22 Fern Restaurant
- 23 Kai-Mook

Où prendre un petit déj ? Où boire un verre ?

- 30 Sunflower
- 31 Cross Road
- 32 Horn Yay Kaew

Divers

■ ***Laveries*** *(plan B2, **9**)* **:** *plusieurs en ville, en particulier sur Chamnan Sathit Rd, à l'est du lac.* Pas cher du tout, et linge lavé dans la journée.

Où dormir ?

Le soir, le bord du lac s'anime, autant le savoir si vous logez là. Rien de rédhibitoire cependant, le volume sonore reste vraiment raisonnable et les stands remballent tôt.

De bon marché à prix moyens (de 200 à 500 Bts – 5 à 12,50 €)

Chong Kham Guesthouse – จองคำเกสท์เฮ้าส์ *(plan B2,* ***10****) : Udomchaonitet Rd. 081-029-47-68. Doubles 200-500 Bts. Pas de petit déj.* Pour les tout petits budgets pas trop regardants sur le confort, une dizaine de chambres basiques aux fines cloisons en bambou tressé, avec matelas par terre et salle d'eau commune, le tout disposé autour d'un jardin reposant avec vue sur le lac (demandez la nº 1). Propre et vraiment pas cher. Également 2 bungalows au double du prix des chambres mais avec salle de bains privée, et un 3e avec clim. Enfin, bon plan pas négligeable, on peut utiliser la cuisine pour préparer ses repas. Accueil gouailleur. Organise des treks.

Rom Tai House – รวมไทยเฮ้าส์ *(plan B2,* ***12****) : 22/7 Chamnan Sathit Rd. ☎ 612-437. • maehongson-romtai.com • Double 400 Bts ; bungalow 1 000 Bts.* Chambres avec ou sans AC, dans 2 bâtiments style motel. Préférer celles nichées au fond du beau jardin, avec bananiers et bassins peuplés de fleurs de lotus. Plutôt sobres, elles ne sont pas très lumineuses mais elles sont bien tenues et très calmes. Également des bungalows plus chic, avec clim et petit bout de terrasse.

Yok Guesthouse – หยกเกสท์เฮ้าส์ *(plan A1,* ***13****) : 14 Sirimongkhon Rd (un peu à l'écart, au nord-ouest du centre). ☎ 611-532. 086-118-58-19. Double 300 Bts. Pas de petit déj.* Une dizaine de chambres éclairées par des néons blafards, pas trop mal tenues et bien au calme, autour d'une petite cour. Toutes ont salle de bains (eau chaude) avec w-c à la thaïe, une seule avec AC. Ensemble assez vieillot quand même, ça mériterait un bon coup de peinture. Si personne n'est à la réception, prendre une clé, choisir sa chambre, et laisser l'argent sur la table. On est en confiance, et les patrons sont sympas. Plutôt en dépannage.

Palm House – ปาล์มเฮ้าส์ *(plan B2,* ***12****) : 22/1 Chamnan Sathit Rd. ☎ 614-022. Double 400 Bts (500 Bts avec AC).* À deux pas des temples, un bâtiment sur 2 étages flanqué d'une cour, alignant une quinzaine de chambres banales mais propres, avec carrelage, salle de bains et TV (en anglais), AC en supplément. Pas de resto ni d'espace commun (ni même de jardin). Correct, sans plus. Accueil las, à l'image du bureau-réception pas franchement engageant.

De prix moyens à un peu plus chic (de 600 à 1 000 Bts – 15 à 25 €)

Sang Tong Huts – แสงทองฮัทส์ *(hors plan par A1,* ***14****) : 250 Mu 11, Tambon Pang Mu, au nord-ouest de la ville (compter 15 mn de marche). ☎ 611-680. • sangtonghuts.com • Double 900 Bts. Petit déj en supplément.* À la lisière de Mae Hong Son, en pleine forêt, sur le flanc d'une colline peuplée de massifs de bambous, 10 bungalows perchés sur pilotis et isolés les uns des autres, avec terrasse en lattes de bois donnant dans les arbres. Tous sont agréables et très soignés, avec toit en feuilles tressées, lit coiffé d'une moustiquaire, ventilation naturelle, matelas pour buller sur la terrasse et jolie salle d'eau. Également une maison familiale de 2 chambres au confort insoupçonnable de l'extérieur, avec une immense salle de bains (3 000 Bts). Piscine pour compléter l'ensemble. Petit déj fait maison, du pain aux confitures. Possibilité de dîner également : sur résa et à partir de 4 personnes, on vous concocte un menu complet de 4 plats thaïs, avec gâteau maison en dessert. La patronne, allemande, vit ici une partie de l'année ; mais ceux qui ne quittent jamais les lieux, ce sont les chiens : on en compte presque autant que de bungalows ! Bon, vous l'aurez compris, on trouverait dommage que vous ne logiez pas ici...

Chong Kham Place – จองคำ เพลส *(plan B2,* ***11****) : 4/2 Udomchaonitet Rd. ☎ 614-294. Env 600-700 Bts. Pas de* *petit déj.* Une petite adresse discrète, installée au calme au bord du lac. Seulement 4 bungalows en bois et bambou tressé, pimpants, proprets, et bien alignés dans une petite cour fleurie, tous avec salle de bains, ventilo, AC et TV. Le nº 2 est un chouia plus sombre, il a une fenêtre de moins. Accueil charmant, un très bon rapport qualité-prix. Propose aussi des treks.

Piya Guesthouse – ปิยะเกสท์เฮ้าส์ *(plan A2, **15**) : 1/1 Khumlumprapas Rd, Soi 3. ☎ 611-260. • piyaguesthouse@hotmail.com • Bungalow 600 Bts ; petit déj en sus.* Bien situé, au coin sud-ouest du lac. 14 bungalows coquets et climatisés, assez confortables (parquet, salle de bains, bonne literie) et peints, à l'extérieur, de couleurs vives. Ils s'articulent autour d'un grand jardin. Le soir, on donne en plein dans l'animation du marché de nuit.

Chic (plus de 1 500 Bts – 37,50 €)

Fern Resort – เฟิร์นรีสอร์ท *(hors plan par A2, **16**) : 64 Mu 10, Khunlumpraphat Rd. ☎ 686-110 ou 111. • fernresort.info • À 7 km au sud de la ville, prendre à gauche au panneau et continuer encore sur 2 km. Plusieurs navettes/j. pour le centre-ville. Bungalows 1 700-2 000 Bts, petit déj inclus.* Niché dans un coin paumé, au bord d'une petite rivière, cet éco-*resort* propose un ensemble de bungalows en bois et toit de feuilles de *tung* (*tong tung* en thaï), disséminés dans un superbe parc luxuriant parcouru de petits ruisseaux qui font cliqueter les bambous. Magique. Chambres très confortables, même si elles sentent un peu l'humidité. Belle piscine également, et un restaurant. Une petite balade balisée permet d'arriver en 1h à une jolie cascade. En saison, on peut même demander à passer une journée dans les rizières. Location de VTT (cher cependant).

Gims Resort – กิมส์ รีสอร์ท *(hors plan par B2, **18**) : 133/7 Moo 5, Chalumprakria Rd, Baan Mai Pangmoo. ☎ 614-214. 081-796-24-88. • gimsresort.page4.me • À 30 mn à pied du centre, pas loin du petit aéroport (rassurez-vous, le trafic n'est vraiment pas intense...). Compter 2 400 Bts, avec petit déj (grosses réducs selon l'affluence).* 7 bungalows modernes, disséminés dans un petit jardin zen abondamment fleuri, qui seront appréciés des amateurs de déco contemporaine et de calme. Gims, le jeune proprio, un artiste de Bangkok d'origine chinoise, a conçu le mobilier et mis de la couleur dans les chambres, par ailleurs très confortables. Toilettes séparées, salle de bains (baignoire ou douche, pantoufles et peignoirs) avec des galets au sol. Café et thé en libre-service, vélos à dispo. Un chouia cher quand même.

Où manger ?

Pas grand-chose à se mettre sous la dent. Voir aussi les bars ci-après, tous servent à manger.

Bon marché (autour de 100 Bts – 2,50 €)

Le soir, on peut grignoter sucré ou salé pour trois fois rien en piochant dans les stands du petit ***Night Market,*** au bord du lac (*plan B2* ; lire plus loin « À voir »).

Kai-Mook – ร้านอาหารไข่มุก *(plan A2, **23**) : 23 Udomchaonitet Rd. ☎ 612-092. Tlj 10h-14h, 17h-22h.* L'une des bonnes tables de la ville, appréciée des gens du coin. Cadre à la fois relax et un rien chic, avec des tables modestement nappées de blanc. On y cuisine surtout le poisson de rivière, mais pas que. Pour les faims de loup, plusieurs menus copieux autour de 430 Bts, à priori plutôt destinés à 2-3 personnes qu'à un seul estomac. Mais bon, les treks, ça creuse ! Sinon, plein de petits plats pas chers, proposés en 2 formats, selon l'appétit... et l'état des finances. Pensez à préciser si vous préférez que le pot de piment ne tombe pas entier dans la casserole !

Fern Restaurant – ร้านอาหารเฟิร์น *(plan A2, **22**) : 87 Khumlumprapas Rd. ☎ 611-374. Tlj 10h30-22h. CB acceptées.* Le resto le plus fréquenté de

Mae Hong Son, à l'atmosphère très décontractée. Salle superbe à l'intérieur d'une maison en teck, ouverte sur la rue et prolongée à l'arrière par une grande terrasse. Cuisine classique et très réussie. Service à la fois diligent et délicat. Grand choix de plats épicés. Des plats internationaux aussi, mais y venir plutôt pour manger thaï, que diable ! Également un petit salon de thé avec jus de fruits frais et cafés.

New Salween River Restaurant – ร้านอาหารและบาร์สาละวินริเวอร์ *(plan A-B2,* ***20****) : Phadit Chongkam Rd. ☎ 613-421. Tlj 7h-23h.* Longue salle pas loin du lac, avec toit de paille, tables et chaises en bambou, et quelques nattes pour qui préfère manger au ras du sol. Le cadre est agréable et la cuisine, si elle n'a rien d'extra, propose tout de même un large choix de plats thaïs, mais aussi shan, birmans et occidentaux (plus chers), genre hamburger, spaghettis carbonara, *schnitzel* de poulet et pizzas. Il y a même des petits déj avec crêpes et porridge. Quelques bouquins fatigués qui permettent d'échanger les siens.

Où prendre un petit déj ?
Où boire un verre ?

Mae Hong Son n'est pas vraiment animée le soir. Rien à voir avec la fièvre nocturne de Chiang Mai ou même de Pai. Trois adresses sympas quand même.

Horn Yay Kaew *(plan A1-2,* ***32****) : 31 Singhanat Bamrung Rd. ☎ 611-278. Tlj 10h-21h30.* Un beau café-resto niché dans une maison traditionnelle d'une cinquantaine d'années. Quelques bougies, de petites fleurs fraîches, un espace moderne et chaleureux ouvert sur l'extérieur... De quoi s'accouder volontiers au – superbe – comptoir en bois, le temps de siroter un apéro sur fond de musique douce. Très bien aussi pour prendre un délicieux chocolat chaud, un café, un jus ou un milk-shake avant d'aller flâner au marché couvert juste à côté. Petite restauration également : sandwichs, salades, pâtes. Le voisinage aime y passer, notamment pour voir le puits du quartier, restauré par les proprios.

Sunflower – ซันฟราวเวอร์ *(plan A-B2,* ***30****) : Phadit Chongkam Rd.* Grande terrasse en extérieur, au bord du lac, avec lanternes colorées, bancs et longues tables en bois alignés comme dans un camp scout. On vient y siroter un verre au rythme des airs thaïs (ou parfois blues) chantés par de petits groupes locaux. Ambiance bon enfant. À partir de 17h, on peut aussi y manger, thaï comme occidental (burger, pizza).

Cross Road – ครอส ซ์โลดส์ *(plan A2,* ***31****) : au carrefour central de la ville. Tlj jusqu'à minuit.* Le rancard des cowboys du coin. Bières et cocktails (une soixantaine au choix) se sirotent à table ou sur un tabouret au bar. Déco de saloon, billard à l'étage, et sur les murs et plafonds, des bons mots, des signatures. Pour envelopper le tout, du rock, bien sûr. On peut aussi y manger (bons steaks autour de 150 Bts).

À voir

Le marché couvert – ตลาดสด *(plan B1-2) : dans le centre, entre Singhanat Bamrung Rd et Panishawatana Rd. Ouv 5h-18h, mais plus animé le mat.* Surtout des fruits et des légumes, mais aussi de la vaisselle, des tissages, etc. Des femmes des tribus montagnardes viennent s'y approvisionner.

Le Night Market *(plan B2) : autour du lac.* À la nuit tombée, les temples au bord du petit lac s'illuminent de guirlandes de lampions, et les rives se garnissent de stands où l'on vient picorer une crêpe, des fraises, des brochettes ou un poisson grillé, fouiner dans les étals d'artisanat ou de vêtements dans une douce atmosphère familiale, entre notes de musiques et bruissements de la forêt. Tout simple, génial. Un minuscule *Night Market* aux airs de kermesse.

Wat Hua Wieng – วัดหัวเวียง *(plan A1)* : *tt à côté du marché couvert.* Ce petit temple shan renferme un bouddha birman anthracite vieux de deux siècles, protégé derrière une grille. Ne pas rater non plus les quelques mètres carrés du magnifique carrelage d'origine, tout autour...

Wat Chong Klang – วัดจองกลาง *(plan B2)* : *au bord du petit lac. Ouv 8h-18h.* Monastère tout en bois, de style birman. Depuis leur rénovation, les multiples toits verts à bords dorés font un peu Disneyland mais n'altèrent pas trop le pittoresque de l'ensemble. Autour de la grande salle de prière construite sur pilotis, d'anciennes plaques de verre peintes illustrent les grands moments de la vie du Bouddha (les *jataka*). Au centre trône un étonnant bouddha en osier. Sur la gauche, un petit musée abrite une collection de statues en bois inspirées par l'art birman, représentant des paysans, des vieillards et des animaux. Très belle lumière sur le lac et le *wat* un peu avant le coucher du soleil.

TOURNEZ MANÈGE

Dans le Wat Chong Klang trônent deux drôles de manèges miniatures, l'un orné de figurines animales, l'autre de pots représentant les jours de la semaine. On grimpe sur une marche, la musique s'enclenche, le manège se met à tourner et chacun tente de glisser une pièce ou un billet afin qu'elle tombe à l'endroit voulu : sur une des figurines, ou dans le pot correspondant à son jour de naissance.

Wat Doi Kong Mu – วัดพระธาตุดอยกองมู *(plan A2)* : *à 2 km du centre. Ouv 6h-21h.* Une route escarpée mène au sommet d'une colline *(doi)* coiffée d'un temple blanc de style birman, très important pour les habitants, puisque leurs ancêtres chassèrent les bandits qui occupaient autrefois ce menaçant promontoire. On peut aussi y accéder par un escalier, et on est accueilli par d'imposants lions de pierre. Vue superbe – en particulier au coucher du soleil – sur la ville, le lac, la vallée... et l'aéroport.

Wat Phra Non – วัดพระนอน *(plan A2)* : *au pied de la colline qui mène au Doi Kong Mu. Ouv 6h-18h.* Le sanctuaire principal, tout en teck, abrite un bouddha couché de plus de 11 m. Tout un bric-à-brac de porcelaines, bouddhas et autres vieilleries s'entasse dans un petit musée attenant. C'est ici que reposeraient, dans un cercueil gardé par deux effrayants dragons, les cendres de la famille royale de Mae Hong Son.

À propos des femmes-girafes...

C'est dans la région montagneuse de Mae Hong Son, couverte de forêts, à la frontière birmano-thaïlandaise, que vivent les ***femmes-girafes*** *(long-necks)*, membres d'une tribu apparentée aux Karen, les Padong (ou Kayan). Fuyant le régime birman, les Padong se sont installés en Thaïlande à partir des années 1950. Ce sont donc des réfugiés politiques à part entière, que la Thaïlande a d'abord accueillis dans des camps militaires dirigés par des Karen, sous contrôle du gouvernement thaïlandais.

FAUX COU DE GIRAFE ?

S'il est vrai qu'il génère un affaissement des clavicules, contrairement à l'idée communément répandue, le collier d'anneaux des femmes karen n'étire nullement leur cou, mais paraît l'allonger par effet d'optique. Elles le retirent aisément sans en souffrir, l'atrophie musculaire dont elles souffrent étant très légère. C'est néanmoins une torture !

Ça, c'est le petit contexte historique qu'il nous fallait planter pour que vous puissiez décider en votre âme et conscience s'il est convenable, ou non, d'aller visiter, comme cela se fait intensément depuis quelque temps, les villages où vivent désormais ces femmes-girafes. Car le débat divise les voyageurs. Certains jugent intolérable le côté voyeur de ces incursions dans ces villages qu'ils assimilent à de véritables zoos humains, et pointent les dangers de la folklorisation, qui pousse un peuple à se mettre en scène pour ramasser quelques billets... D'autres au contraire pensent que si cela se fait avec l'accord de ces tribus et dans le respect de celles-ci, il n'y a là rien de scandaleux, et que c'est même pour celles-ci une source de revenus : il faut payer cher pour entrer dans les villages, et les femmes vendent leur artisanat. Il convient de préciser que ces populations ne peuvent pas, en tant que réfugiés, cultiver la terre. Bref, voyeurisme ou simple curiosité ? À vous de voir, mais dites-vous bien que la question se pose autant pour les treks dits ethniques au départ de Chiang Mai...
Si l'expérience vous tente, la plupart des agences de Mae Hong Son proposent des excursions à la demi-journée dans ces villages, dont le plus visité est ***Nai Soi,*** à 35 km au nord-ouest de Mae Hong Son. En revanche, si vous êtes résolument contre, sachez que vous pouvez approfondir le sujet en contactant certaines associations en France qui se battent pour la défense des droits des peuples indigènes dans le monde, comme l'***ICRA*** *(International Commission for the Rights of Aboriginal People ; • icrainternational.org •).*
À noter que l'on peut, dans le cadre de treks, partir à la rencontre d'autres tribus vivant dans la région de Mae Hong Son, comme les Lisu, Lahu ou d'autres Karen (voir, plus haut, les commentaires sur ces ethnies), d'autant que la région est superbe et moins fréquentée que du côté de Chiang Mai. On vous rappelle que l'agence *Nam Rin Tour* (voir « Adresses et infos utiles » plus haut) organise des tours pédestres à la carte. Possibilité aussi de promenades à dos d'éléphant, souvent incluses dans des excursions d'une journée.

DE MAE HONG SON À CHIANG MAI PAR MAE SARIANG

Cette route, que nous appellerons « du Sud », est plus longue mais moins sinueuse que celle qui passe par Pai. Et elle traverse aussi de très beaux paysages, en particulier jusqu'à Chomtong, où commence une voie à plusieurs bandes jusqu'à Chiang Mai. Cinq bus par jour la parcourent (en moyenne) dans les deux sens. Le voyage dure neuf petites heures pour effectuer 370 km.
En quittant Mae Hong Son, on traverse une région peuplée de nombreux Karen aux costumes chatoyants. À noter, au km 32, soit moins de 20 km après les sources d'eau chaude où des villageois viennent laver leur linge, une route part sur la gauche, vers le village méo de *Microwave,* perché à 1 000 m d'altitude. Superbe point de vue de là-haut, mais attention, la petite route qui y mène est très raide et étroite par endroits.

MAE SARIANG – แม่สะเหรียง IND. TÉL. : 053

Après avoir traversé le village de Mae La Noi, on arrive à Mae Sariang, un peu à l'écart de la grande route. Près de 4 000 personnes vivent ici,

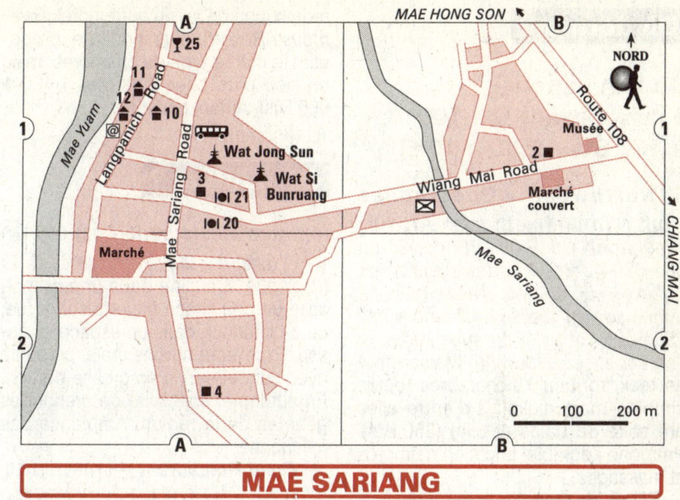

MAE SARIANG

■ Adresses utiles	11 Riverside Guesthouse
@ Internet	12 Riverhouse Hotel
2 Hôpital	Où manger ?
3 Government Savings Bank	20 Intira Restaurant
4 Police et retrait de liquide	21 Renu Restaurant
Où dormir ?	Où boire un verre ?
10 Northwest Guesthouse	25 Shine Club

principalement des Shan et des Thaïs. Assez commerçant, le bourg est une étape pour les voyageurs de commerce qui sillonnent le pays et un lieu d'approvisionnement pour les montagnards de la région. On y trouve de nombreuses et sympathiques maisons en teck et, sur son flanc ouest, une charmante rivière. De Mae Sariang, on peut aussi poursuivre vers le sud et Mae Sot, mais bien se renseigner alors sur l'état de la route avant de partir car, pendant la saison des pluies, il y a des risques de glissements de terrain.

Arriver – Quitter

Gare routière *(plan A1)* ***:*** *dans le centre.*

➢ ***Pour Mae Hong Son :*** 4 bus/j., 7h-15h30, plus 2 en fin de soirée. Trajet : 3h30. Prix : 80-140 Bts. Dans l'autre sens, 5 bus/j. : 3 le mat (à 6h, 8h et 10h30) et 2 le soir (à 20h et 21h).

➢ ***Pour Chiang Mai :*** 5 départs 7h-15h, plus 2 de nuit, à minuit et 1h. Env 4h de route. Prix similaires. De Chiang Mai, 7 bus/j., 6h30-21h.

Adresses et infos utiles

✉ ■ Sur Wiang Mai Road, la rue qui vient de la route principale, on trouve la ***poste*** *(plan B1)*, l'***hôpital*** *(plan B1,* ***2****)* et la ***Government Savings Bank*** *(plan A1,* ***3****)* avec distributeur *Visa*.

@ ***Internet*** *(plan A1)* ***:*** *entre le* Riverhouse Hotel *et le* Riverhouse Resort.

■ ***Police et retrait de liquide*** *(plan A2,* ***4****)* ***:*** *au sud de Mae Sariang Rd, au niveau de la poste de la ville.*

Où dormir ?

De bon marché à prix moyens (de 100 à 400 Bts – 2,50 à 10 €)

Northwest Guesthouse – นอร์ทเวสท์เกสท์เฮ้าส์ *(plan A1, **10**) : Langpanich Rd. 089-700-99-28 ou 086-670-42-86. • northwestgh.blogspot.fr • À 50 m de la rivière, mais ne donne pas sur celle-ci. Chambre env 200 Bts ; petit déj en sus ; réduc si l'on est seul. (payant).* Maison tout en teck abritant 10 chambres toutes simples mais nickel. 2 d'entre elles ont salle de bains et clim (350 Bts). Patronne adorable. Location de motos et massages.

Riverside Guesthouse – รีเวอร์ไซด์เกสท์เฮ้าส์ *(plan A1, **11**) : 85 Langpanich Rd. ☎ 681-188.* Terrasse sympa dominant la rivière et les environs. À part ça, les chambres, à différents prix, avec ou sans salle de bains, AC ou TV, manquent un peu de tenue, comme l'ensemble du lieu d'ailleurs.

Un peu plus chic (autour de 1 000 Bts – 25 €)

Riverhouse Hotel – รีเวอร์เฮ้าส์ *(plan A1, **12**) : 77 Langpanich Rd. ☎ 621-201. • riverhousehotels.com • Petit déj inclus.* Notre adresse préférée. Vous y trouverez une douzaine de chambres ravissantes et douillettes, avec beau plancher, TV, AC, lits confortables et, surtout, un balcon donnant sur la rivière et les montagnes ! Ils possèdent aussi, à deux pas de là, un autre hôtel *(Riverhouse Resort)*, plus moderne, proposant le même type de chambres, mais un peu plus cher (compter 1 400-1 800 Bts). Autant rester ici.

Où manger ?

Intira Restaurant – ร้านอาหารอินทิรา *(plan A1, **20**) : Wiang Mai Rd. Tlj 8h-21h30.* On dîne dans une grande salle un peu kitsch ouverte sur la rue, ou à l'intérieur, dans un espace climatisé. Excellente cuisine thaïe, préparée avec soin et servie en grosse portion. En automne, spécialité de grenouilles géantes de la région. Ambiance pas folichonne.

Renu Restaurant – ร้านอาหารเรณู *(plan A1, **21**) : en face du précédent.* L'autre resto recommandable de Mae Sariang. Décor, menu et prix assez similaires.

Où boire un verre ?

Shine Club – ชายน์ คลับ *(plan A1, **25**) : Langpanich Rd.* Sympa pour prendre un verre dans la journée ; pas d'alcool. Les écoliers adorent passer ici après l'école et commander d'étranges boissons colorées : un mélange de lait de coco, biscuit Oreo, jelly, lait concentré pour l'un... poudre de thé, cacao pour l'autre... pas mauvais du tout en fait ! La jeune femme qui tient impeccablement le café fabrique aussi des bijoux. Location de vélos (pour aller jusqu'au village de Pamalor par exemple, à quelques kilomètres au sud).

À voir. À faire

Wat Si Bunruang – วัดศรีบุญเรือง **et Wat Jong Sun** – วัดจองสุ่น *(plan A1) :* les deux plus beaux temples de la ville, bâtis au XIXe s, se touchent presque. S'ils sont tous deux de style birman, le premier possède une certaine originalité dans sa structure avec décrochements. Trois *chedî* peints précèdent le second, plus classique.

Le marché *(plan A2) :* dans le moindre village, le marché est un ravissement de couleurs, de bruits et d'odeurs. On poussera la balade jusqu'au pont sur la rivière Yuam, gardé par deux autres temples sans grand intérêt architectural.

➢ ***Balades sur la Salawin :*** cette rivière qui descend de Chine vient dessiner la frontière avec le Myanmar à environ 45 km à l'ouest de Mae Sariang, avant de se jeter dans l'océan Indien. On peut y faire une excursion (en bateau) d'une demi-journée ou d'une journée. Renseignements au *Riverhouse Hotel*.

➢ ***Treks :*** possibles dans le NGAO National Park. Compter 1 à 3 jours, à pied, à radeau de bambou ou à dos d'éléphant. Là encore, infos au *Riverhouse Hotel*, ou auprès de M. Salawin (comme la rivière !), qui fréquente assidûment la *Riverside Guesthouse*.

DE MAE SARIANG À CHIANG MAI

La route 108, partant de Mae Hong Son, bifurque vers l'est après Mae Sariang pour finir à Chiang Mai. 190 km séparent ces deux villes.
Si vous voyagez en bus, il vous sera difficile de vous arrêter pour voir les sites décrits plus loin. Les distances données s'entendent au départ de Mae Sariang.

Km 18 : ***Thoong Bua Thong*** – ทุ่งบัวทอง (ou ***Doi Mae Ho*** – ดอยแม่โฮ) est une montagne à ne pas rater si vous voyagez entre octobre et décembre, période où les tournesols mexicains qui couvrent ses flancs sont en fleur. Cette explosion de jaune d'or est une image largement répandue sur les cartes postales du pays.

Mae Chaem – แม่แจ่ม ***:*** *par la bifurcation sur la gauche (route n° 1088) aux env du km 80 (panneau indicateur).* Un bourg assoupi au milieu d'une vallée perdue ; 50 km de trajet plein nord depuis l'embranchement. Longtemps difficile d'accès, la route est maintenant bitumée. Mais l'endroit a gardé un maximum d'authenticité, loin du folklore touristique. On y trouve quelques beaux temples, récemment restaurés mais gardant leur cachet Lanna. La route remontant vers le Doi Inthanon (25 km plus loin ; voir plus loin) est magnifique, plongeant entièrement sous un manteau végétal après son entrée dans le parc du même nom.

Pongsara Resort – ปางสรารีสอร์ท ***:*** *à l'entrée de Mae Chaem en venant de Mae Sariang. ☎ 485-011. Repérer les bungalows aux toits bleus répartis sur un grand terrain. Compter 300-700 Bts.* Une vraie affaire, car les chambres sont impeccables, bien fraîches, avec TV, salle de bains et déco sympa ! Café et bon resto en prime. Sinon, comme d'hab', stand de nouilles au petit marché de la ville.

Km 91 (peu après la bifurcation pour Mae Chaem en restant sur la route 108) : ***les gorges Obluang*** – ถ้ำอบหลวง *(entrée : 400 Bts !).* Creusées par la rivière Mae Chaen, qu'enjambe un impressionnant petit pont de bois. Bien aménagée, avec aire de pique-nique, camping et possibilité de baignade, cette petite balade suit les traces (gravures, tombes...) des hommes qui vécurent ici il y a 7 000 ou 8 000 ans.

Km 142, le bourg de ***Chom Thong*** – ชมทอง possède un temple dont le magnifique *chedî* abrite une importante relique du Bouddha lui-même. Du coup, le village est le théâtre d'une grande fête à la pleine lune de juin. Juste à côté du temple, plusieurs gargotes proposent, entre autres, grillades de poulet et brochettes de bananes.

Km 150, par une bifurcation sur la gauche, à la sortie de Chom Thong : ***le parc national du Doi Inthanon,*** qui, rappelons-le, est le plus haut sommet de Thaïlande avec ses 2 599 m *(entrée : 400 Bts).* Y aller à moto ou avec sa propre voiture... C'est en tout cas le seul moyen de se déplacer un peu librement dans le parc, et même, en gros, d'atteindre le sommet du Doi Inthanon. Sinon, il y a quelques *songthaew* au départ de Chom Thong le matin (10h-12h), qui vont à Mae Chaem par la route qui traverse le parc. Mais, hormis pour prendre ou débarquer des passagers, ils ne s'arrêtent pas vraiment en chemin... Refuge d'espèces animales rares, de nombreuses balades y sont possibles. Il y a plusieurs chutes d'eau, des villages d'ethnies et des projets écotouristiques à visiter. Au sommet de la montagne, les plateformes de deux stupas (assez laids, il faut bien le dire) offrent une superbe vue panoramique. Logement (notamment sous tente) et resto possible à l'*Accomodation Center* *(☎ 268-550 ; à 31 km de Chom Thong).*

CHIANG RAI ET LE TRIANGLE D'OR

La pointe septentrionale de la Thaïlande ne manque pas d'attraits : chaleureux *Night Bazaar* de Chiang Rai, animation commerçante du bourg-frontière de Mae Sai, curieux village chinois de Mae Salong, vestiges oubliés de l'indolente Chiang Saen, et, bien sûr, point de vue sur le fameux Triangle où Laos, Myanmar et Thaïlande se rencontrent – ou plutôt s'observent – de part et d'autre du majestueux Mékong... Une région mythique, entre fleuve et montagnes, à explorer par ses propres moyens, en bus ou à moto.

THATON – ท่าตอน

IND. TÉL. : 053

Site agréable, dominé par une colline où trône un beau temple et un gros bouddha. Quelques adresses accueillantes, en bordure de rivière pour certaines, incitent à y faire étape avant d'embarquer sur la rivière Kok (voir plus bas), de faire un trek aux alentours ou de poursuivre par les routes de la région, vers Mae Salong et Mae Sai.

Arriver – Quitter

➢ ***De/vers Chiang Mai*** *(terminal Chang Puak)* **:** 7 bus/j., 6h-15h30 depuis Chiang Mai, et 6h20-16h depuis Thaton. Trajet env 5h (173 km). Un minibus aussi, ttes les heures 6h30-16h30, avec arrêt à Chiang Dao.

➢ ***De/vers Chiang Rai :*** pas de bus direct (mais des pirogues ! voir plus bas). De Thaton, il faut prendre un des minibus jaunes pour *Klu Satai* (1er vers 6h, dernier vers 14h), puis un vert pour *Mae Chan,* et enfin un 3e pour Chiang Rai. En tout, compter bien 3h de trajet.

➢ Bus également ***vers Mae Sae*** et ***Bangkok.***

Adresses utiles

■ ***Police touristique*** – ตำรวจท่องเที่ยว **:** *juste avt le pont à droite en venant de Chiang Mai.*

@ ***Internet :*** *presque en face de la police touristique.*

Où dormir ?

De prix moyens à un peu plus chic (de 400 à 1 500 Bts – 10 à 37,50 €)

🏠 🍴 ***Apple Resort*** – แอ๊ปเปิ้ล ริเวอร์ วิลล่า **:** *juste après le pont (en venant de Chiang Mai), sur la droite.* ☎ *373-144.* • *applethaton@yahoo.com* • *Chambres en bungalow 350-1 000 Bts, petit déj inclus.* Une adresse au bord de l'eau en face de l'embarcadère et où les proprios ont vraiment bien fait les choses : des sols originaux (dans les bungalows les moins chers et sur la terrasse des autres), des plantations minutieusement entretenues. 20 chambres avec frigo et à bon prix compte tenu de la qualité de la prestation, et ce d'autant que tout est neuf. Également une maison de 2 chambres pour 4 personnes. Au resto, spécialités de poisson de rivière. Excellente adresse.

Garden Home Nature Resort – การ์เด้นโฮมเกสท์เฮ้าส์ : *passer le pont et prendre tt de suite à gauche le chemin qui borde la rivière. ☎ 373-015. • thatonaccommodation.com • Chambres 200-1 500 Bts ; petit déj en sus.* Complexe de bungalows et de huttes en bambou, bien isolés les uns des autres, répartis dans une véritable plantation de litchis. Une trentaine de chambres, toutes impeccables et équipées de salle de bains avec eau chaude. De plus, cadre vraiment extra, aéré, bien tenu, et même une (petite) plage en saison sèche. Sauf pour la vue sur la rivière Kok, on aime autant les bungalows plus simples. Resto sympa avec tables en pierre, et ouvert à tous. Location de motos, treks, rafting et réservation de la descente en bateau jusqu'à Chiang Rai.

Plus chic (à partir de 1 200 Bts – 30 €)

Old Tree's House – โอลด์ ทรี เฮ้าส์ : *323 Ban Rumthai, M. 14. ☎ 373-155. 085-722-90-02. • oldtreeshouse.net • 300 m après le pont en direction de Chiang Rai ; bien fléché. 5 possibilités d'hébergement : 2 bungalows 1 400 Bts, un plus sombre et sans vue 1 200 Bts, un pour 3-4 pers 1 800 Bts et un double pour 4-5 pers 2 600 Bts ; petit déj compris. CB refusées.* Une *guesthouse* sur les hauteurs de Thaton, d'où l'on a une très jolie vue sur les environs. On vous le dit tout de go : voilà une adresse coup de cœur. Nid et Paulo, un couple franco-thaï, sont des bâtisseurs au cœur généreux et aiment vraiment vous accueillir chez eux, ça se sent. Dans les chambres spacieuses des bungalows joliment finis, une déco raffinée (bambou tressé, paille de riz, baldaquins et moustiquaires) et bien plus que le confort qu'on pourrait attendre : toilettes séparées, lavabo double vasque, lecteur DVD, lecteur CD (CD et DVD à emprunter), des grands lits. Possibilité de faire laver son linge, et boissons, tout ça gratuitement. Et, cerise sur le gâteau, une piscine mignonne au milieu d'une végétation luxuriante. On peut également y dîner sur demande. Massage possible dans votre chambre. Location de motos. Organisation de tours dans la région conforme aux principes du tourisme équitable pour venir en aide aux populations chan réfugiées de Birmanie.

Où manger ?

De bon marché à prix moyens (de moins de 100 à 400 Bts – 2,50 à 10 €)

Sunshine Café : *sur la rue principale, à 100 m à gauche après le pont en allant vers Chiang Mai.* Une gargote toute simple tenue par une mémé souriante. Burgers avec frites, baguettes, soupes, salades, riz frit au porc fermenté, glaces. Café torréfié maison pour le petit déj.

Thaton River View – ท่าตอนริเวอร์วิว : *au-delà du Garden Home (voir « Où dormir ? »).* Excellente table, avec terrasse fleurie idéalement située face à la rivière. Pas mal de charme... et de moustiques ! Mais voir le soleil se coucher sur les temples voisins, on ne s'en lasse pas. Surtout quand on peut déguster avec ça un superbe jambonneau aux légumes verts façon chinoise ou des escargots à la thaïe ! Bien aussi pour boire un verre ou pour le petit déj. Fait hôtel.

Apple Resort – แอ๊ปเปิล ริเวอร์ วิลล่า : *dans la guesthouse du même nom (voir « Où dormir ? »).* Cuisine thaïe simple et pas chère, servie avec le sourire. Grande salle ou terrasse. Permet d'attendre le moment du départ puisqu'on a vue sur le ponton.

À faire au départ de Thaton

Descente de la rivière Kok

À faire de préférence à la fin de la saison des pluies, lorsque la végétation est bien dense. Cela dit, la descente et les excursions à partir de la rivière Kok ne sont plus aussi aventureuses qu'autrefois. L'amélioration du réseau routier ayant tué le trafic fluvial, il n'y a plus que les pirogues des touristes sur la rivière. La surexploitation passée a aussi altéré l'authenticité de ce petit périple, transformant les villages bordant les rives en centres de magasins de souvenirs. Mais la région reste très attractive et la rivière peut toujours être l'objet d'explorations plus profondes.

Organiser l'excursion

Le quai se trouve sur la rive droite de la rivière Kok. Juste avant le pont (en venant de Chiang Mai), prendre la rue sur la droite qui suit la berge. Le bureau de résa *(tlj 8h-17h)* est situé sous l'abri du quai. Le responsable de l'embarcadère parle bien l'anglais, alors n'hésitez pas !

La plupart des touristes font la descente de la rivière jusqu'à Chiang Rai, mais on peut tout aussi bien louer une pirogue et aller où l'on veut, et, surtout, en prenant son temps, d'autant que de nombreuses tribus (Lisu, Akha, Karen, Yao et Lahu) vivent le long de la région traversée par la rivière, sur les rives ou à 1h ou 2h de marche à l'intérieur des terres.

Si vous voulez aller à Chiang Rai, il y a en principe une pirogue tous les jours à 12h30. Compter 350 Bts par personne et 3h30 de navigation, avec deux arrêts dans un village. Attention, la pirogue part quel que soit le nombre de personnes ; entre 6 et 10 maximum selon le niveau de l'eau. Sinon, on peut toujours, comme on l'a dit plus haut, louer son bateau et voguer à loisir, vers Chiang Rai ou ailleurs. Compter alors 2 500 Bts la journée, pour une embarcation qui peut prendre maximum 6 personnes (cela dépend du niveau d'eau). Vous trouverez à l'embarcadère la liste de tous les arrêts possibles. Pensez à prendre de l'eau, des gâteaux pour tromper les petits creux (quoiqu'on puisse se ravitailler « en route », dans les villages qui bordent la rivière), et de quoi vous couvrir le caillou. Sachez aussi qu'un certain nombre de *guesthouses* se sont installées près des rives de la Kok, notamment au niveau des sources chaudes *(Hot Springs)*. Deux d'entre elles, *My Dream Guesthouse* et *Akha Hill House,* sont faciles d'accès.

Enfin, sachez aussi qu'on peut faire le trajet en sens inverse, c'est-à-dire de Chiang Rai (départ à 10h30) à Thaton (arrivée à 14h30), mais c'est plus bruyant, car vu que l'on va à contre-courant, la pirogue doit faire tourner son moteur à plein régime. C'est aussi moins drôle lors du passage des « rapides ». On met les guillemets car, jamais très décoiffants, ceux-ci n'apparaissent vraiment qu'entre la saison sèche et la saison des pluies.

CHIANG RAI – เชียงราย

IND. TÉL. : 053

▸ Pour le plan de Chiang Rai, se reporter au cahier couleur.

Souffrant d'un urbanisme sans grâce, la tranquille Chiang Rai n'a pas grand-chose en commun avec sa bouillonnante grande sœur Chiang Mai. Cette capitale locale somnole dans une torpeur toute provinciale que seule vient bousculer l'effervescence populaire du *Night Bazaar,* où chaque soir toute la ville se presse comme à la kermesse. Le jour, il suffit d'un coup de pédale

ou d'un litre de gasoil pour déjà quitter le béton pour la campagne, tant les champs, rivières et baraques des paysans viennent lécher les proches limites du centre.
Chiang Rai est par ailleurs le point de départ vers la région mythique du Triangle d'or, que l'on peut explorer facilement à moto ou en bus. Les voyageurs ont remplacé les trafiquants d'opium et profitent de balades uniques dans une région qui n'est plus vierge mais reste pour autant attachante, exotique même.

Arriver – Quitter

En bus

Chiang Rai compte 2 gares routières : celle du centre, d'où partent et arrivent les bus pour la région du Triangle d'or, et la nouvelle, à 8 km au sud de la ville, pour les trajets longues distances vers le centre et le sud de la Thaïlande. Les bus desservant Chiang Mai se prennent indifféremment à l'une ou l'autre des 2 gares : ils desservent les 2, à l'aller comme au retour. Pour aller d'une gare à l'autre, *songthaew* collectifs toutes les 10 mn (10 Bts). La plupart des lignes sont gérées par la compagnie *Greenbus* (☎ 266-480 ; • greenbusthailand.com •).

Gare routière longues distances *(hors plan couleur par B3,* ***1****) : sur Phahon Yothin, à 8 km au sud du centre.*

➢ ***De/vers Chiang Mai :*** nombreux bus, AC, non AC ou VIP, 6h30-17h30 depuis Chiang Rai (19h30 ven et dim). Prix : 145-290 Bts. **Attention,** il y a 2 routes possibles : la *new* (3h) et la *old*, beaucoup plus longue (7h) mais qui dessert ***Phayao*** et ***Lampang***. À vous de choisir selon votre itinéraire.

➢ ***De/vers Bangkok :*** nombreux bus, essentiellement le mat dès 7h et en fin d'ap-m (jusqu'à 19h30). Certains passent par ***Kamphaeng Phet.*** Trajet : 10h30-12h (830 km). Prix : 515-775 Bts.

➢ ***De/vers Sukhothai et Phitsanulok :*** 6 bus/j., 7h30-14h30 depuis Chiang Rai. Pour Phitsanulok, compter 7h30 de trajet pour 450 km. Prix : 300 Bts.

➢ Également 1 bus/j. pour ***Phuket,*** et 4 en fin d'ap-m pour ***Chonburi*** et ***Pattaya.***

Gare routière pour le Triangle d'or *(plan couleur B2,* ***2****) : sur Prapopsuk Rd, en plein centre, à côté du* Night Bazaar.

➢ ***De/vers Chiang Mai :*** mêmes fréquences qu'à la gare routière longues distances (lire ci-avant).

➢ ***De/vers Mae Sai*** *(frontière birmane)* ***via Mae Chan :*** départ ttes les 20 mn, 6h-20h. Trajet : env 1h30 pour 60 km, et 35 Bts. Pour Mae Chan, compter env 40 mn et 15 Bts.

➢ ***De/vers Chiang Saen (via Mae Chan) :*** départ ttes les 20 mn, 6h-19h. Compter env 1h et 35 Bts.

➢ ***De/vers Chiang Khong*** *(frontière laotienne)* **:** bus ttes les heures, 6h-17h. Trajet : 2h30 pour 140 km, et 40 Bts.

➢ ***Pour Mae Salong :*** prendre un bus pour *Ban Pasang* (ttes les 20 mn, 6h-20h ; compter 45 mn et 20 Bts), et de là, un *songthaew* (départs fréquents du marché de jour).

➢ ***Pour le Doi Tung :*** prendre un bus pour *Ban Huai Khrai* (ttes les 20 mn, 6h-20h ; compter 1h et 25 Bts), et de là, un *songthaew*.

➢ ***Pour le Triangle d'or (Sop Ruak) :*** 3 minibus/j., en début d'ap-m. Compter 1h45 et 50 Bts.

➢ ***Pour Phayao :*** départ ttes les 30 mn, 9h30-15h10. Trajet : env 2h.

En avion

✈ ***Aéroport*** *(hors plan couleur par C1) : à env 10 km au nord de la ville, sur la route de Mae Chan.* ☎ *798-000.* • *chiangraiairportonline.com* • *Prendre un taxi (env 170 Bts) ou, un peu moins cher, un tuk-tuk.*

➢ ***De/vers Bangkok :*** au moins 3 vols/j. avec *THAI* et autant avec *Nok Air* et *Thai Air Asia* (compagnies *low-cost*).

En pirogue

➢ En descendant la rivière Kok depuis Thaton (voir plus haut à cette ville, « Descente de la rivière Kok »).

Orientation

La ville de Chiang Rai s'est développée sur la rive droite de la rivière Kok, un affluent du Mékong, qui coule d'ouest en est, au nord de la ville. À l'est, l'agglomération se heurte à la Super Highway 1 qui monte vers Mae Sai. À l'ouest, on est déjà aux franges de la campagne.

Une petite tour surmontée d'une horloge *(Old Clock Tower)* trône au milieu du carrefour central de la ville. En partant de là vers le sud, on arrive, à proximité de la nouvelle *Clock Tower,* à un quartier de ruelles centré autour de la rue Jet Yod, où se rassemblent nombre de pensions, bars et restaurants. Le *Night Bazaar* et le terminal des bus se trouvent tout près, à 200 m vers l'est, le long de l'artère centrale, Phahon Yothin, qui est orientée nord-sud.

Transports en ville

Songthaew : ils sont bleus à Chiang Rai. En ville, ils fonctionnent comme des *tuk-tuk* mais ils peuvent prendre des gens au passage. Certains rallient aussi les petites villes des proches environs. L'arrêt principal se trouve au marché de jour *(plan couleur B2,* ***3****).*

– ***Tuk-tuk :*** pratique, rapide, mais plus cher. Négocier ferme.

– ***Samlor à pédales :*** bien pour des petits déplacements.

– ***Moto :*** en louer une est un bon moyen d'explorer la région. Plusieurs adresses en ville, dans la rue principale. Sinon, les *guesthouses* offrent aussi ce service. Pour les petits trajets en ville et dans les proches environs, on peut aussi louer un ***vélo.***

Adresses et infos utiles

Infos touristiques

■ ***TAT*** – ท.ท.ท. *(office de tourisme ; plan couleur B1) : 448/16 Singhaklai Rd. ☎ 717-433. • tourismthailand.org/Where-to-Go/Chiang-Rai • Tlj 8h30-16h30.* Brochures en anglais, bonne carte de la ville et de la région, horaires des bus...

■ ***Tourist Police*** *(plan couleur B1-2, 5) : Utrakit Rd, face au Wat Klang Wiang. N° national : ☎ 11-55.*

Poste et télécommunications

✉ ***Poste*** – ไปรษณีย์ *(plan couleur B2) : Utrakit Rd. Lun-ven 8h30-16h30 ; sam-dim 9h-12h.*

■ ***Téléphone :*** centre à l'étage de la poste *(lun-ven 8h30-16h30).* Un autre, le ***Chiang Rai Telecommunication Center,*** se trouve sur Ngam Muang Road *(plan couleur A2,* ***9*** *; fermé le w-e).* Sinon, nombreux téléphones à cartes internationales *Lenso* à côté des *7-Eleven,* ou possibilité d'appels depuis un centre Internet.

@ ***Internet :*** plusieurs cybercafés au centre-ville, notamment sur Phahon Yothin Road. Parmi ceux-là, le ***Café Moi*** *(plan couleur B2,* ***10*** *; tlj 8h-22h),* un cyber qui fait vraiment café. Jus de fruits également. On peut aussi surfer en croquant un cookie au ***Baan Chivit Mai Bakery,*** sur Prapopsuk Road, en face de la gare routière *(plan couleur B2,* ***51*** *; lun-sam 8h-21h ; lire aussi plus loin « Où boire un café »),* ou en sifflant une bière au ***Kaffee Hub,*** à côté de la Clock Tower *(plan couleur B2,* ***62*** *; tlj 7h-minuit ; lire aussi plus loin « Où boire un verre »).* D'autres centres encore sur Jet Yod Road *(plan couleur B2).*

Argent, change

Nombreuses banques avec distributeur de billets *Visa* et *MasterCard* dans le centre, en particulier sur Phahon Yothin Road *(plan couleur B2).* Certaines, comme la ***Thanachart Bank,*** ont un comptoir de change ouvert tous les jours jusqu'à 21h ou 22h. Pour le service *Western Union,* aller à la ***Bangkok Bank*** *(plan couleur B2,* ***11****),* sur Thanalai Road, à l'angle de Suk Sathit Road.

Santé

✚ ***Overbrook Hospital*** – โรงงพยาบาลโอเวอร์บรู๊ค *(plan couleur A1,* ***6****) : à l'angle de Singhaklai et de Trairat Rd. ☎ 711-366. Service 24h/24.* L'hôpital de Chiang Rai, toujours très coté. Médecins anglophones.

■ ***Pharmacie Boots*** *(plan couleur B2, **7**) : 873/7-8 Phahon Yothin Rd, au-dessus du marché de nuit. ☎ 600-983. Tlj 10h-23h.* Vend des médicaments et des articles d'hygiène qu'on trouve en Europe.

Transports

■ ***THAI*** – สายการบินไทย *(plan couleur B2, **12**) : 870 Phahon Yothin Rd, au-dessus du marché de nuit. ☎ 711-179. Lun-ven 8h-17h. À l'aéroport : ☎ 798-200.*

■ ***ST Motorcycle*** *(plan couleur B2, **8**) : Jet Yot Rd, à deux pas de la Clock Tower. ☎ 713-652. Tlj 8h-19h30. Loc de motos 100 cm³ 150-200 Bts/j., 250 Bts/j. pour une automatique. 250 cm³ à partir de 700 Bts/j., ainsi que de petits 4x4 Suzuki à partir de 800 Bts/j. ; réduc à partir de 1 sem.* Fait aussi vendeur et réparateur, ce qui est un gage de sérieux. De plus, on y parle l'anglais.

■ ***Fat Free Bike Shop*** *(plan couleur B2, **13**) : 542/2 Banpha Prakarn Rd ; presque à l'angle de Phahon Yothin Rd. ☎ 752-532. Tlj 9h-18h. Compter 100 Bts pour 24h.* Location (et vente) de bons vélos et VTT.

■ ***Golden Triangle Tours*** – โกลเด้นไทรเองเกลทัวร์ *(plan couleur B2, **15**) : 590/2 Phahon Yothin Rd. ☎ 740-478. • goldenchiangrai.com •* Couplée à un hôtel, cette agence organisant des treks loue également des voitures.

Culture

■ ***Orn's Bookshop*** *(plan couleur B2, **14**) : au bout d'une ruelle d'un quartier résidentiel, derrière le Wat Jet Yod, à 200 m de Jet Yod Rd (fléché). Tlj 8h-20h.* Après avoir tenu une *guesthouse* à Chiang Mai, Orn a opté pour la vie plus pépère de bouquiniste. Les vieux livres d'occase à vendre ou échanger inondent désormais tout le rez-de-chaussée de son petit pavillon. Beaucoup de titres en anglais bien sûr, mais pas grand-chose en français malheureusement. Si vous avez de quoi échanger, tentez tout de même votre chance, Orn ne demande qu'à renouveler son maigre stock.

■ ***Alliance franco-thaïe*** *(plan couleur A2, **4**) : 1077 Soi 1, Ratchayotha Rd. ☎ 660-810. • chiangrai@alliance-francaise.or.th • En principe, tlj sf dim 10h-12h, 14h-17h.* Accueil sympa, mais peu d'activités culturelles. Bibliothèque. Pour les routards de passage, la halte vaut surtout pour boire un verre en lisant la presse française.

Divers

■ ***Laveries :*** *plusieurs sur Jet Yod Rd (plan couleur B2). Compter 30 Bts/kg.*

Où dormir ?

Pas mal de *guesthouses* d'un bon niveau. Pratiquement toutes proposent des treks ou des excursions vers les villages du Nord et le Triangle d'or. Une bonne partie des voyageurs loge en plein centre, sur Jet Yod Road *(plan couleur B2)*, où sont alignés une petite dizaine de *guesthouses* et de nombreux bars, à filles pour la plupart. Pour ceux qui recherchent plus de calme, de jolies petites adresses sont éparpillées ailleurs dans la ville, au hasard de quartiers résidentiels toujours paisibles.

Dans le centre-ville, sur Jet Yod Road

De très bon marché à prix moyens (de 200 à 500 Bts – 5 à 12,50 €)

⌂ ***Baan Bua Guesthouse*** – บ้านบัวเกสท์เฮ้าส์ *(plan couleur B2, **20**) : 879/2 Jet Yod Rd. ☎ 718-880. • baanbua-guesthouse.com • Juste après l'Orchids Guesthouse (indiqué). Doubles 300-400 Bts selon taille.* Une *guesthouse* agréable, à la fois centrale et tranquille puisque située au bout d'une impasse, en retrait de l'animation. Tim, une sympathique Thaïe anglophone, y propose une quinzaine de chambres de plain-pied avec salle de bains, réparties dans 2 pavillons construits autour d'une grande cour-jardin avec tables et hamac. AC en supplément. Bon petit déj, en supplément aussi, bien sûr.

Chook Dee Guesthouse *(plan couleur B2, **21**) : Jet Yod Rd. Pas de numéro de tél. Double 250 Bts.* L'auberge des rastas du coin, marrante et bordélique, pour qui veut vivre à fond les modestes nuits de Chiang Rai. Au rez-de-chaussée, un bar foutraque bercé de reggae, d'où jaillit la carcasse d'un camion. À l'étage, le long de couloirs aux fresques psychédéliques, des chambres propres, tout en bois, avec salle de bains à partager et une literie qui tient bien la route. Balcon presque partout, qu'on rejoint parfois en se glissant par la fenêtre. Cloisons bien minces, on ne se pose pas ici pour le calme. Organise des treks.

Orchids Guesthouse – ออร์คิด เกสท์เฮ้าส์ *(plan couleur B2, **22**) : 1012/3 Jet Yod Rd. ☎ 718-361. • orchidsguesthouse.com • Double 500 Bts.* Un peu en retrait de Jet Yod Road, dans un bâtiment sur 2 niveaux façon motel, des chambres récentes, avec salle de bains carrelée, TV câblée, AC et fan. Pas de pièce commune ni de petit déj, juste du café ou du thé le matin, à la réception. On a connu plus chaleureux, mais au moins c'est clean, et central. Propose des treks (guides parfaitement anglophones).

Un peu plus chic (de 500 à 1 000 Bts – 12,50 à 25 €)

Moonhouse *(plan couleur B2, **23**) : 1025/37 Jet Yod Rd. 📱 088-140-27-26. Doubles 600-700 Bts, petit déj en sus.* La façade, qui n'aurait pas juré dans les rues de San Francisco, annonce la – ou plutôt les – couleur de ce drôle de petit hôtel aux airs de bonbonnière. Vastes chambres pimpantes, fraîches et coquettes, avec de bons gros matelas au sol, l'AC, un frigo, la télé et des cabines de douche assez larges pour caser une équipe de pom-pom girls. Les plus chères sont un peu plus petites, mais s'ouvrent sur un balcon donnant sur la rue. Accueil charmant.

Au nord

De très bon marché à prix moyens (de 200 à 500 Bts – 5 à 12,50 €)

Jitaree Guesthouse – จิตรี เกสท์เฮ้าส์ *(plan couleur B1, **24**) : 246/3 Soi Santirat, Singhaklai Rd. ☎ 719-348. • jitaree.house.tripod.com • Double 200 Bts.* Dans un quartier tranquille, 12 chambres très convenables et carrelées, avec bon lit, salle de bains, et même la TV ! Elles se répartissent dans un petit bâtiment sur 2 niveaux, avec couloirs extérieurs donnant sur une cour paisible. Toutes sont impeccablement tenues et disposent d'une petite table pour se poser dehors. Préférer tout de même celles de l'étage, mieux aérées. La femme du proprio, adorable, est infirmière, et peut soulager vos petits maux gratuitement. Petit déj en supplément. Treks.

Chat House – ชาติเกสท์เฮ้าส์ *(plan couleur A1, **25**) : 3/2 Soi Sang Kaew, Trirat Rd. ☎ 711-481. • chatguesthouse.com • Doubles 200-350 Bts.* Dans une rue calme non loin du Wat Phra Kaeo, une pension bien routarde et sympa, proposant 20 chambres pas chères (divers prix en fonction de l'équipement) réparties autour d'un jardin exubérant égayé d'une petite fontaine. Eau chaude. Également un dortoir de 4 lits à 100 Bts, pour les fauchés. Petite terrasse ombragée pour le petit déj ou le dîner, pain fabriqué maison. Un bémol : le ménage, pas toujours sans reproches. Treks, location de vélos et motos, cours de cuisine.

Un peu plus chic (de 500 à 1 000 Bts – 12,50 à 25 €)

Baan Rub Aroon Guesthouse – บ้านรับอรุณ เกสท์เฮ้าส์ *(plan couleur A2, **27**) : 65 Ngam Muang Rd. ☎ 711-827 ou 234. 📱 089-635-71-67. • baanrubaroon.net • Doubles 550-900 Bts, petit déj inclus.* En pleine ville, une maison d'hôtes d'atmosphère, installée dans une grande villa coloniale bientôt centenaire entourée d'un jardin.

La souriante Sukhon, parfaitement anglophone, y propose 6 chambres, avec ou sans AC, sobrement et joliment décorées. Réparties sur 2 niveaux, elles sont vastes et lumineuses (sauf une au rez-de-chaussée) mais un chouia chères, puisque 5 d'entre elles se partagent seulement 2 salles de bains. Sukhon n'habite pas sur place mais elle y passe ses journées. Le soir, un gardien dort sur place et prépare les petits déj, qu'on peut prendre dans le jardin. Possibilité d'utiliser la cuisine pour préparer ses repas. Location de vélos. Organise aussi des écotours.

Moon & Sun Hotel – โรงแรมมูนแอนซัน *(plan couleur C1-2, **28**) : 632 Singhaklai Rd. ☎ 719-279. • moonandsunhotel.com • Doubles 500-600 Bts ; suite 800 Bts ; petit déj inclus.* Hôtel niché dans un bâtiment au toit vert, moins chaleureux que les *guesthouses* mais abritant des chambres d'un très bon rapport qualité-prix. Bonne literie, clim, carrelage, mobilier en bois, salle de bains nickel, frigo pour les plus chères. Détail rigolo, dans certaines on se lave les dents sur le balcon ! Une bonne affaire.

Beaucoup plus chic (plus de 4 000 Bts – 100 €)

The Legend Chiang Rai *(plan couleur C1, **29**) : 124/15 Moo 21, Kohloy Rd ; tout au nord de la ville (fléché). ☎ 910-400. • thelegend-chiangrai.com • Réserver par Internet pour obtenir les meilleurs tarifs.* Établissement de luxe, étendu dans un vaste parc venant mourir sur les berges de la rivière Kok. Les chambres, immenses, raffinées, au confort optimal, sont réparties dans de petits chalets dispersés au gré des allées. Toutes s'ouvrent sur un balcon ou une terrasse. Vasques des lavabos comme vaisselle du petit déj sont l'œuvre d'un céramiste local. Belle piscine à débordement donnant sur la rivière, spa. Plusieurs restos. Superbe.

Au sud

Lek House *(plan couleur A2, **26**) : 95 Ratchayotha Rd, à l'ouest du centre. ☎ 711-550. • lekhousehotel@live.co.uk • Doubles 450-750 Bts, petit déj inclus.* On franchit un étroit *khlong* par une passerelle en pierre pour atteindre ce petit établissement de charme, frais, cosy et original, distribuant ses chambres dans 2 maisons reliées par des coursives extérieures. Les ventilées, vraiment pas chères, sont déjà très agréables, avec vieux parquet, salle d'eau et bonne literie. Les autres, avec clim et frigo, sont plus vastes, modernes, tachées de grands aplats de couleurs. Certaines, de plain-pied, donnent sur le jardinet à l'arrière. Pour compléter le tout, une drôle de petite piscine coincée derrière le bar ; on peut s'accouder au comptoir sans sortir de l'eau. Resto enfin, et accueil au top !

Ben Guesthouse – เบญเกสท์เฮ้าส์ *(plan couleur A2, **30**) : 351/10 San Khong Noi Rd, Soi 4. ☎ 716-775. • benguesthousechiangrai.com • À l'ouest du centre. Doubles 350-850 Bts selon confort, sans petit déj ; familiales également.* Grande maison en teck entièrement rénovée, flanquée d'une seconde en brique tout aussi massive. L'ensemble est tiré au cordeau et manque du coup un peu d'âme, mais c'est clean, confortable et fonctionnel. Les chambres les plus chères sont les plus mignonnes, avec murs en brique, mobilier en rotin et TV. Piscine, resto, treks, location de 2-roues... il y a tout sur place. Un bon rapport qualité-prix, idéal en famille.

Où manger ?

Dans le centre-ville, autour de la Clock Tower

Bon marché (moins de 100 Bts – 2,50 €)

La plupart des *guesthouses* préparent une bonne petite cuisine familiale. Sinon, quelques tables en ville.

Le marché de jour – ตลาดกลางวัน *(plan couleur B2, **40**) :* dès 11h ou 12h, les stands carrelés en plein centre du marché couvert servent une cuisine authentique et irréprochable, pour trois fois rien. Idéal pour assouvir rapidement une petite fringale à midi. Lire aussi plus loin « À voir ».

Night Bazaar – ไนท์บาซ่าร์ *(plan couleur B2, **41**) : ouv 19h-23h. Poussez bien jusqu'au fond du marché ; le 1er resto de plein air en entrant n'est qu'un attrape-touristes.* Formidable cantine nocturne en plein air. Les gargotes entourent un vaste espace garni de tables et de chaises de fer, et l'on picore ici une brochette de poulet, là de grosses crevettes au curry, ailleurs un poisson grillé, un *tom yam,* une fondue ou, pourquoi pas, une barquette de vers ou de criquets (osez, c'est meilleur qu'il n'y paraît) ! Pour arroser le tout, une *Singha Beer* – version girafe pour les soiffards –, en regardant le spectacle gratuit (2 scènes où alternent danses traditionnelles et chanson thaïe actuelle, entre 19h et 22h). Vraiment très agréable.

Paojai – พอใจ *(plan couleur B2, **42**) : 1023/2 Jet Yod Rd. Enseigne en thaï slt, écrite en jaune sur fond rouge, mais c'est juste derrière l'hôtel* Wangcome. *Tlj 7h-16h.* Salle bien nette et tout en profondeur, ouverte sur la rue. Pour le midi, on y sert 3 sortes de soupes aux nouilles. Savoureux, léger, cadre propre, et, évidemment, on ne se ruine pas.

Nice Kitchen – ไนซ์คิทเช่น *(plan couleur B2-3, **43**) : Jet Yod Rd. Tlj 7h30-18h.* Là encore, gargote au cadre soigné ouverte sur la rue, avec quelques tables en terrasse. Il y a même des nappes en tissu. Honnêtes plats thaïs à prix serrés. L'endroit est populaire – et à juste titre – auprès des *farang* un peu curieux.

Oasis Vegetaurant – โอเอซิส เว็ทเจ็ททัวร็องท์ *(plan couleur B2, **44**) : à l'arrière du* Night Bazaar, *dans un immeuble récent faisant le coin. ☎ 740-525. Ouv 7h-20h.* Pour manger végétarien pas cher du tout, dans une vaste cafèt' sans cachet. Choisir son plat au comptoir, en zieutant les gamelles. En plus des diverses salades, nouilles et riz, de nombreuses préparations au tofu, dont des saucisses et de succulents pâtés. Tout ça est bien frais. Les carnivores, même endurcis, devraient essayer.

Prix moyens (de 100 à 300 Bts – 2,50 à 7,50 €)

Aye's Restaurant – เอ๋ เรสเตอร์รองส์ *(plan couleur B2, **45**) : 869/170 Phahon Yothin Rd. ☎ 752-534. Tlj 7h30-22h30.* Une vaste salle ouverte sur la rue, avec du mobilier en rotin couvert de coussins. Carte très diversifiée : plats chinois, végétariens, occidentaux, poissons, crustacés, cuisine du nord de la Thaïlande... Excellent curry de légumes. Tous les soirs dès 19h, chansons au piano ou à la guitare.

Da Vinci – ร้านอาหารดาวินชี่ *(plan couleur B2, **46**) : 879/4-6 Phahon Yothin Rd. ☎ 752-535. Tlj 12h-23h30.* Sous le regard blasé de Leonardo, une salle banale malgré le design sophistiqué du mobilier. On y vient surtout pour les pizzas au feu de bois à pâte bien fine et croquante autour de 175-350 Bts. Pas donné, mais que ne ferait-on pas pour changer de régime après 2 semaines de soupe de poulet au coco ? Quelques plats de pâtes aussi, pas donnés non plus.

Au nord

Cabbages and Condoms – ร้านอาหารแคบแบจแอนด์คอนดอม *(plan couleur C2, **47**) : 620/1 Thanalai Rd. ☎ 740-657. Au rdc du Hilltribe Museum. Tlj 11h-minuit.* Un resto lié, comme à Bangkok, à l'association PDCA (Population and Community Development Association), qui œuvre pour le planning familial, et à laquelle sont reversés tous les bénéfices. Histoire de faire une B.A. en dégustant une cuisine thaïe pleine de saveurs (riz aux crevettes, curry de poulet, etc.), assis sous une verrière ou dans une salle assez sombre, autour de grosses tables en bois. Prix à peine plus élevés qu'ailleurs. Parfois des concerts.

Au sud

Moom Mai *(hors plan couleur par A3, **48**) : 64 San Khong Luang Rd (à 20 mn à pied du centre) ; enseigne verte, en thaï, au bout de la rue, juste avant le croisement avec Sridonchai Rd. ☎ 716-416. Tlj 11h-14h,*

CHIANG RAI ET LE TRIANGLE D'OR

17h-minuit. Prix moyens. Un jardin touffu, plein de couleurs, semé d'un joyeux bric-à-brac, de guirlandes de louches faites en calebasses, de nains de jardin rigolards version asiatique. Chaque table est isolée, intime, lovée sous une petite pagode en bois. Un cadre de charme, pour une savoureuse – et relevée – cuisine du Nord, lanna en particulier. Testez, par exemple, le porc aux herbes. Pour éteindre le feu, on picore de fraîches herbes aromatiques. Quelques spécialités occidentales également, pour les récalcitrants.

Où boire un café ? Où manger une pâtisserie ?

Le Petit Café – เลอ เปอติ กาแฟ *(plan couleur A3,* ***50****) : 194 San Khong Noi Rd. ☎ 756-761. Tlj sf dim 9h-18h.* Une halte qui devrait satisfaire les becs sucrés. Un café-pâtisserie cosy au mobilier élégant, où l'on peut se poser sur un fauteuil, une chaise ou par terre, selon l'humeur du moment, le temps de siroter un café, accompagné d'un gâteau carottes-noix, d'un brownie ou d'un *strawberry triffle...* la fourchette dans une main et un magazine dans l'autre, sur fond de petite musique *lounge.* Également une terrasse bien fournie en végétation.

Baan Chivit Mai Bakery *(plan couleur B2,* ***51****) : Prapopsuk Rd, en face de la gare routière. Lun-sam 8h-21h.* Petit café tout en bois, tout propret, où siroter un jus en croquant dans un cookie ou un brownie, et lire ses e-mails en attendant le bus.

Où boire un verre ? Où sortir ?

Pas grand-chose à se mettre sous la dent (ou plutôt au fond du gosier !) dans cette ville, pourtant la plus importante, après Chiang Mai, de cette partie du pays. Un peu d'animation du côté de Jet Yod Road, mais ce sont en majorité des bars à filles... On vous conseille plutôt d'aller traîner du côté de Phahon Yothin Road, en particulier au *Night Bazaar,* l'un des plus sympathiques de Thaïlande. Sinon, voici des adresses qui nous ont plu.

Teepee Bar – บาร์ทีพี *(plan couleur B2,* ***60****) : 542/4 Phahon Yothin Rd. ☎ 752-163. Tlj 18h30-2h.* Préparez-vous à entrer dans un endroit pas triste, une petite salle où règne un invraisemblable bric-à-brac : vélos en suspension, cages à lapin, photos de stars tapissant les murs, plaques de voitures, et on en passe. Toiles d'araignées d'origine. On s'assied sur des coussins, des caisses en carton... S'il y a du monde, le patron, M. Tuu, appelle un pote qui vient jouer de la guitare ! Ne pas négliger non plus la petite terrasse sur le toit, à ciel ouvert. Ambiance rock vraiment sympa. On aime !

Sabun-Nga Pub & Restaurant – สบังงาผับแอนด์เรสโตรองท์ *(plan couleur A3,* ***61****) : 226/50 San Khong Noi Rd. ☎ 712-290.* Grand resto flanqué d'une petite scène où se produisent des groupes de variétés, pour une clientèle très mélangée. Tous les soirs à 19h, dans une autre salle, se tient également un *kantoke dinner* (dîner-spectacle avec danses locales).

Kaffee Hub – ร้านกาแฟเชียงรายรำลึก *(plan couleur B2,* ***62****) : Clock Tower, Banpha Prakarn Rd. 082-574-59-99. Tlj 7h-minuit.* À l'ombre, tant elle est éblouissante, de la surprenante et kitschissime Clock Tower, une belle maison ancienne avec structure de bois, sur 3 niveaux, qui aimante les noctambules de tout poil venus siroter un cocktail ou un excellent café, grignoter un morceau du petit déj au dîner (plats thaïs et occidentaux) ou se donner rendez-vous avant l'exploration du (modeste) Chiang Rai *by night.* Fait aussi cybercafé.

Chiang Rai Rastafarai *(plan couleur B2,* ***63****) : Jet Yod Rd. Tlj.* On est bien sur la rue des bars à filles, mais ce n'est pas ici qu'on vous proposera un massage. Long bar comme calé dans un garage, avec, au milieu, un billard, et autour, des tables, des bancs, bricolés avec de gros morceaux de bois, de vieilles machines à coudre. Au fond, une scène (concerts le vendredi), des guitares, des djembés, des bongos, chaperonnés par des posters de Lennon et Marley. Pour envelopper tout ça, des murs couverts de tout et de n'importe quoi, de photos, de fresques, de milliers de graffitis, et des enceintes qui crachent reggae, ragga. Derrière le comptoir, cocktails et serveurs en dreadlocks réglementaires. Petit jardin à l'arrière. On peut y manger. Dans le même esprit, on peut aussi s'attabler au bar de la *guesthouse* ***Chook Dee,*** 300 m plus haut dans la rue (*plan couleur B2,* ***21*** ; lire « Où dormir ? » plus haut).

À voir

Dans la ville même, pas grand-chose à voir à dire vrai, en dehors du beau musée Oub Kham. On ne saurait que vous conseiller de louer un vélo, pour pousser l'exploration jusqu'aux franges de la campagne et découvrir par exemple le *Mae Fah Luang Art & Cultural Park* et la *Bouddha Cave.* Puis une moto, pour partir toujours plus loin, vers le Triangle d'or (voir chapitre suivant).

Temples, sites et musées

★ ***Clock Tower*** *(plan couleur B2)* **:** *au carrefour de Jet Yod Rd et de Suk Sathit Rd.* Horloge kitsch à souhait, construite en 2008 en hommage au roi par un fameux artiste local, Ajarn Chalermchai Kositpipat, responsable aussi du *White Temple* (voir « Dans les environs de Chiang Rai »). Toutes les heures, entre 19h et 21h, c'est un vrai son et lumière.

★ ***Wat Jet Yod*** – วัดเจ็ดยอด *(plan couleur B3)* **:** vaut le coup d'œil pour son élégante façade chargée. Également un bouddha énorme et d'effrayants dragons, à l'entrée du temple. Pour chasser les mauvais esprits, certainement. Oust !

★ ***Hilltribe Museum*** – พิพิธภัณฑ์ชาวเขา *(plan couleur C2)* **:** *620/35 Thanalai Rd.* ☎ *740-088. Au 3e étage de l'immeuble occupé, au rdc, par le resto* Cabbages and Condoms *(voir « Où manger ? »). Tlj 9h-18h. Entrée : 50 Bts, avec une boisson offerte au resto.* Musée associatif proposant une modeste expo sur les tribus qui peuplent la région de Chiang Rai, leurs modes de vie, moyens de subsistance, etc. Également un diaporama sur TV, avec commentaires disponibles en français. Boutique avec des tissages de bonne qualité. L'association organise aussi des tours et treks de 1 à 4 jours, aux mêmes prix qu'ailleurs. Bonne documentation, surtout en anglais. Les bénéfices sont réinvestis dans des actions de planning familial et d'amélioration des conditions de vie des tribus.

★ ***La muraille et la statue du roi Mengrai*** – กำแพงเมืองและอนุสาวรีย์พ่อขุนเม็งรายมหาราช *(plan couleur C2)* **:** *au bord de la Super Highway.* On vous les signale surtout pour qu'ils vous servent de points de repère. En effet, ni les quelques mètres d'ancienne muraille reconstituée ni l'effigie du roi, pourtant abondamment fleurie, ne méritent vraiment un détour.

★★ ***Wat Phra Kaeo*** – วัดพระแก้ว *(plan couleur A1)* **:** *en face de l'Overbrooke Hospital.* Temple du XVe s qui donna un temps l'hospitalité au bouddha d'Émeraude (celui de Bangkok). Dissimulée dans un arboretum, élégante façade rouge rehaussée de dorures ouvragées. À l'intérieur, intéressants piliers de bois à motifs floraux et belles fresques de scènes de festivités. Derrière le temple principal, vieux *chedî* restauré datant du XIVe s. Sur le côté, une grande bâtisse en bois abrite un petit musée, rarement ouvert.

★ ***Wat Doi Ngam Muang*** – วัดดอยงามเมือง *(plan couleur A1)* **:** *à 2 mn à pied de la Chat House (voir « Où dormir ? » plus haut), sur une butte. On y accède par un escalier gardé par 2 féroces dragons.* Son *chedî* contiendrait les restes du roi Mengrai.

Oub Kham Museum – พิพิธภัณฑ์อูบคำ *(hors plan couleur par A3)* **:** *81/1 Military Front Rd.* ☎ *713-349.* • *oubkhammuseum.com* • *Tlj 8h-17h. Entrée : 300 Bts ; réduc. Visite guidée exclusivement, en* broken english. Dommage que l'entrée soit si chère. Superbe collection privée d'une richesse incroyable, patiemment constituée depuis une quarantaine d'années par M. Suriyachai, descendant d'une ancienne famille royale. Il a rassemblé des objets témoignant de l'importance et de la richesse des royaumes du Lan Na (1259-1892), qui s'étendaient à une partie de la Chine, du Laos, du Vietnam et de la Birmanie, en plus du nord de la Thaïlande. La plupart des objets, extrêmement raffinés, souvent en argent, étaient en usage dans les différentes cours royales. En vrac, on retiendra un superbe trône doré à la feuille, des couronnes, pièces de monnaie, statuettes de bouddhas – dont une miniature que l'on ne distingue qu'à la loupe –, des laques, des costumes de différentes ethnies lanna (on en comptait 60), des tissus rebrodés avec du fil d'or, une chaise à porteurs de reine (qui nécessitait huit porteurs !), une tapisserie – mi-XVIIIe s – racontant la vie du Bouddha, des boîtes à bijoux, des baguettes en os de singe noircissant en cas de contact avec du poison, des objets de rite aussi. Et bien sûr l'*Oub Kham,* qui a donné son nom au musée, un bol royal confectionné en bambou tressé puis recouvert d'or. L'ensemble est présenté dans plusieurs bâtiments à l'architecture lanna, dispersés dans un jardin ponctué de fontaines. Pour finir, un petit délire kitsch, une grotte dorée en carton-pâte. On conclut par un thé. Une belle visite.

COUSINADE ROYALE

Tout comme les rois européens, les têtes couronnées lanna mariaient leurs enfants aux princes et princesses des royaumes environnants, pour étendre alliances et influence sur des territoires toujours plus vastes. C'est ainsi qu'aujourd'hui encore on trouve des poches de langue thaïe dans la plupart des pays voisins, du Vietnam à la Chine.

Mae Fah Luang Art & Cultural Park อุทยานศิลปะวัฒนะธรรมแม่ฟ้าหลวง (ไร่แม่ฟ้าหลวง) *(hors plan couleur par A3)* **:** *313 Moo 7, Baan Pa Ngiew.* ☎ *716-605.* • *maefahluang.org* • *À la sortie ouest de la ville, à env 2 km du centre (bien fléché depuis San Khong Noi Rd). Tlj sf lun 8h30-17h30. Accès : 200 Bts.* Bordé de rizières, aussi bien entretenu que peu fréquenté, ce vaste parc rassemblant toutes les essences endémiques de la région peut constituer un sympathique but de balade, à faire pourquoi pas à vélo. Au bord d'un petit lac s'y élève un immense et superbe pavillon en teck, le *Haw Kham* (« pavillon d'or »), dont on peut détailler tout le squelette. Au centre de celui-ci, planté dans du sable – symbole de la mer –, un imposant pilier – symbole de la montagne – supporte un étonnant bouddha ascétique et rieur, le *Phra Patoh,* qui daterait de la fin du XVIIe s. Tout autour, une série de candélabres, issus de temples de différentes régions du pays lanna. Plus loin dans le parc, un second pavillon abrite une petite expo permanente d'objets en teck, religieux comme usuels (charrue, roue à aubes, et même une guitare) et des expos tournantes sur les tribus montagnardes.

HIGH TECK

Si le bois de teck est tellement coté – au point d'être désormais menacé par la surexploitation –, c'est que ses qualités sont exceptionnelles, en particulier pour la construction et pour la fabrication de meubles. Deux atouts majeurs : il n'est pas attaqué par les termites et ne pourrit pas.

Bouddha Cave *(hors plan couleur par A1)* **:** *à env 4,5 km au nord de la ville.* Une excursion à faire à vélo, plus sympa pour la balade que pour le site lui-même. Sortir de la ville par Mae Fah Luang Road, puis prendre une piste en terre à gauche environ 800 m après avoir franchi le pont sur la rivière Kok. Continuer environ 3 km à travers la campagne jusqu'à atteindre la grotte, dans laquelle loge un minuscule temple.

Les marchés

🍴 ***Le marché*** – *ตลาด (plan couleur B2) :* pittoresque, grand, couvert et animé. De nombreux paysans du coin viennent y faire leurs emplettes. Stands de nourriture, fringues, tournevis, déboucheurs de w-c, jeux électroniques... on y trouve de tout, et la balade est agréable. Bonnes affaires vers 17h, avant la fermeture. Derrière le marché, un bouddha chinois tout grassouillet garde l'entrée d'un curieux temple.

🍴 ***Night Bazaar*** – ไนท์บาซ่าร์ *(plan couleur B2) :* on vous conseille de venir y dîner (voir plus haut), mais il serait dommage de ne pas en profiter pour flâner entre les étals. Certes, toute la gamme de la bimbeloterie pour touristes remplace peu à peu l'artisanat local, mais on y trouve encore quelques cadeaux à rapporter : jolis savons sculptés, boîtes ouvragées, sacs en bois, bâtonnets d'encens à la fraise ou à la vanille... À 23h, tout le monde remballe !

🍴 ***Saturday Market*** *(plan couleur C2) : au carrefour de Thanipat Rd et le long de Nong Si Chaeng Rd.* Le samedi soir (17h-22h), Nong Si Chaeng Road devient piétonne, et les loupiotes jaunes et parasols blancs envahissent l'asphalte jusque dans les ruelles adjacentes. Gargotes pour casser la graine et bonnes affaires en matière d'artisanat local ; les vendeurs ne sont pas aussi rompus au souvenir attrape-touristes que les pros du *Night Bazaar*. Le dimanche, rebelote, mais cette fois-ci sur San Khong Noi Road *(plan couleur A3)*.

DANS LES ENVIRONS DE CHIANG RAI

🍴🍴 ***Wat Rong Khun*** *(White Temple)* – วัดร่องขุ่น *: à 13 km au sud de Chiang Rai, par l'A1. Prendre un songthaew au marché de jour (20 Bts). Tlj 8h-17h30. Entrée gratuite.* Un des plus étonnants temples de Thaïlande, avec un pied dans la tradition et un autre dans la science-fiction. Il a été imaginé et construit depuis 1997 par le peintre-sculpteur-architecte Ajarn Chalermchai Kositpipat, en hommage au roi Bhumibol, l'actuel Râma IX. On peut aimer ou détester, mais force est de constater que cette construction hallucinante à la limite du kitsch baroque (selon nos critères occidentaux) attire les foules (déjà 6 millions de visiteurs).

En rupture avec les temples traditionnels, cette grande meringue d'une blancheur éblouissante hérissée de volutes pointues, n'en est pas moins un temple en activité symbolisant la pureté du bouddhisme en face des fléaux qui guettent l'humanité : l'alcool, le vice, la terreur (symbolisée par des créatures de films hollywoodiens genre *Alien* !). Il est entièrement tapissé de morceaux de miroirs, suggérant la réflexion de l'illumination.

Pour y accéder entre deux crocs géants, on passe sur un petit pont surplombant un espace où grouillent des créatures des enfers tendant leurs mains vers le ciel. Les fresques de l'intérieur du sanctuaire ont une dominante dorée, comme un appel à tendre vers le nirvana en se débarrassant des souillures de la vie terrestre. Pour illustrer le portique d'entrée face au bouddha, l'artiste n'a pas craint, dans une scène digne de Jérôme Bosch, d'utiliser les icônes de la pop culture : Superman, Batman, Keanu Reeves dans *Matrix,* les vaisseaux spatiaux, les Twin Towers, et même Kung-fu Panda... décoiffant ! Sur le toit, quatre espèces d'animaux représentent la terre (l'éléphant), l'eau (le *nâga*), le vent (le cygne) et le feu (le lion).

Pour assurer le financement du temple en plus des dons (il doit encore se doter de bâtiments annexes), des reproductions de peintures de l'artiste de style new age sont exposées et vendues dans un bâtiment annexe. Ne manquez pas cette visite, les œuvres sont d'un kitsch absolu, de même que les toilettes annexées au temple.

🍴 ***Baandam Museum*** *(Black House) :* ☎ *776-333.* • *thawan-duchanee.com* • *À env 10 km au nord de Chiang Rai par la super Highway 1, puis fléchage sur la gauche un peu après le concessionnaire* Chevrolet. *N'hésitez pas à demander votre route, tout le monde connaît. Le plus simple est d'y aller en moto. Prendre* *sinon n'importe quel bus pour le Nord, et demander qu'il vous lâche à l'embranchement. Ou passer par une agence. Tlj 9h-12h, 13h-17h. Entrée libre.* Créé par un autre artiste local, Thawan Duchanee, voici l'antithèse du White Temple - et ce n'est pas un hasard, plutôt le fruit d'une concurrence artistique. Le projet, peut-être encore plus étrange, oppose ses ténèbres à la blancheur éclatante du Wat Rong Khun. Une immense maison noire donc, aux allures de temple, secondée d'une trentaine de structures plus petites, sombres elles aussi. Le tout sert d'écrin aux objets confectionnés par l'artiste, certains à l'aide de squelettes d'animaux ou de corps de poissons... Galerie d'expo-vente aussi, où découvrir les toiles du maître, entre kitsch et expressionnisme.

Hue Mae Sai Waterfall : une excursion à faire à moto. Départ du deuxième pont de la ville, non loin du débarcadère. Suivre cette route (nº 1207) jusqu'au village de *Ban Tung Luang* – บ้านทุ่งหลวง. Dans le village, tourner à gauche en direction de la cascade de Hue Mae Sai (panneau indicatif en anglais donnant 4 km). Début d'une piste sur 8 km en réalité, pour arriver à un village akha, juste après un village yao (moderne). Dans le village akha, prendre (à pied) le chemin qui monte le long de la maison sur pilotis, puis bifurquer vers la droite. Après un gros quart d'heure de marche, on parvient aux petites chutes d'eau qui constituent le point de départ d'autres randonnées pédestres dans le coin.

Quelques organisateurs d'excursions ou de treks

Pratiquement toutes les *guesthouses* en proposent : à pied, en minibus, à moto, en bateau ou à dos d'éléphant. Par ailleurs, il y a un paquet d'agences en ville, notamment du côté de Phahon Yothin Road. Elles proposent toutes différents tours et excursions, de la simple visite du Triangle d'or en minibus au trek de plusieurs jours combinant descente de rivière en pirogue, visite de villages ethniques et balades à dos d'éléphant dans la jungle. On précise tout de même que l'exploration de la région de Chiang Rai peut parfaitement se réaliser tout seul, en respectant un certain nombre de règles élémentaires de prudence. En effet, contrairement à Chiang Mai, ici, de nombreux villages ethniques se trouvent au bord de la route ou non loin. Bien sûr, pour l'éléphant, difficile de faire du stop, il faudra passer par une agence. En revanche, pour se balader sur les routes balisées du Triangle d'or, on fait ça tout seul sans problème. Si vous préférez tout de même passer par une agence, allez en voir plusieurs, pour comparer les prix. Pensez aussi à vous renseigner auprès du Hilltribe Museum (voir plus haut), qui organise des treks à prix raisonnables, dont certains à VTT.

■ ***Chat House*** – ชาติเฮ้าส์ *: voir les coordonnées dans « Où dormir ? ».* Organise de bons treks, sur mesure, entre Thaïlande et Myanmar. Pour l'instant, aucun lecteur n'en est revenu mécontent.

■ ***Golden Triangle Tours*** – โกลเด้น ไทรเองเกลทัวร์ *(plan couleur B2, **15**) : 590/2 Phahon Yothin Rd. ☎ 740-478. • goldenchiangrai.com •* Une agence sérieuse couplée à un hôtel. Large choix de treks, d'une demi-journée à 4 jours. Location de voitures également.

LA RÉGION DU TRIANGLE D'OR – สามเหลี่ยมทองคำ

Le Triangle d'or est également appelé « région des trois frontières », puisque c'est là que se rejoignent celles du Laos, de la Thaïlande et du Myanmar (ex-Birmanie). Il s'étend en gros de Kentung (Myanmar) à Chiang Rai (Mae Hong Son, Mae Sariang...) et Ban Houay Sai (Laos).

OR BLANC

On comprend pourquoi « triangle », mais pourquoi « d'or » ? Devinez : ça a à voir avec une certaine poudre blanche... Longtemps, une grande partie de l'opium illicite consommé dans le monde est venu de ce fameux Triangle d'or. Déjà à l'époque, l'opium valait très cher... au point d'être payé avec de l'or.

La partie thaïlandaise de cette région rurale est composée de villages richement boisés, bordés à l'est par le Mékong. N'en déplaise aux plus téméraires de nos lecteurs, cette région n'est plus désormais une plaque tournante du commerce de l'opium. Sa culture a même été quasiment éradiquée en Thaïlande, depuis que le gouvernement a durci sa politique envers les trafiquants tout en favorisant le développement de cultures de substitution. Aujourd'hui, la production locale s'étend essentiellement au Myanmar et au Laos, avec respectivement 610 et 25 t produites en 2011 selon l'agence antidrogue de l'ONU. Une paille comparée aux 5 800 t produites en Afghanistan sur la même période... Puisque la région est aujourd'hui pacifiée, on se plaît à grimper dans ses montagnes luxuriantes, à filer le long du Mékong, à marquer l'arrêt dans des villages yao, karen, akha, lahu, ou dans les petites villes frontières à l'activité souvent frénétique. D'autant que toutes ces explorations peuvent se faire facilement et en toute autonomie (inutile de passer par une agence), en bus (ou camionnette dans les coins les plus reculés) ou, mieux, en louant une moto. Seul risque, un éventuel regain de tension avec l'un des pays voisins, mais on ne manquera pas alors de vous prévenir à l'un des nombreux *checkpoints* qui jalonnent les routes. Quant aux tours-opérateurs, ils se contentent souvent d'emmener leurs cars de touristes photographier le Mékong à *Sop Ruak,* au point de rencontre des trois pays. Mais ce site n'est vraiment pas le plus beau.

LA THAÏLANDE ET L'OPIUM

Le commerce lucratif de l'opium était, pour l'essentiel, entre les mains des débris du KMT (Kuomintang), l'armée nationaliste chinoise de Chang Kai-chek, chassée par les communistes après la victoire de la révolution de 1949. Utilisées dans les années 1950 par la CIA pour boucler la frontière sino-birmane, les forces du KMT ont été au service des opérations de contre-guérilla menées dans les régions montagneuses du Nord. Certains se sont ensuite lancés dans le trafic de drogue, en Thaïlande comme en Birmanie. Au Siam, ces anciens militaires ont depuis déposé les armes et ont obtenu la nationalité thaïlandaise pour eux et leurs descendants.
La Thaïlande est largement considérée comme l'exemple le plus réussi du remplacement de l'opium. Bien que la production maximale n'y ait jamais été particulièrement importante (peut-être 150-200 t, comparées aux 5 800 t en Afghanistan), l'approche de la Thaïlande est citée en exemple en raison de la politique agricole qui a été encouragée pour remplacer l'opium. Dans le passé, les caravanes d'opium descendaient des confins birmans, laotiens et thaïs entre mars et juin, les plus importantes transportant jusqu'à 20 t d'opium. Depuis, plus de 150 variétés de cultures ont été proposées aux fermiers avec succès : le chou, les haricots de laitue et nains, le thé, le café, les pêches, les pommes, et les fleurs décoratives. Plusieurs de ces fruits et légumes sont entrés de manière permanente dans la cuisine thaïe, bien que la plupart ne soient pas indigènes en Thaïlande.
Cela ne signifie pas pour autant que l'opium y soit complètement éradiqué. Le narcotrafic du Triangle d'or s'organise toujours autour de la région dite des « trois frontières », les trafiquants utilisant les avantages du relief, mais aussi le développement des infrastructures de communication en Thaïlande. Ils franchissent les frontières via les innombrables chemins muletiers et les cols qu'ils permettent de passer, mais aussi via les routes commerciales dont la fréquentation ne cesse d'augmenter. Enfin,

l'axe fluvial majeur de la région, le Mékong, s'il marque la frontière entre la Birmanie et le Laos et entre le Laos et la Thaïlande, sert aussi d'exutoire idéal au narcotrafic.

EXPLORER LA RÉGION À MOTO

Il est très facile – et très agréable – d'explorer la région à moto, même avec une automatique pour ceux qui ne sont pas des motards endurcis. Lisez nos recommandations sur les excursions à moto dans la partie « Chiang Mai et sa région », à la fin du chapitre « Treks à la rencontre des ethnies montagnardes », et munissez-vous d'une bonne carte. Celle distribuée par le *TAT* de Chiang Rai, très bien faite, peut toutefois suffire pour la plupart des destinations. On peut très bien louer une moto pour plusieurs jours au départ de Chiang Rai, puis partir pour un circuit itinérant avec nuits d'étape dans l'une ou l'autre des villes de la région ; ou rejoindre l'une de ces villes en bus et louer une moto directement sur place (voir les coordonnées des loueurs dans « Adresses utiles » de chaque ville).

MAE CHAN

IND. TÉL. : 053

Premier bourg au nord de Chiang Rai, à seulement 29 km de celle-ci par la Super Highway 1, Mae Chan est une petite ville commerçante sans grand intérêt, seulement un point de passage obligé avant de pousser plus au nord l'exploration. Pour loger, direction les villes suivantes.

Arriver – Quitter

➢ ***En bus :*** Mae Chan est situé sur la ligne Chiang Rai-Mae Sai / Chiang Saen. Bus ttes les 20 mn dans les 2 sens, 6h-19h.

➢ ***À moto :*** de Chiang Rai, compter 30 à 45 mn par la Super Highway 1.

À voir dans les environs

Les villages yao et akha : une courte excursion à moto. Départ du poste de police. Aller tout droit et traverser l'autoroute. Continuer tout droit sur environ 4,5 km, jusqu'au carrefour, et tourner à gauche. Au bout de 6 km, on atteint le village yao de ***Thummajaric*** ; 500 m plus loin, à droite, se trouve le village akha de ***Cho Pa Kha*** – จอป่าคา.

MAE SALONG – แม่สลอง

IND. TÉL. : 053

Les deux routes goudronnées qui y mènent sont magnifiques (lire ci-après, « Arriver – Quitter »). Suivant les crêtes, elles gravissent et dévalent les collines verdoyantes, plongent dans les vallées pour mieux resurgir aux sommets, ondulent autour des plantations de thé chinoises et composent une balade sereine et bucolique. Le village lui-même, totalement créé pour et par les réfugiés du Kuomintang (KMT), ne présente pas un intérêt majeur au-delà de quelques heures de flânerie au milieu d'une population bouddhiste, chrétienne et musulmane qui se rend au marché. Une base originale pour explorer la région.

Arriver – Quitter

En bus

➢ ***De/vers Thaton :*** 4 bus/j., 8h20-13h50 de Mae Salong. Trajet en 1h15.

➢ ***De/vers Chiang Rai :*** pas de liaison directe, il faut prendre, de Mae Salong, un *songthaew* pour Ban Pasang (horaires irréguliers) puis de là un bus pour Chiang Rai (ttes les 20 mn, 6h-20h env).

À moto

À partir de Mae Chan, 2 routes possibles :

➢ La première (la nº 1130) démarre au village de *Pang Sa* – ปางสา, situé sur la Super Highway 1, à 7 km au nord de Mae Chan. C'est la plus sinueuse. Continuer toujours tout droit, jusqu'à ce que la route devienne la nº 1234. Le 1er kilomètre est très abrupt et souvent glissant. Prendre ensuite à gauche la direction de Mae Salong (44 km).

➢ La seconde route, plus facile pour les novices, emprunte sur 24 km la voie nº 1089 qui rejoint Thaton et Fang. Tourner ensuite à droite au carrefour (c'est indiqué) pour attaquer 36 km de grimpette en passant par de nombreux villages de minorités ethniques.

Adresses utiles

■ ***Retrait d'argent et change :*** *TMB Bank, env 1 km avt les adresses d'hébergement proposées plus bas, en venant de Thaton.*

@ ***Internet :*** *un grand cybercafé à côté de la banque.*

Où dormir ?

De bon marché à prix moyens (de 100 à 400 Bts – 2,50 à 10 €)

Mae Salong Little Home – แม่สลองลิตเติลโฮมม์ *: 31 Moo 1, à l'entrée du village (en venant de Chiang Rai). ☎ 765-389. ● maesalonglittlehome.com ● Selon saison, chambres 200-300 Bts ; bungalows 500-800 Bts ; petit déj en sus.* Tenue par une famille, une gentille petite adresse où passer la nuit ou tout simplement casser la croûte. Propose 4 chambres impeccables et coquettes, tout en bois, avec ventilo et matelas par terre ; elles donnent sur la rue ou sur la réception, alors mieux vaut ne pas être lève-tard ! Sanitaires communs (nickel, avec eau chaude) au rez-de-chaussée. Pas cher du tout. Jardinets. Également 7 bungalows avec terrasse à l'arrière, plus chers mais d'un très bon rapport qualité-prix, le petit effort de déco en prime. De plus, on y mange très bien (goûtez leur spécialité, un régal !), sur une petite terrasse donnant sur la rue, bien exposée au soleil à l'heure du petit déj. Pour les amateurs, balades à cheval.

Shin Sane Guesthouse – โรงแรมซินแซ *: juste à côté de Mae Salong Little Home. ☎ 765-026. ● maesalong-shinsane.blogspot.com ● Chambres à partir de 100 Bts/pers avec douche ; bungalow env 300 Bts pour 2 ; petit déj en sus.* Dans une maison chinoise avec une cour intérieure. Chambres ou bungalows, avec ou sans douche. Les plus modestes (avec matelas au sol) sont très bon marché. Sinon, il y a les bungalows, plus chers, mais équipés de salle de bains et de TV satellite (TV5MONDE). Resto aussi, proposant des plats chinois de la province du Yunnan. On vous remettra une carte avec la position des villages des environs et les possibilités de treks. Propose des balades à cheval. Location de motos. Possibilité d'utiliser le lave-linge.

Saeng A Roon Hotel – โรงแรมแสงอรุณ *: en face de Mae Salong Little Home. 089-112-28-08 (interlocuteur parlant l'anglais). Double 300 Bts.* Tenu par une famille chinoise qui fait du commerce de thé à partir de sa plantation. Une poignée de chambres d'une propreté clinique, avec plusieurs salles de bains – tout aussi impeccables – à partager. Un couple âgé charmant, qui ne parle malheureusement pas du tout l'anglais. Vous pouvez acheter leur thé Oolong, garanti sans pesticides et vendu 2 fois moins cher qu'à Bangkok.

Plus chic (plus de 1 000 Bts – 25 €)

Mae Salong Mountain Home – แม่สลองฟาร์มสเตย์ : ☎ *765-142.* *084-611-95-08. Env 2 km avt le village (en venant de Chiang Rai par la route du nord), prendre un chemin sur la droite (panneau indicateur), c'est à 1 km. Bungalows 1 000-2 500 Bts (réduc en basse saison), petit déj en sus.* Pour nos lecteurs motorisés en quête de tranquillité, voici un lieu idyllique, un peu à l'écart de tout, en surplomb des plantations de thé. 9 bungalows de charme à la déco sobre mais de bon goût, avec murs peints au pochoir, lits à baldaquin. Surtout, ils ont chacun une terrasse privée donnant sur la vallée de Mae Salong. Certains avec TV. On peut aussi y manger le soir, y camper, et même louer une tente. DVD à emprunter pour ceux qui ont leur ordinateur. Patron hilare.

Où manger ?

Dans le village, plusieurs maisons de thé, petits cafés et restos, comme le croquignolet ***Mini Restaurant*** (dans la rue principale), proposant de délicieux riz et nouilles sautés, ainsi qu'un petit remontant maison plus ou moins médicinal.

Sweet Mae Salong : *à la sortie du village, après le 7-Eleven.* *081-855-40-00.* Voilà une adresse pour faire une halte et bien manger sur le pouce. Un cadre moderne, une terrasse en surplomb. Bon et bien présenté.

Mae Salong Villa : *à la sortie du village vers le nord ; on ne peut manquer sa haute silhouette imposante.* ☎ *765-114.* Vaste salle tapissée de photos noir et blanc historiques avec les troupes du Kuomintang et terrasse avec vue sur les collines. Cuisine du Yunnan, comme il se doit. Ne ratez pas la fameuse saucisse locale. On les voit sécher au soleil sur des fils en contrebas. Le porc braisé à la ciboule et le canard fumé avec feuilles de thé laissent un souvenir impérissable. Propose aussi des bungalows, mais sans charme aucun.

À voir

Dans le haut du village, une sorte de ***rue-marché,*** dont l'animation commence vers 5h30 du matin – avis aux insomniaques – jusqu'à 9h seulement. Certains stands ou boutiques proposent parfois des objets en jade et en rubis (plusieurs fabriques dans le secteur), des pots d'herbes chinois et du thé, de toutes sortes. La spécialité de la région est un alcool de maïs, la version locale du *Baijiu* chinois. Distillé frauduleusement et donc théoriquement interdit, mais souvent délicieux et sans danger si l'on s'en tient à un petit verre. On ne le voit pas sur les stands ; il faut le demander.

DANS LES ENVIRONS DE MAE SALONG

Thoed Thai – เทอดไทย **:** *à 25 km au nord. Sortir de Mae Salong direction nord par la route 1234, puis prendre à gauche à l'embranchement, après 12 km.* Village militarisé, ancien fief du seigneur de l'opium, Khun Sa (lire encadré), dont on peut, en théorie, visiter la maison. Comme ça, vous pourrez dire « J'y suis allé », même s'il n'y a pas grand-chose à voir. Une partie du village est d'ailleurs barrée au niveau du poste de police. Il faut alors faire demi-tour. Revenir sur 3 km et prendre à gauche, juste après la sortie du village, puis longer la rivière et le grand temple chinois. Là, 10 km de piste facile et de paysages magnifiques s'offrent à vous. Pour continuer vers le Doi Tung, une fois revenu sur la route, prendre à gauche et rouler 6 km. À l'intersection, prendre la direction de *Ban Pha Bur* – บ้านฟ้าบูรณ์ (vers la route nº 1149) sur 8 km. Au total, 14 km de routes de campagne où les paysages sont très verts, même en saison sèche. En arrivant sur la grande route, prendre direction Doi Tung-Mae Sai, afin de négocier 24 km de route goudronnée à travers des paysages grandioses entourés de montagnes aux parois quasi verticales.

LE ROI DE L'OPIUM

Il fut durant des décennies le baron incontesté du trafic d'opium dans le Triangle d'or, au point d'avoir sa tête mise à prix par les États-Unis en 1996 pour 2 millions de dollars. Mais Khun Sa, qui disposait d'une maison à Thoed Thai, était aussi un seigneur de guerre, à la tête d'une armée séparatiste shan combattant la junte militaire birmane. Finalement, il négocia sa reddition avec le régime birman, et coula ensuite une retraite paisible à Rangoon jusqu'à sa mort en 2007.

DOI TUNG – วัดน้อยดอยตุง

À mi-chemin entre Mae Salong et Mae Sai, le Doi Tung, une montagne de 1 800 m, s'élève en plein sur la frontière birmane, dans une région assez boisée. Plusieurs sites touristiques se trouvent sur ses flancs, et de nombreux villages garnissent les pentes. Il y a de temps à autre des escarmouches entre l'armée et les contrebandiers, mais pas d'inquiétude, vous serez averti à temps au niveau des *checkpoints.*

➢ Pour rejoindre le Doi Tung depuis Mae Salong (48 km), prendre la route nº 1234 direction Mae Chan puis, après une vingtaine de kilomètres, la nº 1338 sur la gauche.

➢ En venant de Mae Sai, deux possibilités. La première consiste à emprunter la Super Highway 1 jusqu'au village de *Huay Krai,* où il faut bifurquer à droite sur la route nº 1149. Pour ceux qui y vont en bus, descendre à ce croisement, puis monter dans un des *songthaew* mauves qui desservent Doi Tung. Le second itinéraire démarre directement de Mae Sai. En venant de la frontière, tourner à droite dans la rue après celle qui monte au temple *Wat Doi Wao* – วัดดอยวาว. La direction du Doi Tung est rapidement indiquée. Il s'agit de la section nord de la route nº 1149, voie faisant une boucle entre Mae Sai, Doi Tung et la plaine. Rapidement, on tombe sur un *checkpoint* militaire (avoir son passeport). À partir de là, la route devient très pittoresque et étroite (on croirait parfois être sur une piste cyclable) et joue aux montagnes russes tout le long de la frontière birmane jusqu'au Doi Tung.

Doi Tung Royal Villa, Mae Fah Luang Garden et Princess Mother Commemorative Hall – โครงการแม่ฟ้าหลวงดอยตุง : *sur le versant du Doi Tung, par la route nº 1149. ☎ 767-015. ● doitung.org ● Tlj 6h30-17h. Entrée : 70 Bts la Villa ; 80 Bts le jardin ; 50 Bts le hall. Si vous voulez voir les 3, prenez le ticket combiné à 160 Bts. Visite guidée en anglais (horaires à vérifier), audiophone en français.*
Il s'agit d'un site dédié à la reine mère (décédée en 1994), qui fit bâtir ici un superbe chalet de style savoyard, la *Villa,* pour avoir un lieu de séjour dans cette région du Nord, où elle entreprit de nombreux projets de développement.
À voir donc : la villa, tout en pin et en teck. Attention, lunettes de soleil, casquette et short sont interdits ! Tout comme les photos à l'intérieur (les réserver pour le jardin botanique et la terrasse). Gare aussi à ne pas pointer un pied vers l'image de la reine ! En tout cas, la maison est belle, épurée. Notez les références à l'astrologie, notamment sur le plafond du grand hall : c'était l'un des hobbies de la reine mère. Puis il y a le *Mae Fah Luang Garden,* en contrebas, vraiment superbe : serres, étangs bordés de fleurs, fontaines, cascades, parterres magnifiquement fleuris... et entretenus par une cohorte de jardiniers. Un vrai ravissement ! Le site est très fréquenté par les Thaïlandais, notamment en groupe, le week-end.

Face à l'entrée du jardin, un ***self-service*** propose des petits plats de cantine corrects, et une ***boutique*** de luxe vend les produits de la Fondation Doi Tung : du café et des noix de macadamia (à goûter absolument !), 2 cultures qui furent choisies en substitution à celle du pavot, mais aussi vêtements, accessoires et bijoux.

> **TOMBÉE DU CIEL**
>
> *Sorte de Mère Teresa couronnée, Mae Fah Luang (« mère royale venue du ciel ») est vénérée par les Thaïlandais. C'est par milliers qu'ils affluent ici pour lui rendre hommage, un peu comme les catholiques vont à Lourdes. Le hall commémoratif retrace en détail sa vie, ses passions, ses œuvres, en particulier ce qu'elle a fait pour la région du Doi Tung, qu'elle a contribué à sortir du sous-développement en diversifiant les cultures (supprimant, au passage, celle de l'opium) et en restaurant l'écosystème.*

Wat Noi Doi Tung et la montagne Doi Tung – วัดน้อยดอยตุง ***:*** *suivre les panneaux indicateurs.* Coin très boisé, beaux panoramas. Le temple lui-même, situé à 1 500 m d'altitude, ne présente que peu d'attrait. Offert par le roi à sa mère, c'est toutefois un lieu de culte très important puisqu'un *chedî* renfermerait une clavicule du Bouddha. De plus, l'empreinte de son pied (que l'on peut voir) symbolise son passage ici même. Une cinquantaine de mètres avant l'entrée du temple, un petit sentier (30 mn de grimpette) mène au sommet, d'où l'on jouit d'une vue formidable et imprenable sur le Mékong et le lac de Chiang Saen.

Mae Fah Luang Arboretum – สวนรุกขชาติแม่ฟ้าหลวง ***:*** *sur le Doi Chang Mub –* ดอยช้างมูบ*. Accès par la branche nord de la route nº 1149 qui longe la frontière birmane, à 9 km de Doi Tung Royal Villa en direction de Mae Sai. Tlj 6h-18h. Entrée : 50 Bts. Possibilité de billet combiné avec les 3 autres sites de Doi Tung.* Un jardin compact et sauvage, moins fréquenté que le Mae Fah Luang Garden. Azalées, rhododendrons, parterres de fleurs multicolores et sapins. Par un petit tunnel qui passe sous la route, monter au sommet jusqu'à la plateforme des trois capitales, d'où l'on peut apercevoir le Laos et poser un pied au Myanmar pour la photo.

LE LONG DE LA ROUTE Nº 1 (SUPER HIGHWAY)

Retour sur la route principale, la Super Highway 1, vers Mae Sai. Une autoroute donc, bien que mobylettes et vélos y circulent. À 5 km environ au nord de Huay Krai, pancarte sur la gauche – un peu avant le village de Ban Thun – pour ***Saohim Cave and Lake*** – ถ้ำเสาหินและบึง (attention, pas de panneau en anglais ; ouvrir l'œil). À 2 km de là, jolie pièce d'eau. À 500 m du lac, sur la droite, le ***Wat Tham Pla*** – วัดถ้ำปลา est un temple bâti à côté d'un bassin où nagent des poissons sacrés. Vous n'avez bien sûr rien à craindre des carpes et des poissons-chats, mais on vous invite à vous méfier de la colonie de singes qui vit ici.

En reprenant la Super Highway 1, quelques kilomètres plus loin encore (6 ou 8 km), toujours sur la gauche, pancarte pour ***Tham Luang Caves*** – ถ้ำหลวง, une autre série de grottes, situées à 3 km de l'autoroute. C'est un étroit boyau, long de 7 km. Attention, à explorer uniquement avec un guide. Par ailleurs, sur le même site, chemins menant en quelques minutes de marche à des « cavernes », de petites excavations naturelles plutôt, dont une abrite un bouddha.

Quelques kilomètres avant Mae Sai, on longe la montagne dite ***The Sleeping Lady,*** parce qu'elle aurait la forme d'une femme qui dort. Avant l'arrivée en ville part l'embranchement pour Chian Saen.

MAE SAI – แม่สาย

IND. TÉL. : 053

La ville la plus septentrionale de la Thaïlande, à 60 km de Chiang Rai. La Highway s'y transforme en une longue rue principale, en cul-de-sac, très animée et bordée d'échoppes et d'édifices sans charme. Tout au bout, un marché couvert sous une verrière puis un pont, frontière avec le Myanmar. Séparant les deux pays, la (petite) rivière Mae Sai coule perpendiculairement à cet axe. Ici, les locaux font la navette entre les deux pays dans l'indifférence générale. Les *farang* (munis de leur passeport) peuvent aussi traverser la frontière, mais uniquement pour se rendre à *Tachilek,* le village frontière côté birman, ou éventuellement dans la ville de *Kengtung,* à 163 km de Tachilek (ne pas essayer de se soustraire à cette restriction, les *checkpoints* veillent au grain au Myanmar !).

Arriver – Quitter

Terminal des bus : *sur la route principale, à env 4 km au sud de la frontière. Pour rejoindre celle-ci, prendre un songthaew pour 15 Bts.*

➢ ***De/vers Mae Chan et Chiang Rai :*** départs de minibus ttes les 20 mn, 5h40-19h. Durée : 1h30-2h. Pour Mae Chan, on peut aussi prendre des *songthaew.*

➢ ***De/vers Chiang Mai :*** 7 bus climatisés, 6h45-18h15 ; quelques autres sans clim. Trajet : 4h30-5h.

➢ ***De/vers Sop Ruak (Triangle d'or) et Chiang Saen :*** les *songthaew* attendent sur Phahon Yothin Rd (la rue principale), à hauteur de la *Kasikorn Bank,* donc sur la droite quand on se dirige vers le pont. Départ ttes les heures, 9h-14h env ; compter 50 Bts.

Adresses et infos utiles

✉ ***Poste et téléphone :*** *à 800 m env du terminal des bus, sur le côté gauche de la rue principale (en venant de Chiang Rai), un peu en retrait de celle-ci.*

@ ***Internet :*** *au 2e étage du Mae Sai Plaza, situé dans la rue principale, au dernier coin avt le poste frontière, sur la droite. Tlj 8h-23h.*

■ ***Change et retrait :*** *plusieurs banques (fermées le w-e) avec distributeur le long de la rue principale, la plus proche de la frontière étant la* ***TMB,*** *sur la droite.*

■ ***Poste frontière :*** *tt au bout de la rue principale, juste avt la rivière. Ouv tlj 6h30-17h30. Attention, l'attente peut être longue.* Pour se rendre à Tachilek, le village de l'autre côté du pont, ou éventuellement à Kengtung, mais pas au-delà. On vous demandera 10 US$ ou 500 Bts, côté birman, pour les frais administratifs. En échange, on vous remet un permis temporaire d'une journée, qui vous permet de flâner en ville (les douaniers birmans gardent votre passeport, de quoi vous passer l'envie de vous attarder...). Passer en Birmanie puis revenir en Thaïlande donne droit à un nouveau visa de 15 jours au royaume du Siam. Si votre visa initial est plus long et que vous ne voulez pas le perdre, photocopiez en double votre passeport (boutique devant le poste frontière), les douaniers thaïs tamponneront les photocopies. Se renseigner, car la situation évolue souvent *(☎ 731-008).*

Où dormir ?

Il y a plusieurs pensions pas chères le long de la rue qui longe la rivière (en partant sur la gauche quand on fait face à la frontière). Cependant, à part deux ou trois, propreté et confort font parfois défaut.

Prix moyens (de 400 à 600 Bts – 10 à 15 €)

Mae Sai Guesthouse – แม่สายเกสท์เฮ้าส์ซอยเวียงพานคำ : *tt au bout de la rue* *qui part sur la gauche en regardant le poste frontière (compter 10 mn de marche) et qui longe la rivière ; poursuivre par la corniche au-delà du « Northern Point of Thailand », c'est 100 m plus loin. ☎ 732-021.* La plus ancienne *guesthouse* de Mae Sai. Un endroit bien au calme et accueillant. Bungalows en bambou, avec salle de bains et lits confortables. Les plus chers sont ceux qui donnent sur la rivière (et le Myanmar), mais tous ont une petite terrasse privée. Également 2 chambres avec salle de bains commune. On peut y manger jusqu'à 20h30. Organise aussi des excursions au Triangle d'or.

Yeesun Hotel – โรงแรมยีซัน **:** *avt la Mae Sai Guesthouse (donc plus central), dans la même rue. ☎ 733-455.* Moins de charme que le précédent, puisqu'il s'agit d'un petit hôtel fonctionnel, mais chambres bien nettes, équipées de TV, frigo, AC, salle de bains avec serviettes, eau chaude et savon... Du petit luxe à petit prix mais sans petit déj !

Où manger ?

Le marché – ตลาด **:** *un peu en retrait de la rue principale, sur le côté gauche en allant vers le pont, à 300 m de celui-ci. Pas visible de la rue.* On y fait des petits plats de bonne femme pour trois fois rien. Le soir venu, de nombreux stands (crêpes, soupes, brochettes) s'installent aussi dans la rue principale.

Rabieng Khew – ร้านอาหารระเบียงแก้ว **:** *dans la rue principale. Après le marché, sur la gauche, toujours face à la frontière.* Grande maison de style thaï. Salle rustique et toit-terrasse baignant dans une musique douce. Tous les classiques thaïs à la carte, mais aussi des poissons au barbecue et quelques plats occidentaux. Bons *tao chiao* (à base de coco) et *nam phrik* (vraiment épicé !).

Rimnam Restaurant – ร้านอาหารริมน้ำ **:** *juste en contrebas du pont, côté gauche face au beau temple côté birman.* Longue terrasse sur 2 niveaux au bord de la rivière. On y déguste d'excellentes soupes de poisson pimentées, du poisson frit et de bonnes grosses grenouilles servies entières (hmm, la tête, craquante, est délicieuse !). Bon *fried beef with oyster sauce* également. Service un peu nonchalant.

À voir

Thong Tavee Factory – โรงงานทองทวี **:** *17 Phahon Yothin Rd (la rue principale). ☎ 731-013. Visite (gratuite) tlj sf dim 9h-12h, 13h-17h.* Un atelier de taille de jade et d'albâtre importés du Myanmar. C'est bruyant et poussiéreux, mais quel travail !

Le marché couvert : *juste en face de l'atelier. Ouv 8h-17h.* Chaussures en plastique moulé, monceaux de victuailles, piments à la pelle, groins de cochon, mulets vivants... mais aussi bijoux en jade en provenance des montagnes birmanes. Quel spectacle !

Wat Doi Wao – วัดดอยว้าว **:** *par une allée sur la gauche depuis la rue principale, un peu avt le pont ; elle mène droit à l'entrée du temple.* Contenant la relique de cheveux du Bouddha, le temple se trouve au sommet d'une colline, d'où l'on découvre un superbe panorama sur le Myanmar et la ville, construite tout en béton. Escalier de 207 marches pour y accéder... ou route menant jusqu'en haut et que l'on emprunte à pied ou à moto-taxi pour 25 Bts. En haut, sculpture moderne de deux affreux scorpions géants. S'ils se mettaient à bouger, vous partiriez en courant.

Tachilek : la ville frontière côté birman (lire plus haut « Adresses et infos utiles. Poste frontière »). Grand marché de contrefaçons, de clopes notamment, mais ne vous laissez pas séduire par les tarifs au ras du plancher, ce sont des fausses. Les Thaïs viennent y faire leurs emplettes, mais pour les touristes, pas grand-chose d'intéressant, et les vendeurs sont un peu oppressants. Flâner plutôt dans la ville brouillonne pour un premier aperçu de la Birmanie. La Thaïlande est tout contre, pourtant, déjà, le niveau de développement n'est plus le même. Quelques gargotes où manger, des temples, des pagodes... et un endroit où vivent des femmes-girafes. Possibilité de prendre un *tuk-tuk* pour un rapide tour d'horizon des attractions locales. On peut payer en bahts. Pour info, bonjour se dit *mingala ba,* et merci *kyai zou be* (prononcer « chaizoubé »)

LA ROUTE DE MAE SAI AU TRIANGLE D'OR

La route nº 1290 file vers l'est, juste après Mae Sai. Promenade agréable sur une bonne route refaite à neuf, bordée d'habitations coquettes modernes en teck ou traditionnelles sur pilotis, et traversant de doux paysages plats mais sans longer la rivière. On croise parfois quelques paysans lahu et lisu dans leurs costumes traditionnels, utilisant encore d'antiques moyens de transport.

SOP RUAK – สปรวก

IND. TÉL. : 053

Nous y voilà ! C'est ce coin-là, au confluent de la rivière Mae Nam Ruak et du Mékong, qui a « usurpé » le nom du Triangle d'or, puisqu'on peut y embrasser d'un même regard Thaïlande, Laos et Birmanie. Mais il s'agit pourtant bien d'une usurpation car, historiquement, le Triangle d'or n'est pas seulement un point, mais une vaste zone géographique couvrant une partie de chacun de ces trois pays.

Mais le village de Sop Ruak ne présente en soi aucun intérêt. C'est une rangée de stands d'artisanat et de tee-shirts. Point trop n'en faut et, là, c'est un peu trop. Flopée de cars de touristes évidemment. En haut du village, un temple avec un bouddha doré géant financé par une association sino-thaïe et inévitable belvédère avec panneau « Golden Triangle », histoire d'avoir quelque chose à photographier. Le temple *Phra That Pukhao,* qui date du XIVe s, est assez pittoresque. On y accède par un bel escalier décoré de *nâga* d'où la vue panoramique vaut la grimpette.

D'opium, on n'en verra plus qu'au grand musée, le *Hall of Opium,* conçu à l'initiative de la reine mère dans la foulée de son *Doi Tung Development Project* pour sensibiliser le public à la nature, à l'histoire et aux effets dévastateurs du pavot, longtemps cultivé dans la région.

Question trafic, cela dit, sachez qu'il ne s'est jamais passé grand-chose par ici. L'endroit est beaucoup trop à découvert, et tout l'opium a toujours transité par les montagnes, beaucoup moins accessibles. Bref, le *Hall of Opium,* oui, mais le village de Sop Ruak, c'est de la flambe.

Arriver – Quitter

➢ ***Vers Chiang Rai (via Chiang Saen) :*** minibus ttes les heures, 13h-17h avec la compagnie *Greenbus* (☎ 266-480 ; • greenbusthailand.com •). Compter 1h45 et 50 Bts. Pour Chiang Saen et Mae Sai, on peut aussi prendre un *songthaew.*

Où dormir ? Où manger ?

Très fréquenté, Sop Ruak possède un nombre important d'hôtels et de *guesthouses,* pour la plupart d'un bon rapport qualité-prix.

PU-One Guesthouse – ปูวันเกสท์เฮ้าส์ *: près de la rue principale, sur la route qui conduit au temple Phra That Pukhao et au point de vue, côté droit en montant. ☎ 784-168. Compter 400 Bts la chambre avec AC, 1 200 Bts pour un bungalow.* 9 chambres sans un grain de poussière, avec salle de bains (eau chaude) et lits confortables, et une demi-douzaine de bungalows impec à l'arrière. De plus, l'accueil est charmant. Pas de petit déj, mais café, bananes et biscuits offerts le matin à la réception. Location de vélos.

Golden Home – โกลเด้นท์โฮมม *: 41 Moo 1. ☎ 784-205. • goldenhome46.com • Sur la même route que* PU-One Guesthouse, *mais avt celle-ci en venant de la rue principale. Doubles à partir de 600 Bts, petit déj inclus.* Là encore, une bonne affaire : dans la végétation, un ensemble charmant de 11 petits bungalows en bois coiffés de toits rouges, abritant des chambres impeccables et tout confort (frigo, AC, TV). Petit déj servi dans une agréable salle à manger.

Pour manger, plusieurs restos le long de la rue principale. Parmi ceux-ci, le **Sriwan** – ศรีวรรณ *(☎ 784-025),* en face de l'*Imperial Golden Triangle Resort* (rien que ça !), propose un grand choix de plats de poisson et dispose d'une belle terrasse donnant sur le Mékong et le casino, côté birman.

À voir. À faire

Hall of Opium – พิพิธภัณฑ์ฝิ่นตรงข้ามกับโรงแรมอนันตรารีสอร์ทและสปา *: 3 km avt le village en venant de Mae Sai. ☎ 784-444. Tlj (sf lun hors janv-fév) 8h30-16h (fermeture de la caisse). Entrée : 200 Bts. Compter bien 2h de visite.*
Dans un grand pavillon moderne, un peu surdimensionné, l'expo aborde sur 5 600 m^2 et deux niveaux tout ce qu'on voudra savoir sur l'opium. Présentation pédagogique remarquable, faisant usage des dernières technologies multimédias. D'abord, on traverse un tunnel obscur de 137 m (!), avec des bas-reliefs illustrant la grande variété d'états liés à la prise de narcotiques, histoire de nous plonger dans le bain, avant de déboucher dans un hall qui montre une plantation de pavots, en fait des *Papaver somniferum,* la plante dont est extrait l'opium. Petit film à l'appui. Puis on traverse une multitude de salles retraçant l'histoire de ladite substance, de son commerce (reconstitution d'un dock de la Compagnie des Indes), les conflits que celui-ci engendra (superbes dioramas illustrant la guerre de l'Opium entre l'Angleterre et la Chine), comment il était consommé au XIXe s (fumeries d'opium), son interdiction progressive depuis la convention de La Haye en 1912, les moyens imaginés par les trafiquants pour déjouer les contrôles, les différents types de drogues aujourd'hui disponibles et les effets dévastateurs qu'elles peuvent avoir sur la vie d'un homme. Triste catalogue de célébrités victimes de l'addiction : Charlie Parker, Billie Holliday, Elvis Presley, Éric Clapton, John Belushi, Maradona, Kurt Cobain... Panorama des populations installées dans le Triangle d'or, qui toutes utilisent l'opium à des fins thérapeutiques. Enfin, la visite s'achève dans le *Hall of reflection,* où des citations issues des grands livres (Bible, Coran...) et d'illustres personnages tels Gandhi, Lao Tseu, Marc Aurèle et même Julio Cortázar devraient définitivement faire passer au visiteur le goût des psychotropes. Agréable cafétéria à la fin du parcours.

Opium Museum – พิพิธภัณฑ์ดอกฝิ่น *: dans le centre. Tlj 7h-20h. Entrée : 50 Bts.* C'est l'ancien musée de l'Opium... Beaucoup moins complet (et moderne) que l'autre, mais bon, il est toujours ouvert au public (et ne devrait d'ailleurs pas fermer). Bref, plutôt pour ceux qui ont moins de temps, ou qui peuvent se contenter d'une expo plus sommaire, d'autant que l'entrée est nettement moins chère !

➢ **Balade en bateau :** plusieurs bateliers proposent 30 mn de balade sur la rivière. Prix habituel : 700 Bts par bateau (maximum cinq personnes) ; certains bateaux ont une plus grande capacité. On se rapproche du *Golden Triangle Paradise Resort* (un casino aux mains des Thaïs, sur le territoire birman) et l'on débarque sur une île laotienne. Agréable par beau temps, tôt le matin ou en fin d'après-midi. On peut aussi aller jusqu'à Chiang Saen.

CHIANG SAEN – เชียงแสน

IND. TÉL. : 053

À 35 km de Mae Sai et à peine 9 km de Sop Ruak. Certainement le village le plus authentique de la région. Un petit bout du monde où les touristes ne se bousculent pas. Difficile d'imaginer que Chiang Saen fut la capitale d'un royaume bien plus ancien que Chiang Mai, dont les origines remontent au Xe s. Si la ville fut rasée au XVIIIe s, il reste encore de ses remparts d'autrefois des monticules ocre grignotés par la végétation. Et au fil de ses rues paisibles s'élèvent ça et là de nombreuses ruines de *chêdis* au style caractéristique, datant du Xe au XIIIe s. Avec son marché coloré, modeste, et ses habitants gentils, on apprécie cette halte au bord du Mékong, par lequel arrivent de Chine des barges rouillées, lourdes de marchandises qu'on décharge à dos d'homme.

Arriver – Quitter

Tous les bus ou *songthaew* arrivent et partent de la rue principale, celle qui est perpendiculaire au fleuve. S'y trouve un petit bureau de la compagnie *Greenbus* (plan B2 ; ☎ 266-480 ; • greenbusthailand.com •).

➢ ***De/vers Mae Chan et Chiang Rai :*** départs ttes les 20 mn, 6h-17h. Compter 30 mn jusqu'à Mae Chan et 1h jusqu'à Chiang Rai (35 Bts).

➢ ***De/vers Sop Ruak et Mae Sai :*** *songthaew* ttes les 40 mn, le mat surtout depuis Chiang Saen.

➢ ***De/vers Chiang Mai :*** 2 bus/j., à 7h et 9h (AC) depuis Chiang Saen. Trajet en 5h. Tarif : 280 Bts. Réserver la veille.

➢ ***De/vers Chiang Khong :*** *songthaew* ttes les heures en journée.

Adresses utiles

✉ ***Poste*** – ไปรษณีย์สื่อสาร *(plan A2) : dans la rue principale, en face du Wat Mun Muang.*

■ ***Police*** – สถานีตำรวจ *(plan B2, **1**) : à l'angle de la rue principale et de celle qui longe le fleuve.*

■ ***Immigration Office*** *(plan A-B2, **4**) : sur la rue principale.*

@ ***Internet*** *(plan A2) : petit centre sur la rue principale, face à l'Immigration Office, à côté du loueur de vélos et motos.*

■ ***Change et distributeurs :*** *plusieurs banques (fermées le w-e) avec ATM dans la rue principale, notamment la **Siam Commercial Bank** (plan B2, **2**).*

■ ***Location de motos et de VTT*** *(plan A-B2, **3**) : en face de l'Immigration Office, dans la rue principale, juste après le 1er carrefour en venant du fleuve. Compter 80 Bts/j. pour un vélo, 200 Bts/j. pour une moto automatique.* Les 2 meilleurs moyens de se déplacer dans les environs.

Où dormir ?

Bon marché (de 150 à 300 Bts – 3,75 à 7,50 €)

Homestay *(plan B2, **10**) : en plein centre ; en venant du Mékong, prendre la rue à droite au 1er feu. 📱 084-043-82-13. Compter 150 Bts/pers.* À l'arrière d'un minuscule café, une poignée de chambres simplettes, tout en bois, installées dans une proprette maison individuelle. On partage la salle de bains (eau chaude). Accueil sympathique, en famille.

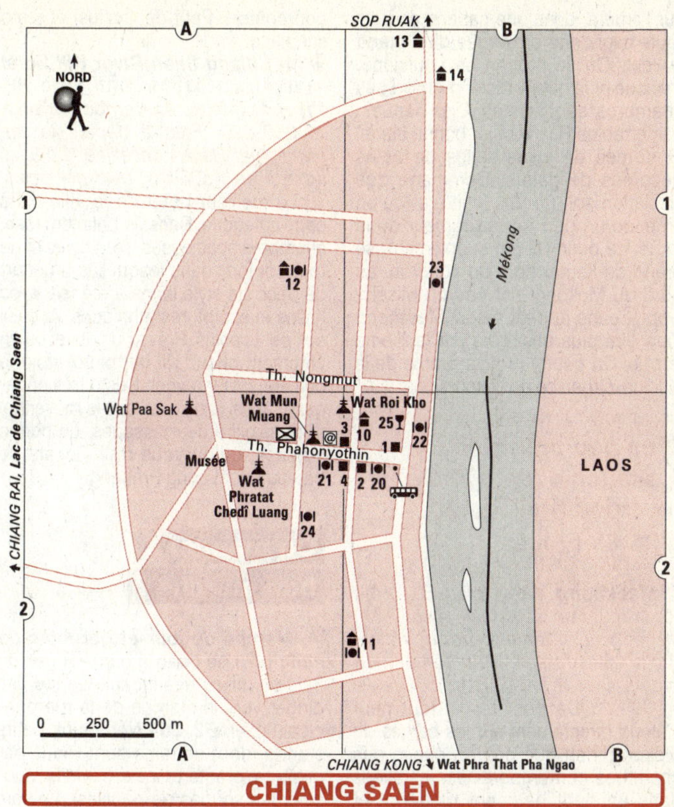

CHIANG SAEN

Adresses utiles

- Arrêt des bus et *songthaew* et bureau de la compagnie Greenbus
- @ Internet
- **1** Police
- **2** Siam Commercial Bank
- **3** Location de motos et de VTT
- **4** Immigration Office

Où dormir ?

- **10** Homestay
- **11** Chiang Saen River Hill Hotel
- **12** Chengsan Golden Land Resort
- **13** Gin's Guesthouse
- **14** Maekhong View

Où manger ?

- **20** Marché de jour
- **21** Sam Ying
- **22** Gargotes de nuit
- **23** Restaurants au bord du Mékong
- **24** BBQ Buffet

Où boire un verre ?

- **25** 2be1

Gin's Guesthouse (*plan B1, 13*) : *à env 1,5 km du centre par la route de Sop Ruak. ☎ 650-847. 084-485-13-76. • ginguest_house@hotmail.com • Double 300 Bts.* Sympathique *guesthouse* familiale convertie à la mode western, et adossée à un grand parc à l'abandon. On loge soit dans la maison principale – où siège aussi le cabinet d'avocat du proprio –, soit dans la *Cowboy House* – une maison de trappeur en rondins –, soit enfin sur l'arrière, dans une cabane en bois toute mignonne prolongée d'un grand auvent. On se croirait en Louisiane, manque plus que le rocking-chair ! Les chambres sont vastes, bien tenues, confortables (TV, ventilo, bonne literie) et dotées de jolies salles de bains décorées de galets. Dommage que l'isolation soit un peu limite, et qu'on entende un peu trop la rumeur de la route. Le petit déj (en supplément) se prend de l'autre côté du goudron, au bord du Mékong – et pas du Mississippi – dans le petit *resort Maekhong View* (lire plus bas) géré par la même famille. On peut y profiter gratos de la piscine. Organise des excursions.

D'un peu plus chic à plus chic (de 800 à plus de 1 000 Bts – de 20 à 25 € et plus)

🏠 ***Maekhong View*** *(plan B1,* ***14****) : sur la route de Sop Ruak, à env 1 km du centre. Mêmes proprios que* Gin's Guesthouse *(voir contact ci-avant). Double 1 200 Bts ; bungalow 1 800 Bts.* Ce petit *resort* tout neuf s'étend directement sur les berges du Mékong, rien que ça ! Au choix, des chambres contemporaines, installées dans un petit bâtiment moderne et percées de larges baies vitrées, ou des bungalows, les *Huts of Love,* donnant directement sur le fleuve, par delà les champs. Reste que l'ensemble est tout de même un peu coincé contre la route, et grille en plein cagnard une bonne partie de la journée. M'enfin, vu le climat, la végétation devrait vite pousser... En attendant, pour rafraîchir l'atmosphère, piscine et spa.

🏠 🍽 ***Chengsan Golden Land Resort*** – เชียงแสน โกลเด้นท์แลนด์รีสอร์ท *(plan A1,* ***12****) : 663 Moo 2. ☎ 651-100. 📱 081-655-92-21. Double 800 Bts ; bungalows 1 200-1 500 Bts.* Au calme à l'arrière de la cité, une grosse poignée de bungalows confortables (murs de brique, toits verts, en style lanna) autour d'un jardin aéré et fleuri doté d'une piscine. Également des chambres bien tenues, à l'étage d'un long bâtiment. Équipement complet et bon confort. Petit déj (inclus) et resto sur place.

🏠 🍽 ***Chiang Saen River Hill Hotel*** – เชียงแสนริเวอร์ฮิลล์โฮเต็ล *(plan B2,* ***11****) : 714 Moo 3, Tambol Wiang. ☎ 650-826. Fléché depuis la rue principale. Résa conseillée. Doubles à partir de 1 500 Bts, petit déj inclus.* 📶 Le meilleur hôtel de la ville dans cette catégorie. Dans un bâtiment rose, chambres spacieuses, bien finies et de tout confort, dans lesquelles un effort de déco de style lanna a été fait, avec tissus et sculptures ethniques. Accueil aux petits soins. Prévoir un duvet ou un vêtement chaud ; il fait plutôt froid la nuit en janvier-février. Resto très engageant aussi (plus cher que la moyenne) et possibilité de massages. La bonne adresse, qu'on vous dit ! Tickets de bateau pour Luang Prabang.

Où manger bon marché ?

🍽 ***Marché de jour et gargotes de nuit :*** pour se caler la panse à peu de frais au milieu des locaux. Le jour, se diriger vers le marché de la rue principale *(plan B2,* ***20****).* Nombreux petits stands, dont certains sont tenus par des immigrants chinois (raviolis, succulentes soupes de nouilles). Le soir, un minuscule *Night Market* s'installe sur la rue principale, mais mieux vaut se diriger vers le fleuve, côté nord *(plan B2,* ***22****)* : la promenade le long de la berge est investie dès la tombée de la nuit par une cohorte de roulottes qui déploient nattes et tables basses en surplomb du Mékong, et préparent à l'instant salades de papaye, *pad thai,* poulet grillé et autres petits plats. Si simple, parfait.

🍽 ***Sam Ying*** – ร้านอาหารสามหญิง *(plan A2,* ***21****) : dans la rue principale, entre le 1er et le 2e carrefour. Repérer l'enseigne bleue. Tlj 8h-20h.* Nappes en plastique et chaises du même métal. Excellente cuisine du Nord, notamment les soupes *Northern style.* On recommande aussi le « *saluted pork* », du porc non pas salué mais sauté. La carte plastifiée a le bon goût d'être bilingue, ce qui vous facilitera la commande.

Les restaurants au bord du Mékong *(plan B1, **23**) : à env 800 m du centre sur la route de Sop Ruak, un peu après la base de la police fluviale. Tlj, midi et soir.* Sous un long préau de tôle, une enfilade de restos populaires alignent leurs chaises et tables de plastique en surplomb du fleuve. On s'y mesure au curry de poisson ou de poulet cuit à l'étouffé dans un tronc de bambou, en regardant les barges ahaner en remontant le Mékong, forçant sur leurs moteurs poussifs.

BBQ Buffet *(plan A2, **24**) : tourner dans la 2e rue à gauche en venant du fleuve, c'est à 300 m. Ouv le soir slt. Buffet à volonté env 110 Bts/pers.* Sur le papier, c'est simple. On se sert à volonté au buffet, avant d'aller se goinfrer en famille, entre amis sous un grand hangar ouvert aux quatre vents, en faisant griller ou bouillir ses aliments à table sur de petits braseros. La subtilité, c'est d'arriver à définir ce qu'il y a dans les mets proposés sur le buffet, et par extension de deviner leur temps de cuisson... On voudrait bien vous éclairer, mais va falloir prendre votre courage à deux baguettes. Tout ce qu'on peut vous dire, c'est que les pâtes – vertes – sont très bonnes, et que certains trucs zarbi qui ont l'air dégoûtant le sont vraiment, dégueulasses...

Où boire un verre ?

2be1 – โทบีวัน *(plan B2, **25**) : 251/1 Rimkhong Soi 4. 086-911-09-95. Tlj 18h-minuit. The place to be* à Chiang Saen. Musique mixée, billard, des tables dehors. Une bonne ambiance et une clientèle plutôt jeune. On peut aussi y dîner, et bien.

À voir. À faire

Wat Phratat Chedî Luang – วัดพระธาตุเจดีย์หลวง *(plan A2) :* il date du XIIIe s, ça se voit, et cela lui confère un charme indéniable. Du temple, il ne subsiste en fait que le pourtour de brique, abrité par un toit de tôle. Pourtant, l'endroit est toujours vénéré. À côté, grand *chedî* d'une quarantaine de mètres, mangé par les herbes. Bien ruiné lui aussi, mais émouvant malgré sa taille.

D'assez nombreux temples, en ruine eux aussi, subsistent çà et là en ville, créant une atmosphère assez romantique. Parmi ceux-ci, le **Wat Mun Muang** – วัดมุนเมือง *(plan A2)*, avec son teck géant et son alcôve à bouddha debout, et le **Wat Roi Kho** – วัดร้อยเกาะ *(plan A-B2)* possèdent un vrai charme.

Le musée – พิพิธภัณฑ์ *(plan A2) : juste à côté du Wat Phratat Chedî Luang. Mer-dim 9h-16h. Entrée : 100 Bts.* Petit musée sur l'histoire et la culture du coin. Statues et têtes du Bouddha de style lanna, datées du XIVe au XVIIIe s, mains du Bouddha, belles céramiques. Et puis étoffes, monnaie, armes, instruments de musique, costumes de la région, maquette d'habitation, métier à tisser, boîte laquée, peintures... Également une minisection préhistoire et un faux poisson-chat.
– En face du musée, de l'autre côté de la route, petit *visitor center (lun-sam 8h30-16h30 ; gratuit)* avec une maquette restituant la splendeur passée de la ville.

Le lac de Chiang Saen *(hors plan par A2) : prendre la route de Chiang Rai sur 5 km, puis à gauche.* Grand lac naturel bordé de végétation, où viennent se réfugier l'hiver de nombreuses espèces d'oiseaux migrateurs. Bucolique. Quelques hôtels aussi, où nichent un autre genre de migrateurs...

Wat Phra That Pha Ngao – วัดพระธาตุพระเงา *(hors plan par B2) : à env 3 km sur la route de Chiang Khong, côté droit.* Typique du style birman, le temple principal ressemble à une pagode. L'intérieur est orné de magnifiques panneaux de bois doré relatant, en anglais notamment, la vie du Bouddha. Au fond, la base du temple originel et un très ancien et très vénéré bouddha de pierre. Un des plus beaux temples de la Thaïlande septentrionale, malgré la présence d'un distributeur automatique d'horoscopes du plus mauvais goût, côtoyant sans vergogne l'Éveillé, décidément imperturbable. À l'extérieur, d'impressionnants *nâga* enserrent un long et raide escalier. Au sommet, vue exceptionnelle sur le Mékong et le Laos.

➢ ***Croisière sur le Mékong vers la Chine :*** le temps où il fallait embarquer sur un cargo chinois est révolu. Il y a désormais un bateau de passagers reliant Chiang Saen et *Jinghong* en une journée. Départ les lundi, mercredi et vendredi à 5h, arrivée vers 18h. Compter tout de même 5 000 Bts pour le billet. De plus, il faut s'être muni au préalable du visa chinois (c'est possible à Chiang Mai). Sinon, la *Gin's Guesthouse* (lire plus haut « Où dormir ? »), qui vend aussi les billets, peut vous l'obtenir en 2 jours, mais c'est nettement plus cher qu'en le prenant à Chiang Mai.

REQUIEM POUR UN POISSON

Dans cette portion du fleuve a été pêché en 2005 un poisson-chat de plus de 300 kg pour 3 m de long, battant le record mondial de la pêche en eau douce. Le poisson-chat du Mékong migre depuis le lac du Tonlé Sap, au Cambodge, pour frayer en amont. Les écologistes ont bien tenté de négocier la liberté de ce poisson, dont l'espèce est menacée par les barrages qui empêchent de continuer sa migration vers le nord. Il en est mort entre-temps, et les villageois l'ont mangé. Sacré festin !

CHIANG KHONG – เชียงของ

IND. TÉL. : 053

Pour relier Chiang Saen à Chiang Khong, on emprunte la route n° 1129, bucolique, vallonnée, bordée de petits villages, de temples, de champs et de rizières allumant le paysage de leur vert électrique. De novembre à janvier, le tabac est mis à sécher sur le bord de la chaussée. Pour les accros du Mékong, des bifurcations permettent de rejoindre une petite route suivant le fleuve au plus près. Là glissent en silence les frêles embarcations des pêcheurs. Chemin faisant, halte possible au Wat Phra That Pha Ngao (voir plus haut), puis, 10 km avant Chiang Khong, au *Sala View,* beau point de vue sur un méandre du fleuve, avec aire de repos et petite restauration.
Village frontière entre la Thaïlande et le Laos, Chiang Khong s'est développé au bord du Mékong, juste en face de Houeisay. Si le passage des camions s'est beaucoup intensifié, on reste loin pour autant de l'atmosphère grouillante de Mae Sai à la frontière birmane. Cependant, depuis le développement du tourisme au Laos, l'apparence du bourg change. Commerces, pensions et restos à l'intention des *farang* se multiplient. Contemplé depuis l'une des *guesthouses* surplombant les berges, le Mékong, maître des lieux, reste, lui, imperturbable. Ici, on ne se perd pas !

Arriver – Quitter

Arrêt des bus : *à l'extrémité sud de l'agglomération. Le poste frontière est à l'autre bout. Entre les 2, il y a 1 gros km et ttes les adresses mentionnées.*

➢ ***De/vers Houeisay*** (le village laotien en face de Chiang Khong, de l'autre côté du Mékong) *:* des pirogues à moteur font régulièrement la navette. Prix : 30 Bts.
– ***De Houeisay à Luang Prabang (Laos) :*** 2 possibilités. En bateau, départ à 10h30, nuit à Pakbeng (à

mi-parcours) et arrivée le lendemain ap-m. Compter 850 Bts/pers. On peut aussi louer son bateau, mais c'est très cher. L'autre possibilité consiste à prendre le bus jusqu'à Luang Namtha (départs à 9h30 et 11h), où l'on passe la nuit, puis de là un autre bus pour Luang Prabang. On vous conseille en fait cette solution. Le prix et la durée du trajet sont à peu près les mêmes qu'en bateau, mais on voit plus de pays.

➢ ***De/vers Chiang Sean :*** *songthaew* (devant la poste, dans la rue principale) ttes les heures, 8h-16h.

➢ ***De/vers Chiang Rai :*** 1 bus/h, 6h-17h. Trajet : 2h. Prix : 40 Bts. Pour relier Chiang Rai à moto, prendre la route n° 1174, puis à droite la n° 1098 au niveau de Kaen Nua, avant de rejoindre la n° 1173. Compter 1h30 en tout.

➢ ***De/vers Chiang Mai :*** 3 bus directs/j., à 6h, 9h30 et 11h30 de Chiang Khong, mais on peut aussi aller d'abord à Chiang Rai, puis prendre une correspondance. Env 6h de voyage. Prix : 150-270 Bts. Sinon, il y a également des minibus privés, plus rapides.

➢ ***De/vers Bangkok :*** 4 bus/j., à 7h20 puis entre 15h et 16h de Chiang Khong. Trajet : 12h30. Prix : à partir de 500 Bts.

Adresses et infos utiles

■ ***Poste frontière*** – ด่านศุลกากร **:** *dans la descente vers le quai d'embarquement, difficile à rater. Ouv tlj 8h-18h.* On peut obtenir son visa pour le Laos ici même (enfin, côté laotien), mais il est plus simple de remplir tous les papiers (prévoir 1 photo) la veille dans une agence de voyages (par exemple *Easy Trip,* voir ci-après) ou dans votre *guesthouse.* Ils ne prennent pas de commission, et au moment de passer la frontière, vous aurez déjà votre tampon. Compter 30 US$ (ou 1 500 Bts) si vous êtes français ou belge, 35 US$ (ou 1 700 Bts) si vous êtes suisse. Petit supplément à payer après 16h et le week-end. Une fois le fleuve franchi, après les formalités d'immigration, aller directement à la gare routière sans s'occuper des rabatteurs. Compter 15h de route ou 2 jours de bateau pour Luang Prabang, bon courage !

■ ***Easy Trip*** – อีซี่ทริป **:** *dans la rue principale, à 200 ou 300 m de la frontière. ☎ 655-174. ● discoverylaos.com ● Tlj 8h-20h.* Tickets de bus et de bateau pour le Laos, de même que le visa. De plus, ils parlent bien l'anglais et donnent d'excellentes infos.

@ ***Internet :*** ***Eye Com,*** *à 500 m de la frontière, à côté de l'entrée de* Bamboo Riverside Guesthouse *(voir « Où dormir ? »). Env 40 Bts/h.*

Où dormir ? Où manger ?

Bon marché (de 150 à 250 Bts – 3,75 à 6,25 €)

⌂ ***Baan Fai Guesthouse*** – บ้านไฟเกสท์เฮ้าส์ **:** *108 Moo 8, Thanon Sai Klang, sur la rue-route principale à mi-distance entre la rivière et l'embarcadère. ☎ 791-394.* 💻 Une maison familiale typique derrière une boutique de tissages. 8 chambres bon marché, avec ou sans salle de bains. Demandez la n° 3 ou la n° 6, charmantes avec leur petit mobilier en bois. Également un minidortoir avec lits (100 Bts). Une très bonne affaire, d'autant que les proprios sont adorables ! Location de motos et de vélos.

🍴 ***Bamboo Mexican House*** – แบบบูเม็กซิกัน เฮ้าท์ **:** *1 Moo 8, sur la rue principale à 100 m du précédent. ☎ 791-621. Tlj 7h-20h.* Petite adresse peinte en vert qui mixe avec bonheur les couleurs et saveurs des cuisines thaïe et mexicaine. Délicieux petits pains de soja faits maison et excellent café thaï pour attaquer le petit déj. Un bon endroit aussi pour glaner des infos utiles sur le Laos.

Un peu plus chic (à partir de 1 000 Bts – 25 €)

⌂ ***Nam Khong River Side Hotel*** – โรงแรมน้ำโขงริเวอร์ไซด์ **:** *174-176 Moo 8. ☎ 791-796. ● namkhongriverside.net ● Juste derrière* la Baan Fai Guesthouse. *Autour de 1 000-1 500 Bts la nuit pour 2, petit déj inclus ; moins cher mai-sept.* Vaste hôtel récent, fièrement posé sur les rives du Mékong. Pour ceux qui désirent un peu plus de confort, chambres impeccables et carrelées, avec TV, frigo, AC et même un petit cadre au-dessus du lit (qui plus est douillet). Salle de resto aérée donnant sur le fleuve. Quelques plats de poisson et cuisine internationale. Karaoké le soir pour les amateurs et petit show musical à partir de 19h30. On s'occupe ici des formalités pour passer au Laos.

LE NORD-EST

La région du Nord-Est, connue sous le nom d'*Isan,* bordée par le Laos au nord et à l'est, et par le Cambodge au sud, couvre un tiers de la superficie du pays et rassemble la même proportion de ses habitants.
La région n'est pas à court d'arguments touristiques : 600 km de rives bordant le Mékong, plusieurs parcs nationaux, un grand nombre de chefs-d'œuvre de l'architecture khmère et des sites préhistoriques, qui prouvent que l'Isan fut habité bien avant la naissance du peuple thaï.
À ces atouts géographiques et historiques s'ajoutent une culture et des traditions spécifiques. Fortement influencées par leurs voisins laotiens et khmers, celles-ci ont aujourd'hui largement débordé de leur région d'origine, disséminées aux quatre coins du pays par des millions d'émigrants partis chercher une vie meilleure, sinon la fortune.
Cette musique entraînante, le *Morlam,* jouée dans le taxi pris à l'aéroport, accompagnée de danses endiablées diffusées à la télé pendant que vous ouvrez vos bagages, la « salade de papaye, poulet grillé, riz gluant » servie à la gargote d'une première faim, ce chaland qui vous propose de superbes soieries... À votre insu, vous aurez peut-être rencontré l'Isan dès votre arrivée en Thaïlande et initié une complicité qui donne l'envie d'en savoir plus.
Compter une bonne semaine de visite, si possible davantage pour les amateurs d'art khmer, de nature, de photos, de cuisine (voir « Hommes, culture, environnement »), ou tout simplement de sourires.

Passages des frontières laotienne et cambodgienne

– ***Laos :*** cinq postes frontières sont ouverts aux étrangers, *Chiang Khong, Nong Khai, Nakhon Phanom, Mukdahan* et *Chong Mek.*
– ***Cambodge :*** *Chong Chom (O'Smach),* dans la région de Surin, et *Chong Sa-ngam (Anlong Veng),* dans la province de Si Saket, qui donne accès à de meilleures routes et transports côté cambodgien (une donnée évolutive, se renseigner). Voir les chapitres consacrés ci-après pour plus d'infos.

Petit point au sujet des visas laotien et cambodgien

À la frontière laotienne, obtention facile et rapide d'un visa valable pour 1 mois de séjour. Prix : selon les postes et le cours du change, 1 200-1 500 Bts ou 30-35 US$ (intéressant). Petit supplément éventuel le week-end ou aux heures des repas de 1 US$ ou 50 Bts. Les voyageurs désirant accomplir d'autres formalités peuvent s'adresser aux consulats de Bangkok ou de Khon Kaen.
Aux postes cambodgiens, obtention d'un visa valide pour 1 mois, sans difficulté notable à l'exception de son prix ou de petites arnaques (droit de timbre,

etc.)... Se renseigner sur le prix officiel (20 US$, mais pourrait augmenter), avoir la somme en US$ (paiement en bahts moins avantageux) et rester ferme. Visa également délivré à Bangkok, au consulat ou via une agence de voyages.

LES PARCS DE LA PROVINCE DE LOEI

Cette région préservée, isolée par une petite chaîne de montagnes, plaira aux amateurs de calme et autres randonneurs. Le coton produit dans la province est réputé dans toute la Thaïlande pour son excellente qualité. Le célèbre parc de Phu Kradung vaut à lui seul le voyage. Après les efforts, il est doux et facile de rejoindre Chiang Khan, bourg assoupi et langoureux sur le Mékong.

LE PARC NATIONAL DE PHU RUA – อุทยานแห่ง ชาติภูเรือ

IND. TÉL. : 042

Phu Rua, le « mont Bateau », tire son nom de la forme de sa cime rappelant une jonque chinoise renversée qui flotterait à 1 365 m d'altitude. Assez petit (120 km²), le parc offre au visiteur un large panorama sur les chaînes et vallées du Laos (à quelques kilomètres), atteint par de faciles balades à travers une lande parsemée de pins et d'affleurements rocheux. De juin à novembre, les cascades et la floraison par tapis d'une vingtaine de variétés florales rares renforcent l'intérêt de la visite. Phu Rua n'est certes pas le parc le plus spectaculaire de Thaïlande, mais c'est l'occasion d'une escapade agréable.

Arriver – Quitter

➢ ***Loei, Phitsanulok :*** arrêt au village de *Phu Rua,* à 50 km de Loei, sur la route nº 203 Loei-Phitsanulok via Lom Sak. Bus fréquents dans les 2 sens. Une petite route mène au parc depuis le milieu du village.

Où dormir ? Où manger ?

Voir « Thaïlande utile », en début de guide, pour plus d'informations concernant les hébergements dans les parcs nationaux. Ou téléphoner au ☎ 884-144 (numéro d'infos des parcs).

À l'intérieur du parc

⛺ ***Camping :*** *espaces au niveau des Visitor Centers nº 1 (peu après avoir payé le droit d'entrée, coin verdoyant toute l'année) et nº 2 (1,5 km en contrebas du sommet). ☎ 801-716. 📱 085-450-89-83. Le w-e, résa conseillée. 30 Bts/pers pour planter sa propre tente. Loc de tente 2-6 places env 270-800 Bts.*

🏠 ***Bungalows :*** *mêmes emplacements que les campings. Compter 2 000-4 500 Bts selon capacité (4, 6 ou 9 pers). Il faut payer l'intégralité des lits quoi qu'il arrive.*

🍴 ***Restos du parc :*** *proche des Visitor Centers nºs 1 et 2.*

À l'extérieur du parc

🏠 🍴 ***Phu Rua Chalet*** – ภูเรือชาเล่ต์ *: sur la route de Loei, à 6 km de Phu Rua ; piste (cahute au coin) sur la droite. ☎ 899-012. Doubles 750-1 200 Bts.* Selon le prix, chambres en rang d'oignons dans une construction en brique ou grands bungalows. Charmant, niché sur une colline verdoyante. Bien meublé, mais plus tout neuf et pas d'AC (même si les nuits

PROVINCE DE LOEI

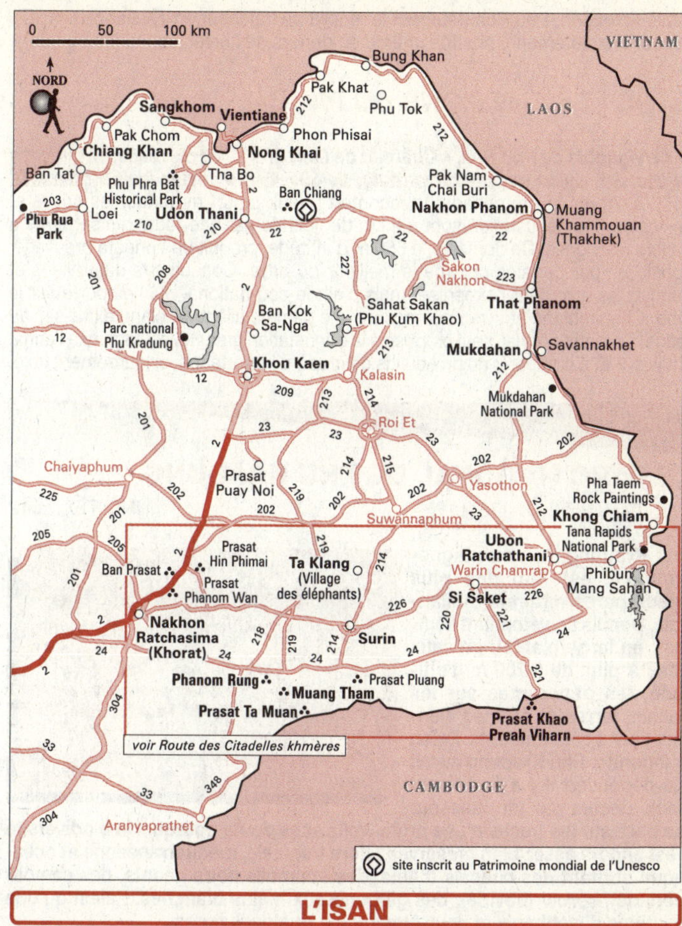

L'ISAN

sont suffisamment fraîches). Essayer de négocier les prix. Délicieuse cuisine thaïe et européenne pour tous les budgets. Accueil chaleureux.

La visite

La route bitumée, longue de 10 km, tortueuse et assez raide (dernier tronçon à plus de 15 %), mène quasiment au sommet. Stop assez facile le w-e. Entrée : checkpoint 1 à 2 km de l'embranchement avec la nationale ; ouv 5h-20h ; 200 Bts. 4 km plus haut, Visitor Center n° 1. Loc de VTT 50 Bts/h, 200 Bts/j. Depuis le centre d'information n° 1 (se munir d'un plan du parc, toujours utile même si le balisage des sentiers est assez bon), départs des sentiers qui permettent de réaliser en une journée la boucle d'une vingtaine de kilomètres passant par les principales cascades et le sommet (1 365 m). Faisable aussi à VTT. Le *Visitor Center n° 2* (site plus intéressant) n'est qu'à 700 m de *Phurua*

Peak. Attention, Phu Rua détenant le record de fraîcheur en Thaïlande (- 4 °C), penser aux vêtements chauds, même en dehors de l'hiver.

DANS LES ENVIRONS DU PARC

Le vignoble de Phu Rua, « Château de Loei » : *à 11 km du village, en direction de Dan Sai, sur la gauche de la route.* ☎ *891-454.* • *chateaudeloei.com* • *Tlj 8h-17h.* Après la promenade, le réconfort ! Venir plutôt motorisé, les cuves et la « cave » de dégustation sont à 2 km de l'entrée par une route qui serpente à travers les vignes. Ce domaine, à 650 m d'altitude, produit un honnête breuvage, considéré par certains comme le meilleur du pays. Consultants australiens et français se disputent l'expertise, mais c'est le coq national qui l'emporte sur le logo. Chenin blanc et syrah composent une gamme allant du blanc extra-sec au rouge. Le blanc normal, seul proposé à la dégustation gratuite, est facturé à l'achat environ 9 €, à comparer au prix du jus de *grape* d'importation, si lourdement taxé.

LE PARC NATIONAL DE PHU KRADUNG – อุทยานแห่งชาติภูกระดึง

IND. TÉL. : 042

Phu Kradung, la « montagne-cloche », est l'un des plus beaux parcs naturels thaïlandais. Depuis son étonnant sommet, au large plateau gréseux posé à plus de 1 200 m d'altitude, les panoramas sur les basses terres et collines alentour sont époustouflants. Selon la légende, Phu Kradung aurait été découvert il y a seulement deux siècles par un chasseur lao parti sur les traces d'une proie. Voilà sans doute pourquoi la biodiversité y est encore assez bien préservée : flore tropicale, méditerranéenne et océanique abritant des chacals d'Asie, des écureuils noirs géants, des *sambar* (cervidé), *serow* (bovidé), des gibbons aux mains blanches... ainsi qu'une vingtaine d'éléphants et peut-être encore quelques tigres.

SCOUTS... TOUJOURS !

L'amour de la nature inspire l'Amour aux cœurs juvéniles... Pendant les grandes vacances scolaires de mars-avril, de nombreux adolescents – dont beaucoup de scouts – envahissent le lieu, rêvant parfois d'un premier flirt, éclairé par le soleil couchant sur Lomsak Cliff... On les comprend !

Arriver – Quitter

Bifurcation pour le parc au rond-point du village de Phu Kradung, sur la route n° 201 Khon Kaen-Loei. À 4 km environ, *Visitor Center* et parking au pied de la montagne. Marche ou *songthaew* (env 30 Bts).

➢ ***Khon Kaen :*** bus dès 6h env, ttes les 30 mn dans les 2 sens ; env 140 km.

➢ ***Loei :*** similaire à Phu Kradung-Khon Kaen ; 80 km.

➢ ***Bangkok :*** depuis la capitale, bus en fin de soirée pour Loei, descente tôt le mat au village. En sens inverse, attendre un bus direct au village ou rejoindre d'abord Khon Kaen.

➢ ***Chiang Mai, Phitsanulok :*** transiter par Chum Phae, situé sur la route n° 12, à env 50 km de Phu Kradung.

Quand y aller ?

Pendant la mousson, de juin à fin septembre, le parc est fermé pour des raisons de sécurité et de régénération de la flore. Le reste de l'année, préférer les visites en semaine pour être plus tranquille, notamment d'octobre à janvier, haute saison du Phu Kradung. Sinon, il n'y a pas vraiment de période privilégiée pour la visite, tout dépend de vos centres d'intérêt.

– D'octobre à décembre, les eaux accumulées pendant la saison des pluies ruissellent paresseusement à travers le plateau avant de dévaler les flancs de la montagne en formant des cascades, asséchées à partir de fin janvier.

– De janvier à février, pendant la saison froide, les sportifs savoureront sans trop suer l'ivresse des grandes randonnées à travers plus de 50 km de pistes balisées. Prévoir des vêtements chauds, les températures nocturnes pouvant frôler 0 °C.

– En mars et avril, les tapis multicolores d'azalées et de rhododendrons réjouiront les amoureux de la nature.

Équipement, durée de séjour

– Il est chaudement conseillé de stocker les affaires superflues auprès du *Visitor Center* du départ (consigne).

– Selon vos capacités physiques et le poids de votre équipement (tente, etc.), il peut être judicieux de louer les services de porteurs (20 Bts par kilo, bien organisé, récup' au sommet).

– Pas la peine de trop se charger en victuailles et liquides, la montée est jalonnée de plusieurs zones de petits restos.

– Les très bons marcheurs peuvent monter faire une rando raisonnable sur le plateau et redescendre en une journée (prévoir 10h de marche, pauses comprises). Dommage cependant de s'en tenir là, et attention aux courbatures (2 000 m de dénivelée au total) !

Où dormir ? Où manger ?

À l'intérieur du parc

Il est conseillé de réserver à l'avance le week-end et en haute saison. Voir « Hébergement » dans « Thaïlande utile » en début de guide pour plus d'infos ou téléphoner au ☎ 871-333. Le jour même, réservation possible directement au *Visitor Center* situé au pied de la montagne (obligatoire pour les bungalows) ou au *Visitor Center* du plateau (exclusivement pour le camping).

Camping : *sur le plateau, à côté du Visitor Center. Tarifs : 30 Bts/pers pour planter sa propre tente ; loc de tente 2-6 pers 150-500 Bts ; ajouter env 1 €/pers pour l'équipement complet (matelas, sac de couchage, oreiller).*

Bungalows : *sur le plateau, à l'exception de 3 bungalows vers le parking (pour dépanner si arrivée après 14h). Lits 150-400 Bts.* Va de la cabane sans salle de bains au chalet confortable avec sanitaires. Capacité de 4 à 12 personnes, mais il faut toujours louer l'ensemble.

Gargotes et bazar-alimentation du parc : *derrière les 2 Visitor Centers, ainsi qu'aux haltes pdt la montée.* Cuisine acceptable et tarifs honnêtes. Vente de petit équipement (torches, piles et allumettes).

À l'extérieur du parc

Phu Kradung Resort – ภูกระดึงรีสอร์ท : *sur la petite route qui mène au parc depuis le rond-point, 1 km avt le checkpoint, sur la gauche, juste avt le pont ; nom en anglais presque invisible. ☎ 871-076. Doubles avec sdb 300-600 Bts.* En retrait de la route, sur un terrain peu entretenu avec une pièce d'eau. Bungalows spartiates (eau froide, ventilo) ou chambres climatisées plus confortables mais sans charme, côte à côte dans une bâtisse de plain-pied au fond du terrain. Passable, mais reste le meilleur choix si l'on arrive trop tard ou en cas de problème de correspondance.

Gargote et marché de nuit du village : *à 500 m env du Phu Kradung Resort, en allant vers la grand-route. Tlj jusqu'à 21h env. Plats 20-50 Bts.* À gauche, un petit resto-épicerie avec des tables dehors. Bonne tambouille et sourires. En face, le petit marché de nuit, parfait pour des en-cas (brochettes, soupes, desserts) ou un ravitaillement de fruits.

La rando : une bonne grimpette avant les balades...

Ouv oct-mai, tlj 7h-16h30. **Attention,** fermeture du guichet à 14h, plus d'ascension après. Entrée : 400 Bts ; réduc. Petit droit d'entrée véhicule. Plan photocopié et brochure gratuite.
Seul accès au plateau, un sentier long de 5,5 km traverse la forêt pour atteindre le *Mountain Top* (3 à 4h d'effort), d'où il reste encore 3,5 km de plat à parcourir jusqu'au *Headquarter* du plateau (45 mn environ), entouré des hébergements, restos et de vastes pelouses. C'est le moment de sortir un ballon ou un frisbee ! Vu la pente très rude (20 % en moyenne) et la dénivelée (1 100 m), la montée constitue un certain challenge. La construction d'un téléphérique est d'ailleurs prévue. On conseille de faire une pause salvatrice au site agréable de *Sam Kok Done* (3,7 km depuis le départ, belle vue), avant d'attaquer les 2 km les plus pentus, munis d'échelles métalliques (sans difficulté, ce n'est pas de la *via ferrata*...). Quand on arrive en haut, l'indicateur d'assiette et la boussole de l'exotisme s'affolent : les dernières rampes couvertes d'une végétation dense et persistante laissent brusquement place à une pinède clairsemée, sur un plateau plat comme un terrain de football, qui ne déparerait pas sous nos latitudes. Il est conseillé de ne pas quitter les nombreux sentiers très bien balisés. Ils permettent de multiples combinaisons et, même en plein barouf d'un week-end estudiantin, d'accéder au calme et à la sérénité en évitant les sites les plus courus. Dans les zones nord et nord-ouest du parc, interdites au public, les animaux sont encore totalement protégés des activités humaines.
Quelques suggestions de balades, en démarrant du quartier général.

➢ ***Le chemin des Cascades :*** au nord-ouest du quartier général ; 30 mn à 2h de marche. Au fur et à mesure que l'on s'éloigne, le plateau s'abaisse en pente douce et la végétation redevient luxuriante. Visite, au choix, des cascades *Wang Kwang, Pen Pob Mai, Phon Pob, Tham Yai* et *Pen Pob.* Voir « Quand y aller ? » plus haut.

➢ ***Le chemin des Azalées :*** 12 km A/R. Prendre vers l'ouest en direction de la cascade *Thamsok Noo* en passant par la statue du Bouddha et la mare *Ano Dard.*

➢ ***Lever du soleil :*** depuis *Nok An Cliff* (2 km). Puis, si c'est la saison, quantité de fleurs sauvages dans les environs de *Lanwat Prakaew.*

➢ ***Falaises et coucher du soleil :*** grande boucle de plus de 20 km. Prévoir la journée. Avoir une torche. Après la balade pour admirer le lever du soleil, suivre la falaise tout du long d'est en ouest pendant 13 km. S'arranger pour être à *Lomsak Cliff* (point de vue exceptionnel) au moment du coucher du soleil. Du monde les week-ends en saison ! Retour par *Thamsok Noo* (9 km).

DE CHIANG KHAN À NONG KHAI, LE LONG DU MÉKONG

Voici des kilomètres bénis à partager avec le fleuve mythique, dans une atmosphère toujours paisible, entouré d'une nature souvent sauvage.
Trait d'union de deux univers si contrastés, le Laos et la Thaïlande, le fleuve nourricier vous laissera peut-être rencontrer Phrayanak, le dragon-serpent du Mékong.
Pour se déplacer (même à contrecœur...), des bus ou *songthaew* font régulièrement la navette. Seule la section entre Chiang Khan et Pak Chom nécessite de rentrer un peu dans les terres pour récupérer un bus en provenance de Loei.

LE FESTIVAL ANNUEL DES BOULES DE FEU DU MÉKONG

– ***Naga Fireball Festival*** – เทศกาลออกพรรษา บั้งไฟพญานาค : *ts les ans, aux alentours du mois d'oct, à la fin du carême bouddhique. Plusieurs sites de Sangkhom à Bung Kan, le plus important étant Phon Phisai.* Récemment élevé au rang d'événement touristique majeur, prétexte à force fêtes, foires et liesses populaires. Les berges du Mékong longeant la province de Nong Khai sont célèbres dans tout le pays, car on y observe chaque année, à la fin de la saison des pluies, un étrange phénomène : de petites boules rougeâtres transpercent les flots pour s'élever parfois jusqu'à une centaine de mètres. Les croyances populaires et religieuses voient ces « ovnis » s'échapper de la bouche de *nâga* fluviaux, d'où leur nom, célébrant ainsi le retour de l'Éveillé sur terre. Les cartésiens préfèrent parler de combustion de méthane, accumulé plutôt dans le lit du Mékong que provenant du derrière des vaches, d'ailleurs peu nombreuses à se baigner au fond du fleuve. Quant aux *nâga,* vous remarquerez peut-être, dans quelque échoppe ou restaurant, une photo représentant un groupe de soldats américains soutenant de leurs bras musculeux un interminable poisson serpentiforme. L'authenticité de ce cliché est sujette à caution...

CHIANG KHAN – เชียงคาน

7 000 hab. IND. TEL. : 042

Le vieux Chiang Khan, régal pour tout voyageur peu pressé, consiste en une longue et étroite rue parallèle au Mékong (Thanon Chaikong), bordée de belles maisons en teck. C'est un petit univers en parfaite adéquation avec le flâneur, où de paisibles habitants déambulent ou jouent au badminton loin des embouteillages. On fait le tour du secteur en une demi-heure, et le coin des bonnes adresses en 10 mn. Au-delà (si nécessaire !), quelques rues transversales et les routes de Nongkhai (Thanon Chiang Khan) et Loei, bordées de nombreux commerces et restos.

Arriver – Quitter

Pas de station de bus, mais ***plusieurs arrêts*** selon les destinations, tous situés au-delà de Thanon Chiang Khan en venant du Mékong (sur la route de Loei, dans le prolongement du Soi 9). Horaires et fréquences des bus évolutifs, se renseigner auprès des pensions.

➢ ***Bangkok :*** depuis la capitale (station Mochit), 3 départs/j. (mat et soirée). Sens retour : à 8h30 (ordinaire) et 18h (VIP). Env 650 km, 10-11h de route ; 500-700 Bts.

➢ ***Khorat :*** 9 bus/j., dans les 2 sens, 6h-15h30 ; env 380 km, 6-7h de route ; 230-300 Bts. Dessert aussi Khon Kaen.

➢ ***Nong Khai :* attention,** pas de service entre Chiang Khan et Pak Chom. Solutions : chartériser un véhicule entre ces 2 bourgs (env 800 Bts) ou transiter par Ban Tat (à 20 km au sud de Chiang Khan, *songthaew* ttes les 30 mn), village situé sur la ligne Loei-Nong Khai. Voir plus loin la même rubrique concernant Nong Khai.

➢ ***Loei :*** *songthaew* dans les 2 sens ttes les 30 mn, 7h-17h (jusqu'à 20h depuis Loei) ; 48 km, 1h15 de route ; 40 Bts. Autre solution : emprunter un bus Khorat-Chiang Khan.

➢ ***Laos :*** district de Thali, à 50 km à l'ouest de Chiang Khan (65 km au nord-ouest de Loei). Passage de la frontière par le nouveau pont Thai-Lao Friendship Bridge enjambant la rivière Huang. Visas dispos à la frontière. Un hic : le transport reste difficile côté laotien ; se renseigner auprès des pensions de Chiang Khan ou de Loei.

Adresses utiles

■ ***Distributeur de billets ATM :*** *sur la route n° 201 à la* ***Government Saving Bank.*** Pas de change d'espèces.
@ ***Accès Internet :*** ***U.U Net,*** *sur Thanon Chiang Khan, face à l'embouchure du Soi 10 (ouv 11h-22h), ou au pub* ***Sangthong,*** *plus cher mais plus cool.*
■ ***Location de bicyclettes et de motos :*** *la plupart des pensions assurent ce service. Compter 60 Bts/j. pour un vélo et 200 Bts/j. pour une moto.*
■ ***Immigration :*** *sur Chai Khong Rd, après les écoles.* Rappel : en général, autant faire un tour au Laos et obtenir un nouveau visa au retour que de prolonger sur le sol thaïlandais (voir « Thaïlande utile » en début de guide).

Où dormir ?

Profitant de l'authenticité des demeures, les chambres ont du caractère, et même du teck ! Et tout le monde semble mettre un point d'honneur à la propreté. Si jamais toutes nos adresses étaient complètes, pas de souci, il y a d'autres pensions pas si mal sur Chai Khong Road. Pour les frileux, eau chaude dans toutes les salles de bains et clim... nulle part !

De bon marché à un peu plus chic (de 150 à 600 Bts – 3,75 à 15 €)

Loogmai – เรือนแรม ลูกไม้ *: 112 Thanon Chai Khong, Soi 5. ☎ 822-234. ● loogmaiguest@thaimail.com ● Doubles 300-400 Bts.* Dans une belle et ancienne maison de fonction, maçonnée contrairement à ses voisines, 5 chambres remarquables d'élégance minimale (volumes et déco) mêlant le colonial des lieux à l'esprit contemporain du proprio, l'artiste Somboon Hormtientong *(● rama9art.org/somboon ●).* Sur les 4 du haut, 2 (dont l'une de taille généreuse) donnent sur une terrasse, côté fleuve, où se trouve la salle de bains commune. Au rez-de-chaussée, la seule chambre avec douche s'ouvre sur un petit jardin. La femme du peintre s'occupe de la maison, mais tous 2 la quittent le soir pour aller plus en amont. Comme un hobby... Bouteille d'eau, bouilloire, thé et café, bureau et lampe... Un endroit où se poser et laisser filer quelques jours, voire plus.

Chiang Khan Guesthouse – เชียงคาน เกสท์เฮ้าส์ *: 282 Thanon Chai Khong, Soi 19. ☎ 821-691. ● thailandunplugged.com ● Presque à l'extrémité de la rue. Doubles sans sdb 200-300 Bts.* Maison typique en bois. Grand rez-de-chaussée avec tables et chaises (boissons, petit déj et plats sur commande). Au 1er, 14 chambres cloisonnées en enfilade, dont 2 (recherchées) donnent sur la rivière. Petit balcon sur les flots, 2 salles de bains, hamac, fleurs, tables, c'est spartiate, mais soigné et dépaysant. Patronne serviable et souriante. Organisation de toutes activités, et même de petits concerts traditionnels.

Où manger ?

Mis à part les pubs, susceptibles de prolongation, tout ferme assez tôt à Chiang Khan. Pour les fringales tardives, pousser vers l'intersection de Thanon Chiang Khan et la route n° 201.

Rabieng – ร้านอาหารระเบียง *: Thanon Chai Khong. ☎ 821-532. Plats env 40-180 Bts.* Estampillé meilleur resto thaï du coin. Bonne cuisine classique, c'est vrai. Grande salle ouverte se prolongeant par une terrasse. Décor de cantine impersonnelle, dommage.

Où boire un verre ?

Sangthong Pub – แสงทอง ผับ *: 162/1 Thanon Chai Khong, Soi 12-13. ☎ 821-305. Tlj jusqu'à env minuit, selon affluence.* Lieu sympathiquement négligé, dans un esprit rock'n'folk. Tableaux et bric-à-brac « artisano-artistique » dans la pièce principale. Parfois de petits concerts sur la modeste terrasse donnant sur le Mékong, seul endroit où l'on peut vraiment s'asseoir.

Patronne sympa, parlant le français. Location de vélos et de motos. Également 6 chambres rudimentaires (150 Bts).

À voir. À faire

Le marché : *entre les Soi 9 et 10, sous une halle au-delà de Thanon Chiang Khan en venant de Chai Khong. Ouv 3h (si, si !)-8h du mat, puis 16h-20h.* Y aller si possible avant l'aube pour voir la quête traditionnelle des moines. Denrées alimentaires et bric-à-brac.

Les tisserandes : dans de nombreuses demeures, ainsi qu'à l'usine située au 122/4 Soi 10 (avant le marché), on peut encore observer le travail artisanal du coton (notamment couvertures et couettes).

Balades en bateau sur le Mékong : *pour un bateau, compter env 500 Bts/h, tarif valable sur une base de 3 passagers ; prix/pers dégressif pour plus de participants.* À faire plutôt en fin d'après-midi, afin de revenir à Chiang Khan au coucher du soleil. Le matin, le fleuve est souvent brumeux. Deux options au choix : vers l'amont (3h), jusqu'au point où le fleuve pénètre au Laos (embouchure de la rivière Huang), ou vers l'aval et les rapides de Kaeng Khut Khu (2h). Les bateaux sont en général de longues barques effilées munies de puissants moteurs et pouvant contenir 10 passagers.

DANS LES ENVIRONS DE CHIANG KHAN

Les rapides de Kaeng Khut Khu – แก่งคุดคู้ **:** *à 4 km de la ville. Direction Pak Chom, puis bifurquer sur la gauche au panneau « Kaeng Kude Khu » (antenne télécoms) d'où il reste 1,5 km à faire. Bien à bicyclette.* Ici, le Mékong, rétréci dans un coude, forme une plage à la saison sèche. Selon la légende, une divinité aurait déplacé un énorme rocher bloquant jadis le cours du fleuve et ainsi redonné vie au bas Mékong. À l'entrée de la promenade, une espèce de gros caillou planté commémore l'exploit. Baignades déconseillées (fort courant). Stands et restos.

La grotte de Paben – ถ้ำผาแบ่น **:** *à env 15 km de Chiang Khan. Direction Pak Chom sur 8 km jusqu'au village de Paben (ou Pha Baen). Après le pont, 1re piste sur la droite (plusieurs panneaux bleus en thaï) pdt 4-5 km, bifurquer au niveau d'une colline karstique sur une petite piste carrossable qui mène 2 km env derrière l'escarpement. Demander son chemin en cas de doute. Plat, facile à moto et faisable à vélo (prévoir alors la ½ journée).* À gauche du chemin qui continue au-delà, de grandes marches en mauvais état mènent à une grotte, veillée par un petit pavillon sur pilotis habité de quelques moines. À l'intérieur, un bouddha sous un rai de lumière ; ne pas oublier une lampe torche pour continuer l'exploration. Essayer de synchroniser avec les envolées de chauves-souris aux lever et coucher (plus facile...) du soleil.

Le village de Tadimi et le Big Buddha : *y aller en bateau (voir à Chiang Khan la rubrique « À voir. À faire ») ; ou louer une moto : direction Tha Li (ouest) par la n° 2195, tourner à droite au niveau du km 21 (au village de Ban Na Chan) puis suivre les panneaux.* Tadimi, à l'embouchure de la rivière Huang, est le dernier village thaï sur le bord du Mékong. Le *Big Buddha* (20 m de haut) domine le village et commande une vue superbe sur la vallée du Mékong, le confluent avec la rivière Huang et le Laos.

Les rapides de Kaeng Ton – แก่งโตน **:** *env 50 km à l'ouest de Chiang Khan, dans le village de* ***Pak Huay****. À faire à moto : direction Tha Li par la n° 2195. Après env 45 km, prendre à gauche à l'intersection vers Ban Ahi (petit checkpoint), continuer jusqu'au carrefour suivant (avec la route n° 2115), tourner à droite et suivre la rue jusqu'au bout ; après un temple, mur de brique marqué*

« Welcome to Kaeng Ton ». Ces rapides animent la rivière Huang, qui forme la frontière avec le Laos avant de venir mêler ses eaux au grand Mékong. On longe le Mékong puis, par intermittence, la rivière Huang (possibilité d'emprunter une route croquignolette encore plus proche de la rivière). Gargotes sur les berges. On s'installe sur des plateformes ou, mieux, sur des radeaux de bambou en contrebas. De l'autre côté, le Laos est à moins de 50 m. Des flopées d'enfants des deux pays s'en donnent à cœur joie dans les flots. Attention, traversée interdite ici, pour cela il faut aller au nouveau pont (voir la rubrique « Arriver – Quitter ») !

Jai Dee Kangton View – ใจดี แก่งโตนวิว : *à Pak Huay. ☎ 812-982. 📱 089-711-19-75. Face à la rivière ; accès par un chemin à droite avt l'enceinte des rapides. Bungalows avec sdb 400-1 000 Bts. Plats 30-150 Bts.* Même patronne que *Sugar GH* de Loei. Les 3 hébergements les plus chers surplombent la rivière. Vue zen à travers la végétation depuis le balcon. Pavillon resto en retrait (bonne cuisine), jardin fleuri et *sala* donnant sur la rivière. L'équipement modeste (ni TV ni frigo, seulement ventilé) justifierait un prix plus bas. Négocier. Accueil charmant.

SANGKHOM – อำเภอสังคม

IND. TÉL. : 042

Les 100 km séparant Chiang Khan de Sangkhom forment probablement un des plus beaux tronçons de route suivant le haut Mékong. La voie, sinueuse et tourmentée, se bagarre contre des poches de reliefs karstiques, qui l'enserrent parfois jusqu'à l'étranglement, découvrant de-ci de-là de petits vals verdoyants en toute saison. Le fleuve n'est pas en reste, les roches le combattent jusque dans son lit, créant une mosaïque ininterrompue de bas-fonds, d'îles et de récifs. Mais soudain, surprise ! Les reliefs s'estompent, s'écrasent vers un horizon plus lointain. Voici Sangkhom, la presque maritime. Ici, pas de rues étroites ni d'anciennes maisons, la route allant à Nong Khai traverse des pavillons épars. Mais en se dirigeant vers le fleuve, on pénètre dans un autre monde, sableux à souhait, avec des petits endroits ombragés, et au large une grande île appartenant, comme toutes ses consœurs, au Laos.

Arriver – Quitter

➢ ***Nong Khai :*** plusieurs bus 7h-12h env ; 95 km, 2-3h de route ; 70 Bts. Également des *songthaew* jusqu'en milieu d'ap-m.

➢ ***Chiang Khan :* rappel,** pas de transport public direct sur la section Pak Chom-Chiang Khan. Solution : emprunter un bus Nong Khai-Loei (voir ci-dessous) et descendre à Ban Tat. Pour l'ensemble du trajet : partir tôt, env 3h30 de route et 70 Bts.

➢ ***Loei :*** dans les 2 sens, bus ttes les heures env (via Pak Chom et Ban Tad) ; 3h30 de voyage ; 90 Bts.

Où dormir ? Où manger ?

Bouy Guesthouse – บุย เกสท์เฮ้าส์ : *60/4 Sangkhom. ☎ 441-065. Après le 1er pont en venant de Pak Chom, côté fleuve (panneau). Resto 7h-20h. Bungalow 380 Bts.* 💻 Pour arriver dans la pension simplissime mais paradisiaque de M. Toy, traverser d'abord l'agréable espace resto, juché sur pilotis au-dessus d'une petite rivière aux berges potagères. Une passerelle rejoint la langue de sable où sont négligemment posés 8 bungalows-paillotes tournés vers les flots. 4 d'entre eux disposent de salles de bains rudimentaires (eau froide) ; 10 Bts de remise pour les autres ! Douche chaude à la réception (petit supplément). Spartiate, mais l'essentiel est assuré : moustiquaire, ventilo, grande couche, table basse et petite terrasse dotée d'un banc et du hamac syndical. Destination *siesta* ! Au resto, bons petits plats thaïs, *shakes*, cafés, etc. Location de vélos et de motos, massages.

Cake Resort – บังกาโล เค้กรีสอร์ท **:** *avt le pont en venant de Pak Chom. Doubles avec sdb 250-500 Bts.* Aucune des autres pensions du bourg n'a le charme ou la tenue de *Bouy Guesthouse.* Si nécessaire, essayez celle-ci. Chambres avec ou sans AC dans une maison ou des bungalows en dur. Au bord du fleuve, sans que cet avantage soit très bien exploité ; état et propreté moyens.

Petits restos et marchés : en marchant dans le bourg depuis *Bouy Guesthouse,* en direction de Nong Khai. Au bord du Mékong...

À voir. À faire

Plutôt rien, et c'est bien comme ça. Guère besoin de grand-chose sinon de palmiers... Pour les hyperactifs, plan de la région chez *Bouy Guesthouse.*

NONG KHAI – หนองคาย

70 000 hab. IND. TÉL. : 042

Autrefois alanguie au bord du Mékong, Nong Khai profite aujourd'hui pleinement du « pont de l'Amitié » ***(Friendship Bridge),*** **qui relie la Thaïlande et le Laos depuis 1994. La croissance économique découlant du commerce frontalier et du tourisme a accru le niveau de vie des habitants et altéré le charme provincial de la petite ville. Mis à part le secteur de** ***Mutmee Guesthouse*** **(voir « Où dormir ? »), d'ailleurs menacé, il faudra aller chercher au-delà des berges plus sauvages et magiques.**
Au change, inégal, Nong Khai a gagné un peu de modernité contrastant avec les quelques vestiges de l'aventure coloniale française au Laos voisin : quelques demeures du centre aux persiennes, balcons et arcades typiques, la célèbre baguette et une forte présence d'anciens réfugiés vietnamiens et chinois.

Arriver – Quitter

En bus

Terminal des bus *(plan D1)* **:** *Thanon Prajak, légèrement à l'est du centre-ville, proche du Wat Sri Kun Muang.*

➢ ***Bangkok :*** depuis Nong Khai, env 20 bus/j., 4 le mat (6h-10h), tt le reste en début de soirée (18h-20h) ; 620 km, 10-11h de route ; 1re classe et VIP, respectivement 450 et 700 Bts. Depuis Bangkok (terminal Mochit), fréquences et horaires similaires. Autour de 400 Bts. Les bus s'arrêtent à Talat Khae pour rejoindre Phimai (bus local).

➢ ***Udon Thani :*** dans les 2 sens, départ ttes les 30 mn, 6h-18h ; 53 km, 1h de route ; 40 Bts.

➢ ***Khon Kaen, Khorat :*** nombreuses liaisons par les bus Nong Khai-Bangkok ou en transitant par Udon Thani. Voir sous ces villes.

➢ ***Chiang Mai, Chiang Rai :*** changer de bus à Udon Thani.

➢ ***Nakhon Phanom via Udon Thani :*** dernier départ vers 16h30 ; env 270 km, 4h de voyage.

➢ ***Nakhon Phanom en suivant le Mékong :*** itinéraire plus joli et pittoresque (voir « De Nong Khai au That Phanom ») ; dans les 2 sens, 9 bus/j., 7h-14h ; env 300 km, 5h de route ; env 200 Bts.

➢ ***Loei :*** 4 départs/j., 6h-16h (bus n° 507) ; env 230 km, 6h de route ; 120 Bts. Dessert aussi Wat Pra That Bang Phuan, Tha Bo, Sangkhom, Pak Chom et Ban Tad (d'où l'on peut

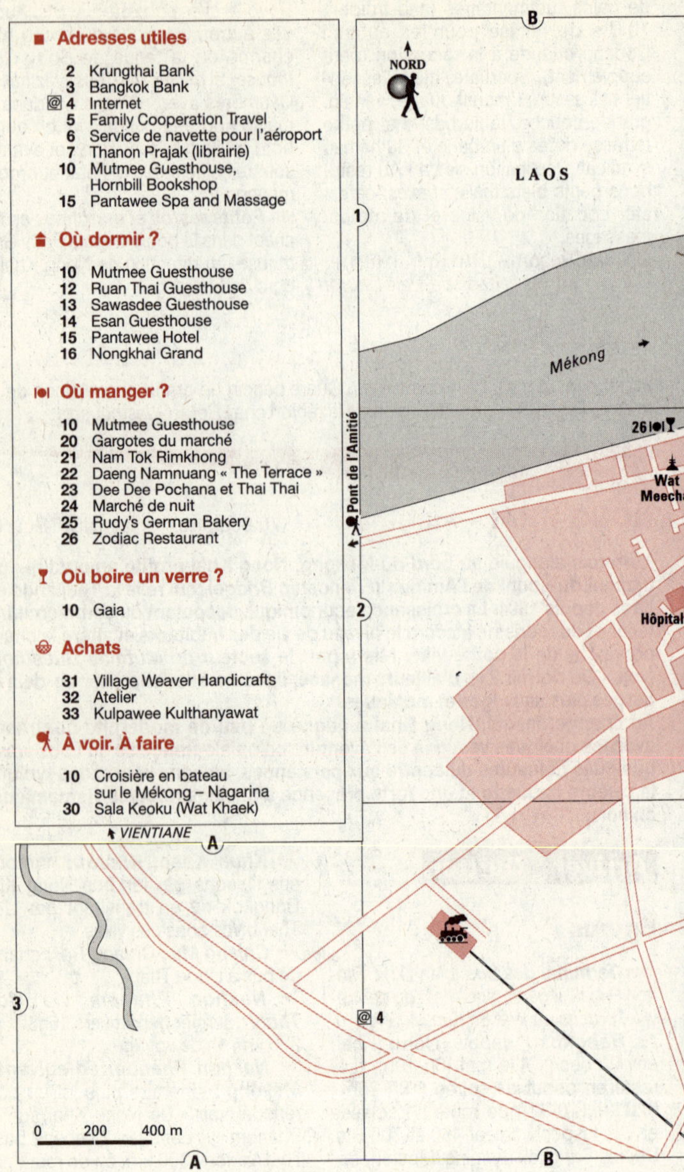
■ Adresses utiles
2 Krungthai Bank
3 Bangkok Bank
@ 4 Internet
5 Family Cooperation Travel
6 Service de navette pour l'aéroport
7 Thanon Prajak (librairie)
10 Mutmee Guesthouse, Hornbill Bookshop
15 Pantawee Spa and Massage
Où dormir ?
10 Mutmee Guesthouse
12 Ruan Thai Guesthouse
13 Sawasdee Guesthouse
14 Esan Guesthouse
15 Pantawee Hotel
16 Nongkhai Grand
Où manger ?
10 Mutmee Guesthouse
20 Gargotes du marché
21 Nam Tok Rimkhong
22 Daeng Namnuang « The Terrace »
23 Dee Dee Pochana et Thai Thai
24 Marché de nuit
25 Rudy's German Bakery
26 Zodiac Restaurant
Où boire un verre ?
10 Gaia
Achats
31 Village Weaver Handicrafts
32 Atelier
33 Kulpawee Kulthanyawat
À voir. À faire
10 Croisière en bateau sur le Mékong – Nagarina
30 Sala Keoku (Wat Khaek)
NORD
LAOS
Mékong
Pont de l'Amitié
26
Wat Meechai
Hôpital
VIENTIANE
@ 4
0 200 400 m
A
B
1
2
3

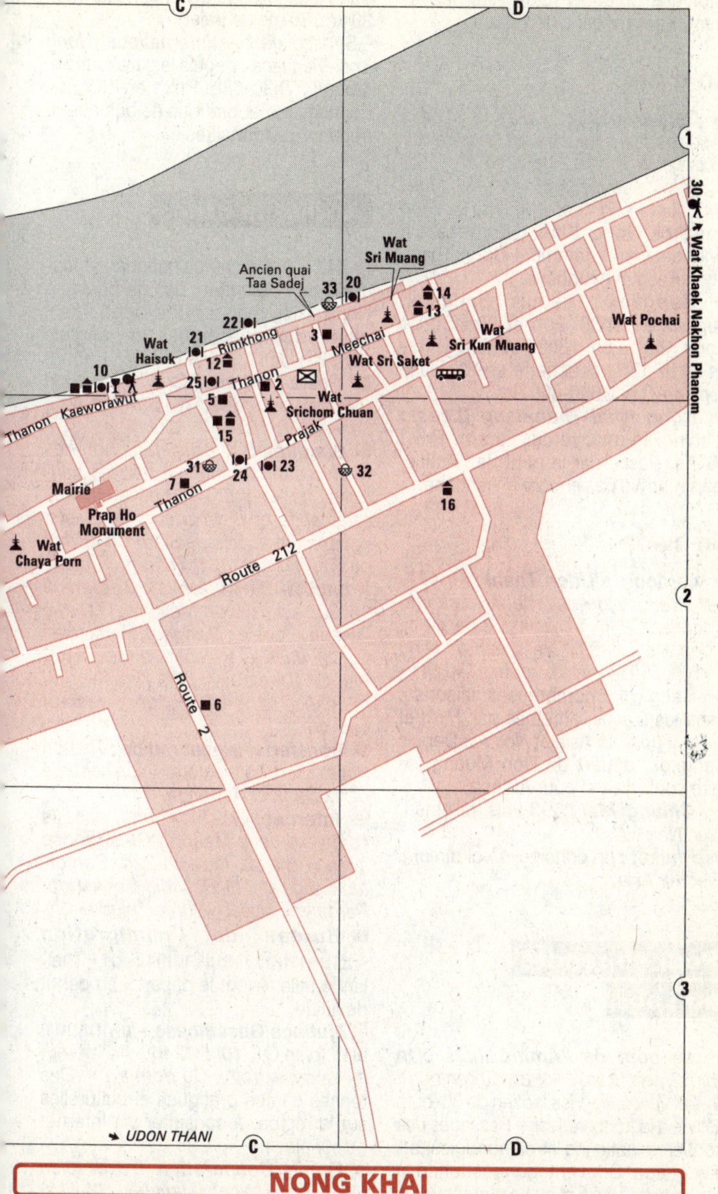
C
D
1
2
3
30
Wat Khaek Nakhon Phanom
Wat Sri Muang
Ancien quai
Taa Sadej
33
20
14
13
Wat Pochai
22
Rimkhong
3
Meechai
Wat
Sri Kun Muang
Wat
Haisok
21
12
10
25
Thanon
Wat Sri Saket
2
5
Wat
Srichom Chuan
Thanon
Kaeworawut
15
Prajak
31
24
23
32
Mairie
7
Thanon
16
Prap Ho
Monument
Wat
Chaya Porn
Route
212
Route
2
6
UDON THANI
C
D

NONG KHAI

rejoindre Chiang Khan). Alternativement, transiter par Udon Thani.

En train

Gare *(plan B3)* **:** *2 km à l'ouest de la ville ; tourner à gauche avt le carrefour du pont de l'Amitié. Rens : ☎ 411-592. Comptoir des résas ouv 7h-19h. Tuk-tuk pour le centre env 30 Bts.* La ligne Bangkok-Nong Khai (Northeastern Line) dessert notamment Udon Thani, Khon Kaen et Ayutthaya.

➢ ***Bangkok :*** depuis Bangkok, départs à 18h30, 20h et 20h45 ; de Nong Khai, à 6h, 18h20 et 19h15. Trajet : 11h-13h ; couchette en 2e classe ventilo/AC env 600-800 Bts.

➢ ***Nong Khai-Thanalang (Laos) :*** 1 train/j. le mat, retour l'ap-m. Prix : 50 Bts. Passe par le pont de l'Amitié, mais n'arrive pas encore à Vientiane.

En avion

✈ ***Aéroport d'Udon Thani :*** *☎ 411-530. Service de navette sur la route n° 2 (plan C2,* ***6****). Minivans 12 pers, env 4 départs/j. 5h30-17h, synchros avec les vols ; 60 km, 1h de route ; 150 Bts.*

➢ ***Bangkok :*** nombreuses liaisons/j. dans les 2 sens, affrétées par *THAI* et les *low-cost Air Asia* et *Nok Air.* Depuis Bangkok, départ de Don Muang (se faire confirmer) sf pour *Air Asia.*

➢ ***Chiang Mai :*** 2-3 vols directs/j. avec *Nok Air.*

➢ ***Phuket :*** en principe, 1 vol direct/j. avec *Air Asia.*

Pour se rendre au Laos

➢ ***Le pont de l'Amitié*** *(hors plan par B2)* **:** *env 4 km à l'ouest du centre. Tlj 6h-22h (évolutif).* Visa laotien de 30 jours délivré à la frontière. Voir « Passages des frontières laotienne et cambodgienne » plus haut. Souvent congestionné à l'ouverture, à midi et en fin d'après-midi.

➢ ***Transports :*** la traversée du pont se fait obligatoirement en véhicule.

– *Depuis le pont :* service de navette (environ 20 Bts). De l'autre côté, transports locaux jusqu'à Vientiane (environ 20 km, 30 mn de trajet).

– *Service de bus international Nong Khai-Vientiane :* depuis la gare routière, 6 bus/j., 7h30-18h. Prix : env 55 Bts. Économique et pratique (le bus attend pendant les formalités).

Adresses utiles

TAT – ท.ท.ท. *(office national de tourisme de Thaïlande)* **:** pas de bureau à Nong Khai, mais celui d'Udon Thani peut vous renseigner en anglais *(☎ 325-406 ; tlj 8h30-16h30).*

✉ ***Poste centrale*** *(plan C1)* **:** *Thanon Meechai, au niveau du Soi Wat Nak. Lun-ven 8h-16h.*

■ ***Banques :*** *sf précision, horaires d'ouverture communs à ttes les banques, lun-ven 8h30-15h30. Service de change et distributeurs de billets, notamment auprès de* ***Siam City Bank*** *et* ***Bank Thai,*** *sur Thanon Prajak ;* ***Krungthai Bank*** *(plan C1,* ***2*** *; ferme à 16h30), sur Thanon Meechai, 200 m à l'est de la poste ;* ***Bangkok Bank*** *(plan C1,* ***3****), dans le soi entre le Mékong et Wat Sri Saket, ainsi qu'à l'intérieur du marché (Thanon Rimkhong, secteur couvert).*

■ ***Transfert d'argent rapide :*** *Thanon Prajak. Service Western Union hébergé par la* ***Bank of Ayudhya.***

@ ***Internet :*** *Soi Rimkhong, dans le complexe de la* ***Mekong Guesthouse*** *(plan A-B3,* ***4****). Ouv 8h-22h. Confortable. Également* ***Hornbill Bookshop, Pantawee Hotel*** *(wifi), voir plus loin.*

■ ***Bureau de l'immigration*** – สำนักงานตรวจคนเข้าเมือง **:** voir « Thaïlande utile. Avant le départ » en début de guide.

■ ***Mutmee Guesthouse*** – มัดหมีเกสท์เฮ้าส์ *(plan C1,* ***10****)* **:** *☎ 460-717. ● mutmee.com ● Voir « Où dormir ? ».* Des tonnes d'infos pratiques et culturelles sur la région. À consulter via Internet ou sur place.

■ ***Family Cooperation Travel*** *(plan C1-2,* ***5****)* **:** *Thanon Meechai. ☎ 411-526. ● family_corp2@yahoo.co.th ● Tlj 9h-19h.* Agence de voyages émettant tout billet d'avion. Transfert à l'aéroport d'Udon Thani.

■ ***Location de vélos et de motos :*** *vélos 30-50 Bts/j. ; motos 200-250 Bts/j.* La plupart des pensions proposent ce service.

■ ***Hornbill Bookshop*** *(plan C1,* ***10****) : dans l'allée de la* Mutmee Guesthouse*. Lun-sam 10h-19h.* Livres d'occasion, dont quelques ouvrages en français. Vend aussi des cartes postales.

■ ***Librairie Thanon Prajak*** *(plan C2,* ***7****) : à quelques pas du magasin* Weaver Handicraft*. Tlj 8h-21h.* Bon rayon de guides sur la Thaïlande et les pays limitrophes, manuels de conversation et cartes.

■ ***Pantawee Spa and Massage*** – สมาคมนวดแผนไทยจังห วัดหนองคาย *(plan C2,* ***15****) : attenant à l'hôtel* Pantawee *(voir « Où dormir ? »). ☎ 421-106. Tlj, 24h/24 ! Massages et autres soins, respectivement à partir de 400 et 900 Bts/h.* Un salon au sérieux garanti proposant aussi des spa et soins du visage.

Où dormir ?

De très bon marché à prix moyens (de 100 à 450 Bts – 2,50 à 11,25 €)

🏠 ***Mutmee Guesthouse*** – มัดหมี เกสท์เฮ้าส์ *(plan C1,* ***10****) : 1111/4 Thanon Kaeworawut. ☎ 460-717. • mutmee.com • Accès par une allée qui rejoint le fleuve (panneau). Lit en dortoir 150 Bts ; doubles 170-800 Bts.* Un endroit assez exceptionnel, à l'ambiance communautaire, un peu branché. Dans plusieurs maisons de 2, 3 ou 4 chambres, multitude d'options d'hébergement pour tous les budgets, allant du lit en dortoir à la double AC avec salle de bains. Propre et bien aménagé. Très agréable café-restaurant dans le jardin, sur les berges du Mékong. Tout est prévu pour les routards, qui, grégaires et pas ingrats, en ont fait leur rendez-vous préféré. Infos culturelles et pratiques (voir « Adresses utiles »). Nombreux services et activités : librairie, cours de thaï, circuits à vélo, tai-chi, yoga... Accueil excellent.

🏠 ***Ruan Thai Guesthouse*** – เรือนไท เกสท์เฮ้าส์ *(plan C1,* ***12****) : 1126 Thanon Rimkhong. ☎ 412-519. • ruanthaihome@hotmail.com • Doubles 300-400 Bts ; familiale 1 200 Bts.* Dans une coquette maison mi-dur mi-bois donnant sur une petite cour-jardin, chambres ventilées avec ou sans salle de bains et d'autres tout confort (AC, TV – dont TV5MONDE –, frigo). Également une familiale, arrangée dans une maisonnette en bois indépendante. Ensemble soigné et accueillant. Petit café-resto.

🏠 ***Sawasdee Guesthouse*** – สวัสดี เกสท์เฮ้าส์ *(plan D1,* ***13****) : 402 Thanon Meechai, en face du Wat Srikunmuang. ☎ 412-502. • sawasdeeguesthouse.com • Doubles 180-450 Bts.* Dans une maison coloniale – les dernières survivantes se concentrent d'ailleurs dans le coin. Choix allant de la double ventilée sans salle de bains au petit luxe d'une douche privée, de la TV et du frigo. Passé la grande pièce faisant réception et salon, décorée d'objets hétéroclites, on accède aux chambres du rez-de-chaussée ou de l'étage par une agréable cour intérieure (boissons et petit déj). Éviter si possible celles qui donnent sur la rue. Une bonne adresse. Massage, laverie.

🏠 ***Esan Guesthouse*** – อีสาน เกสท์เฮ้าส์ *(plan D1,* ***14****) : 538 Soi Srikunmuang. ☎ 412-008. • esan-guesthouse@hotmail.com • À 50 m sur la gauche en allant vers le Mékong, depuis l'angle de* Sawasdee Guesthouse*. Doubles 250-450 Bts.* Belle maison isan traditionnelle, en bois et sur pilotis, offrant 5 chambres sans salle de bains dans le ton : ventilo, parquet et murs bien vernis, bonne literie. Dans le pavillon adjacent, récent mais toujours en bois, 3 chambres AC avec bains, dotées de balcon avec tables et chaises pour profiter d'un bout de jardin. Jeune patron accueillant se débrouillant en anglais.

D'un peu plus chic à plus chic (de 700 à 1 700 Bts – 17,50 à 42,50 €)

🏠 ***Pantawee Hotel*** – โรงแรมพรรณทวี *(plan C2,* ***15****) : 1049 Thanon Haisoke.*

☎ 411-568. ● pantawee.com ● Doubles avec sdb 500-1 400 Bts. Bâtiments de 2 étages à l'arrière d'une cour au calme ou bungalows (les options budget) de l'autre côté de la rue. Chambres nickel, carrelées et claires, toutes équipées de clim, TV et frigo. Petite piscine. Agence de voyages. Faisant le maximum pour sortir de son standard, l'amusant *Pantawee* est un bon plan dans sa catégorie. Accueil avenant. Attention, communications téléphoniques chères.

Nongkhai Grand – โรงแรมหนองคาย แกรนด์ *(plan D2, **16**) : route 212, 1 petit km à l'est de l'intersection principale donnant sur la ville. ☎ 420-033. Doubles env 1 300-1 700 Bts après réduc (automatique ou via un site de résa) ; petit déj-buffet en sus.* mmeuble blanc d'une dizaine d'étages, au style classique des grands hôtels thaïs. Vaste lobby « siamo-baroque ». Chambres standard, un peu vieillottes, correctement entretenues et propres. Ni charmant ni décevant, c'est le meilleur choix dans sa catégorie, d'autant qu'on entre en ville très rapidement par les petits *soi* perpendiculaires. Sur le toit en terrasse, resto de spécialités thaïes et isan avec animation musicale. Piscine.

Où manger ?

Bon marché (autour de 100 Bts – 2,50 €)

Gargotes du marché *(plan D1, **20**) : Thanon Rimkhong, 500 m env dans le marché Taa Sadej en venant de l'ouest, ou accès par la promenade. Tlj 8h-18h.* Sur la gauche du passage couvert, des stands-barbecues précèdent les terrasses qui ne sont plus sur pilotis, mais sur béton, snif ! Cela n'a pas affecté le caractère rustique lao-isan de l'ambiance et de la tambouille : délicieux poisson *pla chawn*, saucisses de porc *sai krog* ou vietnamiennes, brochettes de crevettes, à accompagner de *lap, som tam, khao niaw* ou *pat mi* (nouilles froides) sur un fond de musique *molam*.

Marché de nuit *(plan C2, **24**) : Thanon Prajak. Tlj jusqu'à 23h.* Sur 200 m environ, à partir de l'embouchure de Thanon Haisok. Situation moins agréable que dans d'autres villes ; mais toujours aussi goûteux et peu cher.

Nam Tok Rimkhong – ร้านน้ำตกริมโขง *(plan C1, **21**) : Thanon Rimkhong, là où il se rétrécit. ☎ 460-324. Pas de nom anglais.* Grande bâtisse de bois traversée par une terrasse qui donne dorénavant sur la promenade, comme ses voisines. À part ça, pas de changement à l'exception d'un petit coup de peinture. Toujours 100 % isan, rituelles chaises en plastique et tables de cantine comprises. Menu en anglais. Spécialité locale : la *neua nam tok*, une salade de bœuf aigre et pimentée. Pas mal non plus, les filets de poisson marinés *kang luog* à tremper dans une sauce... pimentée, naturellement.

Prix moyens (de 100 à 300 Bts – 2,50 à 7,50 €)

Mutmee Guesthouse – มัดหมี่ เกสท์เฮ้าส์ *(plan C1, **10**) : voir « Où dormir ? ». Tlj 7h-22h. Plats 40-150 Bts.* L'endroit idéal quand il faut ménager son estomac ! Mets familiers (salades, sandwichs, gâteaux), versions savamment édulcorées de classiques thaïs (currys, *tom yam*, sautés divers, spécialités maison et poisson) et choix végétarien. Cet incontournable de Nong Khai s'apprécie confortablement assis autour de grandes tables de bois sous paillotes. Socialisation facile et système de commande « participatif » (on vous laisse découvrir). *Shakes* et cocktails.

Daeng Namnuang « The Terrace » – แดง แหนมเนือง เดอะเทอเรซ *(plan C1, **22**) : Thanon Rimkhong. ☎ 411-961. Rouleaux 90-170 Bts pour 2-4 pers ; autres plats 30-50 Bts.* Resto vietnamien nationalement célèbre, dorénavant installé dans un grand complexe moderne et élégant, dont la généreuse véranda tire le meilleur profit de la promenade. C'est ici qu'il faut goûter les *nam nuang*, des rouleaux de printemps livrés en kit. Délicieux de finesse et de fraîcheur. Ludiques aussi : placer une feuille de riz dans la main avant de la garnir de vermicelle, de saucisse de porc et d'un assaisonnement composé de menthe, d'herbes et de fruits tropicaux coupés menu. Demander la démo si nécessaire. On peut observer l'atelier de production où une armada d'employés aux uniformes immaculés prépare les spécialités que *Daeng* expédie dans tout le pays. Petit magasin à l'entrée, coffret de *nuang* en kit...

Dee Dee Pochana et Thai Thai – ดีดีโภชนา และ ไทยไทย *(plan C2,* ***23****) : 1155 Thanon Prajak, secteur du marché de nuit. Tlj 8h-22h.* 2 frères siamois, archétypes du bon resto sino-thaï populo : béton au sol, toitures blanches de hangar et lanternes rouges au-dessus de l'entrée. Floraison de légumes en devanture, cuisines ouvertes, menus sans fin et pour toutes les faims : légumes sautés (succulents et multicolores), canard laqué, gambas frites au sel (recommandé), simples riz sautés, etc. Très populaire. Carte en anglais, service rapide.

Rudy's German Bakery – รูดี้ส์ เยอรมัน เบเกอรี่ (บอง กาเฟ่ย์) *(Bon Café ; plan C1,* ***25****) : à l'angle des Thanon Haisok et Meechai. Sandwichs, petits déj 50-150 Bts.* Cadre très quelconque mais bonnes viennoiseries, sélection de pains sympas et burgers à la carte.

Zodiac Restaurant – ร้านอาหารแพ 12 ราศี *(plan B2,* ***26****) : Thanon Meechai, en contrebas du wat du même nom (entrer par le porche). Tlj 18h-23h. Plats 60-180 Bts.* Resto flottant fréquenté par les « Nongkhaiens » et quelques visiteurs au courant. Interminable ponton de bois, dont certaines parties sont couvertes. Menu en anglais. Généreux plateau d'entrées de l'Isan, salades *yam*, soupe *tom yam*, etc., mais le meilleur ici, ce sont les poissons disponibles en de multiples préparations : grillé, en matelote, à la vapeur, sauce soja ou autres. Bien pour un verre aussi.

Où boire un verre ?

Gaia *(plan C1,* ***10****) : ponton en contrebas de Mutmee Guesthouse. Tlj 19h-1h, voire plus.* Aménagé comme une fumerie d'opium qui flotterait sur le Mékong : couche, abat-jour-montgolfière, lampes tressées, tables basses. Cocktails pas donnés (100-180 Bts) mais parfaitement réalisés. Bière, café aussi. Concert bohème généralement le dimanche vers 20h30.

Achats

Village Weaver Handicrafts – หมู่บ้านทอผ้า *(plan C2,* ***31****) : à l'angle des rues Prajak et Haisok. ☎ 422-653. Tlj sf dim 8h-17h.* Dans le spacieux et joli magasin, exposition et vente de tissus (notamment les célèbres *mutmee*, des ikats sur fond indigo), de vêtements, tentures et accessoires, ainsi que de poteries. L'ensemble de la production provient de villageoises adhérant à une association à but non lucratif, créée en 1982 par les sœurs de la congrégation du Berger.

Atelier *(plan C-D2,* ***32****) : 1151 Soi Chitapanya, allée transversale partant vers le sud depuis Thanon Prajak (pancarte jaune « VWH »).* À l'arrière de la boutique, 2 métiers à tisser et un petit atelier réalisant des vêtements sur mesure.

Kulpawee Kulthanyawat – แพรไหมกุลปวีณ์ กุลธัญวัฒน์ *(plan C1,* ***33****) : 294 Thanon Rimkhong (secteur couvert, marché Taa Sadej). ☎ 412-095. 100 m au-delà de l'ancien bâtiment de l'Immigration, sur la gauche.* Très belle sélection d'écharpes, sarongs et autres cotonnades et soieries. Prix indiqués, raisonnables (souvent moins cher qu'au Laos) et souvent négociables.

LE LONG DU MÉKONG

À voir. À faire

Sala Keoku (Wat Khaek) – ศาลาแก้วกู่ (วัดแขก) *(hors plan par D1,* ***30****) : à 5 km à l'est de la ville par la Highway 212 (direction Phon Phisai). Tlj 7h-18h. Entrée : 20 Bts.*

Rapidement, des paysans séduits par le charisme et la moralité du gourou Boun Leua Sourirat vinrent l'aider dans sa tâche. Ainsi naquit d'abord *Xiang Khouan*, situé à 25 km de Vientiane, au bord du Mékong. Après une vingtaine d'années de travail, Boun Leua fut expulsé du Laos en 1970 par les communistes. Divinement têtu, il se remit à l'ouvrage à Nong Khai, créant ce nouveau jardin, le *Sala Keoku*, avant de mourir en 1996 à l'âge de 72 ans. Sa momie se trouve au 1er étage du grand bâtiment blanc (pas de visite).

Si l'origine des visions de Boun Leua est embuée de mystères, son œuvre est bien tangible et sacrément impressionnante. Au milieu de parterres de fleurs (dont de superbes bougainvillées) s'élèvent dieux et déesses, animaux et simples humains. Sculptés dans un style syncrétique fortement baroque, ils interpellent, voire font divaguer le visiteur... Pièces maîtresses : un bouddha assis sur les circonvolutions d'un *nâga*, surmonté de ses sept têtes culminant à 20 m de haut, et la roue de la vie (Samsara).

IL ÉTAIT UNE FOI

Il était une fois un artiste mystique laotien, Boun Leua Sourirat. Lors d'une excursion en montagne, il tomba sur un ermite, Keoku, qui l'initia à la foi hindo-bouddhique. Dès lors, Boun Leua ressentit une étrange mission : celle de construire des jardins de sculptures passablement hallucinés, en utilisant des matériaux peu onéreux (brique et ferraille recouverte de béton).

Le pont de l'Amitié – สะพานมิตรภาพไทยลาว *(hors plan par A2)* **:** financé par les Australiens, long de plus de 1 km, il porte bien son nom, puisqu'il parachève la route de l'Amitié construite par les Américains lors de leur « villégiature » au Vietnam. Il fut pendant très longtemps le seul ouvrage franchissant le haut Mékong hors territoire chinois, avant l'ouverture en 2007 du pont reliant Mukdahan à Savannakhet.

➢ ***Croisière en bateau sur le Mékong – Nagarina*** *(plan C1,* ***10****)* **:** *tlj à 17h, en contrebas de* Mutmee Guesthouse, *même ponton que* Gaia. *Boucle de 1h ; 100 Bts.* Rien de spécial à voir, sinon la pointe du *chedî* englouti et un beau coucher de soleil. Pas grave, la magie du fleuve se suffit à elle-même. Possible de manger (cuisine thaïe), mais comme c'est un peu tôt, autant se contenter d'un verre...

➢ ***Balade à vélo ou à moto :*** vers l'est (marais reliés au Mékong, centre de recherche sur la soie) ou vers l'ouest (cultures de fleurs). Par de petites routes campagnardes reliant de charmants villages. Récupérer les plans détaillés grâce à *Mutmee Guesthouse* (site ou brochure).

Le marché Taa Sadej *(plan C1)* **:** *central, sur une longue section couverte de Thanon Rimkhong, filant vers l'est à partir de Thanon Banterngjit et aussi quelques allées perpendiculaires. Ferme à 18h.* Y aller plutôt le matin, puis y manger. On y trouve un peu tout ce que les pays du Mékong produisent : du couteau chinois qui rechigne à couper quoi que ce soit, des articles électriques à durée de vie limitée, de l'artisanat vietnamien et laotien dont d'exquis sarongs, de la vannerie, des bijoux, et puis des étals de friandises sucrées ou salées, dont ces délicieuses saucisses cuites dans des feuilles de bananier.

La résidence du gouverneur – จวนผู้ว่าราชการจังหวัดหนองคาย พ.ศ. *(plan C1)* **:** *angle Thanon Meechai et Hasok. Tlj 8h30-18h. Entrée et prospectus gratuits.* Bel exemple de l'architecture coloniale française d'Indochine, cette grande demeure fut construite en 1929 par une équipe vietnamienne mandatée par le gouvernement thaï pour recevoir notamment des officiels français. Vaut surtout pour la photo depuis l'entrée et le jardin. L'intérieur, mis à part les portes-fenêtres, de vieux carrelages et le soin porté à la ventilation naturelle, n'est pas très riche en aménagement et mobilier.

Prap Ho Monument *(plan C2)* **:** *face au carrefour principal avec la route n° 2, devant l'ancien hôtel de ville.* Repère dans la ville, ce monument blanc commémore la victoire des Thaïs sur les *Jiin Haw,* connus dans notre histoire coloniale sous le nom de Pavillons noirs. Ces bandes de pillards venus du Yunnan (province chinoise où passe le Mékong) dévastèrent la région dans la seconde moitié du

XIXe s. Tous les ans, le ***festival Anou Savari*** *(vers mars, pdt 10 j. env ; rens auprès de Mutmee Guesthouse)* rappelle cette délivrance avec force marchés de rues, foires et autres cérémonies/événements.

DANS LES ENVIRONS DE NONG KHAI

♥♥ ***Le parc national historique de Phu Phra Bat*** – อุทยานประวัติศาสตร์แห่งชาติภูพระบาท ***et Wat Praphutabat Buabok*** – วัดพระพุทธบาทบัวบก : *2 sites à env 80 km au sud-ouest de Nong Khai.* ☎ *910-107. À moto, rejoindre le village de Ban Phu via le bourg de Tha Bo, puis Bantiu (à 12 km), où se trouve l'embranchement pour les sites ; 3 km plus loin, bifurcation à droite pour le parc (3 km supplémentaires) ou continuer tt droit vers le wat (3 km) ; prévoir env 1h30 de trajet (bonnes routes, peu de circulation). En bus, départ matinal (vers 7h) pour Ban Phu, songthaew jusqu'à Ban Tiu, et enfin moto-taxi ; 2-3h de voyage au total ; dernier retour depuis Ban Phu vers 15h. Parc ouv tlj 8h-16h30. Entrée : 100 Bts.*
Au sommet de la colline de Phupan, le Phu Phra Bat est semé de nombreuses et étranges formations rocheuses, sortes de cheminées de fée en plus modestes. Elles servirent d'abri dès l'époque préhistorique (entre 1 500 et 3 000 ans av. J.-C.) à l'une des toutes premières communautés humaines installées dans la région. En témoignent encore aujourd'hui quelques peintures géométriques et figuratives de couleur ocre rouge, probablement liées à des rituels religieux. Plus tard, pendant l'ère Dvâravatî (du IIe s av. J.-C. jusqu'au IXe s), tables et menhirs naturels furent convertis en lieux de culte. Dans les croyances populaires de part et d'autre du Mékong, cette colline est aussi associée à la légende Usa-Baros (narrée par des panneaux sur le site). Quant au Wat Praphutabat Buabok voisin, il s'agit d'une réplique moderne du fameux stupa de That Phanom. Censé reposer sur une empreinte du Bouddha et contenir des reliques de ce dernier à l'intérieur de sa flèche, il est fréquenté par de nombreux pèlerins. Atmosphère de fête, pop-corn, maïs et poulet grillé. Fête annuelle à la mi-mars. La preuve que piété ne rime pas avec morosité…

La visite du parc
Compter 2h de balade pour une boucle complète. Auprès de l'Information Center, récupérer la brochure comportant un plan du site avec les distances. Bon fléchage et pancartes en anglais sur place. Démarrer par un tour au petit « musée » attenant (planches explicatives en anglais). La promenade commence par le *Ha Nang Ou Sa (plan local, n° 1),* un pilier surmonté d'une dalle. Ressemblant à un champignon géant, il est entouré de *semas* (pierres caractéristiques de l'époque Dvâravatî) marquant les huit points cardinaux. Non loin, le *Wat Poh Ta (n° 6),* ou temple du beau-père, et le *Tham Phra (n° 7),* meilleur exemple de conversion d'un abri préhistorique en sanctuaire hindo-bouddhique (les Khmers sont aussi passés par là). Continuer par les secteurs ouest et sud pour découvrir d'autres formations rocheuses et les peintures rupestres *(Tham Wua).* Jolis sentiers sablonneux ou à même la roche, atmosphère un rien mystérieuse.

UDON THANI, KHON KAEN ET LEURS ENVIRONS

UDON THANI – อุดรธานี

145 000 hab. IND. TÉL. : 042

À 52 km au sud de Nong Khai et 109 km au nord de Khon Kaen, Udon Thani, l'une des trois anciennes bases américaines de la guerre du Vietnam, offre peu d'intérêt pour le voyageur. Rien n'oblige d'ailleurs à s'y arrêter si l'on

voyage en train ou en bus (bonnes correspondances). Pour ceux qui le feront, nous proposons deux visites, l'une amusante, l'autre plus sérieuse.

DANS LES ENVIRONS D'UDON THANI

Udon Sunshine Orchid Garden – อุดร ซันชายน์ ออร์คิด การ์เด้นน์ : *village de **Nong Sam Rong**. ☎ 242-475. En périphérie de la ville, 1 km env au nord-ouest du centre. Bien indiqué.* Le docteur un peu Mabuse, s'est découvert deux nouveaux dadas après celui des orchidées (voir encadré) : il construit des maisons calquées sur le signe zodiacal de leurs futurs propriétaires, et se consacre au développement d'un engrais humain purifié. Pour l'instant, pas de flacon-test sur les présentoirs, mais, plus sagement, ce parfum d'orchidée qui sent très bon !

SUR UN AIR D'ORCHIDÉE

Le pittoresque docteur Pradit Kampermpool devint célèbre en 1977, quand il créa la première orchidée parfumée. Récemment, ce botaniste rebondit avec une invention un peu dingo, des orchidées qui dansent ! Et c'est vrai, ça marche, même si elles préfèrent gigoter par des journées fraîches que sous une écrasante chaleur qui ramollit un peu leur entrain. Au son d'un magnéto-jouet manié par une employée toujours enthousiaste (donner un petit pourboire, c'est d'usage), de petits appendices entament des mouvements indéniables.

Le site archéologique de Ban Chiang – อุทยานประวัติศาสตร์บ้านเชียง *: 55 km à l'est d'Udon Thani, à 6 km de la route nº 22 allant à Sakon Nakhon ; pas très bien desservi par les transports publics. ☎ 208-340. Tlj 8h30-16h30. Entrée : 150 Bts.*
Ban Chiang, site archéologique le plus important de la région, a été inscrit au Patrimoine mondial de l'Unesco en 1992. Après pas mal de controverses, les fouilles et travaux ont confirmé l'existence ici d'une civilisation florissante autour de 3 000 ans av. J.-C. (voire plus), arrivée à l'âge du bronze. C'est le berceau d'une civilisation de l'Asie du Sud-Est que l'on n'imaginait pas si ancienne et autonome. Le site est divisé en deux parties : sur la gauche, le beau Musée national (légendes et film en anglais), où sont notamment exposées les poteries dont le style primitif distinctif à spirales ocre rouge sur un fond beige, abondamment copié, a fait largement connaître le nom de Ban Chiang ; sur la droite, un chantier accessible de fouilles en plein air.

KHON KAEN – ขอนแก่น 150 000 hab. IND. TÉL. : 043

Quatrième ville du pays, traditionnellement renommée pour son agriculture et son artisanat textile, Khon Kaen est aujourd'hui tournée vers l'avenir, comme en témoigne le dynamisme de son université, la plus réputée de l'Isan.
Centrale et bien desservie par les transports, c'est une bonne escale pour rayonner dans la région et au-delà. La ville n'a pas de charme ni d'intérêt particulier en soi, à l'exception d'un intéressant musée et de nombreuses boutiques d'artisanat et de produits régionaux.
Pour s'orienter, il suffit de repérer les tours des hôtels *Charoen Thani, Kosa* et *Sofitel,* dominant le centre de la ville, tout de suite au sud-ouest de l'intersection des deux axes principaux, Thanon Na Muang et Thanon Srichan.

Arriver – Quitter

En bus

2 stations distinctes desservent les mêmes destinations.

Station des bus AC1 *(plan C2)* **:** *à 50 m en retrait de Thanon Klangmuang. ☎ 239-910.* Véhicules dits « AC1 » avec clim et toilettes.

Station des bus ordinaires *(plan C1)* **:** *Thanon Prachasamosorn. ☎ 237-300.* Les bus ordinaires sont ventilés, les « AC2 » ont la clim mais pas de toilettes.

➢ ***Bangkok :*** bus ordinaires et AC1, ttes les 30 mn, 7h-23h ; 450 km, 6-7h de trajet ; 240-400 Bts. Depuis la capitale (terminal Mochit), fréquences et horaires similaires.

➢ ***Khorat (Nakhon Ratchasima) :*** les bus Bangkok-Khon Kaen font généralement étape à Khorat. 3-4h de route ; 120-180 Bts.

➢ ***Loei :*** voir à cette ville.

➢ ***Nong Khai :*** AC1 directs dans la nuit (3h-5h) ainsi qu'à 15h et 18h ; 170 km, 3-4h de route ; env 150 Bts. Autre option, changer de bus à Udon Thani.

➢ ***Udon Thani :*** AC1 et ordinaires, ttes les 30 mn, 5h-19h ; 130 km, 2h de trajet ; 70-100 Bts.

➢ ***Chiang Mai :*** en AC1, départs à 20h et 21h ; en AC2, 8 bus, 3h-18h env ; env 500 km, 10h de route ; compter 400-500 Bts.

➢ ***Sukhothai :*** départ AC1 à 20h ; env 370 km, 6h de route ; compter 300 Bts. Les bus AC2 allant à Chiang Mai (voir horaires) passent par Sukhothai (ancienne route). Également possible de transiter par **Phitsanulok** (10 bus, 5h-16h30 env).

En train

Gare *(plan B2)* **:** *Thanon Ruen Rom, 1 km au sud-ouest du centre. ☎ 221-112.*

➢ ***Bangkok :*** 4 trains/j. dans les 2 sens. De Bangkok, départs à 8h20, 18h30, 20h et 20h45 ; depuis Khon Kaen, à 8h39, 20h11, 21h05 et 22h16. Arrêts notamment à Nakhon Ratchasima et Ayutthaya. 8-10h de voyage. Couchette 2e classe à partir de 350 Bts.

➢ ***Nong Khai :*** 4 trains/j. dans les 2 sens. Depuis Khon Kaen, à 2h12, 5h09, 6h11 et 9h42 ; en sens inverse, à 6h, 13h03, 18h20 et 19h15. 2h30 de voyage. À partir de 80 Bts.

En avion

✈ **Aéroport** *(hors plan par A1)* **:** *à 9 km au nord-ouest de la ville. ☎ 246-305. Pas de transport public, prendre un* tuk-tuk *ou s'adresser aux bureaux de loc de voitures à l'arrivée (env 100 Bts).*

➢ ***Bangkok :*** dans les 2 sens, 4 vols/j. avec *THAI (☎ 245-001).* Durée : 1h. Depuis Bangkok, départ de Suvarnabhumi (se faire confirmer).

➢ ***Chiang Mai :*** en principe, 2 vols/sem (mar et jeu) dans les 2 sens avec *Kan Air (☎ 468-345).*

Adresses utiles

TAT – ท.ท.ท. *(office de tourisme ; plan C1)* **:** *15/5 Thanon Prachasamosorn. ☎ 244-498 ou 499. • tatkhkn@tat.or.th • À 1,5 km au nord-est du centre. Tlj 8h30-16h30.* Bon accueil et bon anglais. Plan de la ville clair et très pratique, avec les lignes de bus. Infos transports.

■ ***Consulat du Laos*** – สถานกงศุลลาว *(plan D1,* ***1****)* **:** *171 Thanon Prachasamosorn. ☎ 242-856. À l'est du TAT. Lun-ven 8h-12h, 13h-16h.* Si vous avez besoin d'autre chose que le visa de 1 mois obtenu à la frontière.

■ ***Consulat du Vietnam*** – สถานกงศุลเวียดนาม *(plan D1-2,* ***2****)* **:** *65 Thanon Chata Phadung. ☎ 242-190. • vietnamembassy.or.th • Env 1,5 km à l'est du centre. Lun-ven 8h-12h, 13h-16h.* Délivre des visas de 30 jours en 3 jours. Prévoir 1 800 Bts. Intéressant puisque le visa vietnamien ne peut s'obtenir aux frontières.

■ ***Bangkok Bank*** *(plan B2,* ***3****)* **:** *99 Srichan Rd, proche de l'hôtel* Charoen Thani Princess. *Guichet de change ouv tlj 9h-17h. Distributeur automatique 24h/24.* D'autres banques et nombreux distributeurs de billets dans la même rue, ainsi que sur les axes

NORD
Maliwan
Rd
Mitaphap
Rd
Pimpasut
Rd
Thaprarak
Soi Haprutsajiga Rd
Soi Supathira
Srichan
Rd
Prachasamran
Rd
Soi Namuang
Ruenrom
Rd
Darunsamran
Rd
Soi
Veerawan
Lao Na Dee Rd
■ Adresses utiles
TAT
Internet
Station des bus AC1
Station des bus ordinaires
1 Consulat du Laos
2 Consulat du Vietnam
3 Bangkok Bank
4 Narujee Car Rent (NRJ)
Où dormir ?
10 Saen Samran Hotel
11 Sawasdee Hotel
12 Roma Hotel
13 Khon Kaen Hotel
14 Charoen Thani Princess
Où manger ?
20 Marché de nuit
21 Naem Nuang
22 Pram
23 First Choice Restaurant
24 Kiwi Café
Où boire un verre ? Où danser ?
14 Zolid Disco
30 Kosa Beer Garden
31 Rue des boîtes
Achats
42 Grande épicerie
43 Prathamakant Local Goods Center
44 Magasin Otop
À voir
40 Musée national
41 Marchés
45 Ban Kok Sa-nga

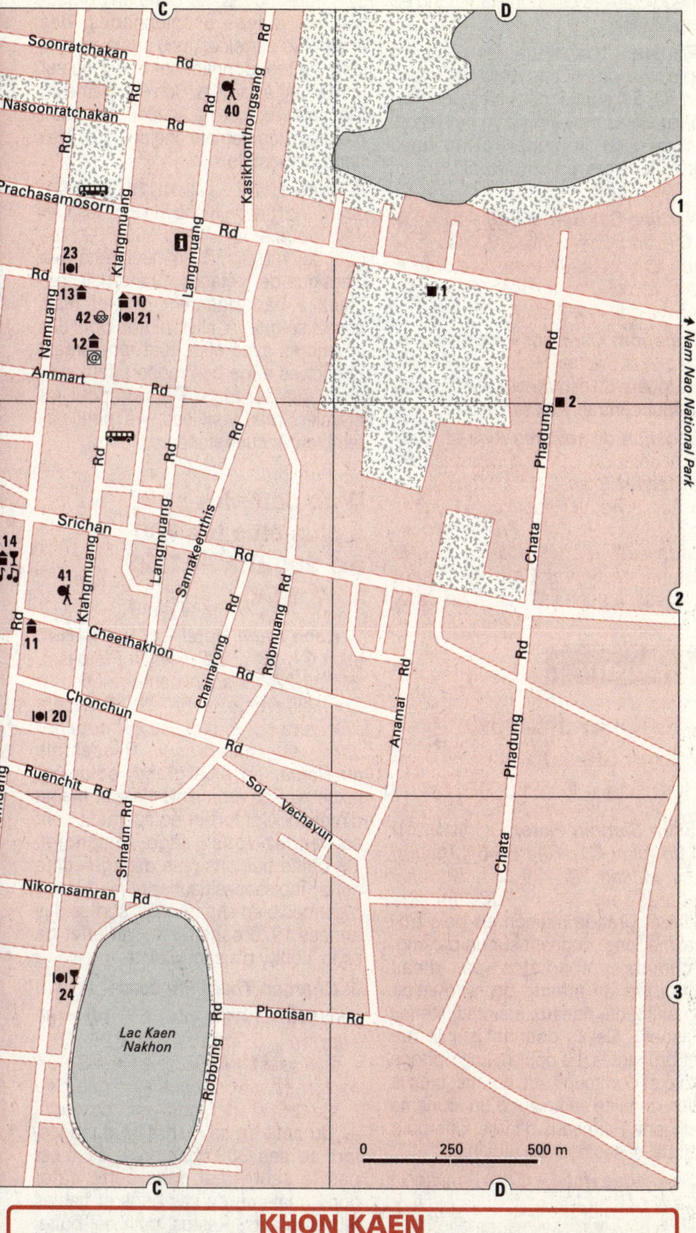
Soonratchakan Rd
Nasoonratchakan Rd
Prachasamosorn Rd
Kasikhonthongsang Rd
Klahgmuang Rd
Langmuang Rd
Namuang Rd
Ammart Rd
Srichan Rd
Samakeeuthis Rd
Cheethakhon Rd
Chainarong Rd
Robmuang Rd
Chonchun Rd
Anamai Rd
Ruenchit Rd
Srinaun Rd
Soi Vechayun
Phadung Rd
Chata
Nikornsamran Rd
Photisan Rd
Robbung Rd
Lac Kaen Nakhon
Nam Nao National Park
0 250 500 m
C
D
1
2
3

KHON KAEN

perpendiculaires (Thanon Na Muang et Klang Muang).

■ ***Piscine*** – สระว่ายน้ำ **:** les piscines de plein air des hôtels *Kosa* et *Sofitel* *(plan B2,* ***30****)* sont accessibles pour les non-résidents moyennant un petit droit d'entrée. Pour le modèle olympique, aller à l'université *(près du stade ; tlj 15h-20h ; entrée : 15 Bts).*

■ ***Narujee Car Rent (NRJ)*** – นรุจี คาร์เร็นท์ *(plan B2,* ***4****)* **:** *178 Soi Kosa, Srichan. ☎ 224-220. • narujee.com • Motos et voitures à louer. Respectivement à partir de 200 et 1 500 Bts/j.*

■ ***Supaporn Car Rent*** – สุภาภรณ์ คาร์เร็นท์ **:** *239 Srichan Rd. ☎ 239-663.* Autre loueur du centre-ville (à 300 m du carrefour central). Prix similaires.

■ ***Location de voitures Avis et Budget*** **:** *à l'aéroport. Ouv à l'arrivée des vols.*

@ ***Internet*** *(plan C1)* **:** *à 50 m sur la gauche du* Roma Hotel *(voir « Où dormir ? »). Ouv 9h-22h. Prix modique. Grande salle. Accès également à la cafétéria de l'hôtel* ***Charoen Thani Princess*** *(plus cher). Wifi au* ***Kiwi Café.***

Où dormir ?

De bon marché à prix moyens (de 200 à 500 Bts – 5 à 12,50 €)

Saen Samran Hotel – โรงแรมแสนสำราญ *(plan C1,* ***10****)* **:** *55-59 Thanon Klang Muang. ☎ 239-611. Doubles ventilées avec sdb 200-250 Bts.* Vieille et grande maison en bois tropical *madeng,* donnant sur un parking. 47 chambres spartiates (pas d'eau chaude) et en attente de rénovation (lino effiloché, rideaux éreintés, literies épuisées). Celles donnant sur la rue sont bruyantes. Le patron, anglophone cultivé et communicatif, connaît bien la région et milite en faveur d'un tourisme intelligent. Panneaux d'infos. Cité pour l'accueil et ses prix, les plus bas.

Sawasdee Hotel – สวัสดีโฮเตล *(plan C2,* ***11****)* **:** *177-179 Thanon Na Muang. ☎ 221-600. • thesawasdee@hotmail.com • Bien situé près du marché de nuit (à 100 m env). Doubles avec sdb et clim 400-450 Bts.* Dans un immeuble aux étages à colonnades, des chambres carrelées, peu chaleureuses mais nettes, donnant sur la rue ou sur un parking à l'arrière. Bon équipement : frigo, bouilloire et TV. Accueil manquant d'entrain, légèrement anglophone. Bien dans l'ensemble.

Roma Hotel – โรงแรมโรมา *(plan C1,* ***12****)* **:** *50/2 Thanon Klang Muang. ☎ 334-444. Doubles avec sdb 250-600 Bts ; petit déj 100 Bts.* Immeuble hôtelier classique de 5 étages. Grand hall spacieux à l'arrangement désuet mais assez soigné. Y aller plutôt pour les chambres avec clim, tout récemment rafraîchies et de bon rapport (faux parquet, bureau, frigo, TV), que pour les premiers prix, ventilées, vraiment pas terribles. Accueil standard.

D'un peu plus chic à plus chic (de 700 à 1 900 Bts – 17,50 à 47,50 €)

Khon Kaen Hotel – ขอนแก่นโฮเต็ล *(plan C1,* ***13****)* **:** *43/2 Thanon Pimpasut. ☎ 333-222. • khonkaen-hotel.com • Doubles avec clim 700-800 Bts, petit déj compris. (censé fonctionner dans les chambres !).* Ressemble au *Roma,* en plus grand, coloré et luxueux. Pas étonnant, c'est la même direction. Confort et équipement sont au rendez-vous : frigo, baignoire, TV, petits balcons (vue dégagée côté nord). Tapisseries fleuries et moquettes bigarrées bien entretenues, sorties des années 1970 sans qu'il y ait effet de style. Lobby plaisant. Calme.

Charoen Thani Princess – โรงแรมเจริญธานี ปริ๊นเซส *(plan C2,* ***14****)* **:** *260 Thanon Srichan. ☎ 220-400. • princess@kknet.co.th • Selon confort et saison, doubles à partir de 1 300-1 900 Bts, petit déj compris.* Du haut de sa quinzaine d'étages, fort de ses 300 chambres, ce n'est pas le seul hôtel dans cette catégorie, mais un de ses bons et fiables représentants. Restos, petit déj-buffet honorable, piscine intérieure. Du très classique, mais sans défaut majeur.

Les chambres *deluxe* bénéficient d'un équipement plus complet (bouilloire, coffre), mais ne sont pas plus grandes.

Où manger ?

Bon marché (moins de 100 Bts – 2,50 €)

Nombreuses **gargotes** proposant cuisines thaïe ou chinoise le long de Thanon Klang Muang.

Marché de nuit *(Night Bazaar ; plan C2, **20**)* **:** *Thanon Ruenrom, entre Na Muang et Klang Muang. Plats simples 20-60 Bts.* Passé l'appréhension de la langue, les traditionnels marchés de nuit sont toujours un endroit de choix pour dîner réellement à la locale. Celui-ci, particulièrement riche (Isan oblige), bien organisé et propre, est propice à l'initiation. Par exemple, toute une série de stands au milieu de la rangée proposant de délicieuses soupes, à compléter avec la multitude de légumes (crus ou en saumure) et d'herbes à disposition sur les tables. Un tenancier se débrouille en anglais, il saura vous guider. Sinon, pointer du doigt ou utiliser son lexique suffit au bonheur.

Naem Nuang – ร้านอาหารแหนมเนือง *(plan C1, **21**)* **:** *Thanon Klang Muang, à côté de l'hôtel Saen Samran (voir « Où dormir ? »). Pas d'enseigne en caractères romains ; « Vietnam Food » est écrit sur la porte, en dessous du faux pignon de maison en bois. Tlj 6h-21h30. Repas env 100 Bts.* Spécialités de rouleaux de printemps à confectionner soi-même. Également des nems, salades et nouilles de riz. Salle climatisée et propre. Menu avec photos.

Prix moyens (de 100 à 300 Bts – 2,50 à 7,50 €)

Pram – ร้านอาหาร บ้านหน้าไม้ *(plan B1, **22**)* **:** *42/14 Thanon Ammart. ☎ 239-958. Tlj 11h30-14h, 17h-21h30. Plats 80-200 Bts.* Une grande et belle maison en bois, ce qui est trop rare à Khon Kaen. L'extension extérieure, la terrasse et la déco ne sont malheureusement pas aussi jolies et soignées. Mais ne faisons pas les difficiles puisque la cuisine est bonne, servie avec attention et modernité : spécialités isan, poissons, nombreux *dips* (préparations épicées dans lesquelles on trempe légumes ou autres mets), salades de type thaï en tout genre. Menu avec photos. La patronne parle un peu l'anglais.

First Choice Restaurant – ร้านอาหารเฟิร์สช้อยส์ *(plan C1, **23**)* **:** *18/8 Thanon Pimpasut. ☎ 333-352. En face de l'hôtel Khon Kaen. Tlj 7h-23h. Plats 40-180 Bts.* Cuisine asiatique et occidentale pour carnivores (steaks, hamburgers) et végétariens. Petit déj.

Kiwi Café *(plan C3, **24**)* **:** *311/13 Thanon Robbung. ☎ 228-858. Lun-jeu 11h-23h ; w-e 10h-minuit. Becs sucrés 25-60 Bts ; petits plats et petits déj 100-150 Bts.* Pavillon moderne aux larges baies vitrées ouvertes sur une plaisante terrasse orientée vers le lac. Fauteuils relax ou chaises. Café dans tous ses états, gâteaux (dont brownies et muffins, *of course !*), pâtisseries et petits plats honnêtes (salades, *fish'n'chips,* tourtes, lasagnes).

Où boire un verre ? Où danser ?

L'esplanade cernée de grands hôtels (depuis Thanon Srichan, entrer par Soi Kosa) constitue un petit îlot agréable à l'écart du trafic des grandes avenues. S'y concentrent là ou à deux pas de nombreux restos, terrasses, bars et boîtes que fréquentent Thaïs et *farang.*

Kosa Beer Garden – ร้านโคสาเบียร์การ์เด้น *(plan B2, **30**)* **:** *en contrebas de l'hôtel Kosa.* En plein air, grand choix de boissons et bière pression. Orchestre et écrans vidéo. Côté resto, 2 catégories de prix coexistent ; ceux de la carte *Coffee Shop* sont bien plus abordables et justifiés que ceux du *Kosa Hotel.*

Zolid Disco – โซลิด ดิสโก้ *(plan C2, **14**)* **:** *sur plusieurs niveaux, dans les entrailles de l'hôtel Charoen Thani Princess. Entrée gratuite.*

L'ISAN

Accueille des groupes thaïs typiques, délivrant de la variété-rock pleine d'énergie. Plus cossu que populo, mais les consos restent à des prix « provinciaux » très abordables.

La rue des boîtes – ถนนคนเดิน *(plan B2, **31**) : Thanon Prachasamran.* Bordant à l'ouest le centre moderne de Khon Kaen, cette rue aligne plusieurs stars de la nuit locale. Ainsi, le ***Rad Society,*** complexe à rallonge couvrant les options café-*lounge,* boîte excitée et resto-bar d'extérieur tout en bois. Pas loin, en face, impossible de louper le ***Freeze,*** bloc rectangulaire dont l'étage ouvert sur la nuit et habituellement bondé brille de ses néons bleus.

Achats

Spécialités culinaires de l'Isan : tout au long de Thanon Klangmuang, concentration incroyable de boutiques spécialisées principalement dans la charcuterie et la confiserie locales. Saucisse fumée et andouille, biscuits, fruits confits... Une idée de cadeau originale et pas ruineuse.

Grande épicerie – แหนมลับแล *(plan C1, **42**) : 32 Thanon Klang Muang. ☎ 239-498. Juste à côté de l'hôtel Roma.* Longue façade dorée portant de grosses lettres rouges. Large choix de produits de bouche typiquement isan et quelques objets artisanaux, justifiant le pèlerinage de clients fidèles !

Prathamakant Local Goods Center – ศูนย์สิงทอพระธรรมขันต์ *(plan B2, **43**) : 81 Thanon Ruenrom. ☎ 224-080. Au sud du centre, en face du Night Bazaar.* Apparence un peu poussiéreuse, faux pignons de bois, et pourtant cette caverne d'Ali Baba mérite le détour : soieries et cotonnades de toutes les provinces de l'Isan, service tailleur, coussins triangulaires, vaisselle, argenterie, céramique, babioles et « kitscheries » à profusion.

Magasin Otop *(plan B2, **44**) : Soi Kosa, Thanon Srichan. Tlj 9h-20h.* Permet de se faire une idée des prix (ici pas forcément les moins chers) et des produits de la région, malgré l'excès de standardisation que véhicule cette initiative gouvernementale.

À voir

Le Musée national – พิพิธภัณฑสถานแห่งชาติขอนแก่น *(plan C1, **40**) : Thanon Lung Soon Rachakarn, 1,5 km au nord de la ville. Mer-dim 9h-16h. Entrée : 100 Bts.*
Une des collections les plus riches du pays, exposée de manière très pédagogique (anglais partout) sur 2 étages, autour d'un adorable patio fleuri. Attention, les dates indiquées correspondent au calendrier bouddhique. Retrancher cinq siècles (voir « Décalage horaire » dans « Thaïlande utile ») !

– *Au rez-de-chaussée :* tout de suite à droite, commencement logique avec la géologie, la paléontologie et la préhistoire de la région. Squelettes de dinosaures, remarquables assortiments d'outils, poteries et bronzes de Ban Chiang, maquettes et reconstitution d'une tombe. Dans la salle en face, consacrée aux périodes dvâravatî et khmère, exposition de nombreuses bornes de pierre ou *sema.* Marquant les limites des sites religieux, elles furent sans doute utilisées pour le culte des ancêtres avant d'être « récupérées » et souvent sculptées de scènes bouddhiques. Parmi elles, le clou de l'expo représente la princesse Bhimba essuyant les pieds de l'Éveillé.

– *À l'arrière,* les deux salles suivantes donnant sur le patio retracent l'histoire de la ville et présentent la culture et les traditions de l'Isan à travers des costumes, des outils utilisés pour le tissage, la pêche, la chasse, et des instruments de musique, dont, bien entendu, le *kaen,* une sorte d'orgue à bouche qui a donné son nom à la cité.

– *Le 1er étage* est dédié à l'art bouddhique : statuettes de toutes les grandes périodes et écoles, tablettes votives, fragments sculptés de stupas, etc.

Les marchés *(plan C2, **41**) :* très animés, de part et d'autre de Thanon Klangmuang. Y aller de préférence tôt le matin ou à la tombée de la nuit, l'affluence y est alors importante, notamment au sud de la poste.

Fête

– ***Foire de la Soie :*** *fin nov-début déc.* Elle dure 2 semaines : expositions, défilés, musique, danses traditionnelles et, bien sûr, élection de Miss Soie !

DANS LES ENVIRONS DE KHON KAEN

Ban Kok Sa-nga (village des Cobras) – บ้านโคกสง่า *(hors plan par B1,* ***45****) : à 50 km au nord de Khon Kaen. Motorisé : remonter la route nº 2 sur 33 km, bifurquer à droite sur la nº 2039 (direction Nam Pong-Kranuan) et à nouveau à droite (panneau) après 14 km. Alternative plus bucolique : route nº 209 en direction de Kalasin sur 12 km, puis nº 2183 et nº 2008. Transport public : bus vert nº 501 (ttes les 90 mn à partir de 6h), descendre à Nam Pong (dernier retour à 18h), puis moto-taxi ; env 2h de trajet, compter 60 Bts. Ouv 8h-17h. Observation des serpents gratuite, faire une donation. Spectacle sans horaire fixe (mais plutôt le mat), à partir de 200-300 Bts si l'on est seul (se marchande).* Ban Kok Sa-nga est un petit village pas comme les autres, où tous les habitants ou presque élèvent des cobras. Chaque année, lors du festival de *Songkran* (du 13 au 15 avril), les reptiles sont particulièrement en vedette, et une reine (humaine, elle) des Cobras est élue. Le reste du temps, deux « King Cobra Club », respectivement à proximité des *Wat Sakaew* et *Sritanma,* permettent de voir des reptiles dans des cages et d'assister éventuellement à des spectacles. Ces derniers sont plutôt réservés aux groupes, car dépendent de la demande et du prix proposé. En solo, discutez le coup patiemment ou attendez du renfort ! La visite vaut surtout si vous n'avez pas encore assisté à un show similaire, à Bangkok ou vers Chiang Mai.

Nam Nao National Park – อุทยานแห่งชาติน้ำหนาว *(hors plan par D1) : district de Nam Nao, à 140 km env à l'ouest de Khon Kaen. ☎ 02-562-07-60 (à Bangkok). 📱 081-962-62-36. ● dnp.go.th ● Pour y aller : motorisé, suivre la route nº 12 jusqu'à l'entrée du parc (20 km env après la bifurcation menant au bourg de Nam Nao lui-même) ; en transport public, prendre un bus desservant Phitsanulok et demander à descendre à l'entrée du parc, marcher 1 km jusqu'au Visitor Center. Tlj 6h-18h. Entrée : 200 Bts ; réduc. Petit droit véhicule. Loc tente 300 Bts.*
À la frontière entre l'Isan et la Thaïlande du Nord, techniquement dans la province de Phetchabun, le parc de Nam Nao donne l'occasion d'organiser facilement une pause nature. À seulement 2 km de la grand-route, le *Visitor Center* (plan du parc à dispo, panneaux sur la faune, sur la flore et sur la géologie, taxidermie, un peu d'anglais, accès Internet) est entouré de gargotes et d'hébergements, tandis que les départs des sentiers rayonnent tout autour.
En une journée, possible de se mettre en jambe sur le civilisé et parfois bitumé « Nature Trail » (1 km), et d'accomplir une boucle plus longue vers un point de vue au nord-est (via Dong Ma Fai, 1h30 de marche environ) ou la forêt persistante au nord (environ 3h en tout). Sentiers assez faciles et suffisamment balisés. Certains sites sont également accessibles directement depuis la route nº 12 : *Phu Kor,* beau panorama au lever du soleil (surmonté d'une haute tour de surveillance interdite d'escalade), relié au *Visitor Center* par un sentier de 4 km ; *Tam Par Hong,* promontoire idéal pour le coucher de soleil, mais éloigné (10 km de l'entrée) et sans sentier le raccordant au reste du parc. Les panneaux « Attention éléphants » rappellent que le parc côtoie aussi des réserves naturelles *(Wildlife Sanctuary)* strictement consacrées à la protection de la faune et de la flore. La nature n'est pas très impressionnante, mais la couverture végétale est suffisamment variée (plusieurs types de forêts, bambous, etc.) et dense pour garantir un bon bol d'air pur et de beaux points de vue.
Nam Nao, c'est aussi une bonne mise en jambe avant le Phu Kradung, à seulement 70 km de là (du trafic sur les routes, pas trop galère même en transport public).

Camping, bungalow et restos du parc : *proche du Visitor Center. Résa obligatoire pour les bungalows. Tarifs : 30 Bts pour planter sa tente ; loc de tente 2 pers avec matelas 50 Bts ; 3 pers avec tt équipement (dont sac de couchage) 300 Bts ; hutte 2 pers 300 Bts ; chalets selon taille et confort, à partir de 1 000 Bts pour 4 pers. Restos : plats 30-150 Bts.* Les terrains où planter vont du découvert sans intérêt au grand terrain gazonné et ombragé. Chalets plutôt mignons et récents. Nourriture bonne et peu chère. Tous les ingrédients pour un séjour agréable.

Prasat Puay Noi – ปราสาทเปือยน้อย **:** *à 79 km au sud de Khon Kaen, sur la droite à l'entrée du bourg assoupi de Puay Noi. Motorisé : après 44 km sur la route n° 2 en direction de Khorat, bifurquer sur la n° 23 au niveau de Ban Phai, puis, après 10 km, sur la n° 2301 et enfin la n° 2297 ; panneaux indicateurs. Transport public : descendre à Ban Phai, puis songthaew jusqu'à Puay Noi ; attention aux retours vers la grande route (dernier véhicule vers 15h).* Plus grand temple khmer du centre de l'Isan, ce *prasat* est majestueusement posé sur une grande pelouse portant les marques d'anciens bassins. Beau grès rose sur une base de latérite, fenêtres à colonnes et quelques beaux linteaux, piliers et frontons finement sculptés.

LES DINOSAURES DE L'ISAN

Le plateau central s'étalant sur les provinces de Khon Kaen et Kalasin constitue la région la plus riche en sites paléontologiques de Thaïlande. Découvert en 1996, le *Siamotyrannus isanensis* serait l'ancêtre du fameux *Tyrannosaurus rex* qui vécut sur le continent américain une cinquantaine de millions d'années après son cousin d'Asie. Y aurait-il eu des migrations entre les deux continents via le détroit de Béring ? Tandis que de gros dinos en béton envahissent les ronds-points, et de plus petits, dorés, garnissent les réverbères, deux sites ont fait l'objet d'un aménagement touristique.

CHASSE À L'OS

Les fossiles, d'une valeur inestimable, suscitent bien des convoitises. Tellement qu'en février 2005 la police a démantelé un véritable trafic de fossiles de dinos provenants de la région. Elle en a même intercepté jusque sur eBay : des fossiles vendus par des villageois thaïlandais qui s'en débarrassaient, craignant que cette richesse de leur sous-sol ne leur vaille d'être expropriés !

Phu Wiang National Park et le musée des Dinosaures – อุทยานแห่งชาติภูเวียงและพิพิทธภัณฑ์ไดโนเสา **:** *à 90 km à l'ouest de Khon Kaen. ☎ 249-052. Pour y aller : motorisé, prendre la route n° 12 sur 48 km, puis tourner à droite sur la n° 2038 rejoignant Phuwiang (indiqué) ; en transport public, rejoindre Phuwiang puis chartériser un véhicule (aussi cher que de louer une moto à Khon Kaen). Tlj 8h30-18h. Entrée : 200 Bts ; réduc.*

– Les ***sites de fouilles*** sont tous accessibles depuis le parking à côté du *Visitor Center.* Le n° 9 abrite la star locale, le *Siamotyrannus.* Le n° 1, le *Phuwiangosaurus sirindhornae,* contient un sauropode d'une vingtaine de mètres de long, baptisé ainsi en l'honneur de la princesse royale qui parraina et finança une partie des fouilles. Les n°s 2 et 3 contiennent d'autres sauropodes non encore identifiés.

– **Le musée :** *4 km avt l'entrée du parc. ☎ 917-036. Tlj sf lun 9h-16h. Entrée symbolique.* Panneaux retraçant l'histoire des dinos en Thaïlande et squelettes complets de quelques bêtes. Peu de légendes en anglais, mais accueil enthousiaste des jeunes étudiants.

Camping et bungalow : *à l'intérieur du parc. 📱 085-852-17-71. Tente 3 pers 450 Bts ; chalet 6 pers 1 200-1 800 Bts.*

Phu Kum Khao (Isan Jurassic Park) – ภูคำขาว (อีสาน จูราสิค ปาร์ค) *: à env 120 km à l'est de Khon Kaen, dans le district de Sahat Sakan. ☎ 871-014. Pour y aller : motorisé, rejoindre Kalasin (coquette petite ville à 80 km de Khon Kaen, où l'on peut faire une pause) par la n° 209, puis obliquer vers le nord et Sahat Sakan par la n° 227, accès par une petite route au niveau de l'école ; en bus, rejoindre Kalasin puis Sahat Sakan (assez long).* Au pied d'un tertre, le Phu Kum Khao, les scientifiques ont retrouvé de nombreux os et squelettes (deux sont exposés) dans ce grand cimetière de dinosaures datant d'il y a 120 millions d'années. Également un petit musée, le ***Sirindhorn Museum*** *(tlj 8h-17h),* où sont exposés des morceaux de squelette ainsi que des photos et des dessins. Peu de commentaires en anglais.

DE NONG KHAI AU THAT PHANOM

Cet itinéraire permet de retrouver le Mékong. Au risque de passer pour des monomaniaques, mais l'on sait combien vous l'aimez aussi... et nous ne nous sommes jamais beaucoup éloignés du Mékong en empruntant la route n° 211. Ceux qui voyagent entre Nong Khai et les parties orientales et méridionales de l'Isan devraient apprécier cet itinéraire long de 300 km environ. Quand le ruban de bitume rentre dans les terres, c'est pour pénétrer des terroirs quasi ignorés du tourisme, peu avares de surprises visuelles... sans oublier celles des marmots du coin. Sur une route le long d'un village, occupés à faire des moulinets des bras pour soulager nos dos fatigués par le voyage, c'est toute une assemblée de chérubins qui s'empressa d'imiter nos mouvements de drôles d'étrangers à la peau claire, sans oublier leurs aînés, avant de succomber à un grand éclat de rire. Isan, tu nous tiens !

NAKHON PHANOM – จังหวัดนครพนม

37 000 hab. IND. TÉL. : 042

Capitale provinciale riquiqui, Nakhon Phanom semble avoir abandonné définitivement ses ambitions régionales à sa rivale Mukdahan (satané pont !). Juste en face de la ville laotienne de Thakhek, elle reste pourtant un des points de passage autorisés pour les étrangers et n'est finalement pas si désagréable, loin s'en faut.

Arriver – Quitter

Station de bus : *proche de l'intersection du périphérique ouest et de Thanon Nittaya.*

➢ ***That Phanom :*** dans les 2 directions, ttes les 30 mn, 6h-19h env ; 60 km, 1h de trajet ; env 40 Bts.

➢ ***Nong Khai :*** via Sakon Nakhon et Udon Thani, 20 bus/j., transfert à Udon ; le long du Mékong, voir plus haut « Nong Khai » (fréquences et horaires similaires).

➢ ***Mukdahan :*** ttes les heures, 6h-17h env ; 120 km, 2h de route ; compter 100 Bts.

■ ***Quai des ferries pour le Laos :*** *proche de la vieille horloge. Tlj 7h-18h env, départs réguliers ; 30 Bts.*

Adresses utiles

ℹ ***TAT*** – ท.ท.ท. *(office de tourisme) : Thanon Sunthon Wichit. ☎ 513-490. • tatphnom@tat.or.th • Dans la rue qui longe la rive du Mékong, 400 m au* *nord de la vieille horloge, proche de la poste. Tlj 8h30-16h30.* Sert aussi de siège aux offices des régions de Kalasin, de Sakon Nakhon, et même de Mukdahan. Peu de doc, à l'exception d'une bonne carte de la ville, on devrait y faire de son mieux pour répondre à vos questions.

■ ***Banques :*** *plusieurs sur Thanon Nittaya. Lun-ven 8h30-15h30.* Service de change et distributeurs de billets.

@ ***Internet :*** *Thanon Srithep, en face du Grand Hotel. Tlj 8h-22h. Prix modique.* Bon matériel et casques pour préserver le calme des non-joueurs.

Où dormir ? Où manger ? Où boire un verre ?

Grand Hotel – โรงแรม แกรนด์ *: 210 Thanon Srithep. ☎ 513-788. À 200 m au sud de l'ancienne horloge, à l'angle d'une ruelle. Doubles avec sdb 180-320 Bts.* Dans un immeuble blanc de 3 étages. Petit hôtel déclassé car plus tout neuf, mais, comme la réception le laisse présager, efficacement maintenu. Prix évoluant en fonction du confort (eau froide ou chaude, ventilo ou clim, qualité de literie), du nombre de lits (1 ou 2 grands), et de la présence ou non de TV, uniquement thaïe... Partout, du carrelage aussi propre au sol que dans les douches, et des tables et fauteuils authentiquement rétro. Bon exemple d'*hôtel budget* habitué aux routards.

Nakhon Phanom River View – โรงแรม นครพนม ริเวอร์วิว *: Thanon Sunthon Wichit (berge du Mékong). ☎ 522-333. Double env 1 000 Bts.* Un peu excentré au sud, mais c'est là qu'il faut loger pour obtenir le meilleur standing. Belle vue sur le fleuve depuis les couloirs des étages supérieurs, motivant un lever aux aurores. Piscine extérieure. Restos.

Ohio – โอไฮโอ *: Thanon Tamrongprasit. ☎ 541-450. À 100 m env au nord-ouest de l'horloge.* Sympathique resto-bar-boîte avec une grande terrasse.

Restos et terrasses le long du Mékong : *dans le secteur du Maenamkong Grand View Hotel –* โรงแรม แม่น้ำโขงแกรนด์วิว. Populo ou un peu plus guindé, selon que l'on choisisse la terrasse de l'hôtel ou les voisins. Nombreuses et délectables spécialités de poisson et fruits de mer à prix très corrects. Plus au sud, après le *Nakhon Phanom River View* (voir plus haut), des restos typiques isan exploitent du haut de leurs pilotis le retour au naturel des berges.

À voir. À faire

Panorama sur le Mékong : tôt le matin, des bancs de sable au premier plan et une des chaînes calcaires les plus spectaculaires du Laos à l'horizon encadrent avec bonheur le défilement des flots. Bordée de plusieurs temples, une avenue-promenade d'une largeur hypertrophiée longe le fleuve.

En ville, plusieurs ***vieilles résidences coloniales.*** Comme à Nong Khai, beaucoup d'habitants d'origine chinoise ou vietnamienne émigrèrent à cette époque. Ho Chí Minh passa ici sept années de vie fugitive dans les années 1920. Son ancienne maison se visite, mais offre peu d'intérêt.

THAT PHANOM – พระธาตุพนม

IND. TÉL. : 042

Une soixantaine de kilomètres au sud de la capitale provinciale, par la route nº 212 presque toute droite d'où le grand fleuve apparaît par intermittence entre des bosquets de végétation, la petite ville de That Phanom est célèbre

dans tout le pays pour son stupa éponyme. Monument le plus sacré de l'Isan, c'est l'un des quatre sanctuaires majeurs de la Thaïlande.
De vieilles maisons de bois se concentrent dans les deux rues parallèles au fleuve, dans une ambiance passablement assoupie, contrastant avec l'afflux constant de pèlerins dans l'enceinte du stupa.

Arriver – Quitter

Station de bus : *au sud du wat, au niveau du grand virage.* À part les navettes Nakhon Phanom-That Phanom, peu de transports émanent ou aboutissent ici. Il faut soit monter dans des bus Nakhon Phanom-Ubon ou Ubon-Udon faisant étape ici (ce sans garantie de place), soit prendre des correspondances à Nakhon Phanom ou Mukdahan. Se renseigner à la gare ou auprès de *Niyana Guesthouse* (voir « Où dormir ? »). Plus bas, les horaires et fréquences indicatives.

➢ ***Nakhon Phanom :*** se reporter à cette ville.

➢ ***Mukdahan :*** ttes les heures, 5h-17h env ; 60 km, 1h de route ; env 60 Bts.

➢ ***Ubon Ratchathani :*** 240 km, 4-5h de route ; pour les bus AC, compter 200 Bts.

Où dormir ?

Niyana Guesthouse – นัยนา เกสท์เฮ้าส์ **:** *Thanon Rimkhong, Soi Weethee Sawrachon. ☎ 540-880. • niyana-gh@hotmail.com • Rejoindre la rive du Mékong par la rue dans l'axe du porche et du wat, tourner à rebrousse-chemin dans la 1re allée à gauche. 3 chambres sans sdb avec eau chaude (dont 1 triple) 120-180 Bts.* Déménagée dans une nouvelle maison, la tenue laisse ici un peu à désirer. Le mobilier dépareillé et assez rincé gâche un peu le cachet potentiel des bois de l'étage. Reste une bonne adresse pour l'accueil un peu excentrique et adorable de Mme Pana, prof d'anglais le week-end (cours au rez-de-chaussée !), et pour les infos prodiguées (plan, horaires des bus et vélos à louer, etc.).

Où manger ?
Où boire un verre ?

Gargotes au bord du Mékong : agréable balade le long du Mékong par Thanon Rimkhong. L'essentiel des établissements occupe le côté route, mais certains se sont réapproprié les berges. Alors un escalier précaire enjambe le parapet de béton pour rejoindre des plateformes de bambou qui surplombent des maraîchages saisonniers. Une soirée sympa assurée.

À voir. À faire

That Phanom – พระธาตุพนม **:** mélange parfaitement dosé de finesse et de galbe, haut de plus de 50 m, voici le stupa à ne pas manquer, hermétiques et blasés compris. Divin aussi après le coucher de soleil, sous les ors supplémentaires des projecteurs se reflétant sur le damier du sol.
Arborant des motifs floraux récemment redorés sur un fond d'un blanc éclatant, coiffé d'une ombrelle d'or massif pesant 16 kg, le fameux stupa de brique et de plâtre attire tous les regards. Sa silhouette en forme de pied de chaise renversé répond aux canons du style laotien, dont l'archétype est le That Luang de Vientiane. Selon la légende, le premier That Phanom aurait été construit peu après la mort du Bouddha. L'actuel ne date cependant que de 1975, une énième reconstruction ayant succombé cette année-là à des pluies torrentielles. En tournant dans le sens des aiguilles d'une montre, déchaussé comme il se doit, prêter également attention à la face intérieure du muret d'enceinte.
Un petit musée ouvert tous les jours regroupe les reliques trouvées dans les entrailles du stupa après son effondrement. Pas mal de commentaires en anglais. Au 1er étage, une intéressante collection d'images bouddhiques.

- ***Festival du Wat Phra That Phanom :*** pendant 1 semaine, entre récoltes et nouvelles semailles, et conformément au calendrier bouddhique (vers la mi-février), la ville s'embrase spirituellement et populairement.

Le marché lao **– ตลาดลาว :** *depuis le quai, suivre Thanon Rimkhong vers l'amont sur env 500 m. Lun et jeu.* Pour le pittoresque des produits et des marchands venus de l'autre rive.

L'ISAN

DE MUKDAHAN À KHONG CHIAM

Cet itinéraire suit encore un temps le Mékong qui, peu avare de ses efforts, continue à dessiner la frontière orientale de l'Isan, face au Laos. Peut-être las de ces considérations géopolitiques, et profitant de son union avec la rivière Moon qui irrigue la région d'Ubon Ratchatani, il finit par s'enfuir chez le voisin et quitter à jamais le Siam qui atteint là son « Extrême-Orient ». Cette désertion isole un périmètre méconnu plus au sud, un triangle non pas d'or, mais d'émeraude, couleur des forêts tropicales qui survivent ici avec une vigueur surprenante. Là, les terres du royaume de Cambodge rejoignent celles de ses deux voisins indochinois.

MUKDAHAN – มุกดาหาร

50 000 hab. IND. TÉL. : 042

Mukdahan profite de sa position stratégique face à Savannakhet, ville sud-laotienne en pleine expansion et premier relais commercial entre la Thaïlande et le Vietnam. Moins riche historiquement et moins dépaysante que Nakhon Phanom ou Ubon Ratchathani, sa modernisation s'est accélérée depuis la construction du nouveau pont sur le Mékong, à 7 km au nord de la ville. Ici comme ailleurs, le béton a coulé le long du fleuve, propulsant une partie du fameux « marché indochinois » dans les sous-sols frisquets d'une longue promenade...
Mukdahan est surtout un passage symbolique entre le nord et le sud de l'Isan, au gré d'un voyage le long du fleuve, et une étape de plus à considérer sur la route du Laos. Une nuit par ici ne sera jamais perdue : le pittoresque reprend ses droits à deux pas du centre et, la nuit venue, les restos des berges deviennent bien romantiques.

Arriver – Quitter

Gare routière *(hors plan par A1) : à 3 km à l'ouest de la ville, sur la route n° 212. Desservie par les songthaew publics jaunes (passent par Thanon Song Nang Sathit et Samut Sakdarak) ; prévoir 30 Bts.*

➢ ***Bangkok :*** plusieurs bus/j. tôt le mat ou en soirée ; 640 km, 11h de route ; AC2-VIP, 400-800 Bts. Depuis Bangkok (terminal de Mo Chit), horaires similaires.

➢ ***Ubon Ratchathani :*** voir à cette ville.

➢ ***Nakhon Phanom :*** voir à cette ville. Dessert That Phanom au passage.

➢ ***Khon Kaen :*** départs ttes les 30 mn ; 240 km, 4-5h de route ; prévoir 180 Bts.

Passer au Laos

Pour une raison de gros sous, plus de passage en ferry depuis la ville vers le Laos. Dommage, d'autant que c'est toujours possible dans l'autre sens ! Pour les visas, voir « Passages des

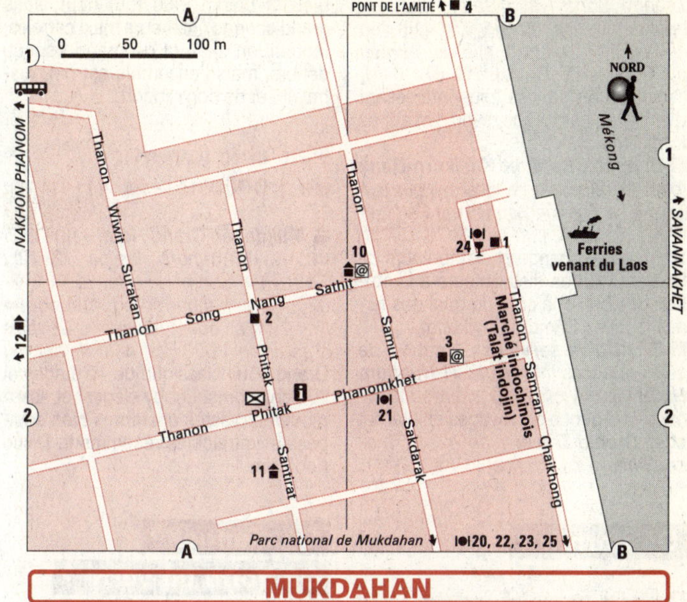

MUKDAHAN

Adresses utiles

- Tourist Information Center
- 1 Bureau de l'Immigration
- 2 Bangkok Bank, Kasikorn Bank
- @ 3 Orchid Travel
- 4 Pont de l'Amitié
- @ 10 H-Huanum Hotel

Où dormir ?

- 10 H-Huanum Hotel
- 11 Saensuk Bungalows
- 12 Mukdahan Grand Hotel

Où manger ? Où boire un verre ?

- 20 Stands et gargotes
- 21 Restos thaïs
- 22 Resto Lao
- 23 Wine Wild Why
- 24 Good Mook
- 25 Riverside Restaurant

frontières laotienne et cambodgienne » au début de ce chapitre.

➢ ***Pont de l'Amitié*** *(Friendship Bridge ; hors plan par B1, **4**) :* *à 7 km au nord de Mukdahan ; 15 mn de trajet.* Pour le traverser, le plus simple est d'embarquer à la gare routière dans un bus transfrontalier Mukdahan-Savannakhet (voir ci-après). Alternative : *songthaew* jaune depuis la ville (env 50 Bts) ou *tuk-tuk* (env 150 Bts).

– ***Bus Mukdahan-Savannakhet (Laos) :*** 12 bus/j., 8h-19h ; 50 Bts. Attend pendant les formalités. Montée possible au pont, s'il y a de la place.

– ***De Savannakhet,*** liaisons quotidiennes avec *Vientiane* (12h) et *Pakse* (6h).

Adresses utiles

Tourist Information Center *(plan A2) :* *Thanon Phitak Phanomket.* Grande bâtisse toute neuve, mais, à part une boutique, personne ne répond à l'appel. Vous aurez peut-être plus de chance ?

Sinon, vous pouvez contacter le ***TAT*** de Nakhon Phanom *(☎ 513-490).*

■ ***Bureau de l'Immigration*** – สำนักงานตรวจคนเข้าเมือง *(plan B1, **1**) :*

Thanon Song Nang Sathit, face au quai des ferries. ☎ 611-074. Lun-ven 8h30-16h30. Le w-e, aller au bureau du Friendship Bridge (☎ 674-041). Prolongation de visa (plus intéressant d'entrer au Laos et de revenir) et autres formalités.

■ ***Bangkok Bank et Kasikorn Bank*** *(plan A2, **2**) : l'une en face de l'autre, à l'angle de Thanon Song Nang Sathit et Phitak Santirat. Lun-ven 8h30-15h30.* Services de change et distributeurs de billets. D'autres distributeurs à la station des bus et à côté du quai des ferries (Thanon Samran Chaikong).

■ @ ***Autres services :*** location de vélos et accès Internet au ***H-Huanum Hotel*** *(plan A-B1-2, **10** ; voir « Où dormir ? »).* Agence de voyages et Internet chez **Orchid Travel** *(plan B2, **3** ; Thanon Phitak Phanomkhet ; ☎ 633-144).*

Où dormir ?

De bon marché à prix moyens (de 150 à 350 Bts – 3,75 à 8,75 €)

■ ***H-Huanum Hotel*** – โรงแรมฮั่วนำ *(plan A-B1-2, **10**) : 36 Thanon Samut Sakdarak. ☎ 611-137. Doubles 150-350 Bts.* Petit immeuble blanc de 2 étages en angle. Meilleure adresse routarde de la ville, managée par un Sino-Thaï anglophone, très gentil et serviable. 30 chambres typiques d'un modeste hôtel daté mais bien entretenu : carrelages ou linos décents, mobilier rudimentaire mais d'aplomb. Au choix : doubles ventilées sans salle de bains avec un lit ou, plus grandes, avec 2 larges lits (les *twin,* pour une famille « sur la route » ?), et chambres avec salles de bains, clim et TV. Certaines donnent sur la rue, trafic nocturne cependant limité. Location de *mountain bikes* (100 Bts/j.).

■ ***Saensuk Bungalows*** – แสนสุขบังกาโล *(plan A2, **11**) : 136 Thanon Phitak Santirat. ☎ 611-214. Pas de nom anglais. Doubles avec sdb et clim 280-350 Bts.* Encerclant une cour gravillonnée, un village resserré de bungalows (ceux à 2 lits sont les plus chers) bleu et blanc. Plus tout neuf, sans grand charme (intérieurs maxi carrelés, fauteuil en skaï) ni de grand espace dehors, mais l'ensemble est net, distrayant et de bon rapport.

Plus chic (à partir de 1 000 Bts – 25 €)

■ ***Mukdahan Grand Hotel*** – มุกดาหาร แกรนด์ โฮเทล *(hors plan par A2, **12**) : 78 Thanon Song Nang Sathit. ☎ 612-020. • mukdahangrandhotel.com • Env 1 km à l'ouest du centre. Doubles à partir de 1 000 Bts, petit déj inclus.* Grand hôtel classique de 10 étages et 200 chambres. Lobby élégant et assez moderne. Vastes chambres bien équipées et rafraîchies récemment. Disco populaire.

Où manger ?
Où boire un verre ?

Bon marché (de 50 à 150 Bts – 1,25 à 3,75 €)

|●| La journée, ***petits stands*** sur le marché indochinois et ***gargotes en dur*** spécialisées en *som tam* sur Thanon Samran Chaikhong, à l'extrémité sud de la promenade bétonnée *(hors plan par B2, **20**).* Le soir, ***stands*** le long de Thanon Song Nang Sathit.

|●| ***Restos thaïs*** *(plan B2, **21**) : au rdc d'un immeuble à l'angle de Thanon Phitak Phanomkhet et Thanon Samut Sakdarak.* Côte à côte, 2 établissements populos fréquentés par des habitués. Cuisine thaïe simple et peu chère. Menu en anglais.

|●| ***Resto Lao*** – ร้านอาหาร บ่าวประดิษฐ์ *(hors plan par B2, **22**) : Thanon Samran Chaikhong, au-delà du Riverside. À l'enseigne jaune et rouge (pas d'anglais), prendre l'allée bitumée qui va vers le fleuve.* Découverte d'une simplissime terrasse couverte, jouxtant une belle maison et un jardin d'où proviennent les multiples herbes qui parfument les plats, ici typiquement lao. Pas d'anglais parlé, ni sur le menu. Délicieux *laap pla* (ils sont renommés à

Mukdahan), *somtam* et *kai yang*. Pour le reste, aidez-vous de votre lexique, allez en cuisine ou lorgnez l'assiette du voisin... Délicieux mais épicé : précisez « *mai phèt* » si vous êtes allergique ! Sérénité des berges où sont amarrées des barques de pêcheur.

Prix moyens (de 150 à 300 Bts – 3,75 à 7,50 €)

|●| ***Wine Wild Why*** – ร้านอาหาร วายน์ ไวล์ด ไวย์ (*hors plan par B2*, ***23***) : *Thanon Samran Chaikhong, 200 m au sud de l'extrémité de la promenade, côté fleuve. ☎ 633-122. Plats 40-120 Bts.* Chalet en bois avec terrasse posé au bord du fleuve. Choix limité mais efficace de cuisine thaïe, excellente et bien servie : salades *lap* et *yam*, currys, plats sautés et poissons. À l'intérieur, déco volontairement dépareillée, nappe vichy et lattes de bois au sol. Terrasse parfaite. Ambiance plaisante, patron bobo-relax made in Bangkok.

|●| 🍷 ***Good Mook*** (*plan B1*, ***24***) : *Thanon Song Nang Sathit. Tt proche du quai des ferries. Tlj 9h-22h (23h ven-sam). Boissons 30-70 Bts ; snacks et petits plats 70-120 Bts.* Bistrot branché, ce qui est plutôt inattendu ici. Large choix de boissons, dont des cafés sérieux ou fantaisies et des cocktails. Petite sélection de pâtes, burgers, salade thaïe *yam* et petit déj américain. Velléités décoratives rafraîchissantes mêlant moderne, collections diverses, récup' vintage et récup' tout court. Chaque mois, une *party*, avec concerts ou DJ.

|●| ***Riverside Restaurant*** – ร้านอาหารมุกดาหารริเวอร์ไซด์ (*hors plan par B2*, ***25***) : *Thanon Samran Chaikhong. ☎ 611-705. Continuer au-delà de* Wine Wild Why *sur env 500 m. Pas d'anglais sur le panneau. Tlj 10h-22h.* En retrait de la route, grosse demeure au vaste toit de tuiles incliné. Salle vieillotte sans intérêt, se diriger vers l'élégante terrasse sur pilotis surplombant le Mékong. Réputé être un des meilleurs restos de la ville. Spécialités de poisson, dont des chérots, mais beaucoup de plats sont très abordables.

À voir

Le marché indochinois (*Talat Indojin ; plan B1-2*) : *Thanon Samran Chaikhong et les étages inférieurs de la promenade, sur 500 m env à partir du bureau de l'Immigration. Également dans les rues perpendiculaires.* On y trouve tout et n'importe quoi... du kitsch en veux-tu, en voilà, comme ces homards naturalisés dans leurs présentoirs transparents (un sacré souvenir !), des outils et machines importés de Chine via le Vietnam et le Laos, des cotonnades rustiques, quelques belles soieries, des plantes, des guitares à double manche pour jouer du *Molam*, des stands de CD et VCD de cette musique (plus sûr...), des plantes, des tonnes de fringues, du petit artisanat et beaucoup de « drouille ». Vaut surtout pour l'ambiance. En profiter pour visiter le *Wat Sri Mongkol Thaï* construit dans les années 1950 par des réfugiés vietnamiens, et, 200 m au sud, le *Wat Sri Sumong*. Contraste important entre, d'un côté, ce *viharn* flambant neuf et, de l'autre, cet ancien *bot* d'influence architecturale française dans un état de délabrement avancé.

UBON RATCHATHANI – อุบลราชธานี

110 000 hab. IND. TÉL. : 045

À quelque 560 km à l'est de Bangkok, la capitale du Triangle d'émeraude joue un rôle de carrefour à proximité des frontières du Laos et du Cambodge. Étendue et dynamique, Ubon conserve un centre à taille humaine où règne

une atmosphère provinciale hospitalière, sans pour autant proposer d'attraits touristiques particuliers. L'endroit est une bonne escale sur la route de Khong Chiam et des parcs alentour, de la frontière laotienne ou du fabuleux *Prasat Khao Preah Viharn,* mais, malheureusement, la frontière avec le Cambodge est fermée depuis 2008, et le temple côté Thaïlande est inaccessible.
On y trouve tous les services urbains habituels, un musée honorable et de quoi bien se restaurer et se loger.
Chaque année, en juillet, la ville change de registre et revêt des habits de lumière pendant le *Candle Festival,* une des parades religieuses et populaires les plus célèbres de Thaïlande : dans le parc *Toong Si Muang,* tous les temples de la ville (et il y en a !) marquent le début des 3 mois de retraite bouddhique en construisant autour de bougies géantes d'énormes structures décorées de cire d'abeille gravée.

Arriver – Quitter

En bus

Plusieurs compagnies privées disposent de leurs propres arrêts, mais elles possèdent aussi, en général, un bureau à la gare principale (exemple *Cie Nakhon Chai*). Si nécessaire, se renseigner auprès du *TAT.*

Gare routière principale – สถานีขนส่ง *(plan A1) : sur Thanon Chayangkul, à 2 km au nord du centre. ☎ 312-773. Accès par les bus urbains nº 2 (en face de l'office de tourisme) ou nº 3 ; 15 mn de trajet.* Dessert toutes les destinations. Tous les véhicules ou presque y font étape. ATM, restos, toilettes.

➢ ***Chong Mek :*** 12 minibus climatisés avec *Air Bus* 6h-16h ; prévoir 100 Bts. Ou *songthaew* ttes les 30 mn, 6h-17h (part quand il est plein) ; prévoir 70 Bts. 85 km à l'est d'Ubon, via Phibun ; 2h de voyage.

➢ ***Bangkok :*** env 12 bus 8h115-22h30 ; 620 km, 7-8h de route ; 441-736 Bts selon catégorie (AC gouvernementaux à VIP privé), notamment avec *Nakhonchai Air Co.* Depuis Bangkok (Mochit Terminal), horaires similaires.

➢ ***Mukdahan :*** ttes les heures, env 6h-18h ; 175 km, 3h de route ; 105-135 Bts.

➢ ***Surin :*** ttes les heures, env 6h-20h ; 190 km, 3h de route ; 170-200 Bts.

➢ ***Khong Chiam :*** *songthaew* ttes les 30 mn, 6h-17h (part quand il est plein ; changement de véhicule éventuel à Phibun Mangsahan) ; 75 km, 2h de voyage ; prévoir 80 Bts.

➢ ***Khon Kaen :*** env 10 bus, 6h30-15h ; 310 km, 5h de route ; 216-252 Bts selon catégorie.

➢ ***Chiang Mai :*** 5 bus AC, 12h15-18h15 ; prévoir 950 Bts.

➢ ***Rayong :*** 10 bus, 6h30-19h30 ; prévoir 650-900 Bts.

En train

Gare ferroviaire *(plan A2) : au sud de la ville, au-delà de la rivière. ☎ 321-001. Bus urbain nº 2 depuis Thanon Chayangkul ou autres arrêts.*

➢ ***Bangkok :*** 7 trains/j., dans les 2 sens. Depuis Bangkok, à 5h45, 6h40, 15h20, 18h55, 20h30, 22h25 et 23h40. Depuis Ubon, à 7h, 8h45, 14h50, 15h05, 16h50, 18h30 et 19h30. Compter 9-12h de voyage selon le type de train (Express, Rapide, Spécial Express). Couchettes 1re classe, 1 080-1 280 Bts (compartiment privatif à 1 780 Bts), couchettes 2e classe, 601-781 Bts pour les meilleures places. Arrêts notamment à Ayutthaya, Khorat et Surin.

En avion

✈ **Aéroport** *(plan B1) : à 2 km du centre-ville. ☎ 243-037. Compter 100 Bts en tuk-tuk.*

➢ ***Bangkok :*** dans les 2 sens, 2 vols/j. avec *THAI* et 5 vols/j. *low-cost* avec *Nok Air* et *Air Asia*. Depuis Bangkok, départ de Don Muang (se faire confirmer) sauf pour *Air Asia.* Prix et évolutions : voir les sites des compagnies dans « Thaïlande utile. Transports ».

➢ ***Phuket :*** 3 vols/sem avec *Air Asia.*

➢ ***Chiang Mai*** : en principe 3 vols/sem avec *Air Asia.*

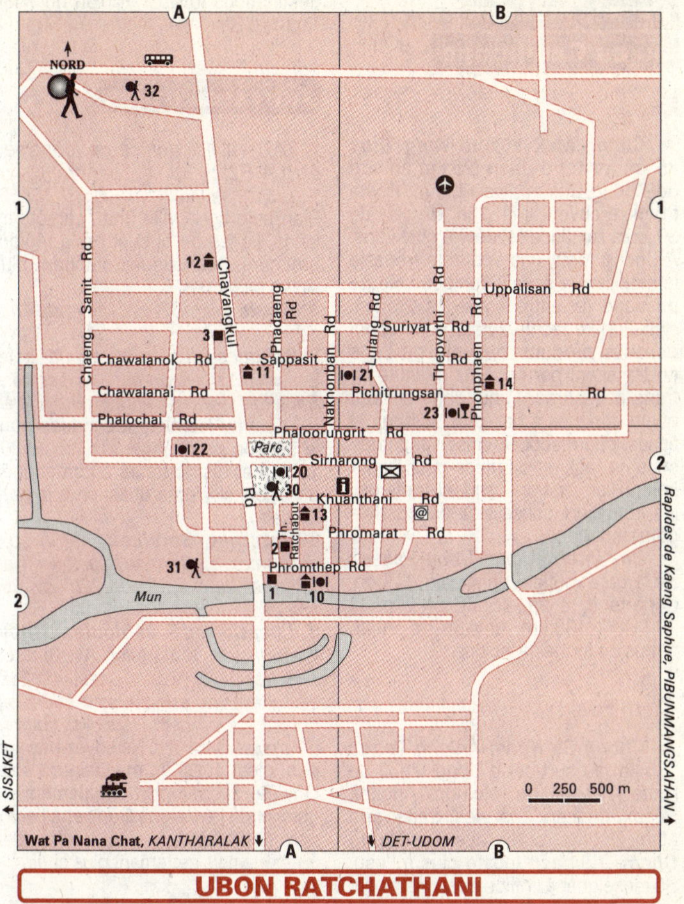

UBON RATCHATHANI

Adresses utiles

- TAT
- Internet Service
- 1 Kasikorn Bank
- 2 Bangkok Bank
- 3 Chow Watana (location de véhicules)

Où dormir ?

- 10 New Sri Esarn 2 Hotel, Sri Isan Hotel
- 11 Tokyo Hotel
- 12 Racha Hotel
- 13 Ratchathani Hotel
- 14 Laithong

Où manger ? Où boire un verre ?

- 10 Sri Isan Hotel
- 20 Marché de nuit
- 21 Porntip Kai Yang
- 22 Smile Restaurant
- 23 Restaurant and Chill Out

À voir

- 30 Ubon Ratchathani National Museum
- 31 Wat Supattanaram
- 32 Wat Nongbua

Passer au Laos ou au Cambodge

Laos

➢ ***Chong Mek*** ช่องเม็ก-***Vang Tao :*** 85 km à l'est d'Ubon (25 km au sud de Khong Chiam), via Phibun. Poste frontière ouvert tlj 8h-18h. Un visa de 30 jours sur place est délivré côté Laos. À Chong Mek, une véritable frénésie immobilière a envahi l'unique voie de passage terrestre entre les 2 pays. Atmosphère fébrile autour du marché, dont les produits viennent du Laos ou transitent par celui-ci : quantité de fruits et légumes, bouddhas en tout genre, fringues à bas prix, sarongs et tissus, pharmacopée chinoise, cargaisons de teck en partance pour Bangkok... Rien de transcendant toutefois, les frontaliers conseillent les marchés côté laotien.

➢ ***Bus international Ubon-Pakse :*** de la gare routière principale d'Ubon, départs tlj à 9h, 15h30 et 20h30 ; 200 Bts ; 138 km, env 3h de trajet, temps de formalité inclus.

Cambodge

➢ ***Chong Sa Ngam-Anlong Veng :*** 135 km au sud-est d'Ubon. 2h30 de route. Permet de rejoindre Angkor. Mieux desservi par les transports et meilleures routes que via ***Chong Chom-O'Smach*** (poste plus à l'est). Se renseigner à l'office de tourisme sur les dernières évolutions politiques et sur l'état des routes.

Pour le visa cambodgien, voir « Passages des frontières laotienne et cambodgienne » au début de ce chapitre.

S'orienter. Se déplacer

La ville est traversée du nord au sud par la route nº 212, qui prend le nom de « Thanon Chayangkul » et franchit la rivière Mun à la limite méridionale du centre. Une série de transversales viennent couper cet axe.

Pour se déplacer, plusieurs lignes de bus de différentes couleurs selon leurs destinations (utiliser le plan du *TAT*). Tarif : 10 Bts.

Adresses utiles

i ***TAT*** – ท.ท.ท. *(office de tourisme ; plan A-B2) : 264/1 Thanon Khuan Thani. ☎ 250-770. Tlj 8h30-16h30.* Plan utile de la ville (thaï, caractères latins, lignes de bus) et de la région, brochures touristiques couvrant plusieurs provinces.

✉ **Poste** *(plan B2) : située dans Thanon Sri Narong.*

■ ***Banques :*** *dans le secteur de l'hôtel* Sri Isan *(voir « Où dormir ? »),* ***Kasikorn Bank*** *(plan A2,* ***1****),* ***Bangkok Bank*** *(plan A2,* ***2****), etc.* Horaires identiques pour le service de change *(lun-ven 8h30-15h30)* et distributeurs automatiques de billets (il y en a aussi un à la gare routière).

@ ***Internet Service :*** *nombreux, notamment sur Thanon Kuanthani (plan B2), près du TAT. Tlj 10h-22h env. Prix modiques.*

■ ***Location de véhicules Chow Watana*** – ช. วัฒนา *(plan A1,* ***3****) : 269 Thanon Suriyat (section ouest). ☎ 242-202. À partir d'env 300 et 1 500 Bts/j. pour 2 ou 4 roues. Réduc si nombre de j. plus important.* Ne soyez pas surpris, c'est aussi un magasin de soie. Officine à l'aéroport. Également un guichet de l'enseigne ***Budget*** à l'aéroport *(☎ 246-805 ; • bracubp@budget.co.th •),* mais nettement plus cher.

Où dormir ?

De bon marché à prix moyens (de 200 à 400 Bts – 5 à 10 €)

🏠 ***New Sri Esarn 2 Hotel*** – ศรีอีสาน โฮเทล 2 *(plan A2,* ***10****) : Thanon Ratchabut. ☎ 254-544. Au niveau du nouveau marché de la rivière Mun, par l'allée longeant l'hôtel* Sri Isan. *Doubles avec sdb 200-350 Bts (prix selon la présence ou pas de TV, clim et eau chaude).* Hôtel rudimentaire soumis à l'acharnement thérapeutique de ses proprios. On le croyait enterré, usé jusqu'à la trame, mais le revoilà, tout à fait logeable, et même, à sa manière... net, ce sans avoir changé de mobilier ni d'habitués (lieu de rendez-vous de vieux Chinois sympathiques). Pittoresque, complice des petits budgets.

Tokyo Hotel – โตเกียวโฮเต็ล *(plan A1, **11**) : 360 Thanon Chayangkul. ☎ 241-739. À 25 m en retrait de la rue, côté est. Doubles avec sdb, ventilo ou AC, 350-600 Bts.* Rien à voir avec le fameux groupe allemand ! Premiers prix dans l'ancien bâtiment sur la droite (250-320 Bts). Autant mettre 5-6 € de plus pour le bloc plus récent qui abrite la réception : meilleurs confort, équipement et propreté. Accueil un tantinet mollasson. Cafétéria pas chère au rez-de-chaussée. Moyen dans l'ensemble.

Racha Hotel – โรงแรมราชา *(plan A1, **12**) : 19 Thanon Chayangkul. ☎ 254-155. Au nord de la ville, en retrait de l'avenue. Doubles avec sdb, ventilo ou AC, 280-400 Bts.* Bâtiment en L avec coursives extérieures. Grandes chambres toutes identiques et propres, déclinées en grand lit ou lits jumeaux, ventilées ou AC et eau chaude. Mobilier rétro d'origine, le *Racha* date, mais maintient le cap. Très calme. Pas un mot d'anglais, le sourire communicatif de la maîtresse des lieux y remédie.

D'un peu chic à plus chic (de 650 à 2 000 Bts – 16,25 à 50 €)

Sri Isan Hotel – ศรีอิสาน โฮเทล *(plan A2, **10**) : 62 Thanon Ratchabut. ☎ 261-011. • sriisanhotel.com • En face du nouveau marché. Doubles 650-750 Bts, petit déj inclus. Réduc selon saison.* Immeuble rénové, où les chambres s'enroulent sur 4 étages de galeries autour d'un étroit patio. Doubles assez petites mais bien dotées (AC, TV, frigo, eau chaude), au blanc immaculé souligné de touches bleues. Également des suites familiales (jusqu'à 4 personnes). Bon resto, au diapason de l'établissement.

Ratchathani Hotel – โรงแรมเดอะราชธานี *(plan A2, **13**) : 297 Thanon Khuanthani. ☎ 244-388. Doubles ventilées avec sdb à partir de 450 Bts ; deluxe avec clim et petit déj inclus 750-1 100 Bts. Réduc de 30 % selon saison. (hall d'accueil).* Vaut surtout pour les *deluxe* qui se distinguent des standard ventilées par leur équipement sans reproche (TV câblée, bouilloire avec thé et café, frigo) et leur déco contemporaine soignée, à l'image de la réception et du resto.

Laithong – โรงแรมลายทอง *(plan B1, **14**) : 50 Thanon Pichitrungsan. ☎ 264-271. • laithonghotel.net • Doubles 1 400-3 300 Bts, petit déj inclus. Réduc de 30 % selon saison. (lobby et certaines chambres).* Mis à part l'avancée aux toits typiques, barre blanche standard de 7 étages abritant plus de 100 grandes et agréables chambres décorées classiquement. Entretien et propreté à la hauteur de son rang de, disons, 3 étoiles. Piscine en plein air. *Coffee shop*, restos.

Où manger ? Où boire un verre ?

Bon marché (autour de 100 Bts – 2,50 €)

Marché de nuit *(Night Market)* – ไนท์มาร์เก็ต *(plan A2, **20**) : le long de Thanon Ratchabut, à côté du Musée national.* Tous les soirs, le trottoir se transforme en une formidable terrasse squattée par des dizaines de roulottes-restaurants. Soupes, poulet grillé, brochettes, crêpes farcies, jus de fruits pressés et plein d'autres choses. Pour tester d'autres marchés de nuit (nombreux à Ubon), demander conseil auprès du *TAT* ou de votre hôtel.

Porntip Kai Yang – พรทิพย์ ส้มตำ ไก่ย่าง วัดแจ้ง อุบลฯ *(plan B1, **21**) : à l'intersection des rues Sappasit et Nakhonban, à côté du Wat Chaeng, en face d'une station-service (enseigne en thaï slt). 089-861-28-39. Tlj 6h-21h.* Une rôtisserie avec des plats purement isan. Tous les fans de cette cuisine devraient venir déjeuner ici ou remplir leur panier pique-nique. On ne plaisante pas, c'est une adresse réputée. Terrasse couverte ou salle climatisée sans majoration de prix. Produits phares : *kai yang* (poulet grillé), *som tam* (salade de papaye) et *khao niaw* (riz gluant), évidemment... Tout aussi exquis, les saucisses et poissons.

Restaurant and Chill Out *(plan B1,* ***23****) : 148 Thepyothi Rd, à l'angle de Pichitrungsan Rd. Tlj, jusqu'à tard dans la nuit.* Une petite adresse qui ne paye pas de mine, mais agréable pour boire un verre en écoutant un groupe local. Ambiance très sympa.

Prix moyens (de 100 à 300 Bts – 2,50 à 7,50 €)

Smile Restaurant – สมายล์ผับ แอนด์เรสเตอรองส์ *(plan A2,* ***22****) : 200 Thanon Sirnarong (partie ouest).* ☎ *262-407. Tlj 17h-minuit.* Rectangle de béton aux généreuses baies vitrées s'ouvrant sur une grande terrasse semée de plantes. Menu sans fin, mais légendé en anglais et illustré. Mélange de tradition et de création présenté avec soin et générosité, dont plateau d'entrées isan, délicieux currys, sautés et poissons, parmi lesquels le *fried fish and herbal salad « Meing Pla Tap Tim »*, hautement recommandé. Musique live dans la salle à la déco moderne. Bien aussi pour un verre accompagné de quelques snacks, dans une ambiance tropicalo-contemporaine à la mode provinciale.

Sri Isan Hotel *(plan A2,* ***10****) : voir « Où dormir ? ».* Cuisine et cadre soignés. Spécialités thaïes, chinoises et vietnamiennes, et même quelques plats occidentaux.

À voir

Ubon Ratchathani National Museum – พิพิธภัณฑสถานแห่ง ชาติอุบลราชธานี *(plan A2,* ***30****) : Thanon Khuanthani, proche de Thanon Chayangkul. Mer-dim 9h-16h. Entrée : 100 Bts.* Joliment installé dans un ancien palais de style colonial du roi Râma VI, aux murs ocre, volets verts et tuiles roses. La géographie, l'histoire et les traditions populaires de la région sont présentées dans neuf salles réparties autour d'un patio lumineux et fleuri. Pour respecter la chronologie, débuter la visite par la gauche. Temps forts de cette intéressante visite : la reproduction des peintures rupestres de Pha Taem, une statue khmère du VIIIe s représentant Ardhanarisvara (union symbolique de Shiva et Uma), une frise de pierre sculptée de neuf divinités et un lion de style Baphuon du XIe s, une collection de bouddhas où l'on remarquera la douceur des visages et l'humanité du style dit laotien, des textiles, de la vannerie et de l'argenterie (produits régionaux d'une grande finesse), ainsi qu'une collection de coffrets à bétel polychromes.

Wat Supattanaram – วัดสุปัฏนาราม *(plan A2,* ***31****) : à l'extrémité ouest de Thanon Promthep, le long de la rivière Mun. Tlj 6h-17h.* Temple intéressant pour son architecture composite : soubassements de style khmer, murs en pierre d'influence germanique et toit dans la pure tradition thaïe. On y découvre aussi la plus grande cloche en bois de Thaïlande.

Wat Nongbua – วัดหนองบัว *(plan A1,* ***32****) : au nord de la ville en direction de Mukdahan.* Une réplique du célèbre *chedî* Mahabodhi (« de la grande Illumination ») de Bodhgaya en Inde. Détail insolite, la présence d'une cabine téléphonique sous le dôme... Face au *chedî,* un nouveau temple ultramoderne décoré de marbre, de dorures à quat'sous et (levez la tête) de peintures représentant les différents épisodes de la vie du Bouddha.

DANS LES ENVIRONS D'UBON RATCHATHANI

Prasat Khao Preah Viharn – ปราสาทเขาพระวิหาร *:* voir plus loin, « Sur la route des citadelles khmères... » à Kantharalak. La frontière ouvre, ferme, ouvre, ferme... À vérifier avant votre voyage auprès des voyageurs, agences, auberges de jeunesse, etc.

Wat Pa Nana Chat – วัดป่านานาชาติ *(hors plan par A2)* **:** *à 14 km d'Ubon en direction de Sri Saket, le long de la route n° 226 ; indiqué. Tlj 6h-12h ; après, c'est le règne du silence...* Situé en pleine forêt, ce temple est dirigé, une fois n'est pas coutume, par des moines occidentaux en lutte (toute pacifique) pour la préservation du patrimoine naturel et culturel des Thaïs. Ayant fondé le groupe « Nature sacrée », ils se réunissent de temps à autre avec les villageois des alentours pour les sensibiliser à leur approche.

Les rapides de Kaeng Saphue – แก่งสะพือ **:** *dans le bourg de* ***Phibun,*** *à 43 km d'Ubon par la route n° 217. À 300 m en aval du pont sur la rivière Mun, après la station de bus.* Pendant la saison sèche, les rochers émergent à la surface. Les jeunes du cru, lestés de grosses chambres à air, sont alors nombreux à se risquer dans les rapides. Promenade aménagée sur la rive droite de la rivière avec stands et buvettes. Nattes à louer pour le repas et la sieste.

KHONG CHIAM – โขงเจียม

IND. TÉL. : 045

C'est dans cette région isolée parmi les collines boisées et sauvages que la rivière Mun a choisi de s'unir au « géant d'Asie », le Mékong. Khong Chiam, village niché dans le confluent dit du « fleuve aux deux couleurs », reste un joyau paisible et langoureux, malgré le nombre grandissant de touristes locaux qui viennent y séjourner. Il est doux de s'y reposer, les yeux tournés vers les flots, au retour d'excursions intéressantes comme celle de Pha Taem, falaise célèbre pour ses peintures rupestres et son panorama qui séduisit Oliver Stone pour son film *Alexandre* !

Arriver – Quitter

Station de bus : *à l'entrée du village, sur la droite.*

➢ **Ubon Ratchathani :** bus direct à 6h30-8h, devant le marché, ou *songthaew* (33 km), puis changement de véhicule à *Phibun,* et de là, ttes les 30 mn, omnibus pour Ubon (45 km).

➢ **Bangkok :** depuis Khong Chiam, 2 départs bus AC et VIP, 7h30-16h30 env ; 700 km, env 10h de trajet.

Adresses utiles

Poste : *près de l'Apple Guesthouse (voir « Où dormir ? »).*

■ **Location de motos :** *auprès d'****Apple Guesthouse*** *ou de* ***Ban Pag Mongkhon.*** *À partir de 200 Bts/j.*

■ **Taxis :** *auprès de* ***Ban Pag Mongkhon.*** *Pour la frontière Chong Mek 500 Bts. Pour les 2 parcs, Pha Taem et Kaeng Tana en 1 j., 800-1 000 Bts.*

■ **Krung Thai Bank** *(plan,* **1***)* **:** *sur Thanon Kaewpradit, dans une coquette maison de bois. Lun-ven 8h30-16h30.* Distributeur automatique de billets.

@ **Internet :** ***Top Net,*** *sur la rue principale, à côté de la banque. Tlj 12h-22h.*

■ **Bureau de police :** *Thanon Pookamchai, non loin de l'Araya Resort.*

■ **Piscine** *(plan,* **3***)* **:** *celle de l'****Araya Resort*** *est accessible aux non-résidents (50 Bts).*

Où dormir ?

De bon marché à un peu plus chic (de 150 à 800 Bts – 3,75 à 20 €)

Apple Guesthouse – แอ๊ปเปิ้ลเกสท์เฮ้าส์ *(plan,* **5***)* **:** *Thanon Pookamchai,* *ou petit passage depuis Thanon Kaewpradit. ☎ 351-160. Proche de la tour métallique des télécoms. Doubles 150-300 Bts.* Dans un alignement de bungalows sur pilotis, chambres ventilées ou climatisées, entièrement rénovées, mais uniquement des grands lits. Préférer le 1er étage. Clim, salle de bains privée (eau chaude) et carrelage net dans les maisonnettes de plain-pied. Ensemble bien tenu par une famille conviviale où l'on parle un peu l'anglais. Location de vélos et de motos.

Ban Pag Mongkhon – มงคล เกสท์เฮ้าส์ *(plan,* **6***) : 595 Thanon Kaewpradit. ☎ 351-352. • koma.nee@hotmail.com • Peu après l'entrée dans le village, proche du marché. Doubles avec sdb 400-800 Bts ; réduc possible si long séjour.* D'un côté de la rue, à l'arrière de la maison de bois familiale, chambres premiers prix avec ou sans AC. En face, sur un grand espace bétonné (dommage !), plusieurs types d'hébergements, toujours avec AC, frigo et petit espace extérieur, dans une bâtisse en dur ou des bungalows plus charmants (parquet, belle literie). Tenue et qualité d'accueil en anglais au rendez-vous. Motos à louer.

Un peu plus chic (plus de 800 Bts – 20 €)

Ban Rimkhong Resort – ริมโขง รีสอร์ท *(plan,* **7***) : 37 Thanon Kaewpradit. ☎ 351-101. • banrimkhongresort@yahoo.com • Résa conseillée. Selon affluence, double autour de 1 000 Bts ; petit déj non compris.* Sur un terrain gazonné et fleuri, s'étendant de Thanon Kaewpradit à Rimkhong, 8 chalets spacieux avec terrasse, alignés en 2 rangées face à face, et 2 autres donnant directement sur la promenade du Mékong. Moins mignon à l'intérieur que vu de l'extérieur, mais bien équipé (AC, frigo et salle de bains avec baignoire), propre et refait à neuf. Petite épicerie à l'entrée qui fait office de réception.

Ban Kiangnam Hotel – บ้านเคียงน้ำ *(plan,* **8***) : Thanon Kaewpradit. ☎ 351-374. Sur la droite de la rue, au-delà de la banque. Doubles 900-1 300 Bts.* En profondeur, serré le long d'une allée jardinée avec soin. Premiers prix, la rangée de 7 petites chambres contiguës. Dans les bungalows à 2 chambres, plus d'espace et de petites terrasses ombragées. Aménagement confortable partout (baignoire, AC et TV satellite), joli et frais. Minibar sous une paillote. Anglais rudimentaire et accueil charmant. Négocier un prix.

Où dormir dans les environs ?

Plus chic

Tohsang Khong Chiam Resort – โรงแรมทอแสง โขงเจียมรีสอร์ท *(hors plan,* **9***) : Baan Huay-Mark-Tai. ☎ 351-174 ou 176. • tohsang.com • À 8 km au sud de Khong Chiam, en aval du confluent, par une petite route tt de suite à gauche après le pont (panneaux). Selon saison et rabais, doubles et bungalows à partir de 3 500-4 500 Bts env, petit déj compris.* Lieu de villégiature chic aménagé autour d'un grand jardin sur les rives d'un Mékong encore bien sauvage par ici. Idéal pour couples en lune de miel. Chambres dans des bâtiments en dur ou des bungalows plus romantiques avec vue sur le jardin ou le fleuve. Déco combinant les styles régionaux et balinais. Cuisine soignée au resto et petit déj incluant plein de spécialités faites minute. Grande piscine. Divers forfaits incluant repas, spa ou massages. Superbe, mais isolé : venir avec son propre véhicule, sinon il faudra organiser ses balades via l'hôtel.

Où manger ? Où boire un verre ?

Bon marché (moins de 150 Bts – 3,75 €)

Gargotes *(plan,* **10***) :* petites épiceries-restos et marché (le matin) sur Thanon Kaewpradit. D'autres sur Thanon Rimkhong, face à un petit parc honorant (mensonge !) le point le plus à l'est de la Thaïlande (panneau

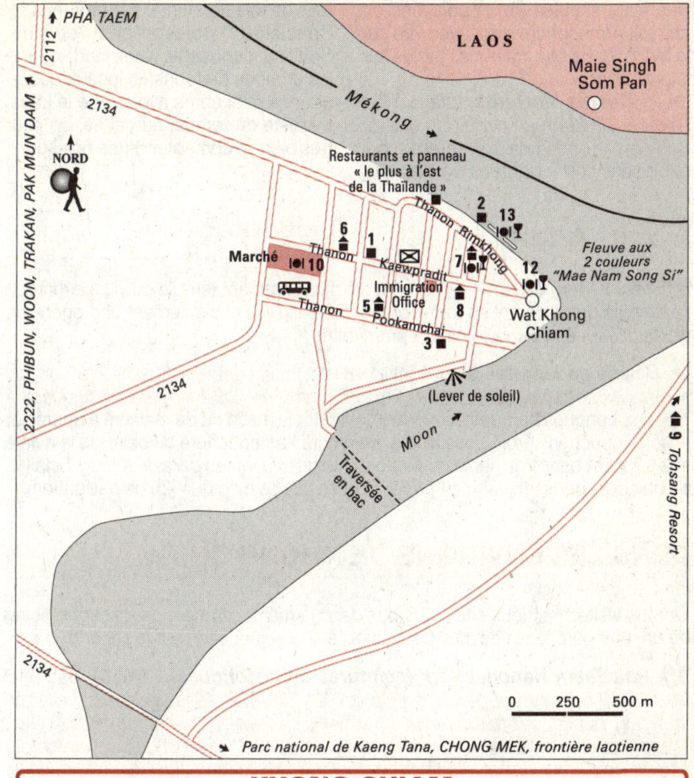

KHONG CHIAM

Adresses utiles

1 Krung Thai Bank
2 Embarcadère
3 Piscine de l'Araya Resort

Où dormir ?

5 Apple Guesthouse
6 Ban Pag Mongkhon
7 Ban Rimkhong Resort
8 Ban Kiangnam Hotel
9 Tohsang Khong Chiam Resort

Où manger ? Où boire un verre ?

7 Ban Rimkhong Restaurant
10 Gargotes et marché
12 Mae Nam Song Si
13 Restos flottants

« *Easternmost* »...). Plats simples sur le pouce, pour une poignée de bahts...

Mae Nam Song Si – แม่น้ำสองสี *(plan, 12)* **:** *Thanon Rimkhong.* Le 1er des restos de la berge en venant du Wat Khong Chiam. Le plus populo. Quelques plats seulement. Brise fluviale, bière fraîche, le bonheur !

Prix moyens (de 150 à 300 Bts – 3,75 à 7,50 €)

Ban Rimkhong Restaurant – บ้านริมคลอง *(plan, 7)* **:** *dans le prolongement du Ban Rimkhong Resort (voir « Où dormir ? »).* Une institution locale. Grande terrasse couverte.

Des plats simples (riz et poissons ou autres). Atmosphère relax avec vue sur le Mékong. Le soir, quelques tables sur la promenade.

|●| 🍷 ***Restos flottants*** *(plan,* ***13****) : Thanon Rimkhong, un poil à l'est du Ban Rimkhong.* Les passerelles qui rejoignent ces 2 pontons voisins aux toits de tôle donnent sur la promenade. Spécialité : poisson-chat cuisiné. Souvent bondés le week-end, quand les groupes de touristes locaux débarquent à midi après avoir visité le Laos. Le reste du temps, au calme, on peut très bien se contenter d'une boisson.

À voir. À faire

Wat Khong Chiam – วัดโขงเจียม **:** le plus charmant temple du village marque l'extrémité du confluent en forme de pointe. Belle vue et alignement photogénique de stupas funéraires, colorés et « emmiroités ».

➢ ***Balade en long-tail boat*** – ล่องเรือหางยาว **:** *embarcadère (plan,* ***2****) au niveau des restos flottants. ☎ 351-015. Prévoir à partir de 600 Bts/h le bateau, jusqu'à 10 pers.* Longues barques couvertes, y aller tôt le matin ou de manière à apprécier le soleil couchant. Trois possibilités : rejoindre l'embouchure bicolore de la rivière et les îlots et bancs de sable du Mékong ; voguer jusqu'au *parc de Kaeng Tana* (1h de balade) ; pousser jusqu'à *Pha Taem* et sa falaise magique (2h de navigation).

DANS LES ENVIRONS DE KHONG CHIAM

Si vous visitez les deux sites plus bas dans la même journée, gardez votre ticket du premier parc, vous devriez pouvoir obtenir une réduction sur le second.

Pha Taem National Park (peintures préhistoriques) – อุทยานแห่งชาติผาแต้ม **:** *à 20 km au nord de Khong Chiam. ☎ 249-802. Assez galère d'y aller en transport public, car très peu de songthaew desservent le coin (direction Nam Thaeng) ; faites le point auprès de votre guesthouse. L'idéal est de louer une moto à partir de Khong Chiam. Route facile, peu de circulation ; plusieurs bifurcations, attention aux panneaux. Tlj 5h-18h. Entrée : 400 Bts ; réduc. Petit droit pour les véhicules.*

Pha Taem est célèbre pour ses superbes peintures rupestres vieilles de 2 000 à 3 000 ans. Abritées sous des strates en corniche, elles furent protégées des dégradations du temps. Elles s'étendent sur le flanc d'une impressionnante falaise de grès, bordée d'une végétation luxuriante et filant parallèlement au cours du Mékong.

Après la caisse, continuer sur 2 km pour rejoindre le plateau. Parking, resto et centre d'information bien conçu (photos et documents légendés en anglais). À proximité immédiate – Pha Taem étant le lieu le plus oriental du pays –, deux points de vue permettent de jouir, respectivement, du premier lever et du premier coucher de soleil thaïlandais.

Pour découvrir les peintures, marcher 200 m à main droite depuis le centre d'information. Un sentier agréablement ombragé descend le long de la falaise, puis suit son flanc en passant successivement par tous les sites rupestres. Le deuxième est le plus spectaculaire. Pas besoin d'être un spécialiste pour l'apprécier et reconnaître, aidé par une planche explicative, la nature des figurations : mains d'hommes, éléphants, tortues, le fameux *pla buk* ou poisson-chat géant, etc. Au-delà, le sentier contourne la falaise avant de revenir sur le plateau (4-5 km en tout). Chemins bien balisés sans difficulté particulière.

Plus au nord, on pourra, si l'on a le temps (se renseigner au centre d'information), explorer une forêt luxuriante et découvrir des cascades (de juin à novembre), dont la singulière *Sang Chan* qui émerge d'une faille dans les rochers.

Kaeng Tana National Park – อุทยานแห่งชาติแก่งตะนะ *: à 12 km en amont de Khong Chiam par le pont, de part et d'autre de la rivière Mun (entrée par la rive droite). ☎ 406-887. Tlj 8h-17h. Entrée : 400 Bts ; réduc.* Points d'attraction essentiels : les rapides *(Kaeng Tana),* plus animés à la saison sèche, quand le lit de la rivière est partiellement découvert, et l'îlot *(Don Tana)* au centre de la rivière, couvert de forêts de tecks et relié aux deux rives par des ponts suspendus assez photogéniques. Également des cascades pendant la saison des pluies. Visite pas renversante, mais rafraîchissante et dépaysante.

Camping à Kaeng Tana et Pha Taem : 50 Bts/pers avec sa propre tente ; 200 Bts pour une tente 2 places + 60 Bts/pers pour l'équipement (sac de couchage, matelas et oreiller).
Bungalows : ☎ 406-867. • reserve@dnp.go.th • 4 bungalows à partir de 1 600 Bts pour 8 pers à Kaeng Tana ; 1 200-2 000 Bts pour 5-6 pers à Pha Taem. Beau chalet à Kaeng Tana (vue sur Don Tana). Moins bien et assez excentré à Pha Taem, y préférer le camping, plus proche du célèbre lever de soleil. Rappel : obligation de payer l'ensemble du chalet.

LA RÉGION DE KHAO YAI – อุทยานแห่งชาติเขาใหญ่

Montagneuse et très verte, la région de Khao Yai occupe la frontière sud-ouest de l'Isan. Elle sépare le plateau de Khorat des basses terres du centre de la Thaïlande. Il y a un siècle, ce territoire n'était pourtant qu'une petite partie de *Dong Phaya Fai,* une formidable forteresse verte s'étendant de la province de Chaiyaphum, au nord, jusqu'au-delà de la frontière cambodgienne, au sud. Les tigres y rôdaient en nombre, la malaria y était endémique : la traverser, c'était risquer sa peau !
Dans la première moitié du XXe s, la citadelle tombe sous les coups de bélier des temps modernes, éventrée par le chemin de fer. Profitant de cette trouée, des colons s'installent dans les montagnes. Ils sont bientôt rejoints par de nombreux bannis et fugitifs à la recherche d'un abri isolé. En 1962, le gouvernement décide de faire le ménage : les habitants sont déplacés, leurs parcelles cultivées deviendront progressivement les savanes qui saupoudrent une forêt dorénavant protégée par la création concomitante du premier parc national du pays.
De nos jours, la région de Khao Yai vit du tourisme. Infrastructures, *resorts,* petites pensions routardes et agglomérations se sont développés autour du parc. L'essentiel est sauvegardé puisque l'intérieur reste vierge de tout surdéveloppement inconsidéré, malgré la nécessité d'accueillir les quelque 500 000 visiteurs annuels.
L'abondance de faune en liberté, l'assurance de la rencontrer, la richesse de la flore et la possibilité de randonner rangent Khao Yai parmi les meilleurs parcs naturels et touristiques du monde.

PAK CHONG – ปากช่อง

IND. TÉL. : 044

Les routards entrent dans la région de Khao Yai par le nord, via Pak Chong, petite ville à environ 200 km de Bangkok et 23 km de l'entrée du parc, tandis que les « Bangkokiens » aisés viennent souvent en voiture, par le sud.
Pak Chong, éventrée tout du long par une branche de la route n° 2, n'offre guère d'intérêt en soi, en dehors de son marché de nuit. Autant filer sans trop

attendre pour se loger le long de la route d'accès au parc, ou à l'intérieur (voir plus loin). Si vous deviez y passer plus de temps (arrivée nocturne, problèmes de correspondance), sachez que la ville offre tout le nécessaire au voyageur.

Arriver – Quitter

En bus

Arrêts des bus : *plusieurs selon type de bus et de compagnies. Pour Khao Yai : proche du magasin 7-Eleven, au 547 Thanon Mittraphap.*

➢ ***Bangkok :*** depuis la capitale (terminal Mochit 2), ttes les 30 mn, 24h/24. En sens inverse, 5h-21h. Env 180 km, 3-4h de route (selon embouteillages...) ; env 200 Bts.

➢ ***Nakon Ratchasima (Khorat) :*** ttes les 30 mn, 6h30-22h dans les 2 directions ; 1h30 de trajet ; compter 100 Bts.

➢ ***Pak Chong-Khao Yai :*** *songthaew* dans les 2 sens, 6h-17h env, qui partent quand ils sont pleins. Desservent le *checkpoint nord* ; 27 km, 30 mn de route ; 100 Bts. Alternativement, les pensions de Khao Yai proposent des navettes, gratuites ou payantes. Se renseigner par téléphone.

➢ ***Phitsanulok :*** 3 bus/j., 7h-12h ; 300 Bts.

En train

➢ ***Bangkok :*** depuis Bangkok, 12 trains/j., dont ceux de 5h45, 6h40, 10h05, 11h40, 15h20, 18h30, 18h55 (les autres arrivent en pleine nuit). Depuis Pak Chong, départs notamment à 0h26, 1h27, 2h28, 10h09, 11h27, 14h et 16h35. Compter 3h-4h30 de trajet. Dessert aussi Ayutthaya (2h-2h40 de trajet).

➢ ***Nakon Ratchasima :*** 13 trains/j. dans les 2 sens, dont 6 de jour ; 1-2h de trajet.

Où dormir ? Où manger ?

Phubade Hotel – โรงแรมภูเบศ **:** *9 Tesaban Soi 15, proche de la passerelle piétonne enjambant l'artère principale. ☎ 314-964. 081-341-59-09. Doubles avec sdb 290-320 Bts.* En retrait de la grande route, au calme. Bien placé, à proximité des gares ferroviaire et routière ainsi que de l'arrêt des *songthaew* desservant Khao Yai. Un peu fané, mais de bon rapport. Ventilo ou clim, eau chaude partout. Accueil hospitalier, anglais parlé.

Phuphaya Hotel – โรงแรมภูพญา **:** *733 Thanon Mitraphab, à côté de la poste. ☎ 313-489. • phuphaya.com • Pas d'enseigne en anglais mais reconnaissable par la blancheur de ses 8 étages. Doubles avec sdb et AC autour de 1 000 Bts, petit déj inclus.* Plus moderne que *Phubade*. À nouveau, situation pratique, à 500 m de l'arrêt des *songthaew* rejoignant le parc.

Marché de nuit : *Tesaban Soi 15-17. Tlj 17h-23h.* Savoureux petits plats thaïs et chinois. Divers produits locaux.

LE PARC NATIONAL DE KHAO YAI

IND. TÉL. : 044

Premier parc national de Thaïlande à avoir été créé, en 1962, c'est aussi l'un des plus grands du pays : 2 168 km², environ 80 km d'est en ouest, à cheval sur les provinces de Nakhon Ratchasima, Nakhon Nayok, Saraburi et Prachinburi.

En 2005, l'Unesco a inscrit au Patrimoine mondial de l'humanité la bande montagneuse de 230 km que forme Khao Yai combiné au parc de Ta Phraya, situé plus loin à l'est, à la frontière cambodgienne. L'objectif est de pérenniser ce sanctuaire naturel pour plus de 800 espèces animales, dont 20 sont vulnérables, 4 en danger et une en voie d'extinction.

Les paysages de Khao Yai sont très divers : plusieurs types de forêts, des prairies, des montagnes (altitude moyenne de 700 m) dominées par deux pics dépassant les 1 300 m – ***Khao Khiaw*** **เขาเขียว et** ***Khao Laem*** **เขาแหลม – ainsi que de nombreuses et rafraîchissantes cascades, parmi lesquelles** ***Haew Suwat*** **– น้ำตกเหวสุวัต,** ***Pha Kluai Mai*** **– น้ำตกผากล้วยไม้ et** ***Haew Narok*** **– น้ำตกเหวนรก, la plus haute (300 m, en quatre paliers).**

FAUNE ET FLORE

Khao Yai est recouvert à 80 % de forêt appartenant à plusieurs catégories : mixte, persistante sèche, d'altitude et pluviale, la plus largement représentée. Tout cela définit de nombreux écosystèmes colonisés par une flore très riche qui profite aussi des zones de clairière. Certains bois, comme le santal ou l'agar, dont les prix au kilo peuvent atteindre 50 000 Bts, font l'objet d'une véritable petite guerre entre braconniers et gardes du parc.

La faune vit en totale liberté, déterminant son territoire dans l'environnement qui lui convient le mieux.

– Plus de 25 espèces de grands mammifères, dont l'éléphant (250 individus dénombrés, meilleure période d'observation : novembre-décembre), le *gaur* (un massif et timide bovidé noir), le *sambar* (rencontre fréquente de ce cervidé, certains se sont habitués à l'homme), le *barking deer* (ou *red muntjac,* petit cervidé qui aboie quand il a peur), le *dhole* (chien sauvage), les ours noirs et malais, quelques tigres (moins d'une dizaine, attesté si une empreinte féline fait plus de 12 cm de long), des cochons sauvages, l'énigmatique panthère nébuleuse, des singes (macaques omniprésents et deux espèces de gibbons aux chants magiques ; peureux, ils évitent la terre ferme).

– Les 300 espèces d'oiseaux, principalement résidentes, font le bonheur d'escadrons de *bird-watchers* armés de jumelles. Star incontestée, le féerique calao (*hornbill,* quatre espèces, meilleure période : janvier-mars), volatile d'envergure squattant les cimes des géants de la forêt, d'où résonne son vol aux sonorités d'hélicoptère. À voir aussi : pies orientales, faisans, perroquets, pics, rapaces...

– Également représentés en nombre, les serpents, y compris le cobra royal, des espèces rares de chauves-souris habitant les grottes de la région, des scolopendres géantes et, bien sûr, une multitude d'insectes, dont de superbes papillons.

Info utile

– Pour plus d'informations concernant les parcs nationaux, voir « Thaïlande utile. Hébergement » en début de guide. ☎ *02-562-07-60 (à Bangkok).* 📱 *086-092-65-29.* • *dnp.go.th* •

Quand y aller ?

Annuellement, Khao Yai est arrosé de 2 200 mm de précipitations et jouit d'une température moyenne de 23 °C.

– Hiver : novembre-février, prendre une petite laine, ça descend à environ 10 °C la nuit. Agréable la journée, c'est une bonne période.

– Été : mars-avril, il y fait 30 °C en moyenne. Reste bien plus supportable qu'en plaine. Le débit des chutes d'eau est faible mais rarement tari.

– Saison des pluies : mai-octobre, prévoir 27 °C. La flore est à son zénith et l'observation des animaux encore plus facile. Très humide quand même. Impératif : s'équiper de guêtres (vendues ou prêtées sur place) contre les sangsues et s'enduire régulièrement d'antimoustiques.

Où dormir ? Où manger ? Où se ravitailler ?

À l'intérieur du parc

– Bungalows : réservation 1 mois à l'avance théoriquement obligatoire. • *np_income@dnp.go.th* • Voir « Thaïlande utile. Hébergement » en début de guide. Du dimanche au jeudi, il est parfois possible de trouver sur place.

– Camping : réservation inutile, mais si vous devez louer, venir tôt pendant les jours de congé et les vendredi et samedi.

⛺ **Camping :** *route de Haew Suwat. Sites de* ***Lumtakong*** *– ลำตะคอง, à 7 km du Visitor Center, et de* ***Pha Kluai Mai*** *– ผากล้วยไม้, 2 km plus loin. Droit de camping 50 Bts/pers ; tente 2 pers 200 Bts/pers, 4 ou 8 pers moins cher ; sac de couchage et tapis de sol 80 Bts/pers, oreiller 30 Bts/pers.* 2 grands terrains bien équipés (sanitaires, restos, épiceries). On préfère *Pha Kluai Mai,* plus mignon et au début du sentier qui mène à la cascade Haew Suwat.

Bungalows : *4 zones situées à l'arrière auxquelles on accède par une petite route au-delà du Visitor Center. S'adresser à l'Accommodation Office : ☎ 297-406. Dortoirs sans ou avec sanitaires, compter 50-300 Bts/pers possible slt s'il n'y a pas de groupe ; chalet 2-8 pers 300-400 Bts/pers ; lodge 20-28 pers 7 500-9 000 Bts.* Préférer la zone 2 installée sur une colline un peu isolée. La 3 n'est pas terrible. Attention, mis à part un lit éventuel en dortoir, tous les autres hébergements doivent être loués en entier. Or, il y a peu de petites capacités...

Gargotes et bazar-alimentation : *situés près du Visitor Center et des espaces de camping. Dim-jeu 7h-19h30, ven-sam 6h-21h. Plats 50-70 Bts.* Riz et légumes sautés, poulet grillé, currys et soupes composent l'ordinaire. Les bazars-alimentation stockent une quantité modeste d'articles : bougies, piles, gâteaux, boissons, etc.

À l'extérieur du parc

Nos deux adresses se trouvent pile sur la route reliant Pak Chong à l'entrée du parc. Elles sont proches d'une petite zone de service (station-service, supérette *7-Eleven,* distributeur automatique de billets, et même accès Internet en wifi).

Greenleaf Guesthouse & Tour : *52 Moo 6, Thanon Tanarat. ☎ 365-073. • greenleaftour.com • À 7,5 km de Pak Chong et 18 km de l'entrée du parc ; sur la droite, après la station-service. Résa conseillée. Doubles avec sdb (eau froide) 200-300 Bts.* 21 chambres ventilées, spartiates mais suffisamment nettes. Hébergements dans 2 cours successives. De nombreux routards s'échangent ici des tuyaux et apprécient les qualités de *Birdman Nine,* un guide doué pour repérer le bestiau. Propose des tours (300-1 300 Bts) : une demi-journée pour voir à la nuit tombante les milliers de chauves-souris s'envoler, un jour de balade dans le parc pour voir les différents animaux. Les réservations se font souvent avec un *package* chambre-excursion. Bon resto à prix modiques. Ramassage à la gare routière ou ferroviaire de Pak Chong si vous réservez par téléphone. Accueil plaisant, bon anglais. Dommage que la réception-cuisine ne soit pas plus clean.

Khao Yai Garden Lodge : *sur la gauche, juste avt la station* Ucm/7-Eleven, *km 7, en venant de Pak Chong. ☎ 365-167. 📱 081-827-83-91. Doubles 500-1 600 Bts. Plats thaïs et occidentaux 50-250 Bts.* Hébergement arrangé sur un vaste terrain, dans plusieurs types de bâtisses et de pavillons. Essayer d'éviter les chambres du devant. Petit déj inclus avec les chambres AC. Eau chaude partout. Vu les différentes époques de construction, visiter avant de choisir. Belle piscine paysagée. Grande terrasse couverte faisant réception et resto-bar. Large choix de plats copieux et bons. Ensemble bien tenu, avec professionnalisme et sourire. Entre 7h et 13h, 3 transferts gratuits pour Pak Chong. Sur demande, on peut même venir vous chercher à la gare. Propose aussi des excursions.

La visite

– **Entrée :** *au* ***checkpoint nord « km 23 »*** *–* ด่านตรวจอุทยานแห่งชาติเขาใหญ่ กม 23. *400 Bts/pers ; réduc ; moto ou voiture 40-70 Bts, vélo 20 Bts.* **Attention, il faut repayer à chaque entrée (intransigeant).** Ceux qui veulent sillonner le parc en profondeur feront donc mieux de loger à l'intérieur.

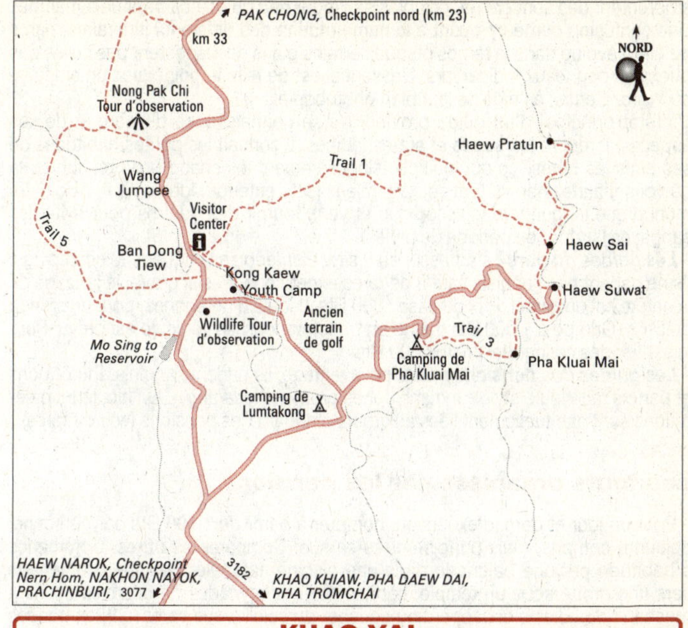

KHAO YAI

– ***Visitor Center*** – ศูนย์บริการนักท่องเที่ยว **:** *à 14 km du checkpoint, au milieu du parc.* Nombreuses planches intéressantes et didactiques sur la faune et la flore. Anglais parlé. Plan photocopié gratuit et brochure sur demande. Réservation de guides possible. À proximité : bureau des hébergements et chalets, restos et bazar-alimentation.

Se déplacer dans le parc

– La route nº 2090 (ouverte de 6h à 21h) relie Pak Chong au centre du parc. Elle devient la nº 3077 pour en ressortir au sud, via le ***checkpoint Nern Hom*** – ด่านตรวจอุทยานแห่งชาติเขาใหญ่ (เนินหอม), situé à 28 km du *Visitor Center,* en direction de Nakhon Nayok et Prachinburi (à 20 km supplémentaires). Dans le parc, deux routes secondaires : l'une rejoint la « falaise solitaire » ***Pha Daew Dai*** – ผาเดียวดาย, magnifique point de vue à 13 km du *Visitor Center,* et ***Khao Khiao-Pha Tromchai*** – เขาเขียว ผาตรอมใจ, un autre panorama situé 500 m plus haut, proche d'un barrage militaire ; l'autre dessert la cascade de Haew Suwat et les campings.
– Vu les distances, difficile de tout faire à pied. Les *songthaew* publics n'ont pas le droit d'entrer dans le parc, il faut chartériser ou faire du stop (pratique commune ici). À l'intérieur, s'adresser au *Visitor Center* et aux *rangers* des autres sites ou... tenter le stop. Exemples : *Nong Pak Chi-Visitor Center,* environ 300 Bts le véhicule ; *Visitor Center-checkpoint Nern Hom* (30 km), environ 800 Bts.

To be or not to be... guidé

Les sentiers de randonnées partent du *Visitor Center* ou des routes principales. Les randos typiques ne sont ni trop longues ni difficiles (de 1,5 à 8 km). Elles

empruntent des sentiers négociables seul pour peu qu'on soit habitué à marcher. Une confusion demeure quant à la numérotation des différents itinéraires, parce qu'elle a évolué dans le temps ou que certains plans ne respectent pas celles des quelques panneaux indicateurs. L'essentiel est de faire le point avec un employé du *Visitor Center*, à l'aide de leur plan photocopié.
L'intérêt principal d'un guide provient de sa connaissance du parc et de ses espèces. Il repère les traces et autres indices. Il connaît les petites habitudes de ses amis les bêtes, ce qui multiplie singulièrement les chances de rencontre, là où vous n'auriez rien vu tout seul, au mieux juste entendu. Idéalement, il doit être muni d'une longue vue télescopique et vous fournir des guêtres pour éviter les sangsues (surtout en période de pluies).
– ***Les guides du parc :*** s'adresser au *Visitor Center* ou à la rigueur aux campings. Ils ne parlent pas l'anglais sauf à de rares exceptions. Pas si grave, le langage de la nature est universel. Prix de base : 800 Bts jusqu'à 6 personnes, pour une rando de 5-6h. Grimpe à 1 000 Bts quand un transfert court en véhicule est prévu. Pour le sentier des cascades, prévoir 300 Bts.
– ***Les guides des pensions :*** principal avantage, ils parlent l'anglais. Plutôt bons et parfois facétieux, style « Indiana Jones promène le *farang* ». Un hic, leurs prestations sont habituellement liées aux tours standard des pensions (voir ci-après).

Les tours organisés par les pensions

– Pour un jour et demi d'excursion, compter à partir de 1 500 Bts par personne, déjeuner compris, mais parfois entrée en sus. Comparer les offres. Commence d'habitude par une baignade dans une piscine naturelle. Ensuite, promenade vers une grotte sous un temple, habitée par des myriades de chauves-souris à museau ridé. Elles s'échappent au coucher du soleil (vous serez là !), en bandes spectaculaires, disciplinées comme un long cordon d'oiseaux migrateurs... Le lendemain matin, entrée dans le parc. Arrêt au km 33 et rando de 2h vers Nong Pak Chi. Après déjeuner, baignade à Haew Suwat. Pour finir, un *night safari* à la tombée de la nuit.
– Demi-journée, une journée : pas conseillé, trop bref.
– Randos de plusieurs jours : possible, discuter et négocier sur place.

Randos

Savoir que la majorité des sentiers empruntés par l'homme ont d'abord été tracés par les animaux sauvages, notamment les éléphants qui les utilisent toujours. Respecter les priorités !
– ***Trail 1 : Kong Kaew*** – น้ำตกกองแก้ว – ***Haew Suwat Fall :*** *8 km, 5-7h de marche selon arrêts.* Suivre le *Nature Trail* sur 500 m avant de trouver l'embranchement. Réputé pour les oiseaux. Le sentier disparaît parfois sous les arbres tombés et quelques croisements sont mal indiqués. Envisagez un guide si vous manquez d'expérience. Si vous ne voyez pas de carrés rouges (cloutés ou peints sur les arbres, pas les rubans !) pendant trop longtemps, rebroussez chemin jusqu'à la dernière fourche.
– ***Trail 5 : Ban Dong Tiew*** – บ้านดงติ้ว – ***Nong Pak Chi*** – หนองผักชี – ***route nº 2090 :*** *5,4 km, 3h. Même remarque pour le marquage.* Démarre à quelques enjambées du *Visitor Center* (panneau) et se confond avec le sentier de *Mo Sing To* – อ่างเก็บน้ำมอสิงโต sur 1,7 km. Quelques fourches en route, rester normalement à main gauche et chercher les carrés rouges. À la bifurcation pour Mo Sing To (à 1 km), il reste 3 km jusqu'à la prairie de Nong Pak Chi, elle-même à un petit kilomètre de la route. Présence régulière d'éléphants, flore superbe, dont un arbre gigantesque aux racines irradiant une énorme superficie, lianes débonnaires ou épineuses, etc. On profite aussi de la prairie et de la tour d'observation de Nong Pak Chi.

– ***Trail 3 : Pha Kluai Mai** (camping)* – ***Haew Suwat Falls :*** *3 km, 2h.* Sentier sans difficulté, d'abord cimenté puis sauvage. En avril, floraison en masse d'une espèce d'orchidée rouge vif *(Waidaeng)* sur l'éboulis rocheux de la première cascade. Suit la plupart du temps une rivière, croupissante en saison sèche. Gibbons, calaos, peut-être un *sambar,* et pourquoi pas le croco ? Ce fut en tout cas notre tableau de chasse ! Plein de papillons aussi. Un truc pour les attirer : verser au sol une bonne dose de sauce de poisson *(nam plaa)* et attendre. Terminus au parking de la cascade Haew Suwat Falls. Ne pas manquer cette dernière, ne serait-ce que pour la vue depuis le sentier en belvédère. C'est une vedette : elle a joué dans le film *La Plage* ! Baignade possible sous un jet de 30 m. Dans les environs, deux autres cascades.
– ***Trail 14 : Kong Kaew Nature trail :*** *depuis le Visitor Center ; 1 km, 1h.* Aménagé. Passe par la petite cascade du même nom. Facile. En apéro ou en digestif.
– ***Night Safari :*** *depuis le Visitor Center, départs tlj à 19h et 20h. 70 Bts/pers, durée 1h. Inclus dans les programmes un jour et demi des pensions.* Pas vraiment une rando puisqu'on se déplace en véhicule équipé de puissants phares. Rencontres assurées, souvent des éléphants. Les avis divergent quant au bien-fondé de cette activité. Se balader au soleil couchant ou levant à pied serait plus écolo.
– ***Les vrais treks :*** 2 à 4 jours de rando. Y réfléchir si on a le temps. La durée engendre le plaisir... S'adresser au *Visitor Center* ou aux pensions. Sous-entend de dormir dans des sous-stations du parc.

SUR LA ROUTE DES CITADELLES KHMÈRES, DE PHIMAI AU PREAH VIHARN

Ce voyage dans l'Isan méridional qui borde le Cambodge fera découvrir aux amoureux de l'art extrême-oriental quelques temples qui comptent parmi les plus délicats témoignages que la civilisation khmère nous a laissés. Ce sera aussi l'occasion de résider dans de petites villes calmes, parfois charmantes comme Phimai, et de traverser plein de villages authentiques dont certains sont réputés pour leur artisanat.

➢ ***Conseil pratique pour s'y rendre :*** certains sites de cet itinéraire se situent à l'écart des grands axes. Les distances à parcourir depuis les villes de la région peuvent être assez importantes. Alors, une fois n'est pas coutume, on conseille d'étudier la location d'un véhicule avec ou sans chauffeur (de Ubon Ratchathani à Nakhon Ratchasima ou vice versa). Pas si cher en définitive, notamment comparé aux coûts (parfois excessifs) des motos-taxis et autres *songthaew* chartérisés quand il n'y a plus ou si peu de transport public. Cela dit, moyennant un minimum de temps et de patience, l'ensemble du circuit est réalisable en transports en commun, en panachant éventuellement avec un peu de stop ou de marche.

NAKHON RATCHASIMA (KHORAT) – นครราชสีมาหรือโคราช

200 000 hab. IND. TÉL. : 044

Nakhon Ratchasima est un nœud ferroviaire et routier idéalement situé à l'intersection des axes nord-sud et est-ouest. Pourtant, rien n'oblige à s'y arrêter, que l'on aille vers Phimai ou vers le Phanom Rung. En tout cas, pas plus de temps qu'il n'en faut pour sauter d'un bus ou d'un train à l'autre. D'ailleurs, rien ne le justifie vraiment, car l'ancienne base américaine de la guerre du Vietnam est devenue une cité moderne assez étendue où, plus que

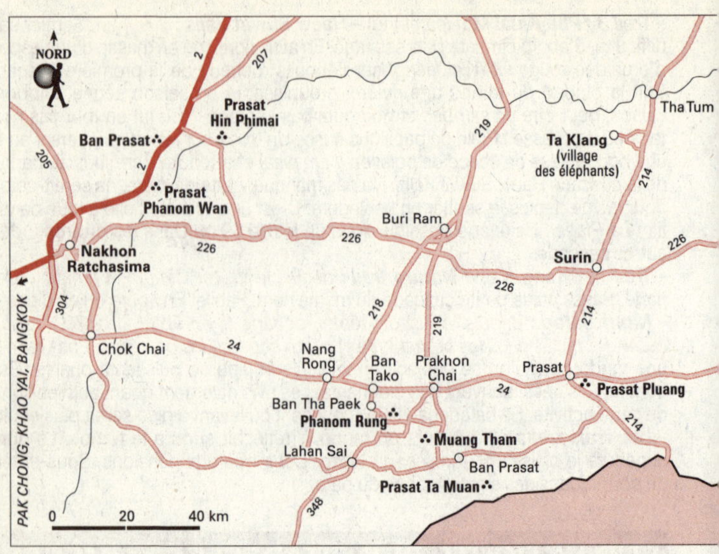

partout ailleurs dans le Nord-Est, immeubles et bureaux se multiplient. Alors qu'y faire ? Eh bien, découvrir que manquer de charme n'est pas synonyme d'absence de caractère. Pour cela, il suffit de se promener dans le centre historique entouré de murailles et aux alentours de l'esplanade du mémorial de Thao Suranari. Passer une nuit à Khorat, ce n'est pas perdre son temps.

Arriver – Quitter

En bus

Gare routière nº 1 *(plan B1,* **1***)* **:** *Thanon Burin.* Ne concerne normalement que les trajets intra-provinciaux (dont Pak Chong-Khao Yai). Mais certains bus pour Bangkok, comme *Travel Express,* s'arrêtent aux 2 terminaux 6h30-18h ; 198 Bts.

Gare routière nº 2 *(hors plan par B1,* **2***)* **:** *à 1 km au nord du centre, sur la route nº 2. Bus urbain ou tuk-tuk (compter 80 Bts depuis le centre).* Tous les bus longues distances (et ceux pour Phimai) passent par ici.

➢ ***Bangkok (via Sara Buri) :*** départs 24h/24, ttes les 30 mn ; 270 km, 3h30-5h de route (selon type de bus) ; 154-198 Bts. Bus direct avec *Ratchasima Tours,* guichet face au quai 17. Depuis Bangkok (Mochit Terminal), horaires similaires.

➢ ***Phimai :*** ttes les 30 mn, 5h30-22h ; 50 km, 1h de route ; 40-56 Bts.

➢ ***Surin :*** 10 bus, 7h-22h ; 180 km, 4h de route ; 113-146 Bts.

➢ ***Pak Chong (Khao Yai) :*** depuis Khorat, il faut vérifier que le bus emprunte l'ancienne route (plutôt ou slt depuis le terminal nº 1). Nombreux bus 4h-20h30 ; 70 Bts.

➢ ***Ubon Ratchathani :*** nombreux départs 7h-20h, dont 8 de bus AC ; 360 km, env 6h de trajet ; 206-261 Bts selon type de bus.

➢ ***Nong Khai :*** 5 bus AC, 3h-23h et 3 bus locaux ; env 400 km, 6-7h de route ; env 210-270 Bts.

➢ ***Chiang Mai :*** 10 bus/j., 4h15-20h30 ; 13h de trajet ; 420-435 Bts.

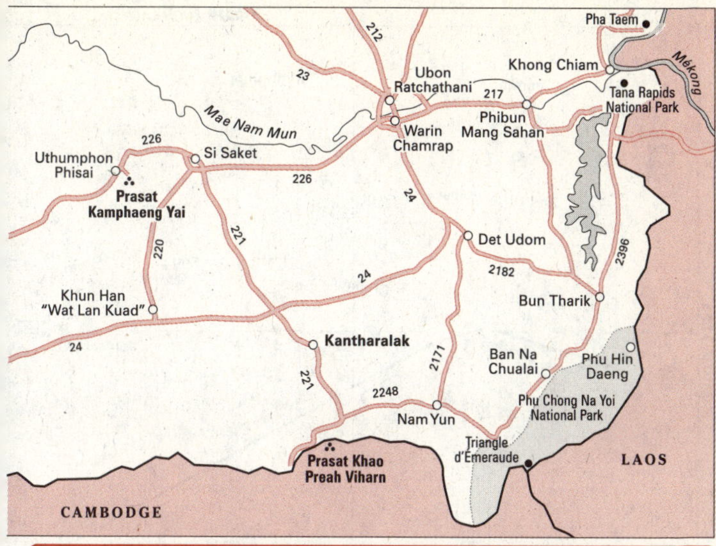

LA ROUTES DES CITADELLES KHMÈRES

En train

Gare ferroviaire *(plan A2)* **:** *à env 1 km à l'ouest du centre. ☎ 242-044.*

➢ ***Bangkok* :** 12 trains/j. dans les 2 sens. Depuis Bangkok, 5h45-23h40 ; en sens inverse, 0h13-23h37. Trajet : 4h30-6h. Prix : couchettes 1re classe 810-1 010 Bts, couchettes 2e classe 495-635 Bts. Dessert aussi Ayutthaya.

➢ ***Ubon Ratchathani* :** dans les 2 sens, 10 trains/j. Trajet : 4h30-6h. Dessert aussi Surin : env 3h de voyage.

Adresses utiles

TAT – ท.ท.ท. *(office de tourisme ; hors plan par A1-2,* ***3****)* **:** *2104 Thanon Mittraphap (route no 2). ☎ 213-666. • tourismthailand.org/nakhonratchasima • Très éloigné, à 3 km à l'ouest du centre, à côté de l'hôtel* Sima Thani. *Bus urbains nos 2 ou 3. Tlj 8h30-16h30.* Infos et docs sur la ville et les sites de la région. Bon plan de Nakhon.

Poste centrale – ไปรษณีย์ *(plan B1-2)* **:** *Thanon Jomsurang. Lun-ven 8h30-16h30 et sam mat.*

Banques* :** *guichet de change lun-ven 8h30-15h30 et distributeurs automatiques de billets auprès de* ***Bangkok Bank *(plan B1-2,* ***6****), Thanon Jomsurang,* ***Krungthai Bank*** *(plan C1,* ***7****), ainsi que devant la gare ferroviaire (plan A2). Distributeur également à la gare routière no 2.*

Où dormir ?

De bon marché à prix moyens (de 150 à 600 Bts – 3,75 à 15 €)

Sakol Hotel – หจก.โรงแรมสากลโคราช *(plan C1,* ***11****)* **:** *46 Thanon Asadang. ☎ 241-260. • sakolhotel.com • Doubles avec sdb 150-400 Bts. Lobby-parking au rdc.* Chambres quasi identiques, déclinées en ventilo et eau froide, TV ou pas, AC et eau chaude (1 ou 2 lits, frigo). Ménage consciencieux, confort et entretien honorables. Déclassé de par son âge mais pas du tout glauque et bien situé, c'est le meilleur choix petit budget de la ville.

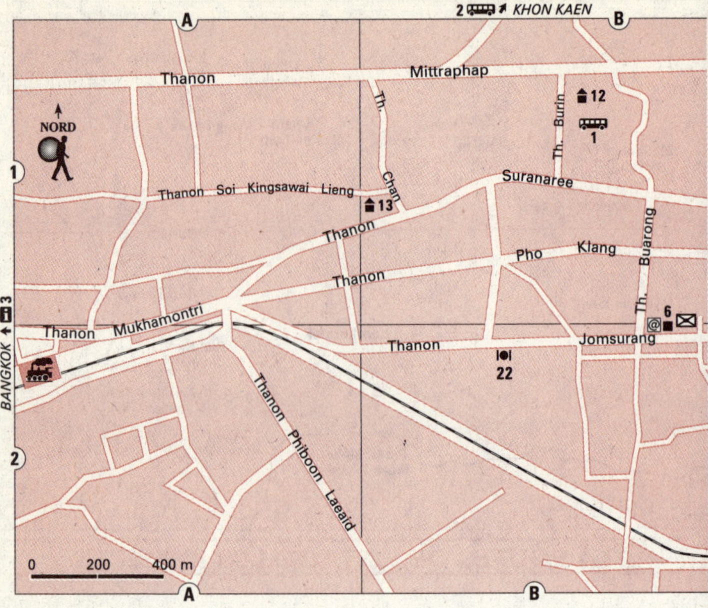

■ Adresses utiles	Où dormir ?
1 Gare routière nº 1	11 Sakol Hotel
2 Gare routière nº 2	12 First Hotel 1
3 TAT	13 Sri Patana Hotel
6 Bangkok Bank	14 Chomsurang Hotel
7 Krungthai Bank	

Attention, bien visiter les chambres, certaines sont plus bruyantes et donnent au-dessus de la cuve à eau (la nº 502 notamment).

First Hotel 1 – โรงแรม เฟิสท์ โคราช1 *(plan B1, **12**) : 136 Thanon Burin. ☎ 255-117. À 100 m de la gare routière nº 1, qui dessert Bangkok et Pa Chong (Khao Yai). Doubles avec sdb 250-360 Bts.* Longue barre blanche carrelée. Réception au rez-de-chaussée de l'immeuble. Chambres étonnamment grandes et nettes, avec lavabo et douche chaude. Ventilo ou AC. Préférer celles qui ne donnent pas sur la rue.

Sri Patana Hotel – โรงแรมศรีพัฒนา *(plan B1, **13**) : 346 Thanon Suranaree. ☎ 255-349. • sripatana.com • Près du Khorat Memorial Hospital. Double 600 Bts, petit déj inclus.* Vaste hôtel, plus tout neuf mais de bon rapport qualité-prix. Chambres confortables avec AC, frigo et TV. Déco banale et propreté aléatoire. Piscine.

D'un peu plus chic à très chic (de 750 à 1 300 Bts – 18,75 à 32,50 €)

Chomsurang Hotel – โรงแรมชมสุรางค์ *(plan C2, **14**) : 270-1/2 Thanon Mahathai. ☎ 257-080. • chomsurang.com • Central, à côté d'un marché de nuit. Double avec sdb 700 Bts ; petit*

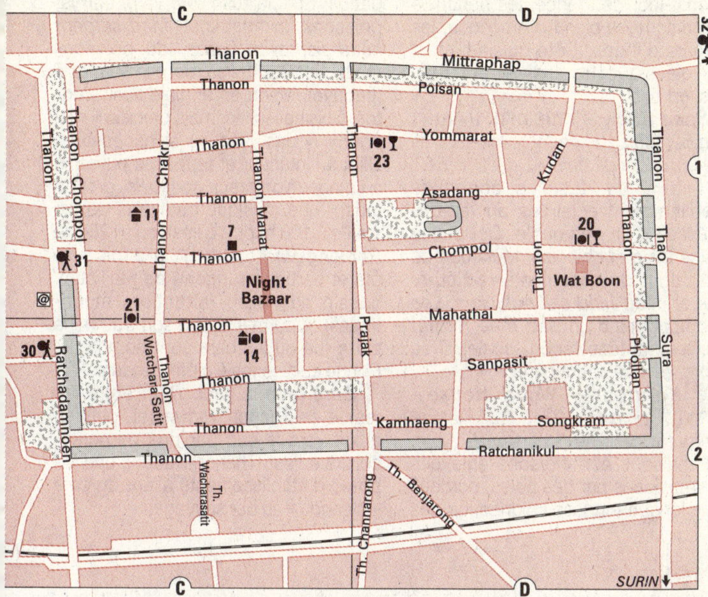

Où manger ? Où boire un verre ?
20 Marché de nuit Wat Boon
21 Wan Varn Restaurant
22 Baan Kaew
23 Koratburi – Wood House

À voir
30 Musée national Maha Viravong
31 Mémorial de Thao Suranari
32 Wat Sala Loi

déj 50 Bts. Grand immeuble blanc de 9 étages. Dans toutes les chambres : AC, TV, frigo et salle de bains avec baignoire. Resto tristounet et piscine.

Où manger ? Où boire un verre ?

Bon marché (moins de 100 Bts – 2,50 €)

Marché de nuit du Wat Boon *(plan D1, 20) : Thanon Chompol, en face du Wat Boon. Tlj 18h-minuit.* Principalement des restos de rue, contrairement au *Night Bazaar*.

Marché de nuit Night Bazaar – ตลาดกลางคืน *(plan C1) : lire « À voir ».* Surtout des snacks et sucreries, à consommer plutôt en se baladant.

Prix moyens (de 100 à 300 Bts – 2,50 à 7,50 €)

Wan Varn Restaurant – ร้านอาหารวันวาน *(plan C1-2, **21**) : 107 Thanon Mahathai. ☎ 244-509. Au niveau du croisement avec Thanon Chakri. Tlj 10h-22h.* « Ah, les bons vieux jours » *(Wan Varn)*, tel est le style asiatico-européen de ce resto qui regorge d'antiquités et d'objets de brocante. Les tables sont importées du Vietnam, les abat-jour de France, les pendules d'Allemagne, le piano d'Amérique, les 78-tours d'Inde... Côté cuisine, c'est plus classique (exclusivement thaï) mais fort bon.

Baan Kaew – ร้านอาหาร บ้านแก้ว *(plan B2, **22**) : 105 Thanon Jomsurang, face à un temple chinois. ☎ 246-512. Tlj 16h-minuit.* 2 salles contiguës et brillamment éclairées au rez-de-chaussée d'un immeuble. Délicieuse cuisine thaïe et chinoise. Multitude de plats, dont de succulents *red curry duck* et *deep fried salty chicken.* Les accompagner d'un *pad mee Khorat* (nouilles sautées façon locale). Très propre, service attentionné.

Koratburi – Wood House – โคราชบุรี *(plan D1, **23**) : 266 Thanon Yommarat. ☎ 269-108. Tlj 10h-22h.* 2 maisons aux cloisons enlevées ou remplacées par des baies, bordées d'une longue terrasse soignée, ou des patios. Spécialités : *tom yam,* currys, poissons (sympathique *fried serpent head fish with herbs,* du poisson-chat), salades thaïes, dont la *som tam* (papaye). Menu en anglais avec photos. Cuisine léchée, mais préciser *« mai phèt »* (« pas épicé ») si nécessaire. Clim à l'intérieur et terrasses ouvertes à l'étage. Nombreux cocktails, groupe jouant une musique coulante, douce soirée... 100 m plus à l'est, au n° 284, le **Rabieng-Pa** – ระเบียงป่า, à la fois simple et particulier (rideau de feuillage), bassin au milieu (attention, moustiques). A du mal à faire son trou dans cette rue où les bars sont nombreux. Bonne cuisine thaïe à prix modérés.

Bars locaux *(plan D1) :* entre les restos de Thanon Yommarat, puis en allant vers le sud par une perpendiculaire à l'est (Thanon Kudan), une tripotée d'établissements allant du café « cleanos » au bar sauvage.

À voir

Le Musée national Maha Viravong – พิพิธภัณฑ์โบราณคดี *(plan C2, **30**) : Thanon Ratchadamnoen ; à côté du Wat Suthachinda. Mer-dim 9h-16h. Entrée : 100 Bts.* Petit musée abritant l'ancienne collection privée d'un célèbre moine de l'Isan. Quelques pièces intéressantes d'époques Dvâravatî et khmère. Pour les passionnés.

Le mémorial de Thao Suranari – อนุสาวรีย์ท้าวสุรนารี *(plan C1, **31**) : Pratu Chompol.* Héroïne locale, Thao Suranari organisa la résistance contre une invasion laotienne en 1826. Chaque année, une fête est organisée en son honneur fin mars-début avril. Pendant 10 jours, les rues Chumphol et Mahathai se transforment chaque soir en une immense kermesse commerciale. Lieu de recueillement où les fidèles viennent déposer des offrandes.

Wat Sala Loi – วัดศาลาลอย *(hors plan par D1, **32**) : 500 m à l'extérieur de l'angle nord-est des douves.* Pour les amateurs de temples, en voici un moderne au style étonnant. La chapelle principale est bâtie en forme de jonque chinoise flottant sur l'eau.

Le marché de nuit *(Night Bazaar ; plan C1) : le long de Thanon Manat, entre Thanon Chompol et Mahathai. Tlj 18h-22h.* Une ville ne serait pas vraiment thaïe sans son marché de nuit. Toute la population de 7 à 77 ans s'y retrouve. Pas ou peu d'artisanat, mais des fringues, accessoires, gadgets et babioles à volonté et à petits prix. Super ambiance. Comme le shopping ça creuse, des stands pour grignoter.

DANS LES ENVIRONS DE NAKHON RATCHASIMA

Le temple de Phanom Wan – วัดปราสาทหินพนมวัน *: à 20 km au nord-est de la ville par la route n° 2 (celle de Phimai) sur 15 km, puis une petite transversale sur la droite (indiqué). Au moins 1 bus/h, 7h-17h30 depuis la gare n° 1 jusqu'à l'embranchement ; faire les 5 derniers km en moto-taxi (100 Bts).* Dédié initialement à Shiva, ce temple fut construit du IXe au XIe s selon le plan classique du sanctuaire khmer : chœur, couloir et antichambre entourés d'une enceinte carrée percée de quatre portes *(gopura)* identiques. Il comporte très peu de pièces contemporaines et conserve un aspect assez démantelé. Tous les linteaux sculptés ont rejoint les musées de Phimai et Bangkok, à l'exception d'une représentation d'un dieu assis sur la tête d'un *kala,* situé au-dessus de l'entrée nord du sanctuaire.

Les boutiques de soie de Pak Thong Chai (Thai Silk Shops) – ศูนย์ทอผ้าไหมปักธงชัย *: à 30 km au sud de Nakhon Ratchasima, par la route n° 304.* Soieries à prix d'usine. Choix formidable. Plusieurs magasins. L'un de nos préférés s'appelle *Chatthong Thai Silk.*

PHIMAI – พิมาย

IND. TÉL. : 044

À une soixantaine de kilomètres au nord-est de Nakhon Ratchasima, Phimai, plantée au confluent des rivières Moon et Lamjakarat, vous reposera des grandes cités modernes et bruyantes. Célèbre pour son merveilleux temple khmer, le Prasat Hin Phimai, elle a su garder son caractère de petite bourgade tranquille. La 2e semaine de novembre, la ville s'embrase lors du *Festival de Phimai.* Au programme des festivités : régates sur le fleuve, processions de barges royales, cérémonies bouddhiques et *Wimaya Nathakarn* – un son et lumière accompagné de danses thaïes classiques. Ce dernier est aussi organisé à plus petite échelle le dernier samedi des mois de décembre, janvier, février et mars.

UN PEU D'HISTOIRE

Il y a huit siècles, le puissant royaume khmer s'étendait à l'ouest jusqu'à Sukhothai et aux confins de la Birmanie et, au sud, jusqu'en Malaisie. L'interprétation de certaines inscriptions est à l'origine d'une théorie qui ferait du *prasat* de Phimai le modèle d'Angkor ! Une chose est sûre, les deux sites étaient autrefois reliés par une route pavée. Le temple fut abandonné au XIIIe s et tomba en ruine par la suite.

Arriver – Quitter

Départ des bus : *Thanon Chomsudasadet, en face de l'hôtel* Phimai. *Ils s'arrêtent au pied de la tour de l'Horloge, au carrefour de l'axe sud et de la perpendiculaire est.*

➢ ***Khorat :*** depuis Phimai, ttes les 30 mn, 5h-17h30 ; dans l'autre sens, ttes les 30 mn, 5h30-22h. 37-50 Bts selon type de bus.

➢ ***Bangkok :*** à 13h30 avec *Rachasimat Tour* ; 210 Bts.

➢ ***Depuis Nong Khai :*** bus (compagnie *107*) à partir de 7h, ttes les heures, jusqu'à Talat Khae ; de là, train jusqu'à Bua Yai (de 6h à 10h25), puis bus local.

S'orienter. Se déplacer

D'une simplicité extrême ! Le temple Hin Phimai occupe le centre nord de la ville. Il est bordé au sud par Thanon Anantajinda, d'où file dans l'axe du temple la perpendiculaire principale Thanon Chomsudasapet (pensions, restaurants) jusqu'à Pratu Chai, la porte sud. Parallèle à Chomsudasapet, côté est, Thanon Songkhran compte aussi nombre de commerces et gargotes.

Adresses utiles

Informations touristiques : pas de bureau officiel *TAT.* Les hébergements cités ci-après disposent tous de plans corrects de la ville ainsi que d'infos sur les horaires des transports.

■ **Banques :** *guichet de change lun-ven 8h30-15h30 et distributeurs automatiques de billets auprès de* **TMB,** *Thanon Anantajinda (quasi en face de l'entrée du temple), et* **KB,** *sur Thanon Chomsudasapet.*

@ **Internet : J.Net,** *accès derrière le temple au coin des Thanon Chomsa et Songkran. 15 Bts/h. Également à la* **Boonsiri Guesthouse** *(un peu plus cher, wifi payant).*

■ **Location de véhicules :** *pour les vélos, s'adresser à* **Boonsiri Guesthouse** *(voir « Où dormir ? ») ; compter 80 Bts/j. Pour les motos, aller au magasin de 2-roues situé au croisement de Thanon Anantachinda et Sakao (☎ 471-117 ; fermé dim) ; 125 cm³ bien entretenues 200-300 Bts/j. Pour les voitures, au* **Phimai Hotel** *(voir « Où dormir ? ») ; à partir de 2 800 Bts/j.*

Où dormir ?

De très bon marché à prix moyens (de 90 à 650 Bts – 2,25 à 16,25 €)

Khru Pom Guesthouse : *276 Thanon Naimaung. ☎ 471-541. 083-993-02-51. Face au temple, dans une ruelle au calme, à côté du 7-Eleven. Doubles 350-500 Bts.* Petite maison d'hôtes toute neuve, clean, comprenant 5 chambres. Restaurant-chalet, en face, avec quelques tables extérieures. Très bonne cuisine. En sortant de l'impasse, 20 m à gauche, le **@Café Barai** propose un grand choix de bons petits déj et un excellent café, à l'intérieur ou en terrasse-jardin.

Boonsiri Guesthouse – บุญสิริ เกสท์เฮ้าส์ **:** *228 Thanon Chomsudasapet. ☎ 471-159. • boonsiri.net • Presque en face d'Old Phimai Guesthouse. Lit en dortoir avec sdb 150 Bts ; doubles avec sdb 400-500 Bts. Rabais selon fréquentation.* Entrée par un long couloir partagé avec un petit resto (petit déj et cuisine sino-thaïe). Derrière, c'est aéré (cour et terrasse au 1er étage) et d'une remarquable propreté. 2 dortoirs ventilés de 10 lits équipés de casiers individuels à l'intérieur. Grandes et confortables doubles à 2 lits avec parquet au sol, TV câblée, ventilo ou AC. Eau chaude dans toutes les salles de bains. Accueil tip-top du jeune manager anglophone.

Phimai Hotel – โรงแรมพิมาย โฮเต็ล **:** *305 Thanon Haruethairome. ☎ 471-306. Fax : 471-940. En allant vers Pratu Chai, tourner dans la dernière rue partant sur la droite. Doubles avec sdb à partir de 500 Bts ; petit déj au resto de l'hôtel 40 Bts ou repas 40-80 Bts.* Immeuble blanc de 4 étages. Au choix : standard (AC) ou VIP, plus grandes, avec moquette et frigo. Partout, TV et eau chaude. Malgré quelques vétustés, propreté, confort et chaleur de l'accueil font de cet hôtel une bonne adresse. Location de véhicules (assez cher).

Où manger ?
Où boire un verre ?

Bon marché

Marché de nuit *(Night Bazaar)* **:** *dans le prolongement est de Thanon Anantajchnda. Tlj 18h-21h.* Plein de stands proposant des petits plats minute, salés ou sucrés, ou des fruits variés. Animé et bien populo !

Petite échoppe – ปิก้ ปุ๊ย ปุ๊ย **:** *197 Thanon Songkhran, 100 m au-delà de Thanon Anantajinda. Plats 20-40 Bts.* Un local simplissime, peint en vert pâle et ouvert sur la rue. Pointer du doigt poulet, canard ou cochonnailles, les voici sur votre table, garnissant un riz blanc *(khao suay)* ou frit *(khao pat)*.

De bon marché à prix moyens

Raka – ระกๆ **:** *à l'angle de Thanon Anantajinda et Songkhran, face au Night Bazaar.* Façade de style chalet. L'habituel resto-bar « country-thaï », un peu sombre et tout de bois vêtu. Chanteur en soirée. Boissons alcoolisées ou pas et petite carte (en anglais) de plats à prix modiques : *phimai noodles*, soupes *tom yam* et... frites. Attire jeunes et noctambules.

Rabien Mai Pub : *à l'est du temple, au coin de Thanon Wonprang et Thanon Samairujee. Tlj 17h-1h. Plats 100-120 Bts.* Une grande maison tout en bois, avec tables extérieures sur balcon ou dans des patios entourés de verdure. Très agréable pour déguster un cocktail, des fruits de mer, du poisson, une côte de porc au poivre, et même du bœuf façon thaïe (la spécialité). Resto branché un peu cher. Service aimable avec serveuses équivoques !

À voir

Prasat Hin Phimai (le temple) – ปราสาทหินพิมาย **:** *tlj 7h-18h. Entrée : 100 Bts. À l'entrée à droite, doc en français au centre de documentation.*
« Château de pierre » construit de la fin du XIe s à la fin du XIIe s suivant le principe hindouiste du mandala (centre cosmique de l'univers), le Prasat Hin Phimai est orienté nord-ouest/sud-est, dans l'axe d'Angkor. Le *prang* principal figure le légendaire mont Méru ; les murailles, les montagnes le protégeant ; et l'eau entourant le *prasat,* les océans. Pourtant, ce dernier ne semble pas avoir servi au culte hindou mais au bouddhisme mahayana. En témoignent les multiples statues du Bouddha ainsi que les deux linteaux de part et d'autre du couloir central du sanctuaire, le représentant face à l'assaut de Mara puis en méditation sous un serpent-*nâga.*
Après avoir franchi l'enceinte extérieure par un premier *gopura* précédé d'un escalier orné de *nâga,* une plateforme surélevée, gardée par deux *singha* (lions), mène à l'enceinte intérieure.
La restauration du *prang* central et de son antichambre *(mondop)* de grès blanc dura 20 ans. Le résultat est assez fabuleux, même si l'assemblage des sculptures du fronton présente quelques bizarreries. Le *prang* principal atteint 28 m de haut. S'y abrite un bouddha à l'ombre d'un *nâga* à sept têtes reposant en lieu et place du lingam de Shiva. Peu avant le coucher du soleil, dirigez-vous vers le *gopura* est de l'enceinte intérieure.

Le Musée national de Phimai – พิพิธภัณฑสถานแห่ง ชาติพิมาย **:** *☎ 044-47-11-67. À 300 m de l'angle nord-est du temple, avt la rivière Mun. Tlj 9h-16h sf parfois pendant les vac. scol. Entrée : 100 Bts.*
Voici la meilleure vitrine culturelle et historique de l'Isan. Sur 2 étages, de riches collections de poteries et céramiques retrouvées à Ban Prasat, de *sema* d'époque Dvâravatî, de linteaux, frontons et statues d'époque khmère voisinent avec des panneaux et reconstitutions illustrant les coutumes et l'artisanat du pays (maison des esprits, festivals, tissages). Bien agencé, clair et aéré.
Le joyau du musée est sans aucun doute la statue en pierre de Jayavarman VII. Dernier grand roi khmer, il gouverna l'empire à son apogée, de 1181 à 1219. Remarquer aussi les *singha* et, à l'étage, le Brahmi (Brahma dans sa forme féminine) à quatre têtes provenant de Phanom Rung ainsi qu'un fragment de stuc, rare témoignage des finesses artistiques qui ornaient autrefois les temples.

DANS LES ENVIRONS DE PHIMAI

Le banian géant (Sai Ngam) – ต้นไม้ยักษ์ **:** *à 2 km au nord-est de Phimai. Emprunter Thanon Anantajinda jusqu'à son extrémité, puis suivre les panneaux.*
Sur votre gauche, cet incroyable bosquet n'est rien d'autre qu'un gigantesque banian *(Ficus religiosa).* Ainsi, il y a quelque 350 printemps, une plante parasite étouffa un arbre-tuteur, projeta des racines aériennes qui, rejoignant le sol, formèrent les premiers troncs ! Les banians sont sacrés car la légende assure que le Bouddha reçut l'Illumination sous l'un d'entre eux.

Ban Prasat – บ้านปราสาท : *à 17 km au sud-ouest de Phimai. Prendre la route n° 2 puis obliquer vers l'ouest (indiqué).* Ban Prasat vient tout de suite après Ban Chiang pour la quantité de vestiges archéologiques retrouvés dans ses sépultures. Le village surplombe un coude de la rivière *Tarn Prasat.* Les eaux de cet affluent de la rivière Mun, une des neuf rivières sacrées du pays, sont utilisées pour les cérémonies royales. Dès l'époque préhistorique, le site fut habité par une importante communauté qui prospéra jusqu'à l'arrivée des Khmers. Le village actuel, assez charmant, a fait l'objet d'un développement éco-archéologique modèle, orchestré conjointement par le département des beaux-arts et l'office de tourisme national. Un petit musée et trois fosses de fouilles ont été aménagés. La n° 1 *(pit)* est la plus spectaculaire. Nombreux squelettes et fragments de poteries. Intéressant de voir que l'orientation des corps a fortement évolué au cours des âges : une seule certitude, si l'on dort la tête au nord dans nos contrées, ici, personne ne repose de la sorte !

UNE FORÊT À LUI TOUT SEUL

Le banian figure au livre des records des arbres ayant le plus gros tronc... ou plutôt ayant le plus de troncs ! Un seul arbre peut avoir plus de 350 gros troncs et 3 000 petits. On cite l'exemple d'un figuier banian à Calcutta (Inde) mesurant 412 m de circonférence. À côté, les baobabs les plus volumineux, dont la circonférence ne dépasse pas 43 m, auraient presque l'air de vulgaires brindilles.

Chambres chez l'habitant (homestay) : *☎ 367-075. Résa obligatoire. Prévoir 400-500 Bts/pers, 2 repas inclus.* Possible dans de nombreuses maisons villageoises adhérant à ce programme, mais plutôt pour les groupes.

PRASAT PHANOM RUNG – ปราสาทหินพนมรุ้ง ET MUANG THAM – เมืองต่ำ

IND. TÉL. : 044

Dans l'extrême sud de la province de Buriram, très proche du Cambodge, voici deux temples cousins que séparent seulement 8 km. Avec Phimai et Preah Viharn, ils forment sans aucun doute les quatre joyaux khmers de l'Isan. Dans les environs, d'autres vestiges à découvrir dont l'isolé *Prasat Ta Muan.*

Arriver – Quitter

Commençons par le « préacheminement »

➢ ***Bangkok :*** depuis le terminal Mochit, 7h30-19h env, plusieurs liaisons directes avec *Nang Rong* (compter 500 Bts en bus AC 1re classe) ou *Prakhon Chai.* Autre option : transiter par Nakhon Ratchasima, Surin ou Buriram (jusqu'à 15 liaisons/j. dans les 2 sens pour chacune des villes), puis rejoindre Nang Rong ou Prakhon Chai (escompter un départ ttes les heures).

➢ ***Nang Rong-Surin :*** départs réguliers de bus ordinaires ; env 130 km, 2h30 ; env 100 Bts.

➢ ***Nang Rong-Khorat :*** là aussi, départs réguliers de bus ordinaires.

Rejoindre les temples

– Pour les excursions organisées ou locations de véhicules (vivement conseillées, car avec les transports locaux, c'est galère), voir « Adresses utiles » à Surin et les pensions à Nang Rong.

➢ ***Nang Rong-Phanom Rung :*** transiter par Ban Tha Paek ; ttes les heures,

6h-16h ; 40 mn de route, env 70 Bts. Entre Ban Tha Paek et le temple, moto-taxi (150 Bts), stop ou pedibus (6 km).
➢ ***Prakhon Chai-Phanom Rung :*** à Prakhon Chai, station des *songthaew* à 500 m au nord de l'intersection des routes n°s 219 et 24. Liaisons ttes les 2h env, 10h-17h30. Dépose au pied de la colline, dernier km à faire à pied.

Où dormir ? Où manger ?

Pour dormir au plus près des temples, deux options : le bourg de ***Prakhon Chai*** – ประโคนชัย ou ***Nang Rong*** – นางรอง. Si le premier est plus pittoresque (beaucoup de maisons en bois), Nang Rong dispose de deux pensions plaisantes, des lieux de rencontre pour routards en vadrouille, offrant nombre de services annexes.

🏠 🍽 ***Honey Inn*** – ฮันนีอินน์ *: 8/1 Soi Srikoon, à Nang Rong. ☎ 622-825. • honeyinn.com • En venant de Khorat (Nakhon Ratchasima), tourner à gauche, tt de suite après la station-service* Ucm/7-Eleven *prendre la petite route Chanthep Rd, puis tt droit (panneau indicateur blanc avec flèches rouges) ; se laisser porter.* Tuk-tuk *depuis la gare 70 Bts. Doubles avec sdb 250-350 Bts.* Grande bâtisse avec cour tenue par Mme Phanna, enseignante d'anglais à la retraite, sa fille et son gendre. 10 chambres propres, avec ventilo ou AC, plus toutes neuves mais suffisamment confortables. 2 d'entre elles ont 2 lits, 3 ont l'eau chaude. Possibilité de repas à la demande. Intéressant dîner thaï pour 80 Bts (plusieurs plats à partager). Location de scooters (400 Bts/j.) et de motos avec chauffeur (550-650 Bts/j.) pour visiter les temples des environs : Phanom Rung, Meuang Tam et Khua Aungkarn, ou de voitures avec chauffeur (1 000-1 300 Bts/j. sans l'essence). Pour les indépendants, plein d'infos à dispo pour réussir ses excursions.

🏠 ***P. California Inter Hostel*** – บ้านพัก พี. แคลิฟอร์เนีย *: 59/9 Thanon Sangkakritburana, à Nan Rong. ☎ 622-214. 📱 081-808-33-47. En venant de Khorat (Nakhon Ratchasima), après le 2ᵉ feu, tourner dans la rue à droite, juste après* K Bank *et* Krung Thaï Bank. *Compter 100 Bts en* tuk-tuk *depuis la gare routière. Doubles avec sdb 250-700 Bts.* Autour de l'agréable cour, 14 chambres installées dans la maison ou dans 2 petites baraques annexes. Les ventilo-eau froide sont assez spartiates, les clim-eau chaude sont cosy comme si on était un invité de la maison, celui de Wicha, l'aimable patron anglophone. Propreté et maintenance irréprochables. Petit café. Location de motos et de voitures (respectivement 300 et 1 300 Bts) ; formules avec chauffeur et guide. Sert aussi de centre pour des travailleurs bénévoles.

À voir

🏃🏃🏃 ***Prasat Phanom Rung*** – ปราสาทหินพนมรุ้ง *: tlj 6h-18h. Entrée : 100 Bts.*
Édifié sur un ancien volcan entouré de plaines fertiles et situé sur l'axe historique d'Angkor, Phanom Rung jouit d'un site stratégique exceptionnel. Dédié au dieu Shiva (même si Vishnou n'en est pas totalement absent), sa construction débuta au Xᵉ s pour s'achever probablement vers la fin du XIIᵉ s. Son architecture et son ornementation rejoignent le zénith de l'art khmer. Une fois par an, le matin du 15ᵉ jour du 5ᵉ mois du calendrier lunaire (en avril normalement), le soleil darde ses rayons à travers les 15 portes du temple. C'est l'occasion d'un grand festival de processions qui serait vieux de plus de huit siècles.

La visite

Il faut absolument démarrer la visite (de préférence au lever du soleil) par la porte est, la nº 1 (grand parking, restos et échoppes), pas depuis le sommet de la colline (portes n°s 2 et 3), question de jouissance ! Celle de passer de la terre au paradis, du profane au divin en respectant la symbolique du lieu qui s'accorde parfaitement avec la topographie. Après trois premières volées de marches de latérite, toute la perspective, dominée par la tour principale qui représente le mont Méru, se dévoile depuis la première terrasse en croix. Sur la droite, la *salle de l'Éléphant blanc* où le roi venait se changer pour revêtir ses habits de prière. La majestueuse allée de 160 m de long, bordée de part et d'autre par 67 piliers représentant les boutons du lotus sacré, se termine par la « porte » du paradis, une plateforme-pont cruciforme, aux balustrades formées par des *nâga* à cinq têtes. Au milieu, un châssis de bois protège une fleur de lotus gravée. Le raide escalier en cinq sections mène à une terrasse de latérite supportant quatre bassins lustraux et le second pont cruciforme aux *nâga*. On franchit alors successivement les vestiges du mur d'enceinte extérieur, dont les rangées de colonnes auraient supporté une charpente de bois et des tuiles, puis le *gopura* de l'enceinte intérieure. Celle-ci, en bon état, est formée de galeries étroites aux murs percés de fausses fenêtres *Luk Malnut*. Levez les yeux, le fronton sculpté représente l'ermite Narendratiya, qui serait le créateur du *prasat*.

Le dernier pont aux *nâga* mène à l'antichambre *(mandapa)* du *prang* central, absolument magnifique. Sa porte d'accès est décorée du ***plus célèbre linteau de Thaïlande,*** représentant Vishnou couché sur un serpent dans la mythique mer de lait.

En faisant le tour du sanctuaire dans le sens des aiguilles d'une montre, on découvre les deux *Bannala* (bibliothèques), le *Prang Noi* (petite tour) et, revenu vers la porte est, les vestiges de deux bâtiments de brique, constructions les plus anciennes du *prasat*.

Pour ne rien gâcher, la vue depuis le sommet de la colline est très belle, notamment de juin à novembre, quand les champs de riz coupés au cordeau forment un patchwork avec les îlots de forêts.

LA VENGEANCE MYSTÉRIEUSE

Le célèbre linteau représentant Vishnou a connu une histoire rocambolesque : dérobé en 1966, il fut acheté dans une rue de Bangkok par un collectionneur new-yorkais qui le revendit à l'Art Institute of Chicago. Le mystère du vol, découvert 10 ans plus tard, ne tarda pas à déclencher un véritable tollé. Finalement, grâce à un échange opéré en 1988, le linteau rejoignit son pays d'origine. Depuis, une malédiction semble avoir frappé les voleurs du trésor : à l'exception de l'un d'entre eux, ils auraient tous trouvé la mort dans des conditions accidentelles...

Le centre d'information touristique du Phanom Rung – ศูนย์ข้อมูลข่าวสารท่องเที่ยวพนมรุ้ง ***:*** *sur la gauche de la voie menant à l'entrée n° 1, dans des bâtiments modernes évoquant l'architecture des sanctuaires khmers. Tlj 9h-16h30. Entrée gratuite. Brochures disponibles en français.* En dehors des informations touristiques, à voir, dans ces différents bâtiments : des pièces archéologiques, le plan du *prasat*, la maquette du site et une série de planches en anglais fort bien conçues, abordant la construction, la décoration et la restauration du temple.

Muang Tham – เมืองต่ำ ***:*** *à 8 km au sud-est du Prasat Phanom Rung, par la route n° 2221 en direction de Prakhon Chai, puis, après 3 km, une bifurcation sur la droite (panneau). Tlj 6h-18h. Entrée : 100 Bts.*

Assurément l'un des plus beaux temples khmers, Muang Tham fut restauré avec élégance sous le parrainage d'une fille du roi passionnée d'archéologie. Les pierres, la verdure et l'eau du grand *barai* (réservoir) qui borde le flanc ouest composent un panorama délicieusement équilibré.

Cette « cité basse » de forme presque carrée (120 x 127 m) fut construite au pied de la colline du Phanom Rung, un siècle avant, suivant l'orientation classique est-ouest. En traversant la première enceinte par le *gopura* est, on découvre deux des quatre bassins lustraux en L, aux margelles garnies de *nâga*. Protégé par la deuxième enceinte, le sanctuaire, précédé de deux bibliothèques, comptait originellement cinq *prang* placés en quinconce (trois devant et deux derrière) avant que la tour centrale représentant le mont Méru ne s'écroule. Le lingam retrouvé au cœur du sanctuaire tout comme l'important linteau de la tour nord-est figurant Shiva et Uma sur le taureau Nandin ont permis d'établir que Muang Tham était dédié à Shiva.

– Face au côté est du temple, avant le parking, un *Visitor Center* marque l'entrée d'une esplanade bordée de magasins de souvenirs. Petits restos au fond.
– Si vous voulez rejoindre *Ban Kruat* et *Prasat Ta Muan*, prenez la petite route garnie de nids-de-poule qui quitte le site par l'angle sud-ouest.

AUTRES TEMPLES DANS LES ENVIRONS

Prasat Ta Muan – ปราสาทตาเหมือน **:** *à env 80 km au sud de Surin. Transport public : songthaew peu nombreux et irréguliers depuis Prasat ou Prakhon Chai (si l'on vient de Nang Rong) jusqu'au village de Ban Ta Miang (sur la route de Kap Choeng, 20 km à l'est de Ban Kruat), puis affréter une moto-taxi (12 km de petite route bitumée). Plus simple : louer une voiture à Surin ou une moto à Nang Rong, par exemple. Tlj 6h-17h. Entrée libre.*
Cet ensemble de ruines à la lisière du Cambodge constitue une excursion excitante. Elle peut être couplée avec Phanom Rung, à 60 km au nord-ouest de là, par des routes correctes et peu fréquentées.
Malgré les aménagements récents – le bitume a remplacé la piste et les vestiges ont été dégagés de leur fouillis végétal –, le cadre sauvage et le faible nombre de visiteurs distillent toujours un parfum de découverte... La région fut l'un des derniers bastions des Khmers rouges. Aucun danger, à condition de ne pas s'aventurer en forêt (mines non désamorcées).
On pense que les ruines remontent au règne du dernier grand roi de l'Empire khmer, Jayavarman VII (fin XIIe-début XIIIe s). Il édifia Angkor Thom et imposa le bouddhisme mahāyāna (Grand Véhicule) comme religion d'État, dont l'idéal de compassion peut expliquer la construction de ces hôpitaux et auberges destinés aux pèlerins.
Après 8 km sur la petite route d'accès, un contrôle policier puis des chicanes et campements militaires, en général désertés.
– ***Prasat Bai Khlim*** – ปราสาทไบคลิม **:** *3 km après le contrôle, dans une petite clairière sur la gauche.* Ancienne chapelle en latérite pour les voyageurs et pèlerins de l'auberge voisine depuis longtemps disparue. Architecture intéressante, mais peu d'intérêt figuratif hormis un linteau et une série de colonnes ajourées sur la façade est.
– ***Prasat Ta Muan Thot*** – ปราสาทตาเหมือนทศ **:** *200 m plus loin, sur la droite.* À nouveau une ancienne chapelle, celle d'un hôpital lui aussi évanoui. Il ne reste aucune décoration, sinon deux ou trois volutes, mais les vestiges entourés de végétation sont fort jolis.
– ***Prasat Ta Muan Thom*** – ปราสาทตาเหมือนธม **:** *1 km au-delà.* Début 2011, ce site, proche de la frontière cambodgienne, était inaccessible, car occupé par l'armée thaïlandaise. Aujourd'hui, quelques militaires vadrouillent toujours, pour assurer la sécurité des visiteurs. De loin le plus impressionnant des trois. Orienté nord-sud, il devait jalonner la voie reliant Phimai à Angkor. Composé d'un sanctuaire central, de deux tours au nord et de deux bâtiments en aile. Le *prang*, bâti autour d'un lingam taillé à même la roche – remarquer la rigole de pierre par laquelle s'écoulait l'eau de ses « ablutions » rituelles – présente encore de belles décorations : volutes de fleurs, serpents-*nâga*, motifs géométriques. Malheureusement, tous les linteaux et frontons sculptés ont disparu, arrachés de force (parfois à la dynamite) par les Khmers rouges.

SURIN – สุรินทร์

40 000 hab. IND. TÉL. : 044

Cette modeste capitale provinciale située à 450 km de Bangkok est célèbre pour son rassemblement annuel d'éléphants. Pas loin de 200 pachydermes participent à cette fête, exécutant parades, exercices de force, etc., sous le

regard amusé de milliers de badauds. Le spectacle est aussi et surtout dans la rue. Les éléphants s'arrêtent aux feux rouges au milieu des cyclopousses et s'aspergent dans les embouteillages. Les 363 autres jours de l'année, Surin, agréablement calme et reposante, constitue une excellente base pour visiter les ruines khmères.
Au-delà des seuls vestiges archéologiques, la culture et l'artisanat local sont également teintés d'influences cambodgiennes, renforcées par des migrations dont la plus récente eut lieu à l'époque maudite des Khmers rouges.

LES SUAY, CES MYSTÉRIEUX CORNACS

Cette ethnie également appelée *Kui* exerce un monopole sur le dressage des éléphants, avec lesquels elle semble avoir établi une véritable symbiose. L'origine exacte de ce peuple qui parle un langage à la fois différent du thaï et du khmer reste un mystère. Probablement venus d'Inde, les Suay fondèrent un royaume au Cambodge avant que les Khmers ne les forcent à migrer au Laos, pays où on les trouve encore aujourd'hui, notamment dans la province d'Attopeu et la région de Champassak. Entrés en Thaïlande au début du XVIIIe s par la région de Khong Chiam, ils finiront par gouverner Surin jusqu'au début du XXe s. Leur religion, un intéressant mélange de bouddhisme et d'animisme, incorpore des rituels liés à leurs imposants compagnons.

Arriver – Quitter

En bus

Gare routière *(plan B1) : près de l'hôtel* Thong Tarin, *dans le centre.* Tous départs.

➢ ***Bangkok :*** ttes les heures, 9h25-14h25, puis 20h25-23h25 ; env 420 km, 8h de route ; prévoir 370-550 Bts selon type de bus. Depuis Bangkok (Mochit Terminal), horaires similaires.

➢ ***Khorat (Nakhon Ratchasima) :*** 10 bus, 5h50-15h40, puis en fin d'ap-m ; 370 Bts.

➢ ***Ubon Ratchatani :*** avec *Nakhonkai Bus*, 6 bus, 9h25-22h25 ; 200 Bts. Ou autres compagnies, surtout très tôt le mat ; 155 Bts.

➢ ***Chang Mai :*** 5 bus, 15h20-21h30 ; 650-890 Bts.

➢ ***Rayong :*** 10 bus, 9h30-22h30 ; 450-650 Bts.

En train

Gare ferroviaire *(plan A1) : au nord de la ville, pas loin de la station des bus.*

➢ Les 7 trains/j. de la ligne ***Bangkok-Ubon Ratchathani*** desservent Surin et permettent aussi de rejoindre des sites à proximité de la voie ferrée (voir « Dans les environs de Surin »). Prix : couchettes 1re classe, 946-1 146 Bts ; couchettes 2e classe, 619-689 Bts pour les meilleures places.

Passer au Cambodge

Pour les dernières évolutions politiques ou pour l'état des routes, on peut se renseigner auprès de *Saren Travel & Tour* (voir « Adresses utiles »).

➢ ***Chong Chom-O'Smach*** – ด่านช่องจอม (district de Kap Choeng – ตำบลคาบเชิง) *: à 70 km au sud de Surin.* Pour aller au poste frontière : minivan depuis la gare routière, env ttes les heures, 6h-16h30 ; 1h30 de trajet ; env 60-80 Bts. Visa délivré à la frontière. Route cambodgienne n° 68 en mauvais état mais en cours d'amélioration. Angkor, par Samrong, Kralanth, n'est qu'à 150 km.

➢ ***Chong Sa Ngam-Sangkha-Anlong Veng*** – ช่องสะง่ำ อำเภอ อันลองเวง *: à 120 km env au sud-est de Surin.* Route cambodgienne n° 67 bien meilleure. Visa délivré à la frontière. Pas encore de service régulier de transport depuis Surin. Se renseigner pour un transfert jusqu'à la frontière chez *Saren Travel & Tour* (compter 1 500 Bts), qui organise aussi des excursions de

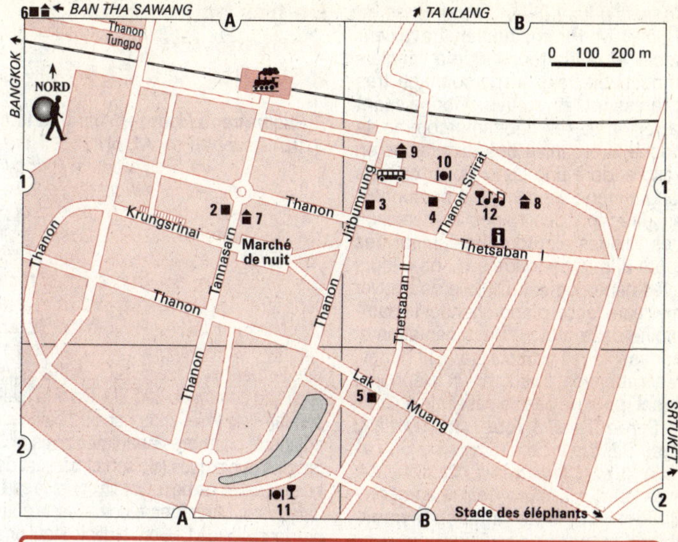

SURIN

■ **Adresses utiles**	7 Surin Sangthong Hotel
🛈 TAT	8 Thong Tarin Hotel
2 Bangkok Bank	9 Surin Majestic
3 Siam Commercial Bank	**Où manger ? Où boire un verre ? Où sortir ?**
4 Farang Connection	10 Sumrub Tornkruang Restaurant
5 Saren Travel & Tour	11 Larn Chang
6 Pirom-Aree's House	12 Beer Garden
Où dormir ?	
6 Pirom-Aree's House	

quelques jours jusqu'à Angkor. Pour rejoindre Siem Reap, passage par Rumchek, Sre Noy, Banteay Srei.

Adresses utiles

🛈 ***TAT*** – ท.ท.ท. *(office de tourisme ; plan B1) : 355 Thetsaban Rd.* ☎ *514-447.* • *tourismthailand.org/surin* • *Tlj 8h30-16h30.* Infos et docs sur la ville et les sites de la région. Accueil en anglais.

■ ***Banques :*** *guichet de change lun-ven 8h30-15h30 et distributeurs automatiques de billets auprès de* ***Bangkok Bank*** *(plan A1,* ***2****), en face de* Surin Sangthong Hotel, *et de* ***Siam Commercial Bank*** *(plan B1,* ***3****), Thanon Jitbumrung. Également un distributeur devant* Thong Tarin Hotel *(voir « Où dormir ? »).*

■ ***Farang Connection*** *(plan B1,* ***4****) : entre Thanon Sirirat et la station des bus, côté sud de la place-parking.* ☎ *511-509.* • *farangconnection.com* • *Loc de voitures et de motos. Prévoir 1 650 Bts/j. pour une voiture et 250 Bts/j. pour une moto.* Comme le nom l'indique, un lieu de ralliement et de services pour toute une foule de *farang* installés dans le coin. Pub et resto préparant une cuisine occidentale passable.

■ ***Pirom-Aree's House*** *(hors plan par A1,* ***6****) : voir « Où dormir ? ». Excursions : 1 400-3 200 Bts/j. par pers tt* *compris pour 1 à 4 j., sur une base de 4 pers.* M. Pirom, ancien travailleur social et guide touristique à l'anglais impeccable, est un personnage très intéressant et cultivé. Connaissant la région et ses habitants comme sa poche, il organise des excursions en voiture (dont une Land Rover châssis long vintage !) pour 1 à 6 personnes, en direction des ruines khmères ou des villages alentour. Également des tours à la demi-journée ou de 2 jours avec hébergement. Difficile de trouver meilleure façon d'appréhender le patrimoine de la région. Documentation et commentaires particulièrement riches. Mais attention, il vaut mieux téléphoner avant, pour ne pas se casser le nez.

■ ***Saren Travel & Tour*** – สะเร็น ทราเวล *(plan B2,* ***5****)* ***:*** *à l'angle des Thanon Lak Muang et Thetsaban II.* ☎ *520-174.* • *sarentour@yahoo.com* • *Lun-sam 8h30-18h.* Petite agence sympathique managée par Oun, une jeune patronne anglophone bien disposée à l'égard des budgets routards et qui donne des infos. Réservation d'hôtels, de billets d'avion et de places pour le festival des Éléphants. Location de voitures avec ou sans chauffeur et guide (prévenir à l'avance). Excursions de 1 jour vers les temples khmers ou les environs de Surin, en car ou minibus *(2 100-3 000 Bts),* et circuits courts *(2, 3 ou 4 j. : 7 900-9 900 Bts, min 8 pers)* pour Siem Reap, par la N 67 et retour par la N 68 ou vice-versa, ainsi que des circuits Cambodge-Vietnam.

Magasins de soieries et cotonnades : plusieurs enseignes en face de la gare routière *(plan B1),* sur Thanon Jitbumrung. Des ambulants aussi. *Nong Yin* nous a été recommandé pour la qualité et les prix. Voir aussi « Dans les environs de Surin ».

Marché de la ville *(plan A1)* ***:*** *côté nord de Thanon Krungsrinai, section ouest.* Bat son plein le matin de 5h à 7h.

Où dormir ?

Attention ! Il est très difficile de trouver une chambre à l'occasion du festival. Réservation impérative.

De très bon marché à prix moyens (de 100 à 500 Bts – 2 à 12,50 €)

Pirom-Aree's House – ภิรมย์-อารีย์ เฮ้าส์ สุรินทร์ *(hors plan par A1,* ***6****)* ***:*** ☎ *515-140.* *089-355-41-40. Très excentré (slt pour les véhiculés). Après la voie ferrée, tourner à la 1re à gauche dans Thanon Tungpo (direction le village des tisserandes), tt droit pdt 1,5 km et, à gauche, prendre un petit chemin ensablé, Soi Arunee ; c'est tt au bout, au no 55/326 (petit panneau à l'entrée du chemin invisible). Prévoir 100 Bts en tuk-tuk (difficile à trouver). Résa conseillée. Single (petit lit 1 pers) 120 Bts ; double avec sdb commune 200 Bts.* Dans la maison familiale (mieux) ou dans un bâtiment adjacent, chambres spartiates mais très propres et typiques (cloison et parquet de bois). 3 salles de bains, jardin et petite salle café-resto. Mme Aree reçoit avec le sourire, tandis que M. Pirom organise tout une série d'excursions (voir « Adresses utiles »).

Surin Sangthong Hotel – สุรินทร์ แสงทอง โฮเต็ล *(plan A1,* ***7****)* ***:*** *279 Thanon Tannasarn.* ☎ *512-099. Doubles avec sdb 100-500 Bts.* Les petites villes du pays abondent en restos et hôtels involontairement rétro, mais ici, dans le hall « atmosphérique » faisant réception et restaurant, l'horloge s'est arrêtée pour marquer les *sixties* tropicales. Le voyageur y rêvasse sur de drôles de banquettes, rafraîchi par des ventilos qui tutoient l'éternité. Très bien, mais est-ce une bonne adresse, direz-vous ? Oui ! Dans un contexte net et managé avec un certain panache, les prix sont scrupuleusement étagés en fonction de l'équipement. Dans l'ordre grandissant : 1 ou 2 grands lits, TV câblée ou pas, eau chaude ou froide et ventilo ou clim.

D'un peu plus chic à plus chic (de 800 à 1 600 Bts – 20 à 40 €)

Thong Tarin Hotel – โรงแรมทอง ธารินทร์ *(plan B1,* ***8****)* ***:*** *60 Thanon Sirirat.* ☎ *514-281 ou 288.* • *thongtarinhotel.com* • *Selon affluence, doubles 1 100-1 600 Bts, petit déj-buffet copieux compris.* La blancheur des 12 étages de ce grand hôtel central domine sans difficulté la ville. Plus de 200 chambres de taille généreuse, bien tenues et équipées (frigo, baignoire). L'âge mûr des bâtiments et de certains des communs explique les tarifs très raisonnables. Piscine, cafétéria et restos. Plutôt sympa, c'est une bonne adresse.

Surin Majestic – โรงแรมสุรินทร์มาเจสติก *(plan B1, **9**) : 99 Thanon Jitbumrung. ☎ 713-980. • surinmajestichotel.com • Immeuble moderne en V de 4 étages, au nord de la gare routière. Doubles avec sdb 900-1 300 Bts.* Établissement le plus récent de la ville, il n'offre pas le charme mûr ni l'accueil plaisant du *Thong Tarin,* mais il propose de solides prestations : chambres avec AC, TV câblée, mobilier neuf, balcon, piscine généreuse. Petit resto.

Où manger ? Où boire un verre ? Où sortir ?

Bon marché (de 100 à 200 Bts – 2,50 à 5 €)

Marché de nuit – ตลาดกลางคืน *(plan A1) : Thanon Krungsrinai, section est. Tlj 18h-22h.* Marché animé et mixte, composé d'une rangée de nombreux étals appétissants et d'une autre de fringues et babioles. Comme d'habitude, on y mange très bien et pour trois fois rien, de quasiment tout ce que la Thaïlande et l'Isan ont à offrir : épicé, doux, aigre, salé ou sucré... C'est aussi une sortie pittoresque. Pour les noctambules, des restos de rue restent ouverts après minuit devant le marché de la ville (voir « Adresses utiles »).

Prix moyens (de 200 à 400 Bts – 5 à 10 €)

Sumrub Tornkruang Restaurant – ร้านอาหารสำรับต้นเครื่อง *(plan B1, **10**) : entre la gare routière et Thanon Sirirat, côté nord de la place-parking. ☎ 515-015.* Décor rétro : pendules européennes à l'ancienne, lampes de mineurs arrangées en lustres et postes de radio première génération. Nourriture thaïe parfumée et agréablement présentée. Musique live un peu forte. Tout à côté, le ***Sport Bar,*** avec une belle terrasse, une bonne ambiance, sportive ou non selon les matchs retransmis, pour boire un verre ou manger un petit bout.

Larn Chang – ร้านอาหารพื้นเมืองลานช้าง *(plan A2, **11**) : 199 Thanon Siphathai Saman. ☎ 512-869. Au sud-est des vestiges de douves. Tlj 16h-minuit. Plats 200-220 Bts.* Pas si éloigné qu'il n'y paraît et pourtant déjà bien au calme et rafraîchissant. Maison en bois désossée de ses cloisons, entourée d'une terrasse-jardin au mobilier de bambou. Menu en anglais. Large choix de cuisine thaïe-isan pour tous les budgets : plats servis sur riz, salades *yam, laap, nam prik* (préparation très épicée où l'on trempe des légumes crus), sautés et poissons, dont une suggestion, le *« grilled nile tilapia »* (passé au barbecue après avoir été enduit d'une croûte d'ail). Dommage, pas de bougies, lecture du menu avec lampe électrique. Boissons et bières pas trop chères. Juste en face, sur la rive opposée, une immense terrasse couverte avec de copieux buffets et plats thaïs, que l'on prépare devant vous au ***R.E Buffet,*** fréquentés surtout par les locaux. Une bonne adresse si vous arrivez à vous faire comprendre.

Le ***Beer Garden*** *(plan B1, **12**),* sur l'esplanade-parking de l'hôtel *Thong Tarin,* propose une ambiance musicale sirupeuse tous les soirs. Dans les 2 allées parallèles, perpendiculaires à Thanon Sirirat, plusieurs restos-bars et aussi des karaokés à la thaïe, d'atmosphère particulière.

Le festival annuel des Éléphants

Ts les ans, la 3e sem de nov : 16h-minuit (foires et animations) ; le w-e 8h30-11h30, « Elephant Show ». Résa conseillée de l'hébergement, voire de bonnes places ; s'adresser à Saren Travel & Tour *(voir « Adresses utiles »).*

Première étape, l'arrivée des éléphants dans la ville après 2 jours de marche. À cette occasion, une petite cérémonie de présentation est organisée face à la gare routière. Ferveur populaire au rendez-vous. Ensuite ont lieu les démonstrations officielles dans le stade (*hors plan par B2* ; entrée : 500-1 000 Bts ; attention, bien se renseigner sur votre emplacement, car aux places les moins chères, parfois, on ne voit rien du spectacle !). Plus spectaculaires mais aussi moins spontanées, c'est le temps fort du festival. Au programme : un exercice de manipulation de billes de bois, une parodie de la célèbre bataille d'Ayutthaya où les éléphants servirent de chars d'assaut contre les Birmans, et le très attendu match de football. Il est conseillé de se lever tôt pour suivre la procession des pachydermes à travers la ville, les voir se goinfrer des douceurs préparées par les habitants, avant de rejoindre l'arène. Évidemment, ce festival est aussi l'occasion de faire une promenade à dos d'éléphant. Préférer celles en villes, plus palpitantes, aux cinq petites minutes dans le stade. Fête foraine et échoppes partout dans la ville.

DANS LES ENVIRONS DE SURIN

Ta Klang (village des éléphants) – หมู่บ้านช้างท่ากลาง : *à 60 km au nord de Surin. Bifurcation sur la route n° 214, à la borne du km 36, puis route à gauche sur 14 km (bien signalée). Petits shows tlj à 10h et 14h (entrée : 100 Bts).* Attention, si les villageois possèdent un nombre important d'éléphants (le chef en a sept), les pachydermes ne sont là en nombre qu'après les récoltes, de novembre à décembre. Le reste du temps, leurs cornacs les emmènent à Surin, comme attraction touristique (un peu d'argent pour donner à manger à l'animal ou pour une photographie) ou dans de grandes vadrouilles foraines qui leur attirent à la fois les foudres des municipalités, de la police routière (malgré le catadioptre installé sur la queue !) et celles des amis des bêtes.

Le village des tisserandes de Ban Tha Sawang – หมู่บ้านทอผ้าไหมบ้านท่าสว่าง : *à 7 km à l'ouest de la ville, par la route n° 3009. Prendre l'allée à gauche (panneau « Otop Village Champion »), en face de celle menant au Wat Sammakee.* Tout l'Isan est réputé pour sa production de soie, qui tire à la fois profit des sols propices à la culture des mûriers et de la minutie d'excellentes tisserandes. La province de Surin se distingue par la variété et la spécificité des motifs, souvent des *mutmee* (étoffe de type *ikat*, où la trame précolorée dessine le motif après tissage), d'origine cambodgienne.

Il faut être accompagné d'un guide (voir « Adresses utiles ») pour avoir un aperçu et comprendre tout le processus, depuis l'élevage du ver à soie jusqu'aux différents types de métiers à tisser. Toutefois, la visite de ce village est facilement envisageable en solo. Dans une grande bâtisse de bois sur pilotis, les tisserandes les plus habiles produisent les sarongs qui ont fait la réputation internationale du village, depuis qu'ils furent portés lors d'une réunion de l'Apec. Ils doivent être commandés longtemps à l'avance et coûtent à partir de 70 000 Bts 1 x 2 m ! Un prix à l'aune de leurs qualités : fils recouverts d'argent et d'or, quatre tisserandes sur le même métier (dont une à l'étage inférieur !) et plus de 500 niveaux de trames. Tout autour, des espaces de vente plus démocratiques pour se consoler : compter à partir d'environ 450 Bts le mètre de soie unie, 200 Bts pour une écharpe et 3 000 Bts pour un beau sarong coloré. Bon, en revanche, en regardant quelques étiquettes, on est quand même tombé sur du « Made in China »... Autre village de tisserandes : Ban Khwao Sinarin (voir aussi plus loin) et Ban Janrom.

Les villages du travail de l'argent : *à 14 km au nord de Surin par la n° 4 puis la n° 3036 vers l'est (panneau).* **Ban Khwao Sinarin, Ban Chok** et **Ban Sado,** proches les uns des autres, sont réputés dans tout le pays pour la qualité de leurs bijoux en argent.

Prasat Sikhoraphum – ปราสาทศรีขรภูมิ : *env 20 km à l'est de Surin par la route n° 226. Dans la ville du même nom : en regardant la gare ferroviaire,* *partir vers la droite, traverser un carrefour et continuer vers la tour métallique. De nombreux bus ainsi que 3 trains de jour font étape dans ce bourg. Tlj 8h-18h. Entrée : 50 Bts.* Entouré d'un étang en forme de U (ancien bassin sacré), le *prasat* est composé de cinq tours comme à Angkor, une disposition très rare, réservée aux temples d'État. Sa construction, commencée au XIIe s par les Khmers, ne fut achevée qu'au XVIe s par les Laotiens. La qualité de la pierre (grès rose aux tons chauds) et des sculptures décoratives font de ce temple une petite merveille.

Prasat Hin Wat Sa Kamphaeng Noi – ปราสาทกำแพงใหญ่ *: situé à Ban Klang, 40 km à l'est de Sikhoraphum, par la route n° 226. Prendre un bus pour Si Saket ou Ubon et descendre à Utum Phonphisai, 27 km avt Si Saket. Embranchement pour Kamphaeng Yai sur la droite (indiqué) ; aller jusqu'à la gare et suivre à l'est sur 300 m la voie ferrée.* Construit au XIe s en l'honneur du dieu Shiva, ce temple khmer de style *papuan* fut converti au culte bouddhique deux siècles plus tard. Ses vestiges sont aujourd'hui « emprisonnés » dans l'enceinte d'un temple moderne. Le contraste entre le *prasat* et le nouveau *wat*, clinquant de moulages modernes et vaniteusement élevé, incite à la réflexion... D'est en ouest, deux bibliothèques précèdent les trois *prang* centraux faits de grès rose et de brique. Alignés perpendiculairement à l'axe et partageant la même base, ils sont décapités mais portent encore nombre de belles sculptures. À l'arrière, côté sud, un bâtiment esseulé. L'ensemble est entouré d'une galerie massive percée des habituels *gopura.* Statue de 9 m représentant un vénérable moine assis en lotus. Petits stands où l'on peut se désaltérer et manger une soupe.

KANTHARALAK – กันทรลักษณ์

IND. TÉL. : 045

Cette petite ville de province, légèrement au sud de la route n° 24, Ubon-Nakhon Ratchasima, est la petite ville la plus proche du Khao Preah Viharn (37 km par la n° 221), situé au Cambodge (pour l'instant, et depuis 2008, la frontière étant fermée, le site est inaccessible). On y trouve des transports, une banque avec distributeur de billets et une station de bus suffisamment active pour rejoindre les grandes villes des environs.

Arriver – Quitter

➢ ***Ubon :*** bus ttes les 20 mn, 5h-12h30 dans les 2 sens ; 64 km, 1h de trajet ; 75 Bts.

➢ ***Si Saket et autres villes de l'ouest (Surin, Nakhon Ratchasima) :*** liaison Si Saket- Kantharalak ttes les 30 mn, 6h-18h dans les 2 sens ; 60 km. Fréquences similaires depuis les autres villes de l'ouest.

Où dormir ? Où manger ?

Kanthalak Palace Hotel – โรงแรม กันทรลักษ์ พาเลซ *: 2 accès, soit par la rue principale, ou par un petit passage derrière la poste. ☎ 635-157. Doubles avec sdb 300-400 Bts ; VIP à partir de 550 Bts.* Chambres ventilées ou avec AC dans une construction de plain-pied située dans l'arrière-cour, ou, mieux, VIP dans le corps de l'hôtel. Dans ces dernières, vieillottes et peu guillerettes – tout comme l'ensemble –, tenue et équipement corrects (frigo et clim). Petite restauration en terrasse couverte ou dans l'arrière-cour.

Marché : en sortant du *Kanthalak Palace Hotel,* juste en face, plusieurs gargotes à même le trottoir (soupes, riz avec viande) et, sur une allée transversale, le marché d'alimentation (fruits, desserts, viande, poisson).

DANS LES ENVIRONS DE KANTHARALAK

Wat Lan Kuad – วัดล้านขวด **:** *à env 20 km à l'ouest de Kantharalak, dans le bourg de* **Khun Han** – อำเภอขุนหาญ, *sur la n° 2111. Desservi par des bus et songthaew. Après un rond-point de la taille d'un terrain de football – il y en a d'ailleurs un au milieu ! –, à 200 m à gauche, puis 1re rue encore à gauche, et enfin panneau indiquant à 300 m le temple. Entrée gratuite : faire une donation, ou apporter un carton de belles bouteilles vides !* Le « temple des millions de bouteilles » est officiellement appelé *Pa Maha Chedî Kaew* sur les plans. Visite décalée de ce lieu complètement dingo. *Bot,* vihara, *chedî,* crématorium et le flambant neuf *Ho Trai* (hall des écritures, posé au milieu d'une pièce d'eau) sont entièrement construits d'un amalgame de béton et de bouteilles de verre. On a même trouvé une bouteille de cognac bien de chez nous ! À vous de la chercher.

RIEN NE SE PERD, TOUT SE TRANSFORME

Murs, balustrades, sols et toitures, tout y passe dans ce Wat Lan Kuad, « temple des millions de bouteilles », sans oublier les capsules, qui servent à composer quelques pieuses mosaïques. La vision qu'eut le moine fondateur, il y a une quinzaine d'années, d'un sanctuaire entièrement fait de verre est à l'origine de cette construction en l'honneur de la dive bouteille. Le plus fou, c'est que « les millions de bouteilles » sont un chiffre véridique !

PRASAT KHAO PREAH VIHARN – ปราสาทเขาพระวิหาร

Situé dans la chaîne frontalière des Dangkrek, en territoire cambodgien, à 100 km au sud d'Ubon via Kantharalak. Les allures de forteresse de ce sanctuaire de grès jaune noirci par les siècles, grimpant à l'assaut d'une colline sacrée depuis des temps immémoriaux, pour culminer à 640 m d'altitude comme une nef tournée vers Angkor, font de cette visite un moment I-NOU-BLI-ABLE. Mystérieux joyau de l'art khmer, Khao Preah Viharn fut construit sur une période d'environ 200 ans, entre les Xe et XIe s. Des inscriptions indiquent qu'il fut consacré à Shiva. Certaines parties se sont complètement écroulées, mais, malgré les pillages contemporains, de nombreux linteaux et frontons subsistent, alors que des travaux de restauration ont sauvé l'essentiel. Ce mélange ne fait qu'ajouter à la violence évocatrice du lieu.

Par le passé, le site fut régulièrement fermé aux visiteurs. D'abord parce que la souveraineté du *prasat* n'a été établie qu'en 1962 par un jugement de la Cour internationale de justice à l'avantage du Cambodge – ce que les Thaïs ont mal accepté (voir les diverses brochures touristiques). Puis à cause des Khmers rouges qui firent de cette zone isolée un de leurs derniers bastions jusqu'à la fin des années 1990. Aujourd'hui, après une rechute frontalière de 2001 à 2003 puis en 2008 et en février 2011, les hostilités ont repris de plus belle. Le Preah Viharn ne peut plus se visiter depuis la Thaïlande, la frontière est fermée (deux armées s'affrontent à l'arme lourde, des morts, des blessés, et les populations des environs ont été évacuées). Côté Cambodge, entre deux accalmies, des agences de Siem Reap proposent de vous y mener, à vos risques et périls, en 4h de route. Bien vous renseigner avant.

LE SUD : ITINÉRAIRE BANGKOK – HAT YAI

Dans cette partie de la Thaïlande, frontalière avec le Myanmar et la Malaisie, on vient surtout pour le sable blanc, le soleil et la mer turquoise. Ici, pas ou peu de vieilles pierres, mais des milliers de plages ourlées de cocotiers, réparties sur le continent et les centaines d'îles du golfe de Siam et de la mer d'Andaman. Les parcs nationaux, terrestres ou maritimes, sont nombreux. Malheureusement, leur réglementation est souvent appliquée de façon très laxiste... De nombreux chapelets d'îles en font partie, comme Ko Phi Phi, Ko Lanta et Ko Tarutao ; idem pour beaucoup de coins où l'on trouve des cascades (certaines sont superbes, comme celles de Hat Yai) ou des poches de forêt équatoriale miraculeusement préservées telles que Khao Sok.
Le sud de la Thaïlande concentre certains hauts lieux du tourisme sexuel, on pense à Pattaya bien sûr, mais aussi à Patong (île de Phuket) ou encore à Lamai (Ko Samui). Le mal semble endémique et, probablement, est en progression. Il est cependant très facile d'éviter les zones « infectées » qui sont groupées comme de véritables ghettos.
Ceux qui aiment la plongée sous-marine, tout comme les adeptes du *snorkelling,* découvriront de nombreux spots peuplés de coraux magnifiques, de poissons multicolores et d'autres superbes « bestiaux » à dentition de taille très respectable !

DE HUA HIN À SURAT THANI

HUA HIN – หัวหิน

IND. TÉL. : 032

Située à 230 km de Bangkok, Hua Hin est la plus ancienne station balnéaire de Thaïlande. Sa grande plage de sable blanc où l'on se baigne sans danger est autant fréquentée par les Thaïs que par les *farang.* Le charme de Hua Hin est dû à quelques antiques baraques de pêcheurs, notamment celles qui se prolongent sur la mer par des pontons à rallonge. Servant autrefois à sécher les *pla muk* (calamars), elles ont été transformées depuis en pittoresques restaurants ou pensions, mais tous leurs empiètements devraient bientôt être démolis, malgré une longue bataille juridique. Cela permettra de dégager une véritable plage face à la ville, même si celle-ci existait déjà à quelques centaines de mètres de là !
À l'exception d'une adorable vieille gare tout en bois, le reste de Hua Hin est composé de buildings modernes, de restos et marchés très touristiques.

L'ambiance, restée relativement familiale et bon enfant, explique pourquoi ce village de pêcheurs devenu station balnéaire demeure une étape populaire pour les routards en partance vers le sud, ou, pour d'autres voyageurs, l'occasion d'un rapide saut à la mer pas loin de la capitale.

Arriver – Quitter

Les horaires plus bas, donnés à titre indicatif, s'entendent dans les 2 sens, quotidiennement et selon les mêmes fourchettes horaires, sauf mention contraire.

En train

***Gare ferroviaire** (plan A2)* **:** équipée d'une réservation électronique. Consigne 24h/24.

➢ ***Bangkok :*** depuis la gare de Hua Lamphong, 2 départs le mat (vers 7h45 et 9h20), puis 10 départs, 13h-22h50. Dans le sens inverse, 12 trains, dont 10 de nuit, 0h30-5h45, puis 2 trains à 14h15 et 15h45. Durée : 3h15-5h selon type de train.

➢ ***Vers le sud : Prachuab Khiri Khan,*** 9 départs (1h30 de trajet), dont 6 env s'arrêtent à ***Bang Saphan*** (trajet : 2h40) ; ***Chumphon*** et ***Surat Thani,*** 11 trains (durée respective : 4h et 6-8h) ; ***Trang,*** 2 trains en soirée (trajet : 11-12h) ; ***Hat Yai,*** 5 départs (trajet : 13h). La grande majorité des trains circule de nuit.

En bus

***Terminal des bus AC pour Bangkok** (plan A2, **1**) **:** Sra Song Rd, entre Dechanuchit et Amnyaysin Rd.*

***Terminal des bus AC pour le Sud** (plan A2, **3**) **:** Sra Song Rd, en face et un poil au sud du terminal des bus AC pour Bangkok.*

***Terminal des bus ordinaires** (plan A1, **2**) **:** Liabtang Rodfai Rd.* Desserte de toutes les autres destinations, souvent de manière omnibus.

➢ ***Bangkok :*** entre le Southern Bus Terminal de Bangkok et le terminal des bus AC de la ville. Une trentaine de départs (ttes les 40 mn) 4h-22h env. Trajet : 3h30. En hte saison, mieux vaut acheter son billet à l'avance.

➢ ***Vers le sud :*** pour choisir lieu et horaire de départ, judicieux de se renseigner auprès de sa *guesthouse* ou, pour les bus privés VIP et minibus, auprès d'une agence comme *Western Tour,* sur Damnoenkasem Rd *(☎ 533-303).*

– Bus ttes les 40 mn, tôt le mat, à destination de ***Prachuab Khiri Khan*** et ***Chumphon.*** Compter respectivement 1h30 et 4h de trajet.

– Départs principalement 9h-23h pour ***Surat Thani*** (trajet : 7h), ***Ko Samui*** (trajet : 11h), ***Phang Nga*** et ***Krabi*** (trajet : 9h), ***Trang*** (trajet : 10h), ***Phuket*** (trajet : 11h) et ***Hat Yai*** (trajet : 11h).

Adresses utiles

***TAT** – ท.ท.ท. (office de tourisme ; plan A2)* **:** *au croisement des rues Damnoemkasem et Phetkasem. ☎ 511-047. Au rdc de bâtiments municipaux (pas d'enseigne dehors). Lun-ven 8h30-20h ; w-e 8h30-17h.* Plan de la ville gratuit, liste des hébergements, horaires détaillés des bus en partance et découverte des environs. Accueil dynamique et compétent.

***Poste** – ไปรษณีย์ (plan B2)* **:** *Damnoemkasem Rd. Lun-ven 8h30-16h30 ; w-e 9h-12h.*

■ ***Central téléphonique** – ชุมสายโทรศัพท์ :* *juste à côté de la poste. Tlj 8h30-16h30.*

@ ***Internet et appels internationaux à prix réduit :*** boutiques spécialisées ou pas (agences, *guesthouses*) un peu partout en ville.

■ ***Police** – สถานีตำรวจ :* *en face de la poste.*

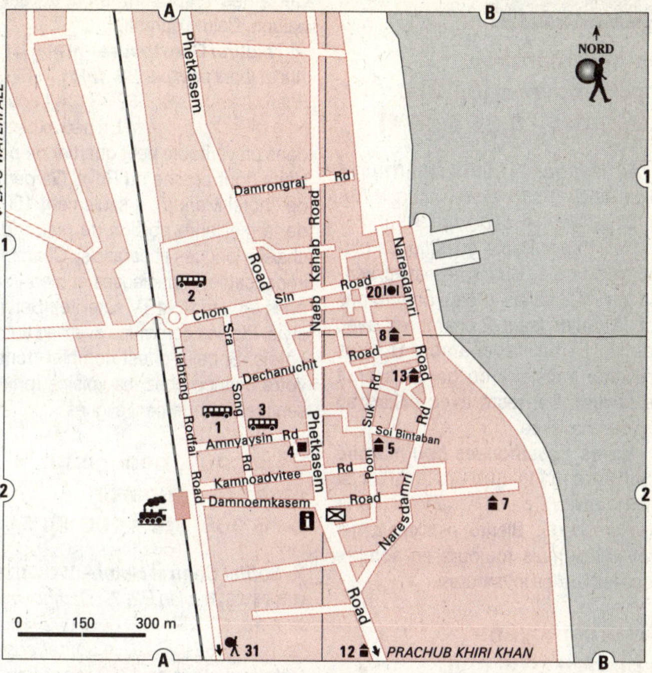

HUA HIN

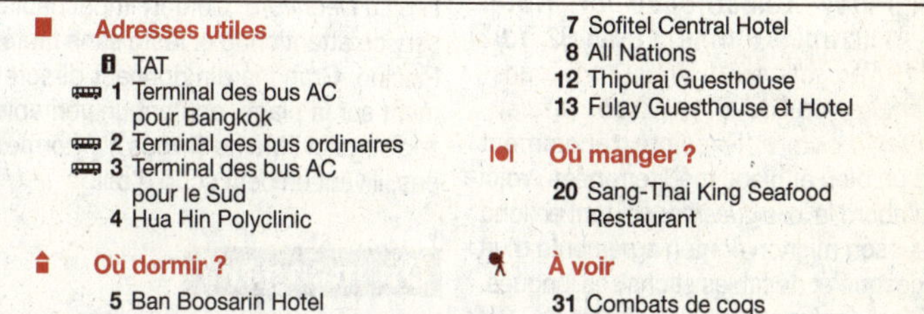

Adresses utiles

- TAT
- 1 Terminal des bus AC pour Bangkok
- 2 Terminal des bus ordinaires
- 3 Terminal des bus AC pour le Sud
- 4 Hua Hin Polyclinic

Où dormir ?

- 5 Ban Boosarin Hotel
- 7 Sofitel Central Hotel
- 8 All Nations
- 12 Thipurai Guesthouse
- 13 Fulay Guesthouse et Hotel

Où manger ?

- 20 Sang-Thai King Seafood Restaurant

À voir

- 31 Combats de coqs

■ ***Banques & ATM (distribanques) :*** *Phetkasem Rd ; les* ***Bangkok Bank*** *et* ***Kasikorn Bank*** *se font face au nord du croisement avec Chom Sin Rd,* ***Siam Commercial Bank*** *est plus au sud (en face du TAT). Lun-ven 8h30-15h30. Plus pratiques, les guichets de* ***Bank of Ayudhaya,*** *dans les rues touristiques Damnoemkasem et Naresdamri, tlj 10h-21h.* Ils disposent de distributeurs 24h/24 et proposent le service de transfert d'argent express *Western Union.*

■ ***Hua Hin Polyclinic*** – หัวหินโพลี คลีนิค *(plan A2, 4)* **:** *sur Phetkasem Rd, juste à côté d'une laverie. Consultations tlj 7h30-12h, 16h30-21h.*

Où dormir ?

De bon marché à prix moyens (de 250 à 600 Bts – 6,25 à 15 €)

All Nations – ออลเนชันเกสท์เฮ้าส์ *(plan B1-2,* ***8****) : 10/1 Dechanuchit Rd.* ☎ *512-747.* ● *cybercafehuahin@hotmail.com* ● Petite *guesthouse* plutôt bien tenue. Chambres avec ventilo ou AC, salles d'eau communes sur le palier (sauf 2 chambres avec bains). Éviter la chambre B, très bruyante (musique du bar plus bruit de la rue). Bar-resto avec billard au rez-de-chaussée.

Autres guesthouses bon marché – มีเกสท์เฮ้าส์ราคาถูกมากมายทิบริเว ณ ถนนนเรศดำริ *: dans le quartier de la rue Naresdamri.* Bientôt plus sur la mer (voir intro) mais toujours en nombre dans les ruelles intérieures.

De prix moyens à un peu plus chic (de 800 à 1 350 Bts – 20 à 33,75 €)

Fulay Guesthouse et Hotel – โรงแรมฟูเลย์ เกสท์เฮ้าส์ *(plan B2,* ***13****) : 110 Naresdamri Rd.* ☎ *513-145 (guesthouse) et 513-670 (hôtel).* ● *fulayhuahin.com* ● Repeinte récemment d'un bleu et blanc méditerranéen, voici d'abord la jolie *guesthouse,* tout en long sur son mignon ponton agrémenté d'un kiosque et de tables et chaises longues. C'est confortable et bien équipé (AC, TV et eau chaude). En face, même proprio, un hôtel à la façade de bois proposant une poignée de chambres climatisées au-dessus d'un resto propret. Tout l'assortiment est net, décoré sobrement ou, à l'opposé, débordant vers le kitsch.

Ban Boosarin Hotel – โรงแรมบ้านบุษรินทร์ *(plan B2,* ***5****) : 8/8 Poon Suk Rd.* ☎ *512-076.* Vastes chambres équipées de tous les gadgets habituels (AC, TV, frigo). Déco soignée, propre. Certaines disposent d'un agréable balcon. Calme garanti.

Thipurai Guesthouse – ทิพย์อุไรเกสท์เฮ้าส์ *(hors plan par B2,* ***12****) : 113/27-28 Phetkasem Rd.* ☎ *532-731.* ● *thipurai.com* ● *Petit déj inclus.* Un peu excentré, dans un véritable petit quartier de pensions (tout proche du *Royal Garden* et de l'hôtel *Mariott*), à seulement 100 m de la meilleure portion de plage (bar, chaises longues et parasols). Chambres impeccables, spacieuses et bien équipées (AC, frigo et TV satellite). Service stylé. Piscine commune avec les autres hôtels. Si celui-ci est complet, tentez votre chance chez les voisins (prix et services grandement alignés).

Beaucoup, beaucoup plus chic (à partir de 6 000 Bts – 150 €)

Sofitel Central Hotel – โรงแรมโซฟีเทล เซ็นทรัล *(plan B2,* ***7****) : Damnoemkasem Rd.* ☎ *512-021. Résa en France :* ☎ *01-46-62-44-40.* ● *sofitel.com* ● Hôtel construit en 1923, dont l'architecture reflète l'élégance rétro de l'époque. Il servit de décor pour l'ambassade de France à Phnom Penh dans le film *La Déchirure.* Confort impeccable, service attentionné et resto sans faute. Piscine. Grand jardin donnant directement sur la plage, abritant un véritable zoo végétal ! Même si vous n'y dormez pas, il vaut un petit coup d'œil.

Où manger ?

Hua Hin, malgré son développement à l'occidentale, reste comme toute cette côte (affaires à suivre !) un très bon coin pour les poissons et autres fruits de mer. Moins cher et meilleur que sur les îles...

Bon marché (jusqu'à 200 Bts – 5 €)

Le marché de nuit – ตล าดกล างคืน (ตล าดฉัตรไชย) *(Chatchai Market ;*

plan A2) **:** *Dechanuchit Rd, à l'ouest de l'intersection avec Phetkasem Rd.* Un grand marché avec toujours autant de sourires que d'étalages ; l'occase d'un bain de foule bien sympa. Poissons frais grillés, brochettes diverses, fruits... Un tas de petits stands de restauration rapide à prix très doux. Aussi, au-delà de Sasong Road, des restos en dur, dont les terrasses et stands mangent la rue, comme les renommés (et conseillés) *Hua Hin Sea Food* et *Bird Chilli* (un peu plus chers).

Prix moyens (autour de 300 Bts – 7,50 €)

Sang-Thai King Seafood Restaurant – ร้านอาหารแสงไทยคิงซีฟู้ด *(plan B1,* ***20****)* **:** *☎ 512-144. Tlj 10h-23h.* Resto-cantoche ressemblant à un hangar, posé sur un ponton où accostent les bateaux de pêche. Poisson d'une fraîcheur absolue. Les plats, présentés en photo sur le menu, sont bien alléchants. À l'entrée, quelques crustacés barbotent dans un vivier... feront-ils le grand saut jusqu'à votre assiette ? Attention, la langouste fait exploser le budget ! Service sympa.

Les restos pontons de Naresdamri Road *(plan B1-2)* **:** alignés côte à côte, *Ketsari, Fish, Chao Lay* (un peu usine celui-là) et consorts voient donc l'existence de leurs pontons-terrasses menacée (voir intro). Espérons que ce qui est posé sur la terre ferme survivra. Y aller au feeling, car tous se valent à peu près. Ambiance touristique mais sympa. Cuisine marine et accompagnements toujours honorables, tout comme les prix.

À voir

Les combats de coqs – ชนไก่ *(hors plan par A2,* ***31****)* **:** *descendre vers le sud la route qui passe devant la gare. Traverser la voie de chemin de fer à la 1re intersection. Les combats ont lieu généralement le sam.*

La gare ferroviaire *(plan A2)* **:** ancienne et pittoresque, elle vaut vraiment le coup d'œil.

Ne pas manquer le ***retour des pêcheurs*** dans la nuit...

DANS LES ENVIRONS DE HUA HIN

Balade sympa jusqu'au temple ***Wat Kao Kai Lad*** – วัดเขาไกรราช, édifié au bord de l'eau. Prendre un bus en face du TAT.

Plus au nord, on peut visiter le ***Klai Kung Wol Palace*** – พระราชวังไกลกังวล, palais d'été du roi Prachadipok (Râma VII), construit dans les années 1920 au bord de l'eau. Ne se visite pas lorsque le roi y séjourne.

Phetchaburi **:** *à 130 km au sud de Bangkok et 66 km au nord de Hua Hin.* Ceux qui descendent de Bangkok par sauts de puce pourront s'arrêter dans la petite ville de Phetchaburi. Très beaux et majestueux, le *sala* de bois et le *bot* aux murs aveugles et aveuglant de blancheur du *Wat Yai Suwannaram* (date du XVIIe s) réjouiront les fans du genre. Moins spirituelle mais divertissante et exhalant un parfum nostalgique, la colline *Khao Wang* fut transformée en résidence d'été par le roi Râma IV en 1860. Un funiculaire débouche sur son sommet garni de pavillons et coiffé par son ancien palais d'été, le *Phra Nakhon Khiri,* parfaitement représentatif d'un style occidento-thaï qu'aimaient tant les souverains du Siam. Petit musée (meubles et déco d'époque), sentes pavées cheminant dans la verdure vers de curieux *chedî* en belvédères.

Les cascades de Pa La-u – น้ำตกป่าละอูในอุทยานแห่ง ชาติแก่งกระจาน : *à 63 km, dans le parc national de Kang Krajarn (entrée : 400 Bts) qui borde la frontière birmane.* Pour y faire trempette, pique-niquer et éventuellement jouer son petit Tarzan dans la jungle (13 niveaux de bassins, mais au-delà du troisième, ça devient sportif...). L'idéal, c'est d'y aller à moto : jolie route sans difficulté, peu de trafic. Mieux vaut se grouper pour y aller avec une agence, sinon c'est assez cher.

ENTRE HUA HIN ET SURAT THANI

L'accès est particulièrement facile : une autoroute et une ligne de chemin de fer unique, largement fréquentées par tous les routards qui gagnent le Sud. Vous utiliserez donc sans problème les nombreux bus et trains qui roulent nuit et jour sur ce « grand boulevard du Sud »...

KHAO SAM ROI YOT NATIONAL PARK

Parc naturel côtier à 60 km au sud de Hua Hin. Accès en songthaew depuis Pranburi (entrée nord) ou par le sud, à 36 km au nord de Prachuab Khiri Khan. Entrée : 400 Bts.

Ceux qui disposent d'un véhicule (tout à fait faisable à moto) devraient suivre la côte via *Pak Nam Pran.* Alternance de plages sauvages et d'excitations immobilières, villas un peu loufoques, anses pleines de bateaux de pêcheurs, guinguettes où goûter leurs prises. Soudain, à l'horizon, tourmentée comme l'échine de quelque dinosaure échoué dans ce vaste marais côtier, s'élève *Khao Sam Roi Yot,* « la montagne aux 300 pics ». Culminant à 600 m d'altitude, ce massif de karst recouvert de buissons, d'arbres nains et de gros cactus n'est toutefois qu'une des attractions du parc. Belles plages de sable, randos vers des points de vue ou des grottes, sentiers éducatifs à travers la mangrove, îlots au large, villages de pêcheurs, voilà les promesses très variées de la plus belle excursion de la région. Par le nord, rejoindre d'abord le village de *Ban Bang Pu,* d'où un sentier rocailleux escalade un cap rocheux (panorama magnifique) avant de redescendre vers *Laem Sala Beach* (possible aussi en bateau). Camping ou logement dans des bungalows (réserver avant, voir la rubrique « Hébergement » dans « Thaïlande utile » en début de guide) sur cette plage ravissante, à l'ombre d'une forêt de pins maritimes. Au prix d'une nouvelle grimpette démarrant dans le dos de la plage, raide mais sans difficulté particulière (marches taillées), entrée saisissante dans *Phraya Nakhon Caves.* Ces impressionnantes grottes jumelles, dont les plafonds sont en partie effondrés, abritent un pavillon doré que viennent heurter les rayons du soleil. Atmosphère magique, c'est la photo la plus célèbre de la province.

Au sud, le QG principal du parc : panneaux explicatifs et réseau de sentiers sur pilotis dans la mangrove. On peut y arranger un tour en bateau (environ 2h) à travers une lagune ou, à quelques mètres des bâtiments, attaquer la grimpette sportive (30 mn) menant au point de vue de *Khao Deng.* Le sentier, sauvagement tracé sur les dures arêtes calcaires, débouche sur un « crâne » de roches (vue à 360°). À noter encore, des bungalows privés sur la plage sympa de *Hat Phu Noi,* à l'extérieur du parc proche de l'entrée nord. Gardez votre ticket si vous voulez retourner dans le parc après y avoir dormi.

PRACHUAB KHIRI KHAN – ประจวบคีรีขันธ์ *(ind. tél. : 032)*

À 80 km au sud de Hua Hin, cette petite ville endormie sur son bord de mer a le charme des coins authentiques et sans apprêt. Une promenade un peu austère suit le long front de mer incurvé tout comme, à l'arrière, la rue principale encore assez étroite et pittoresque. La gare et les stations de bus sont proches du centre-ville. Face à la mer (pas loin du *Wat Thammikaram*), l'*office de tourisme (tlj 8h30-16h30)* dispose de plans et d'infos très utiles. Bon accueil.

➢ ***Pour s'y rendre :*** entre Prachuab et Bangkok *(South Terminal)*, bus ttes les 90 mn, 6h-minuit env. Voir sous Hua Hin pour les trains et les bus vers le sud.

Où dormir ?

De bon marché à prix moyens (de 300 à 900 Bts – 7,50 à 22,50 €)

☗ ***Had Thong Hotel*** – โรงแรม หาดทอง *: en ville, pile au milieu de la baie, devant la mer. ☎ 601-050. • hadthong.com* • Le meilleur hôtel de la ville. Dans un immeuble de 8 étages, un peu fané d'extérieur comme de l'intérieur. Grandes chambres classiques, moquettées. Préférer celles avec vue sur la mer et balcon (2-3 € de plus). Location de scooters juste en face.

☗ Entre Khao Chong Krajok et la fourche qui conduit, à droite, au Khao Ta Mong Lai – เขาตาม่องล่าย, plusieurs ***petites pensions*** entre mer et lagune. Bungalows de confort et construction variables : en bambou ou en dur, ventilé et eau froide ou AC et eau chaude. Ne pas hésiter à en visiter plusieurs avant de se poser.

Où manger ?

Prachuab est réputée dans toute la Thaïlande pour ses poissons et fruits de mer. Goûter absolument au *plaa samli (Cottonfish)*, surtout préparé à la mode locale *daet diao*. Le poisson, rapidement séché au soleil, puis tout aussi vite grillé au wok, est servi ouvert en deux avec une salade de mangue verte épicée. Mi-croustillant, mi-onctueux, miam ! On trouve ce mets sur toute la côte (et donc aussi à Hua Hin), mais rien ne vaut les spécialités de la ville.

I●I ***Phloen Samut*** – เพลินสมุทร *: sur le front de mer, à deux pas de l'hôtel* Had Thong. *☎ 611-115. Prévoir autour de 200 Bts pour son petit festin.* Pavillon de bois vert pâle, rafraîchi par la brise marine et de vieux ventilos. Salle ou terrasse. Calamars, crevettes, crabe, légumes, riz sautés et *plaa samli*, bien sûr.

I●I Pas loin, le ***Pan Phochana*** est un autre favori des locaux.

À voir. À faire

En suivant la promenade vers le nord, rencontre inévitable avec le beau temple *Wat Thammikaram*, perché sur la colline *Khao Chong Krajok* d'où l'on voit les singes sauter et s'égailler dans la rivière. Plus loin, passer des restos et des pensions ainsi qu'une plage très photogénique colonisée par des bateaux de pêcheurs, un parc, le *Khao Ta Mong Lai*.

Toujours le long de la côte, mais cette fois-ci vers le sud (à environ 5 km), la plage déserte d'*Ao Manao* est aussi l'occasion d'une petite excursion. Située dans une base de l'armée de l'air thaïe, il faut franchir les barrières de sécurité (et parfois échanger son passeport contre un carton numéroté), puis la piste d'atterrissage, avant de s'étendre sur le sable chaud, les yeux dans le bleu ! Dépaysant, il n'y a que des Thaïs, toujours très sympas dans ce genre d'environnement où ils adorent papoter et paresser en grignotant.

BANG SAPHAN YAI – บางสะพานใหญ่ *(ind. tél. : 032)*

À 85 km au sud de Prachuab Khiri Khan. La région très verte étire son front de mer en de jolies plages de sable clair, bordées de cocotiers, souvent désertes en dehors de petits hameaux côtiers. Bang Saphan Yai, proche de l'océan, se situe à l'est de l'autoroute nº 4. On peut y aller en train et il y a des bus directs à destination de Bangkok ou de Chumphon (pas la peine de rejoindre l'autoroute). Attention, ne pas confondre avec Bang Saphan Noi, une dizaine de kilomètres plus loin au sud ! Rentré dans la (bonne) petite ville, tourner à droite après avoir traversé la voie ferrée, au niveau d'une épicerie *7-Eleven.* Il reste alors environ 7 km jusqu'à la plage de *Suan Luang* (via une bifurcation indiquée sur la gauche). Alternativement, continuer tout droit puis à droite à l'intersection qui conduit à *Hat Mae Ramphueng,* une autre plage juste au nord du bourg. Moins belle, mais on y trouve des hébergements pas chers et de charmants restos de plage. Pour rejoindre ces plages, service de pick-up depuis la ville.

Où dormir ?

De bon marché à prix moyens (de 400 à 600 Bts – 10 à 15 €)

Suanluang Resort – สวนหลวงรีสอร์ท : *en allant vers la plage de Suan Luang.* ☎ *817-031.* • *suanluangresort.com* • Une dizaine de bungalows avec salle de bains et terrasse, situés à environ 1 km de la plage, sur un vaste terrain. Au choix : bois et bambou, ventilo et eau froide ou du dur avec plus de confort (AC, eau chaude, frigo et TV). Propreté exemplaire. Location de vélos et motos, réservation de billets de bus ou minivans. Resto préparant une bonne cuisine thaïe et occidentale à prix très raisonnables. Français parlé. Téléphonez, on viendra vous chercher gratuitement.

Nipa Beach Bungalow – นิภา บีช บังกาโล : *Hat Mae Ramphueng.* ☎ *548-140. En arrivant sur la mer, tt de suite à droite, à 50 m de l'intersection en T.* La meilleure option sur cette plage, idéale pour ceux qui cherchent à s'isoler de leurs congénères, mais pas des autochtones. Autour d'une esplanade gravillonnée, rangs perpendiculaires de bungalows en dur, carrelés à l'intérieur. Très bien équipé pour le prix : AC, eau chaude, TV, frigo. Accueil adorable.

Plus chic (de 1 500 à 3 300 Bts – 37,50 à 82,50 €)

Coral Hotel – โรงแรมคอรัล : *plage de Suan Luang.* ☎ *817-121.* • *coral-hotel.com* • Grand hôtel-résidence à l'aise dans une cocoteraie donnant quasi directement sur une plage de sable fin. Tenu d'une main de maître depuis plus de 10 ans par un Français, professionnel du métier. Chambres standard, cottage familial (2 adultes + 1 ou 2 enfants selon l'âge), ou *deluxe* (nouvelles additions plus grandes, parfaites pour 4 personnes). Très confortables, ameublement et déco classiques mélangeant joliesse thaïe et sérieux occidental. Belle et gigantesque piscine. Cuisine française au resto, mais aussi une belle sélection de plats thaïs. Repas servis au choix sur terrasse avec vue panoramique sur la mer ou dans une salle de resto. Formule demi-pension ou pension complète possible. Plein de choses pour occuper votre temps libre : billards, bibliothèque, salon de massage, ping-pong, canoë, masques et tubas, VTT, initiation à la boxe thaïe, excursions...

Où manger ?

Petits restos de plage : *Hat Mae Ramphueng* – หาดแม่รำพึง. *Arrivé face à l'océan à l'intersection en T, tourner à gauche et poursuivre jusqu'au niveau de Benjawan Bungalow* – เบญจวรรณ บังกะโล. En face de ce dernier, au bord de la mer, ici toute proche, un amusant regroupement de paillotes individuelles ou communautaires. Balancelles, tables en bambou ou carrelées. Poissons et fruits de mer à des prix défiant toute concurrence. Pour, disons, allez, 300 Bts, attendez-vous à un banquet marin et rabelaisien. Un verre de ces fameux rhums ou whiskys thaïs là-dessus, et l'on refait le monde. À 50 m du *Coral Hotel,* le resto ***I Tal Ay*** propose des produits frais apportés par les paysans locaux.

CHUMPHON – ชุมพร *(ind. tél. : 077)*

À 80 km au sud de Bang Saphan. Rien à y faire de particulier, sinon lézarder sur les plages des environs et explorer gentiment les quelques îlots du large... Pourtant, pas mal de routards en ville... C'est que ceux venus du nord pour aller à ***Ko Tao*** ont tout intérêt à embarquer ici. Ils économisent ainsi le voyage jusqu'à Surat Thani, et les traversées successives vers Ko Samui puis Ko Pha Ngan.

Arriver – Quitter

Depuis Bangkok, on se rend à Chumphon en train, en bus (2 départs/j., tôt le mat et en soirée), ou éventuellement par les airs avec la compagnie *Air Andaman.* Mais l'aéroport est excentré et les heures de vol (3 liaisons/sem slt) ne coïncident pas forcément avec les horaires des bateaux...

En bateau

Les liaisons sont données à titre indicatif pour la haute saison. Elles s'entendent quotidiennement dans les 2 sens et selon les mêmes fourchettes horaires, sauf mention contraire. Attention, la météo peut vous jouer des tours !

Port de Pak Nam Chumphon – ท่าปากน้ำชุมพร : *à env 10 km au sud-est du centre-ville. Facilement accessible depuis la gare en moto-taxi ou songthaew.*

➢ ***Ko Tao et au-delà :***

– Un *express-boat Songserm (☎ 506-205)* quitte Chumphon à 7h et Ko Tao à 14h30. Prévoir 3h de traversée. Continue vers Ko Pha Ngan et Ko Samui.

– Plus rapides, les compagnies *Lomprayah (☎ 558-212)* et *Seatran (☎ 238-129)* affrètent chacune 2 départs (1 tôt le mat, l'autre vers 12h). Ces bateaux font la navette sur la ligne Chumphon-Ko Tao-Ko Pha Ngan-Ko Samui. Depuis le continent, compter respectivement 2h30, 4h et 4h30 de trajet, escales comprises.

– Enfin, autres options plus « exotiques » entre Chumphon et Ko Tao, le ferry lent *Ko Jaroen* (sf dim) et un bateau de nuit, minuscule, d'état un peu inquiétant ! Départs 22h-minuit (5-6h de traversée). Prévoir 200-600 Bts la traversée, selon l'embarcation choisie.

Où dormir ?

On préfère vous emmener à la mer plutôt que de rester en ville où, si nécessaire, il y a plusieurs pensions décentes et centrales.

Prix moyens (autour de 800 Bts – 20 €)

Clean Wave – คลีน เวฟ รีสอร์ท : *Thung Wua Laen (voir « Les plages des environs de Chumphon »).* ☎ *560-151. Au milieu de la plage.* Le resto est sur la plage, mais la colonie de bungalows, des minivillas en dur aux toits de tuiles rouges, s'est posée sur une grande propriété de l'autre côté de la petite route. Sans grand charme mais proprement carrelés et confortables (AC et baignoire !). Accueil très gentil.

View Resort – ววิว รีสอร์ท : *Thung Wua Laen (voir « Les plages des environs de Chumphon »), légèrement au sud de Clean Wave.* ☎ *560-214.* L'un des rares établissements à profiter d'un peu d'espace au bord de la mer. Malheureusement, le parking gravillonné ruine un peu cet avantage. Choix entre d'anciens chalets en dur (eau froide) ou un assemblage de petits pavillons contigus (eau chaude en sus). Tous climatisés. Resto face à la mer, paillotes privatives ou tables carrelées. Bon accueil ici aussi.

Où manger ?

Bon marché (moins de 150 Bts – 3,75 €)

Le marché de nuit – ตลาดกลางคืน : *au cœur de la ville, pas très loin de la gare.* Un assez grand *Night Bazaar* où l'on trouve de tout : brochettes, *pad thai*, soupes de nouilles... Également de nombreux *food corners* qui servent de bons petits plats. Ambiance très plaisante dans ce marché bien vivant.

Resto de plage : *Thung Wua Laen (voir « Les plages des environs de Chumphon »). Extrémité sud de la plage (vers le* Chumphon Cabana*), au niveau de l'intersection avec la route qui vient des terres (panneau « Welcome to... »).* Un grand chalet ouvert sur la mer, plus chaleureux et décoré que les autres (plaques publicitaires, peintures de couleur). Patronne super sympa, et, ce qui ne gâche rien, super cuistot. Prix attrayants.

Les plages des environs

Thung Wua Laen – หาดทุ่งวัวแล่น : *à 12 km au nord de la ville. Pour s'y rendre, des songthaew jaunes circulent (env 6h-18h). Prévoir 25 Bts la course. Plus tard, c'est plus cher : compter 300 Bts pour un taxi, la moitié pour une moto-taxi.* La plus belle plage de la province, parfois appelée *Cabana Beach,* du nom du plus grand établissement hôtelier du coin (un peu vieillot maintenant). Assez large et longue de 6 km, on s'y baigne avec plaisir et confort, ce qui n'est pas toujours le cas le long de cette côte. Fréquentée aussi bien par les Thaïs que par les *farang.* Thung Wua Laen s'est gentiment développée jusqu'à offrir tout ce qu'il faut pour les estivants à la recherche de ces mélanges délicats de calme et d'animation : restos, quelques bars, Internet, location de motos, etc. Voir « Où dormir ? » pour s'y loger.

Hat Sai Ree – หาดทรายรี : *à 15 km au sud-est de la ville. À faire idéalement à moto louée (à Chumphon ou Thung Wua Laen), mais la balade est aussi possible en songthaew (mêmes horaires que ci-avant).* Ici, on semble vouer un culte aux bateaux. Un torpilleur est posé sur le béton à l'entrée de la plage, à côté d'un mémorialdédié à un prince local, doté d'un petit musée très marin lui aussi. Certains hôtels s'obstinent à ressembler à une proue de navire. L'extrémité sud de la plage est de loin la plus agréable. Baignade sans problème et quelques hébergements corrects. D'ici, franchir les rochers et on découvre une autre plage un peu secrète, en contrebas de l'entrée du **Chumphon National Park** – อุทยานแห่งชาติชุมพร. Pour manger, une tripotée de restos le long de la rue, au centre de la baie, servent les tables disposées de l'autre côté. Comme d'hab', paillotes privées ou *sala* plus grands. L'ambiance est extrêmement thaïe et familiale. On vous hélera peut-être pour partager un pique-nique et une boisson.

SURAT THANI – สุราษฎร์ธานี IND. TEL. : 075 IND. TÉL. : 076

Ville sans attrait ; il faut s'arranger pour ne pas avoir à y dormir. Son seul intérêt est d'être le port d'embarquement principal pour Ko Samui et Ko Pha Ngan. Pour Ko Tao, on conseille vivement de prendre un bateau à Chumphon (voir ci-dessus).

Arriver – Quitter

En bus

➢ ***Bangkok :*** depuis la capitale, une dizaine de départs du *Southern Bus Terminal,* 19h30-20h30 en bus AC (10h de trajet) et, le mat ainsi que plus tard le soir, des bus non AC (11h de trajet). Dans un sens comme dans l'autre (fréquences et horaires comparables), arriver à l'avance. Pour les trajets combinés bus + bateau, voir aussi « Arriver – Quitter » à Ko Samui.

➢ ***Sud et côte ouest (Andaman) :*** abondants dans les 2 sens, Surat Thani étant un nœud routier très important.

En train

➢ ***Bangkok*** *(Hua Lamphong)* **:** 10 trains/j. 13h30-22h35, arrivant de nuit à Surat Thani (le dernier vers 8h du mat). En sens inverse, 10 trains, 17h-23h45. Compter 9-11h de trajet. La gare se trouve à Phun Phin, à 14 km de Surat Thani. Pour attraper un bateau, nombreux bus ou un taxi entre la gare et les quais ou les guichets des compagnies maritimes.

En bateau

Les quais d'embarquement :
– ***Ban Don*** *(au centre de Surat Thani)* **:** pour les bateaux lents, dont ceux de nuit.
– ***Ta Tong*** *(5 km de la ville)* **:** bateaux express de la compagnie *Songserm* *(☎ 285-124)* vers Ko Samui, puis Ko Pha Ngan et Ko Tao.
– ***Donsak*** *(73 km à l'est, 1h30 de trajet)* **:** d'où partent les ferries pour Ko Samui et Ko Pha Ngan. Compagnies *Raja* *(☎ 471-151)* et *Seatran* *(☎ 471-173).*

Pour les fréquences et durées, voir les rubriques adéquates à Ko Samui, Ko Pha Ngan et Ko Tao.

En avion

➢ ***Bangkok :*** 2 vols/j. dans les 2 sens avec *Thai Airways.* Si votre destination finale est Ko Samui, pensez à *Bangkok Airways* (voir même rubrique dans cette île).

À L'EST : LES ÎLES ENTRE KO SAMUI ET KO TAO

CLIMAT

En général, il pleut d'octobre à janvier, puis le beau fixe s'installe jusqu'à mi-avril. Les mois d'été (juillet-août) jouissent aussi d'un ensoleillement remarquable, même si le temps y est moins stable. Vents et orages nocturnes sont fréquents, mais rien à voir avec la saison des pluies qui se déchaîne sur Phuket à la même période...

KO SAMUI – เกาะสมุย IND. TEL. : 075 IND. TÉL. : 077

Ko Samui est la troisième plus grande île du pays (21 km sur 25 km) après Phuket et Ko Chang. Comme la plupart des îles de la région, elle fut d'abord peuplée de pêcheurs malais, mais ce sont les vagues d'immigrants chinois venus de l'île de Hainan qui lui donneront sa couleur particulière. Développant les plantations (d'où ces millions de noix de coco) ainsi que la pêche, ils fondèrent tous les villages importants de l'île.

On pourrait présenter Samui en disant que chacun peut y trouver son content en fonction de ses attentes : les familles en vacances paisibles au bord de l'eau, les amateurs de cuisine exotique qui exploreront les centaines de tables populaires ou raffinées, les amateurs de sports nautiques, kite-surf ou voile, les fêtards qui ne se coucheront qu'aux petites heures en ayant écumé tous les bars de Chaweng, les randonneurs qui se feront quelques virées dans les collines, les amateurs de couleur locale qui assisteront aux combats d'éléphants ou aux matchs de boxe thaïe, etc.

Mais force est de constater qu'en deux décennies, les vagues de touristes ont façonné le paysage et les modes de vie : aller de Na Thon au sud de Lamaï revient à traverser une sorte de village-rue ininterrompu de 35 km où agences immobilières, foires aux meubles, bars branchés, salons de massage, restos internationaux et magasins de fringues sont plus nombreux que les cocotiers ! Décor anarchique de néons, de publicités criardes et débauche de décibels... D'ailleurs, sur une grande partie de cette route côtière... bétonnée, tranchée en tous sens par des projets immobiliers et hôteliers, on ne voit quasiment plus la mer. Il faut se faufiler entre les *resorts* pour sentir le sable sous les pieds. Affluence oblige, les plages sont souvent d'une propreté limite. Samui se distingue aussi avec des prix parmi les plus élevés de Thaïlande. On ne va pas verser dans le passéisme, chaque nation a le droit de choisir son mode de développement, mais prions pour que les Thaïlandais trouvent les moyens de réparer les erreurs qui ont contribué à défigurer l'harmonie de leur petit paradis. Heureusement, tout n'est pas noir à Samui : dans le nord-est, quelques jolies baies permettent de s'adonner aux joies familiales de la plage et dans le sud, on peut encore, à force de persévérance, dénicher une bourgade où les habitants sont occupés à autre chose qu'à proposer des loisirs formatés au tourisme de masse. Il reste de jolies collines, plantées de cocoteraies, des plages calmes où jouer au Robinson, des restos les pieds dans l'eau. Et peut-être alors, en décapsulant une *Chang Beer* bien fraîche sur le perron d'une épicerie thaïe, se sentir enfin à des milliers de kilomètres des *resorts* et de leurs bars frelatés. On va donc vous donner nos derniers tuyaux, avant de partir vers les petites voisines Ko Pha Ngan et Ko Tao, bien plus agréables.

La meilleure époque pour y aller va de février à avril, mais aussi de juillet à septembre, avec parfois avec des orages en soirée, mais pas toujours.

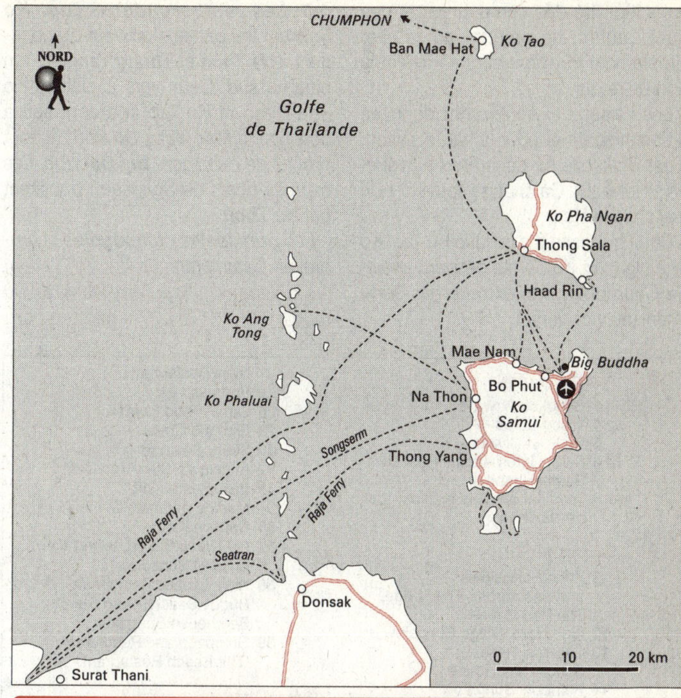

ARCHIPEL DE KO SAMUI

Arriver – Quitter

Pour le trajet retour, n'hésitez pas à demander conseil à votre hébergement.

En bus ou train + bateau

➢ ***Bangkok :*** transit par la gare routière ou ferroviaire de *Surat Thani* (voir plus haut). Offre débordante de billets combinés bus ou train + bateau (les horaires d'arrivée annoncés ne sont pas toujours fiables) pour env 1 000 Bts. On les achète : à Bangkok dans les quartiers touristiques ou directement au *Southern Bus Terminal* ; à Ko Samui, au ***terminal de bus publics de Na Thon*** *(plan, **8**)* ou auprès des agences et compagnies maritimes. Vu la fréquence des traversées, on peut se débrouiller seul, mais on n'y gagne guère financièrement. De nombreux taxis et bus font la navette entre les gares et les quais.

➢ ***Surat Thani :*** 6 bus publics/j., 6h30-16h30. Trajet : 3h30 ; 140 Bts, prix du bateau inclus. Et multiples formules combinées auprès des compagnies maritimes.

➢ ***Krabi :*** 1 bus public à 10h (7h30 dans l'autre sens). Trajet : 9h ; 300 Bts, prix du bateau inclus. Et multiples formules combinées auprès des compagnies maritimes. Prolongation vers Phuket.

En bateau

– Billets dans les agences des îles et du continent, ainsi qu'aux guichets installés aux gares et sur les quais. Vu la multiplicité des compagnies et des quais, autant ne prendre qu'un aller simple pour être libre sur l'horaire et le port de retour.

– Les liaisons ci-après sont données à titre indicatif et pour la haute saison, c'est à dire de mi-décembre à avril et en juillet-août. Ça change souvent ! Un vrai casse-tête !

– Ceux qui visitent à la suite Ko Tao, Ko Pha Ngan et Ko Samui peuvent arriver de Chumphon et s'extraire par Surat Thani (ou vice versa).

Les embarcadères de Ko Samui : les bateaux arrivent du continent à ***Na Thon et Thong Yang,*** 10 km plus au sud. Ceux vers et depuis Ko Pha Ngan et Ko Tao abordent sur la côte nord à ***Mae Nam, Bo Phut*** et, tout proche de l'aéroport, ***Big Buddha.*** Les *express-boats* de *Songserm* transitent par ***Na Thon.***

– ***Les principales compagnies :*** *Lomprayah Catamaran (☎ 427-765, ● lomprayah.com ●) ; Raja Ferry (☎ 415-230 ou ☎ 077-471151-3, ● rajaferryport.*

Adresses utiles

1 Bangkok Airways
4 Tesco-Lotus
5 Bo Phut Diving
6 Samui International Hospital
7 Samui Hospital
8 Terminal des bus publics de Na Thon

Où dormir ?

5 Eden Bungalows and Restaurant, The Lodge, The Red House
12 Mae Nam Village Bungalow
13 Sallamai Resort, Samui Pink House
14 Rainbow Bungalow
15 Palm Point Village
16 Free House Bungalows, Cactus, Zazen Boutique Resort & Spa
17 L'Hacienda
18 Coco Palm Resort, Napasai
19 Chaweng Villa Beach Resort
20 Banyan house, Coral Bay Resort
21 Long Beach Lodge
23 Silver Beach Resort
24 Whitesands Bungalow, Bill Resort
26 Lamai Coconut Resort
27 Coral Cove Chalet
28 Jinta Beach Bungalow
29 Emerald Cove
37 PS Thana Resort, Island View, Ô Soleil Bungalow,
38 New Hut, Beerhouse Bungalow

Où manger ? Où prendre le petit déj ?

5 Tid Restaurant, Eden Bungalows and Restaurant, Starfish and Coffee Restaurant, 56 (ou Fifty-six)
12 About Café
17 Boulangerie
18 John's Garden
19 Samui Seafood, Chomtalay, Red Snapper's
21 Ninja Restaurant
22 Poppies
26 Lamai Food Center
29 Emerald Cove
30 Starry Seafood
32 Angela's Bakery and Café
33 BBC Restaurant
34 Marché de Laem Din
35 Captain Kirk
37 PS Thana Resort, Island View, Ô Soleil Bungalow
38 Ninja Crepes Restaurant, Buddy Beach (Haad Buddy), Beerhouse Bungalow
39 Gingpagarang Restaurant, The Beach Restaurant

Où boire un verre ? Où danser ?

5 The Frog & Gecko Pub, Billabong Surf Club Bar & Grill, Karma Sutra
19 The Islander, Soi Green Mango
33 BBC Restaurant
34 Reggae Pub
38 Buddy Beach (Haad Buddy)

À voir. À faire

3 Magic Alambic
22 Samui Institute of Thai Culinary Arts (SITCA)
34 Boxe thaïe au Chaweng Boxing Stadium
40 Big Buddha
41 Thong Son Bay
42 Hin Ta et Hin Yai
43 Butterfly Garden
44 Ban Hua Thanon
45 Moine momifié du temple Wat Khunaram
46 Hin Lad Waterfall
47 Na Muang Waterfall 1
48 Wat Plai Laem
49 Samui Aquarium

Où se faire dorloter ?

50 Spa Ban Sabai
51 Tamarind Springs

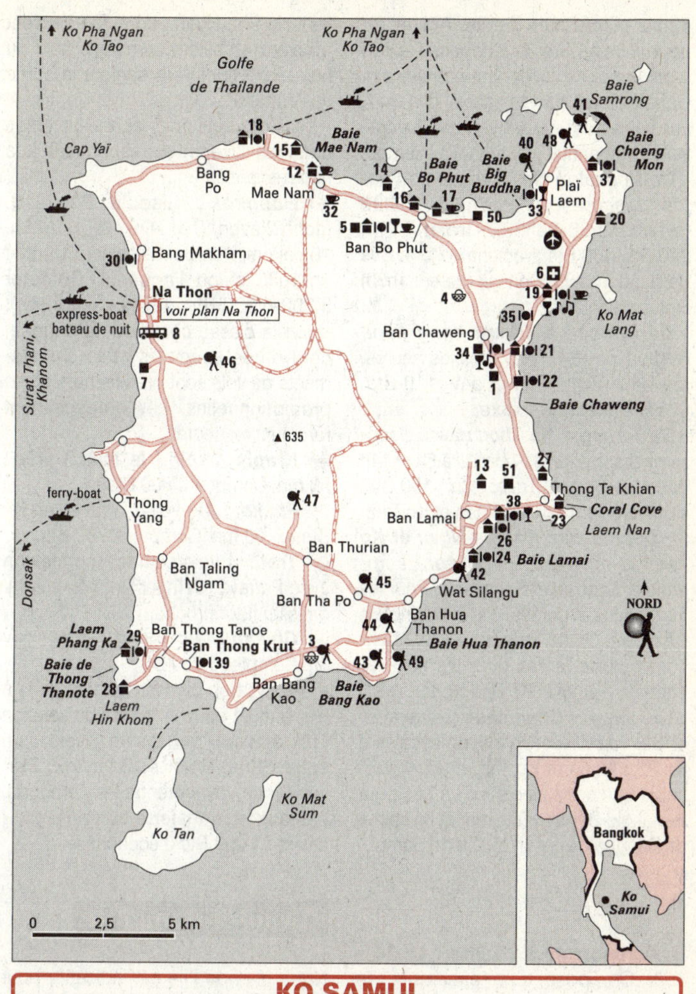

KO SAMUI

com ●) ; *Seatran Discovery* (☎ 077-251-555, ● seatranferry.com ●) ; *Songserm* (☎ 077-285124-6, ● songserm-expressboat.com ●).

➢ **Depuis/vers Surat Thani :** plusieurs quais d'embarquement.

– ***De Ban Don à Na Thon (via Donsak) :*** avec *Seatran Discovery*, 2 *express-boats*/j., 5h30-17h30. Trajet : 2h ; 200 Bts. Continuent ensuite vers Ko Pha Ngan (compter, en plus, 30 mn et 120 Bts). Également 1 bateau de nuit, tlj à 23h, arrivée à 5h30 ; dans l'autre sens, à 21h, arrivée à 3h30. Compter 200 Bts. Parfait pour les voyageurs à petit budget, les romantiques, ou ceux, arrivés tard, qui ne veulent pas dormir à Surat Thani mais gagner plusieurs heures de bronzette sur l'île. Les passagers s'installent sur des matelas étroits placés côte à côte. Arrivez tôt pour vous assurer une paillasse, sinon c'est le pont (prévoir une couverture). Gardez un œil sur vos sacs et une main sur votre gilet de sauvetage ! La traversée est annulée par mauvais temps.

– ***De Donsak à Na Thon :*** avec *Seatran Discovey,* 1 ferry/h, 6h-19h30 (retour 7h30-20h30). Trajet : 2h ; 220 Bts, 450 Bts avec une voiture. Bus de Surat Thani à Donsak (trajet : 1h30) inclus dans le prix.

– ***De Donsak à Thong Yang (Lipa Noi) :*** avec *Raja Ferry,* ttes les heures, 5h-19h. Trajet : 3h ; env 110 Bts, 475 Bts avec une voiture.

– ***De Tatong à Na Thon :*** avec *Songserm* et son *express-boat,* tlj à 8h et 14h dans les 2 sens. Trajet : 3h ; 150 Bts. Continue vers Ko Pha Ngan et Ko Tao.

➢ ***Depuis/vers Ko Pha Ngan et Ko Tao :*** avec *Haad Rin Queen, Lomprayah, Seatran* et *Songserm.* Pour les fréquences et durées, voir les rubriques « Arriver – Quitter » de ces 2 îles. Attention, pas de ferries pour les voitures entre Ko Samui et Ko Pha Ngan !

La liaison vers **Chumphon** (*Lomprayah* et *Seatran-Discovery*), avec escales à Ko Pha Ngan et Ko Tao, n'est raisonnable que combinée avec un bus pour Bangkok. Départ tôt le mat et en soirée de Bangkok, vers 8h et 12h de Samui.

En avion

✈ ***Aéroport de Ko Samui :*** ☎ 245-600. Composé d'un ensemble de petits bâtiments au milieu des palmiers avec vue sur un grand bouddha. Café et petites bouchées gratuites avant l'embarquement... On trouve tous les loueurs de voitures dans le hall d'arrivée, et une poste pour expédier ses cartes postales dans le hall de départ. Attention, le retour des voitures se trouve aux « Arrivées », à 300 m de distance des « Départs ». Pour rejoindre les « Arrivées », suivre le panneau avec le dessin d'un avion en train d'atterrir.

– Ceux qui poursuivent directement vers Ko Pha Ngan ou Ko Tao peuvent trouver des billets combinés (taxi ou bus + bateau) intéressants à la sortie de l'aéroport.

– Les fréquences ci-après, valables dans les 2 sens, correspondent à la haute saison.

➢ ***Bangkok :*** jusqu'à 20 vols/j. (dont 2 avec *Thai Airways*), 7h-22h. 10 vols min en basse saison. Durée : 1h-1h30 selon l'appareil. Compter 3 200-6 200 Bts (taxes comprises), selon la classe choisie et la période, hors offres spéciales ! Les changements de vols sont gratuits hors offres promotionnelles. Les horaires sont rarement respectés.

➢ ***Krabi :*** 1 vol/j., le mat. Durée : 50 mn. Compter 2 600 Bts.

➢ ***Phuket :*** 4-5 vols/j., mat et ap-m. Durée : 50 mn. Compter 2 700 Bts.

➢ ***Trat :*** 4 vols/sem en connexion avec Pattaya (U-Tapao) ; 1 vol direct/j. dans un futur proche.

➢ ***Chiang Mai :*** 1 vol/j. Durée : env 3h. Compter 5 250 Bts.

– Les pas trop pressés qui font gaffe à leur budget peuvent étudier la solution *Thai Airways,* qui assure 2 liaisons/j. entre Surat Thani et Bangkok. Prévoir 6h de voyage entre les aéroports, bateaux et transferts compris, pour environ 1 000 Bts d'économisé.

Circuler dans l'île

Notre plan de l'île est indicatif ; pour vous déplacer, munissez-vous dès votre arrivée d'une des cartes gratuites (disponibles partout). Indispensables, elles indiquent toutes les routes et (presque) tous les hébergements de l'île.

– ***Les songthaew :*** camionnettes bâchées à banquettes, qui circulent sans arrêt sur tout le pourtour de l'île de 6h à 17h30 environ. Leur destination finale est indiquée dessus. Pratiques et rapides (souvent un peu trop). Il suffit de les attraper au bord de la route. Pour descendre, appuyez sur l'interrupteur au plafond

(ou tapez sur le toit). Ayez toujours de la monnaie et demandez le prix de la course avant d'embarquer. Le trajet le plus cher, Na Thon-Chaweng, ne doit pas dépasser 80 Bts ; Chaweng-Bophut, compter 50 Bts. Essayez d'avoir le compte juste, pour que le chauffeur n'ait pas à vous rendre sur un gros billet (ce qu'il ne pourra jamais faire, bien entendu...).
Le soir, des *songthaew* organisent des « ramassages » sur certaines plages entre 20h et 21h et conduisent les *farang* à Chaweng ou à Lamai Beach, pour écumer les bars. Retour entre 3h et 4h. Les prix du transport flambent alors en conséquence.
– ***Les motos-taxis :*** on les reconnaît à leur tee-shirt fluo violet, jaune, vert... selon les plages. Plus rapides, plus dangereux et plus chers que les *songthaew.* Par exemple, autour de 30 Bts pour une petite course dans Chaweng. Les pilotes portent un casque, demandez-en un aussi.
– ***La moto ou le scooter :*** un moyen d'être indépendant, mais aussi, statistiquement, l'activité la plus périlleuse que vous pourrez pratiquer sur l'île. Le trafic, dense, est vraiment dangereux ; lire notre rubrique « Transports » dans « Thaïlande utile » en début de guide pour les mises en garde. Ne pas hésiter à klaxonner avant de doubler, pour être sûr qu'on vous a repéré. Pour une location, compter environ 200 Bts par jour.
– ***La voiture :*** plus sûre que la moto. Plein de loueurs, dont de grandes enseignes. Pas si cher, d'autant moins si l'on est plusieurs. Un gros hic, la circulation inextricable et stressante de Lamai Beach à Mae Nam en passant par Chaweng.

Adresses et infos utiles

Voir aussi Na Thon, capitale de l'île.

Informations touristiques

Distribuées un peu partout : plusieurs publications gratuites généralistes, pleines d'infos pratiques, telles que *Samui Guide* (• samuiguide.com •) ou *Samui Explorer,* des spécialisées comme *Samui Dining Guide* et *Samui Health & Spa Guide,* ainsi que des cartes de l'île, *Infomap* étant la plus complète. Une publication gratuite en français : *Samui Info Mag,* avec même les programmes de TV5MONDE. Vous trouverez tout cela et bien d'autres choses à l'office de tourisme *(TAT)* de Na Thon (voir plus loin). Enfin, n'oublions pas • samui-info.com •, un portail d'informations francophone bien fait et assez complet.

Banques, guichets automatiques et change

Sur toutes les plages, plusieurs kiosques de change, dont certains ferment à 22h (plus tôt à Na Thon). Dans tous les lieux fréquentés, les distributeurs automatiques ne sont jamais bien loin.

Agences de voyages

Dans tous les villages touristiques, des (grosses !) dizaines d'agences de voyages proposent toutes à peu près la même chose : billets de bateau, de bus ou d'avion, excursions, connexions Internet, fax, téléphone...

■ ***Bangkok Airways*** – สายการบินบางกอกแอร์เวย์ *(plan,* ***1****) :* *54/4 Mu 3, Tambon Bo Phút à* ***Chaweng.*** ☎ *601-300.* • *bangkokair.com* • *Tlj 8h-17h30.*

Plongée

Ko Samui n'est pas une île où l'on plonge beaucoup, car les fonds ne s'y prêtent pas et il n'y a rien à voir. Il y a bien des clubs de plongée un peu partout, mais ils emmènent leurs clients autour de Ko Tao, c'est-à-dire à 2h de bateau de Samui. Ceux qui ont prévu de se rendre dans cette île préféreront plonger depuis là-bas, ça leur coûtera deux fois moins cher. Au cas où, voici l'adresse d'un club francophone :

■ ***Bo Phut Diving*** – โรงเรียนดำน้ำสมุย บ่อผุด *(plan,* ***5****) :* *dans le village de* ***Bo Phut.*** ☎ *425-496. Succursale à Lamai.* ☎ *458-302.* • *bophutdiving.com* •

Compter autour de 4 000 Bts la journée (2 plongées). Centre *PADI* et *CMAS* qui propose baptêmes, formations et plongées autour de Ko Tao. Ils embarquent jusqu'à 15 plongeurs par bateau rapide.

Santé

Samui International Hospital – โรงพยาบาลสมุยอินเตอร์เนชั่นแนล *(plan, **6**) : au nord de **Chaweng**. ☎ 230-781. Ouv 24h/24.* Hôpital privé pour les urgences, médicaments, problèmes dentaires, pédiatrie.

■ ***Samui Hospital*** – โรงพยาบาลสมุย *(plan, **7**) : au sud de **Na Thon**. ☎ 421-230.*

Conseils pour trouver où dormir et où manger

Les rabatteurs affluent à l'arrivée des bateaux. Ayez avant tout une idée précise de la plage où vous voulez atterrir et prenez un *songthaew* pour vous y rendre sans tenir compte de leurs sollicitations.

Les bonnes adresses ont ici une courte durée de vie : développement galopant, indolence de certains hébergeurs référencés dans un guide... Les prix peuvent diminuer en basse saison (mai-juin et à l'automne), bien que la notion de haute saison tende à s'estomper. Pour les fêtes de fin d'année en revanche, les prix s'envolent.

De même, nous indiquons relativement peu de restos. Car (à l'exception de Bo Phut peut-être), on ne note rien d'étincelant côté cuisine à Ko Samui. Toutes les habituelles chaînes internationales de fast-food y sont représentées. Vous trouverez facilement à vous nourrir à bon compte, et en vous régalant, dans les *food-courts* en plein air.

NA THON – หน้าทอน *(ind. tél. : 077)*

Ville principale de l'île. Port d'arrivée et de départ des *express-boats* et ferries pour Surat Thani, dont certains pour Ko Pha Ngan. C'est aussi le terminus des bus qui débarquent sur l'île par le ferry-boat de Thong Yang (à environ 10 km au sud). Pas d'un intérêt débordant, si ce n'est celui d'être à l'écart des flux touristiques. Le soir, les parkings s'y recyclent en terrains de sport, et les embarcadères en salle de gym tonique.

Adresses utiles

TAT – ท.ท.ท. *(plan Na Thon, A1) : Chayakul Rd. ☎ 420-504. • tatsamui@tat.or.th • Entre la poste et la rue principale venant de la prendre la 2e à gauche et aller jusqu'au bout de la ruelle. Tlj 8h30-12h, 13h-16h30.* Plans de l'île, infos sur les liaisons maritimes, brochures en tout genre (hôtel, restos, loisirs...). Accueil très aimable.

■ ***Tourist Police :*** *☎ 1155 (hotline pour les urgences dans tte l'île).*

✉ ***Post Office*** – ไปรษณีย์ *(plan Na Thon, A1) : sur le front de mer, à gauche en descendant du bateau, à 300 m. Lun-ven 8h30-16h30.*

■ ***Bureau d'Immigration*** – สำนักงานตรวจคนเข้าเมือง *(plan Na Thon, A2, **3**) : au sud du village, juste au croisement de la route qui mène au Samui Hospital. ☎ 421-069. Lun-ven 8h30-16h30.* Pour prolonger son visa.

■ ***Banques*** *(plan Na Thon, A1, **2**) : nombreuses sur Taweratphakdee Rd et face au port. Lun-ven 8h30-15h30 (17h30 selon agence).* Distributeurs.

Taxis collectifs – รถสองแถว : départs fréquents depuis les parkings en face du débarcadère pour les différentes plages de l'île. Leur destination est inscrite sur le pare-brise.

■ ***Agence de voyages Songserm Travel*** *(plan Na Thon, A1, **4**) : face au débarcadère.*

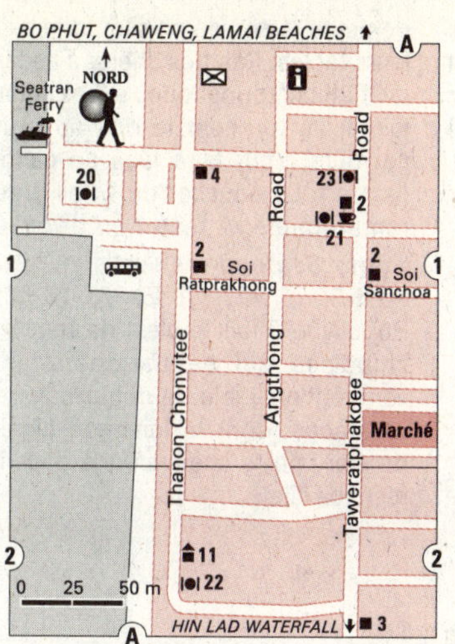

■ **Adresses utiles**

- TAT
- 2 Banques
- 3 Bureau d'immigration
- 4 Songserm Travel

Où dormir ?

- 11 Jinta Hotel

Où manger ?

- 20 Food Court
- 21 Ruangthong Bakery
- 22 Restos du front de mer
- 23 Mumthong Restaurant

NA THON

Où dormir ?

Parlons sans ambages : aucun intérêt à dormir à Na Thon. Obligé pour une raison X ? Voici une adresse très correcte.

Prix moyens (de 500 à 900 Bts – 12,50 à 22,50 €)

Jinta Hotel – โรงแรมจินตา จิตี้ *(plan Na Thon, A2,* ***11****) : sur le front de mer, à 700 m du débarcadère. ☎ 236-369. • jintasamui.com • (lobby).* Chambres dispersées dans un jardin plutôt agréable agrémenté d'une piscine. Ensemble style motel, propre et tranquille. Prix selon la température de l'eau et de l'air (dans les chambres !) mais sans petit déj. Proprio sympa. Le petit plus, le coucher de soleil.

Où manger ?

Bon marché (moins de 100 Bts – 2,50 €)

Food Court *(plan Na Thon, A1,* ***20****) : ts les soirs, en sem, dès 16h, sur le port.* Un des plus pittoresques de l'île. Les plats dépassent rarement les 50 Bts et les jus de fruits sont délicieux.

Mumthong – ทองแม ภัตตาคาร *(plan Na Thon, A1,* ***23****) : 4169 Rd, dans la rue face aux pontons, au coin de la route principale. Tlj 7h-minuit.* Salle ouverte sur une petite terrasse stratégique, bordée de plantes vertes face à la circulation bruyante. Entre photos de la famille royale et la TV, allumée en permanence, la carte type à prix doux quand on descend du bateau le ventre vide : soupes, sandwichs, salades, spaghettis aux fruits de mer, crêpes et glaces. On peut aussi y prendre le petit déj.

Ruangthong Bakery (Hot Bread Shop) – เรืองทองเบเกอรี่ (ฮ็อทเบรดช็อป) *(plan Na Thon, A1,* ***21****) : Taweratphakdee Rd. ☎ 421-295. Tlj 7h-18h.* Dans la grande salle ouverte sur la rue, un salon de thé-boulangerie-resto où se mélangent autochtones et touristes ; idem sur la table où petits plats thaïs voisinent avec bonnes pâtisseries et cafés.

|●| Pour se repaître du coucher de soleil, une enfilade de ***restos*** étalant leurs terrasses ***sur le front de mer*** *(plan Na Thon, A2, **22**)*, en remontant sur la droite en sortant du débarcadère.

Où dormir dans les environs ?

De bon marché à prix moyens (de 100 à 300 Bts – 2,50 à 7,50 €)

|●| Au nord de Na Thon, une enfilade de petits restos de poisson dressent leurs tables. Pas très chers, à l'écart de l'afflux touristique, assez similaires, ils tournent le dos au bruit (la route) pour faire face au calme (la mer). Le coucher de soleil y est remarquable. À tester en priorité, ***Starry Seafood*** – สตาร์รี่ซีฟู้ด *(plan Ko Samui, **30** ; 086-273-10-80).* Populaire, il fait le plein de familles chinoises qui se partagent une variété incroyable de coquillages et crustacés, dont la fameuse cigale de mer (moins chère ici que dans le reste de l'île).

À voir au large

Le parc national marin d'Ang Tong – อุทยานแห่ง ชาติหมู่เกาะอ่างทอง *: attention, comparer les prix des compagnies maritimes qui organisent l'excursion et ceux pratiqués par les agences ; les différences sont notables. Excursion au départ de Na Thon le mat, retour le soir. Repas compris, compter 1 250-2 000 Bts, sans oublier les 200 Bts d'entrée.* Il s'agit d'un chapelet d'îles, à l'ouest de Ko Samui (environ 2h30 de traversée). Franchement, le seul intérêt de cette balade, c'est le paysage totalement vierge et paradisiaque de l'archipel, car les eaux sont souvent troubles. Hyper touristique. Possibilité de faire du kayak pour découvrir les îlots. Ne pas oublier sa crème solaire et des chaussures de marche.

LES PLAGES DE L'ÎLE

(ind. tél. : 077)

Nous parcourons les différentes plages de Ko Samui en tournant dans le sens des aiguilles d'une montre, à partir de Na Thon.

MAE NAM BEACH – หาดแม่น้ำ

La première vraie plage rencontrée en venant de Na Thon par le nord. Les abords de la route sont plutôt moches. Cependant, tourner vers la mer au feu, sur la petite rue principale, amène aux menus mais charmants restes du village chinois d'antan. On y trouve de grandes maisons commerçantes de bois et un exubérant temple chinois. C'est aux extrémités de la baie (surtout à l'ouest) que l'estivant trouvera les plus beaux coins de plage. La plupart des adresses sont éloignées de la route et desservies par des pistes.
Mae Nam conviendra à ceux qui recherchent le calme et une plage « budget ». Loger ici permet aussi d'apprécier Bo Phut, proche voisine plus coquette et... plus chère.

Où dormir ?

Prix moyens (de 500 à 1 000 Bts – 12,50 à 25 €)

Rainbow Bungalow – เรนโบว์ บังกะโล *(plan, 14)* : *Mae Nam est. ☎ 425-425. Un poil après la poste à gauche, c'est au bout du chemin gravillonné. Hébergements 500-600 Bts.* Très bien tenu par un gentil couple thaï (qui peut aussi bien vous nourrir dans le petit resto familial attenant à leur maison). Certaines chambres souffrent de la promiscuité, mais celles avec vue sur la mer sont une véritable affaire. Loin de la foule et du bruit, mais sur la plage. Confort habituel avec ventilo ou AC, TV et frigo. Une bonne petite adresse, comme chez mamie.

De prix moyens à un peu plus chic (de 500 à 1 500 Bts – 12,50 à 37,50 €)

Mae Nam Village Bungalow – แม่น้ำวิลเลจบังกะโล *(plan, 12)* : *au milieu du village. ☎ 425-151. • maenamvillagesamui@gmail.com • Au bout de la rue principale, presque face au temple.* En bord de plage, chambres dans de petites maisons en dur. Ventilo et douche froide dans la plupart, certaines avec AC, eau chaude et frigo. Pas cher, mais pas franchement intime, avec bon rapport qualité-prix.

Palm Point Village – ปาล์มพอยท์ วิลเลจ *(plan, 15)* : *en arrivant à Mae Nam par la route de Na Thon. ☎ 247-372. • palmpointsamui.net •* Ne pas se fier à l'entrée peu engageante, tout s'arrange en allant vers la mer. 2 rangées de bungalows aussi clean que nus, soit en dur, soit plus « suisses », en bois verni, à l'ombre des cocotiers reliés par des hamacs. Nos préférés donnent sur la mer et la petite plage de Mae Nam ouest. Ventilo et eau froide ou AC et eau chaude (à l'arrière). Resto (fruits de mer). Accueil familial souriant.

Beaucoup plus chic (plus de 3 000 Bts – 75 €)

Coco Palm Resort – โคโค ปาล์ม รีสอร์ท *(plan, 18)* : *2,5 km à l'ouest, au bout de la route menant à la jetée de la compagnie* Lomprayah *vers Ko Pha Ngan. ☎ 247-288. • cocopalmbeachresort.com •* Dans une zone calme et encore peu développée, voilà un hôtel tout confort qui s'orne de jolis bungalows en bois de couleur rouge et crème. Tous dotés de l'AC et d'une terrasse donnant sur un jardin tropical taillé au cordeau. D'autres, bien plus chers, disposent même de leur propre piscine. Chambres chaleureuses, tapissées de nattes. Superbe piscine commune et plage non moins belle, avec vue sur Ko Pha Ngan. Resto pas génial sur place (voir plutôt *John's Garden* plus loin). Accueil pro et affable. Salon de massage réputé.

Spécial folies

Napasai *(plan, 18)* : *65/10 Ban Tai. Avt la plage de Mae Nam, sur Ban Tai Beach. ☎ 429-200 ou 1-800-237-1236 (résas). • napasai.com • Villas 2-6 pers à partir de 16 500 Bts, petit déj compris.* Un trésor exclusif bien protégé au bord de l'eau, avec sa plage privée (l'un des seuls de l'île à en disposer). L'un des joyaux de la chaîne *Orient-Express*. Une cinquantaine de villas, toutes avec baignoire énorme, et certaines avec piscine privée. Déco superbe, tout en teck. Tout confort naturellement (AC, TV, lecteurs CD et DVD) et service aux petits oignons. Vue panoramique sur la mer et les îlots avoisinants. Piscine, spa, 3 restaurants, bar. Transfert de l'aéroport possible (payant). Idéal pour une nuit en amoureux dans un luxe douillet.

Où manger ?
Où prendre le petit déj ?

Prix moyens (de 150 à 300 Bts – 3,75 à 7,50 €)

John's Garden – จอนส์ การเด้น *(plan, **18**) : 2 km à l'ouest, sur la route menant à la jetée vers Ko Pha Ngan. ☎ 247-694. 089-972-93-69. Tlj 13h-23h. Résa conseillée.* Petit chalet helvético-thaï lové dans un jardin tropical. Les quelques tables s'y partagent une bonne petite cuisine aux saveurs locales et des desserts aux accents européens. Spécialité de poulet *masaman*. Bon accueil, ambiance paisible sur fond de chants d'oiseaux.

About Café – อเบ้าท์กาแฟ *(plan, **12**) : dans le village à gauche. 081-984-48-87. • aboutcafesamui.com • (site internet désopilant !). Tlj 7h-18h.* Une minisalle et une miniterrasse bordées de plantes, pleines de couleurs et d'accessoires rigolos. Pour boire un thé, un vrai expresso tiré de grains du monde entier, manger une crêpe, une gaufre, ou pour prendre le petit déj. Bon et à petits prix.

Angela's Bakery and Café – อันเจล่าเบกเกอรี่แอนด์กาแฟ *(plan, **32**) : sur la route, avt le pont à droite en venant du centre. ☎ 427-396. Fermé lun.* Le site, une sorte de *diner* américain en bord de route, n'a rien d'extra, mais on y sert des gâteaux variés et pas chers, bravo ! Bagels, *lemon cake,* strudel, cheese-cake... accueil un peu abrupt mais on s'y fait vite.

BO PHUT BEACH – หาดบ่อผุด

Une plage de 2 km de large, jolie en apparence, mais pas entretenue, et fonds un peu vaseux... Il faut s'éloigner du village vers l'ouest pour qu'elle soit propice à la baignade. L'activité touristique se concentre dans la rue parallèle à la mer (depuis la route, tourner au feu en direction de la mer, c'est au bout). ***Fisherman Village*** (plus vraiment beaucoup de pêcheurs par ici) est un endroit charmant, un poil nostalgique, où les vieilles maisons en bois présentent une grande variété de styles. La rue principale est bordée de boutiques, depuis celle à l'ancienne vendant tout et n'importe quoi, au plus élégant des restaurants, chacun avec sa petite touche personnelle. Ambiance zen, un peu bobo, pas mal d'expats français. Un bon lieu de séjour.

Où dormir ?

De prix moyens à plus chic (de 800 à 1 800 Bts – 20 à 45 €)

Cactus – แค๊คตู้ส *(plan, **16**) : à l'écart du village à l'ouest. ☎ 245-565. • cactusbung@hotmail.com •* 2 rangées de bungalows de couleur ocre, perpendiculaires à la mer. Style « arty » et « pampa », les cactus sont bien là, dans un jardin protégeant l'intimité des hôtes. Cailloux intégrés dans la chape, lits sur plate-forme maçonnée, grande salle de bains. Eau froide et ventilo, eau chaude, AC et même la TV. Pas de moustiquaire en revanche. Resto-bar devant la plage, avec billard. Bon rapport décor-prix-qualité. L'accueil pourrait être meilleur mais les massages sont de bonne qualité.

Free House Bungalows – ฟรีเฮ้าส์บังกะโล *(plan, **16**) : voisin du Cactus. ☎ 427-516. • freehousesamui.com • (au resto).* Tenu par une famille modeste et gentille comme tout. Mignons bungalows en maçonnerie blanche et au toit de paille, d'un bon rapport qualité-prix, quel que soit leur type : petits avec eau froide et ventilo pour les moins chers ; les grands avec eau chaude et AC sont 2 fois plus chers. Quelques survivants en bois. Déco nette et épurée au max. Petit resto soigné en bord de plage, cuisine locale et pizza. Massages.

Plus chic (de 1 800 à 2 500 Bts – 45 à 62,50 €)

Eden Bungalows and Restaurant – ร้านอาหารอีเดน อีสาน (*plan*, **5**) : *à l'ouest du village.* ☎ *427-645.* • *edenbungalows.com* • *Resto ouv dès 18h, tlj sf dim. Doubles 1 500-2 000 Bts en hte saison.* Sur la rue principale, hébergement tenu par un couple français, en chambre autour de la petite piscine, ou en bungalows dans un jardin tropical luxuriant. Chambres à la déco traditionnelle sobre mais agréable ; dans les bungalows en dur, mêmes tons, parquets cirés, et, petit plus insulaire, la douche en plein air. Lits *king size,* ventilo, AC et TV. Côté resto, savoureuse cuisine de l'Isan à prix doux. Petit déj avec croissants et pains au chocolat. Bar convivial avec, autour du billard, des expats francophones habitués et des plongeurs de retour des grands fonds. Plein de conseils judicieux pour agrémenter le séjour. Difficile de trouver mieux et plus convivial.

The Lodge – เดอะลอดจ์ (*plan*, **5**) : *à l'extrémité ouest du village.* ☎ *425-337.* • *lodgesamui.com* • Cette charmante demeure de style « maison de marchand sino-thaïe », vraiment chaleureuse, compte une dizaine de chambres confortables (AC, moustiquaire, minibar...), décorées avec un goût sûr et un beau mobilier de bois exotique. Les chambres donnent sur la mer, et notre préférée, au 1er étage avec son balcon sur la plage, surplombe un joli cocotier.

L'Hacienda – ลาเซียนดา (*plan*, **17**) : *à l'extrémité est du village.* ☎ *245-943.* • *samui-hacienda.com* • *Résa 3 nuits min en hte saison. Petit déj en sus.* Pseudo hacienda de charme à la déco stylée réussie, qui héberge 8 chambres blanches immaculées, face à la mer ou côté rue (moins chères), avec balcon, TV, minibar, AC et même un jacuzzi pour les plus chères. Salles d'eau aux galets incrustés. Cerise sur le gâteau, une petite piscine sur le toit avec solarium et vue panoramique. Service aux petits soins de l'équipe franco-thaïe.

The Red House – เดอะเรดเฮ้าส์ (*plan*, **5**) : *en plein milieu du village.* ☎ *425-686.* • *design-visio.com* • *Résa plus que conseillée.* Une curiosité : Bo Phut était chinois autrefois, alors un architecte a décidé de célébrer cet héritage en concevant ce petit hôtel-café-boutique de 4 chambres, peint en rouge vif. Assez contemporain, très mignon, avec lit à baldaquin, meubles « antiques », douche paysagée. Bel ouvrage de déco design sinisée. Toit-terrasse. Accès direct à la plage.

Spécial folies

Zazen Boutique Resort & Spa (*plan*, **16**) : *après l'hôtel Cactus.* ☎ *425-085.* • *samuizazen.com* • *Tarifs Internet 5 600-9 200 Bts la double.* Le top du top en matière d'établissement de charme. Disséminés dans le jardin tropical ou posés en bord de mer, avec une centaine de mètres de sable blanc, les bungalows sont superbement décorés façon feng shui et remarquablement équipés. Belles salles d'eau semi-ouvertes. Belle piscine, yoga, gym, tennis... Tout le personnel se met en quatre pour faire de cet endroit un petit paradis. Piscine et plage aménagée, au calme, puisque c'est le dernier hôtel (ou presque) à l'ouest du village. Quant aux petits déj, ce sont de véritables festins ! Le restaurant hyper romantique annonce simplement une « cuisine organique et orgasmique » (!). Faites-nous part des résultats... Une adresse haut de gamme plus abordable grâce aux tarifs Internet.

Où manger ?

De bon marché à prix moyens (de 150 à 350 Bts – 3,75 à 8,75 €)

Boulangerie – บูรองเชอรีย์ (*plan, 17*) : *à 100 m sur la droite depuis le feu (vers la mer).* ☎ *430-408.* Un vrai boulanger français pour d'authentiques et goûteux petits pains, croissants et pâtisseries.

Tid Restaurant – ร้านอาหารทิด (*plan, 5*) : *à côté du débarcadère, au centre du village.* ☎ *425-129. Tlj 6h30-22h30.* Une gargote toute simple, où l'on mange le poisson pêché par le patron. Spécialités de crabes, gambas et calamars à arroser de vin blanc ou de jus de fruits frais. Les fauchés trouveront aussi d'excellentes nouilles sautées. Juste une poignée de tables, dont certaines sont installées sur une petite terrasse qui donne sur la mer. Bon accueil.

Starfish and Coffee Restaurant – ร้านอาหารสตาร์ฟิชแอนด์คอฟฟี่ (*plan, 5*) : *au cœur du village.* ☎ *427-201.* Si Aladin devait inviter Jasmine, c'est ici qu'il le ferait ! Des serveurs affables œuvrent dans ce décor de palais arabo-andalou, tout de rouge vêtu et romantique à souhait le soir, avec musique douce et lumières tamisées. Le bon goût se retrouve en cuisine où sont mitonnés d'excellents plats thaïs à prix moyens. On a bien aimé le curry de fruits de mer, les poissons et autres fruits flambés. Agréable terrasse donnant sur la mer. Un grand bravo !

Voir aussi plus haut le resto d'***Eden Bungalows and Restaurant*** (*plan, 5*).

Plus chic (autour de 500 Bts – 12,50 €)

56 (ou Fifty-Six) (*plan, 5*) : *dans la rue principale.* ☎ *425-277. Tlj sf dim 19h-23h. Intéressante formule entrée + plat ou plat + dessert 440 Bts. Sam, buffet à 295 Bts. Carte en français.* Cuisine fusion préparée par un ancien élève du *Martinez.* Quelques touches façon *setchuan.* Par exemple, magret de canard mariné, poêlée de thon ou poulet cajun, superbement présentés et épicés. Cadre et mobilier pleins d'élégance. Ne manque plus qu'une terrasse... Service à la hauteur de sa catégorie, avec des serviettes en soie, ça va de soi. Portions très généreuses, n'ayez pas les yeux plus gros que le ventre. Vin au verre.

Où boire un verre ?

The Frog & Gecko Pub – ผับเดอะฟรอก แอนเกกโค (*plan, 5*) : *au cœur du village.* ☎ *425-248.* Dans une ancienne maison de pêcheurs, tout en bois. Un bar vraiment agréable, tenu par un couple anglo-américano-allemand, Graham et Raphaella. Ambiance musicale essentiellement *sixties, seventies, eighties.* Il paraît que Mick Jagger y aurait fait un tour en 2003. Une info qui peut être utile pour répondre au fameux quiz de la maison, organisé le mercredi soir. Sinon, c'est billard et vodka.

Billabong Surf Club Bar & Grill – บิลล่าบอง เซิร์ฟ คลับ บาร์แอนกริ (*plan, 5*) : *dans le centre de Bo Phut. Tlj 9h-2h. Happy hours 16h-20h ; petit déj 10h-14h pour les lève-tard.* Impossible de le manquer, car le soir, c'est un des endroits les plus animés du village. Pub australien branché sport, qui débite pas mal de bières. Plein de choses à grignoter pour aller avec. 3 apparts à louer face à la plage pour ceux qui optent pour la distance la plus courte entre le bar et leur lit.

Karma Sutra (*plan, 5*) : *sur l'embranchement, en arrivant au Fisherman's Village.* ☎ *425-198. Tlj 7h30-1h.* Un espace ouvert sur la rue, et à la déco ethnique savamment agencée dans le but de préserver l'authenticité des maisons locales. Idéal pour siroter un *drink,* grignoter un bout (suggestions du jour sur une planche en forme de poisson) et bouquiner (journaux français), confortablement étendu sur une banquette moelleuse. Atmosphère très bobo (Phut) et prix qui grimpent avec.

Où se faire dorloter ?

■ ***Spa Ban Sabai*** – สปา บ้านสบาย *(plan, **50**) : entre Bo Phut et Big Buddha Beach. ☎ 245-175. • ban-sabai.com • Compter 1 800 Bts pour un massage thaï classique de 2h.* Cadre enchanteur : quelques *sala* installés au bout d'un jardin tropical devant la mer, et le bruit des vagues comme ambiance sonore. Large éventail de soins et massages, de 1h à une journée. Tarifs complets sur le site internet.

BIG BUDDHA BEACH – หาดพระใหญ่

Une plage mignonne exposée au soleil couchant, avec ses quelques barcasses de pêcheurs et assez peu de touristes (les photographes seront ravis en explorant les étals du marché). Toutefois, on a du mal à s'y sentir isolé, car la route passe à proximité et c'est l'axe de l'aéroport, situé à moins de 2 km à vol de mouette (c'est assez insupportable !).

Où manger chic ?
Où boire un verre ?

I●I 🍷 ***BBC Restaurant (alias Big Buddha Café, et non pas la radio anglaise !)*** – ร้านอาหารบีบี ซี *(plan, **33**) : entre l'embranchement qui mène à l'aéroport et Big Buddha. ☎ 425-089. Tlj 9h (10h dim)-22h. Happy hours 17h-20h sur les bières et cocktails. Compter 300-600 Bts.* Grande structure moderne, demi-couverte, avec terrasse en bois donnant sur la mer et le Big Buddha sur la gauche. Grand écran pour les aficionados d'événements sportifs. Les autres se contenteront du superbe coucher de soleil sur la baie. Au menu, de très locaux burgers... au crabe et des grillades de poisson à gogo.

À voir

🔭 ***Big Buddha*** – พระใหญ่ *(plan, **40**) : à droite de la plage du même nom. Entrée gratuite. Parking et boutiques.* Un gigantesque bouddha doré très kitsch, bâti en 1971 sur un promontoire rocheux. Des moines vivent dans le monastère à proximité. Pour la visite, maillots de bain et épaules nues interdits. Pour les étourdis, location de petits hauts et de pantalons. Assez étonnant : dans la cour qui précède le temple, un curieux distributeur de riz pour offrandes. Vue spectaculaire.

CHOENG MON BEACH – หาดเชิงมน

Une petite plage paradisiaque, en forme de croissant de lune, ourlée de sable blanc, de cocotiers, et gentiment colonisée par les transats. À droite, un petit îlot accessible à marée basse complète la carte postale. Ces dernières années, une petite agglomération s'est développée, et les touristes y viennent en couple ou en famille. Choeng Mon est un bon choix de villégiature tranquille sur un des plus beaux sites de Ko Samui. On y trouve aussi un club de plongée.

Où dormir ? Où manger ?

De prix moyens à un peu plus chic (de 500 à 500 Bts – 12,50 à 37,50 €)

PS Thana Resort – ธนารีสอร์ท *(plan, 37) : à côté d'Ô Soleil, au bord de la plage. ☎ 425-160. • psthanaresort.com •* Maisons rose-orangé un peu massives, abritant sur 2 niveaux de spacieuses chambres climatisées avec mobilier en teck, dont certaines avec baignoire, celles-ci dans la catégorie « Chic ». Sur la gauche, de plus populaires (et fatigués) bungalows, ventilés ou avec AC. Le bon rapport qualité-prix retiendra les suffrages. Resto.

Banyan House – ต้นไทร บ้าน *(plan, 20) : entre Choeng Mon et Chaweng Beach. ☎ 247-982. • banyanhousesamui.com •* Une maison coloniale en teck, vraiment jolie, tenue par un couple gay anglo-thaï. Bel endroit, hyper propre, service très correct, ça manque un peu de chaleur mais c'est un bon plan. Location de moto conseillée pour être indépendant.

Island View – ไอส์แลนด์ วิวย์ *(plan, 37) : à l'est de Choeng Mon. ☎ 245-031. Accès par la plage ou depuis la route en longeant l'Imperial Boat House.* Une des nombreuses gargotes de la plage, les pieds dans l'eau et qui se distingue par sa vue sur l'îlot et ses prix accessibles. L'accueil fluctue avec la marée, mais le niveau des plats thaïs est toujours satisfaisant. Une adresse multicarte qui loue également des bungalows et fait supérette. Sur la même plage, les clones du genre s'appellent le **Cristal,** qui propose aussi une cuisine occidentale jusqu'à 22h30, et le **Charlie Chaplin** avec un plus, les petits déj et ses pancakes.

Ô Soleil Bungalow – โอ้โซเลล์ บังกะโล *(plan, 37) : à l'extrémité nord de la plage. ☎ 425-232. • prealp.ch/osoleil • Résa conseillée. Large éventail de prix selon équipement (douche, ventilo ou AC...) et situation.* Dans un charmant jardin ombragé avec entrée où Ganesh vous souhaite la bienvenue, des chambres dans des cabanes de plain-pied et une vingtaine de bungalows en dur plus ou moins récents. Tenue générale et cadre irréprochables. Un bon point de chute pour un séjour prolongé, d'ailleurs les clients y sont fidèles. Resto correct au fond devant la plage avec « p'tite bière à 50 Bts » et frites... Accueil très sympa, un poil décalé, d'un Belge communicatif et de son épouse thaïe.

À voir

La petite plage de cailloux de **Thong Son Bay** *(plan, 41)*, un peu au nord de Choeng Mon Beach, est plus isolée et moins fréquentée. Vue superbe. Quelques groupes de bungalows y ont été construits.

Wat Plai Laem *(plan, 48) : en allant vers Big Buddha Beach.* Immanquables de la route, deux temples surchargés et autant de gigantesques statues peinturlurées, l'une du Bouddha, l'autre d'une divinité au nom imprononçable, aussi long que ses 18 bras. Rigolo et kitsch, pas franchement mystique. Tenue correcte tout de même exigée.

CHAWENG BEACH – หาดเฉวง

La plus célèbre plage de l'île étale ses 3 km de fin sable blanc en un arc de cercle très ouvert. Festive et bruyante, elle est devenue un pénible ghetto à touristes.

LES ÎLES ENTRE KO SAMUI ET KO TAO

Ce serait donc ça le village global ? Retrouver ici ce qu'on a partout ailleurs ? De jour, odeurs nauséabondes, foule sur la plage, bruyants scooters des mers, eaux limpides avec passages de nappes un peu louches, rabatteurs en tout genre, dont des dealers. Le soir, l'animation bat son plein autour de la rue principale. Il y en a pour tous les âges, tous les goûts et tous les porte-monnaie. Les bars à filles et salons de massage à l'abattage ne sont pas si loin non plus. L'hébergement est d'un rapport qualité-prix plutôt médiocre. Et la restauration : internationale, chère et sans éclat. Plutôt pour sortir que pour séjourner donc. Ah ! on oubliait, Chaweng est dans l'axe du décollage des avions (l'aéroport est à 2 km) : pas si gênant après 20h, cela dit.

Topographie

Chaweng est traversée du nord au sud par une rue centrale encombrée par des dizaines de boutiques, autant de restos de tous les pays et d'échoppes en tout genre. Circulation chaotique. Des ruelles perpendiculaires mènent aux hôtels et à la plage qui, de fait, se trouve éloignée de la route. Évitez d'y séjourner avec des enfants.

Où dormir ?

Bon, on ne peut pas dire que la qualité des établissements nous ait frappés, et on est au regret de vous annoncer que les bungalows bon marché se sont éteints. Mais si vous êtes fêtard (on respecte) et que vous voulez dormir ici, voici quelques adresses correctes, aux prix « limites raisonnables » vu la qualité et l'environnement.

Au nord de la plage

Plus chic (de 1 500 à 3 000 Bts – 37,50 à 75 €)

Chaweng Villa Beach Resort – เฉวงวิลล่าบีช รีสอร์ท *(plan,* ***19****)* ***:*** *à côté de* Ban Thai Restaurant. ☎ *231-123.* • *chawengvillabeachresort.com* • *Prix négociables si l'on reste quelques j. Petit déj correct inclus.* Une quarantaine de bungalows façon pavillons de Louisiane, avec AC, TV et minibar. Pas tout neufs, exigus et très rapprochés, avec une déco un peu vieillotte dans certains. Ceux situés près de la plage sont nettement mieux que les autres, mais évitez d'être trop proche du bar et de sa musique techno, l'insonorisation est inexistante. Quelques chambres moins chères dans la partie hôtel. Belle piscine en bord de plage. Resto avec buffet sur la plage, le soir, mais cuisine fade. Vue superbe sur un îlot caillouteux en face. Accueil très gentil. Un choix raisonnable.

Beaucoup plus chic (à partir de 6 000 Bts – 150 €)

Coral Bay Resort – โครอล เบย์ รีสอร์ท *(plan,* ***20****)* ***:*** *tt au nord de la plage.* ☎ *234-555.* • *coralbay.net* • Un paisible, splendide et très chic village d'une quarantaine de bungalows, isolé de la ville sur un îlot que borde un récif corallien. Immenses bungalows en bois au milieu d'un luxuriant jardin tropical comptant 292 cocotiers (vérifiez !) et beaucoup plus d'orchidées et autres fleurs exotiques. Large panorama sur la mer depuis les terrasses et plage privée en bas. La déco des chambres est magnifique : mobilier de classe (lit *king size* notamment), mosaïque au mur, etc. Très jolies salles de bains. Piscines, resto, massage, spa, librairie et vidéos. Un très bel endroit et un accueil au niveau. Prévoir des sandalettes pour la baignade, corail coupant.

Vers le milieu de la plage

Plus chic (de 1 500 à2 500 Bts – 37,50 à62,50 €)

Long Beach Lodge – ลอง บีช ลอดจ์ บังกะโล *(plan,* ***21****) : prendre la rue pavée face aux McDo et Starbucks : réception sur la plage. ☎ 422-162. Grosse différence de prix selon équipement (douche froide et ventilo, ou plus spacieux et AC) et proximité de la mer. Petit déj en sus. (lobby).* Au cœur de Chaweng Beach, grande cocoteraie qui débouche sur la plage avec, de chaque côté d'un espace sablonneux, une rangée de bâtisses de plain-pied ou de bungalows. Resto en bord de plage. Ensemble assez impersonnel qui commence à accuser le poids des ans mais qui vaut par sa bonne tenue, ses prix et son calme, sauf si votre chambre est à proximité du pub *Murphy's.* Accueil pro.

Où manger ?

Les restos les plus intéressants sont ceux donnant sur la plage. Vue sur la mer de jour et ambiance romantique le soir (tables basses sur des nattes, chandelles). Ceux de la rue principale ouvrent surtout à partir de 18h. Ils sont plutôt chers et peu ou pas thaïs, sans pour autant cuisiner l'international avec réussite. En profiter pour essayer la cuisine de rue, peu coûteuse mais très goûteuse.

De bon marché à prix moyens (moins de 200 Bts – 5 €)

|●| ***Marché de Laem Din*** – ตลาดแหลมดิน *(plan,* ***34****) : au sud du lac, un peu en retrait. Du centre de la plage, prendre plein ouest vers la route principale de l'île. Le soir slt.* Si la cuisine des restos – chère et ordinaire – vous insupporte, rendez-vous sur ce marché aux stands colorés et parfumés, où l'on peut se remplir la panse pour quelques bahts. Vous y débusquerez aussi quelques scènes authentiques de la vie locale, une aubaine après le spectacle des tournedos grillés sur la plage.

– Dans le même genre : dans le centre de Chaweng, derrière le marché, une petite rue perpendiculaire en face de *Chaweng Villa* mène à une impasse en terre battue où on trouve le ***Nong Ploy Restaurant.*** Sol en ciment, mobilier brut de décoffrage, toile cirée sur la table, néons blafards, mais des plats thaïs à se pourlécher les babines : salade de papaye, crevettes au curry vert, poulpe grillé, soupes parfumées – liste non limitative –, le tout à prix ridicules (environ 40 Bts le plat) et servis avec le sourire... c'est ça la Thaïlande.

– Mêmes caractéristiques et choix plus étendu, mais plus de touristes et d'expats futés au ***Pankbua Market,*** un peu plus au nord (prendre la route qui va vers l'ouest sur 400 m). Une petite dizaine de terrasses installées côte à côte. Beaucoup de monde et d'ambiance festive.

|●| ***Ninja Restaurant*** – ร้านอาหารนินจา *(plan,* ***21****) : au sud de la rue principale. 081-892-28-41. Ouv 10h-23h.* Petit resto de quartier, fier de son mobilier plastique, de son toit de tôle ondulée et de ses prix riquiqui. Belle affluence, on risque d'attendre son tour pour dégoter une table. Menu de spécialités sino-thaïes à rallonge sur une carte façon roman-feuilleton. Un véritable cours de cuisine populaire, détaillant des pâtes à toutes les sauces. Font aussi des sandwichs, des crêpes et des petits déj. Clientèle d'habitués et de touristes qui ont su le dénicher.

Plus chic (à partir de 300 Bts – 7,50 €)

|●| ***Captain Kirk*** – ร้านอาหารกับตันเคิก *(plan,* ***35****) : sur la rue principale, en* *plein centre.* 📱 *081-270-53-76.* Cuisine thaïe et occidentale (carrément plus chère). On se place soit en poste d'observation pour observer l'animation de la rue, soit au calme, au fond de la salle. Accueil et menu en français. De l'entrée au dessert, tout ce que nous y avons mangé s'est révélé savoureux et copieux : tartare de thon et sa purée d'herbes fraîches, brochette de crevettes « tigre » au beurre blanc, etc. Également des viandes et des plats végétariens. Service charmant et rapide.

Chomtalay – ร้านอาหารชมทะเล *(plan,* ***19****) : au nord, sur la plage ; resto du* Chaweng Regent Beach. ☎ *422-389.* Il faut traverser les jardins du *resort* pour rejoindre la plage. C'est une des bonnes références du coin. Et les prix n'y sont pas plus élevés qu'en ville pour une meilleure prestation. De petits plats gastronomiques sont aux bons soins d'un personnel affable. Fruits de mer en buffet, crabe pour lequel on en pince et viandes bien préparées. Que ce soit sur la terrasse largement ouverte sur les flots bleus ou directement sur le sable (le soir) dans une ambiance très romantique, on passe un très agréable moment. L'autre resto dépendant du même *resort*, le ***Red Snapper's*** *(tlj 17h-1h),* mitonne de son côté une cuisine méditerranéenne dans une salle design ouverte sur la rue.

Samui Seafood – ร้านอาหารสมุย ซีฟู้ด *(plan,* ***19****) : au nord, sur la rue principale.* ☎ *413-221.* Un gigantesque resto spécialisé dans les produits de la mer, mais qui se défend également pour les viandes et enfourne même des pizzas. Dans un décor hollywoodien qui hésite entre James Bond et pirates des mers de Chine, un petit orchestre siamois traditionnel s'évertue à faire croire qu'on est bien en Thaïlande. Très bon mais cher (attention, ajouter 17 % de taxes aux prix de la carte !). Et attente très, très longue.

Poppies – ร้านอาหารป๊อปปี้ *(plan,* ***22****) : au sud, sur la plage ; resto au fond de l'hôtel de luxe du même nom.* ☎ *422-419. Résa conseillée. Moins cher à midi.* Salle face à la mer, au bord d'une superbe piscine. On l'atteint après avoir traversé le magnifique jardin tropical du *resort. Fusion food* de bon aloi comme la ballottine de poulet au crabe. En dessert, n'oubliez pas la crème brûlée à la noix de coco. Un vrai plaisir pour les yeux comme pour les papilles. Soirée spéciale le samedi avec danse et musique traditionnelles. Ambiance un poil guindée.

Où boire un verre ? Où danser ?

Chaweng, LA rue où sortir, pour peu qu'on goûte l'ambiance, beuglante et débraillée.

The Islander – บาร์ดิไอร์แลนด์เดอร์ *(plan,* ***19****) : au nord de la rue principale.* ☎ *230-836.* Pub avec terrasse sur la rue, mais entre les discussions, les écrans et la musique à fond, on n'entend presque pas les voitures ! Joyeuses tablées de moins de 30 ans qui vident des carafes de margarita, piña colada et autres bières... On peut aussi manger une cuisine réputée pour ses portions généreuses : pizzas, lasagnes, currys, burgers et baguettes.

Plus au nord, le ***Solo*** – โซโล, où l'on ne boit jamais sa bière vraiment seul tant il attire les foules endiablées. Ambiance techno branchouille, avec DJ aux platines. Le lieu où lancer le début des festivités.

Soi Green Mango – ซอยกรีนแมงโก *(plan,* ***19****)* ***et autres bars alentour :*** *Chaweng ultracentre, dans la rue des bars à go-go girls ! Green Mango* est une méga boîte qui a depuis longtemps attiré une ribambelle de bars et clubs dans ses parages. Certains sont très stylés comme le ***Mint*** avec ses DJs de premier plan sur 2 niveaux et à ciel ouvert, ou la ***Pharmacy*** – personnel féminin en uniforme, une petite fièvre ? Le ***Sound*** est parfait pour ses concerts de musique live sous un hangar relooké. Bar presque anodin, le ***Sweet Soul*** fait pourtant le plein tous les soirs à se retrouver collé-serré.

Reggae Pub – เรกเก้ ผับ *(plan, **34**) : en surplomb du « lac » ; traverser le quartier chaud. ☎ 422-331. Entrée libre.* Attention, légende ! Face à cette usine mégalo à reggae, Bob le révolutionnaire doit s'étouffer dans sa terre jamaïcaine. Grand *dance floor* avec podium pour les Travolta ou Musclor d'un soir, sous le *beat* de groupes ou de bons DJs, « sans femmes ni pleurs ». Soirées spéciales. Au 1er étage, vidéos et billards. Ambiance à la fois relax et chaude (c'est-à-dire tarifée après 22h). On peut aussi manger dans le resto du même nom : serveurs sans dreadlocks ni guitares, mais cuisine de bon aloi à prix un peu chic.

Achats

Magasins de tout poil à Chaweng, dans la rue principale (souvenirs, habits, lunettes...). On trouve aussi 2 grands centres commerciaux : ***Tesco-Lotus*** *(plan, **4**)*, sur la route vers Bo Phut ; et ***Big C,*** pas loin, en face.

À voir. À faire

– ***Boxe thaïe :*** *au **Chaweng Boxing Stadium** (plan, **34**), non loin du* Reggae Pub, *dans le coin des bars à filles, les mar, ven, dim. Prix d'entrée élevé : 500-1 500 Bts. Également au **Petchbuncha Stadium,** à côté du marché Laem Din, les lun, mer, sam. Plus cher (1 000 Bts et plus).* On est informé par de grandes affiches en ville ou des pick-up qui parcourent les rues. En général, combats vers 21h-22h. Ça ne se termine pas avant 23h30. Et ça ne rigole pas ! Vous pouvez même venir vous y initier pour 600 Bts par jour.

– ***Samui Institute of Thai Culinary Arts*** *(SITCA ; plan, **22**) : 46/6 Moo 3, au sud de Chaweng. ☎ 413-172. • sitca.net • Compter env 2 000 Bts le cours.* Une école réputée qui enseigne les secrets de la cuisine thaïe ainsi que l'art de la découpe des fruits et légumes. Cours en anglais, à 11h et 16h. On apprend à reconnaître les ingrédients et épices, et on prépare au moins trois plats différents. Salle très bien équipée et cours ludiques. Ensuite, dégustation ! On peut inviter un ou deux potes pour partager le repas.

CORAL COVE ET THONG TA KHIAN – หาดโครอล โคฟและทองตะเคียน

Coral Cove et Thong Ta Khian figurent parmi nos spots préférés. Ce sont deux séduisantes petites criques sablonneuses au sud de Chaweng. La première, ourlée de rochers façon Maldives, est pas mal pour faire un peu de *snorkelling* ou de la bronzette. La crique suivante, Thong Ta Khian, plus ample et soulignée de verdure, est propice à la baignade et abrite une poignée de *resorts.*

Où dormir ?

De plus chic à chic (de 1 000 à 4 000 Bts – 25 à 100 €)

Silver Beach Resort – ซิลเวอร์ บีช รีสอร์ท *(plan, **23**) : plage de Thong Ta Khian. ☎ 422-478. • go2silverbeach.com • Prix (600-1 700 Bts) qui font le grand écart selon situation et équipement (ventilo ou clim). (lobby et resto).* Chalets aux murs crépis, sans grand charme, avec mobilier standard et déco un peu nue. Assez spacieux. Éviter les nouveaux bungalows qui sont situés au-dessus de la route. Des efforts de jardinage seraient les bienvenus, mais ce *resort* est un bon choix si l'on veut se poser sur cette plage relax bordée de gros rochers. Resto sur place. Accueil aimable.

Coral Cove Chalet *(plan,* ***27****) : au bord de la route en arrivant sur la crique. ☎ 448-500. • coralcovechalet.com •* Perchés sur de hauts pilotis de béton en surplomb de la mer, une série de bungalows de bon confort en pente jusqu'aux flots. À l'arrivée, une petite plage semée de rochers, de quoi faire du *snorkelling* presque à domicile. Chambres toutes boisées 2 fois moins chères dans la partie hôtel, clim partout. Resto, spa et piscine forme de fleur. Un petit défaut, la proximité de la route, mais sa rumeur s'estompe à mesure que l'on s'en écarte. Bon accueil.

LAMAI BEACH – หาดละไม

Belle plage en croissant de lune avec une eau presque limpide. Un peu moins frénétique que Chaweng, on trouve ici plus d'occasions d'être au calme auprès de la grande bleue. Seul hic : les nymphes quittent les flots le soir pour animer les bars à go-go qui pullulent en plein centre. Assez glauque, il faut le dire, à moins d'être motivé par cette ambiance. Ceci dit, les collines vers l'intérieur recèlent de très jolis coins de nature campagnarde. Quelques hébergements pour routards purs et durs.

Où dormir ?

De bon marché à prix moyens (de 150 à 600 Bts – 3,75 à 15 €)

Beerhouse Bungalow *(plan,* ***38****) : derrière* Ninja Crêpes *par un petit pont, 200 m au sud de Buddy Beach. ☎ 231-088. • beerhousebungalow.com • Compter 500-650 Bts.* *(au resto).* Bungalows en tôle et bambou avec ventilo et salle de bains, de taille *very small* mais bien tenus, à prix très doux, avec hamac à suspendre à deux pas de l'écume des vagues ou un peu en retrait. Électricité hésitante. Resto-bar accueillant, petits déj complets et petits plats thaï, plus baguettes, pizzas, soupes et salades. Accueil tout sourire et bonne ambiance. En plus, quelques chambres bien équipées dans la *guesthouse* voisine (1 050-1 450 Bts pour 2 avec petit déj).

New Hut – นิวย์ ฮัทธ์ *(plan,* ***38****) : au nord de la plage ; accès par une passerelle, à gauche, 200 m au sud de Buddy Beach. 081-476-343.* Entre *khlong* et plage, un ensemble « HLM pour routards », composé de cabanes minuscules, en forme de A majuscule peintes en noir. Moustiquaire, ventilo et bois du sol au plafond pour toutes. Salle de bains privée pour les moins économiques, partagée pour les autres. Mais on partage surtout ici une ambiance jeune internationale et le sable blanc. Propre, bien tenu par Loi et Noi, un très bon plan *roots*. On y mange bien à pas cher. Miniboutique et motos à louer.

Whitesands Bungalow – ไวท์แซนด์ บังกาโล *(plan,* ***24****) : tt au sud de la plage, après la poste, dans un imbroglio de chemins. ☎ 424-298. Compter 150-700 Bts.* Survivant d'une époque où eau chaude et AC étaient encore de la science-fiction, et la petite hutte sommaire, sans salle de bains avec matelas à même le sol, un standard du confort. Oui, tout cela est bien révolu, mais face à la plage irrésistible et à l'écart des foules, ça reste un must pour le prix. Mais il ne faut pas être exigeant. Certaines masures, plus grandes (et plus fraîches !), disposent de sanitaires (eau froide, ô luxe). Il y a même des bungalows en dur avec AC et TV ! Un petit resto bien sympa accueille des routards contents d'être là. Accueil au poil. Un bémol pour ceux qui veulent s'amuser le soir, tout est bien loin.

D'un peu plus chic à plus chic (de 1 000 à 3 000 Bts – 25 à 75 €)

Au-dessus de Lamai, dans les collines, à 800 m de la mer et au milieu d'une végétation enchanteresse avec des buffles paissant dans la cocoteraie, deux adresses de charme côte à côte. Pour y arriver, prendre à droite vers le *Tamarind Springs* puis grimper vers la gauche sur 500 m.

Samui Pink House (plan, **13**) : *206/29 Moo 4, Tambon Maret. ☎ 458-425. • samuipinkhouse.com • Compter 1 100-1 800 Bts selon saison, avec petit déj. Prix spéciaux à partir de 1 sem de séjour.* *Bed & Breakfast* de 5 chambres, dont une pour handicapée. Une grande demeure couleur fraise écrasée. Décoration moderne soignée, tout en zénitude asiatique. Espaces lumineux, piscine à débordement sur la terrasse. De quoi profiter d'un séjour relaxant. Accueil en français. Comment dit-on « bonheur » en thaï ?

Sallamai Resort (plan, **13**) : *206/34 Moo 4, Tambon Maret. ☎ 42-384. • sallamairesort.com • Compter 1 500-2 400 Bts selon catégorie et situation.* *Guesthouse* voisine du précédent. Architecture d'inspiration marocaine. De part et d'autre de la piscine, 8 chambres élégantes, modernes et bien équipées. Chacune dispose d'une terrasse, certaines avec jacuzzi, mais un peu froides d'aspect. Motos et scooters à louer. Espace massages. Accueil discret de Valérie et Manu, le jeune couple de Français qui s'est installé là.

Plus chic (de 1 500 à 3 000 Bts – 37,50 à 75 €)

Lamai Coconut Resort – ละไม โกโก้นัทรีสอร์ท (plan, **26**) : *au centre de Lamai, à l'écart de la rue principale ; réception en bord de plage. ☎ 232-169. • lamaicoconutresort.com •* Bungalows en bois verni et brique, autour d'une allée centrale jardinée. Chambres bien tenues, avec AC, spacieuses, à la déco sobre et boisée. Les bungalows les moins chers, plus simples, sont bien serrés les uns contre les autres. Tous avec terrasse, frigo, et bien tenus. Éviter ceux trop proches du parking. Resto de plage avec aquarium.

Bill Resort – บิล รีสอร์ท (plan, **24**) : *au sud de la plage, juste après la côte. ☎ 424-403. • billresortsamui.com • Plein de catégories de prix selon confort et situation, depuis le flanc de colline (assez reculé, chambres les moins chères) jusqu'au bord de piscine, face à la mer.* Bel ensemble disparate de chambres et de bungalows noyés dans un jardin très fleuri que l'on parcourt en voiturette de golf. Prestation de belle tenue : minibar, AC, terrasse, petit déj pour toutes les chambres, même les moins chères. Ambiance et accueil agréables, les familles s'y sentent bien. Avec sa belle piscine, son coin de plage fort joli, c'est une bonne adresse, même si de temps à autre des petites bêtes rampantes y séjournent. Pas grave, on est sous les tropiques, demandez les produits *ad hoc* à la réception.

Où manger ? Où boire un verre ?

Lamai traîne comme Chaweng son lot de restos simili allemands et pseudo italiens. Dur de trouver de bonnes adresses au cœur du bourg.

Bon marché (autour de 100 Bts – 2,50 €)

Lamai Food Center – ศูนย์อาหารละมัย *(plan, 26) : dans une ruelle perpendiculaire à la route, à proximité du 7-Eleven.* On mange plutôt bien et pour trois fois rien dans cet ensemble de petits restos (thaïs, chinois, et même indien) de plein air, juste à l'écart du tumulte. Sans aucun doute le coin le plus sympa de tout le quartier.

Ninja Crepes Restaurant – ร้านอาหารนินจา แครบส์ *(plan, 38) : 200 m au sud de Buddy Beach (voir ci-dessous). Tlj, 24h/24.* Bon marché et sans chiqué, un resto-cantine thaï avec quelques plats occidentaux (dont des crêpes). Branche de la célèbre adresse de Chaweng, un peu trop en bordure de route. Loue aussi des chambres de l'autre côté de la rue (catégorie « Chic »). Accueil gentil.

Chic (plus de de 300 Bts – 7,50 €)

Buddy Beach (Haad Buddy) – หาดบัดดี *(plan, 38) : au nord de Lamai ; si vous le ratez, on vous offre des binocles ! ☎ 458-080. Tlj 12h-2h.* *Buddy Lamai Beach* est, côté mer, un complexe moderne style californien. Ici, le **Chom Lay,** resto de look antillais avec varangue, s'habille de mobilier baroque, vieilles revues et affiches. Cuisine standard plutôt chère. En face, la mer et un ponton branlant, où une poignée de barques colorées d'irréductibles pêcheurs refusent de larguer les amarres au bénéfice des jet-skis. Et puis, de l'autre côté de la rue, un *shopping center* grandiloquent un peu tarte à la crème saumonée. Si le cœur vous en dit.

À voir et... où se faire dorloter ?

Hin Ta et Hin Yai – หินตา หินยาย *(plan, 42) : indiqué sur la gauche quand on vient du nord, mais attention, on voit assez mal le panneau. Parking payant à 100 m du site.* Avant d'arriver, le cortège de boutiques donne accès à un site vraiment superbe. Une avancée de rochers plats avec, sur la droite, Grand Papa (Hin Ta) bien en forme : un rocher cylindrique long, dont la forme et les proportions ne laissent aucun doute sur ce que le Créateur a voulu figurer. Et, à côté, Grand Maman (Hin Yai) sous forme de faille étroite entre deux rochers. Les enfants n'y verront que... deux rochers, les Asiatiques qui s'y rendent en masse croient dur comme fer que leur contact améliore la fertilité.

Belle vue sur la plage de Lamai, sur la gauche. Certains Thaïs y viennent le soir gratter la guitare.

Tamarind Springs – ธ่ามะริน สปริงส์ *(plan, 51) : en arrivant sur Lamai Beach vers la droite à la hauteur du Family Market. ☎ 230-571. • tamarindsprings.com • Soins 5 500-8 500 Bts pour 4-5h.* Dans une oasis de zénitude, à flanc de colline, au milieu des cocotiers. Lieu enchanteur pour se relaxer, et tout est fait pour vous y aider. Soins variés sur au moins une demi-journée, associés à un temps libre pour profiter du spa. Serviettes, sarongs et tongs fournis. Pas donné, bien sûr, mais une belle expérience. Également une *massage academy,* pour se faire la main.

HUA THANON – บ้านหัวถนน

Une belle plage de carte postale, tranquille et bordée de cocotiers. La mer y est peu profonde et donc très peu propice à la baignade. Côté hébergements, villas privatives et *resorts* ultrachic ne s'offrent qu'aux portefeuilles dorés.

Changement de décor au nord de la plage avec ***Ban Hua Thanon*** *(plan, **44**)*, un petit village atypique habité par des pêcheurs musulmans. Passionnés de tourterelles, ils organisent des concours de chant... Là où la route fait un angle, se garer et explorer l'unique ruelle du petit village : maisons en bois et vie de village. Marché aux poissons tous les matins, populaire et très bien approvisionné. Dépaysant après Chaweng et Lamai ! On se croirait revenu 50 ans en arrière, avant l'arrivée des touristes.

À voir

Samui Aquarium – สมุยอะควอเรียม *(plan, **49**)* : *au bord de Ban Harn Beach, juste au sud de Hua Thanon ; bien indiqué. ☎ 424-017. Tlj 9h-17h. Entrée chère : 750 Bts ; enfant 450 Bts.* Nombreux poissons du golfe de Thaïlande, de toutes les tailles, formes et couleurs (*cat fish, lion fish,* napoléon, murène géante...). Mais ce n'est pas seulement un aquarium, c'est aussi une sorte de zoo spécialisé dans les tigres (notamment du Bengale : il en subsiste quelques-uns en Thaïlande). Ici, ils se donnent même en spectacle à 13h. Et si ça ne vous suffit pas, reste à monter sur un éléphant ou à piquer une tête dans la piscine.

LES ÎLES ENTRE KO SAMUI ET KOTAO

BANG KAO – บางเก่า

Plage superbe et presque déserte car peu propice à la baignade. Il faut aller très loin pour trouver de la profondeur... On l'aime bien quand même pour son intimité et sa bronzette paisible.

À voir. À faire

Butterfly Garden – สวนผีเสื้อสมุย *(plan, **43**)* : *en venant du nord, prendre à gauche depuis la route n° 4170 entre Ban Hua Thanon et Ban Bang Kao (fléché). ☎ 424-020. Tlj 9h-18h Entrée : 150 Bts ; réduc.* Un immense filet tendu sur un grand jardin tropical, rassemblant plus de 25 espèces différentes de superbes lépidoptères provenant du monde entier. Présentation de l'évolution des cocons en haut, sur une terrasse de bois. Un peu plus haut dans le parc, la maison des abeilles, où l'on voit des essaims faire leur miel.

Magic Alambic – มาจิค อลามบิค *(plan, **3**)* : *au village de Ban Thale. ☎ 419-023. • rhumdistillerie.com • En allant de Thong Krut à Hua Thanon, après l'aquarium, sur la droite (indiqué).* Si vous passez dans le coin, profitez de l'occasion pour faire une petite visite ici. Pour vous faire raconter comment on peut bien passer de la taille de pierre aux pruneaux d'Agen puis à la distillerie de rhum « agricole » (depuis 2003). L'alambic venu spécialement du Gers s'y gourmande de canne à sucre cultivée dans le sud de la Thaïlande. Celle de Samui donne trop peu de sucre, elle est seulement bonne à nourrir les éléphants, qui ne baladent donc pas les touristes en état d'ébriété. Le nectar, limité à 40°, loi thaïe oblige, se décline en plusieurs parfums exotiques présentés dans de jolies bouteilles. Sur place, dégustation (payante) de rhum au coco ; au citron, à l'orange et à l'ananas, mais pas tous en même temps !

BAN THONG KRUT – บ้านท้องกรุด

À l'extrémité sud de l'île, petit village de pêcheurs constitué de quelques baraques bordant une jolie plage fermée par un banc de sable blond. Attention en revanche, pas vraiment de baignade possible dans le coin par manque de fond. On peut venir y manger de délicieux poissons, ou prendre la mer pour une agréable excursion vers l'île de Ko Tan. À 2 km au nord, une étonnante pagode magnifiquement située en bord de mer. Le détail qui tue : elle est complètement recouverte de carreaux de salle de bains !

Où manger ?
Où boire un verre ?

Bon marché (autour de 150 Bts – 3,75 €)

|●| ***Gingpagarang Restaurant*** – ร้านอาหารกิ่งปะการัง *(plan, **39**) : sur la plage, côté est. ☎ 334-045. Tlj 11h30-20h.* Un resto pittoresque avec sa terrasse en bois sur pilotis, ouverte sur la petite plage étroite, ses cocotiers, ses bateaux de pêcheurs à l'œuvre et son îlot en toile de fond. Tellement paisible... Bon choix de fruits de mer ultra-frais, cuisinés le plus simplement du monde pour un goût exquis. On a bien aimé la salade de fruits de mer et les crevettes à la citronnelle.

|●| ***The Beach Restaurant*** *(plan, **39**) : sur la plage, côté ouest. ☎ 334-184. Tlj 8h-20h.* Grande paillote sur pilotis et tables sous les cocotiers pour observer paisiblement le va-et-vient des barques qui font la navette avec l'île de Ko Tan. Spécialité de poisson entier *(red or white snapper, pomfret)* à la manière de Samui, avec curcuma et poivre noir. Également poulpe grillé, riz frit, poulet, porc, salades et soupes. On a du mal à quitter la table.

À faire

➢ ***Excursion à Ko Tan*** – ไปเที่ยวเกาะตาน **:** une grande île vierge au sud immédiat de Ban Thong Krut. Pour vous y conduire, ni ferry ni *express-boat,* mais une modeste barcasse de pêcheurs qui part de la plage tous les jours vers 9h30 et revient vers 13h. Pour un petit bateau privé, compter environ 1 500 Bts. S'arranger auprès des restos et commerces de la plage. Pas de location de motos ni de voitures. Le bout de la route. On y vient pour jouer les Robinson le temps d'une bronzette ou d'une séance de *snorkelling* dans les rochers alentour. Vraiment tranquille.

LAEM PHANG KA – แหลมพังกา

➢ ***Pour s'y rendre :*** précisément au cap sud-ouest de l'île. Quitter la route nº 4170 au carrefour pratiquement en face de la Snake Farm (attrape-touristes) pour emprunter l'une des deux extrémités de la petite route qui décrit une boucle vers le promontoire. Si vous vous déplacez en transports en commun, sachez que la mer se trouve à environ 2 km de la route principale.

Ao Phang Ka, tournée vers l'ouest, est bordée d'une végétation luxuriante. Des chaloupes s'y balancent tranquillement et le paysage maritime vaut le coup d'œil avec ses îlots pointus au loin. En poursuivant la balade, on débouche sur ***Thong Thanote,*** au sud-est du cap, plus nue mais dotée d'une belle plage. Seul hic, la baignade dépend de la marée ; en basses eaux, on patauge dans la vase.

Où dormir ? Où manger ?

De bon marché à un peu plus chic (de 300 à 1 000 Bts – 7,50 à 25 €)

⌂ |●| ***Emerald Cove*** – เอมเมอรัล โค๊ฟ *(plan, **29**) : Phang Ka Beach. ☎ 334-100. • wesinac@hotmail.com • Le long de la petite route en boucle décrite en intro.* De tous petits prix pour cette pension à l'accueil façon maman poule. Bungalows alignés perpendiculairement à la plage : pales au plafond, meubles et sanitaires simples. Déco datée, ensemble clean mais visitez avant car la qualité est inégale (et pas proportionnelle au prix). Une bonne adresse au vert sous les cocotiers et au bleu face à la « baie carte postale ». Espérons que le pesant silence ne vous empêchera pas de dormir ! Cuisine familiale du terroir. Un plan tranquille peu onéreux.

Jinta Beach Bungalow – จินตา บีช บังกาโล *(plan,* ***28****) : Thong Thanote.* *089-874-28-05.* • *jintasamui.com* • *Suivre les pancartes du Coconut Villa Resort, c'est juste avt.* Une succession espacée de maisonnettes récentes sur un terrain plutôt sec. Les plus chères avec AC et réfrigérateur sont vastes et à deux pas de la plage. Les autres, ventilées avec eau froide, sont tout aussi propres et claires mais sans charme aucun. La proprio est agréablement débonnaire. Ça manque de verdure, mais si on a chaud, la petite piscine est là pour les jours où la mer fait la grimace. Petit déj, mais pas de restauration sur place. Prévoir de quoi s'occuper, c'est assez isolé. À éviter donc si vous n'êtes pas motorisé et si vous aimez l'animation.

L'INTÉRIEUR DE L'ÎLE

➢ ***Belles virées dans les collines*** – เดินเล่นบนโขดหิน **:** l'intérieur de l'île et son réseau de pistes escaladant les collines recouvertes de forêts offrent une bonne alternative à la bronzette. Quelques points de vue aériens splendides et des rencontres de bestioles pas toujours fréquentables (serpents...). Bref, un visage inédit de Ko Samui s'offre à tous ceux qui tentent cette aventure. Pour jouer aux explorateurs, mieux vaut se faire accompagner *(Island Safari, ☎ 230-709).* Seuls les plus aguerris pourront louer véhicules ou motos tout-terrain.

➢ ***Excursion dans un camp de dressage d'éléphants*** – การท่องเที่ยวในศูนย์ฝึกช้าง **:** *rens auprès des agences de voyages locales.* Une approche intéressante des pachydermes.

Le moine momifié – ร่างพระที่มรณะภาพแล้วศพไม่เน่าเปื่อย *(plan,* ***45****) : dans le temple Wat Khunaram, au sud-est de l'île.* Un moine vénéré qui entra dans les ordres à 50 ans et fut vénéré pour la qualité de ses méditations.

MOMIE STAR

On s'aperçut que le corps du moine, mort à 79 ans, ne se décomposait pas. On décida alors de le momifier dans la position d'un scribe, dans une attitude de méditation profonde. Aujourd'hui dans une vitrine du Wat Khunaram, il a gardé la même posture et s'offre une vraie vie de star (visez les lunettes noires !).

Les combats de buffles – ชนควาย **:** demandez conseil aux autochtones, ils en connaissent un rayon. Ces combats font partie intégrante de la vie des Thaïs et sont particulièrement populaires dans les îles du Sud. Presque chaque village possède son « arène », certaines se résumant à un simple espace clos par une haie de bambous. On en compte sept, réparties un peu partout sur Ko Samui. Les paris y font fureur et, plus que le duel lui-même, c'est l'animation qui règne autour de l'arène qui fait l'intérêt du spectacle. Pour votre culture personnelle, sachez qu'un buffle commence à combattre vers 6 ou 7 ans et peut lutter une fois par mois, jusqu'à l'âge de 25 ans ! Il prend ensuite une retraite méritée jusqu'à sa mort (autour de 40 ans). Les Thaïs vous expliqueront que la force d'un buffle se trouve dans son cou. Le perdant est l'animal qui se détourne de son adversaire et refuse le combat.

Hin Lad Waterfall – น้ำตกหินลาด *(plan,* ***46****) : à 3 km au sud de Na Thon, prendre à gauche (pancarte).* Une balade agréable. Au départ, jolie buvette et petit temple sous les arbres au bord d'une retenue d'eau frétillante de poissons. Un cadre à se faire moine ! On se faufile ensuite sur 2 km à travers la jungle aux mille et un sons jusqu'à atteindre les chutes, plus abondantes après un jour de pluie. À leur pied, un bassin pour faire trempette, et même une mini-buvette. Ne serait-ce que pour sa peine (et pour remplacer les litres de sueur écoulés durant la montée), le vendeur mériterait qu'on lui prenne une boisson... Parfois (mais rarement), on peut rencontrer un varan en train de rôtir au soleil. Ceux-là sont inoffensifs.

Na Muang Waterfall 1 – น้ำตกหน้าเมือง 1 *(plan, **47**) : à 10 km au sud de Na Thon. À 200 m à pied du parking.* Modeste cascade haute de 18 m, accessible à moto. Pour les paresseux. Plus loin, en suivant le fléchage à partir du parking, après une bonne demi-heure de marche à travers les cocoteraies, on atteint ***Na Muang Waterfall 2*** – น้ำตกหน้าเมือง 2, belles chutes d'eau de 80 m de haut, celles-ci. Impressionnantes à la saison des pluies. Pendant la saison sèche, on se contente des piscines naturelles pour piquer une tête.

KO PHA NGAN – เกาะพะงัน

IND. TÉL. : 077

Petite île de 170 km² de superficie à quelques milles au nord de Ko Samui, Ko Pha Ngan (prononcez « Pane Gane ») est bien plus sauvage que sa cousine du sud. 70 % de sa surface est montagneuse et encore largement recouverte de jungle. Ici, les 12 000 habitants n'ont pas de problème d'eau, même en pleine saison sèche ! À votre portée, vastes plages idylliques et un littoral qui abrite plein de criques tourmentées. Le centre offre des possibilités de randonnées qui feront le bonheur des explorateurs en herbe.
La moitié nord de l'île se compose de paysages souvent admirables. Évidemment, les plages les plus exploitables font l'objet d'un développement galopant, mais pendant ce temps, les baies les plus reculées restent bien calmes, assez sauvages, presque *roots.* Les bungalows qui les ont colonisées évoquent parfois des bancs de coquillages fixés aux rochers, ou, version sablonneuse, à des huttes de naufragés. Le sud se consacre chaque mois aux délires collectifs des *Full Moon parties.*
Ko Pha Ngan est donc une île très contrastée. Seule constante, accueil et sourire y sont toujours de mise.

Arriver – Quitter

La majorité des embarcations (bateaux express, ferries, catamarans, etc.) fait la navette aller-retour entre le continent (Surat Thani, voire Chumphon) et l'île de Ko Tao, et dessert ainsi Ko Pha Ngan au passage.
Encore des horaires et prix assez fluctuants avec des compagnies qui vont et viennent... Pour le trajet retour, demander conseil à votre hébergement.
Bon à savoir : des promotions Internet sont faites de temps à autre avec paiement par CB via le site des compagnies.

Les embarcadères : *les principaux sont à **Thong Sala,** mais certains bateaux accostent à **Haad Rin.***

■ ***Les compagnies :*** *Haad Rin Queen (☎ 375-113), Lomprayah (☎ 238-411-2), Raja Ferries (☎ 377-452), Seatran Discovery (☎ 238-679) et Songserm (☎ 377-046).*

➢ ***Bangkok :*** avec *Lomprayah.* 1 bus/j. dans les 2 sens, bateau inclus. Départ 21h, arrivée 11h. Compter env 1 250 Bts.

➢ ***Surat Thani :*** plusieurs embarcadères.

– ***De Ta Thong :*** *express-boat Songserm* à 8h et 14h (retour à 12h30 et 7h). Trajet : 4h30 ; 430 Bts. Plus véloces qu'un ferry, mais leur escale à Ko Samui (Na Thon) rend le voyage plus long. Le prix inclut le bus jusqu'à Surat Thani.
– ***De Donsak :*** avec *Raja Ferries,* 5 ferries/j. directs 8h-18h (retour 5h-17h). Compter 220 Bts. Trajet : 2h30.
– ***Ban Don :*** le *night-boat,* bien folklo, part de Ban Don à 23h (arrivée vers 5h30). Retour à 21h (arrivée vers 3h30). Prix : env 200 Bts.

➢ ***Ko Samui :*** attention, pas de ferry prenant des véhicules entre Ko Samui et Ko Pha Ngan.
– ***Vers Thong Sala :*** de Na Thon, voir l'*express-boat Songserm* (plus haut). Compter 150-200 Bts. Depuis Mae Nam et 2 fois plus rapides : 3 catamarans/j. avec *Lomprayah* à 8h, 12h30 et 17h30 (retour à 7h, 11h et 16h). Trajet en 20 mn pour 250 Bts. 2 autres avec *Seatran Discovery* (depuis Big Buddha), à 8h et 13h30 (retour à 9h, 11h et 16h30). Trajet : 1h30 ; 220 Bts. À noter : les soirs de *Full Moon parties* à Ko Pha Ngan, *Lomprayah* propose une formule combinée bateau (à 21h30) avec transfert vers Haad Rin (où ça guinche) pour 300 Bts. Avec *Raja Ferry,* départ de *Lipa Noi Pier* mer-ven et dim à 17h. Trajet 1h30. Retour à 8h.
– ***Vers Haad Rin :*** 4 *express-boats* avec *Haad Rin Queen* (depuis Big Buddha) 10h30-18h30. Trajet : 50 mn ; 250 Bts. 1 bateau/j. quitte Ko Samui (Mae Nam) à 12h, dessert Haad Rin, puis ttes les plages de la côte est jusqu'à Thong Nai Pan. Trajet : 3h env ; compter 250 Bts. Dans l'autre sens, départ de Thong Nai Pan à 9h.

➢ ***Ko Tao :*** les catamarans *Lomprayah* et *Seatran-Discovery* venant de Ko Samui continuent vers Ko Tao (lire plus haut). Trajet : 1h30 ; 450 Bts. *Same-same* pour certains bateaux express de *Songserm* (à 12h30 depuis Ko Pha Ngan, à 10h depuis Tao). Trajet : env 2h ; 300 Bts. Ts ces bateaux poursuivent au-delà vers **Chumphon** : liaison plus rapide mais plus chère que via Surat Thani.

Circuler dans l'île

Dès l'arrivée, récupérer un des gratuits (voir « Adresses et infos utiles ») qui offrent plusieurs plans corrects permettant de repérer les bungalows ainsi que les routes et les sentiers de l'île. Quant à la « carrossabilité » de ces dernières, les plans sont parfois un peu optimistes. Nous avons essayé de faire le point quant aux routes « principales » !
– Passant tous deux par le port Thong Sala, la route côtière ouest (Chaloaklam-Haad Rin) et l'axe central descendant de Chaloaklam sont entièrement goudronnés ou bétonnés. À l'est de l'île, la route qui monte jusqu'à la plage de Thong Nai Pan est à présent praticable. En route, des chemins difficilement ou pas carrossables s'enfoncent vers diverses criques.
Depuis les débarcadères (de Thong Sala et de Haad Rin), des *songthaew,* motos-taxis et *taxi-boats* attendent les passagers pour les conduire vers la plage de leur choix. Des prix standard ont été fixés allant de 100 Bts (de Thong Sala à Haad Rin) à 250 Bts par personne (trajet jusqu'à Thong Nai Pan). Mais attention : ceux-ci sont valables pendant la journée, si le véhicule fait le plein de passagers (au moins huit personnes) et si le chauffeur est de bonne humeur... De toute façon, si vous avez réservé un hébergement, il pourra sans doute venir vous chercher au port.
– Pour la côte est, voir « Arriver – Quitter » plus haut concernant le bateau régulier entre Ko Samui et Tong Nai Pan. Des *long-tail boats* se louent aussi à Haad Rin ou au nord-ouest de l'île afin de desservir les criques isolées. Prix pour le bateau et non par personne (soyez nombreux !).
– Si indépendance et exploration riment avec location de moto (ou de scooter), sachez que nombre de pistes de l'île sont vraiment très casse-gueule (surtout à l'est). Et il peut arriver à certains loueurs (mauvais coucheurs) d'aller jusqu'à

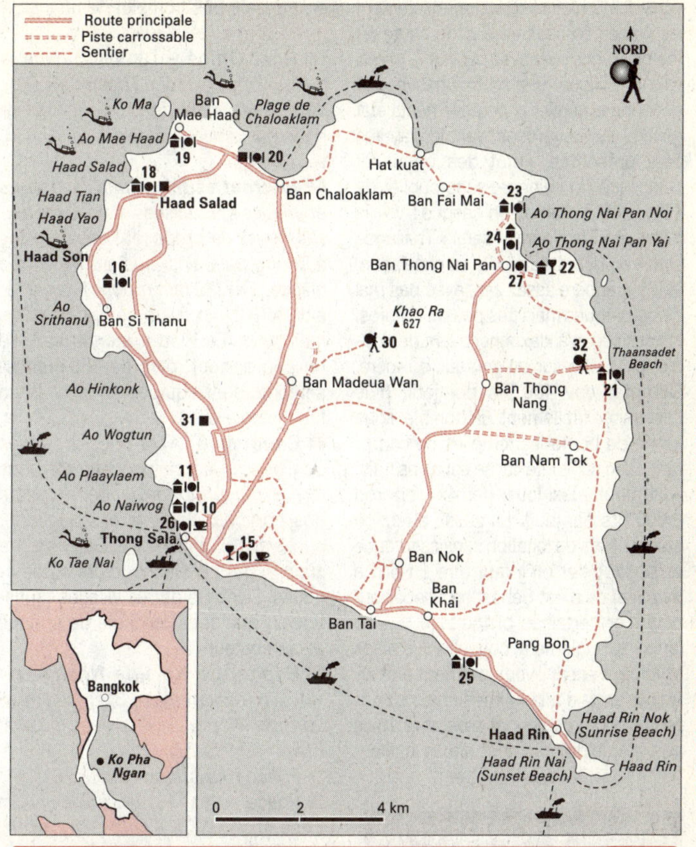

KO PHA NGAN

Adresses utiles

- 18 France Plongée
- 20 The Dive Inn
- 31 Hôpital de Ko Pha Ngan

Où dormir ? Où manger ?

- 10 Beck's Resort
- 11 Cookies Bungalows, Sea Scene Resort, Baan Manali Resort
- 15 Franck's Restaurant
- 16 Tantawan Bungalows
- 18 Coral Beach, Green Papaya
- 19 Wang Sai Garden, Island View Cabana
- 20 Seaside Restaurant
- 21 Mai Pen Rai Bungalows, Silver Cliff Bungalows, J.S. Hut Resort
- 22 Dolphin Bar & Bungalows
- 23 Baan Tapan Noi, Thongtapan
- 24 Panviman Resort
- 25 Thong Yang
- 26 Marché du village de Thong Sala, Sea Mew
- 27 Gargote du village

À voir. À faire

- 30 Khao Ra et Phaeng Waterfall (parc national), Khao Raa Retreat
- 32 Thaansadet Waterfall

vous demander de racheter entièrement les pièces éraflées en cas de chute (et même si vous n'en avez pas fait !). Mieux vaut donc louer une moto « neuve », et en tout cas vérifier impérativement l'état général du deux-roues, dont les rayures déjà présentes, l'état des pneus et l'efficacité du freinage, sans oublier de TOUJOURS mettre son casque ! Voir la rubrique « Transports » dans « Thaïlande utile » en début de guide. La circulation, elle, est encore assez zen, avec pas mal de deux-roues mais très peu de voitures. N'hésitez pas à klaxonner avant de doubler pour être sûr qu'on vous a repéré. Compter env 400 Bts par jour, plus l'essence, facilement disponible sous forme de bouteilles remplies de carburant. Bien sûr, toute casse est à vos frais.

– On peut aussi louer des 4x4 (environ 2 000 Bts par jour). Là aussi, attention aux contrats de location sans assurance et se rappeler qu'il faut être un pilote averti, si ce n'est Sébastien Loeb, pour négocier certaines pistes ! Ne pas se lancer aveuglément, consulter les plans et infos. Penser éventuellement à chartériser un taxi à la journée (avec chauffeur, donc) ; ça revient plus cher, mais ça évite de prendre des risques inutiles.

Adresses et infos utiles

– ***Gratuits d'informations touristiques :*** disponibles un peu partout (bars, pensions, agences, quais des bateaux), ***Phangan Info*** *(● phanganinfo.com ●)*, très bien fait et assez complet (plusieurs plans précis, horaires des transports) et ***Phangan Explorer*** *(● phanganexplorer.com ●)*, la même chose en légèrement moins bien. La carte de Phangan Discovery est très précise. Voir également ***Phangan Navigator*** et un site internet en français très complet : *● phangan-guide.com ●*

✉ ***Post Office*** – ไปรษณีย์ ***:*** *dans la rue qui longe la mer à Thong Sala ; env 500 m sur la droite du débarcadère quand on arrive. Lun-ven 8h30-16h30, sam 9h-12h.*

@ ***Internet et téléphone :*** *plusieurs boutiques spécialisées et de nombreuses pensions proposent ces services à Thong Sala ainsi que sur les autres plages. Env 2 Bts/mn pour Internet et env 30 Bts/mn pour les appels internationaux.* Le Web a étendu sa toile un peu partout, plus de 160 établissements sont équipés en 2012 de la technologie wifi.

■ ***Banques & ATM :*** *les banques de Thong Sala se concentrent dans la rue qui prolonge le débarcadère des compagnies Raja et Songserm, au-delà du rond-point. Guichets de change ouv tlj.* Distributeurs automatiques. Dans les autres villages touristiques, quelques guichets de change et distributeurs.

■ ***Hôpital de Ko Pha Ngan*** – โรงพยาบาลเกาะพงัน *(plan,* ***31****)* ***:*** *2,5 km au nord de Thong Sala, proche du Wat Khao Noy. : ☎ 377-034.*

■ ***Police touristique :*** *☎ 1155.*

■ ***Police*** – สถานีตำรวจ ***:*** *à 2 km sur la route du nord. Tlj, 24h/24. Urgences : ☎ 377-501. En allant vers Sairee.*

■ ***Location de motos, scooters et voitures :*** *plusieurs loueurs dans la rue en face du débarcadère.* Motos également disponibles sur toutes les plages, en passant éventuellement par votre hébergement.

– ***Full Moon parties :*** infos sur *● fullmoon.phangan.info ●* et affichage ostentatoire partout sur l'île. Pour connaître le calendrier 2013-2014 : *● phangan-guide.com ●*

THONG SALA – ทองศาลา

Capitale sans charme de l'île et port principal des bateaux, Thong Sala concentre l'essentiel des boutiques et services.

Où manger ?

Bon marché (moins de 150 Bts – 3,75 €)

|●| *Marché du village* – ตลาดของหมู่บ้านอยู่ที่ถนนที่มีทางเดินเท้าด้านฝั่งซ้าย (plan, **26**) : *en remontant la rue qui prolonge le quai, sur la gauche, un peu après le 7-Eleven.* L'occasion de faire le plein pour quelques bahts seulement. Le soir, un peu plus loin au carrefour, quelques stands restent ouverts pratiquement toute la nuit.

|●| ☕ *Sea Mew* – แซ่มิ้ว (plan, **26**) : *face au quai.* Parmi les restos occidentalisés du port, ce petit estaminet avec terrasse mérite une mention. Cafés, *shakes,* petits déj, plats sur le pouce pour pas cher. Bien pour se caler avant de tanguer sur le bateau.

De prix moyens à plus chic (de 300 à 500 Bts – 7,50 à 12,50 €)

|●| ☕ 🍷 *Franck's Restaurant* (plan, **15**) : *à l'écart du village, en bord de route en allant vers le sud.* ☎ *377-832. Tlj 8h30-23h.* Pour les irréductibles Gaulois, un resto-bar à l'enseigne bleu, blanc, rouge où l'on mange... du pain ! Rond et chaud au petit déj avec les croissants et le bon café, en sandwich, en *bruschetta...* Et puis de la viande qui saigne, des salades, des pizzas et des tajines, plus quelques plats thaïs, le tout arrosé d'un joli rouge de Corse. Une mention pour le crumble à la mangue.

DE THONG SALA VERS LE NORD, EN SUIVANT LA CÔTE OUEST

Bordée d'innombrables cocoteraies, cette côte est ponctuée de maintes criques et plages de sable séparées par de petits caps rocheux. Dommage, la faible profondeur de la mer rend la baignade souvent difficile, selon les secteurs (surtout au sud) et les périodes.

LES PLAGES D'AO NAIWOG, AO PLAAYLAEM ET AO HINKONK – อ่าวนายวงศ์

C'est le coin le plus calme de la côte ouest, mais attention, peu de fond, voire pas du tout en mai et juin !

Où dormir ? Où manger ?

De bon marché à un peu plus chic (de 250 à 1 500 Bts – 6,25 à 37,50 €)

Pour toutes les adresses citées ci-après, le choix de la clim propulse ce qui est bon marché en catégorie « Prix moyens ».

🏠 |●| *Beck's Resort* (plan, **10**) : *Ao Naiwog, à env 2 km de Thong Sala, 1er de notre sélection en venant du quai.* ☎ *377-140.* ● *becksresort.com* ● 📶 Morceau de plage sympa : les cocotiers et brins de verdure peinent à protéger du cagnard. Une petite cinquantaine de bungalows blancs en dur au toit de paille mais sans charme particulier. Quelques bungalows dans la catégorie « Plus chic » avec AC, et des familiaux pour 4 personnes avec 2 chambres. Ce *resort* héberge surtout un centre UCPA organisant des randos à VTT, des sorties en canoë, *hobie cat,* des sorties plongée et du *kitesurf*. Possibilité de se joindre aux stagiaires encadrés ou de glaner quelques conseils. Excursions en mer avec pêche dans le package. Resto-bar aux choix variés (thaï et international), noyé dans un fond musical pénible, sauce MTV. Accueil vraiment sympa. Agence de voyages.

Cookies Bungalows – คุ๊กกี๊ บังกะโล *(plan, **11**) : Ao Plaaylaem, 1 km env au-delà de Beck's. ☎ 377-499. • cookies_bungalow@hotmail.com* • En contrebas de la route, de gros rochers à gauche, à droite, derrière, et devant... le sable et la mer. Bungalows rustiques de bois et bambou vernis, dispersés entre colline et plage (ventilo, hamac et moustiquaire), dont un familial avec 2 grands lits, restant bon marché. Demander à en voir plusieurs. Accueil souriant à souhait, à l'origine d'une bonne ambiance. Resto charmant en surplomb de la mer : ambiance cool et prix qui laissent baba par leur modestie. La cuisine est pleine d'originalité dans le concert bien rodé des plats thaïs.

Sea Scene Resort – ซีซีนรีสอร์ท *(plan, **11**) : peu après le Cookies. ☎ 377-516. • seascene.com* • Bungalows en dur, récents et plutôt confortables : petits *standard* ventilés, *sea view* avec ou sans AC et eau chaude, ou enfin *family* pour 3 personnes. Tous se fendent d'une baie vitrée. Palmeraie, pelouse, tranquillité, coucher de soleil somptueux et plage étroite devant, agrémentée de petits rochers. Au resto, plats sino-thaïs de facture moyenne et personnel peu motivé.

Baan Manali Resort *(plan, **11**) : Nai Wok Bay. ☎ 377-917 ou 374-258. • baanmanali.com* • À 10 mn à pied de Thong Sala, une large cocoteraie gazonnée en bordure du lagon et face aux îlots abrite une grosse poignée de magnifiques bungalows en dur, dans un cadre simple mais coquet, à différents niveaux de prix et de capacité, mais tous bien équipés et confortables. Le site est tenu par un gentil jeune couple franco-israélien. Bar-restaurant, proposant une cuisine vraiment délicieuse. Très bon rapport qualité-prix-tranquillité. Idéal pour les familles. Location de catamarans.

LES PLAGES D'AO SRITHANU, HAAD SON, HAAD YAO, HAAD TIAN ET HAAD GRUAD – อ่าวศรีธนู หาดสน หาดยาวและหาดเทียน

Après une relative platitude, voici le retour des reliefs découpant nombre de panoramas superbes. Le grignotage immobilier y progresse, mais ces plages restent bien agréables et propices à la baignade.

Où dormir ? Où manger ?

De bon marché à un peu plus chic (de 300 à 2 000 Bts – 7,50 à 50 €)

Tantawan Bungalows – ทานตะวันบังกะโล *(plan, **16**) : Haad Son, sur la droite de la route en venant de Thong Sala. ☎ 349-108. • tantawanbungalow.com • À flanc de colline (attention, ça grimpe !).* Une dizaine de bungalows (ventilo, terrasse et eau chaude, frigo pour les plus chers), une chouette salle de resto à la thaïe et une belle piscine, le tout surplombant la baie. Vue exceptionnelle. Au resto, large choix de spécialités thaïes et, surprise, de petits plats bien de chez nous à prix moyens. Accueil sympa et dynamique. Dispose de chalets familiaux (double du prix des *standard*).

LES ÎLES ENTRE KO SAMUI ET KO TAO

LA PLAGE DE HAAD SALAD – หาดสลัด

Une jolie anse, appelée aussi Pirate Beach, bien pour la baignade, rejointe par une piste quittant la route 2 km avant Mae Haad. Branchée reggae, cette mini agglomération en plein boom s'est développée à vau-l'eau, sans charme aucun. Mais passé ce premier abord pas jojo, la plage garde sa beauté. Très beaux coraux et poissons à 200 m du bord, d'ailleurs, ça tombe bien, il y a un club de plongée sur cette plage et qui plus est tenu par des Français (voir plus loin « À voir. À faire sur l'île »).

Où dormir ? Où manger ?

De bon marché à beaucoup plus chic (500 à plus de 3 000 Bts – 12,50 à plus de 75 €)

🏠 |●| ***Coral Beach*** – คอรัล บิช *(plan, **18**) : au centre de la baie.* 📱 *084-844-45-23.* Bungalows ventilés rudimentaires et colorés, en bois et bambou, avec salle de bains (eau froide), disposés en demi-cercle autour d'une pelouse. Il y en a 7 : réservez donc ! Resto sur place (8h-23h) et bonnes salades, parfait avant une plongée.

🏠 |●| ***Green Papaya*** – มะละกอ สเสยว *(plan, **18**) : sur le côté droit, face à la mer.* ☎ *374-230* • *greenpapayaresort.com* • Un complexe de petit luxe à taille humaine et à l'accueil prévenant. Dans un beau jardin tropical, les chambres de bon confort avec douche à la balinaise serpentent autour d'une piscine et débouchent sur la plage. Petit déj pris en surplomb et petit bar-resto que vient lécher la marée haute à l'heure de l'époustouflant coucher de l'astre solaire. Un havre de tranquillité.

LA PLAGE DE MAE HAAD – หาดแม่

En venant de Haad Salad, préférer le deuxième accès à la première piste annoncée, assez impraticable. Une adorable plage en S, où du gazon et une frange de cocotiers caressent un front de sable blanc. L'eau bien claire est propice à la baignade. Magnifique site de *snorkelling* le long du banc de sable et autour de l'île de Ko Ma, juste en face (lire « À voir. À faire sur l'île » plus loin). Un petit goût de bout du monde, jusqu'où, malheureusement, le béton a su se frayer un chemin.

Où dormir ? Où manger ?

De bon marché à plus chic (de 250 à 3 000 Bts – 6,25 à 75 €)

🏠 |●| ***Wang Sai Garden*** *(plan, **19**) : en arrivant sur Mae Haad par l'est, en retrait de la plage.* 📱 *081-397-82-20.* 📶 L'espace, le calme, et la sérénité à 2 mn à pied des chutes. Posés à l'orée d'une cocoteraie interdite aux moteurs ou perchés juste au-dessus, à flanc de colline, des bungalows tout simples mais tout beaux, propres, vastes, avec balcon, hamac, ventilo et salle de bains privée (mais eau froide). Ici, pas de prix accordéon, pas de surenchère immobilière. Plutôt que d'aligner les bungalows, la cocoteraie, nue sous sa pelouse, laisse s'envoler les chants des oiseaux. À l'écart, sous un large préau, le resto, sa cuisine traditionnelle et ses 2 tenancières, volontiers chaleureuses, volontiers taquines. Moustiques agressifs dès la tombée du jour. Répulsif indispensable.

Island View Cabana – ไอร์แลนด์ วิว ย์ คาบาน่า *(plan,* **19***) :* ☎ *374-172.* Resto avec vue panoramique sur la plage et la magnifique baie. Plats classiques et prix corrects. Le barbecue a beaucoup de succès.

CHALOAKLAM PLAGE ET VILLAGE – โฉลกหลามบีช

Sur la côte nord de l'île, une ambiance bien différente et attachante. Un village de pêcheurs animé, posé au milieu d'une baie de carte postale. Sable clair, cocotiers, bateaux qui allument l'horizon à la nuit tombée, pontons, petit sentier qui suit une grève rongée par le ressac. Bien sûr, épiceries-bazars et artisans liés aux métiers de la mer sont rejoints par des restos, bars (dont un « branché », le *Sheesha*), distributeur de billets, café Internet et activités (tours en bateaux) destinés à capter la manne du tourisme. Mais rien de trop envahissant pour l'instant. D'ailleurs, et c'est tant mieux, il est presque impossible de loger par ici. Randos possibles vers le sommet de l'île et une chute d'eau (lire plus loin « À voir. À faire sur l'île »).

Où manger ?

De bon marché à prix moyens (de 150 à 500 Bts – 3,75 à 12,50 €)

Seaside Restaurant *(plan,* **20***) : sur le front de mer, côté ouest.* Des tables en bois alignées sous une vaste paillote en dur ouverte sur les flots. Tout au long d'une carte interminable, on s'y régale de fruits de mer au poids et de poissons grillés pêchés de frais, par ces coquilles de noix amarrées là le jour, barrant l'horizon de leurs lampions la nuit. Service plus que gentil, avec même des jouets pour distraire les gamins. Juste en face, côté rue, ceux qui sont en panne de lecture iront fouiner chez un bouquiniste bien fourni.

DE THONG SALA VERS L'EST

En allant vers Ban Khai, la route est jalonnée de restos et bars aux prestations souvent orientées... en dessous de la ficelle du maillot de bain. Les nostalgiques de Pigalle pourront même faire un saut au « *Moulin Rouge* »...

CÔTE SUD ET HAAD RIN BEACH – ฝั่งใต้และหาดริน

Rocailleuse, possédant peu de plages, la côte méridionale n'est pas jojo, à l'exception de Haad Rin, avec les limitations de rigueur qu'impose le célébrissime cirque des *Full Moon parties* et de leurs ersatz, quasi quotidiens : *Half-Moon, Shiva Moon, Black Moon, Pool, Jungle* ou *Foam parties...* liste non limitée... L'autre face de Ko Pha Ngan, où les soirées ketchup, bière et bikini sont réservées, « pour leur sécurité » (sic !), aux seuls Occidentaux. Rassurez-vous, les serveurs sont quand même thaïs.
C'est par un ruban de béton à donner à la fois le vertige et le mal de mer (prudence !) qu'on débarque soudain sur Haad Rin. Mince et plat, brandi comme un leurre à la pointe sud-est de l'île, ce promontoire est garni de deux plages s'étirant dos à dos. La plus belle, orientée nord-est, *Haad Rin Nok* ou *Sunrise Beach,*

est décidément trop fréquentée. La seconde, *Haad Rin Nai* ou *Sunset Beach,* regardant vers le sud-ouest, est certes plus calme mais... bof, et puis la baignade y est difficile. Ceux qui souhaiteraient loger dans ce secteur de l'île gagneront à explorer les criques au nord de *Sunset Beach,* accessibles par un sentier ou par *taxi-boat.*
Au final, on ne vient pas ici pour dormir (hébergements bruyants et souvent sales) mais pour s'éclater.

L'ENVERS DU DÉCOR

Les fameuses Full Moon parties *trouvent leur origine dans des fêtes débridées organisées par les premiers voyageurs qui venaient dans le coin. Institutionnalisées depuis, elles réunissent désormais des milliers de jeunes débarquant du monde entier pour participer à cette folle nuit. Alcool, psychotropes et musique forment un cocktail détonnant. Attention, la police rôde, en uniforme ou pas... Certains imprudents finissent ici leurs vacances, mais à l'ombre...*

Où dormir ? Où dormir dans les environs ?

De bon marché à prix moyens (de 350 à 1 100 Bts – 8,75 à 27,50 €)

■ ◆ ***Thong Yang*** – ร้านอาหารและบังกาโล ทองยาง *(plan,* **25***)* **:** *env 1 km après le village de Ban Kai, vers Haad Rin, au début de la montée.* ☎ *238-192.* ▯ *831-73-66-24.* ● *thongyang bungalow.com* ● Posés sur un coude de sable s'avançant dans une mer semée de rochers, une petite vingtaine de bungalows en dur joliment colorés prêtent au lieu un faux air de village de pêcheurs méditerranéen. Certains se lovent sous les palmiers, d'autres s'agrippent aux rochers qui affleurent jusque dans les chambres (les n°s 3, 4 et 9). En voir plusieurs avant d'arrêter son choix. Prix variant du simple au triple selon taille et confort. Petit resto et accueil familial tout en douceur.

THAANSADET BEACH

➢ ***Pour y aller :*** un bateau régulier tous les matins (celui qui remonte jusqu'à Thong Nai Pan), *taxi-boat* ou 3 km de chemin difficile mais carrossable en 4x4 ou à deux-roues par un embranchement situé sur la piste traversant l'est de l'île. En chemin, accès à différents degrés de la cascade Thaansadet (lire plus loin « À voir. À faire sur l'île »).
Fichée au milieu du littoral est, une crique vraiment idyllique dans un secteur encore peu exploité, on ne s'en plaindra pas ! Bungalows pas chers, ambiance bohème-fumette. Un coin pour les amoureux de robinsonnades, un petit bout du monde, coincé entre jungle et falaises. Le spectacle de la pleine lune brillant au-dessus de la mer est tout simplement grandiose. Ne pas rater aussi le lever de l'astre solaire...
Sur la droite, tout au bout de la plage de sable blond léché d'eaux turquoise, un bout de passerelle mène à une autre petite plage extra. S'approvisionner de liquidités avant le départ et ne pas oublier de munir sa torche de nouvelles piles ou d'emporter des bougies. Pas de courant en permanence.

Où dormir ? Où manger ?

De bon marché à prix moyens (de 250 à 1 000 Bts – 6,25 à 25 €)

Trois superbes adresses.

Mai Pen Rai Bungalows – ไม่เป็นไรบังกะโล (plan, **21**) : *à droite en arrivant sur la crique.* ☎ *445-090.* • *thansadet.com* • *Réduc à partir de 3-4 j.* Accueil sur la plage. Accrochés à flanc de falaise, des bungalows rudimentaires (ventilo, moustiquaire) s'ouvrent sur un balcon en surplomb de la mer. Waouh, quelle vue ! Salles de bains de plein air, sur galets pour certaines. Pas d'eau chaude, pas d'électricité toute la nuit, pas de clim. Une 2e série de bungalows, plus chers car sur la plage, grimpe seulement sur pilotis. Table, chaises et hamac pour tout le monde. Simple, mais tellement efficace. Enfin, comme l'annonce le panneau, le resto donne dans la « *Fucking good food* » ! Pas donné mais bon.

Silver Cliff Bungalows – ซิลเวอร์คลีฟบังกะโล (plan, **21**) : *sur le cap rocheux.* *082-802-47-61.* • *phangan.info/silvercliff* • À flanc de falaise (escaliers un peu casse-gueule), des bungalows à étages, propres et récents, juchés sur d'impressionnantes échasses. Celles-ci ne cadrent pas très bien avec la beauté naturelle des rochers mais agrémentent le séjour des résidents, en leur procurant la paix d'un phare et une vue imprenable sur la baie. Ventilo, salle de bains et terrasse. Resto sur la plage ou bar en nid d'aigle, posé au-dessus de la jungle et de la mer. Accueil revêche.

J.S. Hut Resort (plan, **21**) : *au centre de la plage.* *082-891-066 ou 081-999-20-20.* • *sawadee.com/hotel/kohphangan/jshut/* • *Résa 4 nuits min.* Cabanes au confort basique mais avec salle d'eau, eau chaude et petite terrasse, presque toutes face à la plage. Entretien pas garanti. Électricité disponible 11h-14h et 18h-minuit. Le resto draine pas mal des Robinsons du coin pour de bons petits plats thaïs. Barbecue de poissons sur la plage. Bon accueil.

LES PLAGES D'AO THONG NAI PAN – หาดของอ่าวทองนายปาน

➢ ***Accès :*** en taxi-pick-up depuis Thong Sala ou Haad Rin. Prévoir 250 Bts par personne et 45 mn de trajet. Départs habituels vers 12h ; 10h dans le sens retour. Sinon, il faut chartériser un véhicule. Alternativement, liaisons tous les matins en saison via Haad Rin et les plages de la côte est, par le *taxi-boat* qui vient de Ko Samui (Mae Nam). Compter 150 Bts pour Haad Rin et 250 Bts pour Ko Samui. Dernière solution, le *taxi-boat* privé ou un véhicule de location (piste carrossable).

À l'extrême nord-est de l'île, la large baie de Thong Nai Pan, coupée en deux par un promontoire au franchissement sportif, abrite deux grandes plages propices à la baignade. Thong Nai Pan se développe un peu plus d'année en année tout en restant plus relax et raisonnable que nombre de ses voisines. Le revêtement récent de la route risque de changer la donne.

La plage de *Thong Nai Pan Noi,* à gauche en regardant la mer, plus petite – comme *noi* l'indique – et plus mimi, est bordée d'une piste de sable. *Thong Nai Pan Yai,* plus *yai* (grande), s'adosse au vrai village où se termine la route, avec son bureau de change *(lun-ven 8h-18h)* et une épicerie-poste. Sur chacune des plages, des dizaines de bungalows fleurissent avec leurs paillotes-restos-bars.

Où dormir ? Où manger ?

De bon marché à prix moyens (de 300 à 800 Bts – 7,50 à 20 €)

Dolphin Bar & Bungalows – โดลฟินบาร์และบังกะโล *(plan, 22)* : *Thong Nai Pan Yai, au sud de la plage (à droite face à la mer, pour ceux qui n'ont pas une boussole dans la tête). 081-797-45-65.* Bordés de hauts cocotiers penchés et de filaos, noyés dans la zénitude d'un superbe jardin luxuriant, au milieu des poules, de beaux bungalows en bois brut, assez spacieux et bien confortables. Salles de bains (eau froide pour les moins chers) pour tous, ventilos ou AC selon le porte-monnaie. Déco d'inspiration balinaise avec statues de pierre de divinités hindoues. Bar superbe donnant sur la plage, composé de *sala* garnis de coussins et tables basses. Paisible et ressourçant, accueil à l'avenant. Notre adresse préférée dans le coin.

Gargote du village – การ์ก็อตท์ ดูย์ วิลลาจย์ *(plan, 27)* : *Thong Nai Pan Yai, là où un panneau indique « Ban Thong Nai Pan School ». Ferme à 22h.* C'est la cantine typique et sympa du coin. 6 tables sous un auvent attaché à une maison. Menu recensant les grands classiques (soupes, riz et nouilles sautées).

Baan Tapan Noi – บ้านท่าปานน้อย *(plan, 23)* : *Thong Nai Pan Noi, à l'extrémité nord de la plage avt les rochers. ☎ 445-145.* Resto-bar un peu bétonné, organisant des *barbecue parties* très populaires. Bon accueil.

De prix moyens à un peu plus chic (de 700 à 1 600 Bts – 17,50 à 40 €)

Thongtapan – ทองท่าปาน *(plan, 23)* : *Thong Nai Pan Noi, partie nord. ☎ 445-067. • thongtapan.com • 7 catégories de prix variant selon proximité de la plage, confort (AC ou ventilo) et taille mais petit déj en sus. (à la réception).* De grands et sobres chalets de béton, imitation tronc d'arbre, sur une colline envahie d'affleurements rocheux. Parfait équilibre entre le sauvage et le jardiné. Également quelques bungalows plus grands et sur la plage. Ceux avec AC sont excessifs. Intérieurs élégants (salles d'eau en pierre) et confortables. Accueil empressé.

Très chic (de 6 000 Bts aux plus hauts sommets – min 150 €)

Panviman Resort – ปานวิมาน รีสอร์ท *(plan, 24)* : *Thong Nai Pan Noi. ☎ 445-101. • panviman.com • Transfert depuis Ko Samui inclus dans le prix.* *Panviman* signifie « comme le paradis », ce qui n'est pas si présomptueux pour ce *resort* grand luxe exceptionnellement perché sur le promontoire entre les 2 plages. Les chambres et les cottages sont superbement équipés, dans une architecture très respectueuse de la nature. Le tout est dispersé à flanc de colline, dans un espace tropical généreux. Grande piscine à débordement qui surplombe les flots. Le resto *Pan Sea*, rotonde en bois, offre aux convives une vue majestueuse à 180°. En contrebas, le *Stone Beach* (grillades le soir) est parfait pour une soirée romantique. Cuisine copieuse et de bonne qualité. Accueil et prestations à la hauteur. Le *Panviman* reste l'hôtel « de luxe » en vue de Ko Pha Ngan. Sans doute le plus bel hébergement de l'île. Pour en profiter, essayer de dénicher des offres spéciales sur Internet.

À voir. À faire sur l'île

Khao Ra et Phaeng Waterfall *(parc national ; plan, 30)* : deux séduisantes randos, accessibles depuis la route qui traverse l'île entre Chaloklam et Thong Sala. Le Khao Ra, culminant à 627 m, est le sommet le plus élevé de l'île. Au village de Ban Madeva Wan (au croisement des routes), longer l'accès au temple et suivre cette petite route qui se transforme 500 m plus loin en parking sommaire. Être attentif, seul un petit panneau de bois indique le sentier.

– ***Cours de yoga, tai-chi : Khao Raa Retreat*** – การสอนโยคะ ไตชิ ที่เกาะรารีทรีซ *(plan, **30**)* : *089-675-03-22.* Propose des retraites, cours de yoga, de tai-chi sur 1 semaine à 1 mois. Les « retraités » peuvent loger en ce lieu magique, dans des chalets assez grands mais rustiques : ventilo, terrasse, mais pas de salle de bains ni, d'ailleurs, de mobilier, à part les lits ! Vue sur un îlot de palmiers au milieu de la jungle. Resto.

➢ ***Balade à l'intérieur de l'île :*** compter une bonne trentaine de kilomètres au départ de Thong Sala. À moto, on vous conseille d'en louer une par personne. La piste est défoncée, pentue et dangereuse. Évitez d'y circuler la nuit.
Dans le sud-est de l'île, peu après Ban Kai, prendre à gauche. La piste, d'abord goudronnée, s'élève rapidement dans la montagne pour une grimpette ardue, notamment quand les dernières pluies torrentielles de la mousson ont creusé ornières et ravines.
2 km après l'intersection, à droite, le doyen des arbres de l'île, considéré comme l'un des plus grands de Thaïlande dans sa catégorie. Son nom : *dypterocarpus alatus robx.* Il est décoré d'écharpes votives colorées dont les Thaïs entourent ses 14 m de circonférence.
Chemin faisant, quelques plantations d'hévéas et, peu à peu, une jungle très dense et une atmosphère très humide. Au sommet (ouf !), panorama exceptionnel sur une partie de l'île et la mer. Puis on redescend doucement vers Ban Thong Nai Pan.

Thaansadet Waterfall – น้ำตกธารเสด็จ *(plan, **32**) :* cette cascade, qui descend jusqu'à la plage, tient plus du cours d'eau. Elle n'est pas du tout impressionnante mais dessine un lieu agréable entouré de rochers et de jungle. Les sentiers sont fléchés. Possibilité de faire trempette.

DES ROIS EN CASCADE

Sur près de 2 km, des graffitis gravés en thaï recouvrent les rochers qui bordent l'eau de cette claire fontaine. Ce sont les autographes des rois qui, depuis 1888, se sont succédé à Thaansadet pour prendre un bain (Rama 4, 7, 9, numéro complémentaire : le 12). On n'est pas parvenu à savoir pourquoi ils se sont entêtés à se baigner ici. Si vous trouvez, écrivez-nous !

➢ ***Excursions et sports marins :*** de Haad Rin à Chaloklam, toutes les pensions ou presque proposent divers tours de l'île en bateau. Compter à partir de 400 Bts pour une demi-journée divertissante à base de baignade, de *snorkelling* (Haad Khom et Ko Ma), de glande, ou même de pêche. Sur Ao Naiwog et Plaaylaem, abritées par une barre, planches à voile à louer, voire *hobie-cat* et cours de *kitesurf.*

Plongée : Ko Pha Ngan est moins courue que sa voisine pour la plongée. Il faut dire que les sites les plus intéressants sont à Ko Tao et que les prix y sont moins élevés. À noter, toutefois, les nombreux sites propices au *snorkelling.* Et, avec bouteilles, le site de Sail-Rock (voir description à Ko Tao), plus proche de Ko Pha Ngan que de Ko Tao. On vous donne donc les coordonnées d'un club de plongée sérieux :

■ ***France Plongée*** *(plan,* ***18****)* ***:*** *au centre de la baie de Haad Salad.* ☎ *374-262.* • *franceplongee.com* • Éric et Laurent sont des pros passionnés par leur discipline. Formations *PADI, FFEFSSM,* dans la bonne humeur et la sécurité. Compter 1 000 Bts pour une plongée locale au départ de la plage et 2 500-3 200 Bts pour 2 plongées sur des spots plus éloignés. Matériel de *snorkelling* pour barboter sur le récif corallien à 200 m de la plage ou autour de l'îlot de Ko Ma, tout proche.

■ ***The Dive Inn*** – เดอะ ไดว์ อินน์ *(plan,* ***20****)* ***:*** *à Ao Chaloklam.* ☎ *374-262.* • *the-diveinn.com* • *Compter 2 500 Bts la journée avec 2 plongées sur Sail Rock par exemple ; déj et boissons compris.* Centre anglophone qui organise des sorties vers tous les spots des environs (voir à Ko Tao « Nos meilleurs spots »). Évidemment, ça *speak English* : pas facile pour le briefing ou en cas de pépin.

Ko Ma : le pourtour de cet îlot, au nord-ouest de l'île, compte parmi les sites de *snorkelling* les plus fabuleux des environs pour sa flore et sa faune marine. Sans difficulté, on se régale les yeux de superbes coraux (tabulaires, cerveaux, coussins de requins) ou d'anémones couronnées de mauve. Défilé façon piste aux étoiles de mer : poissons-clowns, trompettes, cochers, anges, papillons... Vos enfants en reviendront pleins de souvenirs pour la vie ! Par contre, les plages ne sont pas super propres. Enfin, se régale aussi à l'Orchid Resort, bon, pas cher, préparation à la commande et service adorable !

KO TAO – เกาะเต่า

IND. TEL. : 075 IND. TÉL. : 077

Au nord de Ko Pha Ngan et à l'est de la ville de Chumphon, Ko Tao, île minuscule de 21 km² de superficie, est mondialement réputée pour ses récifs de corail multicolores et sa faune aquatique prolifique. Il n'en fallait pas plus pour qu'elle devienne l'« île de la plongée » et se couvre de centaines de bungalows de tout standing. Manque d'eau douce, gestion des transports, de la pollution et de la fréquentation des spots de plongée, le succès s'accompagne toujours de soucis... Les prix des hébergements peuvent ainsi doubler en cas de pénurie d'eau. La grande majorité des plages et des hébergements de l'« île de la Tortue » *(tao)* se rassemble le long de son ventre « blanc » (côte ouest). *Ban Mae Hat,* village où accostent les bateaux, est naturellement devenu la capitale de l'île. *Sairee* est également un village en plein développement. Les jointures des extrémités, ainsi que la carapace de notre reptile marin, dévoilent de superbes criques. Là, partout où c'est possible, s'accrochent des bungalows dont certains distillent toujours cette ambiance « bout du monde » qu'on aime tant.

Arriver – Quitter

En bateau

Attention : la météo peut retarder ou annuler certaines traversées. Pour le trajet retour, demandez conseil à votre hébergement.

➢ ***Chumphon :*** une solution maligne pour s'économiser le voyage jusqu'à Surat Thani. Catamarans *Lomprayah* et *Seatran-Discovery* à 7h et 13h (10h15, 14h45 et 16h depuis Ko Tao) vers le débarcadère Lomprayah au sud de Chumphon. Trajet : 2h30. Un *express-boat Songserm* à 7h (14h30 depuis Ko

Tao) ; trajet : 3h. Enfin, tlj 2 bateaux et 1 ferry (sf dim) de nuit 22h-23h de Chumphon ou Ko Tao (arrivée vers 5h-6h), mais conditions de voyage très difficiles, on déconseille. Prévoir 200-600 Bts la traversée, selon l'embarcation choisie.

➢ ***Ko Pha Ngan (Thong Sala) et Ko Samui :*** ts les bateaux font la navette A/R entre les 3 îles. Les compagnies ont des horaires et prix très proches.

Depuis Ko Samui, 4 catamarans/j. *Lomprayah* (à Mae Nam) à 8h et 12h30, depuis Ko Tao à 9h30 et 15h, ou *Seatran-Discovery* (à Big Buddha) à 8h et 13h30, depuis Ko Tao, à 9h30 et 15h. De Ko Samui à Ko Tao : trajet en 2h15 ; 600 Bts (1 100 Bts A/R). Également un *Songserm Express Boat,* départ de Ko Samui à 11h, retour à 10h. Trajet 2h45. À l'arrivée à Samui, *Lomprayah* offre le transfert en minibus vers la plage de son choix (réserver à l'embarquement).

De Ko Pha Ngan à Ko Tao : mêmes horaires au départ de Ko Tao que vers Ko Samui, trajet 1h15 ; de Ko Pha Ngan départs à 8h30 et 13h avec *Lomprayah* ; à 8h30 et 14h avec *Seatran* et à 12h avec *Songserm*. Aussi, dans les 2 sens, départs occasionnels (se renseigner) de bateaux lents vers 9h30. Prévoir alors 5h.

À noter : les soirs de *Full Moon parties* à Ko Pha Ngan, formule combinée *Lomprayah* : bateau (quitte Ko Tao à 17h30) et transfert vers Haad Rin (où ça guinche), à 300 Bts.

➢ ***Surat Thani (Ta Thong) :*** un *express-boat Songserm* à 8h (10h depuis Ko Tao) avec escale à Ko Samui et Ko Pha Ngan. Trajet : 6h30 ; 500 Bts. Également, tlj dans les 2 sens, un bateau de nuit bien pittoresque départ à 23h de Surat Thani et 20h30 de Ko Tao. Trajet : 9h ; 350 Bts. En cas de mauvaise météo, les bateaux s'arrêtent généralement à Ko Pha Ngan.

➢ ***Bangkok :*** billet combiné (train + bus + bateau) vendu à la gare de Hua Lamphong. Compter min 1 300 Bts.

Circuler dans l'île

Ko Tao est passée en 15 ans du stade de la piste en terre battue et des chars à bœufs à celui de la route cimentée et des véhicules à moteur. L'axe principal parcourt le flanc ouest de l'île. Il est praticable, tout comme certaines portions des pistes desservant certaines criques de l'île. Si vous avez réservé, votre hébergement pourra sûrement venir vous chercher au débarcadère le jour de votre arrivée.

Avant de bouger, procurez-vous un plan détaillé de Ko Tao (comme ceux de *Ko Tao Info ou Kao Tao Free Map*) où figurent les sentiers, les hébergements commerces et autres repères. Pour se déplacer, on conseille : les ***taxis pick-up,*** circulant régulièrement sur la route, mais aussi sur les pistes, en tout cas lors des arrivées et départs des bateaux ou sur réservation (prévoir 100 Bts sur la côte ouest et 200-800 Bts pour les criques selon isolement – et pas question de marchander ; racolage agressif souvent) ; les ***bateaux-taxis,*** d'un coût à peu près similaire ; la ***marche*** (sachant que l'île est petite, balade agréable sur le chemin côtier ou sportive en direction des criques).

Reste les ***locations de motos et de scooters*** (nombreuses) et leurs problématiques habituelles : en dehors de la route ouest, bitumée (trafic encore calme), les pistes, toutes plus ou moins casse-gueule, sont à réserver aux pilotes expérimentés et chevauchant des motos munies de pneus bien dessinés. Non, désolé mais ça ne passe pas en petite mob à deux dessus et ce n'est pas marrant de se retrouver coincé (si ce n'est pire, malheureusement) au milieu d'une pente déjà difficile à franchir à pied ! Compter 200 Bts par jour, essence en sus.

Attention : la location est aux mains d'une mini-mafia de loueurs qui vous cèdent leurs 2-roues à bon prix, mais

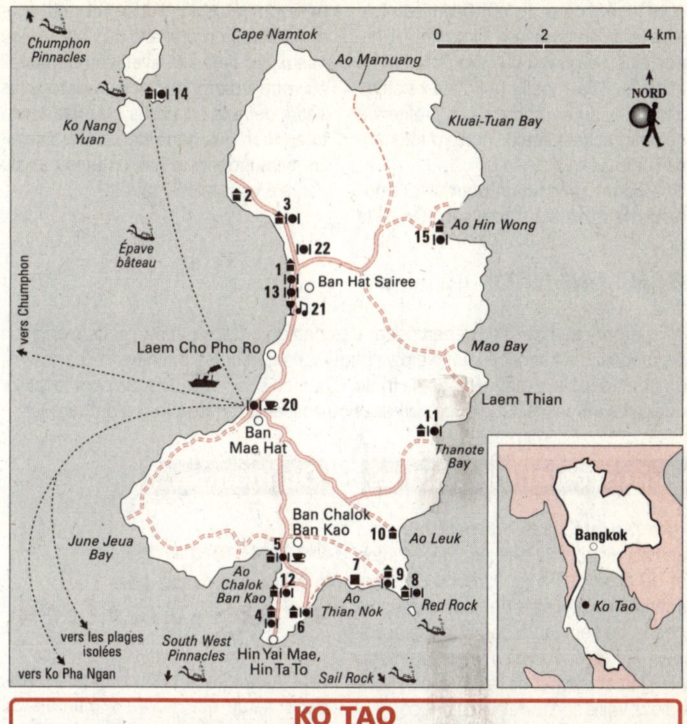

KO TAO

Où dormir ? Où manger ?

1 Sea Shell Resort, Backpackers Hostel
2 Sunlord Bungalows
3 Ko Tao Cabana, Sairee Hut Dive Resort
4 Freedom Beach & Taatoh Resort
5 Ko Tao Resort, Toscana Resort, Cappuccino 2
6 OK II Bungalows, New Heaven Resort
8 New Heaven Nature Huts
9 Coral View Resort
10 Aow Leuk Bungalows 1, 2 et 3
11 Mountain Reef Resort
12 Big Fish Resort
13 Marina Restaurant
14 Ko Nangyuan Dive Resort
15 Hin Wong Bungalows
20 Cappuccino, Café del Sol, Dolce Vita
22 Thong's Thai Food, Krua Thai

Où boire un verre ? Où sortir ?

21 Bars et boîtes au sud de Sairee Beach

Massages et spa

7 Jamakhiri Spa and Resort

qui ont la fâcheuse tendance à vous faire payer à prix d'or (facilement 5 000 Bts) toute détérioration, même minime, comme un autocollant griffé ou un caoutchouc du guidon éraflé, alors pensez bien ce que pourrait vous coûter une bosse dans la carrosserie, un pneu troué ou un rétroviseur abîmé lors d'un croisement... Dans la mesure où vous êtes obligé de laisser votre passeport en caution et que d'ordinaire, on rapporte son véhicule 1h avant de prendre le bateau, imaginez les trésors d'argumentation qu'il vous faudra déployer

pour le récupérer. Ils ont beau jeu et ils le savent, les bougres ! Et comme, il n'y pas plus de quatre ou cinq policiers en poste sur l'île et qu'ils ont d'autres chats à fouetter (si ce n'est aussi de profiter de ce petit racket juteux), inutile d'attendre de l'aide de ce côté-là !
Une bonne précaution pour se prémunir de cette arnaque consiste, lors de la prise du véhicule, à faire un petit tour du matériel en prenant des photos ou mieux, un petit film avec votre appareil ou votre *smartphone* et à saisir tous les petits défauts que vous pourriez constater. Rien que cette démarche devrait les persuader que vous n'êtes pas du genre à vous laisser faire...

BAN MAE HAT – บ้านแม่ฮัท

Village principal de l'île, débarcadère des bateaux. Sans intérêt particulier sinon les magasins et services, inutile d'y résider. Les deux rues principales, parallèles, montent depuis la mer rejoindre la route, direction que nous utilisons pour localiser quelques adresses. Quelques adresses où casser la croûte avant d'embarquer.

Adresses et infos utiles

– ***Ko Tao Info :*** gratuit de petit format en anglais disponible partout. Plein d'infos et de plans utiles (*guesthouse,* restos, agences). En glisser une copie dans sa poche ou son sac à dos ! Le site associé • *kohtaoonline.com* • est tout aussi bien fait et permet de réserver son bungalow, voire son forfait de plongée.

■ ***Banques :*** *plusieurs dans le centre. Lun-sam 9h-16h env. La* ***Bangkok Bank,*** *au bout de la rue principale nord, est ouv le dim.* Distributeurs automatiques.

✉ ***Poste*** – ไปรษณีย์ ***:*** *à l'intersection de la route et de la rue principale nord. Lun-ven 9h-17h, sam 9h-12h.*

■ ***Pharmacies et clinique*** – คลีนิค ***:*** *plusieurs officines sur la route de l'île, au niveau du village.* En cas de pépin, rejoindre Ko Samui ou Chumphon.

■ ***Police*** – สถานีตำรวจ ***:*** ☎ *456-631. Prendre la route qui longe la plage vers le nord sur env 500 m. En face de l'école.*

@ ***Internet et téléphone :*** *une flopée de boutiques spécialisées dans les rues principales et celles qui longent le port. Idem au village et le long de la plage de Sairee. Prix modiques.*

■ ***Location de motos et de scooters :*** *plusieurs loueurs dans la rue principale.*

Où manger ?

De bon marché à prix moyens (de 150 à 300 Bts – 3,75 à 7,50 €)

🍽 ***Dolce Vita*** – หวาน ชีวิต *(plan,* ***20****)* ***:*** *dans la rue qui monte à gauche (ou plutôt qui descend, en considérant le sens de la circulation).* 📱 *084-845-37-85. Tlj 13h-22h.* Un joli intérieur bien agréable, tout de bois et de blanc vêtu. Fauteuils d'osier, banquettes, ventilos, *putti* derrière le comptoir... On est formel : on se trouve ici dans un authentique resto de cuisine italienne, d'ailleurs le volubile proprio est originaire des Pouilles et son frère est aux fourneaux. Toute le répertoire de la péninsule : *antipasti, pasta* maison, *pizze, carne, pesci, insalata e tutti quanti* avec une préférence pour les saveurs du sud. La *rucola* pousse en pots sur la terrasse et l'eau est importée (un peu chère...). Vins au verre et expresso bien serré pour couronner la fête. *Qué piacere !*

🍽 ☕ ***Cappuccino*** – คาปูชิโน่ *(plan,* ***20****)* ***:*** *sur la gauche dans la rue principale sud.* 📱 *087-896-88-38. Pains et gâteaux à moitié prix 17h-18h !* 📶 LA boulangerie française du village. Excellentes viennoiseries et pâtisseries (tarte aux pommes, millefeuille) comme à la maison et au même prix. Bon choix de pains, sandwichs, salades, cafés et autres jus de fruits. Une halte qui fait du bien. Succursale du côté de Chalok Bay, au sud.

Café del Sol – กาเฟ่เดลโซล *(plan, 20) : dans la rue principale, un peu plus bas que* Dolce Vita. *☎ 456-578. Ouv 8h-23h.* Entre pizzas, pâtes, viandes (importée de Nouvelle-Zélande), poissons grillés qui reflètent l'essentiel des habitudes occidentales, consulter le panneau sur la rue pour vous faire une opinion. *Breakfast* à l'anglaise. Pain et glaces maison. Vin corse au verre.

LA PLAGE DE HAT SAIREE – หาดทรายรี

Drôles de migrations sur *Sairee Beach* que celles de ces grenouilles, combi sur le dos et palmes à la main. Matinales pour traquer l'éveil du mérou, vespérales pour vivre l'aventure d'une plongée nocturne, comme si le mot était passé dans le vaste monde que Ko Tao est LE spot à ne pas rater.

Même si l'on préfère nettement les criques, *Sairee Beach,* seule grande plage de l'île, juste au nord du port de Ban Mae Hat, est restée conviviale, malgré son développement intensif. On y retrouve la vie nocturne de l'île. L'aménagement d'un chemin côtier pavé et piéton, entre le village de Sairee et la plage (beaucoup de cyclos quand même !), y contribue. Il se poursuit sous forme de piste jusqu'à Ban Mae Hat.

La plage sert de mouillage à une flottille de bateaux de pêche et d'excursion, mais l'eau est restée transparente. Manque de fond pour la baignade d'avril à juillet. Bureaux de change, téléphone, Internet sont à portée de main dans le village.

Où dormir ? Où manger ?

Voici quelques adresses pour coincer la bulle en rêvant de coraux. Et puis comme la plongée, ça creuse... une brassée de restos d'influences cosmopolites, de l'Inde au Mexique, sont là pour colmater.

De bon marché à plus chic (de 500 à 1 850 Bts – 12,50 à 46,25 €)

Backpackers Hostel *(plan, 1) : Central Saree, dans une rue qui fait le lien entre la route principale et le chemin côtier. ☎ 447-7921. • kohtaobackpackers.com •* Toutes les caractéristiques du genre : un bâtiment fonctionnel de 60 lits, en dortoirs de 8 (300 Bts la nuit), avec casiers individuels, douches communes, mais pas de petit déj. Une petite piscine dehors jouxte un bar-restaurant. Ambiance *roots* internationale et organisation de sorties de plongée en mer plus *pub-crawl* dans les bars du coin. L'eau de mer, ça donne soif ! Détail amusant, le sympathique Birman qui gère les lieux a un incroyable accent *cockney.*

Sunlord Bungalows – ซันลอร์ด บังกาโล *(plan, 2) : à 800 m au nord du village, un peu loin de l'animation (prévoir un budget taxis), au-delà de la plage. ☎ 456-139. • sunlordbungalows.resort.kohtaoisland.net • Prix selon situation, face à la mer ou non.* Série de chalets rustiques et basiques (sanitaires en commun) en bambou et feuilles de cocotier à flanc de rochers. Puis une quinzaine en dur, avec douche à l'eau chaude, les plus chers en face de la mer. Réception et bar au rez-de-chaussée de la maison familiale. Accueil chaleureux de la maisonnée, mais, assez demandée, elle donne préférence à ceux qui résident plus d'une journée. Petit resto de cuisine thaï. Location de kayaks et de matériel de *snorkelling*.

Sea Shell Resort – ซี เชล รีสอร์ท *(plan, 1) : sur la promenade pavée, au centre de la plage.* ☎ 02-965-7411 *(résa à Bangkok)* • seashell-resort.com • Une trentaine de bungalows en bois, de confort mais correct à plutôt bon. Ne pas se laisser impressionner par les appellations pompeuses des logements. Terrasse, salle de bains. Certains, en dur et près de la plage, se rafraîchissent à l'AC. Également des chambres pimpantes avec AC et TV écran plat dans un bâtiment à l'arrière. Jardin bien vert, piscines grandiloquentes en cascade, jacuzzi, spa et cocotiers. Bon centre de plongée attenant (voir plus bas). Grosses réducs sur les chambres pour les plongeurs ; bonnes prestations de ce côté-là. L'établissement est aussi réputé pour ses barbecues du soir sur la plage mais ses prix sont un peu surfaits par rapport aux prestations.

Krua Thai – ร้านอาหารครัวไทย *(plan, 22) : au milieu de la rue principale.* Une cantine-snack bondée le soir, et pour cause, on y concocterait l'une des meilleures cuisines thaïes de l'île. Les produits, frais, arrivent tous les matins de Chumphon par le *night-boat* pour garnir des plats présentés en photo, histoire d'aiguiser l'appétit du touriste ignare. C'est aussi le seul lieu où l'on sert le *bu ja,* une sorte de beignet au crabe ou au porc. Le tout en portions généreuses et à prix mini.

Sairee Hut Dive Resort – ทรายรี กระท่อม การดำน้ำ รีสอร์ท *(plan, 3) : au nord, sur la plage, avt Pranee's Bungalows.* ☎ 456-000. Dans un secteur où d'autres établissements s'endorment sur leurs palmes, le resto du *Sairee Hut* se distingue par l'efficacité de son service. Très apprécié, y compris des autochtones, le soir, lorsque les tables gagnent sur le sable. Côté assiette, on recommande le *tom ka kai,* où le coco chatouille de subtiles saveurs citronnées. Pas cher, sauf pour les plats occidentaux.

Marina Restaurant – ที่จอดเรือ ร้านอาหาร *(plan, 13) : sur la promenade pavée en bordure de la plage.* Essentiellement du poisson (prix au poids), tout frais pêché et qui n'attend que vous pour passer au grill : *snapper* rouge ou blanc, maquereau, barracuda, thon, crevettes royales. Chacun servi avec une grosse pomme de terre en chemise et arrosé d'une bonne pinte de *Singha Beer* face au soleil couchant. Que demander de plus ? Les plus hésitants se rabattront sur des plats occidentaux sans surprise.

Thong's Thai Food – ทองไทยฟู้ด *(plan, 22) : sur la droite de la route, en sortant de Sairee vers le nord.* ☎ 456-458. Tables au rez-de-chaussée, coussins à la thaï au 1er étage. Ne pas se laisser abuser par les velléités décoratives, la cuisine reste celle d'une vraie cantine, encore pas trop chère. Sympa.

Très chic (de 4 600 à 6 500 Bts – 115 à 162,50 €)

Ko Tao Cabana – เกาะเต่าคาบาน่า *(plan, 3) : pointe nord de la plage.* ☎ 456-505. • kohtaocabana.com • *Prix selon emplacement et confort, petit déj inclus. Promos sur Internet et réduc intéressantes à la sem.* À flanc de colline, de fringants chalets en bois, avec terrasse et vue sur la mer, architecture sophistiquée, style Afrique du Nord. Dans le jardin, des maisonnettes circulaires en dur, spacieuses et confortables (AC, TV, coffre) décorées à la « Robinson chic » : rideaux de coquillages, meubles en bois et bambou, coussins thaïs triangulaires, etc. Salles de bains à ciel ouvert. Piscine.

Où boire un verre ? Où sortir ?

Bars et boîtes *(plan, 21) :* au sud de Sairee Beach, gargotes et bistrots se mettent en scène au bord du sentier côtier, mais sans bar à filles (chouette !). En vrac, faites votre marché. L'***In Touch*** verse plutôt dans les *sala,* ces petites plateformes avec tables basses pour siroter un cocktail la tête pleine de vide. Enfin, le ***AC Bar & Resto,*** pionnier des bars de Ko Tao, est un peu mégalo avec ses 2 étages à plafond haut, sa fontaine murale monumentale, et même une boîte où il fait plus sombre que par 50 m de fond, avec des bancs de poissons fluo qui se trémoussent.

LA PLAGE D'AO CHALOK BAN KAO – หาดโฉลกบ้านเก่า

Lovée au fond d'une large échancrure de la côte sud, cette belle plage, bien protégée de la mousson, est accessible par la route. Du coup, les bâtiments y ont proliféré pour faire partager au plus grand nombre le légendaire coucher de soleil.

Où dormir ? Où manger ?

De bon marché à prix moyens (de 150 à 300 Bts – 3,75 à 7,50 €)

Cappuccino 2 – คาปูชิโน่ 2 *(plan,* ***5****)* **:** *juste avt d'arriver à Chalok Baan Kao, sur la gauche face au 7-Eleven. 087-896-88-38. Ouv tlj.* Miniterrasse bien à l'ombre. Même formule que la maison-mère située à Mae Haad. Viennoiseries, pains au levain, pâtisseries, jus de fruits frais et bon café mais aussi plats de pâtes, salades et sandwichs. Il y a même un jus de carotte garanti sans sucre. Pique-nique à emporter sur le bateau et bons conseils pour les plongées.

De prix moyens à plus chic (de 500 à 3 000 Bts – 12,50 à 75 €)

Big Fish Resort – ใหญ่ ปลา รีสอร์ท *(plan,* ***12****)* **:** *Chalok Bankao Beach. ☎ 456-150.* Vaut surtout pour l'emplacement : petit complexe encerclant un espace donnant sur une des plus belles plages de l'île. Chambres de correctes à sommaires (tout dépend du prix), pas nettoyées tous les jours cependant. Ambiance intime, on peut lézarder à l'aise dans un environnement pas trop éloigné des commerces où on peut se connecter. Personnel indifférent ou un peu insistant pour vous vendre autre chose. Bonnes salades au petit resto.

Toscana Resort – ชาวทัส รีสอร์ท *(plan,* ***5****)* **:** *à 200 m avt d'arriver au village de Chalok, dans la descente sur la gauche à 10 mn de la plage. 087-510-84-46. • kohtaotoscana.com • Belles chambres 900-2 000 Bts (sans petit déj). Promos sur le site.* Pour ceux qui apprécient un confort de petit luxe, un hôtel familial récent de 25 chambres à l'architecture harmonieuse. Déco raffinée, les chambres se répartissent de part et d'autre d'une courette arborée. Ça manque un peu de patine mais pas de charme. Terrasse pour dîner avec vue sur la baie au loin. Un bon rapport qualité-prix dans son genre.

Freedom Beach & Taatoh Resort – หาดฟรีดอร์ม *(plan,* ***4****)* **:** *en surplomb de la plage du même nom, séparée d'Ao Chalok par un promontoire. ☎ 456-192. • taatoh.com •* Du sable sur 2 plages, des cocotiers, des barques au loin, des oiseaux qui discutent, des rocs tout ronds émergeant des flots... Pas tout à fait le paradis, mais tranquille et dépaysant. Majestueuse entrée. Bungalows avec salle de bains, construits à flanc de pente entre les gros rochers. Les prix varient du simple au triple, selon l'ancienneté, la matière (bois ou brique) et le confort.

Quelques chalets climatisés, même si rien ne vaut la brise marine brassée par les pales d'un ventilo. Grand resto-réception. Bon accueil. Fonds superbes.

Beaucoup plus chic (plus de 3 000 Bts – 75 €)

Ko Tao Resort – เกาะเต่าคอทเทชรีสอร์ท *(plan, 5) : à l'extrême gauche de la plage quand on regarde la mer.* ☎ *456-133.* • *kotaoresort.com* • Grand complexe offrant un choix varié de chambres ou bungalows bien équipés (frigo, TV), confortables, mais pas immenses, au niveau de la mer ou perchés haut sur la colline (vue superbe), prix un peu surfaits, donc. Certains s'alignent comme dans un motel de plage. Chouette resto en terrasse, en revanche, surplombant piscine à débordement et plage à affleurement sur sable blanc. Service impeccable. Une des meilleures tables de l'île.

LA PLAGE D'AO THIAN NOK – หาดอ่าวเทียนนอก

Croissant de sable ultra photogénique, planté d'arbustes maritimes et bordé de cocotiers posés au milieu d'une pelouse naturelle. Les coraux sont pratiquement à fleur d'eau à marée basse, ce qui peut rendre la baignade malaisée (ça coupe !).
Ceux qui souhaitent se baigner peuvent faire la navette ou se loger à la plage de Hat Sai Daeng, que l'on peut rejoindre en bateau ou à pied (attention, ça monte !).

LES AILERONS DE LA LIBERTÉ

À moins de 150 m du bord d'Ao Thian Nok, on croise des requins à pointe noire par moins de 3 m de fond. Des bébêtes inoffensives à la nage gracieuse qui rappliquent entre 15h et 17h. Pour le choco BN ? Va savoir... Rendez-vous à noter sur votre agenda de plage !

Où dormir ? Où manger ?

Voir aussi *Jamakhiri Spa and Resort* dans la rubrique « Massages et spa » plus loin ; catégorie « Ultra chic » !

Prix moyens (autour de 700 Bts – 17,50 €)

OK II Bungalows – โอเค 2 บังกาโล *(plan, 6) : sur la crête entre les plages de Chalok Ban Kao et de Thian Nok.* ☎ *456-506.* Adresse peu conseillée à ceux qui ont des problèmes de locomotion : escaliers très raides ! Dominant la jolie baie de Thian Nok, une coulée de grands bungalows équipés de moustiquaire, ventilo au plafond, et terrasse panoramique (oui, madame), qui vont jusqu'au ras des flots turquoise où croisent les requins (oui, monsieur). Pour ne rien gâcher, la maison fait aussi dans la bonne restauration thaïe pas chère, à apprécier, les yeux rivés à la magie la baie.

New Heaven Resort – นิวแฮฟเว่นน์ รีสอร์ท *(plan, 6) : sur la crête entre les plages de Chalok Ban Kao et de Thian Nok.* ☎ *456-462.* Un resto qui propose de délicieux plats thaïs qu'on déguste assis en tailleur en embrassant le superbe panorama sur la baie. Poissons frais du jour et large choix de cocktails (plus chers le soir). Propose aussi des bungalows les pieds dans l'eau mais chers. Club de plongée.

LA PLAGE DE HAT SAI DAENG – หาดทรายแดง

Une jolie crique bien sablonneuse (pas si courant !), face à l'îlot rocheux de *Shark Island* (brrr !). Accès difficile (mais pas impossible en 4x4) par la piste (bifurcation vers l'est avant Ao Chalok) ou, mieux, en *taxi-boat*. On aime bien cette plage tranquille, nichée entre les rochers et la végétation, où l'on a un peu l'impression d'être seul à Ko Tao...

Où dormir ? Où manger ?

De prix moyens à plus chic (de 500 à 3 000 Bts – 12,50 à 75 €)

New Heaven Nature Huts – นิวแฮฟเว่นท์เนเชอร์ ฮัท *(plan, 8) : tapi dans la verdure, à l'extrémité est de la plage. 087-933-13-29. • newheavenkohtao.com* • 15 bungalows traditionnels en bois, simples mais équipés de sanitaires et de hamacs sur leurs petites terrasses. Situation au choix : face à la mer ou perchés sur les rocs, avec vue imprenable sur la plage et la baie de Leuk. Adorable paillote-resto les pieds dans le sable en bord de mer. Coin lecture, tables basses et coussins. Tenu par une sympathique famille thaïe. La bonne adresse pour le farniente ou pour apprendre à plonger puisqu'ils ont ouvert un club.

Coral View Resort – คอรัล วิวท์ รีสอร์ท *(plan, 9) : à l'ouest de la plage (pas bien entretenue), entre cocotiers et sable doré. ☎ 456-482. • coralview.net* • Un cocon pour amoureux. Huttes en bois, bungalows en dur ou chambres réparties dans une bâtisse d'un étage au bout d'une jolie combe. Intérieurs mimi, tapissés de nattes. Salles de bains, ventilos partout et certaines chambres avec frigo. Serviettes et bouteilles d'eau pour tous, même pour les petits prix, mais petit déj en sus. Ensemble très propre et bien jardiné. Bar de plage et resto très agréable, en encorbellement au-dessus des flots : on y mange à la romaine. Club de plongée. Accueil pro.

LES PLAGES D'AO LEUK ET D'AO THANOTE – อ่า วลึกและอ่าวโตนด

Deux calanques jolies et sauvages de la côte est, approchées par une piste difficile dont l'embranchement est indiqué au sud du village de Ban Mae Hat. En chemin, bifurcation vers Ao Leuk, toute petite et prisée des *snorkellers* ; on y croise parfois des requins. Au bout (5 km en tout), la crique de *Thanote Bay*, extra pour la baignade et le *snorkelling* au-dessus des coraux ou autour des rochers. Plus ample et développée, elle abrite déjà cinq pensions et deux clubs de plongée. Malgré la mégalomanie et l'inesthétisme chronique dont souffrent certains propriétaires, l'endroit conserve son calme. Deux navettes par jour depuis l'ouest.

Où dormir ? Où manger ?

De bon marché à plus chic (autour de 450 à 1 800 Bts – 11,25 à 45 €)

Aow Leuk Bungalows 1, 2 et 3 – อ่าวลึกบังกาโล *(plan, 10) : de part et d'autre de la crique d'Ao Leuk. ☎ 456-692 ou 779. • aowleuk2.com* • La plage un peu chaotique et pas très propre se révèle être une entreprise familiale. En bas, dans un espace gazonné planté de cocotiers, la mère, dont la réception se trouve dans le resto à l'abandon, loue des chalets très basiques au plancher de bois brut, avec salle de bains. En haut, à gauche, le fils *shake* des cocktails depuis son bar-réception perché en nid d'aigle sur un amas de rochers, embrassant tout le panorama sur la baie. Suit une série de bungalows récents, aux toits

LES ÎLES ENTRE KO SAMUI ET KO TAO

bleus posés à flanc de colline, avec terrasse ouverte sur la vue (catégorie plus chic). Enfin, la fille et le gendre ont jeté leur dévolu sur le côté opposé et ont bâti 5 bungalows de rouge coiffés plus récents et donc plus confortables. Faites le tour de toutes ces possibilités avant de fixer votre choix. De toute façon, d'ici notre prochain passage, ça risque d'avoir encore évolué.

Mountain Reef Resort – เม้าเท่นน์ รีฟ รีสอร์ท *(plan,* **11***)* **:** *à l'extrême gauche d'Ao Thanote en regardant la mer. 081-956-29-16.* Bungalows pas chers en bois ou en dur avec sanitaires, dont 2 juste devant les flots. Spartiates mais pas trop mal tenus par une charmante propriétaire d'origine chinoise. Resto surélevé jouissant d'une belle vue, ou tables les pieds dans le sable, pas si fin cependant. Nourriture excellente, quelque peu accommodée à l'européenne ; fameux yaourts maison et bananes au lait de coco (un must !). Visiblement, les mille lampions en soirée, les cocktails et autres plaisirs gastronomiques à la belle étoile ravissent nos lecteurs. Attention quand même à ne pas voir sa note gonfler de façon astronomique ; bien vérifier.

LES ÎLES ENTRE KO SAMUI ET KO TAO

LA PLAGE D'AO HIN WONG

Une crique où s'empilent d'impressionnants amas de gros rochers, typiques de Ko Tao. Desservie par une piste ardue démarrant de l'intersection principale du village de Ban Hat Sairee. Y aller plutôt en bateau ou en pick-up qu'en moto (délicat). Le *View Rock Resort,* qui occupe le flanc de colline, est quasi à l'abandon. Beaux fonds pour le *snorkelling* dans la crique du *Hin Wong Bungalows.*

Où dormir ?
Où manger ?

De bon marché à prix moyens (de 300 à 800 Bts – 7,50 à 20 €)

Hin Wong Bungalows – หิน วง บังกาโล *(plan,* **15***)* **:** *☎ 456-006.* Une douzaine de cabanes en bois verni gentiment espacées sur un terrain pentu et herbeux. Intérieurs simples mais super propres, avec un lit (2 pour les plus grands), un ventilo et une salle de bains revêtue de carrelage. Coin de sable (rapporté) ou bronzette rocheuse. Enfilez votre masque, il n'y a que ça à faire. Accueil tout en douceur. Resto sur une grande terrasse au-dessus des rochers, mais il ferme à 20h30 !

LA PLAGE D'AO MAMUANG (MANGO BAY)

Une crique du bout du monde, au joli chaos granitique (idéal pour les balades masquées), qu'on atteint en *taxi-boat* presque exclusivement. En taxi-pick-up, depuis la route grimpant vers Hin Wong, compter 800 Bts. Quant à s'y rendre à scooter, même si la piste sera peut-être recouverte bientôt d'un mince ruban de béton, la pente s'avère bien trop raide pour le moteur – et les freins – faiblard de l'engin. Enfin, on peut s'y rendre à pied si l'on a des gènes de chasseur alpin. L'éprouvante balade vaut le coup pour découvrir quelques jolis points de vue sur Sairee Bay, une improbable buvette avec massages (au col) et une descente vertigineuse sur une arrogante piste gravillonneuse. Le *Mango Bay Resort,* qui s'y trouvait, a fermé.

KO NANG YUAN – เกาะนางยวน

➢ ***Pour s'y rendre :*** de nombreux *taxi-boats* font la navette depuis le port de Mae Hat et la plage de Sairee. Compter à partir de 200 Bts l'aller-retour par embarcation. Et les catamarans de *Lomprayah* y font escale.
Trois îlots paradisiaques et privés, reliés entre eux par des bancs de sable. Éminemment photogéniques, ils tiennent la vedette de toutes les cartes postales vendues dans le coin. Entre sable blanc, mer turquoise et végétation luxuriante, pas grand-chose à faire, sinon bronzer, plonger (fonds magnifiques), *snorkeller* et roucouler avec votre routard(e).
Entrée payante : 100 Bts par personne. Il paraît que les sommes récoltées vont à la protection de l'endroit, effectivement menacé par la surfréquentation (bouteilles en plastique interdites).

Où dormir ? Où manger ?

De plus chic à beaucoup plus chic (de 1 500 à 6 000 Bts – 37,50 à 150 €)

🏠 |●| ***Ko Nangyuan Dive Resort*** – เกาะนางยวน ไดฟ์ รีสอร์ท *(plan, 14) : réception dans l'îlot central.* ☎ *456-088.* 📱 *081-958-17-66.* ● *nangyuan.com* ● Village de bungalows répartis sur les 3 îlots. Niveaux de confort variés – avec ventilo ou AC, frigo et TV. Fait aussi resto. Centre de plongée sur place et accès immédiat aux spots depuis le rivage saturé de plongeurs.

Plongée sous-marine à Ko Tao

« L'île de la Tortue » est entourée des plus beaux jardins de coraux du golfe de Thaïlande, où batifolent avec allégresse une grande variété de poissons. À quelques encablures seulement du rivage, nos routards palmipèdes apprécieront la bonne vingtaine de sites baignés d'eaux limpides et mondialement réputés. Les nombreux clubs de l'île les explorent tous les jours, rejoints par ceux de Ko Samui et de Ko Pha Ngan. La fréquentation excessive compromet la survie de la faune et de la flore marines, même si certaines mesures de gestion ont été prises. Toutefois, il serait dommage de venir dans le coin sans jeter un petit coup d'œil sous la mer. Mais attention où vous palmez...

Où plonger ?

Beaucoup, beaucoup, beaucoup de clubs de plongée à Ko Tao. Certains sont de véritables usines, d'autres ont su rester à taille humaine. La politique d'alignement des prix permet d'orienter son choix non plus en fonction des tarifs, mais sur la base du matériel et des prestations. Plonger à Ko Tao demeure moins cher que dans le reste du royaume.
– Prévoir environ 1 000 Bts la plongée ; dégressif si l'on en fait plusieurs. Et tous types de stages de certification à partir de 9 000 Bts pour le 1er niveau.

■ ***Sea Shell Dive Center*** – ซีเชล ไดฟ์ เซ็นเตอร์ **:** *village de Sairee ; fait partie du Sea Shell Resort (voir « Où dormir ? Où manger ? »).* ☎ *456-300.* ● *seashelldiverskohtao.com* ● *Compter 1 000 Bts la plongée (dégressif) et 2 000 Bts pour un baptême.* Un club *PADI* qui aime les petits groupes. Bon matériel, changé régulièrement, et respect strict à souhait des règles de sécurité. On y parle le suisse (super pour les francophones !) et l'anglais. Piscine pour débuter, puis départs très tôt le matin pour griller la politesse aux groupes d'hommes-grenouilles. Excellent état d'esprit.

■ ***Apnea :*** *un poil au sud du Sea Shell Dive Center.* 📱 *081-956-5720.* Serait la 1re école de plongée en apnée de Thaïlande. Cours de 2 ou 3 jours, à 15 ou 40 m. Nitrox sur demande. *Le Grand Bleu...* quoi !

Nos meilleurs spots

Ko Nang Yuan – เกาะนางยวน ***:*** *pour baptêmes et plongeurs de ts niveaux.* On l'appelle le « Jardin japonais ». Quelques plongées « fastoches » dans des paysages sous-marins à l'image de ce petit archipel : PA-RA-DI-SIA-QUES ! Entre 3 et 20 m, vous serez fasciné par les rochers enrobés de coraux multicolores. À *Twins Pinnacles,* le couple de poissons-clowns le plus photographié au monde... Quelques poissons-perroquets jouent à cache-cache dans les jolies cavernes de *Green Rock.* À *White Rock,* une tortue évolue avec grâce sous l'œil imperturbable d'un barracuda solitaire à la recherche de sa « gamelle » quotidienne. Également des diodons rigolos qui se gonflent à la moindre émotion.

Red Rock – เร็ด ร๊อค ***:*** *plongée sans difficulté, au sud-est de l'île (entre 0 et 16 m). Pour plongeurs de bon niveau.* Jardin corallien magnifique et survolé par des escadrilles de poissons-papillons, anges et perroquets. Avec un peu de chance, une tortue croisera votre regard ému par tant d'harmonie. Surprise du chef : un tunnel aux multiples rais lumineux.

Sail Rock – เซล ร๊อค ***:*** *un rocher en forme de champignon, entre Ko Tao et Ko Pha Ngan. Pour plongeurs de ts niveaux. Site exposé ; météo excellente nécessaire.* Entre 0 et 40 m, des bancs de poissons-chauves-souris se faufilent entre les failles, pendant que des barracudas costauds tournoient inlassablement ; la chasse est ouverte ! D'août à octobre, on peut apercevoir des requins-baleines particulièrement gloutons... en plancton. Et puis LA cheminée dans un pinacle, qu'on peut remonter sur 10 m : séquence émotion.

South West Pinnacles – เซ้าท์ เวสท์ พีนาคเคิล ***:*** *au sud-ouest de l'île. Pour plongeurs confirmés. Site exposé ; météo excellente requise.* Grand brassage de couleurs vives dans ce somptueux jardin de coraux. C'est du « Ripolin grand art », ma bonne dame ! Entre 10 et 30 m, on contemple avec plaisir les parures chatoyantes des poissons-papillons, anges, clowns, trompettes et perroquets, qui tournicotent sans vergogne au nez des mérous tachetés, pagres et autres barracudas maousses. Également des gorgones *sea stars* flamboyantes. N'oubliez pas de remonter !

Chumphon Pinnacles – ชุมพร พีนาคเคิล ***:*** *au nord-ouest de l'île. Pour plongeurs expérimentés. Assez exposé ; météo excellente requise.* C'est un caillou (de 16 à 40 m) très sauvage, qu'affectionnent particulièrement les gros bestiaux du large. En toute tranquillité, vous palmez parmi les barracudas, carangues, raies pastenagues et, selon la saison, vous aurez peut-être la chance de croiser un géant des

DORS MON P'TIT QUINQUIN

Chumphon voit de nombreux ailerons de petits requins tournoyer dans ses eaux. Certains disent que ce sont de simples « pointes noires » dont la taille n'excède pas 1,20 m. D'autres que ce sont des bébés de requins-bulldogs pas super sympas, voire soupe au lait quand ils sont adultes. L'endroit serait une sorte de nurserie en somme ! Si vous tenez à faire du baby-sitting... maman et papa sortent dîner ce soir !

mers : Sa Majesté le requin-baleine avec sa cour de poissons-pilotes. Attention ! il y a tant de plongeurs que si, à la remontée, votre binôme parle une drôle de langue, c'est que vous vous êtes trompé de palanquée !

HTMS Sattakut : c'est le nom d'un petit (50 m) navire de débarquement ayant appartenu à la marine US et que la marine royale thaïe a coulé volontairement en juin 2011 au sud-est de Pee Wee Rock en face de Saree Beach, pour servir, par 28 m de fond, de récif artificiel, de nouveau spot de plongée et de HLM à la faune marine de Ko Tao.

Balade en bateau autour de l'île, *snorkelling*, kayak, etc.

Plusieurs petites agences proposent des ***excursions*** incluant des arrêts baignade et ***snorkelling*** autour de l'île. Réservation par téléphone ou via votre pension. Prévoir environ 500 Bts, matériel fourni et repas compris. Auprès de chaque *resort,* location possible de matériel de snorkelling (environ 100 Bts/j.) et souvent de kayaks (300-400 Bts/j.).
Enfin, pour le frisson, des ***matchs de muay thai*** sont organisés régulièrement dans le petit stade du côté de Hat Sairee, peu après l'intersection pour les pistes s'enfonçant vers l'est.

Snorkelling : aucune excuse pour ne pas tremper la tête dans l'eau. Les merveilles aquatiques sont à portée pour ébahir tous les masques, et ce, sans grand effort. Chaque plage recèle sa mine de poissons, gorgones, coraux. On vous conseille, entre autres, la ***pointe nord de Sairee Beach*** (petits mérous, poulpes, girelles, poissons-perroquets...), ***Mango Bay*** (des fonds remarquables au milieu d'un chaos granitique), ***Thian Nok*** (site en perdition côté coraux et poissons, sauf les patrouilles remarquées de requins à pointe noire en fin d'après-midi), ***Ho Wai*** (de gros rochers, comme un jeu de pétanque maritime, autour desquels s'organise la vie des hôtes de ces lieux : jaunes, verts, rayés, marbrés, tachetés...).

Massages et spa

Véritable déferlante, la mode des spas et massages n'a pas épargné Ko Tao, après avoir complètement submergé Ko Samui. Pour ceux ou celles qui veulent s'initier à l'art du massage traditionnel thaï, des cours sont dispensés au *Sea Shell Resort* (voir « Où dormir ? Où manger ? » sur la plage de Hat Sairee).

■ ***Jamakhiri Spa and Resort*** – จามาคีรีสปาและรีสอร์ท *(plan, 7) : au sommet d'un promontoire à l'est d'Ao Thian Nok. ☎ 456-400. • jamahkiri.com • Accès par une piste difficile ; service de pick-up. Tlj 10h-22h. Massages à partir de 800 Bts ; packages à partir de 9 500 Bts. Accès à la piscine pour 400 Bts.* Site paradisiaque en belvédère, commandant un panorama à la James Bond. La déco n'est pas en reste, cocktail glamour du palais des *Mille et Une Nuits* et d'influence balinaise. Proposé sous forme de package, le prix des soins (sauna, massages, *bodywrap,* etc.), dispensés par des thérapeutes professionnels, est assez élevé. Fait aussi bar-resto (cette plongée vers la salle !) catégorie « Plus chic » (goûter au foie gras local) et, depuis peu, résidence de charme. Les pavillons « grand luxe » avec vue à 180° bénéficient des dernières tendances en matière d'aménagement. Plage privée tout en bas.

À L'OUEST : DE PHUKET À HAT YAI

LA CÔTE DE LA MER D'ANDAMAN

Si la partie ouest de la péninsule, qui s'insinue comme une trompe d'éléphant entre océan Indien et golfe de Siam, appartient sur sa plus longue partie au Myanmar (ex-Birmanie), le tronçon de Thaïlande qui commence à Ranong (300 km au nord de Phuket) et se poursuit jusqu'à la frontière malaise connaît depuis plus de 30 ans un succès incontestable auprès des amateurs de vacances tropicales. S'y côtoient depuis le meilleur et le pire.

Ce territoire composé essentiellement de plages paradisiaques attire nombre de visiteurs, tous animés d'un même but : se reposer sous les cocotiers. Excepté dans la province de Phang Nga, vers Khao Sok, la forêt tropicale a pratiquement totalement disparu. Quelques espèces sauvages subsistent encore dans les collines verdoyantes.

Phuket est un excellent camp de base pour découvrir les archipels de l'intérieur de la mer d'Andaman (Ko Yao, Ko Phi Phi) et la baie de Phang Nga. Plus au sud, dans la province de Krabi, où les mondes bouddhique et musulman cohabitent, les massifs karstiques aux socles érodés par les vagues alternent avec les plages de sable blanc sur fond de forêts impénétrables. Les coins tranquilles se raréfient, aussi ne faut-il pas hésiter à embarquer vers le large et les îles aux noms qui font rêver (Ko Lanta, Ko Libong, Ko Mook, Ko Ngai, Ko Kradan, Ko Sukorn, Ko Lipe et on en oublie...).

Des sites de plongée fantastiques vous attendent dans les eaux limpides peuplées de poissons multicolores parés comme pour un défilé de haute couture. Vous pourrez escalader des falaises comme à Krabi et à Tonsai, randonner à dos d'éléphant, explorer des grottes sous-marines, profiter de la faune et de la flore ou vous doucher sous des cascades naturelles et jouer à Robinson dans de petites cabanes illuminées par le soleil couchant. Autant de sites naturels qui laisseront des souvenirs impérissables.

C'est cette partie du pays qui a été la plus touchée par le tsunami du 26 décembre 2004 : 5 600 morts et 2 800 disparus. Mais les Thaïs ont reconstruit immédiatement après le drame, et les infrastructures ont toutes été rouvertes dans les mois qui ont suivi. Il n'en reste, la plupart du temps, plus de trace visible. Seules des stèles, érigées en mémoire des victimes, rappellent la tragédie, notamment au nord de Khao Lak.

> **PRESSENTIMENT ANIMAL**
>
> *Lors du tsunami de 2004, on ne décela aucun cadavre d'animal. Sixième sens surprenant ? On aperçut chiens, écureuils, poules fuir les rivages. Même des éléphants cassèrent leurs chaînes pour se mettre à l'abri. Les animaux disposent d'une perception plus fine que la nôtre des bouleversements naturels.*

Au-delà, vers le sud, les zones qui bordent la Malaisie sont provisoirement à éviter (sauf pour les traverser sans s'arrêter) tant que les tensions entre le gouvernement thaïlandais et les autonomistes islamistes généreront un risque d'actions terroristes.

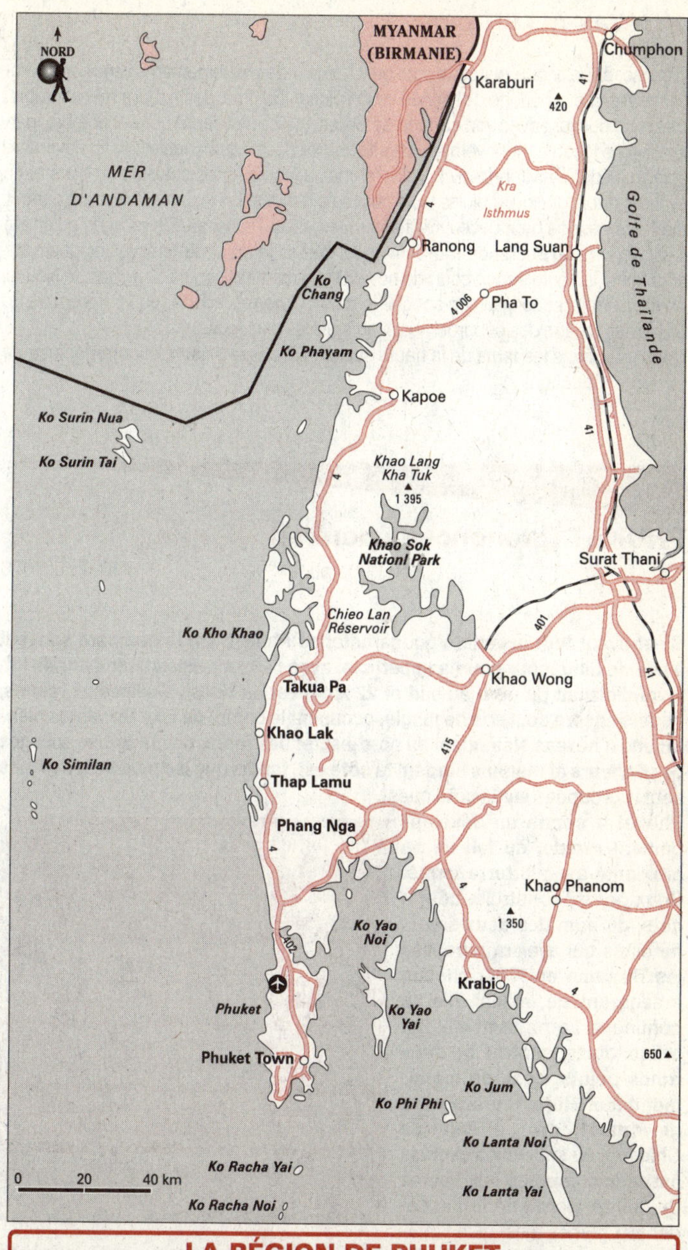

LA RÉGION DE PHUKET

QUAND Y ALLER ?

Il faut se rappeler que, sur cette côte ouest, le prix des hébergements varie considérablement selon la période de l'année et son climat. En gros, de fin mai à mi-novembre, c'est la mousson, avec son cortège de pluies, surtout en septembre et octobre, parfois même jusqu'à mi-novembre. La saison dite sèche démarre vers la fin novembre et dure jusqu'à environ fin avril, voire mi-mai, avec de fortes chaleurs en mars et en avril et parfois quelques pluies violentes mais rapides. En résumé, l'hiver est donc la meilleure période pour découvrir la côte ouest de la Thaïlande. On rappelle qu'en été c'est le golfe de Thaïlande (Ko Samui) qui bénéficie du beau temps. Logiquement, côté tarifs, la haute saison court de novembre à mi-avril (jusqu'à *Songkran,* le Nouvel An thaïlandais) et connaît son apogée lors de la « *peak season* », du 15 décembre au 15 janvier, théâtre des débordements tarifaires les plus fous...
Nous indiquons les tarifs de la haute saison. En basse saison, escompter jusqu'à 50 % de réduction.

PHUKET (prononcer « poukett ») – ภูเก็ต

410 000 hab. IND. TÉL. : 076

C'est avant tout la variété qui caractérise Phuket. On la compare souvent à l'île de Singapour pour la superficie, avec 570 km². Elle s'étend sur 49 km à vol d'oiseau du nord au sud et 22 km d'est en ouest. Collines et vallons, parfois encore couverts de jungle, occupent le centre de l'île. De vastes plantations d'hévéas s'étendent au nord-est, et des forêts de mangrove, villages de pêcheurs et marinas bordent la côte est, tandis que les plus belles plages sont regroupées sur la côte ouest.

Phuket a connu un développement rapide, du fait de sa proximité avec la terre ferme. Deux ponts, construits côte à côte, du nom des deux sœurs héroïnes qui avaient repoussé les Birmans en 1786, chacun à sens unique, relient l'île au continent. La route n° 402 fait office d'axe central et deux ronds-points, celui du monument aux Héroïnes, au nord de Phuket Town, et celui de Chalong, au sud, voies express assez encombrées aux heures de pointe, permettent d'accéder aux plages ainsi qu'à l'intérieur des terres. La capitale, Phuket Town, rassemble de nombreux commerces. Il n'est pas obligatoire d'y passer pour gagner sa plage d'élection (sauf si l'on arrive en bus, car la gare routière s'y trouve).

HÉROÏQUES GUERRIÈRES

En 1785, les envahisseurs birmans menacent Phuket. Prévenue d'une attaque imminente par Sir Francis Light, un capitaine britannique passant près de l'île, la veuve du gouverneur convainc sa sœur et une grande partie de la population féminine de Phuket de se déguiser en militaires pour renforcer les maigres défenses de l'île. Stimulés par leur exemple, les défenseurs repoussent l'ennemi. Hommage leur est donc rendu à présent par une statue monumentale sur un rond-point au centre de l'île, ainsi que tous les ans, fin mars, par une grande fête.

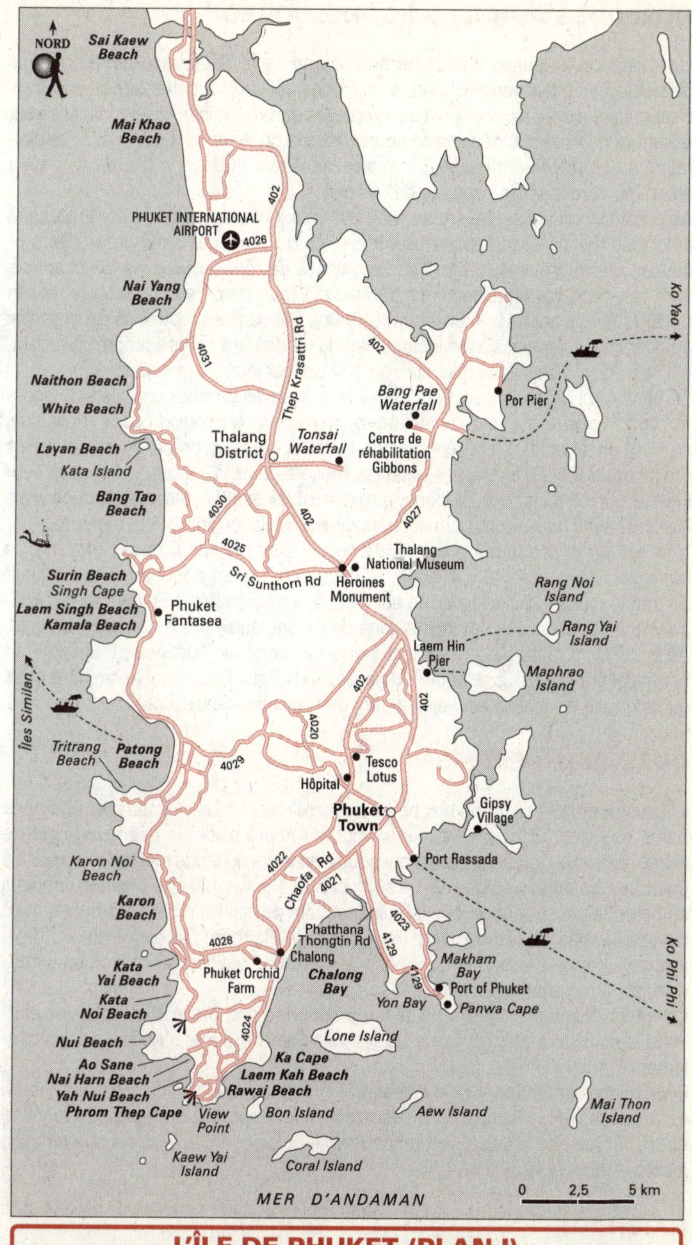
NORD
Sai Kaew Beach
Mai Khao Beach
PHUKET INTERNATIONAL AIRPORT
4026
402
Nai Yang Beach
4031
Thep Krasattri Rd
Ko Yao
Naithon Beach
White Beach
Layan Beach
Kata Island
Bang Tao Beach
Bang Pae Waterfall
Por Pier
Thalang District
Tonsai Waterfall
Centre de réhabilitation Gibbons
4030
4027
4025
Sri Sunthorn Rd
Thalang National Museum
Heroines Monument
Surin Beach
Singh Cape
Laem Singh Beach
Kamala Beach
Phuket Fantasea
Rang Noi Island
Rang Yai Island
Laem Hin Pier
Maphrao Island
Îles Similan
4020
Tritrang Beach
Patong Beach
4029
Tesco Lotus
Hôpital
Phuket Town
Gipsy Village
Port Rassada
Karon Noi Beach
Karon Beach
4022
Chaofa Rd
4021
4023
Phatthana Thongtin Rd
4129
Ko Phi Phi
4028
Chalong
Phuket Orchid Farm
Chalong Bay
Makham Bay
Port of Phuket
Panwa Cape
Yon Bay
Kata Yai Beach
Kata Noi Beach
4024
Lone Island
Nui Beach
Ao Sane
Nai Harn Beach
Yah Nui Beach
Phrom Thep Cape
View Point
Ka Cape
Laem Kah Beach
Rawai Beach
Bon Island
Aew Island
Mai Thon Island
Kaew Yai Island
Coral Island
MER D'ANDAMAN
0 2,5 5 km

L'ÎLE DE PHUKET (PLAN I)

QUELQUES DONNÉES ÉCONOMIQUES

L'exploitation de mines d'étain fut une source de revenus importante pour l'île depuis le XVIe s (on trouve d'ailleurs un musée consacré à cette activité à Kathu). Beaucoup d'ouvriers chinois ont été employés dans les mines, et leur influence sur la culture de Phuket s'observe toujours. Avec la chute du prix de l'étain, l'exploitation a complètement cessé. Le musée de l'Étain *(Kathu Tin Museum),* ouvert récemment, relate bien l'épopée de l'Or gris.
Aujourd'hui, on considère qu'en plus des résidents permanents il y a presque autant de travailleurs temporaires sur l'île, ce qui n'est pas sans poser des problèmes d'environnement. En effet, les villages de tôle ondulée sur les chantiers sont plus nombreux que ceux des pêcheurs. Il faut dire qu'avec un salaire moyen de 190 000 Bts par an à Phuket contre 40 000 Bts dans les provinces pauvres, l'île agit comme un aimant sur les locaux. Mais la tendance s'inverse progressivement, et l'île a adopté un salaire minimum de 300 Bts par jour. C'est déjà ça...
De nombreux Birmans travaillent dans l'île. Employés dans les chantiers de construction, la pêche ou la récolte du latex et de plus en plus souvent dans l'hôtellerie, souvent en situation irrégulière, ils ont un statut plus que précaire, et sont sujets à d'innombrables tracasseries et autres rackets. Mais là encore, les choses évoluent. Pour certains, ces Birmans, moyennant un emploi stable, sont désormais légalisés avec passeport, permis de travail et circulation libre sur le territoire.
L'île est aussi productrice de caoutchouc, avec de nombreuses plantations d'hévéas, de cocotiers, d'ananas, et pêche encore en abondance, mais c'est surtout le touriste qui abonde, ce qui n'est pas négligeable... En revanche, l'agriculture a été délaissée, les plantations de riz ont laissé place aux villas de luxe. Aujourd'hui, une partie de l'alimentation vient donc de l'extérieur. Pas facile de continuer à s'échiner à repiquer du riz les pieds dans l'eau sous le cagnard alors qu'on gagne facilement sa vie en tenant une échoppe de babioles.

QUELQUES PÉPITES

L'île recèle encore de nombreux coins vraiment merveilleux et à peu près épargnés par le tourisme. Et c'est tant mieux pour le routard avide de découvertes et de calme mais allergique au bateau, qui pourra en toute quiétude mettre le cap sur les coins encore préservés de l'île. Le sud : cap de Panwa, baie de Chalong (laquelle se bétonne cependant de plus en plus) et baie de Nai Ham ; le nord-ouest, avec les jolies baies de Surin, Bang Tao ou encore Naithon. Ou bien Phuket Town, vivante « capitale » de l'île, qui conserve quelques bâtisses et monuments intéressants témoignant d'un riche passé.
Quant à nos amis plongeurs, ils ne tarderont pas à prendre le large pour une merveilleuse croisière-plongée dans les îles sauvages de la mer d'Andaman, mondialement réputées.
Côté budget, attention, peu d'adresses à prix routard, et il ne faut pas s'attendre à de grosses remises, sauf hors saison bien sûr. N'hésitez pourtant pas à tenter le coup, car lorsque la saison est un peu molle et les nombreux hôtels peu remplis, les tarifs fondent vite.

BAIGNADE

Certains ***courants,*** venus de l'océan Indien, peuvent se révéler ***extrêmement dangereux,*** notamment pendant la basse saison (mousson) et parfois pendant la haute. Chaque année, de nombreuses personnes sont victimes de noyade. Kata et Patong sont considérées comme les plages les moins dangereuses ; Karon, Surin et d'autres plus au nord sont celles qui le sont le plus. Il faut donc privilégier les plages surveillées et respecter les panneaux. Pour plus d'infos, se reporter aux paragraphes concernés.

Arriver – Quitter

En bus

L'office de tourisme *(TAT)* de Phuket Town distribue les horaires des bus et des minibus. Ces derniers sont aussi rapides que les bus AC 1re classe mais plus chers et souvent moins confortables. En règle générale, il faut garder à l'esprit que, s'ils sont bon marché, ces trajets de longue durée sont plutôt fatigants et que les routes à 4 voies ne constituent en rien une partie de plaisir agrémentée de jolis paysages et de villages pittoresques.

Sauf mention contraire, les départs depuis Phuket Town s'effectuent du ***Phuket Bus Terminal 1*** *(☎ 211-977 ; plan II, B2, 1)*, gare pour les bus courtes et moyennes distances. On y trouve la très bonne compagnie d'État *999*, et d'autres, privées. Possibilité également, avec une résa préalable, de prendre ces bus sur la N 402 à l'arrêt avant le rond-point du monument des Héroïnes (petit bureau pour acheter ses billets à gauche en venant de Phuket Town, juste avant le rond-point, et juste au coin du rond-point pour une autre compagnie) ou encore après Thalang (en face du poste de police). Évite à ceux qui sont au nord de l'île de venir sur Phuket Town.

Un second, ***Phuket Bus Terminal 2***, situé à 4 km au nord de Phuket Town, sur Thepkrasattri Road *(hors plan par A1 ; ☎ 373-193)*. Bus VIP et minibus de compagnies privées et de l'État qui desservent toutes les provinces de Thaïlande du Nord et de l'Est au Sud, avec liaisons au moins une fois par jour (Chiang Mai, Chiang Rai, Nong Khai, Udon Thani, Ubon Ratchathani, etc. ; et Bangkok évidemment, plusieurs fois par jour).

– Une navette-*songthaew* circule entre les terminus de bus 1 et 2, reconnaissable à sa couleur rose. Sur le flanc, « T1 » et « T2 ». Compter 10 Bts et 10 mn.

➢ ***Bangkok :*** depuis la capitale, départs du *Southern Bus Terminal* (Sai Tai Mai). *☎ 02-435-11-99 ou 12-00.*

– *Compagnie 999 : ☎ 211-480. • transport.co.th • Ouv 7h-18h.* Bus AC, 34 ou 24 sièges inclinables. Départs de Phuket à 7h30, 16h, 17h, 17h30, 18h et 19h. Prix : 970 Bts. Bus VIP avec AC, 32 sièges : départs de Phuket à 16h, 18h et 19h. Prix : 970 Bts. Bus VIP avec AC, 42 sièges et étage panoramique, plusieurs départs/j. Prix : 626 Bts. Également des bus 2e classe (42 sièges), env 490 Bts.

En plus des bus gouvernementaux, des tas de compagnies privées assurent la liaison.

– *Phuket Central Tour : à Bangkok, sur Thanon Charan Sanit Wong, ☎ 02-885-86-92 ou 94 ou ☎ 02-894-61-71 ; à Phuket : 2/10 Dibuk Rd, 2e rue sur la gauche après la poste principale à côté de la grande librairie Oldest Book, ☎ 213-615.* Bus AC, 24-36 sièges, plusieurs départs/j. Prix : 626-974 Bts. Dans le sens inverse, même fréquence, mêmes tarifs.

– *Phuket Travel Service : à Bangkok, sur Thanon Charan Sanit Wong, ☎ 02-435-50-18 ou 34 ; à Phuket : ☎ 222-107 ; résas : Patong Beach, ☎ 346-177. • thairoute.com • Ouv 8h-20h.* Bus AC 24 ou 32 sièges, plusieurs départs, 17h30-18h30. Prix : env 1 000 Bts (24 sièges) ou env 650 Bts (32 sièges), pour un trajet de 12h. Dans le sens inverse, même nombre de bus et horaires, mêmes tarifs.

– *Transport Prapon Phoingam (Ko Sew) : 12 Montri Rd, Tumbol Taladyai Muang (sur la gauche après la poste).* ☎ *356-149.* Compagnie privée proposant minibus + bus au départ de Phuket en début d'ap-m ; arrivée à Bangkok à 5h du mat en gare centrale de Hua Lumphong ou à Khao San Rd, avec ramassage dans les hôtels inclus. Prix : 850-1 220 Bts. Plages autres que Patong, Karon, Kata et Phuket Town : supplément de 150 Bts. Bien donner sa destination finale.

➢ ***Phuket Airport :*** ☎ *232-371.* • *airportbusphuket.com* • *Tlj sf dim et j. fériés.* Départs env ttes les heures, 7h-17h30. Trajet : 1h. Prix : env 85 Bts. Au départ de la gare routière Phang Nga Rd, tlj 5h30-18h30 (6h30-20h30 dans l'autre sens).

➢ ***Surat Thani :*** 5h de trajet. Bus ordinaires avec AC, 8 départs/j. Prix : 195 Bts. Bus 2e classe (AC et toilettes), plusieurs départs 8h-15h30. Compter 207 Bts. Certains bus passent par Khao Lak, Takuapa et Khao Sok. Avec la compagnie privée *Phantip (guichet à la gare routière ; 081-569-32-90),* départs de Phuket ttes les 2h (8h-14h). Prix : 207 Bts.

➢ ***Ko Samui :*** avec *Phantip,* bus Phuket-Surat Thani + ferry Donsak-Samui. 1-2 départs/j., 8h-15h. Prix : 400 Bts, traversée en ferry comprise. 7h30 de trajet.

➢ ***Ko Pha Ngan :*** avec *Phantip,* 1-2 bus/j. Départs de Phuket 8h-10h ; 2h30 de route. Prix : 520 Bts. Autre option, embarquer dans un bus à destination de Krabi et descendre en route. Également des minibus avec la compagnie privée *P. Transport (12 Montri Rd, près de la poste ;* ☎ *356-149 ou 087-388-39-91).* Ramassage dans les hôtels ou *guesthouses* 12h45-13h30, puis bateau de nuit au départ de Surat Thani (à 22h) pour Ko Pha Ngan ou Ko Tao ; arrivée à 6h env. Prix : 1 100 Bts.

➢ ***Nakhon Si Thammarat :*** bus ordinaires, départs à 5h30 et 11h ; trajet : 8h. Bus 2e classe, départs 6h-16h30 ; trajet : 7h. Minibus avec compagnie privée (départs de Phang Nga Rd, parking sur la gauche après le feu rouge avt la gare routière), plusieurs départs 8h50-16h ; trajet : 6h. Prix : 300 Bts.

➢ ***Takua Pa :*** 3h de trajet. Bus ordinaires AC, départs de Phuket 5h30-18h10 ; prix : 100 Bts. Bus 2e classe (AC et toilettes), départs de Phuket à 8h10 et 18h10 ; prix : 120 Bts.

➢ ***Khao Sok via Takuapa :*** 4h de trajet. Bus ordinaires, départs ttes les heures, 5h15-20h ; prix : 140 Bts. Bus 2e classe, départs de Phuket 8h10-18h10 ; prix : 170 Bts.

➢ ***Kuraburi :*** 3h30 de trajet. Bus ordinaires, départs de Phuket 5h30-18h10. Prix : 160 Bts.

➢ ***Ranong (pour le « visa run ») :*** 5h de trajet. Bus 2e classe, 47 sièges, 4 départs/j., 8h10-18h10. Prix : 240 Bts.

➢ ***Chumphon :*** 7h de trajet. Bus 2e classe, départs 8h10-18h10. Prix : 345 Bts.

➢ ***Phang Nga :*** 2h30 de trajet. Bus ordinaires, départs 5h15-18h30 ; prix : 95 Bts. Bus 2e classe, départs 7h30-15h ; prix : 147 Bts.

➢ ***Krabi :*** 3-4h de trajet. Bus 2e classe. Une vingtaine de départs, 7h-18h30. Prix : 155 Bts.

➢ ***Trang :*** bus 2e classe, départs 5h50-15h20 ; prix : 200 Bts ; 5-6h de trajet. Bus 1re classe, départs 7h-18h30 ; prix : 257 Bts ; 5h de trajet.

➢ ***Hat Yai :*** 7-8h de trajet. Bus ordinaire AC, départs 5h15-18h30 ; 95 Bts. Bus 1re classe AC, départs 7h30-21h30 ; 344 Bts. Bus 2e classe AC, départs 5h15-20h50 ; 267 Bts. Bus VIP AC, 24 sièges, départs à 6h, 8h et 20h ; 556 Bts. Bus luxe AC de nuit, départ à 21h45 ; 535 Bts. Également une compagnie privée, *Micro-bus* (office en face du hall de la gare) : plusieurs départs/j.

➢ ***Satun :*** 7h de trajet. Bus 2e classe. Départs à 8h15, 10h15, 12h15 et 20h15. Prix : 347 Bts.

➢ ***Sungai-Kolo :*** bus 2e classe. Départs à 6h, 8h et 20h. Prix : 556 Bts.

➢ ***Ko Lanta :*** min 2 départs/j., à 7h30 et 15h30, en minibus d'une compagnie privée (📱 081-958-43-47) au départ de la gare routière (parfois 4 départs/j., 2 le mat et 2 l'ap-m), avec passage des 2 mini-bacs (15 mn chacun) compris. Trajet : 5h. Un peu long, mais un bon plan pour rejoindre Ko Lanta au départ de Phuket après le départ du dernier bateau *Jet Cruise* à 13h30, qui permet d'avoir la correspondance. Départ Phi Phi à 15h30. Prix : 195 Bts.

➢ ***Chiang Mai :*** un bus VIP de bon confort. Départ tlj dans l'ap-m, arrivée le lendemain en fin de mat. Prix : env 1 700 Bts.

En bateau

Tous les départs et arrivées des ferries de lignes régulières se font de ***Port Rassada,*** au sud de Phuket Town. Billets moins chers si vous les réservez dans les agences situées à proximité de la gare routière, plutôt que de les acheter sur place.

➢ ***Vers Ko Phi Phi :*** départs tlj à 8h30 avec *Royal Jet Cruise, Phi Phi Cruiser, PP Family, Pachamon* et *Ao Nang Princess* ; à 11h (slt en hte saison) et à 13h30 avec *Jet Cruise* ; à 14h30 avec le ferry *Pichamon* (parfait pour ceux qui arrivent à Phuket Airport avt 12h). Prévoir 500-750 Bts l'aller simple selon le bateau choisi, transfert hôtel compris ; petit supplément (100-200 Bts) pour les plages excentrées, pouvant aller jusqu'à 700-800 Bts pour les destinations les plus retirées. A/R 1 000-1 100 Bts max avec transfert hôtel. Entre 1h20 et 2h de traversée. On vous conseille de passer par l'intermédiaire des hôtels, *guesthouses* et agences de voyages, pour un transfert en minibus entre votre lieu d'hébergement et le port, car ces transferts sont assurés par les minibus de chaque compagnie de bateaux.

➢ ***Retours de Ko Phi Phi :*** départs 9h du *Pachamon* ; vers 9h-9h15 du *Jet Cruise* (qui attend pour partir l'arrivée du bateau en provenance de Lanta avec correspondance pour Phuket) ; à 13h30 (slt en hte saison) avec *Lanta Concord* (arrivée Port Rassada vers 15h, pratique pour les départs de l'aéroport dans l'ap-m) ; et 14h30 avec *Jet Cruise, Phi Phi Cruiser, Sea Angel Cruise, Ao Nang Princess, PP Family* et *Pachamon*. Pour un transfert vers Phuket Airport, bien tenir compte de l'heure d'arrivée au Rassada Pier et compter 1h de trajet (parfois plus aux heures de pointe, avec les embouteillages), plus le temps de passer à l'enregistrement (min 45 mn avt le départ).

Pour ceux qui n'ont pas de transfert réservé vers les hôtels, la gare routière ou l'aéroport, s'adresser au comptoir sur le quai du port, qui propose en général des prix fixes. Compter : aéroport 700 Bts ou 150 Bts/pers en minibus collectif ; Patong 400 Bts ; Karon-Kata 450 Bts ; Phuket Town 50 Bts. Un tuyau : attendre que le bateau soit vidé de ses passagers et négocier une course en individuel ou en groupe.

➢ ***Vers Ko Lanta :*** liaisons début nov-fin avr slt. Prévoir 850-1 100 Bts.

- Avec changement de bateau à Ko Phi Phi : correspondance assurée si l'on part avec un des 1ers bateaux de la journée. Arrivée à Phi Phi entre 10h et 10h30 ; correspondance assurée par les ferries *Pichanom* ou *Petpailin* ; départ de Phi Phi à 11h30, arrivée à Ko Lanta 12h45-13h. Autre et dernier départ de Phuket à 13h30, arrivée à Phi Phi vers 15h15, puis ferry *Petpailin* à 15h30 de Phi Phi pour arriver à Lanta vers 17h.
- On peut aussi aller à Ko Lanta au départ de Phuket en passant par Krabi : départ de Phuket à 8h30 avec le *Ao Nang Princess,* arrivée au port de Nopparat Thara à 10h30, continuité sur un bateau de la même compagnie pour Ko Lanta (arrêt à Railay Beach), et arrivée à 12h45. Et un dernier bateau

au départ de Phuket à 13h30 (slt en hte saison), arrivée Krabi (Nopparat Thara) à 15h30, puis correspondance bateau pour arriver à Lanta vers 17h45.

➢ ***De Lanta vers Phuket :*** début nov-fin avr, départs quotidiens à heures fixes. À 8h, départ du bateau *Pichanom* ou *Peitpalin* puis changement à Ko Phi Phi, et bateau *Jet Cruise,* départ à 9h, arrivée Phuket (Rassada Pier) à 11h (parfois retard de 15-20 mn au départ de Phi Phi pour attendre le bateau venant de Lanta).

➢ ***Krabi :*** nov-avr slt. Traversée vers Ao Nang Beach et Nopparat Thara, continuité jusqu'à Railay Beach sur le ferry *Ao Nang Princess* de 8h30. Compter 650 Bts et moins de 2h de navigation. Retour depuis Ao Nang et à destination de Phuket en milieu d'ap-m ; départ de Railay Beach à 14h30 et de Nopparat Thara Pier à 15h30, arrivée à Phuket à 17h30 env.

En *speed-boat*

➢ ***Ko Lanta :*** un A/R quotidien avec *Anda Varee Co* (*081-090-35-35 ou 083-690-22-55*. Départ de Port Rassada à 9h, arrivée Ban Saladan Pier à 11h (avec court arrêt à Ko Phi Phi, pour la descente et la montée de passagers). Dans l'autre sens, départ de Ban Saladan Pier à 13h30, arrivée à Port Rassada à 15h. Compter 1 500 Bts/pers par trajet.

➢ ***Chalong, Marina Boat Lagoon ou Koh Sirey :*** 50-60 mn de trajet. Au départ et au retour de ces embarcadères pour Ko Phi Phi, Krabi (50-60 mn), Raya Yai (30 mn), Koh Hae Coral Island (15 mn). Pour la plupart opérationnels slt nov-fin avr. À déconseiller, même en hte saison, les jours de vent fort... ou de pluie ! Groupe de 25-38 pers, même prix que la visite à la journée avec repas et *snorkelling.* Beaucoup de compagnies. Prix A/R : 1 600-2 700 Bts selon bateau. De Chalong Pier, départ du *speed-boat Anda Varee,* un peu moins cher.

➢ *Speed-boat* privé pour ***Ko Phi Phi*** env 22 000-35 000 Bts par trajet selon capacité du bateau, pour ***Raya*** 12 000-23 000 Bts (6-12 pers).

Nombreuses excursions à la journée en *speed-boat* dans les îles voisines de Phuket proposées dans les agences. Idéal pour visiter beaucoup d'îles en peu de temps mais plutôt cher ! Les mêmes endroits sont souvent fréquentés aux mêmes heures, vous ne serez pas seul ! Un peu l'usine quoi !

En *long-tail boat*

➢ ***Chalong, Rawai :*** moyen de navigation très sympa pour les petites distances. Canotage aux abords des îles voisines comme « Coral Island » (Koh Hae), Koh Lone, Koh Bon... Env 30 mn de trajet pour les plus proches et 1h15 à 1h30 pour les plus lointaines. Compter 1 500 à 3 000 Bts par trajet selon la distance. S'adresser à la petite guitoune à l'embarcadère de Chalong, en face du *Kan Eang@Pier Restaurant* (voir « Où manger ? »), ou au *Boat for Rent* auprès de Khun Auddunla (*081-737-80-97*). Parle bien l'anglais, sympa, mais tarifs élevés difficilement négociables.

En voilier et catamaran

– ***Location de voiliers et catamarans privés avec skippers :*** *s'adresser au* ***Marina Boat Lagoon ;*** Sunsail (*☎ 239-057 ; • sunsail@phuket.loxinfo.co.th •) ou* Thai Marine Leisure *(☎ 239-111 ; • thaimarine.com •) ou encore* Asia-Marine, *large éventail de loc de catamarans et autres gammes de bateaux de plaisance (contacter M. Vincent Tabuteau, ☎ 239-111 ou 081-827-6075 ; • broker@asia-marine-net •).* Un luxe plutôt très cher, allant de 50 000 Bts à 120 000 Bts la journée de location en privé selon le bateau avec équipage ! Depuis peu, les activités nautiques se développent sur Phuket. Plusieurs marinas ont été construites : *Boat Lagoon,* la plus importante, au nord de Phuket Town, et sa voisine haut de gamme récemment ouverte juste à côté, la *Phuket Royal Marina. Yacht Haven* au nord-est de l'île, une petite marina tranquille d'où partent des jonques en canotage entre les îlets. Également *Grand Marina Ao Po,* la dernière-née des marinas de Phuket qui se développe au nord-est, et *Chalong,* qui abrite plutôt des plaisanciers « routards de la mer ».

Début décembre, Nai Harn Bay, au sud de l'île, accueille la King's Cup, régate très prisée (en commémoration de l'anniversaire du roi).

En avion

Phuket, destination phare, voit se dérouler une grosse bagarre entre les compagnies régulières et celles à prix réduit *(low-cost).* Voir « Thaïlande utile. Transports » en début de guide au sujet de ces dernières.

✈ ***Aéroport international de Phuket*** *(plan I) : à env 30 km au nord de Phuket Town.* ☎ *327-230 à 237 (infos vols).* Si vous venez de Bangkok ou d'ailleurs en Thaïlande, suivez la direction « Domestic Arrivals » ou « International Arrivals », selon votre provenance quoi !

■ ***Compagnies aériennes :*** *quasi ttes ont un bureau au 2e étage de l'aéroport.*

■ ***Phuket Tourist Association :*** *plusieurs comptoirs dans le hall des arrivées (pas vraiment le bon plan).* Pour les résas d'hôtels chic.

■ ***Banques et ATM :*** *plusieurs dans le hall d'arrivée de l'aéroport, ainsi qu'à l'extérieur de celui-ci, sur la gauche.*

■ ***Consigne*** *(left luggage) : sur la droite du hall, côté « Arrivées domestiques ». Tlj 6h-22h. Prévoir 80 Bts/24h par bagage.* Bien demander les horaires d'ouverture et de fermeture.

@ ***Internet :*** *à l'étage des départs. Cher.*

➢ ***Bangkok*** (1h20 de vol) **:**

– *Thai Airways (pour Suvarnabhumi) :* ☎ *02-628-20-00.* 8-11 vols/j. Prix plein tarif (à titre indicatif) : 3 840 Bts. Certains billets en basse saison ou lors de promos exceptionnelles descendent jusqu'à 2 000-2 500 Bts.

– *Bangkok Airways (pour Suvarnabhumi) :* ☎ *02-254-29-03.* • *bangkokair.com* • 3-4 vols/j. Tarifs : 2 000-3 840 Bts selon dates et conditions d'achat du billet.

– *Thai Air Asia (pour Don Muang) :* ☎ *02-515-99-99.* • *airasia.com* • *Résas slt via Internet ou via leurs bureaux (au 2e étage de l'aéroport de Phuket, à Patong Beach ou au 1er étage du centre commercial* Tesco Lotus*).* 8 vols/j. Prix : 890-3 000 Bts ; moins cher si résa à l'avance. Bagages limités à 15 kg et 100 Bts par bagage ; slt 50 Bts si vous donnez le nombre de bagages 4h avt le décollage.

– *Nok Air (pour Don Muang) :* ☎ *13-18 et 02-900-99-55.* • *nokair.com* • 2 vols/j. Prix : 2 850-3 550 Bts selon date et horaire du vol. Attention, limite poids de bagages : 15 kg (*extra charge* pour les gros bagages 100 Bts/pers).

– *Orient Thai (« One-Two-go » ; pour Don Muang) :* ☎ *11-26 (Call center).* • *flyorientthai.com* • 2 vols/j. Prix : min 1 250 Bts.

➢ ***Ko Samui*** (50 mn) **:** 2-5 vols/j. avec *Bangkok Airways.* Prix : 1 875-2 850 Bts. Certains vols à prix spécial selon conditions d'achat.

➢ ***Pattaya :*** 1 vol direct/j. avec *Bangkok Airways* (1h40 de trajet). Prix : 2 350-3 950 Bts.

➢ ***Chiang Mai :*** 1 vol direct/j. (avec correspondance dans le sens Phuket-Chiang Mai) avec *Thai Airways.* 1h55 de trajet. Prix : 4 825-5 840 Bts selon dates. Et 2 vols directs/j. dans les 2 sens avec la compagnie *low-cost Air Asia.* Prix : env 4 500 Bts.

➢ ***New Ubon Ratchathani et Udon Thani :*** 1 vol direct/j. avec *Air Asia.* Prix : 1 450-1 485 Bts.

➢ ***Hat Yai :*** 1 à plusieurs vols directs/j. selon le jour de la sem avec *Happy Airway (• happyair.co.th •).* 1h de trajet. Prix : env 2 500 Bts.

➢ Liaisons directes avec ***Paris*** (*XL Airlines* ; 1 vol/sem) ; ***Kuala Lumpur*** et ***Langkawi*** (Malaisie) ; ***Penang*** (Malaisie ; 1 vol/j. ; départ à 14h10 ; 1h20 de trajet, avec *Air Flyer,* résa slt sur ● *fireflyz.com* ●) ; ***Singapour*** et ***Hong Kong*** (tlj) ; ***Shanghai*** (2 fois/sem, mar et sam, avec *China Eastern Airlines*). Et évidemment avec le monde entier via Bangkok. Également un vol de Paris (et Nice) via Doha avec *Qatar Airways* (● *qatarairways.com* ●).

Quitter ou rejoindre l'aéroport

– ***Les minibus collectifs :*** même comptoir que les taxis limousines, avant les sorties (tarifs officiels affichés). Moyen le plus économique pour gagner sa destination. Compter 100-180 Bts selon son point de chute (120 Bts pour Phuket Town, 180 Bts pour Patong, 180-200 Bts pour Karon/Kata, etc.). Seul inconvénient, la lenteur due aux multiples arrêts, dont ceux dans des offices de tourisme fantômes où l'on essaiera de vous proposer excursions, hébergements, etc. L'approche se fait à la mode locale, avec grande gentillesse et un joli sourire... Inutile de s'énerver, se cantonner à sa réservation (réelle ou pas), jouer à l'habitué.

– ***Les limousines :*** 2 kiosques dans le hall d'arrivée. Prix : 500-900 Bts en fonction de la distance. Départs à chaque arrivée d'avion. Elles ne devraient pas marquer d'arrêts en route pour vous obliger à réserver un hôtel, pourtant cela arrive... Soyez ferme et souriant.

– ***Les taxi-meters (avec compteur) :*** au niveau des arrivées, prendre le trottoir « Taxi meters » à 50 m à droite. Le prix inclut la prise en charge (50 Bts) et le parking de l'aéroport. Normalement 7 Bts/km.

– ***Les microbus climatisés*** *(Airport Bus)* ***:*** à la sortie de l'aéroport à gauche, au niveau des arrivées (repérer un petit panneau indicateur collé au mur après la sortie « International Arrivals »). Grands bus climatisés. Départs fréquents (terminus à la gare routière de Phuket Town ; 1h de trajet). Quelques arrêts sur le trajet (monument des Héroïnes, *Tesco Lotus*). Ne dessert pas les plages ! Prix : 85 Bts. D'autres bus relient Phuket Town, Patong, Karon et Kata. Des bus locaux desservent les plages les plus fréquentées (120 Bts par trajet ; rotation de 5h du mat à 1h du mat ; tarifs de nuit majorés).

➢ Transferts possibles pour ***Krabi*** (env 2h de route) en voiture avec chauffeur, ainsi que pour ***Khao Lak*** (1h30 de trajet).

Pour rejoindre l'aéroport, prévoir un laps de temps assez large, car trafic parfois abondant sur la route aux heures de pointe et contrôle de sécurité à l'aéroport assez long selon les heures, surtout quand il y a des départs internationaux : longue queue sur le trottoir, contrôle aux rayons X avant l'accès aux comptoirs d'enregistrement qui ferment 40-50 mn avant le départ du vol. Bref, pour un vol international, prévoir de partir min 3h avt.

Transports dans l'île

Un conseil : munissez-vous rapidement d'une des nombreuses cartes publicitaires de l'île (à l'aéroport, dans les agences de voyages ou chez certains commerçants). Gratuites, elles comprennent les plans des stations balnéaires.

Pour tous vos transports dans l'île et à l'exception des *taxi-meters* qui possèdent un compteur (vérifiez qu'ils le mettent en marche), il est impératif de fixer sa destination sans ambiguïté ainsi que de négocier le prix de la course avant d'embarquer. Et insister pour aller là où vous devez aller ! Il n'est pas rare que le chauffeur soit de mèche avec un autre resto, une autre *guesthouse* que la vôtre...

Dans Phuket Town

– ***Les bus publics :*** pratiques et économiques. Deux lignes de microbus de

12-14 places (vert et jaune, avec AC) relient les grands axes à un prix imbattable (10 Bts), entre autres le marché de Thanon Ranong, la gare routière, les centres commerciaux comme *Bic G, Tesco Lotus* et *Central Festival.* La plupart des panneaux indiquant les arrêts sont bilingues (anglais).
– Également des ***motos-taxis*** et ***tuk-tuk*** à petits prix, ainsi que des ***taxi-meters.***

Vers les plages

Songthaew grand modèle (carrosserie de bois sur un châssis de camionnette), qui partent du marché de Thanon Ranong (*plan II, A2,* ***2***) toutes les 30 mn 7h-17h ou 18h selon les destinations (derniers départs depuis les plages et vers Thanon Ranong 15h30-17h30 en général). Sont petit à petit remplacés par des bus plus récents et plus confortables. Ils desservent absolument toutes les plages (noms inscrits en anglais sur les côtés) et beaucoup de bourgades au nord et au sud de l'île. Très pratique et pas cher mais un peu lent. Les tarifs officiels sont donnés au *TAT* (20-40 Bts selon la destination). À titre d'exemple : Patong 25 Bts ; Karon et Kata 25 et 30 Bts ; Nai Harn 40 Bts. Ces *songthaew* s'arrêtent à la demande près de l'immense centre commercial *Central Festival* (*Big C* tout près).
– ***Motos-taxis ou tuk-tuk*** se trouvent surtout à Phuket Town et à Patong. Leurs pilotes portent un blouson ou un plastron de couleur agrémenté d'un numéro. En journée, les prix restent raisonnables, même si, là encore, l'inflation commence à nous les gonfler (les prix). En soirée, l'affaire se complique pour les longues distances, même après négociation. Pour une courte distance en ville, c'est pratique et rapide, mais pour une plus longue distance, c'est presque le même prix qu'un taxi avec la clim !
– ***Taxi-meters :*** n'acceptent pas toujours de prendre des touristes dans certains lieux, protégés par le lobby des *tuk-tuk* ou des taxis privés qui se réservent principalement les plages. De 8h à 18h, service compétent et surtout à prix fixes (voir plus haut « Quitter ou rejoindre l'aéroport » dans « Arriver – Quitter »). Ils peuvent être hélés ou appelés par téléphone (*☎ 232-192 ; anglophones*). Leur compteur est alors enclenché depuis le lieu de leur départ. Prise en charge : 50 Bts.

La location de véhicules

L'ensemble du réseau routier de l'île est de bonne qualité et entièrement bitumé. Faire quand même attention au trafic sur les quatre-voies du centre de l'île. Et puis, rouler à gauche évidemment, prendre les ronds-points dans le bon sens, et faire attention aux motos par millier au centre de l'île, qui grillent carrément les feux rouges comme si ces feux ne leur étaient pas destinés. Sur les routes côtières sinueuses et vallonnées, les accotements sont rarement stabilisés. Prudence, vitesse raisonnable et sobriété seront les clés de belles balades sans incident. Attention : lire notre rubrique « Transports. Moto » dans le chapitre « Thaïlande utile » en début de guide au sujet des assurances.
– ***Motos :*** économique. Les petites 110 à 125 cm³ sont largement suffisantes. Les prix en haute saison atteignent 300 Bts les 24h. Compter 50 % de réduction sinon. Pour quelques bahts de plus, préférer une moto automatique neuve, il y a maintenant des petits scooters japonais derniers modèles au même prix. Discounts pour longue durée. NE PAS OUBLIER SON PERMIS DE CONDUIRE INTERNATIONAL (DE PRÉFÉRENCE, OU NORMAL) EN ANGLAIS. Mettre le casque (obligatoire pour le pilote, et recommandé pour le passager). Allumer le phare (sur les nouvelles bécanes, celui-ci s'allume automatiquement). Contrôles de police fréquents et inattendus, surtout

sur Patong, Kathu, Chalong et Karon. Amendes de 300-500 Bts à aller payer au poste de police le plus proche ; le policier garde la moto le temps d'aller régler et des motos-taxis (payantes) sont à disposition pour vous emmener quand le poste de police est éloigné.

– ***Voitures :*** à partir de 1 000 Bts par jour pour des minijeeps ou un robuste pick-up Toyota, et 1 200-1 800 Bts pour de petites japonaises. Cela suffit pour se promener dans le coin, mais bien vérifier l'état du véhicule. Pour un trajet plus long et de véritables assurances, passez par les agences de type *Avis* ou *Budget* (à l'aéroport ou à Patong-plage), qui disposent d'antennes dans les autres villes et d'un bon service d'assistance. Les compagnies de location sérieuses proposent une assurance multirisque avec franchise de 8 000 à 10 000 Bts en cas de pépin ou alors un complément d'assurance sans franchise avec supplément à la journée : rien à payer en cas de problème (mais pas forcément intéressant pour une location du véhicule sur une longue durée).

Infos utiles dans l'île

Services

■ ***Change, ATM :*** *ouv généralement lun-ven 8h30-15h30 ; certaines banques disposent d'un guichet sur la rue ouv en début de soirée et le w-e.* Outre les nombreuses banques de Phuket Town (voir ci-dessous), on en trouve aussi au carrefour de Chalong, à Patong, et sur la route principale de Thalang, au nouveau centre commercial *Tesco Lotus*. La plupart ont également ouvert des succursales dans les principales bourgades : Rawai, Kamala, Surin. Pratique aussi, toutes les banques sont représentées dans le centre commercial ***Central Festival,*** les unes à côté des autres dans la même allée, avec bureau de change (pratique pour comparer les taux ; le meilleur est souvent celui de la banque *UOB*). Et certaines ont également des agences dans les divers centres commerciaux : ***Tesco Lotus, Big C*** *(tlj 11h-20h30 ; 17h pour certains bureaux de change).* Les adeptes de la carte de paiement trouveront de très nombreux distributeurs automatiques (même devant des boutiques).

Santé et sécurité

✚ ***Bangkok Phuket Hospital*** – โรงพยาบาลกรุงเทพภูเก็ต *: 2/1 Hongyok Utis Rd. ☎ 254-421 ou 429. Urgences : ☎ 10-60. 2 antennes médicales : à Laguna Phuket, Canal Village, 9h-21h ; et au Patong Beach Hotel, 10h-22h. Permanence 24h/24 au ☎ 254-425.* Dispose d'un interprète parlant le français, bravo pour l'initiative ! À demander à l'accueil.

✚ ***Phuket International Hospital*** – โรงพยาบาลภูเก็ต อินเตอร์เนชั่นแนล *(hors plan II par A1) : 44 Chalermprakiat Ror 9 Rd. ☎ 249-400. Urgences : ☎ 210-935.* • *phuket-inter-hospital.co.th* • *Entre les centres commerciaux* Big C et Tesco Lotus. *Là aussi, interprète francophone à demander à l'accueil.* Tarifs très élevés. Ne pas oublier de demander la facture en anglais pour un remboursement éventuel en France (possibilité de prise en charge).

■ ***Accidents de plongée*** *(Hyperbaric Chamber) : chambre de recompression hyperbare au Phuket International Hospital. Une autre à Patong Beach : ☎ 342-518 ; 📱 081-895-93-90.* Une équipe très compétente.

■ ***Tourist Police*** – ตำรวจท่องเที่ยว *(hors plan II par A1) : sur Yaowarat Rd, au nord de la ville. Mais composer le ☎ 11-55, c'est plus efficace. On trouve aussi des antennes sur les plages de Patong et Karon.*

Divers

■ ***Bowling*** – โบว์ลิ่ง *: au dernier étage du centre commercial* Big C, *sur Bypass Rd. Ouv 10h-2h.*

■ ***Journaux français :*** *dans la galerie marchande de Tesco Lotus ; dans les grandes épiceries du centre et du bord de plage de Patong ; à Karon, au supermarché de la rue principale ; et à Kata, dans le centre.* Arrivages irréguliers. Sur demande, les grands hôtels reçoivent par Internet les journaux du jour imprimés grand format. Assez cher.

■ ***Lee Travel Agent :*** *133/4, Moo 7, Soi Bang Wad Dam, Wichit Songkram Rd, Kathu. 📱 081-477-47-30 ou 081-606-90-95. • leetravel_phuket@yahoo.com • Entre Phuket Town et Patong, dans une impasse près du Phuket Country Golf ; pas facile à trouver, préférable de téléphoner avt. Se déplacent facilement, peuvent venir vous voir directement à votre hôtel.* Avec de nombreuses années d'expérience sur Phuket, voici une excellente agence de voyages tenue par un Français (Arnaud) et par son épouse thaïe (Lee). Réservation d'hôtels des plus modestes aux plus chic, en fonction de vos désirs. Billets d'avion, de bateau, location de voitures et transferts. Arnaud, un gars super sympa tombé irrémédiablement amoureux de son île, est une véritable mine de conseils utiles. Vous pouvez (presque) tout leur demander.

Où faire prolonger son visa ?

Pas besoin de pousser jusqu'en Malaisie, il suffit de rejoindre ***Ranong*** pour voguer vers le casino de l'*Andaman Club* (*☎ 02-679-82-38, à Bangkok)* situé sur l'île birmane de *Thahtay Kyun* (en thaï : *Ko Son*), attirant Thaïs et touristes étrangers 24h/24. Il n'est pas nécessaire d'être titulaire d'un visa pour le Myanmar (ex-Birmanie), ni d'y jouer pour jouir, une fois revenu en Thaïlande, d'un nouveau visa de transit de 15 jours. Ne pas oublier son passeport... et en faire une photocopie.

Comment aller à Ranong ?

➢ ***Par la route :*** en transports publics, voir plus haut « Arriver – Quitter ». Cette solution implique de dormir une nuit à Ranong. Les pressés préfèrent faire appel à des compagnies privées qui arrangent un « *visa run* » (course au visa !) d'une journée. Prix (incluant transfert depuis Phuket, bateau aller-retour, repas, droit d'entrée au Myanmar et formalités) à peine plus cher qu'en indépendant : à partir de 1 500 Bts. Départ de Phuket entre 6h30 et 7h, retour en soirée. Réservation recommandée. Une agence parmi d'autres :

■ ***Phuket Visa & Business :*** *64/46 Moo 1, Chaofa Rd East (entre Chalong et Phuket Town). ☎ et fax : 263-475. 📱 081-892-99-60. • phuketvisa.com •*

– *Avertissement :* si l'on vous propose de renouveler votre visa sans sortie du pays, ne le faites pas. C'est trop risqué. Sinon, également en Malaisie, poste frontalier 45 km après Hat Yai pour juste une réentrée de 15 jours, ou Penang au consulat royal thaïlandais pour un renouvellement de visa.

PHUKET TOWN – เมืองภูเก็ต *(100 000 hab. ; ind. tél. : 076)*

La capitale de la province se situe dans le sud-est de l'île. Hormis quelques manifestations spectaculaires comme le *Vegetarian Festival*, le Nouvel An chinois *(Chinese Pimai)* ou le Nouvel An thaï *(Songkran)*, il n'y a pas énormément de choses à voir ou à faire à Phuket Town.
Cela dit, cette bourgade a conservé sur quelques rues ses anciennes maisons de style colonial sino-portugais. D'ailleurs, beaucoup de ces bâtisses rénovent leur façade de couleurs pastel, agrémentant joliment la rue. Avec

leur petit air rétro, elles abritent des boutiques d'artisanat, des herboristeries chinoises, mais aussi des cafés, des restos et quelques pensions. Comme Ranong Road, avec son marché local « Fresh Market ». Finalement, une visite de Phuket Town, c'est une activité qui en vaut une autre quand il s'agit d'espacer les séances « tournedos » sur le sable blanc... À savoir : le dimanche, beaucoup de boutiques ont le rideau fermé ; préférez la semaine !

MÊME PAS MAL !

Le Vegetarian Festival (9 jours en octobre) a des origines chinoises : un groupe d'opéra itinérant aurait instauré ces rites de purification pour invoquer les dieux après avoir attrapé la malaria sur l'île. Comme son nom l'indique, le festival consiste en un étalage de nourriture végétarienne excluant viandes et excitants comme le café et l'alcool. Ce qui est moins soft, c'est le spectacle d'automutilations auxquelles se livrent les participants, apparemment immunisés par les dieux taoïstes : ils se percent les joues d'instruments de torture divers (couteaux, broches, tiges métalliques, branches), marchent sur des braises ardentes... En bref : âmes sensibles, s'abstenir !

Adresses et infos utiles

Services

TAT – ท.ท.ท. *(office de tourisme ; plan II, B2)* : *191 Thanon Thalang, Thalad Yai Muang, entre les rues Montri et Thepkrasattri.* ☎ *212-213 ou 211-036.* • *tourismthailand.org/phuket* • *Sur Montri Rd, 1re rue à gauche après la poste. Tlj 8h30-16h30.* Liste complète des hôtels, bonne carte de l'île avec un plan de la ville (mentionnant les noms en thaï, toujours utile), tarifs des *tuk-tuk* et des *songthaew*, horaires exacts des bus et des bateaux, brochures diverses, etc. Personnel anglophone, compétent (normalement) et souriant. Pour toutes les adresses possibles et imaginables, acheter *Gazette Guide* ou *Phuket Directory*, en librairie. Grande statue d'un dragon doré sur la gauche vers la rivière.

Poste – ไปรษณีย์โทรเลข *(plan II, B2)* : *à l'angle de Thanon Thalang et Montri. Lun-ven 8h30-16h30, sam 9h-12h.* Collection de vieux timbres dans l'ancienne poste, juste à côté, dans l'enceinte du parking.

Télécommunications : *Phang Nga Rd (plan II, B2). Ouv 8h30-20h.* Profiter des nombreux centres ISD pour appeler à l'international. Également des cabines à carte dans la rue principale. On peut acheter les cartes à la librairie *The Books* ou au ***centre des télécoms*** *(plan II, B2, **3**).* Pour Internet, plusieurs boutiques de télécoms à tout faire. Et wifi gratuit dans plein d'hôtels et restos.

Change : *beaucoup de banques à Phuket Town. Plusieurs sur Thanon Phang Nga et Ratsada (plan II, A-B2). Généralement lun-ven 8h30-15h30.* Change au guichet aux heures d'ouverture (en revanche toutes les banques ont devant la porte des distributeurs ATM ouverts 24h/24h). Attention à ne pas se faire avaler sa carte en fin de semaine, car les banques sont fermées du vendredi 15h30 au lundi matin 8h30...

Immigration Office – สำนักงานตรวจคนเข้าเมือง *(hors plan II par B3)* : *Thanon Phuket, au sud de la ville, en direction du quartier de Saphan Hin.* ☎ *212-108. Lun-ven sf (j. fériés) 8h30-12h30, 13h-16h30.* Bâtiment récent, personnel bien équipé et compétent. Pour prolonger son visa de 7 jours (selon le type, transit ou pas), moyennant 1 900 Bts. Formalité rapide (10 mn s'il n'y a pas trop de monde). On peut faire photos et photocopies sur place. Toutefois, il

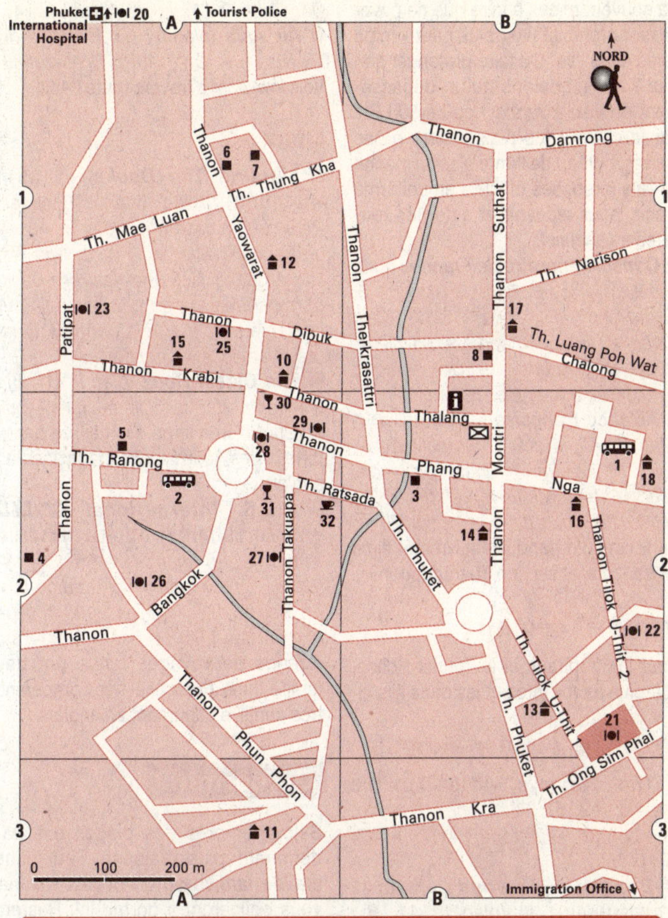

PHUKET TOWN (PLAN II)

Adresses utiles

- TAT
- 1 Phuket Bus Terminal 1
- 2 *Songthaew* vers les plages
- 3 Centre des télécoms
- 4 Alliance française
- 5 Thai Airways
- 6 Bangkok Airways
- 7 Malaysia Airlines
- 8 The Oldest Book

Où dormir ?

- 10 Thalang Guesthouse
- 11 Twin Inn et Twin Hotel
- 12 Siri Hotel
- 13 Phuket Crystal Inn
- 14 Pearl Hotel
- 15 Old Town Hostel
- 16 Royal Phuket City Hotel
- 17 Hotel Sino House
- 18 Bhukitta Hotel & Spa

Où manger ?

- 20 Food court du Tesco Lotus
- 21 Marché de nuit
- 22 Up Town Restaurant
- 23 Ko Tee
- 25 Dibuk
- 26 Natural Restaurant
- 27 Ka Jok See
- 28 Sing Seng Leong
- 29 The Cook

Où boire un verre ? Où prendre un petit déj ?

- 30 China Inn Cafe
- 31 The Circle
- 32 Gallery Café

y a souvent mieux à faire que de payer ce tarif prohibitif (voir plus haut « Infos utiles dans l'île. Où faire prolonger son visa ? »). Rappelons qu'un dépassement de visa *(overstay)* coûte 500 Bts par jour. Pour les plaisanciers et les marins, bureau de l'immigration marine en ville (préposés officiels en uniforme blanc, pour recevoir et aider les touristes en anglais).

■ ***Consul honoraire de France :*** *hôtel Royal Phawadee Village, 3 Sawatdirak Rd, à Patong Beach. ☎ 345-576. Mais risque de changer d'adresse. Le mieux, en cas de problème, est de contacter l'ambassade de France à Bangkok.*

■ ***Alliance française*** – สมาคมฝรั่งเศส *(plan II, A2,* ***4****) :* *3 Thanon Pattana, Soi 1. ☎ 222-988. • phuket@alliance-francaise.or.th • Mar-ven 9h30-12h30, 14h30-18h ; plus lun ap-m et sam mat.* Dans un coin tranquille. Livres et films en français, et service de traduction.

Santé et sécurité

Pour les hôpitaux et la Tourist Police, voir plus haut « Infos utiles dans l'île ».

Compagnies aériennes

■ ***Thai Airways*** – สายการบินไทย *(plan II, A2,* ***5****) :* *78 Thanon Ranong. ☎ 258-236. Billetterie : ☎ 258-237. Tlj 8h-16h.*

■ ***Bangkok Airways*** – สายการบินบางกอกแอร์เวย์ *(plan II, A1,* ***6****) :* *158/2-3 Thanon Yaowarat. ☎ 212-341. • bangkokair.com • Côté rue, à quelques mètres du carrefour avec le Phuket Merlin Hotel, en arrière-plan. Lun-ven 8h-17h. À l'aéroport, résas : ☎ 205-400.*

■ ***Malaysia Airlines*** – สายการบินมาเลเซีย *(plan II, A1,* ***7****) :* *1/8-9 Thanon Thung Kha. ☎ 213-749. En face du Phuket Merlin Hotel, qu'on ne peut pas rater.*

■ ***Silk Air*** – สายการบินซิลค์แอร์ *(plan I) :* *101/17 Moo 1, Tampol Kathu, en face du Tesco Lotus, de l'autre côté de la route. ☎ 304-019. • silkair.com • Une filiale de Singapore Airlines.*

■ ***Air Asia*** *(plan I) :* *au 1er étage du Tesco Lotus. ☎ 254-671. Tlj 9h-20h30.* Vols *low-cost* à travers toute l'Asie.

Divers

■ ***Librairie The Books*** – ร้านขายหนังสือถนนภูเก็ต *:* *Thanon Phuket. Pour de l'occase (dont des ouvrages en français), aller sur Phang Nga Rd, sur le trottoir face à la Kasikorn Bank, et même maison un peu plus loin sur le même trottoir que la Bangkok Bank (très bien approvisionnée).*

■ ***The Oldest Book*** *(plan II, B1,* ***8****) :* *immeuble situé au coin des rues Dibuk et Montri.* Très large éventail de papeterie, livres, journaux et magazines en anglais.

■ ***C.L.S. International Cie LTD*** – บริษัท ซีแอลเอส อินเตอร์เนชั่นแนล จำกัด *:* *183/10 Phang Nga Rd. ☎ 219-980 ou 982. • clstour@loxinfo.co.th • En face du City Hotel et à 100 m de la station des bus. Lun-sam 8h30-18h.* Agence de voyages tenue par une famille thaïe. Personnel très compétent, très gentil, s'exprimant en anglais.

Où dormir ?

Séjourner près des plages est évidemment plus plaisant. Seuls une arrivée tardive ou un départ matinal vous obligeront à dormir ici. Restent de bons rapports qualité-prix et le brin de charme de cette paisible bourgade, plus authentique et plus calme que les plages, surtout en fin de journée et le week-end (d'autant que le dimanche, nombre de boutiques sont fermées). De plus, les hôtels affichent un rapport qualité-prix imbattable comparé aux établissements de la côte !

Bon marché (moins de 500 Bts – 12,50 €)

☗ ***Old Town Hostel*** *(plan II, A1,* ***15****) :* *42 Thanon Krabi. ☎ 258-272. 📱 081-*

719-54-93. • phuketoldtownhostel.com • Situé dans une rue tranquille, proche du centre-ville, et parallèle à Ranong Rd (marché local et arrêt des songthaew) Petit déj inclus. Une réception plutôt accueillante, des chambres monacales proprettes, un peu plus grandes dans les étages. Salles de bains communes ou privées, ventilo ou AC. Personnel sympa et souriant. Transferts aéroport sur demande, laverie, coin bouquin et cuisine à disposition.

Thalang Guesthouse – ถลาง เกสท์เฮ้าส์ *(plan II, A1, **10**) : 37 Thanon Thalang. ☎ 214-225. • thalangguesthouse.com • Petit déj inclus.* Demeure sino-portugaise de caractère, comme toutes ses voisines de la rue. Chambres de taille et de confort variables, à 1, 2 ou 3 lits. Le moins cher de la catégorie, donc très recherché (et apprécié) par les routards, et souvent plein. Blanchisserie, résa de transports (pas cher) et quelques tables pour avaler un plat simple.

Siri Hotel – โรงแรมสิริ ภูเก็ต *(plan II, A1, **12**) : 231 Thanon Yaowarat, en retrait de la rue. ☎ 211-307 ou 215-816.* Au calme près d'une rue commerçante, à 500 m du centre-ville. Fréquenté principalement par les Thaïs. Réception avec personnel timide mais souriant, chambres carrelées, pas très grandes (une odeur de renfermé dans certaines), AC, frigo (TV en supplément), sanitaires privés avec eau chaude. Tarifs affichés à la réception non négociables. Réception ouverte 24h/24, pratique en cas d'arrivée tardive. En dépannage pour une nuit.

Prix moyens (de 500 à 1 000 Bts – 12,50 à 25 €)

Phuket Crystal Inn – โรงแรม ภูเก็ต คริสตัล อินน์ *(plan II, B2, **13**) : 2/1-10 Soi Surin, Montree Rd, Taladyai, Muang. ☎ 256-789. • phuketcrystalinn.com • Pas loin du centre commercial* Robinson. Service et confort vraiment de bon niveau pour le prix (AC, coffre, frigo, TV satellite). Chambres nickel et lumineuses (plus sombres aux 3ᵉ et 4ᵉ étages), avec une déco contemporaine de bon goût (rarissime). Lobby agréable, jonque de faux jade, accueil aimable, marbre au sol et étroite courette avec bassin de poissons rouges sur l'arrière. Petit resto et petite agence.

Twin Inn – ทวิน อินน์ *(plan II, A3, **11**) : 74/15-20 Phoolphol Rd, Taladnua. ☎ 246-541. • twininn.com • Petit déj inclus.* Dans un quartier un peu excentré, riche en bars karaoké, petits restos et salons de massage un peu douteux. Que cela ne vous arrête pas pour autant ! Un hôtel récent, offrant des chambres de bon confort (eau chaude, TV, frigo, clim) à prix corrects, certaines avec balcon sur... pas grand-chose. Pour une nuit, c'est nickel, d'autant qu'il y a une petite piscine à l'arrière et que l'accueil souriant est un plaisir. Petit resto au rez-de-chaussée, avec vue sur... le parking. Espérons que l'endroit ne tournera pas à la maison de passe, comme tant d'autres...

Plus chic (de 1 500 à 3 000 Bts – 37,50 à 75 €)

Bhukitta Hotel & Spa *(plan II, B2, **18**) : 20-28 Phang Nga Rd, Tambon Talard Yai. ☎ 215-712. 081-88-82-57. • bhukitta.com • Dans un coin sur la droite près de la gare routière, dans le soi partant de Phang Rd, pas loin du* Royal Phuket City. Si le cadre de l'hôtel n'est pas très attractif, avec ses ruines de bâtisses autour, l'intérieur, en revanche, saura vous ravir ! Déco contemporaine, salles de bains très élégantes, à ciel ouvert, et même petit balcon. On a un faible pour les chambres du rez-de-chaussée, avec accès direct à la piscine. Petit déj copieux, resto. Accueil sympa. Une bonne adresse.

🏨 ***Twin Hotel*** *(plan II, A3,* ***11****)* **:** *en face du* Twin Inn *(voir ci-dessus), un peu plus cher, mais c'est justifié.* ☎ *355-800.* 📱 *089-652-15-52.* • *twinhotel phuket.com* • 📶 Grande réception accueillante, chambres spacieuses de différentes catégories, plutôt jolies et colorées, de très bon confort. Resto, et même piscine.

🏨 ***Hotel Sino House*** – โรงแรมซิโนเฮ้าส์ *(plan II, B1,* ***17****)* **:** *1 Montree Rd, Talad Yai, Muang.* ☎ *232-495.* • *sino housephuket.com* • *Doubles min 2 000 Bts, petit déj compris.* Ne pas se fier au bâtiment moderne plutôt quelconque vu de l'extérieur : il abrite de bien jolies chambres, spacieuses, meublées avec goût dans un registre sino-portugais moderne. Et certaines, un peu plus chères, sont même équipées d'un vrai coin cuisine. Belles salles de bains pour toutes, et par-ci par-là quelques peintures murales. Spa indépendant très agréable sous un banian et vrais massages. Une oasis de calme en pleine ville, dépaysante et d'un bon rapport qualité-prix. Petit bar au rez-de-chaussée pour siroter une bière. Une bonne adresse.

🏨 ***Royal Phuket City Hotel*** – โรงแรม รอยัล ภูเก็ต ซิตี้ *(plan II, B2,* ***16****)* **:** *154 Phang Nga Rd, Muang.* ☎ *233-333.* • *royalphuketcity.com* • Le bel hôtel « de luxe » du centre-ville. Vaste hall de réception, chambres spacieuses et évidemment tout confort, jolie piscine et salle de fitness. Bonne pâtisserie au rez-de-chaussée. Le midi, un super buffet pas très cher pour les affamés, et un excellent resto chinois à l'étage. Préférer les chambres les plus en hauteur pour éviter certains jours la résonance du hall car l'hôtel est spécialisé dans les séminaires, assez fréquents.

🏨 ***Pearl Hotel*** – โรงแรมเพิร์ล *(plan II, B2,* ***14****)* **:** *42 Thanon Montri.* ☎ *211-044.* • *pearlhotel.co.th* • *Les réducs consenties sans problème en font le moins cher de la catégorie.* Accueil pro convenu dans ce grand hôtel hors d'âge au personnel sans âge. Une ancienne gloire de la ville, où les couloirs ressemblent à des coursives de bateau. Chambres de confort classique avec de grandes fenêtres, mais pas mal de détails commencent à clocher ! Le tout est un peu vieillot. Son réel avantage : sa très jolie piscine extérieure, avec cascade artificielle, noyée dans une végétation luxuriante.

Où manger ?

En plus des restos et gargotes, Phuket Town compte un grand nombre de pâtisseries-boulangeries qui se livrent une concurrence féroce.

De bon marché à prix moyens (de 100 à 500 Bts – 2,50 à 12,50 €)

🍽 ***The Cook*** – ปรุงอาหาร *(plan II, A2,* ***29****)* **:** *101 Phang Nga Rd.* ☎ *258-375. Tlj sf lun 8h-21h30. Pizzas 180 Bts ; plats 50-80 Bts.* L'ancien chef du *Méridien* a eu la bonne idée d'ouvrir son propre resto. Dans une salle proprette, joliment décorée, avec ses nappes à carreaux, ses vieux tableaux et quelques pampilles au plafond. Cuisine thaïe classique pas chère et incursions bienvenues du côté de l'Italie, avec des pizzas, classiques ou plus originales à l'ananas ou au durian. L'idéal pour reprendre pied avec l'Occident ! Le chef vient même saluer en fin de service en salle ! Une bonne adresse.

🍽 ***Marché de nuit*** *(Night Market ; plan II, B2,* ***21****)* **:** *extrémité sud de Thanon Tilok-U-Thit, près du centre commercial* Robinson. *Ouv du crépuscule à l'aube.* Un max de cantines, un max de choix. Comme toujours, du pas cher et savoureux à la sauce locale. Ambiance animée, jusqu'à 10h le matin, où les marchands ambulants de produits alimentaires frais sont toujours installés dans les rues avoisinantes, fermées à la circulation à cet effet !

Ko Tee – โกตี๋ *(plan II, A1, **23**) : Thanon Patipat, entre Thanon Krabi et Mae Luan. Tlj 16h-minuit. Fondue coréenne (en thaï : « mukata ») à volonté pour 110 Bts/pers sans boisson !* Un grand chapiteau vert et blanc sans pancarte en anglais. Très fréquenté par les locaux et pour cause, c'est bon et très copieux. Mais gare au gaspillage, amende de 100 Bts si vous ne finissez pas votre assiette ! Buffet de salades en entrée, puis viandes, crustacés ou abats à cuire soi-même dans un chaudron de bouillon chauffé au charbon de bois placé au milieu de la table. Large choix d'ingrédients renouvelés en permanence. N'oubliez pas de remplir d'eau les bords de la marmite, cela vous servira pour la soupe aux légumes et vermicelles. Service super efficace.

Up Town Restaurant – ร้านอาหารอัปทาวน์ *(plan II, B2, **22**) : 51 Thanon Dilok-U-Thit 2, Taladyai. ☎ 215-359. Pas loin du Night Market. Tlj sf mer, jusque vers 21h-22h.* Largement ouverte sur la rue, une vaste salle propre et simple où une armada de serveurs navigue entre les tables en bois rafraîchies par des ventilos. Thaïs et touristes font également honneur à l'excellente cuisine traditionnelle, servie sans chichis.

Sing Seng Leong *(plan II, A2, **28**) : 16 Thanon Yaowarat (angle Thanon Phang Nga). ☎ 211-139. Tlj sf dim, 5h30-14h, 17h-minuit.* Un resto typique, tout en longueur, tenu par des Chinois, où la déco date assurément de l'ouverture et évoque les années 1900 ! Tout est en bois patiné par l'usage, depuis les grandes vitrines-étagères contre les murs jusqu'aux tables rustiques ou les volets à 2 battants. À midi, quelques plats rapides déjà préparés, à choisir dans un présentoir en entrant. Autrement, carte simple de cuisine thaïe classique. Seule touche de modernité, le grand écran plasma, pour les retransmissions de matchs de foot (en particulier quand Liverpool est au programme, comme en témoignent les trophées affichés).

Plus chic (à partir de 300 Bts – 7,50 €)

Natural Restaurant – ครัวธรรมชาติ *(plan II, A2, **26**) : 62/5 Soi Phutorn, près de Thanon Bangkok. ☎ 224-287. Tlj 10h30-23h30.* Notre adresse préférée à Phuket Town ! Sorte de cabane dans les arbres avec une véranda couverte d'orchidées, mélangée à un cabinet de curiosités. Déco hyper originale, comme des tables sur de vieilles machines à coudre, des scalps ou des boomerangs encadrés. Plus légère au rez-de-chaussée avec une petite cascade au centre. Cuisine traditionnelle variée : *satays*, nouilles accommodées de mille et une façons, plats de fruits de mer et poissons (comme le *mixed seafood*), salades épicées *yam nua* (bœuf) ou *yam pet* (canard). Venir tôt, vite pris d'assaut.

Dibuk – ดีบุก *(plan II, A1, **25**) : 69 Thanon Dibuk. ☎ 258-148. Tlj 11h-23h30.* Très beau resto tenu par Jean-Pierre et Nok, à l'abri de cette rue très passante. Décor plaisant et relaxant. Menu en français. Cuisses de grenouilles, carré d'agneau provençal et bien d'autres gourmandises thaïlandaises. Rendez-vous des expats de Phuket. Ne pas confondre avec le *Dibuk Chez Papa*, à 50 m de là...

Ka Jok See – กระจกสี *(plan II, A2, **27**) : 26 Thanon Takuapa. ☎ 217-903. Sur la droite en venant de Thanon Ratsada ; pas d'enseigne, juste un panneau marron marqué « Antique ». Tlj sf lun 19h-22h30. Résa impérative. Menus à prix très correct ; sinon, choix à la carte.* Des bambous grimpant jusqu'au 1er étage isolent la salle de la rue. Dernièrement une véranda a même été installée Beaucoup d'habitués, surtout des expats. Cadre très soigné, à la fois original et intimiste. Déco style Rajasthan et photos de Paris et de Venise. Un peu chic mais pas guindé : idéal pour un dîner intime.

Où manger bon marché dans les environs ?

Food court du Tesco Lotus – ศูนย์อาหารเทสโก้ โลตัส *(hors plan II par A1,* ***20****) : dans la périphérie de Phuket Town, au carrefour de la Bypass Expressway (route nº 402) et de Sam Kong. Tlj 9h-22h. Plats 35-80 Bts. Fontaine d'eau filtrée (gratuite), eau minérale, jus de fruits, mais pas d'alcool.* Les *food court*, où l'on paie avec des coupons achetés en entrant à la caisse ou une carte à recharger (attention à bien se faire rembourser le montant non utilisé le jour même ; une carte de 100 Bts par personne suffit largement), sont l'une des grandes régalades asiatiques. Faire son (ses !) choix parmi une vingtaine d'échoppes installées au centre de la salle cuisinant sur le pouce tous types de nourriture asiatique. Pas cher et frais. Un peu bruyant mais couleur locale garantie. Au rez-de-chaussée, on trouve aussi l'annexe d'une chaîne asiatique, *MK Restaurant*, pas mauvaise du tout.

Où prendre un petit déj ?

Gallery Café *(plan II, A2,* ***32****) : 106-108/1 Rassada Rd. ☎ 211-775. • gallerycafe-phuket.com •* Dans un cadre de vieille échoppe chinoise, un lieu sympa pour prendre un petit déj toute la journée. L'idéal pour les fêtards ou entre 2 bus. L'occasion de surfer sur son ordi, sur la petite terrasse ombragée ou au 1er étage (AC), en sirotant un bon *smoothie* ou un café. Expos d'œuvres d'art juste à côté. Chaleureux et reposant.

Où boire un verre ?

China Inn Cafe – ไชน่า อินน์ *(plan II, A2,* ***30****) : 20 Thanon Thalang. 081-979-82-58. Presque en face de* Thalang Guesthouse. *Lun-mer 11h-18h, jeu-sam 11h-22h.* La 1re salle ressemble plus à une galerie d'art qu'à un café. En profiter pour contempler les superbes clichés centenaires réalisés par Auguste François, qui fut consul à Kunming (Yunnan, Chine). Succession de maisons sino-portugaises (avec un patio), restaurées avec goût et délicatement meublées d'antiquités et de brocantes chinoises. Cafés, boissons, jus de fruits et petits plats, à prix nettement gonflés, mais il s'agit de rentabiliser cette initiative... Pour un break dans cette rue si attachante. Les souverains de Suède y ont fait escale pour leurs 30 ans de mariage. Même sans consommer, la visite vaut le détour.

The Circle *(plan II, A2,* ***31****) : au rond-point de Thanong Ranong. Enseigne « Café Dèli » plus visible que « Circle ». Ouv tlj.* Petit établissement tout en longueur, aux boiseries agréables, et toujours très fréquenté. Sympa pour une pause désaltérante. On peut aussi s'y sustenter, d'ailleurs.

À voir. À faire dans les environs

Gipsy Village – หมู่บ้านยิปซี *(plan I) : à l'est de Phuket Town, sur l'île de* ***Ko Sirey*** *(reliée à Phuket par un pont), prendre direction Leam Tuk Kae. Depuis la ville, prendre Thanon Sri Sutat et faire env 3 km. Après un pont, sur la droite, dans la mangrove qui borde les 2 côtés de la route, des colonies de singes en liberté viennent souvent au bord de la route en fin d'ap-m, attirés par les badauds qui les nourrissent (un parvis avec statuettes de singes a même été aménagé à cet effet !). Poursuivre tt droit sur 1 petit km, tourner à droite et suivre la route jusqu'à ce village (cul-de-sac) de gitans* *de la mer.* Animistes et originaires des îles Andaman, ils tentent de préserver leur village. Ils constituent une petite communauté bien typée, avec ses propres traditions. Certains hommes portent encore parfois une étoffe nouée autour de la taille, comme au Myanmar. Mais civilisation faisant loi, le jean et le tee-shirt l'ont remplacée dans le cœur des jeunes. La plupart sont pêcheurs, d'autres plongeurs en apnée (ils peuvent rester plus de 3 mn sous l'eau !). Ils vivent dans des cabanes de béton et de tôle ondulée, dans des conditions plutôt misérables. Peu de touristes dans ce secteur, c'est pourquoi il convient d'avoir un comportement respectueux et discret. Devant les maisons, l'espace autour des vastes jarres recueillant l'eau de pluie sert de salle de bains. Le matin, la famille s'y lave. Pas de photos, évidemment. La villa cossue entourée de grilles dorées plantée au milieu du village paraît un peu incongrue.

Gypsea Beach Bungalow Restaurant – ร้านอาหารจยิปซีบีชบังกาโล : *71 Moo 4, Ko Sirey. ☎ 076-222-042. 081-631-87-21.* Resto typique très sympa et bonne nourriture à bas prix servie gentiment par des Thaïs. Paillotes individuelles devant la mer. Demander la carte en anglais. Un resto d'habitués locaux qui cherchent tranquillité et authenticité : une identité devenue rare à Phuket.

Phuket Orchid Farm – ภูเก็ตออร์คิดฟาร์ม *(plan I) : 67 Soi Suksam 1, Thanon Viset, Rawai. ☎ 280-226. • phuketdir.com/phuketorchid • Depuis le rond-point de Chalong, prendre la nº 4024 en direction de Rawai sur 500 m, puis une petite route, c'est encore à 500 m. Tlj 9h-17h30. Entrée : 200 Bts. Anglais parlé à l'accueil.* Grande ferme d'orchidées, où elles poussent à perte de vue sous des serres. Des spécimens assez incroyables. On peut en acheter, mais c'est plus cher que chez les pépiniéristes installés en bord de route (où l'on peut aussi zyeuter orchidées et autres plantes tropicales sans débourser un centime !).

Phuket Butterfly Garden & Insect World – สวนผีเสื้อและแมลงจังหวัดภูเก็ต : *Sam Kong. ☎ 215-616 et 210-861 ou 862. • phuketbutterfly.com • En partant du centre commercial Tesco Lotus sur Bypass Rd, prendre la direction centre-ville et tourner à gauche dans la 2e rue, Paniang Lane ; les panneaux indicateurs (avec des papillons) sont presque invisibles derrière les pubs. Tlj 9h-17h. Entrée chère : 300 Bts ; réduc.* Le royaume des papillons, qui évoluent au-dessus de la tête des visiteurs à l'intérieur d'un superbe jardin couvert. Panneaux explicatifs sur la (courte) vie de ces merveilles, ainsi que sur celle d'autres insectes en vitrine dans une salle. Cafétéria et boutique dans le hall d'entrée. C'est bien gentil mais franchement cher pour ce que c'est : un bel attrape-touristes !

Le panorama de Khao Rang : *au nord-ouest de la ville. Depuis Thanon Patipat, suivre les panneaux « Khao Rang Hill » amenant par une route en corniche d'env 2 km au sommet d'une colline qui domine la baie de Phuket.* Belle promenade dans un parc ombragé, et un sympathique resto, le *Tung Ka Cafe (☎ 211-500 ; ouv 11h-23h ; prix moyens),* noyé dans la verdure, avec vue plongeante sur la *city.* Cuisine classique, mais pas donnée, en fait on paie pour la vue. Des colonies de singes viennent souvent saluer les visiteurs au petit mur situé au bord du parking.

LES PLAGES DE L'ÎLE DE PHUKET *(plan I)*

Nous répertorions ici les plages de la côte ouest et de la pointe sud, en partant du nord dans le sens inverse des aiguilles d'une montre. Qui dit plage dit baignade. Soyez très prudent à cause des vagues, particulièrement en basse saison, mais aussi des courants horizontaux et verticaux (eh oui, ça existe). Voir aussi la rubrique « Baignade » plus haut.

Pour le logement, outre la classique formule en hôtel ou *guesthouse*, il se développe un véritable marché des appartements, villas et maisons à louer. À la semaine ou au mois, les prix sont très avantageux et l'on dispose d'une cuisine, d'un parking, etc. Suivre les panneaux *« For rent »* ou *« House for rent »*, qui fleurissent çà et là devant les maisons.
Attention toutefois à ne pas se retrouver au milieu de nulle part, loin de toutes commodités, car dans ce cas un véhicule est très souvent nécessaire.

SAI KAEW BEACH – หาดทรายแก้ว

Bord de mer sauvage épargné par la ruée des touristes, cette longue plage n'est pas vraiment recommandée pour la baignade (souvent trop de courants). Certains jours, l'eau très claire et le sable blanc bordé d'une végétation flamboyante justifient son appellation : *sai* (sable), *keaw* (cristal). Superbe photo garantie quand on arrive du continent par le pont Sarasin, depuis lequel des Thaïlandais pêchent souvent à la ligne. Un village de pêcheurs authentique, au bord de la mer de Chatachak, avec ses étalages de poissons à sécher devant les maisons, et quelques paillotes au toit de chaume pour casser une graine.

MAI KHAO BEACH – หาดไม้ขาว

Au nord de l'aéroport. C'est la plage de l'hôtel *Marriott* et des hôtels-résidences au luxe exubérant, un coin sans véritable activité locale alentour. Beaucoup de coquillages et tranquillité relative depuis la construction de complexes d'appartements. **Attention pour la baignade, dangereuse toute l'année.**

NAI YANG BEACH – หาดในยาง

À 3 km au sud de l'aéroport. On se rassure : seuls quelques avions survolent ce superbe bout de côte, pas de nuisance en perspective ! Côté nord de la plage, le parc national Sirinat a protégé (partiellement) une partie du site de la gloutonnerie des promoteurs, lui assurant calme et ombrage, à l'abri sous une jolie forêt de pins. Après la saison des pluies, et même toute l'année pour les locaux, en particulier les week-ends et jours fériés, vendeurs ambulants et tables de pique-nique font leur apparition. Faune et flore marines abondantes grâce à la barrière de corail, mais eau pas très claire. Baignade possible à l'extrémité sud de la plage, où se concentrent boutiques de batiks et petits restos sympas les pieds dans le sable. On trouve aussi une grande estrade sur la plage pour les massages traditionnels. Quelques barques de pêcheurs. Un coin charmant de Phuket, pas trop pollué et fréquenté surtout par des Thaïs. Familial et l'une de nos zones préférées.

Où dormir ? Où manger ?

D'un peu plus chic à plus chic (de 1 200 à 2 100 Bts – 30 à 52,50 €)

Goldigger's Resort : *74/12 Surin Rd, Sakoo, Thalang.* ☎ *328-424.* • *golddigger-resort.com* • *En sortant de l'aéroport, direction Phuket (bien fléché). Sur la plage de Nai Yang, derrière l'*Indigo Pearl*, prendre le Bangmalauw 2 ou 6, dans un cul-de-sac.* 2 types d'hébergement : les moins chers avec ventilo, assez grands, un peu à l'écart, avec eau chaude. Très propres. Les autres, plus petits mais autour d'une grande piscine dans un jardin, avec AC, frigo, TV. Simples mais confortables. Petit bar-resto pour le petit déj (non inclus). Gestion suisse. Bon accueil.

Plus chic (env 2 500 Bts – 62,50 €)

Airport Resort : *80/15 Moo 1, Sakoo, Thalang. ☎ 327-697. • phuketairportresort.com • À 150 m de la plage. Bungalow 2 500 Bts, petit déj compris.* Jolis bungalows confortables, resto, piscine, mais le tout un peu serré en vis-à-vis. Intéressant pour une étape obligatoire à proximité de l'aéroport. Transfert gratuit. Un autre avantage : on est à 3 mn de la plage. Et loin du monde agité...

Nai Yang Beach Resort : *65/23-24 Nai Yang Beach Rd, Sakoo, Thalang. ☎ 328-300. • naiyangbeachresort.com • Petit déj compris. Réduc sur Internet.* Devant la plage tranquille de Nai Yang, au bord du chemin qui mène à la plage, un hôtel de bon confort, à l'ambiance conviviale, dans un grand parc planté de végétation tropicale. Plusieurs bâtisses de quelques chambres chacune et un bâtiment de 3 étages, quelques chambres individuelles de plain-pied et deux *Private pool villa* pour les plus chères, le tout éparpillé entre les arbres et autour de 3 piscines. Plusieurs catégories de chambres allant des plus simples *(Tropical Wing)* aux bungalows mitoyens au fond du parc (nos préférés, très bon rapport qualité-prix, et loin du karaoké et de la piscine, prisée même la nuit !) jusqu'aux *Pool Villa Deluxe,* avec piscine privée, pour les plus chères, mais un peu sombres. Déco d'art thaï et contemporain dans chaque chambre, bois brun et couleurs chatoyantes des tissus. Restaurant. Petit parc à tortues. Transferts aéroport possibles. Accueil très sympa.

À voir. À faire

Sirinat National Park : *• dnp.go.th • Entrée : 20 Bts, à payer à l'une des 2 guitounes pour l'accès du tronçon classé National Park au bord de la mer (en fait, continuité du National Park du même nom au nord-ouest qui s'étend jusqu'ici, séparé par l'enceinte de l'aéroport).* Pinèdes très agréables depuis le grillage qui clôt l'aéroport à l'extrême nord de la plage. Les jours fériés et le week-end, plein de petites cantines ambulantes installées sous les arbres où viennent pique-niquer les locaux. Logement possible dans ce parc national, en retrait de la mer : quelques bungalows modernes en dur, sans charme mais confortables (1 200-1 500 Bts pour 2). Il y a aussi la possibilité de louer des tentes pour camper au bord de la mer (200 Bts pour 2). S'adresser au ranger dans la guitoune à l'entrée du parc ; ou, comme pour tous les parcs nationaux, réservations par Internet, ou en s'adressant directement à l'*Information Center.*

WHITE BEACH – หาดทรายขาว

Après la colline qui la sépare de Naithon, une plage isolée, propriété d'une vieille famille exploitant l'hévéa. La fille du clan y a construit un complexe hôtelier de qualité. La plage n'est pas accessible aux non-résidents.

Où dormir ?

Spécial coup de folie ! (à partir de 6 500 Bts – 162,50 €)

🏠 ***Andaman White Beach Resort*** – อันดามันไวท์ บีสรีสอร์ท *: ☎ 316-300.* ● *andamanwhitebeach.com* ● Toutes les chambres ont vue sur la mer et, en quelques pas, on est dans l'eau. Déco raffinée, superbe plage privée, 3 restos (jusque sur la plage !), piscine, sauna, spa et salle de gym, mais tout cela a un prix ! Les plus luxueuses des chambres montent à 21 000 Bts, mais les moins chères, près de la route, sont aussi magnifiques. Celles avec vue sur la mer et jacuzzi privé plaisent beaucoup, sans oublier les salles de bain à ciel ouvert. Accueil stylé.

LAYAN BEACH – หาดระยัน

Après White Beach, la route double un cap puis longe Layan Beach. Presque vierge de développement, cet endroit magnifique dégage une quiétude qui attire les condominiums d'appartements et autres villas au luxe aseptisé : ça pousse comme des champignons après la pluie. Avant de rejoindre Bang Tao, les dernières rizières de l'île et les grands prés, où quelques buffles se vautrent dans leur trou d'eau, témoignent d'un temps bientôt révolu. On s'arrête quelques instants sur ***Banana Beach,*** une petite crique informelle, pas vraiment aménagée, pas trop fréquentée encore. Le rêve !

BANG TAO BEACH – หาดบาง เทา

Longue plage de 7 km qui se divise en deux parties. Au nord, les seuls hôtels vraiment de luxe de Phuket, avec le complexe *Laguna Phuket,* reliés les uns aux autres par un magnifique lagon. Un genre de colonie de vacances de luxe ! On y trouve golf, équitation et spa haut de gamme. En arrière-plan, le village de *Cherng Talay* tout proche, animé et authentique, en bord de route : gargotes, échoppes, marché sympa les mercredi et dimanche. Le vendredi, gros marché musulman près de la mosquée sur la route qui mène à Surin Beach.

La partie sud de la plage, plus populaire, se construit à tout-va. Une très belle plage qui devient de moins en moins accessible depuis la route à cause des constructions en bordure de mer qui bloquent les passages ! De plus en plus de boutiques et restos à proximité, mais l'endroit reste praticable.

Où dormir ? Où manger ?

De prix moyens à un peu plus chic (de 900 à 6 000 Bts – 22,50 à 150 €)

🏠 🍽 ***Andaman Bangtao Bay Resort*** – อันดามันบางเทาเบย์ รีสอร์ท *: en bord de plage. ☎ 270-246.* ● *andamanresort.com* ● *Doubles min 2 900 Bts avec petit déj, mais négociable.* Wi-Fi Au milieu des cocotiers et littéralement les pieds dans l'eau, de jolis bungalows de plain-pied abritent une quinzaine de chambres. Le tout face à la baie, tout comme le resto agréable et bon marché (poisson et barbecue ; menu pas cher à midi), et séparé de la plage uniquement par une piscinette ! Confort optimal (vastes chambres, AC et ventilo, minibar, belle salle de bains, terrasse avec vue... sur la mer) dans cette structure familiale plus tranquille que les mastodontes de luxe qui recouvrent le littoral « phuketien ». Belle déco et accueil charmant. On aime beaucoup.

Bang Tao Beach Chalet – บางเทาบิชชาเลย์ : *73/3 Moo 3, en retrait de la plage. ☎ 325-837. • bangtaochalet-phuket.com • Résa indispensable. Doubles min 3 800 Bts ; réduc à partir de 3 nuits.* L'un de nos préférés dans la catégorie charme. De style balinais, romantique et coquet en diable, noyé dans la végétation, il offre un grand confort avec un zeste de raffinement. Seulement 10 chambres en bungalow, donc intimité assurée, avec lit à baldaquin et petite terrasse. Resto, petite piscine. La plage se trouve juste de l'autre côté de la route (accès rapide par un petit chemin après le mur de l'hôtel d'en face).

Bangtao Village Resort – บางเทาวิลเลจรีสอร์ท : *72/26 Moo 3, Srisoonthorn Rd ; à 3 mn de la plage. ☎ 270-474. • bangtaovillageresort.com • Doubles 3 500-4 500 Bts ; familiales min 5 900 Bts. Discount sur Internet.* Une trentaine de bungalows de style balinais, chacun avec son petit balcon, vraiment charmants mais un peu alignés comme à la parade de part et d'autre de la piscine (avec une zone pataugeoire appréciée des familles). Bien équipés, déco sobre, clim, accueil et service souriants. Préférer les bungalows au fond du jardin, plus calmes, à l'écart de la piscine et de la réception.

Spécial coup de folie

The Surin : *à l'extrême sud de Bang Tao, à Pansea Bay. ☎ 621-580. • thesurinphuket.com • Min 5 750 Bts en basse saison et min 8 500 Bts en hte saison (nov-avr). Plusieurs* family rooms *avec 2 chambres pouvant recevoir jusqu'à 5 pers. (lobby).* L'un des hôtels de charme les plus luxueux de Phuket. Bungalows évidemment tout confort, étagés à flanc de colline au milieu de la végétation tropicale (les moins chers sont perchés tout en haut), à la déco gris perle. C'est magnifique, bien conçu, sauf qu'il faut s'enfiler une sacrée tripotée d'escaliers pour rejoindre sa chambre, la plage ou le resto. Inaccessible donc aux personnes à mobilité réduite, et fatigant pour les autres, à moins de rester toute la sainte journée vautré sur la plage. Les cottages de plain-pied, les pieds dans l'eau, sont d'ailleurs les plus chers ! Piscine hexagonale, à fond noir, et surtout une superbe portion de plage privée. Resto délicieux encore abordable, avec vue imprenable sur la grande bleue. Excellent accueil et service haut de gamme, tout en restant naturel. La très belle adresse de Phuket.

LES ÎLES DU SUD-OUEST

SURIN BEACH – หาดสุรินทร์

Une petite station balnéaire et une belle plage profitant d'un arrière-plan encore assez campagnard. Les parasols se font cependant de plus en plus serrés sur le sable ! Normal, **la baignade, non surveillée, est dangereuse en toute saison** : on se contente donc d'y rôtir, de s'assoupir ou d'y grignoter un morceau (plein de restos de plage assez typiques et cantoches locales au bord du parking). Pagode toute rouillée face à la mer, élevée en 2007 pour les festivités des 60 ans de règne du roi de Thaïlande.

Où dormir ? Où manger ?

D'un peu plus chic à plus chic (de 2 000 à 3 000 Bts – 50 à 75 €)

Surin Bay Inn – สุรินทร์เบย์อินน์ : *106/11 Moo 3. ☎ 271-601. • surinbayinn.com • Tt proche de la pagode. Petit déj inclus.* Bonne adresse dans un petit immeuble de 3 étages abritant une douzaine de chambres, certaines avec vue sur la mer, sur la montagne ou... le parking. Confort et propreté irréprochables : TV, minibar, eau chaude, téléphone et coffre-fort. Accueillant. Resto en bas (un peu cher) et joli bar boisé.

🏠 ***Surintra :*** *49/1 Moo 3, Surin Beach Rd. ☎ 270-041. ● surintra.com ● Un peu excentré, dans un cul-de-sac à 50 m de la route principale.* Dans cette bâtisse moderne organisée en galerie autour d'une très chouette et grande piscine, une dizaine de vastes chambres tout confort, avec balcon ou terrasse, et certaines avec kitchenette. L'ensemble est élégant, aménagé et décoré dans l'esprit « boutique-hôtel », mais version chambre d'hôtes de luxe : mobilier contemporain épuré, belles finitions, intimité préservée... Petit resto pour vos fringales. Calme. On aime beaucoup.

Beaucoup plus chic (min 5 200 Bts – 130 €)

🏠 ***Manathai :*** *121/1 Srisunthorn Rd. ☎ 270-900. ● manathai.com ● Tt proche de la plage. Petit déj compris. Réduc possible en ligne.* Très chic boutique-hôtel grand luxe, où modernité et vieux matériaux se marient élégamment. Luxe et confort à tous les étages. Les chambres les moins chères sont un peu riquiqui et ne disposent pas, contrairement aux suites, de leur piscinette privée ! Et c'est vrai que la piscine commune tient un peu du bassin... Certaines chambres ont vue sur le parking ou l'immeuble voisin, dommage. Bar cosy, zen et confortable. L'ensemble dégage un vrai charme, et le service est impeccable !

LES ÎLES DU SUD-OUEST

LAEM SINGH – แหลมสิงห์

Depuis Surin, la route côtière rejoignant Kamala gravit une colline de plus. On croise le ***cap Singh*** – แหลมสิงห์, où se niche l'anse de Laem Singh, aménagée avec restos, parasols, etc. Pour y accéder, deux sentiers assez raides (le premier en venant de Surin est plus praticable) avec des escaliers, chacun flanqué d'un parking en bord de route pour les motos et les voitures (20-40 Bts). La plage, bordée de rochers et bien pour le *snorkelling* (partie nord), est très fréquentée en haute saison.

KAMALA BEACH – หาดกมลา

Au-delà du cap Singh, une plage calme dans la journée. Pas notre préférée. La rue principale ne s'anime que le soir, quand les filles écument les bars. Côté plage, pas mal d'hôtels de passe qu'on vous épargnera. Attention, pas de *topless* dans cette petite municipalité à 99 % musulmane. C'est au nord de la plage, ombragée, que l'eau est la plus calme... et la plus claire. Attention aux vagues et aux courants, **baignade très dangereuse en basse saison.**

À voir

Phuket Fantasea – ภูเก็ต แฟนตาซี *(plan I) : au nord de la plage de Kamala. ☎ 385-111. ● phuket-fantasea.com ● Spectacle ts les soirs sf jeu, à 21h. Interdit aux moins de 4 ans. Durée : 1h30 env. Le complexe immense englobe le théâtre (3 000 places), le resto (4 000 places) et un parc à thème ouv 17h30-23h30. 2 formules : spectacle slt à 21h à partir de 1 500 Bts, ou avec buffet (moyen) 18h30-20h30 à 1 900 Bts. Supplément de 250 Bts pour les places centrales, et transfert A/R en minibus AC 300 Bts.* Plusieurs tableaux illustrant la culture thaïe à la façon... de Hollywood : reconstitution de la grande bataille de Phuket contre les Birmans, danses orientales, ballets aériens, effets pyrotechniques, poules et canards sur scène, et quelques éléphants... C'est quasi le seul spectacle nocturne de Phuket ; il faut aimer cela, mais ce n'est pas vraiment notre cas, à contrario des groupes de Russes et d'Asiatiques.

PATONG BEACH – หาดป่าตอง

Le 26 décembre 2004, le tsunami a démantelé la plus célèbre des plages de Phuket. Le front de mer, une magistrale coulée de béton, fut transformé en un tas de gravats. Grâce à une débauche d'énergie et de courage, tout a été nettoyé et reconstruit à une allure record.
Autant le dire, Patong est le royaume du pèlerin lubrique, la preuve par l'image que le sexe est un business indestructible (même par un tsunami). Mais ce n'est pas que ça non plus, qu'on se le dise. C'est aussi devenu l'une des plages les plus dynamiques pour les sorties ou les virées shopping, notamment avec le grand centre commercial *JungCeylon* ou le *Hard Rock Café* et plein d'autres échoppes à l'avant et à l'arrière de la plage. Bizarre de boire un vin italien ou de déguster une choucroute à toute heure du jour et de la nuit, mais Patong est devenu le centre névralgique et commercial de l'île. Une autre idée de la Thaïlande !
Attention : comme sur plusieurs autres plages, **la baignade hors saison peut se révéler dangereuse.** On signale par ailleurs un nombre inacceptable d'accidents dus à la navigation de jet-skis tout près du bord. Et comme la mer est polluée et la plage quasi concentrationnaire, allez plutôt nager ailleurs.

Adresses utiles

✉ ***Poste et fax*** *(plan A-B2)* **:** *au coin de Soi Bangla (Soi Post Office). Tlj jusqu'à 23h. Également tt au nord de la rue parallèle à la plage Rat-U-Thit. Lun-ven 8h30-16h30 ; sam 9h-12h.*

■ ***Immigration Office*** – สำนักงานตรวจคนเข้าเมือง *(plan B1,* ***1****)* **:** *Thawiwong Rd. Après Bangla Rd, avt l'hôtel* Impiana Phuket Cabana.

■ ***Patong Hospital*** – โรงพยาบาลป่าตอง *(plan B1,* ***2****)* **:** *Sai Nam Rd.* ☎ *340-444.* Compétent pour les petits soins. On y parle l'anglais.

🚌 ***Arrêt des bus locaux pour Phuket Town*** *(plan A2)* **:** *au sud de la plage, en face de l'hôtel* Merlin. Départ toutes les 30 mn environ. On paie à l'arrivée (25-30 Bts), au marché de Ranong Road. Arrêt possible en route au carrefour des routes n°s 4022 et 402 (centres commerciaux *Central Festival* et *Big C*).

Où dormir ?

Les prix varient grandement en fonction du confort et du remplissage : demandez l'éventail des tarifs et tâchez de les visiter avant d'accepter. En basse saison, on peut les faire baisser jusqu'à 50 %.

De bon marché à prix moyens (de 400 à 1 700 Bts – 10 à 42,50 €)

🏠 ***Star Orchid Guesthouse*** *(plan A-B2,* ***10****)* **:** *80/13 Soi Dr Wattana.* ☎ *292-717.* ● *starorchid-guesthouse.com* ● *À gauche au fond d'un soi tranquille perpendiculaire à Taweewong Rd, à 50 m de la plage.* 💻 *(payant).* Une petite structure de 10 chambres toutes simples (dont une triple) avec douches (eau chaude), AC et TV, mais de bonne taille, sur 3 étages. Accueil belgo-thaï en français dans un joli *lounge* moderne avec bar. Service laverie, coffre-fort. Petit déj dans la rue. Idéal pour se retrouver au cœur de l'animation.

🏠 ***Siam House*** – สยามเฮ้าส์แอนกาแฟ *(plan B1,* ***11****)* **:** *169/22 Soi Saensabai.* ☎ *341-874.* ● *siamhousephuket@hotmail.com* ● *Résa conseillée.* 📶 Petite *guesthouse* de seulement 7 chambres, gérée par un jeune couple thaï très aimable. Bon confort à des prix très honnêtes. Eau chaude, TV, AC et frigo dans toutes les chambres. Petit bar avec 2 tables et un comptoir pour voir passer le monde. Petit déj au café d'en face.

P.S.2 Bungalow – พี เอส 2 บังกาโล *(plan B1, **12**) : 21 Rath-U-Thit Rd ; au nord de la rue, presque au coin avec Bangla Rd. ☎ 342-207. • ps2bungalow.com* • Ne pas de fier à la superbe maison de style lanna en bois sur pilotis à l'entrée, qui ne sert que de décor. Bungalows (AC ou ventilo) avec terrasse privée qui datent un peu (mobilier passe-partout), mais propres (certains bungalows demanderaient un peu d'aération). Les meilleurs autour d'une grande pelouse et de la piscine. Au fond du parc, un bâtiment plus récent de 2 étages accueille les chambres avec clim. Accueil bof.

Baantonsai Garden Resort – บ้านต้นไทร การ์เด้นรีสอร์ท *(plan B2, **13**) : 186 Nanai Rd. ☎ 292-829. • btonsai.com* • *(lobby).* Au calme, 2 adresses en une. La partie ancienne, à savoir une centaine de chambres de plain-pied réparties dans 4 bâtiments moches : on dirait une caserne ! Confort basique mais suffisant, avec miniterrasse. Les chambres au fond sont les plus calmes. Et puis, au fond du jardin, près de 80 bungalows, plus spacieux et au confort rationnel (clim, TV satellite, eau chaude, petite terrasse privée, et même un coin cuisine avec évier et frigo). Plus chers, est-il vraiment utile de le préciser ? 2 piscines et bar-resto. Accueil courtois.

De plus chic à beaucoup plus chic (de 1 500 à 3 700 Bts – 37,50 à 92,50 €)

Eden Bungalow Resort – อีเดนบังกาโลรีสอร์ท *(plan B1, **14**) : 1 Chaolem Phrakiat. ☎ 340-944. • edenbungalow.com* • Bungalows individuels tout confort (AC, TV, minibar), chacun avec terrasse, plantés dans un superbe jardin de bougainvillées. Et au moins, la clientèle est correcte, plutôt familiale (quelques bungalows réservés aux familles) et visiblement pas attirée par la bagatelle. Jolie piscine. Calme et bien entretenu. Resto attenant. Accueil adorable.

Où manger ?

De bon marché à prix moyens (jusqu'à 200 Bts – 5 €)

Song Pee Nong Restaurant – ร้านอาหารสองพี่น้อง *(plan A-B2, **20**) : Soi Kepsub, 200 m à gauche en remontant vers Rat-U-Thit Rd depuis Patong Beach. 081-96-80-887. Tlj 11h30-23h.* Cantine familiale relativement authentique. Plats thaïs et européens

LES ÎLES DU SUD-OUEST

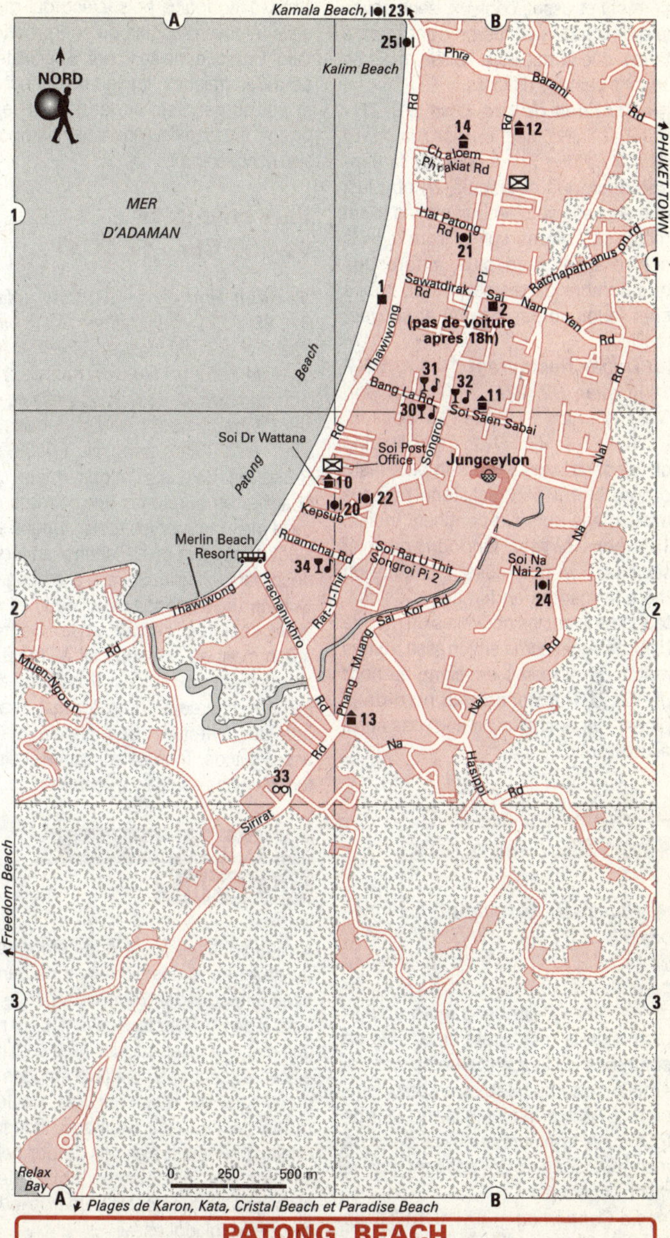

PATONG BEACH

corrects et assez copieux, servis avec le sourire. Certes, les prix ont grimpé tandis que la qualité a baissé, mais ne soyons pas trop difficiles.

Cantines de rue *(plan B1, **21**) : Rat-U-Thit Rd, section nord, au nord de Hat Patong Rd.* À partir de la tombée de la nuit et jusqu'à 2h ou plus, une succession d'ambulants installant tables et chaises sur le trottoir et la contre-allée. Bien plus pittoresque que nombre de restos en dur, moins cher (quoique pas donné) et souvent meilleur.

Dubai Restaurant – ดูไบเรสโตรองค์ *(plan B2, **22**) : 206/13 Thanon Rat-U-Thi, à l'angle du Soi Kepsub. 081-486-98-66. Tlj 11h-1h.* Patong et ses paradoxes... Voici un petit resto propre et 100 % halal, tenu par des musulmans du sous-continent indien. Très bons *biryani, tandoori, naan* et *samossa.* On peut aussi y prendre un thé à la menthe en fumant la *chicha,* tout en suivant les nouvelles du monde diffusées sur l'écran en terrasse. Autres restos de la même enseigne au nord de Rat-U-Thit Road et au nord de la plage, même si tous ne sont pas aussi accueillants.

Prix moyens (de 200 à 300 Bts – 5 à 7,50 €)

Pan Yaah Restaurant *(hors plan par B1, **23**) : 249 Prabaramee Rd. ☎ 290-450. À 1,5 km du Novotel, au nord de Patong Beach, sur la route de Kamala.* Un beau resto en surplomb de la mer. Préférer la salle en contrebas de la route. Vue splendide. Ambiance sympa, tables en bois, lampions et petite musique jazzy. Cuisine tout aussi chaleureuse, des fruits de mer aux soupes en passant par le menu végétarien.

La Capannina – ลากาปานินา *(plan B2, **24**) : 33 Moo 4, Soi Nanai 2 (un peu avt le Peter Pan New Resort). ☎ 292-228.* Un resto italien comme on les aime, avec four à bois. Déco qui rappelle le pays d'origine de son propriétaire, Bruno, et de son chef. Spécialités de pâtes fraîches, lasagnes, gnocchis et pizzas géantes. Ils fabriquent leur propre mozzarella. Vins italiens importés. Minipiscine !

Plus chic (plus de 500 Bts – 12,50 €)

Baan Rim Pa – บ้านริมผา *(plan B1, **25**) : 223 Prabaramee Rd, Kalim Beach, Kathu District. ☎ 340-789. Au nord de Patong, direction Kamala, en face du Novotel. Résa indispensable le soir. Large choix de plats à la carte à partir de 300 Bts ; menu min 1 000 Bts.* Resto de luxe sur pilotis, plein de charme, en surplomb des rochers et de la mer. Préférez les tables rondes en alcôve, face à la mer. Plancher en teck, déco traditionnelle. Soirées à la bougie. Cuisine thaïe raffinée avec légumes et fruits sculptés, service stylé. Goûter notamment au poisson cuit à l'étouffé au citron et aux épices. Possibilité de prise en charge à l'hôtel (gratuit, mais que sur Patong). Très classe mais assez guindé. Tous les soirs, une sculpture de glace originale à l'entrée.

Où boire un verre ? Où sortir ?

Ici, les soiffards n'ont que l'embarras du choix entre des centaines de bars, avec une concentration particulière autour de Soi Bangla. Souvent, pour ne pas dire tout le temps, des filles sont là, prêtes à susurrer à l'oreille d'innocents messieurs les dialectes des vieilles tribus de l'ouest : allemand, italien, anglais, suédois, français... Tout cela se monnaie, évidemment. Mais rien n'oblige à fréquenter les bars trop lourdingues et glauques.

Hot Red – ร้อนแดง *(plan B1-2, **30**) : à l'angle de Rat-U-Thit Rd et Soi*

Bangla. Pas trop cher. Ouvert sur la rue. Grand bar-comptoir et espace confortable garni de fauteuils et de tables en osier. Écran géant et groupes de qualités variables.

Tiger Entertainement – ไทเกอร์ เอ็นเทอร์เธนเม้นท์ *(plan B1,* ***31****) : sur la gauche de Soi Bangla en venant de la plage, à 50 m de Rat-U-Thit Rd.* ☎ *345-112.* Gros complexe hyper kitsch placé sous le signe du Tigre. Au rez-de-chaussée, des bars à filles en plein air.

Tai Pan Disco – ไท ปัน ดิสโก้ *(plan B1,* ***32****) : 165 Rat-U-Thit Rd ; là où débouche Soi Bangla.* ☎ *292-587.* Boîte très populaire complètement rénovée. Plusieurs bars sur le pourtour de la salle, et un plus : une scène fréquentée par de bons groupes. Staff sympa.

Phuket Simon Cabaret – ภูเก็ต ไซมอนคาบาเร่ *(plan A2,* ***33****) : 8 Sirirat Rd (au sud de Patong).* ☎ *342-011.* • *phuket-simoncabaret.com* • *Spectacles à 19h30 et 21h30. Entrée chère : 700 Bts pour les places à l'arrière et 800 Bts la place numérotée devant la scène. Prévoir 120-300 Bts selon la distance pour le transfert depuis votre hôtel, plus cher si vous résidez hors de Patong.* Cabaret de travestis proposant un gentil spectacle en 12 tableaux, sorte de pastiche du *Lido* et du *Moulin Rouge.* Préférez la 1re séance, les *beauties* sont plus fraîches et le public plus enthousiaste. Clientèle asiatique en majorité. Les mêmes « artistes » se produisent ensuite sur d'autres scènes du coin, beaucoup moins soft.

Hard Rock Café *(plan A2,* ***34****) : à l'intérieur de l'hôtel Destination, 48/1 Ruamchai Rd.* ☎ *366-381.* Même ici ! Les classiques du genre pour cette chaîne qui vante les mérites du rock américain. Et de bons cocktails, ce qui ne gâche rien.

Shopping

Centre commercial Jungceylon *(plan B2) :* • *jungceylon.com* • *Tlj 11-22h (23h en hte saison).* Sur le front de mer, il permet de faire un peu de shopping au frais ! Pour l'histoire, la reproduction de la jonque rappelle le premier nom donné à Phuket au XVIe s quand l'île était un important port de marchandises.

LES ÎLES DU SUD-OUEST

Massages

À l'intérieur du centre commercial *Jung Ceylon,* plusieurs boutiques propres et sans équivoque proposent massages, soins du visage, etc. Correct et plutôt bon marché. Voici l'une des adresses qui a retenu notre attention :

■ ***Takashi Tokyo Facial Massage :*** *boutique 4104, au rdc.* ☎ *600-014.* • *takashicosmetics.com* • *Tlj 11h-23h. Soins 400-1 000 Bts.* Même des soins pour les hommes. Parfait pour s'initier au zen !

À voir dans les environs immédiats

Cristal Beach et Paradise Bath

À l'extrême sud de Patong, remonter le pont en surplomb du petit canal puis tourner à gauche en direction du *Merlin Beach Resort.* La côte est abrupte, mais après une route tranquille mène jusqu'à la petite crique paisible de *Cristal Beach,* une petite anse ombragée baignée par une eau limpide. Elle est équipée de transats (payants) et agrémentée de quelques balançoires. Petites paillotes individuelles installées devant le sable pour se restaurer quand le resto est ouvert.

En poursuivant sur 2,5 km – la petite route étroite est très raide par endroits –, on arrive à une autre crique, *Paradise Bath,* une petite plage presque privée aménagée et prête à accueillir les visiteurs payants : parking, transats et parasols, massages à l'heure, location de masques et tubas pour le *snorkelling.* Un batelier offre ses services pour une balade en mer, resto avec terrasse... Cette plage commence à être connue et est assez fréquentée dans la journée depuis la construction d'une route en ciment à travers la jungle.
Deux endroits pour se réconcilier avec Phuket, où l'on peut s'assoupir sur son transat et regarder Patong s'agiter de l'autre côté de la baie.

KARON BEACH – หาดกะรน

Peu ombragée, bordée par la route et longée au sud par un étroit canal (limite égout – lequel canal est chevauché de petits ponts qui permettent l'accès à la plage), la station est essentiellement fréquentée par les Scandinaves. Son seul attrait est sa vie nocturne animée, quoique ici aussi les bars à filles se multiplient. Pour le reste, l'endroit n'est guère enthousiasmant ! En effet, la plage est jonchée de détritus. Le décor de lagon tout au nord de la longue plage de 2 km, au pied de la colline, là où le sable blanc et fin borde quelques coraux, rattrapait un peu le reste... sauf qu'un énorme hôtel a été érigé, directement les pieds dans l'eau ! On avait pourtant entendu dire, après le tsunami de 2004, que les constructions à moins de 200 m du littoral seraient interdites ?
***Attention :* baignade particulièrement dangereuse en toute saison.** Ici, même la haute saison est loin d'être sans danger. Courants puissants, y compris quand il n'y a pas de vagues. Bien observer les drapeaux.

Où dormir ?

Dans la partie sud et sur les hauteurs se trouvent encore quelques hébergements pas trop chers. La partie nord (en fait, un prolongement de Patong) est une zone touristique qu'on pourrait qualifier de zone tout court. Condominiums affreux, bars à filles planqués dans les *soi* et restos de tous pays... la déprime, quoi.

De prix moyens à un peu plus chic (de 800 à 1 500 Bts – 20 à 37,50 €)

▲ *Happy Inn Guest House* – แฮ๊ปปี้อินน์เกสท์เฮ้าส์ *: 21 Moo 3 Bangla. ☎ 396-260. ● happy_inn@hotmail.com ● Au fond d'un soi tranquille ; en venant de la plage, prendre à droite la rue à l'angle du* Sunset Restaurant. Une vingtaine de bungalows à flanc de colline, impecs et confortables, avec ventilo et eau froide, ou AC, frigo et eau chaude. Pas mal de verdure et calme à peine entamé par le chant des oiseaux. Accueil familial et ambiance décontractée. Loue aussi des mobylettes.

Plus chic (de 1 500 à 3 000 Bts – 37,50 à 75 €)

▲ *The Phulin Resort* – ภูลินน์รีสอร์ท *: 10/2 Soi Patak 18, Patak Rd. ☎ 398-327. ● thephulin.com ● Un peu en retrait, mais navette gratuite pour aller à la plage. Le plus cher de la catégorie, mais belles promos en mi-saison. Petit déj inclus.* Des chambres vastes et tout confort dans un bâtiment bien tenu. Certaines disposent même d'un vrai coin cuisine, très apprécié des familles. Déco chaleureuse et agréable, avec un côté balinais dans les contrastes de bois sombre et de couleurs fraîches. Et piscine bien équipée.

Kata Garden Resort – กะตะการ์เด้นรีสอร์ท : *32 Karon Rd.* ☎ *330-627.* ● *katagardenphuket.com* ● *Entre Karon et Kata Beach. Petit déj-buffet inclus.* Une soixantaine de bungalows en brique noyés dans la verdure et reliés entre eux par des passerelles de bois. 4 catégories de confort. Déco agréable, même si elle date un peu, l'ensemble aurait besoin d'un coup de peinture. Préférez les bungalows du fond, rapport au bruit de la route. Piscine à la déco un peu kitsch avec cascades.

Baan Karon Hill – บ้านกะรนฮิลล์ : *689 Moo 1, Patak Rd.* ☎ *286-233.* ● *baankaronhillphuket.com* ● *Sur la route qui mène à Patong. Petit déj compris.* Chambres mitoyennes dans une bâtisse sur 2 étages et bungalows individuels tout confort enfouis dans la végétation à flanc de colline, à l'extrême nord de la plage. Évitez celles qui se trouvent en haut près de la route. Superbe panorama sur la baie de Karon à l'écart de l'agitation. Resto sans grand intérêt. Attention, pente raide (nos mollets s'en souviennent encore !), à déconseiller aux personnes qui peinent à se déplacer. Théoriquement, il suffit d'appeler la réception pour qu'un *tuk-tuk* vienne vous chercher (surtout pour aller au petit déj à la réception). Insister gentiment. Piscine. Accès direct à la plage. Agréable complexe, mais qui n'est plus de première jeunesse, et la tenue devient aléatoire.

Très chic (plus de 5 000 Bts – 125 €)

Marina Phuket Resort – มารีน่าภูเก็ตรีสอร์ท : *47 Karon Rd.* ☎ *330-625.* ● *marinaphuket.com* ● *Au sud de la plage. Doubles min 160 $.* Un sans-faute. Chalets de bois très classe, avec tout le confort qu'on peut attendre d'un hôtel qui pratique de tels tarifs... Jardin d'une délicate luxuriance, à la végétation soigneusement canalisée. Un chemin descend direct à la plage. Accueil pro. Resto à l'architecture pittoresque, cuisine de qualité avec une formule *all you can eat* et brunch le week-end, piscine de rêve, n'en jetez plus ! Une adresse de charme pour ceux qui peuvent se le permettre.

Où manger ?

Bon marché (moins de 100 Bts – 2,50 €)

À l'extrémité nord de la plage, entre mer et lagon, après le rond-point, toute la journée, une série de ***food stalls*** bien alignés face à la plage ont remplacé les stands ambulants. Et c'est à qui attirera le chaland ! Pas très cher, populaire, et très bien pour déjeuner ou se désaltérer. Peu d'intérêt le soir, car la plage n'est pas du tout éclairée. Même principe au sud de la plage (vers l'*Andaman Sea View,* avant le terrain de foot), mais au bord de la route : quelques paillotes en semi-dur, côte à côte, proposent de petits plats thaïs, poissons et fruits de mer, à prix doux. Service et clientèle relax. Parmi celles-ci, on a apprécié le *Bounty,* en particulier pour son accueil.

Mama's Bar : *Patak Rd, tt de suite à gauche en venant de la plage.* Petite cantine de rue propre et bon marché qui aligne quelques tables sur le trottoir à la nuit tombée. Bonne cuisine thaïe fraîche, servie sans chichis par la très souriante patronne.

Elephant Restaurant – ร้านอาหารช้าง : *Patak Rd, la rue perpendiculaire à la plage, au départ du rond-point.* Resto local amélioré : cuisine thaïe à petits prix, le reste est plus cher. La salle d'en bas baigne dans une lumière rose un peu spéciale, mais la terrasse à l'étage est plus sympa. Une valeur sûre.

Prix moyens (de 100 à 300 Bts – 2,50 à 7,50 €)

|●| *Karon Cafe* – ร้านอาหารกะรน กาเฟ่ : *Patak Tawanok Rd. ☎ 396-217. Depuis Patak Rd, tourner à gauche dans la ruelle animée surmontée d'un portique.* Resto à la déco classique, tenu par un Américain, et terrasse sur la rue (très animée en soirée). Spécialité de grillades. Délicieux *spare ribs* et excellent poulet *Santa Fe.* D'autres viandes et quelques plats japonais et thaïs. Formule buffet d'entrées froides et salades à volonté toute la journée. Chérot.

|●| *Kai Restaurant* – ร้านอาหารไก่ : *à l'extrémité nord de la plage, au pied de la colline et au bord de la mer. Ouv midi slt, oct-fin mai.* Tranquille, avec banc de sable sur fond de flots bleus. Une vraie carte postale ! Excellente cuisine. Transats et parasol gratuits pour les clients. Dommage que le nouvel énorme hôtel de luxe ouvert à côté ait cassé le décor et fait flamber les prix !

KATA YAI – กะตะใหญ่ *ET KATA NOI* – กะตะน้อย

Ici, le raz-de-marée avait dévasté la plage et le front de mer. Mais plus rien ne le laisse deviner, à croire que la catastrophe a stimulé la construction ! Certes embourgeoisée et bien bitumée, Kata Yai Beach n'en demeure pas moins une grande et belle anse. Mais de nouveaux logements ne cessent de s'ouvrir, et les visiteurs à la journée d'affluer : la plage est désormais de plus en plus chargée en parasols et transats, et la circulation (en particulier des deux-roues) se fait dense. L'absence de trottoirs pour déambuler rend le tout un peu hostile pour les piétons !

Pour atteindre la bien nommée Kata Noi – « petite » Kata –, poursuivre la route côtière (même si ladite côte reste cachée derrière les hôtels et commerces de Kata Yai), puis, au carrefour où trône l'*Orchidacea Resort,* continuer tout droit vers la droite. Une petite côte suivie d'une descente sur 800 m mène à Kata Noi, magnifique anse en cul-de-sac. La plage est occupée aux trois quarts par un hôtel de luxe, mais reste accessible à tous (passage facile tout au bout de la plage). Atout indéniable, la baignade sur ces deux plages est facile, agréable et surveillée.

Pour changer, au carrefour, prendre la route sur la gauche qui grimpe assez raide pour aller au promontoire. Au bout de 3 km, un superbe panorama s'ouvre sur les trois belles plages, bordées par la vallée enfouie dans la végétation épaisse : Karon, dominée par une haute tour, puis Kata Yai et Kata Noi au premier plan.

Où dormir ?

Notez que les hébergements cités sont tous séparés de la plage par une route assez large, très fréquentée. Ils n'offrent donc guère de vue sur mer.

La plage nord (Kata Yai)

De bon marché à prix moyens (de 500 à 1 000 Bts – 12,50 à 25 €)

⌂ *Lucky Guesthouse* – ลักกี้เกสท์เฮ้าส์ : *43/6-7 Taina Rd. ☎ 330-572. ● luckyguesthousekata@hotmail.com ●* Notre adresse la moins chère à Kata. Chambres dans des maisonnettes blanches à l'allure de préfabriqués, alignées comme à la parade, ou dans un long bâtiment aussi sobre qu'un dispensaire ! On ne peut plus dépouillé, sans déco aucune hormis le vert du gazon entre les bâtisses, propre en tout cas. Salle de bains pour toutes, ventilo ou AC selon le budget. Ambiance locale pas déplaisante, assez calme.

⌂ *Phuket Garden Home* – หน้าแรกภูเก็ตการ์เด้น : *5 Soi 10, Patak Rd. ☎ 330-100. ● phuketgardenhome.com ● Dans le soi en face de la poste, à 5 mn des* *plages.* 💻 📶 *(payants).* À l'écart de la route principale, dans un environnement calme et verdoyant (rare à Kata !), un bâtiment d'un seul étage à galerie, avec des chambres-bungalows à prix moyens, équipées pour certaines d'un coin cuisine. Un excellent rapport qualité-prix, d'autant que la grande piscine du *Garden Home Resort,* son voisin (mêmes propriétaires, plus récent et mieux équipé, à peine un sentier de terre à traverser) est accessible à tous ! Un *Garden Coffee* pour les petits déj et un joli jardin bien entretenu.

Un peu plus chic (de 1 000 à 2 000 Bts – 25 à 50 €)

Manohra Cozy Village : *29/18 Soi 7, Patak Rd.* ☎ *284-480.* 📱 *080-698-83-35.* • *manohra.net* • *Juste derrière la* Lucky Guesthouse *(mais accès par la route principale, dans le soi juste après la poste de Kata depuis Karon, en face de la* Patak Pharmacy*).* 📶 Au calme (rare !). 2 types de chambres. Les moins chères sont un peu tristounettes et sombres. Préférer celles autour de la piscine. TV écran plat, petit déj, et déco ethnique. Accueil gentil.

De plus chic à beaucoup plus chic (de 2 000 à 3 700 Bts – 50 à 77,50 €)

Boomerang Village Cottage – บูมเมอแรงวิลเลจ **:** *9/11-13 Soi 10, Patak Rd.* ☎ *284-480.* • *phuketboomerang.com* • *Sur la colline qui surplombe le* Garden Home. *Petit déj inclus.* 📶 Vraiment au calme, dans un coin d'autant plus verdoyant que l'ensemble est perdu dans la nature. Les bungalows, pierre et bois assortis, sont disséminés à flanc de colline dans un vaste jardin tropical. L'aménagement intérieur, élégant, fait la part belle à un style thaï intemporel sans lésiner sur le confort, excellent (frigo, AC, etc., et peignoirs de bains bien épais). Également un resto à l'abri d'une paillote de luxe, et une piscinette (un peu petite, peut-être ?). Très bonne tenue de l'ensemble, et accueil pro et sympa par des Italiens polyglottes. Transferts gratuits vers la plage. Une très bonne adresse.

Kata Country House – กะตะคันทรีเฮ้าส์ **:** *82 Kata Rd.* ☎ *333-210.* • *katacountryhouse.com* • *Presque en bord de mer... seul le* Club Med *fait obstacle : longer le mur sur 450 m pour atteindre la plage ! Petit déj inclus.* 💻 📶 *(lobby/resto).* Plusieurs catégories, depuis l'étroite standard (surfacturée) jusqu'aux beaux bungalows tout en bois (les *family rooms* peuvent loger jusqu'à 5 personnes). Si les chambres les plus basiques n'ont pas grand-chose pour faire parler d'elles (ni les supérieures les plus récentes, certaines sans armoire ni téléphone), en revanche les bungalows de bois sur pilotis, au fond du vaste jardin tropical, nous ont bien plu. Belle piscine, ambiance plutôt agréable.

La plage sud (Kata Noi)

De plus chic à beaucoup plus chic (de 1 000 à 2 600 Bts – 25 à 65 €)

Katanoi Club Hotel – โรงแรม กะตะน้อย คลับ **:** *73 Moo 2.* ☎ *284-025.* • *katanoiclub.com* • *À l'extrémité sud de la plage, dans un cul-de-sac. Petit déj inclus.* 📶 Une adresse qui fait de la résistance ! Des chambres avec AC, et des bungalows de belle taille, moins chers, avec ventilo (notre préférence pour la pointe d'exotisme). Quoi qu'il en soit, eau chaude, TV, terrasse ou balcon et propreté partout, et vue sur la mer depuis les quelques tables du resto. Sans vrai charme, mais une sorte de petite oasis d'horizontalité et de sage verdure perdue au milieu de la forêt de constructions récentes. Tenu par une famille thaïe souriante, parlant correctement l'anglais, et accès direct à la plage par un sentier piéton.

Où manger ?

Plus chic (plus de 300 Bts – 7,50 €)

🍽 ***Le Grand Prix*** – เลอกรอง พรีซ์ : *114/58 Kata Center (Taina Rd).* ☎ *330-568. À droite en venant des plages. Tlj 16h-22h.* Petite salle propre et coquette que Lionel, ancien cuisinier d'équipes de F1, a décorée d'affiches et de souvenirs évoquant l'univers des bolides. Il pilote avec sûreté et convivialité une adresse appréciée de tous. Terrines, salades, viandes et poissons alléchants, vin au verre ou à la bouteille, et même du pastis. Plats du jour sur la pancarte, comme au pays ! Bravo Lionel, ici ta petite écurie tient toujours la pole !

🍽 ***Kata Mama Seafood*** – กะตะมามา ซีฟู้ด : *186/12 Kata Beach.* 📱 *081-797-05-59. À l'extrême sud de la plage, après le 3 600ᵉ parasol violet ou vert au logo d'une banque locale...* Carte très complète convenant bien aux familles (snacks, petite restauration thaïe, etc.) et excellents fruits de mer. Problème : en saison, il y a cent fois trop de monde pour pouvoir y manger peinard. Les clients du *Club Med* et des hôtels du coin s'y retrouvent ! Tenu par le clan familial qui possède pas mal de terres sur Kata.

LES ÎLES DU SUD-OUEST

À faire

– Depuis l'extrême sud de la plage (au niveau du *Kata Mama Seafood*), possibilité d'accompagner les pêcheurs ou de faire des balades en bateau vers Karon ou de longer la côte en direction du sud vers Paradise Beach ou Nui Beach.

⛱ Entre Kata et Nai Harn Beaches, peu après le point de vue, une petite piste de 2 km bien raide descend vers ***Nui Beach*** (prononcer « nouille »). Descente plutôt folklo, à peine praticable à moto (mais pas avec un gros cube) ou en 4x4. En bas, plage aménagée et petite paillote (entrée : 250 Bts), mais accueil pas terrible.

NAI HARN BEACH ET AO SANE (OU SEN BAY) – หาดในหานและอ่าวเสน

Nai Harn est une superbe plage. L'anse sablonneuse où mouillent quelques bateaux de plaisance commence à être sacrément abîmée par le tourisme, transats et parasols envahissent une grande partie de la plage. Début décembre, pour célébrer l'anniversaire du roi, des régates de voiliers.

La baie d'Ao Sane se trouve sur la droite en regardant la mer.

Attention : il arrive que les **courants** soient dangereux l'hiver, mais pas plus qu'ailleurs. Se renseigner.

➢ ***Pour s'y rendre :*** Nai Harn est desservie par les *songthaew* 6h-17h30 au départ de Phuket Town ou de Chalong au rond-point.

Où dormir ? Où manger ?

Bon marché (moins de 100 Bts – 2,50 €)

🍽 Le bord de la plage fourmille de petites ***gargotes*** bien ombragées sous la végétation. Pas cher et populaire.

Plus chic (de 2 000 à 3 000 Bts – 50 à 75 €)

🏠 ***Naiharn Garden Resort & Spa*** – นายหารการ์เด้นท์รีสอร์ท : *15/12*

Moo 1, Viset Rd, Soi Saiyuan, T. Rawai, A. Muang. ☎ 288-319. • naiharngardenresort.com • À 2 km de la plage de Nai Harn (mieux vaut être motorisé, mais 2 navettes/j. descendent à la plage). À l'entrée, statue en pied de Râma, dieu du Commerce. Une vingtaine de bungalows confortables, à la déco sobre mais nickel, dans un jardin soigné par endroits, plus nature ailleurs (et même un petit canal). Les *Deluxe Villa* et les *Family Villa* sont de véritables maisons et peuvent accueillir jusqu'à 6 personnes (plus chères, bien sûr, mais très bon rapport qualité-prix). Resto, piscine, spa. Calme total.

YAH NUI BEACH – หาดย่านุ้ย

Sur la route entre Nai Harn et Cape Phrom Thep s'ouvre cette charmante crique, pas mal fréquentée par les touristes. S'ils logent dans les stations animées, ils apprécient la tranquillité du coin, resté assez nature, et viennent y passer la journée. Étonnamment peu d'hébergements au vu de la qualité du lieu : pourtant, les promoteurs doivent avoir repéré le coin...

Où dormir ? Où manger ?

Quelques **gargotes** au bord de l'eau, avec tables à l'ombre, face au rocher qui scinde la plage. Simple et pas cher. Service un peu long. On a une préférence pour celui de gauche, très bien pour le déjeuner.

Baan Ya Nui Beach Bungalows : *prendre la route perpendiculaire à la plage, c'est à 100 m sur la gauche. 089-695-62-63. • baanyanuibeach@hotmail.com • À 5 mn à pied de la plage. Doubles 1 200-1 800 Bts.* Une adresse décontractée, familiale et intime : à peine 4 bungalows en dur (ventilo ou clim, frigo), bien tenus et simples mais confortables, dans un jardinet frais et agréable. Et coin cuisine en libre accès.

PHROM THEP CAPE – แหลมพรหมเทพ

Le « cap de la pureté divine »... À l'extrême pointe sud-ouest de l'île, il déploie un superbe panorama à 360° sur la baie de Nai Harn. Le cap... et ses fameux couchers de soleil ! Vendu comme l'excursion romantique par excellence. Conséquence : on se retrouve par paquets de 200 à la sortie des bus climatisés, pour aller bisouiller son (sa) promis(e) en attendant que le soleil, rouge de honte, finisse par succomber à cette mise en scène tartignolle... Pour échapper au bain de foule, une seule solution : tirer une croix sur le coucher de soleil et venir profiter de la vue avant 16h. Visite du phare sans intérêt.

Où manger ?

Phrom Thep Cape Restaurant : *Khun Sumalee Artornpinit 94/6 Moo. ☎ 288-656. Du parking où sont installés les marchands de souvenirs, prendre l'escalier qui mène au panorama et, à mi-chemin, aller sur la droite, par un petit passage au milieu des vendeurs de batiks et autres noix de coco.* Grand jardin, salle climatisée à éviter, et une allée d'orchidées qui mène aux tables, séparées par de petites haies, avec vue imprenable sur la superbe baie et la plage de Nai Harn en contrebas. Bonne cuisine de poissons à prix raisonnables pour le décor. Certes très touristique, mais quasi désert en journée pour boire un verre tranquille. Et bien sûr idéal pour un cocktail et un dîner sous les étoiles.

À voir dans le coin

En quittant le parking de Phrom Thep Cape en direction de Rawai, aussitôt passée la courte descente, lorsque la route commence légèrement à remonter, prendre dans le virage la petite route cimentée qui part sur la droite, puis encore à droite au carrefour suivant : le chemin conduit à un cul-de-sac, en fait un ***sanctuaire*** où vivent quelques bonzes. C'est ici que certains habitants de l'île viennent méditer, se confier à un bonze ou faire bénir une voiture neuve. Mais si l'on pousse jusqu'à la pointe du site, c'est aussi ici que s'ouvre un superbe panorama sur les criques est du cap Phrom Thep. Petit promontoire en surplomb de l'abrupte falaise, la véritable pointe sud de l'île. Tranquillité assurée, à condition de respecter la discrétion et la sérénité de l'endroit (un site religieux, quand même, on vous le rappelle !).

RAWAI BEACH – หาดราไวย์

À 17 km au sud de Phuket Town, sur la côte est. De ce côté de l'île, la mer est peu profonde. Vaseuse et rocailleuse, elle se retire de presque 300 m à marée basse, mais sans vraie plage. Un joli coin typique de Phuket qui a gardé encore un peu de son identité : magnifique bord de mer ombragé d'une rangée d'arbres tropicaux, relief touffu sur les îlets qui émergent de l'océan à l'horizon, et quelques *speedboats* et *long-tail boats* à l'ancrage au premier plan. Rawai est un endroit de choix pour venir déguster du poisson grillé sans se faire matraquer.

Où dormir ? Où manger ? Où boire un verre ?

Thai Palace – ไทย โรงแรมหรู : *52/8 Moo 6, Viset Rd.* ☎ *288-042.* • *thaipalaceresort.com* • *Au nord de la plage, juste avt l'angle de la route vers Chalong, en face du* Nikita. *Doubles 1 700-1 900 Bts, petit déj inclus.* Plusieurs niveaux de confort. Au choix : AC ou ventilo, de plain-pied ou en étage. Bungalows les moins chers autour de la petite piscine, avec carrelage, serrés dans un chouette jardin tropical. Les chambres les plus confortables sont dans une bâtisse voisine, moins charmante mais à l'intérieur joliment décoré, avec teck au sol et tissus de choix. Petites terrasses pour tous. Plutôt intime, et très gentil accueil. Une bonne adresse à deux pas de la plage.

Tout le long de la route qui longe le bord de mer, des ***cantines ambulantes*** s'installent dans la journée. D'autres paillotes typiques se posent à l'extrême sud, après le resto *Baan Haad Rawai,* pour faire des grillades jusqu'à la tombée de la nuit. Ambiance extra et prix défiant toute concurrence. Cuisses de poulet, fruits de mer ou poisson entier et frais, salade de papaye et riz gluant sucré dans des feuilles de bananier. Au nord de la plage, des restos sédentaires où l'on racole gentiment. Sont exposés poissons, crabes, fruits de mer et demi-poulets cuits au barbecue, toujours assez appétissants (bien vérifier quand même qu'ils ne datent pas de la veille !).

Pakbang Food Center : *à l'extrême sud de la plage, prendre le chemin sur la gauche au coin du resto* Ban Haad Rawai. Entre les barques en construction et les nasses et filets de pêcheurs, au bord de l'eau, des paillotes sous toile de tente fleuries de bougainvillées. Difficile de trouver plus typique et authentique ! Plats thaïs, fruits de mer ou barbecue à petit prix, propres, accueil convivial et simple, le tout avec un petit bout de bord de mer charmant protégé du bruit de la route. Un endroit confidentiel, pour se réconcilier avec Phuket et... manger assis en tailleur !

Baan Haad Rawai – บ้านหาดราไว : *57/5 Moo 6, Viset Rd.* ☎ *383-838. Sur la plage, extrémité sud, légèrement en retrait face à la mer. Tlj 10h-23h.* Fréquenté par les touristes comme par les Thaïs. Resto de poisson en bord de mer, avec grande terrasse en plein air. Cuisine délicate, harmonie des saveurs et des odeurs. Service efficace. Prix très sages, et on s'y sent bien. Une excellente adresse.

Nikita's – นิกีต้า : *vers l'extrémité gauche (nord) de la plage, en regardant la mer.* ☎ *288-703. Ferme vers minuit. Pas cher.* Pas mal d'habitués. À notre avis, plus sympa en journée. Mignon et accueillant, même si l'on est coincé entre la route et la mer. Paillote ou terrasse pour boire un coup et parcourir un éventail classique de plats thaïs, et beaucoup de poissons, comme il se doit.

Spécial coup de folie (à partir de 4 500 Bts – 112,50 €)

The Vijitt Resort – วิจิตร รีสอร์ท : *6 Moo 2, Viset Rd, sur la route 4024.* ☎ *363-600. • vijittresort.com • (câble). (lobby).* L'adresse de charme par excellence. Une centaine de villas-bungalows au milieu d'une végétation luxuriante, certaines à flanc de colline (des voiturettes vous promènent d'un endroit à l'autre sur le site). Ici, tout est raffinement, de la déco des chambres (salles de bains à ciel ouvert) aux abords de l'immense piscine noire, à débordement, jusqu'au resto, avec vue sur la mer. Les plus chères ont même une piscinette privée. Service exquis, demi-pension possible. L'idéal pour roucouler (spa). En revanche, plage riquiqui et pas de fond marin (mais possible d'aller sur des îlets voisins avec l'hôtel). Mieux vaut être motorisé quand même. Une des nos adresses préférées.

Rawai Boutique Resort : *61/9 Moo 6, Soi Kok Makham, Viset Rd.* ☎ *613-877.* 📱 *089-909-22-74. • rawaiboutiqueresort.com • Prendre la route perpendiculaire partant au coin de la supérette en face de* Nikita's, *puis petite route en zigzag sur la gauche (c'est fléché).* Petit établissement de quelques bungalows nichés dans un jardin en retrait de la route principale qui longe le bord de mer. Une dizaine de bungalows avec terrasse, bon confort (AC-ventilo, coffre-fort, TV), déco chaleureuse et élégante, piscine, et même un petit resto. Accueil charmant. Mieux vaut être motorisé.

À voir. À faire

Gipsy Village – หมู่บ้านยิปซี : *à l'extrémité nord-est de la plage, là où la route de Chalong fait un angle droit avec celle de Rawai. Bien suivre la petite route sur la gauche qui longe le bord de mer jusqu'au cul-de-sac pour voir quelque chose !* Contrairement à celui de Ko Sirey (voir « Phuket Town »), il ne reste plus grand-chose à voir ici, sauf quelques étals de poissons, de plus en plus remplacés par des marchandes de coquillages, et des enfants qui barbotent entre les barques. Le soir, les maisons très rustiques aux toits de tôle ondulée disparaissent, complètement noyées par de nouveaux restos et bars quelconques aux néons plus ou moins agressifs qui ouvrent en bord de route. Les amateurs de coquillages de collection dénicheront le magasin spécialisé qui peut, si nécessaire, organiser les envois vers l'étranger.

➢ **Balades en bateau vers les îles aux alentours :** *prix par embarcation (max 6 pers) ; env 400 Bts pour 1h et 1 600 Bts pour 3-4h. Négocier ferme, les clients* *sont rares !* Concentrés plutôt du centre jusqu'au sud de la plage, des barques « longue-queue » et des *speed-boats* (plus chers) attendent les quelques touristes venus se perdre ici pour faire le tour des îles environnantes. Au menu de l'excursion, Ko Bon (très touristique), Ko Hai (*Coral Island,* luxuriante, 15 mn de bateau), Ko Racha Yai (bon *snorkelling,* 1h30 de navigation ; voir aussi « Plongée sous-marine à Phuket ») ; Ko Racha Noi, etc. Un ponton en ciment construit au nord de la plage avant le *Gipsy Village* s'avance dans la mer en gâchant un peu le paysage ; il doit accueillir peut-être un jour les bateaux pour les départs dans les îles (un peu comme à *Chalong Bay* 5 km plus loin).

LAEM KAH BEACH ET KA CAPE – แหลมกาและหาดแหลมกา

Ravissante crique de sable et rochers d'accès libre. Bien ombragée. De plus, c'est pratiquement le seul coin baignable de la côte est. Pour y accéder : parcourir environ 400 m en direction de Chalong depuis la sortie nord de Rawai Beach avant de s'engager pendant 1 km sur la petite route, en face du porche coloré qui marque l'entrée du temple. Très fréquenté le week-end par les familles thaïes qui viennent pique-niquer. Au large, quatre petites îles, dont Coral Island.

CHALONG BAY – อ่าวฉลอง

Grande anse où viennent mouiller les voiliers qui naviguent sur les mers du Sud (Australie, Philippines...). Les routards de la mer, quoi ! Le coin se développe, et beaucoup de démolitions laissent apparaître de nouvelles bâtisses sans charme particulier. C'est aussi l'un des points de départ des bateaux privés, type *speed-boat,* pour des excursions vers les îles de la baie, Ko Phi Phi (hors de prix), Raya et Coral Island, le point d'ancrage des bateaux de plongée et de pêche au gros. Pour rejoindre la baie, s'engager dans la petite rue (panneaux), 300 m depuis le rond-point d'Ao Chalong.
Côté pratique, vous y trouverez ATM et bureaux de change partout.

Où dormir ?

C'est à Chalong, tout comme à Phuket Town, que l'on trouve les hébergements les moins chers de Phuket.

De prix moyens à un peu plus chic (de 600 à 1 300 Bts – 15 à 32,50 €)

Shanti Lodge – บ้านพัก สันติ : *Soi Bang Rae, Chaofa West Rd.* ☎ *280-233.* • *shantilodge.com* • *En venant du rond-point, faire 1,5 km sur la route n° 4021, puis tourner à la grande enseigne bleue.* Coloré, confortable, étonnant et séduisant mélange de traditionnel (pour ses bungalows en bois) et de moderne pour le sens de la déco (en particulier les fresques à thème marin dans les couloirs), ce *lodge* typiquement routard est la filiale d'une célèbre adresse de Bangkok et d'une autre près de Kanchanaburi. Au choix, des chambres avec salle de bains communes au 1er étage, sous les toits, ou avec salle de bains perso au rez-de-chaussée. En prime, ces dernières s'agrandissent d'un petit espace extérieur, privatif et protégé des regards, avec hamac. On peut se contenter du ventilo ou enclencher la clim moyennant un supplément. Petite piscine agréable, jardin où sont parfois organisés des barbecues, large paillote-resto qui sert une bonne cuisine thaïe, végétarienne et occidentale. Très bon accueil. Ambiance routarde. Endroit excentré, il est judicieux d'y louer une moto ou une voiture.

Big A Resort : *30 Moo 2, Vises Rd. ☎ 383-080. 087-893-94-64. • biga-sailing.com • En venant de Rawai, sur la gauche avt d'arriver au rond-point de Chalong, sur le trottoir opposé au* Tesco Lotus, *au fin fond d'une impasse (Soi Sermsuk).* L'étrange impression d'être au bout du monde ! Autour d'un grand jardin, des bungalows avec une jolie déco thaïe. Bon confort (ventilo, AC). Accueil gentil et souriant. Et même une piscine au fond du jardin. Resto.

De plus chic à très chic (de 1 500 à 4 500 Bts – 37,50 à 112,50 €)

Aochalong Villa Resort & Spa – อ่าวฉลอง วิลล่า **:** *5/26 Moo 9, Soi Porn Chalong, East Chaofa Rd (branche est de la route n° 4021). ☎ 381-691 et 282-464. • aochalongvillaand spa.com • En bord de mer, au nord du port. À slt 900 m du rond-point, de la route n° 4021, grande pancarte au coin, prendre sur la droite le petit chemin en terre (sur 400 m).* De part et d'autre du parking, 2 structures au confort différent. D'une part, une petite dizaine de bungalows à la déco raffinée, disposés autour d'une grande piscine tout en courbes, avec jacuzzi, dans un jardin idyllique. Les *Pool View Villa,* vastes et tout confort, presque de petits appartements avec leur coin cuisine-salon et leur véranda, sont vraiment d'un bon rapport qualité-prix. Dans un bâtiment mitoyen sur 2 niveaux, quelques chambres moins chères, avec vue sur le jardin, la piscine ou... le parking : pas très grandes, mais hyper propres et confortables. Et d'autre part, une vingtaine de villas de plain-pied, confortables et de belle taille, autour d'une autre piscine, à débordement celle-là, directement en bord de mer (pas baignable). Mais seules quelques-unes permettent vraiment d'avoir vue sur la grande bleue. Le tout dans un très agréable jardin tropical vraiment soigné, et dans une atmosphère un peu balinaise côté déco. L'accueil tout sourire aidera à digérer les tarifs, car ce n'est tout de même pas donné. Parfait pour un séjour familial de longue durée. Spa. Possibilité de baby-sitting. Location de motos et de voitures – bien utiles dans ce coin, voire carrément nécessaires. Resto.

Où manger ? Où boire un verre à Chalong Bay et dans les environs ?

De bon marché à plus chic (de 100 à 400 Bts – 2,50 à 10 €)

Kan Eang Seafood I et II – กันเอง ซีฟู้ด 1 และ 2 **:** *9/3 Chaofa Rd. ☎ 381-212 et 323. Ouv midi et soir.* Surtout agréables en soirée, 2 adresses à peu de distance l'une de l'autre et connues de longue date pour la qualité de leur cuisine. Y venir en taxi ou en *tuk-tuk.* La première, ***Kan Eang @Pier,*** à droite du *pier,* très accueillante, joliment aménagée avec de petits bâtiments couverts de chaume et de grandes tables à ciel ouvert surplombant un bord de mer fréquenté par les hérons. Les *long-tail boats* et les îlets émergés de l'océan en arrière-plan termineront de vous séduire. Sur la carte les plats épicés sont annoncés avec un petit piment. Le *ho mok,* une mousse de fruits de mer au curry, est absolument divin. À l'entrée, beau vivier pour choisir vos bébêtes (au poids). Idéal pour une soirée entre amis sous les étoiles, un vrai sans-faute ! L'autre adresse, ***Kan Eang Seafood II,*** à 1 km au nord (accès au départ du rond-point de Chalong direction Phuket Town, après 600 m prendre la petite route sur la droite, grand panneau indicateur au coin, 400 m pour arriver au resto), est organisée entre une grande salle climatisée et de petites paillotes individuelles disséminées entre des parterres de plantes tropicales. Service agréable, cuisine traditionnelle et spécialité de fruits de mer, mais accueille beaucoup de groupes. Moins charmante aussi que sa grande sœur.

Parlai Seafood – ป่าไล่ ซีฟู๊ด : *à Parlai Bay, au nord d'Ao Chalong. ☎ 283-038. Depuis Phuket Town, prendre vers le sud la route n° 4021, puis tourner à gauche vers le zoo (nul) ; poursuivre jusqu'à la mer, vaseuse à marée basse. Résa conseillée le soir.* Le moins cher et le plus authentique des restos-terrasses du coin. Les Thaïs y viennent en masse le soir, mais nous, on préfère la journée, pour la vue. Fruits de mer et poissons (à choisir en vivier) sont les grandes spécialités de la maison. Une adresse précieuse, même si le service est souvent flottant.

Tamarind Bar & Restaurant – ธัมมะรินด์ บาร์และร้านอาหาร : *Lakkana Chanaphat, 44/2 Moo 9, Chaofa Rd. 081-657-13-19. Tlj jusqu'à 23h-minuit.* Sous un toit de chaume et dans une ambiance bon enfant, un large choix d'alcools et une petite cuisine délivrant d'honnêtes et copieux plats thaïs et européens à prix débonnaires. Fréquenté entre autres par les plaisanciers et les habitués du coin.

LES ÎLES DU SUD-OUEST

À voir. À faire encore dans le coin

La marina de Chalong Bay – มารีน่าของอ่าวฉลอง : ambiance authentique, particulièrement après 10h et à partir de 17h, soit après le départ ou le retour des bateaux des îles sous la baleine-girouette du phare. La vie y redevient paisible et vous réconcilie avec Phuket. De même, le bord de mer qui abrite quelques voiliers et catamarans en escale, bateaux à l'ancre, est bien agréable avec les îlots recouverts de végétation qui émergent de l'océan à l'arrière-plan. Les habitués ne s'y trompent pas et s'y donnent rendez-vous pour communier dans la félicité de la tombée du jour. Malheureusement de plus en plus de bars à filles viennent s'installer dans le coin. Pousser au-delà du parking et du ponton, vers la gauche, c'est de là que la baie est la plus intéressante pour la photo. Clic-clac !

Panwa Cape – แหลมพันวา : *depuis Chalong, en allant vers Phuket Town, une très jolie route en corniche mène au cap – prendre à droite au 4e feu au départ du rond-point de Chalong (au carrefour avec panneaux) pour ne pas se retrouver sur la nationale.* Le cap Panwa, en forme de talon, ferme l'extrémité est de la baie de Chalong. C'est le véritable Phuket, vivant encore à son rythme, dans un paysage encore pas mal préservé. N'hésitez pas à louer une moto pour en faire le tour. Sur son flanc est s'ouvre la baie de Makham, flanquée du port de Rassada et de celui en eau profonde. En chemin, une belle zone de mangroves où l'on peut louer des canoës et manger un morceau (voir plus bas) dans un environnement touché par la grâce.

L'aquarium de Phuket : *tt au bout, à la pointe est du cap. Tlj 8h30-16h30 (dernier billet à 16h). Entrée : 100 Bts ; réduc ; gratuit pour les enfants de moins de 1,08 m (!).* Quelques requins et raies batifolent autour d'un « tunnel » tandis que les anguilles électriques et les « Nemo » (nom désormais utilisé par les maîtres-plongeurs du coin pour désigner certains poissons-clowns !) vous font de l'œil. Une visite amusante, mais ne vous attendez pas à l'aquarium de Monaco...

Où dormir ? Où manger ?

■ ***Maimorn Resort :*** *43/290 Pattanatongtin Rd, Moo 1. ☎ 242-220. 📱 089-652-59-67. • maimornresort.com • À 2,5 km de la route de Chaofa ; sur la route de la corniche, vers l'aquarium, au 6e feu rouge en venant de Chalong vers Phuket, à droite. Doubles 680-1 200 Bts.* Un peu à l'écart, des bungalows en dur, très propres, avec carrelage au sol, disséminés dans un beau jardin, au milieu de bassins d'orchidées. Déco soignée, TV écran plat, frigo, ventilo-AC et salles de bains agréables. Certaines chambres ont même un petit jardin intérieur. Accueil simple et cordial. Pas de petit déj.

|●| ***Chai-Yo Seafood*** – ร้านอาหารไชโย ซีฟู้ด *: sur la route de la corniche, 500 m après le village de Chalong. ☎ 393-142.* Beau resto local bâti juste au bord des mangroves. Une salle climatisée au bord de l'eau, mais notre préférence va aux paillotes individuelles en pleine végétation primaire, c'est plus agréable et dépaysant. Les poissons et crustacés sont sortis de l'eau devant vous, avant de passer à la casserole. Choix en fonction de l'arrivage. Propose également 2 très beaux bungalows au fond du jardin en bordure de l'eau, avec grand jacuzzi intérieur.

|●| ***Sawasdee Restaurant*** – ร้านอาหารสวัสดี *: 200 m avt l'aquarium.* Petit resto bien tenu, avec cuisine thaïe de poisson tout à fait recommandable. Et vue sur la baie !

L'INTÉRIEUR ET LE NORD-EST DE L'ÎLE

Si vous en avez le temps, voici quelques visites ou balades à faire au nord de Phuket Town en empruntant la N 402 puis la N 4027.

Laem Hin – แหลมหิน *(plan I) : en venant du nord, guetter le panneau « The Village Coconut Island » qui indique la route d'accès, en légère descente (1,8 km). Depuis Phuket Town (route à 4 voies séparée par un terre-plein), on est obligé de faire demi-tour.* Joli coin, belle vue sur plusieurs îles. Vraiment un endroit exceptionnel pour manger sur l'eau.

|●| ***Laem Hin Seafood*** – แหลมหิน ซีฟู้ด *: sur la gauche de l'embarcadère. ☎ 239-357. Tlj 10h-22h.* Resto typique sur pilotis qui sert poissons, fruits de mer (au poids) et plats thaïs à prix locaux. Délicieux et service efficace.

|●| Plus pittoresque mais plus coûteux, le resto flottant le plus ancien de l'ensemble : ***Bund ID Seafood N° 3*** – บังอิท ซีฟู้ด *: 📱 089-726-54-35. 11h-20h, vous trouverez sans difficulté un batelier pour vous y conduire (des pirogues attendent là, l'embarcadère est sur la droite du parking du resto Leam Hin) ; 5 mn de traversée, prix inclus (pas énorme) dans votre addition ou gratuit, selon le montant ; compter 150-200 Bts A/R si vous ne consommez rien.* Il y a maintenant 5 restos du même style et de qualité équivalente. Petites terrasses fleuries avec mobilier de rotin gentiment installées sur pilotis au milieu des casiers à crustacés et cultures d'huîtres perlières. Carte en anglais avec prix (au poids) à réclamer. En général, accueil gentil et dépaysement garanti.

➢ Côté excursion, l'île de *Maphrao* ne présente guère d'intérêt. Préférer ***Rang Yai,*** petite île au-delà et sa plage de rêve. Compter au moins 900-1 200 Bts pour en faire le tour en *long-tail boat* avec un arrêt baignade. Sur l'île, le *Rang Yai Restaurant* possède une bonne réputation. Assez cher mais paradisiaque... on paie le décor !

> **ROUTARD AVANT L'HEURE**
>
> *Le Siam, seul pays d'Asie du Sud-Est à n'avoir jamais été colonisé par une puissance européenne, a inspiré les aventuriers. Simon de La Loubère, toulousain d'origine, participa à la deuxième expédition (en 1687, après une première fournée en 1684) envoyée au Siam par Louis XIV dans l'espoir de convertir le roi de Siam à la religion catholique. Comme son contemporain l'abbé de Choisy, il en rapporta un récit de voyage,* Du Royaume de Siam, *véritable mine d'informations sur la culture et la civilisation thaïe.*

Thalang National Museum – พิพิธภัณฑสถานแห่งชาติถลาง *(plan I) : en venant de Phuket Town par la N 402, au monument des Héroïnes, prendre sur la droite direction N 4027, et à 150 m, tt de suite sur la droite, l'entrée. ☎ 311-426. Tlj 9h-16h. Entrée : 100 Bts.* Panneaux, reconstitution et objets retracent l'histoire, les vagues de peuplement, les coutumes et l'économie de l'île, sans oublier sa topographie et sa géologie. On apprend ainsi que Phuket s'appela longtemps *June Ceylon* (un grand centre commercial à Patong, avec reconstitution d'une goélette d'époque, a adopté ce nom), probablement une déformation de *Silang,* l'ancien nom des gitans de la mer, autrefois maîtres incontestés de l'île – voir la carte faite par Simon de La Loubère, navigateur français qui visita le royaume d'Ayutthaya en 1687, quand Thaïs et Français s'échangèrent des ambassadeurs.

Tonsai Waterfall – น้ำตกต้นไทร ***et le centre de réhabilitation des gibbons*** – โครงการคืนชะนีสู่ป่า *(plan I) : dans le nord-est de l'île, à 22 km de Phuket Town.* Deux cascades situées pas loin l'une de l'autre, avec des routes différentes pour y accéder.

– ***La cascade de Bang Pae*** – น้ำตกบางแพ *: depuis l'Héroïnes Monument, emprunter la route n° 4027 ; après 9 km, prendre la route à gauche où se trouve un petit camp d'éléphants. À 20 m sur la gauche dans le champ d'hévéas, jusqu'après l'embranchement, 3 km de route bordée de végétation jusqu'au cul-de-sac qui mène à la cascade. Tlj 6h-18h. Entrée : 200 Bts/pers (guitoune du gardien sur la gauche à l'entrée) ; réduc. Mieux vaut arriver avt 16h, car parfois plus de guides dispo plus tard pour les explications. Bien réclamer le ticket qui peut servir éventuellement pour la visite de l'autre cascade, Tonsai, à condition que ce soit dans la même journée.* Véritable « forêt primaire », jamais perturbée par l'homme, les arbres y sont tellement hauts que le soleil ne pénètre jamais dans certains endroits. Tout de suite à l'entrée, sur la droite après les restos locaux, légèrement à flanc de colline, avant les chutes de Bang Pae qui, elles, se trouvent à 25 mn de marche par le petit chemin qui longe la rivière, le ***centre de réhabilitation des gibbons*** héberge environ 60 singes en processus de réadaptation à la vie en forêt. Brochures gratuites explicatives en français disponibles à la réception.

– ***La cascade de Tonsai :*** *depuis l'Héroïnes Monument, emprunter la route n° 4027, tt droit jusqu'au feu rouge de Thalang, prendre la route à droite, Tonsai Rd, agréable route sauvage bordée de plantations d'hévéas jusqu'à la cascade à 3 km dans le cul-de-sac.* Rien d'extraordinaire, c'est vrai ! Elle se tarit pendant la saison sèche, mais est accessible plus facilement que l'autre cascade (Bang Pae) pour les personnes qui ont du mal à se déplacer. Environ 10 mn de chemin tranquille. Plaisante balade dans la jungle possible (30 mn), accompagné d'un guide local qui se propose à l'entrée, mais réalisable soi-même. Se munir de bonnes chaussures et de crème antimoustiques.

Yao Pier Bangrong – ท่าเรือเกาะยาว บางรอง *: continuer la route n° 4027 sur 3 km au-delà de l'embranchement du centre de réhabilitation, tourner à droite (panneau) ; longer le bras de mer sur encore 400 m. Guitoune sur la gauche avt* *l'arrivée au port, parking payant (à partir de 10 Bts selon durée).* Arrivée dans un coin de mangroves où des singes viennent parfois, comme vous, juger de l'animation sur la route. Sur la droite, l'embarcadère desservant les îles Yao (voir plus loin) ; sur la gauche, une passerelle de bois tutoie la forêt maritime en menant à un resto traditionnel sur pilotis. Pour un petit plat en attendant son bateau ou juste pour l'occasion. Possible de faire du canoë le long du bras de mer, à travers casiers à moules et huîtres perlières.

Plongée sous-marine

Tous les centres de plongée de la région ont été très affectés par le tsunami. Beaucoup ont perdu leurs bateaux, et certains leur vie... Mais le business est reparti comme avant, et la Thaïlande a de nombreux arguments pour séduire les plongeurs. Même si les avis divergent, les fonds marins n'ont apparemment pas été abîmés par le raz-de-marée. Chose curieuse, l'eau serait plus claire qu'avant, comme après un lessivage.
Phuket est une destination très chouchoutée des plongeurs. Les spots aux alentours ont acquis une réputation mondiale avec, en vedette, les *îles Similan* et *Surin* (excursions de 2 à 10 jours), deux parcs nationaux, véritables sanctuaires de la vie marine... Mais attention : la « perle de l'océan Indien » repose sur un écrin très fragile et certains sites trop fréquentés sont déjà détruits. Ne touchez à rien. Et gare aux caprices de l'océan Indien : courants fréquents.

Où plonger ?

L'exploration sous-marine est une activité bien rodée qui se pratique depuis plus de 20 ans dans la région.
En raison de l'éloignement des sites, les sorties ont généralement lieu à la journée *(one day trip)* ; elles comprennent deux ou trois plongées selon le site, et le casse-croûte. Ko Phi Phi figure aussi parmi les spots phares (un peu trop fréquenté à notre goût, d'ailleurs...). Raya Yai et Raya Noi au sud de Phuket, comme Ko Phi Phi, restent explorés toute l'année. Également d'inoubliables croisières-plongées de 2 à 10 jours *(liveaboard dive safari)* dans les archipels Similan et Surin, sauvages et luxuriants (un régal !), ouverts seulement de novembre à avril (mais mieux vaut partir de Khao Lak, plus proche).

Une idée des prix

Grosse concurrence sur Phuket, mais les tarifs sont comparables d'un centre à un autre. Si vous disposez de 4 jours et de 10 000-12 000 Bts, c'est peut-être le moment de passer votre brevet *PADI,* qui vous permettra par la suite de plonger partout dans le monde. Compter 3 500-4 400 Bts pour une journée d'initiation à la plongée, ne délivrant pas de diplôme, et autour de 2 700-3 100 Bts pour une journée comportant 2-3 plongées en bateau et les casse-croûte. Et ajouter 500 Bts pour l'équipement. Le spot le moins cher et le plus courant visité toute l'année est Raya Yai. La journée *snorkelling* pour non-plongeurs avec équipement (masque et tuba) revient à 1 200-1 400 Bts.

Clubs de plongée

■ ***Sea World Dive Team*** – ซี เวิร์ล ไดว์ ทีม *: 171/23 Soi San Sabai, un soi de Patong qui donne sur Soi Bangla.* ☎ *341-595.* • *seaworld-phuket.com* • Centre *PADI* 5 étoiles où l'on parle le français. Les instructeurs brevetés assurent formations, explorations et initiations à la plongée. Magnifiques bateaux de luxe pour une sortie à la journée ou une croisière au long cours de 2 ou plusieurs jours (compresseurs à bord) en direction des sites locaux comme le *Mergui Archipelago,* une véritable splendeur. Ambiance amicale, sympa et super pro.

■ ***Andaman Scuba*** – อันดามัน สกูบ้า *: 224/10 Patak Rd, à Karon, près de la route qui longe la plage, après le rond-point en direction de Kata Beach, sur la gauche dans le petit square de l'entrée de la grande tour Water Front à côté de l'hôtel* Andaman Inn. *☎ et fax : 398-331. • andamanscuba.com •* Club tenu par Dominique, un Français. Licence *PADI* et *CMAS.* Dispose de 2 bateaux pour plonger à la journée et d'un bateau de croisière. Toutes prestations et tous niveaux, super sérieux en général.

Nos meilleurs spots

Les îles Similan – หมู่เกาะสิมิลัน *: parc national composé de 9 îles magnifiques (plages de sable blanc et forêt tropicale), accessibles par navire de croisière (6 à 8h de traversée, selon l'état de la mer), à 100 km au nord-ouest de Phuket. Ouv 1er nov-30 avr. Droit d'entrée du parc national 1re classe : 400 Bts/pers. On ne peut dormir que sur 2 des îles, la n° 4 (Ko Miang), où l'on trouve tentes et bungalows, et la n° 9, slt pour les tentes. Résa auprès des offices des parcs nationaux à partir de 2 mois avt la date souhaitée : ☎ 595-045 ou 02-562-07-60 (à Bangkok). • reserve@dnp.go.th • dnp.go.th • Les clubs de plongée peuvent aussi s'occuper de la réservation.*

La plupart des bateaux partent du ***Tap Lamu Pier*** – ท่าเรือทับละมุ, à l'entrée de Khao Lak (voir plus loin). Avec réservation, la plupart des compagnies de plongée assurent la liaison en minibus ou *songthaew,* prise en charge dans les hôtels sur Phuket (ou Khao Lak) jusqu'au port de Tap Lamu. Départ de Phuket tôt le matin, à 6h30 environ (toutes plages) ; ramassage en minibus jusqu'à Tap Lamu (1h30 de trajet environ), puis *speed-boat* jusqu'aux îles Similan (1h15 de traversée environ, contre environ 2h pour les bateaux de plongée normaux). Ramassage également en pick-up au départ de Khao Lak. Retour 19h-19h30 selon la situation de l'hôtel. Pour une croisière-plongée sur plusieurs jours, on loge sur un bateau de plongée avec couchettes à bord. Les vrais accros préféreront se loger directement à Khao Lak, histoire de réduire les temps de transport.

Classé dans le top ten mondial des meilleurs spots de plongée, cet ensemble de récifs, canyons et fabuleux jardins coralliens en eaux cristallines est particulièrement poissonneux (de 6 à 40 m de fond). Aux spots de *Chrismas Point* et *Elephant Head,* merveilleusement colorés, on croise fréquemment des raies mantas solitaires, quelques requins à pointes noires et, avec un peu plus de chance, le fameux requin-baleine, aussi débonnaire qu'inoffensif. Une destination pour plongeurs débutants (après un Open Water théorie et pratique) et confirmés.

Noter que l'on peut visiter ces îles en solo.

– ***Ko Miang*** est très visitée à la journée depuis Phuket ou Khao Lak, et encore plus pendant les week-ends et vacances scolaires ; beaucoup de scouts viennent y faire du camping. Il y a des tentes et des bungalows avec ventilos ou clim.

Ko Miang – เกาะเมี่ยง *: résas au ☎ 595-045. 082-579-57-34. Prévoir 1 000-2 000 Bts pour 2 pers selon vue et confort. Également possible de camper : compter 200 Bts/pers avec la loc.* Cette île est la plus animée ; elle compte une cinquantaine de bungalows, avec ventilo ou clim, qui bénéficient de l'électricité 24h/24, sauf aléas météo, de quoi se restaurer aussi et boire un verre. Basique mais propre, avec salle de bains (eau froide).

Les îles Surin – หมู่เกาะสุรินทร์ : *à 80 km au nord des îles Similan. Départs de Kuraburi Pier, 62 km après Takuapa en direction de Ranong. Ouv 1er nov-30 avr. Entrée du parc national : 400 Bts/pers.* Possibilité de faire la visite des îles Surin dans la journée, depuis Phuket (mais beaucoup de transport en perspective) ou Khao Lak, ou de dormir sur place en tente de camping ou dans un des bungalows de l'île. Voir « Ko Surin » un peu plus loin pour plus de détails techniques. De merveilleuses richesses sous-marines pour plongeurs confirmés, situées entre 6 et 40 m de profondeur, vous attendent dans ce parc national très sauvage et moins fréquenté. Les spots de *Ko Bon* et *Ko Tachai* sont réputés pour leurs rencontres avec la raie manta pour le premier et, pour les deux, avec le gentil requin-baleine, dont la taille énorme n'a d'équivalent que son appétit vorace... en plancton ! En virevoltant au-dessus des gorgones flamboyantes, les tortues seront médusées par votre « palmage » nonchalant. *Richelieu Rock,* lui, sera plus technique (mais ça peut aussi être un plaisir !). Le simple *snorkelling* se pratique également.

Ko Racha Yai *(Raya Yai)* – เกาะราชาใหญ่ : *à 27 km au sud de Phuket. Accessible au départ de Chalong en 1h20 (bateau normal, 3 200 Bts) ou en 30 mn (speedboat, 8h-17h, 7 500-18 000 Bts).* Entre 6 et 25 m, cette plongée fastoche en eaux claires livre un site corallien de toute beauté (on touche avec les yeux !). Vie sous-marine très intense. Quant à l'île elle-même, elle pourra flatter votre côté Robinson si vous prenez le temps de vous éloigner de la plage de Batok. On peut même y dormir ! Voici deux types d'hébergements différents (surtout côté budget !).

Raya Resort Bungalow : *☎ 383-136. 081-676-59-95. • rayaresort.net • Doubles 1 200-1 500 Bts avec ou sans petit déj.* Bungalows simples, situation en surplomb de la baie de Batok.

Ban Raya Resort : *☎ 224-439. 083-591-20-95. • banraya.com • Doubles 2 650-7 150 Bts, petit déj inclus.* Bungalows de différentes catégories allant du simple avec ventilo au cottage *deluxe.* Belle adresse, hyper au calme, à flanc de colline dans un cadre paradisiaque. Accès direct à une crique presque privée, eau translucide, idéal pour un plongeon avec les poissons multicolores. Magnifique jardin bien entretenu, belle piscine en surplomb de l'océan en haut du parc. Location de bicyclettes, grande terrasse vue sur mer pour se restaurer au petit déj. Électricité 24h/24 pour les bungalows *superior* et *deluxe,* et seulement la nuit pour les *standard.* Attention : les bungalows *standard* sont près du groupe électrogène, nuisances possibles. Propose des tarifs spéciaux pour les liaisons en bateau (voir sur le site internet).

Ko Racha Noi *(Raya Noi)* – เกาะราชาน้อย : *une petite île déserte entourée de falaises, à quelques km au sud-ouest du spot de Ko Racha Yai.* Pour plongeurs confirmés. Plongée entre 10 et 40 m dans une eau cristalline et brassée par de forts courants. Nombreux crustacés embusqués dans les failles de ce magnifique jardin de coraux, que survolent majestueusement daurades, barracudas et poissons-trompettes. L'île de Racha Noi est aussi réputée pour la pêche au gros (voir ci-après).

À faire (encore !) sur l'île

Une multitude d'activités sont proposées aux touristes. Il serait trop long d'en faire une liste exhaustive ; soyez à l'affût des brochures et des dépliants, programmes, prospectus gratuits de la ville.

Sports et loisirs

➢ ***Balades à VTT :*** *notamment avec* ***Action Holidays.*** *☎ 263-575. Compter 1 400 Bts la ½ journée ou 2 800 Bts la journée complète, vélo, guide, snack, eau et transport pour l'hôtel inclus.* Découverte de Phuket à vélo sur des parcours remarquables. Une bonne manière de sortir des sentiers battus.

– ***Équitation :*** deux clubs équestres sur la côte. Signalons le ***Phuket Bang Tao Riding Club,*** à Bang Tao *(☎ 324-199).* Balades à cheval de 1h à 2h30, et même des virées à dos d'éléphant (même si Phuket n'est pas à proprement parler le royaume du pachyderme !).

– ***Pêche au gros :*** au départ de Chalong, pêche autour des îles de Raya Yai et Raya Noi, une mer bien poissonneuse. Voir ***Aloha Tours,*** à Chalong *(☎ 381-220 ; • thai-boat.com • ; compter 2 500-3 500 Bts pour une journée avec transfert hôtel aller-retour, petit lunch sur le bateau et matériel fourni).* La vraie pêche au gros se fait sur Raya Noi, Raya Yai est plus touristique.

– ***Cours de boxe thaïe :*** ***Tiger Muay Thai & MMA Training Camp,*** *7/6 Moo 5, Soi Tad-led, Ao Chalong. ☎ 367-071. • tigermuaythai.com • Tlj sf dim 7h-10h30, 13h30-18h30.* Centre d'initiation à la boxe thaïe toutes catégories tenu par Will, un Américain. Propose également des bungalows de bon confort pour ceux qui peuvent résider ailleurs que sur une plage. On peut se contenter de venir voir les entraînements des boxeurs (et boxeuses !) en s'accommodant d'un verre au bar.

– ***Cours de cuisine :*** une initiation à la cuisine thaïlandaise par un professionnel à la ***Phuket Thai Cooking School*** *(39/4 Thepatan Rd ; ☎ 252-35-45).*

KO SURIN – หมู่เกาะสุรินทร์

IND. TÉL. : 076

Connu pour la richesse de ses fonds sous-marins, cet archipel était considéré comme l'un des paradis du *snorkelling.* Il avait la réputation d'être le meilleur spot de l'océan Indien. En 2010, une élévation de température de l'eau de 2 °C a détruit en quelques mois tous les coraux, déjà fragilisés par l'activité humaine. Que reste-t-il qui puisse encore attirer des routards ? Sous l'eau, il reste des poissons qui cherchent à survivre, certes en quantité très limitée mais d'une diversité toujours aussi fascinante. Avec un peu de chance on peut croiser des requins *black tip,* des tortues et avec vraiment beaucoup de chance, des raies mantas, des dauphins et la mythique baleine-requin : c'est en avril, avec le début des tempêtes de mousson. En contrepartie, il faut accepter le risque de rester coincé plusieurs jours en attendant que la mer se calme et que le bateau puisse à nouveau circuler. En même temps, il n'y a pas grand-chose d'autre à faire...
Les îles ne manquent pas de charme, sans avoir l'exubérance des formations karstiques que l'on trouve plus au sud : des collines couvertes d'une jungle primaire dense, avec des arbres de plusieurs dizaines de mètres de haut. C'est la nature sauvage et tranquille. On y rencontre des varans géants, des singes, le fameux écureuil volant, parfois des serpents : les cobras, et les araignées aiment la fraîcheur des sanitaires, les pythons viennent chasser les rats dans les cuisines, et il arrive qu'une vipère traverse tranquillement le

restaurant. Si vous y allez, il vaut mieux regarder où vous posez les pieds et les mains, avoir une lampe de poche et bien refermer la moustiquaire de votre tente ou la porte de votre bungalow. Certains adorent, d'autres repartent après une nuit.
Ko Surin n'est pas une destination courante : c'est relativement cher et il faut avoir du temps puisque à l'aller et souvent au retour on est contraint de passer une nuit à Kura Buri, ville sans intérêt. En fait Ko Surin plaira aux amateurs de vie tranquille, dans la nature, sur une plage cernée de jungle.

Infos utiles

– Il faut noter que le parc est fermé chaque année à l'arrivée de la mousson, du 30 avril au 1er novembre. Le droit d'entrée est de 400 Bts pour 5 jours (jours d'arrivée et de départ inclus).
Seulement deux sites sont accessibles et aménagés. On ne peut les relier qu'en *long-tail boat*. Il y a très peu de sentiers. Chacun des sites dispose d'un restaurant, cher (2 à 3 fois plus que sur le continent) et pas vraiment gastronomique (et c'est un euphémisme !).

Budget pour Ko Surin

– 1 600 Bts/pers de bateau A/R ;
– 400 Bts/pers de frais d'entrée dans le parc qui vous autorise à rester au maximum 5 j. (jour d'arrivée et de retour inclus, ce qui fait 3 j. complets seulement sur place) ;
– 30 Bts/j. par pers de location du *bedding* ;
– env 1 400 Bts (camping et repas sans excès) pour 2 ;
– 100 Bts/pers par sortie *snorkelling* en *long-tail boat.*

Arriver – Quitter

Voir ci-après à Kura Buri.

Où dormir ? Où manger ?

Chong Ha *(appelée aussi* ***Number 1****) :* 2 jolies plages de part et d'autre d'une presqu'île d'une cinquantaine de mètres de large, avec des bungalows simples (2 000 Bts) ou des tentes installées le long de l'une des plages (300 Bts). C'est le site principal.
Ao Mai Ngam *(appelée aussi* ***Number 2****) :* avec uniquement un camping le long d'une belle plage ombragée. Notre site préféré, mais c'est un avis subjectif. Compter 300 Bts la tente. Elles sont spacieuses et en bon état. En choisir une bien à l'ombre, vous comprendrez vite pourquoi. Un *set bedding* (sac de couchage, matelas et oreiller) est à louer pour 60 Bts la nuit à l'information (c'est 2 fois moins cher à Kura Buri). Si vous craignez que les singes ne vous empruntent votre passeport, vous pouvez louer un placard à clefs dans le restaurant.

LES ÎLES DU SUD-OUEST

À voir. À faire

– Rien ! Farniente total ! Profiter de l'ambiance et du paysage relaxant. Observer les animaux et écouter la musique de la jungle.

– ***Snorkelling :*** *2 sorties/j. en long-tail boat (à 9h et 14h) d'une durée d'env 2h30 pour 100 Bts/pers. Tickets vendus à l'information du site où vous logez.* Quatre sorties différentes selon un cycle qui recommence tous les 2 jours. Notre préférée : celle qui passe par l'îlot de Ko Satok. Elle a lieu l'après-midi tous les 2 jours à partir du lundi ; on peut y croiser des requins *black tip.*

Le village des Moken : on peut visiter ce village des gitans de la mer, installé sur l'une des îles de l'archipel. Artisanat. On y va en *long-tail boat*. Tickets : 100 Bts par personne à l'information du site où vous logez.

– **Plongée :** sorties pour minimum 3 personnes ayant déjà leur *PADI open water*. Sur le site de Chong Ha.

KURA BURI – คุระบุรี

Bourgade de 4 000 habitants, alignée le long d'une route et dont le seul intérêt est d'être le point d'accès pour les îles Mu Ko Surin.

Arriver – Quitter

– **Accessible seulement en bus :** 1h30 de Khao Sok, 4h de Krabi, 3h de Phuket, 2h de Ranong, 5h de Chumphon (de là, liaisons par train sur Bangkok pour ceux qui n'aiment pas les longs trajets en bus), 10h au moins de Bangkok.
La gare routière est à moins de 200 m des *guesthouses,* qui se trouvent toutes en tournant à droite sur l'artère principale traversant la ville. Pour les routards chargés, il n'y a pas de *tuk-tuk,* seulement des motos-taxis difficiles à trouver.

➢ **Aller sur Ko Surin** : un seul bateau/j., vers 9h. La traversée dure 1h30 pour une soixantaine de km. Cher : 1 600 Bts A/R. Parfois, un *slow-boat* assure aussi la traversée, pour 1 300 Bts seulement. Le transport en pick-up jusqu'au port, à quelques km de la ville, est compris dans le prix. Les billets sont à prendre en ville. Le plus sympa est chez *Tom* (voir « Où dormir ? » ci-dessous) avec qui vous aurez un service personnalisé et un accueil vraiment chaleureux. Il y aussi l'agence de la région, *Sabina Tour* (☎ 47-22-16 ; 📱 081-737-26-25).

Avant de partir pour Ko Surin

– Il n'y a pas de fruits sur l'île : acheter avant le départ des fruits frais (les pastèques, les ananas, les mandarines se conservent mieux que les bananes) ou secs (dans les boutiques proches du marché ou en sachet dans les *minimarts*).
– Si vous campez, ce qui est à notre avis une excellente solution, on vous conseille de louer le *bedding* (matelas, duvets, oreiller) à Kura Buri car ce sera 2 fois plus cher sur l'île.
– Il vaut mieux laisser vos bagages encombrants chez votre hôtelier à Kura Buri car sur l'île il n'y a pas de véhicule et il faut marcher un peu pour accéder à votre tente ou bungalow.

Où dormir ?

Toutes les *guesthouses* se trouvent sur l'avenue principale qui traverse Kura Buri, à 200 m de la gare routière (suivre la seule rue qui part de la gare pour croiser au bout de 50 m cette avenue et là prendre à droite). Pour les routards chargés de bagages lourds, il n'y a pas de *tuk-tuk* ou de taxi à Kura Buri, tout au plus des motos-taxis difficiles à trouver. Certains hôtels indiqués ci-dessous viennent vous chercher à la gare routière.

De bon marché à un peu plus chic (de moins de 500 à 1 500 Bts – 12,50 à 37,50 €)

🏠 **Tom :** *298/3 Moo 1, T. Kura.* 📱 *086-272-05-88. Le bureau de Tom se* *trouve sur l'avenue principale (Phetkhasem Rd), juste en face de la rue qui part de la gare routière. Vous le rencontrerez à la gare où il vient avec son pick-up pour chaque arrivée. Sinon, l'enseigne de son bureau est bien visible. Parle bien l'anglais (rare sur l'île). Les bungalows sont un peu plus loin. Bungalow 300 Bts, petit déj inclus.* Certainement l'adresse la plus sympa, à défaut d'être la plus confortable. L'après-midi, Tom vous accompagnera faire vos courses au marché juste à côté et son épouse cuisinera le soir pour vous gratuitement. C'est une occasion assez rare de partager une soirée avec une famille thaïe bien sympathique. On en oublie l'état des bungalows, très simples. Tom vend aussi les billets pour Ko Surin et vous accompagnera jusqu'au bateau, en vous fournissant toutes les explications nécessaires. Au retour il vous mettra dans le bon bus. Si vous campez sur Ko Surin, vous pouvez lui louer matelas et duvet *(bedding)* à des tarifs 2 fois moins chers que sur l'île.

Tararin : *☎ 491-789. 📱 083-392-49-50 ou 084-689-81-38.* De jolis bungalows en bois dans un jardin fleuri surplombant la rivière. Un charme certain tout en restant simple. Accueil très gentil et souriant mais personne ne parle l'anglais et si vous êtes chargé, pas de pick-up à la gare routière. Fait aussi restaurant dans un décor agréable.

Kuraburee Resort : *Moo 1, T. Kura. ☎ 491-051. 📱 081-719-47-75. 📱 087-36-88-345.* Des bungalows confortables dispersés dans un jardin, mais là aussi, impossible de communiquer (ne parle pas l'anglais) et pas de pick-up à la gare.

Boon Piya Resort : *175/1 Moo 1, T. Kura. ☎ 491-969 ou 464. 📱 081-752-54-57. Prévoir 650 Bts.* Le plus confortable en ville, à défaut d'être le plus sympa. Bungalows en dur, alignés dans un jardin, tous avec AC, eau chaude et TV câblée. Le proprio parle l'anglais et vient vous chercher à la gare routière. Pour les inconditionnels du béton et du confort occidental.

LES ÎLES YAO – หมู่เกาะยาว : KO YAO NOI – เกาะยาวน้อย ET KO YAO YAI – เกาะยาวใหญ่

IND. TÉL. : 076

Ces deux îles, parties prenantes du parc maritime d'Ao Phang Nga (140 km² mis bout à bout, dont 77 pour Ko Yao Noi), émergent des flots au large de la baie du même nom, à mi-chemin entre Krabi et Phuket (d'où l'accès est le plus facile). Peuplées en majorité de musulmans (le vendredi, tout est fermé ou presque), mais aussi d'ethnies chinoises, tous vivent de l'hévéa, de la pêche, de la culture du riz, de la noix de cajou et de coco. Leurs sols sont couverts de forêts primaires profondes ou de plantations d'hévéas. Depuis les plages propices au farniente ou au *kayaking* (spécialement sur Yao Noi) et entourées de promontoires rocheux aux multiples grottes, l'horizon se pare du spectacle féerique des massifs karstiques de la baie. Ceux qui cherchent la tranquillité et la nature seront comblés. Les eaux en bord de plage entre deux mangroves sont la plupart du temps vaseuses à marée basse, mais un autre enchantement vous attend.

Arriver – Quitter

Pour aller à Ko Yao Noi

➢ ***Depuis Phuket :*** bus local *(songthaew)* au départ du *local market* sur Ranong Rd 9h-11h. Une bonne heure pour arriver à l'embarcadère (Bangrong Pier to Yao Islands, au nord-est de Phuket). De là, bateaux à 9h30, 11h, 12h30, 14h30 et 17h. Arrivée au débarcadère de Manok, au sud de Ko Yao Noi. Trajet : 50-60 mn env ; 120 Bts.

➢ ***Depuis Phang Nga :*** bus local au départ de la gare routière de Phang Nga Town ; transfert pour l'embarcadère Thadan Pier (Ao Luk District). De là, bateaux à 11h et 13h. Arrivée Manok Pier. Compter 120 Bts.

➢ ***Depuis l'embarcadère de Customs Pier, à Ko Panyee :*** du *Gipsy Village,* dans la baie de Phang Nga, départ à 13h (sf dim). Arrivée Sukkhaphi Ban Pier. Trajet : 1h15 ; 100-200 Bts selon bateau.

➢ ***Depuis Krabi :*** bus local *(songthaew)* devant le *Vogue Department Store Krabi Town* à 10h et 12h vers l'embarcadère de Thalane Pier (ou Talen Pier) à Ao Luk District Laem Sak Pier. Départs bateaux à 11h et 13h. Arrivée Baan Tha Khao Pier sur Ko Yao Noi. Trajet 50 mn ; 120 Bts. Ou *long-tail boat* pour Ko Yao Yai (arrivée Chong Lad Pier) pour 30 Bts.

➢ ***Depuis Laem Hin*** *(embarcadère pour Ko Maphrao)* ***:*** bateau et prix à justifier ou passer par Yao Yai.

Pour aller de Ko Yao Noi à Ko Yao Yai ou vice-versa

Navettes de *long-tail boats.* 15 mn de trajet. 30-40 Bts.

Adresse utile

🅸 Il y a bien un office de tourisme sur Ko Yao Noi *(Ko Yao Tourism Information Center),* mais on n'y glane pas grand-chose, à part le plan de l'île !

Comment se déplacer ?

Ko Yao Noi (« petite longue île »), la plus habitée, s'est davantage ouverte au tourisme. Les plages de la côte est ont la réputation d'être tranquilles et proposent de jolis bungalows. On trouve des vélos et des motos à louer, mais pour la partie nord, où seules des pistes serpentent entre les plantations d'hévéas, un 4x4 est nécessaire.
Les amateurs d'exploration apprendront qu'il est aussi possible de rejoindre Ko Yao Yai en *long-tail boat* (50 Bts par personne ; 150 Bts pour une moto ; 10 mn de trajet) en franchissant l'étroit bras de mer qui la sépare de sa cadette. Possible ensuite de traverser cette île couverte de jungle et d'hévéas en *songthaew* (prévoir 1 300 Bts) avant de reprendre un bateau pour Phuket depuis Roh Jaak Pier au sud-ouest de l'île.

Où dormir ? Où manger ?

Très bon marché

|●| Pas beaucoup de restaurants à part le boui-boui nommé ***Je t'aime Restaurant*** *(plan,* ***20****),* en face du *7-Eleven,* et le ***Pradu Restaurant*** *(plan,* ***21****),* à l'ouest de l'île à côté du Tha Ton Do Pier. Beaucoup prennent leurs repas aux tables des hôtels. Ni porc ni alcool dans les restos locaux.

De bon marché à plus chic (de 500 à 3 000 Bts – 12,50 à 75 €)

🏠 |●| ***Lom'Lae Beach Resort*** – ลมเล บีช รีสอร์ท *(plan,* ***10****)* ***:*** *sur la petite plage de Pasai, au sud de l'île, à 600 m de la route.* ☎ *597-486.* 📱 *089-868-86-42 ou 081-958-05-66.* • *lomlae.com* • *Ouv oct-mai. Résa*

LES ÎLES DU SUD-OUEST

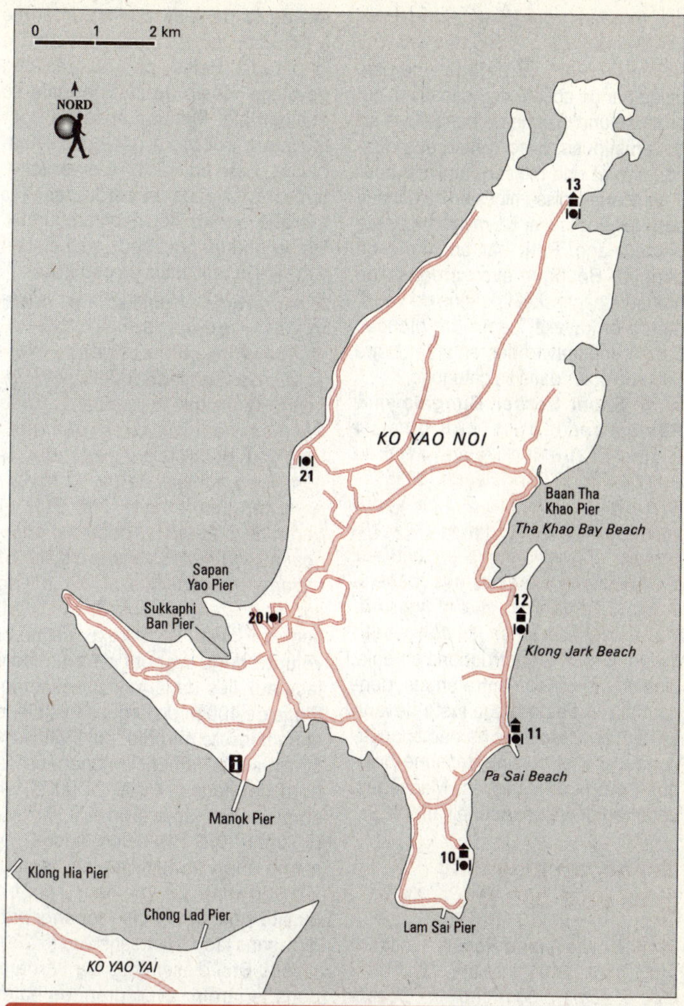

KO YAO NOI

Adresse utile

- Ko Yao Tourism Information Center

Où dormir ? Où manger ?

- 10 Lom'Lae Beach Resort
- 11 Sabai Corner Bungalows & Restaurant
- 12 Koyao Island Resort
- 13 Paradise Koh Yao
- 20 Je t'aime Restaurant
- 21 Pradu Restaurant

par Internet conseillée. Bungalows 2 000-6 000 Bts ; petit déj en sus. Réduc possible. Un havre de paix dirigé par un couple thaï-canadien, qui propose une dizaine de bungalows en bois rustiques, avec ventilo et moustiquaire, et une maison familiale pour 6 personnes, disséminés en quinconce sous les cocotiers. En revanche, toute petite plage. Petit bar en forme de pirogue. Boutique avec produits de première nécessité. Location de vélos, motos et kayaks, centre de plongée à côté. Idéal avec des enfants. Notre coup de cœur dans sa catégorie.

Sabai Corner Bungalows & Restaurant – สบาย คอนเนอร์ บังกาโลและร้านอาหาร *(plan,* ***11****) : au sud de Klong Jark Beach.* ☎ *597-497.* *081-892-18-27. • sabaicornerbungalows.com • Ouv tte l'année. 12 bungalows en hauteur au milieu des arbres et des rochers, dont 3 familiaux avec ventilo, 600-2 000 Bts selon saison ; petit déj en sus.* Constructions en bois, plus ou moins bien entretenues, donnant sur la petite plage juste devant. Ventilo, terrasse avec hamac, moustiquaire. Bar et cuisine italienne basique ; pâtes et lasagnes. Massages. Location de vélos. Accueil affable.

LES ÎLES DU SUD-OUEST

Beaucoup plus chic (plus de 3 000 Bts – 75 €)

Koyao Island Resort – เกาะยาว ไอส์แลนด์ รีสอร์ท *(plan,* ***12****) : 24/2 Moo 5, au nord de Klong Jark Beach.* ☎ *597-474. • koyao.com • Compter 4 700-8 700 Bts pour une chambre double de charme (enfant en plus possible) selon saison ; 50 % de plus pour les villas* deluxe, *petit déj compris. Pens complète possible. Possibilité d'un transfert payant direct depuis Phuket.* Les habitations au toit de chaume, décorées dans le style thaï raffiné, sont grandes ouvertes sur le large. Salle de bains extérieure à la balinaise. Piscine au ras de la pelouse comme intégrée à l'horizon où les cocotiers sont à la parade. Hélas, pas ou très peu de plage. Resto de cuisine thaïe ou occidentale. Mention spéciale pour le *Nature Lodge,* à quelques encablures, juste pour 2 (à réserver longtemps à l'avance) et perdu dans les arbres, pour les Robinson amoureux. Un bel endroit pour ceux qui peuvent y mettre le prix, mais un peu froid.

Paradise Koh Yao – พาราไดซ์ เกาะยาว *(plan,* ***13****) : 24 Moo 4.* ☎ *584-450. • theparadise.biz • Tt au nord-est de l'île ; se faire conduire en* tuk-tuk *jusqu'au Khao Pier où sont amarrés quelques* long-tail boats *pour rejoindre le nord, peu accessible par la route ; compter facilement 300 Bts. À partir de 5 200 Bts, petit déj américain compris. ½ pens possible (et fortement conseillée, il n'y a rien autour !). Transfert possible (payant) depuis Phuket.* Luxe, calme et volupté dans ce petit paradis isolé face aux îles de la mer d'Andaman. Plage de 400 m de large, sable blanc et hamacs, le paradis, oui ! Villas de 80 m² superbement aménagées en bord de plage (17 000-21 000 Bts), studios avec jacuzzi privé à l'arrière (5 700-17 000 Bts selon saison), et même une villa familiale en hauteur (50 000 Bts). Le meilleur rapport qualité-prix, ce sont les *superior studios* sans jacuzzi et sans vue (5 200-11 500 Bts) disséminés sur l'arrière, dans le jardin, avec grandes baies vitrées et salle de bains semi-extérieure. La décoration allie tradition et confort raffiné. Resto thaï excellent, les pieds dans le sable. Bar de plage pour se bercer du ressac en sirotant un cocktail ou spa pour se faire dorloter. Location de motos et de petites jeeps, kayak, *snorkelling* sur le récif de corail, escalade pour les plus sportifs. Personnel aux petits soins. Un cadre de lune de miel en somme !

Que faire une fois qu'on est là ?

Rien ou à peu près. Mais c'est déjà un vaste programme à combler. Lire, se reposer, barboter dans l'eau, faire un tour au large en *long-tail boat,* et se mettre au rythme de la douceur des jours qui passent. En tout cas, se laisser bercer par un environnement encore préservé. Les moins paresseux loueront une moto ou un VTT (attention, pistes pas commodes par temps de pluie) pour se balader au milieu des hévéas. Certains glisseront en kayak au travers de la mangrove ou iront chatouiller les poissons derrière les ouïes. On nous a même parlé de dauphins peu farouches. Un trek un peu sportif sur l'île voisine est même envisageable. Pour y aller, voir plus haut. Possible aussi de partir dans les environs proches de ces deux îles *(Office Ko Yao Noi Ecotourism Club, c 597-428).* Voici quelques-unes de nos préférées :

– ***Ko Khai Nok, Ko Khai Nai et Ko Khai Nui :*** *départ de Loh Jaak Pier, sur Ko Yao Yai ; 20 mn de long-tail boat env.* Trois petits atolls paradisiaques classés dans Marine National Park ; entrée payante (en général incluse avec le bateau et l'équipement de *snorkelling*). Îlets non habités, pas de construction, un peu de végétation, petite paillote pour déjeuner.

– ***Ko Nok :*** *de Ko Yao Yai, départ des embarcadères Loh Jaak Pier au sud-ouest ou Klong Hia et Chong Lod Pier au nord de l'île ; de Ko Yao Noi, départ de Manoh Pier au sud ou Tha Khao Pier à l'est de l'île. Long-tail boat 300-1 200 Bts.* Une petite île avec une plage sauvage.

– ***Ko Phii (Pu Lao Hantu) :*** *accès en pirogue privée avec batelier au départ des embarcadères de Ko Yao Yai ou Noi.* Île habitée par les gitans de la mer, les pêcheurs du coin. Possibilité de plongée ou *snorkelling* autour de cette île à formation de rocs et qui abrite aussi quelques nids d'hirondelles qui interdisent l'entrée de la grotte aux visiteurs trop curieux !

– ***Ko Hong :*** *à l'est de Ko Yao Noi, 20 mn de pirogue pour y accéder (accès de Ko Yao Noi, Ko Yao Yai, Krabi ou Phuket).* Une île de formation granitique rappelant un peu les pitons de la baie de Phang Nga, recouverte par endroits de végétation luxuriante, avec un lagon fermé de toute beauté bordé de mangrove.

– ***Paradise Island (Ko Rang) :*** *au départ des îles Ko Yao et de Krabi Ao Nang Beach, ttes les pirogues proposent la visite en continuité de Ko Hong tte proche. En profiter pour s'y faire emmener par le batelier.* L'île aux pirates ! Enfin on veut y croire ! On croirait presque croiser Jack Sparrow au détour d'une balade sur cette petite île de rocs montagneux recouverte de végétation dense, avec sa jungle au pied de la montagne abritant une magnifique petite plage secrète, des stalactites qui tombent des parois des falaises de chaque côté, un bar... Le rêve pour les apprentis pirates, non ?

PHANG NGA – พังงา

IND. TÉL. : 076

À environ 90 km au nord de Phuket Town. La baie de Phang Nga (prononcer « Pon Ga ») est plantée d'une multitude de pitons calcaires recouverts de végétation. La base de ces totems de la mer a été rongée par l'eau, qui a

creusé des grottes naturelles impressionnantes. Ce site absolument unique au monde n'a pas souffert du tsunami de 2004. Ambiance architouristique, sauf si l'on y va à des horaires décalés, le matin très tôt (7h) ou en fin d'après-midi.

Quand réaliser l'excursion ?

Il faut savoir que toutes les agences viennent sur le site le matin, mais vers 10h seulement (plusieurs agences proposent aussi le tour l'après-midi). La lumière n'est pas à son mieux et la foule compacte empêche sérieusement de rêver. Préférez donc arriver la veille pour être « sur le pont » à 6h... Alors, c'est le pied ! Pour cela, dormir près du site (*Phang Nga Bay Resort Hotel* ou *Phang Nga National Park Bungalow*). Lumière rasante et atmosphère unique rien que pour vous. Pour une excursion à la journée, essayez de prendre un bus qui arrive là-bas vers midi (puis prendre un *songthaew,* car les bus arrivent à Phang Nga Town, à 11 km du site), faites la balade dans l'après-midi et essayez de repartir dans la foulée (calculez bien vos horaires). Un peu speed quand même. Et vous ne serez pas seul, même l'après-midi.

Comment réaliser l'excursion par soi-même ?

Le coût

En général, ça tourne autour de 400 Bts par personne, mais tout dépend de l'affluence. Possibilité de négocier un bateau entre 600-700 et 1 500 Bts selon la pirogue, en solo ou à partager avec d'autres passagers.
Rappelons que passer par une agence, c'est plus simple, mais pas du tout bon marché et très ringard. Seule l'exploration des grottes en canoë-kayak nécessite d'être accompagné, mais là aussi l'affluence est au rendez-vous.
Bien voir en plus si le tarif d'entrée du parc est inclus dans le prix du billet.

En bus

Depuis Phuket, prendre un bus en direction de Phang Nga ou de Krabi. Vous pouvez soit descendre à la pancarte « Phang Nga Bay Resort », puis rejoindre à pied ou en *songthaew* l'un des embarcadères (le plus proche est à 7 km... voir ci-après), soit descendre au terminal de bus 3 km plus loin à Phang Nga et trouver un *songthaew.* Mais attention aux rabatteurs ! Ils peuvent vous emmener sur des bateaux où vous vous retrouverez à 50 (bien vérifier le type d'embarcation). D'autres proposent une découverte de la baie en 2 jours, avec nuit dans le *Gipsy Village.* Évitez cette pseudo-nuit ethnique complètement bidon ! Au retour, bus toutes les 30 mn, entre 6h30 et 20h30. Trajet en 2h30 environ ; bon marché.

🚌 Départ de la ***Phang Nga Bus Station,*** sur la droite en entrant dans la ville *(☎ 412-014).*

➢ ***Pour Krabi :*** plus de 12 bus (AC ou non), 6h30-20h. Trajet : 1h30-2h. Moins de 100 Bts.

➢ ***Pour Surat Thani :*** 4 bus AC et autant sans AC, 6h30-17h. Trajet en 3h. Bus AC à 130 Bts.

Location de motos ou de voitures

Le meilleur moyen de faire l'excursion si vous êtes en fonds ou à plusieurs. Compter 1h30-2h de route depuis Phuket Town. Attention, les petites motos sont en général interdites de sortie de l'île, et la route rapide qui relie Phuket à Phang Nga peut être dangereuse. En arrivant sur le secteur de Phang Nga, ne pas se laisser abuser par les innombrables pancartes sauvages signalant Phang Nga Bay. Poursuivre jusqu'à la grande bifurcation où un large panneau vert (officiel) indique *Phang Nga Bay Resort.*

En bateau

Les embarcadères se situent tous dans l'enceinte du parc national. Droit d'entrée : 200 Bts. En solo, on paie le droit d'entrée sur le site même, en général au rocher Ko Phing Gan (James Bond Island), où s'est installé le quartier général des *rangers* du parc (plage opposée au rocher où accostent désormais toutes les pirogues, ce qui permet de pouvoir se baigner sur le célèbre rocher de James Bond, voir ci-dessous).

– Un des principaux, surtout le plus simple, à 11 km du bourg de Phang Nga, se trouve au niveau du *Phang Nga Bay Resort Hotel* – พังงาเบย์รีสอร์ท (voir « Où dormir ? Où manger sur le site même ? » ci-après). Ambiance un peu lourdingue, beaucoup de monde et donc beaucoup trop de rabatteurs. On y trouve quand même des *long-tail boats* qui proposent le même tour que les agences, avec l'avantage de n'être que quelques-uns à bord. C'est cent fois mieux qu'en espèce de bateau-mouche (bonjour l'ambiance...).

– Un petit embarcadère au *Phang Nga National Park Bungalow & Restaurant* (500 m sur la gauche avant d'arriver) : sera le plus tranquille. Descendre au bord du bras de mer à droite du resto, demander à la réception. Permet d'embarquer loin des foules. Un poil plus cher toutefois.

– Le 3e embarcadère, *Phang Nga Bali Hai,* est beaucoup moins fréquenté ; 2,8 km avant d'arriver au *resort,* repérer sur la droite le grand panneau « James Bond Island ». S'engager là sur une petite route de 2,5 km qui débouche sur un embarcadère (cul-de-sac).

– Le 4e embarcadère, *Kason,* le plus fourmillant, avec vaste parking et boutiques de souvenirs, est accessible de la grande N A4, en venant de Phuket, 8 km avant l'embranchement qui mène au *Phang Nga Bay Resort* ; au feu rouge, prendre sur la droite direction Takua Thung, vers « Kason ». Traversée d'une bourgade locale sur 1,2 km, dans le virage au centre du village, prendre la petite route sur la droite (indiqué, petit écriteau « Phang Nga Bay ») : 500 m pour arriver à l'immense parking.

Pas vraiment de guichet officiel pour les tickets ; plusieurs commerces, boutiques ou restos ont leur petit comptoir personnel pour accommoder la visite. Tous au même tarif.

Où dormir ? Où manger sur le site même ?

Autant éviter de dormir à Phang Nga-village, ville toute en longueur pas bien folichonne. On vous a trouvé deux adresses près des embarcadères.

Prix moyens (de 500 à 1 000 Bts – 12,50 à 25 €)

Phang Nga National Park Bungalow – อุทยาน แห่งชาติอ่า วพังงา บังกาโล *: 500 m avt le Phang Nga Bay Resort Hotel. ☎ 412-188 ou 02-561-29-18 (central de résa, à Bangkok). Prix intéressant si l'on voyage à plusieurs, car il faut payer le prix global (voir la rubrique « Hébergement » dans « Thaïlande utile » en début de guide).* Répartis dans le parc (mangrove, végétation luxuriante) qui borde un bras de mer, une poignée de bungalows assez simples mais propres, avec salle de bains (eau froide) et ventilo. En version 2, 4 ou 6 lits. Dans le parc, une passerelle en bois surplombe la mangrove. En bordure de mer, un restaurant typique, clientèle locale, grande terrasse, mobilier tout en bois de teck, joliment décoré de reproductions – de la baie évidemment – accrochées aux murs. Bonne cuisine pas très chère. En descendant depuis ce resto, embarcadère pour les excursions (voir ci-dessus).

Un peu plus chic (de 1 000 à 1 500 Bts – 25 à 37,50 €)

Phang Nga Bay Resort Hotel – พังงาเบย์รีสอร์ท โฮเต็ล *: situé au milieu de l'accès à l'embarcadère. ☎ 481-157 et 168. Fax : 412-070. Petit déj inclus. (lobby).* Chambres étroites mais confortables, avec chacune une terrasse privée donnant sur le delta. AC, salle de bains (eau chaude). Piscine (quand il y a de l'eau dedans). C'est relativement propre. Vaste réception. Resto avec terrasse extérieure surplombant l'eau, mais nourriture spécialisée dans les buffets pour groupes. Attention, les moustiques attaquent le soir !

La visite

Elle dure 3h.

La pirogue à moteur commence par longer une épaisse ***forêt de mangrove.*** Naguère, l'endroit était infesté de gavials (les plus grands crocodiles du monde). Une ambiance assez *Crocodile Dundee.* On aurait aimé y entrer, mais pas moyen de décider le chauffeur ! Il paraît qu'avec une agence on peut espérer y pénétrer.

En arrivant dans la baie, on peut voir de petites ***peintures rupestres*** (une sorte de dauphin, des personnages) qui recouvrent les parois d'une concrétion calcaire. Pas de datation précise, mais notre homme de barre a son idée !

Ensuite, on pénètre dans la ***baie de Phang Nga*** – อ่าวพังงา. Un paysage unique au monde. À perte de vue, de gigantesques formations calcaires qui n'en finissent pas de tomber à pic dans la mer. De toutes les tailles, de toutes les formes. Plus loin, la ***grotte de Tam Lod*** – ถ้ำลอด et son arche marine, sous laquelle on passe en pirogue à marée basse...

Enfin, les ***îles de Ko Ping Gan et de Ko Tapoo*** – หมู่เกาะเขาพิงกันและเกาะตะปู. Ko Tapoo est surnommée « James Bond Island » depuis qu'on y a tourné certains extérieurs de *L'Homme au pistolet d'or* (1974), avec Roger Moore, notamment devant ce haut et fin bloc monolithe couvert de verdure. Le méchant Scaramanga s'y cachait avec son arme secrète dissimulée dans le piton rocheux de Ko Tapoo. Mais ne rêvez pas trop ! Sur cette île minuscule, on se marche littéralement sur les pieds... Contentez-vous d'en faire le tour en bateau sans y débarquer. Sauf si vous passez par là tôt le matin... l'île sera alors pour vous tout seul !

Au retour, c'est l'arrêt obligatoire au village lacustre de ***Ko Panyee*** – เกาะปันหยี ou le *Gipsy Village.* Vraiment trop de monde : beaucoup d'agences ne s'arrêtent même plus dans ce village transformé en boutiques de souvenirs, perles et batiks, souvent décevant. Se débrouiller pour y faire halte tôt le matin ou en fin d'après-midi. Constitué de maisons en bois sur pilotis (de plus en plus remplacées par du béton) et peuplé de musulmans, sortes de « gitans de la mer ». Les groupes du matin viennent y faire leur pause déjeuner sur de vastes restos-pontons construits à cet effet et qui ne font aucunement partie du village proprement dit. Puis l'après-midi, quartier libre... Tu parles d'une chance ! On se croirait au Mont-Saint-Michel. Si le village en lui-même est chouette, du moins authentique, l'ambiance dans laquelle on peut le visiter nous gêne vraiment. Un exemple, les touristes n'hésitent pas à pénétrer dans l'école afin de prendre les élèves en photo... pendant la classe. Bravo ! Les villageois, eux, semblent accepter cela avec beaucoup d'indifférence puisque le tourisme est une manne financière inespérée. Les tournages sont aussi les bienvenus : on y a vu dernièrement Bridget Jones dans le second volet de ses tribulations sentimentales, *L'Âge de raison.*

KHAO LAK – เขาหลัก

Khao Lak se situe à environ 55 km à l'ouest de Phang Nga et à 73 km de l'aéroport de Phuket, et s'étend en fait sur près de 20 km de plages, le long de la RN 4 qui serpente à 800 m environ de la mer. En décembre 2004, une vague de 16 m de haut est venue balayer cette côte où nul relief ne permettait d'échappatoire. Tout a été emporté, la végétation et la topographie ont été profondément affectées, jusqu'à 1 km à l'intérieur des terres. L'un des coins les plus touchés par le tsunami, donc. Logiquement, c'est ici qu'a été érigé un mémorial de cette tragédie, à l'extrême nord de la station. Si la reconstruction a démarré plus tardivement, désormais c'est bel et bien reconstruit, parfois trop d'ailleurs. Plus guère de huttes ni de petits bungalows, le béton et la verticalité ont pris possession de la côte, et les adresses pour petits budgets se font rares... Porte d'entrée naturelle, vu sa proximité, avec les îles Similan et Surin, Khao Lak est une destination privilégiée pour la plongée sous-marine : à la journée, en croisière ou en version *snorkelling* pour les plus timides, toutes les options sont possibles, et toutes offrent de grands moments !

Malgré tout, l'ensemble conserve une atmosphère assez bon enfant, familiale et décontractée, et particulièrement calme en pleine journée. Il faut dire que si l'on décompte les touristes à l'abri de leurs *resorts* tout compris et tout confort, et les nombreux amateurs de plongée partis en mer pour la journée, il ne reste pas foule. Les plages offrent encore une belle tranquillité, où les enfants s'en donnent à cœur joie.

Arriver – Quitter

En bus

Arrêts des bus sur la RN 4, au niveau de Bang Niang Beach *(plan B2)*, la plage la plus animée.

➢ ***Phuket :*** Khao Lak est sur la route des bus qui assurent les liaisons Phuket-Takua Pa ou Phuket-Ranong (et vice-versa). Départs du *Bus Stand* de Phuket Town, tlj, 6h-18. Phuket-Khao Lak (et retour) : env 2h-2h30 de trajet pour 80-100 Bts. Khao Lak-Takua Pa (et retour) : env 45 mn et 50 Bts.

➢ ***Bangkok :*** 2-3 bus/j., en soirée (départs de Bangkok 17h-20h, de Khao Lak 16h-18h). Trajet : 12h ; compter 500-1 100 Bts selon le confort (2e classe, 1re classe ou VIP).

➢ ***Khao Sok :*** via Takua Pa, liaisons régulières.

En avion

L'aéroport le plus proche est celui de Phuket, à env 70 km. Pas de liaison par bus directement depuis l'aéroport (il faut aller jusqu'à Phuket Town). En taxi privé (jusqu'à 4 pers), compter 1 700 Bts, et en minivan (jusqu'à 9 pers), 2 700 Bts.

Orientation et transport sur place

Vous l'avez compris, Khao Lak s'étend sur environ 20 km de côte, et présente plusieurs visages. Voici les plages et points de repère principaux, depuis le sud vers le nord. De la RN 4, qui serpente à distance variable de la côte (maximum 800 m-1 km), partent de petites routes, sur la gauche, qui desservent les différentes zones.

À l'extrême sud, environ 7 km avant le début des plages en venant de Phuket, l'accès à ***Tap Lamu Pier,*** le port pour les somptueuses îles Similan. Puis se dessine, surplombée par la route, la délicate anse mi-rocheuse mi-sableuse de ***Khao Lak Beach.*** Le plus joli coin de plage, mais les logements y sont plutôt chérot. Une petite colline et se déploie ensuite ***Nang Thong Beach,*** belle langue de sable blond frangée de cocotiers... et de pas mal d'établissements trop verticaux à notre goût et plutôt « chic » (mais on y a quand même déniché une super petite adresse). Lui succède ***Bang Niang Beach,*** encore du sable blond et des cocotiers, et surtout le coin le plus développé et le plus animé de la station, surnommé « Khao Lak City ». Ici, terminal de bus et station de ***songthaew*** (*plan B2,* ***2*** ; sur la RN 4), petit marché quotidien, nombre d'hébergements (dont les plus abordables), des restos, boutiques, clubs de plongée ; et, sur la droite de la route, conservé en l'état, le bateau de la *Marine* venu s'échouer à 1,5 km dans les terres lors du tsunami : impressionnant ! Enfin ***Khuk Khak Beach,*** un peu en retrait, mais surtout envahie par les hôtels destinés aux groupes, suivie de près par le ***cap Pakarang*** (Leam Pakarang), l'un des coins les plus sauvages. Deux plages ensuite, très calmes et refuges des hôtels grand luxe (***Pak Weep Beach*** et ***Bang Sak Beach***). Encore quelques kilomètres, et 6 km avant Takua Pa, accès vers le village de ***Ban Nam Kem,*** qui abrite l'embarcadère du bac vers Ko Kho Khao, et surtout le *Tsunami Memorial Park.*

Alors, tous ces kilomètres, comment les parcourir ? Comme partout en Thaïlande, en *songthaew* : environ 30 Bts par personne si l'on se contente des collectifs qui vont et viennent sur la RN 4, ou minimum 100 Bts en version privatisée, selon la destination. Possibilité aussi de louer de petites motos ; plusieurs loueurs du côté de Bang Niang.

Adresses et infos utiles

■ ***Distributeurs d'espèces, 7-Eleven, location de motos et autos (Budget Rent a Car) :*** *on trouve tt ça le long de la RN 4, du côté de Bang Niang.*

✉ ■ ***Poste et police*** (*plan B1,* ***1*** ***) :*** *toujours sur la RN 4, mais au niveau de Khuk Khak.*

Où dormir ?

De bon marché à prix moyens (de 300 à 1 000 Bts – 7,50 à 25 €)

🏠 ***SS Emerald Suite*** (*plan B2,* ***10*** ***) :*** *67/26 Moo 5, Soi Haad, à Bang Niang.* ☎ *486-513.* 📱 *081-978-81-15.* ● *b.n.*

■ **Adresses utiles**

1 Police
2 Station de *songthaew*

🏠 🍽 **Où dormir ? Où manger ?**

10 SS Emerald Suite
11 Khao Lak Green Beach Resort
12 Tony Lodge et Motive Cottage Resort
13 Ayara Villas
14 Baan Krating Khao Lak Resort
15 Khaolak Diamond Beach Resort & Spa, Briza
20 Pad Thai Khai Dang
21 Happy Lagoon

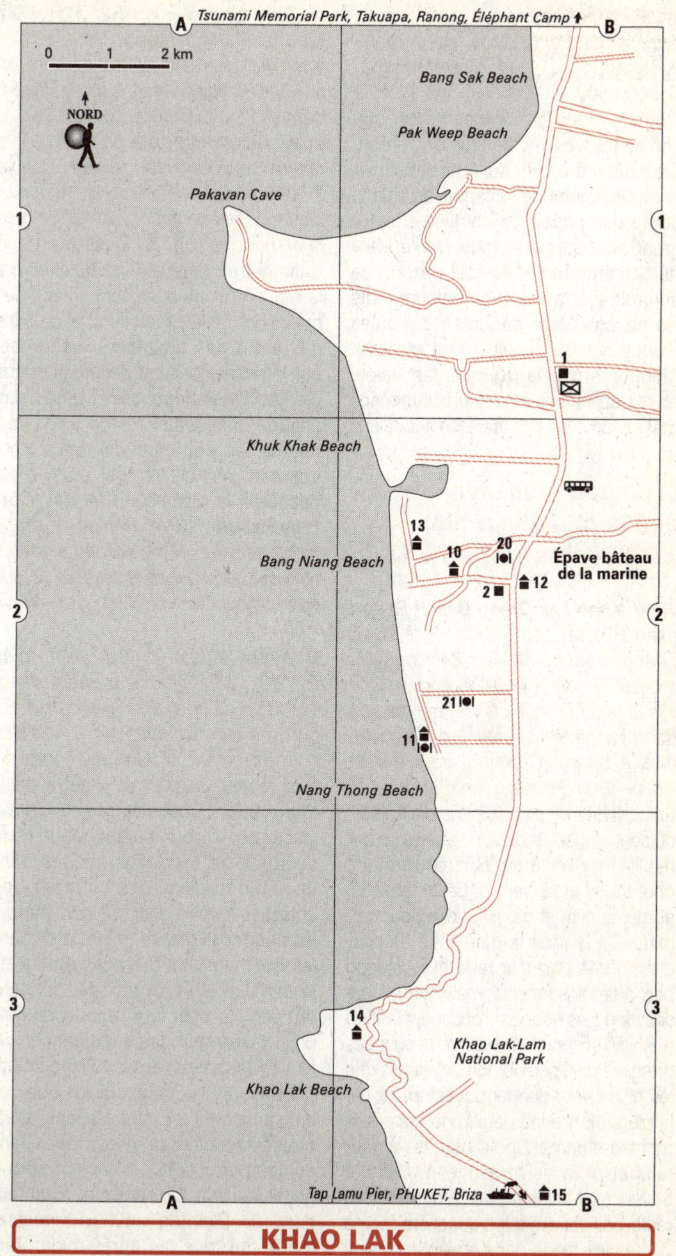
Tsunami Memorial Park, Takuapa, Ranong, Éléphant Camp
A
B
0
1
2 km
NORD
Bang Sak Beach
Pak Weep Beach
Pakavan Cave
1
1
1
Khuk Khak Beach
13
10
20
Épave bâteau
de la marine
Bang Niang Beach
2
12
2
2
21
11
Nang Thong Beach
3
3
14
Khao Lak-Lam
National Park
Khao Lak Beach
Tap Lamu Pier, PHUKET, Briza
15
A
B

KHAO LAK

emerald@hotmail.com • À mi-chemin entre la RN 4 et la plage, sur la droite du chemin au fond d'un passage. Doubles 500-800 Bts ; familiale (jusqu'à 4 pers) 1 300 Bts. Le moins cher que l'on ait trouvé avec ce type de confort. Ce bâtiment en dur sur 2 niveaux, vert presque émeraude (presque, on a dit !), abrite des chambres carrelées, plutôt grandes, toutes avec frigo, clim et salle de bains correcte. Le tout propre, de surcroît. Certaines avec balcon, mais les moins chères carrément aveugles (économie ou soleil, il faut choisir). Mention spéciale pour les familiales, en rez-de-chaussée, encore immenses malgré les 2 grands lits. Bon accueil.

D'un peu plus chic à plus chic (de 1 000 à 3 000 Bts – 25 à 75 €)

Khao Lak Green Beach Resort *(plan B2, **11**) : 13/51 Moo 7, à Nang Thong Beach. ☎ 485-845 ou 346. • greenbeach_th@yahoo.com • Une fois engagé dans le chemin qui mène à Nang Thong Beach, aller jusqu'au bout, puis à droite. Cottages pour 2 pers 1 400-2 300 Bts selon confort et vue.* En bord de mer, un paisible jardin tropical où sont dispersés des bungalows en dur habillés de bambou. Bon équipement pour tous : frigo, ventilo, petite terrasse, et même clim et moustiquaire pour certains. Ce qui fait la différence de prix, c'est d'une part leur taille et leur déco plus ou moins récente, mais surtout leur situation : les *economy* occupent le fond du jardin (réservation impérative pour ces premiers prix, peu nombreux), tandis que les plus chers donnent directement sur la plage. Entre les deux, une mare surmontée d'un petit pont pour les amoureux et plein de messages positifs, à travers tout le jardin, très amusants. Au resto-paillote sous les cocotiers face à la mer, les pieds dans le sable, cuisine thaïe bon marché. Club de plongée et excellent accueil familial.

Tony Lodge *(plan B2, **12**) : 6/27 Moo 5, à Bang Niang. ☎ 443-500. • tonylodge.com • En fait au bord de la RN 4, presque face à un 7-Eleven, côté droit de la route, avt la clinique du Dr Amornrut ; juste en face part le chemin vers Bang Niang Beach. Double 1 500 Bts, petit déj compris ; négociable selon fréquentation, et 40 % moins cher hors saison.* Dans un grand bâtiment en brique perpendiculaire à la route, donc relativement à l'abri des nuisances de la circulation, les galeries mènent à des chambres modernes, confortables, joliment décorées et très bien équipées (frigo, clim, bureau, eau chaude dans les salles de bains carrelées). Un peu monacal, mais c'est vraiment nickel. Le vrai plus, c'est l'accès à la piscine du ***Motive Cottage Resort*** mitoyen *(• motivecottage resort.com • ; même proprio et même type de confort, mais le cran au-dessus pour ce qui est des prix : doubles min 1 800 Bts).*

Ayara Villas – ไอยรา วิลล่า *(plan B2, **13**) : 53/2 Moo 5, à Bang Niang. ☎ 486-478. • ayara-villas.com • En bord de mer. Doubles min 2 900 Bts, petit déj inclus.* Un gros complexe très récent de part et d'autre de la route côtière. Côté mer, des bungalows (assez chers pour le coup) et un resto de fruits de mer, puis, nichés dans un jardin tropical, des cottages trop entassés à notre goût. Ce sont surtout les chambres *deluxe* (5 500 Bts), dans les bâtiments de 2 étages autour de la dernière et vaste piscine, qui nous ont séduits pour leur rapport qualité-prix : quasiment des appartements vu leur taille, ameublement thaï contemporain soigné, coin cuisine, balcon sur la piscine (et même accès direct pour ceux du rez-de-chaussée). Grand confort partout (AC), service très pro et gentil à la fois, 2 piscines et nombreux services. Plein de services agréables (café, thé tous les après-midi). Petit bémol : pas d'ascenseur. Notre adresse préférée à Khao Lak.

Beaucoup plus chic (plus de 3 000 Bts – 75 €)

Baan Krating Khao Lak Resort *(plan B3, **14**) : 28 Moo 7, à Khao Lak Beach.* ☎ *485-188.* • *baankrating.com* • *À la fin de Khao Lak Beach, presque à la limite avec Nang Thong Beach ; accès au bord de la RN 4. Doubles 3 500-5 500 Bts, petit déj inclus.* *(lobby, resto).* Dévalant le flanc de la colline qui va se perdre entre rochers et sable dans l'océan, des bungalows en bois et bambou perchés sur pilotis et enfouis dans la végétation, tous avec terrasse et la plupart avec vue. De taille aussi variable que les prix, ils offrent un bon confort classique ; cependant... petite odeur de renfermé dans certains (dommage, à ce prix). Très bel emplacement, mais entre la réception et le resto, en bord de route, et les bungalows proprement dits, il faut se taper de sacrées volées de marches ! Piscine. Accès piéton aménagé vers la plage.

Khaolak Diamond Beach Resort & Spa *(hors plan par B3, **15**) : 7/3 Moo 2, Ramkean.* ☎ *584-600.* • *khaolakdiamondresort.com* • *En venant de Phuket, juste avt d'arriver à Khao Lak, suivre le panneau « Merlin Resort ». Doubles 3 200-4 800 Bts.* Dans une grande bâtisse, organisée autour d'un jardin luxuriant et d'une piscine, le tout ouvert sur la mer. Chambres vastes, décorées avec des matériaux thaïs soignés, jusqu'aux salles de bains carrelées et ouvertes sur la chambre (dans les *deluxe*). Tout confort (TV écran plat, clim, balcon, fruits frais au petit matin). Petit déj copieux. Les plus en fonds s'offriront une *Beachfront Villa* (5 200 Bts). Petit bémol : un peu serrés les uns sur les autres, et cloisons un peu fines. Mais c'est les vacances ! Propose aussi pas mal de massages pas très chers. Même sur votre transat...

Briza *(hors plan par B3, **15**) :* ☎ *428-600.* • *brizakhaolak.com* • *En venant de Phuket, juste avt d'arriver à Khao Lak, suivre le panneau « Merlin Resort » ; à 50 m du Khaolak Diamond Beach Resort & Spa. Doubles 5 500-6 700 Bts, petit déj inclus.* Un hôtel en 2 parties. La plus traditionnelle, avec accès direct à la mer, offre des prestations de charme, traditionnelles, autour d'un grand et beau jardin très aéré, parfaitement entretenu. Belles bâtisses blanches et boisées disséminées, intérieur minimaliste mais ultra confortable. Notre partie préférée de l'hôtel est à l'arrière, dans 2 bâtiments blancs, entrelacés par une piscine bleu turquoise. Sublime ! Les chambres les plus prisées sont au rez-de-chaussée avec accès direct à la piscine. Déco pure, lignes droites des meubles, teintes douces des tissus, l'ensemble est très design. Confort extra : TV, DVD, coffre-fort, baignoire en pierre sombre. Notre coup de cœur !

Où manger ?

De bon marché à prix moyens (de 100 à 300 Bts – 2,50 à 7,50 €)

Nombreux restos en bord de plage, la plupart attenant à un hôtel. Pas mal de choix aussi dans le chemin qui mène à la plage de Bang Niang, à tous les prix. Poisson au poids, comme souvent en bord de mer. Du côté de Nang Thong Beach, notre préférence va au resto du *Khao Lak Green Beach Resort (plan B2, **11** ; voir plus haut)*, tant pour son cadre que pour ses saveurs.

Pad Thai Khai Dang *(plan B2, **20**) : à Bang Niang ; au bord de la RN 4, côté mer, à 150 m de Tony Lodge sur le côté opposé de la route, en face du loueur Budget. Tlj sf sam 10h-21h.* C'est vrai qu'il est en bord de route et non en bord de mer, ce petit resto, mais pour le coup, c'est vraiment une cantine typiquement thaïe et, qui plus est, une coopérative de femmes. On les voit d'ailleurs préparer à la commande *pad thai* et autres plats de nouilles sautées. Délicieux, tout simple et rondins de bois en guise de tables.

Plus chic (plus de 300 Bts – 7,50 €)

|●| *Happy Lagoon* *(plan B2,* ***21****)* ***:*** *à Nang Thong, à mi-chemin entre RN 4 et océan. Ouv tlj.* Un peu le rendez-vous semi-branché (en tout cas animé !) de la station pour le soir. Carte pas donnée, mais jolie déco et bonne ambiance.

|●| *Pizzeria Da Luciano :* *☎ 595-028. En venant de Phuket, juste avt d'arriver à Khao Lak, suivre le panneau « Merlin Resort », au fond de l'impasse sur la gauche.* Une vraie pizzeria, avec son propriétaire italien au fourneau. Et des produits directement importés de la Botte ! Une alternative à la cuisine thaïe, histoire de varier les plaisirs. Beaucoup de succès le soir, vite pris d'assaut, et donc un peu d'attente.

À voir

🚶🚶 *Tsunami Memorial Park :* *à l'extrême nord de Khao Lak, au village de Ban Nam Khem. Suivre le fléchage pour le bac vers Ko Kho Khao. Ouv tlj. Gratuit.* À ciel ouvert, en bord de mer, une longue structure de béton. Deux murs sont là à se faire face : le plus haut, courbé, sous les fleurs, symbolise bien sûr la vague du tsunami, quand l'autre, carrelé de noms et parfois de photos de disparus, représente les si nombreuses victimes. Un site serein et émouvant propice au recueillement, sur la pelouse à l'abri des arbres.

🚶 *L'épave du bateau de la marine* *(plan B2)* **:** en plein cœur de Khao Lak, de l'autre côté de la route côtière, à Bang Niang, on trouve l'épave d'un bateau de la Marine, laissé là où il s'est échoué après le tsunami. De quoi se représenter un peu la violence du choc et la force du phénomène. Saisissant.

À faire

– Khao Lak est avant tout le point d'***accès aux îles Similan et Surin*** (voir « Phuket. Plongée sous-marine à Phuket. Nos meilleurs spots »). Le *Tap Lamu Pier*, point de départ pour les plongées aux îles Similan, se trouve à l'entrée de la station balnéaire, 7 km avant le début des plages. Compter 1h30 de trajet en *speed-boat*. La plupart des clubs passent chercher leur clientèle directement à l'hôtel.

– ***Elephant Camp :*** *au nord de Khao Lak, côté RN 4, après Ban Khukkhak. ☎ 486-495. 📱 086-120-86-86. Tlj 8h30-16h30.* Balades à dos d'éléphants, de 30 mn à 1h. Mais aussi shows de singes et autres serpents. De quoi occuper les enfants entre deux baignades.

➢ ***Excursion sur l'île de Ko Kho Khao :*** *suivre le fléchage, au nord de Khao Lak, du Tsunami Memorial Park ; embarcadère à deux pas.* Un petit coin de paradis pour une excursion à la journée.

KHAO SOK – อุทยานแห่งชาติเขาสก

IND. TÉL. : 077

Ce parc national, qui s'étire sur 740 km², est couvert d'une forêt tropicale primaire peuplée d'une faune pour le moins exotique : gibbons, calaos, pythons,

tigres et autres léopards. Si l'on ajoute les parcs adjacents de Sri Phang Nga au nord-ouest (rien à voir avec la baie), Khlong Phanom au sud, ainsi que deux zones labellisées « Sanctuaires de la vie sauvage » *(Wildlife Sanctuary)*, voici rien moins que 4 400 km² de zones protégées ! Khao Sok a la particularité d'être la zone la plus humide du pays, recevant les moussons à la fois de la mer d'Andaman et du golfe de Thaïlande.

HISTOIRE ET CHALLENGES FUTURS

Que cette forêt, vieille de 160 millions d'années, ait survécu semble tenir du miracle. Elle le doit cependant à des événements bien précis.
En 1944, une terrible épidémie mit un coup d'arrêt à une première déforestation engagée par une colonie de pionniers. En 1961, quand la route allant de Takua Pa à Surat Thani fut construite, beaucoup d'ouvriers choisirent de s'établir ici tandis que de nombreuses concessions d'exploitation forestière et minière furent accordées. La nature fut cette fois-ci sauvée par la politique, ou plutôt par ses effets secondaires. En 1976, suite à de violentes répressions, un noyau dur d'étudiants de tendance communiste choisit les impénétrables jungles et montagnes de Khao Sok pour se retrancher. Leur présence obstinée empêcha toute pénétration excessive des compagnies et sauva une seconde fois Khao Sok d'une destruction quasi certaine.
Pendant ce temps, à la fois les parcs nationaux et la compagnie nationale d'électricité menèrent des études sur la région. En 1980, le parc national fut créé et toute exploitation de ses ressources naturelles dut cesser. Coup fourré à ces belles résolutions, le barrage de Rachabrapah Dam, présenté comme une nécessité économique, fut inauguré seulement 2 ans plus tard. Noyant 170 km² de la réserve, la compagnie d'électricité prit cependant soin de financer la plus grande opération de sauvetage de faune jamais vue en Thaïlande.
Aujourd'hui, bien que protégé, le parc n'est pas définitivement à l'abri des dangers. Parcourant le lac artificiel, les braconniers accèdent plus facilement à ses entrailles qu'autrefois. Plus placides, mais bien plus nombreux, les touristes commencent à affluer. Et nous savons que nous allons vous inciter à en faire de même... Il est impératif de respecter avec la plus grande rigueur les règlements du parc. Mais ne nous flagellons pas, l'écotourisme bien géré, ça existe.. Ceux qui lisent l'anglais devraient absolument acheter *Waterfalls & Gibbons Call*. Consacré à Khao Sok, c'est un ouvrage à la fois pratique, pédagogique et distrayant.

TREKS, CANOË OU HAMAC ?

Khao Sok est un paradis pour les randonneurs. Le parc compte une dizaine de sentiers balisés cheminant à travers les roches calcaires, rencontrant cascades et grottes. Il existe d'innombrables autres possibilités d'excursions dans les environs. Très populaire aussi, le canoë sur le fleuve Sok et les balades à dos d'éléphant. Mais n'allez pas penser que le coin ne s'adresse qu'aux fadas de la rando et autres « activistes ». Le petit village-rue qui s'est développé dégage une atmosphère particulièrement zen. Pas d'immeubles ici pour gâcher les arrière-plans de pitons et falaises karstiques précédées de riches vergers.
Les autochtones sont dans leur grande majorité restés à l'aune de leur cadre de vie. Calmes et parfois un peu lents, même du sourire. Laissez-leur le temps, pas d'urgence dans ce cadre immémorial...

Arriver – Quitter

Comment y aller ?

L'embranchement menant au parc se trouve à 58 km à l'est de la petite ville de Takua Pa, sur la route (nº 401) de Surat Thani. Précisez au chauffeur votre destination afin qu'il vous dépose au croisement, d'où il ne reste que 1,5 km jusqu'à la guérite (le village-rue démarre timidement au carrefour, puis se densifie en allant vers l'entrée du parc). Attention, de Krabi, Ko Phi Phi, Ko Lanta, vous trouverez parfois des offres de minibus directs pour Khao Sok. Des problèmes ont été signalés. Retard volontaire sur la route, arrivée tardive et plus ou moins forcée dans une *guesthouse* amie. Cuisinez les vendeurs et soyez ferme en cas de problème. Également des minibus au départ de Khao Sok.

➢ ***Depuis Phuket :*** rejoindre d'abord Takua Pa le matin (une dizaine de bus directs, 6h20-18h, 3h de trajet), puis embarquer dans un bus à destination de Surat Thani (le dernier vers 17h ; 45 mn de trajet). Prévoir env 200 Bts.

➢ ***Depuis Krabi, Phang Nga :*** même principe que précédemment.

➢ ***Depuis Surat Thani :*** une dizaine de bus/j. Compter 3h de trajet. Env 120 Bts.

Quitter Khao Sok

Choix entre des minibus ou les bus réguliers.

Les départs des minibus (prix et horaires affichés dans les petites agences et *guesthouses*) dépendent en fait du nombre de voyageurs. Il est impératif de se renseigner la veille. Plus rapides, mais aussi plus chers : compter 300 Bts pour Krabi.

Pour les bus réguliers, marcher ou prendre un *songthaew* (on peut demander à sa *guesthouse*) jusqu'à l'arrêt des bus, pile à l'intersection avec la route nº 401. Pas vraiment d'abri, juste quelques chaises et bancs des deux côtés de la route. Choisissez le vôtre en fonction de votre destination.

➢ ***Pour Krabi, Phuket (via Takua Pa) :*** jusqu'à Takua Pa, un passage de bus ttes les heures env, 6h30-16h30. Dernière correspondance pour Krabi vers 14h30 (3h de trajet). Pour Phuket, bus plus nombreux jusque tard dans la journée.

➢ ***Pour Surat Thani :*** à peu près les mêmes fréquences que dans le sens inverse (7h30-17h30).

Khao Sok pratique

Pour localiser nos adresses, nous démarrons de l'embranchement entre la nationale et la petite route qui part plein sud vers l'entrée du parc national. Les principaux services utiles au voyageur sont présents dans le village bordant la rue qui mène au parc.

Plusieurs petites agences proposent l'accès Internet et le téléphone international. Elles vendent aussi des billets pour les minivans privés. Quelques motos à louer (notamment auprès de *Bamboo House* 2). Le parc de motos n'étant pas suffisant, il est judicieux de réserver. Enfin, plusieurs salons de massage bienvenus après les crapahutages, ainsi que trois supermarchés correctement approvisionnés.

Agence de trekking

Tous les hébergements proposent une foultitude de formules. Tous sous-traitent des itinéraires standard. En voici une parmi tant d'autres.

■ ***Khao Sok Nature Resort*** – เนเชอรัลเฮ้าส์ รีสอร์ท : *voir « Où dormir ? ». Compter 1 200 Bts/j. sur une base de 4 pers pour un trek de 5 j. avec porteur et tentes ; à négocier.* Pour trekkeurs confirmés. Trek partant plein nord pour déboucher dans la province de Ranong. Propose aussi plein d'autres types de randos très sympa. Tee est de très bon conseil.

Où dormir ?

– La grande spécialité, ici, ce sont les *tree houses*, perchées dans les arbres. Romantiques, souvent très rustiques et ludiques d'accès et de séjour (observation de la nature). Plein de bungalows aussi, dont certains sont superbes, mais un peu chers.
– Quand les hébergements sont enfoncés dans la nature, ne pas oublier sa lampe de poche. Ne pas laisser traîner de nourriture à l'air libre dans sa chambre, sous peine d'attirer des visiteurs indésirables.
– À Khao Sok, la haute saison court de novembre à mars. Attention, ça peut être chaud pour loger à l'adresse de son choix, bien qu'il existe une cinquantaine de pensions autour du parc. On vous conseille de réserver.
– Pour trouver nos adresses (dur de les louper de toute façon...), partir de l'embranchement avec la nationale.
– On peut aussi dormir au lac de Chiao Lan (lire « À voir »).

Bon marché (moins de 800 Bts – 20 €)

🏠 |●| ***Jungle Huts*** – จังเกิล ฮัทส์ : *peu après Smiley, emprunter le chemin qui part vers la droite.* Huttes et bungalows dans un verger un peu fouillis. Les meilleurs emplacements (et les moins chers !) sont au fond du jardin, au bord de la rivière avec les singes et quelques papillons pour tout visiteur. Accueil familial et jovial. Bien dans sa catégorie. Petit resto typique (voir « Où manger ? »).

🏠 ***Smiley House*** – สไมล์เลย์ เฮ้าส์ : *resto-réception au bord de la route, 200 m avt le pont, sur la droite.* ☎ *395-156.* • *smileybungalow.com* • Bungalows sur pilotis, tous avec salle de bains, hamac et petite terrasse avec vue sur de la verdure en contrebas. Les plus chers sont assez coquets (brique et bois), les intermédiaires ont les terrasses les plus sympas, tandis que les premiers prix sont limites en tenue (voire en rigidité !). Toujours ultra-simples, le strict nécessaire. Famille sympa et serviable.

De prix moyens à un peu plus chic (de 500 à 1 500 Bts – 12,50 à 37,50 €)

🏠 |●| ***Khao Sok Nature Resort*** – เนเชอร์รัล เฮ้าส์ รีสอร์ท : *suivre la nationale sur env 3 km en direction de Surat Thani, puis emprunter la piste qui part sur la gauche.* 📱 *086-120-05-88 ou 086-276-98-05.* • *khaosoknatureresort.com* • Le rêve ! Falaises calcaires, arbres géants, jardin, rivière où l'on peut se baigner, des singes pas loin qui font de même. Profondément au calme, hébergements très espacés, il y a tout ici pour décrocher de sa routine. Choix entre 11 *tree houses* aux aménagements personnalisés, comme *Backpacker, Tarzan and Jane, Jungle Family* (familiale, comme son nom l'indique, jusqu'à 4 personnes). Également 2 bungalows en dur, simples et joliment aménagés, presque romantiques, avec la petite terrasse donnant sur la rivière. Aménagement composant avec la nature sans sacrifier le confort (salle de bains, bonne literie). Accueil sympa et humble de Tee, le jeune boss thaï. À noter qu'en plus de l'offre habituelle d'activités, il propose un trek exclusif de 5 jours (voir plus haut « Agence de trekking ») et plein d'autres balades. Resto. Notre point de chute préféré dans le coin.

🏠 |●| ***Our Jungle House*** – เอาย์ จังเกิล เฮ้าส์ : *passer le pont, puis tourner à droite sur une piste (suivre les panneaux).* 📱 *081-417-05-46.* • *khaoso* *kaccommodation.com* • Le long de la rivière Sok, en plein dans la jungle et la forêt primaire. Simples, mais essentielles constructions de bois et bambou dans le jardin, au sol, près de l'eau ou sur pilotis. Disséminés sur un terrain très étendu, certains hébergements sont relativement isolés. Se munir d'une lampe de poche, pas tant pour éviter les rencontres indésirables que pour repérer les racines et autres inégalités de terrain. Petit resto très sympa. Mieux vaut être motorisé (mais des taxis peuvent être commandés à la réception).

🏠 |●| ***Morning Mist Resort*** – มอร์นิง มิสท์ รีสอร์ท : *sur la droite avt le pont, en retrait de la route.* 📱 *089-971-87-94.* • *morningmistresort.com* • Choix entre des constructions de bois et de bambou sur pilotis (les *Mountain View*) et des chalets en dur (les *River View*) au bord de la rivière, plus grands et confortables mais moins charmants. Salles de bains avec eau chaude partout. Aménagement standard, propre. Plein d'espace dans un joli et reposant jardin-verger. L'occasion de s'instruire – demandez à Nid, la patronne, de vous faire l'inventaire de ses arbres à *salak*, caféiers, anacardiers (cajou), fleurs et divers légumes. Super resto (voir « Où manger ? »). Piscine.

🏠 |●| ***Khao Sok Rainforest Resort*** – เขาสก เรนน์ฟอร์เรสท์ รีสอร์ท : *sur la gauche non loin de l'entrée du parc.* ☎ *214-572.* • *facebook.com/khaosokrainforest* • C'est la maison de Nit et de son fils You. Les bungalows avec terrasse et salle de bains sont construits à l'arrière de la réception-resto, dans la jungle proche de la rivière ou en surplomb. Quelques cabanes dans les arbres. Mais surtout des constructions en dur au bord de la rivière, pas mal du tout. Carrelages, salles de bains amusantes, avec sol dessiné en galets, terrasse avant et arrière. AC. Ambiance toujours bon enfant malgré le succès.

Où dormir dans les environs ?

🏠 |●| ***Elephant Hills*** – ช้างเนินเขา : *170 Moo 7, Tambon Klong Sok.* ☎ *381-703.* • *elephant-hills.com* • *Selon durée et saison, compter entre 10 000 et 25 000 Bts par adulte, la moitié par enfant.* Il manquait à cette région un vrai logement aventure à la Indiana Jones. Le voici ! Randonnées sur plusieurs jours, à pied ou à dos d'éléphant, tentes de luxe pour bivouaquer. Et hébergements de tout confort, très élégants, au milieu des montagnes. De quoi se ressourcer !

Où manger ?

Les adresses ci-après proposent une flopée de plats bon marché (moins de 100 Bts). L'addition grimpe vers les prix moyens si vous commandez du poisson (recommandé, délicieux !).

Tous les *resorts* disposent d'un resto. Nourriture de qualité variable, mais jamais chère.

De bon marché à prix moyens (de 100 à 300 Bts – 2,50 à 7,50 €)

|●| ***Thai Herb Restaurant*** – ร้านอาหารไทย เฮิร์ป : *200 m avt le pont, sur la droite. Juste avt* Morning Mist Supermarket. Une passerelle mène à cette jolie terrasse couverte. Déco artisanale, des plantes partout. Large choix complet de plats thaïs : nouilles et riz sautés, currys, salades épicées, etc. Ingrédients très frais, dont certaines spécialités locales comme ces délicieuses fougères *(fern)* ou à base de taro (sorte de châtaigne). Essayer les *herb juices,* dont les vertus thérapeutiques sont expliquées sur la carte. Attention, service lent.

|●| ***Morning Mist Restaurant*** – ร้านอาหาร มอร์นิง มิสท์ : *dans l'enceinte du* resort *(voir « Où dormir ? »).* Grande

LES ÎLES DU SUD-OUEST

construction sur pilotis sous toit de paille. Aéré et confortable. La patronne (même famille que *Thai Herb*) est un véritable cordon-bleu. L'essentiel de la cuisine thaïe, dont plusieurs préparations de poisson très conseillées. Effort de déco, style « nature et tradition ». Au calme, belles vues sur les montagnes et le jardin. Accueil doux et poli. En plus, les prix sont un chouia moins élevés que sur la rue.

Jungle Huts – ร้านอาหาร จังเกิล ฮัทส์ : *voir « Où dormir ? ».* Resto familial perché sur de hauts pilotis. On y mange des petits plats très économiques mais goûteux en regardant dans son aquarium le poisson rouge surdimensionné de la famille.

Randonnées et autres activités

Trekking

Trek par-ci et trek par-là, mais qu'est-ce que ça vaut tout ça ? Ici, pas d'ethnies, mais une quantité de forêts primaires incroyable, ainsi qu'une particularité : des reliefs karstiques fournissant leur lot habituel de pinacles et falaises-gruyères qu'on aime tant. Concernant l'offre, il convient de faire la distinction entre des journées mixtes incluant randonnée, éléphant, canoë, nage, et de moyennes et grosses randos dont certaines peuvent être vraiment difficiles. Le rayon d'action est très étendu, d'autant que certaines agences commencent à explorer les autres parcs de la région. S'y ajoutent les randos nocturnes riches en rencontres. À part les quelques itinéraires assez courts et balisés à l'intérieur du parc (se munir d'un plan, d'eau et de choses à grignoter), toute randonnée **doit** se faire accompagnée d'un guide. Toutes les *guesthouses* proposent des treks. Essayez de discuter avec des trekkeurs de retour et de rencontrer votre guide avant de réserver.

– ***Quelques formules et prix par personne :*** rando de 8h, à partir de 1 200 Bts ; avec nuit dans la jungle, dès 2 500 Bts ; « *Night Safari* », 3h de marche avec lampe frontale pour augmenter ses chances de voir de la faune, à partir de 500 Bts ; « *Survival Training* », à partir de 9 000 Bts pour 3 jours d'apprentissage « survie », etc.

Autres activités

Un tour à dos d'éléphant au bord de la rivière (2 à 3h ; environ 1 000 Bts) ; du canoë sur la rivière Sok (2 à 3h ; autour de 750 Bts) ; flotter sur une chambre à air (*tubing* ; 2h ; 400 Bts).

DANS LES ENVIRONS DE KHAO SOK

Le parc national de Khao Sok – อุทยานแห่ง ชาติเขาสก *: entrée avec guérite à l'extrémité nord du village, après le pont. ☎ 211-480. • khaosok.com • (site officiel du parc, très bien fait). Tlj 8h-18h. Le droit d'accès (200 Bts) est valable pdt 24h et permet de franchir à son gré les limites du parc pdt ce laps de temps. Exemple : si vous entrez le 1er jour à 10h du mat, vous pourrez y retourner le lendemain si vous vous présentez au checkpoint avt 10h. Intéressant pour planifier ses randos sans grever son budget.* Tout de suite après le *checkpoint*, passer d'abord par le Visitor Center à gauche : photos et planches explicatives intéressantes. Y récupérer la brochure photocopiée qui décrit simplement mais utilement l'essentiel des sites en précisant les distances et les difficultés. Grosso modo, il faut savoir que de larges chemins aménagés mènent aux sites les plus proches *(Wing Hin* et *Bang Leap Nam Waterfall)*, tandis que de véritables sentiers mènent aux plus belles cascades *(Ton Kloy* et *Sip-et Chan Waterfall)* moyennant des traversées de rivières. Tout ça peut devenir extrêmement glissant en saison des pluies.

Le lac de Chiao Lan : *à 65 km de Khao Sok. ☎ 311-522 ou 02-436-32-72 (à Bangkok).* Chiao Lan (ou *Chiew Larn*) est le lac de retenue formé par le barrage de Ratchaprapha. Voir l'introduction pour plus de détails. L'action de l'homme a créé un paysage étonnant, une sorte de Phang Nga terrestre. Le matin, des milliers de pinacles et de cimes d'arbres engloutis émergent comme autant de fantômes dans la brume.

Comment y aller ?

La visite du lac est proposée sous forme de tour par les pensions de Khao Sok (voir plus haut). Cependant, l'excursion est tout à fait faisable en solo. En bus, embarquer dans un véhicule à destination de Surat Thani et descendre à Ta Khung. De là, poursuivre en *songthaew* sur les 12 derniers kilomètres (compter 100 Bts). L'idéal reste de louer une moto. La route est très belle et relativement peu fréquentée. Quelques attractions en chemin pour les flâneurs : cascades, un village typique (Tam Phung) et une source chaude.

La visite

Passez une guérite où l'on vous remettra un ticket (rien à payer, mais conservez-le, il est demandé à la sortie). Prendre à droite sur environ 1,5 km en direction du *View Point*. Cantoches, petit office touristique, panorama sur une partie du lac et sur le barrage. Faire 1 km supplémentaire pour trouver l'embarcadère et son bureau officiel où il faudra payer les 200 Bts de droit d'entrée. Sachez qu'un billet acheté pour le parc de Khao Sok est aussi valable ici si vous l'utilisez le même jour.

Après avoir payé l'entrée, se diriger vers le quai pour les négociations. Choix entre une excursion de 2h (environ 2 500 Bts l'embarcation) ou d'une journée avec un certain nombre d'arrêts (prévoir 1 500 Bts par personne ; 20 % de réduc au-dessus de 4 personnes). Réservées depuis Khao Sok, les excursions tout compris coûtent autour de 1 000 Bts la journée, 1 800 Bts avec une nuit en tente et 2 200 Bts pour un hébergement sur le lac. Elles incluent du canoë et de la rando (plusieurs grottes sur les berges).

Ici, la fièvre des ***raft houses*** (maisons-radeaux) remplace celle des *tree houses* de Khao Sok. Confort très rudimentaire. Résa conseillée. Prévoir 500 Bts la nuitée par personne, repas inclus. ***Plern Prai*** *(☎ 299-318)* est le plus sympa. Plus loin, ***Sai Choi Tour*** *(☎ 346-013)* est assez sommaire. Rappelons que loger ici sous-entend de payer 1 500-2 000 Bts l'embarcation pour le trajet aller-retour (leur préciser quand vous voulez revenir).

Hôtel Ban Dalha : *pour ceux qui préfèrent la terre ferme, continuer tt droit après la guérite d'entrée (dépasser le golf).* Grande bâtisse aux chambres confortables avec AC, sur 2 étages ; doubles à partir de 1 000 Bts. Également des chambres situées dans des bâtiments en dur dispersés dans le parc, par petits ensembles de 5 à 8 chambres de plain-pied, avec petit salon, AC, TV et frigo (à partir de 500 Bts). Pas de resto. Il y a un petit marché tout près où on peut se restaurer pour pas cher, ou aller au restaurant du golf *Club House*.

KO PHI PHI (KO PEE PEE) – เกาะพีพี

IND. TÉL. : 075

Ko Phi Phi est le nom générique donné aux îles de *Phi Phi Don* et *Phi Phi Ley,* mondialement réputées pour leurs magnifiques plages de sable blanc, leurs falaises plongeant dans la mer, l'intense bleu turquoise des eaux et la richesse des fonds marins qui font le bonheur des plongeurs.
L'ensemble fait partie d'un parc national créé en 1983, mais seule Phi Phi Ley, inhabitée, fait l'objet d'une vraie protection.
En règle générale, les logements – sauf dans le village de Tonsai ! – sont bâtis dans un style plutôt discret, relativement bien intégré dans la nature, avec souvent des bungalows de bois posés sur la plage ou à flanc de colline, et un peu dissimulés dans la jungle. Problème : du fait du manque de place, beaucoup de propriétaires choisissent d'améliorer le confort plutôt que de s'étendre. Conséquence, les prix sont devenus excessifs pour la qualité proposée. Et puis, le 26 décembre 2004, au pire moment, alors que l'île était pleine comme un œuf, vint le tsunami... Avec Khao Lak et Phuket, Phi Phi fut le site le plus touché. La péninsule de Tonsai, un étroit isthme de sable flanqué de deux plages dos à dos et planté de centaines de bungalows, fut littéralement balayée par deux vagues, une de 5 m puis une autre de 3 m venant par le côté opposé, tandis que toutes les autres plages souffrirent à des degrés divers. Le bilan a été effrayant : selon les estimations, on parle de 2 000 à 5 000 victimes. Chaque famille thaïe y a perdu quelqu'un. Aujourd'hui, Phi Phi a achevé sa cicatrisation. La reconstruction a fait s'étendre encore le « village » de Tonsai, qui n'en finit plus de se densifier et de se bétonner...
Suivant l'endroit où vous séjournerez, ce pourra être le paradis ou l'enfer... Pour résumer, la baie de Tonsai se rapproche pas mal des ténèbres (foule grouillante, bruit infernal), tandis que les plages et criques de la côte est ressemblent parfois à des portions préservées du jardin d'Éden. Le revers de la médaille, c'est qu'on y est très dépendant des bateaux, qui le savent et facturent le paradis assez chèrement. Et puis, la surfréquentation touristique de l'île a des conséquences écologiques : bruit et pollution des bateaux, évacuation des eaux usées dans la mer et élimination des déchets on ne sait où (les habitants de Ko Lanta affirment recevoir des déchets...). Voici sans doute le nouveau défi de Ko Phi Phi.

UN PEU D'HISTOIRE

Ko Phi Phi, « l'île aux Esprits », fut de tout temps la citadelle imprenable des gitans de la mer, grands pirates de la mer d'Andaman. Ses hautes falaises calcaires cachent un labyrinthe de cavernes, où d'antiques dessins de voiliers et des structures de bambou attestent cette culture plusieurs fois centenaire.

PHI PHI DON – เกาะพีพีดอน

PARMI LES PLUS BELLES EAUX DU MONDE !

Le grand plus de Ko Phi Phi, c'est la richesse et la variété de sa faune sous-marine et la limpidité de ses eaux. La présence d'un courant marin froid qui remonte vers l'île

depuis l'océan Indien a favorisé l'explosion de la vie dans les eaux azur et turquoise. Sur le plan animal, la grande vedette est le requin-léopard. D'un naturel pacifique, il n'a jamais fait de mal à personne. Malheureusement, on en voit un peu moins qu'avant : à cause des changements climatiques, de la surfréquentation touristique, des bateaux de pêche clandestins ? Le requin à pointes noires, lui, est toujours très présent. En tout cas, à Ko Phi Phi, avec un masque et un tuba, vous êtes le roi ! Évitez tout de même les plages où se trouvent les gros hôtels, vu qu'il n'y a pas de station d'épuration par ici...
L'île a la forme d'un H dont la barre de gauche serait un peu tronquée. Les verticales sont des montagnes recouvertes de forêt vierge. Le trait horizontal, une bande de terre d'à peine 100 m de large en son point le plus étroit, voit s'opposer *Tonsai* et *Loh Dalum,* deux plages en croissant de lune. Un petit mais très dense village s'y est développé au fil des années. Les bateaux débarquent à *Tonsai Bay,* où des taxis « longue-queue », à peu de choses près l'unique moyen de transport sur l'île, attendent les clients. En plus des deux plages principales, l'île possède son chapelet de langues de sable doré, essentiellement situées sur sa côte est... La plupart de celles-ci sont squattées par des hôtels de charme ou de luxe (plus aucune trace de huttes à petits prix) composés de bungalows sous les cocotiers, relativement bien intégrés dans la nature environnante.

LES ÎLES DU SUD-OUEST

Arriver – Quitter

Le « port » d'arrivée et de départ des îles Phi Phi (pour tout ce qui est ferry) est un grand embarcadère au beau milieu de Tonsai Bay. Depuis avril 2010, une taxe d'entrée d'environ 20 Bts/pers a été mise en place, pour financer le nettoyage de l'île.
Attention : mieux vaut acheter ses tickets de bateaux au port et non dans les agences du village qui vous factureront parfois le double du prix.

➢ ***Phuket :*** les principaux bateaux partent à 8h30, 11h et 14h30 de Port Rassada (voir « Arriver – Quitter » à Phuket). Prix normal : env 300 Bts mais nombre d'agences essaieront de vous vendre le ticket à 600 Bts. Compter 1h30-2h de traversée. Attention, n'oubliez pas de réserver à l'avance en hte saison ! Les bateaux d'*Andaman Wave Master* desservent aussi le nord de Phi Phi, pratique si vous restez dans un hôtel de la côte est (depuis Phuket, arrêt Long Beach ou Tonsai, puis le bateau poursuit vers Leamthong Beach ; depuis Phi Phi, départ à 9h de Tonsai). Pour les autres compagnies, départs de Phuket (Rassada Pier) à 8h30, 11h, 13h30 et 14h30 ; dans le sens Phi Phi-Phuket, départs de Tonsai Pier à 9h, 14h et 14h30.

➢ ***Krabi :*** 4 départs/j. depuis Krabi *Passenger Port,* à 9h, 10h30, 13h30 et 14h30. Prix : env 350 Bts (le double en agence !). Durée : 1h30-2h. Depuis Phi Phi, *express* vers 9h, 10h30, 13h30 et 15h30, tlj, tte l'année. Même tarif.

➢ ***Ao Nang (Krabi) :*** l'*Ao Nang Princess* assure en principe des liaisons tte l'année, avec 1 départ/j., à 9h (2h de traversée) ; départ de Nopharat Thara Pier (Ao Nang). Prise en charge des clients de Railay Beach au passage (à 9h15) ; des *long-tail boats* transfèrent leurs clients sur l'eau. Prix : env 350 Bts, prise en charge depuis les hôtels comprise.

Où dormir ?

- **10** Phi Phi Hill Resort
- **19** P.P. Erawan Palms Resort
- **20** Phi Phi Paradise Pearl Bungalow
- **21** The Beach Resort
- **23** Phi Phi Relax Beach Resort
- **24** Phi Phi Island Village
- **25** Phi Phi Natural Resort
- **26** Zeavola

Où manger ?

- **19** Sawasdee Restaurant
- **35** Jasmin Restaurant

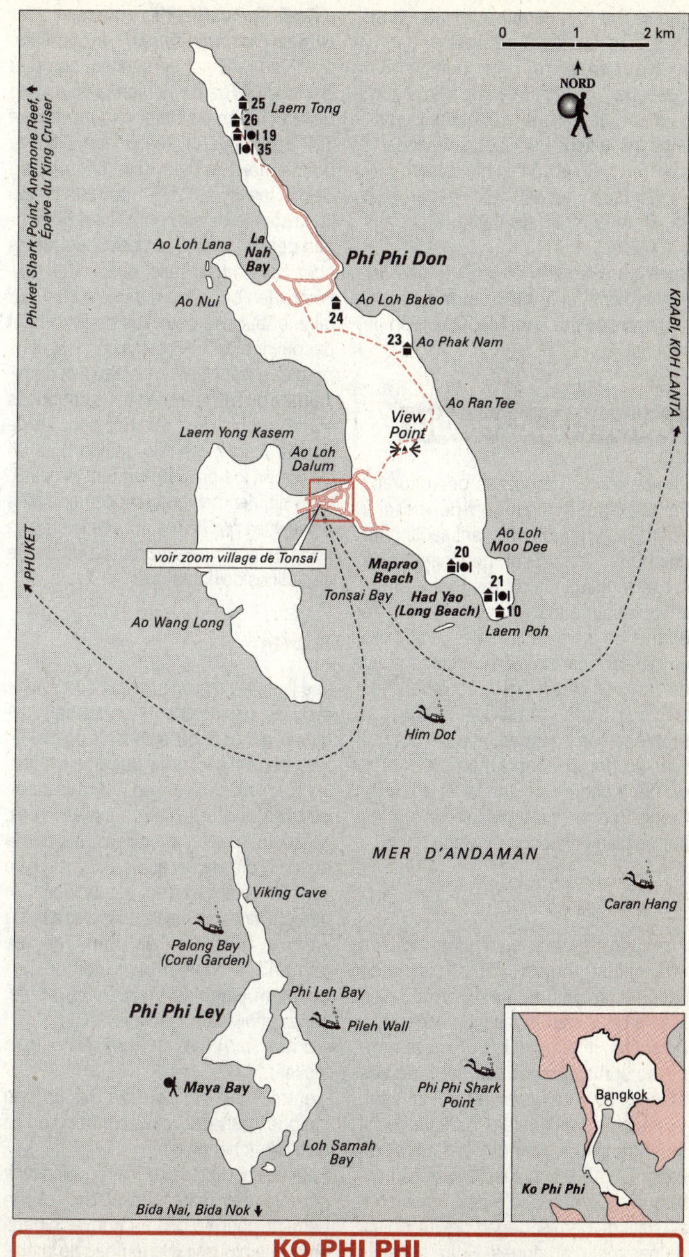
0
1
2 km
NORD
Phuket Shark Point, Anemone Reef, Épave du King Cruiser
25 Laem Tong
26
19
35
Ao Loh Lana
La Nah Bay
Phi Phi Don
Ao Nui
24
Ao Loh Bakao
23 Ao Phak Nam
Ao Ran Tee
View Point
Laem Yong Kasem
Ao Loh Dalum
KRABI, KOH LANTA
voir zoom village de Tonsai
PHUKET
20
Ao Loh Moo Dee
Maprao Beach
21
Tonsai Bay
Had Yao (Long Beach)
10
Ao Wang Long
Laem Poh
Him Dot
MER D'ANDAMAN
Viking Cave
Caran Hang
Palong Bay (Coral Garden)
Phi Leh Bay
Phi Phi Ley
Pileh Wall
Maya Bay
Phi Phi Shark Point
Loh Samah Bay
Bangkok
Ko Phi Phi
Bida Nai, Bida Nok

KO PHI PHI

Depuis Phi Phi, départ à 15h30, slt en hte saison. Dessert les 2 plages.

➢ ***Ko Lanta Yai :*** fin oct-fin avr, 2 départs/j. de Ban Saladan, à 8h et 13h, pour Tonsai. Prix : env 300 Bts. Durée : 1h. Dans le sens Phi Phi-Lanta, départs à 9h15, 11h30 et 15h en hte saison.

➢ ***Ko Lipe :*** en saison, 1 départ/j., à 9h, en ferry (5h30 de trajet). Prix : env 2 000 Bts.

Dans tous les cas et pour toutes les destinations, **si la mer est mauvaise, la traversée est annulée.** Question de sécurité.

Transports dans l'île

Pas de routes, donc pas de voitures ! Par la plage, on peut aller de Tonsai à Long Beach en franchissant seulement une butte (fléchage un peu léger), puis en se faufilant parmi les rochers. Un seul chemin escarpé et peu fréquenté permet de traverser l'île du sud au nord en passant par un extraordinaire point de vue (voir plus loin nos conseils dans le paragraphe « À pied »). Quand on promène ses bagages, mieux vaut utiliser les *long-tail boats,* nombreux près du débarcadère de Tonsai et à Laemthong Beach, mais plus rares sur les autres plages (réserver via son hôtel).

En bateau

Attention, les prix sont plutôt élevés et évoluent (toujours dans le sens de l'augmentation !) au gré du prix du fuel. Même pour ceux qui sont « fixés » par personne, il faut que le bateau se remplisse suffisamment aux yeux de ses pilotes. Si vous vous retrouvez seul, la négociation devient difficile, ou il faut être prêt à attendre et s'armer de patience. Attention aussi aux très chers retours nocturnes (bien se renseigner au sujet du dernier départ prévu), objets de pas mal d'arnaques. Notre conseil : payer directement au capitaine du bateau, jamais à un intermédiaire.

– ***Tarifs (indicatifs) des courses « aller simple » depuis Tonsai :*** à condition d'être au moins 2 personnes, compter environ 100 Bts par personne pour *Long Beach* (10 mn de trajet en *long-tail*) et 300 Bts pour *Ran Tee Beach*. Pour la pointe nord-est de l'île, *Laemthong Beach,* environ 1 200-1 800 Bts (selon la saison) le bateau pour 2 à 4 personnes depuis Tonsai, et beaucoup moins cher dans l'autre sens, quasiment moitié prix (eh oui, c'est comme ça !). Pour faire le tour des deux îles de Phi Phi et découvrir plein de recoins cachés, vous pouvez aussi louer un bateau à la demi-journée ou à la journée : tarifs annoncés aux alentours de 1 500 Bts pour 4h de balade et carrément le double pour 6h de temps, ce qui est vraiment excessif. Cela dit, rien ne vous empêche de faire baisser les prix en testant vos talents de négociateur(trice) auprès de plusieurs capitaines de bateaux...

À pied

Les jours de mauvais temps ou de forte mer, les déplacements en bateau jusqu'aux autres criques sont aléatoires. En revanche, on peut rallier quasiment toutes les plages de l'île à pied, en utilisant de petits sentiers de jungle parfois escarpés. N'écoutez pas les employés des hôtels quand ils prétendent que le seul moyen de sortir de l'établissement est de louer l'un de leurs bateaux. Trajets possibles à pied :

– entre *Tonsai* et *Ao Ran Tee* (ça grimpe ! et chemin bien indiqué uniquement jusqu'au *View Point,* après, assez périlleux quand même...) ;

– entre *Ran Tee* et *Phak Nam* (pas facile) ;

– entre *Phak Nam* et *Loh Bakao* (peu indiqué), puis jusqu'à *Laemthong* ou *La Nah Bay* (chemin plat).

Pour les randonnées dans l'île, bien tenir compte des distances et de l'escarpement pour ne pas se trouver bloqué en pleine brousse à la tombée de la nuit. Prendre des chaussures de marche fermées et non des tongs. Prévoir aussi un produit antimoustiques, un chapeau et beaucoup d'eau (il fait très très chaud). Attention, les sentiers sont plus ou moins bien marqués. À marée basse, on peut également longer le rivage en crapahutant sur les cailloux (un peu casse-cou). Éventuellement, et c'est recommandé, au bout de son chemin, négocier une pirogue pour un retour par la mer à son lieu d'attache, et surtout tenir compte que le soleil se couche entre 18h et 18h45.

Hébergement sur l'île

Les reconstructions d'après-tsunami ont souvent été l'occasion de passer en catégorie supérieure et d'abandonner les bungalows en bois au profit du béton à étage. Il ne reste plus guère d'hébergements simples et bon marché, à part dans Tonsai. Encore faut-il pouvoir y fermer l'œil... À Phi Phi, la *peak season* (super haute saison) démarre avec la régate de voiliers *King's Cup* (entre le 1er et le 5 décembre) et se termine vers la mi-janvier. Les tarifs sont alors multipliés par deux. Attention, beaucoup de *resorts* pas trop chers ne prennent plus de réservation par téléphone, vu l'ampleur de la demande. Si possible, évitez cette période un peu prise de tête.

TONSAI ET LOH DALUM BEACH – หาดต้นไทรและหาดโลดาลัม

Le « village » de Tonsai se situe à l'arrivée du débarcadère et s'étend jusqu'à Loh Dalum, l'anse opposée. Son axe central et les ruelles adjacentes, cimentés, alignent une flopée de commerces au coude à coude : restos, bars, massage des pieds, fringues, tatouages, distributeurs, Internet... Et des milliers de pèlerins du soleil, torse nu, un sandwich à la main.

Le but de départ semble le suivant : caser un maximum de gens en un minimum d'espace ! Pari tenu. Et ce n'est pas fini, car les hôtels poussent sans cesse, de nouvelles boutiques émergent au hasard selon un plan relativement anarchique. La nuit, le village (essentiellement sa partie centrale, et en bordure des deux baies) se transforme en une gigantesque *party,* rassemblant jeunes touristes et instructeurs des clubs de plongée pour des fiestas jusqu'à 3h du mat. La clientèle à filles a trouvé à Tonsai un nouveau terrain de jeu, et les salons de massage louches prospèrent comme il se doit. Pour couronner le tout, l'eau de la baie est polluée par le fuel des *long-tail boats,* sans parler du boucan qu'ils font.

On se demandait ce que deviendrait Tonsai après avoir été lessivée par le tsunami. Nous avons maintenant la réponse : un mélange d'Ibiza et de Patong ! Heureusement que Phi Phi ne se résume pas à sa mercantile « capitale » !

Adresses utiles à Tonsai

■ ***Poste de police*** *(zoom Tonsai, B2, 1)* **:** *à gauche après la bifurcation qui mène au View Point et à Loh Dalum.* ☎ *191 pour les urgences.*

✚ ***Tonsai Hospital*** *(hors zoom Tonsai par A2)* **:** *086-476-94-20. Ouv 24h/24 (urgences à partir de 16h).* Compter environ 800 Bts pour une simple consultation.

@ ***Internet :*** disponible partout. Prix pas très amicaux. La plupart des hôtels possèdent un accès. Possible de passer des *overseas calls.*

■ ***Argent :*** plusieurs bureaux de change privés le long de la rue principale. Également des dizaines de distributeurs et les agences des principales banques. Aucun souci pour retirer de l'argent.

■ ***Agences de voyages :*** de petites officines à la pelle. Billets de bus, de bateau, etc. Cela dit, on vous met en garde contre les tarifs généralement pratiqués. Il est donc préférable d'acheter ses billets de bateau directement au port.

■ ***Clubs de plongée :*** plusieurs dizaines de centres sur Tonsai et Long Beach. Les grands hôtels de la côte est disposent de leur propre club, en général plus cher.

Où dormir ?

On se répète : à moins d'être un fêtard de première ou complètement fauché, évitez tout simplement de résider au centre de Tonsai. Très bruyant (musique jusqu'à 3-4h du matin, bateaux, générateurs...), assez moche et surpeuplé. Les adresses un peu à l'écart, notamment à l'ouest du port, ne sont pas désagréables mais elles sont chères et les unes sur les autres. De plus, on a un peu de mal à vous dire de vous baigner devant, vu le trafic des bateaux... Dans les catégories supérieures, mieux vaut filer directement sur une plage de la côte est, sans hésiter !

De bon marché à prix moyens (de 300 à 800 Bts – 7,50 à 20 €)

Nombreux *lodges* et *guesthouses* très, très sommaires au beau milieu du village de Tonsai, à proximité du débarcadère. En général crados et bruyants, sans possibilité de réservation, ce n'est pas notre tasse de thé ! Une adresse cependant pour les plus fauchés, adeptes d'ambiance suralcoolisée et survoltée.

☗ ***The Rock Backpackers*** *(zoom Tonsai, B1,* ***11****) : au milieu du village en direction du View Point. Pas de résa.* Son intérêt : des dortoirs vraiment basiques mais pas chers avec salles de bains communes, et quelques chambres individuelles à prix moyens. 2 conseils : arriver tôt et renoncer à se coucher tôt !

De prix moyens à plus chic (de 600 à 2 000 Bts – 15 à 50 €)

☗ ***Phi Phi Dream*** – พีพี ดรีม *(zoom Tonsai, B1,* ***27****) : à droite sur le chemin du View Point, à peu près face à Harmony House. ☎ 601-072. 📱 081-170-89-37. • phiphidream@hotmail.com • 💻 (payant).* Quelques chambres à l'étage dans un long bâtiment de style traditionnel où pénètre la lumière du jour. Avec ventilo côté rue, avec AC côté cour, plus calme bien sûr. Salle de bains avec eau chaude à l'intérieur. Ensemble sympa et vraiment bien tenu. Patron francophone, présent à certaines heures. Épicerie en bas (où l'on parle le français aussi) et petite agence de voyages attenante.

☗ ***Harmony House*** – ฮาโมนีเฮ้าส์ เกสเฮ้าส์ *(zoom Tonsai, B1,* ***12****) : sur le chemin du View Point. ☎ 601-035. 📱 081-895-92-70. 💻 (payant).* Réparties dans plusieurs maisonnettes, chambres simplissimes, de différentes tailles, avec grand lit ou lits jumeaux. Les moins chères ont ventilo, w-c et eau froide. Pour le double du prix, vous aurez du carrelage, la clim et l'eau chaude, mais pas forcément de fenêtre ! Globalement bien tenu et résolument familial. Une option sympa, mais isolation un peu faiblarde pour les sommeils légers.

☗ ***Up Hill Cottage*** – อัปฮิลค็อตเท็ช *(zoom Tonsai, B1,* ***14****) : lorsque le chemin pour View Point devient un escalier, poursuivre encore tt droit en laissant les marches sur votre gauche. ☎ 601-124. 📱 086-553-23-16. • phiphiuphillcottage.com • Pas de petit déj.* 📶 Comme son nom l'indique, on bénéficie de la vue... à condition d'aimer grimper un peu. Bâtiments et bungalows en dur étagés, avec des chambres de différentes tailles, confortables et au confort varié : depuis la toute simple avec ventilo et eau froide (mais avec terrasse) à la spacieuse

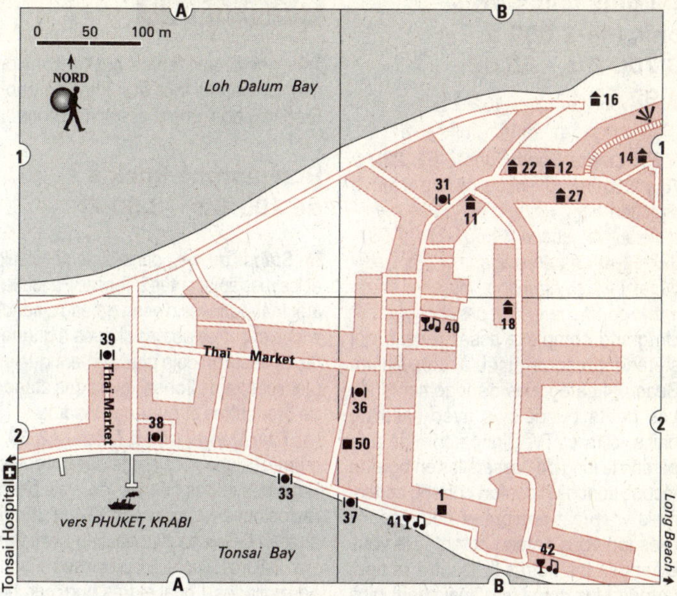

TONSAI (ZOOM)

Adresse utile
- **1** Poste de police

Où dormir ?
- **11** The Rock Backpackers
- **12** Harmony House
- **14** Up Hill Cottage
- **16** Phi Phi View Point Resort
- **18** Chunut House
- **22** P. P. Casita
- **27** Phi Phi Dream

Où manger ?
- **31** Garlic 1992
- **33** Phi Phi Bakery
- **36** Pum Restaurant
- **37** Tonsai Seafood
- **38** Le Grand Bleu
- **39** Thai Market

Où boire un verre ? Où danser ?
- **40** Reggae Bar
- **41** Carlito's
- **42** Hippies Bar

À faire
- **50** Cat's Climbing Shop

avec clim et eau chaude. Pour toutes les bourses, donc.

Plus chic (env 2 000 Bts – 50 €)

Chunut House *(zoom Tonsai, B2, 18)* **:** *du port, prendre la rue principale à droite et tourner dans la 5e rue à gauche. ☎ 601-227. 📱 081-894-10-26. ● chunuthouse.com ● Petit déj en sus.* Dans un agréable jardin, une quinzaine de bungalows spacieux où domine le bambou. La plupart avec clim et eau chaude (seulement une chambre avec ventilo et eau froide). Cela dit, on a trouvé les prix un peu surévalués... sans compter qu'on a repéré quelques trous laissant entrer la pluie par-ci par-là ! Accueil sympathique, néanmoins.

De plus chic à très chic (de 2 500 à 3 700 Bts – 62,50 à 92,50 €)

P.P. Casita *(zoom Tonsai, B1,* ***22****)* ***:*** *à 10 mn à pied du débarcadère ; suivre direction View Point, c'est à une patte-d'oie sur la gauche. ☎ 601-214. 081-892-62-42. • ppcasita.com • Petit déj-buffet inclus. Attention, les enfants de moins de 10 ans ne sont pas acceptés.* Un grand complexe assez récent, qui s'étend presque jusqu'à Loh Dalum Beach. 4 catégories de logements ici. Les petits bungalows avec salle de bains, clim et TV, alignés comme à la parade le long de passerelles en bois de récup', sont d'un confort correct, certes, mais vraiment riquiqui et peu insonorisés (on vous entend autant que vous entendez les autres !). L'autre option, un peu plus chère, est finalement plus confortable même si moins exotique : quelques bâtiments adossés à la colline abritent des chambres assez standard, plus grandes et un poil mieux isolées. Pour les budgets aisés restent les cottages et les villas. Malgré la piscine, ce n'est quand même pas donné.

Phi Phi View Point Resort – พีพีวิวพ้อยท์รีสอร์ท *(zoom Tonsai, B1,* ***16****)* ***:*** *à l'extrémité droite de Loh Dalum, en regardant la mer, après le mémorial au tsunami. ☎ 601-200. • phiphiviewpoint.com •* Vous rêviez de calme et d'intimité ? Ici, on trouve exactement le contraire (beaucoup de groupes). Choix entre des bungalows avec ventilo ou AC, proches de la plage ou dans les hauteurs. Le bâtiment abritant les « AC rooms » n'est pas génial à regarder mais le confort y est correct. Évidemment, les bungalows côté mer se paient plus cher, alors qu'ils sont un peu les uns sur les autres. Notre conseil : prendre un bungalow ou une chambre côté jardin. Vous paierez moins cher et vous aurez plus d'espace, tandis que la mer est littéralement à deux pas... Toute petite piscine et resto avec vue.

Où manger ?

Très nombreux restos sur le front de mer, préparant tout et n'importe quoi. Qualité globalement assez moyenne.

Bon marché (moins de 100 Bts – 2,50 €)

Stands de rue : dans la rue principale et les rues adjacentes à Tonsai. Pancakes aux fruits, *shakes* divers, gâteaux, sandwichs et autres petites choses à grignoter. Et aussi un coin plus authentique en plein centre de Tonsai, avec des stands de brochettes et d'en-cas locaux.

Thai Market *(zoom Tonsai, A2,* ***39****)* ***:*** même ici, une allée abrite des gargotes. Sous des tentes de toile, de vrais petits restos ouverts à partir de 17-18h. Entre autres, l'*E-San,* tout au bout en allant vers Loh Dalum Beach, qui propose de bonnes grillades. Local et très bon marché.
– Dans le genre « petites échoppes de rue pas chères », on vous conseille le ***Thank You Restaurant*** dans la rue qui relie le port à la baie Dalum (1re à gauche en venant du port) et également le ***Orange Restaurant*** dans la rue de la mosquée (super *pad thai* pour environ 80 Bts).

Prix moyens (de 100 à 300 Bts – 2,50 à 7,50 €)

Pum Restaurant – ร้านอาหารปุ้ม *(zoom Tonsai, B2,* ***36****)* ***:*** minuscule adresse (à peine 5 tables) au cœur du dédale de boutiques de Tonsai. Petite carte, mais une jolie surprise tant la simplicité et la finesse des plats se marient à merveille. En dessert, essayez le plateau de fruits à tremper dans une coupelle sucre-piment, un régal. Le lieu sert aussi d'école de cuisine thaïe, et ceci explique cela.

Phi Phi Bakery – พีพีเบเกอรี่ *(zoom Tonsai, A2,* ***33****)* ***:*** ce grand classique de Tonsai produit de bons petits pains, croissants et cookies, ainsi que des petits déj, sandwichs et quelques plats tels que des spaghettis et pizzas. Cadre du style *coffee-shop* à la thaïlandaise, service avec le sourire.

Garlic 1992 – กาลิค 1992 *(zoom Tonsai, B1,* ***31****) : proche du Rock Backpackers. 083-502-14-26.* Cette ancienne gargote est aujourd'hui un petit resto au décor bien sympathique, attirant pas mal de routards. Finalement, peu de différence avec le passé, sauf que c'est peut-être moins copieux qu'avant. La nouveauté, c'est qu'on y trouve désormais des *röstis* suisses. Sinon, toute la panoplie de la carte thaïe classique : soupe *tom yam, pad thai,* currys et puis, dans la rubrique « Additional thaï food », quelques plats plus recherchés (mais pas plus copieux) à base de noix de cajou et de légumes, entre autres. Service tantôt aimable, tantôt un peu blasé.

De prix moyens à chic (plus de 300 Bts – 7,50 €)

Tonsai Seafood – ร้านอาหารต้นทรายซีฟู้ด *(zoom Tonsai, B2,* ***37****) : à droite sur la rue principale. Poisson vendu au poids.* Adresse en front de mer, devant laquelle les poissons et autres fruits de mer, dans de grands bacs de glace, sont exposés à la convoitise des passants. Large terrasse, ballet des serveurs. Résultat plutôt satisfaisant, l'affluence garantit la fraîcheur des produits, même la viande est succulente. Évitez les vins, ils plombent l'addition. Ne venez pas trop tard, les meilleurs poissons partent très vite. Et éviter l'endroit à midi, il sert de pause-déjeuner aux excursions à la journée. Juste en face, la maison a également ouvert... une boulangerie.

Le Grand Bleu – ร้านอาหาร เลอ กรองด์ เบลอ *(zoom Tonsai, A2,* ***38****) : sur la gauche à l'entrée de la rue principale, à 100 m du débarcadère. 081-979-97-39. Tlj, midi et soir ; service 11h-14h, 18h30-22h. Résa conseillée.* Resto tout en longueur, déco d'inspiration traditionnelle assez réussie, meubles en teck. On vient plutôt ici pour la cuisine européenne, histoire de changer un peu. Goûter par exemple les gambas au whisky ou à la provençale, ou encore l'excellent risotto de Saint-Jacques, avant de finir par un chaud-froid de mangue ou une crème brûlée. Sinon, belle carte des vins (on s'en doutait). Service souriant. Patron français très attentif à la satisfaction de ses clients. Pas donné quand même.

Où boire un verre ? Où danser ?

Des dizaines de bars dans les ruelles du village, fréquentés par une clientèle plutôt jeune – 18 à 25 ans – et forcément à l'aise côté porte-monnaie (vu les prix !). À vous de voir quelle ambiance vous préférez. On y vend de la bière et du *mekong* (whisky local)-coca au seau (avec des pailles ; ça s'appelle un *bucket*). L'autre truc à la mode, ce sont les *fire shows,* ces démonstrations de jonglage avec des bâtons enflammés. Très spectaculaire lorsque c'est de bonne qualité.

Reggae Bar – เรกเก้ บาร์ *(zoom Tonsai, B2,* ***40****) : ouv jusqu'à 2h.* Bar-disco-billard-show de boxe thaïe. Franchement, c'est tout et n'importe quoi. Mais le lieu est renommé localement. Construit en dur sur plusieurs étages, peint en rouge vif, cet endroit accueille une démonstration de boxe thaïe tous les soirs, avec des pros, mais aussi entre les clients ! Ratisse une large clientèle dont beaucoup se réveillent avec un gros, gros mal de tête. *Bucket* offert à tout participant, ce qui n'arrange sans doute pas le mal de crâne...

Carlito's – การ์ลิโต้ส์บาร์ *(zoom Tonsai, B2,* ***41****) : le long de la promenade de Tonsai Bay.* Un classique de

Tonsai. Un bâtiment de l'autre côté de la promenade, à même le sable, avec chaises et tables basses pour zieuter un *fire show* sur de la musique planante. À notre avis, l'un des rades les plus sympas du coin. Bonne musique, ambiance décontractée. Le soir, on procède à un lâcher de mini-montgolfières artisanales... Très poétique.

🍷 ♫ ***Hippies Bar*** – ร้านอาหารและบาร์ฮิปปี้ *(zoom Tonsai, B2,* ***42****) : sur la promenade, vers l'extrémité est de Tonsai Beach. Fire show tlj à 22h ou 23h. Musique live le soir.* Le complexe *Hippies* semble plutôt fréquenté par de jeunes bobos que par de vrais rebelles. Grande terrasse semi-couverte, mini-scène et chaises longues à louer sur la plage. Service et nourriture très moyens.

MAPRAO BEACH – หาดมะพร้าว

Minuscule crique à l'est de Tonsai, accessible par le chemin côtier qui longe la plage. Le problème de cette plage, située entre Tonsai et Long Beach, c'est le bruit pétaradant et incessant des *long-tail boats.* À quoi ça sert d'être sur une plage paradisiaque si on ne s'entend même plus bronzer ?

LONG BEACH – ลองบีช

Comme son nom l'indique, une longue plage, à 25 mn à pied à l'est du débarcadère (après Maprao Beach). Un peu de grimpette, aidée par des cordes, bienvenues quand il a plu. Et service régulier de bateaux-taxis depuis Tonsai. Jolie vue sur Phi Phi Ley, qui s'élève au-dessus des flots comme un immense monolithe. Bon spot de *snorkelling* à l'extrémité est de la plage (s'éloigner le plus possible des hôtels). Long Beach est un choix acceptable de résidence pour profiter du sable bien blanc et des eaux transparentes de l'île si l'on ne veut pas trop s'éloigner de Tonsai. Car il faudra faire abstraction du ballet incessant des bateaux « longue-queue », de tous ceux qui ont eu la même idée que vous, et des débarquements des excursionnistes à la journée, venus casser la croûte au déjeuner. Hélas, depuis quelques années, la beauté des eaux s'en trouve un peu troublée (au sens propre et figuré !)...

Où dormir ? Où manger ?

Prix moyens (env 750 Bts – 19 €)

🏠 ***Phi Phi Hill Resort*** – พีพี ฮิลล์ รีสอร์ท *(plan,* ***10****) : à l'extrémité est de la plage, après le* Beach Resort. ☎ *618-203.* La perfection n'étant pas monnaie courante par ici, on vous indique cette adresse pour des raisons de budget. D'abord, il faut grimper un long escalier, ce qui s'avère fatigant à la longue. Une fois sur la colline, l'accueil est courtois mais standard. Les bungalows les moins chers *(Sunrise Side),* couleur bleu pastel, vous rappelleront peut-être ceux de *37°2 le matin* mais en moins fun. Néanmoins, ils sont spacieux, avec douche froide et ventilo, certains avec un petit bout de vue sur la mer. Entretien moyen quand même (surtout les sanitaires). On ne vous conseille pas les plus chers (1 200-2 000 Bts), pas valables pour le tarif. Et ne comptez pas sur la tranquillité absolue, entre le bruit des bateaux qui résonnent jusqu'ici et celui des groupes. Location de palmes et tubas.

Très chic (plus de 3 000 Bts – 75 €)

🏠 🍴 ***The Beach Resort*** – เดอะบีชรีสอร์ท *(plan,* ***21****) : à l'extrémité est de la plage.* 📱 *089-866-40-13 (bureau à Phuket) ou* ☎ *618-268 (à Phi Phi).*

• phiphithebeach.com • Bungalows env 4 500-6 600 Bts selon vue mer ou non, petit déj inclus. L'adresse chic de Long Beach. Un ensemble de beaux bungalows en bois aux toits traditionnels (en forme de chapeaux pointus), répartis à flanc de colline sur des pilotis en béton (peints, heureusement). Les moins chers paraissent plus vieillots, surtout le mobilier. Alors, tant qu'à dépenser de l'argent, autant s'offrir un bungalow *deluxe*. Magnifique, tant au niveau de la déco que du confort (douche immense), sans compter la terrasse avec vue sur la mer, surplombant un joli bout de plage où bar et piscines sont bien intégrés. Excellent resto où l'on mange assis à la thaïe. Jolie cascade à côté de la plage.

Phi Phi Paradise Pearl Bungalow – พีพีพาราไดซ์เพิร์ลบังกาโล *(plan, 20) : à l'extrême gauche de la plage en venant de la mer ; ne pas confondre avec le Paradise Resort d'à côté (bien qu'il soit correct aussi). ☎ 601-246 à 248. • phiphiparadisepearl.com • Résa slt sur Internet (pas de résa par tél ni par e-mail). Doubles env 3 000-4 500 Bts, petit déj compris. CB acceptées (+ 3 %).* Une cinquantaine de bungalows tout confort de différentes catégories, avec terrasse privée, TV, frigo, eau chaude, certains sur 2 niveaux, du double au bungalow familial pour 4 personnes. Préférez les moins chers, en bois, plus traditionnels et donc plus élégants que ceux en dur, au charme discutable. Jolis spa et kiosques de massages. Un resto en plein air agréable : bonne nourriture, pas cher, tables étalées le long de la mer. Transfert Tonsai Village en 5 mn en *speed-boat* ou en 10 mn en *long-tail boat* (gratuit seulement en haute saison pour les arrivées et départs des ferries pour Phuket, Lanta et Krabi ; embarcadère de Tonsai Pier).

LES PLAGES DE LA CÔTE EST ET DU NORD DE L'ÎLE

Ces belles plages dorées seront appréciées par ceux qui recherchent le calme, les petits coins de nature encore préservés... et qui peuvent aligner les bahts ! C'est l'anti-Tonsai pour l'ambiance, mais aussi pour les prix...

Ao Ran Tee – อ่าวรันตี **:** cette plage sauvage est accessible à pied de Tonsai en suivant la direction du *Viewpoint 3* (mais gare à la chaleur et au relief glissant, surtout s'il a plu avant) ou par bateau-taxi (moins fatigant mais payant et tributaire de la météo). Beaux coraux à quelques mètres du rivage. Baignade géniale, malgré quelques constructions vieillissantes çà et là.

Ao Phak Nam – อ่าวปากน้ำ **:** crique isolée entre Ran Tee et Loh Bakao. Superbe bout de plage, où la baignade est extra. On peut déjà faire du *snorkelling* à 100 m de la plage. Un vrai petit bout de paradis, mais qui se facture cher et vous ne serez pas seul...

Où dormir à Ao Phak Nam ?

De plus chic à très chic (de 1 600 à 5 200 Bts – 40 à 130 €)

Phi Phi Relax Beach Resort – รีแลกซ์บีชรีสอร์ท *(plan, **23**) : 089-475-65-36. • phiphirelaxresort.com • 2 navettes/j. de/vers Tonsai pour env 150 Bts/pers. Petit déj en sus. (payant).* Une adresse isolée, perdue dans les feuillages en bordure d'une plage magnifique, que l'on pourrait presque qualifier de « robinsonnesque »... si ce n'est qu'elle ne désemplit pas en haute saison ! Chalets en bois, bambou et matériaux naturels, équipés d'un ventilo, d'une moustiquaire et d'une salle de bains plutôt coquette (eau douce froide). Cela reste simple, mais assez séduisant. Les moins chers sont petits et situés à l'arrière. Préférez les *Beach Rooms* si vous le pouvez. En revanche, évitez les bungalows situés à côté de la cuisine et du bâtiment des employés (B16 et B22, notamment), dont la vue est gâchée. Les *Paradise,* qui incluent un forfait massage, Internet, fruits, etc., sont vraiment chers. Resto correct. Électricité le soir seulement. Un regret : tous les services annexes sont surfacturés.

Ao Loh Bakao – อ่าวและหาดล่อบาเกา ***:*** plage située au milieu de la côte est de l'île. Très jolie, mais peu ombragée et, à marée basse, c'est plutôt trempette que baignade (barrière de corail). Ralliée à Ran Tee par un sentier accidenté et à Laem Tong et Nah Bay par une piste plus facile. Prendre le pont suspendu à l'extrémité de la plage, puis à gauche pour Nah Bay et à droite pour Laem Tong ; la voie est partiellement dallée. Dernière chose : quasi toute la plage est occupée par un énorme *resort* de luxe... pas vraiment de paillote de plage pour faire une pause, donc.

Où dormir à Ao Loh Bakao ?

Très chic (de 5 000 à plus de 10 000 Bts – 125 à 250 €)

Phi Phi Island Village – พีพีไอส์แลนด์วิลเลจ *(plan,* ***24****) :* ☎ *076-222-784 (à Phuket) ou 02-541-57-22 (à Bangkok).* ● *ppisland.com* ● *Petit déj inclus. CB acceptées.* Gros complexe luxueux de spacieux bungalows de style traditionnel revisité, le grand confort en plus. Climatisés, avec de grandes terrasses, ils sont plantés dans une somptueuse cocoteraie. Très bonne cuisine thaïe et occidentale finalement pas si chère. Baignade impossible à marée basse (vase, corail et rocaille), mais la superbe piscine permettra de patienter. Plein de services (y compris des nounous pour les enfants) et d'activités : spa, yoga, tennis, *fitness room,* volley, pétanque, badminton, kayak, club de plongée... Au prix d'un 3-étoiles en France, voici une adresse « lune de miel ». Bon accueil et service grande classe.

Tong Cape – แหลมทอง ***et sa longue plage Laem Tong*** – หาดแหลมทอง ***:*** *juste avt l'excroissance du cap. Accessible à pied depuis Ao Loh Bakao, et depuis Tonsai pour les marcheurs invétérés. Si vous venez de Phuket, prenez plutôt la compagnie* Andaman Wave Master *(voir « Arriver – Quitter »), qui dessert le nord de l'île.* Il existe encore un *Gipsy Village* très vivant au milieu de la plage. Cette animation est d'ailleurs le gros « plus » de Laem Tong. Le soir, les gamins rentrés de l'école jouent sur la plage, les habitants font et écoutent de la musique, et on échappe enfin à l'atmosphère figée des hôtels.

➢ C'est aussi le point de départ pour se rendre sur les îles ***Mosquito*** et ***Bamboo,*** deux spots de plongée et de *snorkelling* situés juste en face. Bamboo Island abrite un parc national (environ 200 Bts l'entrée) et une jolie plagette idéale pour passer une journée de détente. Traversée en 20 mn. Bien négocier le prix de la traversée avec les pêcheurs propriétaires des *long-tail boats* et fixer l'heure du retour. C'est moins cher que les bateaux des hôtels. Compter environ 1 500 Bts pour 3h, selon la distance et le nombre de personnes (emprunter l'équipement de *snorkelling* au *Jasmin* !) et jusqu'à 2 500 Bts la journée, ce qui permet de pousser jusqu'à Maya Bay et Phi Phi Ley. Deux petits clubs de plongée sur la plage : un à côté du *Jasmin*

Restaurant (à gauche dos à la mer), le *Sea Gypsy Diving* (demander Tatsuya Fujii au 📱 *087-893-35-31*). Un autre, plus visible, dans la partie droite de la plage, le *Leisure Dive Center*, qui prodigue un enseignement *PADI*. Certains instructeurs baragouinent le français.

Où dormir ? Où manger à Laem Tong ?

Côté hébergement, rien de bon marché.

De prix moyens à plus chic (à partir de 300 Bts – 7,50 €)

🍴 ***Jasmin Restaurant*** – ร้านอาหารจัสมินน์ *(plan,* ***35****) : au milieu de la plage et du village gitan. Ajouter 2,5 % de service, reversés à l'école locale.* La meilleure ambiance de la plage. Une paillote tenue par un sympathique couple occidentalo-thaï, avec quelques tables sur le sable, un petit bar bien *roots* et une salle agréable. Typiquement local et d'excellente qualité : excellents *pad thai* et nouilles sautées aux fruits de mer, entre autres. Jus de fruits frais, noix de coco et bières bien fraîches. Musique gitane (enregistrée) et ambiance parfois guillerette. Parfait pour manger et boire un verre dans une atmosphère suspendue par la chaleur et le farniente...

🍴 ***Sawasdee Restaurant*** – ร้านอาหารสวัสดี *(plan,* ***19****) : le resto de l'hôtel* P.P. Erawan Palms Resort, *au centre de la plage. ☎ 627-500. Tlj 7h-22h30.* Cuisine de bonne facture tournée vers le poisson et les fruits de mer (pêchés dans la journée). Au barbecue, ce n'est pas vraiment donné. En revanche, nombreux plats thaïs pas chers et préparés avec soin. Intérieur un peu austère, mais terrasse très sympa à même la plage. Plutôt morne en journée, mais musique live tous les soirs, plus un show les mardi, jeudi et samedi soir. Bonne ambiance entretenue par un personnel charmant.

Très chic (de 3 600 à 9 000 Bts – 90 à 250 €)

🏠 🍴 ***P.P. Erawan Palms Resort*** – พีพี เอราวัณ ปาล์ม รีสอร์ท *(plan,* ***19****) : côté droit de la plage. ☎ 627-500 ou 523. • pperawanpalms.com • Chambres env 4 200 Bts et bungalows 6 900-9 000 Bts. Parfois des promos et des forfaits sur Internet. CB acceptées.* 📶 Beau *resort* face à la plage. Dans les premiers prix, vous logerez dans un bâtiment tout blanc, à l'arrière, mais les chambres, carrelées et climatisées, sont vraiment impeccables. Évidemment, les *superior* – des bungalows en bois dotés d'une déco très raffinée – le sont aussi, même s'ils ne sont pas donnés. On ne vous parle même pas des *deluxe*... Le plus de l'adresse, c'est le petit déj et la cuisine, bien supérieurs à l'adresse suivante. Piscine. Bon accueil et bon service.

🏠 ***Phi Phi Natural Resort*** – พีพี เนเชอรัล รีสอร์ท *(plan,* ***25****) : sur la pointe nord de la baie. ☎ 819-030 ou 02-591-65-68 (à Bangkok). • phiphinatural.com • 💻 (payant). 📶 (lobby).* C'est l'histoire de la bouteille à moitié pleine ou à moitié vide. Évidemment, c'est le *resort* le moins cher de la plage mais, en même temps, on a trouvé les prestations très justes pour le prix. Grand complexe de bungalows assez espacés dans un vaste jardin, ceinturant l'école du village (que le roi, en visite dans le coin, a fait construire de sa propre initiative). Les tarifs vont du simple au triple : dans les plus chers, face à la mer, chambre en duplex en surplomb du petit séjour. Autres bungalows individuels dans le parc (évitez ceux derrière la réception, à côté de la grande mare) et 12 *standard* mitoyens pour les moins chers au fond, légèrement à flanc de colline. Également des cottages multi-lits pouvant accueillir de 4 à 6 personnes, proportionnellement plus abordables. Passons sur les villas, hors de prix, avec piscine et jacuzzi privés, la dernière nouveauté... Petite piscine surplombant la mer, resto et bar, et plagette privée au bout d'un chemin. Cela dit, signalons qu'à ce prix-là, on s'attend à moins de bruit tôt le matin (bien sûr, ça dépend où l'on est situé) et surtout à un petit déj et des repas moins médiocres, le gros défaut du *resort*. Navettes (payantes) pour Tonsai. Service attentionné, mais l'ensemble est assez compassé.

Spécial folies

Zeavola – รีสอร์ทซีโวล่า *(plan,* ***26****) : juste avt le* Phi Phi Natural Resort. *☎ 627-000. • zeavola.com • Doubles à partir de 10 000 Bts, petit déj inclus. CB acceptées.* Dès l'arrivée à la réception, posée sur le sable, on sent que l'on débarque dans une adresse assez exceptionnelle. Au milieu d'une végétation foisonnante, étagées depuis la plage jusqu'aux hauteurs de la colline, de vraies maisonnettes tout en bois et bambous. Chacune est composée d'une chambre (entièrement vitrée), installée sur une belle plateforme couverte (mais sans murs !) qui fait office de salon, et d'une salle de bains à ciel ouvert. La vie au grand air, mais version luxe, dans un esprit balino-thaï où bois sombres et textiles aux vifs coloris répondent à la jungle ambiante. Tout confort cela dit (lits *king size,* TV écran plat et lecteur DVD, clim dans les chambres, etc.), et 4 catégories de prix, selon la taille (« à peine » 40 m^2 pour les plus petites...) et la vue sur la grande turquoise. Les plus chères, haut perchées, ont leur propre piscinette privée. Plage aménagée, prêt de kayaks et de palmes et tubas, spa (payant), resto. Accueil et service aussi pros que discrets : idéal pour un voyage de noces, par exemple.

La Nah Bay and Beach – อ่าวและหาดลาหน้า *: au nord-ouest de l'île, entre les 2 doigts formés par Tong Cape et La Nah Cape. On peut y aller directement depuis Tonsai (prévoir min 800 Bts l'embarcation) ou à pied d'Ao Loh Bakao ou de Laem Tong.* La Nah est une baie photogénique aux eaux turquoise où l'on peut mieux nager qu'à Loh Bakao.

PHI PHI LEY – พีพีเล

C'est la plus petite île. Inhabitée, elle est célèbre pour ses coraux, sa *Maya Bay,* et pour sa gigantesque grotte, *Viking Cave,* surnommée ainsi à cause de modestes peintures rupestres. Les gitans de la mer vont y ramasser les nids d'hirondelles (de février à mai) au péril de leur vie. Les Chinois en sont très friands pour leur pouvoir prétendument aphrodisiaque. Opération délicate, sur de fragiles échasses. D'ailleurs, au milieu de la grotte, un autel est là pour implorer la protection des dieux. Sachez que l'hirondelle construit son nid avec sa salive. Quand on lui retire ce nid, elle en construit un deuxième. Si cela arrive une troisième fois, elle n'a plus assez de salive pour se remettre à l'ouvrage et les petits meurent... Pratiquement toutes les agences de Phuket prévoyaient cette visite dans leurs excursions à la journée sur Phi Phi Ley, avant que *Viking Cave* ne soit fermée en 2003.

Maya Bay – อ่าวมาหยา *:* admirable baie située sur la côte ouest de Phi Phi Ley. Des dizaines de tours y font halte chaque jour. Entre 10h30 et 14h, c'est l'embouteillage. Ceux qui voudraient l'éviter devront louer une embarcation privée et embarquer dès potron-minet. Cela leur permettra en outre de s'arrêter où ils

LES ÎLES DU SUD-OUEST

veulent, et pas forcément sur la plage principale, qui est d'accès payant. D'ailleurs, on trouve ça ridicule de devoir verser 200 Bts pour accéder à ce soi-disant parc national... Ceux qui viennent par une agence paient environ 500-600 Bts, droit d'entrée, repas, palmes, masque et tuba inclus. Également un accès (gratuit) via un tunnel équipé de cordes et à demi submergé depuis Loh Samah Bay.

LÉOOOOOO !

Comme vous, tout le monde veut voir Maya Bay depuis que la plupart des scènes du film La Plage *y furent tournées, avec Leonardo DiCaprio et notre sirène nationale Virginie Ledoyen. Et c'est vrai que l'endroit a de la gueule, même si la baie fermée sur elle-même n'est que le fruit de l'imagination du metteur en scène. Quant au trou par lequel les gens de la plage s'engouffrent sous l'eau pour en sortir, idem.*

Plongée sous-marine à Ko Phi Phi

C'est la destination des plongeurs par excellence. L'endroit est tellement réputé que tous les centres de plongée de Phuket, Krabi et Ko Lanta s'y rendent quotidiennement. Sur Phi Phi elle-même, nombreux centres du côté de Tonsai, un autre à Long Beach, auxquels il faut ajouter les clubs des grands hôtels de la côte est, qui ont tous le leur (souvent plus cher). Cela dit, on a constaté ces derniers temps que le requin-léopard, la star des fonds marins, se faisait de plus en plus rare. La raison serait peut-être la surfréquentation touristique, mais surtout, semble-t-il, les bateaux de pêche clandestins (nocturnes) qui commercialisent les ailerons de requins... Toutefois, on le dit tout net, il serait regrettable d'aller à Ko Phi Phi sans découvrir ses beautés sous-marines légendaires. Un baptême de plongée au milieu de ces eaux d'une couleur et d'une limpidité extraordinaires restera à jamais gravé dans votre mémoire. La meilleure période (clarté des eaux maximale) se situe de début février à fin mai ; quelques pluies courant mars.

Où plonger ?

Dans le minuscule village de Tonsai, une bonne vingtaine de clubs se partagent le gâteau. La plupart des instructeurs sont européens (allemands, français, italiens, nordiques) et quelques-uns américains, australiens ou thaïs. Ceux-ci viennent spontanément proposer leurs services dès votre arrivée, car ils ne sont payés qu'à la commission (environ 10 % du prix) ! Leur intérêt est de vous offrir d'excellentes prestations pour que vous reveniez le lendemain. C'est généralement ce qu'ils font, car la concurrence est de plus en plus rude et il faut se démarquer. Malheureusement, on peut parfois tomber sur quelqu'un qui ne connaît pas son affaire et ferait mieux d'aller vendre des saucisses plutôt que de jouer avec la vie de ses clients ! Mais c'est vraiment de plus en plus rare. De manière générale, le matériel est bon et les instructeurs qualifiés. Le seul petit problème, c'est qu'ils ne restent souvent qu'une saison. Il est donc difficile de recommander un club plutôt qu'un autre.
– ***Conseils :*** pour choisir, passez une soirée à faire le tour de quelques structures et marchez au feeling. Bon à savoir : les prix sont sensiblement identiques partout. Ce n'est donc qu'une question de confort, de compétence et du nombre de plongeurs sur le bateau (sorties intimes de quatre personnes ou usines à plongée). Avant de chausser les palmes, discutez gentiment (en anglais et parfois en français) avec les instructeurs. Écoutez le langage qu'ils vous tiennent quant à la vie marine (ses espèces, ses dangers) et voyez s'ils ne jouent pas les gros bras

en causant des requins (un critère éliminatoire !). Choisissez enfin le moniteur qui parle de son métier avec une « passion tranquille ».
– ***Le coût :*** pour un plongeur licencié, 2 plongées en local (à titre indicatif) = environ 2 500 Bts. Sortie à la journée incluant 3 plongées à *The Wreck, Shark Point Phuket,* ainsi que *Anemone Reef* = environ 4 300 Bts. Côté initiation et formation, le *Discover Scuba Dive* et l'*Open Water* (3 jours) sont respectivement proposés autour de 3 400 et 13 800 Bts. Et les prix augmentent (selon le cours de l'euro, la hausse de l'essence et des formalités !)...
– ***Sécurité :*** notez que, en cas d'accident, le caisson de décompression le plus proche se trouve à Phuket, à 30 mn en *speed-boat*. Vérifiez que cette éventualité est incluse dans l'assurance fournie par votre club, ce qui est généralement le cas.

Nos meilleurs spots

La plupart des plongées sont praticables par tout le monde. Les plus belles sont autour de Phi Phi Ley. Tous nos spots sont situés sur la carte de l'île. Signalons que **le spot de Hin Klang est désormais interdit à l'exploration marine.**

Autour de Ko Phi Phi – รอบๆ เกาะพีพี ***:*** le parc national est réputé pour ses tombants vertigineux, ses cavernes sous-marines très accessibles, ses roches et coraux étincelants. Visibilité de 8 à 30 m (en haute saison). Les traditionnels poissons-fantômes, poissons-anges, poissons-trompettes, poissons-clowns, hippocampes et bancs de lutjans sont de toutes les plongées (profondeur maximale : 26 m). Tortues peu farouches dans les eaux de *Ko Bida,* où vous ne pourrez éviter une confrontation directe avec les requins-léopards et les pointes-noires (gentils comme tout !), ainsi que des calamars. *Bamboo Island* est le rendez-vous des raies pastenagues, barracudas et poissons-sergents. Extra pour la plongée sans bouteille ou le *snorkelling.*

Bida Nai et Bida Nok – ปิดะในและปิดะนอก***:*** *au sud de Ko Phi Phi.* Entre 6 et 30 m. Murs de corail mou, une des meilleures plongées pour voir de gros barracudas, requins-léopards, et naturellement le requin-baleine quand il est de passage en février-mars. Rassurez-vous à nouveau, sans aucun danger.

Coral Garden (ou Palong Bay) : *sur la côte ouest de Phi Phi Ley.* Entre 5 et 18 m. Une énorme roche penchée, recouverte de corail mou très coloré. On y voit des tortues (le meilleur site pour les observer), des requins à pointes noires et parfois des poulpes et des hippocampes.

Caran Hang : *à l'est de Phi Phi Ley.* Entre 5 et 18 m. Très peu fréquenté. Un pinacle sous-marin à la base duquel on trouve des rochers où se cache une vie incroyable : *bamboo sharks,* énormes poissons-scorpions, poissons-lions et chouettes *sepia* (sorte de calamars).

À noter encore, le ***Pileh Wall*** – ผาปิเละ (à l'est de Phi Phi Ley), pour son fantastique mur de corail mou entre 3 et 20 m, puis ***Phi Phi Shark Point*** – พีพีชาร์ค พอยท์ pour ses requins-léopards qui dorment sur le fond et ses serpents de mer (pas agressifs pour un baht). Pour finir, ***Him Dot,*** au sud de Phi Phi Don. Quatre pinacles de tailles différentes, entre 5 et 28 m, autour desquels on tourne sympathiquement (poissons pélagiques, corail mou...).

Voici trois plongées Niveau 1 (ou *Open Water*) qu'il est possible d'effectuer en une même journée. Départ en général à 7h30 et retour vers 13h30.

Phuket Shark Point – ภูเก็ตชาร์คพอยท์ ***:*** *à 20 km au nord-ouest de Ko Phi Phi.* Un ensemble de trois récifs calcaires, de 0 à 22 m de profondeur, fameux repaire de requins-léopards aussi curieux qu'inoffensifs. Frénésie de poissons-lions, poissons-papillons, et beaucoup d'anémones... Très coloré. Jolis coraux.

Anemone Reef – อานีโมนีรีฟ ***:*** *situé à moins de 2 km au nord-ouest du spot précédent.* Un magnifique récif isolé, entièrement recouvert d'anémones d'espèces différentes, entre 6 et 23 m de fond. Si le ballet délirant des poissons-clowns entre les tentacules des anémones vous inspire, évitez à tout prix de les imiter ! Ils sont les seuls à pouvoir s'y frotter sans crainte : protection contre nettoyage, tel est l'enjeu de ce contrat naturel. Beaucoup de murènes et quelques barracudas.

Épave du King Cruiser – วริคคิงส์ครุยเซอร์ ***:*** luxueux navire coulé entre 16 et 36 m de profondeur en 1997, à quelques encablures d'*Anemone Reef.* Cachette préférée des poissons de récifs, des poissons-lions (venimeux mais pas agressifs), des barracudas et des mollusques. Se munir d'une lampe. Grandes ouvertures dans les entrailles du navire pour retrouver facilement le chemin de la surface, mais attention quand même aux rencontres inopportunes et n'entrez pas dans l'épave si vous n'êtes pas un plongeur confirmé...

À voir. À faire

Palmes, masque et tuba (snorkelling) : hautement recommandée, cette activité s'adresse à tous (ceux qui ne nagent pas très bien pourront mettre un gilet de sauvetage). S'équiper en bouteilles d'eau et enfiler absolument un vieux tee-shirt car, attention, tandis que le nez se tourne vers les profondeurs, le dos a tendance à rôtir grave. En vente absolument partout, le forfait tout compris (bateau, équipement, déjeuner), qui coûte environ 700 Bts par personne avec un centre de plongée, représente un choix budget intéressant mais sous-entend d'accepter la compagnie de dizaines d'autres palmipèdes à bord. Essayer de choisir une embarcation de taille modeste (moins de 50 passagers) plutôt qu'un paquebot de 150 personnes. L'excursion comporte en général la visite de Maya Bay + trois spots de *snorkelling* : Phi Phi Ley, Bamboo Island et le cap à l'est de Tonsai. Départ vers 9h, retour à 16h. Aussi sortie en fin d'après-midi pour le coucher de soleil sur Phi Phi Ley, retour vers 19h.
Pour bien plus d'intimité et de flexibilité, essayer de constituer un petit groupe afin de louer à l'heure, à la demi-journée ou à la journée un *long-tail boat* ou un *speed-boat.* Bien fixer l'itinéraire, la durée et le tarif (qui se négocie... bien sûr). Finalement, à 3 ou 4, le coût de l'indépendance peut s'avérer assez modeste. Pour un *long-tail boat,* compter 1 300-1 500 Bts la demi-journée (4h) et 1 900-2 200 Bts la journée (6h). Pour un *speed-boat,* prévoir environ 5 500 Bts pour 4h.
À noter encore, la possibilité d'accompagner une sortie plongée en tant que simple nageur pour 600 Bts environ, avec repas et équipement.
Un conseil : prévoir des fruits et des biscuits en plus, car les repas ne sont pas toujours très copieux...

View Point : une alternative sympa au tout farniente. Trente bonnes minutes de grimpette à faire de préférence le matin pour pouvoir prendre de bonnes photos des deux anses de l'île, que l'on embrasse ici d'un seul coup d'œil. Le chemin bien fléché part de Loh Dalum Beach, à l'est de la plage. Être correctement chaussé et emporter de l'eau. Bar à l'arrivée. En redescendant de l'autre côté, à travers la jungle, on rejoint Ran Tee Beach, plage isolée de la côte est d'où l'on peut prolonger vers la pointe nord de l'île.

– ***Escalade :*** ***Cat's Climbing Shop** (zoom Tonsai, **50**), à Tonsai, en retrait de la rue principale.* 081-787-51-01. Managé par Cathy et un collectif de pros de l'escalade. Ils ont rééquipé des voies déjà tracées et en ont ouvert un paquet d'autres (cotées 4 sup à 7b+ pour les pros !), dans les falaises situées au bout de la plage de Tonsai. Suite au tsunami qui ne les a pas épargnés, ils se sont attachés à déplacer des montagnes.

– ***Sports nautiques :*** sur Loh Dalum et à Tonsai, possible de louer des planches à voile et des catas, des kayaks et des *paddle-boards*.

KRABI – กระบี่

400 000 hab. (4,7 millions pour la province) IND. TÉL. : 075

Avec ses multiples atouts, la province de Krabi attire de plus en plus de visiteurs. La géologie karstique de la région garantit d'innombrables falaises, pitons et grottes à escalader. Mais c'est surtout une fois sur l'eau que l'on s'aperçoit de la beauté des sites. Des centaines de plages, souvent d'accès pittoresque, bordent la côte ou le pourtour des nombreuses îles. Des pitons en pleine mer surgissent au détour d'une plage. À l'éclat et à la finesse du sable blanc répond la densité des forêts tropicales et des mangroves. Quatre parcs nationaux englobent à la fois des parties de la péninsule et des îles. Dire qu'ils garantissent une réelle protection serait bien exagéré quand même.

Si les plages les plus connues, et particulièrement Ao Nang, souffrent du tourisme de masse en haute saison, il reste des coins plus calmes, souvent à quelques encablures à peine des endroits les plus animés. La population est, à peu de chose près, moitié bouddhiste, moitié musulmane, et compte aussi l'habituelle minorité d'émigrés chinois, toujours très active. Tout ce petit monde cohabite à peu près sans accrocs.

La légende raconte que le nom de Krabi proviendrait de la découverte d'un sabre très ancien, que le gouverneur aurait pris pour emblème.

Sachez que la région est très arrosée pendant la saison des pluies (de mai à septembre) et que tout le secteur est déserté à cette époque.

Arriver – Quitter

En bus gouvernemental (tous avec AC)

Krabi Bus Terminal *(hors plan I par A1) : près de Talat Kao, à 5 km au nord de Krabi-ville ; pour s'y rendre, prendre une camionnette-taxi (15 mn de trajet). Rens : ☎ 663-503 (terminal), 611-804 (Transport Co.) et 612-847 (Lignite Co.).* Petite cantine dans la station de bus.

➢ ***Bangkok :*** du *Southern Bus Terminal* de Bangkok, env 8 bus dès 6h30 mais surtout 18h-20h. Trajet : 12h pour 870 km. Compter env 500-1 000 Bts selon le confort (les petits bus de 24 places sont plus chers). En partant le soir de Bangkok, la vision (dès 150 km avt l'arrivée) des pitons calcaires recouverts de végétation a quelque chose de magique à l'arrivée au petit matin. De Krabi, 2 bus tôt le mat, et 8 départs 16h-17h.

➢ ***Phuket :*** env 10 bus 2e classe, 6h50-14h et presque autant de bus 1re classe, 7h30-17h ; 3h-3h30 de trajet, 185 km et env 120-150 Bts. Idem dans l'autre sens.

➢ ***Phang Nga :*** emprunter un bus desservant Phuket ou Ranong. Trajet : 2h ; max 80 Bts.
➢ ***Ko Lanta :*** env 10 minibus/j. avec AC depuis Krabi-ville. 80 km jusqu'à l'embarcadère de Hua Hin où l'on prend un 1er bac (15 mn) pour rejoindre Lanta Noi, puis encore 7 km de route et 2e bac (re-15 mn) entre Lanta Noi et Lanta Yai. Horaires et tarifs auprès des agences. Env 300-400 Bts, bateau compris.
➢ ***Surat Thani :*** départs env ttes les heures, 4h30-16h, en 2e classe ; 200 km, 2 à 3h de trajet et env 150-180 Bts.
➢ ***Trang :*** départs presque ttes les heures, 9h-14h30 en 2e classe et 8h-21h30 en 1re classe. Trajet : 2h (160 km) et env 100-120 Bts.
➢ ***Hat Yai :*** départs ttes les heures, 9h20-22h ; 310 km, 4-5h de trajet et env 170-220 Bts. Bus 1re et 2e classe.
➢ ***Takua Pa puis Khao Sok :*** jusqu'à Takua Pa, 8 bus (directs ou ceux poussant jusqu'à Ranong), 5h30-14h30, puis départs env ttes les heures jusqu'à 17h ; 3h de route en tout.
➢ ***Ranong :*** slt 2 bus, en principe à 8h30 et 12h30 ; trajet : 5h et env 200 Bts.

En bus privé

Les agences de voyages vendent des billets pour de nombreuses destinations en petits bus de 24 places climatisés. Plus chers mais plus rapides que les bus classiques. En général, on passe vous chercher à la *guesthouse*. On vous conseille de réserver 2-3 jours avant, ces bus pouvant être vite pleins en haute saison ! Liaison avec :
➢ ***Surat Thani,*** ttes les heures, 7h30-16h30 avec *Krabi 2006 (rens : ☎ 631-879),* ***Hat Yai,*** 8 fois/j. *(rens : ☎ 612-351 ou 620-864),* ***Phuket*** 4 fois/j. *(rens : ☎ 631-847),* ***Bangkok*** 1 ou 2 fois/j. *(rens : ☎ 612-847 ou 663-503),* ***Penang, Langkawi, Kota Bahru*** ou ***Kuala Lumpur*** (Malaisie).

➢ ***Ko Samui :*** avec correspondance pour le ferry, avec *Songserm* (bus VIP, départs Krabi-ville à 11h) ; et avec *P.P. Family (📱 081-719-86-00),* sorte de « double correspondance » avec l'arrivée de leur bateau en provenance de Phi Phi à Klong Jilad Pier (minibus vers 10h30), et un autre minibus vers 16h30-17h, valable pour attraper le bateau de nuit vers Ko Samui ou Ko Tao.

En bateau

La plupart des départs et arrivées des liaisons ci-dessous se font de ***Klong Jilad Pier*** *(Passenger Port ; hors plan I par A2 ; ☎ 620-052).* Moderne et récent, il est situé à 4,5 km à l'ouest de Krabi-ville. Nombreux services : ATM, change, Internet, w-c et petits commerces. Également quelques liaisons avec Noppharat Thara (l'une des plages principales de Krabi). Attention, de Klong Jilad Pier, pas de départ vers les plages du coin (voir ci-après). Pour rejoindre le centre, choix entre des *songthaew* (rares), des minibus ou le taxi ; tarifs affichés dans le hall du port (par exemple : env 200 Bts pour Krabi-ville ; 300 Bts pour le terminal de bus ; 400 Bts pour l'aéroport, etc.).
➢ ***Phuket :*** liaison directe avec le ferry *Ao Nang Princess* ; dessert les plages d'Ao Nang et de Noppharat Thara (oct-mai de manière sûre ; service interrompu hors saison mais ça pourrait changer, se renseigner sur place). Départ de Port Rassada (Phuket) à 8h30 ; depuis Ao Nang, à 15h30. Traversée : 2h pour env 550-700 Bts avec prise en charge à l'hôtel. Les autres compagnies transitent par Ko Phi Phi. Au final, c'est beaucoup plus pratique et aussi rapide de faire ce trajet en bus !
➢ ***Ko Phi Phi :*** 2 liaisons/j., à 10h30 et 15h30 de Tonsai (Ko Phi Phi) à Jilad Pier. Dans l'autre sens, départs à 9h et 14h. Durée : 1h30. Compter env 450-500 Bts.
➢ ***Ko Lanta :*** 2 bateaux/j. en hte saison, à 8h et 13h depuis Ban Saladan

Pier (Ko Lanta), à 10h et 14h30 depuis Krabi. Traversée en 2h. Tarif : env 450-500 Bts. Également un bateau *Ao Nang Princess* : départ Noppharat Pier, Ao Nang (Krabi), à 10h30 (dessert Railay) ; en sens inverse, départ Ko Lanta à 13h30 ; env 500-600 Bts avec prise en charge à l'hôtel à Krabi.

Chaofa Pier *(plan I, B2)* **:** l'ancien port de Krabi n'assure plus que des liaisons locales. Quand même toujours w-c et douche sommaire ; très, très bon marché.

➢ ***Pour Railay et Sunrise Beach*** (plages accessibles slt par la mer, voir plus loin) **:** 6-10 départs/j. en bateau-bus 9h-18h. Traversée en 45 mn ; env 150 Bts.

➢ ***Pour Ao Nang ou Tonsai :*** slt en bateau-taxi (privatisé, donc). Min 1 500 Bts ; traversée en 1h.

Long-tails boats : très nombreux, ils sillonnent la baie d'Ao Phra Nang et permettent de rallier les différentes plages, en particulier celles qui ne sont accessibles qu'en bateau (ou presque). Voir nos indications pour chacune des plages.

En avion

✈ **Krabi Airport** *(hors plan I par A1)* **:** *à 15 km du centre et 35 km d'Ao Nang.* ☎ *636-541 (infos).* À l'arrivée, comptoir d'infos de l'aéroport, bureau du tourisme de Krabi et loueurs de voitures *(Avis, National, Budget...).* Compter env 100 Bts le trajet en micro bus entre la ville et l'aéroport, et 400 Bts en taxi. Pour les plages, taxi privé env 600 Bts.

➢ ***Bangkok :*** *Thai Airways* (☎ *622-439 ; • thaiairways.com •)* propose jusqu'à 3 vols/j. en hte saison et 1 ou 2 en basse saison (durée : 1h20). *Air Asia (• airasia.com •)* assure aussi jusqu'à 4 vols/j. en hte saison.

➢ ***Kuala Lumpur :*** *Air Asia (• airasia.com •)* propose 1 vol/j. vers la capitale de la Malaisie.

➢ ***Singapour :*** *Tiger Airways (• tigerairways.com •)* assure 1 vol/j.

LES ÎLES DU SUD-OUEST

KRABI-VILLE (KRABI TOWN)

Nonchalamment étendue le long de la rivière du même nom, Krabi Town n'est qu'à une cinquantaine de kilomètres de Phuket Town à vol d'oiseau (et au-dessus des flots), mais à quelque 190 km par la route.

La ville n'est même plus vraiment un lieu de transit depuis que les bateaux pour Ko Phi Phi et Ko Lanta partent de l'excentré Klong Jilad Pier, au grand dam des commerçants des alentours de l'ancien embarcadère (Chaofa Pier, qui ne dessert plus que les plages). Et les voyageurs terrestres peuvent assurer toutes leurs correspondances directement depuis la gare routière, sans entrer dans la ville. Résultat : Krabi Town perd peu à peu son animation pour retrouver son caractère de capitale provinciale à demi assoupie, ce qui, selon nous, fait d'ailleurs son intérêt...

Au-delà de cette plongée dans la Thaïlande sans histoire, le visiteur y trouvera aussi tous les services et boutiques que peut receler un chef-lieu. Et même de sympathiques *guesthouses,* bars et restos. Une bonne solution pour les petits budgets ou pour ceux qui veulent éviter la surpopulation d'Ao Nang (en revanche, ils seront tributaires des transports locaux). Et puis la promenade le long de la rivière, avec vue sur les mangroves de la rive opposée, vaut bien le coup d'œil.

➢ Pour se déplacer, passage régulier de *songthaew* dans les rues principales avant de rejoindre Ao Nang, le Klong Jilad Pier ou la station de bus. Tâchez d'en attraper un au vol. Il y a aussi des *tuk-tuk,* mais il faut négocier ferme.

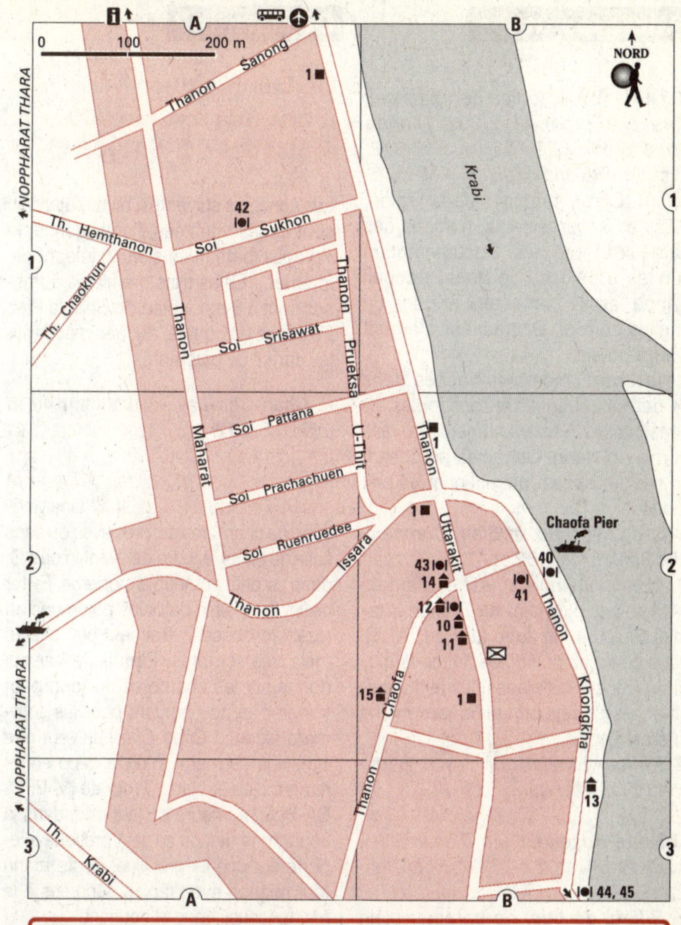

KRABI-VILLE (PLAN I)

Adresses utiles

TAT
1 Bangkok Bank et Siam Commercial Bank

Où dormir ?

10 Generation Travel
11 Cha Guesthouse
12 Chan-Cha-Lay
13 Krabi River Hotel et Krabi City Seaview Hotel
14 Pak-Up Hostel
15 P Guesthouse

Où manger ?

12 Chan-Cha-Lay
40 Night Market (Chaofa Pier)
41 Kotung
42 Night Maket (Soi Sukhon)
43 Good Dream Restaurant
44 Restos de Thara Park
45 Aree Sea Food

Adresses utiles

TAT – ท.ท.ท. *(office de tourisme ; hors plan I par A1)* **:** *292 Thanon Maharat.* ☎ *622-163 ou 612-812.* ● *tourismthailand.org/krabi* ● *Tlj 8h30-16h30.* Cartes gratuites de la région, liste des hébergements, horaires des bateaux et des bus. Documentation sur les provinces voisines. Accueil sympa, assez compétent et dans un anglais correct. Distributeur d'argent juste à côté.

@ **Internet :** nombreux accès dans de petites boutiques et dans toutes les *guesthouses*. Prix avantageux par rapport à Ao Nang. Certaines proposent en sus des appels internationaux à prix réduit.

■ **Bangkok Bank et Siam Commercial Bank** *(plan I, B2 et A1,* ***1****)* **:** *Thanon Uttarakit.* Change et ATM. D'autres ATM un peu plus loin, sur Thanon Uttarakit toujours, un autre face au TAT. Si vous changez du liquide, faites-le plutôt ici car sur les plages, les petits guichets de change offrent un taux moins intéressant.

■ **Police touristique** – ตำรวจท่องเที่ยว **:** *à Ao Nang.* ☎ *11-55 ou 637-208.*

Krabi Hospital : *325 Thanon Uttarakit.* ☎ *611-202 ou 212. Urgences :* ☎ *16-69.*

■ **Billets de bus, de bateau :** plein d'agences un peu partout. De plus, la plupart des *guesthouses* proposent excursions, billets de bus, location de motos et réservation de bateaux pour les îles voisines. Pratique et parfois moins cher, comparez.

■ **Location de motos et voitures :** *nombreux loueurs à Krabi Town et Ao Nang. Env 200-300 Bts/j. la moto selon le modèle et 1 000-1 500 Bts/j. la voiture. Tarifs dégressifs pour plusieurs j.*

■ **Laveries :** notez que la plupart des loueurs de motos proposent aussi ce service !

Où dormir ?

De bon marché à prix moyens (de 200 à 650 Bts – 5 à 16,25 €)

Les adresses suivantes, bien routardes, sont toutes doublées d'une agence de voyages (bateau, bus, etc.), téléphone, Internet... Et les trois premières adresses sont à 3 mn à pied de Chaofa Pier. Prévoyez du liquide, aucune n'accepte les cartes de paiement.

Chan-Cha-Lay – ชานชาเลเกสท์เฮ้าส์ *(plan I, B2,* ***12****)* **:** *55 Thanon Uttarakit (la rue principale).* ☎ *620-952.* ● *chanchalay.com* ● *Résa recommandée en hte saison. Petit déj en plus.* Une vingtaine de chambres propres avec ou sans salle de bains (eau froide), ventilo ou AC, dans un petit immeuble moderne. Éviter celles avec salle de bains commune au rez-de-chaussée : vraiment peu chères mais très sombres. Parfois, le bar qui donne sur les chambres du fond peut s'avérer un peu bruyant pour les sommeils légers... *Chan-Cha-Lay* veut dire « maison de mer », d'où la déco entièrement bleu et blanc. Propreté IM-PEC-CA-BLE ! À l'heure de la sieste, dans la courette-jardin, on se sent presque téléporté sur une île grecque. Resto marin tout mignon avec tables décorées à la main. Accueil franc et souriant.

Cha Guesthouse – ชาเกสท์เฮ้าส์ *(plan I, B2,* ***11****)* **:** *45 Thanon Uttarakit.* ☎ *611-141.* ● *cha_guesthouse45@yahoo.com* ● *Face à la poste. Petit déj en sus.* *(payant).* Une vraie *guesthouse* à l'asiatique : on entre par un joyeux bazar (quelques tables de resto, des ordis, etc.) pour finir dans la cour arborée. Tout autour, des chambres pour 2-3 personnes avec ventilo, très propres, avec ou sans sanitaires (eau chaude pour les plus chères) et décorées de façon assez enfantine. Très calme, car ne donnant pas sur la rue. Accueil super aimable des propriétaires d'origine chinoise. Agence de voyages.

🏠 ***Generation Travel*** – เจเนอเรชันทราเวล *(plan I, B2, **10**) : 53/1 Thanon Uttarakit. ☎ 630-272. 📱 081-693-03-18. • generationkrabi@hotmail.com •* Seulement 4 chambres à l'étage, 2 grandes et 2 petites : propres, simples, blanches et avec ventilo. Elles se partagent 2 salles de bains nickel sur le palier, avec eau chaude s'il vous plaît ! Au rez-de-chaussée, agence de voyages, mais pas de petit déj. Accueil adorable.

🏠 ***P Guesthouse*** – พี เกสท์เฮ้าส์ *(plan I, B2, **15**) : 34-36 Thanon Chaofa. ☎ 630-382. Petit déj en sus. 💻 (payant).* Au calme, dans un immeuble en dur, une adresse familiale d'une vingtaine de chambres, pas très grandes mais très propres et avec des couleurs bien vives (ça réveille !). Côté confort : balcon, salle de bains et eau chaude, AC ou ventilo. En voir plusieurs, quelques-unes ont une fenêtre donnant sur un mur. Accueil avenant.

🏠 ***Pak-Up Hostel*** *(plan I, B2, **14**) : 87 Thanon Uttarakit. ☎ 611-955. • info@pakuphostel.com • 💻 (payant).* Ce grand bâtiment moderne, très récent, propose 4 dortoirs impeccables pour 8-10 personnes. Séparés ou mixtes, avec des lits superposés en bois et dotés de casiers. Clim 17h-minuit. Également 2 chambres privées. Sanitaires extérieurs pour tout le monde, tout aussi nickel. Laverie en self-service. Vente de tickets de bus et de bateaux. Spa avec massages (payants, bien sûr !). 2 bars : le *Playground Bar (tlj 19h-1h),* au rez-de-chaussée, avec un billard, et le *Sky Bar,* sur le toit, avec écran ou musique. Seul regret : l'accueil blasé à la réception, quel dommage !

De prix moyens à un peu plus chic (de 500 à 1 200 Bts – 12,50 à 30 €)

Deux adresses en bordure de rivière, au calme, à proximité du *Night Market.* Magnifique au coucher du soleil pour se promener le long des mangroves en passant par le parc de Thara.

🏠 ***Krabi River Hotel*** – โรงแรมแม่น้ำกระบี่ *(plan I, B3, **13**) : 73/1 Thanon Khongkha. ☎ 612-321. • krabiriver@hotmail.com • Résa indispensable. Petit déj en sus. CB acceptées. 💻* Chambres spacieuses et tout confort dans cet hôtel pimpant. Les plus chères ont un balcon face à la rivière et à la jolie promenade. Douche chaude, AC, TV, minibar. Terrasse sur le toit. Accueil tout sourire et situation idéale. Si c'est complet, vous pouvez vous rabattre sur son voisin...

🏠 ***Krabi City Seaview Hotel*** – โรงแรมกระบี่ ซิตี้ซี วิวหรือโรงแรมเคียงทะเล *(plan I, B3, **13**) : ☎ 622-885. • krabicityseaviewhotel.com • Petit déj inclus pour les plus chères. CB acceptées (+ 4 %).* Propose des chambres presque bon marché, mais évitez-les : elles sont aveugles et donnent directement sur le garage ! Pour 100 Bts de plus, vous logerez au 1er étage. Les prix montent avec l'altitude. Seulement 2 chambres avec vue sur la rivière : les nos 307 et 407. Toutes avec AC et eau chaude. Belle terrasse pour le petit déj.

Où manger ?

De bon marché à prix moyens (de 150 à 300 Bts – 3,75 à 7,50 €)

🍴 ***Night Market*** – ตลาดกลางคืน *(marché de nuit ; plan I, B2, **40**) : devant le débarcadère. Tlj après 18h.* Une profusion de petits stands, proposant à qui mieux mieux brochettes, nouilles sautées, soupes en tout genre et excellents gâteaux. Cela dit, faites un petit repérage, évitez les sollicitations trop appuyées et essayez de repérer où vont les locaux car tout n'est pas toujours savoureux, ça dépend des cuisinières. ***Autre Night Market*** très populaire sur Maharat Soi 10 (Soi Sukhon ; *plan I, A1,* **42**). Fréquenté quasi exclusivement par les gens du coin.

🍽 ***Kotung*** – ร้านอาหารโกตุง *(plan I, B2,* **41***) : 36 Thanon Khongkha. ☎ 611-522. Face au port. Tlj sf dim 11h-22h. Prix très modiques.* Un des restos cultes de Krabi. Cuisine populaire servie dans une salle (très) climatisée dont la décoration plairait sans doute à Jeanne Mas (en rouge et noir). La carte, longue comme le bras, rassurera ceux qui craignent l'inflammation des papilles car les plats sont accompagnés de petits piments indiquant le risque d'incendie. Tous les classiques, les *fried,* les *sweet and sour,* les soupes... Poisson délicieusement préparé. Accueil souriant et familial, du grand-père à la petite-fille.

🍽 ***Good Dream Restaurant*** *(plan I, B2,* **43***) : 83 Thanon Uttarakit. ☎ 62-29-93. Ouv tlj.* 💻 📶 Petit resto simple, où la carte aligne des classiques thaïs et occidentaux à prix serrés. Également des chambres, mais moins convaincantes que chez les proches voisins.

🍽 Également le resto du ***Chan-Cha-Lay*** *(plan I, B2,* **12***) : voir « Où dormir ? ».* Bons petits plats, et très bon petit déj.

🍽 Nombreux petits restos au coude à coude sur ***Thanon Chaofa*** *(plan I, B2),* la rue qui descend vers le débarcadère. Tous possèdent une petite terrasse, une déco européanisée et une carte thaïe et européenne (du petit déj et du burger aux nouilles en passant par les fruits de mer).

🍽 ***Les restos de Thara Park*** *(hors plan I par B3,* **44***) : au sud de Chaofa Pier, à 1 km ; accessible à pied en suivant la promenade depuis le port.* En bord de rivière, dans un coin du parc, une kyrielle de restos populaires. Tous les classiques de la cuisine thaïe. Agréable pour prendre l'air loin des clichés touristiques.

🍽 ***Aree Sea Food*** *(hors plan I par B3,* **45***) : 134 Moo 7. ☎ 620-414. À 2-3 km du port. Depuis Chaofa Pier, poursuivre vers le sud, dépasser le Thara Park et continuer ensuite la route sur la gauche jusqu'au bout.* Dans la mangrove, sur pilotis, une longue paillote, très rustique mais vraiment locale, comme les prix. Poissons et fruits de mer, à déguster devant le coucher de soleil. Gentil accueil.

LES PLAGES

À une vingtaine de kilomètres de Krabi Town, autour de la baie d'Ao Phra Nang, le bord de mer a connu un développement anarchique. On ne peut pas dire que cette station séduise par son harmonie. Au coude à coude, hôtels, boutiques, gargotes et commerces de toutes sortes gâchent le paysage. Mais il suffit de leur tourner le dos et de porter son regard vers le large pour mesurer la majesté du site... naturel. D'est en ouest, depuis Krabi Town : *Ao Nammao,* le cap de *Laem Phra Nang* (ou *Railay*), flanqué des plages de *Sunrise (Railay est), Phra Nang, Railay (ouest)* et *Tonsai, Ao Nang* (appelé Phranang sur certains panneaux, ne pas confondre), *Noppharat Thara, Siew Bay* et *Klong Muang.* Autant savoir que les plages du cap (à l'exception de Tonsai, plus routarde) et d'Ao Nang se transforment en véritables ghettos à touristes en haute saison. La qualité générale de l'accueil et des prestations souffre alors du syndrome « phiphien ».

AO NANG BEACH

Tournant le dos au village balnéaire, une longue plage de sable baignée d'une mer aux jolis tons verts, fermée à chaque extrémité par des formations rocheuses

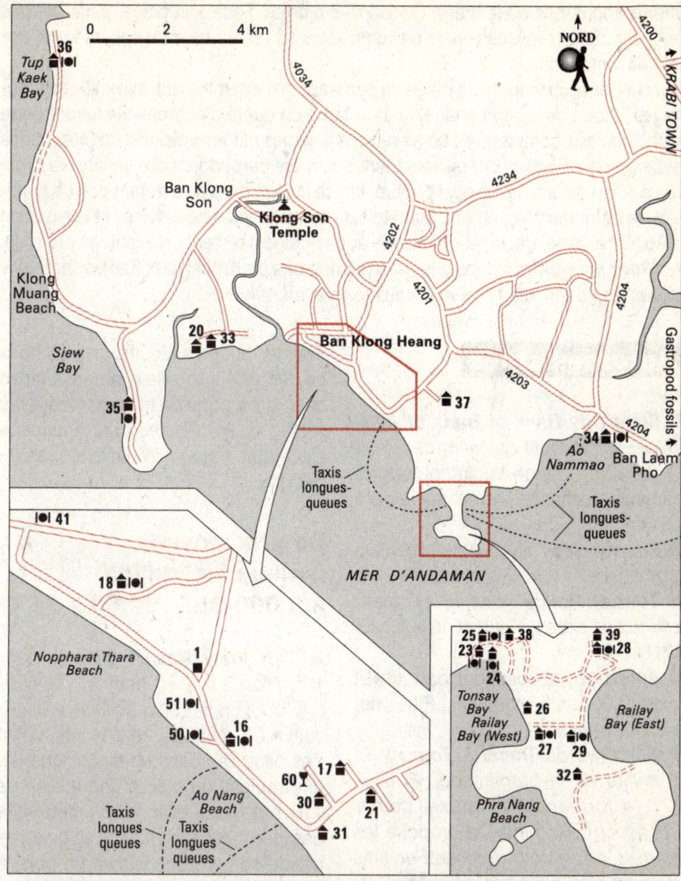

KRABI - LA BAIE D'AO PHRA NANG - PLAN II

Adresse utile

1 Tourist Police

Où dormir ?

16 The « L » Resort
17 Green Park Resort
18 Laughing Gecko, Cashew Nut
20 P.A.N. Beach Bungalows
21 The Verandah
23 Viking Village
24 Mambo Bungalows
25 Paasook Resort et Dream Valley Resort
26 Railei Beach Club
27 Sand Sea Resort, Railay Bay Resort & Spa et Railay Village Resort & Spa
28 Railay Cabana
29 Railay Princess Budget Wing (ex-Ya Ya Resort)
30 Jinda Guesthouse
31 Phra Nang Inn
32 Rayavadee
33 Long Beach Bungalows & Krabi Villas
34 Dawn of Happiness Beach Resort
35 Pine Bungalow
36 Tup Kaek Sunset Beach Resort
37 Cliff View Resort et Phu Pha Ao Nang Resort & Spa
38 Country Side Resort
39 Railay Phutawan Resort

Où manger ? Où boire un verre ?

18 Laughing Gecko, Cashew Nut
23 Viking Village
24 Mambo Bungalows
25 Dream Valley Resort
27 Sand Sea Resort, Railay Bay Resort & Spa et Railay Village Resort & Spa
28 Railay Cabana
29 Railay Princess Budget Wing (ex-Ya Ya Resort)
34 Dawn of Happiness Beach Resort
35 Pine Bungalow
36 Tup Kaek Sunset Beach Resort
41 Krua Thara, restos du parc
50 Soi Ao Nang Sea Food
51 Wang Sai Seafood
60 Irish Rover

impressionnantes où la mer a creusé des grottes. Face à la plage, au large, des pitons rocheux dressés vers le ciel contribuent à créer une atmosphère karstique un peu fantastique.
La route principale longe la plage, la séparant de l'anarchie des commerces aménagés le long de la promenade. Les routards en quête d'authenticité fuiront cette ambiance très commerciale en se réfugiant sur les plages voisines. La plupart des hébergements (assez chers) se situent sur la rue perpendiculaire venant de Krabi Town. Ce n'est pas notre coin préféré, vous l'aurez compris, d'autant que ça continue de bétonner allègrement. Toutefois, la concentration de services et la situation d'Ao Nang (facile de se rendre sur les autres plages) restent un avantage pratique.
➢ ***Pour s'y rendre :*** depuis le terminal des bus de Krabi (Talat Kao), *songthaew* toutes les 45 mn, 6h-17h. Nombreux taxis et *tuk-tuk*.

Adresses utiles

■ ***Siam City Bank et Bank of Ayudhya :*** *sur la route qui vient de Krabi. Tlj 9h-20h.* Change et distributeur. Et bureaux de change partout sur le bord de mer.
■ ***Pharmacies :*** *plusieurs le long de la promenade.*
■ ***Tourist Police*** *(plan II,* ***1****) : petit kiosque à l'extrémité ouest de la plage. ☎ 11-55.*
@ ***Internet :*** absolument partout. Et avec l'ADSL, s'il vous plaît ! Plus cher qu'à Krabi Town.
■ ***For Friends Travel & Tour :*** *vers le milieu de la promenade. ☎ 695-526. ● forfriendstrv@hotmail.com ● CB acceptées.* Mme Da propose les mêmes excursions que ses voisins mais, en plus, elle parle le français.

Où dormir ?

Les hébergements pas chers sont quasiment en voie d'extinction. Si vous le pouvez, on vous conseille plutôt nos belles adresses au vert, en retrait du bourg survolté.

Prix moyens (de 600 à 800 Bts – 15 à 20 €)

🏠 ***Jinda Guesthouse*** *(plan II,* ***30****) : 247/6 Moo 2. ☎ 637-524. À côté du pub* Irish Rover. *💻 (payant). 📶 (lobby).* Pour les budgets réduits, un petit hôtel en dur situé « en ville », proposant des chambres propres et correctes avec ventilo ou AC. Toutes avec douchette électrique, frigo et TV. Laverie. Pas de petit déj.

De prix moyens à plus chic (de 900 à 3 000 Bts – 22,50 à 75 €)

🏠 ***Cliff View Resort*** *(plan II,* ***37****) : 10/5 Moo 2, Soi Ao Nang 11. ☎ 695-240 ou 241. ● aonangcliffviewresort.com ● CB refusées. 💻 (payant).* 📶 Un très beau site dans un magnifique jardin tropical, au pied d'une falaise de 110 m de haut, avec le son métallique des insectes (façon jungle) en guise de bande-son. 45 bungalows en bois, à tous les prix ou presque, qui devraient faire volatiliser toutes vos hésitations. Les moins chers ne sont pas les plus magiques, évidemment, mais ils présentent déjà un bon rapport qualité-prix (avec douchette électrique, w-c, coffre, ventilo et balcon). Dans la catégorie suivante (double avec AC), on accède aux chambres par un escalier en bois qui donne presque l'impression de séjourner dans un arbre ! Super sympa. Encore plus de confort et d'espace dans les prix élevés (*deluxe* et *pool view AC*), sans compter les *family rooms* pour 4 personnes à prix intéressant. Resto. Belle piscine au pied de la falaise. *Fitness centre*, sauna et massages. Laverie, location de vélos et de motos. Et pour ceux qui se poseraient la question, il y a des navettes gratuites pour la plage (toutes les heures 8h-22h) ; sinon, 30 mn de marche à pied. Notre adresse préférée à Ao Nang.

Phu Pha Ao Nang Resort & Spa *(plan II, **37**) : 395 Moo 2, Soi 13. ☎ 637-191. • phuphaaonangresort.com • Fourchette hte de cette catégorie. Petit déj inclus. CB acceptées (+ 3 %).* Moins vaste et moins magique que l'adresse précédente mais tout autant à l'écart de l'agitation balnéaire, un bel écrin de verdure enserrant une piscine agréable et des bungalows en bois avec des chapeaux pointus, à la manière traditionnelle. Déco en bois très raffinée, plusieurs balcons, douche à l'italienne ou baignoire. Les plus chers sont les plus grands. Tous avec AC et coffre. Navette gratuite pour la plage toutes les heures (sinon, 30 mn à pied). Resto. Massages. Sauna. *Fitness centre.* Laverie.

Green Park Resort – กรีนพาร์คบังกะโล *(plan II, **17**) : 263 Moo 2, Soi 6. ☎ 637-300. 084-052-23-63. • biew.greenpark@hotmail.com • À env 200 m de la plage, direction Krabi, dans une allée qui grimpe sur la gauche. Petit déj compris en hte saison.* Bungalows en dur récents et très propres, avec AC, coffre et frigo, au calme dans un jardin sauvage en retrait de la route. Très bien tenu par une famille musulmane fort accueillante. Petite terrasse. Accueil et ambiance relax.

The Verandah *(plan II, **21**) : 191 Moo 2. ☎ 637-454. • theverandahaonang.com • À 250 m de la plage, dans l'allée qui mène au* Peace Laguna Resort. *Petit déj inclus.* Ce bâtiment rectangulaire « moderne » à la réception colorée héberge une vingtaine de chambres fonctionnelles (AC, frigo, etc.), avec balconnet pour la plupart. L'avantage principal de l'endroit, c'est l'accès gratuit à la belle piscine du *Peace Laguna Resort,* le grand complexe de luxe voisin.

Beaucoup plus chic (plus de 3 000 Bts – 75 €)

Phra Nang Inn *(plan II, **31**) : 119 Moo 2. ☎ 637-130. Résas à Bangkok : ☎ 02-236-23-45. • vacationvillage.co.th • Quasi en bord de plage, à l'angle avec la route pour Krabi.* Dans un gros bâtiment jaune au cœur du village, l'hôtel balnéaire type, à deux pas (littéralement) de la plage. Les 2 ailes mitoyennes sont chacune organisées autour d'une cour-patio avec piscine bien propre. Différents types de chambres, de déco (on a bien aimé celles avec baignoire dans la chambre), de vue (l'océan ou pas, importante question !) et incidemment... de tarifs. Vraiment bien tenu et service accueillant.

The « L » Resort *(plan II, **16**) : sur le front de plage, à l'ouest. ☎ 637-484 à 486. • thelresort.com •* Au cœur du village, en plein dans l'animation. On entre par un lobby blanc et violet, hyper branché, avant d'accéder aux bungalows dans les mêmes tons, impeccables, légèrement étagés à flanc de coteau. Ventilo ou AC et eau chaude. Dans le *New Building,* les chambres les plus chères (vraiment très chères) ont la vue sur la mer, et même un iPad à disposition. Grande piscine bien proprette. Resto sur la promenade.

Où manger ? Où boire un verre ?

Ao Nang et sa promenade alignent les restos à la queue leu leu, parfaitement occidentalisés pour la plupart, dont un nombre effarant de pizzerias ! En fouinant un peu, quelques stands ambulants et bouis-bouis.

Wang Sai Seafood – สวนอาหารวังทรายซีฟู้ด *(plan II, **51**) : au bord de la* *plage, sur la route côtière qui mène à la plage de Noppharat. ☎ 638-128. Ouv 10h30-22h.* Légèrement excentré, une grande tonnelle abritant des dizaines de tables face au piton rocheux et aux bateaux. Joli coucher de soleil. Un peu l'usine, mais les locaux y viennent en nombre pour fêter les anniversaires. Fraîcheur irréprochable des poissons et crustacés qui n'attendent que vos doigts habiles pour être démantibulés. Excellent *stir fried snapper* au poivre, par exemple, ou alors des moules (bien vertes, mais c'est normal), du crabe (bleu ou noir). En revanche, la langouste est vraiment chère. Service un peu rock'n'roll en chemises hawaïennes.

|●| ***Soi Ao Nang Sea Food*** *(plan II, **50**) : à l'extrémité ouest de la plage, où la route fait un angle droit. Ouv 11h-22h ou 22h30 ; slt le soir hors saison.* Cette allée couverte de tonnelles déroule directement en surplomb de la plage et des vagues, sur pilotis, les terrasses d'une poignée de restos : romantique à souhait mais très touristique ! Poissons et crustacés, frais en général, sont à l'honneur : prévoir minimum 300 Bts pour un beau poisson avec accompagnement, mais toujours bien se faire préciser le tarif (au poids) au moment de choisir. Ils se valent globalement tous.

🍷 Enfin, pas mal de pubs retransmettant les matchs de foot et de rugby sous des cascades de bière. Citons le plus sympa : l'***Irish Rover*** *(plan II, **60** ; Moo 2, à côté de* Jinda Guesthouse *; ☎ 637-617 ; tlj 12h-minuit ou 1h le w-e).*

LES ÎLES DU SUD-OUEST

NOPPHARAT THARA – หาดนพรัตน์ธารา

Cette très longue plage, coupée en deux parties par l'embouchure d'une rivière, est placée sous la protection des parcs nationaux. Depuis Ao Nang, suivre la route côtière vers l'est sur 4 km pour atteindre East Noppharat. Plage populaire sur laquelle les Thaïs aiment venir pique-niquer. Un peu sale parfois mais acceptable pour tous ceux qui aiment les coins authentiques. De l'autre côté de l'embouchure, West Noppharat est accessible par bateau – 5 mn de traversée (bon marché mais à négocier). Continuer jusqu'à l'extrémité de la route pour trouver l'embarcadère. Ceux qui recherchent la tranquillité, le sable clair et l'ombre des pins et cocotiers iront là. Attention, les adresses de cette plage ont tendance à fermer au plus fort de la basse saison ; appeler avant. Quelques bars apparus au nord de la plage perturbent à peine cette quiétude...

➢ Pour se déplacer de Noppharat Thara vers Ao Nang, des motos side-car ; pratique et pas cher (environ 30 Bts/pers).

Où dormir ? Où manger ?

Pour manger, nombreuses cantines autour du parking, avant le QG du parc *(plan II, **41**)*. En outre, chaque établissement possède son petit resto.

East Noppharat

Nos deux premières adresses se trouvent à 150 m en retrait de la plage. Elles conviendront, dans des registres différents, à ceux qui cherchent à se loger à petits prix.

De bon marché à un peu plus chic (de 500 à 1 300 Bts – 12,50 à 32,50 €)

🏠 |●| ***Laughing Gecko*** *(plan II, **18**) : 99 Moo 3. ☎ 661-152. 📱 081-270-50-28. ● laughinggecko99@hotmail.com ●* 📶 Architecture traditionnelle, bambou tressé, toit de paille et sol de brique. Sympa mais très très rudimentaire (il paraît que c'est voulu). Franchement, on a quand même trouvé le dortoir plus que basique, pour ne pas dire infréquentable, sans parler des sanitaires adjacents... Préférer donc sans hésiter les bungalows doubles (ou familiaux) si la rusticité ne vous rebute pas, ils sont bien plus corrects. Malgré ces réserves, Nui, un Thaï – excellent guitariste – marié à une Canadienne d'origine italienne, ont su créer une ambiance communautaire dans leur restaurant-paillote où, pratiquement chaque soir, hôtes et voyageurs se fendent d'un petit « bœuf » acoustique tandis que de bons repas sont pris en commun sous forme de buffet. Une adresse pour petits budgets et nostalgiques de la route.

Cashew Nut – คัสชิว นัท *(plan II, **18**) : 96 Moo 3 ; voisin du Laughing Gecko. ☎ 637-560. 081-081-80-95. Petit déj en sus.* Bungalows en dur équipés de ventilos ou AC, entièrement carrelés et d'une propreté remarquable. Certes, on n'est pas au bord de l'eau, mais on loge au calme dans un jardin où poussent des anacardiers (arbres à cajou), d'où le nom des lieux. La proprio vous en dira plus sur cette drôle de noix qui a décidé de pousser en dehors de son fruit. Les fruits de l'espèce verte peuvent se manger accompagnés de sucre et d'épices ou dans une sauce au curry rouge. Quant aux noix, la maison les grille artisanalement, vous en goûterez sûrement. Resto tout simple. Laverie, location de motos. Tenu par une famille musulmane accueillante.

Krua Thara – ครัวธารา *(plan II, **41**) : 82 Moo 5 ; à l'entrée du parc, au milieu d'une ribambelle de cantines. ☎ 637-361. Ouv 11h-22h. Plats env 100-200 Bts ; poisson et crabe au poids.* Grand hangar de tôle, lustres en coquillages et photos du tsunami de 2004 au fond à gauche. Spécialités : palourdes, huîtres énormes (de vrais steaks !), crabe, poulpe, soupe *tom yam* (excellente) et tous les autres classiques. Prix généralement abordables, mais ne pas hésiter à comparer le prix du poisson au kilo avec les petites cantines voisines...

West Noppharat

Appeler au préalable l'adresse de votre choix, ils enverront un bateau ou une voiture. Sinon, traverser en *long-tail*. Passé l'*Andaman Inn* (le premier de la plage, pas terrible !), on trouve quelques adresses plus modestes et bien isolées. On peut aussi les rejoindre en voiture, par l'arrière, en prenant la route qui mène à Siew Bay : suivre les panneaux « *Private beach resort* », et une fois passé le Klong Son Temple, guetter sur la gauche la route toute neuve (toujours fléché). Attention, pas très facile à trouver. Sachez aussi qu'à marée basse la mer est vraiment très loin de ce côté de Noppharat, mais les couchers de soleil sont splendides !

De prix moyens à un peu plus chic (de 700 à 1 500 Bts – 17,50 à 37,50 €)

Long Beach Bungalows & Krabi Villas *(plan II, **33**) : tt proche du P.A.N. 089-777-58-53. • longbeachkrabivillas.com • Un poil plus cher que son voisin le P.A.N. mais possibilité de négocier s'il y a peu de clients. Petit déj en sus. (payant).* Une jolie petite adresse familiale comme on les aime, avec une douzaine de bungalows à la Robinson, en bois et bambou. Ventilo et eau froide. Seulement 2 bungalows en dur avec AC à prix chic. Électricité de 18h à 6h. Petit resto sur l'adorable plage, avec hamacs et transats, plus un canoë à disposition pour aller faire une balade. Tout le charme de la simplicité !

P.A.N. Beach Bungalows – พี เอ เอ็น บิช บังกาโล *(plan II, **20**) : presque* *au bout de la plage. 089-866-43-73. • panbeachkrabi.com • Petit déj en sus. (très lent).* Encore une petite adresse familiale : une quinzaine de bungalows simples mais très bien tenus, avec hamac, moustiquaires aux fenêtres, douche froide et ventilo. Groupe électrogène de 18h à 6h du matin seulement. Accueil adorable. Petit resto-bar, balançoires et transat sous les arbres : idéal pour profiter de cette plage splendide sans être dérangé !

PLUS À L'OUEST : LES PLAGES AUX ALENTOURS DE BAN KLONG MUANG

À 25 km de Krabi Town. Emprunter d'abord la route n° 4034, puis obliquer à gauche par la n° 6024 en direction de Ban Klong Muang. Depuis Ao Nang et Ao Noppharat, possibilité de passer par de petites routes. Dans tous les cas, suivre les panneaux indiquant *Klong Muang* et *Tup Kaek Beach.* Au-delà du village s'étend une longue bande côtière orientée plein ouest, tour à tour sablonneuse et rocailleuse.

Où dormir ?
Où manger ?

De prix moyens à un peu plus chic (de 500 à 1 500 Bts – 12,50 à 37,50 €)

Pine Bungalow *(plan II,* **35***) : partie sud de la plage, en fait à Siew Bay. 644-332. 081-893-54-79. • pinebungalow.com • Au bout de la route, à la plage de Klong Muang, prendre à gauche puis aller tt droit, c'est ensuite sur la droite, env 300 m après un petit pont. Petit déj en sus. (payant).* Une grosse trentaine de bungalows en dur, carrelés, avec salle de bains, disséminés dans un vaste parc fleuri. Bon rapport qualité-prix pour ceux qui se trouvent proches de la mer, avec ventilo et eau froide. Ceux avec clim et eau chaude, directement sur la plage, à l'ombre des grands arbres, sont presque 3 fois plus chers, alors à vous de voir. Éviter quand même les tristes bicoques sans vue, à l'arrière, même si ce sont les moins chers. Délicieux resto assez bon marché. Atmosphère vraiment reposante, hamacs bercés par le gazouillis des oiseaux, rivage encore bien sauvage. Possibilité de venir vous chercher gratos à la gare routière de Krabi. Location de kayaks, canoës, vélos, motos.

Beaucoup plus chic (à partir de 3 000 Bts – 75 €)

Tup Kaek Sunset Beach Resort – ทับแขก ซันเ ซท บิชรีสอร์ท *(plan II,* **36***) : à l'extrémité nord de Klong Muang, en fait Tup Kaek Beach, peu avt l'entrée d'un parc national sur la gauche. 628-600. • tupkaeksunset.com • Compter 30-40 % de remise en basse saison. CB acceptées.* Magnifique situation entre plage, mer et pitons rocheux, loin du tumulte. Élégants bungalows en bois dans un immense jardin soigné planté de pins où les grillons font un raffut d'enfer. Tout confort (AC, eau chaude, frigo, coffre, TV) à la déco élégante. Prix selon la situation, bord de mer, vue sur mer ou sur jardin. Tant qu'à faire, dans ces prix-là, autant s'offrir un bungalow face à la mer ! Couchers de soleil magnifiques. Également des villas à louer. Piscine. Resto. Accueil souriant.

LE CAP DE LAEM PHRA NANG (RAILAY) – TONSAI BEACH, WEST RAILAY, SUNRISE (EAST RAILAY) ET AO PHRA NANG

En haute saison, ces plages sont littéralement surpeuplées et troublées par les navettes incessantes des bateaux-taxis qui débarquent les baigneurs. Il est alors difficile de trouver un hébergement. Essayer de visiter le coin en dehors du pic d'affluence, du 15 décembre au 15 janvier.

Atmosphère australo-balinaise comme à Ko Phi Phi, la plongée en moins, l'escalade en plus. Un drôle de mélange rassemblant des routards parfois déçus par le côté un peu anarchique du tourisme local et des touristes classe moyenne cherchant le chic et le confort à pas trop cher.

Démarrons la visite par l'ouest.

La baie de ***Tonsai,*** moins fréquentée que les autres, est le dernier refuge des petits budgets. Elle vibre au son du reggae, c'est le repaire des grimpeurs, et l'ambiance y est résolument décontractée et bon enfant. Séparée de Tonsai par un petit cap, ***West Railay*** (parfois surnommée *Sunset*) est une superbe anse en demi-lune, ourlée d'une large bande de sable blond de plus de 1 km et encadrée de très belles falaises et de pitons couverts de végétation. On y trouve plutôt des *resorts* à prix élevés. La baignade y est moins sereine, vu la présence des envahissants *long-tail boats.* Adossée sur l'autre versant du cap, ***Sunrise*** (ou *East Railay,* comme la désignent les promoteurs afin d'en relever un peu le cachet) se révèle vaseuse, bordée de mangrove et pas baignable du tout, et très bétonnée qui plus est. En revanche, elle offre quelques échappées belles (et hébergements) en pleine nature, au pied des pics.

UNE PETITE BÊTE QUI MONTE

On signale aux arachnophiles que les grosses araignées terrestres sont comestibles en Thaïlande, comme au Cambodge. On les trouve cuites, frites et pimentées sur les marchés. Dans les petits villages, les gens ne font pas tant de chichis : ils se contentent de leur enlever leurs crochets à venin avant de les déguster vivantes. Ça vous tente ?

Enfin, ***Ao Phra Nang,*** posée sur le cap telle une cerise sur un gâteau, rassemble magiquement sables langoureux et palmiers poussant au pied de falaises abruptes. Pas d'hébergement ici, à part l'inabordable et luxueux *Rayavadee Premier* – ระยาวดี เพอร์มิเยร์, et quelques restos-cafés de plage.

Comment y aller ?
Comment s'y déplacer ?

Entre les différentes plages, on aura le choix entre des *taxi-boats,* des sentiers, voire un peu de « pataugeage » pour certaines quand la marée le permet.

➢ ***En bateau :*** depuis Ao Nang à l'ouest, Nammao à l'est (plutôt pour *Sunrise*) ou encore du vieux port de Chaofa (Krabi Town). Pas très cher. En *taxi-boat* (des *long-tails*), compter env 100 Bts/pers par trajet, que ce soit pour faire Ao Nang-Tonsai, Railay West-Ao Nang, Nammao-Sunrise ou West Railay. Si vous ne voulez pas poireauter jusqu'au prochain départ, vous pouvez toujours « privatiser » un bateau, mais c'est plus cher : compter par exemple 200 Bts pour Ao Nang-Railay West.

– ***La marche*** peut être facile (entre West Railay, Sunrise et Ao Phra Nang, pointe de la presqu'île). De Tonsai, prévoir une bonne grimpette pour rejoindre Railay ou Sunrise.

Où dormir ? Où manger ?

Tonsai Beach – หาดต้นไทร

Cette mignonne petite plage est relativement au calme car peu de *long-tail boats* s'y arrêtent. À la plage succède tout de suite une belle forêt épaisse et rafraîchissante. Vous serez un peu isolé, même si Ao Nang n'est qu'à 5 mn en bateau et Railay à 20 mn à pied à travers la jungle, mais vous trouverez tous les services essentiels (agence de voyages, Internet, téléphone, change). Hébergements routards globalement très basiques. Des générateurs fournissent l'électricité à la nuit tombée (parfois même en journée), ce qui génère, c'est le cas de le dire, quelques nuisances sonores. Sinon, pas mal de clubs d'escalade, et une ambiance sportive, jeune et gentiment fêtarde. Une piste semi-circulaire s'enfonce dans la jungle et relie par l'arrière les deux extrémités de la plage. La location de canoës et de kayaks s'affiche ici deux fois moins chère qu'à Railay !

Bon marché (jusqu'à 600 Bts – 15 €)

Paasook Resort (*plan II*, **25**) **:** *à l'arrière de la plage, côté gauche.* *089-645-30-13.* Dans un joli jardin sous la falaise, une série de bungalows en dur fort corrects, ce qui est loin d'être le cas partout. Prix selon la taille de la chambre. Tous avec douche et w-c. Simple et calme.

Mambo Bungalows (*plan II*, **24**) **:** *à peu près au milieu de la plage.* *086-770-55-85.* Des cahutes toutes simples avec ventilo, et salle de bains (eau froide !) pour les plus chères. Et puis une grande terrasse de resto ombragée, en escaliers à flanc de plage, vraiment pas chère et très agréable. Massages. Location de palmes, masques et tubas.

Viking Village – ไวกิ้งวิลเลจจ์ บังกะโล (*plan II*, **23**) **:** *à l'extrémité ouest de la plage.* *081-970-40-37.* Une quinzaine de huttes très rudimentaires, un peu de traviole, sur 2 rangées perpendiculaires à la mer. Matelas par terre, moustiquaire et ventilo, et puis basta. Sanitaires avec eau froide. Tenue moyenne, mais prix très bas. Petit resto. Accueil désinvolte.

Pas mal de petits restos installés sous des paillotes sur la plage et des cafés à l'arrière.

De prix moyens à un peu plus chic (de 700 à 1 500 Bts – 17,50 à 37,50 €)

Country Side Resort (*plan II*, **38**) **:** *à l'arrière de la plage.* *085-473-96-48.* • *countryside-resort.com* • *Moitié prix hors saison. Petit déj compris en hte saison.* *(payant).* Une dizaine de bungalows et cottages en semi-dur, perchés sur pilotis. 4 types de confort (et de vue !), et autant de prix, depuis le tout petit avec ventilo et eau froide (mais balconnet) au grand avec vue sur la montagne, avec AC et eau chaude. Électricité entre 17h et 21h. Propret et plutôt pro, tout ça.

Plus chic (jusqu'à 3 500 Bts – 87,50 €)

Dans cette catégorie, renseignez-vous sur la rénovation prévue du ***Dream Valley Resort*** – ดรีมวาเล่ย์รีสอร์ท (*plan II*, **25** ; ☎ *660-727 ou 728* ; • *dreamvalleyresortkrabi.com* •)

West Railay Beach – หาดไร่เลด้านตะวันตก

Beaucoup de monde ici, une vraie noria de *long-tails*, et pas d'hébergement bon marché. Les adresses font assaut de rénovation et se surclassent dans la catégorie *resort*. Dans l'animée « Walking Street », vous trouverez des petits supermarchés, agences de voyages, distributeur et accès Internet sur l'étroite bande de terre partagée avec Sunrise Beach (ou *East Railay*).

De plus chic à très chic (de 2 000 à plus de 6 000 Bts – 32,50 à 100 €)

Railei Beach Club *(plan II, **26**) : côté nord de la plage. ☎ 622-582. 📱 086-685-93-59. • raileibeachclub.com • Doubles 2 500-2 800 Bts ; maisons 2-8 pers 2 800-13 000 Bts/j. CB acceptées.* Dans un grand parc ombragé directement en bord de plage, une très belle résidence privée où l'architecture tout en bois des maisons, bien espacées, se fond dans la nature environnante. À l'opposé de l'aspect foule de Railay ! Joliment meublées et tout confort : électricité, eau chaude, moustiquaires, ventilos, salle de bains en plein air pour certaines, la plupart avec cuisine ; vraiment intéressant pour des familles. Également 2 chambres (sans cuisine), qui dépendent du *clubhouse*. Lequel *club-house* dispose de tout plein de services qui facilitent la vie. Massages. Bar. Sans aucun doute, l'adresse la plus originale de la plage !

Sand Sea Resort – แซนด์ซี รีสอร์ท *(☎ 622-574 ; • krabisandsea.com •)*, ***Railay Bay Resort & Spa*** – ไร่เลเบย์ รีสอร์ท แอนด์ สปา บังกะโล *(☎ 622-57-02 ; • krabi-railaybay.com •)* **et *Railay Village Resort & Spa*** – ไร่เลวิลเลจจ์รีสอร์ท *(☎ 622-580 ; • railayvillagekrabi.com •) (plan II, **27**) : alignés à touche-touche sur la plage, côté sud.* Au milieu de jardins fleuris, ces 3 *resorts* proposent des bungalows de bon confort (avec AC et eau chaude), à prix variable en fonction du confort, de la taille et de la situation. Déco standardisée, comme les restos, piscine : tous se valent plus ou moins, sachant que le *Sand Sea* est le moins récent, et le *Railay Village* le plus luxueux (quelques cottages grand luxe avec jacuzzi privé !).

Sunrise Beach (East Railay) – หาดซันไรส์ (ไร่เลย์ด้านตะวันออก)

À 5 mn de marche à peine de Railay West. Les hébergements y sont meilleur marché, mais les constructions se sont tellement multipliées, alignées en bord de plage, qu'il faut un certain détachement pour profiter encore du décor, avec ses mangroves, sa jolie baie et ses pitons rocheux constellés de varappeurs... En plus, à marée basse, qui dit mangrove dit vase, qui dit vase dit pas de sable... et pas de baignade. Du coup, des tracteurs assurent la liaison entre la terre ferme et les bateaux pour transporter les passagers, drôle d'impression ! En retrait de la plage, à 5-10 mn de marche vers le nord, grottes à visiter et école d'escalade au pied de rochers impressionnants, plus deux adresses isolées, bien plus agréables. Prendre le chemin perpendiculaire à la plage, tourner à droite au panneau *Yaya Bar* ou *Diamond Cave* – Tham Pranangnai, et continuer après avoir dépassé la grotte et le *Yaya Bar* ; c'est au bout du chemin. Rien à voir avec l'anarchie côté mangrove ; ici, c'est nature et sérénité.

Prix moyens (env 600 Bts – 15 €)

Railay Cabana *(plan II, **28**) : vraiment au bout du chemin, bifurquer à droite après le* Phutawan Resort, *c'est fléché. 📱 084-057-71-67.* C'est une série de petites cahutes adossées à la colline, et on y vient à pied... Mais la comparaison s'arrête là car ces cabanes en bois sur pilotis, avec des échelles tarabiscotées pour y grimper, se situent dans un vaste et beau jardin, au pied de la falaise, le tout surplombé par la forêt (on entend d'ailleurs le cri perçant des singes alentour). Toutes simples, avec ventilo, moustiquaire et eau froide. Également 2 cabanes pour 4 personnes à prix très intéressant. Attention, pas de petit déj (mais le *Yaya Bar* est tout proche). Notre adresse préférée dans le secteur.

De prix moyens à plus chic (de 800 à 2 400 Bts – 20 à 60 €)

Railay Phutawan Resort (plan II, **39**) : *juste à droite du Yaya Bar, au pied d'une falaise appréciée des grimpeurs. ☎ 819-479. • railayphutawanresort.com • CB acceptées (+ 3 %).* Une trentaine de bungalows alignés autour d'une allée dans un jardin tropical bien entretenu. Ceux en bois, avec ventilo et eau froide, nous ont paru moins charmants que ceux du *Railay Cabana* (moins chers, qui plus est). On vient plutôt ici pour les bungalows en dur, sans charme fou mais fonctionnels et propres, avec AC, balcon, frigo, TV et petit déj inclus.

Railay Princess Budget Wing *(ex-Ya Ya Resort – ญา ญา รีสอร์ท ; plan II,* **29**) : *au centre de la plage. ☎ 819-460. • krabi-railayprincess.com •* Au milieu des constructions et de l'animation, un ensemble de 3 étages tout en bois, sorte de HLM tropical avec balcons ! Intéressant pour ceux qui recherchent du pas trop cher comme pour ceux qui souhaitent plus de confort. Au choix, des chambres avec ventilo ou AC, avec ou sans frigo, TV, et plus ou moins récentes. Comme dans un pigeonnier, les chambres du haut offrent plus d'air que celles du bas, plus sombres... Assez bruyant le soir à cause de l'animation permanente qui règne sur la promenade. Accueil routinier.

Ao Phra Nang

Spécial folies

Rayavadee – ระยาวดี เพอร์มิเยร์ *(plan II,* **32**) : *au sud de la péninsule ; accès par la plage de Sunrise. ☎ 620-740 à 743. • rayavadee.com • Compter env 20 000-35 000 Bts selon saison pour le pavillon de base* (deluxe pavillion) *; ensuite, ça monte jusqu'à 160 000 Bts pour une villa... Promos sur Internet.* L'un des complexes les plus luxueux du pays. Prise en charge depuis l'aéroport. Spa, tennis, kayak, plongée, magnifique piscine, boutique, resto... On ne vous parlera pas des pavillons et villas disséminés dans la nature, car la direction ne nous a même pas laissé les visiter, mais leur site internet permet de se faire une idée.

À faire

De nombreuses agences proposent de partir à l'assaut des très nombreuses falaises environnantes. Mais attention où vous mettez les pieds ! Toutes ces petites écoles « super cool » ne sont pas compétentes. Il est impératif de bien se renseigner auprès des autres grimpeurs. *Wee's Climbing School* (• *tonsaibasecamp.com* •), située sur Tonsai, bénéficie d'une très bonne réputation. Cours tous niveaux, même débutant. Pas d'escalade à la saison des pluies, bien sûr !

AU BONHEUR DES GRIMPEURS

Krabi est LA Mecque de l'escalade, « courue » par les plus grands spécialistes de la varappe. Ses falaises en calcaire sont sculptées de reliefs complexes – colonnettes, stalactites géantes, dalles bosselées et creusées, dévers à grosses prises – et se prêtent à une escalade variée, souvent athlétique. Et bien sûr, le plus, ici, c'est la géologie karstique conjuguée à la grande bleue. Ah, le charme d'une escalade aérienne en surplomb de la mer...

LES ÎLES DU SUD-OUEST

– On peut se procurer sur place un topoguide sur les voies équipées dans le coin, *Rock Climbing Guidebook in Thailand and Laos* (env 27 €).
À titre indicatif, prévoir environ 800 Bts la demi-journée d'apprentissage et 1 500 Bts la journée complète. Il existe aussi des forfaits intéressants incluant l'hébergement et les repas sur plusieurs jours.

PLUS À L'EST : AO NAMMAO – อ่าวน้ำเมา

Pas loin du cap de Laem Phra Nang. Peu fréquentée, certainement parce qu'elle ne présente qu'une étroite bande de sable bordée de cocotiers, et beaucoup de vase à marée basse. On l'a quand même bien appréciée pour son authenticité. Petit débarcadère avec des liaisons en *long-tail boats* vers Sunrise Beach, Phra Nang et Railay (environ 100 Bts par personne) de 7h30 à 18h30, certains jusqu'à 23h. Tous les prix sont affichés sous le porche à l'embarcadère ou au petit guichet sur la droite.
➢ Pour rejoindre cette plage par la route depuis Krabi (une vingtaine de kilomètres) ou Ao Nang (7 km), suivez le fléchage « Shell Fossil Beach » ou « Gastropod Fossils ». Il s'agit d'un site où l'on a retrouvé de petits fossiles. Le misérable *Visitor Centre,* bâti pour l'occasion, fait peine à voir. En revanche, panorama bucolique. Une sortie pique-nique appréciée des locaux.

Où dormir ?

De prix moyens à un peu plus chic (de 500 à 1 300 Bts – 12,50 à 32,50 €)

Dawn of Happiness Beach Resort – ดอว์นออฟแฮปปีเนส บีชรีสอร์ท *(plan II, **34**) : depuis Nammao, continuer vers l'est (la gauche) sur 1 km.* ☎ *662-091.* *081-081-11-68.* • *dawn-of-happiness.com* • Une quinzaine de charmants petits bungalows avec salle de bains (eau froide) tout en bois et bambou vernissés. Dans un jardin luxuriant, multicolore et ombragé, où l'on accède par des passerelles. Tarifs variables en fonction de la proximité de la plage et de l'équipement (ventilo ou clim). Nickel et déco plaisante. Accueil familial et souriant des gérants thaïs. Petit resto. Une adresse royale à prix doux, bénéficiant d'une plage quasiment privée : vous ne regretterez pas le déplacement !

AUTOUR DE KRABI-VILLE

Toute la côte est creusée de nombreuses ***grottes*** – เช่าเรือไปชมถ้ำ, qu'il est possible d'aller explorer en louant un *taxi-boat* depuis Ao Nang (un kiosque à chaque extrémité de la promenade) ou depuis Railay West ; ou en s'adressant à n'importe quelle agence d'Ao Nang (voir « Adresses utiles »). Prix affichés à l'embarcadère (environ 1 700 Bts la demi-journée pour 4 personnes et 2 200-2 800 Bts la journée complète pour 6 personnes). Au menu, expéditions en canoë et découverte de la nature. Les îlots au large sont entourés de coraux. Possibilité d'y passer une matinée extra avec masque et tuba... *Poda Island* et *Chicken Island* sont parmi les plus ravissants.

Wat Tham Sua – วัดถ้ำเสือ *(hors plan II) : à l'intérieur des terres. De Krabi Town, prendre la direction de Talat Kao (5 km), puis la direction de Trang sur*

LES ÎLES DU SUD-OUEST

2 km. Au panneau bleu indiquant le wat, prendre à gauche et se laisser guider. Tenue décente de rigueur. Le « temple de la grotte du Tigre » est tapi au fond d'une vallée entourée de falaises karstiques, dans une forêt tropicale superbe. Plusieurs temples annexes sont en construction tout autour. Le temple principal (structure de béton devant la grotte) abrite de nombreuses statues du Bouddha et des photos de grands moines. Voir sur la droite le moine de cire dans sa vitrine, d'un exceptionnel réalisme, tout comme les nombreuses photos anatomiques et les squelettes destinés à rappeler la fragilité de la vie... À l'arrière, deux escaliers très raides gravissent la falaise. Le plus exigeant (plus de 1 000 marches) débouche sur un point de vue magnifique, tandis que l'autre décrit une boucle plus facile en passant par une combe où des dizaines de grottes naturelles, plus ou moins décorées, servent de cellules de méditation.

KO LANTA – เกาะลันตา

IND. TÉL. : 075

L'île principale, *Lanta Yai,* n'est pas aussi spectaculaire que Ko Phi Phi et ne dispose pas d'autant d'infrastructures et de services que Phuket ou Krabi. En revanche, l'accueil nous a paru plus souriant qu'à Ko Phi Phi, l'ambiance plus paisible, plus familiale, et l'on dépend beaucoup moins des bateaux puisqu'il y a une route qui dessert tous les hébergements.

Beaucoup sont tombés amoureux de cette longue bande de terre de 27 km de long sur 3 km de large en moyenne. Son épine dorsale, escarpée, est en partie couverte de forêt primaire. La partie sud de l'île, desservie par deux petites routes, dont une façon montagnes russes, reste assez sauvage.

FAITES VOS JEUX !

En France, le nom de Ko Lanta évoque le jeu télévisé de TF1, mais il fut en réalité tourné dans un îlot voisin, Ko Rok, à 1h de speed-boat. *Plus sérieusement, il s'agit d'un archipel de 15 îles au sud de Krabi, dont une partie a été classée parc national en 1990 (les plongeurs vont être ravis).*

Toutes les plages de l'île ont un peu souffert du tsunami de 2004, mais seule la pointe nord-ouest, *Kaw Kwang,* a été dévastée. Ailleurs, une vague d'une hauteur de 3 à 5 m a abîmé les installations les plus exposées, entraînant surtout des dégâts matériels.

Ban Saladan est le centre névralgique de Lanta Yai. C'est la première étape sur l'île, que l'on vienne du continent par bac ou de Krabi, Ko Phi Phi ou Phuket par bateau. Sur la côte est, où il n'y a pas de vraie plage, _Lanta Town_ est une modeste capitale administrative endormie, ce qui fait son charme.

Tous les complexes de bungalows se situent sur la côte ouest. Les adresses ouvertes en basse saison, de mai à octobre, offrent jusqu'à 50 % de remise.

Ko Lanta est peuplée à presque 99 % de musulmans. Sorti des plages (où le monokini est plutôt à éviter), penser au tee-shirt et au sarong pour ne pas choquer les habitants.

Celui qui ne se couche pas avec le soleil trouvera des bars-restaurants animés sur la plage et quelques boîtes le long de la route. Mais, amis fêtards, ne

rêvez pas : Ko Lanta n'est pas le spot le plus chaud des nuits du Sud, même si les *Full Moon parties* de Klong Nin Beach peuvent en distraire quelques-uns. Pour savoir où ça se passe au moment où vous y serez, le mieux est de se renseigner à l'arrivée.

Le *Lanta Festival* se déroule une fois par an et pendant 3 jours à Lanta Town, courant mars. Artisanat, spectacles et musique (dont celle des gitans de la mer).

Pendant la journée, il y a suffisamment de possibilités d'excursions sur et autour de l'île pour meubler agréablement de longues tranches, bien savoureuses, de farniente.

LA PETITE SUÈDE

Les liens amicaux entre les deux monarchies sont très anciens. Le gouvernement suédois verse généreusement des subventions pour des allocations-chômage et suivre des cours. Résultat, des milliers de Suédois se sont installés, plus ou moins temporairement à Ko Lanta, préférant la crème solaire au froid polaire.

Arriver – Quitter

En bateau

Quasi tous les départs et arrivées à Ko Lanta se font du ***Ban Saladan Pier.*** Les liaisons maritimes n'opèrent **que de début novembre à fin avril,** sauf certaines liaisons pour Ko Phi Phi. Pensez tout de même à vérifier l'horaire choisi, ça peut changer...

➢ ***Krabi :*** en saison, 1 bateau/j. Depuis Krabi (Jilad Pier), départ à 10h ; depuis Ban Saladan, à 8h30. À peine 2h de trajet, plus rapide que par la route. Compter env 400 Bts avec prise en charge hôtel. Également 1 bateau/j. le mat entre Ao Nang et Lanta (2h15 de trajet et env 470 Bts), transfert hôtel sur Ao Nang compris.

➢ ***Phuket** (via Ko Phi Phi) :* départ ferry de Rassada Pier à 8h30, arrivée Tonsai Pier (Ko Phi Phi) à 10h30 ; changement obligatoire à Ko Phi Phi : départ du bateau *Petpailin* à 11h30, arrivée Ban Saladan Pier à 13h. Autre départ à 13h30, arrivée à 16h30. En sens inverse, le bateau *Petpailin* assure 3 liaisons/j. Ko Lanta-Phi Phi, à 8h,10h30 et 13h au départ de Ban Saladan Pier, avec correspondance assurée à Tonsai avec le ferry *Andaman Wave.* On arrive ainsi à Port Rassada (Phuket) vers 11h30, 14h et 16h30. Compter env 800 Bts pour l'ensemble du trajet. Également 1 liaison/j. avec la compagnie *Chao Koh* : départ de Phuket à 8h30, arrêt à Ko Phi Phi entre 10h30 et 11h30 et arrivée à Ko Lanta à 13h ; dans l'autre sens, départ à 8h et arrivée à 11h30 à Phuket. Même tarif que le *Petpailin*. Enfin, 1 liaison/j. en *speed-boat* à 1 500 Bts avec la compagnie *Anda Varee Co* (voir « Phuket. Arriver – Quitter »).

➢ ***Ko Phi Phi :*** fin oct-fin avr, 2 départs/j. ; de Tonsai, à 11h30 et 15h ; de Ban Saladan, à 8h et 13h. Arrivée 1h30 plus tard. Compter env 400 Bts, pick-up à l'hôtel inclus. Hors saison, *Pier Lanta Travel* (au débarcadère de Ben Saladan) assure des liaisons en *long-tail boats* de 20 places ou en *speed-boats* de 25-30 places chartérisés. Compter respectivement 7 000 et 22 000 Bts le bateau.

Liaisons avec les îles au sud de Ko Lanta

➢ ***Entre Ban Saladan Pier, Ko Hai (Ngai), Ko Kradan et Ko Muk :*** avec les bateaux *Petpailin,* dans les 2 sens, nov-avr. En fait, une excursion à la journée depuis Lanta, avec 2 arrêts *snorkelling* de 30 mn sur le trajet (préparer votre matos, ou ajouter quelques dizaines de bahts pour qu'ils vous le fournissent). Selon les jours, après Ko

Hai, dessert d'abord Ko Kradan ou d'abord Ko Muk. Attention, les horaires des arrêts sont aléatoires, ne soyez pas pressé. Départs de Ko Lanta à 9h, arrivée à Ko Hai vers 10h30, à Ko Kradan vers 12h et à Ko Muk vers 13h. Compter env 500 Bts pour l'un des trajets, 1 100 Bts pour la journée complète avec retour à Lanta. Dans l'autre sens, départ de Ko Kradan (ou Ko Muk) à 12h, de Ko Muk (ou Ko Krasan) à 13h et de Ko Hai à 15h, arrivée à Ko Lanta (Ban Saladan) vers 16h30.

■ ***Satun Pakbara Speed Boat Club Co., Ltd (Ko Lipe) :*** *petit guichet à gauche en arrivant à l'entrée du pier. ☎ 668-828. 📱 081-959-20-94 ou 082-222-10-16 ; à Ko Lanta : 📱 087-888-58-96 ou 083-653-33-67. • tarutaolipeisland.com •*

➢ ***De Ko Lanta à Ko Lipe :*** *speed-boat* 53 sièges. Tlj en saison, départ de Ko Lanta à 11h30, puis passage à Ko Hai à 12h, Ko Muk à 12h30, Ko Bulone à 13h30 et arrivée Ko Lipe à 14h30. Depuis Ko Lipe (au *Bundhaya Resort*), départ à 9h, passage Ko Bulone à 10h, Ko Muk à 11h, Ko Hai à 11h30 et arrivée Ko Lanta à 12h.

➢ ***De Ko Lipe à Pulau Langkawi*** *(Malaisie) : speed-boat* 60 sièges. Départs de Ko Lipe *(Bundhaya Resort)* à 10h30 et 16h30, arrivées Pulau Langkawi (Telaga Harbour Marina) 2h plus tard. De Pulau Langkawi, départs à 9h30 et 14h30.

■ ***Tiger Hi-Speed Ferry :*** *petit bureau (parfois désert) dans la rue qui repart vers le centre, à l'arrière du pier. 📱 081-092-88-00. • tigerlinetravel.com •*

➢ ***Liaisons Phuket*** *(Chalong Pier)*-***Phi Phi-Langkawi*** *(Awana Pier)*, ***via Ko Lanta, Ko Hai, Ko Kradan, Ko Muk, Trang*** *(Hat Yao Pier)* ***et Ko Lipe,*** et réciproquement. Départ de Phuket à 8h, passage à Phi Phi à 9h, Ko Lanta à 10h-10h30, Ko Hai à 11h30, Ko Kradan à 12h, Ko Muk 12h30, Trang 13h-13h30, Ko Lipe 15h30-16h, arrivée à Langkawi à 18h (heure locale). Dans

■ **Adresses utiles**

- **2** Siam City Bank, Siam Commercial Bank
- **3** Ko Lanta Hospital

Où dormir ?

- **10** Time for Lime Resort
- **11** Golden Bay Cottage
- **12** Lanta Villa et Diamond Sand Palace
- **13** Andaman Sun Flower Resort
- **14** Sanctuary
- **15** Moonlight Exotic Bay Resort
- **16** Relax Bay
- **17** Where Else
- **18** Lanta River Sand Resort
- **19** Baan Phu Lae
- **20** Lanta Castaway Resort
- **21** La Laanta
- **22** Kaw Kwang Beach Resort, Twin Bay Resort
- **23** Banana Garden Home et Cha-Ba Bungalows
- **24** Coconut Home
- **25** Bee Bee Bungalows
- **26** Sriraya Guesthouse et Mango House

Où manger ?

- **10** Time for Lime Resort
- **11** Golden Bay Cottage
- **12** Lanta Villa
- **13** Andaman Sun Flower Resort
- **14** Sanctuary
- **15** Moonlight Exotic Bay Resort
- **16** Relax Bay
- **17** Where Else
- **18** Lanta River Sand Resort
- **19** Baan Phu Lae
- **21** La Laanta
- **23** Banana Garden Home
- **26** Sriraya Guesthouse et Mango House
- **30** Catfish et Seaview
- **31** Krua Nidnoy Restaurant
- **32** Faim de Loup
- **33** Funky Fish
- **34** Kroua Lanta Yai (Beautiful Restaurant)
- **35** Sunshine Hill Viewpoint Restaurant
- **36** Restos panoramiques
- **37** Same, Same But Different
- **38** Blue Moon

Où boire un verre ? Où sortir ?

- **33** Funky Fish et Ozone Bar
- **40** Korner Bar
- **42** Bars de Klong Nin Beach

■ **À faire**

- **20** Club de plongée Dive & Relax

KRABI
TRANG
NORD
Ban Hua Hin
KO PHI PHI
Ban Saladan
Ko Lanta Noi
Kaw Kwang Beach
Ban Lu Yong
Klong Dao Beach
Ban Loh Baa Raa
Phra Ae Beach
Ban Phra-Ae
Ban Thung Yee Pheng
Ko Lanta Yai
Ban Khlong Khoang
Klong Khong Beach
Ban Je Lee
Bubu Island
Ban Khlong Toab
Ban Khlong Nin
Ko Pu
Klong Nin Beach
Grotte de Mai Kaeo
MER D'ANDAMAN
Lanta Town
Ban Hua Laem
Ban Khlong Hin
Klong Hin Beach
Ao Kantiang
Chutes d'eau
Bangkok
Ao Nui
Ao Klong Jaak
Ao Mai Phai
Ban Sang-Ga-U (Sea Gipsy Village)
Ko Lanta
Ko Lanta Marine National Park
Light house
0
2
4 km

KO LANTA

l'autre sens, départ de Langkawi à 9h (heure locale), passage à Ko Lipe à 10h-11h, Trang 13h, Ko Muk à 13h30, Ko Kradan à 14h, Ko Hai à 14h30, Ko Lanta à 15h30-16h, Phi Phi à 17h et arrivée à Phuket à 18h.

Par la route

➢ ***À moto ou en voiture depuis le continent :*** en venant de Krabi, prendre l'A 4 en direction de Trang, puis la route n° 4206 (suivre les panneaux « Lanta Marine National Park »). Ttes les 15-20 mn, 6h-22h, un bac rejoint Lanta Noi en 10 mn, qu'il faut traverser (7 km de route goudronnée) pour embarquer dans le 2e ferry desservant Lanta Yai également en 5 mn. À la guérite, préciser « Lanta Yai » pour obtenir les 2 billets ensemble. Compter env 150 Bts pour la voiture + 15 Bts par passager.

➢ ***Bangkok :*** nombreuses offres de billets combinés bus ou train plus bac ou bateau. Comparer les prix et bien se faire préciser les horaires de départ et d'arrivée. 18-20h de voyage au total. On peut aussi voler vers Krabi ou Trang avant de rejoindre Ko Lanta.

➢ ***Trang et Krabi :*** par minibus via les 2 bacs qui relient Ko Lanta Yai au continent. Départs le mat, renseignez-vous auprès de votre *guesthouse* ou dans une agence de voyages. 2h de trajet pour Trang, 2h30 pour Krabi. Compter env 400 Bts. Réservation conseillée.

En minibus privé *(minivan)*

➢ ***Au départ de Krabi Airport ou Krabi-ville :*** plusieurs compagnies. Compter env 400 Bts/pers.

➢ ***Au départ de Trang :*** 127 km ; 2h-2h30 de trajet + les 2 bacs de 15 mn chacun. Départs en face de la gare ferroviaire de Trang Terminus. Env 400 Bts. En sens inverse, au départ de Ko Lanta Yai, départs réguliers près du port Saladan.

➢ ***Au départ de Phuket :*** tte l'année, départs du Terminal Bus Station Phuket, Phang Nga Rd. Jusqu'à 4 départs/j., 7h30-15h30. Env 5-6h de trajet, passage des 2 petits bacs compris (prévoir 15 mn), et env 500-600 Bts.

En avion

➢ ***Bangkok :*** en provenance de Bangkok, vol pour Krabi (en saison, jusqu'à 3 vols avec *Thai Airways* et 4 vols avec *Air Asia*), puis rejoindre Lanta par la route. Ou vol Bangkok-Trang : 1 à 2 vols/j. relient la capitale (aéroport Don Muang) à Trang, avec *Nok Air,* la compagnie *low-cost* de *Thaï Airways* ; 1h30 de trajet. Également 2 vols/j. assurés par *Air Asia,* avec liaisons vers le nouvel aéroport Suvarnabhumi (liaison avec Krabi).

Comment se déplacer ?

Deux routes goudronnées parcourent les côtes ouest et est de l'île. Côté ouest (la plus fréquentée), soit de Ban Saladan jusqu'à la pointe sud, elle va jusqu'au bout depuis peu de temps. À Klong Nin, prendre à droite à la bifurcation, le long de la mer, si vous allez vers le *Ko Lanta Marine National Park* (sinon, vous vous retrouverez sur la côte est !). Attention, dans la dernière partie de la route (assez récente), c'est un peu les montagnes russes, avec des montées et des pentes plutôt raides ! Idem entre la côte ouest et la côte est : si vous tournez à gauche à Klong Nin, ça grimpe sévère jusqu'au *View Point* avant de redescendre jusqu'à Lanta Town, d'où vous pourrez aller encore plus au sud, jusqu'au *Gipsy Village.* Si vous êtes à scooter, soyez prudent d'une manière générale, mais surtout dans ces portions de route (à deux sur un scooter, le passager doit souvent descendre en montée...).

Pour profiter un maximum de l'île, la plupart des voyageurs louent généralement un ***scooter,*** 110-125 cm^3, automatique ou non *(env 200-300 Bts/j. selon durée de loc et modèle),* ou un ***petit 4x4*** *(min 1 200-1 500 Bts/j.).* Il peut aussi être tentant de louer un ***tuk-tuk*** si l'on est plusieurs ou en famille *(min 500 Bts/j.),* mais nous attirons votre attention sur la précarité de ce genre de véhicule. Beaucoup de ces *tuk-tuk* sont vraiment instables, voire réellement dangereux (bonjour le déport dans les virages et au freinage !). Ne jouez pas les casse-cou avec vos bambins : faites un essai avant la location puis roulez comme un escargot ou alors laissez tomber. Pour louer un véhicule (quel qu'il soit), le passeport est généralement demandé en caution. Compter environ 40 Bts le litre de carburant mi-2012. On trouve des petits vendeurs sur le bord des routes à peu près partout (« Gasoline »). Sinon, de nombreux *side-cars* et quelques *tuk-tuk* font office de ***taxis*** sur la route principale. Parqués à la station de Ban Saladan, située juste avant la route qui mène au débarcadère. Ils vont généralement jusqu'à Ban Kantiang, mais pas jusqu'à la pointe sud à cause du relief difficile. Fixer le montant de la course avant de partir. À partir de Ban Saladan, par personne, compter environ 40 Bts pour Klong Dao, 60 Bts pour Long Beach, 90 Bts pour Klong Khong, 150 Bts pour Klong Nin et 300 Bts pour Kantiang. Libre à vous de négocier. Cela dit, il revient moins cher de louer un scooter pour les grandes excursions. Également quelques voitures, mais le service est assez cher. Beaucoup de *resorts* et hôtels un peu chic offrent des transferts gratuits à horaires fixes vers Ban Saladan (avec une réservation), presque tous les hébergements assurent les transferts aux horaires des bateaux aller-retour (payant de plus en plus souvent ; plus cher depuis les hôtels de luxe).

BAN SALADAN – บ้านศาลาแดง

Ce petit port pas désagréable concentre tous les services dont on peut avoir besoin, même si l'on trouve désormais des banques, des minimarchés et des agences de voyages un peu partout sur l'île. Pas de grands immeubles et encore bon nombre de maisons de bois prolongées de terrasses sur pilotis. Beaucoup d'entre elles ont été transformées en restos.

Adresses utiles

✉ ***Poste et téléphone :*** la poste principale de l'île se trouve à Lanta Town, mais on trouve une annexe à Ban Saladan, près de la police, sans compter les nombreux commerces qui proposent un service postal dans le village principal. Pour appeler l'international, il existe les centres Internet et quelques cabines publiques (judicieux de se munir d'une carte de téléphonie Internet ; voir « Thaïlande utile. Téléphone – Télécoms » en début de guide).

@ ***Internet :*** plein d'ordinateurs connectés à la Toile, dans des centres dédiés, les hôtels ou certains commerces. Vous en trouverez aussi à proximité des principales plages. Prévoir env 1 Bts/mn, soit 60 Bts/h. Qualité de connexion inégale selon les lieux.

■ ***Siam Commercial Bank*** – ธนาคารไทยพาณิชย์ *(plan, **2**) : sur la rue principale rejoignant les plages. Lun-ven 9h-16h.* Distributeur automatique. D'autres distributeurs en ville, à côté du *Lanta Mart,* ainsi que sur certaines plages et le long de la route.

■ ***Siam City Bank*** – ธนาคารนครหลวงไทย *(plan, **2**) : en face de la Siam Commercial Bank. Tlj 9h-15h30.* Change l'argent liquide et les chèques de voyage. Mêmes services.

■ ***Santé :*** *il existe un **Health Center** – ศูนย์สุขภาพบ้านศาลาด่าน dans la rue* *principale, à gauche quand on vient du débarcadère des ferries. Également un hôpital à Lanta Town,* **Ko Lanta Hospital** – โรงพยาบาลเมืองลันตาด้านฝั่งตะวันออก *(plan,* **3***), sur la côte est de l'île. ☎ 697-100 ou 176. Lun-sam 8h-15h, dim 8h-12h.* En cas de gros souci, vous serez évacué vers Phuket ou Krabi.

■ ***Police touristique :*** *☎ 11-55.* **Police Box** *sur le port de Ban Saladan. ☎ 668-192.*

■ ***Agences de voyages :*** des dizaines autour du port. Excursions sur les îles, horaires et réservation de transport (bus, bateaux, avions).

■ ***Laveries :*** nombreuses et nettement moins chères que si vous donnez votre linge à l'hôtel.

Où manger ?

De bon marché à prix moyens (de moins de 150 à 300 Bts – 3,75 à 7,50 €)

Contrairement à ce que l'on pourrait imaginer, on trouve de sympathiques restos sur pilotis sur le port (ferment vers 21-22h). On vous en recommande deux, mais il y en a plein d'autres. Également quelques boulangeries et cafés sympas pour le petit déj (notamment en allant au bout de la route principale et à gauche).

I●I ***Catfish*** – แคชฟิช *(plan,* **30***) : tt au bout du quai à droite en venant de la rue principale. Tlj 8h30-21h.* Tenu par Noyna et ses chats. On passe par une petite librairie (cartes postales, quelques ouvrages en français) avant de déboucher sur une agréable terrasse sur pilotis. Plats thaïs, mais aussi sandwichs, burgers « maison », et même des falafels cuisinés avec délicatesse. Quelques pâtisseries (croissants et *scones*) et des *lassis* onctueux.

I●I ***Seaview*** – ซีวิวว์ *(plan,* **30***) : sur le quai aussi, presque en face de la rue principale. ☎ 668-704. Tlj 9h30-22h.* Un bon resto, avec terrasse sur pilotis comme ses voisins. Parmi d'excellents et copieux plats thaïs, on a bien aimé la soupe de nouilles aux encornets, le *tom kha* (sorte de *tom yam* en plus doux), le *panang* (épicé !), avant d'engloutir les bananes au lait de coco chaud. Accueil charmant.

LES PLAGES, DU NORD AU SUD

La côte ouest déroule une succession de jolies plages, propices à la baignade. Comme pour les autres îles thaïlandaises, les agences du continent et des rabatteurs présents sur les bateaux ou à l'arrivée vous proposeront des hébergements. En haute saison, il peut être judicieux de recourir à leurs services, de se laisser acheminer gratuitement dans un pick-up, puis d'aller se balader le lendemain, histoire de voir si l'on ne trouve pas mieux ailleurs. Sachez également que la plupart des adresses se modernisent et augmentent leurs tarifs en conséquence.

KAW KWANG BEACH

La plage extrême nord-ouest de l'île, à 3 km du village de Saladan. Le cap en cul-de-sac pointe vers l'océan de tous côtés. Endroit vraiment tranquille, et uniquement des adresses un peu chères. La mer se retire loin à marée basse, mais en quelques enjambées on peut rejoindre la plage de Klong Dao.

Où dormir ?

De prix moyens à très chic (de 650 à 4 600 Bts – 16,30 à 115 €)

Kaw Kwang Beach Resort *(plan,* **22***) : presque au bout du cap ; entrée par le* Crown Lanta Resort. *☎ 668-260. • lanta-kawkwangresort.com • Petit déj inclus en hte saison, sf pour les bungalows les moins chers.* *(payant).* Ici, c'est un peu l'auberge thaïlandaise : de tout (ventilo ou AC, avec ou sans vue, en dur ou en mou), à tous les prix, mais à condition de faire le tri ! Les bungalows sur la colline, à l'arrière, sont mal foutus, sauf peut-être ceux en béton, dans la partie gauche, pour les budgets serrés (mais vous repasserez pour le charme). Sinon, autour de la vaste et belle piscine, en surplomb de la plage, on trouve une série de bungalows en dur alignés en rang d'oignons, corrects et plus chers. Mon tout est calme, familial, mais rien d'exceptionnel non plus, surtout au niveau du service. On est loin du *resort* de luxe. Fait resto.

Spécial folies (de 4 200 à 10 000 Bts – 105 à 250 €)

Twin Bay Resort *(plan,* **22***) : là où le cap se rétrécit, un peu avt le* Kaw Kwang Beach Resort. *☎ 668-277. • twinbaylanta.com • Petit déj compris. N'hésitez pas à consulter les promos sur Internet ou à négocier les prix. CB acceptées.* *(payant).* Dans un beau jardin tropical ombragé, situé entre 2 baies, voici des bungalows dotés d'élégants toits de palmes (on dirait presque du chaume !). Tous bien équipés, avec frigo, AC, TV satellite... Comme souvent (mais pas toujours), les *standard,* côté jardin et à l'arrière, sont moins chers et moins charmants que les *beach front,* super agréables. Belle piscine et accès direct à la plage. Si vous en avez les moyens et que vous recherchez l'isolement, c'est une bonne option.

KLONG DAO BEACH – หาดคลองดาว

La plage la plus au nord est aussi la plus exploitée. Beaucoup de *resorts* et plus tellement de plans petit budget. D'ici, on peut rejoindre à pied Ban Saladan et profiter de son ambiance et de ses services.

Où dormir ?

De prix moyens à plus chic (de 800 à 2 900 Bts – 20 à 72,50 €)

Banana Garden Home *(plan,* **23***) : côté nord de la plage, proche du* Cha-Ba. *081-634-87-99. • bananagardenhome.com • Petit déj léger inclus. CB refusées.* Un peu serrés au milieu des bananiers (pas de publicité mensongère ici !), voici d'adorables bungalows tout en bois (y compris la douche) et de différentes tailles. Tous avec AC, eau chaude, frigo et balcon. Vraiment une impression de nature-verdure agréable, et accueil farniente très gentil. Resto à l'avenant et à l'avant, sur la plage. Notre option la meilleure dans les prix les moins chers. Mais pensez à réserver, c'est vite plein.

Time for Lime Resort – ทามย์ฟอร์ลามย์รีสอร์ท *(plan,* **10***) : à l'extrémité sud de la plage, proche de l'hôtel* Holiday Villa. *☎ 684-590. 089-967-50-17. • timeforlime.net • Petit déj inclus. CB acceptées (+ 3 %).* Cette école de cuisine réputée, managée par l'Américano-Norvégienne Junie, dispose d'une dizaine de bungalows, à l'écart de la plage, dans un petit jardin propret. Notez les niches à chats entre les bungalows, rappelant que la maison gère aussi un refuge pour les animaux domestiques de l'île. Ameublement nordico-thaï, simple mais confortable et très propre. Ventilos et salles de bains avec eau chaude, AC pour les plus chers. Hamacs. La rangée de chalets débouche sur une grande cuisine-atelier en plein air, puis un bar et enfin la plage. Excellent resto ouvert à tous (voir « Où manger ? »). En revanche, il y a quelques moustiques, et le matin, le va-et-vient des moteurs des bateaux de pêche peut gêner les sommeils légers...

Lanta Villa – ลันตาวิลล่า *(plan, 12) : 14 Moo 3, à 2 km de Ban Saladan en direction du sud. ☎ 684-129. • lantavillaresort.com • Ne pas confondre avec* Lanta Village, *non loin de là. CB acceptées (+ 3 %).* Une soixantaine de confortables chalets donnant sur la plage ou l'agréable jardin. Multicolores à l'extérieur, ils sont plus sobres à l'intérieur mais s'avèrent très bien entretenus (tous carrelés) et plutôt spacieux, y compris dans la douche. AC et frigo, eau chaude, TV et minibar. Les *sea view* (vue sur mer) sont presque 2 fois plus chers que les autres. Un peu serrés, mais avec une déco recherchée. Piscine de belle taille, massages. Resto. Personnel très amical.

Cha-Ba Bungalows *(plan, 23) : 20 Moo 3. ☎ 684-118 ou 823. • chababungalows.com • Entre le* Banana Garden Home *et le* Lanta Villa *; repérable à la queue de baleine et aux tentacules de poulpe côté plage. Petit déj inclus, sf promos ; remise à partir de 4 nuits. CB acceptées.* Une adresse qui joue sur la déco. On s'en aperçoit dès la réception jouxtant le restaurant *(Le Picasso)*, constellé de toiles qui, à défaut d'être « de maître », égayent joliment les lieux. À l'arrière de la plage, dans une allée, une vingtaine de chambres en dur décorées de façon *arty*, avec des murs colorés et de grosses fleurs sur le carrelage. Toutes avec ventilo ou AC, douche avec eau chaude (douchette électrique) et coffre ; les plus chères avec TV. On vous conseille plutôt les tarifs intermédiaires, d'un bon rapport qualité-prix. Entretien correct. Au resto, face à la plage, plats thaïs et italiens. Bon accueil.

Si tout est complet dans le coin, un peu plus au nord, le ***Diamond Sand Palace*** *(☎ 684-135 ou 136 ; ouv slt nov-avr ; plan, 12)* propose parfois des prix divisés par 2 (dans les 1 200 Bts) pour des bungalows sans charme mais qui peuvent dépanner. Au tarif normal (soit le double), aucun intérêt.

De plus chic à très chic (de 2 500 à 4 300 Bts – 62,50 à 107,50 €)

Golden Bay Cottage – โกลเด้นเบย์คอทเทจ *(plan, 11) : 22 Moo 3, à peu près au milieu de la plage, avt* Lanta Villa. *☎ 684-161. • goldenbaycottagelanta.com • Prix variant du simple au double selon situation. Petit déj inclus. CB acceptées (+ 3 %).* Une trentaine de petits bungalows en dur avec des portes coulissantes à la japonaise. 3 types de tarifs selon taille (certains vraiment petits) et confort. Petite terrasse, AC, frigo, eau chaude et TV pour toutes les chambres. Pas de charme particulier mais bien entretenu et une belle pelouse dans un coin où les concurrents entassent leurs chalets comme des briques de Lego. Accueil plaisant et bon resto. Piscinette pour se rafraîchir. Transferts gratuits vers le *pier* et la ville 2 fois par jour.

Où manger ?

De bon marché à plus chic (de 150 à plus de 300 Bts – 3,75 à plus de 7,50 €)

Quasi à l'extrémité sud de Klong Dao Beach, certains soirs, on assiste à de magnifiques envolées de lanternes chinoises, sortes de mini-montgolfières se perdant dans les cieux jusqu'à se confondre avec les étoiles... Amis de la poésie, bonsoir.

Krua Nidnoy Restaurant – ก้อง กฤษณ์ บาร์ และร้านอาหาร *(plan, **31**) : 176 Moo, sur la plage, 100 m au nord de* Time for Lime Resort. *089-592-58-44. Fermé à 22h.* Pas le moins cher de la plage mais sans doute le plus mignon, avec son architecture en bois et ses tables à même le sable. Carte très variée : petits plats thaïs (nouilles, riz sautés, currys), poisson, mais aussi des pizzas, pâtes et burgers, plus des petits déj. Très bon et vraiment sympa, mais service parfois un peu longuet.

Pour un grignotage ou un petit déj, aller chez ***Café au Lait,*** face au resto *Sawasdee* et tout près du *7-Eleven.* Même maison que *Faim de Loup* et même type de carte de viennoiseries, pâtisseries, quiches et petites salades, à déguster en terrasse ou dans l'une des 2 salles au mobilier en bois.

Time for Lime Resort – ทามย์ฟอร์ลามย์รีสอร์ท *(plan, **10**) : voir « Où dormir ? ». ☎ 684-590. Pour les cours de cuisine, résa quelques j. avt. Tlj sf lun 17h-22h. Menu fixe (6 plats) env 500 Bts ; menu enfant (2 plats) 120 Bts.* Sans doute l'adresse la plus originale et la plus raffinée de la plage, voire au-delà. Dans une jolie maison, où dominent le bois noir et la couleur vert pomme (lampions, coussins), on mange sur 2 niveaux tout en observant les élèves faire leurs classes dans la vaste cuisine ouverte. Rassurez-vous, vous ne mangerez pas les éventuels ratages des apprentis mais une série de 6 petits plats raffinés (parfois dans le désordre, ça dépend de l'heure) qui suffisent largement à un bon estomac. Menu qui change chaque jour (détaillé sur le dépliant) et revisitant avec brio l'éventail complet des goûts et ingrédients du pays sous de belles présentations. La pâte de curry est maison et bio (« 5 mojitos offerts si vous trouvez la même chose ailleurs » !). On peut ne pas tout aimer, mais, franchement, c'est globalement excellent, surprenant, et ça vaut la peine d'y passer au moins une soirée. Cerise sur le gâteau, une partie des bénéfices sert à soigner les chiens et les chats de l'île.

PHRA AE BEACH (LONG BEACH) – หาดเอ้ (หาดยาว)

Cette magnifique plage, facilement accessible depuis Ban Saladan (6 km seulement), reste moins fréquentée et plus bohème que Klong Dao Beach. De plus, les nombreux commerces et services (distributeur, Internet, etc.) qui bordent la route principale vous permettront d'éviter des aller-retour incessants vers le port. Nos adresses dans cette portion de l'île sont d'un excellent rapport qualité-prix.

Où dormir ?

Bon marché (jusqu'à 500 Bts – 12,50 €)

Coconut Home *(plan, **24**) : juste derrière l'*Ozone Bar *et le* Funky Fish *(fléchés partout), proche aussi du* LD Bungalows, *à l'arrière de la plage. 084-440-54-25. Fermé avr-sept.* Vraiment basique, mais super sympa. Différentes tailles de petits bungalows perdus sous les cocotiers, dans un adorable jardin. Eau chaude et moustiquaire. Sommeils légers s'abstenir, mais à ce prix... Et puis, on est vraiment reçu avec humour par le vieux M. Joe et sa charmante épouse. Pratique : ils louent aussi des scooters à un prix très honnête.

De bon marché à un peu plus chic (d'env 500 à 1 500 Bts – 12,50 à 37,50 €)

Andaman Sun Flower Resort – อันดามัน ซันเฟลาวเวอร์รีสอร์ท *(plan,* **13***) : 174 Moo 2. ☎ 684-668. 089-969-26-10. Accès en face de* Faim de Loup *; entrée repérable à la petite pyramide jaune. Fermé mai-oct. Petit déj en plus.* Un village de bungalows d'architecture originale tout en bois et bambou, bien répartis autour d'une verte pelouse entourée d'une haie de cocotiers. Habitations *roots* mais sympas, propres et calmes, uniquement avec ventilo. Conçu pour « robinsonner » à bon compte. Une oasis de simplicité et de quiétude au milieu des *resorts* de fraîche construction. Plage à 100 m, volley, resto et barbecue.

Sanctuary – ซังตูรี่ *(plan,* **14***) : entre la pharmacie et le* 7-Eleven, *prendre le petit chemin en direction de la mer, l'adresse se trouve à droite du parking. 081-891-30-55. • sanctuary_93@yahoo.com • Petit déj en plus.* Une adresse très relax dans un beau site. Architecture indonésienne traditionnelle un peu défraîchie, il faut bien le dire, mais correcte. Bungalows de bois et bambou tressé, plutôt minimalistes mais propres, avec salles de bains (eau froide) et w-c privé, ainsi qu'une moustiquaire et un ventilo sur pied. Terrasse avec hamac intégré. Les plus proches de la mer, 50 % plus chers, sont plus grands, et des panneaux mobiles permettent d'ouvrir la chambre tout grand sur l'extérieur. Bar-resto sur la plage. Accueil et clientèle décontractés.

De plus chic à très chic (de 1 700 à plus de 5 000 Bts – 42,50 à 125 €)

Relax Bay – รีแลกซ์เบย์ *(plan,* **16***) : 111 Moo 2, entre les plages de Phra Ae et Klong Khoang. ☎ 684-194. • relaxbay.com • Résa impérative en hte saison. Doubles env 1 700-3 800 Bts ; petit déj inclus.* Charmant complexe de bungalows sur pilotis, noyés dans une végétation soignée et s'étageant sur une colline ou sur une petite plage paisible, presque privée. Une cinquantaine de chambres, depuis la spartiate avec ventilo et douche froide jusqu'aux VIP avec AC. Parfait pour se la jouer un poil chic sans perdre en atmosphère, comme sur ces belles et spacieuses terrasses privées, idéales pour l'apéro ! Beaucoup d'escaliers, cependant. Management français, belge et allemand. Piscine. Massages. Yoga. Bar sur la plage. Cuisine de qualité servie sous une paillote.

Lanta Castaway Resort *(plan,* **20***) : 299 Moo 2. ☎ 684-851. • lantacastaway.com • Fermé de mi-mai à fin juin et en sept. Bungalows env 2 500-5 600 Bts ; petit déj inclus. 2 fois moins cher hors saison. (payant).* Un joli *resort* au bord de l'eau, avec de belles pelouses et d'élégants bungalows. Pour les fauchés, il y en a même en bois et en dur dans les 800-1 000 Bts, à l'arrière, fort corrects mais peu nombreux. Les autres, en dur, vraiment impeccables, ont tous carrelage, AC et eau chaude. Excellent entretien général. Belle terrasse de resto et accès direct à la plage. Plein de services et accueil souriant. Proprio américain. Abrite également le club de plongée *Dive & Relax* (voir plus loin la rubrique « Plongée sous-marine, masques et tubas »).

Où manger ? Où boire un verre ? Où sortir ?

De bon marché à prix moyens (de 100 à 400 Bts – 2,50 à 10 €)

Funky Fish – วี พิทซ่าเรีย เอ ฟังกี ฟิช *(plan,* **33***) : à l'arrière du* Coconut Home *et de l'*Ozone Bar. Installé sur le sable, à l'ombre des arbres. Sandwichs, pizzas, et *pasta* pas trop chères et étonnamment bonnes. Également des plats thaïs et occidentaux, comme d'hab', plus quelques plats indiens et d'autres à base de poisson et de canard (plus chers). Glaces, jus de fruits frais, cocktails sympas. Plateformes où l'on mange et boit à la romaine. Bien cool tout ça, sans compter les beaux couchers de soleil...

Faim de Loup – แฟง เดอ ลูฟ *(plan, **32**) : 250 Moo 2 ; sur la gauche en venant de Ban Saladan. ☎ 684-525. Ouv 7h30-17h. Fermé juil-août.* En bord de route, côté opposé à la plage, maison un peu en retrait avec une terrasse couverte. Tenu par Serge, un pâtissier bordelais, et sa femme Pat. Viennoiseries, sandwichs (à emporter), quiches, tartes salées ou sucrées, jus de fruits... Pour un petit goût de nostalgie.

Aux dernières nouvelles, l'***Ozone Bar*** *(plan, **33**)*, derrière le *Funky Fish*, met de l'ambiance le jeudi soir. Quant au ***Korner Bar*** *(plan, **40**)*, un peu avant le *Relax Bay* sur la droite (en venant du nord), il assure l'animation le samedi soir. Paillote face à la mer et aux rochers. Ambiance très *rasta-roots*. Musique chill-out, techno, house...

LES PLAGES DU SUD

Plus on va vers le sud, plus les plages sont sauvages et calmes. Et moins on trouve d'hébergements. Les hôtels qui se sont implantés dans cette partie de l'île sont souvent les plus chic. Quant à la pointe sud, elle est (enfin !) goudronnée... mais comme ce sont des montagnes russes, prudence en scooter !

Dans le village de ***Klong Nin*** (au niveau de l'intersection avec la route menant à Lanta Town), on trouve des agences de voyages, loueurs de motos, connexions Internet, distributeurs, petits bouis-bouis et épiceries, dont un *7-Eleven* ouvert 24h/24.

Sur la plage du même nom, plusieurs ***bars-terrasses*** *(plan, **42**)*, donnant sur la mer, militent côté reggae, rap, trance ou tout en même temps. Une *Full Moon party* a en principe lieu sur cette plage une fois par mois. Cela dit, les *raves* ne connaissent généralement pas, ici, la frénésie (ni d'ailleurs les dérapages) que l'on trouve ailleurs... Rester prudent quand même.

Où dormir ? Où manger ?

Toutes les adresses citées disposent d'un resto. Pour varier les plaisirs, se mélanger aux habitants, faire un tour dans les petites agglomérations et s'attabler à une gargote. Soupes de nouilles, poulet grillé aux épices, beignets de bananes. Petits prix mais maxi goût !

Prix moyens (de 500 à 1 000 Bts – 12,50 à 25 €)

Where Else – แวร์เอ็ลส์ *(plan, **17**) : sur Klong Khong Beach. 📱 081-536-48-70. • lanta-where-else.com •* Sans doute l'adresse la plus créative au niveau déco. Un véritable bric-à-brac de totems, lanternes et autres guirlandes de noix de coco. Super sympa. Dans le vaste jardin, un peu sauvage, les huttes de bambou ne dépareillent pas : si vous le pouvez, préférez celles avec double terrasse (de vraies cabanes à singes !) et leur salle de bains originale. Les prix varient du simple au double selon la taille, la finition et la situation. Attention, celles à l'arrière sont un peu démantibulées et leurs matelas un peu décatis... Bar-resto, cuisine thaïe et indienne. Ambiance assez baba. Au fait, gare aux chutes de noix de coco (ça peut faire mal) ! Et *rave parties* souvent organisées sur la plage... Sensibles au bruit, s'abstenir !

Bee Bee Bungalows *(plan, **25**) : Moo 2, à Klong Khong Beach.*

081-537-99-32. • beebeebungalows.com • Une autre adresse bien cool, proposant une quinzaine de bungalows en bois et bambou, très jolis, avec des demi-étages façon ruche. D'où le nom, sans doute... Tous avec ventilo, eau douce, coins, recoins et hamacs. Joli jardin et accès direct à la plage (avec quelques rochers). Petit déj extra. Atmosphère zen. Patron vif et sympathique.

Blue Moon (plan, **38**) : *Klong Nin Beach, au milieu de la plage. Tlj sf lun.* Probablement le resto le plus emblématique de Klong Nin Beach, avec des soirées régulièrement, et le reste du temps une bonne atmosphère farniente. Délicieux *smoothies,* petits plats thaïs et occidentaux. Tenu par de jeunes Français.

De prix moyens à plus chic (de 700 à 1 500 Bts – 17,50 à 37,50 €)

Lanta River Sand Resort – ลันตาริเวอร์แซนด์รีสอร์ท *(plan,* **18**) : *99 Moo 8, à l'extrémité sud de la plage de Klong Khong.* ☎ *662-660.* *081-476-01-65.* • *lantariversand.com* • *Petit déj en plus.* *(fonctionne slt à l'accueil et sur la terrasse).* Dans un coin tranquille, au bord d'une petite plage avec des rochers. Une vingtaine de huttes d'aspect primitif, aux toits joliment arrondis, disposées autour d'une belle pelouse. Toutes avec aération par le sol (vous verrez), ventilo, moustiquaire et des sanitaires rudimentaires. Resto sous la paillote avec de bonnes spécialités thaïes. Sinon, en sortant de l'hôtel, le 2e resto sur la gauche sert des petits plats typiques qui valent le coup. Excellent accueil. Location de vélos.

Baan Phu Lae – บ้านภูเลย์ *(plan,* **19**) : *à Mai Phai Bay, la dernière plage avt le cap sud ; juste après la piste qui descend vers le Bamboo Bay Resort, prendre la piste en diagonale.* ☎ *665-100.* *085-471-07-22.* Donnant directement sur la plage, une dizaine de bungalows bien intégrés au paysage rocailleux. Parois de bambou tressé, lits en grosse section du même végétal et tresses au sol. Sobre élégance, certes, mais les sanitaires sont quand même un peu justes (et parfois quelques mauvaises odeurs). Quelques chambres climatisées de l'autre côté de la piste, beaucoup moins charmantes et à prix « Un peu plus chic ». Bar-resto sur la plage. Très bonne cuisine, de l'avis général. Plateformes garnies de coussins, hamacs et musique adéquate. Location de scooters. En revanche, service un peu désinvolte, dommage !

Très chic (à partir de 3 000 Bts – 75 €)

Moonlight Exotic Bay Resort – มูนไลท์ เบย์ รีสอร์ท *(plan,* **15**) : *69 Moo 8, Klongtob.* ☎ *662-590.* • *moonlight-resort.com* • Encore un grand complexe. Une trentaine de bungalows disséminés dans la nature, à l'estuaire d'une petite rivière et devant une petite plage bordée de rochers. 3 catégories de prix selon l'emplacement : le bord du canal (mais attention aux moustiques) ou, nos préférés, le flanc de colline, avec vue jardin ou face à la mer. Architecture traditionnelle et bon confort sans être luxueux pour les moins chers *(canal view)*, un peu plus de raffinement pour les autres. Spa, grande piscine, kayak et matériel de *snorkelling.* Resto, idéal pour une belle salade au déjeuner. Petits plus pour les lunes de miel.

La Laanta *(plan,* **21**) : *à Mai Phai Beach, tt à fait au sud.* ☎ *665-066.* *087-883-99-66.* • *lalaanta.com* • *Accès par une piste assez raide. Min 3 nuits en peak season. Petit déj inclus.* Une belle adresse au luxe intime : à peine une vingtaine de bungalows, dans un esprit mixant boutique-hôtel et chambre d'hôtes, dans une nature à peine domestiquée, et en bord de plage. Prestations de bon niveau, tout confort et déco soignée. Piscines (2 !) et resto *on the beach.* Accueil très attentionné.

🍽 ***Same, Same But Different*** – เซม เซม บัต ดีฟเฟอเรนท์ *(plan, **37**) : à Kantiang Beach. 📱 081-787-86-70. Plats env 200 Bts ; poisson au poids env 1 000 Bts/kg.* Déco vraiment raffinée, tout en bois, avec des tables les pieds dans le sable, des mobiles de noix de coco ou de bois flotté et quelques lampions. Poissons fraîchement pêchés (mais chers !), curry de bœuf ou de poulet bien épicé, nouilles aux crevettes et autres recettes pleines de saveurs... L'adresse est très populaire auprès des touristes, notamment ceux de l'hôtel *Pimalai* voisin. Vous risquez une longue attente si vous n'avez pas réservé. Le nom du lieu est repris d'une expression humoristique en Asie du Sud-Est lorsque vous dites à un vendeur de souvenirs : j'ai déjà vu cela. Il vous répond à coup sûr : « *Yes, same, same, but different.* »

LANTA TOWN (เมืองลันตา) ET LA CÔTE EST

Bordée de mangroves et d'une mer peu profonde, la côte orientale de Ko Lanta, quasi vierge de développement touristique, ne permet pas la baignade. Le voyageur curieux, soucieux de varier les plaisirs, y découvrira une charmante bourgade genre Far West et, à sa pointe sud, de très beaux panoramas.
Lanta Town est un cocktail sino-musulman bien pacifique, avec une belle rangée de maisons de pêche en bois sombre, dont certaines ont été reconverties en hébergements...

Où dormir ? Où manger ?

Prix moyens (de 500 à 800 Bts – 12,50 à 20 €)

🏠 🍽 ***Sriraya Guesthouse*** *(plan, **26**) : dans la rue principale. ☎ 697-045. • punpun_3377@hotmail.com •* 📶 Une vieille maison de pêche chinoise, retapée joliment. Vieilles affiches à l'entrée et belle enfilade de terrasses menant à l'élément liquide. Une poignée de chambres, simples mais élégantes, avec salle de bains commune. Une seule avec vue sur l'eau, un peu plus chère. Excellent rapport qualité-prix. Fait resto. Bon accueil.

🍽 ***Kroua Lanta Yai*** *(Beautiful Restaurant)* – ร้านอาหาร ครัวลันตาใหญ่ *(plan, **34**) : à l'extrémité gauche de la bourgade quand on regarde la mer. ☎ 697-062. Plats env 80-300 Bts.* Au premier plan, une coquette cabane et une terrasse sympa. Mais le charmant patron, M. Sak, vous dirigera sûrement vers sa plateforme sur pilotis dont il est très fier... même s'il a fait l'erreur de la rebâtir en dur avec des bacs à fleurs en brique on ne peut plus kitsch ! Cela dit, on est vite gagné par le dépaysement en déjeunant au bord de l'eau (le soir on ne voit pas grand-chose du paysage). De plus, ou plutôt surtout, la cuisine est absolument délicieuse. Excellents poisson frit à l'ail et au poivre, fruits de mer, même les simples nouilles sautées sont succulentes.

Plus chic (de 2 000 à 3 000 Bts – 50 à 75 €)

🏠 🍽 ***Mango House*** *(plan, **26**) : dans la rue principale. ☎ 697-181. • mangohouses.com • Fermé mai-sept. Compter 25 % de plus pdt les fêtes de fin d'année. Petit déj en sus. CB refusées.* 💻 📶 Cet ancien entrepôt de pêche, une belle maison en bois sombre située au bord de l'eau, abrite 3 superbes chambres, chacune avec du vieux parquet et une terrasse avec vue. Toutes différentes et dotées de cuisine, d'une belle douche et de la TV (au fait, pour quoi faire ?).

Également une « villa » pour 5-6 personnes. Le resto, quant à lui, a un petit côté *lounge* chic assez surprenant. Cuisine thaïe à prix raisonnable, plus des burgers maison et des *ribs* (tiens, ça change). Carte de vins. Accueil aimable.

Où dormir dans les environs de Lanta Town ?

De bon marché à prix moyens (de 100 à 300 Bts – 2,50 à 7,50 €)

|●| ***Sunshine Hill Viewpoint Restaurant*** – ร้านอาหารฮิลล์ วิวย์พ้อยท์ *(plan, **35**) : 1 km avt d'arriver au village des gitans de la mer.* Côté mer, cette terrasse rustique offre un superbe point de vue sur les basses terres et mangroves, la mer et les îles de Ko Kluang et Ko Bubu. Petits plats et boissons. Un peu avant, vous trouverez également le *Panorama*.

|●| Sur la route transversale de l'île, avant de descendre sur Lanta Town, quelques petits ***restos panoramiques*** *(plan, **36**)* accrochés à la pente. Plats thaïs à prix veloutés, boissons fraîches, etc. Le rendez-vous des esthètes. En revanche, pas de coucher de soleil : ça se passe de l'autre côté !

LES ÎLES DU SUD-OUEST

À voir. À faire sur l'île

Ko Lanta Marine National Park – อุทยานแห่ง ชาติทางทะเลหมู่เกาะลันตา **:** *☎ 629-018. • dnp.go.th • Attention, le toboggan n'est pas terminé : la pente est raide pour descendre dans le parc (et surtout pour remonter) ! Entrée : env 200 Bts ; parfois à moitié prix... Possibilité de camper sur place ou de loger dans des bungalows.* Le QG du parc et le sentier d'exploration se situent à la pointe méridionale de l'île, proche d'un phare très photogénique et de plages rocailleuses. On vient ici pour explorer ce qui subsiste de la forêt primaire qui recouvre encore en partie l'épine dorsale de Ko Lanta. De ce parc établi en 1990, 81 % des 132 km² sont en fait maritimes, protégeant les fonds autour de nombreux îlots. Vente de noix de coco et de boissons fraîches mais évitez le snack-resto, trop glauque...

La cascade de Klong Jaak – น้ำตกคลองจาก **:** l'une des excursions les plus courues (à pied, donc !) part de *Ao Klong Jaak* à travers la jungle, pour rejoindre une petite chute d'eau. En tout, 2h de trek sans effort.

La grotte de Mai Kaeo – ถ้ำไหมแก้ว ใกล้หมู่บ้านคลองนิน **:** *suivre sur 1,5 km la route fléchée partant vers la droite quand on vient de Klong Nin. Entrée : env 200 Bts.* Balade à travers la jungle avant d'entrer dans la grotte. Attention, pas d'habits du dimanche, vous reviendrez crotté ! La visite tourne rapidement à la spéléo lorsqu'il faut ramper dans des conduits de 1 m de diamètre. Possible de combiner avec un parcours à dos d'éléphant ou de faire une balade guidée dans la jungle, avec un cours de survie en milieu hostile à la clé. Déconseillé aux claustrophobes.

Excursion vers la pointe sud (depuis Lanta Town) : un ruban de bitume s'y tord dans tous les sens en dépassant de petits hameaux. Parfois, des panoramas époustouflants où palmiers et cocotiers se dissolvent lentement dans les mangroves, en contrepoint d'îles tachant une mer bleu turquoise. Un peu avant le cul-de-sac, ***Ban Sang-Ga-U*** – หมู่บ้านชาวเลย์ (ชาวเลย์), village de gitans de la mer *(Chao'Le)*, n'a rien de touristique ni de spectaculaire. Juste une rue étroite, parallèle à la mer et bordée de cabanes. Y aller avec réserve et respect pour les habitants, membres d'une ethnie fascinante qui n'a pas livré tous ses mystères. Au bout de la route principale, prendre la petite route sur la droite si vous voulez visiter (enfin, façon de parler) un étonnant *resort* qui porte le nom du village. Vraiment insolite avec ses cabanes dans les arbres, ses bungalows en forme de bateaux, et même ses éléphants (des vrais !) qui barbotent dans l'eau de mer ! Original, mais malheureusement, le fier propriétaire refuse de faire visiter ses hébergements et les photos sont interdites, sans compter que vous êtes prié de consommer à peine assis, de payer les photos des éléphants, etc. Dommage.

CONTRE VENTS ET DÉCRETS, LES IRRÉDUCTIBLES

Suite au tsunami, le gouvernement a ordonné aux habitants de quitter les lieux. Ces déménagements forcés, sous couvert de protéger les populations, cachent souvent des tentatives d'expropriation pilotées en sous-main par des promoteurs immobiliers. Ici, comme dans les autres villages gitans concernés par ces mesures, personne n'a bougé.

À voir. À faire sur d'autres îles...

➢ ***Bubu Island*** – บูบูไอส์แลนด์ **:** à quelques encablures de la côte est de Ko Lanta. Accessible depuis Lanta Town par bateau. Presque un îlot, on fait le tour de Bubu Island en 15 mn !

➢ ***Ko Jum*** – เกาะจำ **:** île peu peuplée, au nord de Lanta Yai, parfois appelée *Ko Pu.* Les ferries voguant entre Krabi et Lanta font escale à Ko Jum. En fait, arrêt en pleine mer et transfert en *long-tail boat* jusqu'à l'île. Si vous avez déjà réservé votre bungalow, la traversée est gratuite. Depuis Krabi, on peut aussi rejoindre le port de Laem Kruad via Nua Klong en *songthaew* (38 km en tout), puis embarquer dans un bateau « longue-queue » (départs à 13h et 15h). Longue plage de sable blanc sur la côte ouest, où se concentrent les bungalows. À l'embarcadère de Laem Kruad, la sympathique responsable de *Laem Kruad First Tour* pourra vous renseigner et faire une réservation sur l'île dont elle est originaire.

Plongée sous-marine, masques et tubas

Les moniteurs vous le diront : rien à voir autour de Ko Lanta ! Il faut donc mettre le cap sur les îles du Sud – riches et peu fréquentées – ou bien cingler vers Ko Haa ou Ko Phi Phi pour se rincer l'œil.

Masques et tubas

Une journée complète d'excursion s'impose pour découvrir, en bateau, petites îles et îlots environnants : ***Ko Rok, Ko Muk, Ko Hai, Ko Kradan.*** Paysages à découvrir, *snorkelling* au-dessus du corail, visite des grottes et mangroves, sans oublier une plage de rêve pour se remettre de ses émotions. Repas du midi inclus. Tous les bungalows effectuent des réservations pour ces excursions déclinées en deux produits types : un cocktail de quatre îles à visiter en *speed-boat* (parfois en bateau « longue-queue »), incluant toujours Ko Muk pour sa grotte d'émeraude

(Morakot) et souvent Ko Hai (ou Ko Ngai) pour un peu de *snorkelling* et Ko Kradan pour la beauté de sa plage (Kradan où chaque année, le jour de la Saint-Valentin, des Asiatiques vont s'unir sous l'eau en scaphandre) ; ou un aller-retour en *speed-boat* vers une île plus éloignée comme Ko Rok, deux fois plus cher mais avec une meilleure visibilité. Enfin, il est possible de faire des excursions à la journée pour Ko Phi Phi. Compter environ 2 000 Bts par personne pour un *speed-boat* pas trop surchargé, avec repas, boisson et matériel compris. Moins cher, c'est possible, mais vérifiez bien le nombre de personnes à bord et la qualité du repas...

Plongée

La plupart des clubs sont regroupés à Ban Saladan et proposent du matériel bien entretenu et des prestations correctes à prix justes, formations *PADI, CMAS* ou belles explorations encadrées. Les sorties se font toute l'année, même en *green season,* de mai à octobre, car la visibilité est généralement bonne (sauf en cas de tempête, bien sûr) ; juin et septembre sont les mois qui connaissent le plus de pluies. Possibilité de consulter la météo sur • *tmd.go.th/en* • Les sorties ont généralement lieu à la journée, de 8h à 15h30 (à cause de l'éloignement des sites), et comprennent 2 à 3 plongées et le casse-croûte (petit déj et repas de midi). Compter dans ce cas-là environ 3 200-4 200 Bts. Il y a deux types de bateaux : les *slow-boats* qui peuvent accueillir jusqu'à 40 ou 50 personnes (un instructeur pour 4 plongeurs) et les *speed-boats* qui ne prennent pas plus de 10-12 personnes (un instructeur pour 2-3 plongeurs).

■ ***Blue Planet Divers*** – ศูนย์ดำน้ำบลูพลาเน็ท ***:*** *tourner à gauche dans la rue du port en venant de la route principale. ☎ et fax : 668-165. 📱 085-472-34-50 (Melissa).* • *blueplanetdivers.net* • Dirigé par Melissa, une Australienne. Certifié *PADI* 5 étoiles et SSI. 2 salles de classe dans des locaux immaculés, accès aux piscines des *resorts,* matériel dernier cri. Et des cours d'apnée ; c'est une exclusivité en mer d'Andaman. Cours et formateurs en français. On vient chercher les plongeurs à leur hôtel.

■ ***Dive & Relax :*** *au* Lanta Castaway Beach Resort *(plan,* ***20****), au sud de Long Beach. 📱 089-050-30-09 ou 084-842-21-91.* • *diveandrelax.com* • Ce sympathique centre de plongée certifié *PADI* et situé dans un agréable *resort* (voir « Où dormir ? »), propose des sorties en petit comité au moyen de 2 *speed-boats* de 11 m. Départ tous les jours à 9h (mais il vaut mieux réserver). Ici, l'accent est mis sur la sécurité, le plaisir et la convivialité. Moniteurs parlant le français, l'anglais et l'allemand. Bon accueil de Fabrice.

■ ***Ko Lanta Diving Center*** – ศูนย์ดำน้ำเกาะลันตา ***:*** *à côté du Health Center, sur la rue principale. ☎ 668-065.* • *kolantadivingcenter.com* • Tenu par Christian, un Allemand, ce centre, là aussi nanti de 5 étoiles, est le seul de l'île à proposer la formation *CMAS* en plus du *PADI.* Super accueil. Instructeurs allemands (parlant l'anglais et pour certains le français) et organisation rigoureuse.

Nos meilleurs spots

Hin Daeng et Hin Muang – หินแดงและหินเมือง ***:*** *2 sites très sauvages perdus au sud-ouest de Ko Lanta et classés dans le* top ten *des meilleures plongées au monde. Compter 4h de traversée en* slow-boat *ou 1h en* speed-boat. Il s'agit de deux « cailloux » situés à quelques encablures l'un de l'autre et que l'on explore gentiment à une profondeur de 25 à 30 m. Attention, les courants y sont parfois un peu forts ; aussi, seuls les routards-plongeurs confirmés pourront admirer le spectacle, et quel spectacle ! Les rochers sont littéralement recouverts de coraux mous et durs, gorgones, éponges, anémones et oursins monstrueux ; un véritable jardin de couleurs (visibilité de 10 à 30 m) où batifolent de mignons poissons-clowns sous l'œil vif d'une murène. Souvent des pélagiques aussi : raie manta, requin-baleine. Éblouissement total !

Ko Haa – เกาะห้า *: minuscule archipel de 5 îles au sud-ouest de Ko Lanta (2h de traversée en slow-boat ou 30-40 mn en speed-boat). Pour plongeurs de ts niveaux.* Le spot (de 10 à 30 m maximum) est réputé pour ses grottes amusantes à explorer (lampe-torche parfois utile). Les plongeurs novices trouveront leur bonheur – à l'extérieur – parmi les coraux et poissons de récif multicolores. Parfois une tortue, un requin à pointes noires ou, plus rarement, un requin-léopard parachèvent l'enchantement. L'un des meilleurs sites de *snorkelling,* avec ses eaux très claires.

Ko Bida : *ts niveaux.* Site connu pour héberger des requins-léopards qui se tiennent d'ordinaire sur un fond sablonneux. Profondeur entre 5 et 25 m. Au choix : un tombant ou un récif longeant l'île. Nombreux poissons de récif : poissons-anges, poissons-coffres, poissons-trompettes et raies pastenagues, sans oublier les tortues. Seul inconvénient : beaucoup de monde.

Ko Rok – เกาะรอก *: 2 îlots au sud de Ko Lanta (2-3h de trajet en slow-boat et 50 mn en speed-boat).* Plongée délicieuse pour plongeurs de tous niveaux (15 m maximum), dans une eau souvent limpide mais fréquentée plus généralement par les adeptes du *snorkelling.* Dès l'immersion, on observe les couleurs flamboyantes des poissons de récif qui louvoient entre de beaux coraux durs. Parfois, une tortue inattendue survole gracieusement ce tableau idyllique !

TRANG – ตรัง

IND. TÉL. : 075

Hormis ses *tuk-tuk* rétro rigolos et une ribambelle de cafés, la ville – très vivante – ne présente pas grand intérêt. Cette capitale de la province du même nom constitue seulement l'étape obligatoire pour ceux qui se rendent dans les petites îles plantées à l'ouest de la côte (certaines appartiennent au parc national de *Had Chao Mai*). Quasi vierges jusqu'il y a peu, ces îles sont désormais en plein essor : elles remportent un franc succès auprès des routards amateurs de calme, de beauté et d'authenticité.

Arriver – Quitter

En bus

Gare routière de Trang : *☎ 210-455 et 218-718.*

➢ ***Krabi :*** ttes les heures, jusqu'en fin d'ap-m. Trajet : 2h (130 km).

➢ ***Phuket :*** ttes les heures, 7h-18h. Trajet : 4-5h (310 km). Bus aussi pour Phang Nga.

➢ ***Hat Yai :*** ttes les 45 mn en bus ordinaire, 6h-16h30 env. Trajet : 3-4h (150 km).

➢ ***Bangkok :*** 5 liaisons/j. en bus AC et VIP. Les bus les moins chers partent à 16h30 et 17h30. Au moins 15h de route (870 km). Prix : 640-990 Bts.

En train

Gare ferroviaire de Trang : *☎ 218-012.*

➢ ***Bangkok :*** 2 trains/j. De Bangkok, départs à 17h05 et 18h20, arrivée en matinée. Depuis Trang, il y a le rapide de 13h25 et l'*Express* de 17h20. Ils mettent env 15h au total et desservent notamment les gares de Surat Thani (Ko Samui), Chumphon, Hua Hin et Nakhon Pathom. Prix : 285-820 Bts, sans ou avec couchette.

En avion

✈ ***Aéroport de Trang :*** *☎ 218-224 (infos).*

➢ ***Bangkok :*** *Nok Air* assure 2 vols/j. (durée : 1h30) vers l'ancien aéroport Don Muang.

Adresses utiles

🅘 Le ***TAT*** (office de tourisme) dispose d'un bureau en ville *(Thanon Ruenrom, à 200 m sur la gauche en montant depuis la tour de l'horloge ; ☎ 211-999)* qui ne vous sera d'aucune utilité : peu de documentation, pas d'horaires sûrs *(lun-ven 8h30-16h30 en principe),* anglais ignoré... Pour organiser un voyage vers les îles, mieux vaut s'adresser à l'une des agences de voyages groupées devant la gare ferroviaire (tout comme la poste, les banques, etc.). Ceux qui lisent l'anglais pourront consulter le site ● *trangonline.com* ●, qui fait le plein d'informations utiles.

✉ ***Poste :*** *à 200 m à gauche en face de la gare.*

Où dormir ? Où manger ?

Très bon marché (moins de 200 Bts – 5 €)

🏠 ***PJ Guesthouse*** – พีเจ เกสท์เฮ้าท์ **:** *25/12 Sathani Rd (faire 100 m à droite en sortant de la gare ferroviaire). ☎ 217-500.* 💻 Hébergement typiquement routard. Chambres étriquées et parfois sans fenêtre, avec salle de bains à partager. C'est modeste mais tenu avec soin par la patronne. Non seulement cette dernière parle bien l'anglais (c'est rare à Trang !), mais elle organise la visite des îles et le transfert vers Ko Lanta en minibus ainsi que bien d'autres prestations.

De bon marché à prix moyens (de 200 à 650 Bts – 5 à 16,25 €)

🏠 🍴 ***Koh Teng Hotel*** – โรงแรมโกเต็ง **:** *77-79 Râma VI Rd, sur la gauche à 400 m de la gare sur l'avenue principale.* Un repaire de *backpackers* bien rénové. Chambres basiques avec ventilos donnant sur de grands couloirs. On peut même avoir une TV et l'AC. Resto sino-thaï au rez-de-chaussée, excellentes nouilles. Bon accueil.

🏠 ***Thumrin Hotel*** – โรงแรมธรรมรินทร์ **:** *Sathanee Rd, à deux pas de la gare, dans une grande tour moderne. ☎ 211-011.* ● *thumrin.co.th* ● Si vous devez passer une nuit à Trang, ce grand hôtel tout à fait impersonnel fera l'affaire. Chambres propres avec salle de bains, AC et TV. Rien de plus à dire.

🍴 Multitude de ***petits marchés*** aux abords de la gare : nourriture simple et bonne à prix locaux.

🍴 ***Night Bazaar*** – ไนท์บาร์ซ่าร์ **:** *derrière la Clock Tower.* Un régal pour les yeux comme pour les papilles. Grand choix de brochettes à grignoter en se promenant et plats cuisinés à déguster sur les tables derrière les stands. Goûtez notamment la salade épicée de calamars, un délice !

LES ÎLES

L'archipel offre vraiment de superbes plages, mais globalement, les hébergements n'y sont pas donnés : c'est qu'il faut tout faire venir du continent, depuis les matériaux de construction jusqu'à certains produits alimentaires.

Le plus simple, pour rejoindre les îles, est de passer par l'une des nombreuses agences de voyages de Trang. La plupart se trouvent en face de la gare des trains.

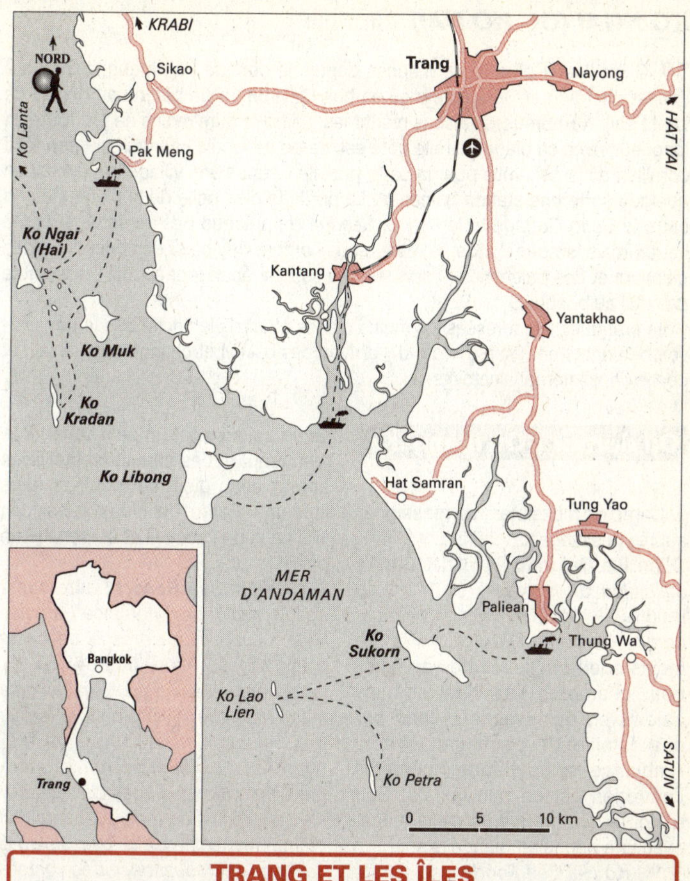

TRANG ET LES ÎLES

Leurs services et tarifs sont équivalents et incluent le minibus jusqu'à un des embarcadères. Accès aux îles facile au départ du port de Chao Mai ou de l'embarcadère de Pak Meng, au nord de Trang, ou encore du port de Kuang Tungku, par des bateaux de traversées régulières avec souvent un arrêt obligatoire à l'île de Koh Muk. Également départ du nouveau *jetty* de Trang, *Thung Klong Son* à Sikao District ; 1h de trajet.

– De novembre à avril, possibilité de rejoindre les îles de Ko Ngai, Ko Muk et Ko Kradan en bateau au départ de Lanta Yai pour environ 500 Bts le trajet. Départ de Saladan Pier (bateau *Petpailin*) à 9h, arrivée 1h après à Ko Ngai et vers 13h30-14h à Ko Muk, après être passé par Ko Kradan. Au retour, départ 13h30-14h30 selon l'île, arrivée vers 16h30 à Saladan Pier.

– Possibilité aussi de rallier les différentes îles (Ko Hai, Ko Muk et Ko Kradan en particulier) en privatisant un *long-tail boat*. Si vous êtes trois ou quatre, ça ne revient pas si cher : par exemple, 600 Bts le trajet Ko Kradan-Ko Muk.

KO NGAI (OU KO HAI) – เกาะไหง

🌴🌴 C'est l'île la plus facile d'accès depuis le port de Pak Meng, à 35 km à l'ouest de Trang en *songthaew* ou en bus (environ 1h de bateau au départ de Lanta Yai). Nombreuses liaisons maritimes. Le trajet dure moins de 1h. Toute en longueur, avec sa plage de rêve côté est, sa petite jungle intérieure, et son récif corallien au large : voilà pour la carte postale ! Aucun vrai village ici, l'île est en quelque sorte une station balnéaire. La partie la plus belle de la plage s'étend entre le *Coco Cottage* et le *Ko Hai Sea Food* : presque pas de sable à marée haute, mais lorsque l'onde se retire, sous l'ombre des pins, des cocotiers, des palmiers et des palétuviers, assis sur une souche abandonnée, cela ressemble pas mal au bonheur.
Côté pratique : les adresses les moins chères n'ont d'électricité que le soir, prévoir des bahts en réserve avant d'y arriver (pas d'ATM et change pas génial), et connexions Internet aléatoires.

Où dormir ? Où manger ?

Camping possible : se renseigner auprès des *rangers*.

Ko Hai Villa – เกาะไหงวิลล่า *: au milieu de la plage. ☎ 203-263. 📱 086-279-44-87. • kohngaivillathai.com • Compter 500-1 500 Bts.* Le moins cher de l'île. Huttes en bambou, chambres *sea view* et bungalows en dur avec AC. Tenu par une famille de pêcheurs locaux. Ambiance sympathique, même si l'entretien est un peu laxiste. Bon resto, le plus fréquenté de la plage, avec une bonne ambiance le soir.

Ko Hai Sea Food *: juste à côté du* Ko Hai Villa, *côté nord. 📱 081-367-84-97. Compter 500-1 000 Bts.* Quelques cahutes simples vraiment pas chères, basiques côté confort (eau froide, ventilo). Accueil en famille. Bon resto, essentiellement de poissons et fruits de mer, comme de juste.

Coco Cottage *: côté nord de la plage. ☎ 224-387. • cococottage.com • Ouv oct-mai. Compter 1 750-2 550 Bts avec ventilo, 3 700-4 900 Bts avec AC. Grosse réduc en basse saison.* Peut-être notre adresse préférée sur la plage : de jolis bungalows en bambou bien aménagés, avec douche à ciel semi-ouvert, vraiment coquets, dans un jardin traversé par un petit canal. Très bien tenu, et des chambres familiales appréciées : plein de mouflets dans le coin ! Resto délicieux aussi. Un vrai sens de l'accueil et du service en prime.

Paradise Resort *: côte ouest de l'île, sur la bien nommée Paradise Beach : la seule adresse de cette plage. ☎ 203-024. 📱 089-646-57-31. Accès en bateau (résa préalable) ou à pied (25 mn de marche dans la forêt) : prendre le chemin à l'arrière du* Thanya Resort *; d'abord 5 mn de montée bien raide (quelques cordes pour s'aider), puis autant de descente, avt 15 mn de marche facile (bien suivre le fléchage ! et moustiques très voraces sous les feuillages). Petites huttes 600-700 Bts.* Dans une vaste palmeraie balayée par la brise du soir. Tranquillité absolue, électricité le soir seulement : rien d'autre à faire que de regarder passer les vagues à l'abri sous le vaste toit du resto. Accueil très agréable de Malin, la patronne. On peut aussi venir simplement y passer la journée.

3-4 autres établissements sur la plage est, plus standardisés, et plus chers aussi (compter minimum 2 000-2 500 Bts, et jusqu'à 6 000-7 000 Bts). Bon, on n'a pas été très convaincus, même s'ils sont de bon confort.

KO MUK – เกาะมุก

Embarquement à Pak Meng (traversées assez fréquentes, 40 mn de navigation) pour ce petit bout de paradis, réputé pour ses coraux intacts et somptueux (que les *snorkellers* se réjouissent !). Plages ravissantes sur la côte ouest – d'où l'on voit Ko Kradan –, en particulier *Had Farang Beach,* qui offre le plus d'hébergements. La principale attraction est une sorte de tunnel nommé *Tham Morakhot* – ถ้ำมรกต (grotte d'émeraude), qui s'ouvre à l'ouest et à marée basse, pour conduire à une grande piscine de couleur bleu émeraude (évidemment !). Très très touristique, ça se bouscule le long des cordes ! Le village et le port se trouvent à l'est de l'île (à environ 4 km de Had Farang Beach), où les plages ne sont pas idéales pour la baignade, d'autant plus que la mer se retire très loin à marée basse. En revanche, l'ambiance y est plus authentique, du coup, qu'à Ko Hai ou Ko Kradan, puisque des Thaïlandais y vivent.
Tout un réseau de chemins (mi-sentier, mi-route bétonnée selon les portions) sillonne l'île, du moins la zone sud, une bonne partie du nord de Ko Muk étant classé parc naturel. À parcourir à pied, ou à moto-charrette, sorte de side-car rustique (compter environ 50 Bts le trajet Had Farang Beach-port, ou 100 Bts l'heure).

Où dormir ? Où manger ?

Sur la côte ouest, Had Farang Beach

Had Farang Bungalow – ฝรั่งบีชรีสอร์ท : *surplombe la superbe plage de Had Farang. 089-796-26-52. • kohmookhadfarang.com • Compter 650 Bts pour 2, petit déj compris.* Petites huttes sympathiques dans un vaste jardin qui descend vers la mer. Sanitaires privés (eau froide), ventilo, et bon entretien général. En plus, resto confortable et délicieux (mais pas en bord de mer), de la vraie cuisine thaïe. Accueil pro, qui se mettra en quatre pour vous satisfaire.

Ko Mook Charlie Resort : *sur la plage de Had Farang. ☎ 203-281. • kohmook.com • Compter 1 100-3 600 Bts selon confort et période, petit déj inclus.* L'endroit a tellement grossi que Had Farang Beach est parfois surnommée Charlie Beach ! Comme souvent, différents conforts, depuis la hutte sommaire en bambou avec ventilo jusqu'au beau cottage chic en dur, avec AC, TV satellite, vraie terrasse et belle salle de bains carrelée. Le tout organisé en bord de plage, dans un jardin plus ou moins paysagé, directement à l'arrivée des bateaux venant des autres îles (pratique !). Un emplacement en or, donc, mais le service se ressent de la taille du complexe... Normalement, organisent aussi des transferts 1 ou 2 fois par jour vers les autres îles, Trang ou Ko Lipe.

Perché dans les rochers en surplomb de la plage (à main gauche face à la mer), très agréable petit resto, le ***Ko Hai,*** rendez-vous incontournable au coucher du soleil. Pour siroter une bière bien fraîche ou pour un honnête petit plat thaï, à prix plus raisonnables que chez *Charlie's.*

Sur la côte est

Pratique car à proximité du port, et nettement moins cher que sur la côte ouest. Et puis on n'en est pas si loin : une petite heure de marche à l'abri des frondaisons la plupart du temps.

Koh Mook Coco Lodge : *à 5 mn à pied du port, côté nord de la pointe. 089-978-32-61. • kohmook-cocolodge.com • Tentes 300-450 Bts pour 2 pers, sacs de couchage inclus ; bungalows 700-800 Bts pour 2, petit déj inclus.* Quelques bungalows en dur, d'autres en bambou, bien espacés sous les cocotiers, et bien ventilés. Bon accueil, et idéal pour profiter de la vie locale ou choper un bateau tôt le matin.

Koh Mook Garden : *un peu au nord du port, au bord d'une petite plage. ☎ 207-816. 081-748-38-49. Bungalows 400-800 Bts selon taille.* Vraiment simplissime pour ce qui est du confort (ventilo et eau froide) et de l'entretien, mais une adresse bien locale, en surplomb de la plage, sous les arbres. Resto tout aussi local, avec vue sur la grande bleue.

KO KRADAN – เกาะกระดาน

Traversée avec escale à Ko Muk pour atteindre cette jolie petite île allongée. Au départ de Ko Lanta (Ban Saladan Pier), le bateau *Petpailin* assure la liaison de novembre à avril avec l'excursion à la journée pour environ 500 Bts. Ou prendre un *long-tail boat* de Ko Ngai ou Ko Muk pour y aller en solo – que du bonheur ! Encore une île toute en longueur, orientée nord-sud, et où seule la côte est, dans sa partie nord essentiellement, propose des hébergements. Cocotiers et hévéas sur la terre ferme, et magnifiques coraux sous la mer. Une bonne occasion de chausser les palmes (super spot de *snorkelling* à l'extrémité sud de la côté est, accessible à pied) ou de lézarder sur le sable blanc (parfois sale, cependant). Pour sortir de toute cette torpeur, microbalade à s'offrir au coucher du soleil jusqu'au *Sunset view point* (côte ouest : suivre le chemin menant au *Paradise Lost Resort,* puis encore 5 mn de sentier ; prévoir une lampe de poche pour le retour).

COMME DES POISSONS DANS L'EAU

Chaque année, à la Saint-Valentin, des couples d'Asiatiques viennent s'y marier sous l'eau, par 10 m de fond, en costume de plongeurs ! Avec plus de 30 couples depuis 1996, les mariages sous-marins de la province de Trang sont inscrits au Guinness Book des records.

Où dormir ? Où manger ?

Paradise Lost Resort : *à 10 mn à pied de la plage (large chemin fléché), dans une clairière au milieu de la forêt. 089-587-24-09 (on peut réserver par SMS). • kohkradan@yahoo.com • Dortoir « en plein air » sous moustiquaire 250 Bts/pers ; chalets en bois 2 pers 600-1 200 Bts selon taille.* Une adresse improbable qui porte bien son nom, pour s'offrir une ambiance nature en plus de l'aspect balnéaire. Confort simple (moustiquaire, eau froide, électricité en soirée), mais l'ensemble est agréable et plutôt bien tenu, et nombreux sont les voyageurs à y venir, puis à y revenir, attirés par la bonhomie de Wally, le patron, et de ses amis anglo-saxons. Bon petit resto où les soirées se prolongent...

Kradan Island Resort : *en bord de plage, le plus au nord. 081-712-77-27. • info@kradanisland.com • Huttes 2 pers 500-800 Bts selon taille et emplacement.* Le moins cher de la plage, et d'ailleurs le plus vétuste aussi. Huttes simplissimes en bambou, plus ou moins grandes, avec moustiquaire, ventilo, minibalcon et petite salle de bains réduite à l'essentiel (un tuyau et de l'eau froide, en gros). Électricité en soirée. Petit resto, ambiance décontractée... et accueil gentil : du balnéaire pour porte-monnaie de poche.

Kalume Village : *en bord de plage, entre le Sevenseas et le Kradan Island. 086-905-50-34. • kalumekradan.com • Huttes-bungalows 900-1 500 Bts.* La version bambou reste la plus exiguë et la moins chère, pendant que la version bois, plus spacieuse, offre même une petite terrasse aménagée. Eau froide, ventilo et électricité en soirée pour tout le monde, et quasi sur la plage, agréable petit resto. Un peu surestimé, d'autant que ça manque d'ombrage, mais pas désagréable.

Ko Kradan Beach Resort – เกาะกระดาน บีช รีสอร์ท *: ☎ 211-391 ou 590-270. 081-495-96-21. • kradanbeachresort.com • Compter 950-2 500 Bts, petit déj compris.* Environnement paradisiaque, huttes et bungalows en matériaux traditionnels, confort basique. Les moins chers à l'arrière, avec ventilo. Les plus chers sont les plus près de la mer, avec clim et mieux équipés. Petit resto de bonne tenue, très fréquenté en soirée. Bien retapé. Accueil correct.

Sevenseas : *en bord de la plage nord. 082-490-24-42. • sevenseasresort.com • Doubles min 6 600 Bts, petit déj inclus.* L'adresse grand luxe de l'île, dans un style minimaliste où se marient béton brut, bois et bambou (superbes salles de bains en particulier). Confort au rendez-vous, depuis les chambres (vastes lits immaculés, TV écran plat, clim, frigidaires) jusqu'à l'élégant restaurant. Belle piscine comme suspendue sur le sable. Et service au petit soin. Massages, spa, et transat à disposition. Enfin, la seule adresse de l'île à disposer de l'électricité 24h/24 !

Ao Niank : *isolé à l'extrémité sud de l'île, après le kiosque d'info des rangers du parc national. 081-891-73-79. Accessible à pied par la plage à marée basse, en bateau à marée haute.* Même si quelques bungalows se disputent sous les arbres, c'est plutôt pour le resto qu'on foule le sable doré jusqu'ici : la mer et rien d'autre que le bruit des vagues, et des plats thaïs ou des poissons à prix honnêtes. Un bout du monde, que ce bout d'île.

KO LIBONG – เกาะลิบง

Embarquement au port de Kantang (au sud de Trang ; accès en train, bus ou *songthaew*), pour la plus vaste des îles du coin. Elle abrite des espèces d'oiseaux spectaculaires et possède de très beaux coraux, où les gentils et respectueux amateurs de *snorkelling* s'en donneront à cœur joie. Quelques tortues vertes signalées de temps en temps et, plus rarement encore, des lamantins *(dugong)* débonnaires attirés par les champs d'algues alentour. Les légendes locales attribuent à leurs larmes le pouvoir de rendre amoureux. Venir impérativement avec son (sa) routard(e).

Nuits (très chaudes, donc !) au **Libong Beach Resort** – ลิบง บีชรีสอร์ท *(☎ 225-205 ; • libongbeach@hotmail.com • ; compter 350-1 200 Bts env),* ou encore au **Libong Nature Beach Resort** – ลิบงเนเชอร์บีชรีสอร์ท *(☎ 219-585 ; compter 400-1 800 Bts).*

KO SUKORN – เกาะสุกร

Embarquement au port de Paliean (à 50 km au sud de Trang ; accès en bus ou en *songthaew*) pour cette île aux allures de carte postale. Tranquille mais plages pas terribles.

➢ Excursions quotidiennes pour les îles **Ko Petra** – เกาะเภตรา et **Ko Lao Lien** – เกาะเหลาเหลียง, à quelques encablures au sud-ouest. Accès au départ du port de Paliean au sud de Trang, du port de Kradang ou de Koh Sukorn.

Sukorn Beach Bungalow – สุกร บีช บังกาโล *: résa à Trang, au 22 Sathani Rd, à proximité de la gare. ☎ et fax : 211-457 ou 207-707. ● sukorn-island-trang.com ● De 850 Bts avec ventilo à 2 200 Bts, petit déj compris.* Plusieurs types de bungalows nichés dans une plantation de cocotiers au bord de la mer.

HAT YAI (HAD YAI) – หาดใหญ่

IND. TÉL. : 074

Ville moderne et cosmopolite, la troisième du pays par sa population, Hat Yai est une étape extrêmement vivante sur la route de Malaisie. Elle dégage une atmosphère typiquement asiatique, avec sa circulation grouillante. Pour l'anecdote, Hat Yai est pompeusement surnommée dans les revues publicitaires « le petit Paris du sud de la Thaïlande » (faut tout de même pas exagérer !). Nous, ça nous fait plutôt penser à un immense bazar où l'on vend et achète de tout. Une ville calquée sur le modèle chinois : moderne, bien rangée, essentiellement commerçante et gagnée tout entière par la fièvre du shopping !

Très musulmane dans l'âme, elle se distingue aussi par une importante communauté de Chinois aux affaires pas toujours claires... C'est ici que les Malais et Singapouriens viennent « s'encanailler ». Pas mal de grandes surfaces à l'occidentale, de bars plus ou moins louches et des salons de massage à chaque coin de rue ! Il ne faut pas manquer de vous rendre aux superbes chutes d'eau de *Ton Nga Chang* (« défenses d'éléphant »). À l'ouest de Hat Yai, on peut aussi embarquer depuis Pakbara pour le parc maritime de Ko Tarutao : ensemble de cinq îles magiques et encore peu fréquentées (voir le chapitre suivant).

LES ÎLES DU SUD-OUEST

UN SUD EN ÉBULLITION

AVERTISSEMENT : ne pas confondre ce que nous appellerons « l'extrême sud-est » (Pattani, Yala, Narathiwat...) avec la région de Hat Yai.

Cela dit, depuis quelques années, la région de Hat Yai est frappée par de nombreux attentats directement liés aux troubles d'origines religieuse et ethnique qui affectent le sud de la Thaïlande. Jusqu'à présent, ceux-ci se concentraient dans les trois provinces de l'extrême sud : Yala, Pattani et Narathiwat. Ce Sud profond, peuplé à 90 % de musulmans sunnites, est ethniquement plus malais que thaï. Les habitants y parlent un dialecte spécifique, et Pattani fut longtemps le siège d'un sultanat transfrontalier, avant que la Malaisie ne devienne anglaise au début du XXe s. Les mouvements autonomistes musulmans ont engagé un bras de fer avec le gouvernement de Bangkok, qui s'est manifesté en 2007 par des jets de bombes artisanales dans des hôtels et restaurants, visant particulièrement les lieux touristiques. **Pour cette raison, nous vous déconseillons provisoirement de faire étape à Hat Yai ou de séjourner à Songkhla (où d'ailleurs beaucoup de *guesthouses* ferment, faute de clients). Comme on tient à nos lecteurs, on vous recommande de rejoindre directement la frontière malaise ou les îles du parc maritime de Ko Tarutao, où vous ne courez aucun danger.**

Arriver – Quitter

En train

Gare ferroviaire – สถานีรถไฟ : ☎ 238-005 et 234-978 (infos). Très active.

➢ **Bangkok :** 5 départs/j., dans l'ap-m. Durée du trajet : 14-17h selon les trains. Prix : 450-1 400 Bts ; les plus chers étant avec AC et couchettes. Ces trains desservent *Surat Thani, Chumphon, Prachuap Khiri Khan, Hua Hin* et *Nakhon Pathom.*

➢ **Sungai Kolok** *(vers la côte est de la Malaisie)* **:** 1 express et 1 rapide à l'aube. Trajet : 4h.

➢ **Butterworth** *(côte ouest de la Malaisie ; correspondance pour Penang)* **:** 1 express/j., tôt le mat ; 5h de trajet. Le passage de la frontière se fait sans problème.

➢ **Kuala Lumpur** *(sud-ouest de la Malaisie)* **:** 1 express/j., à 14h50. S'arrête à Butterworth. Trajet : 14h.

En bus

Pour les mêmes destinations, les bus se prennent soit au ***terminal des bus*** *(City Bus Terminal)*, soit à la station située près du marché sur Phetkasem Rd, non loin de la *Clock Tower.* Tous les bus démarrent du terminal principal et marquent ensuite un arrêt à l'autre station. Infos : ☎ 232-404.

➢ **Bangkok :** 9 départs/j. (bus n°s 992 et 982), 7h-20h, dont 2 bus plus confortables (VIP) dans l'ap-m. Durée : 14-16h de trajet. Prix : 550-830 Bts.

➢ **Phuket :** bus ttes les 30 mn, env 7h30-13h, puis un dernier à 21h30. Également des minibus et microbus de compagnies privées.

➢ **Ko Samui :** 2 bus/j., à 8h et 10h40 (bus nº 729). Durée : 7h de trajet avec passage en ferry. Également 10 départs/j., jusqu'à 16h30, pour *Surat Thani* (bus nº 490).

➢ **Krabi :** 1 bus avec AC (nº 443) en fin de matinée. Les bus pour Phuket peuvent aussi s'y arrêter ; se renseigner. Trajet : 5h.

➢ **Trang :** bus ordinaires orange (nºs 450 et 495) ttes les 45 mn, env 5h-16h45. Durée : 3-4h.

➢ **La Malaisie :** seules les compagnies privées assurent la liaison. Renseignez-vous sur les horaires et réservez au moins la veille auprès d'une agence de voyages.

➢ **Butterworth et Penang :** au moins 3 départs/j., en bus ou minibus AC. Trajet : env 3h30.

➢ **Singapour :** au moins 1 départ/j. en bus AC. Trajet : 13h.

➢ **Kuala Lumpur :** au moins 1 départ/j. en bus AC. Trajet : 9h.

En avion

✈ **Hat Yai Airport :** ☎ 251-008. Pour s'y rendre, les *songthaew* sont lents (environ 1h30 à cause des arrêts) mais restent les moins chers. *Thai Airways* (☎ 238-452) propose un service de minibus au départ de leurs bureaux en ville ; un peu plus cher mais plus rapide ; jusqu'à 7 transferts/j. Sinon, taxi.

➢ **Bangkok (Suvarnabhumi) :** *Thai Airways* assure 4 liaisons/j., plus une rotation avec *Singapour* (pas direct, transit par Bangkok, pas le bon plan). *Air Asia* propose 5 vols/j.

➢ **Bangkok (Don Muang) :** *Nok Air* (compagnie *low-cost*) affrète plusieurs rotations.

➢ **Phuket :** 1 vol/j. avec *Happy Air.*

LE PARC MARITIME DE KO TARUTAO – อุทยานแห่ง ชาติตะรุเตา

IND. TÉL. : 074

Cet archipel de 51 îles égrenées dans la mer d'Andaman à la frontière avec la Malaisie est une destination touristique en plein développement.

Les routards en quête de plénitude, de nature et d'eaux azurées commencent à investir les lieux, en particulier l'île de Ko Lipe. Comme on les comprend ! C'est l'une des étapes les plus belles et les plus reposantes de toute la côte sud ! Patrimoine mondial de l'Unesco, l'archipel a su, jusqu'à ce jour, préserver sa beauté sauvage et les nombreuses espèces animales résidentes contre les tentatives de développement anarchique. Évidemment, ni banque ni petits commerces à l'intérieur de l'archipel (ou si peu). Penser à prendre de l'argent liquide et éventuellement quelques provisions avant d'embarquer au port de Pakbara (140 km à l'ouest de Hat Yai), où l'on peut aussi louer et acheter du matériel de camping – idéal pour bivouaquer sur Ko Tarutao, par exemple. Un gros coup de cœur pour cet endroit qui, espérons-le, saura encore longtemps passer au travers des gouttes... de béton.

Arriver – Quitter

Rejoindre Pakbara...

➢ ***Depuis Hat Yai :*** prendre les minibus privés climatisés, en face de la gare ferroviaire. Départs ttes les heures 6h-16h30 ; durée du trajet : presque 2h. Très pratique. Le bateau attend en principe l'arrivée du bus de 9h. Calculer en conséquence votre arrivée à Hat Yai (train ou bus de nuit). Autre moyen : le bus ordinaire (et pittoresque !) n° 732 au départ de la *Clock Tower,* ttes les heures, env 7h-16h (3h de trajet, bon marché). Lors de votre retour à Pakbara, vous n'aurez aucun mal à trouver un minibus, pick-up, taxi ou autre pour retourner à Hat Yai ou ailleurs.

➢ ***Depuis Trang :*** bus et *songthaew* au départ pour Langu. De là, des *songthaew* continuent jusqu'à Pakbara. Liaison directe grâce aux minibus des agences de voyages.

➢ ***Depuis les îles au sud de Ko Lanta (Ko Muk, Ko Ngai, etc.) :*** en hte saison, des bateaux assurent les liaisons régulières avec Ko Bulon, Ko Lipe, tels *Tigeron Line* ou *Satun Pakbara Speed Boat* (plus chers mais rapides). Pour rejoindre Tarutao, passage par Pakbara obligatoire.

... et puis larguer les amarres !

Plusieurs liaisons/j. nov-mai. Tous les bateaux partent de ***Pakbara Pier,*** sauf ceux à destination de Langkawi (en Malaisie), qui larguent les amarres de ***Tammalang Pier.***
Pour rallier les îles, vous aurez le choix entre le bateau ordinaire avec *Adang Sea Tour (☎ 783-338)* et le *speed-boat* avec *Satun Travel (☎ 730-511).* Pour quelques bahts de plus, l'agence *Andrew Tour (☎ 783-459 ; 📱 081-897-84-82)* organise le transfert en minibus entre les principaux hôtels de Hat Yai et l'embarcadère principal.
Attention : les bateaux sont rarement ponctuels ; la faute aux aléas météo et aussi, il faut l'avouer, à de fréquents retards à l'allumage. Toujours prévoir une bonne heure de battement par rapport aux horaires que nous indiquons. Les horaires et tarifs changent souvent sans préavis : se renseigner.

➢ ***Ko Tarutao :*** compter 1h-1h30 de trajet en bateau ordinaire et 30 mn en *speed-boat.* Pour le 1er, un bateau quotidien à 11h, puis un autre à 13h30 qui continue sur Ko Lipe ; retours vers 11h et 12h30. Le *speed-boat* part quant à lui à 11h30 ; retour vers 10h30 ou 11h. Dans les 2 cas, on paie autour de 250 Bts l'aller simple et 400 Bts l'A/R.

➢ ***Ko Adang et Ko Lipe :*** env 3h de navigation. Des bateaux se rendent tlj à 10h30 (via Ko Bulon) et 13h30 (via Ko Tarutao) sur ces 2 îles. Ils n'accostent ni à Lipe ni à Adang : le transfert s'effectue en *long-tail boat*. Retours depuis Lipe à 9h (via Tarutao) et 14h (via Bulon). À partir de 500 Bts le trajet simple, 900 Bts l'A/R.

➢ ***Ko Bulon Lae :*** lire plus loin le chapitre consacré à cette île.

➢ ***Entre les îles :*** il est possible de profiter des liaisons avec escales pour relier Lipe à Bulon (bateau à 14h) ou Tarutao à Lipe (bateau vers 12h et 14h30). En revanche, impossible de faire Tarutao-Bulon sans repasser par Pakbara ou par Ko Lipe.

– Pour débarquer et embarquer sur ces îles, il faut utiliser les *long-tail boats* : vous aurez à vous délester de quelques billets verts. Le prix va de 20 Bts pour Tarutao à 40 Bts pour Lipe. Tout ça pour quelques malheureux mètres !

➢ ***Vers Langkawi** (Malaisie) **:*** départs du port de Tammalang à 9h, 13h et 16h. Retours vers la Thaïlande à 8h30, 12h30 et 15h30. Env 250 Bts l'aller simple.

Si vous avez raté le bateau

🏠 🍴 Pas de panique ! Il existe plusieurs bungalows et *guesthouses* pas loin de l'embarcadère. On signale notamment le ***Diamond Beach Resort*** – ไดมอนด์บีชรีสอร์ท, qui loue des bungalows en bois propres et assez confortables, plutôt bon marché. Ils font aussi resto et ont installé quelques tables sur une terrasse couverte qui donne sur la mer. Accueil familial et chaleureux. Si vous êtes un peu juste pour aller prendre le bateau, le patron vous y conduira sûrement en side-car ! Plages, hélas, très polluées.

🍴 Sinon, sur la route qui mène au quai, pas mal de petites ***épiceries*** où l'on conseille de faire quelques courses avant de cingler vers Ko Tarutao ou Ko Adang, où tout est plus cher. Également plusieurs ***stands de nourriture locale*** et des ***restos plus touristiques.*** On aime bien la cantoche des marins-pêcheurs, à droite près du quai. Plats variés, pas chers et simplement bons, à choisir dans des gamelles impeccables.

Quand y aller ?

Pendant la mousson, de mi-mai à début novembre, aucune liaison régulière avec les îles. Du fait des orages fréquents, peu de pêcheurs prennent la mer. D'ailleurs, à cette même période, les restos sont tous fermés. Le reste de l'année, pour échapper à la foule, éviter si possible les périodes de fêtes (toutefois, rien à voir avec Phuket ou Ko Phi Phi).

KO TARUTAO – เกาะตะรุเตา

Une mer bleu azur, du sable clair à perte de vue, une exubérante forêt vierge et ses bestioles sauvages ; et puis personne, personne sauf vous et une poignée d'autres curieux... Une illusion, nous direz-vous ! Pas tout à fait. Avec ses 26 km de long sur 11 km de large, Tarutao vous offre encore l'occasion de goûter à la grisante solitude des paradis perdus.

L'ÎLE DU DIABLE

De tout temps refuge des pirates de la mer d'Andaman (qui sait s'il n'en reste pas un caché, derrière un rocher ?), l'île de Tarutao servit de prison pour les grands criminels thaïlandais et de bagne pour les opposants politiques jusqu'en 1945. Aujourd'hui, protégée de l'appétit des promoteurs, elle semble avoir l'éternité devant elle pour digérer ce lourd passé.

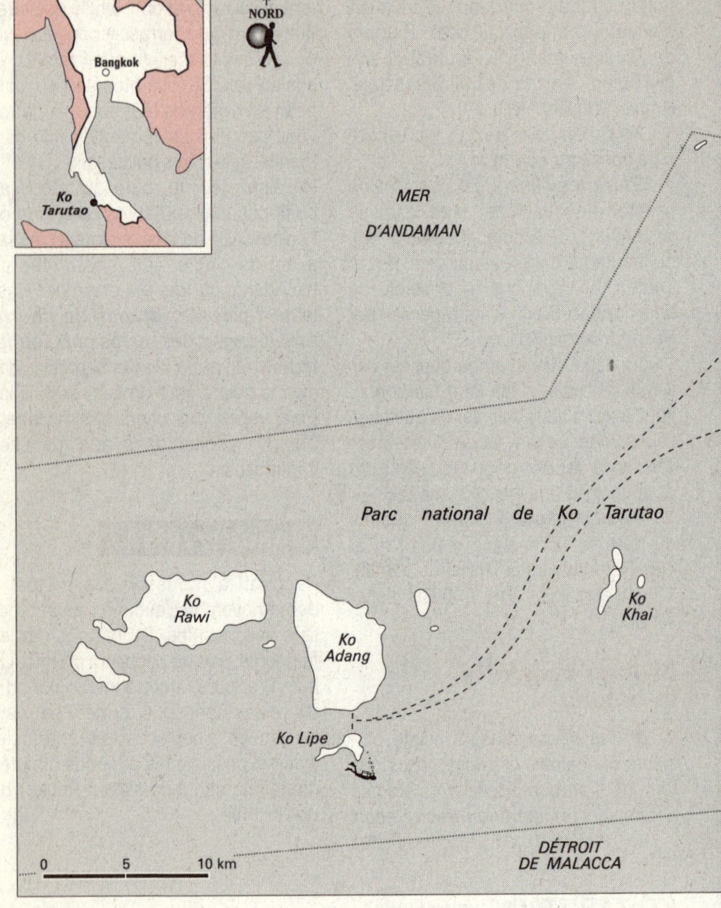

Adresse et infos utiles

■ ***Administration Office :*** *☎ 02-562-07-60 (à Bangkok) ou 783-485. Fax : 783-597.* ● *dnp.go.th* ● Pour l'hébergement dans les parcs nationaux, voir la rubrique « Hébergement » dans « Thaïlande utile » en début de guide. En cas d'urgence sur place, contacter la police de « sauvetage des touristes » (sic !) : *☎ 711-194.*

– ***Droit d'entrée :*** 400 Bts, à payer à l'entrée du parc ; valable durant tout votre séjour sur les îles de l'archipel – à condition de ne pas sortir de l'enceinte des zones *National Park,* sinon il faut repayer.

– Possibilité de louer des vélos.

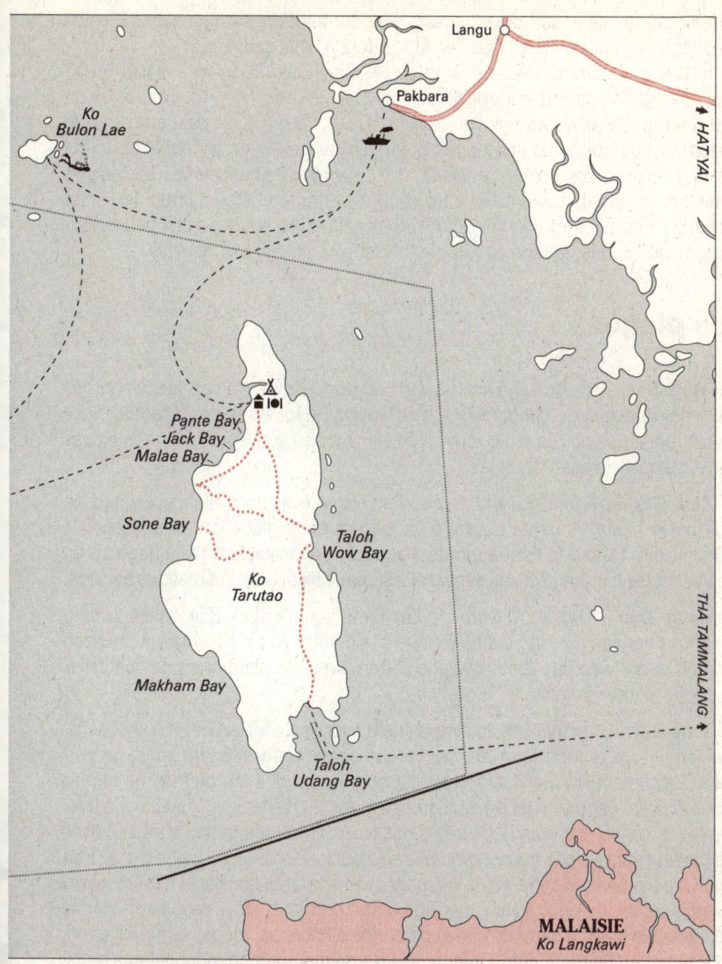

LE PARC MARITIME DE KO TARUTAO

Où dormir ? Où manger ?

Les ***infrastructures d'accueil,*** gérées par les fonctionnaires du parc, sont regroupées autour de Pante Bay, au nord-ouest de l'île. Ça va du camping (150 Bts pour 2 personnes) au bungalow avec ventilo et salle de bains (800 Bts la chambre double) en passant par la formule *long house* en bambou (500 Bts la chambre). La *long house* est une série de petits dortoirs à 4 lits, avec ventilo et salle de bains à l'extérieur. Tout est très propre et bien entretenu, mais le confort reste basique et les lits sont durs comme du bois. Eau froide, électricité de 18h à minuit. Il est conseillé d'apporter sa propre tente (mais vous pouvez aussi en louer une, soit au *Head Quarter* à Pante Bay, soit sur la plage de Sone Bay), car ça vous offre l'opportunité unique de bivouaquer sur les plages les plus isolées de l'île (dans ce cas-là, prévoyez vos vivres depuis le continent, si possible avant Pakbara, le choix y étant limité). Certains vont jusqu'à bricoler une cabane de fortune ou dorment dans un hamac... C'est le retour à l'état sauvage !

Café de Tarutao – คาเฟ่เดอตะรูเตา : *tlj 7h-14h, 17h-21h. Tt à moins de 100 Bts.* Vous n'aurez pas l'embarras du choix, un seul resto en tout et pour tout à proximité des bungalows. Cuisine plus que correcte et staff sympa. Fruits de mer, riz sauté, soupes à prix très raisonnables. Petit déj pas mauvais.

Les plages

Pante Bay – อ่าวปันเต *(1,5 km)* **:** à partir du port, elle s'étale vers le sud, bordée à l'est par le village de bungalows et des feuillus de toutes sortes. C'est la plage la plus fréquentée de l'île, mais tout est relatif : en pleine saison, à peine quelques serviettes qui fleurissent ici et là.

Jack Bay – อ่าวแจ๊ค *(0,8 km)* **:** au sud de Pante Bay, dont elle n'est détachée qu'à marée haute. À marée basse, on accède à cette plage par un passage de 150 m à gué. Quand la marée monte, l'accès n'est possible qu'à la nage ou en escaladant les rochers gréseux séparant les deux baies. Solitude presque assurée.

Malae Bay – อ่าวมาเล *(0,6 km)* **:** à l'extrême sud de Jack Bay, suivre le ruisseau qui s'engage vers la gauche à travers la mangrove ; le traverser. À l'horizon apparaît déjà Malae Bay après quelque 200 m, avec ses plantations de cocotiers. On peut y planter sa tente.

Sone Bay – อ่าวสน *(3 km)* **:** suivre le chemin longeant Malae Bay sur la gauche. Rapidement, ça grimpe à travers la forêt vierge pour redescendre en fin de parcours. Le chemin est bien balisé tout du long. Au total, 4 km de marche depuis Malae ; 7,5 km depuis le départ, soit grosso modo 2h de marche. Juste avant destination, le sentier traverse deux petits ruisseaux alimentés toute l'année, puis le chemin part sur la droite pour rejoindre le seul bungalow de Sone Bay *(Ranger Station).* C'est là que réside le garde forestier avec sa petite famille à l'extrême nord de la plage. Ici, on peut aussi louer une tente, grignoter et se désaltérer. Vers le sud, du sable blanc à perte de vue et personne à l'horizon : dépaysement garanti. De décembre à février, c'est ici que les tortues de mer viennent pondre leurs œufs. La chance ne nous a malheureusement pas souri. Tant pis, vous nous raconterez...

➢ Il y a aussi une belle petite ***rando*** à faire vers une cascade à 3,5 km de la plage. La balade est bien balisée, mais attention, malgré la courte distance, l'aller-retour nécessite au moins 3h de marche et de grimpette dans les rochers.

Côté pratique, si vous voulez passer la nuit (c'est l'idéal, le coucher de soleil y est sublime), négociez, avec le garde, un riz fait maison pour le dîner et n'hésitez pas à apporter de la nourriture.

Makham Bay – อ่าวมะขาม *(1 km)* **et *Taloh Udang Bay*** – อ่าวตะโละอุดัง *(2 km)* **:** tout au sud de l'île, ces deux plages sont inaccessibles à pied. Seule solution : louer les services d'un *long-tail boat* à partir du port. Taloh Udang restera célèbre à jamais pour avoir reçu, entre 1939 et 1945, bon nombre d'opposants au régime nationaliste de Phibun. Lors de notre passage, nous y avons vu batifoler des dauphins rigolards ! À l'horizon, les gratte-ciel de Ko Langkawi ; sans commentaire...

Taloh Wow Bay – อ่าวตะโละวาว **:** l'accès y est facile pour les bons marcheurs via la seule route de l'île, mais le parcours en plein soleil est assez éprouvant (10 km aller à partir de Pante Bay). Unique plage (rocheuse) orientée sur le côté est de l'île, elle servit longtemps de geôle aux plus dangereux prisonniers thaïlandais.

À voir. À faire

Le musée-diaporama : *avt le resto, sur la gauche.* Modeste expo sur la géographie et l'histoire de Tarutao, carte en relief à grande échelle, photographies, description des espèces sauvages locales... Séance-diaporama du lundi au mercredi vers 20h, dans un bâtiment voisin. Assez intéressant. Quelques commentaires en anglais.

Toh-Boo : à partir des bureaux administratifs du parc, un sentier grimpe au sommet de la colline Toh-Boo, à 114 m. Environ 15 mn de marche dans la forêt, l'occasion de sympathiser avec la faune de l'île (notamment les singes et les écureuils volants). De là-haut, superbe panorama sur la côte ouest. Par temps clair, on aperçoit Ko Adang et Ko Lipe (tout à gauche), à quelque 40 km, et Ko Bulon Lae (tout à droite).

La grotte des Crocodiles – ถ้ำจระเข้ **:** du port, on aperçoit sur la droite un canal naturel *(Malaka Canal)* qui s'engouffre à l'intérieur des terres à travers une épaisse mangrove. Celui-ci conduit, après un peu plus de 1 km, à une caverne qui tenait jadis sa réputation de ses féroces crocodiles (brrr !). Néanmoins, ceux-ci semblent avoir disparu de l'île depuis 1974, date à laquelle remonte leur dernière observation. Balade très intéressante ; prévoir une torche pour la grotte. Le bateau en entier revient à environ 400 Bts ; se grouper avec d'autres. Renseignements auprès des rangers.

KO LIPE – เกาะหลีเป๊ะ

Entourée de belles plages de sable blanc et d'un récif magnifique, cette petite île plate comme une crêpe est devenue essentiellement touristique et mercantile. Mais elle nous plaît quand même, c'est dire si elle est belle ! Ko Lipe tient avant tout son originalité de sa communauté de pêcheurs, les *Moken* ou *Chao Lay* en thaï, des « gitans de la mer » dont les origines sont mal connues encore aujourd'hui.

DESTINÉE HOULEUSE

Forts, les cheveux raides légèrement rougeâtres, les yeux d'un bronze intense, les Chao Lay ont leur propre langue et sont liés à la mer corps et âme, comme en témoigne leur rituel de la « Loy-Rua ». Celui-ci consiste à offrir à la mer un bateau chargé symboliquement des péchés des villageois. Si par malheur l'océan vient à le rejeter vers la côte, le pire est à craindre pour ces marins, soudain pris sous le joug de la fatalité (mauvaises pêches, accidents en mer...).

Infos utiles

➢ ***Accès :*** voir « Arriver – Quitter » plus haut. Pas de port. Ko Lipe est entourée de récifs de corail, les eaux alentour sont d'ailleurs très peu profondes. Les passagers sont débarqués à l'aide de *long-tail boats* à fond plat dont les proprios sont de fieffés

filous. Novembre-avril, un bateau local assure la liaison directe au départ de Ko Muk jusqu'à Ko Lipe : départ de Ko Muk *(Charlie Beach Resort)* à 14h30 ; environ 2h30 de trajet pour 1 250 Bts. Retour au départ de Ko Lipe pour Ko Muk à 9h. Possibilité au retour de prolonger sur Ko Lanta pour 1 950 Bts.
– ***Internet*** et ***téléphone international*** sont disponibles sur l'île mais à des tarifs franchement prohibitifs. Pas de banque, mais les hôtels sont habitués à faire le ***change.***

Où dormir ? Où manger ?

Il y a désormais une quinzaine de *resorts* en tout genre sur tout le pourtour de l'île. Sur Lipe, une chambre double n'excède pas 1 500 Bts, à part pour les deux *resorts* de bonne catégorie qui ont déjà vu le jour sur Pattaya Beach : le ***Bundhaya Resort*** *(● bundhayaresort.com ● ; jusqu'à 3 900 Bts)* et l'hôtel ***Sita Beach Resort & Spa*** *(● sitabeachresort.com ● ; jusqu'à plus de 5 000 Bts).*

Sur la côte nord et nord-est

De bon marché à prix moyens (de 250 à 1 000 Bts – 6,25 à 25 €)

Porn Resort – พร รีสอร์ท ***:*** *au nord-ouest de l'île. Pas de tél.* Bungalows bon marché en bois et bambou tressé, et également possibilité de louer une tente (avec matelas !) que l'on plantera pile-poil devant l'océan ! Chambres et sanitaires assez propres. Calme, joli paysage alentour. La table est bonne, pour ne pas dire excellente ! Une bonne adresse routarde.

Andaman Resort – อันดามัน รีสอร์ท ***:*** *juste à côté du village, au nord-est de l'île. ☎ 728-017. 081-898-43-35.* Sur la plus belle et la plus tranquille des plages, entre une cocoteraie et une minipinède, voici un assez gros village de bungalows en bois. Il y en a pour tous les goûts et pour toutes les bourses, de la cabane spartiate et étriquée au chalet climatisé avec terrasse et vue sur le large. Totalement calme, avec un « plus » : la proximité du village, qui rend l'endroit vivant et authentique. Au resto, des plats thaïs plutôt bons. Bonne ambiance populaire. Seul bémol : l'accueil un brin commercial.

Plus chic (de 1 300 à 3 500 Bts – 32,50 à 87,50 €)

Mountain Resort – เม้าเทนน์ รีสอร์ท ***:*** *au nord-est, à côté d'Andaman Resort. ☎ 728-131. 089-738-45-80. ● mountainresortkohlipe.com ●* 3 catégories de bungalows : ventilé (bambou et toit de tôle verte), avec AC, ou « VIP » (ça nous fera toujours rire, comme expression, surtout pour un chalet en bois !). Le charme de cette adresse réside dans sa situation, en surplomb de la mer et les yeux dans les yeux avec l'île d'Adang. Belle vue depuis le resto. Calme, avec un joli bout de plage en contrebas. Dispose de ses propres bateaux pour les excursions.

Plage de Pattaya – côte sud

La longue plage de Pattaya, au sud, concentre la plupart des restos et des bars, d'où pas mal de monde et une certaine promiscuité.

Pattaya 2 Resort – พัทยา 2 รีสอร์ท ***:*** *à l'extrémité ouest de la plage, à flanc de roche. ☎ 728-034. 089-464-83-37.* Bungalows de styles très variés, posés sur pilotis et s'intégrant de leur mieux dans le paysage rocailleux. Les plus chers (à prix moyens) font face à la mer ; les autres, plus rustiques mais néanmoins propres, possèdent une douche froide et des w-c

LES ÎLES DU SUD-OUEST

à la turque. Calme, un peu au-dessus de la mêlée. Resto et bar. Quant à la plage, elle est bien jolie mais peu propice à la baignade : très peu de fond, nombreux bateaux à moteur, et en plus, des oursins avec des piquants longs comme ça !

– Évitez les bungalows de *Lee-Pae Resort,* le plus cher et le plus en vue de Pattaya, où les *long-tail boats* débarquent souvent en premier. C'est vraiment très sale et cher pour pas grand-chose.

– ***Family restaurant*** – ร้านอาหารแฟมิลี่ *: au milieu de Pattaya Beach. Repas moins de 100 Bts.* Consiste en une simple terrasse couverte posée sur la plage. On y mange à très bon compte une cuisine locale savoureuse.

– Le soir, ça vire à la ***barbecue party*** sur toute la plage ! Presque tous les restos s'y mettent. Poisson, brochettes, etc. Extra.

Où boire un verre ? Où sortir ?

Jack's Jungle Bar – แจ๊คส์ จังเกิ้ลบาร์ *: au beau milieu de l'île, en pleine jungle ! Accès fléché depuis le* Porn Resort *ou le village* chao lay. *Ouv en soirée ; fermeture... à l'aube, s'il le faut !* À notre avis le meilleur endroit de l'île pour descendre une mousse, papoter avec les habitués ou jouer au billard. Tenu par des moniteurs de plongée occidentaux, il est fréquenté par tous les gens « *aware* » de Ko Lipe. Excellente musique et ambiance conviviale.

À voir. À faire dans les environs

➢ Balades sympas d'une plage à l'autre. Plusieurs sentiers traversent l'île de part en part. Sinon, quel bonheur de nager dans l'eau transparente ! Également quelques récifs coralliens au large de la plage de *Se Pattaya* et au large du *Porn Resort.*

Plongée en apnée : **bien se renseigner, des mesures de protection des fonds marins (janvier 2011) interdisent certaines plongées.** Les plus beaux récifs coralliens sont situés autour de *Ko Kra* (facilement reconnaissable à son palmier solitaire), à 500 m au large de Ko Lipe, côté est, *Ko Jabang* (5 km en direction de Ko Rawi) et surtout *Ko Yang* (3 km supplémentaires vers Ko Rawi). L'idéal est de se regrouper pour louer un bateau à la journée ou à la demi-journée. Location de masques et de tubas. *Snorkelling* facile et riche en rencontres colorées. Certainement l'un des derniers sanctuaires de vie marine encore appréciables en Thaïlande et ne souffrant pas trop, pour l'instant, des affres de la fréquentation touristique. Surtout, ne touchez à rien ; vous pourriez casser le corail, déranger la faune et le regretter douloureusement !

Pour vous lancer dans la ***plongée avec bouteilles,*** Ko Lipe est un endroit rêvé. Attention, parmi la demi-douzaine de centres de plongée de l'île, tous ne sont pas recommandables. Nous vous conseillons en particulier :

■ ***Sabye Sports*** – สบาย สปอร์ต *: juste à côté du* Porn Resort. ☎ *728-026.* 📱 *089-464-58-84.* • *sabye-sports.com* • Un centre très sérieux, fonctionnant avec des instructeurs européens. Formation *PADI* de qualité. Jetez un œil sur leurs promotions du moment.

➢ À proximité de Ko Jabang, faire un petit détour de 1 km par ***Ko Hin Ngam*** – เกาะหินงาม (littéralement « l'île aux belles pierres ») pour observer ses plages couvertes de galets au poli incomparable. En revanche, résistez au plaisir d'en rapporter en souvenir, tout le monde vous dira que ça porte malheur.

KO ADANG – เกาะอาดัง

Jadis réputée pour la beauté de ses fonds coralliens, elle n'offre plus aujourd'hui aux plongeurs que quelques récifs dégradés. Naturellement, on pense à la pêche à la dynamite et aux traces indélébiles qu'elle laisse derrière elle. Mais il semblerait que le vent soit aussi à l'origine de ces dégradations (par les transports sableux dont il est la cause). Toutefois, Ko Adang a encore beaucoup à offrir avec son relief montagneux (points de vue plongeants sur les îles voisines de l'archipel), ses épaisses forêts vierges et ses cascades, où les pirates du coin venaient se ravitailler *(Pirats Waterfall).* Également quelques villages de pêcheurs *chao lay* (la plupart ont toutefois émigré vers Ko Lipe). Réservé aux voyageurs déterminés et avides d'horizons sauvages.
Enfin, si vous n'y faites qu'un rapide passage, l'excursion jusqu'au sommet vaut le détour : vue magnifique sur les îles environnantes, notamment Ko Lipe, entourée d'un halo d'eau turquoise.

Infos utiles

➢ ***Accès :*** voir « Arriver – Quitter » au début du chapitre sur le parc maritime de Tarutao. On débarque au sud de l'île, au niveau du quartier général (Laem Son). En outre, possibilité de passer de Ko Lipe à Ko Adang à tout moment (moins de 2 km les séparent) en *long-tail boat.* Pas trop cher.
– ***Hébergement et nourriture :*** se reporter à la rubrique « Où dormir ? Où manger ? » à Ko Tarutao, plus haut. Camping et bungalows sur le même modèle, aux mêmes prix.

KO BULON LAE – เกาะบุโหลนเล

IND. TEL. : 075

Située au sein du parc maritime de Mu Ko Phetra, à une quinzaine de kilomètres au nord de Tarutao, la petite île de Bulon Lae vous offre la perspective de vacances paisibles dans un environnement enchanteur (sable fin, coraux et forêt luxuriante). Une île très prisée par les familles et les gens tranquilles. Meilleur moment pour s'y rendre : de janvier à avril. Le reste de l'année, les liaisons maritimes sont beaucoup moins fréquentes.

Arriver – Quitter

➢ Au départ de ***Pakbara*** (port d'embarquement principal pour les îles, voir plus haut). De mi-nov à mi-mai, bateau tlj à 10h30 et 15h à destination de Ko Bulon Lae. Compter 250 Bts pour 1h30 de trajet. Retour vers Pakbara à 10h et 16h.

➢ Liaison avec ***Ko Lipe*** par le ferry Pakbara-Bulon-Lipe, qui dessert Bulon à la mi-journée ; 2h de bateau, 350 Bts le billet.

➢ Également, possibilité de départ de ***Ko Lanta,*** en *speed-boat* (compagnie *Satun Pakbara Speed Boat*) ; départ de Saladan Pier à 13h, arrivée vers 16h à Ko Bulon Lae après passage à Ko Muk. Compter 900 Bts/pers.

Où dormir ? Où manger ?

De bon marché à prix moyens (de 250 à 1 000 Bts – 6,25 à 25 €)

🏠 🍽 ***Koh Bulon School*** – โรงเรียนบ้านเกาะบุโหลน (เล) **:** 📱 *089-976-45-21.* C'est l'école de l'île. Une poignée de bungalows simples, propres et très bon marché, tenus par l'institutrice du village. À l'intérieur, ventilo, douche froide, moustiquaire. Attention, le soleil tape fort sur les toits de tôle, mais vous n'êtes probablement pas venu ici pour rester enfermé toute la journée ! Excellent esprit. En plus, la maîtresse est d'une gentillesse débordante !

🏠 🍽 ***Marina Resort*** – มารีน่ารีสอร์ท **:** *face au débarcadère, derrière l'école. ☎ 728-032. • marina-kobulon.com • Bon marché.* Beaux chalets tout en bois, avec douche froide, ventilo et moustiquaire, rustiques dans le bon sens du terme. C'est « ma cabane au Canada » version tropicale ! Vraiment un bon deal. Accueil sympa. Au resto, cuisine thaïe pas chère.

🏠 🍽 ***Bulon Resort*** – บุโหลนรีสอร์ท **:** *à l'extrémité nord de Bulon Beach, après l'école. 📱 081-897-90-84.* Les bungalows les moins chers sont plus que rudimentaires, puisqu'il n'y a dedans qu'un lit surmonté d'une moustiquaire. Les plus chers (prix moyens) sont flambant neufs, spacieux, avec douche froide et ventilateur. Accueil et ambiance très positifs. Resto pas terrible, en revanche.

🏠 ***Panka Resort*** – ปันการีสอร์ท **:** *plus loin vers l'ouest, après le dernier village de pêcheurs. 📱 081-990-22-37.* Quelques bungalows équipés de douches et w-c sommaires, loués par les habitants traditionnels de l'île, le long de Panka Yai Bay. Une saveur de bout du monde face à cette plage atypique mais ô combien belle ! Idéal pour partager la vie du village et mieux comprendre la culture *chao lay.*

🍽 Autour du village *chao lay,* plusieurs restos locaux pour manger sain et pas cher.

Un peu plus chic (de 1 000 à 2 000 Bts – 25 à 50 €)

🏠 🍽 ***Pansand Resort*** – พันแซนด์รีสอร์ท **:** *200 m à gauche du débarcadère. ☎ 218-035. 📱 081-397-08-02. Fax : 211-010. Résa obligée pdt les fêtes locales.* Un village de bungalows très organisé, proposant un confort correct, bien que les prix soient nettement surévalués. Salle de bains (eau froide) et ventilo. Attention, les bungalows ne sont pas équipés de moustiquaires ! Attitude typique des hôtels un peu chers, qui semblent croire que le prix élevé des chambres éloigne les moustiques. Signalons malgré tout le resto, bon et pas si cher que ça, et enfin l'accueil souriant et le jardin soigné en bord de plage.

Les plages

⛱ ***Bulon Beach*** – หาดบุโหลน **:** à l'ouest de Ko Bulon Lae. La plus grande et la plus belle. Eau limpide, coraux et poissons multicolores, sable jaune crème. Magnifiques couchers de soleil.

⛱ ***Mango Bay*** – หาดมังโก **:** au sud de l'île, accès via les villages de pêcheurs près de Panka Noi Bay, par un sentier sur la gauche. Pas plus de 15 mn de marche. Petite plage de sable fin (pas toujours très propre) bordée d'un village de pêcheurs fort accueillant. Comme précédemment, eau claire et coraux à faible distance de la côte. Essayez de convaincre les pêcheurs de vous emmener jusqu'à *Bat Cave,* la « grotte aux chauves-souris », un peu à l'ouest de la plage.

Panka Noi Bay et Panka Yai Bay – หาดปันกาน้อยแล ะหาดปันกาใหญ่ **:** au nord de l'île. Coin à visiter pour ses villages *chao lay* (ne pas manquer la pause-fumerie en milieu d'après-midi, vous verrez ces costauds s'époumoner avec une pipe de bambou) et ses deux plages de granite, grès et latérite réunis. Végétation de mangrove, socle aux découpes originales. Attention toutefois à la chute, on en a personnellement fait les frais en voulant visiter *Nose Cave* (roche glissante et très tranchante par endroits).

Où plonger ?

Bien se renseigner : **des mesures de protection des fonds marins (janvier 2011) interdisent certaines plongées.**

Autour de Ko Bulon Lae : *le long de la grande plage et de Mango Bay.* Bancs de coraux souples, accessibles aux bons nageurs. Location de matériel au *Pansand Resort.*

White Rock : *au sud de Ko Bulon Lae.* Pas de prix fixe, ça dépend surtout de la pêche du matin. Pour ceux qui souhaitent plonger parmi les récifs coralliens, une excursion en bateau s'impose vers White Rock. Possibilité de passer par un des *resorts,* quoique la meilleure solution (et la moins onéreuse) consiste à aller directement au-devant des pêcheurs.

les ROUTARDS sur la FRANCE 2014-2015

(dates de parution sur • ***routard.com*** •)

DÉCOUPAGE de la FRANCE par le ROUTARD

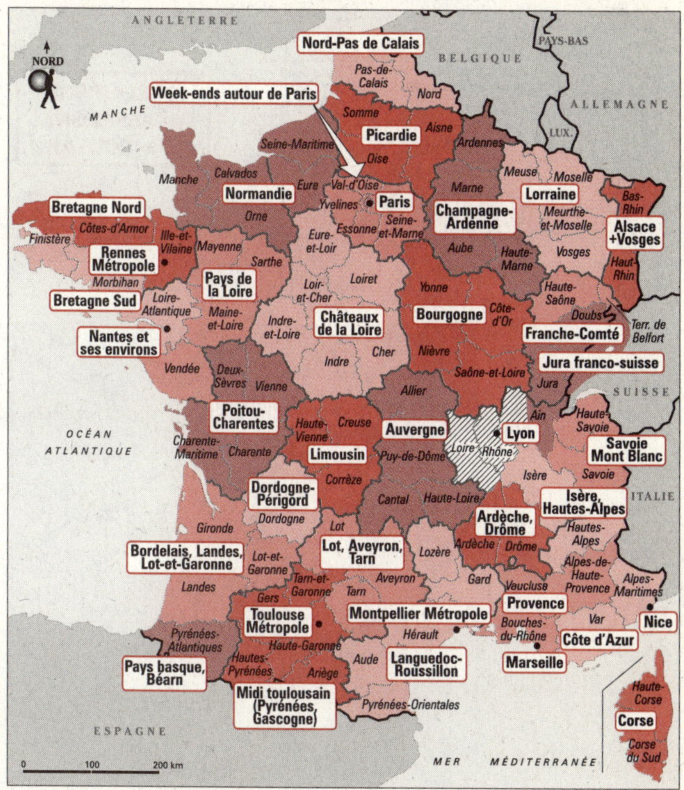

Autres guides nationaux

- Les grands chefs du routard
- Nos meilleures chambres d'hôtes en France
- Nos meilleurs campings en France
- Nos meilleurs hôtels et restos en France
- Nos meilleurs sites pour observer les oiseaux en France
- Tourisme responsable

Autres guides sur Paris

- Paris
- Paris à vélo
- Paris balades
- Restos et bistrots de Paris
- Le Routard des amoureux à Paris
- Week-ends autour de Paris

les ROUTARDS sur l'ÉTRANGER 2014-2015

(dates de parution sur • **routard.com** •)

Europe

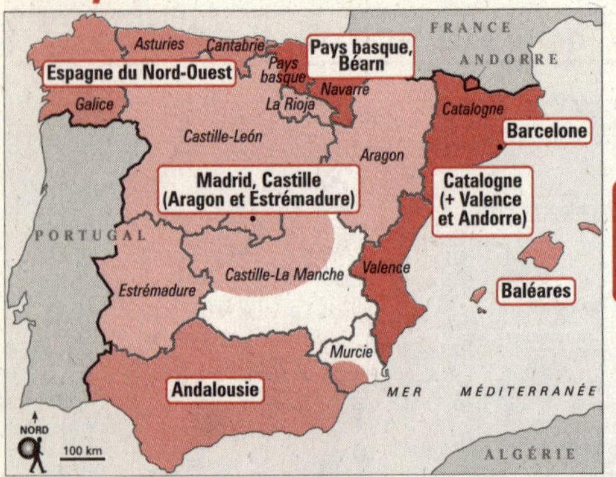

DÉCOUPAGE de l'ESPAGNE par le ROUTARD

DÉCOUPAGE de l'ITALIE par le ROUTARD

Autres pays européens

- Allemagne
- Angleterre, Pays de Galles
- Autriche
- Belgique
- Budapest, Hongrie
- Crète
- Croatie
- Danemark, Suède
- Écosse
- Finlande
- Grèce continentale
- Îles grecques et Athènes
- Irlande
- Islande
- Malte
- Norvège
- Pologne
- Portugal
- République tchèque, Slovaquie
- Roumanie, Bulgarie
- Suisse

Villes européennes

- Amsterdam et ses environs
- Berlin
- Bruxelles
- Copenhague
- Dublin
- Lisbonne
- Londres
- Moscou
- Prague
- Saint-Pétersbourg
- Stockholm
- Vienne

les ROUTARDS sur l'ÉTRANGER 2014-2015

(dates de parution sur • *routard.com* •)

Amériques

DÉCOUPAGE des ÉTATS-UNIS par le ROUTARD

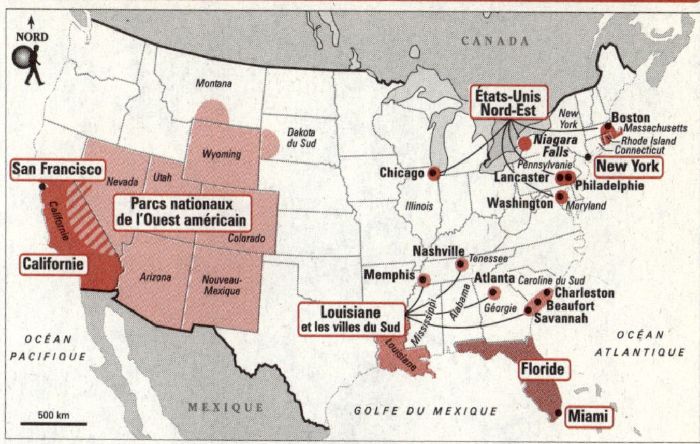

Autres pays d'Amérique

- Argentine
- Brésil
- Chili et île de Pâques
- Équateur et les îles Galápagos
- Guatemala, Yucatán et Chiapas
- Mexique
- Montréal
- Pérou, Bolivie
- Québec, Ontario et Provinces maritimes

Asie

- Bali, Lombok
- Bangkok
- Birmanie (Myanmar)
- Cambodge, Laos
- Chine
- **Hong-Kong, Macao, Canton (avril 2014)**
- Inde du Nord
- Inde du Sud
- Israël, Palestine
- Istanbul
- Jordanie
- Malaisie, Singapour
- Népal, Tibet
- Shanghai
- Sri Lanka (Ceylan)
- Thaïlande
- Tokyo, Kyoto et environs
- Turquie
- Vietnam

Afrique

- Afrique de l'Ouest
- Afrique du Sud
- Égypte
- Kenya, Tanzanie et Zanzibar
- Maroc
- Marrakech
- Sénégal, Gambie
- Tunisie

Îles Caraïbes et océan Indien

- Cuba
- Guadeloupe, Saint-Martin, Saint-Barth
- Île Maurice, Rodrigues
- Madagascar
- Martinique
- République dominicaine (Saint-Domingue)
- Réunion

Guides de conversation

- Allemand
- Anglais
- Arabe du Maghreb
- Arabe du Proche-Orient
- Chinois
- Croate
- Espagnol
- Grec
- Italien
- Japonais
- Portugais
- Russe
- G'palémo (conversation par l'image)

ASSOCIATION CONTRE
LA PROSTITUTION
DES ENFANTS

OKÓ - Espace offert par le Guide du Routard

Abusez d'un enfant au soleil et vous passerez 10 ans à l'ombre

La Loi d'extraterritorialité votée en 1994, révisée en 1998, permet de juger un résident et/ou un ressortissant français ayant commis des abus sexuels en France ou à l'étranger. Les peines pour un abus commis sur un enfant sont sévères : jusqu'à 10 ans d'emprisonnement et 150 000 € d'amende.

www.acpe-asso.org

A C P E - 14, rue Mondétour - 75001 Paris
Tél. : 01 40 26 91 51 - acpe@acpe-asso.org

ASSOCIATION CONTRE LA PROSTITUTION DES ENFANTS

Adresses utiles

1 Office de tourisme
2 Of
du ar
3 B
4 B
5 B
6
7
de
de
9 C
Tore

Où dormir ?

11 Pension Nações
12 P
23 R
24 H
25 H Melo

Où manger ?

30 Restaurante Fernando
31 Rest
32 A
33 C
34 T
35 ernan
37 Belem
38 Pedro
39 C te
40 C
41
42 dinh

44 Restaura Dom Fernando
45 Res
46
47
48
49
50 Ter
51 R
52 Re Dom Pedro
53 C
54
55
56 a
57 P

Où boire un verre ?

61 Caruagem Bar
62 Bar d
63 Pin
64 B
65 C
66 ia
67 a
68 C
69 C
70 B
71 C
72 O
73 Ti
74 Caf elem
75 Caf
76 Es rde

Où sortir?

83 Pinguin do Norte
84 Pa
85 C
86 a
87 B
88 C Monte

À voir

90 Palacio do Monte
91 Pavilh tre
92 Ce al
93 M
94

REPORTERS SANS FRONTIERES
POUR LA LIBERTE DE LA PRESSE
www.rsf.org

N'ATTENDEZ PAS QU'ON VOUS PRIVE
DE L'INFORMATION POUR LA DÉFENDRE

sur iPhone et iPad

Toutes les rubriques du guide dans 10 applis villes

Géolocalisation sans connexion Internet

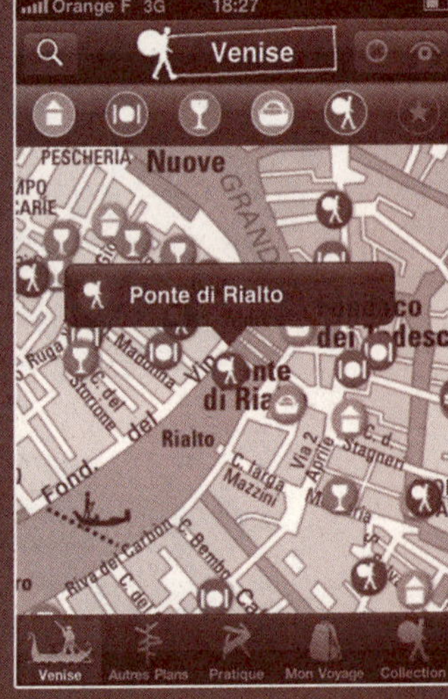

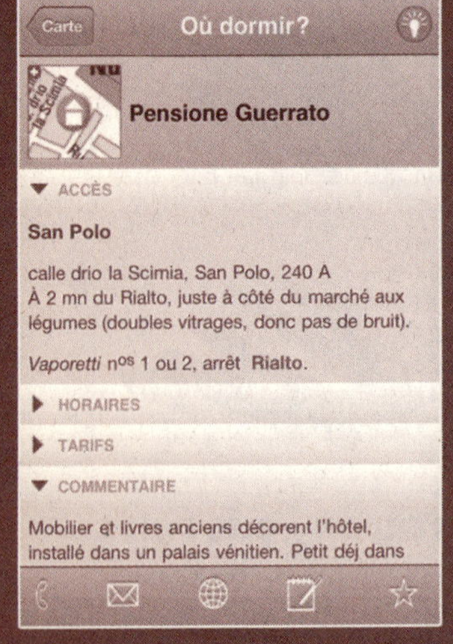

Disponibles sur l'App Store :

Amsterdam
Barcelone
Berlin
Bruxelles
Londres
Marrakech
New York
Paris
Rome
Venise

LES BONNES ADRESSES DU ROUTARD

Nos meilleurs hôtels et restos en France

+ de 3500 établissements de qualité sélectionnés pour leur originalité et leur convivialité.

- des cartes régionales en couleur
- des symboles, devant chaque établissement, détaillant les adresses avec terrasse, piscine et parking.

18,50 €

Espace offert par l'annonceur – Avec le soutien de l'agence ★ EURO RSCG C&O
RÉPARER LES VIES
HANDICAP
INTERNATIONAL

Tout pour partir*

*bons plans, concours, forums,
magazine et des voyages à prix routard.

> www.routard.com

routard.com
Chacun sa route

synergencemajeure - photo : Digital Stock

LOOK!

Le guide du routard

Disponible sur iPhone

Pour vous faire comprendre partout dans le monde !

Achetez l'application sur l'App Store
2,99 €

LES BONNES ADRESSES DU ROUTARD

Nos meilleurs campings en France

+ de 1 800 adresses pour découvrir les joies du camping.

Les plus :

- les balades à faire
- les monuments à ne pas manquer
- des adresses insolites

13,20 €

hachette TOURISME

FAITES-VOUS COMPRENDRE PARTOUT DANS LE MONDE !

5.00 €

L'indispensable compagnon de voyage pour **se faire comprendre partout dans le monde**, rien qu'en montrant l'objet ou le lieu recherché à votre interlocuteur

Utilisable aussi par l'enfant ! Dans n'importe quelle langue, dans n'importe quel pays...

- **200 illustrations** universelles
- **un index détaillé** pour s'y retrouver facilement

L'application LOok! Le Guide du routard pour iPhone est disponible sur l'AppStore!

LES BONNES ADRESSES DU ROUTARD

Nos meilleures chambres d'hôtes en France

+ de 1500 adresses à la campagne, à découvrir en amoureux ou avec des enfants.

INDEX THÉMATIQUE :

- adresses avec piscines
- trésors d'œnologie
- activités sportives
- adresses insolites

13,20 €

Pour plus d'informations : Tél. : 01 44 63 51 00*
Fax : 01 42 80 41 57- www.avi-international.com

routard assurance

Voyage de moins de 8 semaines
Monde entier - Union européenne

RÉSUMÉ DES GARANTIES*	MONTANT MAXIMUM DES GARANTIES
FRAIS MÉDICAUX MONDE SAUF EUROPE (pharmacie, médecin, hôpital)	100 000 € U.E. / 300 000 € Monde entier
RÉÉDUCATION / KINÉSITHERAPIE / CHIROPRACTIE	Prescrite par un médecin suite à un accident
FRAIS DENTAIRES D'URGENCE	75 €
FRAIS DE PROTHÈSE DENTAIRE	500 € par dent en cas d'accident caractérisé
FRAIS D'OPTIQUE	400 € en cas d'accident caractérisé
FRAIS DE TRANSPORT	
Rapatriement médical et transport du corps	Frais illimités
Visite d'un parent si l'assuré est hospitalisé plus de 5 jours	2 000 €
CAPITAL DÉCES	15 000 €
CAPITAL INVALIDITÉ À LA SUITE D'UN ACCIDENT**	
Permanente totale	75 000 €
Permanente Partielle (application directe du %)	De 1 % à 99 %
BILLET DE RETOUR	
En cas de décès accidentel ou risque de décès d'un parent proche (conjoint, enfant, père, mère, frère, sœur)	Frais nécessaires et raisonnables
ASSURANCE RESPONSABILITÉ CIVILE VIE PRIVÉE	
Dommages corporels garantis à 100 % y compris honoraires d'avocats et assistance juridique accidents	750 000 €
Dommages matériels garantis à 100 % y compris honoraires d'avocats et assistance juridique accidents	450 000 €
Dommages aux biens confiés	1 500 €
AGRESSION (déposer une plainte à la police dans les 24 h)	Inclus dans les frais médicaux
PRÉJUDICE MORAL ESTHÉTIQUE (inclus dans le capital invalidité)	15 000 €
FRAIS DE RECHERCHE ET DE SAUVETAGE	2 000 €
TRANSMISSION DE MESSAGES URGENTS	Mise à disposition
AVANCE D'ARGENT (en cas de vol de vos moyens de paiement)	1 000 €
CAUTION PÉNALE	7 500 €
ASSURANCE BAGAGES	2 000 € (limite par article de 300 €)***

* Nous vous invitons préalablement à souscription à prendre connaissance de l'ensemble des Conditions générales sur www.avi-international.com ou par téléphone au 01 44 63 51 00 (coût d'un appel local).
** 15 000 euros pour les plus de 60 ans.
*** Les objets de valeur, bijoux, appareils électroniques, photo, ciné, radio, cassettes, instruments de musique, jeux et matériel de sport, embarcations sont assurés ensemble jusqu'à 300 €.

PRINCIPALES EXCLUSIONS* (commune à tous les contrats d'assurance voyage)

- Les conséquences d'évènements catastrophiques et d'actes de guerre,
- Les conséquences de faits volontaires d'une personne assurée,
- Les conséquences d'événements antérieurs à l'assurance,
- Les dommages matériels causés par une activité professionnelle,
- Les dommages causés ou subis par les véhicules que vous utilisez,
- Les accidents de travail manuel et de stages en entreprise (sauf avec les Options Sports et Loisirs, Sports et Loisirs Plus),
- L'usage d'un véhicule à moteur à deux roues et les sports dangereux : surf, rafting, escalade, plongée sous-marine (sauf avec les Options Sports et Loisirs, Sports et Loisirs Plus).

Devoir de conseil : AVI International - S.A.S. de courtage d'assurances au capital de 100 000 euros - Siège social : 106-108, rue La Boétie, 75008 Paris - RCS Paris 323 234 575 - N° ORIAS 07 000 002 (www.orias.fr) - Le nom des entreprises avec lesquelles AVI International travaille peut vous être communiqué à votre demande. AVI International est soumise à l'Autorité de Contrôle Prudentiel (ACP) 61 rue Taitbout 75436 Paris Cedex 09. En vue du traitement d'éventuels différends, vous pouvez formuler une réclamation par courrier simple à AVI International et si le conflit persiste auprès de l'ACP.
Vos besoins sont de bénéficier d'une assurance voyage. Nous vous conseillons l'adhésion aux contrats d'assurances collectifs à adhésion facultative.
AVI sélectionne la ou les compagnies d'assurance et d'assistance les mieux qualifiées pour garantir les risques prévus. Si besoin, elles peuvent être changées par AVI International. Si un tel événement devait se produire, les personnes garanties par la police en seraient informées.

Souscrivez en ligne sur www.avi-international.com

Pour plus d'informations : Tél. : 01 44 63 51 00*
Fax : 01 42 80 41 57- www.avi-international.com

assurance **routard** WEEK-END & VOYAGES

routard assurance

Voyage de moins de 8 semaines
Monde entier - Union européenne

L'Assurance Voyage

assurance **routard** WEEK-END & VOYAGES

> **Lieu de couverture :** tout pays en dehors du pays de résidence habituelle.
> **Nationalité de l'assuré :** toutes nationalités.
> **Durée de la couverture :** 8 semaines maximum.

Pour un voyage de moins de 8 semaines "ROUTARD ASSURANCE"

> **Tarif "INDIVIDUEL"**

> **Tarif "FAMILLE"****
(De 4 à 7 personnes - jusqu'à 60 ans)

> **Tarif "SENIOR"**
(De 61 ans à 75 ans)

Pour un voyage jusqu'à 8 jours dans l'Union Européenne
"ROUTARD LIGHT"

Souscrivez en ligne sur www.avi-international.com

assurance **marco polo** VOYAGES & TOUR DU MONDE

> **Lieu de couverture :** tout pays en dehors du pays de résidence habituelle.
> **Nationalité de l'assuré :** toutes nationalités.
> **Durée de la couverture :** 2 mois minimum à 1 an (renouvelable).

Pour un voyage de plus de 2 mois "MARCO POLO"

> **Tarif "INDIVIDUEL"**
(jusqu'à 60 ans)

> **Tarif "FAMILLE"****
(De 4 à 7 personnes maximun - jusqu'à 60 ans)

> **Tarif "SENIOR"**
(de 61 ans à 75 ans)

Souscrivez en ligne sur www.avi-international.com

assurance **working holiday** VOYAGES ET TRAVAIL POUR JEUNES

> **Nationalité de l'assuré :** toutes nationalités.
> **Durée de la couverture :** 12 mois maximum.

Pour un voyage/travail de 12 mois "WORKING HOLIDAY VISA-PVT"

NOUVEAUTÉ

> **Jusqu'à 35 ans**

> **Destinations :**

- Canada
- Australie
- Nouvelle-Zélande
- Argentine
- Singapour
- Japon
- Corée du Sud
- Taïwan

Souscrivez en ligne sur www.avi-international.com

* Nous vous invitons préalablement à souscription à prendre connaissance de l'ensemble des Conditions générales sur www.avi-international.com ou par téléphone au 01 44 63 51 00 (coût d'un appel local).

** Une famille est constituée de 2 conjoints de droit ou de fait ou toutes autres personnes liées par un Pacs, leurs enfants célibataires âgés de moins de 25 ans vivant à leur domicile et fiscalement à leur charge. Par ailleurs, sont également considérés comme bénéficiaires de l'option Famille, les enfants de couples divorcés s'ils sont fiscalement à charge de l'autre parent.

INDEX GÉNÉRAL

A

B

C

D-E-F

G-H-I

K

L

M

N

O-P

R-S

T-U

W-Y

OÙ TROUVER LES CARTES ET LES PLANS ?

INDEX GÉNÉRAL

Les **Routards** *parlent aux* **Routards**

Faites-nous part de vos expériences, de vos découvertes, de vos tuyaux. Indiquez-nous les renseignements périmés. Aidez-nous à remettre l'ouvrage à jour. Faites profiter les autres de vos adresses nouvelles, combines géniales... On adresse un exemplaire gratuit de la prochaine édition à ceux qui nous envoient les lettres les meilleures, pour la qualité et la pertinence des informations. Quelques conseils cependant:

– Envoyez-nous votre courrier le plus tôt possible afin que l'on puisse insérer vos tuyaux sur la prochaine édition.

– N'oubliez pas de préciser l'ouvrage que vous désirez recevoir.

– Vérifiez que vos remarques concernent l'édition en cours et notez les pages du guide concernées par vos observations.

– Quand vous indiquez des hôtels ou des restaurants, pensez à signaler leur adresse précise et, pour les grandes villes, les moyens de transport pour y aller. Si vous le pouvez, joignez la carte de visite de l'hôtel ou du resto décrit.

– N'écrivez si possible que d'un côté de la lettre (et non recto verso).

– Bien sûr, on s'arrache moins les yeux sur les lettres dactylographiées ou correctement écrites!

En tout état de cause, merci pour vos nombreuses lettres.

Les Routards parlent aux Routards:
122, rue du Moulin-des-Prés, 75013 Paris

e-mail: • ***guide@routard.com*** •
Internet: • ***routard.com*** •

Routard Assurance *2014*

Routard Assurance et Routard Assurance Famille, c'est l'Assurance Voyage Intégrale. Dépenses de santé et frais d'hôpital pris en charge directement sans franchise jusqu'à 300 000 € + caution + défense pénale + responsabilité civile + tous risques bagages et photos. Assurance personnelle accidents: 75 000 €. Très complet! Tarif à la semaine pour plus de souplesse. Tableau des garanties et bulletin d'inscription à la fin de chaque *Routard* étranger. Pour les départs en famille (4 à 7 personnes), demandez le bulletin d'inscription famille. Pour les longs séjours, contrat Plan Marco Polo «spécial famille» à partir de 4 personnes. Pour un voyage éclair de 3 à 8 jours dans une ville de l'Union européenne, bulletin d'inscription adapté dans les guides villes avec des garanties allégées et un tarif «light». Également un nouveau contrat Seniors pour les courts et longs séjours. Si votre départ est très proche, vous pouvez vous assurer via Internet • *avi-international.com* • ou par fax: 01-42-80-41-57, en indiquant le numéro de votre carte de paiement. Pour en savoir plus: ☎ 01-44-63-51-00.

Édité par Hachette Livre (43, quai de Grenelle, 75905 Paris Cedex 15, France)
Photocomposé par Jouve (45770 Saran, France)
Imprimé par Lego SPA Plant Lavis (via Galileo Galilei, 11, 38015 Lavis, Italie)
Achevé d'imprimer le 20 septembre 2013
Collection n° 13 - Édition n° 01
24/5747/1
I.S.B.N. 978-2-01-245747-8
Dépôt légal: septembre 2013

hachette s'engage pour l'environnement en réduisant l'empreinte carbone de ses livres. Celle de cet exemplaire est de :
700 g éq. CO_2
Rendez-vous sur www.hachette-durable.fr

NOUVEAU ET IMPORTANT : DERNIÈRE MINUTE

Sauf rare exception, le *Routard* bénéficie d'une parution annuelle à date fixe. Entre deux dates, des événements fortuits (formalités, taux de change, catastrophes naturelles, conditions d'accès aux sites, fermetures inopinées, etc.) peuvent modifier vos projets de voyage. Pour éviter les déconvenues, nous vous recommandons de consulter la rubrique « Guide » par pays de notre site • ***routard.com*** • et plus particulièrement les dernières ***Actus voyageurs.***